Wolfgang Golter

Handbuch der germanischen Mythologie

Wolfgang Golther

Handbuch der germanischen Mythologie

Mit einem Vorwort von
Dr. Hans-Jürgen Hube

marixverlag

Neu gesetzte und überarbeitete Ausgabe für
Marix Verlag GmbH, Wiesbaden 2004
nach der Ausgabe Leipzig 1895
Covergestaltung: Thomas Jarzina, Köln
Bildnachweis: AKG, Berlin
Satz und Überarbeitung:
Pinkuin Satz und Datentechnik, Berlin
Druck und Bindung: GGP Media GmbH, Pößneck
Printed in Germany

ISBN-10: 3-937715-38-X
ISBN-13: 978-3-937715-38-4
www.marixverlag.de

Vorwort

Dieses klassische Handbuch der germanischen Mythologie, obwohl es vor mehr als 100 Jahren geschrieben wurde, ist immer noch aktuell und ein verlässliches Nachschlagewerk für jeden, der sich mit der Gedankenwelt und den Göttern unserer germanischen Vorfahren vertraut machen will. Es erzählt uns in anschaulicher Sprache von den Wundern und Geheimnissen einer Zeit, die längst versunken ist, die aber dennoch tausendfältig bis in unsere Zeit hineinreicht, die einst das Denken unseres Kulturkreises entscheidend mitbestimmt hat und auch jetzt noch in vielen Dingen allgegenwärtig ist.

Das Interesse an unseren germanischen Urvätern scheint wirklich ungebrochen. Deshalb ist auch eine Neuausgabe dieses klassischen Werks des bedeutenden Germanisten und Mythologen *Wolfgang Golther* mehr als gerechtfertigt. Man denke nur an die faszinierende Phantasiewelt der *Mittelerde*, u. a. bevölkert von »Hobbits«, die uns in aktuellen Filmen nach der Romantrilogie *Der Herr der Ringe* [Band 1: »Die Gefährten« (1954), Band 2: »Die zwei Türme« (1954) und Band 3 »Die Rückkehr des Königs« (1955)], jüngst beeindruckte, geschrieben von dem ausgezeichneten Mythenkenner *John Ronald Reuel Tolkien* (1892–1973). Dieser Oxford-Professor hat auf seine eigene Weise die germanische mit der keltischen Sagenwelt zu einer unvergleichlichen Einheit verbunden. Tolkiens Werk stellt ja ein ganzes mythologisches System dar, in dem der Kampf zwischen Gut und Böse, die Erschaffung der Welt und des Lebens und andere Dinge als zentrale Themen auch unseres Zeitalters begriffen werden.

Wolfgang Golthers Band über germanische Mythen ist quasi ein Vorläufer hiervon. Dieser Rostocker Professor war ein wichtiger Mitbegründer des immer ausgedehnter werdenden Forschungsgebiets über die germanische Mythologie, und auch er fußte bereits auf den richtungweisenden mythologischen Arbeiten beispielsweise eines *Ludwig Uhland* und eines *Jacob Grimm*. Der erstgenannte verfasste bereits 1836 Aufsehen erregende Abhandlungen zur deutschen und nordischen Mythologie, und der meist als Märchendichter und -herausgeber bekannte Grimm ließ schon 1844 eine erweiterte Fassung seines Hauptwerks *»Die deutsche Mythologie«* erscheinen.

Neben vielen anderen Forschern gehört an herausragender Stelle der Literaturprofessor Wolfgang Golther (1863–1945) zu den kenntnisreichen Fortsetzern dieser interessanten Forschungsrichtung, die seit jeher breiteste Kreise des Volkes in ihren Bann gezogen hat. *Midgard* ist das nordische Wort für »Mittelerde«, für einen Begriff, der uns in jüngster Zeit durch die erwähnten Filmwerke nahe gebracht wurde. In unserem Handbuch können wir Einzelheiten zu diesen und vielen anderen Themen nachlesen. *Midgard* ist die germanische »Erdenwelt«, das Wohngebiet der Menschen, das im Zentrum der übrigen Welten liegt, die durch die Weltesche *Yggdrasill* miteinander verbunden sind. An der Peripherie liegt *Utgard*, die »Außenwelt«, das Gebiet außerhalb der befriedeten Welt, ein Aufenthaltsort der Riesen, Zwerge und Dämonen und vieler anderer unheimlicher Wesen. *Golther* hat uns mit seinem eigenen, überzeugend angelegten System systematisch das damals Bekannte über die Gestalten des Volksglaubens, über Seelen- und Ahnenkult, über den Glauben an Wiedergeburt, an nordische Gefolgschaftswesen, an Werwölfe, Berserker, Walküren, Hexen usw. nahe gebracht. Neben historischen und sagengeschichtlichen Erklärungen über Elben und Elfen, Zwerge, Kobolde, Nixen, Wald- und Feldgeister bringt er auch Benennungen der Riesen, etwa der Berg- und Waldriesen oder der Trolle, dazu auch zahlreiche Geheimnisse des *Riesenkults*.

Im zweiten Teil seines Handbuches führt er den Leser an den germanischen Götterglauben heran und beschreibt die Namen und Arten der alten heidnischen Götter. Wir erfahren Wissenswertes über Thiu oder Tyr, nach welchem unser Dienstag seinen Namen erhalten hat, über den Liebes- und Fruchtbarkeitsgott

Frey, dessen Wochentag der Freitag ist, über Donar oder Thor, den mächtigen Donnergott und Sohn Wotans, und vor allem Gründliches über den Hauptgott Wodan/Odin selbst, dessen ausführlicher Beschreibung Golther mehr als 100 Seiten gewidmet hat. Nicht neu aber immer wieder faszinierend zu lesen sind Odins mannigfache Funktionen und Abenteuer, dazu Erklärungen vieler Begriffe. Da ist *Walhall*, das so genannte »germanische Kriegerparadies« darstellt, wo Wodans/Odins Kriegstote sich durch tägliches Üben auf den Endkampf »Ragnarök« vorbereiten müssen, häufig – vielleicht durch *Richard Wagners* Einfluss – fälschlich auch als »Götterdämmerung« übersetzt.

Asgard wird natürlich auch gründlich erläutert, jene germanische Himmelswelt, der Wohnsitz der Asen als Götterburg mit Palästen und Sälen, mit *Folkwang*, dem Schloss der Liebesgöttin Freyja usw. Im Innern des von den Göttern selbst erbauten Asgard liegt jene große Halle für Versammlungen, Feste und Gerichtstage mit den 12 Hochsitzen für die Götter, und sie bildet bekanntlich den Schauplatz für so manche genial erfundene Göttersage. Asgard liegt oberhalb von Midgard und Utgard, und Golther hat es schon damals gut verstanden, das komplizierte Beziehungsgeflecht zwischen diesen drei so sinnreich erfundenen Welten seinen Lesern anschaulich und ohne allzu viel wissenschaftliches Beiwerk nahe zu bringen. Von der germanischen Mythologie ließ sich auch der Autor der wunderbaren Trilogie *Der Herr der Ringe* bis in viele Details hinein inspirieren.

Ja, man kann sagen, dass das klassische Handbuch, das hier in einer Neuausgabe wieder eingeführt wird, eigentlich unentbehrlich für jeden ist, der sich mit den germanisch-nordischen Sagen über Weltschöpfung und Weltende vertraut machen will. Neben Odins Liebesabenteuer liest man auch so manche Einzelheit über den liebsten Sohn des einäugigen Alten mit Schlapphut und blauem Mantel, über den lichten Balder. Er ist der Gott des Lichts und der holden Sommertage, der Frömmigkeit, Güte, Reinheit und Milde, und oft ist er zu Zeiten der Einführung des Christentums mit Christus verglichen worden. Sein Haus *Breidablick* steht im Sonnenschein, ringsum ist Himmelsfriede, aber die finsteren Mächte ruhen nicht. Balder, der Allgeliebte, muss früh eingehen in das finstere Totenreich der Hel. So geliebt Balder wird, so gehasst ist Hödur, jener blinde Ase, der unverschuldet, angestiftet durch den Weltfeind Loki, seinen Bruder Balder mit einem Mistelzweig erschießt.

Golthers systematische Darstellung aller wichtigen germanischen Gottheiten kann vorbildlich genannt werden, weil er als gründlicher Mythologe die zu seiner Zeit bekannten Stoffe gut gliederte und dazu entsprechende Literaturangaben der verschiedensten zeitgenössischen Autoren recht ausführlich vorstellte. Ausführlich geht das Handbuch auf das Asengeschlecht ein, jene vornehmlich in Nordeuropa verehrte jüngere und größere Gruppe von Gottheiten. Zu ihnen gehören Odin, Thor und Balder sowie Odins schöne Gemahlin Frigg, Fulla und Nanna. Sie sind – wie die Menschen – sterblich und halten sich lediglich durch die Äpfel der Iduna jung. Nach einem Götterkampf mit dem zweiten Göttergeschlecht, den Wanen, schließen die Asen schließlich Frieden und übergeben als Geiseln Hönir, den germanischen Wassergott und Mimir, jenes Weisheits- und Orakelwesen, welches an der zweiten der drei Wurzeln der Weltesche den Brunnen bewacht. Für einen Trunk aus der Weisheitsquelle Mimirs hat Odin eines seiner Augen verpfändet.

Allerdings, das Göttergeschlecht der Wanen wird von Golther etwas stiefmütterlich behandelt. Zwar berichtet auch er vom Wanenkrieg, wovon der isländische Gelehrte *Snorri Sturluson* bekanntlich schon erzählt hat. Neue Forschungen haben aber gezeigt, dass die Wanen vornehmlich ältere Fruchtbarkeitsgötter waren, die von der agrarischen Bevölkerung um gute Ernte, von den Seefahrern um günstige Witterungsbedingungen gebeten wurden. Die Wanen praktizierten ja auch eine von den Asen als schändlich betrachtete Form des (Liebes)zaubers, die sie durch Freyja kennen lernten. Laut Snorri Sturlusons *Ynglinga Saga 4* war bei ihnen, im Gegensatz zu den Asen, die Geschwisterehe erlaubt. Das ließe auf uralte mutterrechtliche Verhältnisse bei den einstigen Trägern des Wanenkultes schließen. Weniger deutlich wird bei Golther sichtbar, dass die Unterschiede zwischen Wanen- und Asenverehrung vor allem auf unterschiedliche soziale Schichtung zurückzuführen sind. Wanen sind letztlich Götter der einfachen bäuerlichen Bevölkerung, Asen die des kriegerischen Häuptlingsgefolges.

Die Wanen-Verehrung lässt sich weit zurückverfolgen, so ist beispielsweise der Wanengott Njörd etymologisch identisch mit der schon bei Tacitus erwähnten Göttin Nerthus. Bronzezeitliche Felszeichnungen deuten auch auf mit den Wanen in Verbindung stehende Fruchtbarkeitsriten hin. Ortsnamen in Skandinavien, die mit dem Namen der Wanengötter gebildet sind, kommen weitaus häufiger vor als diejenigen von allen anderen Göttern zusammen. Die Etymologie des Namens Wanen ist bislang wenig überzeugend gedeutet.

Der Begriff Asen ist ja gemeingermanisch, und kommt schon in der römischen Kaiserzeit im Namen der Göttin *Vih-ansa* (Kampf-Göttin) vor, wahrscheinlich auch auf der Runenschnalle von Vimose in Dänemark aus der Zeit um 200. Ob man die Asen mit germanisch **ans* (Pfahl) verbinden soll, so dass eine Beziehung zur Pfahlgötter-Verehrung naheläge, ist bislang ungeklärt. Ergebnisse mittelalterlicher nordeuropäischer Gelehrsamkeit und kaum ein Reflex des alten Heidentums sind jedenfalls die Berichte bei *Snorri Sturluson* und bei dem dänischen Geschichtsschreiber *Saxo Grammaticus*, dass der Begriff »Asen« mit ihrer Einwanderung aus Asien in Beziehung zu setzen sei. In euhemeristischer Darstellung wurde von diesen Autoren Asgard nach Asien verlegt und der Ursprung der Bezeichnung Asen von *Ásiámenn* »Asiaten« abgeleitet. Ähnliches deutet schon Golther an, aber in neueren Forschungen ist natürlich viel deutlicher geworden, dass eigentlich diese Namensähnlichkeit seinerzeit dazu verführte, alte skandinavische Genealogien mit relevanten gelehrten Urgeschichten zu verbinden, die nach den Vorbildern auf dem Kontinent eine geschichtliche Konnektion der Skandinavier mit dem klassischen Altertum möglich machte und darüber hinaus sogar die christliche Heilsgeschichte in alte Sagenkreise einbezog. So konnte man den Gott Wotan/Odin quasi als sagenhaften König in Asgard, der Hauptstadt in Asien, deuten.

Golthers Darlegungen von der Weltschöpfung und dem Weltende sind auch für heutige Leser noch interessant und verblüffend detailreich. Nur die nordischen Quellen bieten uns ja ein recht vollkommenes Weltbild. Zwar wurde diese Kosmologie in der Edda auch mit Details außergermanischer Herkunft ausgeschmückt, aber die wichtigsten eddischen Aussagen findet man bekanntlich auch in anderen Quellen bestätigt. Dass der Süden, wo vor der Schöpfung das feurige *Muspellsheim* gelegen haben soll, später als Bedrohung gesehen wurde, ist auf manichäische Religionen zurückzuführen. Anfangs wurde der Süden mit Leben und Heil verbunden, was auch südwärts angeordnete bronzezeitliche Grabanlagen zeigen. Golther geht in seinem Handbuch auch auf das Urmeer ein, welches die bekannte Welt (Midgard) umschloss und in dem sich die *Midgardschlange*, einer der drei Weltfeinde, um die Erde schlingt, um beim Weltende daraus hervorzukommen und gegen die Götter zu kämpfen.

Möglicherweise hätte man bei Golther zusätzlich noch erfahren wollen, wie nicht nur Snorri Sturluson, sondern auch die Autoren der späteren Saga-Literatur immer wieder den Versuch unternahmen, die einheimisch-germanische Kosmogonie sowohl mit Elementen, die man auf Reisen kennen lernte, als auch mit christlich-gelehrten Darstellungen zu harmonisieren, was ja zu verschiedensten Deutungen der mythologischen Geographie Anlass gab.

Wenn auch seit Golthers Zeit die eine oder andere andersartige Erkenntnis gerade auch über gottesdienstliche Formen, über das Opferwesen, über heilige Haine, Tempelbauten und Götterbilder, über Staats- und Privattempel, die so genannten »Götterhöfe«, hinzugekommen oder ganz variiert worden ist, so sind die Grundaussagen gerade auch des dritten und vierten Teil bei Golther nach wie vor gültig, lesenswert und bemerkenswert ausführlich.

Ohne auf die zahlreichen späteren mythologischen Handbücher eingehen oder gar über sie urteilen zu wollen, kann man konstatieren: Dieses Buch bleibt auch in seiner originären Fassung ein wichtiges Hilfsmittel sowohl für den Laien als auch für den Kenner der germanischen Mythologie. Golthers klassisches

Werk bietet auch uns Heutigen noch genügend Anregungen, das mythische Denken der Altvorderen zu erkunden, Geheimnisse altgermanischen Lebens und Urfragen des Universums zu begreifen.

Golthers wissenschaftliche Ausführungen umreißen die wichtigsten Themen, vom frühen Volksaberglauben, von der germanischen Götterwelt bis zur Darstellung der Kulte, der Opferer, Priester, Seher, Zauberer und Wahrsager. Ein hilfreiches Namensverzeichnis ergänzt den Band, der somit bis heute kaum Attraktivität eingebüßt hat.

Von 1895 bis 1932 wirkte *Wolfgangr Golther* als Rostocker Professor, der zeitweilig auch Rektor und Dekan sowie seit 1907 Direktor der Universitätsbibliothek war. Unter ihm vollzog sich eine kulturelle Öffnung des Seminars, das weiterhin vorzugsweise Lehramtskandidaten ausbildete. Er veranlasste 1907 die Ehrenpromotion von Richard Wossidlo, dem leidenschaftlichen Sammler und Bewahrer mecklenburgischer Volkstraditionen. Aus seiner Bekanntschaft mit *Cosima Wagner* und der beratenden Mitwirkung bei den *Bayreuther Festspielen* rührte sein intensives Interesse für Werk und Wirken *Richard Wagners*. Er gab dessen *Gesammelte Schriften* heraus, und das Stadttheater Rostock wurde unter seinem Einfluss am Beginn des 20. Jahrhunderts zu einem Zentrum der Pflege des Wagnerschen musikdramatischen Werkes, so dass das Wort vom *Bayreuth des Nordens* geprägt wurde. Viele weitere Arbeiten zu altdeutschen Epen, Gedichten und Sagen hat *Wolfgang Golther* vorgelegt, und vor allem sein umfangreiches, rund 900 Seiten umfassendes Kompendium *»Germanische Götter- und Heldensagen«*, das im Verlag ebenfalls in einer Neuausgabe vorliegt, zeugen von seinem umfangreichen Wissen und Gelehrtenfleiß.

Möge auch diese Neuausgabe der Germanischen Mythologie, wie Golther es einst formulierte, dazu beitragen, unsere *Vorstellungen von den altgermanischen Göttern* zu vertiefen und die sinnreiche Kosmogonie der Germanen besser zu verstehen.

Berlin, März 2004 Hans-Jürgen Hube

Vorwort von 1895

Dieses Handbuch der germanischen Mythologie wurde auf Veranlassung des Herrn Verlegers geschrieben. Mit Freuden folgte ich der an mich ergangenen Aufforderung. Das Hauptgewicht meiner Arbeit beruht auf der Darstellung der von den Quellen gebotenen Überlieferung. Es sollte mit möglichster Klarheit erzählt werden, was wir aus verlässigen Berichten wissen, dagegen schied ich aus, was allein auf kühne Vermutungen hin aufgebaut werden kann. Meine Schilderung beschränkt sich aufs erste Jahrtausend unsrer Zeitrechnung. Was vorher war, ist uns verhüllt; kein Versuch, ins unbekannte Land vorzudringen, ist geglückt. Die Ergebnisse, zu denen die Forschung bereits gelangt zu sein glaubte, erwiesen sich als trügerisch. Weit wichtiger und wohl auch erfolgreicher ist es, innerhalb der Überlieferung die Entwicklungsgeschichte aufzuspüren. Die Anordnung des Stoffes sucht diese Entwicklung zu veranschaulichen. Die Begründung meines Verfahrens findet der Leser in der Einleitung. Der neuesten Forschung, so weit sie mir zugänglich war, ist überall Rechnung getragen, die wichtigsten Schriften sind in den Anmerkungen immer genannt. Neben der Darstellung kam es mir auch besonders darauf an, die Quellen der germanischen Mythologie und die Belege für die vorgetragenen Ansichten so zu verzeichnen, dass das Handbuch zum Nachschlagen taugt und auch demjenigen, der meinen Behauptungen und Aufstellungen nicht beipflichtet, zum schnellen Überblick dienlich ist. Da das Buch nicht ausschließlich Fachleuten gewidmet ist, wurden die nordischen Quellen stets verdeutscht; bei der Edda folge ich meist Gerings Übersetzung, auf welche auch die Verweise, wenn nicht anders vermerkt, sich beziehen. Wo jedoch der Wortlaut im Einzelnen von Belang ist, wurden die nordischen Textstellen ausgehoben. Grimms Mythologie ist für Band 1 und 2 nach der Ausgabe von 1844 angeführt; in der vierten Ausgabe von 1878 ist nur der 3. Nachtragsband zitiert. In den Anmerkungen sind mit ZfdPh. ZfdA. AfdA. die Zeitschriften für deutsche Philologie und für deutsches Altertum sowie der Anzeiger für deutsches Altertum, mit Beiträgen die Beiträge zur Geschichte der deutschen Sprache und Literatur von Paul, Braune und Sievers gemeint.

Möge das Buch dazu beitragen, die Vorstellungen von den altgermanischen Göttergestalten zu klären und zu vertiefen, möge es freundliche Aufnahme und nachsichtige Beurteilung finden.

Rostock, Nov. 1895.
W. Golther.

Erläuterungen

ahd.	= althochdeutsch.
mhd.	= mittelhochdeutsch.
nhd.	= neuhochdeutsch.
as.	= altsächsisch.
ags.	= angelsächsisch.
an.	= altnordisch.
nds.	= niederdeutsch.
mnds.	= mittelniederdeutsch.
ndl.	= niederländisch.
´ ^	über dem Vokalzeichen bedeutet Länge, also *á â é ê í î ó ô ú û*
æ œ	zu sprechen wie langes ä ö.
ø	= ö.
ǫ	= ein Laut zwischen a und o, etwa wie engl. aw. zu sprechen.
þ ð	= engl. th.
ʒ	bedeutet ein weiches gelispeltes s, etwa wie im franz. s zwischen Vokalen klingt.
h	vor *r l n w* klingt wie ein weiches ch.
v	in altnordischen Wörtern ist wie nhd. *w* zu sprechen.

Inhaltsverzeichnis

Einleitung

Erstes Hauptstück
Die Gestalten des Volksaberglaubens
(die niedere Mythologie)

Zweites Hauptstück
Der Götterglaube

Drittes Hauptstück

Von der Weltschöpfung und vom Weltende

Viertes Hauptstück

Die gottesdienstlichen Formen

EINLEITUNG

Schriften zur germanischen Mythologie

1. Die mythologische Forschung vor J. Grimm

Die Wiedererweckung der Schriften des klassischen Altertums förderte die Geschichtsschreibung in Deutschland. Die heidnische Zeit der Germanen trat, freilich oft noch arg entstellt, nebelhaft verschwommen und fantastisch ausgeschmückt den Forschern vor Augen. Ebenso begannen die lateinischen Geschichtsquellen des Mittelalters auf die Chronisten einzuwirken. Die Altertumsforscher und Historiker hatten häufig Veranlassung, über heidnischen Götterdienst zu berichten. Es dauerte aber geraume Zeit, bis den weit verstreuten Nachrichten Sammler und damit die ersten Verfasser germanischer Mythologien erstanden. Die Aufgabe ist zwar klar vorgezeichnet, aber sehr schwer zu lösen. Bis auf J. Grimm herrschte nicht einmal für die einfachsten Grundfragen sicheres Verständnis, und noch heute schwanken die Anschauungen über wichtige Einzelheiten. Die nächste Aufgabe besteht aber in einer erschöpfenden Sammlung aller Quellenzeugnisse. Damit ist der Baustoff gegeben, aus dem die Geschichte des germanischen Götterglaubens aufzuführen ist. Schon die Sammlung und Sichtung, die Erklärung des Einzelnen und der Anschluss ans Ganze setzen eine hoch entwickelte Geschichts- und Sprachwissenschaft voraus. So lange Belten, Germanen, Skythen, Slaven durcheinander geworfen werden, solange das historische Urteil über echt und unecht, alt und jung fehlt, ist der Begriff einer reinen unverfälschten germanischen Mythologie undenkbar. Das völlig unzuverlässige Material verstattet keine darauf begründete, befriedigende Darstellung.

Des Geografen Philip Clüver *Germania antiqua,* Leyden

1616, ist eine ausführliche Altertumskunde aufgrund der Nachrichten der klassischen Autoren, natürlich mit dem bekannten Irrtum, dass Illyrier, Germanen, Gallier, Hispanier und Britannier einer Sprache und eines Stammes, nämlich Kelten gewesen seien. Darin ist auch, besonders im Anschluss an Tacitus, vom Götterglauben und Kulte der Germanen ausführlich gehandelt. Diese Abschnitte mochten sich leicht zu eigenen Schriften über deutsche Mythologie auswachsen.

Die erste deutsche Mythologie ist von Elias Schedius[1] geschrieben und erschien nach seinem Tode 1648 zu Amsterdam. Der Titel lautet *de diis Germanis sive veteri Germanorum, Galorum, Britannorum, Vandalorum religione.* Das Buch besteht aus einer Anhäufung von Zitaten aus den klassischen Autoren und mittelalterlichen Chronisten, wo diese von den Göttern der nordischen Völker, von ihren Priestern und heiligen Bräuchen, von ihrem Heroen- und Dämonenkult berichten. Trotz des beträchtlichen Umfangs von 505 Seiten steht von echt germanischem Götterglauben fast nichts in dem Buche. Wir begegnen nur *Tuisco* und der *Irminsäule;* zu *dies Mercurii* wird bemerkt, die Niedersachsen und Westfalen würden dafür Wodentag sagen. Natürlich ist der Verfasser nicht imstande, hinter die interpretatio romana zu schauen. Umso mehr gallische und wendische Götternamen tauchen auf. Ebenso sind die gelehrten meist haarsträubender Etymologie entstammenden Götzen der Chronikschreiber des 16. Jahrhunderts berücksichtigt. Unter dem Wuste unbrauchbarer undeutscher oder ungeschichtlicher Materialien verschwinden die wenigen den klassischen Autoren entnommenen Nachrichten vom wirklichen germanischen Glauben. Das Vorbild der Chronisten wie des Aventinus musste den Mythologen noch mehr in Fantastereien verleiten; Olaus Magnus, von dem Saxo eifrig benutzt wurde, ist von Schede zu wenig herangezogen.

Fürs 17. Jahrhundert sind noch zu nennen Sebastian Kirchmaier, *de Germanorum antiquorum idolatria, ad loca quaedam Taci-*

1 Über das Leben Schedes (geb. 1615 zu Kadau in Mähren, gest. 1641 zu Warschau) vgl. Bolte, allgem. deutsche Biografie 30, 662 f.

ti, Viteb. 1663 und MAGN. DAN. OMEIS, *dissertatio de Germanorum veterum theologia et religione pagana,* Altdorf 1693.

Im Norden fand die Forschung übers Heidentum reichlichere Nahrung, indem dort viele unmittelbare Quellen zu Gebot stehen, aus denen ohne weiteres ein Teil der Göttersage und des Kultes entnommen werden kann.[1] In Dänemark und Schweden knüpfte sich die Beschäftigung mit der heimischen Vorzeit zunächst an die *historia danica* des Saxo Grammaticus. Der erste Druck erschien 1514 zu Paris. Neben einer Fülle von Sagen finden sich bei Saxo Nachrichten über Glauben und Kultus der heidnischen Zeit. Ein schwedischer Erzbischof, OLAUS MAGNUS, entwarf zuerst in einem geografisch-kulturgeschichtlichen Werk über die nordischen Länder und die Sitten ihrer Bewohner einen Abriss des heidnischen Götterglaubens. Seine große *historia de gentibus septentrionalibus,* Rom 1555, handelt im 3. Buch *de superstitiosa cultura daemonum populorum aquilonarium.* Besonders Saxo, aber auch Adam von Bremen ist benützt; so erscheinen Thor, Odhen und Frigga, und wird der prächtige Upsalatempel geschildert. Außerdem ist einiges aus dem Gebiete des Volksglaubens mitgeteilt. Was geboten wird, ist freilich wenig, aber doch klar und einheitlich. In der mit reichlichen Anmerkungen versehenen Saxoausgabe des Dänen STEPHANIUS vom Jahre 1644 wurde der Altertumskunde ein bequemes Hilfsmittel zurechtgelegt.

Am wichtigsten aber ist die um 1600 neu erstandene isländische Altertumsforschung.[2] Fast die gesamte norwegisch-isländische Überlieferung war in isländischen Handschriften aufbewahrt. Männer, wie ARNGRIMR JÓNSSON, BJÖRN JÓNSSON, MAGNUS ÓLAFSSON, BRYNJULFR SVEINSSON, durch sie angeregt

---

1 Über das mythologische Studium im 16., 17. und 18. Jh., sowie über die aus der Mythologie geschöpften nordischen Dichtungen am Ausgang des 18. und Anfang des 19. Jhs. handelt ausführlich E. Nyerup, Wörterbuch der skandinavischen Mythologie, Kopenhagen 1816 S. 1–60; Köppen, literarische Einleitung in die nordische Mythologie, Berlin 1837.

2 Über die Wiederaufnahme der isländischen Altertumsforschung vgl. Gudbrand Vigfusson, corpus poeticum boreale 1, XX ff.

der Däne Ole Worm widmeten sich der Sammlung und Verarbeitung der altisländischen Quellen. In Bälde kamen die wertvollsten Denkmäler zum Vorschein und wurden auch binnen kurzem im Drucke zugänglich gemacht. Die isländischen und norwegischen Geschichtsquellen sind voll von ausführlichen und lebendigen Beschreibungen des Heidenglaubens. Eine förmliche Mythologie hatte Snorri Sturluson in seiner *Edda* um 1230 verfasst; eine Sammlung von Götterliedern, die teilweise noch im 10. Jahrhundert gedichtet worden waren, fand Bischof Brynjulfr im Jahre 1643, die so genannte *ältere Edda*, die der Bischof fälschlich nach Snorris Edda benannte und dem weisen *Saemund*, einem gelehrten Isländer († 1133), zuschrieb. Damit war die Grundlage der nordischen Mythologie gegeben. 1665 beförderte der Däne Petrus Resenius die Snorra Edda zum Druck und gab dem isländischen Urtext eine von den Isländern Magnus Ólafsson, Stephan Ólafsson und Thormóðr Torfason herrührende lateinische sowie eine von Stephanius verfasste dänische Übersetzung bei. Im selben Jahre veröffentlichte er aus der Liedersammlung die Vǫlospǫ́ und die Hǫ́vamǫ́l, ebenfalls mit lateinischen Paraphrasen des Stephan Ólafsson und Gudmund Andersen; 1673 wurde der Druck wiederholt. Die den Ausgaben Resens beigefügten lateinischen Übertragungen verschafften ihnen weite Verbreitung auch außerhalb der nordischen Lande. Auf lange hinaus bildeten sie die Hauptquelle für alle, die über deutsche und nordische Mythologie schrieben.

Des Johannes Schefferus *Upsalia* 1666 ist größtenteils mythologischen Inhalts. Ausführlich wird der heidnische Tempel von Upsala beschrieben und in besonderen Abschnitten über die dort verehrten Gottheiten Thor, Odin und Frigga gehandelt. Auch Freyr und Njord und andere Gottheiten werden besprochen. Es ist eine fleißige Darstellung des nordisch-germanischen Götterglaubens, namentlich sofern er mit schwedischem Kult in Verbindung gebracht werden kann. Nun begannen diese nordischen Arbeiten auch auf die deutschen Verfasser zu wirken.

J. G. Eccard, *historia studii etymologici linguae Germanicae* 1711, S. 10, verspricht dem Leser eine deutsche Mythologie *(ex-*

spectandum a me habes librum de diis veterum Germanorum), die aber nicht zustande kam.

Die zweite deutsche oder besser germanische Mythologie schrieb der Schleswiger TROGILLUS ARNKIEL im Jahr 1690 unter dem Titel *Cimbrische Heydenreligion*. 1703 erschien die cimbrische Heydenreligion unverändert, aber vermehrt mit drei Abhandlungen über das goldene Horn von Tondern, über die Bestattungsbräuche der cimbrischen Völker, über ihre Bekehrung. Unter Cimbern versteht Arnkiel die Goten, Guten und Jüten, d.h. Schweden und Dänen, die Sachsen, die Friesen, die Wenden, die er wie üblich für Nachkommen der Wandalen nimmt. Arnkiel übertrifft an Gehalt Schedes Versuch weit. Die nordischen Denkmäler, Resens Ausgaben, Stephanius' Saxo, Scheffers Upsalia, Worms monumenta Danica u.a. sind gründlich verwertet, sodass seine »gotische«, d.h. nordische Mythologie sich schon recht stattlich ausnimmt. Für die Sachsen beruft er sich auf eine Schrift von CHRISTOF ARNOLD, *de diis Saxonum;* ihre »sieben Götzen« leitet er aus den Wochentagen als Sonne und Mond, Tuisco, Woden, Thor, Freya und Sater (d.i. Saturnus) ab. Für die Friesen wird Hertha, die berüchtigte Lesart für Nerthus, in Anspruch genommen. Die wendischen Götter, hauptsächlich aus des Chronisten Crantz *Wandalia* entlehnt, berühren uns hier nicht. Fürs germanische Priestertum sind die Druiden und Barden maßgebend. Als Theologe geht Arnkiel sehr in die Breite und berücksichtigt fortwährend auch das übrige Heidentum, das gleich wie das germanische als klägliche Entartung ursprünglicher reiner Gottesoffenbarung gefasst wird. Zudem ist er, wie fast alle Mythologen seit Snorri und Saxo, Euhemerist: »die heyden haben die verstorbene helden und die böse geister vergötzet und als götter angebeten.« Aber trotz allem ist doch vieles mit sachlichem gesundem Urteil geboten, und zuerst die nordische Mythologie zum Aufbau der deutschen Trümmer eingeführt.

J. G. KEYSLERS *antiquitates selectae septentrionales et celticae*, Hannover 1720, bekunden wiederum einen bedeutenden Fortschritt, schon weil allein die Absicht des wissenschaftlichen Altertumsforschers vorherrscht. Das Buch gewährt zwar keine Gesamtdarstellung der germanischen Mythologie, aber behandelt einzelne Abschnitte, z. B. den Walhallglauben. Die Inschriften aus der Römerzeit, welche deutsche Götternamen enthalten, werden erörtert. So hören wir von *Hercules Magusanus,* von *Nehalennia,* von den *Malronen.* Auch werden Erscheinungen des Volksglaubens, Seelen, Maren, Elbe besprochen. Man merkt, der Stoff erweitert und klärt sich; allmählich tauchen bestimmtere Ziele auf. Sehr verständig urteilt Keysler S. 126, dass die Sage vom Weltuntergang ebenso wie die von der Menschenschöpfung und Sinflut aus der christlichen Lehre entlehnt sei.

Um die Mitte des Jahrhunderts trat M. G. Schütze mit mythologischen Arbeiten hervor. Er schrieb 1743 *de cruentis germanorum gentilium victimis humanis,* 1748 *exercitationum ad Germaniam sacram gentilem facientium sylloge,* worin von Hludana, Weleda, dem Namen Allvater, dem Minnetrinken und dem Marenglauben die Rede ist, endlich 1750 *Lehrbegriff der alten deutschen und nordischen Völker von dem Zustande der Seelen nach dem Tode überhaupt und von dem Himmel und der Hölle insbesondere.* Siebrand Meyers *kurtze Erörterung des ehemaligen Religionswesens der Teutschen* Leipzig 1756 konnte ich nicht einsehen.

Der Genfer Mallet, der eine Zeit lang in Kopenhagen lebte, verstand es, dem Ausland den Hauptinhalt der nordischen Mythologie aufgrund von Resens und Göranssons Ausgaben sowie Bartholins *antiquitatum danicarum libri tres* (1689) in übersichtlicher gefälliger Form darzubieten. Seine *introduction à l'histoire de Danemarc* Kopenhagen 1755 mit den *monumens de la mythologie et de la poësie des Celtes et particulièrement des anciens Scandinaves,* ebenda 1756, verdeutscht 1765 als *Geschichte von Dänemark erster Teil,* gibt eine gefällige Schilderung ohne Weitschweifigkeit und gelehrten Ballast. Die nordischen Denkmäler, besonders die Snorra Edda, werden einfach übersetzt, in erklärenden Anmerkungen ist der Zusammenhang mit den deutschen und anderen *»celtischen«* Überlieferungen nachgewiesen. Die *celtische Religion,* die *Glaubenslehre der Druiden,* habe sich am reinsten in Skandinavien erhalten. Von anderen Fantastereien bleibt Mallet fern. Treffend hält er denen, die Snorri der Erfindung der nordischen Mythologie zeihen, die Tatsache entgegen, dass bereits die älteren Skalden dieselbe Glaubenslehre voraussetzen. Mallets Buch ist nicht gründlich gearbeitet, aber dafür auch nicht schwerfällig. Keine gröberen Verstöße haften ihm an, geschickt sind die vorhandenen Hilfsmittel benützt. Es erfüllte trefflich seinen Zweck, weitere Kreise mit der nordgermanischen Mythologie bekannt zu machen. Die Zeit aber war solchem Unterfangen günstig.

1766 erschien Gerstenbergs *Gedicht eines Skalden,* worin nach dem Vorgang eines dänischen Dichters namens *Tullin* die nordische Mythologie ebenso zum äußern Schmuck und Aufputz verwendet wurde wie bisher die antike. Aus dieser Anregung ging die Bardenpoesie hervor, welche vorwiegend nordische, dann aber auch deutsche Mythologie und keltische Bestandteile in die deutsche Dichtung einführte. Was bisher nur auf gelehrte Kreise beschränkt geblieben war, gewann nunmehr die Teilnahme der literarisch gebildeten Welt. Rasch verflog zwar der eigentliche Bardengesang, aber länger hielt das einmal erregte Interesse für nordisch-deutsche Mythologie an. 1787 erschien der erste Band der älteren Edda zu Kopenhagen; darin standen die wichtigsten Götterlieder, von denen bisher nur wenige durch Resen und Bartholin zugänglich gewesen waren. Dem isländischen Texte waren lateinische Übersetzungen und ausführliche Einleitungen und Erläuterungen, ebenfalls lateinisch, beigefügt. Natürlich erwuchs hieraus der Erforschung des nordischen Götterglaubens eine kräftige Förderung, die auch in Deutschland lebendigen Widerhall fand. Man begann sehr bald, die Edda bei uns einzubürgern.[1] Der schwäbische Schulrektor David Gräter (1768–1830) entfaltete eine rege Tätigkeit, die Ergebnisse und Errungenschaften der nordischen Altertumskunde in Deutschland weiteren Kreisen zu vermitteln. Populäre Handbücher der deutschen und nordischen Mythologie, meist

1 Vgl. Golther, die Edda in deutscher Nachbildung in der Zs. f. vergleichende Literaturgeschichte, N. F. 6, 275 ff.

unselbständig, dürftig und höchst verschroben, von ungründlicher handwerksmäßiger Mache, tauchten in größerer Anzahl auf.

Auch im Norden nahm unter dem Einfluss dichterischer, auf die Vorzeit gerichteter Bestrebungen die Beschäftigung mit dem Götterglauben neuen Aufschwung.

Im Jahre 1801 löste Oehlenschläger die Preisfrage der Kopenhagener Universität, ob die Einführung der nordischen Mythologie anstelle der antiken in die Dichtung der Gegenwart rätlich sei. In epischen und dramatischen Werken brachte nachmals Oehlenschläger selbst die Sagenwelt der Vorzeit seinem Volke wieder nahe. 1819 erschienen *die Götter Nordens* (verdeutscht von Legis 1829), ein Versuch, in freier poetischer Nachbildung den Gesamtinhalt der Eddamythen als einheitliche Dichtung zu erweisen. N. F. S. Grundtvig *Nordens Mythologi* 1808 sucht dem Volke mit überschwänglicher Bewunderung die tiefsinnige nordische Götterlehre in subjektiver moderner Empfindung wieder vorzuführen. Denselben Zweck verfolgt Hauchs *nordische Mythenlehre,* Leipzig 1847.

Um die mythologische Überlieferung richtig zu verstehen, bedarf es eingehender Quellenkritik, um den Ursprung der Mythen zu ergründen, ihrer Auslegung. Erst spät kam die erste Frage zum Bewusstsein, heute ist der Streit darüber heftiger denn je. Voreilig aber drängte sich allezeit die Deutung mangelhaft verstandener Tatsachen vor. Man nahm das Überlieferte einfach hin, wie es war, und ergoss die wunderlichsten Erklärungen darüber. Heute fällt das Schwergewicht auf Quellenkritik, von deren Entscheidung die Auslegung ganz und gar abhängt.

Von schwedischen Gelehrten ging die Ansicht aus, die nordische Sagen- und Mythenwelt sei uralt.

In Schweden machte Olof Rudbecks berüchtigtes Werk *Atlantica,* 1675–1702 in 4 Teilen erschienen, großes Aufsehen. Sein Grundgedanke ist, dass Schweden die Insel Atlantis, die Urheimat aller Völker, aller Kultur und Religion sei. Die schwedischen Sagen, die nordische Mythologie überragen an Altehrwürdigkeit weit die griechisch-römische Überlieferung. J. Göranson, der 1746 die Snorra Edda nach der Upsalahandschrift mit schwedischer und lateinischer Übertragung herausgab, 1750 die Völuspa als die *»patriarchalische Lehre der uralten Atlantiskinder«* folgen ließ, wandelt mit seinem Urteil in Rudbecks Spuren. Die Edda ist von Snorri Sturluson im 13. Jahrhundert aus alten Runen abgeschrieben, sie war aber, wie Herodot und Plato beweisen, schon 300 Jahre vor Trojas Erbauung auf Messingtafeln aufgezeichnet und wanderte damals nach Griechenland. Trotzdem wird flachem Euhemerismus gehuldigt, Odin gilt als menschlicher, nachmals vergötterter König. Solch wüste Phantasterei suchte J. Schimmelmann *»isländische Edda d. i. die geheime Gotteslehre des ganzen alten Kaltiens oder des europäischen Skytiens«* Stettin 1777 und in der *»Abhandlung von der alten isländischen Edda«* Halle und Leipzig o. J. in Deutschland zur Geltung zu bringen, doch glücklicherweise ohne Erfolg. Für Schimmelmann ist die Edda das älteste Götterbuch, das dem europäisch-keltischen Urvolk bei dessen erstem Auszug aus Asien mitgegeben wurde.

Solchem Überschwang trat die besonnene Frage nach Alter und Herkunft der Snorra Edda, nach ihrem Verhältnis zur Liedersammlung (der so genannten älteren Edda), nach Alter und Herkunft der darin enthaltenen Mythen entgegen, aber freilich mit unzureichenden Mitteln und mit arger Verkennung der wahren Sachlage. F. Adelung in *Beckers Erholungen* 1797, II hielt die Götterlehre der Edda für eine bloße Erdichtung, für eine Nachbildung christlicher Ideen. Am entschiedensten erklärte sich Fr. Rühs in seiner *Geschichte der Religion, Staatsverfassung und Kultur der alten Scandinavier* 1801, in seiner Übersetzung der Snorra Edda 1812, S. 120 ff., in seiner Abhandlung *über den Ursprung der isländischen Poesie aus der angelsächsischen* 1813 gegen die Echtheit der Edda-Mythen. Seine Beweise sind freilich schwach, seine Behauptungen aber finden neuerdings mehrfach Bestätigung. Peinlich berührt die hässliche Schimpferei gegen die Brüder Grimm in Rühs letzter Abhandlung. Aber man muss zu seiner Rechtfertigung berücksichtigen, dass er gereizt worden war.

Rühs behauptet mit gutem Fug, die nordische Mythologie, wie sie in der Kunstdichtung der Skalden und in der Edda vorliege, sei nie Glaube des Volkes gewesen, nur in unbedeutenden Einzelheiten darauf begründet. Die Meinungen des Volkes hätten den ersten Keim hergegeben, der aufs freieste und mannigfaltigste mit christlichen, jüdischen, griechisch-römischen Ideen weitergebildet worden sei. Vermischung von Christlichem und Heidnischem habe schon vor der Bekehrung stattgefunden. Weil jene Mythen von Anfang an nur zum Zwecke der Unterhaltung als poetischer Stoff dienten, konnten sie auch nach Annahme des Christentums noch ungeschwächt fortwirken. Oft spielten Angelsachsen Vermittler fremder Kultureinflüsse. Gedichte, in denen Fremdwörter wie *töflur*, d. i. Tafeln (Vǫl.), oder *hrimkalkr* (Kelch) vorkommen, können nicht uralt sein. Dem Einwurf, der ihm seinerzeit von P. E. Müller ebenso wie neuerdings einem Bugge von Finnur Jónsson gemacht wurde, dass schon die Skaldengedichte des 9. Jahrhunderts die nordische Mythologie voraussetzen, stellte er den Satz entgegen, die betreffenden Strophen seien jünger und jenen alten Skalden nur unterschoben worden. Rühs hatte freilich keine klare Vorstellung darüber, wie der echte nordische Volksglauben, den wir namentlich aus den Geschichtsquellen kennen lernen, zu den Erdichtungen der Skalden sich verhielt. Er ging zu weit, indem er alles leugnete, und gab damit seinen Gegnern selber die Waffen zu seiner Bekämpfung.

J. Grimm wandte sich in der Leipziger Literaturzeitung 1812, Nr. 287 u. 288 scharf und heftig gegen Rühs. P. E. Müller hatte 1811 in einer besondern Schrift *»die Ächtheit der Asalehre und den Wert der Snorronischen Edda«* verfochten. Der Beweis der Echtheit wird in der Hauptsache aus den Skaldengedichten und aus der dichterischen Sprache erbracht, die vom 9. bis zum 13. Jahrhundert immer die Mythologie zur Voraussetzung haben. Somit könne von einer Fälschung keine Rede sein. Müller fasst die Angelegenheit nicht ganz richtig auf. Es wird ja eine besondere Skaldenmythologie gepflegt und ausgebaut zum Zwecke der Dichtung, aber unterschieden vom eigentlichen Volksglauben,

eben behauptet. Dass die Skalden sich insgesamt dieser Mythologie bedienen, beweist doch nichts für ihre *»Echtheit«*, insofern etwa Volkstümlichkeit damit gesagt sein soll. Aber das Ansehen und überlegene Wissen des dänischen und der beiden deutschen Gelehrten schlug den ersten kritischen Zweifler nieder. Leidenschaftliche Vorliebe verblendete schon damals gerecht abwägendes Urteil. Man glaubte, einen Zerstörer und Schänder altheiliger Überlieferung zu sehen, während in Wirklichkeit doch nur die Quellen aufgezeigt werden sollen, aus denen nordische Dichter für ihre großartigen Schöpfungen Anregungen und Motive entnahmen. Den erhabenen Einheitsgedanken in der nordischen Mythologie suchten Dichter und Gelehrte recht deutlich hervorzuheben, um zu beweisen, dass nicht etwa genial veranlagte Skalden des 10. Jahrhunderts eben das, was wir an der nordischen Göttersage bewundern, geschaffen haben, sondern um den allgemeinen Schluss daraus zu folgern, dass es so längst vor ihnen gewesen sei.

Die Deutungsversuche sind *geschichtlich,* euhemeristisch, wonach geschichtliche Vorkommnisse der Urzeit den Mythen zugrunde liegen sollen, *philosophisch und physikalisch.* Mit starken Einschränkungen liegt in allen diesen Erklärungen ein Körnchen Wahrheit, doch wurden sie einseitig übertrieben und verallgemeinert, und keine trifft den Kern der Urreligion.

Der *Euhemerismus,* der neben der Theologie von Anfang an die germanische Mythologie durchzieht, wurde am stärksten in des Dänen Suhm Buch *om Odin* 1771 vertreten. Mit nüchternem Verstande soll die alte Überlieferung aufgefasst und ausgelegt werden; in Wirklichkeit aber bildet sich eine Lehre aufgrund der irrtümlichen und verkehrten Meinungen der alten Geschichtsschreiber. In den angelsächsischen Stammtafeln, bei Ari und Snorri ist die altgermanische Vorstellung von der göttlichen Herkunft des Adels und Königtums dahin verderbt, dass Woden-Odin, Njord, Freyr als sterbliche menschliche Vorfahren der geschichtlichen Könige betrachtet werden. Von den Asen, den nordischen Göttern, wird Abstammung aus Asien behauptet und von ihrer Einwanderung aus dem Ursitz am Tanais über

Sachsen nach Dänemark und Skandinavien gefabelt. Die Einwanderung geschah unter der Führung Odins. Diese Geschichten nimmt Suhm wörtlich, er sucht drei geschichtliche Persönlichkeiten mit Namen Odin festzustellen. Diese hätten sich den Namen der ursprünglichen Gottheit Odin beigelegt. Dass auf solche Art ein Zerrbild der nordischen Göttersage entstehen muss, ist klar. Nur die Namen und das ursprüngliche Wesen bleiben den Göttern, alle Überlieferung im Einzelnen den Menschen, die sich ihre Namen anmaßten. Eine seichtere und flachere Auffassung ist kaum denkbar. Die Übereinstimmung der nordgermanischen Religion mit andern wird auf die gemeinsame Urheimat der gesamten Menschheit in Asien zurückgeführt. Der Glaube an einen einigen Gott liegt allen heidnischen Religionen und mithin auch der nordischen zugrunde, wie aus dem Namen Allvater erwiesen wird. Hatten die früheren theologisch gesinnten Verfasser diesen Gedanken folgerichtig aus der biblischen Geschichte entwickelt und die heidnische Vielgötterei, den Abfall vom Monotheismus, auf den Teufel zurückgeführt, so bricht sich allmählich eine *philosophische* Erklärung Bahn. Der wahre einige Gott stand als geistiges Wesen über der Natur, aber bald wurde er als Weltseele in der Natur, in den Naturerscheinungen, z. B. in der Sonne, im Winde, im Donner, gesucht. Hiermit melden sich die Anfänge der natursymbolischen Mythendeutung.

Von Deutschland ging die philosophisch-physikalische Mythendeutung aus, die wenigstens insoweit Gutes wirkte, dass sie den flachen Euhemerismus wegfegte. Positive Ergebnisse von bleibendem Werte hat sie freilich wenig zu verzeichnen.

Creutzers *Symbolik- und Mythologie* 1810–1812, Görres *Mythengeschichte der asiatischen Welt* 1810, Kannes *Pantheum der Naturphilosophie* 1811 riefen diese Richtung ins Leben.

Den alten Religionen liegt nach Creutzer der Kern einer reineren monotheistischen Urreligion zugrunde, der von priesterlichen Lehrern in der Form von Zeichen (Symbolen) und Erzählungen (Mythen) mitgeteilt, durch die Einmischung volkstümlicher Sagen, durch die poetisch gestaltende Kraft und durch die Empfindung der belebten Natur zu einer polytheistischen Gliederung auswuchs, aber in den Mysterien am reinsten erhalten war. Den Kern durch Vergleichung aller überlieferten Mythologien ans Licht zu ziehen ist Aufgabe der Wissenschaft. Die Urreligion entstand im Morgenland. Zugleich ist die Aufgabe gestellt, die Mythen, die ja nur Allegorien sind, auf ihren eigentlichen Grund zurückzuführen und das Göttliche überall, auch in den Naturerscheinungen, zu suchen.

Den Fachgelehrten fiel die Aufgabe zu, die allgemeinen philosophischen Sätze am mythologischen Stoffe anzuwenden. Das tat in Deutschland MONE in der *Geschichte des Heidentums im nördlichen Europa* 1822–24. In der Einleitung bekennt er sich zur Anschauung, dass man durch Vergleichung stammverwandter Glaubenslehren die Stammreligion, durch Vergleichung der Stammreligionen die Religion der Menschheit und die Art und Weise ihrer Verzweigung und Teilung in die unendliche Vielheit der Völker lerne. Bei der Darstellung beschränkt er sich aber mehr auf Verarbeitung der Überlieferung, die nur beiläufig ausgelegt wird, und schildert so das nordische und deutsche, d. i. sächsische, fränkische, gotische Heidentum je für sich allein. Viel neues Material wird zielbewusst in größerem Rahmen bearbeitet. Den landläufigen mythologischen Handbüchern der damaligen Zeit ist Mone an Wissen und Urteil weit überlegen. Bemerkenswert ist, dass Mone auch die Heldensage ihrer mythischen Bestandteile halber in größerem Maßstabe zur Mythologie heranzieht.

In Dänemark wirkte der sehr verdienstreiche Isländer FINN MAGNUSEN in diesem Sinne. Seine vierteilige *Eddalehre,* Kopenhagen 1824–26, handelt ausführlich vom Ursprung der nordischen Mythen, welche »sowohl mit dem großen Buche der Natur, als auch mit den mythischen Systemen der Griechen, Perser, Inder und mehrerer anderer alter Völker« verglichen werden. Auch ihm schwebt die Urreligion und ihre Entstehung aus Naturerscheinungen als letzter Grund aller Mythologien vor. Ebenso ist sein *priscae veterum Borealium mythologiae lexicon* 1827 eingerichtet. Darin ist mit erstaunlicher Vollständigkeit die gesamte nordische Götterlehre nicht bloß der Edda, sondern auch der übrigen altnordischen Quellen in Form eines ausführlichen Wörterbuches geordnet. In Nyerups *Wörterbuch der skandinavischen Mythologie,* Kopenhagen 1816 hatte er eine brauchbare Vorarbeit. Finn führte auch in den einzelnen Abhandlungen seines Wörterbuches die Vergleichung und Auslegung der einzelnen nordischen Mythen durch. Die Deutungen sind freilich größtenteils verfehlt, schon weil die Sternkunde allzu sehr hervortritt. Darnach wären die Germanen vorwiegend Sternanbeter gewesen und hätten überaus genaue astronomische Kenntnisse sehr künstlich zu Mythen verwandelt. Trotz den verfehlten allgemeinen mythologischen Anschauungen bilden Mones und Finn Magnusens Schriften aber doch den Höhepunkt der mythologischen Forschungen vor Uhland und J. Grimm. Es war unendlich viel Tatsächliches geboten, dessen Wert noch heute andauert und durch die verkehrten Meinungen, welche die Verfasser über die Erklärung des fleißig zusammengetragenen Stoffes hegten, nicht beeinträchtigt wird.

Zum Schlusse des Abschnittes möge ein kleines Verzeichnis solcher Schriften stehen, die das Studium der deutschen Mythologie zu popularisieren suchten. Darin kommen die allgemeinen Anschauungen, die man bisher mithilfe der Forschung erreicht hatte, deutlich zum Ausdruck. Abgesehen von einigen unverbesserlichen rückfälligen Nachzüglern stehen die populären Mythologien nach J. Grimm auf einem unvergleichlich höheren Standpunkt.

Kleinere Abhandlungen verzeichnet in größerer Anzahl B. F. Hummel, *Bibliothek der deutschen Altertümer,* Nürnberg 1787, S. 201 ff., und im Zusatzbande, Nürnberg 1791, S. 56 ff.; ferner G. Klemm, *Handbuch der deutschen Altertumskunde,* Dresden 1836, S. 261 ff. Von besondern Schriften seien folgende erwähnt:

Siebenkees, *Von der Religion der alten Deutschen,* Altdorf 1781.

Ch. L. Reinhold, *Beitrag einer Mythologie der alten deutschen Götter,* Münster 1791.

F. X. Boos, *Die Götterlehre der alten Deutschen,* Köln 1804.

F. J. SCHELLER, *Mythologie der nordischen und andern deutschen Völker,* Neuburg 1804; Regensburg 1816. *Kleines Handbuch der nordischen Mythologie,* Leipzig 1816.

G. C. BRAUN, *Die Religion der alten Deutschen,* Mainz 1819.

H. A. M. BERGNER, *Nordische Götterlehre aus den Quellen geschöpft und zusammengetragen,* Leipzig 1826.

F. D. GRÄTER, *Versuch einer Einleitung in die nordische Altertumskunde,* Dresden 1829.

J. G. BÖNISCH, *Die Götter Deutschlands, vorzüglich Sachsens und der Lausitz,* Camenz 1830.

G. TH. LEGIS, *Handbuch der altdeutschen und nordischen Götterlehre,* Leipzig 1831; 2. Aufl. 1833.

G. TH. LEGIS, *Alkuna, nordische und nordslawische Mythologie,* Leipzig 1831.

C. E. HACHMEISTER, *Nordische Mythologie nach den Quellen bearbeitet und zusammengetragen,* Hannover 1835.

In Gestalt eines mythologischen Wörterbuches boten den Stoff:

CH. A. VULPUIS, *Handbuch der Mythologie der deutschen, verwandten, benachbarten und nordischen Völker,* Leipzig 1826.

A. TKÁNY *Mythologie der alten Teutschen und Slaven in Verbindung mit dem Wissenswürdigsten aus dem Gebiete der Sage und des Aberglaubens,* 2 Bde., Znaim 1829.

Von Abhandlungen über einzelne Gottheiten sind zu nennen:

BÜSCHING, *Das Bild des Gottes Tyr,* Breslau 1819.

C. H. GRUPEN, *Abhandlung vom sächsischen Gott Irmin* in den *observationes rerum et antiquitatum Germ.,* Halle 1763, S. 165 ff.

J. GRIMM, *Irmenstrasse und Irmensäule,* Wien 1815.

v. D. HAGEN, *Irmin, seine Säule, seine Straße, sein Wagen*Auch äußerlich, Breslau 1817.

C. NIEMEYER, *Sagen betreffend Othin, dessen Geschlecht und Asentum überhaupt. Nach den Überlieferungen Saxos des Grammatikers,* Erfurt 1821.

H. LEO, *Über Othins Verehrung in Deutschland,* Erlangen 1822.

Joach. WIELAND, *De Thoro, principe veterum Septentrionalium idolo diss.* Hafniae 1709.

J. G. S. Schwabe, *De deo Thoro commentatio,* Jena 1767.

J. P. Anchersen, *Vallis Herthae Deae,* Hafniae 1747.

C. K. Barth, *Hertha und über die Religion der Weltmutter,* Augsburg 1828.

Sculo Thorlacius, *De Hluduna Germonorum gentilium dea,* Hafniae 1782.

Die physikalische Auslegung der Eddamythen erreicht den Höhepunkt des Unsinns in den Schriften von Trautvetter, *Der Schlüssel zur Edda,* Berlin 1816, wo die nordische Mythologie als eine in Gleichnissen vorgetragene Chemie erscheint, und bei K. Henneberg, *Hvad er Edda,* Aalborg 1812, wo die Bilder des goldenen Horns von Tondern mit der Baldrsage zusammengebracht und astronomisch gedeutet werden.

Wie sich vor J. Grimms grundlegendem Werke die deutsche Götterlehre ausnahm, lernt man am besten aus der Übersicht, die G. Klemm im *Handbuch der germanischen Altertumskunde,* Dresden 1836, S. 273 ff. gewährt. Dort sind die Ergebnisse der älteren deutschen Mythologie mit tunlichstem Ausschluss der nordischen zusammengestellt.

Wir hören von Tuisto, Mannus, Irmin, Wodan, Freia, Fro, Thunar, Hertha, Alces; dann aber wird, namentlich auf Cäsars Gewähr, ein Sonnen- und Monddienst behauptet, von Eostar, Ostar berichtet und hierauf von den thüringischen und hessischen Götzen Namens Krodo, Jecha, Püstrich, Stuffo, Reto, Lahra, von den sächsisch-friesischen Hammon (zu Hamburg), Fosete (weiblich), Nehalennia und Hludana gemeldet. Dazu gesellt sich noch der sächsische Jodute, in Süddeutschland Lullus, Strifa, Krutzmann, Epona. Endlich verführte die bekannte interpretatio romana, die Gottheiten fremder Völker mit römischen Götternamen bezeichnete, zur Meinung, römische Gottheiten wie Mars, Merkur, Herkules, Isis, Diana, Venus seien von den Germanen angenommen und verehrt worden. Von allen diesen merkwürdigen Gestalten, die auf Erfindungen und Etymologien der Gelehrten des 16. und 17. Jahrhunderts beruhen, gab es ernst gemeinte umfangreiche Abhandlungen, die bei Klemm und in Hummels Bibliothek der deutschen Altertümer besonders im 11. Kap. *»von den topischen Göttern«* verzeichnet stehen. Die Zufuhr der nordischen Mythologie hatte den Stoff nur erweitert, nicht gereinigt und vertieft. In den Wörterbüchern von Vulpius und Tkány treibt diese Götzenschar noch ihr ganzes Unwesen. Auch das muss erwogen werden, um J. Grimms Tat zu würdigen. Er hatte nicht nur alles ganz neu aufzubauen, sondern mit unglaublich vielem Schutte aufzuräumen. Die bisherigen mythologischen Forschungen hatten trotz allem guten Willen der Verfasser den Ausblick eher verbaut, den Blick getrübt.

2. Die wissenschaftliche Bearbeitung der Mythologie: Uhland und J. Grimm

Mit bewundernswertem Scharfblick hat Uhland in seinen Vorlesungen 1830–1832 und in *Abhandlungen* deutsche und nordische Mythologie erforscht. *Der Mythos von Thor* erschien 1836, das Übrige erst nach seinem Tode in den *Schriften Bd. 6 über Odin* und *Bd. 7, S. 16–85 Umriss der nordischen Göttersage, ebda. S. 473 bis 514, älteste Spuren der deutschen Göttersage.* Mithin konnten seine Studien zunächst nur zum kleinen Teil auf die Entwicklung der Mythenforschung wirken. In der Schrift über Thor ist am gründlichsten und geistvollsten die physikalische Mythendeutung durchgeführt, und die Entstehung der Thorssagen aus der norwegischen Naturumgebung nachgewiesen. Die germanische Gestalt des Donnerers ist sicher der nordischen Natur angepasst worden. Aber selbst bei Uhland zeigt sich die natursymbolische Auslegung als verfehlt, sobald sie ins Einzelne geht. Die Ergebnisse halten nach dieser Seite nicht stand. In der Abhandlung über Odin finden sich vortreffliche Abschnitte, Ansätze zur Entwicklungsgeschichte, wie wir sie bei J. Grimm vergeblich suchen. Dahin gehört u. a. der Nachweis, dass Freyr in Schweden, Thor in Norwegen, Odin in Dänemark und Sachsen ursprünglich verehrt wurde. Das Verhältnis Bragis zu Odin wird ebenso einleuchtend erklärt. Man bedauert, dass Uhland keine umfassende Darstellung der Mythologie unternahm. Was sich in der klaren Seele dieses unvergleichlichen Mannes gespiegelt, wurde allein schon dadurch geläutert und strahlt uns reiner und heller entgegen, als aus der vielfach getrübten und verderbten Überlieferung. Band 7, 382 steht eine Bemerkung, welche gelegentlich später errungene Ergebnisse vorwegnimmt. »Es ist allen bekanntern Naturreligionen gemein, dass in ihnen eine Menge untergeordneter Geister lebt und webt, welche bald unsichtbar und leise geahnt die Natur erfüllen, bald in heftigen Erscheinungen hervortreten, dem Menschen in freundlicher oder feindlicher Gesinnung sich nahend. Man fasst dieses Geisterwesen bei den neueren Völkern am besten unter dem, ihrer vielen gemeinsamen Namen der Elfen zusammen. Wenn man erwägt, wie dieses Geisterreich in übereinstimmenden Hauptzügen bei Völkern verschiedenen Stammes und sonst auch bedeutend verschiedener Glaubenslehre sich ausgebreitet hat, so erkennt man in ihm das ursprünglichste und allgemeinste Element der mythischen Naturanschauung, aus dem dann erst die eigentümlichen Göttergestalten jeder besonderen Mythologie aufgetaucht sind. Wurden diese durch die Herrschaft einer neuen Lehre zerstört, so trat die Auflösung in jenes freiere Element wieder ein.«

So weit nur irgend möglich, schließt sich dieses Handbuch an Uhland an, besonders auch bei Erzählung nordischer Sagen, denen der herrliche Mann eine wahrhaft klassische Form verlieh.

1811 hatte J. Grimm über *Irmenstrasse und Irmensäule* geschrieben, 1813 *Gedanken über Mythos, Epos und Geschichte.* Er wandelt noch in den Spuren von Görres und Kanne. 1812 kamen *die Märchen,* 1816 *die deutschen Sagen* heraus. Da kam zunächst die tatsächliche Überlieferung in reicher, schöner Fülle zu Wort, vor ihr verstummten Vorurteile und grundlose Lehrsätze zur Behandlung der Mythologie. Der Romantik entwanden sich die Brüder in den gewaltigen Werken, mit denen sie die germanische Altertumsforschung zum Range einer echten Wissenschaft erhoben. *Die deutsche* (d. h. germanische) *Grammatik* 1819, 1822 u. ff., *die Rechtsaltertümer* 1828 sind auf festen Grund gebaut. Nach Möglichkeit ist die gesamte germanische Überlieferung aus alter und neuer Zeit ausgeschöpft und dabei die ursprüngliche Einheit in der späteren Vielheit und Verschiedenheit erwiesen.

Schon 1832 schreibt J. Grimm an Lachmann, dass er etwas über deutsche Mythologie vorhabe, »diesmal aber im Gegensatz zur nordischen und diese ausschließend«. Nur als Hilfsmittel zur Bestätigung oder Ergänzung deutscher Nachrichten soll die nordische Mythologie verwendet werden. Mit denselben Mitteln, mit demselben Weit- und Tiefblick unternahm J. Grimm *Die deutsche Mythologie,* die 1835 in erster Auflage erschien. Schon 1844 kam eine zweite stark vermehrte, aber gleich angelegte Ausgabe in zwei Bänden, die 1854 und 1875 neu gedruckt wurden. Der dritte Band, 1878 von E. H. Meyer besorgt, bringt eine reiche Nachlese von Belegen, die J. Grimm stetig nachsammelte und nachtrug. Mit der deutschen Mythologie erstand eine versunkene Welt. Mit wunderbarem Fleiße aus einer schier unermesslichen Belesenheit ist alles zusammengetragen und sauber eingeordnet, was zur Mythologie zu gehören schien. Unerreicht und nie zu übertreffen besteht Grimms Werk in seiner Haupteigenschaft einer Sammlung als die Grundlage aller späteren mythologischen Forschung. Der unvergängliche Wert des Buches beruht namentlich darin, dass kein System den Stoff meistert, dass die nächste und wichtigste Aufgabe in der Sammlung und Sichtung des weit zerstreuten, nur vereinzelt und trümmerhaft überkommenen Stoffes gesucht wird. Wohl hegt auch Grimm eigene Gedanken über die Grundfragen der Mythengeschichte, über Ursprung der Mythen überhaupt, über Verhältnis der nordischen zur deutschen, der germanischen zur Mythologie andrer Völker. Aus seinen Anregungen erwuchsen die meisten der späteren Schulideen. Aber Grimm spricht nur gelegentlich, anhangsweise seine Ansicht aus, Hauptsache bleibt immer Eröffnung der verschütteten und versandeten Quellen. Was aus der Sprache, zum Teil auch aus dem Recht, zu lernen war, Ureinheit hinter den jüngeren Überlieferungen, scheint auch die Mythologie zu bestätigen. Wenn möglich, soll der altgermanische Glaube, aber vorwiegend aufgrund deutscher Quellen bei nur vorsichtiger Benutzung nordischer, in den Grundzügen hergestellt werden. Was die Einführung der Sprachwissenschaft in die Mythologie bedeutet, sieht man deutlich, wenn man die früheren tastenden Erklärungsversuche von Götternamen betrachtet. Beispiele für solch fruchtloses geistloses Raten gewährt Suhms Schrift *om Odin* z. B. S. 3 ff., wo eine Blütenlese von älteren und neueren Etymologien des Namens Odin gesammelt ist. Zwar traf auch J. Grimm keineswegs immer das Richtige und die neueste etymologische Forschung führt eher wieder in neue Wirren. Aber die Deutung strebt doch zielbewusst vorwärts, kennt die einzuschlagenden Pfade und verwirft unbrauchbare Mittel. War schon die gewöhnliche Wortforschung vor der germanischen und indogermanischen Sprachwissenschaft nur ein sinnloses Raten, so war die Verwilderung bei Eigennamen vollends ganz toll gewesen.

Besonders in der Vorrede zur ersten Ausgabe, ebenso in der zur zweiten setzt Grimm sein Verfahren auseinander, das ohnehin schon aus jedem einzelnen Abschnitt ersichtlich wird. Immer wird mit sprachlichen Beweisen angehoben und damit jeder Begriff womöglich als nordisch-deutsch, also auch urgermanisch aufgezeigt. Zweifelhaft bleibt freilich stets, inwieweit die Entwicklung aus einem gemeinsamen Grundbegriffe bei den verschiedenen Stämmen besondere Bahnen einschlug. Fast völlig außer Ansatz ist die Möglichkeit späteren Austausches gelassen. Die Vorrede erörtert Hauptfragen, wie Verhältnis von deutschem und nordischem Glauben, Beziehungen zu nicht germanischen Mythologien, Verwendung der Volkssage zum Aufbau des Heidentums, Wesen des germanischen Gottesbegriffs (Mono = Poly = Pantheismus), Deutung der Mythen u. a. m. »Für den heidnischen Glauben hat man eine andre Meinung gefasst (nämlich als bei der Sprache), weil seine Quelle in Skandinavien reichlich, in Deutschland sparsam fließt: diese sehr begreifliche Verschiedenheit ist zu der doppelten Folgerung missbraucht worden, um den Ursprung der nordischen Mythologie stehe es verdächtig, und das übrige Deutschland sei götterlos gewesen. Aus dem Mangel des einen Bruders schloss man nicht etwa, dass er sein Gut vertan, sondern dass der reiche Bruder sein Vermögen unrecht erworben habe, aus der Wohlhäbigkeit des Begüterten entnahm man, dass der Dürftige gar nicht reich gewesen sein könne. Niemals hat eine falsche Kritik ärger gefrevelt, indem sie wichtigen, unabwendbaren Zeugnissen trotzte, und die naturgemäße Entwicklung nah verwandter Volksstämme leugnete. Um sie aber auszurotten, habe ich wohl eingesehen, dass ich nicht von einer Darstellung der nordischen Fülle, vielmehr der deutschen Armut ausgehend, Ähren lesen musste, keine Garben schneiden durfte. Erst aus solchen Ähren und ihren Körnern habe ich Nahrung zu gewinnen und Schlüsse zu ziehen gewagt; es ist dadurch aller Besonderheit, wie ich hoffe, das Recht gewahrt worden. Denn Eigentümliches und Abweichendes tritt hier nicht anders wie in der Sprache ein, und seiner habhaft zu werden hat den höchsten Reiz. Größer aber als die Abweichung ist die Übereinkunft, und das früher bekehrte, früher gelehrte Deutschland kann die unschätzbaren Aufschlüsse über den Zusammenhang seiner Mythentrümmer dadurch dem reicheren Norden vergelten, dass es ihm ältere historische Zeugen für die jüngere Niederschreibung an die Hand liefert.« Die Zeugnisse für die gleiche Grundlage nordischer und deutscher Götterlehre werden S. VI ff. zusammengestellt, dabei aber Urverwandtschaft und späterer Austausch nicht geschieden. In der zweiten Ausgabe S. VIII heißt es: »die Lage der Dinge scheint also die zu sein, dass bei fortschreitendem Betrieb wir der nordischen Grenze entgegenrücken und endlich der Punkt erscheinen wird, auf dem der Wall zu durchstechen ist und beide Mythologien zusammenrinnen können in ein größeres Ganzes.«

»Die bedeutsamen Beziehungen zum ferneren alten Morgenland« (S. XVI ff.), welche für sich allein schon die Meinung eines späteren Ursprungs deutscher Mythologie abwehren müssen, werfen den Gedanken eines urindogermanischen Götterglaubens auf, der auch im Einzelnen, namentlich wo sprachliche Gleichungen das Recht zu geben schienen wie z. B. bei Tius-Zeus-Dyaus, hervorgehoben wird. Aber der Gedanke ist nicht zum Dogma erhoben und beeinflusst nirgends die quellentreue Darstellung.

Auf die erst aus später Zeit überlieferten Volkssagen ist »überall kein kleines Gewicht gelegt und lohnende Ausbeute aus ihnen gewonnen worden.« »Ihren Wert bezeichnet das Verhältnis heutiger Volksmundarten ganz genau, in welchen sich uralter Wortstoff, den die gebildete längst ausgeschieden hat, in Menge findet.« Also namentlich wegen vermeintlicher Erinnerungen an die heidnische Göttersage wird die Volkssage herangezogen. »Soll ich in der Kürze den der Mythologie aus der Volkssage hervorgegangenen Gewinn bezeichnen, so leuchtet ein, dass nur aus dieser wir Auskunft über die Göttinnen Holda, Berhta und Fricka, sowie über den unmittelbar auf Wotan leitenden Mythos von der wilden Jagd verdanken. Der weißen Frauen, Schwanfrauen und bergentrückten Könige würden wir aus den geschriebenen Denkmälern wenig habhaft geworden sein, verbreitete nicht die Volkssage ihr Licht darüber. Selbst die Mythen von Sintflut und Weltuntergang lässt sie noch nicht außer Acht. Was in ihr aber vorzugsweise gehegt und mit dem buntesten Gewirk gewoben wird, das sind die traulichen Erzählungen von Riesen, Zwergen, Elben, Wichteln, Nixen, Schraten und Hausgeistern.« Die Göttergestalten sollen sich in Teufel und Hexen, der Gottesdienst in abergläubische Bräuche verwandelt haben. Oft aber leben auch in Legenden heidnische Erinnerungen nach.

»Elementen, Naturerscheinungen und Gestirnen lege ich großen Einfluss auf mythologische Vorstellungen bei, lange keinen solchen, dass alle und jede aus ihrer Grundlage abgeleitet werden dürften, da außer den physischen auch noch sittliche und andere menschliche Motive obwalten und erst in der Durchdringung aller zusammen die Götter des Heidentums entsprungen scheinen. Die Natur lässt uns ihre erhabene und wohltätige Wirksamkeit gewahren in dem leuchtenden, wärmenden Feuer, dem reinigenden, kühlenden Wasser, der allbeweglichen, erquickenden Luft, der nährenden, stärkenden Erde. Hier gesellt sich ein sittlicher Eindruck zu dem natürlichen. Der Mensch hat aber auch Gottheiten nötig für die Begriffe von Güte, Milde, Allgewalt, Sieg, Friede, Liebe, Gerechtigkeit, die mehr aus seinem Gemüt als aus der Natur aufsteigen.«

In der Einleitung der ersten Auflage S. 9 heißt es: »Von der Verwirrung, die so häufig dem Studium der nordischen und griechischen Mythologie Eintrag getan, ich meine die Sucht, über halb aufgedeckte historische Daten philosophische oder astronomische Deutungen zu ergießen, schützt mich schon die Unvollständigkeit und der lose Zusammenhang des Rettbaren. Ich gehe darauf aus, getreu und einfach zu sammeln, was die frühe Verwilderung der Völker selbst, dann der Hohn und die Scheu der Christen vor dem Heidentum übrig gelassen haben, und wünsche nichts, als dass meine Arbeit für einen Anfang weiterer Forschungen in diesem Sinne gelten könne.«

Ein Hauptfehler der deutschen Mythologie besteht darin, dass die Möglichkeit, den verlorenen deutschen Götterglauben wiederzuerlangen, stark überschätzt ist. Eine Reihe von Quellen sind für die deutsche Mythologie verwendet, deren Berechtigung anzufechten ist. Märchen und Sagen enthalten viel Auswärtiges und dürfen nicht in dem Umfange, wie es hier geschieht, zum Wiederaufbau deutschen Götterglaubens verwandt werden. Die Dichtung des 13. Jahrhunderts ist in ihrer Brauchbarkeit überschätzt. Die Allegorien der mittelhochdeutschen Dichter, der Wunsch und Frau Aventiure dürfen nicht mit Odins Beiname Oskr (Wunsch) und Saga verglichen und aus gemeinschaftlicher altmythischer Überlieferung abgeleitet werden. Vieles entstammt christlicher Sage und geht zuletzt auf die Bibel zurück, was von Grimm als heidnische Erinnerung erachtet wird. Allzu wenig rechnet Grimm mit jüngerem Ursprung, mit individuellen Erfindungen der Dichter, mit Entlehnung aus der Fremde, und trägt manches Ungehörige ins Heidentum zurück. Obwohl Myth.[2] S. XXX gesagt wird: »Ich leugne keinen Augenblick, dass neben solcher geheimnisvollen Ausbreitung der Mythen, (d. h. von einem idg. Urbestand) äußere Entlehnung stattfand, ja dass sie mit Absicht ersonnen und übertragen werden konnten, wiewohl dieser letzten Art es schwerer hält als man wähnt unter dem Volk Wurzel zu greifen. Die römische Literatur hat von frühauf über andere europäische Länder sich ergossen, es wird in einzelnen Fällen sogar unmöglich sein, zwischen ihrem Einfluss und jenem inneren Wachstum der Sage den Ausschlag zu tun. Nirgends aber ist Einwirkung von außen weniger zu bezweifeln als da, wo durch Zusammenstoß der christlichen Lehre mit dem Heidentum unter den bekehrten Völkern unvermeidlich ward, der hergebrachten zu entsagen und an deren Stelle, was der neue Glaube herbeiführte oder ertrug, aufzunehmen oder abzuändern« – so wird doch viel mehr der Satz auf S. XXI befolgt: »Jedwedem Volke scheint es von Natur eingeflößt, sich abzuschließen und von fremden Bestandteilen unangerührt zu erhalten. Der Sprache, dem Epos behagt es nur im heimischen Kreis, nicht länger als er zwischen seinem Ufer wallt, hält der Strom seine Farbe lauter. Aller eignen Kraft und innersten Triebe ungestörte Ausbildung ergeht aus dieser Mitte, und unsre älteste Sprache, Poesie und Sage sehen wir keinen andern Zug einschlagen.« Finden sich Einstimmungen zwischen fremder, romanischer oder christlicher Überlieferung und deutscher Volkssage, so wird fast nie Entlehnung, sondern Herkunft aus gemeinsamer germanisch-heidnischer Urquelle angenommen. Aus der stattlichen, überreichen Sammlung ist daher sehr viel zu streichen, was weder altgermanisch noch überhaupt mythisch ist.

Im Vergleich zu seinen Vorgängern hat J. Grimm allerdings mit den angeblichen germanischen Götzen gründlich aufgeräumt, aber ganz fertig ist er mit ihnen noch nicht geworden. Krodo und Sater (aus ags. *Sœteresdœg*) spuken noch neben einer Göttin Zisa, die von Chronisten im 8. und 9. Jahrhundert zu Ciesburg erfunden wurde. Eine ags. Göttin Ricen wird vermutet. Holda, Berhta und andere sind aus der Volkssage gefolgert und fürs deutsche Heidentum kanonisiert worden.

3. Die mythologische Forschung nach J. Grimm

Die zahlreichen populären Darstellungen der deutschen und nordischen Mythologie, die nach J. Grimm erschienen, ebenso die vielen Einzeluntersuchungen, in denen neues Material beigebracht oder eine bestimmte Erscheinung für sich allein behandelt wurde, kann ich hier nicht aufzählen und charakterisieren. Einiges Hierhergehörige verzeichnet v. Bahder, die deutsche Philologie im Grundriss, S. 234 ff. Nur *die* Schriften sollen genannt werden, welche neue fruchtbare Gedanken vertraten und damit auf die Entwicklung der mythologischen Forschung nachhaltig einwirkten.

Wilhelm Müllers *Geschichte und System der altdeutschen Religion,* 1844, von J. Grimm in den Berliner Jahrbüchern für wissenschaftliche Kritik 1844, Nr. 91–2 ungerecht verurteilt, sucht die von Grimm gewonnene deutsche Mythologie nach geschichtlichen Erwägungen zu sichten und die Einzelheiten miteinander zu verbinden. Mit Recht scheidet Müller einen großen Teil des von J. Grimm gesammelten Materials als unbrauchbar aus. Insbesondere Volkssage und Volksbrauch, sofern erst die christliche Zeit davon meldet, werden nur bei zwingenden Gründen zum Aufbau des altdeutschen Heidentums benutzt. Kritik der Quellen betont Müller als vor allem nötig. Vorschnelle Verallgemeinerung von örtlich und zeitlich bestimmten Nachrichten soll nicht gelten. Freilich wird die nordische Mythologie trotzdem zu viel zur Erklärung der deutschen Trümmer benutzt. Immerhin bleibt Müllers Buch ein achtbarer Versuch, den geschichtlichen Maßstab an Grimms Sammlung zu legen.

Aus der deutschen Mythologie Grimms erhuben sich mehrere eifrig behandelte Fragen, deren Beantwortung die Darstellung wesentlich umgestalten musste. Zunächst blieb noch eine Zeit lang die Mehrung des mythologischen Stoffes eine wichtige Hauptaufgabe der Mythologen. Weniger aus den Denkmälern der Vergangenheit als vielmehr aus der mündlichen Überlieferung der Gegenwart erstanden unzählige wertvolle und wertlose Sammlungen von Märchen, Sagen und abergläubischen Bräuchen.[1] Hatten doch die Brüder Grimm in ihren Sammlungen musterhafte Vorbilder aufgestellt, denen in allen Ländern allmählich nachgeeifert wurde. Nachdem J. Grimm den mythologischen Wert der Volkssagen betont hatte, sammelten die deutschen Gelehrten besonders unter diesem Gesichtspunkte. Wie verhält sich die aus dem Mittelalter und der Gegenwart uns bekannte Volkssage zum Heidentum, enthält sie verblasste Spuren alter Göttersage, diese Frage beschäftigte die Forscher und wurde zunächst im Sinne Grimms entschieden. Was ist aus der Heldensage, insofern sie geschichtliche und mythische Bestandteile enthält, für die Mythologie zu lernen? Wie verhält sich die deutsche Mythologie zur nordischen, wie viel gilt von letzterer für Deutschland? Was hat der germanische Götterglaube mit dem andrer, insbesondere indogermanischer Völker gemein, wie viel davon entstammt aus ursprünglicher Gemeinschaft, wie viel aus etwaiger Entlehnung, wie viel aus zufälliger gleicher Entwicklung? Wie entstanden Mythen? Die letzte Frage hat die meisten und widersprechendsten Antworten gefunden. Da sie aber weniger auf germanischem Gebiete zum Austrag kommt, so soll sie auch hier mehr nur beiläufig berücksichtigt werden.[1]

---

1 Bereits im MA wurden solche Sammlungen veranstaltet, jedoch im großen Stil und im Hinblick auf mythologische und religionsgeschichtliche Verwertung erst im 19. Jahrhundert. Eine erschöpfende Bibliografie könnte Bogen füllen. Ich begnüge mich mit einem Hinweis auf bibliografische Zusammenstellungen in E. H. Meyers Mythologie S. 28 ff., 56; in Pauls Grundriss der germanischen Philologie II, 1, 733 ff. (nordische Sagen von Lundell), ebd. 777 ff. (deutsche Sagen von John Meier), ebd. 856 ff. (englische Sagen von A. Brandl); II, 2, 273 ff. gibt Mogk einen Gesamtüberblick über die bisherigen Leistungen auf diesem Gebiet, wo jetzt auch Zeitschriften und Vereine eine rege Tätigkeit entfalten.

2 Eine sehr ausführliche Übersicht über die wichtigsten Versuche, die Entstehung des Kultus und des Mythos zu erklären, gibt O. Gruppe, die griechischen Kulte und Mythen in ihren Beziehungen zu den orientalischen Religionen, Bd. I Leipzig 1887 S. 1–278.

4. Volkssage und Heldensage in ihrem Verhältnis zur Mythologie

Im Norden erkennen wir eine reich entfaltete Göttersage, deutlich ausgeprägte Göttergestalten und eine große Menge von Volkssagen und Bräuchen, die schon ins Heidentum zurückreichen. In Deutschland finden wir einige Götternamen, die mit den nordischen zusammenstimmen, aber nur ganz vereinzelte Spuren von Göttersagen, endlich dieselbe Masse von Volkssagen. Es ist nicht denkbar, dass die Deutschen keine *Göttersage,* nur einen *Götterkult* besaßen. Dagegen zeugen die wenigen erhaltenen Überreste. Kann eine deutsche Göttersage wiedererlangt werden? Auf zwiefache Art ist es versucht worden. Das oberflächliche rohe Verfahren nimmt einfach die nordische Sage der Edda auch für Deutschland in Anspruch. Der Beweis wird aus der Gleichheit der deutschen und nordischen Götternamen, die ja unleugbar auf gemeinschaftlichen Hintergrund deuten, geführt; ferner mussten Märchen und Sagen, die aus allen deutschen Gauen in überraschender Anzahl zutage gefördert wurden, herhalten. Sie galten im Allgemeinen als verblasste Mythen. Eifrig spürte man nach zufälligen Übereinstimmungen zwischen ihnen und der nordischen Göttersage. Wurde einem Jäger von einem Löwen die Faust abgebissen, so erinnerte man sich des nordischen Tyr, dem der Fenriswolf die Hand abbeißt. Wurden Riesen erschlagen, so musste es Donar getan haben. Was rote Farbe trug, erinnerte überhaupt an den Rotbart. Entführungssagen und gefährliche Werbungen wurden zu Freys Werbung um Gerd gestellt. So gelang der Scheinbeweis, dass dieselben Sagen, wie im Norden, so auch in Deutschland von den Göttern gegolten hätten, dass der Inhalt der Edda ohne Bedenken nach Deutschland überführt werden dürfe. In diesem Sinne wirkte der verdienstvolle Sagensammler J. W. Wolf namentlich in seinen Schriften: *Beiträge zur deutschen Mythologie* 1, 1852, 2, 1857 und *Die deutsche Götterlehre* 1852, 2. Aufl. 1874. In der *Zeitschrift für deutsche Mythologie,* welche J. W. Wolf 1853 begründete, die Mannhardt mit dem 3. und 4. Bande (1859) fortsetzte, fanden diese Bestrebungen für kurze Zeit einen Mittelpunkt. So gewiss vieles aus unserem ältesten Heidentum noch in heutiger Sage und Sitte unverändert lebt, ebenso sicher treiben aus dem natürlichen volkstümlichen Keime fortwährend frische Sprossen, die anders als jene beurteilt werden müssen, weil Luft und Licht ihnen andere Beimischung gaben. Von der Wolf'schen Schule wurde aber fast die gesamte Volkssage für uralt oder wenigstens als unmittelbarer Abkömmling des Heidentums erklärt. SIMROCKS *Handbuch der deutschen Mythologie mit Einschluss der nordischen,* Bonn 1853, 6. Aufl. 1887 hat trotz seiner unübersichtlichen verschrobenen Darstellung dieser Richtung zu unverdientem Ruhme verholfen. Anknüpfend an J. Grimms Bild vom Wall, der die nordische und deutsche Mythologie trenne, erklärt Simrock den Zeitpunkt zum Durchstich erschienen: »Wir haben den Wall durchstochen und den Guss einer allgemeinen deutschen Mythologie unternommen«. Abgesehen von der durch Schwartz und Mannhardt begründeten neuen Auffassung der Volkssagen waren es namentlich auch die Untersuchungen Benfeys über das Pantschatantra 1859, die zur Vorsicht bei Benutzung der Sagen und Märchen mahnten. Zumal die letzteren, bei denen auch manche Fälschungen mitunterliefen, verschwanden bald aus der Mythologie und wurden der vergleichenden Literaturgeschichte überwiesen.

Ein zweiter Versuch ist ebenfalls von J. Grimm ins Leben gerufen, aber von ihm selbst nicht weitergeführt worden. Die 1812 geschriebene Abhandlung *»Gedanken über Mythos, Epos und Geschichte«* hebt hervor, dass in der Heldensage vielfach Mythisches und Historisches, göttliche und menschliche Geschichte in eins gewachsen seien. Gelingt es beide Teile zu sondern, so erwächst der Mythologie reicher Gewinn. Zuerst hat LACHMANN 1829 die Nibelungensage daraufhin untersucht. Der bedeutendste Vertreter dieser Richtung ist aber MÜLLENHOFF, der diesen Gedanken in der Vorrede zu den *Schleswig-holsteinischen Sagen* 1845, in den *Untersuchungen zur Geschichte der Nibelungensage,* ZfdA. 10, 146 ff.; 23, 185 ff., *Über Irmin und seine Brüder,* ZfdA. 23, 1 ff., *Über die austrasische Dietrich- und Hartungensage,* ZfdA. 6, 435; 12, 346; 13, 185, *Über Skeaf und seine Nachkommen,* ZfdA. 7,

410 ff., *Über Beowulf* ebda. 419 ff., *Über Frija und den Halsbandmythos,* ZfdA. 30, 217 ff. zur Anwendung brachte. Die Denkmäler der Heldensage entstanden zum Teil noch unter der Herrschaft des Heidentums. Wirkt die Göttersage in ihnen nach, so ist allerdings weit größere Gewähr, von hier aus die verlorene Göttersage wiederherzustellen, als aus einem beliebigen späten Märchen. Doch der Ausführung dieser Gedanken stehen unüberwindliche Schwierigkeiten entgegen. Es ist schon schwer, aus einer Heldensage den geschichtlichen Kern, die mythischen Bestandteile, die Zutaten und eigenen Erfindungen der Dichter sauber voneinander zu lösen. Die Bestimmung des in einer Heldensage etwa vorhandenen Mythos auf seine Herkunft ist nur zu sehr vom subjektiven Urteil des Forschers abhängig. Man unterliegt allzu stark der Verführung, den Mythos so zu gestalten, wie man ihn braucht. Das Ergebnis, zumal wenn es noch von der vergleichenden Mythologie beeinflusst ist wie Müllenhoffs letzter Aufsatz von Frija und dem Halsband, kann als sichere wissenschaftliche Tatsache nicht gelten. Die Mythologie kann mit derlei Hypothesen nicht rechnen, ohne vollends ins Grundlose zu geraten.

5. Die Lehre vom Ursprung der Mythen und die vergleichende Mythologie

Wie man unmittelbaren mythologischen Gewinn aus den Sagen schöpfen könne, lehren Müllenhoff, *Sagen, Märchen und Lieder aus Schleswig, Holstein und Lauenburg* 1845 S. XLIV ff. und A. Kuhn und W. Schwartz, *norddeutsche Sagen, Märchen und Gebräuche* 1848 S. XX ff. Mit den beiden letztgenannten Gelehrten hebt ein neuer Abschnitt der mythologischen Forschung an. Schwartz in seinen Schriften *»der heutige Volksglaube und das alte Heidentum«* 1849, *»Ursprung der Mythologie«* 1860, *»die poetischen Naturanschauungen der Griechen, Römer und Deutschen in ihrer Beziehung zur Mythologie«* 1864 und 1879, *»indogermanischer Volksglaube«* 1885 war nach zwei Richtungen hin tätig, er bestimmte das Verhältnis von Volkssage und Kunstmythos, er suchte den Ursprung der Volkssage aus der Naturanschauung zu erklären.

Schwartz fand in den unter dem Volke noch lebenden Sagenmassen eine *»niedere Mythologie«*, die einen früheren Zustand, eine embryonale Entwicklungsform der späteren Götter- und Dämonenwelt festhalte, möge die letztere auch in weit älteren geschichtlichen Zeugnissen überliefert werden. Nicht also bloß Abschwächungen, Niederschläge der in der Edda usw. vorliegenden ausgebildeten Mythologie des Heidentums, der Kunstschöpfungen der Dichter, treten uns hier entgegen, wie Grimm und J. W. Wolf meinten, sondern vielmehr die Keime und Grundlagen, aus denen die *»höhere Mythologie«* sich entwickelte. Wode und das wütende Heer dürfen nicht als verblasste Erinnerung an Wodan und die Einherjer erklärt werden, sondern als der uralte und unvergängliche Volksglaube, aus dem zur Zeit des germanischen Heidentums Wodans Gestalt sich emporhub. Mit Theodor Waitz[1] begründete Schwartz die *ethnografisch-anthropologische* Betrachtung von Sitte und Sage, die von Bastian[2], Tylor[3] u. a. aufgrund eines umfangreichen Materiales weiter ausgedehnt wurde und die darauf ausgeht, an Tatsachen bei den verschiedensten Naturvölkern den gleichmäßigen Verlauf der ältesten Sitten-, Religions- und Mythenbildung zu veranschaulichen. Sie führt zur Einsicht, dass fast sämtliche Entwicklungsstufen und Lebensformen, die der geistige Zustand der Menschheit, der Kulturvölker allmählich durchlaufen hat, in den heutigen wilden Völkern der Erde noch lebende Vertreter zählen. Die Beobachtung dieser wilden Völker gewährt ein Hilfsmittel, den Zustand der zivilisierten in seiner Ursprünglichkeit kennen zu lernen, viele Überbleibsel der niederen Stufen leben in den höheren noch fort. So ist auch der religiöse Glaube auf niederer Stufe bei den Indogermanen, ja überhaupt bei allen Völkern ziemlich gleichartig. Er erzeugt sich auch stets von

---

1 Anthropologie der Naturvölker, 6 Bände, 1859–65.
2 Der Mensch in der Geschichte, 3 Bde., Leipzig 1860.
3 Urgeschichte der Menschheit, Lpz. 1867; Anfänge der Kultur, Lpz. 1873.

neuem, da die Voraussetzungen, die kindliche unentwickelte Vorstellung der Menschen und die Naturerscheinungen, immer dieselben bleiben. Damit war eine völlige Verschiebung der Tatsachen erreicht. Das Aufspüren alter Götter im Volksglauben wurde wesentlich beschränkt. Nur durch zufällige und verhältnismäßig seltene Rückwirkung konnten einzelne Züge aus der höheren in die niedere Mythologie übergehen. Selbst die jüngste Volkssage konnte unter Umständen dieselbe Keimbildung enthalten, aus der in Urzeiten irgendein Mythos sich entwickelt hatte. Weniger glücklich ist Schwartz mit seiner Mythendeutung aus Wetter, Wind und Wolken. Allzu willkürlich wird die Überlieferung zugestutzt, allzu einseitig und künstlich eine einzige Entstehungsart behauptet.

Kuhn aber ließ sich vom Veda leiten, in welchem eine der urindogermanischen sehr nahe stehende Mythologie enthalten zu sein schien, die zugleich den Satz vom physikalischen Ursprung der Mythen aufs beste bestätigte. In zahlreichen Abhandlungen der *Zeitschrift für vergleichende Sprachforschung*, in der *Herabkunft des Feuers und des Göttertranks* 1859 wurde die Lehre von der vergleichenden Mythologie begründet. Der Vedaforscher Max Müller war neben Kuhn am Ausbau der Hypothese beteiligt (vgl. *Oxford essays*). Die vergleichende Mythologie überträgt die Ergebnisse der vergleichenden Sprachwissenschaft aufs Gebiet des Götterglaubens und der Göttersage. Möglichst viele griechische und indische Götternamen wurden zusammengestellt und aus einer gemeinsamen indogermanischen Form abgeleitet. Damit ergab sich eine erstaunlich reiche indogermanische Sagenwelt, eine unwahrscheinlich hoch entwickelte geistige Kultur des Urvolkes. Die mit großer Zuversicht auftretende vergleichende Mythologie hat mit völliger Entsagung geendet. Die Etymologien hielten nicht Stich, und damit schon fällt die eigentliche Grundlage. Bis auf ganz vereinzelte Gleichungen, wie Dyaus-Zeus-Tiuʒ, deren sachliche Berechtigung selbst noch bestritten wird, sind heute die meisten Resultate der vergleichenden Mythologie ebenso verschollen wie die von den Symbolikern dereinst unter den Hauptreligionen aufgestellten

Ähnlichkeiten. Die Methode der vergleichenden Sprachwissenschaft schien die sicherste Gewähr zu bieten, aber die Hoffnung täuschte. Wenn die Vedamythologie[1] nicht als reinster Vertreter der indogermanischen gelten darf, wenn sie nicht die arische Theogonie ist, so kann ihr Inhalt auch nichts für die andern indogermanischen Völker Bindendes lehren. Die Vedamythen sind für sich allein aus ihrer eigenartigen Umgebung heraus zu erklären. Aber Kuhn und M. Müller entnahmen aus dem Veda eine allgemein gültige Mythendeutung. Die vedischen Mythen hängen aufs engste mit Naturerscheinungen zusammen, ja sie scheinen geradewegs aus der Naturanschauung hervorgegangen zu sein. Kuhn entwickelte die eine Seite der Natursymbolik, das Gewitter, Müller die andere, die Sonne vom Aufgang zum Niedergang. M. Müllers Sonnenlehre ist von Müllenhoff auf Tiuz, Frija und die Alkîz, angewandt worden. Im Abschnitt über Tiuz ist sie auch in diesem Handbuch trotz mancher Zweifel berücksichtigt.

Die Entstehung der Vedamythologie bezeichnet M. Müller so, dass bloße Namen von Naturerscheinungen meteorischer Art allmählich verdunkelt, personifiziert und vergöttert worden seien. Der Satz: »der Himmel regnet, donnert, blitzt» endigt schließlich mit dem Glauben an Zeus, an einen persönlich gedachten Gott des lichten Himmels, in dessen Hand die Elemente liegen. Die Sprache beruht auf Vergleichungen, auf Bildern. Allmählich tritt die Metapher dem Bewusstsein zurück, so entsteht eine Sage, kein bloßer Vergleich. »Die Sonne folgt der Morgenröte« entwickelt den Mythos: der Sonnengott folgt liebend der Morgenröte; es entsteht eine Werbungssage. »Die Sonne geht unter« = der Sonnengott altert oder stirbt. »Aus dem Schoße der Nacht enttaucht die Sonne« = die Nacht gebiert ein strahlendes Kind. Die poetische Sprache gibt oft zweien mit nur einer gleichen Eigenschaft ausgestatteten Gegenständen die Bezeichnung, die ursprünglich nur einem derselben zukam. Sie sagt z. B. Sonnen-

1 Vgl. Hillebrand, Vedische Mythologie I, Breslau 1891; Oldenberg, Die Religion des Veda, Berlin 1894.

strahlen sind wie Zügel, Finger, Hände, roten Kühen gleichen die roten Wolken der Abend- und Morgenröte. Später heißt es: sie sind es wirklich, und dann entsteht der Mythos von Ross und Reiter, von der rosenfingrigen Eos, von den Kühen, die der Dämon des Dunkels raubt, die aber morgens wieder ausgetrieben werden. Müller räumt der Sprache einen großen, aber auch gesuchten Einfluss bei Schöpfung der Mythen zu. Die Götter des Lichts, welche das Grauen der Nacht verscheuchen, sind die Beschützer und Freunde des Menschen. Zu dieser Glaubensidee erhub sich bereits das indogermanische Urvolk. Bei der Mythenbildung ist auch die so genannte »Hypostase« von Belang, dass aus einer Urgestalt mehrere hervorgehen als einzelne Verkörperungen ihrer Eigenschaften und Beinamen. Der Himmel ist der helle (Zeus), der blitzende, donnernde, welche Namen und Eigenschaften in vielen Mythologien die Vorstellung eines besonderen Gewittergottes neben dem Lichtgott hervorriefen. So ergeben sich zahllose Möglichkeiten von Mythendeutungen. Zwei Grundsätze wurden von den Vertretern der vergleichenden Mythologie als unumstößlich erwiesene Tatsachen betrachtet: dass die Hauptgöttergestalten und eine Anzahl von Mythen in der Urzeit und Gemeinschaft des arischen Stammes entstanden seien, dass die Mythen aus meteorischen Erscheinungen hervorgingen. Der Grundgedanke der vedischen und damit indogermanischen Mythologie ist ein Kampf der Lichtgötter mit den Dämonen der Finsternis, zwischen Tag und Nacht, Sonne und Gewitterwolke. Wenn auch schwer bedrängt und fast besiegt, ringt sich doch das Licht immer wieder empor. Die allgemeine Anschauung von himmlischen Lichtgöttern mag allerdings sehr wahrscheinlich als indogermanisch gelten. Mannhardt, der eine Zeit lang ein eifriger Anhänger der vergleichenden Schule war, unternahm es, in Einzeluntersuchungen (*germanische Mythen* 1858) und in zusammenhängender Betrachtung (*die Götterwelt der deutschen und nordischen Völker* 1860) die germanische Mythologie von diesem Standpunkte aus zu bearbeiten. Sein Buch blieb der einzige wissenschaftlich begründete Versuch, es rief keine neue Bewegung hervor, es bildet im Gegenteil den Abschluss der eigentlich vergleichenden Mythologie in ihrer Anwendung auf die germanische Überlieferung. Man erkennt klar daraus, wie viel oder wie wenig mit dieser Methode zu erreichen war.

6. Die Lehre vom Dämonenglauben

Wilhelm Mannhardt[1], der aus einem einstigen Anhänger J. W. Wolfs zur vergleichenden Schule übergetreten war, verleugnete schließlich auch diese und begründete eine selbständige Lehre, *die Volksglauben und Volksbrauch,* namentlich soweit er mit dem Ackerbau zusammenhängt, obenan stellt. Aufgrund umfassender Sammlungen, aufgrund sorgsamer Erforschung alter und neuer Überlieferung bekennt er sich zur Anschauung, dass Wald-, Feld- und Hausgeister der Einbildung des Volkes zuerst lebendig wurden, dass diese Gestalten dem niedern Volke auch stets lebendig blieben, gleichviel welche Mythen die fortschreitende Kultur unter den höheren Kreisen zeitigte. Diese im Kerne sich gleich bleibende Volksmythologie war der gemeinsame Besitz der ungeteilten Indogermanen. Die Annahme einer ausgebildeten indogermanischen Götter- und Heldensage gibt Mannhardt zuletzt fast ganz auf. Nur einige wenige gemeinsame Götternamen und Vorstellungen wie Dyaus-Zeus lässt er gelten.

Die Untersuchung der Wald- und Feldkulte zeigt, dass diese einen gemeinsamen Grundstock von Anschauungen und darauf beruhenden Gebräuchen enthalten, der sich bei allen europäischen Völkern findet, welch verschiedene Religions- und Göttersysteme sie auch haben mögen. Die Dämonen des Erntefeldes, des Waldes, des Baumes, die »Vegetationsgeister« machen die Grundvorstellung aus in den Glaubensüberlieferungen der al-

1 Eine Würdigung Mannhardts gibt E. H. Meyer, AnzfdA. 11, 141 ff. Der Entwicklungsgang des immer mit sich selbst ringenden, stetig vorwärts strebenden Forschers wird trefflich geschildert. In der Einleitung in die antiken Wald- und Feldkulte kennzeichnet Mannhardt selber seine Stellung zu den Hauptströmungen der mythologischen Forschung.

ten und neuen Kulturvölker Europas. Nur wenig ist von dem Mythenkreis der Dichter und Priester, der wie der Glaube der Gebildeten über dem der Ungebildeten, d.h. der geistig und gesellschaftlich Niedrigeren, sich erhebt, in diese Überlieferungen eingedrungen. Am meisten noch hat das katholische Christentum sich mit ihnen vermischt, sie teilweise umgeformt oder verhüllt.

Die modernen Volkssagen und Volksbräuche sind die unmittelbaren Abkömmlinge jener urzeitlichen, wenn schon auch viele spätere Neubildungen oft erst aus der christlichen Zeit darunter begegnen. Der Volksglaube wird zwar immer neu geboren, aber jedes Mal auch in veränderter Gestalt, den Verhältnissen angepasst. Aus dem Volksglauben wachsen dann oft höhere Mythen hervor. So wird der Sturmgeist Wode zum Gott der Helden und Dichter, zu Wodan. Besteht einmal der Glaube an lichte, himmlische Götter, so mögen sie manche Gestalt aus der Dämonenschar zu sich hinaufziehen. Entkleidet man einzelne Götter ihres herrlichen Aufputzes, so kommen wieder die altbekannten Spukgestalten zum Vorschein. Im allgemeinen Gedanken berührt sich also Mannhardt mit Schwartz, dass der Kunstmythos aus dem Volksglauben und nicht umgekehrt dieser aus jenem hervorging. Die Möglichkeit, dass beide unabhängig seit alters nebeneinander herliefen und nur zeitweilig aufeinander einwirkten, wird nicht erörtert. Im *Roggenwolf* 1865 erklärt Mannhardt die Elementargeister für Windgeister. Die Windfurchen im Korn waren die Spuren der in Tier- und Menschengestalt hindurchlaufenden Geister. In den *Korndämonen* denkt er daneben an Seelengeister. Im *Baumkult der Germanen* 1875, in den *antiken Wald- und Feldkulten* 1877, in den *mythologischen Forschungen* wird dagegen die Pflanzenseele als Ursprung mythologischer Vorstellungen hingestellt. Aus der Beobachtung des Wachstums in der Pflanzenwelt habe der Mensch auf Wesensgleichheit geschlossen und einen Pflanzengeist erdacht. Die Pflanzenseele entwickelte weiterhin den Glauben an dämonische Wesen überhaupt. Mit seiner Mythenerklärung irrt Mannhardt sicher; diese Gedankenreihe ist viel zu künstlich und abstrakt. In seinen früheren Arbeiten stand er in diesem Punkte der Wahrheit näher. Ferner erregt die Behauptung indogermanischer Korndämonen Bedenken, da sie sehr entwickelten Ackerbau voraussetzt, während wir die Indogermanen als ein schweifendes Hirtenvolk zu denken haben.

Die vergleichende Schule zumal bei Kuhn und Müller nahm die kunstvollen Göttermythen zum Ausgang, deren Ursprung aus Wind und Wolken und Himmelslicht abgelesen wurde. Schwartz hatte mit richtigem Gefühl die Volkssage in den Vordergrund gestellt, blieb aber in der rein meteorischen Auslegung befangen. Mit Mannhardt tritt immer mehr der Volksglaube als die ursprüngliche Religion in den Mittelpunkt, dem gegenüber zumal bei den Griechen der Götterglauben wie eine künstlerisch stilisierte Neugestaltung desselben Grundgedankens erscheint. Elard Hugo Meyer baute diese Ansicht aus. Er nimmt verschiedene Entwicklungsstufen der mythischen Gestalten an nach dem Grundsatze, dass das menschliche Denkvermögen vom Einfachen bis zum künstlerisch höher Ausgebildeten aufsteige.

Die erste Stufe des Volksglaubens ist die Vorstellung von Seelengeistern, von Gespenstern. Der Geisterglaube wurzelt tief und unausrottbar im Menschen, Vorgänge im Leben, Traum, Albdruck, Tod wirken zusammen, um überall bei wilden und gebildeten Völkern zumal unter dem Eindruck der Furcht den ziemlich gleichmäßig gestalteten Geisterglauben hervorzurufen. Auf der zweiten Stufe stehen die Naturdämonen. Die Natur wird beseelt, wo Leben und Bewegung herrschen, im Gewitter, im Wind und Wolkenzug weben vielgestaltige Dämonen. Auf erster Stufe enttauchen also die Geister unmittelbar aus dem Innern des Menschen, auf zweiter Stufe tritt die Phantasie mehr in Tätigkeit. Die physikalische Erklärung kommt wieder vollauf zur Geltung, nur mit dem Fortschritt gegenüber der früheren Verwendung, dass nicht einfach eine Verkörperung der Elemente stattfindet, sondern eine Übertragung des bereits bestehenden Geisterglaubens in die bewegte Natur. Das geheimnisvolle Leben und Weben, das der Mensch in der Natur wahrnimmt, das mittelbaren und unmittelbaren Einfluss auf sein Wohl und Weh hat, wird dem Walten unsichtbarer Mächte zugeschrieben. Und solche Wesen sind ja im Seelenglauben bereits vorhanden. Besonders Windgeister wirken überall in Wald und Feld, in Wolken und Wassern. Die Anthropologie hat einen fördersamen Beitrag zur Einsicht in die Entstehung mythischer Gebilde geliefert mit dem Nachweis der Seele und der Naturbeseelung, worin die gesamte niedere Mythologie eigentlich beschlossen ist. Ihr Ursprung ist damit auch notwendig überall aus der Wechselwirkung zwischen menschlicher Empfindung und der Natur erfolgt. Bei den meteorischen Auslegungen verliert sich Meyer freilich bald in die unwahrscheinlichen Künsteleien der älteren Schule. Nur die allgemeine Grundlage eines Volksglaubens oder einer Sage vermag die physikalische Deutung befriedigend nachzuweisen; sobald Einzelheiten ausgelegt werden, verlieren wir festen Boden. Vom niederen Dämonenglauben unterscheidet Meyer einen höheren, den die höheren Stände aus dem gewöhnlichen Volksglauben dadurch erschufen, dass sie geistige und sittliche Motive einwoben. Wir treffen demnach hier nicht mehr auf Vorstellungen, die mit zwingender Notwendigkeit aus überall gegebenen Voraussetzungen gleichmäßig erwuchsen, vielmehr auf wesentlich willkürlich erzeugte individuelle, dichterische Schöpfungen. Der höhere Dämonenglauben, der noch unter den ungetrennten Indogermanen im Wesentlichen entstand, entfaltete die dritte Stufe: Götter- und Heroenglauben. Aus derselben Grundlage erwuchs unter der Pflege der Priester der Göttermythos, beim Adel und beim weltlichen Sänger der Heldenmythos. Daher erklären sich die längst erkannten Berührungspunkte zwischen der Göttersage und den mythischen Bestandteilen der Heldensage nicht aus einem Abhängigkeitsverhältnis, das die Helden zu »Hypostasen« von Göttern macht, sondern aus beiderseitigem gemeinsamem Hintergrund. In den *Indogermanischen Mythen* 1883 und 1887 wird ein stark ausgeprägter idg. Dämonenmythos angenommen, Sagen von Donner- und Blitzwesen, vom Sturmdämon, von Wolkenfrauen. Ebenso in der *Germanischen Mythologie* 1891. Der Dreiklang der Lufterscheinung, Gewölk, Wind und Gewitter, regt die Einbildungskraft zur Schöpfung bestimmter typischer Gestalten an, welche dann bei den einzelnen indogermanischen Völkern weiter hin zu Göttern und Helden individualisiert werden. Wie Müllenhoff räumt also auch Meyer der Heldensage eine wichtige Stelle in der mythologischen Überlieferung ein. Er erkennt aber, zumal in der germanischen Mythologie, die kaum lösbare Schwierigkeit ihrer Verwertung an. Weder auf die eine noch auf die andre Art ist je zu hoffen, dass Einigung darüber erzielt werde, was aus der Heldensage als mythisch auszuscheiden, wie es mit der übrigen mythologischen Überlieferung zu verknüpfen sei. Bedenken erregt ferner die Art, wie Meyer die einzelnen Götter aus den höheren Dämonen ableitet. Gewiss bestehen Berührungen zwischen Göttern und Dämonen. Namentlich Wodan ist aus der Gespensterschar zu den Himmlischen entrückt worden. Aber einzelne Erscheinungen dürfen nicht verallgemeinert werden. Die höhere Mythologie steht immer über der unvertilgbaren niederen, Wechselwirkungen nach oben und unten sind unvermeidlich, aber der Beweis, dass die höhere Mythologie in allen Teilen gleichsam organisch aus der niederen hervorging, ist nicht erbracht.

Die mythologischen Deutungsversuche hefteten sich von jetzt ab an die niedere Mythologie, da hier entschieden mehr Aussicht auf befriedigende Lösung der Fragen besteht. Julius Lippert wies in mehreren Schriften nachdrücklich auf Seelenglauben und Seelenkult als das eigentliche Mythen erzeugende Element in allen Religionen hin; so in seinen *Religionen der europäischen Kulturvölker* 1881, in *Christentum, Volksglaube und Volksbrauch* 1882, in der *Allgemeinen Geschichte des Priestertums* 1883/4. Die Tatsache, dass überall der Seelenglaube eine große Rolle spielt, tritt klar hervor. Aber Lippert irrt, wenn er im Seelenglauben die einzige Grundlage der Mythen annimmt und alle Religionen und Mythologien unmittelbar daraus ableitet. Nur unter Missachtung historischer und philologischer Ergebnisse, die sich dagegen auflehnen, vermag er seine Behauptung durchzuführen. Ungleich wertvoller ist Erwin Rohdes *Psyche Seelen-*

kult und Unsterblichkeitsglaube der Griechen 1890. Rohde erweist das Vorhandensein des Seelenglaubens bereits in den ältesten Zeiten des Griechentums. Selbst hinter diesen geistig und künstlerisch hoch entwickelten Lebensformen lagert der finstere Gespensterglaube, der einmal dem Menschen eingepflanzt und nur zeitweilig unter dem Einfluss höherer Bildung zurückzudämmen ist.

Ludwig Laistner behandelte mit feinstem poetischem Empfinden und gründlichster Gelehrsamkeit Vorstellungsgruppen der niederen Mythologie. *In den Nebelsagen* 1879 nimmt er die Naturerscheinung zu Hilfe, der noch in einer uralten Zeit bereits einige Typen erwuchsen, z. B. die Anschauung des Nebels als Wolf, des Sturmes als Ross. Aber nur ein paar Typen sind alt, deren Individualisierung den einzelnen Völkern zumal unter Einwirkung der Naturverhältnisse zufällt. Das Vermögen, aus Nebelerscheinungen Sagen zu bilden, hielt lange an. Die deutschen Nebelsagen sind nicht sehr alt; sie können erst entstanden sein, als unsre Vorväter, ins Bergland einrückend, die mannigfachen Gestalten des Nebels kennen lernten. Im *Rätsel der Sphinx* 1889 wird der Ursprung des Geisterglaubens an den Albtraum angeknüpft, der Albtraum als die Grundlage und der Ausgangspunkt zahlloser abergläubischer Vorstellungen und Sagen erwiesen. Laistner hat die psychologische Erklärung von der Mythenentstehung sehr gefördert, freilich auch zu einseitig angewandt. Höchst beachtenswert sind die Etymologien, die Laistners Schriften auch dem Sprachforscher überaus anziehend machen. Die Namen sollen von Anfang an mit den Sagen verknüpft sein; ihre richtige Etymologie, die ursprünglich durchsichtig und allgemein verständlich war, weist auf denselben Vorstellungskreis des Albtraumes hin, dem Sage und Glaube entstammen. Im Verlauf der Zeit kam der wahre Sinn abhanden. Die Forschung muss ihn wieder herstellen. Natürlich müssen auch die Etymologien manchen sachlichen und formalen Widerspruch hervorrufen. Aus dem Kreise der Albtraumgeister entwickeln sich allmählich auch nach Laistner die übrigen mythologischen Gebilde. Der Albtraum ist Keim und Kern aller Mythologie.

7. Die Wanderung der Mythen

Die Symboliker hatten aus allgemeinen Ähnlichkeiten eine Urreligion erschlossen, welche mit der Menschheit von der Urheimat aus über den Erdball verbreitet worden war. Die Anhänger der vergleichenden Richtung vertraten eine ähnliche Anschauung, nur mit Beschränkung auf den indogermanischen Stamm. Auch sie glaubten an eine ziemlich ausgebildete indogermanische Mythologie, die mit den einzelnen Völkern wanderte und nach der Trennung allerdings sich auch verschiedenartig entfaltete. Kulte und Mythen aller Zeiten und Völker stehen in geheimnisvoller Wechselwirkung, Ähnlichkeiten sind nicht zu verkennen. Wenn sie nicht auf Zufall und gleichmäßiger Entwicklung aus den überall gegebenen Voraussetzungen der Wechselwirkung zwischen menschlichem Geiste und Naturumgebung beruhen, wenn ebenso die urmenschliche wie die urindogermanische Religion als ein Irrtum bezeichnet werden muss, bleibt nur eine Erklärung: Entstehung an einer bestimmten Stelle und Ausbreitung von dort aus. O. Gruppe, *Die griechischen Kulte und Mythen in ihren Beziehungen zu den orientalischen Religionen* I 1887 gelangt nach Verurteilung aller bisherigen Erklärungsversuche zur Lehre vom »Adaptationismus«, von der Entlehnung und Aufnahme der irgendwo und irgendwie gestifteten Religionsformen. Die übrige Menschheit war anfänglich durchaus religionslos. Gruppe sagt S. 151: »Wir glauben hinsichtlich der auch von uns zugegebenen sachlichen Übereinstimmungen zwischen den Kulten und Mythen der einzelnen indogermanischen Völker den Nachweis geführt zu haben, dass sie erstens nicht in die proethnische Urzeit hinaufreichen können, weil sie mit dem allgemeinen Kulturzustande jener Periode in unlöslichem Widerspruch stehen, dass sie aber ferner nicht einmal in die Periode der einzelnen Völkergruppen zurückgeführt werden dürfen, ja dass selbst die Anfänge der ethnischen Zeit wenigstens bei den Griechen ohne einigermaßen ausgebildete Religionsformen gewesen sein müssen. Damit ist nun negativ erwiesen, dass der von Müller eingeschlagene Weg, jene sachlichen Übereinstimmungen zu erklären, unrichtig war. Es kommt nun nur noch darauf an, dass eine andre Art der Erklärung als die Vererbungshypothese möglich ist, d. h., dass auch nach ihrer Trennung Inder, Griechen und Germanen zu denselben Religionsformen gelangen konnten, indem sie sich dieselben von außen her aneigneten. Da als die gemeinschaftliche außerindogermanische Quelle der bei den indogermanischen Völkern übereinstimmenden Mythen und Kulte nur Ägypten und das größtenteils semitische Vorderasien in Betracht kommt, so handelt es sich darum, obwohl Wege denkbar sind, auf denen ursprünglich vorderasiatische oder ägyptische Religionsformen in großem Umfange nach Griechenland, nach Indien und nach Mittel- und Nordeuropa importiert wurden.« Also die Semiten haben die übrige Menschheit überhaupt erst mit Religion beglückt! Was Gruppe S. 180 ff. vom Entstehen der germanischen Religion sagt, ist höchst unwahrscheinlich. Er glaubt dem Caesar aufs Wort, dass die Germanen damals nur Sonne, Mond und Feuer anbeteten. »Wie hat sich das schon in der Zeit geändert, von der uns die Germania des Tacitus berichtet! Und von dort aus wieder welcher Abstand zu dem Zustand der germanischen Mythen und Kulte im Zeitalter der Völkerwanderung! Fast Schritt für Schritt können wir an der Hand äußerer glaubwürdiger Zeugnisse das Eindringen südeuropäischer Vorstellungen in Germanien verfolgen.»

Gruppes Anschauungen an und für sich verdienen alle Beachtung. Er macht einen Unterschied zwischen dem Volksglauben und den priesterlichen hieratischen Mythen samt den damit verknüpften Kulten. Von diesen, also von der so genannten höheren Mythologie gilt die Hypothese der Wanderung. Wenn auch nicht im vollen Umfang, wie Gruppe es meint, und einzig von dem Punkte aus, den er bestimmt, so hat doch die Annahme von Entlehnung gerade auf religiösem Gebiet ungemein viel für sich. Die Völker waren nicht so abgeschlossen, wie man gewöhnlich für den ältesten geschichtlich überlieferten Kulturstand anzunehmen pflegt. Auch steht fest, dass die religiösen Anschauungen der Germanen im ersten Jahrhundert sich mannigfach veränderten, und zwar durch Anregung von außen her. Tempelbau,

Götterbilder, Altäre entstehen unter römischem Einfluss. Wodan als Kulturgott ist auch nicht unter gänzlich abgeschlossenen, fremden Einflüssen unzugänglichen Stämmen aufgekommen. Die nordische Mythologie enthält fremde Bestandteile in Menge, ihr ganzer Aufbau ist unmöglich aus bloß urgermanischem Gute zu verstehen. Aber es wird noch weitreichender und langwieriger Stadien bedürfen, bis die Wanderungslehre sich festigt. Oft lagern auch in der höheren Mythologie ältere und jüngere Schichten übereinander; diese zu scheiden, ihre Herkunft zu bestimmen, dünkt uns eine schier unmögliche Aufgabe. Die sprachlichen Grenzen fallen natürlich bei der Wanderungslehre, wieder wie zur Zeit der Symboliker muss der Mythologe die Religion der ganzen Welt übersehen, aber nicht auf allgemeine Ähnlichkeiten, sondern auf Einzelheiten und immer mit strengster Quellenkritik. Das Ziel ist noch sehr ferne und wird vielleicht nie erreicht.

In seiner geistvollen Schrift: *Sæledyrkelse og naturdyrkelse*, 1. Band, Kopenhagen 1890, gelangt der Däne Vodskov[1] zu ganz andern, Gruppe schnurstracks entgegengesetzten Ergebnissen. Wir übergehen hier die höchst anziehenden ethnografischen Abschnitte des Werkes, wo die Lehre von der allmählichen Ausbreitung des Menschengeschlechtes über die Erde, von der örtlichen Gebundenheit aller Kultur derjenigen von der Wanderung der einzelnen oft sehr hoch kultivierten Völker gegenübergestellt wird, und weisen nur kurz auf die mythologischen Anschauungen des Verfassers hin. Er unterscheidet drei Hauptrassen, Arier, Mongolen, Semiten. Wie ihre ganze Anlage, so ist auch ihre Religion grundverschieden. Die Mongolen und Semiten haben es nicht über den Seelenkult gebracht (vgl. S. CII die Abfertigung des jüdischen Jehova, dieses »ächten Semiten«). Der Seelenkult ist des reinen, erhabenen Gottesbegriffes unfähig, er bleibt immer in dumpfer Beschränkung, indem der Mensch der alleinige Maßstab des Göttlichen ist. Wohl schreitet der Seelendienst zum Ahnendienst, zur Naturbeseelung. Die Na-

1 Vgl. die Besprechung Kauffmanns im AnzfdA. 18, 21 ff.

turgegenstände sind die Äußerungen der Seelengeister. Aber der Begriff der Seele bleibt stets ein niedriger, erbärmlicher. Demgegenüber schwingt sich arischer Idealismus zum Gottesbegriff auf. Wohl kennen die Indogermanen auch alle Abstufungen des Seelenglaubens, aber neben und über ihm den Götterglauben. Die Natur ist das Göttliche und alles Sein dem göttlichen Walten unterworfen. Gewiss ist ein großer Unterschied, ob geglaubt wird, in der Natur wirken Gespenster oder lichte mächtige Götter. Die Seelenverehrung geht natürlich als die niederere Glaubensform der Naturverehrung voraus. Ansätze zur Vergötterung der Natur zeigen zwar auch die andern Rassen, zur vollen Entwicklung gedieh sie nur bei den Indogermanen. Vodskov hat bis jetzt seine Lehre nur allgemein ausgesprochen, prüfen lässt sie sich erst, wenn sie im einzelnen am Stoffe nachgewiesen sein wird.

So ist kein Mangel an Lehren, aber so vielseitig auch die Fragen beleuchtet wurden, befriedigend gelöst sind sie noch nicht. Für unsern nächsten Zweck ist aber auch die Entscheidung über Vorgänge, welche der Überlieferung zum Teil weit vorausliegen, nicht unentbehrlich. Wir haben es zu tun *mit dem germanischen, deutschen und nordischen Heidentum vom Beginn der Quellenzeugnisse bis zur Bekehrung, also etwa mit dem ersten Jahrtausend.* Es soll annähernd bestimmt werden, welche niedere und höhere Mythologie in diesem Zeitraume vorhanden war. Soweit auf dem Gebiete der höheren Mythologie Einwanderung und Entlehnung fremder, antiker oder christlicher Bestandteile, also »Adaptationismus« damals stattfand, soll diese Tatsache tunlichst in den Vordergrund treten. Dagegen haben wir auch mit einem Bestand von hieratischen Kulten und Mythen zu rechnen, mit einem Grundstock höherer Mythologie, in dessen Besitz die germanischen Stämme um Christi Geburt sich befanden, den sie mit andern Indogermanen gemein hatten. Denn man darf die Germanen Caesars doch nicht götterlos, nur als Anbeter von Sonne, Mond und Feuer denken, während zur Zeit des Tacitus bereits ein ausgedehnter Götterglaube aus dem reinen Nichts entstanden wäre. Wie die Germanen zu ihren vorgeschichtlichen Göttern kamen, braucht nicht entschieden zu werden. Immerhin ist es noch wahrscheinlich, dass die Germanen mit den übrigen Indogermanen von Urzeiten her die Vorstellungen von lichten, himmlischen, waltenden Göttern gemein hatten, dass diese Götterbegriffe an den Naturerscheinungen insbesondere von Licht, Sonne, Gewitter sich entfaltet hatten.[1] Die Persönlichkeiten der Göttergestalten, die wir erblicken, gehören aber gerade in ihren besten und schönsten Zügen den Germanen eigentümlich zu.

8. Die Verschiedenheit der einzelnen germanischen Kulte

Über einzelne verschiedene Kulte in der heidnisch-germanischen Zeit ist bei der Mangelhaftigkeit der Überlieferung wenig zu erfahren. Doch haben einige Gelehrte besonders darauf geachtet und Ergebnisse gewonnen, welche für die Entwicklungsgeschichte der germanischen Religion von Wichtigkeit sind. Müllenhoff suchte nachzuweisen, dass Tiuz ursprünglich Hauptgott der Germanen war, jedoch in Niederdeutschland bald vor Wodan zurückwich. Uhland hatte den Unterschied des norwegischen Thorskultes und des schwedischen Freyskultes, endlich auch das Eindringen Odins im Norden hervorgehoben. Weinhold (*Berliner Sitzungsberichte* 29, 611 ff.) wies nach, dass diese verschiedenen Kulte zwischen ihren Anhängern zu Kämpfen führten, die mit einem Vergleiche endigten. Die mit dem Ackerbau verknüpften Bräuche wurden sorgsam gesammelt, um daraus verlorene germanische Kultformen zu erschließen. Solche Untersuchungen lieferten H. Pfannenschmid, Germanische Erntefeste im heidnischen und christlichen Kultus 1878, worin Mannhardts mythologische Anschauungen gelten, und Ulrich Jahn, Die deutschen Opferbräuche 1884, worin die erschlossenen Kultformen nicht nur auf die Wald-, Feld- und Wachstums-

1 Vgl. Oldenberg, Religion des Veda S. 34 ff. über die indogermanische Götterwelt.

geister, sondern auch auf die Hauptgottheiten des Heidentums, deren Spuren übereifrig aufgesucht wurden, zurückgeführt sind.

9. Die nordische Mythologie, ihr Verhältnis zur deutschen und gemeingermanischen

Eine der schwierigsten Fragen betrifft das Verhältnis zwischen deutscher und nordischer Mythologie. Voreilig wurde eine Lösung versucht, ehe nur die einfachsten und nötigsten Vorfragen aufgeworfen, geschweige denn erledigt waren. Derselbe Trugschluss, dieselbe unbewusste Geschichtsfälschung, die auf ein paar Ähnlichkeiten hin eine hoch entwickelte urindogermanische oder urmenschliche Religion ausbauten, haben lange Zeit ebenso das wirkliche Verhältnis deutschen und nordischen Götterglaubens entstellt. Die nordische Mythologie muss zunächst für sich allein gründlich erforscht werden, es gilt, die älteren und jüngeren Bestandteile auseinander zu lösen, die Entwicklung innerhalb der nordischen Mythologie selber festzustellen, vor allem aber die Quellen auf ihr Alter, auf ihre Zuverlässigkeit zu prüfen, ihren Inhalt mithilfe der nordischen Kulturgeschichte zu untersuchen, ehe man die Überlieferung auf Treu und Glauben hinnimmt und zu den kühnsten Kombinationen missbraucht. Im Zusammenhang mit der nordischen Altertumskunde betrachtet muss die nordische Mythologie richtiger beurteilt werden, als wenn frischweg nach Lust und Laune ihr Inhalt ausgedeutet und mit fern liegenden Dingen zusammengestellt wird.

Angeregt von Grimms Deutscher Mythologie unternahmen nordische Gelehrte zusammenfassende Darstellungen der nordischen. N. M. Petersens *nordisk mythologi* 1849 sucht den großartigen, einheitlichen Aufbau der Eddaüberlieferung vorzuführen; gelegentlich wird nach verschiedenen Arten ausgelegt. In R. Keysers *nordmændenes religionsforfatning i hedendomen* 1847 (vgl. auch *samlede skrifter* 1, 249 ff.), P. A. Munchs *nordmændenes ældste gude- og heltesagn* 1853, K. Maurers *Bekehrung des norwegischen Stammes zum Christentum* 1855/6 treten die reichlichen Nachrichten der Geschichtsquellen dem Inhalt der Edda ergänzend zur Seite, ohne dass jedoch der große Unterschied vollauf gewürdigt und richtig erklärt worden wäre.

Schon vorher war ein beachtenswerter Versuch gemacht worden, die Entwicklungsgeschichte im überlieferten Stoffe nachzuweisen. Martin Hammerich legte 1836 in seiner trefflichen Schrift *»om ragnaroksmythen«* zuerst den kritischen Maßstab an die bisher nur bewunderte und mystisch ausgedeutete nordische Mythologie. Er hebt den Widerspruch zwischen der lebensfreudigen Götterwelt Odins und dem zukünftigen Friedensreiche des ungenannten Gottes, der in der neuen Welt herrschen wird, hervor. Unmöglich könne von Anfang an die Götterwelt dem Untergang durch Feuer geweiht gewesen sein. Es gab eine Zeit, da die Asen ewig und unsterblich waren. Erst spät, als der Heidenglaube sich innerlich überlebt hatte, erhub sich das zukünftige Reich des ewigen Gottes über dem endlichen Reiche Odins. Die »Götterdämmerung« wird als letzte Entwicklungsstufe der Mythologie aufgefasst, ausschließlich den Nordleuten und den letzten Zeiten des Heidentums zugewiesen. Der Schluss, die Götterdämmerung und das Friedensreich aus den Strömungen des 9./10. Jahrhunderts, d. h. aus fremden Einflüssen, zu erklären, wird aber noch nicht gewagt.

Jedoch aus der bloßen Betrachtung des Inhaltes der nordischen Mythologie waren keine festen Ergebnisse zu gewinnen, dazu bedurfte es eingehender Prüfung der einzelnen Quellen. Die nordischen Denkmäler erschienen in stetig sich verbessernden Ausgaben. Auf der Grundlage guter Texte nahm die nordische Geschichte und Literaturgeschichte einen gewaltigen Aufschwung. Für die sog. ältere Edda, die Sammlung altnordischer Lieder sehr verschiedenartigen Ursprungs, Inhalts und Alters, bildet die Ausgabe Bugges 1867 den Beginn erneuten, gründlicheren Studiums. Die wachsende Kenntnis der nordischen Sprache und Verskunst ergab Anhaltspunkte zur genaueren Altersbestimmung der überkommenen Lieder, der erweiterte und vertiefte Einblick in die geschichtlichen Zustände zeigte den

Hintergrund, auf dem die Gedichte sich abheben. Auf ganz allgemeine Erwägungen hin wurde anfangs das Alter der Lieder überschätzt.

So rechnet z.B. W. Müller, *Altdeutsche Religion,* S. 26, den Hauptbestandteil der Eddalieder mit Sicherheit dem 8. Jahrhundert oder Anfang des 9. Jahrhunderts zu. Die Form und Färbung dieser Dichtungen lässt erkennen, dass sie wegen ihrer größeren Einfachheit und Natürlichkeit noch vor die künstlichere Skaldendichtung des 9. Jahrhunderts zu stellen sind. Zwar einige Heldenlieder wurden schon früher richtig ins 10./11. Jahrhundert gesetzt. Im Allgemeinen aber galt die bereits von P. E. Müller vertretene Ansicht, dass der Grundstock der Sammlung, insbesondere die meisten Götterlieder, ins 8. Jahrhundert fallen. Lüning in seiner Eddaausgabe 1859, S. 7 f. erachtet die Lieder für noch älter, vor dem 8. Jahrh. entstanden. Die dänischen Altertumsforscher erklärten die Eddalieder für urnordisch, aber meist in Dänemark gedichtet und verlegten sie ins »mittlere« (450–700) oder gar ins »ältere Eisenalter« (250–450). Gegen diese leeren Meinungen wandte sich E. Jessens vortreffliche Abhandlung über die Eddalieder (ZfdPh. 3, 1871, 1–84), welche den Beginn der wahrhaft kritischen Eddaforschung bildet und auch in ihren kühnen Behauptungen (christlicher Einfluss in der Vǫlospǫ́, Unechtheit der Bragilieder) immer mehr Bestätigung findet. Nach Jessen gehören die Götterlieder dem norrönen Stamm, den Norwegern und Isländern, und sind im 10. Jh., ja noch später, doch mit Verwendung älterer Bestandteile gedichtet. Die Mythologie steht auf spätester norröner Entwicklungsstufe. Die Geschichte der nordischen Sprachen hat dieses Ergebnis vollauf bekräftigt. Urnordisch können die Lieder nicht sein, ihre metrische und sprachliche Form erlaubt frühestens den Ausgang des 9. Jahrhunderts anzunehmen.

Die neueste, gründlichste Darstellung der altnordischen Literatur, *den oldnorske og oldislandske litteraturs historie* von Finnur Jónsson Bd. 1, 1893, S. 65 ff., wo sicherlich immer lieber zu alt als zu jung geschätzt wird, stellt 875 als äußerste Grenze fürs älteste Eddalied, die Hǫ́vamǫ́l, auf, während die hochberühmte

Vǫlospǫ́, die Hauptquelle nordischer Mythologie, auf 935/40 angesetzt wird. Nur also wer den Inhalt völlig von den Denkmälern trennt und den nordischen Dichtern des 10. Jahrhunderts ein zähes Festhalten an uralter Sagenüberlieferung beimisst, mag ein weit höheres Alter des Stoffes behaupten, wie es Finnur Jónsson auch tut.

Henry Petersen, *om Nordboernes gudedyrkelse og gudetro i hedenold* 1876 suchte die längst erkannten und namentlich von Uhland hervorgehobenen Unterschiede des nordischen Thors-, Freys- und Odinskultes zu erklären. Er kam aufgrund umfassender Betrachtung der Skaldendichtung, der geschichtlichen und archäologischen Quellen zum Schluss, dass Thor der Volks- und Landesgott der Norweger sei, während Odin bei den Skalden und am Fürstenhofe als oberster der Götter verehrt wurde. Die nordische Kunstdichtung folgt auch in der Göttersage wie in der Heldensage ihrem Hange, fremden, aus Deutschland zugewanderten Stoff dem altheimischen, also Wodan-Odin dem Thor vorzuziehen. Odin ist von der Skaldendichtung des 9./10. Jahrhunderts nicht zu trennen, dort ist sein Reich. Im Volke leben Thor und Freyr, die nur selten und wohl immer unter höfischem, skaldischem Einfluss Odin neben sich dulden. Die nordische Literaturgeschichte hatte allmählich zur Erkenntnis geführt, dass die sog. Eddalieder den Erzeugnissen der Skaldenpoesie zuzurechnen seien, nicht als uralte schlichte Volksballaden gelten dürfen. Die Skaldenkunst trägt aber in Form und Gehalt ein durchaus eigenartiges, subjektives Gepräge. Wohl schöpft sie aus dem Horte altheimischer Sagenüberlieferung, doch manches steht und fällt mit den Skaldengedichten und reicht nicht über sie zurück. In der Skaldenkunst kommt keineswegs der norwegische Volksglaube unmittelbar zutage, eine Mythologie, die hier ihr Dasein fristet, ist nicht der echte, eigentümlich nordische Götterglaube. Die Eddamythologie ist in wesentlichen Stücken als Erdichtung der Skalden zu erachten, sie ist in ihrer Gesamtheit kein getreues unverfälschtes Abbild der mit dem Kulte des nordischen Volkes verwachsenen Mythologie, noch weniger natürlich ein Abbild urgermanischer Mythologie. Im

Thors- und Freyskult mag man vereinzelte urzeitliche Spuren antreffen, in der Odindichtung gelangt man zunächst auf die unmittelbare Quelle, den deutschen Wodanglauben, der jedoch nicht unverändert, sondern im Gegenteil mit selbständigen Zusätzen der nordischen Skalden reichlich ausgeschmückt erscheint. Thor und Freyr entwickelten sich wohl selbständig bei Norwegern und Schweden aus urgermanischen Göttergestalten, aus Donar und Tiuȝ. Wodan aber wanderte als Fremdling aus Deutschland in den Norden, worauf die Überlieferung selber hinweist. Die Skalden des 9./10. Jahrhunderts haben zwar nicht selber Odins Gestalt sich aus Niederdeutschland und Dänemark geholt, sondern bereits in Skandinavien vorgefunden; aber sie haben sich seiner bemächtigt und in ihren Liedern ihn zu höchstem Rang und Ansehen erhoben, dem Gotte, dem das Volk widerstand, zu unumschränkter Vorherrschaft das Reich der Dichtung erschlossen.

Ist einmal erwiesen, dass die wichtigsten Denkmäler der nordischen Mythologie frühestens dem 9. Jahrhundert, meistens sogar erst dem 10. angehören, so darf die von den geschichtlichen Verhältnissen notwendig verlangte Folgerung nicht außer Acht bleiben. Die vorhergehenden Jahrhunderte sind die der Wikingerzeit, da die Drachenschiffe der Nordländer anfangs zu Heerung und Beute, später zu dauernder Niederlassung die umliegenden Lande aufsuchten[1]. Nach Russland, an die pommersche, friesische, fränkische Küste, nach England, Irland, den Färöern, Island (von 874) liefen die Schiffe aus. Schon im Anfang des 7. Jahrhunderts ist von einem Seezug der Dänen nach Frankreich, von einer Landung nordischer Schiffe auf Tory Island in Irland die Rede. Aber es währte lange, bis die Fahrten regelmäßiger und zahlreicher wurden. Um 800 hatten die Wikinger-Einfälle in England und Irland bereits bedrohlich zugenommen, 852 wurde eine förmliche Herrschaft in Dublin aufgerichtet. Die Berührung mit fremden, christlichen, an Kultur hoch entwickel-

1 Vgl. Sars, udsigt over den norske historie, I deel, Kristiania 1877; Steenstrup, Normannerne, 4 Bände, Kopenhagen 1876–82.

ten Völkern musste zu wechselseitigen Einwirkungen führen. Wohl erschienen die Nordleute zuerst sengend und brennend und verschwanden schnell wieder mit der gewonnenen Beute, aber es wurde mitunter auch mit dem fremden Volke verhandelt. Entführte Frauen, Kinder, die solchen Raubehen entsprangen, trugen zur Vermischung der verschiedenartigsten Elemente bei. Nach erfolgter dauernder Niederlassung ergaben sich engste Beziehungen zwischen den Einwohnern und den Nordleuten. Mit den Stammlanden wurde der Verkehr lebhaft unterhalten. So kam es, dass einzelne Nordleute lange vor der Bekehrung der Heimatlande auswärts Christen wurden. Sie lernten christlichen Brauch kennen, sie hörten und sahen viel Neues, ihr geistiges Leben empfing mannigfache Anregung. Wie die Deutschen nach den Berührungen mit den Römern, nach der Wanderungszeit anders geworden waren als zuvor, so ist auch die nordische Kultur nach der Wikingerzeit eine neue, und aus der neuen Zeit heraus empfängt die nordische Mythologie ihre Erklärung. Längst war die Ähnlichkeit antiker und christlicher Sagen und Vorstellungen mit einzelnen Zügen nordischer Mythologie erkannt, aber nicht erklärt worden. Der norwegische Altertumsforscher Sofus Bugge begründete in seinen *Studien über die Entstehung der nordischen Götter- und Heldensagen* 1889 eine neue sachlich und geschichtlich durchaus gerechtfertigte Auffassung dieser Tatsachen, fand aber mehr Widerspruch als Anerkennung. In Deutschland tat sich Müllenhoff mit groben, polternden Ausfällen gegen die historische Erklärung hervor. Die Gegner warfen sich auf zweifelhafte Einzelheiten, auf die freilich arg willkürlichen und anfechtbaren Etymologien, um dadurch die ganze Lehre zu stürzen. Die Aufmerksamkeit wurde von der Hauptsache abgelenkt. Nachdem der Streit ruhiger geworden, erheben sich immer mehr schüchterne und kühnere Zustimmungen. Die einleuchtende Wahrheit von Bugges Grundgedanken ist einmal nicht wegzuleugnen. Die Frage dreht sich eigentlich gar nimmer ernstlich darum, ob die nordische Mythologie überhaupt fremde Bestandteile aufnahm, sondern nur, wie viele und auf welche Art. Die Baldrsage, Odin am Galgen, den Weltbaum, diese Mythenkreise erklärt Bugge entstanden unter Einwirkung antiker und christlicher Vorstellungen, welche die nordischen Wikinger in England und Irland kennen lernten. Die Mythologie der nordischen Skalden ist ein Erzeugnis der Wikingerzeit; es kann daher nicht wundernehmen, wenn die vielen fremden Strömungen, denen damals die Nordleute unterworfen waren, auch in ihren Sagen sich abspiegeln. Einen kräftigen Stoß gegen Bugge gedachte der Isländer Finnur Jónsson im *arkiv for nordisk philologi* 6, 121 ff.; 9, 1 ff. zu tun. In seiner *oldnorske og oldislandske litteraturs historie* führt er den Gedanken weiter aus. Jiriczek berichtete in der *Beilage zur allgemeinen Zeitung* 1894 Nr. 79 in gedrängter Kürze darüber. Solange man den Götterliedern der Edda ein unmöglich hohes Alter zuschrieb, solange die kulturgeschichtliche Bedeutung der Wikingerzeit noch nicht erkannt und gewürdigt war, lag die Annahme fremder Bestandteile in der nordischen Mythologie völlig fern. Jetzt aber fallen diese Lieder nach dem einstimmigen Urteil der Kenner in eine Zeit, in welcher Einwirkungen aus England und Irland sehr wahrscheinlich sind. Aber neben den Eddaliedern besitzen wir die eigentlichen Skaldenlieder. Bragi, der älteste norwegische Skald, dichtete vor 840, die Skalden König Haralds zum Teil vor 875. Die unter ihrem Namen überlieferten Preislieder auf Könige und Fürsten setzen dieselbe Mythologie voraus, der wir in der Edda begegnen. Die Skaldengedichte sind teils unmittelbar mythischen Inhalts. Die Skalden beschreiben Schilde, die sie zum Geschenk erhielten, auf denen Mythen abgebildet waren, oder sie bedienen sich der höchst künstlichen Bildersprache, deren ewige schwierige Anspielungen genauste Kenntnis der Mythen beim Hörerkreise, also wenn auch nicht beim Volke, so doch bei den Königsleuten, bei der höfischen Gesellschaft voraussetzen. Nun sagt Finnur Jónsson, die Wikingerzüge seien in der ersten Hälfte des 9. Jahrhunderts nur Sommerstreifzüge gewesen, überwintert wurde in Irland erst 835, in England 851. Gegenseitige Einwirkungen der Nordleute, Iren und Angelsachsen seien doch erst infolge längeren freundlichen Verkehres möglich. Da nun in Bragis Gedichten in der ersten Hälfte des 9.

Jahrhunderts die nordische Mythologie vorliegt, so kann sie nicht unter westlichen Einflüssen stehen, sondern sie muss sich in Norwegen selber unberührt von der Wikingerzeit entwickelt haben. Der Hypothese Bugges ist der Boden entzogen, die Übereinstimmungen nordischer Mythen mit antiken und christlichen Vorstellungen dürfen nicht in seinem Sinne als Entlehnungen erklärt werden. Finnur Jónsson hat mit Recht die geschichtliche Vorfrage beleuchtet, die vor allem beleuchtet werden muss. Das Vergleichen der Überlieferung selber führt zu keiner sicheren Entscheidung, wenn nicht zuvor erwiesen ist, ob fremde Einflüsse überhaupt möglich waren oder nicht. War die nordische Mythologie, die wir aus den Eddaliedern des 10. Jahrhunderts kennen, bereits im 9. Jahrhundert, ja schon um 800 vorhanden, geht sie ursprünglich allein aus Norwegen hervor, dann ist allerdings englisch-irischer Einfluss weniger wahrscheinlich, immerhin aber nicht ganz ausgeschlossen. Schon im 7./8. Jahrhundert holten sich die Nordleute die Nibelungensage und den Wodanglauben aus Deutschland. Beginnen auch erst am Ende des 8. Jahrhunderts Westfahrten in größerem Maßstabe, so sind doch einzelne Züge weit älter. In seinem *bidrag til den ældste skaldedigtnings historie* 1894 widmete Bugge der Sache eingehende Untersuchung. Unter Hinweis auf mehrere Abhandlungen Zimmers, welcher nordische Einflüsse im Irischen aufdeckte, erklärt Bugge die Behauptung, vor 840 sei keine Einwirkung aus dem Westen auf Norwegen möglich, für hinfällig. Schon die erste Hälfte des 9. Jahrhunderts kann sehr wohl die nordische Mythologie der Skalden gezeitigt haben. Aber weit schwerer wiegt der Umstand, dass die dem Skald Bragi zugeschriebenen und daher ins 9. Jahrhundert verlegten Strophen erst in der zweiten Hälfte des 10. Jahrhunderts und vermutlich auf den westlichen Inseln gedichtet wurden. Also wird die nordische Mythologie durch überlieferte Denkmäler gar nicht für den Anfang des 9. Jahrhunderts, sondern frühestens fürs Ende erwiesen. Die Skaldendichtung entstand unter Einwirkung einer reichen Kulturströmung aus England und Irland. Sie ist in Wirklichkeit nicht älter als die Eddadichtung, mithin kann sie so wenig wie diese ohne Rücksicht auf die Zustände der Wikingerzeit beurteilt werden. Finnur Jónsson sucht die Entstehung der Eddalieder und älteren Skaldengedichte möglichst nach Norwegen zu verlegen, weil die norwegische Urheimat weniger den Verdacht fremder Einflüsse aufkommen lässt. Gudbrand Vigfusson hatte den Gedanken hingeworfen, viele dieser Gedichte seien in den nordischen Neusiedelungen auf den Inseln des Westmeeres verfasst worden. Diese Behauptung wurde freilich stark angefochten. Jedoch dürfte sich immerhin westlicher Ursprung und damit höchste Wahrscheinlichkeit der Entlehnung fremder Züge für dieses oder jenes Gedicht noch nachweisen lassen. Bugges Gründe sind sehr zahlreich, sachlich und formal. Alle halten zwar nicht stand, aber doch genug, um die bloße Behauptung und den unbedingten Glauben der Gegner, dass die unter dem Namen der ältesten Skalden laufenden Gedichte wirklich von ihnen herstammen, stark zu erschüttern. Die Frage nach der Echtheit der Asalehre ist somit in ein neues Stadium gerückt, indem die Berechtigung ihrer Aufstellung überhaupt bestritten wird. Aber auch hier wird der Bescheid schließlich günstig ausfallen, obschon sich noch manche neue Anfechtung erheben wird. Der poetische Wert, die erhabene Größe der nordischen Mythologie erleidet nicht die geringste Einbuße mit dem Nachweis, dass sie weder urnordisch noch urgermanisch, vielmehr norwegisch ist, ein Erzeugnis der Wikingerzeit, erwachsen unter fremden Einflüssen, vielfach durch antike und christliche Vorbilder angeregt, aber erfüllt von nordischem Geist, als Ganzes eine echt nordische Schöpfung. Die nordische Mythologie ist der krönende Abschluss der Entwicklungsgeschichte germanischer Mythologie.

In meinem Handbuch habe ich die Skaldengedichte, wo es nötig erschien, neben den Eddaliedern angeführt, und zwar nach dem Zeitansatz der Literaturgeschichten Mogks und Finnur Jónssons. Ich wagte nicht, die neuen Ansätze Bugges für Bragi und Thjodolf aufzunehmen. Noch wäre es verfrüht, auch muss die ganze ältere Skaldendichtung sorgfältig daraufhin durchgearbeitet werden. Aber es sei ein für alle Mal hier bemerkt, dass wir trotz den scheinbar alten Zeugnissen die Mythologie der Skalden schwerlich auf 800, vielmehr auf etwa 900 anzusetzen haben.

Eine selbständige Weiterführung der Lehre Bugges bieten E. H. Meyers Schriften *Völuspá* 1889 und *Die eddische Kosmogonie* 1891. Aus reicher Belesenheit in theologischen Schriften des Mittelalters zählt Meyer viele ähnliche Züge der christlichen und nordischen Mythologie auf. Mancher trifft zu, mancher ist gesucht; von neuem tritt die Tatsache durchgreifender Übereinstimmungen zutage. Die zwei Hauptfragen, die Entstehungszeit der nordischen Mythologie und die unmittelbaren Vorlagen, aus denen die fremden Bestandteile übernommen wurden, Fragen, über die volle Gewissheit nie zu erhoffen ist, sucht Meyer bestimmt zu beantworten. Ein isländischer Theologe, der Gelehrte Sämund († 1133), verfasste die Vǫlospǫ́, die inhaltlich überhaupt kein heidnisches, sondern ein rein christliches Werk sei. Ein beliebtes Thema jener Zeit, die Dichtung von der Weltschöpfung, vom Sündenfall, von der Erlösung und vom Jüngsten Gericht ward in die nordische Gedankenwelt umgesetzt. Die nordischen Götternamen spielen darin eine ähnliche Rolle wie die antiken bei den christlichen Dichtern des Mittelalters, die in lateinischer Sprache und mit antikem mythologischem Aufputz Abschnitte aus der Heilsgeschichte vortrugen. Snorri führte dann etwa hundert Jahre später Sämunds Arbeit in seiner Edda vollends aus. Der eigentliche Inhalt der Vǫlospǫ́ gehört also gar nicht der nordischen Mythologie an. Die isländische Literatur- und Kulturgeschichte, ebenso allgemeine Erwägungen sprechen entschieden gegen diese Auffassung. Der Inhalt der Vǫlospǫ́ ist nordische Mythologie des 10. Jhs.; wir haben es mit einer Dichtung des ausgehenden Heidentums zu tun unbeschadet der fremden Elemente.

Gegen Bugge ist des Schweden V. Rydbergs geistvolles Buch *»undersökningar i germanisk mythologi«*, 2 Bde. Stockholm 1886/9, gerichtet. Zwar finden sich manche brauchbare Einfälle, aber im Grundgedanken ist das Buch vollkommen verfehlt, indem es noch einmal die wissenschaftlich überwundene vergleichende Mythologie in der kühnsten Weise aufleben lässt. Die Edda wird frischweg mit dem Veda, der Veda mit der Edda verglichen, beide auseinander ergänzt, berichtigt, kombiniert und aus einer unmöglichen und unglaublichen Urquelle geleitet. Wie die Edda oder der Veda samt der darin enthaltenen Mythologie je für sich entstand, diese erste und wichtigste Frage verschwindet völlig beim luftigen Brückenbau, den der dichterisch hoch begabte Verfasser ohne Bedenken zwischen beiden herstellt.

10. Die neuesten Darstellungen germanischer Mythologie

Aufgrund der aufgezählten Werke wurden neuerdings zusammenfassende Darstellungen der germanischen Mythologie im größeren Maßstab unternommen von E. H. Meyer (*Germanische Mythologie* 1891) und Mogk (im *Grundriss der germanischen Philologie* 1, 982 ff.). Wir erhalten daraus einen Überblick, wie sich die germanische Mythologie im Lichte der heute geltenden Anschauungen ausnimmt. Meyer teilt nach seinen Grundsätzen die mythologische Überlieferung in Seelen- und Marenglauben, endlich in den Dämonenglauben ein, woraus er die Götter hervorgehen lässt. Die Eddamythologie musste er als theologische Dichtung ausschließen. Bei den Dämonen drängt sich noch zu sehr die meteorische Deutung hervor. Aber trotz solchen tief eingreifenden Irrtümern ist seine Mythologie eine hochbedeutende Leistung. Mit bewundernswertem Fleiße ist das gesamte wissenschaftliche Material bis in die entlegensten Einzelheiten herangezogen und verzeichnet. Sein Buch ist eine wahre Fundgrube und leistet neben der Mythologie J. Grimms, deren vierte Ausgabe mit dem Nachtragsbande wir ja ebenfalls Meyer verdanken, dem Mythologen die wichtigsten Dienste. Bei Mogk ist der klare, vorsichtige Aufbau zu rühmen. Auch er beginnt mit der niederen Mythologie, sucht aber kein unmittelbares Abhängigkeitsverhältnis zwischen ihr und dem Götterglauben herzustellen. Hauptgewicht liegt auf der Quellenkritik, die vor übereilten Behauptungen und vorschnellen Deutungen bewahrt. Entlehnung wird in gewissen Grenzen zugegeben. KAUFFMANNS kleine deutsche Mythologie (*Sammlung Göschen* Nr. 15) 1. Auflage 1890, 2. Auflage 1893 schließt die niedere Mythologie völlig aus und strebt nur eine Übersicht über das an, was die alten Quellen unmittelbar vom Götterglauben berichten. Die germanischen Götternamen der römischen Inschriften werden nach Gebühr berücksichtigt. Die Baldrsage erklärt Kauffmann euhemeristisch, Sagenhelden seien zu Göttern erhoben worden. Ein großer Waldesgott der Germanen wird aus Namenetymologien, aus Widar, Hönir, Wali, Mitothin, Heimdall, Requalivahanus erschlossen. Aus jugendlicher Blödigkeit habe er sich plötzlich zu Heldenschaft, zum erhabenen Richteramt erhoben, die verborgene Kraft bewährend, aus dem Dunkel hervorleuchtend. MEIN EIGNES BÜCHLEIN *»Götterglaube und Göttersagen der Germanen«* Dresden 1894 verhält sich zu diesem Handbuche wie ein Entwurf zur Ausführung, die aber zugleich auch vieles zu berichtigen hat.

11. Das Ziel des vorliegenden Handbuches

Hiemit erübrigt noch die Bestimmung der Ziele des gegenwärtigen Handbuchs. Mythologie ist eigentlich nur Göttersage, ein Handbuch der Mythologie hat demnach möglichst vollständig und übersichtlich die Göttersage darzustellen, wobei zwei Hauptpunkte in Betracht kommen: richtige Auslegung und, wenn nötig, Ergänzung der mangelhaften Überlieferung, richtige Anordnung des also gewonnenen Stoffes, womit Fragen über Ursprung, Alter, gegenseitiges Verhältnis verschiedener Berichte erledigt werden. Es wird Vorführung der erhaltenen oder erschlossenen Göttersage nach ihrer Entwicklungsgeschichte angestrebt, aber Mythendeutung, überhaupt Hinausgreifen über die Zeit der Denkmäler möglichst vermieden. Wir müssen uns zunächst in den Grenzen unsrer tatsächlichen Kenntnisse zurechtfinden, ehe wir mit haltlosen Vermutungen darüber hinausschweifen.

»Unter Mythologie verstehen wir die Summe der Bilder und Dichtungen, in denen ein Volk seine religiös-poetischen Anschauungen von der es umgebenden Natur und den in ihr wirkenden Kräften, die es als persönliche Wesen auffasste, ausgeprägt hat; wir verstehen darunter auch die Wissenschaft, die bestrebt ist, den Gehalt, Gang und Umfang der in diesen Dichtungen enthaltenen, inneren geistigen Entwicklung darzulegen, und deren Aufgabe daher notwendig eine historische ist.«[1] Diese Begriffsbestimmung sieht vom niederen Volksglauben ab, sie betrifft hauptsächlich die Helden- und Göttersage, allenfalls noch die Naturdämonen, die wichtigen Seelengeister schließt sie aus. Zu den religiös-poetischen Anschauungen von der umgebenden Natur ergänzt E. H. Meyer mit Recht die aus Vorgängen des Menschenlebens entstandenen Vorstellungen des niederen Volksglaubens.

Es wird überhaupt rätlich sein, die Begriffe *Mythologie und Religion, Sage und Glauben* auseinander zu halten.[2] Ein Handbuch der Mythologie muss auch die Religion enthalten, denn meistens erwächst doch die Sage aus dem Glauben. Mit dem Glauben ist der Kult unlöslich verknüpft. Wer an Geister und Götter glaubt, wird ihnen auch mit Opfer und Gebet dienen, um ihren Grimm zu sühnen, ihre hilfreiche Gunst zu gewinnen. Häufige Irrtümer scheinen daraus entstanden zu sein, dass Religion und Mythologie nicht scharf auseinander gehalten wurden. Die Geister und Götter, an die man glaubt, können zum Teil aus dem psychologischen Leben des Menschen und aus den Einwirkungen der Natur erklärt werden. Aber die *Sage*, die *Mythologie* ist bereits eine weitere, höhere Stufe. Die Mythologie erwächst nicht unmittelbar aus poetischer Naturanschauung, die Naturerscheinungen setzten sich nicht unmittelbar in dichterische Bilder und Gleichnisse um, deren Reihenfolge zu einer fortschreitenden Handlung ward. Man darf einen Mythos, eine Sage nicht

---

1 Müllenhoff, Deutsche Altertumskunde 5, 157.

2 Vgl. Noreen, fornnordisk religion, mythologi och teologi. Ein Vortrag gehalten zu Upsala 9. März 1892.

ohne weiteres in Naturvorgänge auflösen wollen. Zwischen den letzten Ursachen und der Mythologie liegt Glaube und Kult inmitten. Die Religion mag allenfalls als das notwendige Ergebnis unbewussten, unwillkürlichen Denkens gelten, in der Mythologie darf die bewusste willkürliche, individuelle und subjektive Dichtung nicht unterschätzt werden. Die Mythologie ist das geistige Erzeugnis der Priester und Dichter, eine Poesie, die sich auf den gegebenen religiösen Tatsachen aufbaut. Manchmal mag ein Zusammenhang zwischen den Ursachen des Glaubens und der Mythologie unverloren sein. Im bewusst festgehaltenen Verein mit den Ursachen der Religion kann eine Mythologie bleiben, z. B. die des Veda. Im Allgemeinen aber entschwindet das Verständnis der letzten Ursachen des Glaubens dem Bewusstsein sehr bald, und dann fällt die Sage der freigestaltenden Phantasie der Dichter anheim. Demnach scheint Mythendeutung nur dann berechtigt, wenn sie zunächst auf Feststellung des religiösen Kernes ausgeht und diesen allenfalls unter günstigen Umständen auslegt. Gleicher Glaube setzt somit keineswegs gleiche, höchstens ähnliche Sage voraus. Deutsche und Nordleute haben im Grunde einen ähnlichen, im einzelnen vielleicht gleichen Glauben besessen, aber darum ist die nordische Mythologie nicht mit der deutschen gleich, sie muss im Zusammenhang mit nordischer Kultur und Dichtung beurteilt werden.

Aus dem Götterglauben erwächst die Göttersage, aus dem Volksaberglauben die Volkssage. Hier liegen die Verhältnisse einfacher. Aus den vielen Wendungen, die aus neuer und alter Zeit, aus Nord und Süd vorliegen, tritt fast immer der Typus, die gemeinsame Grundlage der überall besonders erzählten Sage, klar zutage, sein Zusammenhang mit dem Volksaberglauben ist beinah überall ersichtlich. Diese Typen und ihren abergläubischen gern, also Volkssage und Volksglauben hat unser Handbuch ebenfalls darzustellen, sofern ihr Vorhandensein im Heidentum wahrscheinlich ist. Die Göttersage, die höhere Mythologie, ist natürlich ebenso verwickelter und schwieriger als die Volkssage, die niedere Mythologie, wie die Kunstdichtung mit andern Maßen zu messen ist als die kunstlose Volksdichtung.

In einem Fall sind die Verhältnisse einfach und durchsichtig, im anderen entziehen sie sich als individuelle Vorgänge der Dichterseele unsrem Blick. Dazu kommt der Umstand, dass bereits die beiderseitigen Voraussetzungen, die religiösen Tatsachen, im Götterglauben willkürlicher gestaltet und höher entwickelt sind als im Volksglauben. Die Wissenschaft muss oft Entsagung üben. Es ist besser und nützlicher, bei der Göttersage einzuhalten, wo die Erklärung versagt, als eine Erklärung zu erzwingen. Denn nur zu schnell verliert man Grund und Boden. Der Forschung wird besser gedient, wenn die Lösung einer Frage nur so weit geführt wird, als sie wahrscheinlich ist, wenn die Grenzen unseres Wissens, sei's auch nur vorläufig, nicht überschritten werden, als wenn man sich und andern Ergebnisse vortäuscht, deren Haltlosigkeit bald genug erhellt.

Werden Glaube und Sage in eine förmliche Lehre gebracht, so entsteht Theologie. Nur bei Vorherrschaft des Priestertums wird eine dogmatische Lehre, die zugleich Eigentum eines besonderen Standes bleibt, sich entfalten. Brahmanen und Druiden haben die Religion und Mythologie ihrer Völker zur Theologie ausgebildet, bei den Germanen geschah dieser Schritt nicht. Eine Götterlehre brachte das Heidentum nicht hervor. Aber in andrer Weise fand die nordische Mythologie in der ersten Hälfte des 13. Jahrhunderts eine systematische Bearbeitung durch Snorri Sturluson. Zwar leiten ihn nicht theologisch-dogmatische, wohl aber gelehrte Absichten, die auf ein einheitliches System hinauslaufen, wonach die nordische Mythologie darzustellen sei. Allzu lange hat der geschichtlichen Erkenntnis nordischen Glaubens und nordischer Sage der Umstand geschadet, dass man Snorris Auffassung nicht vom Stoffe selber schied.

J. Grimms Deutsche Mythologie will den Glauben der Deutschen wiederherstellen, wobei die nordische nur als Hilfswissenschaft dient, Simrocks Handbuch der deutschen Mythologie nimmt den Inhalt der nordischen Quellen einfach für Deutschland herüber. Die neueren Werke von E. H. Meyer, Mogk, Kauffmann erweitern den Begriff deutsch zu germanisch. So will auch dieses Handbuch verstanden sein. So gut als möglich soll auf dem Hintergrund germanischer Glaubensvorstellungen die deutsche und nordische Mythologie gleichermaßen zu ihrem Rechte kommen, aber mit starker Betonung beiderseitiger Selbständigkeit. Wird das Verhältnis zwischen germanisch, deutsch und nordisch auch nur einigermaßen richtig erfasst, so ergibt sich von selber ein Einblick in die Entwicklungsgeschichte im ersten Jahrtausend.

Urgermanisch, aus vorgermanischer Zeit stammend, ist nur ein kleiner Teil religiöser Vorstellungen. So der Götterbegriff, Tiuʒ und eine Schar von Lichtgöttern *(tîwôʒ* an. *tívar)* um ihn. Seine Beinamen mögen sich schon frühzeitig zu besonderen Gestalten entwickelt haben, wie z. B. Donar. Außerdem ist der allgemeine, typische Grundstock der niederen Religion und Mythologie gemeingermanisch. Rituelle Formen, Opferbräuche, Besprechungen u. dgl. machten den Kultus aus. Im Übrigen aber löst sich die germanische Mythologie in eine große Anzahl von örtlichen Kulten auf, die mehr oder weniger Ausbreitung und Lebensdauer gewannen. Am kräftigsten gedieh der istväische Wodansdienst. Die Eigenart der germanischen Stämme und Völker zeigt sich auch darin, wie sie einigen wenigen gemeinsamen Typen besondere Gestalt und Bildung verliehen.
Man darf die mythologische Überlieferung nicht aus den örtlichen und zeitlichen Verhältnissen, worin sie uns entgegentritt, loslösen und verallgemeinern. Diesen Satz sprach Müllenhoff aus, und doch verstieß er selber dagegen, wenn er aus den verschiedensten örtlich und zeitlich bestimmten Mythen Schlüsse zog, die an Kühnheit denen der vergleichenden Mythologen nicht nachstanden, nur dass sie mühsamer und mit Aufwand großer Gelehrsamkeit gewonnen waren. Hält man wirklich daran fest, so ergibt sich von selber eine Entwicklungsgeschichte, die jeder Zeit und jedem Stamme das Eigentum belässt, das gemeinsame Uralte oder Entlehnte aber nur dort hervorhebt, wo es wirklich bezeugt ist. Anders waren Glaube und Sage zur Zeit

des Tacitus, anders zur Zeit der Bekehrung, anders im Norden als im Süden, nie waren alle diese verschiedenen Züge in einer urdeutschen, urnordischen oder gar urgermanischen Mythologie vereinigt.

Die Quellen der Mythologie

I. Die germanischen Stämme im Heidentum und zur Zeit der Bekehrung

Unter dem Namen Germanen versteht man seit Caesar eine Reihe von Völkerstämmen, die seit vorgeschichtlicher Zeit, nachweisbar seit dem Zeitalter Alexanders des Großen, in dem norddeutschen Tieflande, zwischen der Weichsel und dem Rhein, auf den Inseln der Ostsee und im südlichen Skandinavien ansässig waren. Durch gemeinsame körperliche und geistige Eigenschaften, durch Spracheinheit und durch die gleiche Grundlage ihres politisch-wirtschaftlichen und sittlich-religiösen Lebens heben sich die Germanen deutlich von allen andern Völkern als eine eigentümliche Volkseinheit ab. Die Germanen zählen zum indogermanischen Volksstamm, dessen Ursitze die heutige Wissenschaft, sofern überhaupt noch die Lehre von der Wanderung gilt, an den mittleren Lauf der Wolga verlegt. Die Westindogermanen breiteten sich westwärts aus in das Mündungsgebiet des Dnjepr, Dnjestr und der Donau, in die waldbedeckte Tiefebene, welche durchs Schwarze Meer im Osten, den Balkan im Süden, die transsilvanischen Alpen im Nordwesten, die Karpaten im Norden umgrenzt ist. Die Indogermanen waren schweifende Hirten mit niedriger Kultur und wenig entwickelten Götterbegriffen. Die Westindogermanen wurden zu sesshaften, Ackerbau treibenden Viehzüchtern. Aus der europäischen Urheimat gelangten die Griechen über den Balkan, die Italer der Save, die Kelten der Donau entlang in ihre späteren Sitze, Slaven und Germanen rückten nordöstlich der Karpaten den Dnjepr und Dnjestr aufwärts in ihre nördlichen, zum Teil bis heute behaupteten Länder. Die Germanen waren zur Zeit, da die Geschichte zuerst ihrer gedenkt, im Osten von den Slaven und Balten, im Norden Skandinaviens von den Finnen, im Westen und Süden von den Kelten, welche bis zum 3. Jahrh. vor Chr. das deutsche Mittelgebirge innehatten, umgeben. Sie zerfallen in die West-, Ost- und Nordgermanen, aus denen die späteren deutschen und englischen, die gotischen und wandalischen, die nordischen (schwedischen, dänischen und norwegischen) Völker hervorgingen. Zur Zeit der ersten Römerkriege scheinen unter den Westgermanen drei große Kultgenossenschaften mit gemeinsamem Heiligtum und gemeinschaftlicher Stammsage bestanden zu haben, die Ingävonen an der Nordsee mit dem Nerthustempel, die Istävonen am Rhein mit dem Tamfanatempel und späteren Wodankult, die Erminonen im Binnenland mit dem Haine des allwaltenden Tiuz. Die zahlreichen Stämme können hier nicht aufgezählt, ebenso wenig kann ihre spätere Entfaltung zu den größeren Bünden der Franken und Alamannen geschildert werden. Die Geschichte der Germanen im Westen und Süden wird bestimmt durch das Zurückweichen der Kelten und das Vordringen der Römer. Die Germanen breiteten sich nach Süden rheinaufwärts und zur Donau hin aus. Die Ostgermanen verließen in der zweiten Hälfte des 2. Jahrhunderts nach Chr. ihre Sitze zwischen Oder und Weichsel und wanderten wieder südwärts zum Schwarzen Meer, wo von 214 ab ihre Kämpfe mit Ostrom anheben. Von ihrem Heidentum ist wenig bekannt, denn die römischen Geschichtsschreiber des 1. Jahrhunderts wissen mehr von den ihnen nahe liegenden Westgermanen als von den fernen Ostgermanen. Und als die Goten am Schwarzen Meere auftauchten, wandten sie sich bald dem Christentum zu. Übers Heidentum der Westgermanen hören wir auch nur vereinzelte gelegentliche Bemerkungen der antiken Geschichtsschreiber, später berichten christliche Quellen davon. Also kein unmittelbares, unverfälschtes Zeugnis, keine selbständige zusammenhängende Mitteilung steht zur Verfügung. Am besten sind wir immerhin vom Heidentum der westlichen und nordwestlichen deutschen sowie der englischen Stämme unterrichtet. Reichlich und unmittelbar fließt die nordische, norwegisch-isländische

Überlieferung. Die Völkerwanderung, der Untergang des Römischen, der Aufgang des fränkischen Reiches bewirken die Anordnung der deutschen Stämme, die in der Hauptsache noch heute besteht. Um 500 rückten die Franken vom untern Rhein ins Maingebiet und drängten die Alemannen südwärts bis zu den Vogesen und Alpen, zur selben Zeit ergossen sich die Markomannen aus Böhmen, dem Laufe der Donau folgend, über die Hochebene und tief in die Alpen hinein in ihre neue Heimat, welche sie unter dem Namen Bajuwaren (Bewohner des Landes Baja, d.i. Bojohemum, Böhmen) behaupteten. Vom Frankenreiche gelangte das Christentum allmählich zu den übrigen Westgermanen und wurde unter mehr oder weniger harten Kämpfen früher oder später, je nachdem das einzelne Volk dem Frankenreiche unterworfen war oder nicht, befestigt.[1] Das Reich der Merowinger erhob sich um 500 als ein katholisch-christliches, wodurch der Untergang des germanischen Heidentums in allen Reichslanden besiegelt war. In den südlichen Ländern war ohnedem schon durch die Berührung mit Italien dem Übertritt zum Christentum in zahlreichen Einzelfällen vorgearbeitet. Aber die völlige Ausrottung des Heidentums ging nur sehr langsam von statten, die niedere Mythologie ist sowieso dem Wechsel der priesterlichen und staatlichen Religion verhältnismäßig wenig unterworfen, sodass die altheidnischen Grundzüge, wenn schon vielfach vermehrt und verändert, auch unter dem neuen Glauben bis zur Gegenwart sich erhielten oder sich immer neu erzeugten.

---

1 Zur Bekehrungsgeschichte vgl. Rettberg, Kirchengeschichte Deutschlands, 2 Bde., Göttingen 1816/8; Friedrich, Kirchengeschichte Deutschlands, 2 Bde. 1867/9; Hauck, Kirchengeschichte Deutschlands, 2 Bde. Leipzig 1887 und 1890; die Bekehrung der Friesen schildert Richthofen, Untersuchungen über friesische Rechtsgeschichte 2, 348 ff.; über die Bekehrung des Nordens vgl. Maurer, die Bekehrung des norweg. Stammes zum Christentum, 2 Bde., München 1855/6; Bd. 1 § 3, 10, 21, 35 behandelt auch die Christianisierung Dänemarks und Schwedens; vgl. ferner Bang, Udsigt over den norske kirkes historie, Kristiania 1881; A. D. Jörgensen, Den nordiske kirkes grundlæggelse, Köbenhavn 1874/8; A. Taranger, Den angelsaksiske kirkes inflydelse paa den norske, Kristiania 1890/91.

Die fränkische Kirche tat zunächst für die Ausbreitung des Christentums fast nichts, weshalb die dem fränkischen Reiche unterworfenen deutschen Stämme noch lange am Heidentum festhielten. Erst die Wirksamkeit der ins Frankenreich eingewanderten iroschottischen Mönche belebte die kirchlichen Verhältnisse und erstreckte sich auch auf die Mission. So erschien der hl. Fridolin um 530 am Oberrhein, aber um die Mitte des 6. Jahrhunderts waren die Alemannen noch Heiden. Erst Kolumba und Gallus richteten von 610 ab mehr unter ihnen aus. In Bayern überwog das Heidentum bis zum Ende des 7. Jahrhunderts. Erst der Herzog Theodo machte 696 mit der Bekehrung Ernst, indem er den Bischof Ruprecht von Worms ins Land rief: Nur in Friesland nahm die fränkische Kirche selber die Missionstätigkeit auf, wobei freilich auch Rücksichten des Handels und der Politik mitwirkten. Wichtiger, auch für die Bekehrung der Deutschen, war die Christianisierung der Angelsachsen, die sich von Anfang an ernstlicher und innerlicher als bei den Franken und in unmittelbarer Abhängigkeit von Rom vollzog. Im Auftrag Gregors I. ging 597 Augustinus nach England. An König Edelbert von Kent fand der päpstliche Sendbote einen treuen und verlässigen Helfer. Zwar ging das Bekehrungswerk der angelsächsischen Königreiche nicht ohne Kämpfe vonstatten. Neben dem Heidentum machten den römischen Geistlichen auch die zum Teil andersgläubigen irischen Mönche, die auf eigene Faust bekehrten, zu schaffen. Aber schon um die Mitte des 7. Jahrhunderts war England christlich geworden. Kaum waren die heimatlichen Verhältnisse geregelt, so machten sich englische Sendboten zu den Friesen, Franken, Alemannen, Bayern und Sachsen auf. Die fränkische Kirche war zu selbständig und zu weltlich, hatte auch das Bekehrungsgeschäft zu lässig betrieben. Die iroschottischen Mönche lehrten ketzerische Ansichten. Der Papst aber strebte eine zielbewusste, einheitliche und gründliche Bekehrung aller Deutschen an. Dazu bot sich die englische Geistlichkeit als geeignetes Werkzeug dar. Winfrid-Bonifatius, der von 716 bis zu seinem 755 erfolgten Märtyrertod unter Friesen, Franken, Hessen, Thüringern, Sachsen, Bayern eifrig und wiederholt auftrat, brachte die Christianisierung des fränkischen Reiches zum Abschluss auf der festen Grundlage der römisch-katholischen Kirche. Im 8. Jahrhundert wird das bereits stark erschütterte deutsche Heidentum vollends gebrochen.

Am längsten bewahrten die Sachsen ihre Freiheit und ihr Heidentum. Missionsversuche, auch der des Bonifatius, hatten nichts gefruchtet. Karls des Großen Sachsenkriege von 772 bis 804 fügten das Sachsenvolk dem Reichsverbande ein. Mit strengen Gesetzen wurde die Kirchenordnung befestigt und das Heidentum bekämpft. Um 800 waren somit die westgermanischen Stämme dem Christentum unterworfen, das Heidentum war als öffentlicher, staatlicher Glaube gebrochen und fristete nur noch im Volksaberglauben ein elendes Dasein. Mit dem Untergang der freien heidnischen Sachsen war auch die letzte Widerstandskraft der Friesen vollends dahin.

Unter Ludwig dem Frommen wurde die Bekehrung des Nordens in Angriff genommen. Das Erzbistum Hamburg ward 831 errichtet und dem Anskar, dem Apostel des Nordens, verliehen. Anskar und nach seinem 865 erfolgten Tode Rimbert verbreiteten das Christentum nach Schleswig und Jütland, ja sogar in einigen Küstenplätzen Schwedens. Aber im 10. Jahrhundert ging die Bekehrung Dänemarks und Schwedens wieder stark zurück. Erst als die Monarchie in Dänemark erstarkt war und König Svein (995–1014) England eroberte, König Knut (1014–1033) die Herrschaft dort zu behaupten wusste, trat ein entschiedener und dauernder Umschwung zugunsten des Christentums ein. Denn ein rein christliches Reich war mit Dänemark vereinigt worden. Schon die Staatsklugheit erforderte, das Christentum in Dänemark zur ausschließlichen Herrschaft zu bringen. König Knut suchte das Ideal eines christlichen Herrschers, wie solches die Kirche aufstellte, in sich zu verwirklichen. Die englische und die deutsche Kirche wetteiferten miteinander, in Dänemark die Mission vollends durchzuführen und das Heidentum auszurotten. Die Schweden sind am Ende des 10. Jahrhunderts noch entschieden Heiden. Noch in der ersten Hälfte des 11. Jahrhunderts war die große Masse des Volkes heidnisch, nur wenige

Christen waren vorhanden. Einzelne Könige waren der neuen Lehre geneigt, wodurch der Mission Vorschub geleistet wurde. Die Lage des Landes brachte es mit sich, dass länger als in Norwegen und Dänemark, teilweise bis ins 13. Jahrhundert herab das Heidentum Bestand hatte. Leider fehlen aber genaue und ausführliche Nachrichten vom schwedischen Heidentum.

Umso reichlicher fließen die Quellen für Norwegen und Island. Im 9. Jahrhundert hatten sich viele Norweger in England und Irland angesiedelt und freiwillig das Christentum angenommen. Der Übertritt war meistens wohl ein äußerlicher, um unbehindert mit der christlichen Bevölkerung verkehren zu können. Aufgabe des Heidentums war nicht notwendig. Viele waren Christen unter Christen, Heiden unter Heiden, manche verleugneten überhaupt jeden religiösen Glauben, sowohl den neuen wie den alten, und verließen sich nur noch auf sich selber. Wenn bei solchen Leuten heidnische und christliche Vorstellungen sich vermischen, wenn sie ihre Mythologie nur als Dichtung, nicht als Gegenstand gläubiger Verehrung betrachten, kann das nicht wundernehmen. Die Eindrücke, welche die Wikinger in der Fremde empfingen, wirkten auch aufs Heimatland zurück, aber äußerten sich natürlich am meisten im geistigen Leben derer, die ständig draußen blieben. Im Jahre 872 hatte König Harald Hárfagri im Hafrsfjord gesiegt und die Alleinherrschaft in Norwegen aufgerichtet. Viele Edle und freie Bauern, die sich in den neuen Verhältnissen nicht zurechtfinden konnten, verließen Norwegen und suchten auf den Britischen Inseln und auf Island, das kurz zuvor erst von Wikingern entdeckt worden war, eine neue Heimat. Binnen kurzem erhielt Island seine Bevölkerung, die teils aus unmittelbar hinübergefahrenen Norwegern, teils aus Leuten, die eine Zeit lang auf den Britischen Inseln gewohnt hatten, bestand. König Harald suchte nämlich auch die nordischen Bewohner jener Inseln sich zu unterwerfen und wagte kriegerische Seezüge gegen sie. Darum suchten viele auf dem fernen Island sichere Zuflucht gegen die Übergriffe des norwegischen Königs und fanden sie auch für Jahrhunderte. Unter den isländischen Ansiedlern waren auch einzelne Christen, Nordleute, die in England oder Irland den Glauben gewechselt hatten. Aber sie verschwanden bald unter der überwiegenden Masse der Heiden. In Norwegen setzte die Bekehrung ein, welche, einmal im Stammlande siegreich, auch die Neusiedelungen dem Kreuze beugte. Hakon der Gute, ein Sohn Haralds, der von ca. 935–961 regierte, war in England erzogen und getauft worden. Er war ein überzeugter Christ und suchte sein Land zu bekehren. Aber der Erfolg blieb ihm versagt. Olaf Tryggwason, der 993 ebenfalls in England getauft worden war, zwang Norwegen von 995 an zum Christentum. Er bekämpfte das Heidentum mit aller Macht, und mancher tapfere Held büßte seine Treue an den alten Göttern mit dem Leben. Als Olaf im Jahr 1000 den Tod fand, erfolgte alsbald ein Rückfall ins Heidentum. Aber Olaf Haraldsson (1014–1031), nach seinem Fall heilig gesprochen, nahm die Arbeit von neuem auf und setzte das Christentum mit rücksichtsloser Strenge durch. Die Isländer, welche seit 981 von mehreren Sendboten heimgesucht worden waren, entschlossen sich am Allding des Jahres 1000 zur Annahme des Christentums als Staatsreligion. Die heidnische und christliche Partei war nahe daran, in offenen Kampf einzutreten. Da gelang es der Weisheit des Gesetzsprechers Thorgeir, das drohende Unheil abzuwenden, indem er, um die Einheit des Freistaates und die Unabhängigkeit des Volkes zu retten, lieber den Heidenglauben drangab. Eine Trennung hätte sicherlich Islands Selbständigkeit gefährdet, der norwegischen Krone willkommenen Anlass gegeben, in die isländischen Verhältnisse einzugreifen. So ging Islands Übertritt zum Christentum ohne jede Gewalttat vor sich, auf kühle Erwägung und kluge Entschließung der Führer im Volke. Das Heidentum wurde abgeschafft, aber nicht grausam verfolgt. Erst viel später mit dem Erstarken der kirchlichen Zucht machen sich strengere Verbote gegen heidnischen Brauch geltend. Die nordische Mythologie, die mit der Skaldenkunst aufs innigste verknüpft war, wurde vom Glaubenswechsel wenig berührt. Nach wie vor fand sie Pflege. Überhaupt hat die Überlieferung der Heidenzeit durch die Bekehrung auf Island nicht Not gelitten. Die Annahme des Christentums hatte keine Verachtung und Feindschaft gegen die alten Sagen im Gefolge. So konnten noch im 12./13. Jahrhundert genug heidnische Lieder des 10. Jahrhunderts und Erzählungen aus der Heidenzeit gesammelt, aufgeschrieben und literarisch bearbeitet werden.

Die Bekehrung der deutschen Stämme zum Christentum geschah nicht überall nach denselben Grundsätzen. Wo sich gar noch Eroberungs- und Unterwerfungsgelüste hinzugesellten, wie bei den Franken gegen Sachsen und Friesen, wurde alles, was den alten Göttern und deren Dienst angehörte, mit Feuer und Schwert ausgerottet. Besser stand es dort, wo die Bekehrung ohne politische Zugabe nur durch die Glaubensboten stattfand. Diese mussten sich zu milderem Vorgehen bequemen, durften nicht allzu schroff auftreten und mussten nach einer Bekehrung von innen heraus trachten. Das war für die Erhaltung alter Bräuche günstiger. Die berühmte Weisung Gregors an Augustinus, den Bekehrer der Angelsachsen, zeugt dafür, wie weit die Duldung gehen konnte. Statt alles Alte zu vernichten und auf den Trümmern Neues zu bauen, zielt die andre Lehre dahin, das Bestehende möglichst zu schonen und daran anzuknüpfen.

Von der Mitte des 4. Jahrhunderts, da die Westgoten Christen wurden, bis gegen das Jahr 1000 währt die Bekehrungsgeschichte der germanischen Völker. Sehr verschiedenartig gestaltet sich der Kampf des neuen und alten Glaubens, sehr verschiedenartig aber sind wir auch davon unterrichtet. Meist stehen uns nur mangelhafte, feindselige Schilderungen zu Gebot, aus denen nur schwer ein einigermaßen zusammenhängendes Bild zu gewinnen ist. Wir vernehmen mehr von Kultbräuchen und vom Glauben als von Sagen. Eher eine Religionsgeschichte als eine Mythologie ist daraus zu gewinnen. Umso wertvoller sind die unvergleichlichen nordischen Denkmäler, die in heimischer Sprache und heimischer Gesinnung abgefasst unmittelbar das nordische Heidentum uns erstehen lassen. Aber alle Anerkennung, alle Freude an diesem Horte erhabener Poesie darf nicht zu ungerechtfertigter Verwendung verführen.

2. Die Quellen der germanischen Mythologie

Die Quellen germanischer Religion und Mythologie[1] bestehen aus *mittelbaren Zeugnissen* und aus *unmittelbarer Überlieferung*. Sie reichen von den ältesten Zeiten bis zur Gegenwart, insofern auch aus dem heutigen Volksglauben manches für den der heidnischen Zeit zu lernen ist. Aber von größter Wichtigkeit sind doch die Quellen der heidnischen Zeit selber, nur dass wir für die Westgermanen leider fast immer aus zweiter Hand schöpfen. Die Zeugnisse der römischen Schriftsteller entbehren der Genauigkeit. Auch stört die oberflächliche interpretatio romana, welche auf Äußerlichkeiten hin eine römische Gottheit anstelle der germanischen nennt. Der Berichterstatter entgeht dabei kaum der Versuchung, die ihm geläufigen Vorstellungen auf die völlig verschiedenen germanischen Verhältnisse zu übertragen. Beobachter, die einem fremden Volke angehören, sind außerstand, objektiv, zuverlässig und erschöpfend zu berichten. Was sie wissen, hängt von allerlei äußern Zufälligkeiten ab. Ebenso schlechte Gewährsleute aber sind die späteren christlichen Schriftsteller, die dem Heidentum feindselig gegenüberstehen, denen alles Verständnis abgeht und die gerne absichtlich verschweigen. Da wir aber fast allein auf solche Zeugen angewiesen sind, denen der Geist germanischer Religion und Mythologie durchaus fremd und unverständlich ist, die es nicht einmal mit Angabe der Tatsachen genau nehmen, so ist unsere Kenntnis leider sehr beschränkt und unzuverlässig. Stets muss man auf genaue Prüfung der einzelnen Zeugen bedacht sein, um darnach die ihren Mitteilungen zugrunde liegenden wirklichen Tatsachen möglichst unverfälscht herauszuschälen. Solche Kritik ist übrigens ebenso der unmittelbaren Überlieferung gegenüber vonnöten, besonders wenn es sich um Verallgemeinerung handelt.

---

1 Über die Quellen der germanischen Mythologie vgl. die ausführliche Zusammenstellung bei E. H. Meyer, Germanische Mythologie S. 15–60.

3. Deutsch-englische Quellen

Von antiken Autoren äußern sich über die germanische Religion Caesar (*Bell. gall.* 6, 21), Plutarch (*Vita Caesaris* c. 19), Appian (*Roman. hist.* 1, 4, 3), Strabo (*Geographicorum* lib. 7. 2) Plinius (in den verlorenen *Bellis Germaniae*), Tacitus (*Germ.* 9, 39, 40, 43; *Ann.* I, 51; II, 12; XIII, 55, 57; *Hist.* IV, 14, 22, 61, 65, 73; V, 22 ff.), Sueton (*Vitellius* c. 14, *Domitian* c. 16), Sozomenus (*Hist. eccl.* 6, 37), Claudianus (*Consul. Stilichonis* 1, 288; *Bell. get.* 528, 542), Orosius (*Hist.* 5, 16), Ammianus Marcellinus (*Hist.* 14, 9; 25, 5, 17), Agathias (2, 6; 28, 5), Procopius (*Bell. got.* 2, 4 ff.; 15, 25).

Aus der heidnischen Zeit, da die Germanen im Verkehr mit den Römern standen, bieten sich auch einige wenige unmittelbare Denkmäler. Germanische Söldner im römischen Heerdienst ahmten die Sitte der *Weihsteine mit Inschriften* ihren römischen Kameraden nach. Sie errichteten ihren heimischen Göttern Altäre, oft sogar mit Bildern geschmückt. Meist wurde die interpretatio romana angewandt, aber durch Zusatz eines germanischen Beiwortes die deutsche Gottheit bezeichnet, z.B. Mars Thingsus, Herkules Magusanus; manchmal stand der deutsche Name allein, wobei aber die Skulptur die interpretatio romana zum Ausdruck bringen konnte, z.B. Nehalennia (mit Isisbildern), Hludana, Deus Requalivahanus. Die Altäre sind bis zum letzten Meißelstich römische Arbeit, die Bilder gehören dem Gedankenkreise der römischen Mythologie an. Man darf sie nicht auf germanische Mythen auslegen. Der Gewinn, den uns die germanischen Weihaltäre gewähren, ist sehr gering. Die Schlussfolgerungen sind ganz unsicher, mehr nur ein glückliches Raten. Denn der einzige Anhaltspunkt bleibt stets das mutmaßliche germanische Wort. Aber dessen Sinn ist allein mithilfe der Etymologie zu bestimmen, und wenn auch die Etymologie mit annähernder Sicherheit erschlossen ist, so bleiben doch immer noch viele Zweifel, welche Bedeutung der Name oder Beiname für die Mythologie hat. So ist allerdings im Herkules Magusanus der starke Donar unschwer erkennbar, aber die Formel Mars Thingsus bleibt unerklärt, obschon die Etymologie von Thingsus keine Schwierigkeit macht. Nehalennia, Hludana, Requalivahanus lassen mit Aufwand großer Gelehrsamkeit die widersprechendsten Auslegungen zu.

In lateinischer Sprache von christlichen Verfassern geschriebene Werke kommen fürs spätere Heidentum der Westgermanen in Betracht. Obenan stehen *die Lebensbeschreibungen der Bekehrer,* worin häufig auf das besiegte Heidentum eingegangen wird. Die *Vita Columbani* und die *Vita St. Galli* wissen einiges von den heidnischen Bräuchen der Alemannen. Die *Vita Boniafatii* und die *Bonifatiusbriefe* geben über Mitteldeutschland und Friesland Aufschluss. Von Friesland erzählen die *Vita Liudgeri* und die *Vita Willehadi.* Die heidnischen Zustände der nordischen Völker berührt mehrfach die *Vita Anskarii.* Über die Skandinavier berichtet *Adam von Bremen.* Die angelsächsische Bekehrung schildert des Bäda *Historia ecclesiastica.* Reichhaltig, da sie fortwährend Heidnisches bekämpfen, sind die *kirchlichen Gesetze, Bußordnungen, Konzilsbeschlüsse, Papstbriefe, Predigten, Taufgelöbnisse* u. dgl. Sie sind zwar oft nach einem allgemeinen Schema entworfen und dürfen nicht in allen Einzelheiten fürs germanische Heidentum in Anspruch genommen werden. Aber sie sind andererseits auch häufig gerade im Hinblick auf ein bestimmtes Land und mit Einfügung der landesüblichen Ausdrücke abgefasst. So die *Sächsische Abschwörungsformel,* die Wodan, Donar und Saxnot nennt, und das alte Verzeichnis sächsischen Aberglaubens *(Indiculus superstitionum et paganiarum),* welche aus der Zeit der Sachsenmission stammen. Hefeles *Konciliengeschichte,* Wasserschlebens *Bußordnungen der abendländischen Kirche,* Cruels *Geschichte der deutschen Predigt* gewähren einen guten Überblick über das, was aus solchen Akten für die Mythologie zu lernen ist.

Die *Geschichtsschreiber der germanischen Stämme* kommen, wo sie von der Urzeit berichten, häufig auf Mythen zu sprechen; so Jordanes in der *gotischen Geschichte,* Gregor von Tours in der *fränkischen,* Paulus Diaconus in der *langobardischen,* Bäda in der *englischen,* Widukind in der *sächsischen,* Dietmar von Merseburg in seiner *Chronik* und andere mehr. Am ergiebigsten sind auch hier die *nordischen Geschichtsquellen.* Wie die kirchlichen, so haben auch die *weltlichen Rechtsquellen* oft Veranlassung, heidnische Zustände zu erwähnen. So Karls des Großen *Capitulatio de partibus Saxoniae* und viele *angelsächsische Gesetze.* Viele *Orts- und Personennamen* sind mit mythischen Bestandteilen gebildet, z. B. mit Wodan, Donar, Fro, Ans, Alb u. Ä. zusammengesetzt, und verstatten dadurch einen Schluss auf den Vorstellungskreis, dem sie entstammen. *Wochentagsnamen* und *Pflanzennamen* gehören ebenfalls hierher. Die *ältere Sprache,* die namentlich in den ahd. Glossen uns aufbewahrt ist, in Einzelheiten auch die Sprache der erst in der christlichen Zeit abgefassten epischen Gedichte, z. B. der altsächsische Heliand und die zahlreichen angelsächsischen Stabreimgedichte, enthalten viele Ausdrücke aus dem Heidentum. Manche Vorstellungen, z. B. die der Schicksalsfrau Wurd, Bezeichnungen von Göttern und Geistern, viele Tatsachen des Götterdienstes, des Priester-, Opfer- und Tempelwesens werden mithilfe der Sprache als gemeingermanisch erwiesen. In den ältesten, dem Heidentum zunächst stehenden Denkmälern halten sich viele uralte Ausdrücke, deren echter heidnischer Begriff so gut als möglich ins Christliche umgesetzt ist, die später großenteils verschwanden.

Die unmittelbare Überlieferung in deutscher Sprache ist sehr dürftig und auch nicht vollkommen verständlich. Die *Runeninschrift auf der Nordendorfer Spange* ruft Wodan und Donar zu irgendeiner Weihhandlung an. Am meisten bieten immerhin die Zaubersprüche, in Deutschland die beiden berühmten *Merseburger Sprüche,* in denen Götter und Göttinnen genannt sind, ferner einige jüngere Sagen, in welchen heidnische und christliche Bestandteile durcheinander laufen.[1] Aus England bieten

---

1 Das Wessobrunner Gebet (Müllenhoff-Scherer, Denkmäler[3] Nr. I) und das Muspilli (ebenda Nr. III) wurden lange als mythologische Denkmäler verwendet, ohne die geringste Berechtigung. Ihr Inhalt ist durchaus christlich. Fürs Muspilli wiesen Zarncke, Berichte der sächsischen Gesellschaft der Wissenschaften 1866, S. 191 ff. u. F. Vetter, Zum Muspilli, Wien 1872, S. 106 ff., Heinzel, Zeitschrift f. d. österreichischen Gymnasien 43, 1892,

sich mehrere ebenso wertvolle *Zauberformeln* dar, die auf Woden, die Erdgöttin und die Kampfjungfrauen Bezug nehmen. Die Auslegung dieser rein heidnischen oder christlich-heidnischen Segen ist aber in vielen Einzelheiten sehr unsicher. Lachmann, Müllenhoff, E. H. Meyer und andere suchen die Heldensage in größerem Umfang für die Göttersage zu verwerten. Aber noch ist keine allseitig befriedigende Lösung der Frage gefunden, wie viel und was die Mythologie, d. h. die Geschichte der Göttersage und des Heidenglaubens, aus der Heldensage für sich in Anspruch nehmen darf.

Volkssage und Volksaberglaube des Mittelalters und der Neuzeit bilden eine wichtige Quelle für die Mythologie. Ihre Verwertung ist aber mit bedeutenden Schwierigkeiten verknüpft. Zunächst muss das Verhältnis zwischen höherer und niederer Mythologie richtig gestellt werden. Hierauf muss die Volksüberlieferung für sich allein auf ihre Verwendbarkeit sorgsam geprüft werden. Vieles, was wir nur aus Volkssagen der Gegenwart wissen, *kann* bereits germanisch-heidnisch gewesen sein, aber nicht alles *muss* aus der Urzeit herstammen. Die Volksüberlieferung ist in ständigem Flusse begriffen, Neubildungen und Entlehnungen sind an der Tagesordnung. Unsre nächste Aufgabe geht dahin, zu bestimmen, welche niedere Mythologie im Heidentum neben der höheren herlief. Sofern sie mit der altheidnischen in den Grundzügen übereinstimmt, muss die spätere Volkssage ergänzend herangezogen werden. Um festzustellen, wie viel alt und heidnisch ist, dient wieder an erster Stelle die Sprache, welche lehrt, ob ein Begriff gemeingermanisch ist. Ferner ist Gewicht darauf zu legen, eine Sage oder Vorstellung in möglichst alten Quellen nachzuweisen. Je näher die Überlieferung der heidnischen Zeit gerückt wird, desto größer ist die Wahrscheinlichkeit, dass sie bereits im Heidentum vorhanden war. Besonders wert-

---

S. 748 christlichen Gedankeninhalt nach. Kögel, Geschichte der deutschen Literatur I, 1, 317 ff. vermutet wiederum heidnische Spuren darin, während die meisten Forscher das Heidentum allmählich ganz auf den Ausdruck Muspilli eingeschränkt haben. Bei Besprechung des Begriffes Muspilli, Muspell wird diese Frage erörtert werden.

voll sind die Parallelen, welche sich aus den altnordischen Quellen in reicher Fülle ergeben. Viele Sagen erscheinen überhaupt mit dem nordischen Götterglauben gleichzeitig. Begegnen sie, selbst in jüngerer Fassung, in Deutschland und England wieder, so ist die Annahme gemeinsamer Herkunft aus dem Heidentum erlaubt, zumal wenn die Sprache den Grundbegriff als urgermanisch erweist. Gleichheit von Märchen und eigenartigen Sagen deutet zwar auf Wanderung und Entlehnung, aber anders ist die Übereinstimmung typischer und abergläubischer Vorstellungen wie der Seelengeister, Maren, Elbe und Riesen zu beurteilen. Ältere Sammlungen zur Volkskunde sind des Gervasius von Tilbury *otia imperialia* um 1211, des Caesarius von Heisterbach († 1240) *dialogus miraculorum*, des Hans Vintler *Blumen der Tugend*[1] um 1411, die *Zimmerische Chronik* 1566, die Werke des Prätorius im 17. Jahrhundert, die *gestriegelte Rockenphilosophie* 1706. Die methodische Sammlung aus den älteren Aufzeichnungen und aus der mündlichen Überlieferung der Gegenwart unternahmen die Brüder Grimm in den *Kinder- und Hausmärchen* 1812–14, in den *deutschen Sagen* 1816–18, J. Grimm im *Aberglauben* (in der ersten Ausgabe der Mythologie 1835; wiederholt im 3. Bande 1878 S. 101–505). An dem in diesen Arbeiten gegebenen unübertrefflichen Muster erstand die wissenschaftliche Sammlung und Sichtung der Volksüberlieferung, eine Aufgabe, die jetzt von Vereinen besorgt wird.[2]

---

1 Vgl. Ältere tirolische Dichter, hrsg. von Zingerle, Bd. 1, 1874 die pluemen der tugent des Hans Vintler 7693–7993; 8197–8244; die Anmerkungen des Herausgebers weisen u. a. auf ähnliche Stellen mittelalterlicher Verfasser, z. B. auf Berthold von Regensburg und Geiler von Kaisersberg in der Emeis (A. Stöber, Zur Geschichte des Volksaberglaubens im Anfang des 16. Jahrhunderts, Basel 1855).

2 Vgl. E. H. Meyer, Mythologie S. 28 ff.; John Meier, Grundriss der germanischen Philologie II, 1, 776 ff.; Brandl, ebenda 837 ff., Mogk, ebenda II, 2, 265 ff.

4. Nordische Quellen[2]

Der Wert der nordischen Überlieferung beruht vor allem darauf, dass sie unmittelbar in heimischer Form geboten wird. Zwei Hauptströmungen sind zu unterscheiden: die Nachrichten der Skalden, die teilweise dem ausgehenden 9. und dem 10. Jahrhundert angehören, obschon sie erst am Ende des 12. Jahrhunderts und im 13. Jahrhundert zur Niederschrift kamen, und die Nachrichten der in Prosa verfassten Geschichtsquellen, der *Sögur*. Aus Letzteren gewinnen wir ein Bild des *Glaubens,* bei den Skalden erfahren wir die *Sagen*. Religion und Mythologie sind aber teilweise verschieden, die nordische Mythologie in ihrer Gesamtheit ist nicht unmittelbar aus dem lebendigen Kult und Glauben des norwegischen Volkes hervorgegangen. Die nordische Mythologie, die im Kreise der Skalden, der höfischen Kunstdichter, entstand, enthält mehr fremde Bestandteile, stellt die aus Deutschland zugewanderte Gestalt Odins in den Mittelpunkt, während die Religion des nordischen Volkes die altheimischen Götter nicht zurückdrängen lässt, Fremdes eher ablehnt. Der Gegensatz des abenteuernden Wikings und des sesshaften Mannes, des Edelings und des Bauern gelangt in der nordischen Mythologie und Religion zum Ausdruck.

Von den Skalden sind diejenigen am wichtigsten, welche noch dem Heidentum angehören. Zur Kunstdichtung sind auch die sog. *Eddalieder* zu zählen, die allerdings einfachere Formen anwenden, aber aus dem Anschauungskreise der Skalden nicht heraustreten, jedenfalls nicht als bloße Volksdichtung betrachtet werden dürfen. Die Skaldengedichte sind in doppelter Weise für die nordische Mythologie von Belang, ihrer Form und ihres Inhalts willen. Das eigentliche Thema der Skaldengesänge ist Fürstenlob, aber das Hauptgewicht fällt neben allerlei metrischen

---

1 Die Quellen der nordischen Mythologie dürfen nur im engsten Zusammenhang mit Kultur- und Literaturgeschichte benutzt werden. Für die nordische Literaturgeschichte verweise ich auf die Darstellung Mogks im Grundriss der germ. Philologie II, 1, 71 ff. und auf Finnur Jónssons oldnorske og oldislandske litteraturs historie Bd. 1 Kopenhagen 1895.

Künsteleien auf die sprachliche Einkleidung. Der Skald gefällt sich in der Umschreibung einfacher Begriffe, im Ungewöhnlichen. Synonymik ist sehr beliebt, Odin wird lieber mit einem seiner Beinamen genannt als mit seinem gewöhnlichen Namen. Daher sind die Skalden auf möglichst reichhaltige Sammlung von synonymen Ausdrücken, bei den Göttern auf vollständige Verzeichnisse aller ihrer Beinamen bedacht. Solche Beinamen entstammen aber besonderen Eigenschaften oder Handlungen der Götter. Ferner befleißigen sich die Skalden verwickelter Bilder und Umschreibungen, die mit Vorliebe aus der Götter- und Heldensage geholt sind. Die Auflösung der *»kenning«*, d. h. der Umschreibung, in die zugrunde liegende Sagenvorstellung ist oft sehr schwierig. Jedenfalls setzt eine solche Verwendung der Göttersage, dass jede Anspielung sofort verstanden wird, deren genaue Kenntnis bei Dichter und Zuhörer voraus; um 900 muss die nordische Mythologie in den Kreisen, für welche die Skalden dichteten, mit allen ihren Feinheiten ganz geläufig gewesen sein. Endlich haben die Skalden auch geradewegs Mythen dargestellt, berühren sich also auch im Inhalt unmittelbar mit den sog. Eddaliedern. Ohne diese aber und ohne Snorri wäre uns die nordische Mythologie nur mangelhaft bekannt. Denn die dunkeln Anspielungen der Skalden versteht nur der, welcher in der Mythologie bereits bewandert ist. Um 1240, nach andern schon am Ende des 12. Jahrhunderts, veranstaltete ein Isländer eine Sammlung von *Götter- und Heldenliedern*,[1] worin alles Aufnahme fand, dessen er habhaft werden konnte. Gedichte der gleichen Art sind auch sonst vereinzelt auf uns gekommen, ein Beweis, dass im 12./13. Jahrhundert auf Island noch eine große Anzahl von solchen Gedichten vorhanden war, dass jene Samm-

1 Die beste Ausgabe der Liedersammlung verdanken wir Sofus Bugge 1867. Eine große Ausgabe mit Kommentar und Wörterbuch bereitet Sijmons vor, wovon der erste Halbband, die Götterlieder enthaltend, 1888 erschien. Der Codex erschien 1891 in vorzüglicher fototypischer Nachbildung, besorgt von Wimmer und Finnur Jónsson. Die brauchbarste Verdeutschung, nach welcher in diesem Handbuch zitiert wird, lieferte H. Gering, Leipzig 1892.

lung keineswegs erschöpfend war. Eine Pergamenthandschrift der Sammlung entdeckte 1643 der isländische Bischof Brynjolf Sveinsson; sie wird jetzt auf der kgl. Bibliothek zu Kopenhagen aufbewahrt und bildet die Hauptquelle unsres mythologischen Wissens. Brynjolf gab einer Abschrift, die er vom Codex nehmen ließ, ohne jede Gewähr als reine Vermutung den Titel *Edda* und schrieb sie dem 1133 verstorbenen isländischen Gelehrten *Saemund* zu. Als *»Saemunds Edda«* wurde eine Sammlung bezeichnet, die lange nach Saemunds Tod erst zustande gekommen war, ein Titel wurde ihr beigelegt, den sie nie geführt hat. Aber Brynjolfs irrige Meinung erfreute sich lange Zeit allgemeiner Anerkennung und rief allerlei neue Irrtümer hervor. Man machte sich Gedanken über Saemunds Anteil, galt er doch zuweilen sogar als Verfasser. Brynjolfs Hypothese hat nicht zum wenigsten verschuldet, dass man so lange über die Bedeutung und die wirkliche Beschaffenheit der Sammlung im Unklaren blieb. Heutzutage herrscht kein Zweifel mehr über die Ungehörigkeit der Bezeichnung *»Saemunds Edda«*. Nur in veralteten Lehrbüchern und in oberflächlichen populären Schriften wird sie angewandt. Von den Liedern der Sammlung ist jedes für sich allein auf Alter und Herkunft zu prüfen, sie bilden keinerlei Einheit. Zwar erheben sich alle Götterlieder auf der gemeinsamen Grundlage der nordischen Mythologie, im wesentlichen derselben, die hinter den Skaldengedichten steht. Aber sonst zeigt sich kein engerer Zusammenhang. Nach neuester Schätzung reicht kein Götterlied über 875 hinauf, die Mehrzahl gehört erst dem 10. Jahrhundert, also dem letzten heidnischen an. Man kann eine Anzahl von Odinsliedern neben Thors- und Freysliedern erkennen. Zu den Odinsliedern zählt die Vǫlospó, die den Anfang der Welt, die letzten Schicksale der Götter, die Erneuerung der Welt enthält. Im Lied von Baldrs Träumen erkundet Odin die Zukunft von der Seherin, die er aus dem Todesschlafe weckt. Das Grimnirlied, das Wafthrudnirlied, die Hǫvamǫl zeigen Odin im Besitz aller Weisheit. Die Thorslieder führen uns den starken Gott im Kampf mit Riesen (Lied von Thrym, von Hymir), in der Wissenswette mit dem unholden Zwerg Alwis vor. Das Harbardslied lässt den Gegensatz des Thors- und Odinsglaubens hervortreten. Vom Himmelsgott, wie er um die schöne Gerd werben lässt, berichtet das Skirnirlied. In der Rigsþula erscheint der Gott unter dem Namen Rig als Erzeuger der menschlichen Stände. In der Lokasenna tritt der schmähsüchtige Loki mit argen Vorwürfen den Asen gegenüber, bis ihn Thor verstummen macht. So bietet uns die Sammlung schöne und lebendige Schildereien der Asenwelt, wir erblicken die einzelnen Göttergestalten in voller Tätigkeit, in allen erdenklichen Beziehungen.

Unsre Kenntnis der nordischen Mythologie beruht somit auf der Liedersammlung, auf den Anspielungen der Skalden, welche den Inhalt der erzählenden Götterlieder teils bestätigen, teils auch ergänzen und erweitern. Sie wird aber noch besonders befestigt und vermehrt durch des isländischen Staatsmannes, Geschichtsschreibers und Skalden Snorri Sturluson (1178–1241) Arbeiten. Snorri schrieb um 1230 eine *»Edda«*, d.h. Poetik. Von Snorris Werk, das diesen Titel mit Recht führt, übertrug ihn Brynjolf irrig auf die Sammlung von Liedern, weil zwischen beiden Werken allerdings Beziehungen bestehen, die aber natürlich mit dem Titel gar nichts zu schaffen haben. Snorri verfasste ein skaldisches Lehrbuch, worin er aufgrund ausgebreiteter Kenntnis der älteren Skaldengedichte die Regeln der Skaldenkunst erörterte. Die Mythologie ist aber dem Skalden zunächst nötig. Daher entwirft Snorri einen leicht fasslichen, fließend geschriebenen Abriss der nordischen Göttersage, die der Skald beherrschen muss. Er schöpft dabei aus denselben Liedern, die uns in der Sammlung (in *»Saemunds Edda«*) erhalten sind, und führt zum Belege seiner Erzählungen einzelne Strophen daraus an. Er schöpft aber auch unmittelbar aus Skaldengedichten, deren mythische Unterlage er in kurzen Zügen uns wiederherstellt. Endlich waren ihm manche Quellen zugänglich, die wir nicht mehr besitzen. Snorris Edda ist also ein nicht zu unterschätzendes Hilfsmittel der mythologischen Forschung. Aber man darf sie auch nicht überschätzen. Snorri stellt die nordische Mythologie nach seinem eignen Ermessen, nach seiner eignen gelehrten Auffassung dar. Wenn möglich, müssen wir auf die Urquellen selber zurückgreifen, nicht unbedingt auf Snorri uns verlassen. Schon dadurch ergibt sich manche Berichtigung. Snorri hat einiges missverstanden, einiges zugefügt. Er schildert die Göttersage im erhabenen Rahmen der Weltschöpfung und des Weltbrandes, über denen der ewige Allvater steht. Darin folgt er gewiss den Anschauungen der Skalden des 10. Jahrhunderts, wenn er auch noch einige neue christliche Gedanken einfügte. Nie darf außer Acht bleiben, dass die nordische Mythologie der Snorra Edda die systematische Bearbeitung eines isländischen Gelehrten des 13. Jahrhunderts ist, die mit der Mythologie der Skalden des 10. Jahrhunderts nicht in allen Stücken für gleichwertig genommen, die unter keinen Umständen in eine germanische Mythologie zurückgetragen werden darf.

Neben den Skaldengedichten gewähren die *Sögur*, besonders die Geschichtsquellen, reiche Belehrung über Religion und Mythologie. Die Geschichte der Besiedelung Islands liegt vor in Aris *Íslendingabók* (verfasst um 1134) und in der *Landnámbók*. Darin ist häufig vom Glauben und Kult der Ansiedler Islands die Rede, Thors- und Freysdienst stehen obenan, Odin wird kaum erwähnt. Ebenso schildern die isländischen *Familiensögur*, die im 9./10. Jahrhundert spielen, viele heidnische Bräuche. Diese Sagen sind allerdings erst im 13. Jahrhundert in literarische feste Form gebracht worden, manches mag auf Rechnung der Sagaschreiber kommen. Aber zugrunde liegt eine alte mündliche Überlieferung, die in gewissen Kunstformen seit dem Heidentum jene Geschichten bewahrt hatte. Darum verdienen die Nachrichten, welche uns die Sögur vom 10. Jahrhundert geben, in der Hauptsache Glauben. Die *norwegische Königsgeschichte* wurde im 13. Jahrhundert ebenso zu schönen Prosadarstellungen verarbeitet aufgrund von alten Skaldengedichten, die meistens als Beleg auch mitgeteilt werden, und aus mündlicher Überlieferung. Snorris *Heimskringla* ist das bedeutendste Werk. Die Geschichte der heidnischen Könige, namentlich aber die der beiden Bekehrer Olaf Tryggwason und Olaf Haraldsson gibt genugsam Anlass, heidnischen Glauben und heidnische Sage zu schildern. In den Königssagen, soweit sie auf Skaldenliedern beruhen, tritt auch Odin hervor; am Königshofe ward ja von Odin gesungen und gesagt. Jedoch im norwegischen Volke selber zeigt sich auch hier Thorsdienst als eigentlicher Feind des Christentums. Den Thorsdienst der norwegischen Bauern müssen die Bekehrer mit weit stärkeren Mitteln bekämpfen als die Odindichtung der Skalden. Die *nordischen Rechtsquellen* befassen sich mehrfach mit dem Heidenglauben, aber mehr mit dem niedern Volksglauben, wie es auch die südgermanischen Gesetze tun. Im Heidentum war mit besonderen Satzungen auf den Schutz des Glaubens Bezug genommen, in der christlichen Zeit eifern die Gesetze gegen Überbleibsel heidnischer Bräuche.

Endlich gibt es auch rein mythische Sagen wie z. B. die *Ynglingasaga,* die *Volsungasaga,* worin wie in den Skaldengedichten Götter- und Heldensage unmittelbar behandelt sind. Mit solchen mythischen Geschichten ist auch des Dänen Saxo Grammaticus um 1200 verfasste *historia danica* erfüllt. Saxo schreibt in 16 Büchern eine bis 1187 reichende Geschichte Dänemarks, die 9 ersten Bücher beruhen auf Sagen, zum Teil auf nordischer Göttersage. Saxo schreibt einen schwülstigen Stil und hat sich der Überlieferung gegenüber manche Freiheit erlaubt. Aber trotzdem sind seine Nachrichten für einige mythologische Dinge von großem Wert. Saxo schöpfte aus dänischer und norwegisch-isländischer Sage, öfters beide miteinander vermischend.[1] Wie Snorri huldigt auch Saxo dem Euhemerismus, die Götter sind als Menschen aufgefasst. Soweit Saxo mit nordischer Göttersage sich beschäftigt, stützt er sich vorwiegend auf isländisch-norwegische Quellen. Darum stimmen seine Mitteilungen wesentlich zu denen der nordischen Skaldengedichte und Sögur, nur selten begegnen selbständige Züge dänischer Herkunft.

Auch aus dem späteren Mittelalter und aus der Neuzeit bietet sich im Norden reiche Überlieferung dar. Wir haben einen gro-

1 Vgl. Axel Olrik, kilderne til Sakses oldhistorie I u. II Kopenhagen 1892 u. 94.

ßen Schatz nordischer Volkslieder und isländischer Reimereien, in denen die Gestalten des Aberglaubens, Trolle, Riesen, Zwerge, Elfen, Nixen und Meerweiber, ihr Wesen treiben. Die eigentliche Göttersage wird selten und unselbständig in diesen Poesien behandelt. Zwar erscheint die *þrymskviþa* sowohl als isländische Reimerei in den *þrymlur*, als auch als norwegisch-dänische Volksweise *»Tord af Hafsgaard«;* Thors Fahrt nach Utgard behandeln die *Lokarímur*. Im färöischen *Lokkatáttur* finden wir Odin, Hönir und Loki in ein Märchen verflochten. Aber es handelt sich hier stets um ein künstliches literarisch vermitteltes Fortleben der Heidengötter. An Volkssagen, die im 19. Jahrhundert gesammelt wurden, gewährten die nordischen Länder höchst ergiebige Ausbeute.[1]

---

1 Vgl. Lundell, Skandinavische Volkspoesie im Grundriss der germanischen Philologie II, 1, 719–749.

Erstes Hauptstück

Die Gestalten des Volksaberglaubens (Die niedere Mythologie)

1. Der Geisterglaube und seine nächsten Ursachen

Volksaberglaube und Volkssage verhalten sich ähnlich wie Götterglaube und Göttersage. Aus allgemeinen weit verbreiteten Grundtypen erwachsen örtlich und zeitlich sehr verschiedenartige Sagen, die natürlich bei aller Abweichung im Einzelnen im Kerne doch übereinstimmen. Wo Geschichten mit verwickelter Handlung und merkwürdigen Einzelheiten an getrennten Orten auftauchen, ist Entlehnung und Wanderung mehr wahrscheinlich als selbständige unabhängige Entstehung. Der Volksglaube scheint unwillkürlich aus der Veranlagung des menschlichen Gemütes zu entstehen. Wohl beruht auch er auf einer Anzahl überlieferter Tatsachen, er vererbt sich mündlich in den Geschlechtern und vermehrt sich somit allmählich ungeheuer. Aber er wird gewissermaßen mit jedem Menschen auch neu geboren, dieselbe Anlage, aus der die Urbilder entkeimten, schafft immer neue Vorstellungen ähnlicher Art. Der Volksglaube bleibt nicht unverändert bestehen, er formt sich immer neu. Die Volkssage der heidnischen Germanen ist nicht unmittelbar auf uns gelangt. Zwar die nordischen Quellen bieten auch hier sehr vieles, in Deutschland wird manches mittelbar durch gelegentliche Anspielungen und durch das Vorhandensein der entsprechenden sprachlichen Bezeichnungen bezeugt. Jedoch der Volksglaube der Heidenzeit lebt vielfach im Mittelalter und in der Neuzeit fort. Wie die einfachen Gebilde der neueren Volkssage waren nach Ausweis der nordischen Denkmäler auch die der altheidnischen beschaffen, sodass es wohl erlaubt scheint, zur Aufhellung verschwundener Zeiten die Gegenwart heranzuziehen. Nur muss Vorsicht walten. Eine neue Volkssage kann nur als Vertreter einer altheidnischen gelten, wenn der typische Volksglaube, dem sie entstammt, auch fürs Heidentum wahrscheinlich ist. Damit ist nicht gesagt, dass sie genau so, wie sie jetzt uns vorliegt, auch damals lautete. Der heutige Volksglaube und noch weit mehr die Sage enthalten neben uralten Typen aber auch unzählige Neubildungen, die erst im Mittelalter und in der Neuzeit, häufig auch aus dem Verkehr mit andern Völkern aufkamen. Altheidnischer Glaube kann dem Christentum angepasst worden sein, viele Bräuche sind aber auch erst vom Christentum veranlasst. Die Hauptaufgabe, Altes und Neues auseinander loszulösen, hat die Volkskunde noch kaum in Angriff genommen. Der Aberglaube und die daraus entwickelte Sage sind überaus einfach in Form und Gehalt, ohne besondere Wartung und Pflege entspringt der Glaube den Vorgängen im Leben des Menschen und in der Naturumgebung. Die einfachen Grundvorstellungen können sich mitunter verwickelter gestalten, jedoch kaum ohne Einwirkung bewusst schaffender Kunstdichtung. Wenn man eine wohl geordnete, vollständige Sagensammlung betrachtet, so treten besonders vier Gruppen von übermenschlichen Wesen hervor, *Maren, Seelen, Elbe und Riesen,* wovon die beiden Ersten mit dem Menschen in unmittelbarem Verkehre stehen, während die Letztgenannten in der Natur wirken. Weil Begriff und Benennung dieser Wesen gemeingermanisch ist, weil sie in den nordischen Sagen des Heidentums ebenso weben und leben wie in der deutschen und nordischen Überlieferung der Gegenwart, so ist ihre Zugehörigkeit zum Bestand des heidnischen Volksglaubens zweifellos. Die Anthropologie lehrt, dass sie überhaupt allgemein menschlich sind. Soweit ihr Ursprung zu erklären ist, werden wir auch auf allgemein menschliche Anlagen, die überall gleichmäßig vorhanden sind und gleichartig wirken müssen, hingeführt.

Der Gespensterglauben drängt sich dem Menschen durch Wahrnehmungen auf, die er an sich selber und an seinen Mitmenschen macht. Die subjektiven Vorgänge des Traumschlafes, die objektiven des Todes wirken zusammen zur Vorstellung eines geisterhaften Wesens, das plötzlich aus der Unsichtbarkeit hervortritt und auf geheimnisvolle Weise sich fühlbar macht. Im Schlafe erscheinen die Gestalten Lebender und Toter, sie verkehren wie im wirklichen Dasein, nur häufig freier und ungebundener. Besonders die Erscheinung längst Verstorbener erregt und beunruhigt das Gemüt. Im Albtraum wird dem Schlafenden aber unmittelbar die beängstigende Macht solcher Traumgestalten fühlbar. Das Traumbild an sich hätte schwerlich den Glauben an die Wirklichkeit des Erschauten hervorgerufen, wohl aber der Albtraum, der die geheimnisvolle Einwirkung übermenschlicher Wesen immer von neuem dem Bewusstsein aufdrängte.[1] Der Albdruck ruft die verschiedenartigsten Vorstellungen hervor, je nachdem der Schlafende von einem Tier oder Menschen, der mitunter bekannte Züge anzunehmen pflegt, sich gequält wähnt. Die bange Furcht steht an der Schwelle urmenschlichen Glaubens, Kultes und Mythos. Die Druckgeister mit ihrer merkwürdigen Vielgestalt schienen verwandlungsfähige schädigende Wesen, die jeder verspürt hatte, von denen jeder zu erzählen wusste, deren objektive Wirklichkeit der kindlichen Einbildungskraft zweifellos sein musste. Die Furcht vor dem Alb legte den Gedanken an Maßregeln zu seiner Abwehr nahe, aus dem Glauben an seine Macht entsprangen Bräuche, die ihn schadlos machen sollten, also ein wesentlich auf Abwehr gerichteter Kult. Die Albsage aber erging sich in Schilderungen besonderer Traumerlebnisse, wie dieser oder jener den Unhold gesehen, wie er sich seiner erwehrt hatte. Auch musste die Sage seine Herkunft zu ergründen trachten. Denn der Traum zeigte das

1 Die Bedeutung, die dem Albtraum bei der Mythenbildung zukommt, hebt Laistner, Rätsel der Sphinx, Berlin 1889, hervor. Höchst geistvoll ist die Entwicklung der Sage, der Mythologie auf der stetigen Grundlage des Albtraumes nachgewiesen. Jedoch mit seinen Namendeutungen geht Laistner entschieden zu weit. Die Namen müssten in Urzeiten mit durchsichtiger, auf den Albtraum unmittelbar bezüglicher Bedeutung entstanden und festgehalten sein. Die Einkleidung, in welcher die heutige Volkssage sich darbietet; ist aber meistens sehr jung und ohne unmittelbaren, bewussten Zusammenhang mit dem ursprünglichen abergläubischen Kerne. Statt auf diesen abergläubischen Kern sich zu beschränken, legt Laistner ohne Bedenken die ganze darum gewachsene Sagendichtung aus.

Gespenst ja nur, wie es plötzlich über den Schlafenden herfiel, ohne zu erklären, woher es kam und wohin es wieder entschwand. Zur Erklärung boten sich von selber andere Wahrnehmungen. Der Alb trug häufig bekannte Züge lebender oder toter Mitmenschen. Diese selber in ihrer gewöhnlichen Gestalt konnten aber nicht den Träumenden heimsuchen, und doch war auch die Erscheinung nicht von ihnen völlig zu trennen. Der Traum ist nicht nur leidend, indem der Schlafende die Besuche andrer empfängt, sondern auch tätig, indem der Schlafende auf wunderbare weise im Augenblick die weitesten Entfernungen zurücklegt. War einmal durch den Albtraum die Einbildung aufgeregt, so mochte auch der gewöhnliche Traum zum Nachdenken Anlass geben. In sich selber trug der Mensch ein Rätsel, die Fähigkeit, zeitweilig im Schlafe die leiblichen Fesseln abzustreifen und los und ledig frei umherzuschweifen. Endlich schien der Tod eine gewisse Deutung zu gewähren. Aus dem toten Leib ist der belebende Hauch, der Atem, die Seele entwichen. Der Leib zerfällt in Staub und Asche. Kehrt ein Verstorbener, wie er leibte und lebte, wieder, so muss es sein Geist sein, jene entwichene Seele, die beim Tode nicht zugrunde ging, die fortbesteht und leiblich umgehen, erscheinen kann. Der Tod belehrt den Menschen über den Unterschied zwischen Leib und Seele. Dem Schlummernden mag die Seele für kurze Frist entschweben, dem Toten entfloh sie für immer. Aber ihre wunderbaren Eigenschaften sind dieselben, sobald sie einmal den Leib verlässt. Aus ähnlichem Gedankengang haben die Naturvölker den Begriff der Seele als eines geisterhaften Wesens entwickelt. Überall findet sich Seelen- und Marenglaube. Eine strenge Scheidung zwischen Seelen und Maren lässt sich nirgends durchführen. Aus demselben Vorstellungskreise erwachsen, sind beide Erscheinungen einander sehr ähnlich, häufig unzertrennlich. Maren sind ja eigentlich Seelen als Druckgeister, und andererseits ist der Begriff des Seelengeistes namentlich auf den Albtraum begründet. Der Marenglaube mag ursprünglicher und älter sein als der Seelenglaube, bei den heidnischen Germanen sind jedenfalls beide gleichzeitig nebeneinander reich entfaltet gewesen.

2. Maren

Die Gespenster, welche den Menschen im Albtraum heimsuchen, spielen in der niederen Mythologie eine große Rolle, sie sind wahrscheinlich wegen ihrer handgreiflichen Fühlbarkeit überhaupt die ersten übermenschlichen Wesen, deren Dasein der Mensch glaubte und fürchtete. Der Seelenglauben beruht zum großen Teil auf der Vorstellung von quälenden Druckgeistern. Erst allmählich entstand weiterhin der Glaube an Geister, die nicht nur den Menschen quälten und drückten. Zunächst aber ging der Gespensterglaube aus dem Albtraum hervor. Die älteste gemeingermanische Bezeichnung des Druckgeistes ist an. *mara,* dän. *mare, nattemare,* holl. *nagtmerrie,* engl. *nightmare.* Im Frz. ist *cauche-mar,* die tretende *mare,* aus fränk. *mara* gebildet. Mhd. begegnet *mar* und *mare* männlich und weiblich. In Norddeutschland ist noch heute das Wort *mar, mart, mahrte, nachtmare* u. a. üblich. Bei den Oberdeutschen ist das Wort ausgestorben; dafür werden andere Benennungen im selben Sinn und mit denselben Sagen wie bei der nds. *mare* verwendet. So wird das quälende Traumgespenst als Alb bezeichnet. Der allgemeine Begriff Alb wurde verengert und auf eine besondere Erscheinung eingeschränkt. Oder man spricht von der drückenden *trut, trude. Truden* sind eigentlich Hexen, zu deren Beschäftigung das Albdrücken aber vornehmlich gehört. Bei den Alemannen wird der Nachtgeist auch als *schrettele, schrat, schretzlein* usf. bezeichnet, aus dem altgermanischen Wort für Geist, Gespenst, das im an. *skrati, skratti,* ahd. *scrato, scraz* vorliegt. Endlich heißt der Druckgeist im Elsass und in einem Teil der Schweiz *doggele,* ein Diminutivum zu **dogo,* das zum Verbum **diuhan,* drücken, gehört (Laistner, Nebelsagen 341). Ohne weiteres erklären sich die Namen *druckerle, nachtmännle.* So zahlreich und wechselvoll die Namen sind, die Erscheinung und Wirkung des Gespenstes bleibt immer dieselbe. Im Heidentum hieß es aber allgemein die *mare,* offenbar mit besonderer Hervorhebung des weiblichen Geschlechts des Gespenstes. Ältere Marensagen sind nur wenige vorhanden, aber sie waren von den späteren in sehr großer Zahl bekannten kaum verschieden, denn die stets gleichmäßig wiederkehrende Ursache musste auch immer die gleichen Wirkungen erzielen. Besonders deutlich ist hier das Verhältnis zwischen Aberglauben und Sage, wie Laistner schön und treffend hervorhob. Die Traumbegebenheit drängte sich dem Menschen mit voller Leibhaftigkeit immer wieder auf, des Albs und der Mare war er sicher, denn er spürte sie. Der Bericht vom Albtraum ruft die Albsage ins Leben. Da mischt sich alsbald poetische Erfindung und Ausschmückung ein, wie um jeden religiösen Kern ein mehr oder weniger freier Mythos anwächst. Schwierig ist auch hier zu bestimmen, wo dem Bewusstsein der Zusammenhang der Sage mit der zugrunde liegenden Albtraumsituation entschwindet.

Nach der Ynglingasaga Kap. 13 wird der König Wanlandi von Schweden von der Mare getötet. Sie tritt dem Schlafenden dermaßen auf die Beine, dass sie fast zerbrachen, und drückt ihm darauf den Schädel ein. Die Tätigkeit der Mara wird als ein Quälen *(mara kvalði)* oder Treten *(mara trað)* geschildert. Ebenso ist die fränkische *cauche-mar* (zu *calcare*) eine tretende Mare. Der Albtraum bietet den denkbar reichsten Stoff zu einer ganzen Dämonologie dar.[1] Der Alb erscheint in den verschiedensten Gestalten, bald menschlich, bald tierisch, bald als Ungeheuer, dessen Aussehen in der Wirklichkeit nichts Entsprechendes hat. Um Mitternacht als Nachtalb, aber auch um Mittag als Tagalb, als *daemon meridianus*, überfallen die Gespenster den Menschen, der sich zum Schlafen nieder gelegt, quälen und ängstigen ihn oft so arg, dass er darüber krank wird und stirbt. Durch Astlöcher, Ritzen oder Schlüssellöcher schlüpfen die Maren in die Stuben, werfen sich dem Schlafenden auf den Leib und drücken ihm Brust und Kehle zusammen, dass er weder Luft bekommt noch schreien kann. Sie kriechen dabei dem Menschen von unten herauf bis an den Hals oder sie stecken ihm ihre Zunge in den Hals, dass er nicht mehr schreien kann. Auch Pferde und

1 Die wichtigsten Züge des Albglaubens verzeichnet Wuttke, Der deutsche Volksaberglaube § 402 ff.

andres Vieh werden vom Alb geplagt; sie schwitzen und schnauben dann stark und sind ganz zerzaust; ihre Haare sind verknotet und verfilzt, zu Weichselzöpfen gedreht. Die nds. *walriderske* benützt die Pferde zum Reiten. Selbst Menschen werden von den Maren geritten, zum Teil, indem sie dabei in Rossgestalt verwandelt werden. Die Sagen von plötzlich aufhockenden Gespenstern, die den Wanderer bis zur Erschöpfung peinigen, gehören in den Kreis des Marenglaubens. Auch leblose Dinge, Steine und Bäume, werden gedrückt. Bei den Bäumen zeigen zitterndes Laub und verwachsene Zweige den Albdruck an. Der Alb kann nur auf demselben Wege wieder hinaus, auf dem er hereingekommen ist. Wenn man daher das Loch verstopft, durch welches er einschlüpfte, so ist er gefangen; ebenso wenn man ihn anruft oder beim Namen nennt. Dann erscheint er morgens in seiner wahren Gestalt, meist als nacktes Weib, in der Gestalt des Menschen, der den Albdruck bewirkt hatte. Man kann den Alb oder die Mare so lange gefangen halten, bis der verstopfte Ausweg sich wieder auftut, worauf das gespenstische Wesen sofort verschwindet. Die deutsche Volkssage lässt die Maren aus dem »Engelland«, d. h. aus dem Seelen- und Geisterreich stammen, sofern sie nicht aus der nächsten Umgebung, aus der Zahl der Mitmenschen herkommen.

Die Vorstellung von der Vielgestaltigkeit des Albs ist in der Art des Albtraums begründet. Der eine fühlt und sieht den Traumgast als Tier, als Hund oder Katze, als Wurm, als furchtbares Scheusal, der andere als einen Menschen, der die Züge von lebenden oder toten Bekannten annimmt, als altes Weib oder blühendes Mädchen. Wem er heute Entsetzen einflößt, dem naht er morgen in lieblicher Erscheinung, sogar ein und derselbe Traum kann einen Wechsel der Gestalten zeigen. Von besonderer Bedeutung für die Sagenbildung ist die Form des Traumes, welche den Alb als Buhlgeist, als *Incubus* und *Succubus,* zeigt; daraus begreift man leicht, wie die Sage dazu kam, die elbischen Wesen überhaupt als lüstern und minnegierig darzustellen, vom geschlechtlichen Verkehr zwischen Elben und Menschen zu erzählen. Dieses Traumerlebnis braucht dann nur in eine höhere Auffassung gerückt zu werden, um den wüsten Buhlteufel, der schlafende Weiber überfällt, oder die teuflische Buhlerin, die sich im Traume mit Männern vermischt, zu Alb und Albin zu wandeln, die in Liebessehnsucht aus ihrer fernen Heimat herabsteigen, um mit Sterblichen einen Bund einzugehen. Hierin hat die Phantasie wohl den dankbarsten Stoff erhalten, der in reichster Fülle und in zahllosen Umbildungen nach den verschiedensten Richtungen hin ausgesponnen werden kann. Sage und Dichtung können sich hier zu den herrlichsten Schöpfungen erheben, denen ihr einfacher Ursprung kaum mehr anzusehen ist. Zeus und Semele, Lohengrin und Elsa, des Albkönigs Tochter, die im Mondenschein mit dem zu seiner Menschenbraut verlangenden Jüngling tanzt und ihm den Tod gibt, die weiße Jungfrau, die auf alten Burgen oder sonst an Orten, die nicht geheuer sind, auf den menschlichen Befreier und Geliebten harrt, die verwunschene Königstochter, die sich in den Armen des Märchenhelden in Schreckgestalten verwandelt, aber endlich entzaubert den Mutigen mit ihrer Hingabe beglückt, kurz jene unzähligen Liebespaare aus Sage und Mythos, in denen das Göttliche und Menschliche sich vereinigt, können schließlich als Blüten betrachtet werden, die aus jenem unscheinbaren Keim aufsprossten, als verschiedenartige Wendungen der Albenehe. Der vom Alb Heimgesuchte befreit sich endlich von der unheimlichen, drückenden Macht auf irgendeine Weise, indem das Erwachen herbeigeführt und damit der Bangigkeit des Schläfers, die sich zum höchsten Grade der Spannung gesteigert hatte, ein Ende bereitet wird. Ebenso vielgestaltig wie der Alb selber ist der Gegenzauber, der ihn zum Weichen bringt. Es kann ein von außen her kommendes Geräusch, der Weckruf eines Genossen, der Hahnenschrei, ein greller Lichtschein, die anbrechende Morgenröte, kurz überhaupt jedes Mittel sein, das den Menschen aufweckt. Daher scheuen die Maren und alle Elbe meistens das Licht und den Tag und räumen bei Dazwischenkunft eines Dritten das Feld. Die Traumgestalten, die *Draugen*, halten der Wirklichkeit nicht stand, alle Gespenster verwehen gewöhnlich wie die Träume und aus denselben Ursachen. Den Albtraum im Besonderen scheucht namentlich der Aufschrei, an dem der Geängstigte erwacht. Oft kommt es vor, dass er dabei ein Kissen oder Bettstroh krampfhaft umklammert hält, woraus der Glaube entstand, der Alb könne gefangen werden, verwandle sich jedoch dabei in einen Strohhalm, eine Bettfeder oder sonst einen unscheinbaren Gegenstand. Wird er in dieser Verwandlung gefangen gehalten, so muss er sich aber schließlich wieder in seiner richtigen Gestalt zeigen und mag dann gestraft, verbannt, unschädlich gemacht werden. Aus dem bannenden Schrei entwickelte sich die Sage, der Alb müsse beim Anruf oder bei Namensnennung entweichen. Daher das Verbot, nach Nam und Art zu fragen, das in der Albenehe gestellt wird, dessen Nichtachtung den Alben verschwinden macht. Aus der Albenehe können verschiedene Sagentypen von Buhlschaft, Ehe, Haft und Erlösung erwachsen. Auch die Geschichten von den Wechselbälgen, den unterschobenen Albenkindern lassen sich teilweise auf den Albtraum zurückführen. Der Albtraum der Wöchnerinnen spiegelt oft Gefahr fürs Kind vor, sie sehen das Kindlein von geisterhaften Wesen bedroht, die nur auf dieselbe Art wie der Alb verscheucht werden können. Der pathologische Zustand des Albtraumes scheint allem nach den Menschen zuerst zum Gespensterglauben gebracht zu haben, aus der Erinnerung an den oft wiederholten Zustand erwuchs der Aberglaube, aus diesem ging eine reiche Sagenbildung hervor. Lebten einmal Gespenster in der Vorstellung des Menschen, so bemächtigte sich ihrer alsbald die Phantasie, die nach weiteren Beziehungen, insbesondere nach der Herkunft der Maren suchte. Trug der Alb Züge lebender oder toter Bekannter, so erschien er als deren Geist, deren Seele. War er unbekannt, so trat er doch von außen her in die Hütte des Schlafenden, seine Heimat musste daher auch draußen in der weiten Natur, in Wald und Feld, in Wasser, Wind, Nebel und Wolke sein. Darum können auch alle Geister drücken und quälen, denn sie sind ursprünglich Maren.

3. Seelen und ihre Erscheinungsformen

Einen gemeingermanischen Ausdruck für den Begriff der seelischen Geister im Allgemeinen finden wir nicht vor. Das Wort Seele ist zwar west- und ostgermanisch (got. *saiwala*), während die Nordleute dafür *ǫnd* gebrauchen. Aber damit ist zunächst nur die geistige, belebende Kraft, die dem menschlichen Leibe innewohnt, gemeint. Die Seelengeister benennt der Volksglaube alter und neuer Zeit nach ihren einzelnen Erscheinungsformen, in denen die Seele offenbar wird. Sie äußert sich aber zunächst als Hauch und Atem, als ein luftiges Gebilde, das völlig unsichtbar ist, oder als Rauch, Dunst, Nebel dem Auge sich zeigt.[1] Dieser Hauch verweht beim Tode in den Wind, entschwebt aus dem toten Körper und geht in die Luft auf. Im lat. *anima* (gr. ἄνεμος) hält die Sprache unmittelbar den Zusammenhang zwischen Seele und Wind fest; die Seelen der Abgeschiedenen sind die Winde, im Winde leben die Geister der Toten fort. Im Windesrauschen machen sich die Seelengeister, auch wenn sie unsichtbar bleiben, fühlbar. Die deutsche Volkssage schildert die Seele häufig als Lufterscheinung.

Die Seele als dunstiges Rauchgebilde kennt die Sage, die Prätorius in der *Weltbeschreibung 2*, 161 anführt. Die Sage belehrt auch über die enge Verknüpfung des Seelen- und Marenglaubens.[2] Zu Hersfeld dienten zwei Mägde in einem Haus, die pflegten jeden Abend, eh sie zu Bette schlafen gingen, eine Zeit lang in der Stube still zu sitzen. Den Hausherrn nahm das wunder, er blieb daher einmal auf, verbarg sich im Zimmer und wollte die Sache ablauern. Wie die Mägde nun sich beim Tisch allein sitzen sahen, hob die eine an und sagte:

---

1 Über Seelen als Lufthauch Mannhardt, Germanische Mythen, Berlin 1858, S. 269 f.; 300 ff.; 404 f.; 709.

2 Ein altes Zeugnis vom Zusammenhang des Maren- und Gespensterglaubens bietet Gervasius von Tilbury Kap. 86 *ut autem moribus et auribus hominum satisfaciamus, constituamus, hoc esse foeminarum ac virorum quorundam infortunia, quod de nocte celerrimo volatu regiones transcurrunt, domus intrant, dormientes opprimunt, ingerunt somnia gravia, quibus planctus excitant.*

Geist, tue dich entzücken
Und tue jenen Knecht drücken!

Darauf stieg ihr und der andern Magd gleichsam ein schwarzer Rauch aus dem Halse und kroch zum Fenster hinaus; die Mägde fielen zugleich in tiefen Schlaf. Da ging der Hausvater zu der einen, rief sie mit Namen und schüttelte sie, aber vergebens, sie blieb unbeweglich. Endlich ging er davon und ließ sie. Des Morgens darauf war diejenige Magd tot, die er gerüttelt hatte, die andere aber, die er nicht angerührt, blieb lebendig.

Eine isländische Volkssage (bei Jón Árnason 1, 356) erzählt, wie die Seele eines schlafenden Mannes als dunkles Wölkchen entschwebt, über die Wiesen eilt, auf einem Stabe ein Bächlein überschreitet und endlich in einen Hügel einkehrt. Hernach nimmt das Wölkchen denselben Weg zurück in den Körper des Schlummernden, der, erwacht, einen Traum erzählt, welcher der Wanderung des Wölkchens genau entspricht.

Beim Todesfall pflegt man Fenster, Tür oder Luke zu öffnen, damit die Seele ungehemmt entweichen könne. Nach allgemeinem Aberglauben entsteht Sturm, wenn sich jemand erhängt. Das wilde Heer fährt durch die Lüfte und erscheint in stürmischen Nächten. Zwar hat die Volkssage der Geisterschar meistens bestimmte Gestalt verliehen, Gespenster ziehen dahin, aber zugrunde liegt doch der Glaube, dass im Sturme die Seelen übers Land brausen, dass die wütenden Winde eben die dahinrasenden Seelen seien. Dass man die Seelen in die Winde verwies, beruht auf ihrer elementaren Gleichheit.

Die Seelen erscheinen auch als Flämmchen, die vielnamigen Irrlichter sind ruhelose Geister, die nach christlicher Auffassung wegen eines ungesühnten Vergehens spuken.

Tiergestalt der Seele ist überaus häufig. Die Seelen entschweben als Vögel, Raben, Krähen, in christlicher Zeit als weiße Tauben, sie erscheinen als Schwäne. Käfer, Fliegen, Schmetterlinge entschlüpfen dem Munde Schlafender. Als Schlange, Wiesel, Maus kriecht die Seele aus dem Leibe hervor. Auch Kröten und Unken gelten als Seelen und müssen geschont werden. Schlangen wurden in manchen Bauernhöfen gehegt als eine Art von Hausgeistern, weil sich die Seelen der Ahnen und früheren Besitzer darin offenbarten. Der richtige Dienst dieser Geschöpfe hielt das Glück am Hause fest. Bei Vögeln und kriechenden Tieren erblicken wir die Seele, wie sie unmittelbar entfliegt oder entschlüpft. Der Leib des Menschen liegt indessen in todähnlichem Schlafe, oder er geht überhaupt ganz zugrunde, wenn aus dem Holzstoß der Hexe eine Krähe, aus dem der Heiligen eine weiße Taube entschwirrt. Zu diesem Aberglauben von der Tierverwandlung der Seele bieten sich aus alter und neuer Zeit zahlreiche Beispiele von Volkssagen dar.

Die Seele, die zugleich Mare ist, zeigt des Prätorius *Weltbeschreibung* 1, 40; 2, 161 in Tiergestalt. In Thüringen bei Saalfeld auf einem vornehmen Edelsitze zu Wirbach hat sich Anfangs des 17. Jahrhunderts Folgendes begeben. Das Gesinde schälte Obst in der Stube, einer Magd kam der Schlaf an, sie ging von den andern weg und legte sich abseits, doch nicht weit davon, auf eine Bank nieder, um zu ruhen. Wie sie eine Weile still gelegen, kroch ihr zum offnen Maule heraus ein rotes Mäuslein. Die Leute sahen es meistenteils und zeigten es sich untereinander. Das Mäuslein lief eilig nach dem gerade gekleffften Fenster, schlich hinaus und blieb eine Zeit lang aus. Dadurch wurde eine vorwitzige Zofe neugierig gemacht, so sehr es ihr die andern verboten, ging hin zu der entseelten Magd, rüttelte und schüttelte an ihr, bewegte sie auch an eine andre Stelle etwas fürder, ging dann wieder davon. Bald darnach kam das Mäuslein wieder, lief nach der vorigen bekannten Stelle, da es aus der Magd Mund gekrochen war, lief hin und her, und wie es nicht ankommen konnte noch sich zurechtfinden, verschwand es. Die Magd aber war tot und blieb tot. Jene Vorwitzige bereute vergebens. Im Übrigen war auf demselben Hof ein Knecht vorhermals oft von der Trud gedrückt worden und konnte keinen Frieden haben, dies hörte mit dem Tod der Magd auf.[1]

---

1 Einen ähnlichen Typus gewährt Birlinger, Volkstümliches aus Schwaben 1,

Die Sage vom Binger Mäuseturm (nach Grimm, *Deutsche Sagen* 1 Nr. 242) zeigt Mäuse als Seelen verbrannter Menschen. Zu Bingen ragt mitten aus dem Rhein ein hoher Turm, von dem nachstehende Sage umgeht. Im Jahr 974 ward große Teurung in Deutschland, sodass die Menschen aus Not Katzen und Hunde aßen und doch viele Leute hungers starben. Da war ein Bischof zu Mainz, der hieß Hatto der Andere, ein Geizhals, dachte nur daran, seinen Schatz zu mehren, und sah zu, wie die armen Leute auf der Gasse niederfielen und bei Haufen zu den Brotbänken liefen und das Brot nahmen mit Gewalt. Aber kein Erbarmen kam in den Bischof und er sprach: »Lasset alle Arme und Dürftige sammeln in einer Scheune vor der Stadt, ich will sie speisen.« Und wie sie in die Scheune gegangen waren, schloss er die Türe zu, steckte mit Feuer an und verbrannte die Scheune samt den armen Leuten, Jung und Alt, Mann und Weib. Als nun die Menschen unter den Flammen wimmerten und jammerten, rief Bischof Hatto: »Hört, hört, wie die Mäuse pfeifen«. Allein Gott der Herr plagte ihn bald, dass die Mäuse Tag und Nacht über ihn liefen und an ihm fraßen, und vermochte sich mit aller seiner Gewalt nicht wider sie zu behalten und bewahren. Da wusste er endlich keinen andern Rat, als er ließ einen Turm bei Bingen mitten im Rhein bauen, der noch heutigentags zu sehen ist, und meinte sich darin zu fristen, aber die Mäuse schwammen durch den Strom heran, erklommen den Turm und fraßen den Bischof lebendig auf.[1]

Eine alte Sage dieser Art bietet Paulus Diaconus 3, 34: Der fränkische König Guntram war eines gar guten, friedliebenden Herzens. Einmal war er auf die Jagd gegangen, und seine Diener hatten sich hierhin und dahin zerstreut; bloß ein einziger, sein

---

103: die Seele kriecht als weiße Maus aus dem Munde einer Magd und wird ein *»schrättele«* d. h. ein Alb, der Baum und Ross bedrückt und plagt.

1 Vielleicht gehört auch die Geschichte vom Rattenfänger zu Hameln (Grimm, Deutsche Sagen II Nr. 245) hierher, nur muss Verwirrung eingerissen sein. Die Ratten waren ursprünglich selber die Kinderseelen, die der Spielmann in den Berg lockte.

liebster und getreuster, blieb noch bei ihm. Da befiel den König große Müdigkeit; er setzte sich unter einen Baum, neigte das Haupt in des Freundes Schoß und schloss die Augenlider zum Schlummer. Als er nun entschlafen war, schlich aus Guntrams Munde ein Tierlein hervor in Schlangenweise, lief fort bis zu einem nahe fließenden Bach, an dessen Rand stand es still und wollte gern hinüber. Das hatte alles des Königs Gesell, in dessen Schoß er ruhte, mit angesehen, zog sein Schwert aus der Scheide und legte es über den Bach hin. Auf dem Schwerte schritt nun das Tierlein hinüber und ging hin zum Loch eines Berges, da hinein schloff es. Nach einigen Stunden kehrte es zurück und lief über die nämliche Schwertbrücke wieder in den Mund des Königs. Der König erwachte und sagte zu seinem Gesellen: Ich muss dir meinen Traum erzählen und das wunderbare Gesicht, das ich gehabt. Ich erblickte einen großen, grüßen Fluss, darüber war eine eiserne Brücke gebaut; auf der Brücke gelangte ich hinüber und ging in die Höhle eines hohen Berges; in der Höhle lag ein unsäglicher Schatz und Hort der alten Vorfahren. Da erzählte der Gesell ihm alles, was er unter der Zeit des Schlafes gesehen hatte und wie der Traum mit der wirklichen Erscheinung übereinstimmte. Darauf ward an jenem Ort nachgegraben und in dem Berg eine große Menge Goldes und Silbers gefunden, das vor Zeiten dahin verborgen war.[1]

Wenn Tote in Tiergestalt als schwarze oder feurige Hunde, als Schweine, als schnaubende und tobende Pferde und Stiere oder sonst irgendwie spuken, so haben wir bereits eine Weiterbildung der ursprünglichen Vorstellung, welche die Seele als fliegendes oder kriechendes Tierlein aus dem Munde entweichen lässt. Der Seele wird überhaupt jede erdenkliche Verwandlungsfähigkeit zugeschrieben. Dadurch haftet an allen Tieren aber auch etwas Gespenstisches, Unheimliches, denn sie können ver-

1 Vgl. Grimm, Deutsche Sagen 2, Nr. 433; dieselbe Geschichte, nur dass die Seele als Rauchwölkchen *(bláleitr gufuhnoðrinn)* erscheint, findet sich auf Island; vgl. Maurer, isländ. Volkssagen der Gegenwart S. 81 ff. Jón Árnason, *íslenzkar þjóðsögur* 1, 356 f.

wandelte, verzauberte Seelen sein. So erzählt die *Ynglingasaga* Kap. 7 von Odin: »Odin wechselte die Gestalt; da lag der Körper wie schlafend oder tot, er aber war da Vogel oder Tier, Fisch oder Wurm, und fuhr in einem Augenblick in fern gelegene Lande, in seinen Geschäften oder in denen anderer.«

In den nordischen Quellen heißt der Geist, die Seele des Menschen *hugr*. Solche *mannahugir*, Menschenseelen, erscheinen aber in eigner Gestalt. Odins Raben Huginn und Muninn, Denkkraft und Erinnerung, durchfliegen Tag für Tag die ganze Welt, um dem Gotte Bericht zu erstatten von allem, was geschieht. Ursprünglich war wohl Odins in Rabengestalt verzückte Seele, sein *hugr*, gemeint. Die Tiergestalt der Seele scheint im einzelnen Fall oft mit Rücksicht auf die Eigenschaften und Stimmungen des betreffenden Menschen gewählt zu sein. Die hugir angesehener und tapferer Männer treten in der Gestalt eines Bären, Adlers oder Wohlfes, eines starken Stieres, in romantischen Sagen als Löwen und Leoparden auf, die Seelen listiger Leute in der Gestalt von Füchsen, die Seelen schöner Frauen als Schwäne. Ein Isländer träumte von Wölfen, welche ihn und sein Gefolge anfielen. »Das sind *mannahugir*«, so wird der Traum gedeutet (*þorðar sage hreðu* 37). Die germanische Sage berichtet von vielen Träumen, in denen das zukünftige Schicksal sich enthüllt. Die handelnden Personen, oder besser ihre Seelen erscheinen darin gewöhnlich in Tiergestalt. Briemhild träumt noch mitten in den Ehren und dem Glanz ihrer Jugend, bevor noch Siegfried auf dem Hofe zu Worms erschienen, ihr künftiges Geschick, wie sie einen schönen Falken gezogen, den ihr zween Aare mörderisch ergreifen; und ihre Mutter, der sie den Traum vertraut, gibt ihm die rechte, traurige Deutung.[1]

---

1 Die zahlreichen nordischen Träume, worin die Seelen in Tiergestalt erscheinen, verzeichnet W. Henzen, Über die Träume in der altnordischen Sagenliteratur, Leipzig 1890, S. 34 ff.

Die Seele geht auch in menschlicher Gestalt um, als »zweites Gesicht« oder als Gespenst, der Volksglaube erblickt leibliche Erscheinungen Lebender und Toter. Die nordische Sprache bezeichnet Totenerscheinungen als Wiedergänger (an. *aptrganga,* neuisl. *apturgaungur,* dän. *gjenganger,* schwed. *återgångare*), als Geister, die aus dem Reich des Todes zu den Lebenden zurückkehren. Die altisländischen Sagen sind voll von Gespenstergeschichten. Die nhd. Sprache gebraucht die Worte Gespenst und Spuk; die gemeingermanische Bezeichnung, welche noch im Norden fortlebt, war *draugaz* (an. *draugr,* neunord. *draug,* as. *gidrôg,* ahd. *gitroc*). Die neuisländischen Ausdrücke *uppvakníngar* (Aufweckungen) und *sendíngar* (Sendungen) beziehen sich auf solche Gespenster, die mit Zauber aufgeweckt und andern zum Schaden zugesandt werden. Für gewöhnlich spuken die Draugen in eigner Sache. Die Lebenden müssen trachten, sie zur Ruhe zu bringen.

Das Wort »Traum« geht auf eine urgermanische Form *»draugwmós«, »draumas«* zurück.[1] Zugrunde liegt die idg. Wurzel *dhreugh,* skr. *druh,* schädigen, woraus ags. *bedreogan,* ahd. *triugan,* trügen sich entwickelt haben. Weiter gehört an. *draugr,* ahd. *troc, gitroc,* as. *gidrôg* Totenerscheinung, Gespenst hierher. Die Gespenster gehen ja in den meisten Sagen feindselig und schädigend um, so sind sie auch mit ihrem altgermanischen Namen als böse Unholde bezeichnet. Der Begriff »Traum« ist aus etymologischen und sachlichen Erwägungen von den »Draugen« nicht zu trennen. Traum bedeutet die Tätigkeit und Erscheinung der Draugen. Die Gestalten, welche der Träumende erblickt, besonders sofern sie Züge Verstorbener tragen, gelten der menschlichen Einbildungskraft als Besuche gespenstischer Wesen, als Draugenerscheinungen, Traum ist ursprünglich Gespenstertraum. Den Zusammenhang zwischen Seelenglauben und Traum bestätigt diese Etymologie aufs beste. Auch die ursprüngliche Konstruktion des Zeitwortes träumen deutet darauf hin, dass der Traum

1 Über die Etymologie des Wortes »Traum« vgl. W. Henzen, Über die Träume in der altnordischen Sagenliteratur, Leipzig 1890, S. 1 ff.

auf die unmittelbare Tätigkeit der Gespenster, der Seelengeister zurückgeführt wurde. Es heißt früher stets: mir träumte, nie subjektiv ich träumte, im Altnordischen noch deutlicher *»mik dreymði«*, z. B. *maðr hefir mik dreymt*, ein Mann ist mir im Traum erschienen. Die Erklärung des Wortes Traum weist somit auf die vielen wilden Völkern ganz geläufige Vorstellung hin, dass Seelengeister von außen kommen, um den Schlafenden, der sie als Traumbilder sieht, heimzusuchen, und zwar häufig als quälende Druckgeister in feindseliger Absicht.

Der Gespensterglaube entwickelt zahllose Sagen, je nachdem die Erscheinung gedeutet wird. Die Draugen sind oft nur ohne besonderen Grund auf Schaden aus, meist aber weiß die Sage anzugeben, warum sie umgehen. Ungesühnte Schuld, Rachsucht, Liebe rauben dem Toten die Ruhe und nötigen ihn zur Wiederkehr. Auch übermäßige Sehnsucht der Überlebenden ruft Draugen herbei. So in der Lenorensage[1], deren ältester germanischer Typus in der schönen nordischen Dichtung von Helgi und Sigrun begegnet. In den Kreis der Gespenstersagen ist auch das wilde Heer[2] hereingezogen, mit dem die verschiedenartigsten Vorstellungen verflochten sind. Die eines gewaltsamen Todes verstarben, Kampftote, Gerichtete, nach christlichem Glauben die Seelen Ungetaufter ziehen im wilden Heer. Wenn zur Nachtzeit der brausende Sturm den Umzug der Geisterschar anzeigt, erblickt die Phantasie die eigenen Schreckgestalten leibhaftig vor sich. Dem Heere wird gern ein besonderer Führer gesetzt, in der Heidenzeit der Sturmdämon Wode, in der christlichen Zeit irgendeine geschichtliche oder sagenhafte Persönlichkeit wie Dietrich von Bern, Karl der Große, Karl V., König Abel, König Waldemar. Das Heer wird auch als Jagdzug gedacht, ein gespenstischer Jäger mit und ohne Gefolge, von kläffender Meute umbellt, jagt durch die Lüfte dahin. Der Reiter ist eine

1 Vgl. Wackernagel, Kleinere Schriften 2, 399 ff.; E. Kuhn, in Jahns Volkssagen aus Pommern S. VIII.

2 Über das wilde Heer Uhland, Schriften 7, 605 ff.; eine Zusammenstellung der verschiedenen Sagenformen bei E. H. Meyer, German. Mythologie, S. 236 ff.

beliebig ausgemalte Spukgestalt, in manchen Sagen kopflos, den Kopf unterm Arm, auf kopflosem Pferde sitzend. Aus der Erscheinung wird wie aus allem Spuk geweissagt. Die vielen aus dem wütenden Heer entwickelten Sagenformen alter und neuer Zeit zeigen, wie leicht aus einer Vermischung mehrerer Vorstellungen, hier des Gespensterglaubens und des Glaubens an Elementargeister, im Verein mit der unerschöpflichen, wechselvollen Volkssage, welche immer neue Beziehungen zur Gegenwart aufsucht und altüberkommene Überlieferung mit seltsamen Neubildungen vermehrt, unzählige Geschichten entstehen können. Die größte Mannigfaltigkeit im Einzelnen, in der Hervorhebung bald dieser, bald jener Grundzüge in der jeweiligen dichterischen Ausschmückung, lässt doch immer die in allem Wechsel gleichmäßig bestehenden Grundlagen deutlich erkennen.

4. Das Seelenheim

Der Glaube an Gespenstererscheinungen führt notwendig allmählich zur Annahme bestimmter Aufenthaltsorte der Geister. Die Erscheinungen Lebender erklären sich dadurch, dass der Seele zeitweilige Trennung vom Körper zugeschrieben wird. Totenerscheinungen rufen andere Meinungen hervor. Die Seele ist entschwebt, sie lebt und webt im wehenden Winde. Aber sie wird nicht nur in stetiger Bewegung, sondern auch in Ruhe gedacht. Wo weilt dann die Seele? Zunächst haftet sie auch dann noch immer am Leichnam. Wo der tote Körper begraben liegt, zeigt sich das Gespenst am häufigsten. So weit geht die Einbildung, dass sie geradezu den toten Leib wieder aufstehen lässt, dass das Gespenst die volle Leiblichkeit des lebenden Menschen besitzt. Die Wiedergänger der nordischen Sagen sind so gedacht, sie müssen gewöhnlich noch einmal umgebracht und zu Asche verbrannt werden, dass sie nicht mehr Schaden anrichten. In den Grabhügeln der nordischen Sagen sieht man oft die Draugen der darin beigesetzten Kämpen sitzen. Eine besondere

Heldentat war es, einzudringen, das Gespenst zu bestehen und ihm seine Schätze, die im Hügel aufgespeichert waren, oder seine kostbaren Waffen zu entreißen. Aber solche rohe Vorstellungen sind im Vergleich zu andern selten. Der Leib verwest zu Staub, beim Verbrennen der Leichen wird er sofort vernichtet, und die Seele geht mit Flammen und Rauch in die Lüfte. Finden trotzdem spukhafte Erscheinungen statt, so muss die sichtbar werdende leibliche Hülle eine überirdische, geisterhafte sein. Die bewegliche Seele ist auch nicht immer ins enge Grab gebannt. Eine höher entwickelte Religion kennt ein Seelenreich, einen Hades, die heidnischen Germanen glaubten an eine Schattenwelt, an die Hölle, in der die Seelen der Abgeschiedenen weilten. Tapfere Edelinge gingen in die Gemeinschaft der Götter ein. Auch zu Elben und Riesen, zu den unheimlichen Geistern des Waldes und der Wildnis mochten die Seelen sich gesellen, nachdem einmal Naturbeseelung eingetreten war. Aber trotz allem, gleich wie im Christentum trotz Himmel und Hölle, haften im Aberglauben noch Überbleibsel älterer Vorstellungen, wonach den Seelen bestimmte Plätze auf Erden angewiesen sind, oft mit der Auffassung, dass die Seelen zuzeiten aus dem Totenlande dahin zurückkehren. Zunächst weilt die Seele am Grabe oder am Wohnort des Verstorbenen. Ein altbezeugter Glaube der Germanen ließ die Toten in Berge eingehen, vielleicht weil auch der Wind in Bergen ruhend und aus ihnen hervorbrechend gedacht wurde. Die Njálssaga Kap. 139 erzählt einen Traum, den Flosi hatte. Er sah, wie ein Berg sich auftat und ein Mann mit einem Ziegenfell angetan, einen Eisenstab in der Hand, herauskam. Der rief Flosis Leute bei Namen an und ging hierauf in den Berg zurück. Diejenigen, deren Namen der Mann angerufen hatte, waren dem Tod verfallen und kamen bald darauf im Kampfe um. Die Eyrbyggjasaga Kap. 11 berichtet: Im Herbste fuhr Thorstein nach Hoskuldsey zum Fischen. Es geschah eines Abends im Herbste, dass ein Schafknecht Thorsteins nach seinem Vieh ging nördlich von Helgafell. Er sah, wie sich der Berg im Norden öffnete; er sah im Berge drinnen große Feuer und hörte von dorther großen Lärm und Hörnerklang, und als er horchte, ob er nicht einige Worte verstehen könnte, hörte er, dass da Thorstein begrüßt wurde mit seinen Begleitern und dass gesagt wurde, er solle im Hochsitze seinem Vater gegenübersitzen. Diese Erscheinung erzählte der Schafknecht der Thora, der Frau des Thorstein, am Abend. Sie sprach wenig darüber und sagte, es könne dies ein Vorzeichen größerer Ereignisse sein. Des folgenden Morgens kamen Leute von Hoskuldsey und brachten die Botschaft, dass Thorstein beim Fischen ertrunken sei. Die Njálssaga Kap. 14 berichtet von einem zauberkundigen Mann namens Svan, der beim Fischfang umkam. Fischerleute, die zu Kallbakr waren, meinten, den Svan in den Berg Kallbakshorn eingehen zu sehen, und er wurde da wohl begrüßt. Auf Island glaubte die Nachkommenschaft der Aud in die Krossholar zu versterben (Landnáma 2, 16), die Verwandtschaft des Selthorir in die Thorisbjorg (ebenda 2, 5), die Thorsnesingar glaubten nach Helgafell entrückt zu werden (Eyrbyggja Kap. 4), Kraku-Hreidar verstarb in das Mälifell (Landnáma 3, 7). Die deutsche Volkssage bietet Entsprechendes in den Venus- und Hollenbergen, wohin die Menschen gelockt werden. Zu den »Unterirdischen« wird mancher auf Nimmerwiederkehr entrückt. Wenn der Rattenfänger die Kinder in den bei Hameln gelegenen Köppelberg entführt, so meint die Sage gleichfalls ein Versterben in den Berg. In der Chronik von Ursberg (MG. 8, 261) wird zum Jahre 1223 folgende Sage erzählt: Bei Worms sah man einige Tage hintereinander eine große Schar bewaffneter Krieger aus einem Berg hervorkommen und nach einigen Stunden darin wieder verschwinden. Ein Mann fasste sich endlich ein Herz und redete einen aus jener Heerschar an, worauf er den Bescheid erhält, sie seien Geister gefallener Ritter *(animae militum interfectorum)*. Man erkannte auch einen vor kurzem getöteten Grafen Emicho unter den Gespenstern. Für gewöhnlich bleiben die Geister gefallener Kämpfer an die Walstatt gebannt, an die Gräber, aus denen sie bei Nacht zu neuen Kämpfen sich erheben. Das älteste Beispiel der Gespensterschlachten bietet der Hedeningenkampf; der bis zum Weltende dauern soll. Der Seelenglaube ist hier wie so häufig mit Zauberei verknüpft. Hilde geht allnächtlich zum Schlachtfeld und weckt die Toten wieder auf, dass sie zu den Waffen greifen. In den Volkssagen der Gegenwart wird oft geschildert, wie im Innern der Berge, zumal im Schoße alter Schlossberge, Gespenster mit den versunkenen Schätzen hausen. Bergentrückte Kaiser, Könige und Helden begegnen auf dem gesamten germanischen Gebiet. Im Kyffhäuser sitzt Friedrich II., später Friedrich Barbarossa, derselbe Friedrich in einer Felsenhöhle bei Kaiserslautern, Wedekind in einem Hügel beim westfälischen Dorfe Mehnen, Siegfried im Bergschloss Geroldseck, Heinrich der Vogler im Sudemerberge bei Goslar, Karl im Untersberg bei Salzburg, Holger Danske unter dem Fels von Kronborg bei Kopenhagen, Olaf in Schweden usw. Die einzelnen geschichtlichen Gestalten sind meist spät und auf gelehrtem Wege in die Volkssage gelangt. Wann, wie und warum, müssen Quellenuntersuchungen im einzelnen Falle feststellen. Die Mythologie hat nur den allgemeinen Grundgedanken aller dieser Sagen für sich in Anspruch zu nehmen, dass die Geister der Abgeschiedenen in Bergen fortleben. Der schwedische Bergname *walhall* lässt, wie später ausgeführt wird, vermuten, dass ursprünglich die Totenhalle der im Berge weilenden Heldengeister (*animae militum interfectorum* wie im Wormser Berge) darunter zu verstehen sei. Das wilde Heer, der Sturm, wird im Berge ruhend gedacht. Von dort bricht dann der Geisterzug hervor. So zieht der Rodensteiner von einer Burg zur andern und sagt Krieg und Frieden mit seiner Erscheinung an.

Ob Seelen auch im Gewässer weilend gedacht wurden, scheint zweifelhaft. Zwar wird es von Mannhardt, *German. Mythen* 95, 271 ff., behauptet, aber wesentlich auf die Ammenrede hin, die kleinen Kinder kämen aus Brunnen und Teichen. Ob wirklicher alter Volksglaube dahinter steckt, ist nicht auszumachen. Dass die Seelen Ertrunkener im Wasser festgehalten werden, versteht sich von selber. Aber in den Sagen tritt bei den Wasserelben die elementare, keineswegs die seelische Natur hervor. Der Grund ist wohl einzusehen. Das Erdbegräbnis führte zur Vorstellung, die Seele sei zu den Unterirdischen eingegangen. An die Wasserelben bot sich nur selten Anknüpfung.

Zusammenhang von Pflanzen- und Menschenseele ist in einem weit verbreiteten Sagenzuge ersichtlich. Aus den Gräbern sprießen Blumen, Sträucher und Bäume hervor, worin die Seelen der im Grabe Ruhenden offenbar werden. Über den Gräbern Unschuldiger, Verkannter leuchten Lilien, über denen Liebender verschlingen sich Rose und Rebe. So erzählen zahllose Volkslieder und die Sage von Tristan und Isolde.[1]

5. Seelenkult

Der Kultus, der den Seelengeistern gewidmet wird, dient zur Abwehr und zur Pflege. Beim Tode eines Menschen wird seit alters auf bestimmte Bräuche geachtet, welche das Wiedergehen verhindern sollen.[2] Dem Toten werden Mund und Augen geschlossen, damit der böse Blick nicht schade, damit die ausgehauchte Seele nicht wieder zurückkehre. Schon in der heidnischen Zeit des Nordens war es Sitte, den Kopf des Toten zu verhüllen und den Leib mit einem Tuche zu bedecken. Zuvor waren Lippen und Augen geschlossen worden, und zwar von rückwärts; niemand wagte, der Leiche von vorne zu nahen, ehe diese Teile geschlossen waren. Der Tote durfte nicht zu der Türe hinaus, zu welcher die Lebenden ein- und ausgingen. Man legte daher in der Wand, die hinter dem Kopfe war, ein Stück nieder und trug ihn hier rückwärts hinaus. Oder man grub unter dem Grunde der südlichen Wand ein Loch, durch welches der Leichnam gezogen ward. In Deutschland wurde derselbe Brauch bei den Leichen von Missetätern und Selbstmördern beobachtet, die nicht zur Tür, sondern unter der Schwelle oder der Wand hinausgeschleppt wurden. Das Lager des Leichnams wird vernichtet, das Stroh verbrannt, das *»rêbrett«* (ahd. *hrêo,* Leiche),

1 Reiche Literatur verzeichnet Koberstein, Weimarer Jahrbücher 1, 73 ff.; Golther, Die Sage von Tristan u. Isolde, München 1887, S. 27 ff.

2 Bräuche bei Tod und Begräbnis s. bei Wuttke, Volksaberglaube § 721 ff.; fürs Nordische Weinhold, Altnordisches Leben S. 474 ff.

worauf der Tote bis zum völligen Erkalten gelegt worden war, im Bayrischen Wald aufs Feld oder in den Wald gestellt. Nichts soll zurückbleiben, was das leibliche Erscheinen des Totengespenstes hervorrufen könnte. Auch der entschwebenden Seele wird der Ausgang möglichst erleichtert, indem beim Tode Fenster und Türen geöffnet wurden. Liegt ein Toter trotzdem nicht ruhig im Grabe, so muss der Leichnam mit einem Pfahl durchbohrt, der Kopf abgestoßen oder der ganze Leib verbrannt werden. Im Norden waren *»bautasteine«*, Stoßsteine, üblich, vielleicht um den Leichnam im Grabe festzubannen. Die sächsischen *dâdsisas,* Totenlieder, hatten nach Kögel, *Geschichte der deutschen Literatur* I, 1, 52 den Zweck, den Geist des Verstorbenen mit Zaubersang an der Rückkehr auf die Erde zu hindern. Diesem Bannen steht das Beschwören und Aufwecken der Gespenster gegenüber, das aber nur mit schlimmer Zauberei und in besonderen Fällen, um die Zukunft zu erforschen, um Feinden zu schaden, ausgeübt wurde. Dass der Mensch die Geisterwelt um Rat und Beistand anrief, wo sein beschränkter gebundener Geist versagte, ist begreiflich. Auf Gräbern und überall, wo Geister hausten, war dazu der rechte Ort. Bei den heidnischen Sachsen wurde nach dem *indiculus superstitionum* das *sacrilegium ad sepulchra mortuorum* verboten, noch ums Jahr 1000 eifert Burchard von Worms gegen die *oblationes quae in quibusdam locis ad sepulchra mortuorum fiunt.* Diese Opfer und sonstigen Totenfeiern können ebenso gut dem Gedächtnis der Abgeschiedenen wie einer Beschwörung gelten. Eine Anzahl andrer Bräuche ist freundlicher. Da herrscht die Absicht vor, dem Toten Gutes zu erweisen, sein Los zu erleichtern. Aus der Anschauung, dass der tote Leib eine weite Reise ins Totenreich anzutreten habe, entspringen Begräbnisbräuche, die von den Urzeiten bis herab zur Neuzeit reichen. Die ältesten Gräberfunde lehren, dass man dem Toten Waffen, Werkzeuge, Schmucksachen, Trinkhörner mitgab, damit er sie gebrauche. Frauen, Sklaven, Tiere folgten dem Herrn auf dem Totenweg. Namentlich wurde ein eigener Totenschuh (an. *helskór*) mit ins Grab gegeben, damit der Tote über Dornicht und Steinicht ungefährdet schreiten könne.[1] Wikinger wurden in ihren Schiffen am Lande begraben oder aufs Meer hinausgeführt und verbrannt. Vielleicht liegt der Gedanke einer Seelenüberfahrt zugrunde. Denn die germanische Hölle ist von der bewohnten Menschenerde durch einen breiten Grenzstrom geschieden. Solchen Bräuchen schwebt ein bestimmter Ort vor, an welchen die Seele feierlich verwiesen wird. Auch den beruhigten Seelen ist zuweilen Wiederkehr an den Ort ihres einstigen Lebens verstattet. Freundlich, ohne zu schädigen, erscheinen die Seelen, freundlich werden sie mit Opferspenden empfangen. Das *erfiǫl,* das Erbbier, der Leichenschmaus war ursprünglich auch zu Ehren des Toten, den man dabei gegenwärtig glaubte, gemeint. Zu bestimmten Zeiten, in stürmischen Nächten, im Herbst, Mittwinter und Frühling, wenn die Winde heulen und toben, waren Totenfeste, die auch im Christentum fortleben und im Allerseelentag geregelt erscheinen. Da wurde den Seelen auf den Gräbern geopfert, ja sogar in den Häusern, die ihnen für die Nacht von den Lebenden eingeräumt wurden, richtete man ihnen ein Gastmahl zurecht.

6. Ahnenkult

Aus Seelenglauben und Seelenkult entsteht leicht ein förmlicher Ahnenkult,[2] wie der der römischen *manes divi.* In manchen Religionen steht der Ahnenkult obenan. Die Seelen der abgeschiedenen Ahnen wachen als Schutzgeister oder Schutzgötter über ihrer Sippe. Im Kultus der Sippe und des Hauses mögen neben den Naturgeistern namentlich an den Gedächtnistagen der Toten, am »Allerseelenfest« auch die Ahnen besonders verehrt worden sein. Nachweisen lassen sich aber nur einzelne we-

1 Zum Totenschuh J. Grimm, Myth. 795; 3, 249; Müllenhoff, Altertumskunde 5, 114.

2 Über den Ahnenkult vgl. Gudbrand Vigfusson, Corpus poeticum boreale 1, 413 ff. Gudbrand dehnt aber den Ahnenkult viel zu weit aus, indem er den gesamten Seelen- und Elbenkult begreift.

nige Erscheinungen des Ahnendienstes. Wer die Heldensage im Sinne von E. H. Meyer erklärt, muss eigentlich für die Urzeit auch einen bedeutungsvollen Ahnenkult annehmen. Aber die Heldensage knüpft meistens an die geschichtlichen Gestalten an, deren Taten im Gedächtnis der Sänger und Dichter haften, schwerlich an ihre Apotheose. In vereinzelten Fällen freilich scheint eine solche wirklich erfolgt zu sein. Nach Jordanes wurden die Ahnen der gotischen Königsgeschlechter als höhere Wesen betrachtet, ja geradezu als Götter *(ansîz,* wie lat. *dîvi*) bezeichnet.[1] Damit vergleicht sich eine schwedische Sage. Adam von Bremen sagt von den Schweden: Sie verehren auch vergötterte Menschen, die sie wegen außerordentlicher Taten mit der Unsterblichkeit beschenken, wie sie das nach dem Leben des heiligen Anskar (Kap. 26) mit dem Könige Erich gemacht haben.[2] Im Leben Anskars[3] wird erzählt, dass ein Mann auftrat und König und Volk der Schweden verkündigte, er habe einer Versammlung der Götter, die man für die Besitzer des Landes dort hielt, beigewohnt und sei abgesandt, um König und Volk

1 Jordanes, Kap. 13 *iam proceres suos, quorum quasi fortuna vincebant, non puros homines, sed semideos, id est ansis, vocaverunt.* Zum Beispiel zählt er den sagen- und liederumwobenen Stammbaum der Amaler auf.

2 Adam 4, 26 *colunt et deos ex hominibus factos, quos pro ingentibus factis immortalitate donant, sicut in vita sancti Anscarii leguntur Hericum regem fecisse.*

3 *Vita Anskarii* Kap. 26 MG. 2, 711 *Contigit eo ipso tempore, ut quidam illo (ad Byrca) adveniens diceret, se in conventu deorum, qui ipsam terram possidere credebantur, affuisse, et ab eis missum, ut haec regi et populis nunciaret: »Vos, inquam, nos vobis propitios diu habuistis, et terram incolatus vestri cum multa abundantia nostro adiutorio in pace et prosperitate longo tempore tenuistis; vos quoque nobis sacrificia et vota debita persolvistis, grataque nobis vestra fuerunt obsequia. at nunc et sacrificia solita subtrahitis, et vota spontanea segnius offertis, et, quod magis nobis displicet, alienum deum super nos introducitis. si itaque nos vobis propitios habere vultis, sacrificia omissa augete, et vota maiora persolvite; alterius quoque dei culturam, qui contraria nobis docet, ne apud vos recipiatis, et eius servicio ne intendatis. porro si etiam plures deos habere desideratis, et nos vobis non sufficimus, Ericum quondam regem vestrum nos unanimes in collegium nostrum asciscimus, ut sit unus de numero deorum.« – – – templum in honore supradicti regis dudum defuncti statuerunt, et ipsi tanquam deo vota et sacrificia offerre coeperunt.*

Folgendes anzuzeigen: »Ihr habt euch lange unsrer Gunst erfreut, ihr habt lange Zeit unter unserem Schutze das Land eurer Väter, eurer Heimat in Glück, Frieden und Überfluss innegehabt, habt uns auch nach Gebühr Opfer und Gelübde dargebracht, und euer Dienst war uns lieb. Jetzt aber lasset ihr die gewohnten Opfer eingehen, bringt freiwillige, aber nur lässig dar und erhebet – was uns noch mehr missfällt – einen fremden Gott neben uns. Wollet ihr also unsere Gunst wiedererlangen, so vermehret die unterlassenen Opfer, bringet größere Gelübde dar, lasset auch nicht den Dienst eines andern Gottes, dessen Lehre der unsrigen entgegengesetzt ist, bei euch zu und zollet ihm keine Verehrung. Verlanget ihr aber mehr Götter, und sind wir euch nicht genug, so nehmen wir hiemit nach einstimmigem Beschluss euren einstigen König Erich in unsre Gemeinschaft auf, sodass er fortan einer der Götter ist.« Da erbauten sie dem König Erich, der unlängst verstorben war, einen Tempel und begannen ihm als einem Gotte Gelübde und Opfer darzubringen.

Die nordischen Denkmäler bieten noch einige weitere Beispiele eines Ahnenkultes dar, welcher vom ganzen Volk der Person des Fürsten, von der einzelnen Sippe den abgeschiedenen Familiengliedern förmlich und feierlich geweiht wurde, und eben hierdurch vom allgemeinen Seelenkult sich merklich unterscheidet. Von einem norwegischen Manne namens Thorolf, Thorsteins Sohn, heißt es in der Landnáma 1, 14, er sei der Enkel Grims gewesen, der wegen seiner Beliebtheit nach seinem Tode mit Opfer verehrt wurde *(er blótinn vas dauðr fyrir þokkasœlð)*. In der Herwararsaga Kap. 1 ehren die Männer den toten Gudmund mit Opfern und bezeichneten ihn als ihren Gott. In der Ynglingasaga gilt Freyr als ein sterblicher König, dem erst nach seinem Tode göttliche Ehren erwiesen wurden. Lehrreich ist die Geschichte von König Olaf Geirstada-alf (Flateyjarbók 2, 6 ff.). Im Lande herrschte einmal große Hungersnot; König Olaf weissagte, sie werde nicht eher endigen, als bis er selber gestorben und in einem umhegten Hügel beigesetzt sei. Nach seinem Tode wurde er im Hügel mit vielen Schätzen bestattet. Man opferte ihm um Fruchtbarkeit und nannte ihn den Alb von Geirstad *(þeir blótoðo Ólaf konung til árs sér ok kǫlloðo hann Geirstaða-alf)*. Der verstorbene König wird also schon mit seinem Namen unter die Landgeister versetzt, seine Grabstätte ist sein Heiligtum. Unter diesem Gesichtspunkte gewinnt auch der isländische Glaube vom Versterben in die Berge neue Bedeutung. Thorolf und seine Nachkommen gingen nach Helgafell, die Nachkommen der Aud in die Krosshólar. Diese Berge aber waren geheiligte Opferstätten. Mithin scheinen Könige und Helden vergöttert und in ihren Hügeln durch Opfer und Gebet verehrt worden zu sein; innerhalb einzelner Sippen erhielt sich aber auch ein Ahnenkultus, dessen Stätte die Familiengräber (im Schwedischen *ätthögar* genannt) oder nahe gelegene Berge und Hügel waren, worin die Seelen der abgeschiedenen Sippen sich aufhielten. Elbe und Wichte, die Naturgeister, welche ursprünglich überhaupt von den Seelengeistern abstammen, hingen früher vielleicht noch enger mit dem Ahnenkult der einzelnen Sippen zusammen, als es aus der Überlieferung den Anschein hat.

Berggeister von Riesenart werden in isländischen Quellen des 13. Jahrhunderts als Asen bezeichnet. So Barðr, der Sohn des Riesen Dumbr und Zögling des Riesen Dofri, von dem eine eigene Sage geht, wie er in den Tagen Haralds aus Norwegen nach Island gefahren sei »Die Leute meinen, dass er in den fernen Snæfell eingegangen sei, und dort eine große Höhle bezogen habe; denn das war mehr seine Art, in Höhlen zu sein als in Häusern, weil er in den Höhlen des Dofri auferzogen war; er war auch an Wuchs und Stärke den Unholden ähnlicher als den Menschen.« »Er wurde darum Barðr *Snæfellsass* genannt, weil sie dort auf dem Gebirge an ihn glaubten und ihn für einen anzurufenden Gott *(heitguð)* hielten; er zeigte sich auch manchem Manne als ein sehr kräftiger Schutzgeist *(bjargvættr)*.« In der Njálssaga Kap. 124 begegnet ein *Svínfellsáss*, der mit Flosi Thordarson unkeuschen Umgang hatte. Gudbrand Vigfusson (*corpus* 1, 418) geht zu weit, wenn er diese Wesen für Ahnengeister erklärt und schließt, die in Bergen hausenden Toten seien ursprünglich als

Asen bezeichnet worden. Der vergötterte Ahnherr des nahe wohnhaften Geschlechtes sei als áss im Snæfell und Svínfell verehrt worden; Asen und Elben (wegen dem Geirstaða-alf) seien die ältesten Benennungen der Ahnengeister. Die Beispiele stehen vereinzelt, die Quellen sind zu wenig verlässig, um so kühne Schlüsse zu verstatten. Richtiger urteilt Maurer (*Bekehrung* 2, 246), wenn er eine späte Verwirrung annimmt, welche zwischen dem Kultus der eigentlichen Götter und der niederen Dämonen nicht mehr genau zu unterscheiden vermochte und daher auch den Asennamen auf riesische Berggeister anwandte.

7. Glauben an eine Wiedergeburt

Der Seelenglaube führt die Menschen zum Unsterblichkeitsglauben, zum Glauben an die Seelenwanderung und zu ähnlichen Vorstellungen, die freilich im niederen Volksglauben der Reinheit, Erhabenheit und Tiefe entbehren. In der Hölle oder bei den Göttern leben die Seelen ewig fort, im Übrigen wird über die Zeit, welche einzelnen Gespenstern zugemessen ist, nichts Bestimmtes gesagt. Die meisten Spukgestalten gehen nur so lange um, bis sie beruhigt, erlöst sind. In den ältesten Zeiten, ehe man an Himmel und Hölle glaubte, dauerte das Leben der Seelengeister, solange sie im Gedächtnis der Menschen hafteten. Der Begriff der Ewigkeit und Unsterblichkeit setzt eine ziemlich hohe Stufe des Denkvermögens voraus. Die Gespenster waren oft so roh sinnlich gedacht, dass man von ihrer völligen Vernichtung zu erzählen wusste. Nach Asinius Pollio waren die Germanen des Ariovist deshalb so mutig und verwegen und solche Todesverächter, weil sie wieder aufzuleben hofften *(Θανάτου καταφρονηταὶ δι' ἐλπίδα ἀναβιώσεως)*.[1] Ob das Wiederaufleben für eine andere Welt, für ein Walhall, oder für diese Welt galt, wird nicht gesagt. An eine Wiedergeburt im Sinne der Seelenwanderung, dass die Seele eines Toten im Leibe eines neugebo-

1 Müllenhoff, Altertumskunde 5, 69.

renen Kindes wieder erscheint, glaubten die Germanen.[1] So heißt es am Ende des Liedes von Helgi dem Hjorwardsson, Helgi und Swawa seien wieder geboren worden; am Ende des zweiten Liedes von Helgi dem Hundingstöter: »Das war in alter Zeit Glaube, dass Menschen wieder geboren werden könnten; jetzt aber heißt das Altweiberwahn. Von Helgi und Sigrun erzählt man, dass sie wieder geboren seien, er hieß da Helgi Haddingjaskati und sie Kara.« Im kurzen Sigurdliede 45 wünscht Hogni von Brynhild: verwehrt sei ihr ewig die Wiedergeburt. In der Gautrekssaga Kap. 7 wird Starkad ein wieder geborener Riese *(endrborinn jǫtunn)* genannt. In der Sturlungasaga IX, 42 wird Thorgils von den Leuten für den wieder geborenen Kolbeinn gehalten. Besondere Beachtung verdient, was sich die Zeitgenossen einst von König Olaf dem Heiligen erzählten. Vor Olafs Geburt erschien der längst verstorbene König Olaf Geirstada-alf einem Manne im Traum und befahl diesem, aus seinem Grabhügel Waffen und einen Gürtel zu nehmen und letzteren der schwangeren Fürstin Asta in den Wehstunden umzuspannen, dafür aber die Namengebung sich auszubedingen. Der Mann tat so und nannte das Kind, den künftigen Bekehrer Norwegens, nach der Traumerscheinung Olaf. Man glaubte, Olaf Geirstadaalf sei in seinem Namensvetter wieder geboren. Als König Olaf auf seiner Fahrt einmal zu dem Hügelgrabe des alten Olaf gekommen war, fragte ihn einer seiner Mannen: Bist du hier begraben gewesen? Olaf antwortete: Nie hatte meine Seele zwei Körper. Er leugnet auch, früher gesagt zu haben: Es war eine Zeit, da wir hier waren und von hier wegkamen. Der christliche, heilig gesprochene König muss natürlich den heidnischen Aberglauben, der an seinem Ursprung haftet, von sich abzuwälzen suchen. Der Erzählung liegt ein noch fortlebender norwegischer Aberglaube zugrunde. Man wählte Namen Verstorbener, um die

1 Über den Wiedergeburtsglauben der Germanen und die darauf beruhenden Taufbräuche vgl. Jiriczek, Mitteilungen der schlesischen Gesellschaft für Volkskunde 1894/5, S. 34 f.; Maurer, Zeitschrift des Vereins für Volkskunde 1895, S. 99.

Toten wieder aufleben zu lassen. Wenn eine schwangere Frau von einem Verstorbenen träumt, so hält man dafür, dass dieser nach einem Namen umgeht – *gaaer efter navnet* –, dass er einen Namensvetter sucht und dass das Kind nach ihm getauft werden muss. So erscheint dem Thorstein uxafót ein Grabhügelbewohner im Traum, sagt ihm seinen Übertritt zum Christentum voraus und bittet ihn, einen Sohn mit seinem, des Toten Namen zu taufen – offenbar um als Wiedergeborener der christlichen Seligkeit teilhaftig zu werden. Der sterbende Asbjorn bittet, nach ihm zu taufen – *at láta heita eptir honum* –, d. h., ihm durch Benützung seines Namens zur Wiedergeburt zu verhelfen. Der sterbende Jokull schenkt seinem Mörder das Leben und bittet ihn, zum Danke dafür einst seinen künftigen Sohn oder einen seiner Enkel Jokull zu nennen. Die alte und neue nordische Sage enthält viele Beispiele dieses mit der Wiedergeburt verknüpften Namensaberglaubens.

Der Seelenglauben dauerte unter dem Christentum ungeschwächt fort, allzu tief wurzelt die Gespensterfurcht im Herzen des Menschen. Ruhelose Seelen, die man zur eignen Sicherheit bannen muss, die aber trotz allem nach Ruhe verlangen, kannte schon das Heidentum. Eine gewisse sittliche Auffassung mag auch darin bestanden haben, dass unholde Geister namentlich aus den Seelen böser Menschen hervorgingen, während die guten in die Gemeinschaft der Götter und guten Geister, ins allgemeine Totenland oder sonst an einen stillen Ort gelangten. Unter dem Christentum bildete sich aber neu die Vorstellung der »armen« Seele, die zur Strafe spuken muss und vom Höllenfeuer angeglüht ist. Wie für alles Unholde ergab sich auch für die Gespenster unmittelbarer Zusammenhang mit Hölle und Teufel.

Übermenschliche Wesen, die aus Maren und Seelen hervorgingen

1. Die nordischen Fylgjur

Die alte und neue nordische Sage berichtet viel von der *fylgja, forynja, fyreferd, hamingja,* von Erscheinungen, in welchen der Seelenglauben am deutlichsten zum Ausdruck gelangt. *Fylgja* bedeutet Folgerin; gemeint ist ein jedem Menschen beiwohnendes geisterhaftes Wesen, die Seele, welche zuweilen sichtbar wird. Die Fylgja zeigt sich ihrem Besitzer und andern Menschen meistens vor wichtigen Ereignissen, namentlich vor dem Tode. Sie erscheint in der vollen eignen Gestalt ihres Inhabers als Doppelgänger, zweites Gesicht, oder in beliebiger Tiergestalt. Die Fylgja offenbart sich gerne im Traum, geistersichtige Leute vermögen sie aber auch im Wachen zu sehen. So gleicht die Fylgja einerseits völlig den *hugir,* den Seelen, andererseits ist sie aber auch als *fylgjukona,* als *dís,* als ein übernatürliches Wesen weiblichen Geschlechtes gedacht. Wie ein Schutzengel ist sie dem einzelnen Menschen *(mannsfylgja)* oder auch einer ganzen Sippe *(kynfylgja, œttarfylgja)* gesellt, manchmal sind sogar mehrere Fylgjur einem Menschen oder einem Geschlechte beigegeben. So vollzieht sich also die Ablösung eines selbständigen Geisterwesens aus dem Seelenglauben, eine spätere Neubildung auf allgemeinem Hintergrund. Die Seele wird zu einem Schutzgeiste in Frauengestalt, zu einer Schicksalsgöttin. Manche Leute haben stärkere Fylgjur, stärkere Schutzgeister und darum mehr Glück als andre. In den Fylgjur verkörpern sich gewissermaßen die eignen Seelen der einzelnen Menschen und zugleich die Seelen der abgeschiedenen Ahnen, aber als selbständige Wesen gedacht. Zusammenhang mit dem Seelenglauben bricht aber immer noch hervor. Von Olaf Tryggwason heißt es, seine Fylgjen seien besonders schön und glänzend gewesen (Olafssaga des Oddr Kap. 5). In der jüngeren Olafssaga Tryggvasonar Kap. 215 steht eine merkwürdige Geschichte von einem Isländer namens Thidrandi. Dieser hörte einmal in einer mondhellen Nacht an die Türe seines Hauses anklopfen und trat, obwohl gewarnt, mit einem Schwerte bewaffnet hinaus. Da sah er von Norden her neun Weiber in schwarzen Gewändern mit gezogenen Schwertern in den Händen heranreiten; von Süden her kamen auch neun Weiber geritten, alle in lichten Gewändern und auf weißen Rossen. Thidrandi wollte wieder ins Haus zurück, wurde aber von den schwarzen Frauen angegriffen und auf den Tod verwundet. Morgens fand man ihn, und er erzählte alles, ehe er starb. Thorhall aber erklärte die Frauen für die Schutzgeister des Geschlechtes *(fylgjur yðrar frœnda)*. Die schwarzen Frauen *(dísir)* seien die dem Heidentum, die weißen die dem Christentum geneigten Geister. Die heidnisch gesinnten verlangten noch vor der Bekehrung ein Opfer und holten darum den Thidrandi zu sich. *Fylgjur* und *dísir* werden also einander gleichgestellt und gelten als die aus den Seelengeistern hervorgegangenen Schutzgeister einer Sippe. Die Scheidung in schwarze und weiße, unholde und holde dürfte der christlichen Absicht der Erzählung zuzuschreiben sein. Ähnlich sagt Gisli in der Gíslasaga Súrssonar 41: »Ich habe zwei Traumweiber *(draumkonur);* die eine ist gut gegen mich, die andre aber sagt mir immer das vorher, was mir eine Verschlechterung meines Geschickes zu sein scheint, und prophezeit mir Böses.« Die Fylgjur zeigen sich hier, wohl auch unter christlichem Einfluss, als guter und böser Engel eines Menschen. Die Fylgjur erscheinen auch sonst als bewaffnete Frauen. Der Skald Hallfred sah einmal ein Weib in einer Brünne über die Wogen hin zum Schiffe schreiten. Es war seine *fylgjukona* (Fornsögur hrsg. von Gudbrand Vigfusson S. 114). Dem Asmund erscheinen im Traume bewaffnete Frauen, seine Schutzgöttinnen *(spádísir),* die ihm Hilfe im Kampfe verheißen (Fornaldarsögur 2, 483). Dem Wigaglum tritt die Schutzgöttin *(hamingja)* des Wigfuss behelmt entgegen und bietet ihm ihre Nachfolge an (Viígaglúmssaga Kap. 9). Den Zusammenhang der

Fylgjen mit den Seelengeistern lehren deutlich die Atlamǫl 27, wo die dísir zugleich als tote Weiber *(konor daudar)* bezeichnet sind. Glaumwor warnt den Gunnar vor der Fahrt zu Atli durch Erzählung ihrer Träume:

> Mir schiens, als träten bei Nacht tote Frauen hier ein,
> In dürftige Kleider gehüllt, die dich entführen wollten;
> Es luden zu ihren Bänken die leidigen Weiber dich ein;
> Die Schicksalsjungfrauen, glaub ich, haben den Schutz
> dir aufgesagt.

Die Fylgjur in ihrer Eigenschaft als selbständige Schutzgeister gingen beim herannahenden oder eingetretenen Tode eines Mannes auf einen beliebigen Verwandten, dem sie sich antrugen, über. So übernimmt Wigaglum die Fylgja des Wigfuss, dem Hedin bot sich die Fylgja seines Bruders Helgi Hjorwardsson an, welcher darin ein Zeichen seines nahen Todes sieht. Bei Gunnar und Thidrandi herrscht die Vorstellung, dass die Fylgjur den Todgeweihten zu sich holen, d. h., seine Seele geht zu den Toten ein. In der Njálssaga Kap. 41 erblickt Njál die Fylgja des Thord in Gestalt eines getöteten Bockes; also vollzieht sich hiernach an der Fylgja das Schicksal ihres Besitzers.

2. Verwandlungsfähigkeit: Werwölfe, Berserker

Statt Fylgja begegnet auch der Ausdruck *hamingja,* im Sinne von Schutzgeist, Glück. *Hamingja* ist abgeleitet von *hamr,* Hülle, Gestalt. Mit *hamr* wird aber namentlich die Gestalt bezeichnet, in welcher die verwandelte Seele sich zeigt. So heißt in den Atlamǫl 18 der Adler, von welchem Kostbera, Hognis Frau, träumt, des Atli *hamr,* wie ebenda 19 des Atli *hugr.* Fylgja wird also die Seele genannt, weil sie dem Menschen, solang er lebt, überallhin folgt, Hamingja ihrer vielgestaltigen Verwandlungsfähigkeit halber. Bereits im nordischen Heidentum bestand nun der Glaube, dass einzelne Leute fähig wären, beliebig ihre Gestalt zu wechseln. Verwandlungssagen entstammen dem Seelenglauben. Was hier unwillkürlich, im Traume oder unter besonderen Umständen, sich ereignete, geschieht nun auch willkürlich, meist mithilfe von Zauberkünsten, wodurch die Verwandlungsfähigkeit der Seele nach Belieben benutzt werden kann. Solche Leute heißen *eighi einhamir*, nicht eingestaltig; ihre Fähigkeit ist *at skipta hǫmum*, die Gestalten zu tauschen, *at hamast*, sich zu häuten, die Hülle zu wechseln. Sie sind *hamramr* oder *hamhleypa*, gestaltenläufig, sie sind der *hamfar*, der Fahrt in Verwandlungen mächtig. Die Annahme der fremden Gestalt geschieht nicht nur in der Art des Seelenglaubens, dass die Seele aus dem Leibe ausschlüpft und eine beliebige Hülle umtut, vielmehr auch so, dass das Umwerfen eines äußerlichen Gewandes den Wechsel der Gestalt hervorbringt. So hat Freyja ein Federgewand *(fjaðrhamr)*, das sie dem Loki borgt, so haben die Valkyrjen Schwan- und Krähenhemden. Odin hat ein Adlergewand *(arnarhamr)*. Besondere Bedeutung aber haben die Wolfsgewänder, die *úlfahamir*, deren Anlegen den Menschen zum Wolfe verwandelt. Der Werwolfsglaube[1] ist seit alters den westarischen Völkern, namentlich den Slaven und Germanen vertraut. Er beruht auf den allgemeinen Vorstellungen der vielgestaltigen Seelen, wie die Fylgjur, die Mannahugir gar oft als Wölfe auftreten[2], zum Teil vielleicht auch auf dem epidemischen Wolfswahnsinn[3], der pathologischen Lykanthropie. Werwolf bedeutet Mannwolf, λυκάνθρωπος[4]. Das Wort begegnet im ags. *werewulf*, in Deutschland zuerst bei Burchard von Worms *(credidisti, ut quandocunque homo ille voluerit, in lupum transformari possit, quod vulgaris stultitia werwolf vocat)*.

---

1 Über diesen Glauben vgl. W. Hertz, Der Werwolf. Beitrag zur Sagengeschichte. Stuttgart 1862.

2 Fylgjur als Wölfe im Traum erscheinend in der Njálssaga 123; Fornaldarsögur 2, 413; 3, 77, 213, 560; Droplaugar sona saga 22; Þorðar saga hreðu 38; Gíslasaga Súrssonar 24.

3 Fälle davon bei Hertz, Werwolf S. 54 ff.

4 Kögel, Pauls Grundriss I, S. 1017 Anm. erklärt ahd. *weriwolf* aus **wariwulf*, **waȝiwulf* (zu got. *wasjan* as. *werian* kleiden). Werwolf ist also eigentlich Wolfsgewand, úlfshamr; ähnlich bedeutet vielleicht berserkr Bärengewand.

Das frz. *loup-garou* ging aus altfränkischem *werewulf* hervor.[1] Die nordische Sprache gebraucht dafür *vargr* oder *vargulf*, neunord. *varulf*. *Verulfr* begegnet als Schwertname in der Snorra Edda 1, 565, vermutlich als deutsches oder englisches Lehnwort. In der Vǫlsungasaga Kap. 8 wird erzählt, wie Sigmund und Sinfjotli einmal in einem Waldhause zwei Männer mit dicken Goldringen schlafend fanden. Die waren ins Missgeschick geraten; denn Wolfshemden *(úlfahamir)* hingen über ihnen. Jeden zehnten Tag vermochten sie aus den Wolfshemden zu kommen. Es waren Königssöhne. Sigmund und Sinfjotli fuhren in die Gewänder und konnten nimmer heraus. Es folgte ihnen dieselbe Eigenschaft wie zuvor. Sie ließen Wolfsstimmen hören, verstunden aber beide ihre Stimmen. Sie fielen nun wie rechte Wölfe Menschen an und zerrissen sie. Sigmund biss den Sinfjotli fast zu Tode. Nachmals aber fuhren sie wieder zu dem Hause und warteten, bis sie aus den Wolfsgewändern kamen, die sie dann zu Asche verbrannten. Die Sage mag auf einem alten Missverständnis beruhen. Warg, Wolf hieß der Geächtete in der germanischen Rechtssprache. Warg wurde wörtlich als Wolf, verstanden, und so bildete sich die Werwolfsgeschichte. Jedenfalls aber wird der Werwolfsglaube dadurch als altgermanisch erwiesen. Nach der neueren Volkssage verwandeln sich Menschen, sowohl Männer als Frauen, zeitweilig in Wölfe, indem sie sich einen Gürtel, aus Wolfsleder oder Menschenhaut gemacht, um den bloßen Leib schnallen. Wird der Gürtel gelöst, so nehmen sie wieder Menschengestalt an. Das Wolfshemd ist also zu einem Wolfsgürtel zusammengeschrumpft. Der Werwolf fällt dann in Herden und greift auch Menschen an. Der Zauber reicht aber nicht übers Leben hinaus. Wird ein Werwolf verwundet oder getötet, so findet man einen wunden oder toten Menschen. Wie alle Seelen und Maren hält er dem Namensanruf nicht stand, der Zauber weicht sofort, und statt des Wolfes sieht man einen nackten Menschen vor sich. Der »Böxenwolf« in Westfalen und Hessen

1 Vgl. Mackel, Die german. Elemente in der französ. und provenzal. Sprache. Heilbronn 1887, S. 14.

hockt auf wie die Mare, d. h., er springt den Leuten auf den Rükken und lässt sich tragen.

Zu den Werwölfen scheinen ursprünglich die *Berserker* der nordischen Sagen gehört zu haben, obwohl der rechte Sinn den Quellen abhanden kam.[1] Berserker sind Menschen, die plötzliche Wutanfälle haben. In diesem Zustande gebärden sie sich wie wilde Tiere, sie heulen, sperren den Rachen auf und recken die Zunge heraus, stoßen Schaum aus dem Munde, knirschen mit den Zähnen und beißen in die Schilde. Zugleich werden sie übernatürlich stark und meinen für Feuer und Eisen unverwundbar zu sein; in ihrer Wut verschonen sie nichts, was ihnen in den Weg kommt, nach überstandenem Anfall aber sind sie umso schwächer und nahezu völlig kraftlos; durch Anrufen bei ihrem Namen wird der Zustand beseitigt, wie das Beschreien auch sonst zauberische oder übernatürliche Vorgänge und Verrichtungen stört. Von Verwandlungen in fremde Gestalten ist zwar bei den Berserkern nicht mehr die Rede, trotzdem heißen sie *eigi einhamr*, *hamramr*. Ihr Wutanfall wird als ein leiblich und seelisch ganz verschiedenartiger Zustand aufgefasst. Ursprünglich war diese tierische Wut eben mit Verwandlung in tierische, Wolfs- oder Bärengestalt verbunden. Darauf deuten noch einige Spuren. König Harald Hárfagr hatte in seiner Umgebung eine Schar von Berserkern, die *úlfheðnar*, die Wolfsgewandigen, hießen. Ulfheðinn und Ulfhamr kommen als Mannsnamen vor. Die Überlieferung deutet diese Bezeichnung der Berserker allerdings dahin, dass die Kämpen Wolfspelze über den Brünnen getragen hätten. Indessen ist dies ein Missverständnis. Einst waren Leute in *úlfahamir*, in Wolfshäuten, also Werwölfe gemeint. Sveinbjörn Egilsson im Lexicon poeticum S. 51 erklärt Berserkr als der Bärengewandige (aus *berr*, Bär, und *serkr*, das Gewand). *Berserkir* und *úlfheðnar* sind also Menschen in Bären- und Wolfsgestalt. Daher die tierische Wut, die ihnen anhaftet. Dem Namen Ulfheðinn entspricht der Name Bjarnheðinn. Einen solchen »Berserkr« im wahren Sinn führt

1 Über Berserker als Werwölfe Maurer, Bekehrung 2, 108 ff.

uns die Sage von Hrolf Kraki leibhaftig vor. Hrolf wird von seinen Feinden überfallen. Mutig tritt er mit seinen Helden in den Kampf gegen Hjorward ein; alle seine Recken mit Ausnahme des Bodwar Bjarki begleiten den König Hrolf. In diesem Kampfe sahen Hjorward und seine Mannen, dass ein großer und starker Bär dicht vor König Hrolf herging. Hieb- und Schusswaffen glitten ohne Wirkung an ihm ab, er stürzte Männer und Rosse nieder und zermalmte die Leute mit Klauen und Zähnen, sodass sich klägliches Geheul in Hjorwards Heer erhob. Hjalti, ein Recke Hrolfs und Freund Bodwars, sah sich um und vermisste noch immer seinen Freund Bodwar. Da lief er zurück zur Königshalle, und hier sah er Bodwar ganz müßig sitzen. Hjalti schalt den Bodwar, dass er ruhig in der Halle bleibe, während der König Hrolf in Not sei, und bedrohte ihn. Da erhub sich Bodwar seufzend und ging mit hinaus zum Kampfe. Alsbald verschwand der Bär. Der Kampf aber endigte mit Hrolfs und seiner Recken Fall. In dieser Sage kämpft also die Seele, die Fylgja oder Hamingja eines tapferen Helden in Bärengestalt, während sein Leib in der Halle zurückbleibt. Die Geschichte mag als Grundtypus der Berserkersagen gelten, sie erwächst aber unmittelbar aus dem Seelenglauben.

3. Schicksalsfrauen

Die nordischen Fylgjur waren zugleich Schutzgeister, gute und böse Engel, die den Menschen umschwebten. Von hier aus ist nur ein kleiner Schritt zum Glauben an Schicksalsgeister, den wir bei den heidnischen Germanen vorfinden. Überall begegnen wir den Schicksalsfrauen, die das Leben des Menschen von der Geburt bis zum Tode lenken. Aus ihrer Vielheit erhebt sich auch eine einzige Schicksalsfrau, das persönlich gewordene Verhängnis. Die ältere und jüngere Vorstellung laufen nebeneinander her wie etwa auch das wilde Heer und der wilde Jäger, der allgemeine und der besondere Begriff. Über die Fylgjen reichen die Schicksalsfrauen zu den seelischen Geistern. Einzelne Spuren, namentlich das Erscheinen der Frauen bei Geburt eines Kindes, weisen auf den Kreis der Maren.[1] Namen und Tätigkeit dieser Wesen sind hier zu erörtern. Als weise Frauen (ahd. *idisi*, an. *dísir*) wurden sie bezeichnet.[2] In ahd. Glossen wird parca mit *scephenta*, die Schaffende, gegeben. Vintler nennt *gâchschepfen*, die den Menschen das Leben geben. Im Zusammenhang mit andern Ausdrücken ist ersichtlich damit die Tätigkeit eines Schöffen, der ein Urteil schöpft, gemeint. Im Norden ist von *urðir* (Sigurþarkviþa in skamma 5), in England von *the thre weirdsisters, the weird lady of the woods* die Rede. Im Heliand ist das Schicksal *reyanogiskapu*, Schöpfung ratender Mächte, *methodogiskapu*, Schöpfung der messenden, zumessenden, *wurdigiskapu*, Schöpfung der *wurd*. Im Norden heißen die Schicksalsfrauen *Nornen*.[3] Durch alle germanischen Sprachen geht die Bezeichnung WURD (as. *wurd*, ahd. *wurt*, ags. *wyrd*, an. *urðr*) durch. Die Bedeutung ist Geschick, Verhängnis, Tod. Häufig ist Wurd persönlich gedacht und eine entsprechende Wendung gebraucht. Wurd gehört zur idg. Wurzel u̯ert *(vertere)*, woraus ahd. *wirt*, *wirtel*, die Spindel. Vielleicht ist Wurd die Spinnerin. Im Ags. heißt es: *Wyrd me þæt gewæf*, mir wob das Wyrd. Als ein Gewebe wird das Schlachtgeschick *(wíg spéda gewiofu)* bezeichnet. Von

---

1 Glücks- und Schicksalsgeister in ihrer Marenabkunft erweist Laistner, Rätsel der Sphinx 2, 342 ff.

2 Kögel, Beiträge 16, 502 ff. nimmt eine urgermanische Zusammensetzung *ĭw* + *dîs* an, wodurch die nord. Wörter *jódís* und *dís* und die westgerm. *ĭdĭs* als zusammengehörig erwiesen werden. *ĭw* ist etymologisch unklar, zu nord. *dís* steht got. *filu-deisei*, Klugheit. *idisi* und *dísir* sind demnach kluge, weise Frauen. Frühzeitig wurden auch die Kampfjungfrauen so bezeichnet. Zur Etymologie vgl. noch v. Grienberger, ZfdPh. 27, 441.

3 Schade, Altdeutsches Wörterbuch² 1, 657 deutet *norni aus *norhni*, Verschlingung, Verknüpfung, als nomen agentis Verschlingerin, Verknüpferin der Schicksalsfäden, zum verb. ahd. *snerhan*, mhd. *snerhen*, verflechten, verknüpfen; vgl. Graff, Ahd. Sprachschatz 6, 850; über den Wechsel von anlautendem sn: n vgl. Noreen, Abriss der urgermanischen Lautlehre, S. 208; die Erklärung ist aber sehr unsicher. Die Ableitung der deutschen »Nonnen« (Panzer, Beitrag zur deutschen Mythologie 1, 163, 184; Mannhardt, Germ. Mythen 532 u. 705; Simrock Myth. 351) aus »Nornen« ist sehr fragwürdig.

einem Nornenspruch *(kviðr)* und Urteil *(dómr)* wissen nordische Dichter, von dem Worte der Urd, dem keiner entgegnet, das unwiderruflich ist (Fjǫlsvinns mǫl 47). Das Schicksal ist *urlagu* (ahd. *urlag,* as. *orlag,* ags. *orlœg,* afr. *orloch,* an. *ørlǫg*) d.h. Urgesetz. *Ørlǫgsíma, ørlǫgþáttr* sind im Nordischen die Schicksalsfäden. In zwiefacher Weise also dachten sich die Germanen das Schicksal, als *Urgesetz* und als *Gewebe.* Aus diesen beiden Vorstellungen erklären sich die überlieferten Namen der Schicksalsfrauen. Sie wissen das uralte Recht und finden und fällen den Wahrspruch, der dem Menschen sein Verhängnis zumisst; sie spinnen und weben Glück und Unglück, Gutes und Böses. Das Schicksal richtet und webt über Götter und Menschen, es ist die geheimnisvolle, hohe Macht, der selbst die Himmlischen unterworfen sind. Damit ist der Wurd eine bedeutungsvolle Stellung eingeräumt. Götter und Helden vermögen sie nicht zu bezwingen noch ihr zu entfliehen, ihr sittlicher Wert beruht darin, wie sie der Wurd begegnen.[1]

Wurd schickt Gutes und Böses, die Schicksalsfrauen, wo sie in Mehrzahl auftreten, teilen sich dagegen meistens nach ihren Gaben in gute und böse, freundliche und feindliche Gewalten. Zornige *(grimmar),* feindselige *(ljótar)* Nornen erwähnen die nordischen Skalden; die Gylfaginning Kap. 15 führt den Gegensatz durch: »Wenn die Nornen über das Geschick der Menschen entscheiden *(ráða ørlǫgom manna),* so verteilen sie's sehr ungleich: den einen verleihen sie ein Leben voll Glück und Ansehen, andern dagegen wenig Freude und Ruhm; den einen ein langes Leben, andern ein kurzes. Die guten Nornen, die von edler Abkunft sind, schaffen ein glückliches Los. Wenn aber Menschen ins Unglück geraten, so veranlassen es böse Nornen.« Nach dem Reginlied 24 stehen *tálardísir,* Trugdisen, zu Seiten des auf der Fahrt strauchelnden Kriegers; sie wünschen ihn wund zu sehen. Wo also nicht der Glaube an die erhabene Wurd vorherrscht, wird Glück und Unglück aus dem Walten guter und

1 Über den Fatalismus der Nordleute und seine Wirkung auf das Verhalten der Menschen vgl. Maurer, Bekehrung 2, 162 ff.

böser Geister erklärt. Den Wirkungskreis der Nornen lassen die nordischen Quellen überblicken. Nach dem Fafnirliede 12 gibt es Nornen, hilfreich in der Not *(nauþgǫnglar),* welche den Müttern bei Geburt der Söhne beistehen. Ebenso walten *dísir* bei der Geburt (Sigrdrífumǫl 9). Sie bestimmen für Mutter und Kind Leben oder Tod. Im Lied von Helgi dem Hundingstöter werfen sie dem neugeborenen Kinde den Schicksalsfaden. »Nacht war's im Hofe; Nornen kamen, die dem Edeling das Schicksal schufen *(aldr um skópu).* Sie bestimmten dem Fürsten, berühmt zu werden und der Beste unter den Helden. Mit Macht schlangen sie die Schicksalsfäden *(sneru ørlǫgþáttu),* während es Burgen brach in Bralund; sie wickelten den goldenen Faden auseinander und befestigten ihn mitten im Mondsaal (d.h. im Himmel). Sie bargen die Enden ostwärts und westwärts, wo das Land des Königs inmitten lag; eine Schlinge, der sie ewige Dauer gebot, schwang eine der Nornen gen Norden.« Die Nornen weben ein Gewebe, das nach Ost und West und gen Norden, also weit über die Lande und hinauf zum Himmel reicht. So soll sich Helgis Heldenruhm ausbreiten. Die Vǫlospǫ́ 20 gedenkt der drei weisen Jungfrauen, deren Sal am Stamme der Weltesche Yggdrasil steht, sie bestimmten Satzungen *(lǫg lǫgþo),* erkoren Leben den Menschenkindern *(líf kuro alda bǫrnom),* Schicksal der Männer *(ørlǫg seggja).* Der Glaube an gute und böse Schicksalsfrauen tritt in einem weit verbreiteten Märchenzug zutage. An die Wiege des neugeborenen Kindes kommen mehrere weise Frauen, die es mit guten Eigenschaften begaben, nur eine zürnt und wünscht Böses. In der erst um 1400 entstandenen Nornagests saga Kap. 11 besitzen wir eine nordische Wendung. Landfahrende *völvur* oder *spákonur,* weissagende Frauen kamen zu Nornagests Vater; das Kind lag in der Wiege, über ihm brannten zwei Kerzen. Nachdem die zwei ersten Weiber es begabt und ihm Glückseligkeit vor andern seines Geschlechtes versichert hatten, erhob sich zornig die jüngste Norn *(in yngsta nornin),* die man im Gedränge von ihrem Sitze geworfen hatte, dass sie zur Erde gefallen war, und rief: Ich schaffe, dass das Kind nicht länger leben soll, als die neben ihm angezündete Kerze brennt! Schnell griff die älteste Völva nach der Kerze, löschte sie aus und gab sie der Mutter, vermahnend, sie nicht eher wieder anzustecken, als an des Kindes letztem Lebenstag, welches davon den Namen Nornengast empfing. Die Erzählung ist mehrfach verdächtig. Nornen und Vǫlvur, Schicksal schaffende und Schicksal verkündende Frauen, sind miteinander verwechselt. Die Geschichte selber aber gleicht der griechischen Sage von Meleager. Dieser war noch wenige Tage alt, als die drei Moiren zu dem Bette seiner Mutter traten. Die eine verkündigte, er werde tapfer, die andre, er werde großmütig sein, die dritte, er werde so lange leben, als der eben jetzt auf dem Herde liegende Brand vom Feuer nicht verzehrt sei. Seine Mutter hob diesen Brand sorgfältig auf. Als sie aber in der Folge erfuhr, dass Meleager ihre Brüder erschlagen habe, eilte sie im Drange der Rache mit dem Brande nach dem Feuer und ließ ihn von demselben verzehren. Meleager starb nun schnell hinweg. Bei der auffallenden Ähnlichkeit und späten Abfassungszeit der Nornagests saga ist gelehrte Nachahmung sehr wahrscheinlich. Die Geschichte darf mithin fürs nordische Heidentum nicht verwertet werden. Bei Saxo Buch VI S. 272 wird vom König Fridlev erzählt, wie er in den Tempel der drei weisen Frauen *(nymphae)* trat, die dort auf Stühlen saßen. Denn es war Sitte, nach der Geburt eines Kindes die *»oracula parcarum«* zu erkunden. Nachdem der König, um seines Sohnes Olaf Zukunft zu befragen, feierliche Gelübde getan hatte, verhießen die zwei ersten dem Kinde Reichtum und Glück, die dritte der Schwestern aber Geiz. Aus deutscher Volkssage bieten sich zahlreiche übereinstimmende Geschichten dar.[1] Aber ihre Herkunft aus germanischem Heidentum ist wenig glaubhaft, vielmehr Zusammenhang mit antikem Parzen- und romanischem Feenglauben. Burchard von Worms gedenkt zuerst der Parzen. Auf den Färöern heißt noch heute das erste Gericht, das die Mutter nach der Geburt

1 Über Schicksalsfrauen im deutschen Volksglauben Mannhardt, German. Mythen, Berlin 1858, S. 541 ff.; Fr. Panzer, Beitrag zur deutschen Mythologie I, 1848, S. 1 ff., II 1855, S. 119 ff.

des Kindes zu sich nimmt, *nornagreytur*,[1] Nornengrütze. Vermutlich ist damit eigentlich ein Opfer gemeint, das nach der Geburt den erwarteten Nornen angerichtet wurde.

Wurd wird oft gleichbedeutend mit Tod verwendet, man meinte also das Eingreifen der Schicksalsgöttin im Tode zu erkennen. So heißt es im Heliand: Wurd nahm ihn weg, Wurd nahte, Wurd ist vorhanden, und im Beowulf: Wyrd nahm ihn weg, Wyrd war ihm sehr nahe. In der Eyrbyggjasaga Kap. 52 erscheint ein *urðarmáni*, ein Mond der Urd, ein gespenstischer Halbmond, welcher Menschensterben anzeigt. Die neuisländische Volkssage kennt ein Ungetüm namens *urðarköttur*, Katze der Urd, dessen Anblick Tod bringt (Jón Árnason, *Þjóðsögur* 1, 613).

Auf Island erhielt der Nornenglauben überhaupt besondere Ausbildung. Nach Vǫlospǫ́ 19 erhebt sich Yggdrasil über dem Brunnen der Urd. Die Gylfaginning Kap. 16 berichtet, dass die Nornen täglich aus dem Brunnen die Esche begießen, welche dadurch vor dem Vertrocknen und Faulen bewahrt wird. Im Brunnen werden zwei weiße Schwäne gehalten, von denen diese Vögel abstammen sollen. Zu diesem Bilde wirken die verschiedenartigen Vorstellungen von heiligen Bäumen und Quellen, Wald- und Wasserfrauen, Schwanmädchen zusammen. Alle diese Gestalten finden in der höchsten der weisen Frauen, in Urd ihre Verkörperung. Nach dem Fafnirliede 13 gibt es Nornen verschiedener Herkunft, vom Asen-, Alfen- und Zwergengeschlecht. In der Vǫlospǫ́ 8 wird die Ankunft dreier übermächtiger Mädchen aus Jotunheim erwähnt, wodurch das goldene Zeitalter der Götter seinen Abschluss findet. Wenn damit die Nornen gemeint sind, wird ihnen riesische Abstammung, Riesenart zugemessen. Neben Urd nennt die Vǫlospǫ́ 20 in einer späteren Einschaltung *Verðandi* und *Skuld*, was Gylfaginning Kap. 15 wiederholt. Sonst kommen diese Namen nicht vor. Gelehrte etymologische Spielerei und das Bestreben, eine Norne der Vergangenheit, Gegenwart und Zukunft aufzustellen, veranlassten diese Namen. *Ver-*

1 Nornagreytur in der antiquarisk tidskrift 1849, S. 308; färösk anthologi ved Hammershaimb og Jakob Jakobsen Bd. 2, 1891, S. 225.

ðandi ist Part. Präs. zu *verða,* werden, Urðr ward mit dem Praet. *urðum* desselben Zeitworts in Zusammenhang gebracht. Bei *Skuld* schwebt das Hilfsverbum *skula,* sollen, mit dem das Futurum gebildet wird, vor. Diese isländische Gelehrsamkeit ist von antiken Vorstellungen[1] beeinflusst und hat nichts mit dem Heidentum zu schaffen.

Gemeingermanisch sind Schicksalsfrauen und die Wurd, die ja auch im Norden allein lebensvoll hervortritt. Schon die Dreizahl der Schicksalsfrauen ist verdächtig, die Nornen der Vergangenheit, Gegenwart und Zukunft sind aber zweifellos den Parzen nachgeahmt.

4. Walküren[2]

Zur Zeit, da die Germanen ins Licht der Geschichte treten, vollzieht sich ihr Schicksal im Kampfe. Sieg oder Unsieg entscheidet über das Volk. Darum steht neben der Norn die besondere Schicksalsfrau der Schlacht. Wie jene das Schicksal im Allgemeinen lenkt, so gebietet diese übers Waffenglück, über Sieg oder Tod auf dem Walfeld. Allen Germanen gemeinsam ist die Vorstellung von Kampfgöttinnen. In Wirklichkeit kämpften oft germanische Frauen in Waffen unter den Heeren. Daher finden wir auch zahlreiche Frauennamen auf wig, hild, gund, hadu, mit ger, brünne, helm usw. zusammengesetzt, die das Bild der kampflich gerüsteten Frau uns vorführen. Die Vorstellungen von Kampfgöttinnen und weiblichen Kämpferinnen mögen miteinander

---

1 Vgl. z. B. Isidors etym. 8, 11, 92 *tria fata finguntur propter trina tempora: praeteritum ... praesens ... futurum ... quas parcas tres esse voluerunt, unam quae vitam hominis ordiatur, alteram quae contexat, tertiam quae rumpat.* Die Stelle war im Mittelalter hinlänglich verbreitet, mit Unrecht leugnet J. Grimm, Myth. 377 Anm. ihre Beziehungen zur isländischen Nornendreizahl; muss er doch selbst S. 378 zugestehen, dass nur Wurd außerhalb des Nordens vorkommt, von den zwei andern aber nicht eine Spur.

2 Vgl. Golther, Der Valkyrjenmythos in den Abhandlungen der Münchener Akademie der Wissenschaften, 1. Klasse, 18. Band, 2. Abt. S. 401 ff.

aufgekommen sein, sie erwuchsen unter gegenseitiger belebender Wechselwirkung. Die Draugen gefallener Kriegerinnen,[1] Schicksalsfrauen, Schutzgöttinnen vermischten sich zum Bilde der Walküre. Benennungen solcher Wesen begegnen häufig in den alten Quellen. Bei den Deutschen hießen sie *idisi,* bei den Nordleuten *dísir,* als hehre weise Frauen. Bei den Angelsachsen treffen wir *sigewíf,* bei den Nordleuten *sigrmeyjar, sigrfljóð,* also siegspendende Frauen. Nord. *geirwíf* und *hjálmvítr* bezeichnen Speerschwingerinnen und Helmträgerinnen. Auch Fylgjur und Hamingjur zeigen sich im Waffenschmuck, vielleicht weil sie Dísir sind und darunter vorzugsweise Kampffrauen verstanden wurden. Das Wort WALKÜRE gehört Nordleuten *(valkyrja)* und Angelsachsen *(wœlcyrie)* allein an. Vermutlich ist es in einer der beiden Sprachen, wohl der nordischen, geprägt und von der andern entlehnt, kaum aus dem Urgermanischen übernommen. Die Bedeutung ist klar: *wal* ist der Haufe Erschlagener, dann der einzelne im Kampfe Getötete, *kyrja* die Kieserin, Wählerin. Die Walküren wählen die Männer aus, die dem Tode erliegen sollen *(kjósa feigð á menn),* und verleihen Sieg *(ráða sigri),* so schildert Snorri ihr Amt. Sieg oder Unsieg, Leben oder Tod steht bei der Schicksalsfrau, die dem einen furchtbar und schauerlich, dem andern hell und freudig erscheint.

In einem angelsächsischen Segen[2] gegen Hexenschuss wird das Treiben walkürenhafter Frauen anschaulich beschrieben: »Laut waren sie, ja laut, da sie über den Hügel ritten, sie waren hochgemut, als sie über Land (d.h. durch die Lüfte) ritten. Schirme dich nun, wenn du ihre Feindschaft bestehen willst: heraus, kleiner Speer, wenn du drinnen bist! Ich stund unter

---

1 Merkwürdig ist die Stelle bei Burchard von Worms (J. Grimm. Myth. 3, 409), welche Hexen als kämpfende Weiber zeigt: *credidisti qvod quaedam mulieres credere solent, ut tu cum aliis diaboli membris in quietae noctis silentio clausis janius in aerem usque ad nubes subleveris, et ibi cum aliis pugnes, et ut vulneres alias, et tu vulnera ab eis accipias.*

2 Vgl. Grein-Wülcker, Bibliothek der ags. Poesie 1, 317; Wülcker, Kleinere ags. Dichtungen. Halle 1882, S. 33; zur Erklärung Kögel, Geschichte der deutschen Literatur I, 1, 93 f.

dem Lindenschilde, unter dem lichten Schilde, da die mächtigen Weiber ihr Heer ordneten und ihre sausenden Speere entsandten. Ich will ihnen einen andern fliegenden Speer von vorne entgegensenden: heraus, kleiner Speer, wenn du drinnen bist!« – Die Krankheit ist als ein Hexen- oder Elbengeschoss *(hægtessan, ylfa gescot)* gedacht, die Hexen aber sind im epischen Eingang des Spruches als Kampfjungfrauen geschildert. Laut jauchzend, wohl geschart, Speere schleudernd, reiten sie durch die Lüfte heran, der Angegriffene deckt sich mit dem Schilde und wirft ihnen seinen Speer entgegen. Die »mächtigen Frauen« *(mihtigun wîf)* lassen sich also auf einen förmlichen Kampf mit dem Gegner ein.

Der *Merseburger Zauberspruch von den Idisi*[1] zeigt, dass auch die Deutschen solche kampf- und siegbetreibenden Frauen kannten: »Einst setzten sich Idisi hierher und dorthin. Die einen hefteten Hafte, die andern hemmten das Heer, noch andre klaubten an den Fesseln: entspringe den Haftbanden, entfliehe den Feinden!« Dem Spruche liegt die Anschauung zugrunde, dass Idisi durch die Luft gezogen kamen und sich auf dem Walfelde niederließen, wo der Kampf zwischen zwei Heeren bereits entbrannt war. Ein solches Feld mochte *Idisiaviso,* Idisenwiese heißen, wie J. Grimm das von Tacitus überlieferte Idistaviso bessert. Nun beginnen sie, in drei Haufen geschart, alsbald ihre Tätigkeit, indem sie, wie die germanischen Frauen, in Wirklichkeit an den Ereignissen sich beteiligen. Die erste Gruppe hinter dem befreundeten Heere legt den gefangenen Feinden Fesseln an. Nach solcher Handlung mögen auch die nordischen Walküren *Hlokk* (ahd. *hlancha,* Kette) und *Herfjotr* (Heeresfessel) heißen. Die zweite Gruppe hemmt das Vordringen des feindlichen Heeres entweder dadurch, dass die Idisi gleich den germanischen Frauen sich der gegnerischen Schlachtreihe gerüstet und Speere schleudernd entgegenwarfen, oder dass sie durch irgendwelche

---

1 Zur Erklärung des Spruches vgl. Müllenhoff und Scherer, Denkmäler 2³, S. 43 ff.; Kögel, Literaturgeschichte I, 1, 89 f.; v. Grienberger, ZfdPh. 27, 433 ff.

Zauberhandlung den Sturmlauf der Feinde plötzlich hemmten und in panischen Schrecken (an. *herfjǫturr*) verkehrten. Die dritte Gruppe endlich erscheint hinter dem Heer der Feinde, um den Gefangenen, der sich hier befindet, zu befreien. Die Idisi nesteln an den Banden und sprechen dazu den lösenden Zauber, der die Fesseln abspringen macht. Solche *»leysigaldr«* enthalten die nordischen Hǫvamól 148 und der Grógaldr 10, womit bewirkt wird, dass die Bande von Händen und Füßen fallen. Der Gefangene, auf dessen Befreiung der Spruch hinzielt, glaubt somit an die hilfreichen Idisi, deren tätiges, unmittelbares Eingreifen den Freunden Sieg und Freiheit, den Feinden Unsieg und Fesselung bringt.

Im Beowulf 697 heißt es: Der Herr verlieh ihm Glück im Kampfe, das Gewebe des Kampfglückes *(wígspéda gewiofu)*. Der Ausdruck entspringt der Vorstellung, dass das Schicksal der Schlacht von höheren Mächten gewoben werde. Ebenso erklären sich die nordischen Bilder Siegesgewebe *(sigrvefr)* und Speergewebe *(darraðar vefr)*. Darauf gründet sich das bekannte Lied der Njálssaga Kap. 158 (*corpus poeticum boreale* 1, 281 ff.), das sich auf die 1014 zwischen Brian König von Irland und seinem Sohne Sigtrygg gelieferte Schlacht von Clontarf bezieht. Der Dichter des Liedes malt die allgemeine Vorstellung des Schicksalsgewebes ins Einzelne aus und gefällt sich in grausigen Schildereien. Ein Mann zu Caithnes in Schottland sah zwölf Frauen in eine Kammer reiten und darin verschwinden. Durch ein Fenster beobachtete er, wie die Frauen ein Gewebe aufgespannt hatten, wobei Menschenhäupter als Gewichte, Menschendärme als Aufzug und Einschlag, Schwerter als Spule und Pfeile als Kamm dienten. Bei ihrem Geschäfte sangen sie unter anderm: »Mit Schwertern schlagen wir dieses Siegesgewebe. Hildr, Hjorthrimul, Sangriðr, Svipul kamen zu weben mit gezogenen Schwertern. Schaft wird zerkrachen, Schild zerbersten, die Axt in die Rüstung dringen. Winden wir, winden wir das Gewebe des Speeres! Folgen wir dem König (dem siegreichen Sigtrygg)! Blutige Schilde wird man sehen, da Gunnr und Gondull dem Könige halfen. Winden wir, winden wir das Gewebe des Speeres, das der junge König vor sich hatte! Voran wollen wir gehen und in die Schlachtreihe schreiten, wo unsre Freunde die Waffen kreuzen. Winden wir, winden wir das Gewebe des Speeres, wo die Fahnen kämpfender Männer wehen! Nicht lassen wir zu, dass sein (Sigtryggs) Leben vergehe. Die Walküren haben des Kampfes Kür (*eigu valkyrjur vals* [var. *vígs*] *um kosti*). Die Nordleute sollen siegen und die Iren unterliegen. Das Gewebe ist gewoben, das Feld gerötet. Schrecklich anzusehen ziehen blutige Wolken am Himmel. Wohl sangen wir dem jungen König viele Siegeslieder. Nun reiten wir auf den Hengsten mit gezogenen Schwertern fort von hier.« Da rissen sie das Gewebe von oben herunter, und jede behielt, was sie festhielt. Hierauf bestiegen sie ihre Hengste, sechs ritten südwärts, sechs nordwärts. Das Gedicht gehört der christlichen Zeit an, daher sind verschiedene Vorstellungen miteinander vermischt. Einerseits sind die siegspendenden, todbringenden Schicksalsweberinnen, wie sie allen Germanen bekannt waren, gemeint. Darum bandeln diese Frauen frei und ohne Auftrag. Wie die deutschen Idisi gedenken sie, gewaffnet dem feindlichen Heere entgegenzuschreiten. Sieg und Tod ruht in ihrer Hand, sie verteilen die Lose nach eigner Wahl auf ihre Günstlinge und deren Gegner. Andererseits gibt der Verfasser des Liedes den Frauen die Namen, welche sonst Odins Mädchen führen. Aber mit Ausnahme dieser völlig äußerlichen Anknüpfung herrscht die alte gemeingermanische Vorstellung, wonach die Walküren frei, ohne Geheiß und Dienstverhältnis, walten und weben.

Saxo[1] weiß von Waldfrauen, die sich rühmen, die Entscheidung der Kriege zu lenken, unsichtbar den Kämpfen beizuwohnen

---

1 Bei Saxo Buch III, S. 112 wird von Hotherus erzählt: *inter venandum errore nebulae perductum incidisse in quoddam sylvestrium virginum conclave, a quibus proprio nomine salutatus, quaenam essent, perquirit. illae suis ductibus auspiciisque maxime bellorum fortunam gubernari testantur; saepe enim se nemini conspicuas proeliis interesse, clandestinisque subsidiis optatos amicis praebere successus … quippe conciliare prospera, adversa infligere posse pro libito memorabant.* – Die Mädchen gewähren dem Hother eine hieb- und stoßfeste

und heimlich ihren Freunden die erbetene Hilfe zu leisten. Sie betätigen ihre Kunst an Hother, den sie begaben und beraten.

Neben den Frauen, die das Schlachtgeschick weben und lenken, begegnen solche, die es, meist im Traume, verkünden. Dem Asmund träumte, dass Weiber mit Kriegswaffen über ihm standen und sagten: Was soll dein Zagen? Du bist bestimmt, allen andern voranzuleuchten, und nun fürchtest du dich vor elf Männern? Wir sind deine *spádísir* und werden dir Beistand gegen jene Männer leisten, mit denen du zu tun hast.[1] Bevor Harald Hardráði nach England zieht, zeigt sich dem Gyrd im Traume ein Weib, in der einen Hand ein kurzes Schwert, in der andern einen Trog, um Blut aufzufangen, ein andres Weib auf einem Wolfe sitzend, der einen Mannsleichnam zwischen den bluttriefenden Kiefern trägt, erscheint dem Thord.[2]

In der Sturlungasaga 7, 28 träumt ein Mann, er käme in ein großes Haus, worin zwei blutige Weiber saßen, welche ruderten. Zugleich schien Blut zu den Fenstern hereinzuregnen. Das eine Weib sang: »Rudern wir, rudern wir, es regnet Blut, Gunnr und Gondull, vor dem Fall der Männer, wir werden herrschen in Raptahlid, wo die Leute uns verehren und verfluchen.« Das Gesicht zeigt die künftigen Unruhen und Kämpfe auf Island an. In der Viga-Glúmssaga 21, 3 sieht Glum ebenfalls im Traume eine Schar Frauen mit einem Trog voll Blut, das sie übers Land gießen. Er erzählt: Ich sah eine Schar göttlicher Wesen *(goðreið)* über Land reiten; Schwerter werden brechen, es naht grauer Geere Gruß, weil die kampfgrimmen Göttinnen *(ásynjur)* – des freuen sich Krieger – Blut erschlagener Männer ausgossen.

Überall erscheinen bewaffnete, blutvergießende Frauen, wodurch bevorstehende Kämpfe angezeigt werden.

Brünne und raten ihm listig, wie er den Sieg erlangen könne. Man kann zweifeln, ob hier in Saxos Quelle von Kampfgöttinnen oder Odins Walküren die Rede war. Im letzteren Fall hätte Saxo die Beziehung zu Odin getilgt.

1 Asmundarsaga in den Fornaldarsögur 2, 483.

2 Haraldssaga hardráða, Fornmanna sögur 6, 402.

Die Marenart der Walküren tritt aus den Nachrichten einiger Sǫgur des 13. Jahrhunderts zutage. *Herfjǫtur* ist ein Walkürenname, zugleich aber wird damit eine dämonische Lähmung bezeichnet, von welcher dem Tode verfallene Leute im Kampfe oder auf der Flucht plötzlich befallen wurden.[1] In der Sverrissaga Kap. 68 heißt es: »Da wussten sie nicht, woran es liege, dass das Schiff nicht vorangehe; einige meinten, *herfjǫturr* sei da über sie gekommen und sie seien alle todgeweiht; in Wahrheit aber war es das, dass der Anker über Bord hing.« In der Sturlungasaga 7, 188 wird von Thorleif erzählt, wie er seine Feinde erblickte und schnell in die Berge davonlaufen wollte. Aber da kam *herfjǫturr* über ihn, und er musste ihnen ganz langsam entgegengehen, dass sie ihn erschlugen. In derselben Saga 7, 148 befinden sich Gudmund und Svarthofdi auf der Flucht vor Illugi. Gudmund kam nur langsam vorwärts; da fragte Svarthofdi, ob *herfjǫturr* über ihm sei. Er leugnete es. Illugi holte den Gudmund ein und versetzte ihm den Todesstreich. Nach der Harðarsaga Kap. 35 kommt *herfjǫturr* mehrmals über den von seinen Feinden umzingelten Hord. Es gelingt ihm zwar wiederholt, die Zauberfessel (*galdraband*, wie am Rande *herfjǫturr* erklärt ist) abzuschütteln, aber schließlich wird er doch überwältigt und erschlagen. Ohne weiteres ist der Zusammenhang dieser »Heeresfessel« mit dem plötzlichen Überfall der Mare ersichtlich. Hier wie dort die bange Beklemmung, das lähmende Entsetzen, der von Dämonen verursachte *»panische«* Schrecken. Selten vermag der Angefallene sich der Mare zu erwehren. Dass »Heeresfessel« zugleich Walküre ist, beweist, dass ihre Art zum Teil im Gespensterglauben wurzelt. Die Idisi, welche *»heri lezidun«*, fielen vielleicht ebenso als Heeresfessel auf die Schar der Feinde.

Jungfrauen erscheinen in Gestalt lichter Schwäne; so zeigen sich mit Vorliebe ihre Fylgjen. Daraus entstand die Sage von den Schwanmädchen, die ein Federgewand umtun und damit durch

1 Über herfjǫtur vgl. Maurer in Wolfs Zeitschrift für deutsche Mythologie und Sittenkunde Bd. 2, 341 ff.; Bekehrung 2, 401 f.

die Lüfte fliegen. An Waldseen und stillen Weihern lassen sie sich nieder, um die Schwanhemden abzulegen und in menschlicher Gestalt sich zu zeigen. Wer das Gewand raubt, dem muss die Maid folgen. Die Walküren sind häufig zugleich Schwanmädchen. Nicht nur helmgeschmückt, Flammen auf der Speerspitze, in Glanz und Wetterleuchten reiten sie durch die Luft auf Wolkenrossen, aus deren Mähnen Tau in die Täler und Hagel auf die Wälder fällt, davon den Menschen fruchtbares Jahr kommt, sondern auch als weiße Schwäne fliegen sie aus. In der Véølundarkvipa wird von solchen Mädchen erzählt. Von Süden her flogen Mädchen durch den dunkeln Wald, junge Walküren,[1] Kampfschicksal zu betreiben *(ørlǫg drýgja)*. Am Seestrand setzten sie sich zur Rast nieder und spannen herrliche Linnen (d. h., sie wirkten das Schicksalsgewebe). Wölund und seine Brüder nahmen ihnen ihre Schwanhemden *(âlptarhamir)* und machten sie zu ihren Frauen. Von einem der Mädchen wird gesagt: sie war schwanenweiß und trug Schwangefieder *(ǫnnor var svanhvít, svanfjaðrar dró)*. Sieben Winter blieben sie, im achten ergriff sie Sehnsucht, im neunten trennte sie Not, die Walküren gelüstete es zum dunkeln Walde, um Kampfschicksal zu betreiben. Saxo erzählt vom Dänenkönig Fridlev, er habe, als er nachts aus dem Lager gegangen, ein seltsames Geräusch in der Luft und dann von oben das Lied dreier Schwäne vernommen, wodurch er zu einer Heldentat aufgefordert wurde. Die Schwäne ließen einen Gürtel mit Runen herabfallen.[2] Natürlich sind Walküren, Schwanmädchen gemeint, deren Schicksalswort im Schwanensange aus den Lüften tönt. Die Walküren der Heldendichtung er-

---

1 Die Hds. liest *alvitr;* Sven Grundtvig, Saemundar Edda 2. Aufl. Kopenhagen 1874, S. 215 ff. bessert *álmvitr,* wie *hjálmvítr,* und erklärt: bogenführender Wicht, Bogenjungfrau. Die Walküren wären somit mit Helm *(hjálmvítr)*, Brünne *(Brynhildr)*, Schild (*skjaldmey*, Schildmagd), Speer und vielleicht auch Bogen *(álmvítr)* bewehrt gewesen.

2 Saxo, Buch 6, S. 266 *ubi Fridlevus noctu speculandi gratia cum inusitatum quendam icti aeris sonum cominus percepisset, fixo gradu suspiciens trium olorum superne clangentium hoc aure carmen excepit … denique post ipsas alitum voces lapsum ab alto cingulum literas carminis interpretes praeferebat.*

scheinen öfters als Schwäne. In der Hrómundarsaga Greipssonar wird von dem Liebesbund zwischen Helgi und Kara berichtet. Kara in Schwangestalt ließ so kräftige Zauberweisen ertönen, dass die Feinde sich nicht mehr zu wehren vermochten. Einmal schwebte sie im Kampfe über Helgi. Da holte er mit seinem Schwerte so weit aus, dass er seine Geliebte auf den Tod verwundete. Kara fiel tot herab, und Helgis Glück war dahin. Von Agnar, den sie im Kampfe gegen Odins Geheiß mit Sieg begabte, sagt Brynhild selber, er habe die Hemden *(hamir)* von ihr und ihren Schwestern unter die Eiche getragen (Helreiþ 7). Er raubte die Schwanhemden von acht Walküren und zwang sie dadurch, ihm zu Diensten zu sein. Die bereits erwähnten siegspendenden Waldfrauen *(virgines sylvestres)* des Saxo sind vielleicht auch Schwanmädchen, die sich ja in der Vølundarkviþa zum dunkeln Walde sehnen. Auf Weihern und Seen des tiefen Waldes werden Schwanjungfrauen am liebsten sichtbar.

Wurd und die Nornen walten über dem Schicksal und schaffen es, von den Göttern ist ihr Wirken vollkommen unabhängig. Die Idisi, die das Schlachtgeschick betreiben, stehen ebenso unabhängig auf sich allein. Schicksalsfrauen im Allgemeinen, Schicksalsfrauen im Besondern, im Gewebe des Kampfglücks, kannte der altgermanische und großenteils auch noch der nordische Glauben. Daneben aber treten in den Skaldengedichten die Walküren hervor, die sich dadurch von den gemeingermanischen Kampfgöttinnen unterscheiden, dass sie auf Odins Geheiß zur Schlacht reiten und in Walhall beim Gelage Dienst tun. Ihre Abhängigkeit von Odin, den sie auf der Walstatt vertreten, ist ein sehr wesentliches Merkmal. Da außerhalb des Nordens keine Spur davon auftaucht, liegt der Schluss nahe, die Walküren als Odins Mädchen gehören der Skaldendichtung ausschließlich an, während daneben noch oft auch im Norden ihre ursprüngliche Selbständigkeit hervorbricht.

5. Hexen

Im Got. und Ahd. begegnet das Wort *unhulþô, unholda,* d. h. Unholdin.[1] Die got. Bibel bedient sich des Ausdrucks zur Umschreibung von *δαιμόνιον,* während die ahd. Denkmäler damit diabolus übersetzen. Im Mhd. bedeutet *unholde* Teufelin, Hexe, Zauberin. Dem germanischen Glauben war somit die Unholdin, ein böser Geist weiblichen Geschlechtes, geläufig. Erst allmählich bildete sich unter dem Einfluss des Teufels die männliche Form daneben. Die Unholdin ist eigentlich die Feindselige, Böse, vom Adj. unhold, feindlich, gebildet. Ob unter der Unholdin ein gespenstisches oder menschliches Weib gemeint ist, lässt sich nicht ersehen. Das Wort Hexe,[2] welches erst im Gefolge der Hexenprozesse im 16./17. Jahrhundert weiter ins Volk drang, begegnet in der ahd. Sprache in zwiefacher Form: *hagazussa, hegezisse,* ags. *hægtesse,* mndl. *hagetisse, haghedisse* und *hazusa, hazus.* Den Sinn zeigen die Glossen *furia, striga, eumenis, erynnis* an. Die Etymologie hat zunächst von der kürzeren Form auszugehen. *Hazusa* ist alte Partizipialbildung zum Verbum ahd. *hazzên,* got. *hatan,* und bedeutet also die Hassende, Feindselige. *Hagazusa* und die verwandten Wörter scheinen verderbt aus einer Zusammensetzung, die ahd. **hagahazusa* lauten würde, die feindselige Waldfrau. Der wilde Wald ist der Wohnort böser Geister. *Holzmuoja, holzrûna* bezeichnen ebenso das Waldweib. Mithin sind *unholda* und *hazusa* einander gleichbedeutend, während *hagazusa* noch den unheimlichen Wald beifügt. In der Kaiserchronik wird Crescentia gescholten

1 Über *unhulþô, unholda* vgl. Kauffmann, Beiträge 18, 151 ff.

2 Zur Erklärung des Wortes Hexe vgl. Weigandt, Deutsches Wörterbuch 1, 804; ältere Erklärung bei Schade, Altdeutsches Wb. 1, 363; die Trennung der ahd. Wörter im Gegensatz zur früheren Auffassung, wonach *hazusa* aus *hagazusa* verkürzt sein sollte, vertreten Kauffmann, Beiträge 18, 155 Anm. 1 und Noreen, Indogerman. Forschungen 4, 326.

12201 *du soltest pillîcher dâ ze holz varen,*
danne di mægede hie bewarn;
du bist ain unholde.

Also im Holze hausen die Unholdinnen, die Hexen, die Waldweiber. In den Kreis der Marenvorstellungen weisen die mhd. Wörter *trute, trut*[1], und das an. *trollkona,* Trollweib. Mit *troll*[2] bezeichnet die nordische Sprache im Allgemeinen die unholden Geister. Endlich finden wir bereits im nordischen Heidentum *kveldriður,* Abendreiterinnen, *myrkriður,* Dunkelreiterinnen, also nachtfahrende Zauberweiber. In der Eyrbyggja saga Kap. 16 ist die *kveldriða* wie die nds. *walriderske* völlig Mare; es wird ihr Schuld gegeben, dass sie Menschen reite und dadurch beschädige. *Túnriður,* Zaunreiterinnen, heißen die übers eingezäunte Gehege reitenden Hexen. Im Mhd. werden *nahtvarn, nahtvrouwen,* d. h. nachtfahrende Frauen genannt, den nordischen *kveld-* und *myrkriður* entsprechend. Die Ausdrücke *flagð, skass, skessa,* d. h. Unhold, werden im Norden ebenso auf Riesinnen wie auf alle andern unholden Weiber angewandt. Dem germanischen Heidentum sind also Hexen wohl bekannt, nachtfahrende gespenstische Weiber, die auf Schaden aus sind, die zu den unholden Geistern des schauerlichen wilden Waldes gehören. Sie berühren sich in ihrer Tätigkeit mit den Maren, den Urgespenstern, die gleich wie die Seelen überall auftauchen. Unter Unholdinnen waren die Seelen lebender oder verstorbener Zauberweiber verstanden. Wie die Hexen im deutschen Volksglauben in Tiergestalt, als Katzen, Hunde, Hasen, Ratten, Mäuse, als Kröten, als Eulen und Elstern usw., erscheinen, so heißt auch auf Island die Zauberin *hamhleypa,* die in andrer Gestalt Laufende, die Verwandlungsfähige. Das Wesen der Unholdinnen beruht aber in ihrer feindseligen Bosheit, in ihrem Hang, Übles zu tun und

1 Über *trute,* welche noch heute die bayerische Mundart kennt, vgl. Grimm, Wörterb. 2, 1453 f.; Schmeller, Bayr. Wb. 1^2, 648 ff.

2 Sievers, Indogerm. Forschungen 4, 339: Bei *troll* möchte man an Zusammenhang mit got. *trudan,* an. *troða,* ahd. *tretan* denken, an. *troll* aus *troðla, trolla* das Treten, Alpdrücken, Alp.

Schaden anzurichten. Sie fallen darin mit den *seiðkonur* zusammen, den Zauberinnen, welche ihre Kunst zum Schaden anderer üben und darum schon im Heidentum verachtet, gehasst, ja sogar mitunter verfolgt wurden. In den Hexengeschichten und Sagen wird namentlich nach drei Seiten hin ihre verderbliche Tätigkeit geschildert, dass sie zur Nacht ausfahren, dass sie Wetter zaubern und Felder verderben, dass sie Menschen und Tiere mit Siechtum behexen. Bei Orientalen, Griechen und Römern herrscht ein ganz ähnlicher Glaube an *Empusen, Lamien* und *Strigen.* Es entsteht die Streitfrage, ob der in Deutschland seit der Bekehrung herrschende Hexenwahn germanisch oder römisch sei, im letzteren Falle eingeführt durch die Römer in Gallien und Germanien und später durch die Geistlichen. J. Grimm leitete das Hexenwesen vornehmlich aus germanischer Urzeit, Soldan dagegen völlig aus der Fremde. Die Wahrheit wird in der Mitte liegen. Auf gemeinsamer Grundlage, auf dem Maren- und Seelenglauben erwachsen, müssen Hexengeschichten überall ähnliche Züge aufweisen. Im 13. Jahrhundert treten ganz neue Motive hinzu, die starke Entwicklung des Teufelsglaubens. Menschen fielen von Gott ab und gingen einen Bund mit dem Teufel ein. Teufelsbündler und Ketzer, Zauberer und Giftmischer wurden allmählich gerichtlich verfolgt; während früher in der geistlichen Gesetzgebung alles Zauberwerk für bloßen sträflichen Aberglauben erklärt worden war, betrachtete man es jetzt als wirkliche Tatsache. Im 15. Jahrhundert wurden in Deutschland zuerst Hexen verbrannt. Durch die Bulle *»summis desiderantes«,* die Papst Innocenz VIII. am 5. Dezember 1484 erließ, auf deren Grund Jacob Sprenger 1459 den berüchtigten Hexenhammer, *malleus maleficarum,* abfasste, wurden die Hexenprozesse mächtig angeschürt. Im 15., 16., 17. Jahrhundert loderten zahllose Scheiterhaufen, erst im Anfang des 18. Jahrhunderts nahm das Unheil ab. Die Hexerei war nunmehr zum Teufelsbund und Teufelsdienst gemacht. Die Hexe schwor Gott und Christum ab, sie ergab sich dem Teufel mit Leib und Seele, betete ihn an als Gott und Herrn, lebte mit ihm in buhlerischer Verbindung, aber ohne Freude und Frucht. Die Hexe muss Schaden und Unheil stiften, weil ihr der Teufel gebietet. Sie bedient sich allerlei Mittel hierzu: gebrauter Tränke, Pulver, Kräuter, Salben. Mit der Hexensalbe bestreicht sie sich sowie den Besen und die Gabel zur nächtlichen Fahrt durch die Lüfte. Auch durch Spruch und Fluch, durch den Blick selbst kann sie schaden. Bei den großen Versammlungen, die an bestimmten Tagen auf den besondern überall vorkommenden Hexenbergen, auf Wiesen und unter alten Bäumen stattfanden, geht es zu wie bei den Ketzerversammlungen. Alles zielt auf Verhöhnung und Schändung der christlichen Ritualien. Zuerst wird die Teufelsmesse gehalten, dann folgt ein Mahl, dann Tanz und wildeste Unzucht.[1] Dass dieser von der Kirche behauptete und verfolgte Hexenwahn, der wesentlich als Teufelsbund gerichtet ward, nicht ohne weiteres ans germanische Heidentum angeknüpft werden kann, ist klar. Aber ebenso gewiss sind volkstümliche Bestandteile drin enthalten. Die Hexenrichter suchten den Teufelsbund nachzuweisen und zu brandmarken, dem Volke schwebten die feindseligen Unholdinnen vor. So tritt im Aberglauben die teuflische Zugabe auch meistens zurück, die Hexe erscheint in ihrer ursprünglichen Selbständigkeit. Wie die Namen so werden auch die Haupteigenschaften dieser Hexengestalt dem germanischen Heidentum zuzuweisen sein. Von besonderem Wert sind die älteren nordischen Zeugnisse, weil in ihnen wahrscheinlich unverfälschte und ursprüngliche Überlieferung vorliegt; in den Hǫvǫmøl 154 ist ein Zauberspruch gegen *túnriður* erwähnt:

Einen zehnten kenn ich, wenn Zauberweiber
Im Fluge durchfahren die Luft:
Bewirken kann ich's, dass sie wenden den Pfad
Nach Hause, der Hüllen beraubt,
Nach Hause, verstörten Verstands.

1 Vgl. Soldans Geschichte der Hexenprozesse, neu bearbeitet von H. Heppe, 2 Bde., Stuttgart 1880.

Im Lied von Helgi dem Hjorwardsson kommt sein Bruder Hedin einsam aus dem Walde heim, da begegnet ihm ein Trollweib, auf einem Wolfe reitend, der mit Schlangen gezäumt war. In ähnlichem Aufzuge erscheint die Riesin Hyrrokin bei Baldrs Begräbnis. In der SE 1, 258 heißt Thor Bezwinger nachtfahrender Unholdinnen, *konor kveldrunnar*. Ein solcher Hexenritt wurde als *gandreið* bezeichnet. *Gandar* sind Zauberwesen, Gespenster. So heißt in der Njála Kap. 126 *gandreið* die Erscheinung eines gespenstischen Reiters, welche künftige Ereignisse anzeigt. In der Fóstbrœðrasaga Kap. 9 wird die Seele der schlafenden Thordis entzückt zum *gandreið*, zum *»renna gǫndom«*, Rennen unter den Geistern. *Gandreið* ist gleichbedeutend mit *hamfǫr*, gemeint sind Zauberfahrten in verwandelter Gestalt, Ausfahrten der von den leiblichen Banden gelösten Seelen. In den nordischen Sagen verlautet nichts Genaueres vom Zweck und Ziel des Hexenrittes, nichts von Besen und Salbe. Aber die allgemeine Vorstellung vom nächtlichen Ausritt feindseliger Unholdinnen, die ebenso dem Hexenritt der deutschen Sagen zugrunde liegt, darf als nordisch-heidnisch und wohl auch als germanisch gelten. ist eine Lieblingsbeschäftigung nordischer Zauberinnen; die Sagen sind voll von künstlich aufgeregten Stürmen. *Gerningaveðr*, Zauberwetter, begegnet in vielen Geschichten, meist sind auch die Urheberinnen, die Wetterhexen, dabei genannt. Krankheiten führt der Volksglaube auf die Einwirkung böser Geister zurück. Der Mensch oder das Tier ist von dem Unhold besessen oder von seinem Geschoss getroffen. Bereits im Angelsächsischen wird der Hexenschuss erwähnt[1], also wurde schon lange vor den Gerichtsverhandlungen des 15. Jahrhunderts den nachtfahrenden Unholdinnen die Fähigkeit des Behexens zugeschrieben.

Im älteren isländischen Christenrecht Kap. 16 heißt es: Wenn jemand sich mit Verhexung *(fordæðuskap)* abgibt, so steht Waldgang darauf; das sind Verhexungen, wenn jemand durch seine

1 Vgl. den ags. Segen gegen *hægtessan gescot, hægtessan geweorc* bei Grein-Wülcker, Bibliothek der ags. Poesie 1, 317. Neben *hægtessan gescot* steht *ylfagescot*, Elbenschuss.

Worte oder Zauberei Leuten oder Vieh Krankheit oder Tod bereitet. In den norwegischen Borgarþingslǫg 1, 16 heißt es: Das ist die übelste Hexe *(fordœða værst)*, die Kuh oder Kalb, Weib oder Kind beschädigt. Wenn Hexenwerk *(fordœðuskapr)* gefunden wird in den Betten oder Polstern der Leute, Haar oder Krötenfüße, Menschennägel oder sonst Dinge, welche geeignet scheinen zur Zauberei, so soll man drei Weibern Schuld geben zu gleichem Recht, bei denen Wahrscheinlichkeit vorzuliegen scheint. Zur Eisenprobe hat sie dafür zu treten. Wird sie durchs Eisen rein, so ist sie der Sache unschuldig; wird sie durchs Eisen unrein, so heißt sie der Sache überführt, Vermögen und Frieden verwirkt, und fünftägigen Frieden vom Eisen weg, zu schlagen und zu töten jedem, der sie ergreifen kann. Wenn einem Weibe Trollenschaft *(trylska)* nachgesagt wird in der Gegend, da soll sie dazu haben das Zeugnis von sechs Weibern, dass sie nicht trollenmäßig *(trylsk)* ist. Der Sache ist sie unschuldig, wenn das erbracht wird. Wenn sie das aber nicht erbringt, dann gehe sie fort aus der Gegend mit ihrem Vermögen; nicht waltet sie dessen selbst, dass sie ein Unhold ist (d. h., sie ist von Natur Troll). Von der Trollkona sagen die Eiðsifjaþingslǫg 1, 46: Wenn das einer Frau vorgeworfen wird, dass sie einen Mann reite oder dessen Dienstleute, wenn sie dessen überwiesen wird, da ist sie bußfällig um drei Mark. Die norwegischen und isländischen Rechte des 12. Jahrhunderts denken sich also die Hexen als schädliche Zauberweiber und Maren, welche um des angerichteten Schadens willen strafbar sind. So mag sie schon das Heidentum verfolgt haben. Vom Vorwurf der Ketzerei und des Teufelsbundes ist keine Spur vorhanden.

Zwei nordische Sagen aus dem 14. Jahrhundert unterliegen dem Verdacht, nicht altheidnischen, sondern gewöhnlichen mittelalterlichen Hexenglauben, wie er um 1300 bereits bestand, darzubieten, wenn schon in besonderer Einkleidung. Thorstein lag im Ried verborgen und hörte einen Knaben in den Hügel rufen: Mutter, reiche mir Stecken und Handschuhe, ich will zum Geisterritt *(gandreið)*; es ist Festzeit unten in der Welt! Da wurde aus dem Hügel alsbald der Stecken gereicht, der Knabe bestieg ihn, zog die Handschuhe an und ritt, wie die Kinder pflegen. Thorstein nahte sich dem Hügel und rief dieselben Worte; sogleich kamen Stecken und Handschuhe heraus, Thorstein stieg auf den Stecken und ritt dem Knaben nach. Sie gelangten zu einem Fluss, stürzten sich hinein und fuhren zu einer Felsenburg, wo viele Leute an Tafeln saßen und alle Wein tranken aus Silberbechern, König und Königin waren auf einem goldenen Thron. Thorstein, den sein Stock unsichtbar gemacht hatte, erkühnte sich, einen kostbaren Ring und ein Tuch zu ergreifen, verlor aber darüber den Stock, wurde von allen erblickt und verfolgt. Glücklicherweise kam sein unsichtbarer Reisegefährte auf dem andern Stock, den nun Thorstein mit bestieg, und so entrannen beide.[1] Wir haben die Sage vom belauschten Hexenmahl, die neben anderen zahlreichen Beispielen auch im Simplicissimus 2, 17 vorkommt. Die nordische Darstellung hat das Teuflische verschleiert, ist aber darin kaum ursprünglich. In einem zweiten Bericht tritt die unholde Seite mehr hervor. Ketil erwachte nachts von heftigem Geräusch im Walde, lief heraus und sah eine Zauberin *(tröllkona)* mit fliegenden Haaren. Auf sein Befragen sagte sie ihm, er möge sie nicht aufhalten, sie müsse zum Trollending; dahin komme Skelking, der Geister König, aus Dumbshaf, Ofóti aus Ofótansfird, Thorgerd Hölgatröll und andre mächtige Geister von Norden her.[2] Ofóti, ohne Fuß, erinnert an den Pferdefüßigen. J. Grimm, Myth. 996 gesteht zu, die nächtliche Unholdenversammlung sei nicht recht im Geiste des nordischen Heidenglaubens.

---

1 Vgl. Thorsteins saga bœjarmagns in den Fornmanna sögur 3, 175 ff.
2 Ketils saga hængs in den Fornaldarsögur 2, 131.

Elbe und Wichte[1]

Die ganze Natur ist von einem Heer geisterhafter Wesen erfüllt, welche, wie manche Spuren dartun, ursprünglich den Maren und Seelen entstammen, allmählich jedoch zu Selbständigkeit und Unabhängigkeit sich entwickeln. Der Zusammenhang mit den Gespenstern ist lose, die Art dieser Wesen wird mehr durch die Naturumgebung bestimmt, in welche sie versetzt gedacht sind. Wir erkennen zwei Hauptgruppen, Elbe und Riesen, welche mehr durch ihr Maß als durch ihre Art verschieden sind. Beide scheinen aus der bewegten und beseelten Natur hervorgewachsen zu sein, in beiden werden wahrnehmbare Naturkräfte persönlich, in den Elben aber die sanften, still wirkenden, in den Riesen die Elementargewalten. Ihre Beziehungen zum Menschen bilden den Hauptinhalt der von ihnen umlaufenden Sagen. Die Seelen lebten im Winde fort, sie hausten in der Erde, in Hügeln und Steinen, in Feld und Flur, im Walde und in Gewässern. Überall dort treffen wir auch elbische und riesische Wesen. Die Elbe können zunächst unmittelbar aus den Seelen abgeleitet werden, wie aus ein paar Beispielen ersichtlich. Thorolf aus Norwegen nannte die von ihm in West-Island in Besitz genommene Landzunge Thorsnes. Auf dem Vorgebirge stund ein Berg, an den hatte Thorolf so großen Glauben, dass niemand ungewaschen dahin schauen sollte, und nichts sollte man auf dem Berge töten, weder Vieh noch Menschen. Den Berg nannte er Heiligenberg *(Helgafell)* und meinte, dass er dahin fahren werde,

1 Über die Wichte und Elbe und ihre Sagen bieten die verschiedenen Sagensammlungen der Neuzeit reiches Material. Schon die deutschen Sagen der Brüder Grimm enthalten fast alle Haupttypen. Über die Elfen handeln die Brüder ausführlich in der Einleitung der irischen Elfenmärchen, Leipzig 1826; jetzt auch abgedruckt in W. Grimms kleineren Schriften 1, 438 ff.

wenn er sterbe, und ebenso alle seine Freunde. Auf der Spitze des Vorgebirges war eine große Friedensstätte, deren Boden in keiner Weise beschmutzt werden durfte, weder mit Blut noch auch sollte man dorthin *»alfrek«* gehen. *Alfrek* heißt Elbenvertreibung. Menschenkot ist damit gemeint. Es handelt sich also um einen Berg, in den Seelen versterben, aus dem man *alfar* nicht vertreiben soll. Mithin sind die Abgeschiedenen und die Elbe eins.[1] Ebenso ist der Name *Geirstaða alfr*, Alb von Geirstadt, nur aus dem Umstande erklärlich, dass die Toten im Erdhügel *alfar* genannt oder zu den *alfar* gezählt wurden. König Olaf von Vestfold wurde, wie der Olafs Þáttr Geirstaða Alfs und andre Quellen berichten, nach seinem Tode zu Geirstaðir in den Hügel gesetzt und Alb von Geirstadt genannt. Die Leute opferten dem toten König um gutes Jahr. Die Toten sind Hügelbewohner *(haugbúar)*, die Elbe wohnen in Hügeln. Die Kormakssaga Kap. 22 erwähnt einen solchen Hügel, in dem Alfar hausen *(hóll er alfar búa í)*. Mit Stierblut wird ihnen Opfer *(alfablót)* dargebracht. Man möchte daraus schließen, dass ursprünglich die Seelengeister, namentlich die in Bergen und Hügeln eingegangenen, Elbe genannt und erst später unter Elben besondere Geister verstanden wurden. Aber die Anwendung des Albnamens auf Seelen kann freilich auch nordische Sonderentwicklung sein und auf späterer Übertragung beruhen. Beim Kobold und Schiffsgeist ist seelischer Ursprung deutlich bezeugt. Der Kobold erscheint öfters in Gestalt eines kleinen ermordeten Kindes (Deutsche Sagen Nr. 72 u. 76), der Klabautermann ist ebenso die Seele eines Kindes (Zeitschrift für deutsche Mythologie 2, 141). Nachdem einmal aber die Geister vom seelischen Untergrunde sich losgelöst hatten, geschah ihre weitere Ausgestaltung durch die schöpferische Einbildungskraft, welche in Naturerscheinungen Äußerungen der Geister zu erkennen wähnte. Wo Bewegung, da ist Leben. Wind und Wolke drängt sich dem Beschauer zunächst auf, aus Wind und Nebel entstanden zahlreiche Sagen und Meinungen über das Tun und Treiben der Elbe und Riesen. Die

1 Die Alfar als Seelen erklärt Fritzner, Ordbog 1^2, 187.

Windfurchen im wogenden Kornfeld, das Waldesrauschen, das Wogen des Wassers, die Streifen auf der glatten See, alle möglichen andern ihren Ursachen nach unbekannten Naturerscheinungen, z. B. Kreise im betauten Grase wurden als Spuren solcher Geisterwesen betrachtet. Im tosenden Sturm, im Gewitter erblickte man riesische Gewalten. Das Nebelspiel zumal in Bergländern befruchtete die Sagen bildende Phantasie. Der Nebel, der um Bäume spinnt, über Wassern und auf dem Felde braut, der über die Heide sich ausdehnt, an den Bergen auf und nieder steigt und zu Wolken sich ballt, darf als der Ursprung vieler Sagen und abergläubischen Vorstellungen gelten.[1] Der allgemeine dem Menschen innewohnende Gespensterglaube hat sich in den Elben und Riesen, in den Naturgeistern örtlich und sehr verschiedenartig befestigt und ausgebildet. Aber gemeinsame Züge gehen durch alle Vielheit und Mannigfaltigkeit hindurch.

Im Englischen begegnet die Form *œlf, ylf,* weiblich *œlfen,* die Elbin. Wie im Norden Asen und Alfen *(œsir ok alfar)* zuweilen nebeneinander genannt werden (z. B. im Grimnirliede 4, im Lied von Thrym 6, in der Lokasenna 2), so im Angelsächsischen *ése and ylfe* (im Spruch gegen Hexenstich ist von *ésa and ylfa gescot* die Rede). Ob die ags. Berg-, Wald-, Feld-, Seeelbinnen, die *munt-, dún-, wudu-, feld-, sœœlfenne,* heimischem Glauben entstammen oder griechischen Ausdrücken wie *Oreaden, Dryaden, Najaden,* denen sie zur Übersetzung dienen, nachgebildet sind, bleibe dahingestellt. Das spätere Englisch kennt *elf, elfish,* das englische Wort drang im 18. Jahrhundert durch literarische Vermittlung ins Deutsche, welches den Gemeinbegriff »Alb« nur noch in bestimmter eingeschränkter Bedeutung kannte. Die nordische Sprache bietet von den ältesten Zeiten bis zur Gegenwart *alfr,* plur. *alfar,* schwed. *elf,* pl. *elfar,* dän. *elv* pl. elve. Die Elbin wird als *alfkona,* dän. *ellekona* bezeichnet. Im Schwedischen heißen die Elbinnen auch *elfvor.* In Deutschland finden wir Wort und Begriff nur im Mittelalter und in der Neuzeit. Mhd. *alp* plur. *elbe* und *elber,* meint das Marengespenst. Das Adjektiv *elbisch* be-

---

1 Vgl. Laistner, Nebelsagen, Stuttgart 1819.

deutet marenhaft und von Elben verwirrt. Wir werden also etwas weiter auf die sinnberückende Macht der Elben gewiesen. So singt auch Heinrich von Morungen von der berückend schönen Geliebten, sie habe ihn wie die Elbin *(diu elbe)* mit ihrem Blicke bezaubert:

von der elbe wirt untsên vil manic man:
sô bin ich von grôȝir liebe untsên
von der bestin di ie kein man liep gewan.

Im Mitteldeutschen wird Alf als Schimpfwort gebraucht und bedeutet Tor, Narr. Die zahlreichen altdeutschen Eigennamen[1], die mit Alb gebildet sind, wie *Albing, Albirih, Albgôȝ, Albgast, Albhart, Albgêr, Albwin, Albhild, Alblint, Albloug, Albswint* u. Ä. stellen sich den ags. wie *Älfhere, Älfwine, Älfréd, Älfríc* zur Seite und beweisen, dass man sich ursprünglich dabei nichts Böses noch Gehässiges dachte. Wer die Elbe zu Freunden hatte *(Albwine),* wer ihres Rates genoss *(Älfréd),* wer sie beherrschte *(Alberich),* dem musste es glücken. Die Namen zeigen, dass man auf ein freundliches Verhältnis zu den Elben bedacht war, dass man ihrer Hilfe begehrte. Die Elbe waren vorwiegend gute und holde Geister. Die ostgotischen Namen *Albi*[2] und *Albila* scheinen Koseformen zu einem mit Alb- ähnlich wie im Westgermanischen gebildeten Vollnamen. Als gemeingermanisch darf mithin Wort und Begriff *alƀaȝ* gelten, dessen Mehrzahl teils nach den A-Stämmen (an. *alfar*), teils nach den I-Stämmen (mhd. *elbe*) gebildet wurde.[3]

---

1 Altdeutsche Namen mit Alb- zusammengesetzt verzeichnet Foerstemann, Namenbuch l, 54 ff.

2 Über den Namen Albi vgl. Wrede, Sprache der Ostgoten, Straßburg 1891, S. 103.

3 Über die Etymologie des Wortes, das mit aind. *ṛbhu* verwandt scheint und auf eine idg. Wurzel *elbh olbh* zurückweist, vgl. Kuhn in der Zs. f. vergl. Sprachforschung 4, 109; Curtius, Griech. Etym.[4] 293; Laistner, Rätsel der Sphinx 1, 452 ff. Das idg. Wort bedeutet betrügen, listig, geschickt sein. Den Elben eignet wie den ṛbhus Kunstfertigkeit, sie sind dem Menschen hilfreich, aber auch trügerisch und tückisch.

Die Grundbedeutung des Wortes WICHT ist Geschöpf, Wesen, Ding. Ahd. und mhd. ist das Wort männlich und sächlich, der Plural zum Neutrum lautet *wihti* und *wihtir*. Mhd. *wihtelîn, wihtelmennelîn* bezeichnet, wie noch heute in den Mundarten Wichtlein und Wichtelmann, Zwerge und Kobolde. Das got. *waihts* und das nordische *vættr* sind weiblichen Geschlechtes. Im Nordischen ist dieser Ausdruck in mythologischem Sinne besonders häufig. *Landvættir* sind die Schutzgeister des Landes, *hollar vættir* sind holde, freundliche, *meinvættir* unholde, feindliche Geister, böse Wichte (mhd. *bœsez wihtel*).

Neben den uralten allgemeinen Benennungen Alb und Wicht gibt es noch zahlreiche andere, welche ein besonderes elbisches Wesen nach seiner Tätigkeit und Art charakterisieren (so z. B. Zwerg, Nix, Kobold). Die einzelnen germanischen Stämme älterer und jüngerer Zeit haben viele solche Namen für Wichte und Elbe geschaffen. Ein allgemeiner Ausdruck für elbische Wesen war ahd. *scrat* oder *scrato,* mhd. *schrat, schrate,* dazu *schretel, schrättele;* daneben steht die mhd. Form *schraz, schraz, schrâwaz* und die Koseform *schretzel, schrezlein,* aus dem Altnordischen gehört *skratti* hierher.[1] Die Etymologie ist völlig dunkel. Der Schrat ist ein drückender Alp, ein verfluchter Geist, d. h. also eine arme Seele, ein Hausgeist, ein kleiner Zwerg, ein Poltergeist, ein Waldmann, also alle Seiten elbischer Art vereinigen sich in diesem rätselhaften Wesen.

Die Elbe gelten meist als schön und licht, besonders die Elbinnen sind stets von strahlender Schönheit. Die Snorra Edda unterscheidet zwischen Lichtelben *(ljósalfar),* die in Alfheim wohnen und schöner als die Sonne erschimmern, und Dunkelelben *(døkkalfar),* die in Erdhöhlen hausen und pechschwarz aussehen. Die Elbe sind wohl gebildet, ebenmäßig, nur gewöhnlich klein und winzig gedacht, die Erdelben, die Zwerge aber sind oft hässlich und missgestaltet. Das ags. Eigenschaftswort *ælfsciene,* elbschön, die nordische Wendung *fríð sem alfkona* be-

1 Vgl. J. Grimm, Myth. 447 ff.; 3, 138; Schmeller, Bayer. Wörterbuch 2, 610 ff.; 614 f.

zeichnet die vollkommenste weibliche Schönheit. Im Ruodlieb 17, 27 ruft ein gefangener Zwerg seine Frau aus der Höhle herbei, alsobald erscheint sie klein, aber ausnehmend schön, goldgeschmückt und prächtig gekleidet *(parva, nimis pulchra, sed et auro vesteque compta)*. Das Elbenvolk war weit schöner als alle Menschen, heißt es im Sǫgubrot (Fornaldar Sögur 1, 387). Die Wald- und Wasserminnen, die freilich nach dem Maße menschlicher Gestalt in den Sagen so häufig beschrieben werden, entzücken den Beschauer zu heißer Liebe. Lange, blonde Haare zeichnen die lichten Elbe aus. Leicht vermischen sich widerstreitende Züge in einer und derselben Gestalt. So beim ALBERICH der altdeutschen Gedichte.[1] Im Ortnit 20 ff. ruht er als kleines vierjähriges Kind von schöner Gestalt und mit ritterlichem Gewande unter der breitästigen Linde. Der Held wähnt, das Kindlein mühelos forttragen zu können. Zu seinem Erstaunen erfährt er die gewaltige Kraft des Elbenkönigs, der sich als seinen Vater zu erkennen gibt und Ortnit mit Schwert und Brüne beschenkt. Ob zwar an Gestalt und Antlitz ein vierjähriger Knabe, ist Alberich mehr denn 500 Jahre alt. Auberon, der auf den Ruf des Wunderhornes dem Huon mit einem großen Heere zu Hilfe eilt, wird ebenso als klein, aber wunderschön geschildert. Auberon, vermutlich eine Kurzform zu Auberi, Alberik, ist aber mit dem deutschen Alberich eins. Im Nibelungenliede dagegen ist Alberich ein alter, bärtiger Mann, ein hässlicher Zwerg. Der Kobold Hinzelmann (Deutsche Sagen Nr. 76) mischt sich unter die spielenden Kinder als ein vierjähriges Knäblein von schönem Angesicht mit gelben, über die Schulter hängenden, krausen Haaren, in einen Sammetrock gekleidet. Andern Leuten zeigt er sich in wenig anmutiger Gestalt. Die Gewandung der Elbe ist teils prächtig, teils auch unscheinbar, dunkelfarbig, grau, moosfarbig, grün, ihrer jeweiligen Art und Umgebung angepasst. Die Elbe tragen Mützen oder Kappen, durch welche sie sich unsichtbar zu machen fähig sind. Ein Kobold heißt Hodeken, Hütchen, nach seinem großen Schlapphut. Wer des Albs

---

1 Über die Zwergensage im Ortnit vgl. Seemüller, ZfdA. 26, 201 ff.

Kopfbedeckung an sich reißt, bringt ihn dadurch in seine Gewalt. Laurin und Euglin, die Zwergkönige deutscher Heldensage, besitzen solche Nebelkappen; Euglin wirft die seinige über Sigfrid und entzieht ihn dadurch den Augen des Riesen. Alberich im Nibelungenlied führt eine solche Tarnkappe, die Sigfrid ihm abgewinnt. Dadurch wird Alberich mit seinem ganzen Reich dem Helden untertan. Das Land der Lichtalfen, Alfheim, weist das Grimnirlied 5 dem Freyr zu. Alfen und Wanen, die in Luft und Licht wohnen, werden als zusammengehörig betrachtet. Aber die sonstige Sagenüberlieferung versetzt die Elbe in ein ausgedehntes Reich in Bergen, wilden und unzugänglichen Schluchten, Hügeln und Klüften, überhaupt unter die Erde. Dort haben sie ordentliche Wohnung, oft prächtig ausgestattet, mit Gold und Silber angefüllt. Die Wasserelbe wohnen unter den Gewässern. Oben auf der Erde haben die Elbe Lieblingsplätze, Wiesengründe, einsame eingeschlossene Waldgegenden, besondere Bäume, unter denen sie gerne ausruhen, wie Alberich im Ortnit unter der Linde. Der Wald ist ja überhaupt von Geistern aller Art, elbischen und riesischen, bevölkert. Menschen gelangen manchmal in die unterirdischen Wohnungen der Elbe, wo ihnen die Zeit wundersam schnell verstreicht. Ein paar Stunden oder Tage, die das Menschenkind bei den Elben verbracht zu haben vermeint, erweisen sich bei der Rückkehr zur Oberwelt oft als Jahre oder Jahrzehnte. Die Elbe lieben Tanz und Spiel. Unermüdlich bringen sie ganze Nächte mit diesem Vergnügen zu, nur der Strahl der aufgehenden Sonne, den die Unterirdischen scheuen, zwingt sie, einzuhalten und sich zu verbergen. Man erblickt ihre Spuren, Kreise, die sie ins tauige Gras getreten. Der Jüngling, der den Tanz der Elbinnen im Mondschein sieht, kann die Augen nicht davon abwenden, so verführerisch ist er. Wird er aber in den Reigen gezogen, dann ist's um ihn geschehen. Die musikalische Begabung der Elbe gipfelt im *»albleich«*, im Albliede. Schwedisch heißt die wunderbare Weise *elfvalek,* Elfspiel, norwegisch *huldreslaat,* Schlag des Huldrevolks, neuisländisch *ljuflingsmál, ljuflingslag,* Weise und Schlag der Lieblinge, d.h. der Elbe. Besonders der Nix ist des Stückes mächtig. Menschen können das Spiel von den Elben erlernen. Was die griechische Sage von Orpheus und Amphion erzählt, das berichtet deutsche Sage vom Albleich. Wenn die Weise ertönt, da horchen alle Wesen auf, Menschen und Tiere, der Eichwald stillt sein Rauschen, der Strom seinen Lauf. Der Gesang der Elbinnen ist ebenso unwiderstehlich als das Spiel der Elbe. Niemand entzieht sich dem süßen sinnberückenden Zauber solchen Getöns. Die Elbe wissen die Zukunft voraus, so gut wie sie wissen, was in der Entfernung geschieht. Sie weissagen und verkündigen bevorstehendes Unglück, wie die Wasserminnen dem Hagen der Nibelungen Not ansagen. In den Alvísmǫl tritt der allwissende Zwerg Alwis dem Thor gegenüber; er weiß Bescheid in allen Welten und bleibt auf keine Frage die Antwort schuldig. Die Kunstfertigkeit der Elbe übertrifft alles, was Menschen zu leisten imstande sind. Die Zwerge sind die geschicktesten Schmiede, aus deren Arbeit Kleinode und Waffen hervorgehen. Die Schmiedekunst wird für gewöhnlich den Zwergen allein zugeschrieben. Aber Wölund heißt *alfa ljóþi, alfa vísí* d. h. der Elbe Fürst und Beherrscher. Die Schmiedekunst wird ursprünglich den Elben überhaupt zugehört haben und erst allmählich den Zwergen insbesondere überwiesen worden sein. Ihre eigenen Fähigkeiten, ihr Wissen vergaben die Elbe manchmal an besonders bevorzugte Günstlinge. Die Elbe können jede Gestalt annehmen. Unter den Menschen erscheinen sie meistens in menschlicher Größe. Nixen, die ans Land steigen, gleichen den schönsten Mädchen, sind auch wie Menschen gekleidet, nur dass zum Zeichen ihrer Abkunft die Säume ihrer Kleider oder ein Zipfel daran beständig nass bleiben. Der Hausgeist fliegt als weiße Feder bei dem Auszug seines Herrn neben dem Wagen her, er entspringt als Marder oder zeigt sich als Schlange. Sinnesart und Neigungen der Elbe zeigen eine eigentümliche Mischung von gut und böse, List und Aufrichtigkeit, sie vereinigen zwei entgegengesetzte Eigenschaften. Die Elbe sind edel und hilfreich, aber auch äußerst boshaft, im Ganzen halten sie sich in zweifelhafter Mitte, worin der Grundzug ihres Wesens beruht. Die Elbe necken, höhnen und spotten gerne, ohne den Menschen dabei eigentlichen Schaden tun zu wollen. So erlustigt sich ein Kobold daran, die Leute aneinander zu hetzen, trägt aber vorher alle Waffen beiseite, damit sie sich kein Leid antun können (Deutsche Sagen Nr. 76). Auch Alberich im Ortnit äfft und verspottet unsichtbar die Heiden. Dem Ortnit selber gegenüber kehrt er diese Seite hervor. Er lockt ihm den wunderbaren Ring, womit er zum Dienst des Helden verpflichtet ist, ab, macht sich dann unsichtbar, verlacht ihn und spottet seiner fruchtlosen Drohungen, gibt aber schließlich gutwillig den Ring wieder zurück. Die Wichte in den Bergwerken necken die Bergleute durch unschädliche Steinwürfe; sie rufen, und wenn dann die Arbeiter herbeieilen, finden sie niemand. Auch vertragen sie das Werkzeug, bringen es aber mit Lachen und Spotten zurück (Deutsche Sagen Nr. 35). Die Elbe selber dulden aber keinen Scherz von Seiten der Menschen, sie werden darüber ernstlich böse. List und Verschlagenheit zeigt Alberich im Ortnit. Er weiß mit Klugheit alles zu erlangen, so bringt er Ortnits Ring an sich und stiehlt die heidnischen Schiffe. In der Þiðrekssaga Kap. 16 heißt Alfrik der große Dieb *(hinn mikli stelari);* er ist der geschickteste aller Zwerge. In der Vǫlospǫ́ 11 wird einem Zwerg der Name Althjof, Alldieb, beigelegt. Die Zwerge stehlen gern Lebensmittel, Erbsen und Brot (Deutsche Sagen Nr. 153, 154, 156), aber auch Kinder und Jungfrauen. In der Karlssage heißt ein berüchtigter Dieb, der die Eier unter den Vögeln wegstiehlt, Elbegast. Der Name deutet auf einen ursprünglichen Alb. Das Verhältnis der Elbe zu den Menschen ist bald freundlich, bald feindlich. Die Elbe sind ein stilles, gutes, friedliches Volk, das auf gute Nachbarschaft hält. Die Zwerge bei der Stadt Achen entliehen Kessel und Töpfe und allerlei Küchengeschirr bei den Einwohnern (Deutsche Sagen Nr. 33), die bei Quedlinburg borgten ihr eignes Zinnwerk den Leuten zu ihren Hochzeiten aus (ebenda Nr. 36). Für empfangene Wohltaten und geleistete Dienste erweisen sich die Elbe erkenntlich. Die Gǫngu-Hrolfssaga Kap. 15 erzählt, wie Hrolf durch einen wunderbaren Hirsch zu einem Hügel im Walde gelockt ward; der Hügel tat sich vor ihm auf, und eine *alfkona,* eine Elbin, trat heraus, die ihm verwies, dass er ihr Tier jage, aber zugleich erklärte, dass sie es selbst ausgesandt habe, ihn heranzulocken. Sie bat ihn sofort, ihr an das Lager ihrer Tochter zu folgen, die nur ein Mensch aus ihren Geburtsnöten erlösen könne; da Hrolf ihr folgte und die verlangte Hilfe leistete, erhielt er nicht nur jenen Hirsch, sondern überdies noch einen Ring, dem die Eigenschaft innewohnte, dass sein Träger bei Tag und Nacht sich nie verirren konnte. Zugleich ward er vor einem ihm drohenden Verrate gewarnt. In schwerer Gefahr bewährte sich später die Kraft des Ringes (ebenda Kap. 28). Die Elbe machen Geschenke, die, solange sie erhalten bleiben, dem Eigentümer Glück bringen (Deutsche Sagen Nr. 35, 71). Oft müssen diese Guttaten verschwiegen werden, man darf das Geheimnis nicht beschreien, das an die Gabe geknüpfte Gebot des Albs nicht brechen, sonst verliert sie ihren Segen (Deutsche Sagen Nr. 7). Die Elbe verlangen von den Menschen namentlich Hilfe bei Geburt ihrer eignen Kinder. Am häufigsten bezeugt ist die Sage, wie Menschenweiber von den Elben im Berg oder im Wasser geholt werden, um Hebammendienste zu leisten. Dass den Elben Heilkraft gegeben war, lehrt die Kormakssaga Kap. 22. Der Isländer Thorward war von Kormak im Zweikampf schwer verwundet worden. Sein Befinden besserte sich nur langsam. Wie er auf den Füßen stehen konnte, ging er zur klugen Thordis und fragte sie, was ihm am Ersten zur Besserung seiner Gesundheit dienlich wäre. Sie sprach: Ein Hügel ist in geringer Entfernung von da, in welchem Alfar wohnen. Den Stier, den Kormak als Opfer nach dem Zweikampf schlachtete, sollst du dir verschaffen, und das Blut des Stieres außen um den Hügel streichen, und aus dem Fleische den Alfen ein Opfermahl bereiten; damit wird es dir besser werden. Thorward befolgte den Rat und erlangte schnelle Heilung. Der Kobold schließt sich ans Haus und seinen Besitzer aufs innigste an und nimmt bei den Menschen Wohnung. Von ehelichen Verbindungen zwischen Menschen und Elben berichten zahlreiche ältere und neuere Sagen. Die Elbe sind treu und verlangen Treue von den Menschen, mit denen sie sich einlassen. Alberich ist Sigfrid von dem Augenblicke an, wo er ihm Treue gelobt hat, völlig und aufrichtig ergeben. Alberich im Ortnit bewährt sich ebenso treu und zuverlässig in hilfreicher Tat. Im Ruodlieb vergleicht ein gefangener Zwerg sein Geschlecht mit den Menschen. Die Menschen seien treulos und darum kurzlebig, während die Zwerge, weil sie redlich seien *(non aliter loquimur nisi sicut corde tenemus)* und einfache Speisen essen, lang und gesund leben. Klagend rufen die Zwerge: O wie ist der Himmel so hoch und die Untreue so groß! und verziehen sich aus der Gegend (Deutsche Sagen Nr. 148/49). So sehr die Elbe einerseits dem Menschen sich nähern, so weichen sie auch andrerseits vor ihm zurück. Glockenschall nahe gelegener Kirchen, Reuten der Wälder, neue Hammer- und Pochwerke, Fluchen und Neckereien der Leute vertreiben sie. Dann erfolgt ein großer Auszug der Unterirdischen. Sie schließen einen Vertrag mit einem Fährmann ab und werden übergefahren, um nie mehr zur alten Heimat zurückzukehren. Oft nehmen sie Glück und Gedeihen mit sich fort (vgl. Deutsche Sagen Nr. 153/55). Aus der Bekehrungszeit Islands bietet sich eine schöne und rührende Alfensage dar. Die Kristnisaga Kap. 2 berichtet in Kürze: »Thorwald hieß seinen Vater Kodra'n sich taufen lassen, der aber zeigte wenig Lust dazu. Zu Gilja stand ein Stein, welchen die gesamte Verwandtschaft angebetet hatte und von dem sie sagten, dass ihr dienstbarer Geist *(ármaðr)* darin wohne. Kodran erklärte, sich nicht taufen zu lassen, ehe er wisse, wer mehr vermöge, der Bischof oder der Geist im Steine. Hierauf ging der Bischof zu dem Steine und sang darüber, bis der Stein zersprang; da meinte Kodran einzusehen, dass der Dienstgeist besiegt sei, und er ließ sich sofort taufen und sein ganzes Haus; nur sein Sohn Orm wollte den Glauben nicht annehmen.« Die Thorvaldssaga Kap. 3 führt die Erzählung mehr ins Einzelne aus. Kodran rühmt von seinem Dienstgeist, er sei ein Weissager *(spámaðr)*, der ihm großen Nutzen bringe; er sage ihm Ungeschehenes voraus, er warte das Vieh und mache ihn aufmerksam, was er tun und lassen solle; darum habe er großes Vertrauen auf ihn und verehre ihn seit vielen Jahren. Als der Bischof den Stein mit geweihtem Wasser begoss, kam der Geist in der folgenden Nacht zu Kodran, mit traurigem Aussehen und ängstlich. Er sprach zu Kodran: Übel hast du getan, da du die Leute hieher einludst, die dich zu betrügen vorhaben, indem sie versuchen, mich aus meiner Wohnstätte zu vertreiben; denn sie gossen siedendes Wasser über meine Herberge, sodass meine Kinder nicht geringe Qual von den brennenden Tropfen leiden, die durch die Decke herabfallen, und obwohl dergleichen mir selbst nicht viel tut, so ist es doch immer hart, die Klagen der Kinder zu hören, wenn sie des Brennens wegen schreien. Tags darauf setzt der Bischof die Beschwörung fort. In der Nacht erschien der Geist dem Kodran wieder, aber nicht wie früher mit hellem, glänzendem Antlitz und herrlichem Gewand, sondern in einem hässlichen alten Lederkittel und mit finsterem, üblem Aussehen. Und er sprach: Diese Leute arbeiten eifrig daran, uns beide unsrer Güter und Vorteile zu berauben, da sie mich von meinem Erb und Eigen vertreiben, dir aber unsre liebevolle Fürsorge und zukunftskundige Weissagungen entziehen wollen. In der dritten Nacht wehklagt er: Dieser schlechte Bischof hat mich um all mein Eigen gebracht, meine Herberge hat er verdorben, mich mit siedendem Wasser begossen, mir und meiner Familie bußlos mit Brand Schaden getan und damit mich gewaltsam weit hinausgetrieben in die Verbannung und Wildnis. Jetzt müssen wir beide Freundschaft und Zusammenleben brechen. Besinne dich nur, wer von jetzt an deiner Güter getreulich warten wird, wie ich ihrer bisher gewartet habe. Damit trennten sich der Geist und Kodran mit Zorn und keiner Freundschaft.

Es gibt aber auch feindselige, schädliche Elbe, deren Anblick Krankheit und Tod bringt. Schon der bloße Anblick der Elbe kann Erblindung verursachen. Mit Schuss und Schlag wissen sie zu schädigen. *Ylfa gescot,* norw. *alfskud,* dän. *elveskud* ist die Lähmung, welche ihr Geschoss hervorruft. Die norweg. *alfkula,* Albkugel, ist ein Knäul, der im Magen des kranken Viehes gefunden wird und von den Elben dort hineingeschossen wurde. Das berühmte dänische Lied von Herrn Olaf, der ausreitet, seine Gäste zur Hochzeit zu entbieten, erzählt, wie die Elbinnen ihn zum Reigen auffordern. Als er sich standhaft weigert, da am nächsten Morgen sein Hochzeitstag aufdämmere, stößt ihn die Elbin aufs

Herz. Noch nie empfand er solchen Schlag. Er reitet heim, aber am andern Morgen liegt er tot. Auf den bösen Blick der Elbin spielt Heinrich von Morungen an. Elbischer Hauch bringt Gefahr, Elbhauch (norw. *alvgust, elfblaest,* schwed. *elfveblåst*) ist Gliedergeschwulst. Blödsinnige, geistesschwache Leute heißen Elbentrötsch, ihr Sinn ist durch die Elbe verwirrt. Die verfilzten Haare der Pferde sind Alp- oder Wichtelzöpfe. Die Krankheiten, die nach dem Volksglauben als Würmer oder sonstige Parasiten den Leib des Menschen in Besitz nehmen, heißen geradewegs fliegende Elbe.[1] Angeflogene Geister bringen den Menschen in Siechtum und müssen zu seiner Heilung wieder vertrieben werden. Schon die oberdeutsche Bedeutung des Wortes Alp lehrt, dass die Elbe auch den Marendruck ausüben. Die Elbe tragen nach kleinen, gesunden Kindern Verlangen und legen an ihrer statt Wechselbälge in die Wiege. Wer elbische Speise und Trank berührt, verfällt dadurch den Unterirdischen. Wer in ihr Reich gelangt, wird überhaupt gerne daselbst festgehalten oder kehrt nur stumpfsinnig und wahnwitzig, *»elbisch«,* unter die Leute zurück.

Die Elbe bilden ein Volk unter Königen. Darauf weist schon der Name Alberich, König der Elbe. Im Ortnit trägt er auch Krone und beherrscht große unterirdische Reiche. Im Nibelungenlied ist er ein Dienstmann der Könige Schilbung und Nibelung. Die deutsche Heldensage weiß von Zwergkönigen Laurin, Walberan, Goldemar. Alberich und Laurin kommen auf kleinen Pferden angeritten. Ebenso Euglin, der Zwergkönig im Seyfridsliede; der jagt auf kohlschwarzem Rosse durch den Tann, angetan mit herrlichem Seidengewand, das mit Gold besetzt und mit Zobel verbrämt ist. Auf dem Haupt schimmert eine mit Edelsteinen geschmückte Krone. Er ist mit seinen Zwergen im Berge dem Riesen Kuperan zinspflichtig und steht nun Seyfrid im Kampfe gegen den Unhold mit seiner Nebelkappe bei. Er stärkt ihn mit Speise und Trank und weissagt ihm die Zukunft. Aber auch Engel muss erst mit Gewalt dazu gebracht werden, dem Helden zu dienen. In den Harzsagen ist Gübich König der

1 J. Grimm, Myth. 2, 1109; Haupt, ZfdA. 4, 389; Kuhn, Westfäl. Sagen 2, 19.

Zwerge (Pröhle, Harzsagen[1] 105), in den Deutschen Sagen Nr. 152 ist Heiling Fürst der Zwerge. Auf Island gab es zwei Alfakönige. Jedes Jahr musste abwechselnd einer von ihnen in Begleitung einiger seiner Leute nach Norwegen hinüberreisen, um dem dort herrschenden Oberkönige über den Zustand seines Reiches Bericht zu erstatten und selbst gegen etwaige Anklagen seiner Untertanen zu Recht zu stehen. So erzählt Finnur Jónsson in seiner *historia ecclesiastica Islandiae* 2, 368 f.

Die neuere isländische, ebenso die färöische Volkssage haben überhaupt die Auffassung der Elbe eigentümlich entfaltet. Die *álfar*[1] heißen auch *huldufolk*, verborgenes Volk, *ljúflingar*, Lieblinge. Sie hausen in Steinen und Erdhügeln, in Klippen und Schlüften, mitten unter den Menschen. Ortsnamen auf Island erinnern häufig an ihr Dasein. Sie sind durchaus menschenähnlich gedacht, auch in Bezug auf Gestalt und Größe. Sie führen auch dieselbe Lebensweise wie die Menschen. Sie werden geboren und sterben, nur dass ihnen eine ungewöhnlich lange Lebensdauer beschieden ist; sie essen und trinken und belustigen sich gerne mit Musik und Tanz, zumal in festlichen Zeiten, wo man dann ihre Wohnungen weithin hell beleuchtet sieht. Sie haben ihr eigenes Vieh von ganz besonderer Güte; sie rudern in See auf Fischfang, wobei man ihren Ruderschlag vernimmt und die Spur ihrer Kähne im Wasser sieht. Sie haben eigene Kirchen und gottesdienstliche Bräuche, ja selbst Bischöfe. Bei aller Ähnlichkeit bleiben indessen die álfar von den Menschen scharf geschieden, ihr Gemeinwesen ist von dem menschlichen durchaus getrennt. Sie selbst sind im Besitz übernatürlicher Kräfte, durch welche sie den Menschen zu nützen, aber auch zu schaden imstande sind. Nur ausnahmsweise werden sie dem menschlichen Auge sichtbar. Sie sind auf kleine Kinder aus und vertauschen sie vor der Taufe gern mit ihren Wechselbälgen. Alfmädchen suchen Jünglinge in den Berg zu locken, auch knüpfen álfar mit

1 Über die *álfar* vgl. Maurer, Isländische Volkssagen der Gegenwart S. 2 ff.; Jón Árnason, þjóðsögur 1, 1 ff.; Lehmann-Filhés, Isländische Volkssagen 1, 3 ff.; Hammershaimb, færösk anthologi 1, 327.

Mädchen Liebschaften an. Menschliche Hilfeleistung verlangen die álfar namentlich bei Niederkunft ihrer Frauen. Dafür helfen sie wiederum den Menschen, verschaffen ihnen verlaufenes Vieh, schenken ihnen wunderkräftige Gegenstände und heilen von Siechtum. Den álfar der neuisländischen und färöischen Volkssage ist namentlich der Umstand eigentümlich, dass sie nie als klein geschildert werden und keine Schmiedekunst ausüben, obwohl im Übrigen ihre Art derjenigen der Bergelbe, also der Zwerge, entspricht. Auf Island ist Name und Begriff der dvergar überhaupt verschwunden. Die altnordischen Quellen aber gedenken der Zwerge oft, ihr Andenken haftet auf Island nur noch an einigen Ortsnamen wie *Dvergasteinn, Dverghól* u. Ä. Auf den Færöern treffen wir in Lied und Sage (*færösk anthologi* 2, 326) die *dvörgar* umso häufiger neben dem sonst gleich geschilderten *huldufólk* der *álvar.*

1. Zwerge

Alle germanischen Mundarten bieten Wort und Begriff »Zwerg« dar, ahd. *twerg,* mhd. *getwerc,* obds. *zwerch,* mds. *querch,* ags. *dweorh,* engl. *dwarf,* an. *dvergr.* Germanischer Ursprung des Wortes ist zweifellos, die Etymologie aber dunkel. Laistner (AnzfdA. 13, 44) denkt an Zusammenhang mit dem starken mhd. Zeitwort *»zwergen«,* drücken, und führt somit bereits den Zwergnamen auf den Kreis der Maren, der Druckgeister zurück; Noreen (Abriss der urgermanischen Lautlehre S. 224) stellt die Wurzeln *dhuer* und *dhru* zueinander und gewinnt damit gleiche Urbedeutung der Zwerge und Draugen. Die Zwerge scheinen also Verbindung mit Maren und Seelen zu halten. Die Zwerge gehören zu den Elben, wie schon die Bezeichnung des Wölund, des Hauptvertreters zwergischer Kunst, als Alfenfürst, *alfa vísi,* beweist. Snorri meint mit seinen Dunkelelben, mit den *dökkalfar,* ebenso Zwerge. Ihre Eigenschaften wurzeln auch alle in der Art der Elbe. Die Zwerge erscheinen im Volksglauben vorwiegend als die kunstreichen Elben, als die Schmiede. Die Zwergsagen fanden ihre Ausbildung zumeist in Gebirgsländern, wo Bergbau betrieben ward. In der Ebene ist ihre zwergische Eigenart von der allgemeinen elbischen kaum unterschieden, auch wird der Name »Zwerg« selten angewandt, sie heißen die *Unterirdischen* und sind die Elbe, die in Hügeln wohnen. Weitere Benennungen der echten Zwerge, die auf ihre Wohnung und Tätigkeit zielen, sind *Bergmännlein, Bjergfolk, Bjergmand, Erdmännchen, Erdleute, Erdschmiedlein, Bergschmiede.* Wichtel, Wichtelmännlein heißen sie wegen ihrer kleinen, winzigen Gestalt. Die Zwerge sind fast immer missgestaltig, dickköpfig, alt, graubärtig, höckrig, von bleicher Gesichtsfarbe (*fǫlr um nasar*, Alvismǫl 2), zuweilen enten- oder geißfüßig, unscheinbar gekleidet. Nur die Könige tragen prächtige Gewandung. Die Frauen der Zwerge bewahren aber die elbische Schönheit. Die Zwerge sind so groß wie ein drei- oder vierjähriges Kind, manchmal noch kleiner, zwei oder drei Spannen hoch, daumengroß (Däumlinge). Sie sind geschickt, klug und listig. Sie machen sich mit einer Kapuze (*helkappe, nebelkappe, tarnkappe, tarnhût*, an. *huliðshjalmr*, ags. *hæleðhelm*) unsichtbar. Gemeint ist wohl ein Zaubernebel, in dem sie selber verschwinden oder mit dem sie die andern verblenden. Das Nebelspiel, das plötzliche Erscheinen und Vergehen kleiner Wölkchen, wie sie besonders an Bergen zu beobachten sind, mag zur Ausbildung solcher Vorstellungen wesentlich beigetragen haben. Im Laurin (191 ff., 535 ff., 1174 ff.) wird eines Gürtels und eines Ringes gedacht, wodurch der kleine Zwerg zwölf Männer Kraft gewinnt. Aus dem Laurin, durch Vermittlung der dänischen im 15. Jahrhundert verfassten *kong Laurins krönike*, scheint dieser Kraftgürtel auch in die färöische Volkssage der Gegenwart (*færösk anthologi* 1, 326) gedrungen zu sein. Die nordische Sprache nennt das Echo *dvergmál*, Zwergenrede. Ebenso begegnet *dvörgamál* in den färöischen Liedern. Die Helden führen so starke Streiche, dass Zwergrede aus Klippen und Bergen widerklingt. Die Berggeister antworten also der rufenden Stimme oder sonstigem Hall. Die Zwerge wohnen in hohlen Bergen, ihre Säle sind herrlich mit Gold und Edelsteinen ausgeschmückt. Vor Laurins Berg ist eine blühende, von Linden beschattete Aue, wo Vogelsang erschallt und friedlich allerlei Getier spielt. Dort hinaus ziehen die Zwerge aus ihren Höhlen, um sich am Tanz in freier Luft zu erfreuen. Aber viel schöner ist's im Berge selbst. Mit allen erdenklichen Kleinoden ist die Decke behangen, die goldenen Bänke leuchten von Edelsteinen. Allerlei Kurzweil herrscht. Zwei reich gekleidete Zwerge spielen auf rotgoldenen kostbaren Fiedeln, deren Saiten süß erklingen. Die Zwerginnen sind schön und wohl geschaffen, reich in Seide gekleidet und mit Geschmeide behängt. Aber nur Sonntagskindern, besonders auserkorenen Sterblichen eröffnet sich ein Einblick in die unterirdische Pracht. Die Könige der Elbe sind in den Tiroler Sagen des Mittelalters zu Beherrschern des Zwergvolkes geworden. Die Zwerge kehren gern in menschliche Wohnungen ein. Nach Abzug der Senner wirtschaften die Zwerge in den verlassenen Almhütten (Wolf, Beiträge zur deutschen Myth. 2, 311). Auf der Eilenburg in Sachsen wollte einmal das kleine Volk Hochzeit halten und zog bei Nacht in den Saal. Der alte Graf, der erwachte, wurde von einem kleinen Herold geziemend eingeladen, am Feste teilzunehmen (Deutsche Sagen Nr. 31). Beim Grafen von Hoia erschien einst bei Nacht ein kleines Männlein und bat, für die folgende Nacht zum Einlager der kleinen Bergmännlein Küche und Saal geliehen zu erhalten (Deutsche Sagen Nr. 35). Wie allen gespenstischen Wesen so ist auch den Zwergen Scheu vor dem Tageslichte eigen. In den nordischen Sagen verwandeln sie sich zu Stein, sobald ein Sonnenstrahl sie trifft. Steinverwandelte Zwerge kennt auch die deutsche Sage (Nr. 32); aber die Zwerge sind aus besonderem Anlasse versteinert worden, nicht durch die aufgehende Sonne erstarrt. Die Tätigkeit der Zwerge besteht nun darin, dass sie die edlen Steine und Metalle ausgraben, zu großen Schätzen anhäufen und zu Geschmeide aller Art verarbeiten. Sie sind Bergknappen und Schmiede zugleich. Nach Prätorius geben die Gebrüder Grimm in den deutschen Sagen Nr. 37 ein Bild solcher Wichtlein. Die Zwerge haben das Aussehen eines alten Mannes mit einem langen Barte, sind bekleidet wie Bergleute mit einer weißen Hauptkappe am Hemd und einem Leder hinten, haben Laterne, Schlägel und Hammer. Sie tun den Bergarbeitern kein Leid, denn wenn sie bisweilen auch mit kleinen Steinen werfen, so fügen sie ihnen doch selten Schaden zu, es sei denn, dass sie mit Spotten und Fluchen erzürnt und scheltig gemacht werden. Sie lassen sich vornehmlich in den Gängen sehen, welche Erz geben oder wo gute Hoffnung dazu ist. Daher erschrecken die Bergleute nicht vor ihnen, sondern halten es für eine gute Anzeige, wenn sie erscheinen. Sie schweifen in Gruben und Schachten herum; bald ist's, als durchgrüben sie einen Gang oder eine Ader, bald, als fassten sie das Gegrabene in den Eimer, bald, als arbeiteten sie an der Rolle und wollten etwas hinaufziehen, aber sie necken nur die Bergleute damit und machen sie irre. Bisweilen rufen sie; wenn man hinkommt, ist niemand da. Am Kuttenberg in Böhmen hat man sie oft in großer Anzahl aus den Gruben heraus- und hineinziehen sehen. Wenn kein Bergknappe drunten, besonders wenn groß Unglück oder Schaden vorstand (sie klopfen dem Bergmann dreimal den Tod an), hat man die Wichtlein hören scharren, graben, stoßen, stampfen und andere Bergarbeiten mehr vorstellen; bisweilen auch, nach gewisser Maße, wie die Schmiede auf dem Amboss pflegen, das Eisen umkehren und mit Hämmern schmieden. Eben in diesem Bergwerke hörte man sie vielmals klopfen, hämmern, picken, als ob drei oder vier Schmiede etwas stießen. In Idria stellen ihnen die Bergleute täglich ein Töpflein mit Speisen an einen besondern Ort. Auch kaufen sie jährlich zu gewissen Zeiten ein rotes Röcklein, der Länge nach einem Knaben gerecht, und machen ihnen ein Geschenk damit. Unterlassen sie es, so werden die Kleinen zornig und ungnädig. Die in der Erde verborgenen Schätze, von denen die Volkssage so gern erzählt, werden darum häufig auf die Zwerge zurückgeführt. Ist irgendwo ein versunkener Hort, so ist meistens ein kleines graues Männchen mit im Spiele. Der berühmteste Zwergschatz ist der Nibelungs; auf ihm liegt die goldene Wünschelrute, die verhindert, dass er sich vermindert. Auch nach dem Liede vom hürnen Seyfrid ruht Nibelungs Hort von den Zwergen gehütet im Berge. Nach nordischer Sage war der Zwerg Andwari so zauberkundig, dass er zuweilen als Fisch im Wasser lebte. Loki fing ihn und verlangte, dass er, um sein Leben zu lösen, alles Gold ausliefern solle, das er in seinem Stein habe. Der Zwerg gab all sein Gold her, doch barg er in seiner Hand einen kleinen Goldring. Das sah Loki und verlangte, dass er auch diesen Ring ihm überantworte. Der Zwerg bat, ihm diesen Ring nicht fortzunehmen, da er durch ihn seinen Besitz wieder vermehren könne; Loki aber sagte, er dürfe keinen Pfennig zurückbehalten, nahm ihm den Ring fort und wandte sich zum Gehen. Da sprach der Zwerg, dass der Ring jedem, der ihn besitze, den Tod bringen werde. So berichten die Regins mǫl und die Skaldskapar mǫl. Elbengewirk, das in Menschenhände gerät, ist öfters Segen und Fluch bringend. Die Zwerge verstehen sich meisterhaft darauf, die angesammelten Schätze zu verarbeiten. Den glänzenden Bergkristall nennt man in Norwegen *dvergsmie,* Zwerggeschmeid. Doch mehr als in Schmucksachen zeichnen sich die Zwerge durch Anfertigung hochberühmter und viel begehrter Waffenstücke aus. Sowohl ihres Wissens wie ihrer Geschicklichkeit halber taugen sie als treffliche Lehrmeister junger Heldensöhne. Regin war geschickter als alle Menschen und seinem Wuchse nach ein Zwerg. Er war klug, grimmig und zauberkundig. Zu ihm kam Sigurd in Unterweisung und Lehre. Regin verfertigte ihm das Schwert Gram. In der Thidreks saga Kap. 57 heißt der ausgezeichnete Schmied Mimir. Zu ihm kommt auch Welent in die Lehre, dass er Eisen zu schmieden lerne. Später aber brachte ihn sein Vater Wadi zu zwei Zwergen, die in einem Berge in Westfalen wohnten. Diese Zwerge verfertigten besser, als irgendwo sonst Menschen es konnten, aus Eisen allerhand Waffen, Schwerter, Brünnen und Helme; aus Gold und Silber machten sie allerhand Kleinode. Darum sind auch die besten Waffen in deutscher Heldensage Zwergenarbeit. Wird aber die Arbeit erzwungen, so legen die Zwerge ihren Fluch darauf. So erzählt die Herwararsaga vom Schwerte Tyrfing. König Sigrlami hatte einst zwei kunstfertige Zwerge außerhalb ihrer Steinbehausung überrascht. Er nahm sie gefangen und bedrohte sie am Leben. Zur Lösung schufen sie das Siegschwert Tyrfing, legten aber den Fluch darauf, dass drei Neidingswerke damit verübt werden mussten. In der SE. führt

Hagen, Hildes Vater, das Schwert Dainsleif, das Zwerge schmiedeten und das eines Menschen Tod sein muss, sooft es aus der Scheide gezogen ist, das nie im Hiebe Halt macht und dessen Verwundungen nimmer heilen. In der märchenhaften Egils saga ok Asmundar Kap. 11 beschenkt der einhändige Egill, der schwer an seiner Wunde leidet, ein ihm begegnendes Zwergenkind. Zum Dank heilt ihm dessen Vater die Wunde und schmiedet ihm überdies ein Schwert, das an den Ellenbogen befestigt sich ebenso gut regieren lässt, als wenn Egill seine Hand noch hätte. In der nordischen Göttersage gehen Odins Speer und goldener Ring, Thors Hammer, Freys Schiff und goldborstiger Eber, Sifs Goldhaar aus der Esse der Zwerge hervor. Die Weisheit der Zwerge deutet die nordische Sage mit dem Namen Alwis an, ferner dadurch, dass der Dichtermet ursprünglich im Besitze zweier Zwerge, des Fjalar und Galar sich befindet. Die Beziehungen zwischen Menschen und Zwergen sind die bei allen Elben üblichen. Die Zwerge verlangen menschliche Hilfe bei schwerer Geburt ihrer Frauen. Sie erweisen sich aber auch dankbar dafür. Die Zwerge unterschieben Wechselbälge (ahd. *wihselinga,* nord. *bytingar, skiftingar, umskiptingar*) und rauben dafür menschliche Kinder. Um den Wechselbalg zu erkennen und seinen Umtausch zu bewirken, bedarf es besonderer Bräuche. Man tut irgendetwas Ungewöhnliches, braut Bier in Eierschalen oder siedet Wasser darin. Dann erhebt der Wechselbalg verwundert sein Sprüchlein: Nun bin ich so alt wie der Wald und hab so was nicht gesehen! Oft genügt schon das Geständnis seiner Herkunft zum Verschwinden, oft muss man ihn aber auch misshandeln, peitschen oder sich anstellen, als ob man ihn in den siedenden Kessel werfen wolle. Dann bringen die Zwerge das rechte Kind zurück. Die Zwerge sind erpicht auf schöne Mädchen. Die Alvismǫl beruhen auf solcher Sage. Alwis, der weise Zwerg, will die Tochter des Thor als Braut heimholen, wird aber so lange hingehalten, bis das Tageslicht ihn versteint. Der Laurin 735 ff. schildert eine Entführung. Künhild lustwandelt vor der Burg zu Steier zu einer Linde auf grüner Aue. Plötzlich verschwindet sie den Augen ihres Gefolges. Laurin war herangeritten, hatte sie in seine

Nebelkappe gehüllt und führte sie unsichtbar hinweg in seine Tiroler Berge. Aber zur geplanten Heirat kommt es nicht, die Berner Helden befreien die Maid aus der Gewalt des bitterlich klagenden Zwergkönigs. Dietrich von Bern fand auf seinen Fahrten einmal einen Berg, der von wilden Zwergen bewohnt war. Die hatten ein schönes Mädchen bei sich. Es war eine Königstochter, welche der Zwergkönig Goldemar geraubt hatte. Dietrich gewann sie dem Zwerge mit großer Mühe ab und nahm sie selber sich zur Frau. Im schwedischen Volkslied holt der Bergkönig die Jungfrau in sein unterirdisches Reich, sie bleibt acht Jahre bei ihm und gebiert ihm Kinder.

Über den Ursprung der Zwerge berichtet die Vǫlospǫ́ 9/10, die Götter hätten in Urzeiten beraten, wer der Zwerge Schar aus Ymirs Blut und Gebein erschaffen sollte. Da entstand als trefflichster aller Zwerge Motsognir, als zweiter Durin. Nach Durins Geheiß machten die Zwerge in der Erde (aus Erde, wie eine andre Lesart lautet) manche Menschenbilder. Dann folgt ein Verzeichnis von Zwergnamen. Die Stelle ist nicht klar. Gemeint ist vermutlich, Götter und Riesen seien aus Urzeugung entsprungen, die Zwerge und darnach die Menschen aber von den Göttern geschaffen worden. Wir verstehen aber nicht recht, ob die »Menschenbilder« *(mannlíkon)* Zwerge oder rechte Menschen sind, ob die Menschen etwa als Gebilde elbischer Kunst galten. Strophe 10 lässt sich auch so erklären: die Zwerge Motsognir und Durin machten menschenähnliche Gebilde, nämlich die verzeichneten Zwerge, sie selber erwuchsen aus Ymirs Blut und Gebein, d. h. aus Wasser und Stein, überhaupt aus Erde, und sollen nun aus demselben Stoffe weiter schaffen. Snorri hat die Stelle auch nicht verstanden. Er phantasiert darüber: »Die Götter gedachten, wie die Zwerge im Erdboden tief unter der Oberfläche entstanden waren wie Maden im Fleisch. Nach Bestimmung der Götter erhielten sie menschlichen Verstand und menschliche Gestalt, aber sie hausen doch wie zuvor in Erde und Steinen.« Die Sage ist keinesfalls alt und echt, ebenso wenig wie die Erzählung im prosaischen Anhang des deutschen Heldenbuchs, wonach zuerst die Zwerge von Gott geschaffen wurden zum Bau des wüsten Landes und Gebirges und zum Sammeln der Schätze, darauf erst die Riesen zur Bekämpfung der wilden Tiere und zuletzt die Recken, d. h. die Menschen, um den Zwergen gegen die übermütig und untreu gewordenen Riesen beizustehn. Diese Sage ist nur aus den Heldengedichten, aus den dort üblichen Kämpfen mit Zwergen und Riesen erfunden und hat keine Gewähr höheren Alters. Die Elbe wurden endlich von der christlichen Volkssage mit den neutralen Engeln in Verbindung gesetzt. Die im Grunde gutartige, freundliche Elbenschar schien dem naiven Glauben ebenso merklich von den Engeln wie von den Teufeln geschieden als zugleich mit beiden verwandt. Da wurden sie denn als die bei Luzifers Fall neutral gebliebenen Engel erklärt, darum hat Himmel und Hölle an ihnen teil, sie sind gut und böse.[1]

2. Kobolde[2]

Elbische Wesen haben Neigung, mit den Menschen in Verkehr zu treten. Die Zwerge kommen zuweilen aus den Bergen herab

1 Vgl. Maerlant, Spiegel historial 1, 6 von den Alven; Jón Árnason, *þjóðsögur íslenzkar* 1, 5; ebenda wird das huldufolk in Holz und Halde, Hügeln und Gestein aus dem Schwank von Evas ungleichen Kindern ab geleitet; ein Elbe als ein mit Luzifer gefallener Engel schon bei Caesarius von Heisterbach 5, 36.

2 Die wichtigsten Typen der Koboldssagen, von denen jede Sagensammlung zahlreiche Beispiele darbietet, enthalten die Deutschen Sagen Nr. 72/8; vgl. namentlich die trefflichen Erzählungen von Hütchen und Hinzelmann. Ein altes Zeugnis vom Hausgeist steht bei Gervasius von Tilbury *otia imperialia* p. 180. *in Anglia daemones quosdam habent … istis insitum est quod simplicitatem fortunatorum colonorum amplectuntur, et cum nocturnas propter domesticas operas agunt vigilias, subito clausis janius ad ignem calefiunt et ranunculas ex sinu projectas prunis impositas comedunt, senili vultu, facie corrugata, statura pusilli, dimidium pollicis non habentes. panniculis consertis induuntur et si quid gestandum in domo fuerit aut onerosi operis agendum, ad operandum se jungunt, citius humana facilitate expediunt.* Sie führen den einsamen Reiter zur Nacht gern irre und erheben ein Gelächter, wenn er, von ihnen getäuscht, in den Morast gerät.

und gesellen sich hilfreich oder doch zuschauend zu den arbeitenden Menschen. Wilde Leute verdingen sich als Knechte oder Mägde, wobei die Arbeit zusehends gedeiht. Oft sprechen Elbe in den Bauernhütten zu Gast ein. Aber am innigsten und traulichsten wird der Bund dann, wenn der Alb als Hausgeist, als ständiger Genosse sich einlegt. Der altdeutsche Name solcher Hausgeister war KOBOLD. Das Wort begegnet zwar nur im Mhd. und Nhd., aber darf als älter erschlossen werden. Vielleicht ist frz. *gobelin* daher zu leiten, zweifellos hängt ags. *cofgodas lares* und *cofgodu penates* damit zusammen. Kobold ist eigentlich *kobwalt*, der des Kobens waltet; ags. *cofa*, an. *kofi*, mhd. *kobe* ist Hütte, Verschlag. Mithin ist Kobold eine treffende Benennung des Hausgeistes.[1] Neben dieser allgemeinen, nur in Deutschland nachweislichen Bezeichnung führt der Hausgeist noch eine Menge anderer Namen, die seinem Tun und Treiben entstammen. Er wird geradewegs mit kosenden Eigennamen gerufen wie Heinz, Hinze, Chimke (Joachimchen), Wolterken, Robin usw., oder man heißt ihn nach Merkmalen seiner Tracht Hütchen, Hopfenhütel, Stiefel. Endlich wird er als polternder Rumpelgeist mit Namen wie Rumpelstilz, Klopfer, Bullermann, Mummhart, Nisse (dänisch, zum Verbum *nisse*, sich geschäftig machen) oder als Schrecker mit Namen wie Butzemann, Busemann[2], Puck, Tattermann, Popanz belegt. An die Verwandlungsfähigkeit dienstbarer Hausgeister mahnt das Märchen vom gestiefelten Kater, der Name Katzenveit und Ekerken (Eichhörnchen).

In Gestalt, Aussehen und Tracht gleichen die Kobolde den Zwergen. Sie tragen Hütchen, oft von roter Farbe, und gefeite Stiefel. Ein Kobold erscheint alt und runzlig, aber nicht furcht-

---

1 Die Erklärung des Wortes Kobold nach dem Deutschen Wörterbuch 5, 1548 ff., vgl. auch Kluge, Etym. Wb. unter Kobold. Dem Wortsinne nach ist schwed. *tomtekarl, tomtegubbe,* d. h. Hausmann, Hausgreis, norweg. *tomtevätte,* Hauswicht, unsrem Kobold gleichbedeutend.

2 Über den Butzenmann und andere Koboldsnamen handelt ausführlich ein geistvoller Aufsatz Laistners, ZfdA. 32, 145 ff. Die Grundbedeutung der Koboldsnamen geht fast immer auf poltern, schrecken, Mummerei.

bar, mit langem weißem Bart und mit einer Kapuze auf dem Haupt (Bartsch, Sagen aus Mecklenburg 1, 68). Als Marder, Schlange[1], Katze zeigt sich der Kobold, meist aber bleibt er unsichtbar. Kobolde wohnen gern in Stall, Scheune und Keller des Menschen, dem sie sich zugesellen, und verrichten Hausgeschäfte, vorzüglich in Küche und Stall. Der Kobold ist ein diensamer, fleißiger Geist, der seine Freude daran hat, den Knechten und Mägden bei der Hausarbeit beizuspringen und insgeheim einen Teil davon zu verrichten. Er trägt in der Küche Wasser, haut Holz, holt Bier, kocht, striegelt die Pferde und strählt ihre Mähnen, gibt dem Vieh Futter vor, mistet den Stall aus. Wo er ist, nimmt das Vieh zu, und alles gedeiht und gelingt. Sein Dasein bringt Glück ins Haus, sein Abgang nimmt das Glück fort. Die Magd hat oft den Kobold zum heimlichen Gehülfen. Dann geht ihr alles rasch vonstatten, ihre Arbeit wird zum größten Teil vom Kobold getan. Dafür fordert der Kobold ein geringes Opfer. Täglich muss an einer bestimmten Stelle ein Schüsselchen Milch oder ein Speisenapf bereitstehen.[2] Vergisst sie das einmal, so muss sie in Zukunft nicht nur ihre Arbeit selbst wieder tun, sondern sie hat nun auch eine unglückliche Hand, indem sie sich im heißen Wasser verbrennt, Töpfe und Geschirr zerbricht, das Essen umschüttet. Darüber hört man den Kobold lachen und kichern. Er führt auch Aufsicht im Haushalt und bestraft faules und nachlässiges Gesinde. Ergötzlich ist die Geschichte (Deutsche Sagen Nr. 75), wie ein Mann aus Hildesheim, als er auf Reisen geht, sein leichtfertiges Weib dem Kobold zur Hut befiehlt. Der Kobold erfüllt auch sein Amt treulich und verscheucht alle

1 Überhaupt nähern sich die vielfach gehegten Hausschlangen und Hausunken dem Begriffe guter hilfreicher Hausgeister. Sie werden täglich mit Milch gefüttert. Sie spielen mit dem Kinde und bringen ihm Gedeihen. Sie leben ungestört in Hof und Stall. Werden sie verletzt oder getötet, weichen sie vom Haus, so geht das Glück mit ihnen.

2 Während der Kobold einerseits streng auf das gebührende Speiseopfer hält, zeigt er sich wiederum durch anderweitige Gaben eher gekränkt. – Werden den hilfreichen Elben Kleider angefertigt und zurechtgelegt, so fliehen sie mit dem klagenden Rufe »ausgelohnt, ausgelohnt« davon und kehren nimmer wieder.

Liebhaber der Frau. Aber dem heimkehrenden Ehemann klagt er, lieber wolle er die Schweine von ganz Sachsen hüten als ein einziges solches Weib, so vielerlei Listen und Ränke habe sie erdacht, ihn zu täuschen, und ihm seine Aufgabe sehr erschwert. Des Kobolds Gutmütigkeit wandelt sich aber leicht auch in Neckerei und Schadenfreude, er wird zum Quälgeist und Plagegeist. Ja er trachtet sogar nach dem Leben dessen, der ihn gekränkt. Ein Küchenjunge, der den Kobold höhnt und lästert, wird von ihm erwürgt und in kleine Stücke zerhauen oder an den Bratspieß gesteckt. Zeigt sich der Kobold von der schlimmen Seite, so ist fast stets die Treulosigkeit und Bosheit der Menschen daran schuld. Denn die elbischen Geister sind im Grunde gutartig, höchstens zu harmloser Neckerei aufgelegt; werden sie aber gereizt, so nehmen sie schreckliche Rache und treiben den Missetäter in Not und Tod. Hütchen wird so geschildert: »Er wollte die Leute gern überreden, dass es ihm vielmehr um ihren Vorteil als um ihren Schaden zu tun sei, daher warnte er bald den einen vor Unglück, bald war er dem andern in einem Vorhaben behilflich. Es schien, als trüge er Lust und Freude an der Menschen Gemeinschaft, redete mit jedermann, fragte und antwortete gar gesprächig und freundlich. Niemand fügte er etwas Leid zu, er wäre denn am ersten beschimpft worden. Wer seiner aber spottete, dem vergaß er solches nicht, sondern bewies ihm wiederum einen Schimpf.« Die Kobolde kommen von auswärts ins Haus gezogen, so Hinzelmann. Auf dem Schlosse Hudemühlen ließ er sich zuerst im Jahre 1581 hören, indem er durch bloßes Poltern und Lärmen sich zu erkennen gab. Darnach fing er an, bei hellem Tage unsichtbar mit dem Gesinde zu reden. Endlich sprach er auch mit dem Hausherrn selber. Als er gefragt wurde, woher er sei und was er an diesem Ort zu schaffen habe, sagte er, dass er aus dem Böhmerwald gekommen wäre. Der Geist schied freiwillig wieder aus Hudemühlen, nachdem er vier Jahre daselbst sein Wesen getrieben hatte. Aber solange der Kobold nicht selber seinen Dienst aufgibt, weicht er auch nicht aus dem erwählten Hause, so sehr der Hausherr mit List und Gewalt den lästigen oder unheimlichen Gast wegzubringen bemüht ist. Nach den Deutschen Sagen Nr. 44 hatte ein Schäferjunge ein Erdmännlein erlöst. Das stellte sich kurz vor den Jungen und sprach: Gib mir Arbeit, dass ich etwas zu tun habe. Der Junge gebot ihm, die Schafe zu hüten. Abends sagte das Männlein: Ich will mit dir gehen. Du hast mich nun einmal angenommen, willst du mich selber nicht, musst du mir anderswo Herberge schaffen. Da wies ihn der Junge ins Nachbarshaus. Bei diesem kehrte das Erdmännchen richtig ein, und der Nachbar konnte es nicht wieder loswerden. Bekannt ist die Geschichte vom Bauern, der seines Kobolds überdrüssig geworden, weil dieser allerlei Unfug anrichtete. Zuletzt ward er Rats, die Scheune anzustecken, wo der Kobold seinen Sitz hatte, und ihn zu verbrennen. Deswegen führte er erst all sein Stroh heraus, und bei dem letzten Karren zündete er die Scheune an, nachdem er den Geist wohl versperrt hatte. Wie sie nun schon in voller Glut stand, sah sich der Bauer von ungefähr um, siehe, da saß der Kobold hinten auf dem Karren und sprach: Es war Zeit, dass wir herauskamen! Der Schlossherr von Hudemühlen gedachte Hinzelmanns dadurch loszuwerden, dass er verreiste. Auf der Fahrt bemerkte man eine weiße Feder, die neben dem Wagen herflog. Es war der Kobold, der dem Herrn überallhin folgte. Um dem »Futtermännchen« (dem viehfütternden Kobold) zu entgehen, führte ein Mann sich ein neues Haus auf, sah aber am letzten Tag vor dem Auszug Futtermännchen am Bache sein grau Gewand ins Wasser tauchen mit den Worten: Da wisch und wasch ich mein Röckchen aus, morgen beziehn wir ein neues Haus (Börner, Volkssagen aus dem Orlagau S. 2–16). Launisch ist die Geschichte vom Kobold, der sich Klosterbrüdern verdingt, wovon Bartschs Sagen aus Mecklenburg Nr. 86 und das Schwankgedicht vom Bruder Rausch, das Wilhelm Hertz so köstlich neu belebt hat, Beispiele darbieten.

Was der Kobold fürs Haus, das ist der Klabautermann fürs Schiff. Er ist der Schutzgeist des Fahrzeugs, er hilft den Matrosen das Schiff reinigen, die Segel hissen, die Waren stauen. Oft hört man ihn im Schiffsraume hämmern und klopfen. Sichtbar wird er selten, meist nur, wenn dem Schiffe Untergang droht.

Für seine Arbeit verlangt er ein Schälchen mit Milch; legt man ihm Kleider und Schuhe hin, so verlässt er das Schiff. Der Name, der auch in der Form Kabautermann begegnet, ist vielleicht aus *kabout* (d. i. *kabolt, kobolt*) entstellt, etwa aus einer niederdeutschen Koseform *kobolterken,* die auch zur Benennung Wolterken für die Hausgeister Anlass geben konnte.[1]

Nirgends tritt die Verwandtschaft der seelischen und elbischen Geister so deutlich hervor wie in den Sagen vom Kobold und vom Klabautermann. In den Deutschen Sagen Nr. 72 schließt der Bericht vom Kobold: »Man glaubt, sie seien rechte Menschen in Gestalt kleiner Kinder mit einem bunten Röcklein. Dazu etliche setzen, dass sie teils Messer im Rücken hätten, teils noch anders und gar gräulich gestaltet wären, je nachdem sie so und so, mit diesem oder jenem Instrument vor Zeiten umgebracht worden wären, denn sie halten sie für die Seelen der vorweilen im Hause Ermordeten.«[2] Der Klabautermann aber ist die Seele eines toten Kindes, die in einen Baumstamm fuhr. Wird der Baum gefällt und zum Schiffsbau verwendet, so kommt damit die Seele des Kindes als Klabautermann aufs Schiff.[3]

3. Nixe

Das Wasser, wo immer es sich darbot, in Quell und Bach, in Fluss und See, im weiten Meer, war von Geisterwesen bevölkert, die teils in menschenähnlicher, teils auch in tierischer Gestalt gedacht wurden. Gründe zu solchen Vorstellungen waren mehrfach vorhanden, die Seelen Ertrunkener lebten im Wasser fort,

1 Sagen vom Klabautermann bei Temme, Volkssagen aus Pommern S. 302; Wolfs Zs. f. Mythologie 2, 141 ff.; Müllenhoff, Sagen aus Schleswig, Holstein und Lauenburg 318 ff.; zur Etymologie Deutsches Wörterbuch 5, 888; Laistner, Nebelsagen S. 334.

2 Ebenso J. Köhler. Volksbrauch. Aberglauben und Sagen im Voigtlande, Leipzig 1867, S. 476.

3 Baier in Wolfs Zs. f. Myth. 2, 141; Temme, Volkssagen aus Pommern und Rügen, Berlin 1840, S. 302.

sie waren von den Wassergeistern hinabgezogen worden. Die wundersamen Tiergestalten, die zumal aus dem Meere emportauchen, regten die Sagenbildung an. Aber wie die sanften Windelbe hinter den Sturm- und Wetterriesen zurückstehen, so gibt es auch weniger Wasserelbe als Wasserriesen. Wo die entfesselte elementare Gewalt dem Menschen entgegenbrauste, dichtete er eher Riesen- als Elbensagen. Im Binnenland, an kleinen Teichen und Bächen, herrschen mehr Elbe, am Meer, am breiten Strom und weiten See dagegen Riesen.

Die allgemeine Benennung des Wassergeistes ist Nix.[1] Das Wort findet ebenso auf elbische (besonders im Femininum Nixe) wie auf riesische Wesen Anwendung. Ohne weiteres deutlich sind Bezeichnungen wie *wazzerholde, merminne, mermeit, merwîp, merwunder, wassermann, wasserjungfer, seejungfer, seeweibel,* im Nordischen heißen die Wasserwesen *haffrú, sækona, havmand, strömkarl, vattenelfvor, quernknurrer, Grim* und *fossegrim.* Die Wassermädchen werden als Mümlein (mhd. *muome,* nds. *watermöme*) vertraulich angeredet oder mit Eigennamen wie Wasserlisse[2] belegt. Von den Wasserelben erfahren wir mehr aus der jüngeren Volkssage denn aus der alten Überlieferung, welche uns dagegen riesische Wesen vorführt. Doch ist anzunehmen, dass die Wasserelbe früher in der Heidenzeit kaum anders vorgestellt wurden als in der Volkssage der Gegenwart. Der Wassermann wird meist ältlich und langbärtig gedacht. Er trägt ei-

1 Die ahd. Form lautet *nihhus,* crocodilus, die ags. *nicor,* Wassergeist, Wasserungetüm, an. *nykr-vatnahestur,* Flusspferd, dän. *nökk,* schwed. *nekk.* Aus der ahd. Form entwickelt sich mhd. *niches, nickes,* woraus nhd. *nix* entsteht; im Nds. begegnet wie im Ags. das r-Suffix, *nicker.* Das Fem. ist ahd. *nihhussa, nihhessa,* lympha, woraus mhd. *nickese,* nhd. *nixe.* Zugrunde liegt vermutlich eine germ. Wurzel *niq* aus vorgerm. *nig* (Sanskrit *nij,* griech. *νίπτω*), sich waschen, baden, sodass Nix eigentlich der Badende, der Taucher wäre. Vgl. Kluge, Etym. Wörterbuch unter Nix; über die Verschiedenheit der Ableitungssilben Noreen, Abriss der urgerm. Lautlehre S. 65 und 136. An. *nykr* ist aus älterem *nikwir zu* erklären (Noreen, An. Grammatik[2] § 72, 5), aus der an. Form entstehen regelrecht die neunordischen.

2 Weinhold, Zs. d. Vereine f. Volkskunde 5, 124 hält den schlesischen Namen der Wasserjungfer Wasserlisse, Lisse für eine Verderbnis aus Wassernixe.

nen grünen Hut, und wenn er bleckt, sieht man seine grünen Zähne. Seine Zwerggestalt wird selten hervorgehoben, die Sage schildert ihn gewöhnlich in menschlicher Größe. Nach schwedischem Glauben wohnt er zwischen den Seerosen, in mondhellen Nächten sitzt er auf den Blättern und lässt sein Spiel erklingen (J. Grimm, Myth. 3, 142). Die Nixen sind von blendender Schönheit. Sie sitzen in der Sonne, ihre goldenen Haare kämmend. Von den berückenden Nixen, die im Wasser schöne Gründe und Säle bewohnen, weiß besonders die thüringische Sage[1] Genaueres. Dass ihr Leib in einen fischartigen Schwanz ausläuft, wie von der isländischen *haffrú*, dem *meyfiskur*, d. h. Mädchenfisch, erzählt wird, ist schwerlich echt deutscher Glaube. Wenigstens weiß die unverfälschte Sage nichts davon.[2] Unten im Wasser haben die Wasserelbe prächtige Paläste wie die irdischen erbaut, mit Zimmern, Sälen und Kammern voll mancherlei Reichtum. Dem Gesang ist der *nök*, der *strömkarl* oder *fossegrim*, der in rauschenden, brausenden Wasserfällen wohnt, besonders zugetan. Der Fossegrim lockt an stillen, dunkeln Abenden die Menschen durch seine Musik an und lehrt Geige oder Saitenspiel den, der ihm donnerstagabends mit abgewandtem Haupt ein weißes Böcklein opfert und in einen nordwärts strömenden Wasserfall wirft. Ist das Opfer mager, so bringt es der Lehrling nicht weiter als zum Stimmen der Geige, ist es aber fett, so greift der Fossegrim über des Spielmanns rechte Hand und führt sie so lange hin und her, bis das Blut aus allen Fingerspitzen springt; dann ist der Lehrling in seiner Kunst vollendet und kann spielen, dass die Bäume tanzen und die Wasser in ihrem Fall stillstehen (Faye, norske folkesagn S. 57). Schön ist die Sage vom Neck, die J. Grimm so erzählt: »Zwei Knaben spielten am Strom, der Neck saß und schlug seine Harfe, die Kinder riefen

1 Witzschel, Sagen aus Thüringen 1, 236, 279, 285.

2 Auch Weinhold, Zs. d. Vereins f. Volkskunde 5, 112 denkt bei den fischschwänzigen Nixen an die Meerweiber des ausgehenden Altertums, die dem deutschen Volke namentlich aus dem romanischen und gotischen Baustil seit dem 10. Jh. vor Augen kamen. Freilich meint er auch selbständige Bildung annehmen zu dürfen, aber mit Unrecht.

ihm zu: Was sitzest du, Neck, hier und spielst? Du wirst doch nicht selig. Da fing der Neck bitterlich zu weinen an, warf die Harfe weg und sank in die Tiefe. Als die Knaben nach Haus kamen, erzählten sie ihrem Vater, der ein Priester war, was sich zugetragen hatte. Der Vater sagte: Ihr habt euch an dem Neck versündigt, geht zurück, tröstet ihn und sagt ihm die Erlösung zu. Da sie zum Strom zurückkehrten, saß der Neck am Ufer, trauerte und weinte. Die Kinder sagten: Weine nicht so, du Neck, unser Vater hat gesagt, dass auch dein Erlöser lebt. Da nahm der Neck froh seine Harfe und spielte lieblich bis lange nach Sonnenuntergang.« Auch die Wassernixen lassen zur Nachtzeit verlockenden Gesang oder klagende Töne hören (Bartsch, Sagen aus Mecklenburg 1, 394 u. 399). Die Wassergeister sind aber im Allgemeinen grausam und blutdürstig, sie fordern Opfer an Menschenleben. Wer ertrinkt, ist von den Wasserelben gewaltsam in ihre Gemeinschaft entrückt worden. Die üblichen Sagen erscheinen darum bei den Wassergeistern meist unheimlicher als sonst. Bezeugt sind die gewöhnlichen Typen[1]. So bieten die Deutschen Sagen Nr. 68 den Kielkropf als Sendling der Wasserelben, ebenda Nr. 31, 58, 65, 69, 305 steht die Geschichte von der Menschenfrau, welche der Nixenfrau in Kindsnöten hilft. Die wilden Züge zeigen sich darin, dass der Nix seine Kinder tötet, wie aus aufquellendem Blute ersichtlich wird, und dass er auch der Helferin am liebsten ein Leid antun möchte. Der Wassermann erscheint zuweilen in menschlicher Gestalt und Kleidung, um in der Stadt Einkäufe zu machen. Zu Laibach kam er einst zum Tanz unter die Linde auf den Markt als schöner, wohl gekleideter Jüngling. Er grüßte die ganze Versammlung höflich und bot jedem Anwesenden die Hand, welche aber ganz weich und eiskalt war und bei der Berührung jedem ein seltsames Grausen erregte. Er zog eine leichtfertige Magd zum Tanz auf und schweifte mit ihr allmählich bis zur Laibach, wo er mit ihr hineinsprang. Die Nixen kommen auch öfters ans Land auf den Markt, um Einkäufe zu machen, oder zu Tanz und andern Lust-

1 Nixensagen in den Deutschen Sagen Nr. 49–69; 83; 305–308.

barkeiten. Sie sind wie schöne Mädchen gestaltet und nur an ihren stets nassen Kleidersäumen erkenntlich. Jünglinge werden von Liebe zu ihnen ergriffen, die Nixen erwidern ihre Gefühle. Aber sie müssen immer zur bestimmten Stunde in ihre Heimat zurück. Um sie länger dazubehalten, wird irgendeine List angewandt. Erschrocken eilen die Verspäteten zu ihrem heimischen Gewässer und verschwinden darin. Da steigt Blut auf und zeigt, wie grausam ihr Säumen bestraft wurde. Von vielen Gewässern geht die Sage, sie hätten ein Recht auf ein jährliches Opfer, das sie auch erzwingen. An bestimmten Stellen zieht der Nix oder die Nixe den Schwimmer hinunter. Die Leichen der also Ertränkten, wenn sie gefunden werden, weisen blutunterlaufene Mäler auf, wo der Wassergeist zugriff. Der Bräutigam eines schönen Fräuleins war in die Elbe gefallen und drei Tage nicht aufgefunden worden. Ein Schwarzkünstler erklärt, er sei in der Macht der Nixe, die ihn zur Ehe zwingen wolle. Da sich der Jüngling weigerte, fand man bald darauf seinen Leichnam voll blauer Flecke. Ein Bauer, der in die Behausung des Wassermanns kam, sah eine Stube voll umgekehrter Töpfe, die Öffnung bodenwärts. Es waren die Seelen der Ertrunkenen, die also aufgehoben wurden, um nicht entwischen zu können. Das Opfer an die Wasserelbe bezeugt Prokop *bell. goth.* 2, 25: Die Franken warfen im Jahre 539 die gefangenen gotischen Weiber und Kinder in den Po, um dadurch die Zukunft zu erforschen. Denn die Wassergeister wissen wie alle Elbe die Zukunft voraus. So verehrten die Alamannen nach Agathias 28, 4 die Flusswirbel *(ῥεῖθρα ποταμῶν)*, und nach Plutarchs *Lebensbeschreibung Caesars* Kap. 19 weissagten die Germaninnen aus den Flüssen. Wasserelbinnen *(wîsiu wîp, merwîp)* verkünden Hagen die künftige Not der Nibelungen in Etzels Lande. Wie sich Sterbliche eine Zeit lang unter den Elben aufhalten, so weiß auch Prätorius (Deutsche Sagen Nr. 67) von einer Magd, die drei Jahre lang beim Nix unter dem Wasser diente, dann aber wieder zu den Menschen zurückkehrte. Eine äußerliche unpassende Übertragung von der Sage des Bergschmiedes ist die von einem Wasserschmied (Jahn, Volkssagen aus Pommern 144, 145; Laistner, Rätsel der Sphinx 2, 64). Die Verwandlungsfähigkeit der Wassergeister lehrt die nordische Sage vom Nibelungenhort. Der Zwerg Andwari, der den Schatz gesammelt hatte, war so zauberkundig, dass er zuzeiten als Fisch im Wasser lebte. Den seelischen Ursprung der Wassergeister, die teilweise aus den Ertrunkenen hervorgingen, zeigt die norwegische Sage von den *»Draugen«*. Die Draugen sind die Erscheinungen Ertrunkener und zugleich Seegespenster überhaupt, welche dem Seefahrer Tod und Untergang bedeuten. In seltsam fremdartiger Einkleidung wendet die heutige isländische Volkssage[1] den Seelenglauben auf Wassergeister an. Die Seehunde gelten als *Faraos líðar*, Dienstleute des Königs Pharao, die mit ihm im Roten Meer ertranken; sie leben als ein eignes Volk auf dem Grunde des Meeres und haben eigentlich menschliche Gestalt, nur dass diese gewöhnlich durch das darüber liegende Seehundsgewand verdeckt ist. In der Johannisnacht aber dürfen sie ihre Seehundshaut ablegen, in menschlicher Gestalt steigen sie dann ans Land und spielen, singen und tanzen fröhlich wie andre Menschen; wer ihnen die Seehundshaut raubt, der nimmt ihnen die Möglichkeit, ihre Gestalt zu wechseln, und sie bleiben Menschen. So gewann einst ein Bauer ein wunderschönes Mädchen zum Weib. Die Haut verwahrte er in einer Kiste. Im dritten Jahr gelang es seiner Frau, die Kiste zu öffnen und das Gewand herauszunehmen. Da verschwand sie und kehrte zu ihrem Volke zurück.

Unter den nordischen Wasserelben ist das isländische *marmennill* noch hervorzuheben. Das Marmennill, das Meermännlein, ist ein weissagender Seezwerg, von dem auf Island eine altbezeugte Sage umläuft. In der Landnáma II, 5 wird erzählt: »Grim ruderte im Herbste mit seinen Hausleuten zum Fischen, der Knabe Thorir aber lag vorn im Schiffe und war in einem Seehundssacke und am Halse zugezogen. Grim fing ein Meermännlein, und als es heraufkam, fragte Grim: Was weissagst du uns über unser Schicksal, oder wo sollen wir wohnen auf Island?

---

1 Vgl. Maurer, Island. Volkssagen der Gegenwart S. 172 f. ; Jón Árnason, Þjóðsögur 1, 633; Lehmann-Filhés, Isländ. Volkssagen 2, 16 f.

Das Männlein antwortete: Euch brauche ich nicht zu weissagen, sondern dem Knaben, der in dem Seehundssacke liegt; er soll da wohnen und Land nehmen, wo eure Stute unter dem Gepäck sich niederlegt. Weiter bekamen sie kein Wort von ihm.« In der Halfssaga Kap. 7 wird erzählt: »Den Herbst ruderten Vater und Sohn zum Fischen, und sie fingen ein Meermännlein, welches sie dem König Hjorleif brachten. Der König übergab es einer Magd am Hofe und hieß es wohl pflegen. Niemand bekam ein Wort von ihm. Die Lichtträger zankten sich einmal und löschten das Licht aus. Währenddem schüttete Hilde ein Horn über das Kleid der Aesa, der König schlug sie mit seiner Hand, Aesa aber sagte, der Hund sei schuld, der auf dem Boden lag. Da schlug der König den Hund. Da lachte das Meermännlein. Der König fragte, warum er lache. Es antwortete: Weil du dich dumm angestellt hast, denn diese werden dir das Leben retten. Der König fragte ihn um mehr, erhielt aber keine Antwort. Da sagte der König, er wolle das Männlein ans Meer bringen, wenn es ihm sage, was er zu wissen brauche. Das Männlein sprach, indem es zur See fuhr: Ich sehe leuchten weit im Süden im Meer, es will der dänische König die Tochter rächen, er hat draußen eine Unzahl Schiffe, er entbietet den Hjorleif zum Zweikampf; hüte dich als ein Kluger, wenn du willst; ich will zurück zur See. Und als sie mit ihm dahin ruderten, wo sie ihn heraufgezogen hatten, da sprach er: Einen Spruch kann ich sprechen den Söhnen der Halogaländer, keinen guten, wenn ihr ihn hören wollt. Hier fährt von Süden her des Svord Tochter, mit Blut begossen, von Dänemark. Auf dem Haupte hat sie den Helm aufgebunden, das harte Heerzeichen Hedins. Wenig wird den Burschen hier auf der Fahrt der Hildr zu warten sein. Brechen wird der Schild, der runde. Ich wandte mein Auge hieher übers Land zu den Zäunen der Leute. Jeder Mann soll Rüstung und Speer haben, der große Erzsturm hebt an. Übel, mein ich, ergeht es, alle haben das Jahr teuer erkauft, wenn das Frühjahr kommt. Da ließ ihn König Hjorleif über Bord. Da ergriff ihn ein Mann bei der Hand und fragte: Was ist dem Manne das Beste? Das Meermännlein antwortete: Kalt Wasser den Augen, mürb Fleisch den Zähnen, Leinwand dem Körper.

Lasst mich zurück in die See. Kein Mensch zieht mich jemals wieder vom Meeresboden herauf auf ein Schiff.« Die neuisländische Sage[1] aber lautet so: Ein Bauer zog beim Fischen einst einen Seezwerg herauf, der sich als Meermännchen zu erkennen gab; er hatte einen großen Kopf und lange Arme, vom Leibe abwärts aber glich er einem Seehunde. Er wollte auf die neugierigen Fragen des Bauern keine Auskunft geben, deshalb nahm ihn dieser trotz allem Sträuben mit sich ans Land. Hier kam die Frau des Bauern, ein junges lustiges Weib, an den Strand und empfing ihren Mann mit Küssen und Liebkosungen. Darüber freute sich der Bauer und sagte ihr viel Schönes, seinen Hund aber schlug er, als dieser ihn gleichfalls bewillkommnete. Das Meermännchen lachte, als es dies sah. Der Bauer fragte, warum es lache. Das Meermännchen erwiderte: Über die Dummheit. Als der Bauer vom Strande nach Hause ging, strauchelte er und fiel über einen kleinen Erdhügel. Da fluchte er fürchterlich über die kleine Unebenheit und dass sie jemals geschaffen sei und auf seinem Lande sei. Da lachte das Meermännchen, welches vom Bauern gegen seinen Willen mitgeschleppt worden war, und sagte: Unklug ist der Bauer. Drei Nächte behielt der Bauer das Meermännchen bei sich. Da kamen einige Kaufmannsgehilfen und hielten ihre Waren feil. Der Bauer hatte noch nie so stark besohlte und dicke schwarze Schuhe bekommen können, wie er gern haben wollte. Diese Kaufleute aber behaupteten, die allerbesten zu haben; der Bauer hatte unter hundert Paaren die Auswahl, allein er meinte, sie seien alle zu dünn und würden gleich reißen. Da lachte das Meermännchen und sagte: Mancher irrt sich, der sich für weise hält: Weder mit Güte noch mit Gewalt bekam der Bauer mehr Belehrungen aus dem Meermännchen heraus, als hier erzählt ist; nur unter der Bedingung, dass der Bauer es wieder an dieselbe Stelle in der See hinausfahren wollte, wo er es heraufgezogen hatte, und es dort auf seinem

1 Nach Lehmann-Filhés, Isländ. Volkssagen 1, 65 f.; Weiteres bei Maurer, Isländische Volkssagen der Gegenwart S. 31 f.; Jón Árnason, Þjóðsögur 1, 132 ff.; vgl. auch Hammershaimb, Färösk anthologi 1, 335.

Ruderblatt hocken ließ, wollte es alle seine Fragen beantworten, aber sonst auf keinen Fall. Nach drei Nächten willfahrte ihm der Bauer. Als nun das Meermännchen auf dem Ruderblatt saß, fragte es der Bauer, welche Ausrüstung die Fischer haben müssten, um beim Fange Glück zu haben. Das Meermännchen antwortete: Von gekautem und geknetetem Eisen soll man Angeln schmieden. Die Angelschmiede soll stehen, wo man das Brausen von Wasser und See hören kann, und die Angelschnur soll aus grauem Ochsenleder und einem Zaum aus roher Pferdehaut gemacht sein. Als Köder soll man Vogelgekröse und Flunderfleisch nehmen, mitten am Haken Menschenfleisch, und wenn du dann nicht viel fischst, kann dein Leben nicht mehr lange währen. Verkehrt gebogen muss die Angel des Fischers sein. Da fragte der Bauer, über welche Dummheiten das Meermännchen gelacht habe, als er seiner Frau geschmeichelt und den Hund geschlagen habe. Das Meermännchen antwortete: Über deine Dummheit, Bauer; denn der Hund liebt dich wie sein Leben, die Frau aber wünscht deinen Tod und ist dir untreu. Der Erdhügel, den du verfluchtest, ist dein Schatzhügel, denn großer Reichtum liegt darunter; deshalb warst du unklug, Bauer, und deshalb lachte ich über dich. Die schwarzen Schuhe aber werden dein Leben lang halten, denn dir sind nur noch wenige Tage vergönnt; drei Tage werden sie wohl halten. Damit stürzte sich das Meermännchen vom Ruderblatt ins Wasser und sie trennten sich. Aber alles, was das Meermännchen gesagt hatte, bewährte sich später.

4. Wald- und Feldgeister[1]

Über das Fortleben der Seelen in Pflanzen wurde bereits berichtet. Aus solcher Beseelung folgt, dass der Wald besonders als Aufenthalt zahlreicher Geister galt. Die Etymologie des Wortes Hexe (Waldunholdin) wies auf den Wald. Aber auch sonst fin-

1 Vgl. Mannhardt, Wald- und Feldkulte. I. Der Baumkultus der Germanen, II. Antike Wald- und Feldkulte, Berlin 1875 u. 1877; Mythologische Forschungen, Straßburg 1884.

den wir überall in Deutschland und Skandinavien, wo Wälder aufragen, Sagen von *Waldleuten, Wildleuten, Holzleuten, Moosleuten.* Nur in der Norddeutschen Tiefebene gehen auch diese Gestalten im allgemeinen Begriff der Unterirdischen auf. In Oberdeutschland wird von den *saligen Fräulein,* den *wilden Leuten, Waldfänken* und *Schrätlein* erzählt, in Mitteldeutschland von den *Holz-, Moos-, Buschfräulein,* im Norden vom *skougmann, skogsrå,* von der *skogsfru* und *skogssnufa.* In Schleswig ist von der *Hollunderfrau (Frau Elhorn),* in Schoonen ebenso von der *Hillefroa* die Rede, in Schweden von der *Askafroa* (Eschenfrau) und *Löfviska* (Laubfrau); da sind also Bäume persönlich gedacht. Die Vorstellung von der Baumseele hat sich nach verschiedenen Seiten hin entfaltet. So lebt die Seele im Baume als ihrem Leibe, den sie nicht verlassen kann. Der Baum ist wie ein menschlicher Körper gedacht, er blutet, wenn er verwundet wird. Wie der Leib so ist der Baum die Hülle der Seele, die einerseits fest daran gebunden, andererseits aber auch als ungebunden frei erscheint. Der Baumgeist tritt aus der Pflanze heraus, entschwebt dem Baume, der dann weniger als Körper, vielmehr als Wohnsitz eines geisterhaften Wesens gilt. Im Rauschen des Windes, in den wundersamen Lauten, welche die Stille des Waldes durchhallen, in spukhaften tierischen und menschlichen Gestalten macht sich der Baumgeist bemerklich. Der Wald ist erfüllt von einer ungezählten Schar gespenstischer Wesen, die bald elbisch, bald riesisch, je nach den örtlichen Verhältnissen, nach den elementaren Zuständen erscheinen. Im hochstämmigen, sturmbewegten, schaurigen Bergwald werden mehr Riesen hausen, im lichten, freundlichen, sonn- und mondbeglänzten Hain treiben Elbe ihr Wesen. Wie die Natur sich dem Menschen gibt, so bildet er seine Sagen. Die wilden Leute, die Moos- und Holzleute, die Waldmänner und Waldfrauen erinnern oft in ihrer Gestalt an ihren Ursprung. Sie haben behaarten Körper, altes, runzliges Gesicht und sind ganz in Moos gehüllt. Langes flatterndes Haar, große herabhängende Brüste eignen den Elbinnen, welche seltener die anmutige Seite hervorkehren. Die Waldelbe sind aufs engste mit den Windelben verknüpft. Der Sturmwind, der wilde Jäger, hat es besonders auf die Moosweiblein abgesehen. Braust er durch den Wald, so jagt er die Holzfräulein. Manchem Jäger oder Holzhauer sind die schutzflehenden Weiblein schon begegnet; und es war alter Brauch, die Baumstümpfe mit Kreuzen zu bezeichnen, damit die verfolgten Elbinnen darauf Rast und Schutz vor dem wilden Jäger fänden. Den Waldgeistern wird großer Einfluss auf Sendung von Seuchen und auf deren Heilung beigemessen. In Gestalt von Würmern, Schmetterlingen oder Ungeziefer kriechen die schädigenden Elbe aus den Bäumen heraus und in den Körper der Menschen hinein. Um sie wieder loszuwerden, verwünscht man sie in den tiefen Wald, ins Gehölz, in den Baum oder Busch zurück. Sympathetische Kuren suchen die Seuchen in den Baum zurückzubannen, darein zu verpflöcken. Die Waldgeister wissen aber auch Heilgeheimnisse, welche sie zuweilen den Menschen mitteilen. Zur Pestzeit laufen Holzfräulein aus dem Wald und empfehlen bestimmte Kräuter, deren Genuss vor der Pest schützt. Wildmännlein können mit List gefangen werden, indem man sie berauscht, dann geben sie verborgene Kunde, ähnlich wie das Meermännlein. Auf diese Art erfuhr ein Tiroler, was gegen die Pest nütze. Wate hat nach der Gudrun 529 von einem *wilden wîbe* die Heilkunst erlernt. Im Eckenlied 174 ff. gräbt das von Fasolt gejagte wilde Fräulein eine Wurzel und bestreicht damit den wunden Dietrich und sein Ross, wovon Weh und Müdigkeit schwinden. Ein Wichtlein rühmt sich einem Bauern gegenüber, es hätte ihm für Menschen und Vieh heilsame Kräuter zeigen können. Die Waldgeister sind ihrer elbischen Art gemäß auf kleine Kinder aus, welche sie stehlen. Sie streben ferner Verbindung mit den Menschen an. Der Waldmann ist auf Weiber lüstern und stellt ihnen nach. Burchard von Worms weiß von Waldfrauen *(agrestes feminae, quas silvaticas vocant)*, die nach Belieben sichtbar und unsichtbar sind und sich mit ihren Liebhabern ergötzen. Die raue Else wie die *skogssnufa* naht sich dem am nächtigen Feuer liegenden Wolfdietrich und begehrt nach seiner Minne. Nach einer badischen Sage verliebt sich ein Jäger in ein schönes wildes Weib, das in einer Höhle wohnt, und erlangt ein Kind von ihr. Eine wilde Frau aus dem

Unterberg, die ungemein schönes und langes Haar hatte, nahm einen Bauern, der sich in sie verliebte, zu sich in die Lagerstätte (Deutsche Sagen Nr. 50). Die Waldgeister zeigen sich den Menschen gern dienstbar und gehen sogar allmählich in Hausgeister über. Sie helfen zur Erntezeit den Arbeitsleuten, sie verdingen sich dem Bauern für ständig, besorgen das Vieh im Stall und bringen dem ganzen Hauswesen Glück und Gedeihen. Mit der Dienstleistung der wilden Leute ist meist die Geschichte vom Todansagen verknüpft. In vielen Wendungen ist sie bezeugt. Ein Hausgenosse hört auf dem Heimweg oder sonst irgendwo eine Stimme, welche ihn auffordert, einem ihm bisher unbekannten Wesen den Tod eines andern anzusagen. Wie er daheim verwundert das Erlebnis berichtet und die ihm aufgetragenen Namen ausspricht, da verschwindet mit lautem Wehruf der Knecht oder die Magd, welche bis dahin unbekannter Herkunft beim Hausherrn in Dienst standen. Die Wildleute riefen dadurch ihren Genossen, welcher sich zu den Menschen verdingt hatte, in ihre Gemeinschaft zurück. Denn der Alb muss weichen, sobald sein Name genannt worden ist. Die Waldgeister haben die Waldtiere in Hut und Pflege, so gehören die Gämsen in Tirol den wilden Leuten, die schwedische skogsfru ist Herrin der Jagdtiere und der Jagd. Sie fordert eine Spende vom Jäger. Tiergestalt wird bei den Waldgeistern verhältnismäßig selten erwähnt. Die Holzfrauen sitzen zuweilen als Eulen auf den Bäumen; die seligen Fräulein auf hoher Alpspitze beschützen in Geiergestalt die Gämsen. Die Tiroler Fanggen erscheinen als Wildkatzen. Die dänische und schwedische Waldfrau trägt Tierfelle und Kuhschwanz, also halb tierische Gestalt.

Der Zusammenhang der Waldleute mit Seelen und Maren ist deutlich ausgesprochen. Der Baumgeist wird in manchen Sagen aus der Seele eines Menschen, welcher darunter begraben liegt, abgeleitet. Die Seele des Verstorbenen geht in den Baum über und erfüllt ihn gleichsam mit menschlichem Leben, sodass Blut in seinem Geäder umläuft und beim Anhieb herausfließt. Aus dem Munde eines im Kampfe gefallenen Königs erwächst eine hohe Eiche. Wenn jemand eines gewaltsamen Todes stirbt, haust die Seele des Erschlagenen bei Tage im nahen Baum, bei Nacht schweift sie in einem gewissen Bannkreis um den Blutbaum umher. In einem Waldschlosse bei Nürnberg wurden drei Jungfern verflucht und vom Blitze getötet; ihre Seelen fuhren in drei große Bäume. Ein Jäger hatte sich an einer Eiche erhängt. Der Herr, der seine Leiche fand, befahl, den Baum zu fällen. Aber Blut quoll unter den Axthieben hervor, und rote Adern durchzogen den Stamm. Da verbrannten die Leute Stamm und Leichnam. Seitdem pirscht der Tote mit seinen Hunden gespenstisch im Walde umher. So lässt sich die Seele überhaupt in Tier- oder Menschengestalt außerhalb des Baumes in dessen Nähe sehen. Der Baum gilt ferner als Lebensbaum, als Sitz des Schutzgeistes eines Menschen, gleichsam als sein Doppelgänger in der Pflanzenwelt. Solange der Baum grünt und blüht, gedeiht der Mensch, wenn der Baum verdorrt oder stürzt, geht der Mensch zugrande. Fortreisende verknüpfen oft ihr Leben mit einem in der Heimat eingepflanzten Baume. Wie der Einzelne einen Schicksals- und Geburtsbaum hat, so auch die ganze Sippe. Die Dorflinde, der schwedische *vårdträd* mag damit zusammenhängen. Der Hausbaum ist auch Sitz des Hausgeistes, des Ahnherrn, der seine Nachkommen beschützt. In allen diesen Vorstellungen spielen Baumseelen und Menschenseelen ineinander, aus dem einen Aberglauben fließt der andre, der Baumgeist und Waldgeist tritt von dem Augenblicke ins Leben, wo das Bewusstsein vom seelischen Ursprunge entschwindet.

Aus dem Kreise des Marenglaubens stammen die Züge, dass die wilden Leute in Südtirol gelegentlich dem Wandrer auch aufhocken und sich dabei so furchtbar schwer machen, dass mancher der Last erlag oder doch krank wurde, ferner dass ein Moosweibchen einen Bauer anfällt und dergestalt drückt, dass er, obgleich stark von Natur, krank und elend wurde.

Wie Bäume und Wälder von Geistern beseelt waren, so auch Getreide und Felder. Korngeister[1] spielen in Bräuchen und Sa-

1 Vgl. Mannhardt, Roggenwolf und Roggenhund, Danzig 1865, 2. Aufl. 1866; Die Korndämonen, Berlin 1867.

gen der Bauern eine große Rolle. Meistens erscheinen sie in Tiergestalt; als Hasen, Hirsche, Rehe, Schweine, Ziegen und Böcke, Katzen, Hunde, Wölfe hausen sie im Kornfeld, als Mann, Frau oder Kind schreiten sie durchs Gefild. Das nämliche Wesen, das im Wachstum des Waldes wirksam ist, zeigt sich auch im Leben des Korn- und Flachsfeldes und der Graswiese regsam. Mit den Bäumen wächst die Gestalt des Waldgeistes gerne ins Riesenhafte, im Felde überragt der Alb selten das gewöhnliche menschliche oder tierische Maß. Die Namen sind ohne weiteres klar: Roggenwolf, Getreidewolf, Kornhund, Roggenhund, Heupudel, Kornkatze, Haferbock, Roggensau und Kornmutter, Kornfrau, Kornmume, Roggenmume, Hafermann, Getreidemann, der Alte, das Kornkind, das Ährenkind. Die Kornweiber gelten auch als Kinderscheuchen. Die Feldgeister verleugnen ihren Ursprung aus den Windelben (und im Winde leben die Seelen fort) nicht. Wenn der Wind das Getreide wogen macht, dann wird gesagt: die Kornmutter geht über das Getreide, die Wölfe laufen im Getreide, die wilden Schweine laufen drauf, die Wetterkatzen sind drin. Die gespenstischen Wesen erblickte der Mensch in Gestalt von Tieren, die ihm oft genug im Ackerfeld begegneten. Die Pflanze galt gleich wie der Baum als der Leib des Geistes, dann aber auch nur als sein Wohnsitz, den er beliebig verlassen konnte. So entsteigen nach dem Alexanderlied, das freilich hier nicht germanischen Glauben abspiegelt, den Blumen wunderliebliche Elbinnen, die nur so lange am Leben bleiben, als ihre Blume blüht, mit deren Abwelken aber dahinsterben. In einem überall nachweislichen Erntebrauch tritt der Glaube an Feldgeister am deutlichsten zutage. Beim Schneiden oder Mähen des Ackerstückes flüchtete der Geist immer tiefer ins Getreide, er suchte den Schnittern zu entrinnen. Mit den letzten Halmen in der letzten Garbe wurde er gefangen. Damit verband sich nun allerhand Aberglaube. Entweder wurde er mit dem Abschneiden der letzten Ähren getötet oder beim Ausdreschen erschlagen, oder er wurde feierlich und ehrenvoll heimgeführt, und zwar in Gestalt einer Getreidepuppe. Aus Wald- und Feldgeistern erhuben sich dann überhaupt Vegetationsgeister, die in Frühlings-, Sommer-

und Herbstfesten eine bedeutsame Rolle spielen, worüber in Mannhardts Studien ausführlich berichtet wird. Von den Feldgeistern wird gelegentlich die Wechselbalgsage erzählt; so sucht die märkische Roggenmutter einer arbeitenden Bäuerin ihr Kind auf dem offnen Felde zu entwenden und dafür das eigne unterzuschieben (Deutsche Sagen Nr. 90). Die Feldgeister hängen mit Seelen und Maren zusammen. Sie überfallen in der Mittagszeit, wenn die Feldarbeiter ruhen, Männer und Frauen mit Albdruck und machen sie krank.[1] Manchmal hält man die Korngeister für die Seelen Verstorbener, die auf der Gemeindemark umgehen müssen. War es doch alter Glaube, dass die Seelen in Pflanzen weiterleben, daran schloss sich unschwer die weitere Folgerung, dass sie darum keineswegs unlöslich an die Pflanze gebunden seien, vielmehr frei umherschweifen könnten.

Die Feldgeister gehen segnend über Acker und Wiesen, unter ihren Tritten gedeiht die Frucht. Aber sie verkehren ihren Segen auch in Schaden. Besonders in der Gestalt des *Bilwis*[2] verkörpert die Volkssage solche böse Geister. Ursprung und Sinn des Namens, der in mhd. Zeit auftritt und viel verderbt in nhd. Zeit noch fortlebt, der im Nds. *belwit* lautet, sind nicht erklärt. Seiner Art nach ist der Bilwis ein plagendes, schreckendes, Haar und Bart wirrendes, Getreide zerschneidendes Gespenst, das in weiblicher und männlicher Gestalt auftritt. Er vereinigt in sich Elben- und Hexenart; Hexe und Bilwis werden in späterer Zeit geradewegs gleichbedeutend gebraucht. Der Bilwis wohnt im *»pilbispavm«*, wo er Opfer empfängt; er steht mithin zu den Waldgeistern. Er verfilzt die Haare, Hans Sachs gebraucht *verbilbitzen* im Sinn von Haar verwirren. Dem Bilwis ist auch das verderbliche lähmende Elbengeschoss eigentümlich, mit dem er die Menschen siech macht. Als Mar erscheint er, wenn *»für dy pilbis«* empfohlen wird, den Kindern beschriebene Zettel mit

1 Laistner, Rätsel der Sphinx 1, 31, 52; 2, 71.
2 Über den *Bilwis* vgl. J. Grimm, Myth. 441 ff.; Schmeller, Bayer. Wörterbuch 1, 230; 2, 1037 ff.; Mannhardt, Antike Wald- und Feldkulte 175 f.; Laistner, Rätsel der Sphinx 2, 262, 266, 286; Nebelsagen 315 ff.

den Worten *»procul recedant somnia et noxia phantasmata«* an den Hals zu hängen. Der Bilwis ist endlich der Geist eines bösen Menschen, der dem Nachbar schaden will, also seelisch. Die Bilwissagen haften vornehmlich im östlichen Deutschland, in Bayern, Franken, Vogtland und Schlesien, weshalb auch slawischer Ursprung des Wortes vermutet wurde. Am schlimmsten betätigt sich das Gespenst im Bilwisschnitt oder Bockschnitt, im Durchschnitt des Getreidefeldes. Man findet oft fußbreite, niedergelegte Streifen im Korn, ein Schaden, der als das Werk des bösen Geistes bezeichnet wird. Auf einem Bocke reitet der Bilwis durchs Feld, oder der Bilwisschnitter geht mitternachts, an den Fuß eine Sichel gebunden und Zauberformeln murmelnd, durch den reifenden Acker. Aus dem Teil des Feldes, den er durchritten oder durchschritten hatte, fliegen alle Körner dem Bilwis zu, und dem rechten Eigentümer bleiben die leeren Hülsen. Dem Zauber zu begegnen, gibt es Mittel. So wie die Bilwissagen uns vorliegen, sind sie schwerlich alt. Aber sie lehren, dass man an saatverderbende wie an saatfördernde Elbe glaubte. Dem Bauer musste vor allem daran gelegen sein, mit den Feldgeistern sich gut zu stellen.

Die Riesen[1]

Riesen und Elbe sind weniger der Art als dem Maße nach verschieden. Während diese vorwiegend die still und unsichtbar wirkenden Naturgeister sind, verkörpern die Riesen die rohen, ungezähmten Elementargewalten, das Ungeheure und Ungestüme, Finstre und Feindselige in der Natur. Bei den Riesen tritt der Zusammenhang mit Maren und Seelen mehr zurück, indem sie Gestalt und Wesen fast völlig aus dem Element, dem sie entspringen, zugeteilt erhalten. Wie die entfesselten Naturgewalten Angst und Schrecken unter den Menschen verbreiten, so sind die Riesen auch meistens feindselig und bösartig. Sie trachten nach Umsturz und Zerstörung, sie bedrohen die Weltordnung und sind die geschworenen Feinde der Götter und Menschen, welche die Erde wohnlich und wirtlich zu machen und zu erhalten bedacht sind. Gegen solche Kulturbestrebungen kehren sich hauptsächlich die Angriffe der Riesen. Sie sind die Dämone des kalten und nächtigen Winters, des ewigen Eises, des unwirtbaren Felsgebirges, des Sturmwinds, des verheerenden Gewitters, des wilden Meeres. Das älteste Geschlecht sind die Riesen. Indem sie nach nordischer Auffassung aus dem Chaos unmittelbar erwachsen, stellen sie die Naturmächte dar, welche vom Geiste noch nicht bewältigt sind. Sie sind daher voll unbändiger Kraft, wild und roh wie die Brandung des Meeres, das Geheul des Sturmes und die Wüste des Felsgebirges. Die Üppigkeit der Natur hat noch keine Beschränkung gefunden; darum sind ihre Leiber über alles Maß an Kraft, Größe und Zahl der Glieder aus-

1 Vgl. Weinhold, Die Riesen des germanischen Mythos, in den Sitzungsberichten der Wiener Akademie der Wissenschaften Band 26, 1858, S. 225–306.

gestattet. Zuweilen ist aber ein Unterschied zwischen Riesen und Elben nur schwer anzugeben, indem dieselbe Naturkraft bald harmlos, bald gewaltsam sich äußert. Die Sage deutet dies dadurch an, dass der Zwerg zum Riesen aufwächst oder der Riese zum Zwerg einschrumpft. In einem Schweizer Dorf, dass durch Bergsturz verschüttet wurde, kehrte am Vorabend des Unglücks ein wandernder Zwerg bei Sturm und Regen ein und bat um Herberge. Er wurde von den meisten mit Hohn abgewiesen, nur ein altes, armes, frommes Ehepaar am Ende des Dorfes gewährte dem wegmüden, regentriefenden Wanderer gastliche Aufnahme. Noch in der Nacht nahm er Abschied, um zur Fluh hinaufzusteigen. Bei Tagesanbruch wütete Unwetter, ein gewaltiger Fels löste sich vom Bergjoch los und rollte mit Bäumen, Steinen und Erde zum Dorfe hinab, Menschen und Vieh unter den Trümmern der Hütten und Ställe begrabend. Nur das Hüttchen der beiden Alten ward verschont. Mitten im Sturme sahen sie ein großes Erdstück nahen, oben darauf hüpfte lustig das Zwerglein, als wenn es ritte, ruderte mit einem mächtigen Fichtenstamm, und der Fels staute das Wasser und wehrte es von der Hütte ab, dass sie unverletzt stand. Aber das Zwerglein schwoll immer größer und höher, ward zu einem ungeheuren Riesen und zerfloss in Luft.[1] In der Nähe von Schleswig sah ein Schäfer plötzlich einen Mann vor sich aus der Erde steigen, der immer größer und größer ward, bis er endlich als ein Riese auf der Erde stand; bald aber ward er wieder kleiner und kleiner und sank langsam in die Erde hinein. Im wilden Mieminger-Alpsee in Tirol wohnt eine Wassernixe. Bisweilen lässt sie sich blicken und schwebt wie ein Nebel über dem kleinen See, wächst hoch auf und macht sich wieder klein. Solche Sagen bilden sich wohl aus der wechselnden Nebelsäule, die als gespenstische Gestalt gefasst wird. Saxo im Buch 1, S. 36 berichtet von der Riesin Harthgrepa (an. Hardgreip), der hart Zugreifenden. Sie konnte sich in jede Gestalt und Größe verwandeln, bald war sie himmelhoch,

1 Vgl. die Deutschen Sagen der Brüder Grimm Nr. 45; Weiteres bei Laistner, Nebelsagen S. 256.

bald klein und niedrig. Die Waldfrauen der Tiroler Sage, welche vom wilden Jäger gehetzt werden, erscheinen in doppelter Gestalt, bald elbisch, bald riesisch, so besonders die sog. Fanggen in Südtirol. Aus Hreidmars Geschlecht stammen Fafnir, der Riesenwurm, und Regin, der ein Zwerg von Wuchs war. Trotzdem heißt Regin im Fafnirliede 38 *enn hrímkaldr jǫtonn*, der eiskalte Riese, was im Hinblick auf die eben erörterten Vermischungen riesischen und elbischen Wesens nicht so unmöglich klingt und keineswegs notwendig nach *Fǫ́fnismǫl* 34 geändert zu werden braucht. Jedoch sind solche Mischungen verhältnismäßig selten, Elbe und Riesen sind in den alten Quellen meistens nach Gebühr verschieden gestaltet und verschieden geartet.

1. Die Benennungen der Riesen

Die gewöhnlichen Bezeichnungen der Riesen sind folgende. An. *jǫtonn* (lappisch *jetanas*), ags. *eoten*, as. *etan* (aus Ortsnamen wie *Etanasfeld*, *Etenesleba* erschlossen) weisen auf urgerm. *etanaȝ*, vermutlich zu *etan*, essen, gehörig, also *edax*, gefräßig.[1] Im Neunds. weist J. Grimm das Femininum *eteninne*, Riesin, nach. An. *þurs* (finn. *tursas*) ist vielleicht aus älterem *þuris* hervorgegangen. Im Abecedarium Nordmannicum (Müllenhoff-Scherer, Denkmäler Nr. V) wird die Rune þ mit *thuris* bezeichnet, und auf dieselbe Urform weisen ahd. *duris*, *thuris*, mhd. *dürs*, *türs*, alem. *dürsch*. In Eigennamen wie *Thurismuth*, *Turisind* begegnet das Wort auch bei Goten und Langobarden. Aus älterem *þuris* ist auch ags. *þyrs* entwickelt. Mhd. ist außerdem die schwache Form *türse*, vielleicht auch schon ahd. *turso* vorhanden; dazu steht der Ortsname *Tursinriut*, Tirschenreuth. Über die Formen des Wortes im Neunordischen und Neudeutschen (z. B. nds. *dros* mit Metathesis aus *durs*) sind die Mundartwörterbücher nachzulesen.

1 Ob die von Tacitus Germ. 46 erwähnten *Etionas* als *itjans*, gefräßige Riesen gedeutet werden können (Müllenhoff, Altertumskunde 2, 354), bleibe dahingestellt.

Die germanische Grundform darf mithin als *þurisaʒ* angesetzt werden, und diese scheint aus dem adj. *þuraz*[1], skrt. *turas,* stark, kraftvoll abzustammen. Der *þurs* ist also der Starke. Auf skrt. *vṛšan,* stark, kräftig, weist der nur im Deutschen belegte Ausdruck »Riese« (ahd. *risi* und *riso* aus *wrisi,* wie as. *wrisil* und *wrisilîc* lehren) hin. Im An., wo das Wort namentlich in der Zusammensetzung *bergrisi* vorkommt, ist es vermutlich aus dem Nda. entlehnt. Im Mhd. findet sich *hiune,* mds. *hûne* für Riese, im Neuniederdeutschen *hüne*[2] ist das Wort bewahrt. Ein entsprechendes älteres **hunio* ist nicht nachweislich, wohl aber wahrscheinlich. Viele altgermanische Eigennamen enthalten den Stamm wie z. B. *Hûn, Hûnila, Hûnarîx, Hûnirîx, Hûnimund, Hûnolt* usw. Mit dem Volksnamen der Hunnen (ahd. *Hûni,* mhd. *Hiune*) fand frühzeitige Vermischung statt, schwerlich aber ist das germanische Wort dort herzuleiten. Schon längst ist auf an. *húnn,* Bär, hingewiesen, ein Wort, das in der Form *hûnaʒ* als gemeingermanisch anzusetzen ist. *Hû-na* entstammt einer Wurzel, welche mit anderer Ableitungssilbe im Aind. und Apers. als *çû-ra, im* Griech. als*:* *κῦρος κύριος* wiederkehrt. Der Sinn geht auch hier auf Kraft und Kühnheit. *Hûnaʒ* ist also wie *þurisaʒ* und *wriso* der Starke, Kräftige. Das Ags. gewährt noch *ent,* plur. *entas* für Riesen, einmal als Übersetzung von *gigas.* In den bayrischen Mundarten erscheint ein verstärkendes Präfix *enz-* mit dem Begriff von ungeheuer, gewaltig, und dazu das adj. *enzerisch* (Schmeller, Bayer. Wb. 1², 117). Vielleicht gehört auch der *Enzensberg, Enzinsperig* als Riesenberg hierher. Aber sicher ist hds. *enz* neben ags. *ent* keineswegs. Die neunordischen Sprachen gebrauchten die allgemeine Bezeichnung der Unholde, *troll,* mhd. *trol, trolle,* die ursprünglich

---

1 Vgl. Kögel, AnzfdA. 1S, 49; aus derselben Wurzel ist der Volksname *ermunduri* und *thuringi* gebildet, und das nord. Zeitwort *þora,* wagen. Die frühere Erklärung z. B. noch Mogk im Grundriss 1, 1041 zieht skrt. tṛš lechzen, gierig sein, heran, indem das *s* in *þurs* als wurzelhaft betrachtet wird, was es aber schwerlich ist.

2 Zur Etymologie von Hüne vgl. J. Grimm, Myth. 491; Deutsche Grammatik 2, 462; Müllenhoff, ZfdA. 13, 576; Kögel, AnzfdA. 18, 50; anders Kluge im Etym. Wb. unter Hüne.

dem Kreise der Marenvorstellungen zukommt, mit Vorliebe für die Riesen. Frühzeitig wurde im Ags. und Ahd. *gigant* entlehnt und sogar in ungelehrten Werken, z. B. im Beowulf, neben den heimischen Benennungen angewandt.

2. Gestalt, Aussehen und Art der Riesen

Eine große, menschliches Maß weit überragende Gestalt wird allen Riesen beigelegt, sie stehen gleich Bergen und hohen Bäumen, starr und unbeholfen. In den Riesen waltet volle ungebändigte Naturkraft, die zu wildem, trotzigem Übermut entarten kann. Die Riesen zumal in den älteren Quellen erscheinen wohlgebildet und von vollkommenem Wuchs, so Aegir, Thrym und Thjazi. Thrym, ein behaglicher stattlicher Mann, der Thursenbeherrscher, sitzt auf dem Hügel und flicht seinen Hunden goldene Halsbänder, glättet seinen Rossen die Mähne; Aegir führt gastliche Wirtschaft. Einzelne Riesinnen sind sogar ausnehmend schön, so Gerd, von deren glänzenden Armen Luft und Wasser widerleuchten. Skadi, des Thjazi Tochter, ist ebenso schön, der Gunlod naht Odin in Minne. Dem edlen Äußern entspricht auch ihr wohl bestelltes Innere. Erfahrung, Vielwissenheit, Gutmütigkeit und Gastfreundschaft schmücken das Riesengeschlecht, der kindliche Frohsinn friedlicher einfacher Verhältnisse lagert über ihnen, und daraus entspringt ihre Treue. *Barnteitr*, froh wie ein Kind), ist Aegir. Ihr hohes in die Urzeit hinaufreichendes Alter gewährt den Riesen tiefe Weisheit. *Hundvíss*, viel wissend, *fjǫlkunnigr*, vielkundig werden sie genannt. Wafthrudnir, von dem Odin Kunde der Vorzeit erfragt, ist *enn alsvinne jǫtonn*, der allweise Riese, dem Örgelmir und Bergelmir wird das Beiwort *enn fróþe*, der Kluge gegeben. Fenja und Menja sind *franivísar*, Zukunft wissend. *Trolltryggr*, treu wie ein Riese, ist eine sprichwörtliche Redensart, welche auf die unverbrüchliche Treue der Riesen hinweist. Übermütig, hochgemut *(stórúþegr)* ist Hrungnir, ebenso heißt ein deutscher Riese in der Virginal 890 *Hôhermuot*. *Þrúþmóþegr*, tatkräftig, *harþmóþegr*, rau, *ámáttegr*, übermächtig werden Riesen genannt. Aus ihrer gutmütigen Ruhe aufgereizt, geraten die Riesen aber in großen Zorn, *jǫtonmóþr*. Deutsche Gedichte und Volkssagen schildern solchen Zustand. Wenn die Riesen im Zorne entbrennen, so schleudern sie Felsen, reiben Flamme aus Steinen, drücken Wasser aus Steinen, entwurzeln Bäume, flechten Tannen wie Weiden und stampfen mit dem Fuß bis ans Knie in die Erde. Widolt im König Rother wird seines unbändigen Wesens halber in Fesseln gelegt und nur im Kampf gegen den Feind losgelassen. Steine und Felsen, Baumstämme sind des Riesengeschlechtes Waffen, allenfalls auch Steinschilde, Steinkeulen, Stahlstangen. In der Bewaffnung verkörpert der Riese dem wohlgerüsteten, mit Speer und Schwert bewehrten Helden gegenüber ein uraltes vergangenes Geschlecht, das noch keine kunstvollen Waffen zu schmieden verstand. Neben den wohlgestalteten, gutartigen Riesen stehen aber ebenso viele ungestaltige, bösartige. Die nordischen Riesennamen Swart, Alswart, Swarthöfdi (Schwarzkopf), Surt, Blain (dunkel), Syrpa (die Schmutzfarbige) geben den Unholden hässliche, abschreckende Farbe, Lodin (der Zottige) und Lodinfingra (die Zottelfingrige) zeigen sie behaart und zottig, Liota ist die Garstige. Diesen allgemeinen Eigenschaften gesellen sich besondere. Jarnhaus (Eisenschädel), Hardhaus (Hartschädel) erweisen die Hartnäckigkeit der ungeschlachten Gesellen, Wagnhofdi muss einen Kopf wie einen Wagen so groß gehabt haben, Skalli ist ein großer Kahlkopf. Die Nase war von ungewöhnlicher Größe und Dicke, wovon Nefja (die Benaste) ihren Namen trug. Skinnnefja die Pelznasige, Hornnefja die Hornnasige, Jarnnef der Eisennasige verraten solche Entstellung. Bei Henginkjapt und Henginkepta hängt der Kiefer herab, Muli ist der Großmäulige. Um Wange und Kinn starrte ein struppiger Bart, kalter Hauch wehte daraus, wie die Namen Þistilbarð (Distelbart) und Kallrani (kalter Rüssel) lehren. Vom Riesen Hrungnir wird berichtet, sein Kopf und Herz seien aus Stein gewesen. Auf den weit ausschreitenden Gang zielen Namen wie Stigandi, Hástígi, Steiger und Hochsteiger, auf den zermalmenden Griff der breiten Hände die Namen Greip, Hardgreip, Wídgríp, auf Riesenstärke, die gewaltige Taten vollbringt, Sterkir, Starkad, Hardwerk, Fjolwerk, Storwerk. Neben dem Gattungsnamen *etanaʒ* weist auch der besondere Eigenname Wolvesmage (Virginal 882) auf die wölfische Gefräßigkeit. So sind die Riesen in ihrem Äußeren und ihrem Gebaren unerfreulich, schrecklich, feindselig. Sowohl nordische wie deutsche Überlieferung hebt nicht nur die Missgestalt, sondern auch die Ungestalt einzelner Riesen hervor. Eines dreiköpfigen Thursen gedenkt das Skirnirlied 31, eines sechsköpfigen das Wafthrudnirlied 33; im Hymirlied 35 bricht die vielköpfige Riesenschar aus den Berghöhlen hervor, Hymirs Mutter hat gar neunhundert Köpfe. *Drîhouptige tursen,* siebenköpfige Riesen, erwähnen auch deutsche Märchen. Die Zahl der Arme, Hände, Ellbogen werden verdoppelt und verdreifacht (J. Grimm, Myth. 360). Kaum aus unverfälschter germanischer Sage, vielmehr aus fremden orientalischen Einwirkungen mögen solche Vorstellungen entstanden sein. In den hässlichen, schrecklichen Riesen wohnt auch böse Gesinnung. Anstelle der Weisheit tritt Stumpfsinn, im Nordischen ist *dumbr* und *stumi,* stumm und dumm, im Deutschen *tumbo* eine Bezeichnung der Riesen. Der dumme Riese und sein christlicher Vertreter, der dumme Teufel, werden nicht allein durch Heldenkraft, sondern auch durch List und Schlauheit überwunden.

Den Riesen ist im Allgemeinen der Wohnsitz in dem Elemente, das sie verkörpern, zugeteilt. Jedoch kennt die Sage auch ein besonderes Riesenland (Rother 767), im Norden *jǫtonheimr.* Die Norweger verlegten Riesenheim in den Norden oder Osten, aufs unwirtliche unzugängliche Hochgebirge. Auf der Grenze ist Grjótúnagard, Bezirk der Steingehege. Dort wohnt das Thursenvolk, als dessen Beherrscher *(þursa dróttenn)* Thrym bezeichnet wird. Sonst werden die Riesen mit andern Unholden wohl auch in *Utgard* unter dem Beherrscher Utgardloki wohnhaft gedacht.

In den nordischen Quellen sind die Riesen in die Göttersage verwoben, in den deutschen Gedichten erscheinen sie als besonders starke, wilde und gefährliche Männer. Hier wie dort stehen sie meistens der Weltordnung feindlich gegenüber.

»Denn die Elemente hassen
das Gebild der Menschenhand.«

Darum sind die Riesen gewöhnlich bösartig, auf gewaltsamen Umsturz bedacht. Im Norden sind die Riesen von den Göttern bezwungen und in wohltätige Schranken gebannt, gleichwohl aber stets von der Hoffnung beseelt, das urzeitliche Chaos wieder heraufzuführen, ihre verlorene Herrschaft durch Vernichtung aller göttlicher und menschlicher Ordnung wieder an sich zu reißen. In deutscher Sage unterliegen die Riesen den Helden, welche zur Bekämpfung der gewalttätigen Unholde erschaffen sind. Die Herrschaft des Geistes über die Natur ist der Grundgedanke der Riesensagen. Sehr ergiebig ist die noch lebende Volksüberlieferung. Von Norwegen bis Tirol begegnen die Riesen überall mit denselben Zügen, mit derselben Wildheit und plumpen Gutmütigkeit. Im Norden und Süden, im Meer und auf dem Hochgebirge, wo der Mensch die Wut der entfesselten Elemente mehr verspürt, sind die Riesen hauptsächlich zu Hause, weniger im mittleren Deutschland. Riesenschlangen und andre Ungetüme entsteigen den Gewässern. Kleine Sandhügel und erratische Granitblöcke rühren von Riesen her. In den norwegischen Gebirgen und in den süddeutschen Alpen ragen die versteinten Leiber der Riesen auf, und gewaltige Naturereignisse bezeugen ihr fortdauerndes Leben. Mit Felsen und Bäumen bekämpfen sich die Riesen, ungeheure Blöcke schleudern sie gegen die verhassten Kirchen, ihr Vieh treiben sie mit Bäumen als Gerten zusammen, ganze Hügel streichen sie von den Schuhen oder schütten sie daraus, als ob es Sandkörner wären. An vielen Orten werden die Spuren ihrer Füße, Finger oder Sitzteile in Steinen gezeigt.

Die Riesen gelten als treffliche Baumeister. Uralte Steinbauten, Burgen und Wege pflegt das Volk den Riesen oder dem Teufel[1] zuzuschreiben, wie die griechische Sage von Kyklopen-

1 Teufelssagen, die aus alten Riesensagen stammen, verzeichnet J. Grimm, Myth. 972 ff.

mauern meldet. Dafür zeugt der Heliand und die angelsächsische Dichtung. Eine hoch ragende Felsenburg auf Bergesgipfel wird im Hel. 1397 ein Riesenwerk *(uurisilic giuuerc)* genannt.[1] Riesenberge (nds. *wrisbery*) können als Wohnsitz oder Bauwerk von Riesen so heißen. Im Beowulf 2718 wird die Drachenhöhle als *enta geweorc* bezeichnet, wo Steinbögen auf Pfeilern die Erdhalle stützen. Riesenwege *(jǫtna vegar, entiscen wec, trollaskeið)* sind wohl alte gepflasterte Heerstraßen, welche die Germanen ebenso wie die römischen Steinbauten bewunderten und deren Ursprung der Volksglaube allmählich auf übermenschliche Wesen zurückführte. Aus dieser Vorstellung erwuchs die Sage vom Riesenbaumeister, welche in der Edda und in zahlreichen nordischen und deutschen Volkssagen auftaucht. Ein Riese, ein Unhold, der Teufel, erbietet sich, gegen Lohn einen Bau bis zu einer bestimmten Zeit auszuführen. Meist verlangt er die Seele des Hausherrn oder eine Jungfrau, also ein Menschenopfer. Aber durch List gelingt es, die Arbeit im letzten Augenblick so aufzuhalten, dass zur gesetzten Frist noch eine Kleinigkeit fehlt. Damit ist der Riese um seinen Lohn betrogen. Der heilige Olaf ließ auf diese Weise vom Troll sogar eine Kirche bauen.[2]

An einzelne Felsblöcke, die in der Ebene verstreut liegen, an Hügel, Sanddünen, kleine Inseln knüpfen gerne Riesensagen an, welche die örtlichen Erscheinungen auf Riesentaten zurückführen. Wenn im schmalen Sande wie etwa zwischen Rügen und Pommern, Seeland und Schonen kleine Inseln aufragen oder am Gestade Hügel sich erheben, so sind es Spuren von Dammbauten, welche einst Riesen beabsichtigten, um trocknen Fußes über das Wasser gehen zu können und nicht immer durchwaten zu müssen. Die Erdhaufen im Wasser und am Lande entstanden dadurch, dass Sand und Steine durch Löcher aus den Schürzen

---

1 Zur Stelle vgl. Vilmar, Deutsche Altertümer im Heliand S. 10; die ags. Stellen, welche *enta geweorc* nennen, bei Grein, Ags. Sprachschatz 1, 228.

2 Zur Sage vom Riesenbaumeister J. Grimm, Myth. 514 ff.; 3, 158; Menzel, Odin 19 ff.; Scheibles Kloster 9, 7 ff.; Kuhn, Westfäl. Sagen 1, 29; 248 ff.; Simrock, Myth.[5] 55 ff.; Henne am Rhyn, Die deutsche Volkssage, 242 ff.; Faye, Norske folkesagn 14 ff.; E. H. Meyer, Myth. 153.

der Riesen herausfielen. Große Steine, die an solchen Orten liegen, dass das Volk nicht begreifen kann, wie sie dahin kamen, wurden von Riesen wie Sandkörnchen aus den Schuhen geschüttet. Damit wird auch humoristisch übertreibend die gewaltige Größe des Riesen angezeigt, dem ein ansehnlicher Felsblock nur wie ein kleines Steinchen im Schuh ist. Manchmal sind die Steine aber auch von Riesen geworfen, und deutlich erkennt man darin die Spur ihrer fünf Finger abgedrückt. Meilenweit reicht der Wurf der Riesen, meilenweit der Schall ihrer Stimme. Der Wurf ist oft feindselig gegen Menschenwerk, besonders gegen Kirchen gerichtet, verfehlt aber sein Ziel. Sümpfe und Pfützen sind aus dem Blute entstanden, das aus der Wunde eines Riesen hervorströmte, wie in der nordischen Schöpfungssage Ymirs Blut die ganze Welt ertränkt und das Meer erfüllt.

Das riesische Übermaß schildern ziemlich ähnlich die nordische Sage und ein deutsches Kindermärchen. Skrymir, der sich auf der Fahrt nach Utgard zu Thor gesellt, wird vom Hammer des Gottes mehrmals im Schlafe getroffen. Das erste Mal fragt Skrymir, ob ein Blatt Laub auf ihn herabgefallen sei, das andre Mal, ob ihm eine Eichel ins Gesicht fiel, das dritte Mal meint er, Vogelmist falle von den Zweigen auf sein Haupt herab. Thor aber hatte immer mit voller Kraft zugeschlagen. Im Märchen (bei den Brüdern Grimm Nr. 90) werden Mühlsteine auf den Riesen im Brunnen hinabgeworfen, und er ruft: »Jagt die Hühner weg, die da oben im Sande kratzen und mir Körner in die Augen schmeißen!« Wie der Riese heraussteigt, sagt er: »Seht einmal, ich habe doch ein schönes Halsband um«, da war es der Mühlenstein, den er um den Hals trug. Weit verbreitet ist auch die Sage vom Riesenspielzeug, wie eine Riesentochter den pflügenden Ackermann aufnimmt und in ihrer Schürze dem Vater heimträgt.

Ganz besonders reich an Riesensagen ist Tirol, wo auch im Mittelalter die Riesenkämpfe Dietrichs von Bern und seiner Gesellen sich abspielen. Weinhold (Riesen S. 305) stellt die wesentlichen Züge zusammen: »Da fährt der Bauer mit allem Zeug in einen gestrüppvollen Hohlweg, und das ist zum Unglück das

Nasenloch des Riesen, der ihn samt Ochsen und Wagen in die weite Welt hinausniest; da wird von dem Brüllen eines Riesen in seiner Höhle der ganze Glunkezer Berg morsch und stürzt jetzt ein, weshalb die andern wilden Männer sich lieber ruhig verhalten; da ist der Riese so hoch, dass der Bauer, der ihm dient, auf eine Tanne steigen muss, wenn er ihm was zurufen will; da treffen wir auch noch alte gute Eigenschaften der ungeheuren Gesellen. Weichherzig weinen sie über verunglückte Tiere, schützen die Waldvögel und das Alpenvieh, sagen das Wetter voraus und lehren die Bauern manches Nützliche; denn sie sahen den Urwald schon neunmal fällen und wachsen und erfuhren deshalb so mancherlei. Der und jener Wilde sperrt sich auch ein seliges Fräulein in den Singkäfig, statt es zu zerreißen, wie ihre Sitte sonst ist. Auch suchen sich einige den Menschen zu nähern. Mancher Riese kehrte über den Winter in Bauernhöfen ein und erwies sich im Sommer darauf für die Herberge dankbar, indem er den Hof vor wilden Wassern und Bergfällen schirmte. Riesentöchter spannen Liebschaften mit starken Bauern an und, wenn diese nicht beim ersten Kuss an gebrochenen Rippen verschieden, heirateten sie sich und wurden die Stammeltern der Unholde und der Starken, welche an vielen Orten bis in die jüngste Zeit fortlebten. So bewegt sich die Vorstellung von den Riesen im Volke noch heute auf denselben Wegen, die ihr im ältesten Heidentume gebaut wurden.« Die Riesenart, wie sie in der neuisländischen Sage sich äußert, schildert Maurer (isl. Volkssagen S. 38 ff.) also: »An Wuchs und leiblicher Stärke die Menschen weit überragend, sind die Tröll wild und unbändig, dumm, gefräßig und blutdürstig; andererseits aber sind sie daneben doch auch wieder geheimen Wissens und Könnens voll, dabei gutmütig, ehrlich, und zumal treu wie Gold. Gegen Beleidigungen sind sie sehr empfindlich und suchen solche schwer zu rächen; andererseits aber erweisen sie sich auch dankbar für empfangene Wohltaten, und erzeigen sich auch wohl ohne solche Veranlassung den Menschen hilfreich. Als Menschenfresser werden sie oft genug geschildert; andererseits aber sind auch wieder Liebschaften zwischen Riesen und Menschenweibern oder umgekehrt zwischen Menschenmännern und Riesinnen nicht selten. Wenn auch in mancher Hinsicht verunstaltet, werden die Tröll doch immer wesentlich menschlich gestaltet gedacht; aber sie erscheinen gewissermaßen als ein älteres Geschlecht von Menschen, sie sind zumal dem Christentum feindlich und suchen dessen Fortgang auf jede Weise zu hemmen. Sie wohnen auf felsigen Gebirgen und in Berghöhlen; leben von der Jagd, dem Fischfange und allenfalls von der Viehzucht; als wesentlich nächtliche Geschöpfe vermögen sie das Tageslicht nicht zu ertragen, und springen in Stein, sowie sie von der Sonne beschienen werden.« In vielen Sagen, aber auch in manchen sprichwörtlichen Redensarten begegnen die erwähnten Eigenschaften der Riesen. Die Ausdrücke, welche Riesinnen bezeichnen, wie *skessa, flagð* u. dgl. werden in tadelndem Sinne von Weibern gebraucht, die durch unordentliche Haltung, heftige Bewegungen, maßlose Heftigkeit Anstoß geben. Will man bezeichnen, dass einer stier und dumm verwundert eine Sache anstarre, so braucht man wohl den Ausdruck: etwas anglotzen wie der Riese das Himmelreich, das ihm, dem Christenfeinde, natürlich völlig verschlossen und fremd ist. Wiederum spricht man in lobendem Sinne von *tröllatryggð,* Riesentreue, oder sagt von einem Manne: *hann er mestr tryggðatröll,* er ist der vollständigste Treuriese; es gilt auch das Sprichwort: *tröll eru í tryggðum bezt,* die Riesen sind am besten, soweit Friedensverträge infrage stehen, *tröll gánga trauðt á grind sín,* die Riesen brechen nicht leicht ihr Friedensgelöbnis.

Riesische Wesen in Tiergestalt sind nicht selten. Dahin gehören der Midgardswurm, der Adler Hräswelg, von dessen Schwingen die Winde ausgehen, der Wolf Fenrir, die Sonnen- und Mondwölfe. Riesennamen wie Kǫtt (Kater), Hyndla und Mella (Hündin), Trana (Kranich), Kráka (Krähe) weisen aufs Tierreich. Die Sage meldet auch von Verwandlungen: so erscheint Thjazi als Riesenadler, Fafnir nimmt Wurmsgestalt an und liegt auf dem Hort, im hürnen Seyfrid 22 wird der Drache zu einem Menschen, zunächst für einen Tag, nach fünf Jahren soll er für immer menschliche Gestalt gewinnen. Die Verwandlungsfähigkeit der Riesen ist aber im Allgemeinen seltener als die der Elbe und wohl von dorther entlehnt. Dem ungeschlachten Riesen steht die geschmeidige Beweglichkeit des Albs nicht wohl an. Wie die Elemente zu Riesen wurden, lehrt eine ziemlich junge norwegische Sage, worin die gewöhnlichen Bezeichnungen, welche die Sprache für die Naturerscheinungen besitzt, persönlich genommen und in Verwandtschaftsverhältnis zueinander gesetzt sind. Auf ähnliche Weise dürften auch die älteren Riesengestalten entstanden sein. Als die ältesten Bewohner Norwegens gelten die Riesen, Forniots Geschlecht. Des Stammvaters Namen und Art ist noch nicht sicher aufgeklärt[1], über seine Nachkommenschaft[2] aber kann kein Zweifel aufkommen, ihr Wesen ist durchsichtig. Von Forniot stammen die Söhne Hler, Logi und Kari; der erste, auch Aegir genannt, waltete über das Meer, der zweite über die feurige Lohe, der dritte über die Winde. Logi bedeutet Lohe, Kari Wind. Von Kari entspringen Jokul (Gletscher), von diesem Snær (Schnee), dessen Kinder waren Thorri (Januarmonat), Fonn (Schneehaufe), Drifa (Schneetrift), Mjoll (feiner glänzender Schnee). Nach anderem Bericht ist Frosti (der Frost) des Snær Vater. Kalt weht es aus diesem Zweige des Riesengeschlechtes von dem norwegischen Hochgebirge herunter. Über die untersten Ansätze der Mythenbildung, die Personifizierung bloßer Begriffe, geht eine Sage vom König Snær oder Snio hinaus, welche Uhland (Schriften 6, 23) so auslegt: »Wenn bei Saxo der Dänenkönig Snio seinen vermummten Boten nach einer schönen Königin in Schweden ausschickt, wenn der Bote ihr leise, leise zusingt: Snio liebt dich, und sie ebenso, kaum hörbar, entgegenflüstert: Ich lieb ihn wieder, und wenn sie dann die verstohlene Zusammenkunft auf den Anfang

1 Die Erklärung des Namens, der im Ags. als *Forneot* wiederkehrt, ist *Forn-jótr,* alter Riese, Urriese, oder *For-njótr,* Vorbesitzer des Landes, Oberherr (Uhland, Schriften 6, 22; Falk, Beiträge 14, 9); Noreen, fornnordisk religion S. 2 schlägt *fórn-njótr,* Opfergenießer, vor.

2 Von Forniots Geschlecht berichten die Fornaldarsögur 2, 3 ff.; von Halogi ebenda 2, 383 ff.; zur Sage vgl. Uhland, Schriften 6, 20 ff.; Mogk, Grundriss 1, 1040.

des Winters bestimmt; wenn nach der Saga von Sturlaug dieser norwegische Jarl und nachmalige König in Schweden seinen Pflegbruder Frosti nach der schönen, lichtgelockten Mjoll, der Tochter des Finnenkönigs Snær, aussendet und Frosti die mit ihm Entfliehende unter dem Gürtel fassen muss, worauf sie rasch im Winde hinfahren; oder wenn nach dänischen Chroniken Snio ein Hirte des Riesen Lä (Hler) auf Läsö ist, so erahnt man wohl noch bald das leise Gesäusel der niederfallenden Flocken, bald den stürmischen Flug des glänzenden Schneegestöbers, bald den dichten Trieb der Schneewolkenherde vom Meere her, dem Gebiete des Hlers, in seltsame Märchenbilder verwandelt.« Von Logi, der mit dem Namenshelden der norwegischen Landschaft Halogaland als Halogi zusammengeworfen wird, erfahren wir noch, dass seine Frau Glod, die Glut, hieß; seine Töchter waren Eysa und Eimyrja, Glutasche. Von Hlers Sippe, seinen Wellentöchtern wird unten Näheres zu berichten sein. So waltet also das Riesengeschlecht in Luft, Feuer und Wasser. Besonders der Wind, der von den Gletschern herunterweht und Schnee daher treibt und aufhäuft, ist ihr Element.

Die Volkssage schreibt den Riesen hohes Alter zu. Noch im späten Mittelalter gelten Zwerge und Riesen für älter als die Menschen. Die nordische Mythologie versetzt die Riesen in das uranfängliche Chaos, aus dem sich der Urriese Ymir (auch Örgelmir oder Brimir genannt) als erstes leibliches Gebilde erhebt. Somit sind die Riesen auch älter als die Götter, und die nordische Sage führt diese Tatsache folgerichtig dahin aus, dass von den Riesen vor allen tiefste Weisheit über urweltliche Zustände und Ereignisse zu erholen ist. Ymir, der aus der Mischung der Elemente unmittelbar erwuchs, ist der Ahnherr aller Riesen. Selbst die Götter sind den Riesen verschwägert. Bur nahm eine Riesin, Bestla, des Bolthorn Tochter, zur Frau. Mimir scheint ihr Bruder und Bolthorns Sohn gewesen zu sein. Von Bur und Bestla entstammten aber Odin, Wili und We. Jedoch die ganze Schöpfungssage und das Verhältnis der Götter und Riesen steht unter fremden Einflüssen, wie später ausgeführt wird.

Wie die Elbe, so haben auch die Riesen zuweilen etwas

Scheues, Heidnisches an sich, sie gebärden sich wie ein bedrängter Volksstamm, der im Begriff steht, die alte Heimat den neuen mächtigen Ankömmlingen zu überlassen. In der Sage vom Riesenspielzeug betrachtet die Riesentochter die Menschen als kleine Erdwürmer, der alte Riese aber weiß, dass sein eignes starkes Geschlecht den unscheinbaren Geschöpfen unterliegen muss. Dem Christentum sind die Riesen Feind, sie schleudern Felsen gegen Kirchen. Aber sie müssen weichen. Als der heilige Gallus in stiller Nacht die Netze zum Fischen auswarf, vernahm er die Zwiesprache zwischen einem Bergriesen und einem Wasserriesen, die darüber Klage führten, dass der neue Glaube ihre Macht breche, dass sie selber aber ihren Feinden, den Gottesmännern, welche sich mit dem Gebet schützten, nicht ankönnten. Da bekreuzigte sich Gallus und bannte sie aus der Gegend.[1] So feindselig die Riesen aber auch im Allgemeinen dem neuen Glauben entgegenstehen, so macht sich doch auch wie bei den Elben zuweilen die Sehnsucht bemerkbar, seiner Segnungen teilhaftig zu werden. In der Sage von Þorstein uxafót Kap. 6 richtet ein Erdriese (jarðbúi), der ihn in einem Kampfe unterstützt hatte, die Worte an Thorstein: »Du wirst auch einen Glaubenswechsel mitmachen, und dieser Glaube ist viel besser für die, die ihn annehmen können. Aber die müssen zurückbleiben, die nicht hiezu geschaffen sind, und so sind wie ich; denn ich und meine Brüder waren Erdriesen. Nun schiene mir aber viel daran zu liegen, dass du meinen Namen unter die Taufe brächtest,

1 Vita St. Galli MG. II 7 *volvente deinceps cursu temporis electus dei Gallus retia lymphae laxabat in silentio noctis, sed inter ea audivit demonem de culmine montis pari suo clamantem, qui erat in abditis maris. Quo respondente, »adsum« montanus e contra: »surge« inquit »in adjutorium mihi; ecce peregrini venerunt, qui me de templo ejecerunt;« nam deos contereband, quo incolae isti colebant; insuper et eos ad se convertebant; »veni, veni, adjuva nos expellere eos de terris!« Marinus demon respondit: »en unus illorum est in pelago, cui nunquam nocere potero. Volui enim retia sua ledere, sed me victum proba lugere. Signo orationis est semper clausus, nec umquam somno oppressus.« Electus vero Gallus haec audiens munivit se undique signaculo crucis dixitque ad eos: »in nomine Jesu Christi praecipio vobis, ut de locis istis recedatis, nec aliquem hic ledere praesumatis!«*

wenn es dir beschieden wäre, einen Sohn zu bekommen.« Ebenso verlangt der Riese Armann, der dem Hallward im Traume erschien, »wenn es dir möglich wird, sollst du meinen Namen unter die Taufe und unter das Christentum bringen«.[1]

3. Wasserriesen

In die Welt der riesischen Meerungeheuer eröffnet das ags. Gedicht Beowulf einen Einblick. Schon in früher Jugend erwarb sich Beowulf Ruhm bei seinem mehrtägigen Wettschwimmen mit Breca. Mit dem Schwerte musste er sich der Angriffe der Meerfische *(hronfixas, merefixas)* erwehren, die ihn auf den Grund zu ziehen trachteten. In den Wogen erschlug er neun Nixe *(niceras nigene)*. Dadurch ist er vorbereitet auf seine größte Heldentat, den Kampf mit Grendel und seiner Mutter. In die Halle Heorot, welche der Dänenkönig Hrodgar erbaut hatte, drang allnächtlich Grendel, ein Unhold, der die Insassen mordete und den Saal verödete, bis Beowulf der Geatenheld übers Meer den Dänen zu Hilfe eilte, mit Grendel kämpfte, ihn auf den Tod verwundete, endlich in seine Behausung auf dem Meeresgrund drang, dort Grendels Mutter tötete und dem Unhold selber das Haupt abschlug. Die schwierigen Fragen, die mit dem Beowulfmythos und Gedicht[2] zusammenhängen, berühren uns

---

1 Vgl. die Armanns Saga; Maurer, Bekehrung 1, 134 Anm. 13.

2 Über Beowulf vgl. Müllenhoff, ZfdA. 7, 419 ff.; Beowulf, Untersuchungen über das Epos, Berlin 1889; Sarrazin, Beowulf-Studien, Berlin 1888; ten Brink, Beowulf, Untersuchungen, Straßburg 1888; Uhland, Schriften 8, 479 ff.; Laistner, Nebelsagen S. 88 ff.; 264 ff.; Kögel, ZfdA. 37, 268 ff.; Literaturgeschichte I, 1, 109 ff. Dass ein Unhold, und zwar häufig ein Wassergeist, eine menschliche Behausung unbrauchbar macht, bis ein beherzter Mann ihn daraus vertreibt, ist ein beliebter Märchenzug; vgl. Simrock, Beowulf 177 ff.; Laistner, Rätsel der Sphinx 2, 15 ff. Der Name Grendel macht Schwierigkeit. Den deutschen Sprachen ist das Wort *grendel, grindel* = Riegel, ganz geläufig. Der Teufel heißt Höllriegel. Sollte Grendels Name und seine Mutter aus christlichen Volksvorstellungen vom Teufel stammen? Das Beowulf-Gedicht ist mit Teufelsaberglauben ja vertraut und

hier nicht, wir entnehmen daraus nur, was die Angelsachsen und wohl überhaupt die Seegermanen unter Wasserdämonen sich vorstellten. Mit Grendel, d.h. Schlange, ist ein Dämon der zerstörenden Gewässer gemeint, sei es der Sturmfluten an der Nordseeküste, sei es der fieber bringenden Sümpfe, die infolge der Überflutungen sich bildeten. Einseitig fasste Müllenhoff Grendel als Sturmflut, Uhland und Laistner erklärten ihn als Verkörperung der Seuchen und Plagen einer versumpften und verpesteten Meerbucht, die geräuschlos zur Nachtzeit im Nebel aufsteigen und den Menschen beschleichen. Kögel findet mit Recht beide Plagen, Sturmflut und Sumpffieber, in Grendel verleiblicht. Grendel ist nach den Worten des Gedichtes der kundbare Grenzgänger, der Moore, Sumpf und Strand *(móras, fen and fæsten)* inne hat. Immer wieder wird die neblige moorige Heimat hervorgehoben *(héold mistige móras)*. Vom Moor unter den Nebelklippen *(of móre under misthleoþum)* kommt Grendel zum Metsal geschritten, er watet in Wolken gehüllt daher *(wód under wolcnum)*. Wie ein Nebelstreif zieht sich also der Unhold unhörbar leise aus dem Moor zur Halle hin, worin die Helden schlafen. Er wird als Riese *(eoten)* bezeichnet, sein Haupt ist furchtbar, seine Hand läuft in stahlharte Krallen aus, sein Blut schmelzt Schwerter. Grendels wölfische Mutter *(brimwylf, grundwyrgen)*, die mit ihm in der grausigen Meerflut *(wæteregesan)* haust, folgt des Sohnes Spuren und sucht ihn zu rächen. Höchst anschaulich wird die Wohnstätte der Unholde geschildert. Sie haben inne verstecktes Land, windige Landzungen, fürchterliche Moorpfade, wo der breite Strom unter dunkle Landstreifen, unter der Erde sich verliert. Jäh fällt das steinige

---

verweist den Wasserriesen ausdrücklich zu den Teufeln. Unter Beziehung aufs mndl. Wörterbuch 2, 2129 erklärt Kögel ZfdA. 37, 275 Grendel als Schlange, und leitet den Namen aus dem Zeitwort *grinden*, knirschen, zischen, brausen. Grendel ist die brausende Wasserschlange, die hereintosende Sturmflut. Da in der SE. 2, 486 *grindill* eine Bezeichnung des Sturmes ist und das Wort möglicherweise zu *grenja*, heulen, tosen (vom Sturm und Wasser gebraucht) steht, wurde auch diese Etymologie vorgeschlagen; vgl. Mogk, Grundriss 1, 1043.

Land, von düstrem Walde, von wurzelfesten Bäumen bestanden, die überhängen, plötzlich in mooriges, sumpfiges Meer ab. Da mag man nächtliches Wunder schauen, Feuer in der Flut. Noch niemand hat den unheimlichen Grund erforscht. Der von Hunden gehetzte, geweihstolze Hirsch lässt eher am Ufer das Leben, als dass er in den schaurigen Wald flüchtet. Nicht geheuer ist der Ort, dunkles Wogengemisch steigt zu den Wolken, wenn der Wind leide Unwetter zusammentreibt, bis dass die Luft düstert, die Himmel weinen. Auf den abstürzenden Klippen lagert allerlei Gewürm, wunderliche Seedrachen und Nixe, welche dem Schiffer oft gefährlich werden. Beowulf steigt kühn in die gräuliche Flut und gelangt zum Grunde, wo ihn die Wölfin (Grendels Mutter) packt. Vor ihren Griffen und den scharfen Zähnen der Seetiere beschützt ihn seine Brünne. Das Meerweib trägt ihn in ihre Behausung, welche bedacht ist und dem Wasser keinen Zutritt verstattet. Mit blinkendem Glanze leuchtet drin ein Feuer.

Aus den Wasserriesen erhebt sich freundlicher gestaltet der Beherrscher des Meeres, *Aegir*, der Wassermann.[1] Von Natur zwar riesisch, kann er doch mit den Asen in Gastfreundschaft kommen. Er ist, wie die Einleitung der sog. Bragarœður berichtet, in Asgard beim Gastmahle der Götter zugegen und empfängt von Bragi reiche Belehrung. Die Götter aber besuchen wiederum den Aegir in seiner Heimstätte, wo er ihnen in einem gewaltigen Kessel Bier braut und ein Mahl zurüstet. Daher heißt er beim Skald Egill im Lied auf seinen ertrunkenen Sohn geradewegs Bierbrauer der Lichtgötter (ǫlsmiþr allra tíva). Der meilentiefe Braukessel ist aber ursprünglich in der Gewalt des Hymir und muss erst durch Thor herbeigeschafft werden. Aegir scheint das der Schifffahrt offene Meer zu verkörpern. Sein Verkehr mit den Asen und das Beiwort *»barnteitr«*, fröhlich wie ein Kind, kenn-

---

1 *œgir* ist aus *âgu̯iaz* entfaltet und steht zu got. *ahua*, lat. *aqua;* völlig verschieden ist *œgir*, der Schrecker, zum ablautenden Zeitwort *agan*, *ôg* fürchten, an. *œgiask*, sich fürchten; vgl. K. Gislason, aarböger f. nord. old kyndighed og historie 1876, S. 313 ff.; Noreen, Abriss der urgermanischen Lautlehre S. 59; von Agir erzählen Hym., Lokas., Bragar; über seine Deutung vgl. Uhland, Schriften 6, 92 ff.

zeichnen den Riesen als gutartig und umgänglich, wohl im Gegensatz zu Hymir. Freilich nimmt das Gelage bei Aegir ein schlimmes Ende, weil Loki die Friedensstätte durch Totschlag entweiht und die anwesenden Götter lästert. Auch hatte sich Aegir nur durch des streitbaren Thor Befehl dazu verstanden, das Gelage zuzurüsten, und sann auf Rache an den Asen. Er hatte im Stillen gehofft, die Fahrt zu Hymir werde dem Thor verderblich sein. Aegir hatte zwei Diener, Fimafeng und Eldir. Statt des Feuers diente helles Gold zur Beleuchtung; das Bier trug sich selber auf. Im Grunde des Meeres sind alle die Schätze gehäuft, welche die gierige Flut verschlang. Im Leuchten des windstillen Meeres aber mochte man den Glanz des versunkenen Goldes spielen sehen. Aegirs friedliches, freundliches Wesen wird durch sein raubgieriges Weib, die Ran, ergänzt. Freund und Feind ist dem Schiffer die See, beide Seiten kommen in Aegir und Ran zum Ausdruck.

In der SE. 1, 206 wird Hlésey, die dänische Insel Läsö im Kattegat, als Heimat des Aegir bezeichnet. Hlér gilt als andrer Name Aegirs. Die Wogen heißen ebenso Töchter des Aegir wie des Hlér (SE. 2, 180). Vermutlich kannten die Dänen und West-Norweger den Meerriesen unter diesem Namen, dessen Etymologie nicht sicher zu bestimmen ist.[1]

Ein weiterer Name dieses Meerriesen ist *Gymir*[2], wie im Eingang der Lokasenna ausgesprochen wird und aus den skaldischen Umschreibungen, in denen der Name allein vorkommt, deutlich erhellt. Das Meer heißt Gymirs Wohnung *(Gymis flet)*, die Brandung ist sein Lied *(Gymis ljóþ)*, die Ran sein zukunftkundiges Weib *(Gymis vǫlva)*. Ob Gymir, Gerds Vater, der aus dem Skirnirlied bekannte Riese, derselbe ist, muss unentschieden bleiben. Weinhold fasste die Gerd als Meernixe, welche den

---

1 Vgl. Weinhold, Riesen S. 235 f.; zu *hlé*, Obdach, gestellt ist Hlér, der Deckende, Schützende.

2 Die Stellen, welche Gymir nennen, sammelt Sveinbjörn Egilsson, Lexikon 282; Gymir fällt im Wortsinn mit Hlér zusammen, es bedeutet Schützer, zum Verbum *geyma*, bewahren, beschützen; Kauffmann, Beiträge 18, 175.

Fluten entsteigend im stillen Hain am Gestade mit dem Gotte Freyr sich vermählt.

Dem Aegir steht *Hymir*[1], der Dämmrer, gegenüber. Er verkündigt sich als Frost- und Eisriesen, als Beherrscher des lichtlosen, nebligen, fahlgrauen nördlichen Eismeeres. Seine Art entspricht seiner Heimat. Genaueres über ihn hören wir nur aus dem Hymirliede, wie Thor und Tyr sich aufmachen, den Kessel zu Aegirs Gelage ihm zu entführen. Der Erzählung gesellten sich Züge vom Märchen des Besuches beim wilden, unholden Menschenfresser. Hier beachten wir nur die Schilderung seines Wesens. Im Osten der stürmischen Wogen am Himmelsrande haust der weise Hymir, der einen meilentiefen Kessel (d. h. das Meer im Verschluss winterlicher Eisdecke) besitzt. Bei ihm sind seine neunhundertköpfige Urahne und seine brauenweiße Geliebte, die Mutter Tyrs. Der hässliche, raue Hymir kommt spät vom Waidwerk heim, Eiszapfen klirren, sein Bart ist gefroren. Vor des Riesen Blick zerbirst Balken und Pfeiler, dass acht Kessel vom Standbrett herunterkollern. Am andern Tag rudern sie zur eisig kalten Fischerfahrt hinaus. Zwei Walfische zieht der Riese auf einmal an der Angel heraus. Er verlangt von Thor Arbeit und Stärkeproben. Einen Glaskelch soll Thor zerbrechen, aber leichter zerschlägt er die Pfeiler, bis endlich an Hymirs hartem Schädel der Kelch zerschellt. Nun darf Thor den Braukessel forttragen. Hymirs Töchter *(Hymes meyjar)* werden in der Lokasenna 34 erwähnt, ohne dass ihre Bedeutung völlig klar würde. Wenn Aegirs und Hlérs Töchter die Wogen bezeichnen, wird es wohl auch mit Hymirs ähnliche Bewandtnis haben. Man denkt an die Gletscherbäche, die aus den Eisbergen ins Meer sich ergießen.

Von einzelnen Meer- oder Wasserriesen lassen sich noch folgende hervorheben. In der Gudrun tritt der alte *Wate* hervor, in

---

1 Von Hymir erzählt die Hymeskviþa u. Gylfag. Kap. 48, wo der Name Ymir und Eymir verschrieben ist; vgl. K. Gialason in Danske vidensk. selsk. ekr. 5, 4 (1874), S. 435 ff. Hymir steht wohl zu *humr* m., *hum* n., Dämmerung, Dunkelheit, graue Meerflut. Hymirs Wesen erklärt Uhland, Schriften 6, 91 f.; in den Beiträgen 18, 170 ff. deutet Kauffmann Hymir als den Dümmling, den Blöden, zu *hýma*, dösig sein.

der Wielandssage der Riese *Vaði,* der Vater des kunstreichen Schmiedes, bei den Angelsachsen finden wir *Wada,* der die Hælsinge beherrschte. Zugrunde liegt diesen Berichten eine Sage der Seegermanen vom Riesen *Wado,* dem Sohne einer Meerminne.[1] Ein riesenmäßiger Greis mit ellenbreitem Barte, unbändigen Grimmes voll, mit fürchterlicher Stimme begabt, bei deren Klange das Land erbebte, das Meer aufbrauste und die Mauern einzustürzen drohten, wanderte am Meeresstrande auf und ab und trug wohl auch zuweilen auf seinen Schultern Menschen über Sunde hinweg. Der regelmäßige Wechsel von Ebbe und Flut war die Wirkung dieses watenden Riesen, dessen rasendem Zorne nichts widerstand. In den norwegischen Aluwasserfällen hauste der wilde *Starkad,* ein vielkundiger Riese *(hundvíss jǫtunn).*[2] Der hatte acht Hände und schlug mit vier Schwertern auf einmal. Von ihm wird erzählt, wie er mit Hergrim, einem Halbtroll, der bald bei Riesen, bald bei Menschen weilte, um den Besitz eines Weibes kämpfte. Im Namen Hergrim klingt wohl der Fossegrim an, die Sage meldet also vom Streit zweier Stromriesen. Nachmals raubte Starkad die Alfhild, die Tochter König Alfs aus Alfheim, also eine Elbin. Der Vater rief Thor um Hilfe an, Thor aber erschlug den Jotun. Der Wasserriese zeigt sich hier als Liebhaber, wie auch andre Sagen solche Züge hervorheben. Natürlich ist Thor sein Erbfeind. Das Lied von Helgi dem Hjorwardsson 12 ff. führt uns eine unholde Meerriesin namens Hrimgerd vor. Helgi hatte im Hatafjord den Beherrscher der Bucht, den Riesen Hati getötet. Nachts lagen die Schiffe im Fjord, Atli hatte Wache. Da sprach ihn Hatis Tochter Hrimgerd, die in Stutengestalt den Wogen entstieg, an, und es erhub sich ein Scheltgespräch. Hrimgerd verlangt zur Sühne des erschlagenen Hati, der viele Weiber aus der Umgegend geraubt hatte, eine Nacht bei Helgi zu schlafen. Also Vater und Tochter sind erpicht auf Liebesverkehr mit Menschen. Helgi fertigt die Lüsterne derb ab, der zottige Thurs

1 Über Wado vgl. Müllenhoff, ZfdA. 6, 62 ff.

2 Über Starkad Aludreng, d. h. Spross des Ala, vgl. der Hervararsaga Kap. 1 und die Gautrekssaga Kap. 3; dazu Uhland, Schriften 6, 101 ff.

Lodin passe besser für sie. Hrimgerds Mutter war vor den Schiffen Helgis an der Mündung der Bucht gelegen und hatte sie zu verderben gesucht, aber vergeblich. Dagegen ertränkte Hrimgerd Hlodwards Söhne, Verbündete Helgis. Auch seine Schiffe wollte sie vernichten, aber Swawa, die Walküre, die lichte Maid wandte das Verderben. Schließlich überrascht die Sonne das Riesenweib, das zu Stein verwandelt am Fjord stehen bleibt.

Über Ran, Aegirs Weib, wird unter den germanischen Todesgöttinnen Näheres zu berichten sein. Hier gedenken wir noch solcher Gestalten, welche in riesischem oder tierischem Leib, als Unhold oder Ungetüm die verderblichen Seiten des Meeres verkörpern. Von Aegir und Ran stammen neun Töchter, deren Namen die SE. aufzählt. Die Bedeutung ist durchsichtig, gemeint sind die Wogen (Uðr, Bara, Kolga, Bylgja), die Brandung, das stürmische Unwetter, die blutgierige (Blóðughadda) Meerriesin. Der Seesturm erschien wie ein Kampf mit diesen Ungeheuern. Die neun Mütter Heimdalls, die im Hyndlalied 38 aufgezählt sind, weisen ebenso auf Eigenschaften der als Riesinnen persönlich gewordenen Meereswogen. Zu Hrimgerd stellt sich die Meerriesin *(margýgr)*, die in alter und neuer Sage begegnet. Aus dem Meere und aus großen Landseen erhebt sich der Wassergeist oft in Rossgestalt (isl. *nykur, vatnahestur*). Der auf dem Wasser sich ballende Nebel gab wohl Anlass zu Sagen, die von aufsteigenden Riesengestalten berichten. Als *skrimsl*, Ungetüm im Allgemeinen, bezeichnen die Isländer Wassergeister von fabelhafter Gestalt.[1] Das Meer wurde mit Vorliebe in Tiergestalt verkörpert, wofür die nordischen Quellen Belege erbringen. Die große Seeschlange des Schifferglaubens begegnet im *miðgarðsorm* oder *ǫrmungandr*[2], d.h. der Weltschlange oder dem großen Ungetüm, welche Thor bekämpft, und die später Lokis Sippe, der Teufelsbrut zugezählt wurde. Die Midgardschlange liegt im tiefen Meer, das alle Länder umgibt, und ist so groß, dass sie

1 Über Meerungeheuer vgl. Maurer, Isländische Volkssagen 30 ff.
2 Über die Weltschlange Vǫl. 50; Hym. 22/4; Gylfag. Kap. 34, 47, 48, 51; vgl. ferner unten im Abschnitt über Thor.

sich mitten im Meer wie dieses selbst ebenfalls um alle Länder schlingt und sich in den Schwanz beißt. Im Riesenzorne *(í jǫtonmóþe)* wälzt sie sich durch die Wogen. Seinem Namen nach (*fen*, Meer) gehört auch der Wolf Fenrir[1]) zu den Wasserriesen. Jedoch sind in seiner Gestalt die verschiedenartigsten Vorstellungen miteinander vereinigt, und gerade der Meerriese tritt am wenigsten hervor. Fenrirs Fesselung, wobei Tyr seinen Arm verlor, entspricht der des Teufels, der gefesselte Wolf ist nur ein andres Bild des gefesselten Loki. Von Fenrir entstammen die Wölfe, die Sonne und Mond verschlingen, im Wafthrudnirlied 47 frisst Fenrir selber die Sonne auf. Ob damit die im Meer versinkende, im Nebel verschwindende Sonne angedeutet ist, ob der Mythos aus dieser Naturerscheinung erwuchs, muss dahingestellt bleiben.

Der gewaltige Giftwurm, dessen Flügelgestalt und Name *Drache*[2] dem antiken Fabeltier nachgebildet sind, erscheint in der Volkssage unter dem Eindruck von Naturbegebnissen. Aus Wasser, Nebel, Wolke, Meteorfeuer lässt die Phantasie diese Drachen hervorgehen. Das Weltmeer als Schlange wurde eben genannt, Grendel ist vielleicht ursprünglich auch eine Wasserschlange. Die Drachen liegen auf Gold und schädigen bei ihrer Ausfahrt Land und Leute. Vornehmste Aufgabe der Helden ist Bekämpfung dieser Ungetüme, Erlösung von der Landplage, Hebung des Hortes. Die Volkssage denkt bei den riesigen Würmern an Verwüstung durch die See, im Binnenlande an plötzlichen Wassersturz anschwellender Ströme oder Bäche. Schützt Kraft und Einsicht endlich das Land gegen solche Gefahren, so ist ein großer Schatz, das Gedeihen der ganzen Gegend, damit erkämpft. Neben den Meeresdrachen ragen besonders die des Hochgebirgs hervor, mit denen Dietrich von Bern wie auch mit allen andern Riesen der Bergwelt viel zu schaffen hat. Wo der

---

1 Über Fenrir Vǫl. 40, 53, 54; Vafþ. 46/7; Hyndl. 40; Gylfag. Kap. 34 u. 51; dazu die Abschnitte über Tyr und Odin.

2 Gr. *δράκων*, lat. *draco*, ags. *draca*, an. *dreki*, ahd. *traccho*. Literatur über den Drachen als Gießbach bei Laistner, Nebelsagen 256 f.

Bach vom hohen Fels herbricht, da springt der grimmige Drache, Schaum vor dem Rachen, fort und fort auf den Gegner los und sucht ihn zu verschlingen; bei eines Brunnen Flusse vor dem Gebirge, das sich hoch in die Lüfte zieht, schießen große Würmer her und hin und trachten, die Helden zu verbrennen; bei der Herankunft eines solchen, der Ross und Mann zu verschlingen droht, wird ein Schall gehört, recht wie ein Donnerschlag, davon das ganze Gebirge ertost. Leicht erkennbar sind diese Ungetüme gleichbedeutend mit den siedenden donnernden Wasserstürzen selbst. In den deutschen Sagen der Brüder Grimm Nr. 217 heißt es: Das Alpenvolk in der Schweiz hat noch viel Sagen bewahrt von Drachen und Würmern, die vor alter Zeit auf dem Gebirge hausten und oftmals verheerend in die Täler herabkamen. Noch jetzt, wenn ein ungestümer Waldstrom über die Berge stürzt, Bäume und Felsen mit sich reißt, pflegt es in einem tiefsinnigen Sprichwort zu sagen: Es ist ein Drach ausgefahren.

Von den Wasserriesen reicht einer in uralte gemeingermanische Sagenüberlieferung zurück, während die andern erst später bei den einzelnen Völkern erdichtet wurden. In der nordischen Sage spielt er eine wichtige Rolle, es ist der weise *Mimir*[1], aus dessen Quell Odin Weisheit schöpft. Sein Verhältnis zu Odin wird später erörtert, hier ist die gemeingermanische Grundvorstellung dieser Riesengestalt zu erforschen. Die urgermanische Namensform lautete *Mimiaz* oder *Mimiô*, d. h. der Sinnende. Verwandt scheint das ags. Adj. *minor*, eingedenk, und das Verbum *mimerien*, das auch nds. *mimeren*, grübeln, begegnet. In Deutschland haftet der Name an Ortsnamen wie *Mimigerdaford* (Münster), *Mimidun* (Minden), *Mimileba* (am Harz und Memleben an der Unstrut). Das Flüsschen *Mimling* im Odenwald be-

1 Über Mimir vgl. Uhland, Schriften 6, 197 ff.; Weinhold, Riesen 243 ff.; Müllenhoff, Altertumskunde 5, 101 ff., und unten im Abschnitt über Odin. Namen, die mit Mimir zusammengesetzt sind, verzeichnet Förstemann, Namenbuch 1, 931 ff. (Mimo, Mimilo, Mimolt, Mimidrud, Mimihilt, Mimigard) u. 2^2 (Ortsnamen) S. 1099 ff.

zeichnet sich als Abkömmling des *Mimo* oder *Mimilo*. Zum Mimirquell stellt sich der schwedische *Mimes sjö, Mimes å,* Mimis Fluss und See. Die deutsche Heldensage (Biterolf 124 ff.) gedenkt eines klugen Schmiedemeisters, der zwanzig Meilen hinter Toledo saß, Mime der Alte genannt. Der schuf die besten Schwerter, die auf der Welt zu finden waren: Wielands Schwert *Miming*, das Witege führte, war Mime zu Ehren so geheißen. In der Thidrekssaga ist Mimir der Lehrmeister und Erzieher Sigfrids. Saxo erwähnt noch einen Waldgeist namens Miming *(Mimingo silvarum satyro)*, der wunderbares Geschmeide, Schwert und Armring besitzt. Mimir in den nordischen Quellen ist Riese, in der Heldensage aber erscheint er als Zwerg und kunstreicher Alb. Elbische und riesische Wesen gehen ja häufig ineinander über. Tiefe Weisheit ist überall mit diesem Wesen verknüpft. Seine Behausung ist Wald und Wildnis, Gewässer sind nach ihm benannt. Im Norden ist er von der Quelle unzertrennlich, Beherrscher der Gewässer ist Mimir wohl von Anfang an. Seen, Flüsse, Wälder und Bäume, die mit seinem Namen in Verbindung stehen, belehren, dass wir keinen Meerriesen, sondern DEN HERRN DER BINNENGEWÄSSER vor uns haben. Damit treten wir der Urgestalt des *Mimiaz* näher. Die Germanen dachten sich darunter einen urweisen Wasserriesen, der im geheimnisvollen Dunkel tiefer Haine an murmelnden Quellen oder zauberisch wallenden Bergseen zu Hause war. Seine Söhne, die Flüsse, strömten zu den Menschen. Wer ihrem Ursprung nachging, bis in die Nacht des Urwalds zum geheiligten Baume, aus dessen Wurzeln der Quell hervorsprudelte, wo »Mimir sein Haupt barg«, vorzudringen vermochte, der stand am Urquell alles Wissens. Der alte, erfahrene, kunstreiche Wald- und Brunnengeist beriet selbst Odin, er war Lehrer und Meister der besten Helden und stattete sie mit köstlichem Rüstzeug aus.

4. Wind- und Wetterriesen

Aus Wind und Wetter gingen Riesen hervor. Der brausende Sturm gab zu verschiedenen mythischen Gebilden Anlass. Im Winde zogen die Seelen, das wütende Heer, im Sturm erschien der wilde Jäger, der Wode. Kaum ist eine Sage der Gegenwart häufiger und vielfältiger bezeugt als diese.[1] Unter Wodan wird noch mehr davon zu berichten sein, hier sollen nur einige Gestalten herausgehoben werden, in denen der STURM ALS RIESE verkörpert wird. In der Schweiz heißt die wilde Jagd das *Dürstengejeg*. Das Volk hört den *Dürst* in den Sommernächten am Jura jagen und die Hunde mit seinem Hoho anfrischen; Unvorsichtige, die ihm nicht aus dem Wege weichen, überrumpelt er. Wenn die Alemannen den *thurs* umreiten hören, so die Dänen den *jotun*. Auf der Insel Möen jagt der *Grönjette*, der bärtige Riese, jede Nacht zu Pferde, eine Meute Hunde um sich herum. Er jagt nach der Meerfrau, die er schließlich einholt und quer vor sich übers Pferd wirft. Im Süden und Norden sieht also die Sage gleichmäßig im wilden Jäger einen riesigen Reiter und nennt ihn noch nach seinen alten Namen. Die allgemeinen Bezeichnungen des Riesengespenstes als Nachtjäger, Helljäger, die vielen geschichtlichen Personen, die damit verknüpft wurden, berühren uns in dieser Mythologie nicht weiter, wo nur auf den *Riesenjäger* und auf den *Wode* Gewicht fällt. Jedoch ältere Sagen aus dem Mittelalter, die auf derselben Vorstellung beruhen, verdienen Beachtung. In einem Wettersegen des 11. Jahrhunderts wird *Mermeut*, der übers Wetter gesetzt ist, ein Riese *(daemon et satanas)* beschworen, keinen Hagel übers Feld zu bringen.[2] In einem späteren Segen steht: *»Ich peut dir Fasolt, dass du das wetter verfirst mir und meinen nachpauren ân schaden«*. Dieser *Fasolt* ist

1 Literatur zum wilden Jäger bei E. H. Meyer, Mythologie 236 ff.

2 Abgedruckt nach einer Münchener Handschrift von J. Grimm, Myth. 3, 493 f.; ebenda 494 der deutsche Segen. Nach Wackernagel, ZfdA. 6, 290 f. steht der im Ahd. belegte Name *Scrâwunc*, zu mhd. *schrâ*, Hagel, Reif, Schnee, als Wetter- und Hagelmacher neben Fasolt und Mermeut, den Wind- und Wetterriesen.

also ein Wetterherr. Im Eckenlied wird Näheres von ihm erzählt, und er zeigt sich deutlich als Sturmriese, als wilder Jäger. Fasolt, dessen Leib Riesenlänge hat, der langes Frauenhaar trägt, dem wilde Lande untertan sind, kommt dahergeritten mit lautem Horneston, von Hunden umgeben. Er jagt eine schöne Jungfrau, die in Dietrichs Schutz flüchtet. Im Kampfe mit Dietrich bricht Fasolt starke Baumzweige ab, mit denen er auf seinen Gegner losschlägt. Der Sturmriese fällt Bäume, räumt den Wald aus und lässt ihn laut erschallen, wie die Riesennamen der Virginal Vellenwalt, Rûmenwalt, Schelledenwalt andeuten. Das spätmhd. Gedicht vom *Wunderer* schildert einen ähnlichen wilden Unhold, der mit Hunden die Jungfrau Sälde hetzt und sie fressen will, aber vom Berner im Kampf erschlagen wird. Überall tritt uns das Bild des Sturmriesen vor Augen, dem die Windsbraut oder ein elbisches Weib voranfegt. Wenn nach den Skáldskaparmál Kap. 1 Odin auf Sleipnir mit dem Riesen Hrungnir wettet, er habe gewiss kein ebenso treffliches Ross, Hrungnir aber zornig seinen Gullfagi besteigt und dem Odin nachjagt, wenn die Rosse durch Luft und Meer über die Spitzen der Hügel hinfliegen, so erschauen wir ein Wettrennen zwischen dem *Sturmgott* und seinem riesischen Urbild, dem *Sturmriesen.* Der Windriese nimmt aber auch tierische Gestalt an. Als Adler rauscht er durch die Lüfte. So heißt es im Wafthrudnirlied 37:

Der Riese Hraeswelg sitzt am Rande des Himmels
In des edlen Aars Gestalt;
Regt er die Schwingen, so rauscht, wie man sagt,
Der Wind dahin durch die Welt.

Darum erscheinen Riesen überhaupt gern in Adlergewand. Thjazi, der Sturmriese des nordischen Hochgebirges, sitzt in Adlergestalt im Gezweig der Eiche und verhindert mit seinem Flügelschlage, dass die unter dem Baum gelagerten Götter das Fleisch am Feuer gar sieden. Der Sturm rauscht in den Baumzweigen, das ist die Stimme des Adlerriesen, welche die Götter vernehmen, der Wind verweht das Kochfeuer und verhindert so den Sud, bis ihm Anteil an der Speise zugesagt wird. Auch nach späterem Volksglauben will der Wind Opfer haben und gefüttert sein. Hernach entführt Thjazi in Adlergestalt die Idun aus Asgard, in Adlergestalt verfolgt er Loki, welcher Idun zurückholt, und versengt sein Gefieder im Feuer, das die Asen entfacht, worauf er erschlagen wird. Thrymheim, die Welt des Getöses (*þrymr*, Lärm, Getöse), wo die Stürme sausen und brausen, wohl nur ein anderer Name des *»weiten Windheims«*, wie die Vǫlospǫ́ den Himmel als die Heimat der Winde bezeichnet, ist des Thjazi Wohnsitz. Dem mit dem Dichtermet im Leibe in Adlergestalt entfliegenden Odin setzt Suttung gleichfalls in Adlergestalt nach. Wie der Sturmgott mit dem Sturmriesen Hrungnir um die Wette ritt, so fliegt er hier als Adler mit ihm um die Wette. Derselbe Gedanke ist bildlich nur anders gewendet.

Die Skalden bezeichnen, vielleicht teilweise aus volkstümlicher Anschauung schöpfend, den Wind wie ein persönliches Wesen, als den Brecher *(brjótr)*, Schädiger *(skaði)*, Fäller *(bani)* des Waldes. Auch als Hund und Wolf *(hundr, vargr)* des Waldes erscheint der Wind. Bereits bei den Elben war auf die Tiere hinzuweisen, auf den Roggenwolf und Roggenhund, die beim Winde durchs Korn laufen. Korngeister in menschlicher und tierischer Gestalt gibt es in Menge. Elbe und Riesen gehen aber in diesen »Korndämonen« so unmerklich ineinander über, dass ebenso dieser Abschnitt wie der vorige ihrer zu gedenken hat.

Riesen des tosenden Gewitters, Gegenbilder Thors, wie die Windriesen Odin gegenüberstehen, treten in Hrungnir, Geirröd und vielleicht auch in Thrym hervor. Hrungnir ist mit Thrym gleichbedeutend, der Lärmer[1], und wohl alle gehören nach Thrymheim, das dem Thjazi als Heimstätte zugewiesen ist. Die Gegnerschaft Thors und Thryms ergibt sich aus dem Gedichte, das schildert, wie Thrym den Hammer des Gottes entwendet. Gott und Riese streiten um die Herrschaft über das Gewitter. Im

1 Hrungnir wird von Weinhold, Riesen 272 Anm. aus an. *hrang*, Schall, Getöse, und *hringja*, läuten, *hringla*, klingeln, als der Schallende, Rauschende erklärt.

offnen Kampfe erblicken wir Thor mit Hrungnir und Geirröd. Hrungnir und Mokkurkalfi (Nebelwade), der Stein-, Lehm- und Nebelriese, der umnebelte, aus Lehmgrund aufragende Fels im Geröllfelde, werden besiegt, wenn krachend Gewitter im Gebirge sich verfangen. Es ist das Unwetter des nackten Felsgebirges, das mit Geröllsturz herniederbraust, vom Gewitter gerüttelt und gelöst. Leicht vermischt sich die Vorstellung vom Wetterriesen mit der des Bergriesen, da Wind und Wetter aus den Bergen hervorbrechen. Der Kampf zwischen Thor und Geirröd spielt sich in Geirröds Halle ab. Die ganze Halle entlang waren große Feuer entzündet; als Thor vor Geirröd trat, fasste dieser mit einer Zange ein glühendes Eisenstück und warf es nach Thor. Thor aber fing das glühende Eisen mit seinen Eisenhandschuhen auf und hob es in die Luft. Da sprang Geirröd hinter eine Säule, um sich zu schützen, Thor jedoch schwang das Eisenstück hoch in die Luft und schmetterte es durch die Säule. Es durchschlug auch den Geirröd und die Wand der Halle und fuhr außerhalb tief in die Erde hinein. Das Geschoss ist das Bild des Blitzes. Blitze zucken gegeneinander, wo zwei Gewitter aufeinander stoßen. Der Gewittergott überwindet den Gewitterriesen. Aber nur in diesem Wettkampfe zeigt sich Geirröd als Gewitterriese, im Übrigen ist die Sage reich mit allerlei anderen Zügen ausgestattet.

Noch sind einige Namen zu erwähnen, die aber nicht über die mythische Keimbildung bloßer Personifizierung gediehen, wenigstens sind keine Sagen davon bekannt. Unter den Riesennamen der SE. finden wir einen *Vindr;* in einer norwegischen Wendung der Sage vom Riesenbaumeister, der dem hl. Olaf eine Kirche baut, führt der Unhold den Namen *Vind och Veder,* oder *Bläster.* In Deutschland ist von der *Windin,* der *windes brût* oder *windgelle (venti concubina)* die Rede, der Wirbelwind ist als ein durch die Luft fahrendes, vom Sturm umbuhltes Riesenweib gedacht. *Vindsvalr* (Windkühl) oder *Vindljóni* (Windmensch) heißt im Norden des *Vetr* (Winter) Vater. Die Eltern Lokis, *Fárbauti,* den gefährlich Schlagenden, d.h. den Sturmwind, und *Nál,* d.h. Nadel am Nadelbaum, oder *Laufey,* d.h. Laubinsel, deutet Bugge, Studien 80 als ein dichterisches Bild, das den Ursprung des Feuerriesen Loki erklären soll: der Sturm schlägt und entfacht Feuerflammen aus dem Gehölz. In der Virginal 732 tritt ein Riese Velsenatôȝ auf:

sîn stimm reht als ein orgel dôȝ,
sô man sî sêre stimet;
dâ von berc unde tal erschal.

Gemeint ist der im Hochgebirge heulende, tosende Sturm. Glockebôȝ (ebenda 864 ff.), der Glockenschläger, ist der Sturmwind, der die Glocken in Schwingung versetzt, und zu ihm steht Klingelbolt (870 ff.). Vielleicht kommt in diesen Namen auch der Hass der Riesen gegen Glockenschall zum Ausdruck.

Von *Kári,* d. h. der windbewegten Luft[1], stammen Eis und Schnee, *Vindsvalr* ist des Winters Vater. Die winterlichen Mächte sind mithin die Kinder der Winterstürme, die Winterriesen dürfen den Windriesen zugezählt werden. Die nordischen Gedichte nennen uns *hrímþursar,* Reifriesen[2]; mit *hrím* sind mehrere Riesennamen zusammengesetzt wie Hrimnir, Hrimgrimnir, Hrimgerd. Ymir-Örgelmir ist der Ahnherr der Reifriesen, er ging aus den chaotischen Eis- und Reifmassen hervor, die winterliche Kälte wird in diesen Riesengestalten persönlich.

5. Berg- und Waldriesen

Die Volkssage vergleicht Berge mit Riesenleibern, oder sie bevölkert die Bergwelt mit Riesen. Im Norden heißen die Jotunen Berg-, Fels-, Stein-, Lavabauern oder Höhlenbewohner.[2] Das un-

1 Vgl. J. Aasen, norsk ordbog 348; J. E. Rietz, ordbok öfver svenska allmogespråket 379.

2 Hrímþurear in Vafþr. 33; Skírn. 35; Grímn. 31; Hǫv. 108 und an mehreren Stellen der SE.

3 *Vgl. bergrisar, bergbúar, bergjarlar, bergdanir, bergmœrir, bergstjórar* (Bergbeherrscher), *bergýrar* (Bergauerstiere), *bjarya gœtir* (montium custos), *hraundrengr* (Gesteins- oder Lavaleute), *hraunbúar* (Lavabauern), *hraun-*

wirtliche Hochgebirge und die Klippen sind die Heimat des Riesenvolkes, von dorther machen sie ihre verderblichen Einfälle in das von Menschen bebaute Land; wer in die wilde Einöde wandert, begibt sich ins Gebiet und in die Macht der furchtbaren Unholde. Ein schöner stattlicher Bergkönig Norwegens, von dem die Kjalnesinga saga Kap. Nr. 12/4 berichtet, ist *Dofri*, der Gebieter des Dovregebirges, der drinnen in prächtigen Räumen mit vielem Volke wohnt; der Eingang lag unter einem Gipfel in einem Felsen. Er war nicht unfreundlich. Mit seiner schönen Tochter Frid lebte Bui, der Sohn des Königs Harald Harfagri, von Jul bis Sommersanfang in Liebe zusammen. Ihrem Sohne Jokull war die Bergriesin Gnípa (d. h. Berggipfel) weniger hold gesinnt.

Bergbewohnende Riesen sind die 12 Riesen im Nibelungenlied, die Schilbung und Nibelung dienen, und im Hürnen Seyfrid der Riese *Kuperan*, welcher den Schlüssel zum Drachenstein in Bewahrung hat. *Hyndla*, die Höhlenbewohnerin, ist eine Riesin, die auf dem Wolfe, dem Reittier der Unholdinnen, ausreitet. Sie heißt als Riesin *brúþr jǫtons* (51) und *íviþja* (49), d. h. Waldriesin. Einem Riesenweibe (gýgr) die im Steine wohnt, begegnen wir im Lied von Brynhilds Todesfahrt. Die Unholdin sucht den Weg zu sperren, wird aber von Brynhild zum Weichen gebracht. Die Riesentochter *Gunlod*, die aber schön und anmutig ist, weilt als Hüterin des kostbaren Metes im Berge.

Seltsame, menschenähnliche, einsam aufragende Felsen riefen Sagen von versteinerten Riesen[1] hervor, die ebenso im Norden wie im Süden begegnen. Die Riesen sind entweder, wie auch andere Nachtunholde, vom Sonnenstrahl getroffen oder wegen irgendwelcher Untat verflucht zu Stein gewandelt. Die Riesin Hrimgerd im Lied von Helgi Hjorwardsson wird vom Sonnenstrahl versteinert, der hl. Olaf verfluchte Trolle, die dem

---

hvalr (Lavaseehund), *gljúfrskeljungr* (Klippenseehund), *fjallagyldir* (Bergwolf), *gilja grundar gramr* (Beherrscher des Klüftelandes), *hellis burr* (Höhlensohn), *fjǫro þjóð* (Strandvolk) usw.

1 Vgl. J. Grimm, Myth. 518; 3, 158; ZfdA. 4, 503 f.

Christentum feindlich waren, in Klippen. In der deutschen Sage wird meist ein allgemein sittlicher Grund solcher Versteinerungen angegeben, großer Übermut oder gottlose Grausamkeit. So in der Sage vom *Watzmann.*[1] Der war ein alter Riesenkönig, der für seine blutige Wildheit mit Weib und Kind zu dem vielzackigen, gewaltigen Bergstock verwünscht ward. Bei einer unmenschlich grausamen Tat des Wüterichs, der als wilder Jäger geschildert ist, endete Gottes Langmut. Ein dumpfes Brausen erhob sich, ein Donnern in den Höhen, ein Heulen in den Klüften, und des Königs eigne Hunde würgten ihn, sein Weib und seine sieben Kinder, dass ihr Blut zu Tal strömte. Ihre Leiber aber wuchsen versteinernd zu Bergen. So steht noch der eisumstarrte König Watzmann, neben ihm der kleinere Zinken, sein Weib, um ihn die sieben Kinder, tief unten die weiten Becken zweier Seen, in welche einst das Blut der Grausamen floss. Gewitter, Bergsturz, Überschwemmung wirken oft in den Bergriesensagen zusammen, wie ja auch Hrungnir Gewitter- und Bergriese in einer Person ist. Wegen Übermuts ist die Riesenkönigin *Frau Hütt* bei Innsbruck verzaubert. Ebenso im Sinthale in Tirol der Riese *Serles,* der wegen seines Wütens samt seinem Weib und seinem Berater zu den drei Felszacken versteinert ist, die über der Brennerstraße aufsteigen.

Die Vorrede zum Heldenbuch nennt eine Riesin namens *Runse,* Eckes Vaterschwester.[2] Runse ist abgeleitet aus *runs,* etwas, das rinnt, worin etwas rinnt, also sowohl Erguss, Fluss als Rinnsal. Die Runse ist eine Riesin des Tiroler Hochgebirges, ein wildes wüstes Waldweib von schreckhaftem Aussehen; doch sind ihre Wirkungen noch schrecklicher, jene Schlammgüsse nämlich, die bei heftigem Regen aus den Hochgebirgen niederstürzen und Erde, Bäume, Hütten und Felsen fortreißend über Abhänge und Täler die grausigsten Verwüstungen schütten. Solche Runsen hausen in den Tiroler und Schweizer Alpen leider viele.

---

1 Die Watzmannssagen bei Vernaleken, Alpensagen 101; Panzer, Beitrag zur deutschen Mythologie 1, 245 ff.

2 Vgl. Weinhold, Riesen 268.

Auch die norwegischen Gebirge scheinen solche böse Riesinnen zu kennen, denn *Leirwor*, die Schlammige, Lehmige, mag niemand anders als eine nordische Runse sein. Neben dem Steinriesen Hrungnir steht der Lehmriese *(leirbrímir)* Mokkurkalfi, den Thjalfi zu Fall bringt. Auf Felssturz und Lehmrutsch, in dunkle Nebelwolke gehüllt, mag die Sage anspielen.

Im Mühlenlied[1] der Snorra Edda, im Grottasǫngr, treten zwei Riesinnen namens *Fenja* und *Menja* hervor. König Frodi hatte die Mädchen in Schweden gekauft und führte sie nach Dänemark heim, wo sie Magddienste verrichten mussten. Sie allein waren stark genug, die Mühle Grotti zu treiben. Grotti aber war eine Wunschmühle, Frodi befahl den Mägden, rastlos Gold, Frieden und Glück zu mahlen. Aber die erzürnten Riesinnen mahlten Unfrieden, dass Frodi von seinen Feinden überfallen und getötet ward. Daran ist in der prosaischen Einleitung eine zweite Sage angehängt. Der Seekönig Mysing nimmt die Mühle und die Mägde an sich und befiehlt, Salz zu mahlen. Sie mahlten, bis das Schiff sank. Seitdem ist dort ein Strudel, wo die See durch das Loch des Mühlsteines fiel. Seitdem ist auch das Meer salzig. Sagen von Wunschmühlen, die durch unrechten Gebrauch ihren Segen in Unheil verkehren, sind auch sonst vorhanden. Ebenso Geschichten, warum das Meer Strudel bildet und salzig schmeckt. Die Riesinnen gedenken ihrer Abstammung von Hrungnir, Thjazi und andern Bergriesen. Neun Winter lang wuchsen sie unter der Erde auf, mächtige Taten vollführten sie und verrückten selbst Berge. Steine wälzten sie übers Gehege der Riesen, dass die Erde erbebte; große Blöcke schleuderten sie zu den Menschen. Im Lande der Schweden aber übten sie Walkürentaten, der harte Speer ziemte ihren Händen besser als die Mahlstange. Die Übertragung der Walkürenschaft auf Riesinnen konnte wohl erst verhältnismäßig spät geschehen und ist

1 Zum Mühlenlied Finnur Jónsson, den oldnorske og oldislandske litteraturs historie 1, 214 ff.; ein Mühlenmärchen, dessen Verhältnis zum Grottasǫngr aufzuklären ist, bietet Jón Árnason, íslenzkar þjóðsögur 2, 9 ff.; Lehmann-Filhés, Isländische Volkssagen 2, 45 ff.; Uhlands Deutung, Schriften 7, 106 ff.; über Wunschmühlen Laistner, Nebelsagen 324 ff.

schwerlich ein alter, echter Zug.[1] Im Übrigen gebärden sich Fenja und Menja durchaus als Bergriesinnen, die Felsblöcke herabstürzen und Bergrutsch verursachen. Auf die Etymologie des Namens Fenja (zu fen, Meer) gestützt, deutete Uhland die Mädchen als Wasserriesinnen, als Aegirs Töchter, als Meereswogen und Bergströme. Die Auslegung ist allzu künstlich und widerspricht der tatsächlichen Schilderung von der Art der beiden Riesentöchter. Die Mühle und die Mahlmägde stehen überhaupt schwerlich in altem ursprünglichem mythischem Zusammenhang.

Besondere Waldriesen sind nur in geringer Anzahl vorhanden und meistens ihrem Wesen nach eher zu den Windriesen zu stellen. Vielleicht mag der germanische Urwald dichter von Riesen bevölkert gewesen sein als die heutigen Wälder, in denen elbische Waldgeister vor den riesischen vorherrschen. Das Hyndlalied 34 erwähnt einen *Widolf* als Ahnherrn der *vǫlor*, der Weissagerinnen, ohne Weiteres von ihm zu sagen. *Vitolfus* bei Saxo ist ein in der Heilkunst erfahrener, durch Nebel trügender Waldeinsiedler. Der Riese *Widolt* im König Rother, ein furchtbarer Kämpfer, der mit der Stahlstange zuschlägt und für gewöhnlich in Ketten gefesselt ist, kommt Widolf im Namen nahe. Gemeint ist wohl ein Waldriese (an. *viðr;* ahd. *witu,* Gehölz), ein wilder Mann[1], dessen fürchterliche Erscheinung der deutschen Sage wohl bekannt ist. Er ist ein gewaltiger Riese, von weitem gleicht er einer Fichte, die ganz mit Moos überkleidet ist. Wenn er auf dem Wege eines Stockes benötigt, so reißt er den nächsten Baumstamm aus. Manchmal stürmt er im brausenden Winde einher und verfolgt wie der wilde Jäger elbische Waldfrauen. Der Riesenname *Welderich,* Beherrscher der Wälder, der im gedruckten Heldenbuche vorkommt, entstammt demselben

1 In der Vǫlsungasaga Kap. 1 erscheint übrigens ebenso die Tochter des Riesen Hrimnir namens Hljod als Wunschmaid Odins, eine Riesin als Walküre.

2 Über den wilden Mann vgl. Mannhardt, Der Baumkultus der Germanen S. 105 und öfters; über Waldriesinnen ebenda S. 88 ff.; über die raue Else S. 108 ff.

Vorstellungskreise. Waldriesinnen sind wohl mit den nordischen *ívipjur* gemeint. Auch *járnviþja* ist so zu erklären. *Járnviþja* bedeutet Eisenwald, wie auch in Deutschland Wälder von hohem Alter und unvergänglicher Dauer genannt sind. *Járnviþja* ist die Bewohnerin eines solchen Waldes, die Urwaldriesin. In Südtirol sind die Waldfrauen von ungeheurer Gestalt, am ganzen Körper behaart und beborstet; ihr Antlitz ist verzerrt, ihr Mund von einem Ohr zum andern gezogen. Ihr schwarzes Haupthaar hängt voll Baumbart und reicht rau und struppig über den Rücken. Joppen von Baumrinden und Schürzen von Wildkatzenpelzen bilden ihre Kleidung.

Sie leben in Gesellschaft in Wäldern zusammen und sind an den heimischen Wald gebunden. Wird er geschlagen, so schwinden sie. Wie die Namen erweisen, sind sie eigentlich persönlich gewordene Bäume: Hochrinta (hohe Rinde), Stutzforche (Stutzföhre), Rohrinta (raue Rinde) sind sie benannt. Auf Tiergestalt zielt der Name Stutzemutze (Stutzkatze). Im Ganzen aber gebärden sich die Waldriesinnen genau so wie die Waldelbinnen, nur in ihrer äußeren Erscheinung, nicht in ihrer Art sind sie verschieden.

Es bleiben noch einige Riesen übrig, welche in die eben besprochenen Hauptklassen sich nicht einfügen. Sie sind späte Allegorien, welche keine lebendigen Sagen hervorgebracht haben. *Feuerriesen* erscheinen in Fornjots Geschlecht, in Logis Sprösslingen. Logi, die Lohe, treffen wir nur ein einziges Mal bei Thors Fahrt zu Utgardloki. Loki erbietet sich, mit einem der Utgardleute um die Wette zu essen. Da tritt Logi dem Loki gegenüber. Ein großer Trog, mit Fleisch gefüllt, ward herbeigebracht und auf den Fußboden der Halle gesetzt. Loki war am einen Ende, Logi am andern. Jeder von beiden aß nun, so rasch er konnte, in der Mitte des Troges kamen sie zusammen. Da hatte Loki alles Fleisch verzehrt bis auf die Knochen, Logi aber hatte außer dem Fleisch auch die Knochen mitsamt dem Troge verschlungen und hatte also die Wette gewonnen. Diese schwankartige Erzählung soll das fressende Feuer, dessen Gier nichts verschont, andeuten.

Die Riesennamen *Eldr* (Feuer), *Herkir* (zu *harka,* Feuer), *Brandingi* (Sohn des Brandes), *Hripstod* (zu *hripuðr,* Feuer?), *Hyrja* (zu *hyrr,* Feuer) zeigen Versuche zur Personifizierung des Elementes. Die Riesin *Hyrrokin,* die auf einem schlangengezäumten Wolfe heranreitet und das Leichenschiff Baldrs mit einem Stoße in die See treibt, nachdem die Götter sich vergeblich damit abgemüht hatten, ist der feurige Wirbelwind.[1] Endlich ist *Surt* zu nennen.[2] Surts Lohe *(Surta loge)* ist der Weltbrand, in dem dereinst alles endigen wird. Von Mittag her kommt Surt gefahren mit Feuer, von seinem Schwerte geht Glanz aus: vor ihm und hinter ihm ist brennendes Feuer. Auf Island sind Erdbrände vulkanischen Ursprungs gefährliche Ereignisse, welche dem Wirken der Riesen zugeschrieben werden. So erzählt die Landnáma 2 Kap. 5: »Thorir war da alt und blödsichtig geworden, als er spät am Abend hinausging, und er sah, dass ein Mann von außen her nach Kaldaros hereinruderte in einem Eisennachen, groß und bösartig. Der ging hinauf zu dem Hofe, der Hrip hieß, und grub da beim Stadeltore. In der Nacht aber schlug ein Erdfeuer dort auf und da brannte Borgarhraun; dort stand der Hof, wo jetzt der Lavahaufen ist.«

Der Streit zwischen Sommer und Winter[3] ist von alters her allegorisiert worden. In Frühlingsfeiern treten die beiden Gegner persönlich auf und streiten um den Vorrang, den der Sommer schließlich siegreich behauptet. Aber die persönlich vorgestellten Träger der sommerlichen und winterlichen Macht und Ab-

---

1 Zu *hyrr,* Feuer, und *rok,* Wirbel; so Weinhold, Riesen S. 278; Bugge, Studien S. 230, Anm. 4 schlägt die Lesart Hyrrokkin vor und erklärt *hyr-hrokkin,* die Feuergekräuselte; bei der Lesart Hyrrokin stellt er *rokin* zu *rjúka,* rauchen, dampfen, also die feurig Rauchende.

2 Über Surt vgl. Vǫl. 52; Vafþr. 50/1; Gylfag. Kap. 4, 5, 13, 51 sowie unten im Abschnitt über den Weltbrand. Eine große Lavahöhle Islands ist nach Surt benannt, *Surtshellir;* nach der Landnáma 3 Kap. 10 dichtete ein Isländer ein Lied zu Ehren des Riesen in der Höhle. Die Pechkohle heißt auf Island *Surtar brandur;* vgl. Jón Árnason, Þjóðsögur islenzkar 1, 142; 657; 665.

3 Vgl. Uhlands Abhandlung über die deutschen Volkslieder, Abschnitt 1 Sommer und Winter.

zeichen lassen sich nicht in den lebendigen Glauben und Kult des germanischen Heidentums zurückführen, obschon Ansätze in den nordischen Quellen vorhanden sind. *Swasud* (der Milde) und *Windswal* (der Windkalte) sind zwei Riesen, deren Söhne nach dem Wafthrudnirlied 27 *Vetr* (Winter) und *Sumar* heißen. Nach Gylfaginning Kap. 19 ist *Wasad* (Kummerbringer zu an. *vás*, Mühe, Kummer) Vetrs Ahne, Windswals Vater. »Diese Sippe war rau und kaltherzig, der Winter hat ihre Art geerbt.«

Der Stammbaum der *Nótt* (Nacht), deren Sprössling *Dagr* (Tag) ist, geht auf Riesen zurück. Das Nähere darüber wird unten im Abschnitt über die Weltschöpfung mitgeteilt.

6. Spuren vom Riesenkult

Ein *Riesenkult* ist nur schwach bezeugt. In einigen Beschwörungen werden Riesen angerufen zu Fluch und Segen. Die Zauberin Busla ruft Trolle, Bergriesen und Hrimthursen herbei, dass sie dem König Hring Schaden tun (Bósasaga Kap. 5). Im deutschen Wettersegen werden Mermeut und Fasolt beschworen, das Unwetter abzuwenden. Im Skirnirlied 35 wird Gerd verwünscht, dem Riesen Hrimgrimnir im Totenland bei den Hrimthursen anheim zu fallen, wofern sie nicht Freys Werbung sich füge. Um fließendes Blut zu stillen, lautet ein altdeutscher Segen:[1]

tumbo saȝ in berke mit tumbemo kinde enarme.
tumb hieȝ ter berch, tumb hieȝ taȝ kint:
ter heilego Tumbo uersegene tiusa uunda.

Mit Tumbo (ahd. mhd. *tump*, got. *dumbs*, an. *dumbr*) ist ein stummer, gefühlloser Steinriese gemeint, der nun auch die Wunde

1 Der Segen bei Müllenhoff-Scherer, Denkmäler[3] IV, 6; dazu die Anmerkungen im 2. Bande S. 53; vgl. J. Grimm, Kl. Schriften 2, 147; Myth. 3, 153; Kögel, Literaturgeschichte I, 1, 265.

gefühllos, schmerzlos machen soll. Der starre, stumme Riese sitzt auf einem Berge mit einem Kinde im Arme. Vielleicht liegt eine Versteinerungssage zugrunde, eine seltsame Felsbildung, die einem riesigen Manne mit einem Kinde im Arme glich. Beachtung verdient auch die nordische Barðarsaga Dumbssonar, worin der Riesenkönig *Dumbr* in Norwegen ein *bjargvættr*, ein Schutzgeist genannt wird. Sein Sohn Bard, welchen Mjöll gebar und Dofri erzog, der also aus den Schneewehen des norwegischen Hochgebirges herstammt, ging auf Island in den Snæfellsgletscher ein. Die Leute hielten ihn für einen *heitguð* (einen mit Gelübden anzurufenden Gott) und einen kräftigen Schutzgeist *(bjargvættr)*. Dumbr vergleicht sich im Namen dem Tumbo, aber sonst zeigen sich keinerlei Ähnlichkeiten. Unter den Riesennamen zählt die SE. 1, 471 und 551 auch Dumbr auf.

ZWEITES HAUPTSTÜCK

DER GÖTTERGLAUBE

Namen und Art der Götter

Zum Gottesbegriff kann nur ein höher veranlagtes, geistig fortgeschrittenes Volk gelangen. Zweifellos sind die religiösen Grundlagen oft dieselben wie beim Geisterglauben, ein Zusammenhang zwischen Gott und Naturgeist ist nicht abzuleugnen. Der Machtbereich des Letzteren erscheint beim Gotte nur vermehrt und erweitert, die Eigenschaften mehrerer Dämonen sind manchmal vereinigt auf ein höheres Wesen übertragen, ohne dass die Elbe und Riesen deshalb aufhörten, die vielmehr im Gefolge des Gottes oder auch als seine Feinde weiterleben. Gerade aber diese Anschauung setzt einen höheren Gedankenflug voraus, der Gottesbegriff bedeutet den Sieg des Geistes über den rohen Stoff. Der Naturdämon lebt ganz *in* seinem Element; ist er mit übermenschlicher Fähigkeit begabt, so ist er doch beschränkt wie sein Wirkungskreis. Selbst seine äußere Erscheinung ist durch seinen Ursprung bestimmt. Der Gott aber thront *über* den Elementen als ordnender, richtender Herrscher. Seine Gestalt ist die des edlen Heldenkönigs, blühend in Schönheit und Kraft oder Ehrfurcht erweckend durch Weisheit und reiche Erfahrung. Die Göttin erscheint als hehre und anmutige königliche Frau. Der Gott, wie er in der Vorstellung der Völker lebt, vereinigt alles Vollkommene in einer glänzenden, mächtigen, geisterfüllten Persönlichkeit. Er ist das Ideal der sterblichen Helden und Fürsten. Der Gottesdienst gewinnt ungleich höhere Bedeutung: Seelen und Elbe empfangen Opfer, weil sie ins alltägliche, gewöhnliche Leben, in die Wirtschaft hemmend und fördernd eingreifen, die Götter aber lenken die Geschicke des gesamten Volkes, Staat und Recht ist von ihnen gesetzt und wird von ihnen geschützt, sie verkörpern die sittliche Macht. Die Indogermanen waren bereits zum Gottesbegriff gelangt, und eine gemeinsame Grundlage, so verschieden die spätere Entwicklung bei den einzelnen Völkern sich auch vollzog, liegt überall vor. Es war ein Glaube an das Walten lichter Götter (indisch *dêvas*), an deren Spitze der Beherrscher des hellen Tageshimmels stand. Die natürlichen Feinde des Lichtes sind die Mächte der Finsternis, in deren Schutze die Unholde ihr Wesen treiben. Nicht immer blieb der Himmelsgott in seiner führenden Stellung. Zwar Zeus hat sie behauptet, aber der indische Dyâus räumte bald andern den Platz, schon die ältesten Urkunden zeigen ihn zurückgedrängt. Ebenso geschah es bei den Germanen. Schon hieraus sieht man, wie sehr der Götterstaat dem Wechsel unterliegt. Die allgemeinen Grundtypen des Seelen- und Elbenglaubens sind allerdings gemeingermanisch, schon bei den Riesen aber beginnen die besonderen Gebilde, bedingt durch die Naturverhältnisse, in denen die verschiednen Stämme lebten. Noch viel stärker aber sind die Unterschiede im Götterglauben, in dem fast jeder Stamm eigene Wege wandelte. Nur weniges, aus der vorgermanischen Urzeit ererbt, gehört allen Germanen gemeinsam und darf daher in die vorgeschichtliche Periode vor Beginn der bestimmten Nachrichten zurückverlegt werden. Drei Göttergestalten sind allein mit Sicherheit zum Urbestand des germanischen Himmels zu rechnen: der des Donners mächtige Himmelsgott (Jupiter tonans) in die zwei Gestalten des *Tiuʒ;* und *Þonaraʒ* gespalten und seine Gattin *Frijô,* die Liebliche. Alles andere scheint Sonderbildung der einzelnen Stämme und Kultverbände zu sein. Die folgenreichste Neuerung im Glauben unsrer Väter, das allmähliche Aufkommen des *Wôðanaʒ,* sein Sieg über *Tiuʒ* vollzieht sich im Gesichtskreis unsrer Beobachtungen. Eine runde, feste Götterzahl ist weder für die Urzeit noch für später nachweisbar. Der Grundzug des germanischen Götterglaubens ist kriegerisch. Das Schicksal des Volkes entscheidet die Schlacht. Daher ist die Göttersage von Kämpfen erfüllt, um Sieg wird die Gottheit angerufen. Siegesglück ist die höchste Spende, die der Gott verleiht. Im Heldenzeitalter treten die germanischen Stämme in die Geschichte, von Heldengeist ist ihre älteste Dichtung erfüllt, dasselbe Gepräge trägt Götterglaube und Göttersage. Nur selten in abgelegenen Ländern wird der hohe himmlische Herrscher ebenso eifrig als Herr des Friedens wie als Herr des Sieges gepriesen und angerufen.

Die gemeingermanische Bezeichnung der Gottheit lautet got. *guþ*, pl. *guda*, as. ags. ahd. *god*, *got*, an. *goð*, *guð*. Die urgermanische Grundform ist als *guðam*, *pl. guðô* anzusetzen.[1] Aus dem Gotischen und Nordischen ergibt sich, dass die Form des Wortes ursprünglich neutral war und wohl meist in der Mehrzahl vorkam. Erst im Christentum gewann der allgemeine Begriff bestimmte Bedeutung und wurde als Maskulinum gebraucht. Dem germanischen Heidentum lag im Worte »Gott« der Begriff »Gottheit, göttliches Wesen«. Die Etymologie führt auf eine indogermanische Partizipialbildung *ghutóm* zur Wurzel *gheu*, *ghu*, welche im Sanskrit und Avestischen namentlich im sakralen Sinne verwendet wird und das Anrufen der Götter bezeichnet. *Ghutom* ist das mit Opfer und Gebet angerufene Wesen, erweist mithin uralten, vom höheren Gottesbegriff untrennbaren Gottesdienst. Ein Femininum zu Gott konnte sich erst spät einstellen, nachdem das ursprüngliche, sächliche Geschlecht verblasste und dafür das männliche aufkam. Darum entbehren wir auch einer gemeingermanischen Femininbildung. Im Westgermanischen entstand zu Gott später Göttin (ags. *gyden*, ahd. *gutin*, mhd. *gutinne*, *gotinne*, *götinne*), im Nordischen *gyðja*, womit sowohl die Priesterin wie die Göttin bezeichnet wird.

Durch alle germanischen Sprachen geht ein zweites Wort, dessen vollen Gehalt die nordische Mythologie erschließt. Nach Jordanes Kap. 13 führten die Goten ihren Adel, durch dessen Glück sie siegten *(quorum quasi fortuna vincebant)*, auf Halbgötter *(semideos id est ansis)* zurück. Die gotische Form im Nom. pl. wäre *ansîʒ*, der Sing. müsste *ans* lauten. Diese *ansîʒ* waren siegspendende Götter. Die hochdeutschen Stämme haben das Wort

---

1 Zur Etymologie Kluge, Etym. Wb. unter Gott; Brugmann, Grundriss 2, 212; Feist, Gotische Etymologie, Straßburg 1888 S. 46; im Altind. lautet die Partizipialform *hutá*, *hûtá*, im Avest. *zûta;* im Veda ist *puruhûta* ein stehendes Beiwort des viel gerufenen Indra. Altere Erklärungsversuche des Wortes Gott verzeichnet Schade, Altdeutsches Wörterbuch 1^2, 342.

in Eigennamen wie *Anso, Anshelm, Anshilt* und ähnlichen bewahrt, die Sachsen und Angelsachsen in *Oswald, Oslaf, Osdäg* usw. Im Ahd. lautet also das Wort *ans,* im As. Ags. *ôs,* wozu der bewahrte ags. Plural *êse* (im Fries. *ees*) stimmt. Auch im Deutschen deklinierte das Wort in der Mehrzahl nach den i-Stämmen. Im Altnordischen ist *áss* aus älterem *ǫ́ss, *ǫ́sur, *ansuȝ* hervorgegangen, der Sing. stand zu den u-Stämmen[1], im Plur. tritt aber auch hier der i-Stamm zutage, *œsir* aus **ansîȝ*. Die ursprüngliche Bedeutung ist nicht zu erschließen, weil das Wort mit Sicherheit nicht ins Indogermanische zurückgeführt werden kann. Zur männlichen Form bildete die nordische Sprache die weibliche *ásynja*. Durch besondere Verhältnisse gewann der Begriff der Ansen im nordischen Götterglauben nachmals beschränkte Bedeutung, insofern eine besondere Götterschar als *œsir* einer andern (den *vanir*) gegenüberstand.

Aus indogermanischer Wurzel stammt die an. Bezeichnung *tívar*[2], die Lichten, von der jedoch sonst keine Spur vorhanden ist. Aus derselben Wurzel scheint aber der Göttername *Tiuȝ* (an. *Týr,* ahd. *Zio*) geleitet zu sein.

Als eine ratende und richtende Versammlung heißen die Götter *regin* und *metod*. *Regin* ist im Nordischen und Sächsischen bezeugt. Das Wort ist aber gemeingermanisch, *ragin* im Gotischen bedeutet Rat. Die nordische und wohl auch die sächsische Sprache verwenden *regin* im Sinne der ratenden Götter nur im Plural. In den Hǫkonarmǫl 18 wird der Ausdruck noch verdeutlicht: *rǫ́þ ǫll ok regen,* alle ratenden Mächte. In der Vǫlospǫ 6, 9, 23 gehen alle *regin,* die hochheiligen Götter zu den Ratstühlen

---

1 Die Runeninschrift von Kragehul (Dänemark) zeigt den Namen *asugisalas* für *ansugisalas* (an. *Ásgísl*); vgl. Noreen An. Gr.[2] S. 260; in der Þrymskviþa 16 ist vielleicht *ǫ́sur* für *ǫ́ss* zu lesen, vgl. Symons, Die Lieder der Edda I, 1 S. XV.

2 Urverwandt ist aind. *devas,* gr. δῖος, lat. *divus,* air. *dia.* Die an. *díar,* welche beim Skald Kormak und in der Ynglingasaga begegnen, sind der irischen Sprache entlehnt, vgl. Bugge, Studien S. 30. Wie sich der Dativ sing. *tívor* in Vǫl. 32 zu dem Plur. *tívar* und dem dazugehörigen Sing. *tír* (Noreen, An. Grammatik[2] § 72 Anm. 7) verhält, ist rätselhaft. Es wird ein Nom. Sing. *tívurr,* Gott, angesetzt.

(rökstólar, dómstólar) und halten Rat. Wir sehen die *regin* in ihrer Eigenschaft als Ratsversammlung niedersitzen. Der Begriff wird noch gesteigert als *ginnregin* die großen Götter, und *uppregin*, die oberen, himmlischen Götter. Im Götterrat wird das Schicksal bestimmt, welches noch im Heliand 2593 und 3348 *regano giskapu*, der Ratenden Schöpfung ist. Im Altsächsischen und Angelsächsischen wird für Schicksal auch *metodo giskapu* (Hel. 2190, 4827) und *meotodsceaft, metodsceaft* (Beow. 1077, 1180, 2815) gesagt.[1] *Metod* wird ags. und as. auch vom Christengott, ursprünglich wohl von der Gottheit überhaupt gebraucht. Dasselbe Wort, aber in verschiedener Bedeutung, begegnet auch im Nordischen (*mijǫtuðr* stm. Verhängnis, Tod) und Gotischen (*mtaþs* stf. Maß). *Metod* ist der »Messer«, der einem etwas zumisst, der Richter. Auf denselben Gedankenkreis leiten *regin* und *metod*, die Götter sind Rater und Richter, das Schicksal ist das von ihnen gefundene und gefällte, festgesetzte und vollzogene Urteil.

Über die *vanir*, die Glänzenden oder die Seegötter, wie in der nordischen Mythologie eine besondere Götterschar heißt, wird im Abschnitt Freys berichtet. Merkwürdig ist die in nordischen Quellen übliche Bezeichnung *hǫpt ok bǫnd*, Hafte und Bande, für die Götter. Mit Haften und Banden (ahd. *haptbandun*) können nur Fesseln gemeint sein. Warum aber sind die Götter Fesseln? Vielleicht, weil sie allen Übermut, der die sittliche und natürliche Weltordnung bedroht, sei es von Seiten der Menschen oder Riesen, in Fesseln schlagen und niederhalten. Aus Ehrfurcht vor dem Allwalter betraten die Semnonen den heiligen Hain nur gefesselt *(vinculo ligati)*. Derselbe Gedanke mag den Namen der »fesselnden« Götter hervorgerufen haben, der die Semnonen zur freiwilligen Fesselung vor dem Gotte veranlasste. Würde die Fessel, die dem Übermut von höheren Mächten angelegt ist, ge-

1 Die Stellen, wo außerdem im Ags. *meotudsceaft* im Sinne von Verhängnisse, Tod vorkommt (im Crist 888 bedeutet es Jüngstes Gericht), bei Grein, Aga. Sprachschatz 2, 240; über *regano* und *metodogiscapu* vgl. Vilmar, Deutsche Altertümer im Heliand, 2. Ausg. Marburg 1862, S. 12 ff. u. 16; *metod* als Richter erklärt Kauffmann, Beiträge 18, 180 mit Hinweis auf gr. μεδέων und irisch *comadiu* aus **com-mediu* »Richter«.

sprengt, so müssten alle Bande sich lösen, die Welt geht aus den Fugen. Der Teufel ist gefesselt, kommt er los, so geht die Welt unter. So sind die zwingenden, hemmenden Fesseln zugleich die haltenden Bande und Hafte der bestehenden Weltordnung, das Gesetz, das sie erhält. Neben dem Neutrum *vé*, Heiligtum, steht im Nordischen das schwache Adj. *vé*, gen. *véa*, der Heilige, wie etwa ahd. der *wîho, sanctus*, neben *wîh*, templum. Im Singular begegnet *vé* nur als Eigenname, Odins Bruder heißt der Heilige (Lokas. 26), im Hymirlied 40 steht aber der Plural *véar*, die heiligen Götter. Diese Bezeichnung ist schwerlich altheidnisch.

An Gestalt und Aussehen gleichen die Götter den Menschen. Eine ideale Menschengestalt schwebt dem Gottesbegriffe vor. Daher mag es vorkommen, dass wohl gestalte und reich gekleidete Männer vom erstaunten Volk geradezu für Asen angesehen werden. So heißt es in der Landnáma 3 Kap. 10 von den Söhnen des Hjalti: wie sie zum Ding kamen, waren sie so wohl angetan, dass die Leute meinten, die Asen seien gekommen; und in der Vǫlsungasaga Kap. 26 meint einer von den Leuten des Gjuki, da er den Sigurd anreiten sieht, einer der Götter fahre daher. Die schöne lichte Farbe wird bei Heimdall, Baldr und bei der Idun, der Weißarmigen (Lokasenna 17) hervorgehoben, Sif Thors Frau trägt herrliches Goldhaar, im Übrigen aber erhalten wir keine besondern Einzelschilderungen. Unter den Göttern sind ältere und jüngere gedacht. Odin ist ein älterer, bärtiger Mann, doch keineswegs gebrechlich, greisenhaft, vielmehr stattlich und ehrfurchtgebietend im Waffenschmuck, wie ein bejahrter, viel erfahrener, aber noch rüstiger und waffenfähiger Volkskönig, Thor ist eine blühende Mannesgestalt mit rotem Bart, Baldr ein strahlender, jugendschöner Held. Nach der Geburt wachsen die Göttersöhne oft wunderschnell zu großer Kraft hervor, eine Nacht alt, macht sich Wali Odins Sohn zur Rache Baldrs auf, drei Nächte alt, befreit Magni Thors Sohn den Vater von der ungeheuren Last des über ihn gestürzten Hrungnir. Es finden sich Spuren, dass die Götter besondere Nahrung genossen. Zwar halten sie Biergelage und Thor isst gierig Lachse und Ochsenbraten, die wandernden Asen sieden Ochsenfleisch. Aber andererseits bedarf Odin keiner Kost, mit seinem Teil von Eberfleisch, das den Einherjern in Walhall vorgesetzt wird, füttert er seine Wölfe, er selber lebt allein von Wein. Idun verwahrt Äpfel, durch deren Genuss die alternden Götter sich verjüngen. Odrerir, der begeisternde Dichtertrank, ist vielleicht ursprünglich ein Verjüngungstrank, der das Altern verhindert.[1]

Es liegt im lebenskräftigen Götterglauben begründet, dass der Gott ein höheres, längeres Leben führt als der Mensch. Unsterblichkeit und Ewigkeit im Vergleich zum kurzlebigen Menschen gebührt dem Gott. Tiefere Denker mögen allmählich auch das Göttliche als endlich erkennen. So sind die griechischen Götter ewig, aber neben dieser vorherrschenden Betrachtung taucht auch der Gedanke an ihren Untergang auf. Über die Sterblichkeit oder Unsterblichkeit der germanischen Götter wissen wir nichts; denn die nordischen Verhältnisse dürfen nicht verallgemeinert werden. In der nordischen Göttersage freilich sind fast alle Götter dem Waltode geweiht, zuerst wird Baldr getötet, am Weltende aber erwartet die Walhallgötter der Schlachttod. Da der Untergang der nordischen Götter mit dem Weltuntergang zusammenhängt, letzterer aber ungermanisch ist, dürfen wohl auch die germanischen Götter wie die griechischen und indogermanischen ewig gedacht werden.

Die germanischen Götter erscheinen reitend oder gehend, nur Thor fährt auf seinem mit zwei Böcken bespannten Wagen. Darum werden Namen verschiedener Götterpferde aufgezählt. Selbst göttliche Frauen bedienen sich, den Walküren gleich, der Rosse. Bei den Menschen aber werden Gottheiten feierlich im Wagen umhergeführt, wie die Nerthus und Freyr in Schweden. Altertümlicher ist gewiss das Wagengespann; die berittenen Götter entstammen wiederum deutlich der germanischen Heldenzeit, die Kämpfe werden zu Fuß oder zu Ross, nur äußerst selten und schwerlich auf echt heimischer Sage begründet zu

1 Diese Auslegung Odrerirs schlägt Bugge, Studien über die Entstehung der nordischen Götter und Heldensagen S. 563 f. vor.

Wagen wie z. B. in der Brawallaschlacht ausgefochten. Wenn die Götter ausreiten oder ausfahren, so erbebt die Erde. Aus den Mähnen und vom Gebiss der Götterrosse träufelt befruchtender Tau aufs Gefilde herab. Die Götter reiten und fahren durch die Lüfte und auf dem Wasser wie auf dem Lande. Wenn sich die Götter, meist in unscheinbarer Gestalt, unter die Menschen mischten, so erschienen und verschwanden sie plötzlich. Fürs Verschwinden gebraucht die nordische Sprache das Wort *hverfan, Óþinn hvarf þá,* Odin verschwand da, heißt es am Schlusse des Grimnirliedes. Vermutlich galt überhaupt das gemeingermanische Zeitwort *hwerƀan* hierfür. Die Verwandlungsfähigkeit haben die Götter mit allen überirdischen Wesen gemeinsam, jedoch machen sie verhältnismäßig selten und dann mehr in zauberischer Weise davon Gebrauch. Die Götter werden im Allgemeinen als heiter, wohlgemut *(teitr, glaðr)* und mild *(blíðr, sváss, hollr)* geschildert. Sie sind dem Menschen gnädig gesinnt. Dem Thor lacht vor Freude das Herz in der Brust *(hló hugr í brjósti),* aber sein Zorn bricht oft auch furchtbar hervor. Wenn er unwillig zürnt, lässt er die Brauen über die Augen sinken, macht finstere Brauen und schüttelt den Bart. Für Odin ist neben aller Heldenschaft doch auch Tücke und Hinterlist Freund und Feind gegenüber bezeichnend. Das Leben der Götter verläuft wie das der Menschen. Sie befragen das Los, führen Kriege, halten festliche Gelage, üben sich in den Waffen, halten Gericht, ergötzen sich am Brettspiel und lassen sich in Liebeshändel ein. Verzehrende Sehnsucht erfasst Freys Gemüt; Odin ist in allen Liebesränken wohl erfahren. Die Götter haben auch Gefolgsleute und Diener. Skirnir ist Freys Schuhknecht, Fulla der Frigg Kammermagd. Über die Macht der Götter treffen wir abweichende Anschauungen. Sie sind die Lenker des Schicksals, das ja *metodo* und *regano giskapu* ist, andererseits ist aber auch das Schicksal unabhängig und selbständig gedacht *(wurdgiskapu).* In der nordischen Sage sind die Götter dem Verhängnis unterworfen. Die germanischen Götter und Wurd verhalten sich wohl ähnlich zueinander wie die griechischen und die Moira. Das Schicksal gilt bald als Willensäußerung der Götter, bald steht es selbständig neben, ja über den Göttern. *Regnator omnium*, Allwalter, war der Semnonengott, die Bezeichnung lässt unumschränkte Allmacht vermuten. Die den Göttern zugemessene Macht sehen wir so geteilt, dass einer an der Spitze der Übrigen steht, denen besondere Ämter und Verrichtungen zugewiesen sind. Die Rangverhältnisse der Götter waren aber keineswegs gleichmäßig geordnet, gerade hier treten bedeutende Unterschiede im Laufe der Jahrhunderte und bei den einzelnen Völkerschaften hervor, indem der Vorrang unter den Göttern wechselte, bald bei Tiuʒ, bald bei Wodan, bald bei Freyr, bald bei Thor stand. Mithin ist auch die Anzahl der germanischen Götter keine fest bestimmte, sondern eine ewig wechselvolle. Für die älteste Zeit erkennen wir drei Hauptgötter, deren Verehrung bei den meisten Stämmen sehr wahrscheinlich ist. Wie viele Götter aber die einzelnen Stämme daneben verehrten, lässt sich nicht feststellen. Die Zwölfzahl der Götter spielt weder im deutschen noch im nordischen Glauben eine Rolle. Zuerst gedenkt ihrer das Hyndlalied 30:

Elf noch lebten vom Asenstamme,
Als Baldrs Leiche auf den Brandstoss sank.

Die Stelle steht in dem Abschnitt, der als kurze Woluspa (Vǫlospǿ en skamma) bezeichnet wird und wohl erst der zweiten Hälfte des 12. Jahrhunderts zugehört.[1] Die Zwölfzahl entstammt gelehrter Nachahmung des antiken Götterkreises. Sie wird von Snorri Sturluson in der Ynglingasaga Kap. 2 u. 7 und in der Gylfaginning Kap. 20 (SE. 1, 82) wiederholt, ist aber so wenig begründet, dass die Anzahl der wirklich bezeugten Asen damit gar nicht übereinstimmt. Wir haben es sicher mit einem späten gelehrten Versuche des 12./13. Jahrhunderts zu tun, der keine weitere Beachtung verdient.

Die Wohnstätte der Götter ist im lichten Himmel oder auf

1 Zum Alter der Vǫlospǿ en skamma vgl. Finnur Jónsson, Litteraturs historie 1, 204.

hohen Bergen gedacht, die in den Himmel hineinragen und weite Überschau gewähren. *Ásgardr, goðheimr* (Götterheim), *heilakt land* (heiliges Land), *ragna sjǫt* (Göttersitz), *hodd goða* (Götterbezirk) lauten die Bezeichnungen bei den nordischen Dichtern. Auf den Himmel weisen unmittelbar die Namen *uppheimr, upplǫnd,* wie in mhd. Gedichten der Himmel *oberland* heißt, wo die *uppregin* hausen. *Tiuȝ* und die *tívar* gehören schon des Namens halber in den Himmel. Wodan, Odin und Freyr schauen vom himmlischen Hochsitz aus auf die Welt herab. Von den Namen der Götterwohnungen, welche das Grimnirlied aufzählt, bezeichnen einige den weiten glänzenden Himmel *(Breidablik, Glitnir, Bilskirnir).* Auf himmelhoch ragendes Gebirg deutet Heimdalls Wohnsitz *Himinbjorg.* Die Götterberge brauchen nicht immer als Kultstätten, sie können auch als Wohnsitz gedacht sein. Nach der SE. liegt Asgard inmitten der Erde, wohl als hochragender Götterberg, dessen Gipfel durch die Wolkendecke in ewig heitere Klarheit ragt. Auch der Göttersitz Olymp ist Berg und Himmelsraum zugleich.

Die einzelnen Götter

I. Tiuȝ

1. Des Gottes Art und sein Kult

Der idg. *Diēus,*[1] der Gott des strahlenden Himmels und Tages, wurde auch bei den Germanen verehrt. In den ältesten Zeiten, von denen die Geschichtsquellen spärliche Kunde gewähren, war Tiuȝ noch Erster der Götter. Die Mythen vom indogermanischen Himmelsgotte lassen noch deutlich die Naturerscheinung als Hintergrund der Sagenbildung erkennen. Mit Friede und Fruchtbarkeit segnet der Himmel die Erde. Einige Sagen und

---

1 Über die Form des idg. **di̯eu̯- *dii̯eu̯-* (zur Wurzel *dī̯u̯*) Brugmann, Grundriss der vergl. Grammatik d. idg. Spr. II S. 451; an. *Týr* < *Tieuȝ* Noreen An. Gr.[2] § 68, 7; ags. *Tín, Tíg* zu erschließen aus überliefertem *Tíwes- Tígesdæg,* Sievers Ags. Gr.[2] § 250, 1 Anm. 2; das Fries. gewährt *Tiesdi, Tisdei,* Richthofen, Afries. Wb. 1084; ahd. *Zio, Ziu,* aus überliefertem *Ziestag,* Graff, Ahd. Sprachschatz 5, 358, 361, mhd. *zîstag,* Lexer, Mhd. Wb. III 1136, schwäb. *zisteg, zeisteg,* Schmeller, Bair. Wb. II 1071. Zu den Verderbnissen in *zinstag, dingstag, dienstag* Grimm, Deutsches Wb. II 1119, Andresen, ZfdA. 30, 415, Kluge, Etym. Wb. unter Dienstag. Ob die ahd. Glosse *ziu,* turbines hergehört? J. Grimm, Myth. 184 erklärte »Wetter der Schlacht« »Mars trux oder saevus«. In Deutschland sind keine Orts- oder Eigennamen mit Sicherheit auf Zio zurückzuführen. Ziolf Förstemann II, 1658 gehört nicht her. Über *Ciesburg Ciuuari* vgl. S. 205 Anm. *Tewesley* in England neben *Thursley (Thunresléah)* und *Wanborough (Wódenesbeorh)* weist vielleicht auf ags. *Tíwesléah;* Kemble, the Saxons in England I, 351. Ganz anders erklärt Bremer (Indogerm. Forschungen 3, 301 f.) den Namen. Aufgrund von ags. *Tíw,* afries. *Tî* an. *tífar,* mhd. *zîstac* setzt er urgerm. Tîwaȝ = lat. *dîvus,* aind. *dēva,* air. *dia,* lit. *dẽvas* in der Bedeutung »Gott, göttlich« an. Ahd. *Zîo* wurde zu *Zî* und *Zio* (Braune Ahd. Gr. § 108 Anm. 2, § 43, Anm. 6). Ein Zusammenhang mit dem griech. lat. aind. Himmelsgott sei ausgeschlossen; vgl. auch Kögel, Geschichte der deutschen Literatur I, 1, S. 14 Anm.

der Kult, den die Schweden noch lange Zeit dem Gotte widmeten, zeigen auch den germanischen Gott in seiner natürlichen Wirksamkeit. Sofern er nicht davon losgelöst wurde, darf sein Wesen auch aus der zugrunde liegenden Vorstellung gedeutet werden. Daneben entwickelte sich aber eine völlig neue Seite seiner Tätigkeit, welche bei den meisten Stämmen fast einzig überwog. Nachdem Kampf und Kriegsfahrt zur ersten und wichtigsten Lebensaufgabe der Germanen geworden war, wandelte sich die leuchtende, in erhabener Ruhe über den Wolken in lichten Himmelshöhen thronende Gestalt des idg. Göttervaters zum schwertfrohen Helden. Denn sein eigen Ebenbild in höchster Vollkommenheit malt sich ein Volk in seinem Gotte aus. Der Gott steht in Beziehung zur Hauptbeschäftigung seines Volkes, er lenkt das Schicksal, das Los der Schlachten. Tiuz wurde zum Kriegsgott. In dieser Eigenschaft lernten ihn die Römer kennen, welche ihn als *Mars* umschrieben. Bei den Tencterern[1] ist er der vornehmste der Götter. Auch die Rheinländer, die im ersten Jahrhundert n. Chr. bereits dem Wodan sich zuwandten, brachten doch auch dem Tiuz, besondere Tiere, wahrscheinlich Pferde, zum Opfer.[2] Am feierlichsten wurde dem allwaltenden herrschenden Gott, dem alles gehorcht, bei den Semnonen[3], dem ältesten und edelsten Stamme des Suebenvolkes, gedient. Ein Hain, von uralten heiligen Schauern durchweht, war ihm geweiht. Nur mit Fesseln durfte man den Wald betreten, wer fiel,

1 Tac. Hist. IV 64 *igitur Tencteri, Rheno discreta gens, missis legatis mandata apud concilium Agrippinensium edi iubent, quae ferocissimus e legatis in hunc modum protulit: redisse vos in corpus nomenque Germaniae communibus deis et praecipuo deorum Marti grates agimus.*

2 Tac. Germ 9 *Herculem ac Martem concessis animalibus placant.*

3 Tac. Germ. 39 *vetustissimos nobilissimosque Sueborum Semnones memorant; fides antiquitatis religione firmatur. Stato tempore in silvam auguriis patrum et prisca formidine sacram omnes eiusdem sanguinis populi legationibus coeunt caesoque publice homine celebrant barbari ritus horrenda primordia. est et alia luco reverentia: nemo nisi vinculo ligatus ingreditur, ut minor et potestatem numinis prae se ferens. si forte prolapsus est, attolli et insurgere haud licitum: per humum evolvuntur. eoque omnis superstitio respicit, tanquam inde initia gentis, ibi regnator omnium deus, cetera subiecta atque parentia.*

durfte nicht aufstehen, sondern musste sich hinauswälzen. Der schrecklichen, strafenden und rächenden Gewalt des Gottes, der Herr über Leib und Leben ist, dessen heilige Rechte niemand verletzen darf, geschieht mit diesem Brauch, durch welchen jeder wie ein Opfer hilflos in des Gottes Hand sich stellt, volle Genugtuung. Es ist ein Bundesheiligtum, das zu bestimmter Zeit von den einzelnen verbündeten Stämmen beschickt wird, um dem Gotte ein feierliches Menschenopfer darzubringen. Der Glaube verlegt den Ursprung des Volkes dorthin. Die Semnonen und durch sie auch ihre Stammverwandten betrachteten sich demnach offenbar als Abkömmlinge des Allwaltenden. Im Kriege, den Hermunduren und Chatten[1] um den Besitz der heiligen Salzquellen führten, opferten die Sieger dem Tiuʒ und Wodan alle Männer und Pferde des feindlichen Heeres. Bei den Norwegern galt im 6. Jahrhundert das Menschenopfer als Höchstes; den ersten Kriegsgefangenen gaben sie dem Tiuʒ, den sie damals noch für den vornehmsten der Götter hielten.[2] Auch die Goten weihten dem Tiuʒ, dem Lenker der Schlachten, der blutige Opfer forderte, das Leben der Gefangenen, dem Gotte gehörten die ersten Beutestücke, an den Baumstämmen seines Haines wurden die eroberten Waffen aufgehängt.[3] Abzeichen des Kriegsgottes war das Schwert, bei dem die Quaden wie beim Gotte selber Eide schwuren.[4] Vielleicht ist die Sage vom Mars-

---

1 Tac. An. XIII, 57 *sed bellum Hermunduris prosperum, Chattis exitiosius fuit, quia victores diversam aciem Marti ac Mercurio sacravere, quo voto equi viri, cuncta viva occidioni dantur. et minae quidem hostiles in ipsos vertebant.* Zur Erklärung der Worte vgl. J. Grimm, Myth. 999 Anm.

2 Prokop, *bell. got.* 2, 15 von den Thuliten, d. h. den Skandinaviern: *θύουσι δὲ ἐνδελεχέστατα ἱερεῖα πάντα καὶ ἐναγίζουσι. τῶν δὲ ἱερείων σφισὶ τὸ κάλλιστον ἄνθρωπός ἐστιν, ὅνπερ ἂν δοριάλωτον ποιήσαιντο πρῶτον. τοῦτον γὰρ τῷ Ἄρει θύουσιν, ἐπεὶ θεὸν αὐτὸν νομίζουσι μέγιστον εἶναι.*

3 Jord. Get. 5 *quem Martem Gothi semper asperrima placavere cultura. nam victimae eius mortes fuere captorum, opinantes bellorum praesulem aptius humani sanguinis effusione placandum. huic praedae primordia vovebantur, huic truncis suspendebantur exuviae.*

4 Amm. Marc. XVII, 12 von den Quaden: *eductis mucronibus, quos pro numinibus colunt, iuravere se permansuros in fide.*

schwert, worin Attila das Zeichen der Weltherrschaft sah, gotischen Ursprungs.[1] Denn gotische Lieder erzählten von Attila, als wäre er ein germanischer Heerkönig gewesen. Man würde begreifen, dass des Tiuʒ Schwert dem Menschen, der es als des Gottes erkorener Liebling führte, steten Sieg und gewaltige Macht verlieh. Nach Tacitus tanzten Jünglinge kunstvoll zwischen Schwertern und feindlich drohenden Speeren. Als Brauch der Zünfte hat sich der Schwerttanz bis ins späte Mittelalter herab erhalten. Die Tänzer führten kunstreiche Fechterschläge aus, ahmten den Schwertkampf nach und bildeten aus den zusammengehaltenen Klingen mannigfache Figuren. Der Tanz verlangte Übung und Gewandtheit.[2] Die Beziehung des Tiuʒ zum Schwert lässt vermuten, dass dieses Heldenspiel ihm zu Ehren geschah. Die weißen Rosse, die auf Staatskosten in Hainen gehegt, nur zum Dienste der Gottheit, nie zu dem der Menschen gebraucht werden, aus deren Wiehern Priester und König oder Fürst weissagen, waren wohl Eigentum des Himmelsgottes.[3] Wenigstens haben die im Norden aus Tiuʒ abgezweigten Götter Freyr, Baldr, Heimdall besondere Rosse. Wahrscheinlich gehörten schon dem Tiuʒ Schwert, Goldhelm und Ross, er war gerü-

1 Jord. Get. 35 *cum pastor quidam gregis unam buculam conspiceret claudicantem, nec causam tanti vulneris inveniret, sollicitus vestigia cruoris insequitur, tandemque venit ad gladium, quem depascens herbas incauta calcaverat, effossumque protinus ad Attilam defert. quo ille munere gratulatus, ut erat magnanimis, arbitratur se mundi totius principem constitutum et per Martis gladium potestatem sibi concessam esse bellorum.*

2 Tac. Germ. 24 *genus spectaculorum unum atque in omni coetu idem. nudi iuvenes, quibus id ludicrum est, inter gladios se atque infestas frameas saltu iaciunt. exercitatio artem paravit, ars decorem, non in quaestum tamen aut mercedem: quamvis audacis lasciviae pretium est voluptas spectantium.* Vgl. Müllenhoff, Über den Schwerttanz (in den Festgaben für Gustav Homeier) Berlin 1872; weitere Literatur gibt John Meier in Pauls Grundries II 1, 835.

3 Tac. Germ. 10 *proprium gentis equorum quoque praesagia ac monitus experiri. publice aluntur isdem nemoribus ac lucis, candidi et nullo mortali opere contacti; quos pressos sacro curru sacerdos ac rex vel princeps civitatis comitantur hinnitusque ac fremitus observant. nec ulli auspicio maior fides, non solum apud plebem, sed apud proceres, apud sacerdotes; se enim ministros deorum, illos conscios putant.*

stet wie ein Königsheld. Dem Hufe des göttlichen Rosses war vielleicht einst die Wunderkraft zu Eigen, Quellen zu öffnen, ein Zug, der in vielen späteren Sagen und Legenden vorkommt.[1]

Dass die Friesen dem Tiuʒ dienten, wird durch einen inschriftlichen Fund, aus dem man aber nicht zu viel herauslesen darf, bestätigt.[2] Der unter Severus Alexander am Hadrianswall in Britannien stehende friesische Keil *(cuneus Frisiorum)* war aus germanischen Söldnern gebildet, die vorwiegend aus den friesischen Ländern stammten. Leute aus Twenthe setzten dem *Mars Thingsus* einen Weihstein. Die germanische Form des Beiwortes ist etwa *þingsaʒ* und stellt sich natürlich als Ableitung zu *þing*. Die Grundbedeutung des Wortes ist Versammlung, besonders Gerichtsversammlung, ferner Ort und Zeit derselben. Unter

1 Panzer, Beitrag zur deutschen Mythologie 1, 291. Chr. Petersen, Hufeisen und Rosstrappen im Archiv der schlesw.-holst.-lauenb. Gesellschaft für vaterländ. Geschichte Band 19, 194 ff.

2 Im November 1883 wurden zu Housesteads am Hadrianswall in England zwei Altäre und ein hoher giebelartiger Aufsatz gefunden mit bildlichen Darstellungen und Inschriften versehen. Die Reliefbilder sind durchaus römisch und so auszulegen. Eine mit Helm, Speer und Schild bewaffnete Kriegergestalt, zu ihrer Rechten ein Vogel, steht in der Mitte eines bogenförmigen Halbrunds. Auf beiden Seiten sind nackte Figuren mit Kränzen und Stäben angebracht. Es ist Mars mit der Gans und zwei Viktorien oder Eroten. Eine Beziehung auf germanische Vorstellungen, wie Hoffory in dem Relief des Aufsatzes sie findet, ist unstatthaft. Die Inschriften der Altäre lauten: *Deo Marti et duabus Alaisiagis et numinibus Augustorum Germani cives Tuihanti cunei Frisiorum Ver. Ser. Alexandriani v[otum] s[olverunt] l[ibenter] m[erito]. Deo Marti Thingso et duabus Alaesiagis Bede et Fimmilene et numinibus Augustorum Germani cives Tuihanti v. s. l. m.*
Hierzu vgl. die Abhandlungen von Hübner, Westdeutsche Zeitschrift 3, 120, 287; Mommsen, Hermes 19, 232; Scherer, Sitzungsberichte der Berliner Akademie 1884, 571; Brunner, Zeitschrift der Savignystiftung (1884) 5, 226; W. Pleyte, mededeelingen d. kon. akad. van wetenschappen (afdeel. letterkunde) 3, 2, 110; F. Möller, Westd. Zeitschrift 5, 321; M. Ihm, Bonner Jahrbücher 1883, 173 ff.; R. Schröder, Rechtsgeschichte 1, 17, 36; Hoffory, Gött. Nachrichten 1888, 426; Weinhold, ZfdPh. 21, 1; Jäckel ebenda 22, 257; Hübner, Römische Herrschaft in Westeuropa, Berlin 1890, 57 ff.; Heinzel, Wiener Sitzungsberichte phil.-hist. Klasse Bd. 119, 50 ff.; Kauffmann, Beiträge 16, 200; Siebs, ZfdPh. 24, 434 ff.

Thingleuten sind aber auch die Angehörigen eines Verbandes verstanden; *þingmanna lið*, der Thingleute Schar, heißen die von den anglischen und dänischen Königen in England im 11. Jahrhundert zur Landesverteidigung gehaltenen Mietstruppen. Soll mit dem Beiwort Tiuȝ in seiner Eigenschaft als Gott der Gerichtsversammlung bezeichnet werden, »als Befehlshaber und Präsident des in Heer und Thing versammelten Volkes« (Scherer)? Römische Truppenteile weihten ihren Schutzgöttern Inschriften, den *genii legionis, cohortis, alae, vexillariorum.* Diesen Brauch ahmten die Tuihanten offenbar nach und setzten dem Mars ihrer Truppe einen Stein. Der Mars ihres Verbandes war aber nicht der römische Gott, sondern der ihres Volkes. Den heimischen Glauben behielten die Germanen in römischen Diensten bei. Der Mars, *der die friesische Truppe beschützt* – nichts anderes will das Beiwort besagen –, ist damit deutlich vom römischen unterschieden und nach der üblichen interpretatio romana wohl als der germanische Tiuȝ zu betrachten. In der Heimat und in der Fremde, an der Dingstätte und im Lager wurde der waltende Tiuȝ von den Friesen angerufen.

Am Ende des 8. Jahrhunderts taucht die Benennung *Cyuuari-Suâpa* auf.[1] Als *Ziuleute* sollen sich die Schwaben, die Abkömmlinge der Semnonen, bezeichnet haben. Ihr Hauptsitz Augsburg hieß auch *Ciesburc,* Burg des Ziu. Die Möglichkeit ist nicht abzuleugnen, dass dasjenige Volk, dem einst das erminonische Heiligtum gehörte, das vor den Übrigen dem Himmelsgott als dem Vater des Stammes zunächst stand, am längsten seinem Dienste treu blieb und in der neuen Heimat einen Ziutempel unterhielt.

---

1 Die Glosse *Cyuuari suapa* steht in der Wessobrunner Handschrift (Müllenhoff-Scherer, Denkm. 3. Aufl. II 1 f.) aus dem Ende des 8. Jahrh.; Laistner vermutet urspr.: *recia suapolant recicuuari suapa. Civitas Augustensis id est Ciesburc,* findet sich in einem alten Verzeichnis von Städtenamen der Germania prima Bouquet, recueil des historiens des Gaules et de la France II, 10; Bachlechner, ZfdA. 8, 587; Chroniken deutscher Städte 4, 281 Anm. 7. Verwertet wurden die Schwaben als Ziuleute von J. Grimm, Myth. 180; Müllenhoff, Schmidts Zeitschr. 8, 247 und öfters. Zur Frage sehr beachtenswert L. Laistner, Württb. Vierteljahrshefte für Landesgeschichte N. F. 1892, 2 ff.

Neuerdings wird aber die Echtheit der Nachricht angefochten. Im karolingischen Zeitalter entstand eine fabelhafte Chronik von Augsburg. Die Stadt ist eine Gründung der Schwaben, die lang vor den Römern da gesessen haben sollen. Das Römerheer, die *legio Martia,* erlitt eine schwere Niederlage bei Augsburg. Ziesburg scheint in Anlehnung an Eresburg ersonnen: während Karl die Eresburg bezwang, brach sich die römische Macht an der Ziesburg. Dem Augsburger war für *dies Martis* der schwäbische Ziestag und der bayrische Ertag geläufig, so mochte er sich das Verhältnis *Ertag, Eresburg: Ziestag, Ziesburg* ausdenken. Als Bewohner der von der legio Martis belagerten Stadt ergaben sich dem gelehrten Chronisten *Marticolae Ziuuari.* Vielleicht ist dieser Ausdruck jedoch überhaupt gar nicht über die Wessobrunner Handschrift hinausgelangt, wo er aus »Recyuuari« Rießer, Bewohner des Rieß, verschrieben zu sein scheint. Mindestens ist der »hieratische« Namen der Schwaben und der ihrer »Ziuburg« mit Vorsicht aufzunehmen, weil er vielleicht nur durch Schreiberirrtum und gelehrte Fabelei im Ausgang des 8. Jahrhunderts zustande kam und mit der Heidenzeit und dem echten Götterglauben der einst dem Tiuʒkult zugetanen Semnonen-Sueben nichts mehr zu schaffen hat.

Tacitus erzählt von der göttlichen Abstammung der drei Hauptstämme der Germanen.[1] *Tuisto,* der Sohn der Erde, hat wohl den Himmel zum Vater. Da Himmel und Erde an ihm teilha-

---

1 Germania 2 *celebrant carminibus antiquis, quod unum apud illos memoriae et annalium genus est, Tuistonem deum terra editum et filium Mannum originem gentis conditoresque. Manno tris filios assignant, e quorum nominibus proximi oceano Ingävones, medii Herminones, ceteri Istävones vocentur.* Bei Plinius hist. nat. 4, 99 *Germanorum genera quinque: Vandili, quorum pars Burgundiones, Varinnae, Charini, Gutones; alterum genus Ingävones, quorum pars Cimbri, Teutoni et Chaucorum gentes; proximi autem Rheno Istävones quorum pars Cimbri (l. Sigambri?); mediterranei Hermiones, quorum Suebi, Hermunduri, Chatti, Cherusci; quinta pars Peucini, Bastarnae supra dictis contermini Dacis.* Plinius, an welchen Tacitus wahrscheinlich sich anlehnt, weiß nichts von den Stammesheroen. In der um 520 verfassten fränkischen Völkertafel erscheinen aber *tres fratres, Erminus, Inguo et Istio.* Müllenhoff, Abhandlungen der Berliner Akademie 1862, S. 532 ff.

ben, da er ihr beider Wesen in sich vereint, heißt er der Doppelte, Zwiefältige, vielleicht aber auch Zwitter[1], wenn etwa Mannus von ihm allein entsprang. *Mannus* ist der Urmensch, Erzeuger der Menschheit. In dieser Genealogie bezeichnet aber Mannus den Gott als Menschen. Der Grundgedanke scheint zu sein, ein Gott in Menschengestalt zeugte die Stammväter, nach deren Namen die Völker heißen. Wie erklären sich die Namen dieser drei Stammeshelden *Ingvio, Istvio, Irmino*[2]? Wenn Völker oder Geschlechter nach einem ihrer berühmten Ahnen den Namen empfangen, dann ist dieser Ahne ein vergötterter Mensch, ein Halbgott, niemals ein rein göttliches Wesen. Steht auch einer der hohen himmlischen Götter, etwa Tiuʒ, Donar oder Wodan, an der Spitze, so knüpft doch die Benennung nicht an den Gott selber an, vielmehr an einen Nachkommen. Ein Halbgott, ein Heros vermittelt zwischen dem Gott und den Sterblichen. Müllenhoff meint (Schmidts Zeitschrift 8, 222), »entweder ward dem Gott eigens ein Name beigelegt, der nur ein nahes Verhältnis zu dem Volke oder Geschlecht ausdrückt, oder das Volk oder Geschlecht bezog auf sich einen schon vorhandenen, im Wesen des Gottes begründeten Beinamen«. Andächtige Stimmung, religiöser Brauch soll die meisten der altgermanischen Völkernamen geschaffen haben. Geistvoll weiß Müllenhoff diese »hieratischen Kultnamen« aus-

1 Zur Wortbildung von Tuisto oder Tuisco vgl. Brugmann, Grdr. II 468 und 507; got. *tvis* auseinander; mhd. *zwis*, aisl. *tvisvar* 2-mal; ahd. *zwisk, zwiski*, zweifach; aisl. *tvistr*, zwiespältig; engl. *twist* zweifädiger Strick; nhd. *zwist;* gr. *δίς*, lat. *bis < duis*. Zur Auslegung Wackernagel ZfdA. 6, 19; Müllenhof, ebenda 9, 261. Schade, Altdeutsches Wörterbuch 2. Aufl. S. 974 f. weist auf mundartliches nhd. *twister*, »Zwitter«, hin.

2 Müllenhoff, über Tuisco und seine Nachkommen in der allgemeinen Zeitschrift für Geschichte, hrsg. von A. Schmidt, Bd. 8, 209 ff.; Scherer, Sybels histor. Zeitschrift, N. F. 1, 160; Müllenhoff, ZfdA. 10, 562; ebenda 23, 1 ff.; Kögel, Geschichte der deutschen Literatur I, 1, 13 ff.; Hoffory, Gött. gelehrte Anzeigen vom 1. März 1888 und Nachrichten der kgl. Gesellschaft der Wissenschaften zu Göttingen 1888, Nr. 15; vgl. auch Hoffory, Eddastudien I Berlin 1889, 101 ff., 153 ff.; Ludwig Laistner, Germanische Völkernamen, in den württembergischen Vierteljahrsheften für Landesgeschichte, N. F. 1892, 1 ff. Auch bei den meisten andern neueren Gelehrten tritt die hieratische Auslegung der germ. Völkernamen merklich zurück.

zulegen. Doch unumstößlich feste Beweise sind nicht erbracht. Laistner schlug einen andern Weg zur germanischen Namendeutung ein und gelangte zu einer bestimmten, aus treffender Beobachtung geschöpften Gesamtansicht über ihren Ursprung. Das Volk in Verband und Versammlung, in Sippeverhältnis und Heerordnung, nach Seelenzahl und Ausbreitung, also einfache natürliche Zustände sind Quellen der Namen. Ohne jede Herleitung im Einzelnen zu billigen, möchte ich Laistners Erklärungsweise der gezwungenen Müllenhoffs vorziehen. An sprachlicher Begründung steht sie hinter letzterer nicht zurück, aber sie ist insofern ungefährlicher, als sie nicht gleich auf unsichere Voraussetzung hin die germanische Mythologie mit allerlei weit und tief greifenden Vermutungen bereichert. Im gegebenen Fall fragt es sich also, nannten sich diese drei Hauptvölker nach den Beinamen eines Gottes, und so erklärt Müllenhoff, oder haben sie aus ihren eigenen Benennungen drei Helden gemacht, und diese als des Gottes Söhne, vielleicht auch manchmal als des Gottes Beinamen (z. B. *Saxnôt* als Sachsengott) ausgegeben, heißt das Volk nach dem Gott oder der Gott nach dem Volk? Mit Laistner und andern entscheiden wir uns für letztere Ansicht, welche auch der J. Grimms wieder näher kommt. Müllenhoff glaubte die zugrunde liegenden Namen des Gottes als *ingvaȝ* der Ankömmling, *ermnaȝ* der Erhabene, *istvaȝ* der Verehrungswürdige (nach Scherer der Gott des Herdfeuers, nach Hoffory der Flammende) erklären zu dürfen. Die Ingävonen, Erminonen, Istävonen seien Kultgenossenschaften, Völker, die gemeinschaftlich einen Gott unter diesen Namen anbeteten und sich gemeinsamer Abkunft von ihm rühmten. In Ingvaȝ und Ermnaȝ erkannte er den Tiuȝ, in Istvaȝ den Wodan, während Hoffory auch diesen auf Tiuȝ bezog. Nach Laistner sind die Ingävonen die Einheimischen, die Erminonen das Großvolk, die Istävonen die Echten, Vollbürtigen. Welcher Deutung man auch beipflichte, die Hauptfrage bleibt sich gleich, was für Götter sind mit den Stammvätern gemeint. Leicht ist die Entscheidung für die Erstgenannten. Die Ingävonen wohnten auf der deutschen Halbinsel zwischen Ost- und Nordsee, ihr gemeinsamer Kult galt der Nerthus, deren Heiligtum auf einer Insel der Nordsee sich erhob. Die Angeln und Sachsen gehören zu den Ingävonen. »Ing war zuerst bei den Ostdänen den Menschen erschienen; später zog er ostwärts über die Wogen; sein Wagen rollte ihm nach.«[1] Mit Ing, dem Begründer ihres Volkes, fuhren die Angeln aus ihrer alten schleswigschen Urheimat nach Britannien. Ingwine, Freunde des Ing heißen die Ostdänen (Béowulf 1045, 1320). Ing war ihr erster König, an ihn knüpften die Genealogien ihrer Herrscher an. Bei den norwegischen Skalden heißen die Könige der Schweden *Ynglingar*, Nachkommen des Yngvi; der Gott Freyr wird auch Yngvi oder Yngvifreyr genannt. Freyr ist aber sicher der Himmelsgott Tiuʒ. Freyr und Nerthus gehören zusammen als die Hauptgötter der Ingävonen. Sollte auch die nordische Zusammenstellung von Yngvi und Freyr erst später erfolgt sein, so dachten doch jedenfalls die Ingävonen ihren Ingvo oder Ingvio als Sohn des herrschenden höchsten Gottes, und der kann zur Entstehungszeit der Sage nur Tiuʒ gewesen sein, noch nicht Wodan. Man erkennt mithilfe dieser Zeugnisse den eigentlichen Sinn der Genealogie des Tacitus. In Gedichten wurde der Adel der Ingävonen gepriesen, die Könige und Stämme dieses Bundes rühmten sich gemeinsamen Ursprungs. Tiuʒ in Menschengestalt war herabgestiegen, Ingvio war sein Sohn und erster König, das Königtum ist vom höchsten Gotte eingesetzt. Auf denselben Mythos geht die schöne später ausgebildete anglische Sage von Skéaf[2] zurück, nur ist sie auf den

1 Runenlied 68. *Ing wæs ærest mid Eastdenum*
gesewen secgun, oþ he siððan est
ofer wæg gewat, wæn æfter ran:
ðus heardingas ðone hæle nemdun.

Heardingas ist nicht als Eigenname, sondern appellativ im Sinn von Helden, Männern zu fassen. J. Grimm, Myth. 316; Müllenhoff, ZfdA. 23, 11. Eigennamen mit Ingu- sammelt Müllenhoff, ZfdA. 9, 250.

2 Müllenhoff, ZfdA. 7, 410 ff.; Müllenhoff, Beovulf, Untersuchungen über das ags. Epos und die älteste Geschichte der germanischen Seevölker, Berlin 1889, S. 6 ff.; Binz, Beiträge 20, 147 ff. Dass die Mythen von Skéaf auf Ingvo zurückgehen, führt Müllenhoff a.a.O. 11 aus. Dem Göttermythos entstammt die spätere Sage vom Schwanritter, die nach den Niederlanden verlegt wurde.

Stamm der Angeln beschränkt, wie ja auch die Ostdänen den Ing für sich allein in Anspruch nehmen. Den Anfang des Königtums und der Kultur knüpften sie an die wundersame Ankunft eines geheimnisvollen Fremdlings. In steuerlosem Schiff, auf einer Garbe schlafend, kam ein hilfloses Kind ans Land geschwommen. Von den Bewohnern wurde es wie ein Wunder aufgenommen und sorgfältig erzogen. Sie legten ihm den Namen *Skéaf* bei, nach dem Getreidebündel (angl. *skéaf*, nds. *skôf*, ahd. *scoup*, mhd. *schoup)*, auf dem er geschlafen hatte. Skéaf wurde zum König der Angeln erwählt und wuchs an Macht und Ehren. Als er aber aus dem Leben schied, da trugen die Männer ihn wieder zum brandenden Ufer, wie er gebeten. Dort lag sein Schiff zur Ausfahrt bereit, und wieder trieb der tote Held hinaus auf die Wogen. Niemand weiß, woher er kam, wohin er entschwand. Aber eine edle Königssippe stammte von ihm ab. Es war der Himmelsherrscher selber gewesen, der in Menschengestalt zu seinem Volke herabstieg und ihm die Segnungen gesicherten Ansiedelns und Wohnens, den Ackerbau und das Leben und Besitz schirmende Königtum verlieh. Der Himmelsgott an der Spitze von Stammtafeln, als Begründer menschlicher Einrichtungen wird uns auch sonst begegnen, im nordischen Freyr und Heimdall.

Mit Irmino ist ebenfalls Tiuʒ gemeint. Denn für diese Völker ist in ältester Zeit der Himmelsgott der Höchste, so im uralten Semnonenwald, so bei den nach dem Süden gewanderten Stämmen der Schwaben, Markomannen und Quaden. Bei den Hermunduren steht allerdings bereits Wodan neben Tiuʒ. Widukind berichtet von einem um 530 bei Scheidungen an der Unstrut befindlichen Göttermal, einer Säule, der *irminsûl. Hirmen ... Mars dicitur, Irmino ist Tiu,* sagt Widukind.[1] In Westfalen auf dem

1 Widukind 1, 12 nach dem Sieg der Sachsen über die Thüringer bei Scheidungen: *Mane autem facto ad orientalem portam ponunt aquilam, aramque victoriae construentes, secundum errorem paternum, sacra sua propria veneratione venerati sunt, nomine Martem, effigie columpnarum imitantes Herculem, loco Solem, quem Graeci appellant Apollinem. ex hoc apparet aestimationem illorum utcumque probabilem, qui Saxones originem duxisse putant de Graecis, quia Hirmin, vel Hermis graece, Mars dicitur; quo vocabulo ad laudem vel ad vitupe-*

Eresberg war ein Heiligtum, ein Hain und ebenfalls eine solche Irmensûl, welche Karl der Große 772 zerstörte. *Er* ist Tiu unter anderem Namen, und die Irmensûl muss also auf den Himmelsgott bezogen werden. Irmineswagen heißt freilich nach später Überlieferung (Leibnitz scr. 1, 9) das Sternbild.

Schwieriger ist es, über den Stammvater der Istävonen ins Reine zu kommen. Während Ingävonen und Erminonen sicher auf Tiuʒ ihr Geschlecht zurückführen, während Namen mit Ingvio und Irmino zusammengesetzt noch lange fortleben, ist Istvio verschollen. Unter den Istävonen sind die Bewohner der Rheinlande gemeint. Da bei ihnen Wodan aufkam, liegt es nahe, Abstammung von Wodan ihnen zuzuschreiben. Aber die Erwägung hält kaum stand. Die Lieder, in welchen die Völker gemeinsamer Abkunft sich rühmen, reichen in graues Altertum. Die gemeinschaftlichen Namen scheinen in der Römerzeit bereits in Auflösung begriffen, neue Bundesgenossenschaften erstehen. Der Wodandienst, dem freilich in der Römerzeit die Istävonen anhängen, ist für die den Liedern zugrunde liegenden Verhältnisse nicht notwendig vorauszusetzen, damals war er vielleicht noch gar nicht vorhanden. Die drei Stammväter als Brüder gedacht ordnen sich einer Einheit unter, die Westgermanen, obwohl unter sich in verschiedene Gruppen eingeteilt, fühlten wohl dereinst ihre Zusammengehörigkeit, wenigstens geht ein solcher Gedanke durch das Gedicht, dem jene Sage entstammt, hindurch. Wenn zwei der einander gleichgestellten Brüder auf den Himmelsgott weisen, wird auch der dritte keinem andern zuzuteilen sein. Tiuʒ, aus dem Himmel unter die Menschen herabsteigend, ward der Vater der westgermanischen Hauptvölker.

»Die einzelnen Völkerschaften eines Stammes, wie eine große Familie und Blutsverwandtschaft sich betrachtend, vereinigten sich jährlich zu einer gemeinsamen Feier und erneuerten ihre

---

rationem usque hodie etiam ignorantes utimur. Um die Stelle richtig zu verstehen, muss man erst Widukinds gelehrte Weisheit von Apollo, Hermis und Herkules absondern; hierzu Müllenhoff, Schmidts Zeitschrift 9, 242 ff.

Gemeinschaft bei einem blutigen Opfer; den Gott sahen sie für ihren Vater und den Gründer ihres Geschlechtes an, die Göttin für ihre Mutter, beide, da jener des Himmels waltete, diese die Erde segnete, für ihre Ernährer, Herrscher und Beschützer.»[1] Das Bundesheiligtum der Ingävonen war die Nerthusinsel, das der Erminonen der Semnonenwald. Bei den Istävonen waren vermutlich die Marser Pfleger des Heiligtums der Göttin Tanfana, das Germanicus 14 n. Chr. zerstörte, wodurch auch Volk und Name der Marser vernichtet wurden.

Der nordische Tyr[2] nennt sich den Sohn des Hymir, der ostwärts über den stürmischen Wogen am Himmelsrande wohnt. Der Tag steigt im Osten aus den Gewässern hervor. Loki rühmt sich, mit Tyrs Weib gebuhlt zu haben; sonst wird nirgends mehr seine Gattin genannt. Die jüngere Auffassung ordnet ihn als Sohn dem Odin unter. Snorre berichtet: »Tyr ist überaus kühn und mutig, und hat die Hauptentscheidung über den Sieg in den Schlachten. Daher ist es gut, wenn tapfere Männer ihn anrufen. Eine gebräuchliche Redensart ist es, von jemand, der andere an Mut übertrifft, zu sagen, er sei kühn wie Tyr. Damals hat er einen Beweis seiner Unerschrockenheit und Tapferkeit gegeben, als die Asen den Fenriswolf dazu bringen wollten, sich die Fessel Gleipnir anlegen zu lassen. Der Wolf wollte ihnen nicht glauben, dass sie ihn wieder lösen würden, und so mussten sie ihm als Pfand die Hand Tyrs in den Rachen legen. Als nun die Asen ihn wirklich nicht befreien wollten, biss er ihm die Hand ab an jener Stelle, die seitdem Wolfsglied (das Handgelenk) heißt, und der Gott besitzt nun nur eine Hand. Er ist auch so weise, dass man von einem besonders klugen Manne zu sagen pflegt, er sei weise wie Tyr. Nicht aber kann man von ihm be-

---

1 Müllenhoff, Allgem. Zeitschrift f. Gesch. Hrsg. von Adolf Schmidt, Band 8, 268.

2 Über Týr vgl. Gylfag. Kap. 25, 34, 51. Hym. 5, Lokas. 38–40, Sigrdr. 6. *Týs áttungr* heißen die Könige Egill Tunnadólgr und Sigurd jarl in der Ynglingasaga, Kap. 30 und der Haraldssaga Gráfelds, Kap. 6. Für Eigennamen und sonstige Zusammensetzungen, in denen Týr vorkommt, vgl. Sveinbjörn Egilsson, Lexicon poeticum 828.

haupten, dass er sich es angelegen sein lässt, Frieden zwischen den Menschen zu stiften.« Beim Götterkampf stehen Tyr und der Höllenhund Garm einander gegenüber, und beide erleiden den Tod. Siegrunen soll man aufs Schwert ritzen und dabei zweimal Tyrs Namen sprechen; der Schwertsegen wird durch Tyr wirksam. Könige leiten ihr Geschlecht von Tyr ab.

Obwol des Tyr Macht im Norden stark beschränkt ist, treten doch noch deutlich alle wesentlichen Eigenschaften des Tiuȝ zutage, im 6. Jahrh. galt er ja nach Prokop noch als der höchste Gott bei den Skandinaviern, damals war weder Thor noch Odin in Norwegen an seine Stelle gerückt. Der alte Name des Himmelsgottes erhielt sich in Norwegen, in Schweden wurde er Freyr genannt.

Auf den Tyrskult der nordischen Wikinger vom Hardangerfjord, die im 9. Jahrh. in Irland heerten, christliche Kirchen und Klöster verbrannten und die Diener des Christengottes töteten, lässt eine geistvolle, aber kühne Vermutung Zimmers[1] schließen. Die irische Sprache bezeichnet das Tun und Treiben, die Heerfahrt der Wikinger mit dem Worte *dîberc* (gespr. *dîwerc*). Aus dem irischen Wortschatz ist *dîberc* nicht zu erklären. Da viele nordische Wörter zur Zeit der Heerfahrten ins Irische übergingen, kann auch *dîberc* aus dem Nordischen entlehnt sein. *Týverk,* Werke des Tyr, Werke des Kriegsgottes, nannten die heidnischen Wikinger ihre Taten, und die Iren machten daraus *dîberc,* deren Wirkung sie ja genugsam verspürten und fürchteten. Bei den Norwegern, die im 9. Jahrh. in Irland heerten, herrschte somit noch Tyrsdienst vor, der später vor Thors und Freys Dienste zurücktrat.
Zur Erinnerung an die Schlacht bei Flodden in Northumbrien, in der 1513 die Schotten von den Engländern besiegt wurden, feierte man lange in Hawick (Roxboroughshire) ein Volksfest mit Wettreiten. Als Kehrreim eines dabei gesungenen Liedes begegnen die dem Volke unverständlichen Worte »*Teer yebus, ye Teer ye Odin.*« Sie sind zu deuten »*Týr hœb us, ye Týr ye Odin!*«

1 Göttingische gelehrte Anzeigen 1891, S. 193 ff.

Tyr habe uns, Tyr und Odin! Man kann darin einen alten northumbrischen Kampfruf vermuten, welcher in der späteren Wikingerzeit aufkam. Denn die Götter sind in nordischer, nicht in englischer Namensform angerufen.[1]

Alle Germanen haben den *dies Martis* nach Tiuȝ benannt, nur die Bayern haben eine andere Bezeichnung: *Ertag*, woran noch die heutige Mundart festhält.[2] Spätere Formen sind *Eri-, Erch-, Erichtag*. J. Grimm vermutet, dass in diesem Ertag ein anderer Name des Himmelsgottes verborgen sei. Bedenklich ist nur, dass kein Genitiv, also Erestag wie Wodans-Donars-Ziestag steht. Vielleicht darf der sächsische Eresberg herangezogen werden. Merkwürdig sind einige Runennamen. ↑ ist im Ags. *tír* Ruhm (ahd. *zêri, ziere)*, im Nordischen aber Týr nach dem Gotte benannt. Die Rune ᛉ mit dem Lautwert ea heißt im Ags. *ear* und *tír*, in deutschen Runenalphabeten begegnet entsprechend *aer* und *ziu* für die Rune. Darf man daran die etwas kühne Vermutung knüpfen, die deutschen Schreiber wurden an die zwei Namen des Himmelsgottes Er und Ziu durch das ags. *ear* und *tír*, nord. *Týr* erinnert? Mogk schließt, *Er, Ear* war ein Beiname des Himmelsgottes bei Sachsen und Bayern, Ertag ist gleich Ziestag. Das Wort soll dem indischen *arya* verwandt sein, das im Sinne von freundlich im Rigveda den Göttern beigelegt wird.

In der altsächsischen Abschwörungsformel vom Jahr 772 stehen die Götternamen *»Thuner ende Wôden ende Saxnôte«*, denen der

---

1 Stephens, aarböger for nordisk oldkyndighed og historie 1875, S. 109 ff. Tyr auf Thor zu beziehen, wie H. Petersen, gudedyrkelse S. 97 will, geht nicht an.

2 J. Grimm, Mythologie 182; Mogk, Pauls Grundriss I, 1055; Schmeller, Bayer. Wb. I. 127; im ags. Runenlied steht *tír* und *ear* für das Zeichen ᛉ, W. Grimm, Über deutsche Runen, Göttingen 1821, Tafel III; *ziu* im cod. Vind. 64, ebenda Tafel I, *aer* im cod. Sang. 270, Tafel II.

3 In der Stammtafel der Ostsachsen begegnen die Namen *Seaxnéat* (Mars), *Gesecg* und *Andsecg* (Symmachus und Antimachus), *Sveppa* (einer, der Getümmel anrichtet), *Sigefugel* (siegverkündendes Zeichen), *Heðca* und *Bedeca* (viri caedis et stragis), alles Beiwörter eines und desselben Wesens: die Momente der Schlacht sind als Söhne des Kriegsgottes dargestellt.

Täufling entsagen soll. *Saxnôt*[3] ist jedenfalls einer der drei germanischen Hauptgötter, also Tiu, weil er den zwei anderen gleichgestellt wird. In der ostsächsischen Stammtafel begegnet *Saxnéat* als Wodens Sohn. Die dem späteren Wodankult ergebenen Sachsen des Festlands und in Britannien ordneten den Tiu nachmals Woden unter, wie auch im Norden Tyr Odins Sohn ist. Saxnôt war ein Beiname des Tiu unter den Sachsen. Der Sinn des Namens ist klar: Schwertgenoss. Sax ist das Kurzschwert, das Messer. Es fragt sich nur, wie entstand der dem schwertfrohen Tiu durchaus passende Beiname. Der Volksname *Saxon* erscheint wie eine Kurzform zum vollen *Saxnôtas*. Schwertgenossen wie die ags. *Sweordweras* nannten sich die Stammesangehörigen, und den Tiu stellten sie an die Spitze ihres Bundes, indem sie den Schwertgott auch als ihren Schwertgenoss bezeichneten.[1] Der Gott nahm auch hier den Namen von seinem Volk, nicht umgekehrt. Dass Tiu ursprünglich Saxnôt hieß, wäre unbegreiflich, dass aber das Volk in Waffen so sich nannte, versteht man leicht.

2. Spuren von Mythen

Beim Himmelsgott stehen nach idg. Glauben die *Dioskuren*, die ritterlichen Zwillinge, das reißige Brüderpaar, an die frühzeitig reiche Sagen anknüpften, welche wir namentlich aus indischer und griechischer Überlieferung kennen lernen. Vom Stamm der Nahanarvali weiß Tacitus den Kult der Zwillinge zu berichten. Ein alter Hain mit einem Priester, der das Haar nach Weiberart trägt, ist dem Dienst einer Gottheit geweiht, deren Namen Al-

---

Müllenhoff, Schmidts Zs. f. Gesch. 8, 249; ZfdA. 11, 291. Die Stammtafeln übersichtlich bei Grimm, Myth. 3, 377 ff.; O. Haack, Zeugnisse zur aengl. Heldensage, Kieler Dissert. 1893, 23 ff.

1 Den Volksnamen als einen ›hieratischen‹ leiten J. Grimm, Myth. 185, Müllenhoff, Schmidts Zeitschrift 8, 252, vom Gott ab; die oben vorgetragene Ansicht vertritt Laistner, württb. Vierteljahrshefte f. Landesgeschichte, N. F. 1892, S. 29.

kîȝ lautet, deren Wesen den Dioskuren entspricht. Müllenhoff glaubt, das göttliche Brüderpaar in der germanischen Heldensage mehrfach nachweisen zu können.[1]

Lassen sich überhaupt noch reicher entfaltete germanische Tiuȝsagen erkennen? Wo unsere Quellen reichlicher fließen, ist Tiuȝ bereits stark verblasst und zurückgedrängt. Der mit ihm einst verbundene Sagenkreis ist daher teils verschwunden, teils verändert. Sein Reich und Weib, die Frija besitzt Wodan-Odin. Nur mit oft gewagten und unsicheren Rückschlüssen gewinnen wir eine ungefähre Vorstellung von den altgermanischen Tiuȝmythen, welche mit den indogermanischen vermutlich auf gleicher Stufe standen.

Der Tag in Auf- und Niedergang mit allen dazugehörigen Erscheinungen ist Grundlage und Ausgangspunkt für viele Sagen vom Himmelsgott. Die Hymnen des Rigveda, deren Dichter von lebendigem Naturgefühl beseelt sind, zeigen, wie sich solche Mythen unmittelbar aus der Naturerscheinung heraus entfalten. Sie dürfen darum als lehrreiches Beispiel für derlei Vorgänge bei andern idg. Stämmen herangezogen werden. Zwielicht, Morgenröte, Sonne, Tag sind der gläubigen und poetischen Naturbetrachtung verschiedene Dinge, deren Zusammenwirken wohl erkannt, aber auch in verschiedenen bildlichen Gestaltungen auseinander gehalten wird. Daraus lösen sich die Zwillinge, die *Açvins* (d. h. die Ritter), die im Zwielicht erscheinen, die *Ushas ('Hώς)*, die holde Jungfrau, die rosige Morgenröte, *Sûryâ*, die Sonnengöttin, mit der Morgenröte auch öfters eins gedacht; nach Zwielicht und aufleuchtender Röte tritt der volle strahlende Tag, der hehre *Dyâus* selber hervor, dem alle untergeordnet sind. Die

1 Tac. Germ. 43 *apud Nahanarvalos antiquae religionis lucus ostenditur. praesidet sacerdos muliebri ornatu, sed deos interpretatione Romana Castorem Pollucemque memorant. ea vis numini, nomen Alcis. nulla simulacra, nullum peregrinae superstitionis vestigium; ut fratres tamen, ut juvenes venerantur.* Vgl. Myriantheus, Die Açvins oder arischen Dioskuren, München 1876. Müllenhoff, ZfdA. 12, 346 ff. 30, 217 ff. Roediger, Zeitschrift des Vereins f. Volkskunde 1, 241 ff. Wolfskehl, German. Werbungssagen, Darmstadt 1893, S. 18 ff.

Erscheinungen beim anbrechenden Tage setzt die Einbildungskraft des Dichters in mehrfache Beziehungen zueinander. Alle möglichen Sagen können daraus entspringen. Am Abend wiederholt sich das Ereignis. Da schwinden die holden, freundlichen Lichtgötter dahin vor den unholden, feindseligen und verhassten Mächten der Finsternis. Die Sagen von Frija, wenn wir sie wieder ihrem ersten und echten Gemahl, dem Tiuȝ zurückgeben, gründen sich offenbar auf den uralten Tagesmythos. Sofern dem Tiuȝ und den Alkîȝ hiebei eine tätige Rolle zugewiesen ist, müssen sie hier Erwähnung finden. Ihre ursprüngliche Fassung ist ebenso notwendig, um die Gestalt des germanischen Himmelsgottes zu beleben, als auch zum rechten Verständnis von Frijas Gesinnung und Handlungsweise, nachdem sie Wodans Frau geworden. Doch darüber erst später.

Der ganze Zusammenhang der Vorstellungen von der Frija geht zurück auf den Mythos einer Sonnengöttin, entsprechend der arischen Sûryâ. Der Mythos dieser Göttin aber steht in engster Beziehung zu den reichen, Schätze bewahrenden Açvins. Als Götter der Morgenfrühe, des Zwielichts, sind sie von allen Göttern zuerst zur Stelle, nehmen die Morgenröte, die Sûryâ oder die Ushas, die Tochter des Sûryâ (Helios) oder des Savitar, auf ihren Wagen, und führen sie als glückliche Freier oder Brautwerber für Soma davon. Die Einholung der Braut auf dem Wagen bildete einen Hauptteil der Hochzeitsfeier. Im Rigveda ist aber ein doppeltes Verhältnis der reißigen Brüder zu Sûryâ angenommen: des Sonnengottes holde Tochter hat sich selbst der Helden Schönheit auserwählt und beide Jünglinge sich zu Gatten erkoren. Im großen Hochzeitshymnus aber halten die Açvins als Brautwerber für Soma bei Savitar um dessen Tochter Sûryâ an, und dieser lässt die von Herzen zustimmende Braut ins Heim des Gatten führen. Der doppelte Mythos entwikkelte sich auch bei den andern Indogermanen. Die Naturerscheinung bedingt die Ausbildung solcher Sagen. Die Götter des Zwielichts tauchen zuerst aus der Nacht empor. Ihnen folgt die liebliche Morgenröte. Aber auch der Tag- und Sonnengott kann in Liebesverhältnis zur Morgenröte gedacht werden.

Dann holen die Jünglinge die geschmückte Braut ein und bringen sie dem Gott des Tages und der Sonne, der nun in seine volle Herrschaft eintrat. Endlich können die zwei verschiedenen Vorstellungen von den Dioskuren als Freiern oder Werbern zu einer dritten verschmelzen: ausgesandt, um ihrem Vater die Braut heimzuholen, entbrennen sie selber in Liebe zur leuchtenden Jungfrau und suchen sie für sich zu behalten. Mit Geschmeide gewinnen sie die Gunst der Göttin. Für diesen Frevel trifft sie des Himmelsherrn rächende Strafe. Auf der schmuckfrohen Himmels- und Sonnengöttin, im Norden Frigg und Freyja, Menglod (die des Halsbandes sich erfreuende), lastet freilich der Vorwurf der Buhlerei oder ehelichen Untreue. Um das Geschmeide zu gewinnen, gab sich die Göttin denen hin, die es geschmiedet. Um die unverständlich gewordenen und versprengten Trümmer wieder zu einem Ganzen zusammenzufügen, erklärt Müllenhoff ein Stück deutscher Heldensage für ursprünglichen Göttermythos, die Sagen vom Gotenkönig Ermanrîk sollen zum Teil einst dem Himmelsgott, dem *»Irmintiu«* gehört haben. Eine Vereinigung der nordischen Geschichte von Svanhild und ihren Brüdern mit der deutschen Sage von den zwei Harlungen Ambrico und Frîdila, in denen die Zeussöhne, die Dioskuren stecken sollen, wird den Mythos ergeben: Die schatzreichen HARLUNGE führen die Sonnenjungfrau ihrem Vater »Irmintiu« zu. Sie werden beschuldigt, selber nach der Braut getrachtet zu haben. Darum lässt der Himmelsgott sie ergreifen und aufhängen. Ihren Reichtum, das Harlungengold, nimmt er an sich. Dieser von Müllenhoff und Roediger geistvoll aus der Heldensage erschlossene Göttermythos entbehrt völliger und überzeugender Begründung, ebenso die weiteren daran geknüpften Folgerungen, auf deren Vorführung wir verzichten.

Ein anderer von Müllenhoff auf ähnliche kühne Weise aufgebauter Mythos zeigt die Dioskuren als ein Brüderpaar, die HARTUNGE; Hartnît, der Ältere, erstreitet gegen ein riesisches, winterliches Geschlecht, die Isunge, ein schönes göttliches Weib. In seiner goldglänzenden Rüstung verfällt er später einem Drachen, der ihn verschlingt. Der jüngere Hartung, Harthere, erschlägt dann den Drachen, legt die Rüstung und Waffen Hartnîts an, bändigt und besteigt sein Ross, und wird darauf von der trauernden Witwe an des Bruders statt als Gemahl angenommen. Auch sonst noch sollen die Licht spendenden, streitbaren, Rosse bändigenden Jünglinge in Brüderpaaren der Heldensage wiederkehren.

Wenn der nordische Tyr es mit dem Wolfe zu tun hat und am Ende der Tage mit dem Höllenhunde kämpft, mag vielleicht eine alte mythische Vorstellung hierin nachklingen. Mit einem Wolf, dem Ungeheuer der Finsternis, kämpfen die Açvins und der griechische Sonnengott Apollo, der ja sogar den Beinamen Wolfstöter (λυκοκτόνος) führt.

Über Vermutungen gelangt der Versuch, germanische Tiuȝ sagen wieder herzustellen, nicht hinaus. Sehr gewagt scheint es, Sagenzüge, die längst alle Beziehung und allen Zusammenhang verloren, wieder an den Himmelsgott anzuknüpfen. Denn keine Gewähr ist vorhanden, dass diese Stoffe einst wirklich, nicht nur in unserer Einbildung, zu Tiuȝ und den Alkîȝ gehört haben. Nur eine einzige Sage, wie der Himmelsgott sein Weib errang, hat sich in lebendiger Darstellung erhalten, doch auch in bestimmter Beziehung zum schwedischen Freyr. Unter seinem Namen soll sie mitgeteilt werden.

II. Freyr

1. Des Gottes Art und sein Kult

Auf einer Insel der Nordsee, in heiligem Hain erhub sich das Stammesheiligtum der Ingävonen. Dort befand sich ein mit Teppichen verhängter Wagen, dem nur der Priester nahen durfte. Zu gewisser Zeit wurde die Gottheit *Nerþus* auf einem mit Kühen bespannten Wagen unter dem Geleit des Priesters umhergeführt. Wohin der Umzug kam, überall herrschte Friede und Festesfreude. Bei der Rückkehr ins Heiligtum wurde die Gottheit im See gebadet; die dienenden Knechte wurden ertränkt, damit kein frevles Auge das Geheimnis erschaue.[1] Was hier von einer Göttin *Nerþus* erzählt wird, stimmt auffallend zu dem, was nordische Quellen von Njord und seinem Sohn Freyr[2], die in Schweden verehrt wurden, berichten. An ihren Namen knüpft die goldene Friedenszeit, das glückliche Zeitalter des Nordens, hier wie dort wird die Friede spendende Gottheit auf einem Wagen unter dem Volk umhergeführt. *Njǫrþr*, aus **nerþuʒ* entstanden, ist lautlich gleich *Nerthus*, wie die besten Tacitushandschriften bieten. Nur ist im Norden ein Gott, bei Tacitus eine Göttin

---

1 Tas. Germ. 40. *Reudigni deinde et Aviones et Anglii et Varini et Eudoses et Suardones et Nuithones fluminibus aut silvis muniuntur. nec quisquam notabile in singulis, nisi quod in commune Nerthum, id est terram matrem, colunt eamque intervenire rebus hominum, invehi populis arbitrantur. est in insula oceani castum nemus, dicatumque in eo vehiculum, veste contectum; attingere uni sacerdoti concessum. is adesse penetrali deam intellegit vectamque bubus feminis multa cum veneratione prosequitur. laeti tunc dies, festa loca, quaecumque adventu hospitioque dignatur. non bella ineunt, non arma sumunt; clausum omne ferrum; pax et quies tunc tantum nota, tunc tantum amata, donec idem sacerdos satiatam conversatione mortalium deam templo reddat. mox vehiculum et vestes et, si credere velis, numen ipsum secreto lacu abluitur. servi ministrant, quos statim idem lacus haurit. arcanus hinc terror sanctaque ignorantia, quid sit illud, quod tantum perituri vident.*

2 Die Bedeutung des Namens ergibt sich aus den andern german. Sprachen. Freyr weist auf urgerm. *fraujaz;* neben der starken Form, welche der Göttername bewahrt, steht sonst die schwache, das Thema *fraujan,* im got. *frauja* as. *frôio* ags. *frígea,* daneben Ableitungen ohne j (Kluge, Nominale Stammbildungslehre der altgerm. Dialekte, Halle 1886, § 14) ags. *fréa* as. *frô frao* ahd. *frô*. Das Wort wird dem weltlichen Herrn, mit Vorliebe aber Gott beigelegt. Wulfila übersetzt *κύριος* damit. Vgl. Kluge, Etymol. Wb. unter »frohn«. Eine neue Deutung schlägt Kögel (ZfdA. 37, 272) vor. Der Göttername urgerm. **Frawias,* an. *Freyr* ist von dem adj. *frawva*-froh, heiter, sanft abgeleitet, wie sanskrit. Bhavya von Bhava. Nur diese Ableitung wird dem Wesen des Gottes, in dem die milde, wärmende Frühjahrssonne verkörpert ist, völlig gerecht. Dagegen ist got. *frauja* Herr nebst dem entsprechenden Femin. ahd. *frouwa* (aus *frauwjâ*) fern zu halten. *frauja* ist eine Steigerungsform zu **frawa,* ahd. as. *frô* ags. *fréa* Herr; dieses adj. **fruwa* ist wurzelverwandt mit aind. *pûrva* der Vordere, got. *fruma* der erste. Der Gleichklang von *frawa* froh und *frawa-* Herr beruht also auf Zufall.

mit dem Namen belegt. Die urgermanischen u-Stämme lauten im Fem. und Mask. gleich, also ist jede der beiden Verwendungen sprachlich möglich. Das gemeingermanische Wort *nertu*, ›guter Wille‹, wurde als Eigenschaftsbenennung auf Personen übertragen, *nerþuȝ* meint die wohltätige, holde Gottheit und kann ebenso einem Gott wie einer Göttin zuerteilt werden.[1] Bei Tacitus ist wohl von der vielnamigen und vielgestaltigen Hauptgöttin der Germanen, von der mütterlichen Erde die Rede, die dem Himmelsgott als Gattin und Schwester gesellt war. Zieht die holde Göttin durch die Fluren, so geleitet sie als Vertreter des Gottes der Priester; wenn der Gott umfährt, steht ihm die Priesterin zur Seite, wie bei Freyr in Schweden. Beiwörter der Gottheit wandelten sich im Norden zu Eigennamen. Njord und Freyr, einst der holde *(nerþuȝ)* und der herrschende oder der frohe *(fraujaȝ)* Himmelsgott, sind als Vater und Sohn gedacht, aber im Grunde ihres Wesens einander völlig gleich. Mit seiner Schwester erzeugt Njord den Freyr.

Mit Freyr und Njord[2] hat es im nordischen Götterkreis besondere Bewandtnis. Einstimmig nennen alle Zeugnisse Schweden als die Heimat des Freysdienstes. Von dort wurde er frühzeitig nach Norwegen, nach Drontheim verpflanzt, jedenfalls vor dem 9. Jahrhundert, denn die Norweger fahren von 876 ab unter Thors und Freys Schutz nach Island.

In den Liedern und in Snorris Edda heißen Njord, Freyr und

1 Zu idg. *nertu-* Fick, Vergleichendes Wb. d. idg. Sprachen I, 4. Aufl. 98, 503; Kauffmann, Beiträge 18, 145. Ältere Erklärungsversuche stellt Schade, Altd. Wb. I, 645 zusammen. Kögel. Gesch. d. deutschen Lit. I, 1, 22 und Noreen, Abriss der urgerm. Lautlehre 209 vergleichen Nerthus mit *νέρτεροι*, »die Unterirdischen«, *νέρτατος* u. Ä.

2 Über den Zusammenhang von Nerthus mit Njord-Freyr u. über die Wanen Uhland. Schriften 6, 150 ff.; 7, 494 ff. Müllenhoff, Schmidts Zeitschrift f. Gesch. 8, 227 ff.; Deutsche Altertumskunde 5, 1, 39 ff., 95 ff.; Weinhold, Über den Mythos vom Wanenkrieg. Sitzungsberichte der Berliner Akademie 1890, S. 611 ff. Spuren vom Wanenkrieg glauben Detter und Heinzel, Beiträge 18, 542 ff. in mehreren Erzählungen Saxos nachweisen zu können. Ganz anders erklärt H. E. Meyer, Völuspa. S. 93 ff. den Wanenkrieg aus christlichen Vorstellungen.

Freyja Wanen, *vanir*[1] im Gegensatz zu den Asen. Die Wanen sind ein glänzendes, lichtes Geschlecht[2], die mit Jahressegen, Frieden und Reichtum zu schaffen haben, in Wesen und Benennung von den kriegerischen Asen unterschieden. Auch Herkunft und Heimat trennt Wanen und Asen, obwohl sie sich später in der Vorstellung nordischer Dichtung vereinigten. In die Urzeit verlegt die Sage einen Krieg zwischen Asen und Wanen.

Vǫl. 21. Ich weiß als ersten — der Weltenkriege,
als Gullweig sie — mit Geeren stießen
und sie in Hawis — Halle verbrannten,
dreimal verbrannten — die dreimal geborne,
oft und häufig, — doch immer noch lebt sie.
Vǫl. 22. Heid hieß man sie, — wo ins Haus sie kam,
die sinnvolle Zaub'rin — mit dem Sehergeist;
hirnverrückende — Hexenkunst trieb sie,
leidiger Weiber — Lust war sie stets.

---

1 Njord heißt *vananiðr*, *vanr* Skáldsk. Kap. 6; Vafþm.39,
In Wanaheim ward er — von weisen Mächten geschaffen,
und als Geisel den Göttern gesandt;
doch dereinst wird er kehren — am Ende der Welt
zu den weisen Wanen zurück.

Freyr heißt *vaningi* Skírn. 38; *vanaguð* Skáldsk. Kap. 7; Freyja *vanadís* Gylfag. Kap. 35; Skáldsk. Kap. 20 *vanagoð* ebenda Kap. 37 *vanabrúðr*. Sonst steht der Ausdruck noch in der Ynglingasaga.

2 Im Heiland begegnet ein Adj. *wanum*, hell, glänzend, dazu Adv. *wanamo* und Subst. *wanamî*. Vielleicht gehören dazu die ahd. Eigennamen *Waninc*, *Wanilo*, mit Umlaut *Wenilo*, *Wenila*. Ob *wănum* oder *wânum* anzusetzen ist, darüber gehen die Ansichten auseinander. Entweder gehören die nord. *vanir* oder das an. *vænn*, schön dazu. Zum Wort J. Grimm, Gött. gel. Anz. 1831 n. 8, S. 74; Geschichte der ds. Spr. 653 f.; Vilmar, Deutsche Altertümer im Heliand, Marburg 1845, 17 ff.; Müllenhoff, Schmidts Zeitschr. 8, 240; Behaghel, Germania 21, 143; Sievers, Heliand S. 505 zu 168 u. S. 539 zu 5766. Aus den verwandten Sprachen bietet sich zum Vergleich *Venus*, *venustus*, sanskrit. *vanas*, Reiz, Wonne. Noreen, Abriss der urgerm. Lautlehre, Straßburg 1894, S. 50 u. 53 zieht aind. *vanam*, Wasser heran, ags. *wós* an. *vás* (aus *wans*) Nässe und erklärt Vanir als Seegötter. Der altschwedische Seename *Vænir* stehe im Ablaut zu Vanir. Freyr und Njord als Seegötter wären teilweise wohl zu verstehen.

Vǫl. 23. Da gingen zu Sitze — die Götter alle,
die heiligen Herrscher, — und hielten Rat:
ob Zins die Asen — zahlen sollten
oder alle Götter — die Opfer genießen.

Vǫl. 24. Den Schaft hatte Odin — geschleudert ins Heer
– das auch geschah — im ersten Weltkrieg –
da brach der Wall — in der Burg der Asen,
die streitbaren Wanen — zerstampften das Feld.

In Gullweig, der Goldigen, darf man vielleicht eine Wanin, die Freyja vermuten. Als die glänzende Frau aus der Schar der Wanen unter den Asen erschien, an deren Spitze Odin, der Herr der Gespenster, der Kriegsfürst, der wilde Jäger stand, wurde sie misshandelt. Die Früchte des Friedens und gedeihlichen Handels, das erworbene Gold fallen als Raubbeute dem Krieger zu. Der Reichtum, den die milden Götter der Sommerwonne und des Sonnenglanzes spenden, reizt zu Heerfahrt und Beutezug. So wird das Gold Ursache des Krieges, Krieger, Bauer und Kaufmann, Asen und Wanen geraten aneinander. Siegreich behaupteten die Wanen das Feld. Nun berieten die Asen über den Frieden, ob sie den von den Wanen geforderten Zins erlegen oder ob sie ihnen ihr zweites Verlangen zugestehen sollten, gleichberechtigt mit den Asen Opfer zu empfangen. Und so wurde beschlossen. Denn wirklich erscheinen die Wanen im Kreise der Asen und stehen ihnen an Ehren nicht nach. Ergänzend berichtet die Ynglingasaga Kap 4: Odin fuhr mit einem Heer gegen die Wanen, die aber verteidigten ihr Land und waren mehrmals siegreich. Nachdem beide Teile in längerem Kriege einander Schaden angetan hatten, kam es zur Versöhnung, Friede wurde geschlossen, Geiseln wurden gestellt. Die Wanen gaben ihre besten Leute, den reichen Njord und seinen Sohn Freyr, die Asen dagegen den Hoenir, einen stattlichen und schönen Mann, doch beschränkten Sinnes, weshalb ihn der weise Mimir als Beirat begleitete. Den Njord und Freyr setzte Odin zu Opferpriestern ein. Freyja Njords Tochter war Priesterin, sie übte zuerst unter den Asen Zauberei *(seið),* wie sie bei den Wanen üblich war. Nach Wanenbrauch, der bei den Asen verboten war, hatte Njord seine Schwester zur Frau. Ein deutlicher Gegensatz zwischen den kriegerischen, geistesmächtigen Asen, die im Besitz höherer sittlicher Anschauung sich befinden, und den vielfach noch im Naturzustand verharrenden Wanen tritt auch hier zutage. Freyja als Zauberin fällt offenbar mit der zauberkundigen Hexe Gullweig zusammen. Den Asen ist ihr Wesen neu und fremdartig. Nur weiß Snorri nichts von vorhergehender Gewalttat in Odins Halle, welche nach der Vǫlospǫ́ den Krieg verursacht hatte.

Yngl. Kap. 5 erzählt, Odin zog von Saxland nordwärts zur See und nimmt sich Wohnstätte auf einem nach ihm benannten Eiland (*Odinsvé, Odense* in Fünen). In Schweden herrscht König Gylfi. Odin sandte Gefjon zu ihm, um Ackerland zu fordern. Sie pflügt ein Stück Land heraus und zieht es ins Meer. Es ist die Insel Selund; in Schweden bildete sich anstelle des Landstückes der Mälarsee, dessen Buchten gerade so liegen als die Landzungen auf Selund. Odin aber, von der Trefflichkeit des schwedischen Ackerlandes unterrichtet, fährt selbst nach Schweden. Da Gylfi keine Kraft zum Widerstand gegen die Asen sich zutraut, verträgt er sich mit ihnen. Odin und die seinigen messen sich mit Gylfi in mancherlei List und Blendwerk[1], die Asen sind aber stets die mächtigern. Am See im alten Sigtún lässt sich Odin nieder, richtet daselbst eine große Opferstätte nach Gewohnheit der Asen ein und weist auch seinen Genossen Wohnsitze an. Freyr herrscht in Uppsala.

Die Sagen vom Wanenkrieg und von der Einwanderung der Asen nach Schweden haben unter sich Ähnlichkeit; trotz mancherlei unverständlichen Einzelheiten, trotz der jungen Fassung der Ynglingasaga darf ein gemeinsamer alter Kern erschlossen

1 Als Gylfis Verblendung (Gylfaginning) erzählt Snorri seine nordische Mythologie. König Gylfi wandert nach Asgard, um die Macht der Asen zu erkunden. Diese, welche seine Ankunft vorauswussten, machten ihm als Blendwerk eine hohe Halle vor. Von drei Männern auf drei Hochsitzen erhält Gylfi Belehrung über die gesamte Göttersage. Zum Schluss verschwand die Halle mit starkem Getöse, und Gylfi sah sich plötzlich allein auf freiem Feld.

werden. Beide Berichte sind den Asen feindlich und erkennen nur widerstrebend ihre Macht an. Hier kämpfen die Schwedengötter, Freyr und Njord, die Wanen gegen die Asen, dort der Schwedenkönig. Es kommt zum Vergleich, wonach die angefahrenen Asen im Lande Opferstätten erhalten, aber sie müssen dagegen zur Anerkennung der Landesgötter sich bequemen. Asen und Wanen, Odin und Freyr herrschen zusammen. Ein geschichtlicher Vorgang scheint zugrunde zu liegen, ein uralter Kultkrieg zwischen den Anhängern eines fest gewurzelten altheiligen Glaubens und den Vertretern einer neuen aus der Fremde stammenden Religion. Der Gegensatz zwischen Freyr und Odin, dem Himmelsherrn und dem Sturmgott, jener gewaltige Umschwung, dem der germanische Götterglaube in den ersten Jahrhunderten unterworfen ist, kommt auch hier freilich unter wesentlich anderen Umständen zum Ausdruck. Der norwegische Volksgott ist der Himmelsgott in seiner Eigenschaft als Donnerer, Thor; in Schweden muss frühzeitig der ingvaeische Freyr, der Begründer und Stifter des Königtums festen Fuß gefasst haben, wahrscheinlich durch die Handelsbeziehungen der Schweden zu den ingvaeonischen Völkerschaften. Von Schweden griff er nach Norwegen hinüber. Das Zusammentreffen des Gottesdienstes der Schweden und Norweger rief keine Fehde hervor. Wenigstens sind keine Spuren gewaltsamer Ausbreitung des Freysdienstes vorhanden. Als aber der deutsche Wodansglaube über Dänemark nach Skandinavien vordrang, was jedenfalls vor 800 geschah, da traf er in Schweden eine starke nationale Gegenströmung. Die schwedischen Könige, die Söhne Freys, wollten anfangs nichts von Odin wissen. Es mag bis zu Kämpfen zwischen den Anhängern des Alten und des Neuen gekommen sein, woraus die Sage einen Krieg zwischen Asen und Wanen machte. Ein Ausgleich gewährte den Asen im Schwedenland Opfer und Tempel, aber Freyr verschwand nicht vor Odin, er trat ihm gleichberechtigt zur Seite.

Die nordischen Denkmäler, sowohl die Edda und ihr Liederkreis als auch die Geschichtsquellen geben ein lebendiges und anschauliches Bild von Njord und Freyr, den die jüngere Olafssaga Tryggvasonar Kap. 173 als *blótguð Svía,* Opfergott der Schweden bezeichnet, von dem viele Sagen in Umlauf wären. Man muss nur die euhemeristische Auffassung Snorris und Saxos, denen die Götter zauberkundige Könige sind, oder die christliche Färbung einzelner Darstellungen in Abzug bringen.

Dass Freyr der herrschende Himmelsgott ist, zeigt noch seine Benennung Götterfürst, *folkvalde goþa* (Skírn. 3) an.

> Freyr[1] ist der Erste von allen Helden,
> Die die Burg der Asen birgt;
> Keines Mannes Frau und kein Mädchen kränkt er,
> Und macht die Gefesselten frei.

Freyr ist der trefflichste unter den Göttern. Er waltet über Regen und Sonnenschein und über den Pflanzenwuchs der Erde. Gut ist es, ihn um Fruchtbarkeit und Frieden anzuflehen, denn er vermag den Menschen Frieden und Wohlstand zu gewähren. Alfheim, Elbenheim ist sein Wohnsitz. Denn auch die Elbe wirken in den Naturkräften, die das Wachstum befördern. Neben der mild-friedlichen Tätigkeit des Himmelsgottes, die seinem uranfänglichen Wesen entspricht, steht aber auch die kriegerische. Freyr besitzt ein Schwert, das in des Furchtlosen Hand von selber in Schwung gerät, und ein Ross, das mutig die wabernde Lohe durcheilt. Er ist der beste aller kühnen Reiter *(baztr allra baldriþa).* Bei der Werbung um Gerd gibt er Ross und Schwert hin, darum steht er seiner guten Waffe beraubt im letzten Kampf und erliegt vor dem Feuerriesen Surt. Zu Baldrs Leichenbrand fährt er auf einem Wagen, den der goldborstige Eber zieht. Der Wagen gebührt dem Himmelsgott von alters her, doch ein goldborstiger Eber wurde ihm erst später durch ein Missverständnis beigelegt. Der Zwerg Sindri schmiedete die besten Kleinode,

---

1 Über Freyr außer den Skírnismǫl Lokas. 35–37; 42–44; Grímn. 5, 43; Hyndl. 31; Sigurþarkv. skamma 24; Gylfag. Kap. 24, 34, 37, 43, 49, 51; Skáldsk. Kap. 3.

Odins Speer, Thors Hammer, das Schiff Skidbladnir, den Ring Draupnir, Sifs Goldhaar, endlich Freys Eber, von dem er sagte, dass er bei Tag und bei Nacht schneller als ein Pferd durch Luft und Wasser zu laufen vermöge, und niemals werde die Nacht so finster sein, dass nicht dort, wo der Eber sich befinde, genügende Helle sich verbreite – so leuchte es von seinen Borsten. Schon im 10. Jahrh. berichtet das Skaldengedicht Húsdrápa, dass Freyr auf goldborstigem Eber ritt. Aber wie kommen Zwerge dazu, neben Waffen und Schmucksachen ein lebendiges Geschöpf zu schmieden? Unter den beliebten Tierbildern auf Helmen stehen Adler und Eber obenan. Die Angelsachsen trugen goldene Eberhelme. Im Norden begegnen *Hildisvín* und *Hildigǫltr*, Kriegseber, als Helmnamen. Zweifellos gebührte dem Himmelsgott ein goldener Eberhelm, und der war ein Zwergengeschmeide. Später wurde der allgoldene *Hildigǫltr* wörtlich genommen, und so bildete sich die Sage vom Eber[1]. Unter goldenem Eberhelm, mit dem Wunderschwert bewehrt reitet Freyr sein mutiges Ross, und so dachten sieh wohl einst alle Germanen den Himmelsgott.

Skidbladnir (mit hölzernen Rudern?) ist der Schiffe bestes. Stets hat es günstigen Fahrwind nach der Richtung, in der man reisen will, sobald das Segel aufgehisst wird. Alle Götter finden darin Platz, aber man kann es auch zusammenfalten und in die Tasche stecken. Die Wanen, insbesondere Njord, haben auch mit der Schifffahrt zu tun; darum ist dem Gott ein Wunderschiff, das in seinen Eigenschaften an Märchendinge erinnert, beigelegt. Die mythische Deutung will darin die Seglerin der Lüfte, die Wolke sehen, die in nichts zusammenschwinden kann.

Njords[2] Wesen deckt sich mit Freyr. Er wohnt zu Noatun (Schiffsstätte, Hafen) und lenkt dort des Windes Lauf und beruhigt Meer, Sturm und Feuer. Ihn soll man bei Seefahrt und Jagd

---

1 Freys Goldhelm bei Munch, norr. gudesagn S. 11; Noreen, Uppsalastudier 207; Uhland, Schriften 6, 159 ff.

2 Über Njord Lokas. 34–36; Vafþr. 38, 39; Grímn. 16; Gylfag. Kap. 23, 24; Bragar. Kap. 2.

an rufen. So reich und begütert ist er, dass er jedem Land und fahrende Habe geben kann, wenn er will, und darum soll man ihn deswegen anrufen. Mit seiner Schwester zeugte er Freyr und Freyja. Ein isländisches Sprichwort war: reich wie Njord.[1]

Was die Geschichtsquellen über Njord und Freyr berichten, deckt sich vollkommen mit den Angaben der Edda. Die Ynglingasaga Kap. 11 sagt von Njord, zu seinen Zeiten sei so guter Friede und fruchtbares Jahr gewesen, dass die Schweden meinten, Njord gebiete über Fruchtbarkeit und Reichtum der Menschen.

Der Ynglingasaga (Kap. 12) ist Freyr ein milder, reicher Herrscher, unter dem Friede und Fruchtbarkeit blühen. Zu Uppsala[2] war sein Hauptsitz. Zu seinen Zeiten war Frodis Friede, und gutes Jahr in allen Landen: die Schweden schrieben es dem Freyr zu. Freyr hieß mit anderem Namen Yngvi; Yngvi blieb lange ein Ehrenname in seinem Geschlecht, seine Nachkommen hießen Ynglinger. Als Freyr erkrankte, da ließ man nur wenige Leute zu ihm. Ein großer Hügel mit einer Türe und drei Fenstern wurde erbaut. Dort hinein schafften sie den toten Freyr und sagten den Schweden, er sei noch am Leben. So ging's drei Jahre. Reiche Schätze wurden geopfert, Friede und Fruchtbarkeit dauerte fort. Als das Volk seinen Tod endlich erfuhr, wollten sie seinen Leichnam nicht verbrennen; sie glaubten, die gute Zeit werde anhalten, solange Freyr in Schweden wäre. Da nannten sie Freyr den Gott der Welt und opferten ihm alle Zeit um Frieden und Fruchtbarkeit.

Tapfere Fürsten heißen Sprösslinge Freys, wie sie auch Tyrs Nachkommen genannt werden.[3]

---

1 Vatnsdœlasaga S. 80.

2 *Uppsalir* sind die hohen, hoch liegenden Säle, wie *Uppland* die Hochlande. Dass damit eigentlich die Himmelssäle (vgl. *upphiminn*) gemeint seien, behauptet Noreen, fornnordisk religion, mythologi och teologi (Vortrag vom 9. März 1892) S. 8. *Freyr í Uppsǫlom* sei eigentlich der Herr im Himmel und diese Bezeichnung verursachte die feste Anknüpfung des Freysdienstes an Uppsala in Schweden.

3 *Freys áttungr* Ynglingasaga Kap. 33; Haralds saga hárfagra Kap. 13; *Freys afspringr* Ynglingasaga Kap. 23.

In den Tagen Haralds Harfagri kam Hrafnkell nach Island.[1] Er nahm Land in Besitz, opferte und errichtete einen Tempel. Hrafnkell verehrte keinen Gott mehr als Freyr und weihte ihm die Hälfte seiner besten Habe zu Eigen. Darum erhielt er auch den Beinamen *Freysgodi,* Priester des Freyr. Unter seinen Besitztümern erschien ihm ein grauer Hengst mit schwarzen Streifen am Rücken am meisten wert. Er nannte ihn *Freyfaxi* und schenkte auch ihn zur Hälfte seinem Freunde Freyr. Diesen Hengst liebte er sehr und gelobte, den zu töten, der gegen seinen Willen ihn reite. Einar Thorbjorns Sohn, der als Hirte bei Hrafnkell sich verdingt, erhält die strenge Weisung, das Verbot nicht zu brechen. Wie er trotzdem einmal, um verlaufene Schafe zu suchen, den Hengst besteigt, läuft dieser zu Hrafnkell und zeigt ihm das Geschehene mit lautem Wiehern an. Am andern Tag reitet Hrafnkell zu Einar hinaus, stellt ihn zur Rede und schlägt ihn seinem Gelübde gemäß zu Tode. Daraus entstand eine große Fehde zwischen Hrafnkell und den Verwandten Einars, die mit Hrafnkells Vertreibung von Haus und Hof endigt. Seine Feinde ließen den Hengst und die andern Rosse vorführen. Sie schienen ihnen tüchtig und gut zur Arbeit, am besten aber Freyfaxi, der so viel Unheil verursacht hatte. Damit er aber nicht noch mehr Totschlag verschulde, soll ihn der, dem er gehört (Freyr), zu sich nehmen. Sie führten ihn daher auf eine steile Klippe, verhüllten seinen Kopf, banden einen schweren Stein um seinen Hals und stürzten ihn in den unten vorbeifließenden Strom. Zur Erinnerung wurde der Ort Klippe des Freyfaxi genannt. Drüber erhob sich der von Hrafnkell erbaute Tempel. Nachdem sie die Götterbilder ihres Schmuckes beraubt hatten, legten sie Feuer ans Heiligtum und verbrannten alles zusammen. Wie Hrafnkell dies erfuhr, entsagte er allem Opfer und Götterglauben.

Freyfaxi scheint selber dämonischer Art, wie er auch seinen Reiter bei Hrafnkell anzeigt. Auch sonst kommen Pferde mit Namen Faxi vor, die abergläubische Verehrung genossen. Man wird

1 Vgl. die Hrafnkelssaga Freysgoda. Über das Ross Faxi Vatnsdœlasaga Kap. 34; über Eiðfaxi Landnáma III Kap. 8.

an Tacitus Kap. 10 erinnert, die heiligen Rosse seien Mitwisser der Gottheit.

Zu Freyr stehen auch noch andere in besonders naher Freundschaft.[1] Es wird ein Thorðr Freysgodi erwähnt; ein ganzes Geschlecht trägt den Namen *Freysgyðlingar*. Der Isländer Thorgrim Freysgodi pflegte im Herbst dem Freyr Opfer und Gasterei zu halten. Als er meuchlerisch ermordet wurde, geschah es, dass außerhalb und südwärts am Grabhügel Thorgrims nie Schnee haftete und er nie gefror; die Leute meinten, er sei dem Freyr um der Opfer willen so lieb gewesen, dass der Gott es zwischen beiden nie zufrieren lassen wollte. Auch hier äußert sich der milde Himmelsgott deutlich seinem Wesen nach in Sonnenkraft und Tauluft. In diesem Sinn heißen irdische Helden Freys Freund, *Freys vinr*, worauf auch der ags. Name *Fréawine*, vielleicht der ahd. *Frôwin*[2] zielen. Aus letzteren ist der Schluss gerechtfertigt, dass auch außerhalb der nordischen Länder mit der Bezeichnung »Herr«, gleich wie Gott später in christlicher Zeit, schlechthin Tiuʒ gemeint war, nur dass dort das Beiwort nicht vollständig in den Rang eines Eigennamens trat.

Thorkell Hafi[3], von Vigaglumr um sein Gut zu Thverá gebracht, sucht bei seinem Freund Freyr Hilfe. Und ehe Thorkell von Thverá wegzog, ging er zum Tempel Freys und führte einen alten Ochsen dahin und sprach: Freyr, der du lange mein treuer Freund gewesen bist, viele Gaben von mir empfangen und sie wohl vergütet hast, dir schenke ich nun diesen Ochsen darum,

---

1 Þorðr Freysgoði Landnáma IV Kap. 10; die Freysgyðlingar ebenda IV Kap. 13 und V Kap. 15; zu Þorgrim Gísla saga Súrssonar hrsg. von K. Gislason S. 32 und 116. *Freys vinr* heißt Sigurd in der Sigurþarkv. skamma 24; *Fréawine* in den ags. Stammtafeln, *Frowinus* bei Saxo Gramm. und in ahd. Urkunden; vgl. J. Grimm, Myth. 192.

2 Aus dem Straßburger Blutsegen (Müllenhoff-Scherer, Denkmäler IV, 6), wo die Namen *Vro unde Lazakere* in einer sonst verderbten Überlieferung vorkommen, entnimmt J. Grimm, Kl. Schriften 2, 48 eine Bestätigung des Frokultes; vgl. dazu MSD. II[3] 52; Kögel, Gesch. d. deutschen Lit I, 1, 263 f., wo auch weitere unsichere Vermutungen über den Mythengehalt des Segens.

3 Vigaglúmssaga Kap. 9 u. 26.

dass Glum einst nicht minder wider seinen Willen von Thverá wegziehen möge, als ich jetzt ziehe; lass mich ein Zeichen sehen, ob du annimmst oder nicht. Da brüllte der Ochse und fiel tot nieder. Thorkell glaubte, Freyr habe damit das Gelübde angenommen. Der Gott erfüllt seine Zusage. Gegen Glum wird am Allding eine Blutklage anhängig gemacht. Ehe er von daheim wegreitet, sieht er im Traum viele Leute nach Thverá kommen, den Freyr aufzusuchen, der auf einem Stuhle saß. Glum fragt die Leute, wer sie seien, und erhält zur Antwort: seine verstorbenen Anverwandten. Sie bitten Freyr, Glum möge aus Thverá nicht vertrieben werden. Doch umsonst; Freyr antwortet kurz und zornig und gedenkt des von Thorkell geopferten Ochsen.

Oddr Sindri[1] muss sein Gut an Helgi Asbjarnarson abtreten. Als sich Oddr zum Wegziehen anschickte, ließ er einen Stier schlachten. Am ersten Zugtag wurden Tische längs der Sitze aufgestellt und das gekochte Stierfleisch vorgesetzt. Da trat Oddr hinzu und sagte: Hier ist der Tisch zugerichtet wie für meine teuersten Freunde; dieses Gastmahl gebe ich ganz dem Freyr, damit er den, der an meine Stelle kommt, mit nicht geringerem Kummer von Oddsstadir wegziehen lässt, als ich jetzt ziehe. Hierauf zog Oddr mit allen den seinigen ab.

Wie einem vertrauten Freunde wird dem Gott Herzenskummer und Sorge ausgesprochen. Kann er nicht helfen und Unheil abwehren, so soll er doch Rache und Vergeltung üben.

Pferd und Ochse fielen dem Freyr als Opfer. Aber auch der »Heerdeneber« *sonargǫltr* (Sievers, Beiträge 16, 540 ff.), der stattlichste und stärkste Eber, umso mehr als wegen des missverstandenen Eberhelms Freyr selber einen Eber besaß. Mit Beziehung hierauf sagt die Hervararsaga[2] vom König Heidrek, er habe den größten Eber Freyr geopfert. Am Julfest wurden mit Handauflegen auf die Borsten dieses heiligen, zum Opfer bestimmten Ebers Gelübde beschworen. Zwölf Urteilsprecher hatte Heidrek zu seinem goldfarbigen heiligen Eber bestellt, auf dessen Bors-

1 Brandkrossa þáttr hrsg. von G. Þorðarson S. 59.
2 Hervararsaga, hrsg. von Bugge, S. 233 u. 332.

ten in allen wichtigen Rechtssachen geschworen werden sollte. Das Eberopfer gehörte wohl nicht von Anfang an dem Himmelsgott, das vornehmere Rossopfer hat darauf mehr Anspruch, sondern gewann erst später auf Freyr Bezug.

In der Geschichte König Olafs Tryggvason[1] wird ein Heiligtum des Freyr zu Drontheim erwähnt. Im Umkreis wurden dem Gott heilige Pferde unterhalten. Das Volk rief ihn um Frieden und Fruchtbarkeit an und ließ sich die Zukunft von ihm offenbaren. Der junge und entstellte Bericht, wie Olaf die Drontheimer bekehrte, enthält doch einen wahren Gedanken, es wird auf die völlige Gleichheit des drontheimischen Kultes mit dem schwedischen hingewiesen und die Herkunft des Freysdienstes aus Schweden behauptet. Nachdem der König im Wesentlichen die euhemeristische Erzählung der Ynglingasaga vortrug, fährt er fort, dem Freyr seien zur Unterhaltung zwei Holzfiguren in den Grabhügel gegeben worden. Später drangen einmal Räuber hinein, um die geopferten Schätze zu stehlen. Von plötzlicher Furcht ergriffen wagten sie nichts außer den zwei hölzernen Götzen mitzunehmen. Diesen opferten nunmehr die Schweden an Freys Stelle. Der eine Götze aber wurde nach Drontheim gesandt, wo ihm der gleiche Dienst gewidmet wurde.

Gunnar Helmingr[2], ein des Totschlags beschuldigter Mann, flüchtete aus Norwegen nach Schweden. Damals wurde noch den Göttern geopfert, vor allen dem Freyr. Das Götzenbild des Freyr redete mit den Leuten, auf Eingebung des bösen Feindes berichtet der Sagaschreiber, und hatte ein junges Weib zu seinem Dienst. Sie galt als des Gottes Frau und war über Freys Heiligtum gesetzt. Gunnar flehte sie um Schutz an. Obwohl der Gott dem Fremdling nicht günstig schien, behielt ihn die Priesterin doch bei sich. Die Zeit kam heran, da die Frau das Götzenbild auf einem Wagen im Lande herumführen sollte, damit Freyr den Leuten fruchtbares Jahr bringe. Die Priesterin saß beim Gott auf dem

1 In der um 1330 auf Island verfassten ausführlicheren Olafssaga Tryggvasonar Flateyjarbók I, 337 ff.

2 In der ausführlichen Olafssaga Tryggvasonar Flateyjarbók I, 400 ff.

Wagen, die Dienstleute, unter ihnen Gunnar, gingen zu Fuß voraus. Als sie einmal übers Gebirge fuhren, erhob sich ein großes Unwetter. Nach und nach ließen alle bis auf Gunnar den Wagen im Stich. Gunnar führte die Zugtiere, als er aber müde wurde, setzte er sich auf den Wagen. Die Frau sagte: Sieh zu, sonst erhebt sich Freyr gegen dich! Gunnar versuchte noch einige Zeit zu gehen, als er aber wieder müde ward, sprach er: So will ich's versuchen, Freyr zu widerstehen, wenn er mich angreift. Er ringt mit Freyr und ist nahe daran, zu unterliegen. Da gelobt er, nach Norwegen zurückzukehren, mit König Olaf sich zu versöhnen und den wahren Glauben anzunehmen, und es glückt ihm, Freyr zu fällen. Der böse Geist lief aus dem Götzenbild, das Gunnar in Stücke schlug. Dann ging er zum Wagen und befahl der Frau, sie solle ihn für den Gott ausgeben, wozu sie gern bereit war. So fuhr Gunnar als Freyr zu den Leuten. Das Wetter hellte sich auf, und sie kamen zu dem Gastgebot, das ihnen angerichtet war. Dort waren viele von den Leuten, die zuvor dem Wagen nachgelaufen waren. Dem Volke dünkte es viel wert, wie Freyr seine Macht zeige, dass er in solchem Unwetter, da alle ihn verließen, doch mit seiner Frau zu den Höfen käme, und dass er nun unter den Leuten wandle und wie andre Menschen trinke. So besuchten sie den Winter über die Gastereien. Freyr redete fast allein mit seinem Weib, nur wenig mit anderen, er wollte kein blutiges Opfer annehmen, sondern nur Gold und Silber, schöne Gewänder und andre Kostbarkeiten. Mit der Zeit wurde Freys Weib schwanger. Das galt für ein gutes Zeichen. Die Witterung war gut, und alles deutete auf ein fruchtbares Jahr. Weithin verbreitete sich die Kunde, wie mächtig der Schwedengott sich zeige. Auch König Olaf vernahm davon, ihm ahnte die Wahrheit. Er schickte Gunnars Bruder Sigurd nach Schweden, und der erkannte alsbald, wer Freyr war. Bei Nacht und Nebel entwich Gunnar mit seinem Weib und allen Kleinodien nach Norwegen und ließ sich dort taufen.

Diese Erzählung ist vom christlichen Standpunkt gehässig gefärbt, sie will den Trug des Heidentums, bei dem der Teufel die Hand im Spiel hat, in grelles Licht setzen. Doch diese Zutaten fallen leicht ab. Bezeugt wird ein schwedischer Brauch:

Freyr, von einer Priesterin begleitet, wird zur Winterszeit auf einem Wagen im Lande umhergeführt. Wohin er kommt, wird er mit festlichem Gelage aufgenommen, Opfer werden ihm geschlachtet. Der Umzug segnet die Gaue zu Fruchtbarkeit. Ein vollkommenes Seitenstück zu dem, was Tacitus von der ingvaeonischen Nerþus erzählt, liegt hier vor.

Stefnir, der für die Einführung des Christentums auf Island wirkte, hatte sein Schiff bei Gufaros angelegt. Im Winter wurde es durch Hochwasser beschädigt. Da lief eine Weise um, des Inhalts, dass die Macht der Landesgötter es also gefügt. Eine zweite Wendung misst dem herrschenden Freyr die Tat bei.[1] Die Landesgötter, Freyr an der Spitze, wehren dem neuen Glauben den Zugang zu Island.

Dem Wesen des Gottes entsprechend ist das dichterische Bild *Freys leikr*[2], Spiel des Freyr, wohl als Festesfreude, Trinkgelage und Unterhaltung mit Frauen aufzufassen. Beim Opfer wurde Freys und Njords Becher[3] um Fried und Fruchtbarkeit getrunken, nachdem zuerst Odins Becher um des Königs Sieg und Macht geleert worden war. Im ältesten isländischen Landrecht

1 Kristnisaga K. 6; Gudbrand Vigfusson, *biskupa söqur* I 10.

heldr getu vér at valdi,
vera munu bǫnd i londum,
geisar á með ísi,
ásríki gný slíkum.
Var. (*allríkr Freyr [gný] slíkum.*)

Götter sind im Lande, der Fluss geht mit Eis; wir glauben, solchen Tosens walte der Asen Macht (Var. der allherrschende Freyr).

2 Haralds saga Hárfagra Kap. 16.

úti vill jól drekka, ef skal einn ráða,
fylkir framlyndi, ok Freys leik heyja.

Der tapfere Fürst will draußen (auf Heerfahrt) das Julgelage und die Festzeit feiern. Man darf nicht übersetzen: Kampf erheben, *Freys leik = Hildar leik,* der Ausdruck steht parallel zu *jól drekka. Vgl.* Simrock, Myth. 5, 324; H. Petersen, om nordboernes gudedyrkelse og gudetro S. 88.

3 Hákonar saga góða Kap. 16; nach der späten isl. Bósasaga Kap. 12 wird Freyjas Minne neben der Thors und Odins getrunken; natürlich liegt hier Verwechslung vor, eine Formel, die ursprünglich Thor, Odin und Freyr nannte, schwebt dem Verfasser vor.

von 927 wurde der Wortlaut des feierlichen Eides also festgesetzt: Ich schwöre einen Gesetzeseid, so wahr mir Freyr und Njord und der allmächtige Gott (Thor) helfe![1] Unter Freys und Thors Schutz fuhren die Norweger im Ausgang des 9. Jahrhunderts nach Island, wo sie eine neue Heimat sich begründeten. Ingimund, ein norwegischer Wiking, erhielt von König Harald ein kleines silbernes Bild des Freyr zum Geschenk. Eine Volva weissagt Ingimund, er werde nach Island ausfahren und sich dort niederlassen, wo er das wunderbarerweise aus seinem Beutel verschwundene Freysbild wieder finde. Im Vatnsdal auf Island lag das Bild im Boden an der Stelle, wo die Hauptpfeiler des Tempels eingegraben wurden.[2] So weist Freyr wie sonst Thor dem Ansiedler seine Stätte, die alten Götter walten auch über der neuen Heimat. Freyr hat wie sein Vater Njord auch mit der Schifffahrt zu tun. Der Skald Hallfred gelobte dem Freyr eine Gabe, falls er Seewind nach Schweden bekäme, dem Thor oder Odin, falls nach Island heim.[3] Gegen den norwegischen König Eirik Blutaxt schleudert der isländische Skald Egill den Fluch: Mögen die Götter ihm den Raub meiner Güter vergelten! Die waltenden Mächte und Odin sollen den König vertreiben! Freyr und Njord mögen den Volksbedrücker elend machen! Der Landesgott (Thor) tue ihm, der heilige Rechte brach, Leides![4] Wie in der Eidformel stehen Freyr, Njord und der Landase beieinander. Alles das lehrt, dass die Verehrung Freys und Njords tief im Volksleben wurzelte. In den nordischen Ländern erhoben sich daher auch viele Freystempel, viele Örtlichkeiten wurden nach dem Gotte benannt und so seinem Schutze anempfohlen.[5]

---

1 Die Eidformel der Ulfljótslǫg nach Hauksbók und Melabók, Islendinga sögur I 258 u. 334; Ares Isländerbuch. hrsg. von W. Golther, Halle 1892, S. 32.

2 Vatnsdœla Saga in den Fornsögur, hrsg. von Guðbrandr Vigfusson S. 19, 23. 186, 190.

3 Hallfreðarsaga Kap. 5; große Olafasaga Tryggvasonar Kap. 154.

4 Egils saga Skallagrimssonar Kap. 58.

5 Vafþr. 38 von Njord in einem allerdings vermutlich eingeschobenen Vers: *hofum ok hǫrgom hann ræþr hundmǫrgom.* Außer dem schwedischen und drontheimischen Haupttempel Freys sind auf Island die Ingimunds im

Im Eyjafjord auf Island war eine Örtlichkeit in Erinnerung an Schweden Uppsalir genannt. Dort stand ein Tempel des Freyr, der so heilig gehalten wurde, dass kein zur Verbannung oder Acht Verurteilter daselbst weilen durfte.[1]

Was Adam von Bremen und Saxo berichten, stimmt völlig zu den nordischen Quellen. Frö ist Gott der Schweden, sein Hauptsitz ist Uppsala, wo ihm Menschen und Tiere zum Opfer geschlachtet werden. Beim großen Jahresopfer findet Tanz und Spiel statt, überhaupt war der Freysdienst in mancher Augen weichlich. Um Frieden und Glück wird Freyr angerufen, auch bei Hochzeiten wurden ihm Opfer gebracht. Die schwedischen Helden hießen Frös Freunde und Verwandte.[2]

Vatnsdal und Hrafnkells bekannt. Ortsnamen mit Frö und Njord in Schweden bei Lundgren, språkliga intyg om hednisk gudatro i Sverige, Göteborg 1878, S. 66 u. 74; in Norwegen bei O. Rygh, minder om guderne i norske stedsnavne im Anhang zur 2. Aufl. von Munch, norröne gude- og heltesagn. *Freville,* das 2-mal neben 10-maligem *Turville* in der Normandie begegnet, weist auf Frö zurück; Petersen, nordboernes gudedyrkelse, S. 47.

1 Die Vígaglúms saga K. 19 berichtet von Vigfúss, der wegen Totschlags des Landes verwiesen wird. Da er trotzdem in Uppsalir bleibt, wird er zur vollen Acht verurteilt *(alsekr). en því skyldu eigi sekir menn þar vera, at Freyr leyfði eigi, er hof þat átti er þar var.*

2 Saxo I (Ausg. von P. E. Müller) S. 50 [Hadingus] *propitiandorum numinum gratia Frö deo rem divinam furvis hostiis fecit. quem litationis morem annuo feriarum circuitu repetitum posteris imitandum reliquit. Fröblod Sveones vocant.* Saxo VIII S. 383 *Sveonum fortissimi hi fuere: Ar, Backi, Keclu, Karll, Croc agrestis, Guthfast, Gummi e Gyslamarchia. qui quidem Frö dei necessarii erant et fidissimi numinum arbitri. Ingi quoque et Oly, Alver, Folki, patre Elrico nati, Ringonis militiam amplectuntur ... iidem quoque ad Frö deum generis sui principium referebant.* Saxo XI S. 278 *Starcatherus Sveonum fines ingreditur. ubi cum filiis Frö septennio feriatus, ab his tandem ad Haconem Daniae tyrannum se contulit, quod apud Upsalam sacrificiorum tempore constitutus effoeminatus corporum motus scenicosque mimorum plausus ac mollia nolarum crepitacula fastidiret.* Saxo III S. 120 *Frö quoque deorum satrapa sedem haud procul Upsala cepit, ubi veterem litationis morem, tot gentibus ac seculis usurpatum, tristi infandoque piaculo mutavit. siquidem humani generis hostias mactare aggressus, foeda superis libamenta persolvit.* Nach Adam von Bremen 4, 27 stehen im Tempel zu Uppsala drei Götterbilder, Thor als der Mächtigste in der Mitte, links und rechts Wodan und Fricco. *tertius est Fricco, pacem voluptatemque largiens mortalibus, cujus etiam simulacrum fingunt ingenti priapo; si nuptiae*

Der Begründer des Ynglingerstammes heisst *Yngvefreyr, Ingefreyr, Ingunarfreyr*[1] schon in älteren Gedichten, in der Haustlong 10, Haleygiatal 13, Lokas. 43. Dass der Stammvater aus dem Namen des Geschlechtes erwuchs, wie Scyld, Skjoldr an der Spitze der dänischen Scyldingas, Skjoldungar, ist klar. Ob er Beziehungen zum Ingvo als Stammvater der Ingävonen hat, kann nicht mit voller Bestimmtheit behauptet werden, doch ist die Wahrscheinlichkeit groß. Ingwine heißen in ags. Dichtung die Ostdänen, die in Südschweden ansässig waren. Ihr Stammheld ist Ing genannt, ihr König *Fréa Ingwina*. Norwegische Verfasser leiten nun allerdings die Ynglinger von den schwedischen Königen zu Uppsala ab. Die aber hießen Scylfingas, Skilfingar, Stuhlkönige (ags. *scylf*, an. *skjǫlf*, Bank, Hochsitz). Der norwegische Königsstamm, der mit Harald Harfagri zur Einherrschaft kam, zählte sich zu den Ynglingern; die Sage berichtet den allmählichen Zug des Geschlechtes von Uppsala bis Skiringssal im norwegischen Vestfold. In Wirklichkeit waren die Ynglinger Ostdänen, Ingwine. Ingunarfreyr scheint aus älterem *Ingunafreyr verderbt. *Ingunafreyr* entspricht genau dem *Fréa Ingwina*, Yngve, Inge dem ags. Ing. Der Herr der Ingwine, der Ostdänen, hieß Yngwe. Inglinger sind Ingwes Söhne. Wie die Ingävonen in Ingwo den Begründer ihres Volkes ehrten, so die daraus hervorgegangenen Ingwine den Ingwe als Stammvater ihrer Könige.[2] Dass Ingwo-Ingwe für des höchsten Himmelsgottes Sohn galt, ist sehr wahrscheinlich. Aber erst durch Missverständnis warf der Skald Thiodolf im Ausgang des 9. Jahrhunderts den *Ingunafreyr*, Ingwe den Stifter der

---

celebrandae sunt, (sacrificia offerunt) Fricconi. Adams Fricco beruht auf einer Namensverwechslung mit Frigg. Saxo gibt die ostnordische Form *Frö* für das westnord. *Freyr, Fröyr*, vgl. wn. *dröyma, dreyma, öy, ey* zu on. *dröma, ö;* Noreen, Gesch. d. nord. Sprachen § 143 (in Pauls Grundriss I, S. 479).

1 Zur Erklärung des Namens Yngvefreyr und Ingunarfreyr Noreen, Uppsalastudier 223.

2 Munch, Das heroische Zeitalter der nord. germ. Völker. S. 20, Anm. 2. »Von dem Ing oder Ingwi haben vermutlich alle ingwinsche oder gotische Fürstengeschlechter ursprünglich ihre Herkunft abgeleitet, wie es auch nicht an Beispielen fehlt, dass der Name mehr als einem Geschlecht beigelegt worden ist.«

Ynglingar, mit dem Schwedengott *Freyr* zu Uppsala zusammen, und verlegte dadurch den Ursprung der Ynglinger nach Uppsala. Daher erscheint Yngve als Beiname Freys bei Snorri, Yngve als Njords Vater bei Ari, dem ersten um 1130 schreibenden isländischen Historiker. Dass übrigens schon im *Fréa Ingwine* der ingwaeonische Himmelsherr anklang, ist durch diese Erklärung nicht ausgeschlossen,

Wie Thor auf seinen Fahrten oft von einem dienenden Paar Thjalfi und Roskwa begleitet wird, so folgen auch Freyr Dienstleute *Byggwir* (Nebenform *Beyggwir*) und sein Weib *Beyla*.[1] Beide erscheinen nur in der Lokasenna und werden von dem argen Schelter auch beschuldigt. Byggwir rühmt sich, von Göttern und Menschen hurtig genannt zu werden. Loki wirft ihm vor, an der Mühle (bei Knechtsarbeit) schwatze er. Er habe den Leuten nie die Speise zuzuteilen vermocht; als die Männer sich schlugen, hätten sie ihn im Stroh nicht finden können. Beyla sei mit Freveln befleckt; kein ärgeres Scheusal als diese mistbesudelte Magd sei noch zu den Asen gekommen. Vertreten etwa die Dienstleute Freys wie die Thors die friedliche Bauerschaft, die von Krieger und Edeling wie Thor selbst im Harbardslied verhöhnt wird? Im Gefolge des Gottes des Ackerbaues würden sie recht wohl passen.

1 Lokas. 43–46; 56. *byggwir* bedeutet Anwohner; Zusammensetzungen wie *hrein-, jarðbyggvir* u. a. Sveinbjörn Egilsson, lex. poet. 89; *beyggvir* stellt man zu *beygja*, biegen. Die natursymbolische Auslegung bei Uhland Schriften 6, 96 (Bieger und Biegung sind Sommerlüfte, die nur leicht und schmeichelnd Gezweig und Halme biegen) und Müllenhoff, ZfdA. 7, 420 (Bieger und Buckel, Windgottheiten, die gleichmäßige Senkung und Erhebung der Wellen andeutend) ist doch zu wenig begründet. Byggwir und Beyla sind nach Sievers, Beiträge 18, 583 f. »Herr Gerstenkorn und Frau Bohne», eine passende Dienerschaft des Fruchtbarkeit spendenden Freyr.

2. Sagen

Unter den Eddaliedern, die fast alle entsprechend ihrem norwegisch-isländischen Ursprung zur Verherrlichung Odins und Thors dienen, gehen zwei auf den Himmelsgott, die *Rígsþula,* welche bei Heimdall zu erwähnen ist, und die *Skírnismǫl.*[1] Ihre Grundlage, die Verehrung des Himmelsherrn, weist auf eine ältere Zeit oder auf eine andere Heimat, als für die Odins- und Thorslieder vorauszusetzen ist. Doch trifft dies nur auf die darin behandelten Mythen zu, nicht auf die Lieder in ihrer überlieferten Gestalt.

Vom Hochsitz des Himmels blickte einst Freyr über alle Welt. Da sah er im Riesenheim eine schöne Maid, Gerd; vom Glanz ihrer Arme leuchtete Himmel und Meer. Freyr wurde schwermütig aus Liebesgram. Auf Njords Geheiß ging Skirnir, Freys vertrauter Diener, zu ihm und fragte nach dem Grund seiner Trauer. Freyr gestand, wie er von Liebe zu Gerd ergriffen wurde.

Inniger hat niemals seit der Urzeit Tagen
Ein Mann ein Mädchen geliebt,
Doch von Asen und Elben kein einziger will es,
Dass wir beide zusammen sind.

Da erbot sich Skirnir, die Fahrt zu tun auf des Gottes Ross, das die Waberlohe durchläuft, mit des Gottes Schwert, das von selber wider der Thursen Tross sich schwingt. So kam Skirnir nach Riesenheim zu Gymirs Gehöft. Bissige Hunde waren am Zaune angebunden, auf einem Hügel saß ein Wächter, der alle Wege bewachte. Der versagte ihm die Zwiesprache mit Gerd. Doch Skirnirs mutiger Sinn ließ sich nicht einschüchtern. Gerd vernahm lautes Getöse, es erzitterte das Gehöft. Skirnir stieg vom Rosse und trat ein. Skirnir brachte nun seine Werbung vor und bot elf goldene Äpfel und einen Ring. Doch Gerd wollte nichts

1 Skírnesmǫl; daraus Gylfag. Kap 37. Vgl. Uhland, Schriften 6, 417 ff.; Niedner, ZfdA. 30, 132 ff.; Finnur Jónsson, Litteraturs historie 1, 171 ff.

davon wissen. Da bedrohte sie Skirnir mit dem Schwert, wieder umsonst. Nun übte Skirnir Beschwörung und Zauberzwang, er verwünschte Gerd unter die gräulichsten Riesen, ans Ende der Welt, zur Hölle, an die Seite eines unerträglichen Gatten, falls sie Freys Werbung nicht annehme. Da wagt Gerd nimmer zu widerstehen, sie reicht dem Boten zur Versöhnung den gefüllten Metbecher: »Nicht ahnte ich, dass einst der Wanenspross meine Liebe gewänne.« Skirnir verlangt, Gerd solle eine Zusammenkunft mit Freyr anberaumen. »Barri (der Knospende) heißt ein heimlich trauter Hain, nach neun Nächten wird dort Gerd Njords Sohne Liebesgenuss gönnen.« Da ritt Skirnir mit diesem Bescheid zum ungeduldig harrenden Freyr heim.

»Lang ist eine Nacht, lang sind zweie,
Wie geduld ich mich drei?
Ein Monat oft schien mir minder lang
Als des Harrens halbe Nacht.»

Das Gedicht, etwa um 900 in Norwegen verfasst, hat zur Grundlage den Mythos vom Bund des Lichtgottes mit der tragbaren Erde, den Sieg des Lichtes über das Dunkel, des Frühlings über den Winter. Doch ist alles dichterisch, menschlich schön geschildert. Was in dem Lied an Odin und Runenkunde erinnert, ist später hineingetragen, wohl vom norwegischen Dichter. Denn der Stoff gehört ursprünglich nach Schweden und kennt Freyr noch in unumschränkter Herrschaft. Die Sage gehört dem Himmelsgott selber, Skirnir, der Erhellende, Aufklärende ist ein Beiwort des Gottes, worunter später eine besondere, von ihm verschiedene Gestalt verstanden wurde. Grímn. 43 wird Freyr selber *enn skíre,* der Lichte, Schimmernde genannt. In der Lokas. 42 wird auch noch darauf angespielt, als ob Freyr selber die Fahrt ausgeführt hätte:

Mit Gold erwarbst du Gymirs Tochter
Und gabst dein Schwert dahin.

Vielleicht waren einmal auch Riesenkämpfe damit verbunden. Gerd nennt Freyr den Mörder ihres Bruders *(bróþorbane)*. In den nordischen Gedichten heißt Freyr mehrmals des brüllenden Sturmriesen Beli Mörder *(Belja bane)*. Gylfag. Kap. 37 erwähnt kurz diese Tat, allerdings schon mit der Voraussetzung, dass Freyr damals sein gutes Schwert bereits weggegeben habe. Deshalb sei er im Kampf mit Beli waffenlos gewesen und habe den Unhold mit der Faust oder mit einem Hirschgeweih getötet.[1] Der Wächter im Riesenheim, der Skirnir aufzuhalten sucht, deutet auf einstigen Widerstand. Man darf den ursprünglichen Mythos von des Himmelsgottes Werbung wohl dahin ergänzen, dass er erst nach Kämpfen mit Riesen, welche Gerd gefangen hielten, die Braut gewann. Dabei ging das Schwert verloren.

Auf denselben Mythos geht das Lied von *Swipdag*[2] zurück. Der junge Swipdag soll um die schöne Menglod werben. Er geht zum Grabhügel seiner toten Mutter Groa und beschwört sie, ihm dabei zu helfen. Die Tote erwacht und spricht Segen gegen jede Not und Gefahr über ihren Sohn aus. Vielleicht gab sie ihm auch, wie im späteren Volkslied, Ross und Schwert. So gerüstet macht sich Swipdag auf den Weg und gelangt zu Menglods Burg, die auf der Spitze eines Speeres sich dreht und von lodernden Flammen umgeben ist. Er stößt auf den Wächter der Burg, Fiolswid, und nennt sich, seinen wahren Namen verhehlend, Windkald, Warkalds Sohn, Fiolkalds Enkel. Vom Wächter hört er, dass Menglod des Saales Herrin ist. Eine hohe Mauer umzieht die Burg, das kunstvoll gearbeitete Tor erfasst den Eindringling wie feste Fessel. Hunde umkreisen das Gehöft und

1 Zu Freys Kampf mit Beli vgl. die Vermutungen Detters in den Beiträgen 18, 89.

2 Die Svipdagsmǫl (Groogaldr und Fjǫlsvinsmǫl) nach Sijmons, die Lieder der Edda I, 196 ff. Vgl. Bugge, Danmarks gaml. folkeviser II, 667 ff.; Bugge, forbindelsen mellem Grógaldr og Fjölsvinnsmál oplyst ved sammenligning med den dansk-svenske folkevise om Sveidal (forhandl. i videnskabs-selsk. i Christiania 1860); Bugge, norrœn fornkvæði, Christiania 1867, S. 332 ff.; 445[a]. Zur mythischen Grundlage, Müllenhoff, ZfdA. 30, 219. Zum Liede Finnur Jónsson, Litteraturs historie, 1, 217 ff.

wehren den Eintritt. Nur eine Speise könnte sie kirren, aber unmöglich ist sie zu bekommen. Nur einem Einzigen öffnen sich Menglods Arme, dem Swipdag ist die sonnenhelle Maid zum Gemahl bestimmt. Da gibt sich der Held zu erkennen, freudig umwedeln ihn die wilden Hunde, das Haus tut sich auf, Fjolswid eilt, ihn zu melden. Menglod fragt nach Wahrzeichen, Namen und Abkunft.

»Swipdag heiß ich, Solbjart hieß mein Vater,
Dorther ging ich auf windigem Weg.«
»Heil dir, Wandrer! Mein Wunsch ist erfüllt;
Komm und empfange den Kuss!
Ersehnter Anblick beseligt jeden,
Der heiße Liebe hegt.
Lange saß ich auf Lyfjaberg,
Deiner harrend von Tag zu Tag;
Nun ward Gewährung dem Wunsch endlich,
Da du, Held, dich der Halle genaht.
Lang hab ich Sehnsucht nach dem Liebsten erduldet,
Wie nach meiner Minne du;
Wahr jetzt wird es, dass wonnige Tage
Uns beiden für immer blühn.«

Der mythische Gehalt des Gedichtes kommt in den Namen der handelnden Personen deutlich zum Ausdruck. *Swipdagr* ist der rasche Tag, Menglod die des Halsschmuckes Frohe, ein Beiname der Freyja oder Frigg, ursprünglich der Gemahlin des Himmelsgottes. Diese ist bald als die Erdgöttin, bald als die himmlische Sonnenjungfrau gedacht, und Letzteres scheint hier der Fall zu sein. Ostwärts am Himmelsrand schläft Jungfrau Sonne hinter hohem Berge, vom flammenden Zaune der Morgenröte umgeben und jedem Unberufenen unzugänglich. In früher Dämmerung, im Morgenwind als Windkald, Kalds Sohn erscheint der Freier. Die Hindernisse fallen, als sein wahres Wesen, sein wirklicher Name offenbar wird: Svipdagr, Solbjarts, des Sonnenhellen Sohn. Mit Märchenzügen ausgestattet, mit allerlei fremdartiger, mythologischer Gelehrsamkeit versetzt, schimmert trotzdem die Grundbedeutung des Stoffes hervor.[1]

Auch von Njord geht eine Sage.[2] Er hatte Skadi, des Riesen Thjazi Tochter zur Frau. Thjazi war von den Asen getötet worden. Skadi, seine Tochter, rüstete sich mit dem Heergewand, um ihn zu rächen. Die Asen boten ihr zur Sühne einen aus ihrer Mitte zum Gemahl, den sie selbst wählen dürfe. Doch sollte sie nur die Füße der Auszuwählenden sehen. Sie bemerkte nun einen mit sehr schönen Füßen und wählte ihn, in der Meinung, es sei Baldr, der Gewählte war jedoch Njord. Sie wollte die Wohnstätte behalten, welche ihr Vater gehabt hatte, die auf dem Gebirge, das Thrymheim heißt, belegen ist. Njord aber wollte in der Nähe der See seinen Aufenthalt nehmen. Sie verglichen sich dahin, dass sie neun Nächte in Thrymheim weilen wollten und dann drei Nächte zu Noatun. Als Njord aber vom Gebirge nach Noatun zurückkam, da sprach er also:

Nicht lieb ich die Berge, nicht lange dort weilt ich,
Neun Nächte nur;
Süßer schien mir der Sang des Schwans
Als der wilden Wölfe Geheul.

Skadi aber erwiderte:

Mir stört den Schlaf am Strande des Meeres
Der krächzenden Vögel Gekreisch;
Am Morgen weckt mich die Möwe täglich,
Die wiederkehrt vom Wald.

---

1 Noreen, Uppsalastudier 208 ff. sucht in mythischen Königssagen der Schweden einen Nachklang der von ihm anders ausgelegten Göttersage: der Sonnengott (Freyr, Skirner, Suipdagr, Vanlandi, d. h. der aus dem Vanenlande, Vísburr) besiegt einen winterlichen Riesen (Frosti, den Frost, oder den Nordsturm Þiazi, Beli), aber nimmt ein Weib aus ihrem Geschlecht, das Nordlicht (Gerðr, Menglǫð, Skiǫlf) oder die glänzende Schneetrift (Drífa) oder den Nordwind (Skaði), doch nur indem er seine eigenen Gaben, den Sonnenstrahl (das Schwert oder das Halsband) dafür fahren lässt. Dadurch verfällt er dem Tod. Die geistvollen Deutungen Noreens haben fast durchweg den Fehler, dass sie allzu einseitig auf Etymologie begründet sind und daher keine sichere Gewähr besitzen.

2 Über Njord und Skadi Bragar. Kap. 2; Gylfag. Kap. 23.

Darauf ging Skadi hinauf aufs Gebirge und wohnte in Thrymheim; sie läuft viel auf Schneeschuhen und schießt Wild mit ihrem Bogen. Daher heißt sie Göttin oder Dise des Schneeschuhs.

Die gleiche Geschichte knüpft Saxo an Hadding, den Vater Frothos, der das Fröblot einsetzte, und Regnhild, sowohl die verdeckte Wahl des Bräutigams, dessen Füße nur sichtbar sind, als auch die Scheidung. Die lateinischen Verse Saxos stimmen zu den isländischen der Edda.[1] Ob der Mythos auf Njord als den Gott der Schifffahrt aufs offene Meer ausgelegt werden darf, das

---

1 Über Hading und Regnild Saxo I S. 50 ff. Das Gedicht lautet:

Hadingus: *Quid moror in latebris opacis,*
collibus implicitus scruposis,
nec mare more sequor priori?
eripit ex oculis quietem
agminis increpitans lupini
stridor et usque polum levatus
questus inutilium ferarum
impatiensque rigor leonum.
tristia sunt iuga vastitasque
pectoribus truciora fisis.
officiunt scopuli rigentes
difficilisque situs locorum
mentibus aequor amare svetis.
nam freta remigiis probare,
officii potioris esset,
mercibus ac spoliis ovare,
aera aliena sequi locello,
aequoreis inhiare lucris,
quam salebras nemorumque flexus
et steriles habitare saltus.

Regnild: *me canorus angit ales immorantem littori*
et soporis indigentem garriendo concitat.
hinc sonorus aestuosae motionis impetus
ex ocello dormientis mite demit otium,
nec sinit pausare noctu mergus alte garrulus,
auribus fastidiosa delicatis inserens,
nec volentem decubare recreari sustinet,
tristiore flexione dirae vocis obstrepens.
tutius sylvis fruendum dulciusque censeo.
quis minor quietis usus luce, nocte carpitur,
quam marinis immorari fluctuando motibus.

nur drei Monate lang frei, die übrigen neun Monate aber im Banne der winterlichen, im Gebirg, im Riesenland heimischen Stürme gehalten wird?

Auf eine für uns unverständliche Sage spielt Loki (Lokas. 34) an:

Schweige du, Njord, dich schickte man ostwärts
Zu den Göttern als Geisel fort,
Als Harntopf brauchten dich Hymirs Töchter
Und machten dir in den Mund.

Hymir ist der Eisriese, der im Osten am Himmelsrand wohnt, der Beherrscher des Polarmeeres. Njord wird einmal zu ihm gefahren sein, wobei ihm etwas zustieß, das dem bösartigen, alles verdrehenden Loki zu dem hässlichen Vorwurf Anlass gab. Dass Njord das offne Meer bedeute, in das des Eisriesen Töchter, die Gletscherbäche fließen, kann nicht als befriedigende Lösung des Rätsels gelten. Um überhaupt auslegen zu können, müsste man den Hergang der Begebenheit, die vielleicht harmlos war und nur von Loki ins Arge gekehrt wird, genau kennen.

König *Frodi*[1], Fridleifs Sohn, aus dem götterentsprossten Stamm der Skjoldungen, herrschte über Dänemark. In seinen Tagen begann der Frodifrieden, das glückliche goldene Zeitalter des Nordens. Kein Mann tat dem andern Schaden, Diebe und Räuber gab es nicht, ein Goldring lag unberührt lange auf der Heide. Mit Fruchtbarkeit war das Land gesegnet. Frodi ließ von zwei gekauften Mägden, den Riesinnen Fenja und Menja mit zwei mächtigen Mühlsteinen rast- und ruhelos Gold, Glück und Frieden mahlen. Aber sie mahlten Unfrieden, ein Seekönig brach mit Mord und Brand ins Land und zerstörte Frodis Frieden. In düs-

1 Die Sage von Frodi Skáldsk. Kap. 6; Frotho bei Saxo Buch II, Frotho III Buch V, Fridlev Buch VI; über Fruote M. Haupt, Vorrede zum Engelhart S. XI f. Vgl. W. Müller, ZfdA. 3, 43; Munch, das heroische Zeitalter der nordgerman. Völker, Lübeck 1854, S. 33 ff.; Uhland, Schriften I, 99 ff.; 495 ff. Die Namen in den age. Stammtafeln J. Grimm, Myth. 3, 386 ff.

trem, ahnungsvollem Gesang verkündigten die Mädchen den nahen Umschwung des zum Übermaße gesteigerten Glückes. Gerade aus dem Gold geht das Unheil hervor. Snorri stellt den Frodifrieden und Freyr zusammen; er fasst ja auch Freyr und seinen Sohn Fiolnir als menschliche Könige auf. Während Freyr Schweden mit blühendem Wohlstand beglückt, schenkt Frodi Dänemark die Segnung goldenen Friedens. Saxo erzählt von sechs Dänenkönigen namens Frotho, er verteilt auf mehrere Gestalten, was die Sage vom Friedfrodi wusste. Unterscheiden doch auch die nordischen Stammtafeln des Skjoldungengeschlechts zwischen zwei Friedensfürsten des Namens Frodi, zwischen Friedensfrodi und Frodi dem Friedsamen. Von Frotho I., dem Sohne des Hadding, welchem die an Njords Ehe mit Skadi erinnernde Sage zugeschrieben war, berichtet Saxo, er habe einen Drachen besiegt und einen großen Hort gewonnen. Dadurch wurde er sehr reich. Er pflegte seine Speise mit Goldstaub zu bestreuen. Frotho III. ist der eigentliche Friedenskönig. Zu seiner Zeit brauchte niemand seine Habseligkeiten unter Schloss und Riegel zu verwahren. Der siegreiche König gebot allen Völkern Frieden, der dreißig Jahre lang währte. Goldene Ringe und Ketten, welche der König aufhängen ließ, wagte niemand zu stehlen. Dem Wanderer war erlaubt, überall das zu seiner Erfrischung und zu seinem Fortkommen Nötige zu nehmen. Als Frotho durch eine Zaubrerin ums Leben gekommen war, verheimlichte das Gefolge, wie die Schweden beim Tode des Freyr, seinen Tod und führte die Leiche drei Jahre auf einem Wagen im Lande umher (Freys Umfahrt!). Endlich wurde er bei einer Brücke in Seeland begraben. Man erkennt im dänischen Frodi, welcher im *milden Fruote* mhd. Gedichte wiederkehrt, deutlich dieselbe Gottheit wie im schwedischen Freyr, nur ist der Gott Saxos Auffassung gemäß als irdischer König gedacht. Frodi ist die schwache Form des Adj. *fróþr*, weise. Die Wanen heißen aber weise (Vafþr. 39, Skírn. 17, 18) und Zukunft wissend (Þrymskv. 14); Freyr wird *enn fróþe afe,* der weise Mann (Skírn. 1, 2) genannt. Was Saxo von Fridlev, Frothos III. Sohn erzählt, der Riesen tötet und Frögertha, Amunds von Norwegen Tochter zum Weib gewinnt, darf vielleicht auf Freys Werbung um Gerd bezogen werden. Überall blicken versprengte Trümmer aus der dänischen Königssage hervor, die sich, zu einem Ganzen vereinigt, merkwürdig genau mit den nordischen Mythen von Freyr und Njord decken. Eine Göttersage scheint euhemeristisch zur Königssage verwandelt und dabei aus ihrer ursprünglichen Zusammengehörigkeit losgelöst worden zu sein.

In den ags. Stammtafeln finden sich mehrfache Erinnerungen an den germanischen Himmelsgott, indem seine Namen unter den mythischen Königen vorkommen. Die Tafeln stellen allerdings übereinstimmend Wóden an die Spitze und gehören einer Zeit an, wo Wóden den alten Himmelsgott bereits verdrängt hatte. In der Königsreihe von Deira begegnet unter Wódens Söhnen Uscfrea (Wuscfréa), in Bernicia Ingvi, in Wessex Fréawine; unter Wódens Vorfahren treffen wir Friðuwald, Fréaláf, Friðuwulf. Fréa und Friede stehen auch hier in engster Verbindung. Hält man dazu Frôwin, Freysvinr[1] und was von Nerþus erzählt wird, so ist der Schluss gerechtfertigt, die Ingävonen verehrten den Himmelsherrn und riefen ihn um Fried und Fruchtbarkeit an. Von den am Ufer und auf den Inseln der Nord- und Ostsee ansässigen Ingävonen, vielleicht auch durch die Ostdänen in Südschweden, kam dieser Kult auf friedlichem Weg, durch Handelsverkehr vermittelt, zu den Schweden und schlug tiefe Wurzeln. Darum schirmen die Wanen Ackerbau und Schifffahrt und spenden aus friedlichem Gewerbe, aus Landwirtschaft und aus Handel und Wandel Wohlstand und Glück.

1 Wenn, wie Kögel ZfdA. 31, 272 behauptet, der Gottname Frawias vom Appellativum got. *frauja*, ahd. as. *frô*, ags. *fréa* zu trennen ist, dann machen allerdings die mit Frôi-, Frewi- zusammengesetzten deutschen Eigennamen den Kult des Frawias wahrscheinlich. Der an. Freygerð begegnet die deutsche Frewigarda. Die Eigennamen (Förstemann, Namenbuch 1, 414 ff.) weisen auf die Sitte, nach dem Gotte Kinder zu benennen.

III. Der Himmelsgott als Donnerer

1. Donar bei den Deutschen

Der Himmelsgott hat Blitz und Donner in seiner Gewalt, *Jupiter tonans, Ζεὺς κεραύνιος, καταιβάτης*. Der Donnerkeil ist seine Waffe, die er mit dem Blitzstrahl herunterwirft. Keilförmige Steine fahren nach dem Volksglauben mit dem zündenden Blitz in den Boden. Der Donner gleicht dem Fahren eines Wagens über ein Gewölbe; so sagt Hesychius *δοκεῖ ὄχημα τοῦ Διὸς ἡ βροντὴ εἶναι*. Der liebe Gott fährt, sagt noch heute das Volk beim Rollen des Donners. Vom Himmelsgott hat sich die Gestalt des Donnerers bei den Germanen besonders abgelöst.

DONAR[1], der Herr des Gewitters, bildet eine Hauptgottheit, welche alle Stämme verehrten, denn gleichmäßig ist ihm überall der *dies Jovis*[2] zugeteilt worden. Die ältere interpretatio romana

---

1 Der Name lautet ahd. *Donar*, as. *Thunaer* (im sächs. Taufgelöbnis MSD. Nr. LI, Braune ahd. Lesebuch Nr. XXXXV), ags. *þunor*. An. ist *þórr* überliefert; das Metrum verlangt für die älteren Lieder die unverkürzte Form *þonarr*, Sijmons, Edda I, XXIV; der Dativ *þonre* wurde zu *þóre*, durch Formausgleich drang die einsilbige Form auch in die andern Kasus; Noreen, An. Gr.[2] §239, 3; 294, 2. Der german. Grundform *þunaraʒ* entspricht genau der keltische *Tanaros* (aus der Weihinschrift *Jovi Tanaro* zu erschließen). Bei Kelten und Germanen scheint gleichmäßig die Vorstellung eines besonderen Donnergottes entstanden zu sein, während der alte Himmelsgott, von den Römern durch Mars wiedergegeben, wesentlich die kriegerische Tätigkeit ausübte; vgl. Much, ZfdA. 35, 372 ff.

2 Ahd. *donarestag*, bei Notker *toniristag*; ags. *þunres dæg*, aengl. *þunres dai*, zu *þors- þurs- Thursday* weiterentwickelt; an. *þorsdagr*. Belege zu den Formen der einzelnen german. Sprachen und Mundarten gibt Grimm, Myth. 112 ff. DWB. 2, 1252. So zahlreich die nord. Eigennamen auf *þórr* sich darbieten, aus Deutschland sind nur *Donarpreht*, *Donarad*, *Albthonar* (Förstemann, Altdeutsches Namenbuch 1199) nachweisbar. Inwieweit die Ortsnamen *Donarsberg* in der Rheinpfalz und in Hiessen, *Donarsfeld*, *Donarsreut* (Förstemann, Altd. Namenbuch II[2] Ortsnamen S. 1456) mit dem Gott zusammenhängen, ist zweifelhaft. In England weist Kemble, the Saxons I 347 in Surrey *þunresfeld*, in Essex *þunresléah* nach. Über einen alten *Donarsberg* in Schwaben bei Nordendorf, dem vielleicht Kultbedeutung eignete, vgl. Henning, Die deutschen Runendenkmäler S. 93.

gibt ihn mit *Herkules*[1], die spätere mit *Jupiter*[2] wieder. Obwohl allen Germanen gemeinsam, ist Donar doch nicht überall zu gleicher Bedeutung gelangt. Zu schönster und reichster Entwicklung gedieh der Donarkult bei den Norwegern, bei den Deut-

---

1 Auf Inschriften, welche von Batavern herrühren, begegnet zum Namen Herkules ein germanisches Beiwort: *Herculi magusano* (3-mal), *macusano* (2-mal), *magusan* (2-mal). Es scheint eine aus einem german. Dativ *magusani* latinisierte Form. Ein german. Verbaladjektiv *zu magan*, vermögen, kräftig sein, liegt zugrunde: *magusô magusê*, Dat. *magusani*. Der »starke« Herkules ist Donar, im Nord. als *þrúþugr áss* starker Gott, und Vater des *Magni* (der Kraft) bezeichnet. Vgl. Kauffmann, Beiträge 14, 554 ff. v. Grienberger, Beiträge 19, 527 stellt *magusanus* zu kelt. *magos* Feld und leugnet Beziehung zu Magni und überhaupt zum deutschen Donar. Dass *Hercules saxanus*, den man oft als germanische Gottheit auffasste, römisch war, erweist E. H. Meyer, Beiträge 18, 106 ff.; das latein. Beiwort begegnet auch bei der *bona dea subsaxana* am Aventin.

2 Außer dem *dies Jovis* wird Jupiter zur Übersetzung von Donar verwendet in der Vita Bonifacii (MG. 2, 343). *quorum consultu atque consilio arborem quandum mirae magnitudinis, quae prisco paganorum vocabulo appellabatur robur Jovis, in loco, qui dicitur Gaesmere, servis dei secum astantibus, succidere tentavit. cumque mentis constantia confortatus arborem succidisset, magna quippe aderat copia paganorum, qui et inimicum deorum suorum intra se diligentissime devotabant, sed ad modicum quidem arbore praecisa confestim immensa roboris moles, divino desuper flatu exagitata, palmitum confracto culmine, corruit, et quasi superni nutus solatio in quatuor etiam partes disrupta est, et quatuor ingentis magnitudinis aequali longitudine trunci, absque fratrum labore astantium, apparuerunt. quo viso prius devotantes pagani etiam versa vice benedictionem domino pristina abjecta maledictione credentes reddiderunt. tunc autem summae sanctitatis antistes consilio inito cum fratribus ex supradictae arboris materia oratorium construxit, illudque in honore S. Petri apostoli dedicavit.* In den Briefen des Bonifatius (Nr. 25 vom Jahr 723) wird ein *presbyter Jovi mactans* erwähnt. In Radperts Lobgesang auf den heiligen Gallus wenden die Bekehrer die Bewohner von Tuggen am Züricher See vom Donarsdienste ab: (DISD. XII. 3)

castro de Turegum adnauigant Tucconium.
docent fidem gentem: Jouem linquunt ardentem.

Im *indiculus superstitionum et paganiarum* (Heyne, Ands. Denkm. Nr. IX) ist die Rede von Wodans- und Donarsopfern: *de sacris Mercurii vel Jovis; de feriis quae faciunt Jovi vel Mercurio.* Für die Franken ist der *sermo s. Eligii* († 659) wichtig: *nullus diem Jovis absque festivitatibus sanctis nec in majo nec ullo tempore in otio observet.* Grimm, Myth. 3, 402. Über neuen Donnerstags-Aberglauben Wuttke, Aberglaube § 70.

schen scheint Donar zuerst hinter Tiuʒ, später hinter Wodan zurückgestanden zu sein. Vom deutschen Donar erhalten wir nur eine dürftige, unvollkommene Vorstellung. Donar ist der stärkste und tapferste der Götter. Ihn besangen die in die Schlacht ziehenden Kämpfer.[1] In heiligen Wäldern war sein Weihtum. Mächtige, uralte Eichen, wie die bei Geismar[2] in Hessen, die Winfrid fällte, waren ihm geheiligt. Dort versammelten sich die Stämme vor wichtigen Unternehmungen. Aber nicht allein die kriegerische Seite wird bei Donar hervorgekehrt, im Gegenteil waltet der starke Gott namentlich über Leben und Eigentum der Menschen, über Recht und Frieden. Mit dem Donarstag sind noch heute allerlei Gebräuche verknüpft, und schon in alter Zeit war es so. Den Germanen erschien ein dem Donar gehöriger Tag von besonderer Bedeutung. Auf einer mit Runen beschriebenen Kleiderspange, die auf alemannischem Boden gefunden wurde, begegnet Donar neben Wodan. Zur Weihe und Heiligung vielleicht der Ehe wird er angerufen.[3] Der Donnerkeil erscheint als

---

1 Tac. Germ. 3 *fuisse apud eos et Herculem memorant, primumque omnium virorum fortium ituri in proelia canunt.* – Germ. 9 *Martem et Herculem concessis animalibus placant.* – Ann. 2, 12 *Caesar transgressus Visurgim indicio perfugae cognoscit delectum ab Arminio locum pugnae; convenisse et alias nationes in silvam Herculi sacram.* Nach Kögel, Geschichte der deutschen Literatur I, 1, 17 heißt Donar wegen seiner Beziehung zur Schlacht, als *primus fortium virorum, *Wihuʒ* (ahd. *Wigur,* an. *Véorr)* der Kämpfer. Anders erklärt Noreen, Arkiv for nord. filologi 6, 306 den Namen, s. unten S. 251 Anm. 2.

2 Gaismar könnte »Sprudelquell« (zu **gîsan, gais* und *mari*), den hl. See, Opferquell oder Opfersumpf bei der Göttereiche bedeuten; vgl. J. Grimm. Geschichte der deutschen Sprache 578; Arnold, Ansiedlungen und Wanderungen deutscher Stämme, Marburg 1877, S. 114 ff.

3 Auf der Nordendorfer Spange, etwa aus dem 7. Jh. stammend, stehen die Runen

LOGAÞORE	ᛚᛟᚷᚨᚦᛟᚱᛖ
WODAN	ᚹᛟᛞᚨᚾ
L	ᚾ
WIGIÞONAR	ᚹᛁᚷᛁᚦᛟᚾᚨᚱ

Die Götternamen Wodan und Þonar, bei welch letzterem nur das übergeschriebene L Bedenken erregt, dürfen der Gewandspange des alemannischen Gräberfeldes wohl bestimmt zugewiesen werden. Offenbar wird ihre Hilfe zu irgendeiner feierlichen Handlung erfleht. *wîgi* ist Imperativ

eine geschleuderte Waffe, als eine Wurfaxt. Streithämmer zu Wurf und Schlag gehören zu den beliebten Waffen germanischer Völker. Nahe liegend ist der Vergleich, dass der Donnergott einen ursprünglich steinernen Hammer führt, und so erscheint auch allezeit Thor. Bestimmte Zeugnisse, dass der deutsche Donar mit dem Hammer bewaffnet war, fehlen. Doch ist vielleicht beim ags. Thunor eine feurige Streitaxt anzunehmen.[1] Die Vorstellung, dass bei starkem Gewitter der Donnergott, mit der Axt bewehrt, auf einem Wagen dahinfährt, darf bei Angelsachsen[2]

---

zu **wîgian*, weihen, also Þonar, weihe, heilige! **lôga* stf. meint Einsetzung, Verheiratung; afries. *logia* verheiraten, **þorên* (an. *þora*) bedeutet ereilen, ersiegen. Man denke an den Brauch der Raubehe, die dem kriegerischen Wodan unterstellt gewesen sein mag, an den Wettlauf um die Braut u. dgl. »Die Heirat ersiege, Wodan, weihe, Donar!« Ein alter feierlicher Hochzeitswunsch würde auf einer Gewandspange, einem passenden Hochzeitsgeschenk, sich sehr wohl ausnehmen. Darum verdient Hennings Erklärung immerhin den Vorzug, wenngleich ein sicheres und unzweifelhaftes Ergebnis damit nicht erreicht ist. Zur Nordendorfer Spange Dietrich, ZfdA. 14, 75 f.; C. Hofmann, Sitzungsberichte der Münchener Akademie 1866 Band 2, 138 ff., 207 f. Stephens, runic monuments I, 574 ff.; III, 157; Henning, Die deutschen Runendenkmäler, Straßburg 1889, S. 87 ff. Über die gefälschte Runenschrift WODANAHAILAG auf der Spange von Kehrlich bei Andernach Henning, a.a.O. 156.

1 Kemble, Salomon and Saturnus, London 1848, S. 177 sieht mythologischen Nachklang im Kampf der Gottheit mit dem Teufel. »se *ðunor hit ðrysceð mid ðære fýrenan æcxe*«, der Donner zerschmettert ihn mit feuriger Axt. Wohl liegt ein anschauliches Bild diesen Worten zugrunde, der Donner wirft ein Geschoss nieder. Aber es ist fraglich, ob wir es mit einer poetischen Vorstellung oder mit einer Erinnerung an den Hammer werfenden Gott zu tun haben. Im Sinne Kembles entscheidet auch Stephens, Aarböger f. nord. oldkyndighed 1883, S. 348 f.

2 *ðunurrád,* Donnerfahrt (ags. *râd,* an. *reið,* ahd. *reita,* Wagen, Fahrt, Ritt) wird Psalm 103, 7 *tonitruum (a voce tonitrui tui, from stefne ðunurrâde)* übersetzt; Stevenson in publications of the Sursee society 1844, II, 14. Dem ags. *Thunorrád* vergleicht sich norweg. *Thorsreia* J. Grimm, Myth. 3, 62. *Thunorrád* stellt J. Grimm, Grammatik 3, 353 zu schwed. *åska = ås-aka,* Asenfahrt. Wenn im Exeterbuch der Blitz *»rynegiestes wæpn«* heißt, so darf das nicht als Waffen des Wagengottes (Kemble, the Saxons in England 1, 347) ausgelegt werden. Die Stelle bezeugt nur, dass der Blitz als die Waffe eines persönlich gedachten Gewitterherrn gedacht wurde. Zu *rynegäst* Grein, Glossar 2, 386, der an profluvii hospes, Herr des Gewitterregens denkt.

und Ditmarschen[1] vermutet werden. Beziehung auf Donar ist deshalb möglich, weil Thor im schwedischen Volksglauben in ähnlicher Weise fortlebt.

In einem Segen gegen Fallsucht, den eine Pariser Handschrift des 12. Jahrhunderts und eine Münchener Handschrift enthalten, der aber leider unverständlich ist, wird Donar der Mächtige genannt, der auf Adams (?) Brücke stand und einen Stein zerspaltete, da kam aber Adams Sohn und schlug des Teufels Sohn zu einer Staude. Heidnische und christliche Anschauungen mischen sich hier, Donar weicht vor Christus. Vielleicht darf der im Segen geschilderte Hergang so gedacht werden, dass der Blitz krachend in eine Brücke fährt und sie teilweise zerstört, aber der Christengott naht rettend, der nächste Blitzschlag schmettert in Busch und Wald, wo er keinen Schaden tut.[2]

2. Thor als Hauptgott des norwegischen Volkes

Dass Thor im nordischen Volke vor allen anderen Göttern Verehrung genoss, geht aus vielen Anzeichen unzweifelhaft hervor[3], besonders Norwegen ist die Heimat des Thorsdienstes, der aber auch in Schweden und Dänemark nachgewiesen werden kann. Wenn mehrere Götter nebeneinander vorkommen, in den Bildern[4] der Tempel, in der feierlichen Eidesformel, dann steht

---

1 Bei den Dithmarschen sagt man: *nu faert de Olde all wedder da bawen unn haut mit syn Ex anne Räd;* Müllenhoff, Sagen, Märchen und Lieder aus Schleswig-Holstein und Lauenburg Nr. 480. Ebenda S. 447 ein Riese mit einem von Böcken gezogenen Wagen. Was aus späterem Brauch und Glauben hergehört, verzeichnet E. H. Meyer, Myth. S. 205.

2 Vgl. Scherer, Sitzungsberichte der Berliner Akademie 1885, 577 ff. Müllenhoff-Scherer. Denkmäler, 3. Aufl., bes. von Steinmeyer II 300 f. Da weder Text noch Auslegung und Beziehung auf die Mythologie sicher sind, verzichte ich auf die Anführung und verweise hierfür auf die Denkmäler und auf Kögel, Geschichte der deutschen Literatur I, 1, 266.

3 Vgl. besonders Henry Petersen, om Nordboernes gudedyrkelse og gudetro i hedenold. Kjöbenhavn 1816.

4 Thorsbilder in der Olafssaga Tryggvasonar (der Heimskringla) Kap. 76;

doch Thor immer voraus. In Moere erhub sich ein Tempel, in dem mehrere Götterbilder aufgestellt waren, Thor mit Gold und Silber geschmückt war am meisten geehrt. Der König Olaf Tryggvason schlägt das Bildnis nieder. In Hladir standen drei Bilder: Thor auf dem Wagen inmitten, Thorgerd Hörgabrud und Irpa zu beiden Seiten. Sveinn in Drontheim hatte manche Götzen, den Thor aber ehrte er am meisten. Zur Zeit Adams von Bremen war Thor als der Mächtigste inmitten des Odin und Freyr im Tempel zu Uppsala aufgestellt. Wie Ingimund ein silbernes Freysbild bei sich führt, so trug Hallfred, ein berühmter Skald, Thors Bildnis aus Zahn geschnitzt im Beutel. In der Heidenzeit war es Sitte, Eigennamen aus Götternamen[1] zu bilden. Die Träger solcher Namen wurden dadurch dem besonderen Schutze der Götter anempfohlen. In der Wahl des Götternamens kommt das Verhältnis zu den einzelnen Göttern zum Ausdruck. Wenn ein Bjorn, Steinn, eine Dís, Gerd und andere Thorbjorn, Thorsteinn, Thordís, Thorgerd zubenannt sind, so werden sie dadurch dem Gotte verlobt, der Gott wird ihr vertrauter Freund und Beschützer. Entsprechend wurden Namen nach Freyr gewählt, Freysteinn, Freybjorn, Freydís, Freygerd. Selten sind Namen mit Odin gebildet, wie Odinkarl in Dänemark, Odindís in

---

Njálssaga Kap. 89; Olafssaga Tryggvasonar (Fornmanna sögur) Kap. 203; Adam von Bremen 4, 26; Hallfreðarsaga Kap. 6. Flateyjarbók 1, 320 beschreibt das Thorsbild im drontheimischen Haupttempel also: Thor saß in der Mitte als der Meistgeehrte. Er war groß und ganz mit Gold und Silber geschmückt. Thor saß im Wagen, der war sehr prächtig. Zwei wohl gebildete Böcke aus Holz waren davor gespannt. Wagen und Böcke gingen auf Rädern. Die Hörner der Böcke waren mit Silber überzogen. Alles war mit wunderbarer Geschicklichkeit gemacht.

1 Über die Personen- und Ortsnamen, die aus Götternamen gebildet wurden, Henry Petersen, om Nordboernes gudedyrkelse og gudetro S. 38 ff.; für Schweden Lundgren, språklig intyg om hednisk gudatro i Sverige, Göteborg 1818; für Norwegen O. Rygh in Munchs norröne gude-ok heltesagn, ny udgave Christiania 1880. Selbst in der Normandie sind noch heute 10 *Turville* und 2 *Freville,* d. h. Thorstad und Freystad, nachzuweisen, Petersen a.a.O. 47 nach dem itinéraire de la Normandie, Caen 1828. Die Häufigkeit der Anwendung von Thor und Freyr steht da etwa im selben Verhältnis wie auf Island.

Schweden. Entsprechend kommen die Götternamen auch für Örtlichkeiten vor, die unter den Schutz der Gottheit gestellt werden. Sehr schön ist diese Sitte bei der Besiedelung Islands im Ausgang des 9. Jahrhunderts zu beobachten. Ausfahrt, Reise, Ankunft, das in Besitz genommene Land wird von der Gottheit gewiesen. An erster Stelle ist Thor der Führer, seltener Freyr, niemals Odin.

Als König Harald in Norwegen die Alleinherrschaft aufrichtete, wurden dadurch viele mächtige Männer zur Auswanderung bewogen. Hrolf war ein großer Häuptling. Er waltete auf der Insel Mostr bei Südhördaland eines Tempels des Thor und war ein großer Freund des Gottes. Er war groß und stark, schön von Aussehen und hatte einen großen Bart; darum hieß er Mostrarskegg (Mostrbart). Er war der vornehmste Mann auf der Insel. Im Frühjahr verschaffte Hrolf dem Bjorn Ketilsson, der von König Harald geächtet war, ein gutes Langschiff mit tüchtiger Bemannung und gab ihm seinen eigenen Sohn Hallstein zur Begleitung mit. Als König Harald hörte, dass Hrolf Bjorn den Achter unterstützte, schickte er Boten zu ihm und ließ ihm sagen, er solle aus dem Lande weichen wie Bjorn oder zum König kommen und alles seiner Gewalt unterwerfen. Das war 10 Jahre nachdem Ingolf Arnarson nach Island gefahren war (um 874); die Leute, die von Island kamen, lobten die Beschaffenheit des Landes. Thorolf Mostrarskegg stellte ein großes Opfer an und befragte Thor, seinen vertrauten Freund, ob er sich mit dem König versöhnen solle oder außer Lands fahren und anderes Schicksal suchen. Das Ergebnis der Befragung wies den Thorolf nach Island. Darauf nahm er ein großes Seeschiff und rüstete sich zur Islandsfahrt; alle seine Hausleute und die ganze Wirtschaft führte er mit sich. Er brach den Tempel ab und nahm fast alles dazu verwendete Bauholz mit, auch die Erde unter dem Altar, worauf Thor gestanden war. So segelte Thorolf in See mit günstigem Wind, er fand das Land und schiffte der Südseite entlang und dann westlich um Reykjanes herum. Da ließ der Wind nach, und sie sahen, dass große Buchten landeinwärts sich auftaten. Thorolf warf die Hochsitzpfeiler, die im Tempel gestanden, über Bord; auf einem derselben war Thors Bild eingeschnitzt. Er sagte, er wolle sich auf Island an der Stelle ansiedeln, wo Thor ihn ans Land kommen lasse. Die Pfeiler trieben rasch in die westliche Bucht. Es erhub sich eine Brise, und sie fuhren westlich um Snjofellsnes in die Bucht. Sie sahen, dass die Bucht lang und breit war und von großen Gebirgszügen auf beiden Seiten umgeben. Thorolf gab der Bucht einen Namen und nannte sie Breidifjord. Er nahm Land ungefähr inmitten der Südseite der Bucht und legte sein Schiff in die kleine Bucht, die später Hofsvag (Tempelbucht) genannt wurde. Sie untersuchten das Land und fanden an der Spitze eines Vorgebirges im Norden der Bucht, dass Thor mit den Säulen ans Land gekommen war. Das wurde seitdem Thorsnes genannt. Darauf fuhr Thorolf mit Feuer über sein Land, auswärts von der Stafa an bis hinein zu dem Fluss, den er Thorsa nannte, und siedelte da seine Schiffsleute an. Er erbaute ein großes Gehöft bei Hofsvag und nannte es Hofstadt. Da ließ er einen großen Tempel Thor zu Ehren errichten. Thorolf nannte das Land zwischen dem Vigrafjord und Hofsvag Thorsnes. Auf dem Vorgebirge steht ein Berg; dem wandte Thorolf so große Verehrung zu, dass niemand ihn ungewaschen ansehen durfte, und weder Tiere noch Menschen sollten auf dem Berge getötet werden, es gehe denn von selber zugrunde. Den Berg nannte er Helgafell und glaubte, er werde dort hineinfahren, wenn er sterbe, seine Verwandten aber ins Vorgebirge. Auf der äußersten Spitze des Vorgebirges, wo Thor ans Land gekommen war, ließ er alle Gerichte halten und setzte dort ein Heradsding (Gauversammlung) ein. Da war eine so heilige Stätte, dass er auf keine Weise das Feld verunreinigen lassen wollte, weder mit Feindesblut noch auch dadurch, dass jemand seine Notdurft verrichte. Dazu war eine Klippe bestimmt. Einen Sohn Steinn weiht Thorolf seinem Freund Thor als Hofgoden, nämlich zum Tempelamt, und nannte ihn Thorstein. Zwischen Thorstein und seinen Nachbarn entsteht Streit um das von Thorolf eingesetzte Gericht. Es kommt zum Blutvergießen auf der Dingstätte, welche dadurch entweiht wird. Thord entschied den Streit der Parteien dahin, sie sollten sich aussöhnen und in Zukunft Tempel und Gericht zusammenhalten. Die entheiligte Dingstätte wurde aber weiter landeinwärts verlegt, worüber der Sagaschreiber berichtet: Man sieht noch den Gerichtsring, in dem die Leute zum Opfertod verurteilt wurden. Im Ring steht noch der Thorsstein, an dem die Leute gebrochen wurden, die zum Opfer bestimmt waren, noch sieht man Blutspuren am Stein.[1]

Von anderen Ansiedlern gehen ähnliche Berichte. Als Helgi der Magere Land erblickte, fragte er den Thor, wo er Land nehmen solle. Der Ausspruch wies ihn nach dem Eyjafjord, und erlaubte ihm weder ostwärts noch westwärts abzulenken. Da fragte ihn sein Sohn Hrolf, ehe der Fjord sich auftat, ob denn, falls Thor ihn ins Eismeer zum Überwintern wiese, er sich auch daran halten würde. Denn den Schiffern schien es Zeit, aus der See zu kommen, da der Sommer schon sehr zu Ende ging.[2] Dieser Helgi zeigt eigentümliche Glaubensmischung. Er war ein Christ und nannte, obschon Thor ihm das Land gewiesen, seine Wohnstätte doch Kristnes. Bei Seefahrt und in allen schweren Gefahren rief er aber stets zu Thor. Hreidar gab so viel auf des Gottes Ausspruch, dass er das von diesem ihm gewiesene Land sogar durch Kampf zu erlangen trachtete, nachdem es schon besetzt war. Nur mit Mühe bringt ihn Eirik davon ab.[3]

Asbjorn heiligte das von ihm in Besitz genommene Land dem Thor und nannte es Thorsmark.[4] Dass die norwegischen Ansiedler ihre Thors- und Freystempel auch auf Island errichteten, geht außer den bestimmten Zeugnissen aus den zahlreichen mit »Hof« (d. i. Tempel) zusammengesetzten Ortsnamen hervor; Hof allein kommt oft auf Island vor, dann Hofgardar, Hofsfell, Hofstadir, Hofsteigr, Hofsvágr.

Nicht nur auf den Hochsitzpfeilern war Thors Bild eingeschnitzt. Grima, des Gamli Weib, hatte einen großen Stuhl, auf

1 Eyrbyggjasaga Kap. 3 und 4, 7 und 10; Landnáma II Kap. 12. Vgl. Maurer, die Entstehung des isl. Staates S. 211 ff.

2 Landnáma III K. 12.

3 Landnáma III K. 7.

4 Landnáma V K. 2.

der Rücklehne war Thors Bildnis mit seinem Hammer eingeschnitzt.[1] Der Jarl Eirik führte Thors Bild am Vordersteven seines Schiffes. Vergeblich suchte er König Olafs Schiff zu entern. Als er jedoch das Thorsbild wegwarf und durch ein Kreuz ersetzte, gewann er sofort den Sieg.[2] Aufs Getäfel des Hauses und auf Schilde wurden Götter- und Heldensagen abgebildet, in der älteren Zeit haben die Thorssagen entschiedenes Übergewicht. Die Skalden machten auf solche Darstellungen mit Vorliebe ihre Gedichte.[3]

Das außerordentliche Übergewicht der Eigennamen mit Thor – unter den Besiedlern Islands begegnen 51 Thorsnamen gegenüber 3 Freysnamen; Odin fehlt gänzlich – deutet darauf hin, dass Thor wenigstens in Norwegen und im 9./10. Jahrhundert auch in Schweden der im Volke am meisten Geehrte war. Der Thorsdienst greift auch tief ins Leben ein, während der Odinsdienst vorwiegend in der Skaldendichtung am Königshof zu Hause ist. Mehr als in Norwegen und auf Island tritt allerdings Odinsglaube in Dänemark und Schweden neben Thor auf.

Weiher der bewohnten Erde, der die Welt heiligt und weiht, Freund der Menschen ist Thor. Auf einem jütischen und einem fühnschen Runenstein wird Thor angerufen, das Denkmal, die Runen zu weihen. Auf anderen dänischen und schwedischen Steinen ist den Runen das deutliche Abbild eines Hammers beigegeben, das wahrscheinlich symbolisch denselben Wunsch darstellt, Thor möge das Erinnerungsmal weihen und beschützen.[4]

---

1 Vígaglúmssaga K. 9.

2 Olafssaga Tryggvasonar des Oddr K. 69; jüngere Saga K. 252, 253, 255.

3 Gudbrand Vigfusson, corpus poeticum boreale II, 2 ff.

4 Hym. 11 *vinr verliþa, Veorr heiter sá. véorr* erklärt Noreen. Arkiv f. nordisk filologi 6, 306 ff., an. Grammatik[2] § 127 aus *vé-vǫrðr Wächter des Heiligtums. Nach Kögel, Gesch. d. deutschen Literatur I, 1, 17 stammt *Véorr* aus urgerm. *Wihuȥ* der Kämpfer. Donar ist der erste Held *(Hercules primus fortium virorum);* vgl. S. 244 Anm. 1. Die folgende Darstellung hauptsächlich nach Petersen a.a.O. 50 ff. Auf dem Virringstein in Jütland stehen die Worte ÞUR UIKI ÞISI KUML; auf dem Glavendrupstein in Fünen ÞUR UISI ÞASI RUNAR. Abbildungen der Hämmer Petersen 52, 53, 54; vgl. auch 75, 76, 78 kleine Hämmer als Schmuckgegenstände.

Dass der Hammer auch sonst in Gebräuchen eine Rolle spielt, stützt diese Anschauung.

Thrym, der Thursenbeherrscher gebietet, als er die vermeintliche Freyja sich vermählen will:

> Bringt nun den Hammer, die Braut zu weihen,
> den Mjolnir legt in des Mädchens Schoß,
> in Wars Namen weiht unsern Bund.[1]

Bei der Hochzeit wurde Thors Gedächtnis vor den andern Göttern getrunken, was auf seine Beziehung zur Ehe hinweist.[2] Spätere norwegische Volkssage knüpft Thors Wanderungen auf Erden an Hochzeiten an.[3] Als König Hakon gezwungen wird, am Opfer zu Hladir teilzunehmen, machte er das Zeichen des Kreuzes über das ihm gereichte Trinkhorn, was die Verwunderung der heidnischen Bauern erregte. Da sagte der Jarl Sigurd: Der König tut so wie alle, die auf ihre eigene Kraft und Stärke vertrauen und ihren Becher dem Thor weihen; er machte das Hammerzeichen darüber, ehe er trank.[4] Man trug kleine Hämmer als Amulett und Schmuck. Vermutlich hatten die Thorsbilder Hämmer in der Hand, mit denen der Hofgode feierliche Weihen vollzog. Unter den Siegeszeichen, welche der Dänenprinz Magnus Nielson († 1134) von seinem schwedischen Feldzug heimbrachte, befanden sich Metallhämmer von schwerem Gewicht, die man Thorshämmer nannte.[5] Seit alter Zeit waren diese bei den Bewohnern einer Insel (Gutland) Gegenstand besonderer Verehrung gewesen. Das Bild des heiligen Olaf, auf welchen die

1 Þrymsk. 30; dem Gebrauch des Hammers zur Brautweihe kommt nach E. H. Meyer, Germ. Myth. S. 212/3 nicht rechtliche, vielmehr phallische Bedeutung zu.

2 Bósa Kap. 12.

3 Faye, norske folkesagn, Christiania 1844, S. 3.

4 Hákonarsaga góða K. 18.

5 Saxo XIII S. 236 *inusitati ponderis malleos, quos ioviales vocabant ... prisca virorum religione cultos ... cupiens enim antiquitas tonitruorum causas usitata rerum similitudine comprehendere, malleos, quibus coeli fragores cieri credebat, ingenti aere complexa fuerat.* Weihe des Holzstoßes Gylfag. K. 49.

norwegische Volkssage manche Züge Thors übertrug, hatte eine Axt in der Hand, mit welcher die Wallfahrer sich zu bestreichen pflegten. Bei Baldrs Tod wird berichtet, Thor weihte den Scheiterhaufen mit dem Hammer Mjolnir. Hammerwurf heiligt nach altdeutschem Recht den Erwerb, vielleicht mit Beziehung auf Donar.[1] Sein Verhältnis zum Recht im Norden kommt darin zum Ausdruck, dass der Thorsdag[2] das Ding eröffnet und dass im feierlichen Eid der allmächtige Ase Thor angerufen wird. Mit Ase schlechthin war überhaupt Thor gemeint, als der höchste und mächtigste der Asen.[3]

So beschützt Thor als der liebe Freund das Leben des Menschen von dem Augenblick, wo der Knabe mit Wasser begossen den Namen nach dem Gotte beigelegt erhielt, bis die Flamme über dem Toten zusammenschlug oder der Hügel ihn überwölbte. Ja noch das Denkmal wurde in seinen Schutz gestellt.

Die Normannen[4] hielten am Thorsdienst fest. Vor der Heerfahrt wurden dem Thor Menschenopfer gebracht. Mit einer Axt wurde dem Opfer der Schädel zerschmettert und das Gehirn bloß gelegt. Aus dem zuckenden Herzen wurde der Ausgang des Unternehmens erforscht. Dann bemalten sich die Opfer-

---

1 Hammerwurf im deutschen Recht J. Grimm, Rechtsaltertümer S. 64.

2 Über den Thorsdag als Gerichtstag Petersen, Gudedyrkelse 67 ff.; auch in Deutschland haften heilige Bräuche am Donnerstag, Grimm, Deutsches Wörterb. 2, 1252; H. E. Meyer, Myth. § 291. In der Vígaglúmssaga Kap. 25 legt Glúmr einen feierlichen Reinigungseid ab: *vinn ek hofseið at baugi ok segi ek þat œsi.*

3 Der Name Þormóðr wird Asmóðr gleichgesetzt Landnáma 5, 10 S. 307.

4 Dudo, *de moribus et actis Normannorum* I, 1 (in den mémoires de la société des antiquaires de Normandie Band 23, 1858, S. 129 f.) *in expletione suarum expulsionum atque exituum sacrificabant olim venerantes Thur, deum suum. cui non aliquod pecudum neque pecorum, nec Liberi patris nec Cereris litantes donum, sed sanguinem mactabant humanam, holocaustorum omnium putantes pretiosissimum; eo quod, sacerdote sortilego praedestinante, iugo boum una vice diriter icebantur in capite; collisoque unicuique singulari ictu sorte electo cerebro, sternebatur in tellure, perquirebaturque levorsum fibra cordis, scilicet vena. cuius exhausto sanguine ex more suo sua suorumque capita linientes, librabant celeriter navium carbasa ventis, illosque tali negotio putantes placare, velociter navium insurgebant remis.*

genossen mit dem Blut ihr Gesicht und ließen die Schiffe auslaufen. Weitere Zeugnisse bieten die bereits erwähnten Ortsnamen *Turville.* Maugier, Richards II. Sohn auf der Insel Jersey, hat mit dem Götzen »*Turet*« einen Bund.[1] Thor genoss demnach unter den Normannen die größte und häufigste Verehrung, sonst wäre nicht die Erinnerung an ihn allein noch bis in die französische Zeit gut erhalten geblieben.

Dass Thor um Sieg angerufen wird, weiß auch eine nordische Quelle. Styrbjorn erhob gegen König Eirik Ansprüche auf den schwedischen Thron. In der entscheidenden Schlacht bei Fyrisvellir unterlag er nach verzweifeltem Kampf und fiel mit den meisten seiner Leute. Vor der Schlacht hatte Styrbjorn den Thor um Sieg angerufen, Eirik aber dem Odin sich verlobt, nach zehn

---

1 Roman de Rou hrsg. von Andresen Bd. II 3915

De sa gent ou il ert enmie,
poinst le cheual, criant »Toirie«.

Ob man, wie es früher geschah, in dem hs. *Cuire Tuirie* eine Verderbnis des Schlachtrufes »*Tur aie*« annehmen darf, ist zweifelhaft. Andresen versteht darunter einen Ortsnamen *Thury.*

Un deu soleient aurer, Bd. I 192
qu'il soleient Tur(c) apeler;
mult l'amoent, mult s'i fioent,
humes uis li sacrefioent.
del sanc de l'ume s'arosoent.

Die Stelle ist aus Dudo entnommen.
Über den bösen Geist *Toret* Bd. II 4591 ff.

Plusors distrent por uerite,
que un diable aueit priue,
ne sai s'esteit luitun ou non,
ne quel iert ne de quel façon.
Toret se faiseit apeler
e Toret se faiseit nomer.
quant Maugier parler i uoleit,
Toret apelout si ueneit;
plusors le poeient oir,
mais nul d'els nel poeit choisir.

Maugier kommt durch Ertrinken ums Leben. Seinen Tod weiß er voraus. Offenbar liegt eine alte Sage zugrund, die von einem Verkehr zwischen Thor und einem seiner Freunde erzählte.

Jahren als Opfer zu sterben. Odins Hilfe war mächtiger als die Thors.[1]

Als König Olaf auf der norwegischen Insel Mostr weilt, erscheint ihm der heilige Martinus im Traum und sagt: Das war hierzuland wie anderwärts Sitte, dass bei Gelagen und Gilden Thor und Odin und den Asen Bier gespendet und der Becher geweiht wurde. Von nun an soll es zu Gottes und der Heiligen Ehren geschehen.[2] Zu Olafs des Heiligen Zeiten tranken die Leute im innern Drontheim nach altem Brauch Thors und der Asen Minne. Rinder und Rosse wurden geschlachtet und die Tempelsäulen mit dem Blute gerötet. Das Opfer wurde um fruchtbares Jahr angestellt.[3]

Im norwegischen Gudbrandsdal lebte ein mächtiger und angesehener Häuptling namens Gudbrand. Der unterhielt einen Tempel des Thor, welcher den Talleuten in allen Nöten gar wohl half. Im Tempel stand ein Thorsbild mit dem Hammer in der Hand, groß und innen hohl. Gold und Silber dient dem Götzen zum Schmuck. Täglich werden ihm vier Brote und Fleisch gebracht, und davon lässt er nichts übrig. Olaf der Heilige gedachte die Bewohner von Gudbrandsdal zu bekehren. Zu einer Dingversammlung, in der Olaf mit den Bauern unterhandeln wollte, wurde das von Gold glänzende Bild herausgeschleppt. Alle neigten sich davor. Höhnisch forderte Gudbrand den König auf, seinen Gott herbeizurufen. Olaf rief: Schaut nach Osten, da fährt unser Gott mit gewaltigem Lichte! Eben ging die Sonne auf, und alle schauten dorthin. Da schlug des Königs Begleiter mit einer Keule auf den Götzen, dass er in Stücke brach. Mäuse, Nattern und Würmer liefen heraus. So bekehrte Olaf die Talleute und ihren Häuptling.[4]

Was Adam von Bremen[5] über den Thorsdienst in Schweden

---

1 Jüngere Olafssaga helga K. 72.

2 Olafssaga Tryggvasonar, Flateyjarbók 1, 283.

3 Olafssaga helga. Flateyjarbók 2, 184.

4 Ältere Olafssaga helga K. 33–8; jüngere Olafssaga K. 107–8.

5 Adam von Bremen 4, 26 sagt vom Uppsalatempel: *in hoc templo, quod totum ex auro paratum est, statuas trium deorum veneratur populus, ita ut potentissi-*

berichtet, stimmt völlig zu den nordischen Quellen. Thor ist der Mächtigste, Odin und Freyr stehen hinter ihm zurück. Blitz und Donner, Regen, Wind und klares Wetter sind ihm untertan und darum auch die Fruchtbarkeit. Thor donnert, um die Erde zu segnen, nicht um zu vernichten. Er ist Herr des wohltätigen und befruchtenden Gewitters. Deswegen berührt er sich mit Freyr, der sein schwedisches Ackerland mit Sonnenschein segnet. Bei drohender Krankheit und Hungersnot wird dem Thor geopfert. Auch hiefür bietet sich ein isländisches Zeugnis.[1] Die Winlandsfahrer litten einmal Hungersnot und baten vergeblich den Christengott um Hilfe. Thorhall aber rief seinen vertrauten Freund Thor, den Rotbärtigen an. Der sandte auch einen Walfisch an den Strand. Der dem Heidentum feindselige Sagaschreiber fügt freilich bei, sie seien vom Genuss des Fleisches alle krank geworden. Aber Thorhall sagt mit gerechtem Stolz, sein treuer Freund Thor habe ihm selten Hilfe verweigert.

Nach den geschichtlichen Zeugnissen ist offenbar Thor der eigentliche Hauptgott des Nordens, jedenfalls des norwegischen Stammes, dem gegenüber Odin sehr zurücktritt. Der echte und wahre Volksglauben kennt nur Thor und neben ihm Freyr, der vermutlich in Urzeiten bei den Schweden ebenso verehrt wurde wie in der geschichtlichen Zeit Thor bei den Norwegern. Beide sind im Grunde eins, der Himmelsgott nur nach Stammesart und Landesbeschaffenheit verschieden. »Während der alte Landas des gebirgigen Norwegens mit dem Donnerkeile Steinriesen zermalmt, segnet der milde Freyr sein schwedisches Ackerland mit Regen und Sonnenschein« (Uhland 6, 424). Anders freilich ist

---

mus eorum Thor in medio solium habeat triclinio, hinc et inde locum possident Wodan et Fricco. quorum significationes eiusmodi sunt: Thor, inquiunt, praesidet in aere, qui tonitrus et fulmina, ventos imbresque, serena et fruges gubernat. alter Wodan, id est furor, bella gerit, hominique ministrat virtutem contra inimicos. tertius est Fricco, pacem voluptatemque largiens mortalibus. cuius etiam simulacrum fingunt ingenti priapo. Wodanem vero sculpunt armatum, sicut nostri Martem sculpere solent. Thor autem cum sceptro Iovem simulare videtur. 4, 27 *si pestis et famis imminet, Thor ydolo lybatur, si bellum Wodani, si nuptiae celebrandae sunt, Fricconi.*

1 Eiríks saga rauða K. 13; Þorfinns saga Karlsefnis K. 14.

das Bild, das die Skaldenkunst gewährt. Da ist Odin der Hauptgott. Aber dieser Odinsglaube gehört den Höfen und Edelingen. Die Betrachtung Odins wird lehren, dass er erst spät im Norden einwanderte. Seine Herrschaft blieb im Wesentlichen auf die Kunstdichtung und deren Pfleger beschränkt. Das Volk und alle, die vom Königshofe unabhängig waren, hielten an Thor und Freyr fest. In Sage und Dichtung jener Zeit kommt diese Verschiedenheit auch zum Bewusstsein.

Den Gegensatz zwischen Thor, dem Beschützer und Förderer des friedliebenden Bauernstandes, und Odin, dem Vertreter des Krieg liebenden und abenteuerlustigen Adel bringt das Harbardslied[1] in trefflicher Weise zur Darstellung. Aus dem Ostland kommt Thor zu einem Sund; auf der andern Seite erblickt er einen Fährmann, den er um Überfahrt anruft. Es ist Odin, der sich unter dem Namen Harbard versteckt; er behandelt den Ankömmling geringschätzig als Bauern und Landstreicher. Nach mancherlei beleidigenden Scheltreden halten sie ihre Taten einander gegenüber. Während Harbard-Odin in Kriegs- und Liebesabenteuern sich tummelte, was er mit geistiger Überlegenheit hervorhebt, vollführte der ehrliche Thor nützliche Taten. Thursenweiber schlug er im Osten tot, damit das Riesengeschlecht nicht überhand nehme. Einen Fluss, der die Menschenwelt vom Riesenland trennt, verteidigte er gegen den Angriff der Söhne Swarangs, die Felsblöcke schleuderten. Thor zwang sie zum Frieden. Auf Hlesey erwürgte er Berserkerweiber, die argen Frevel verübt. Wölfinnen waren sie mehr als Weiber, Thors Schiff stürzten sie um, schwangen ihre Eisenkeulen und verscheuchten den Thjalfi. Endlich fertigt Harbard den Harrenden mit spöttischen Reden ab und heißt ihn zu Fuß den Weg um den Sund suchen. Der norwegische Verfasser des ziemlich alten

1 Hárbarþsljóþ; die mythologische Erklärung Uhlands (Schriften 6, 52 ff.). ist bei diesem Lied ganz verfehlt. Es hebt sich auf sozialem Hintergrund ab, vgl. Liliencron, ZfdA. 10, 180 ff.; Niedner, ZfdA. 31, 217 ff. Finnur Jónsson, Litteraturs historie l; 148 ff.; aarböger f. nord. oldkyndighed og historie 1888, 139 ff.

Liedes hat seinen Stoff sehr gut behandelt, Bauer und Edeling, Thor und Odin vorzüglich charakterisiert. Mit voller Freiheit und Selbständigkeit sprang er mit der Überlieferung um und gewährt doch ein lebenswahres Bild. Odin nimmt die Jarle, die auf der Walstatt fallen, aber Thor der Knechte Tross. Damit stellt der Dichter dem glänzenden Walhall der Krieger eine freundliche Heimstätte der in redlicher ruhmloser Arbeit sich abmühenden Bauern bei ihrem Schirmer Thor gegenüber.

Wie hier zu Fuß mit dem Korb auf dem Rücken, so erscheint auch sonst Thor, wenn er nicht auf dem Wagen fährt. Nie besteigt er ein Ross. Während die andern Götter zum Gericht unter der Weltesche reiten, durchwatet Thor täglich zwei Flüsse und wandert einen weiten Weg.[1]

Der Gegensatz zwischen Odin und Thor kommt auch in der Sage von Starkad[2] zum Ausdruck. Odin hatte unter dem Namen Hrossharsgrani den Starkad erzogen. Einst träumte diesem, dass sein Pflegevater ihn an eine abgelegene Stelle im Walde führte, wo elf Asen saßen, die Hrossharsgrani als Odin grüßten. Sie sollten Starkads Schicksal bestimmen. Thor, der ihm als einem Riesensohn ungünstig war, verweigerte ihm Nachkommenschaft. Odin gab ihm drei Menschenalter, Thor sagte, er solle in jedem ein Nidingswerk vollführen; Odin bestimmte ihm die besten Waffen, Thor versagte ihm Landbesitz; Odin schenkte ihm fahrend Gut im Überfluss, Thor legte hinzu, dass er niemals genug haben solle. Odin gab ihm Sieg in jedem Streit, Thor fügte bei, dass er aus jedem eine tiefe Wunde davontragen solle; Odin gab ihm Skaldenkunst, Thor ließ ihn seine Lieder vergessen; Odin machte ihn beliebt bei den Mächtigen, Thor verhasst beim Volk. Das wilde Reckentum, das schon Tacitus (Germ. 31) an den chattischen Kriegern hervorhebt, den Helden und Dichter, der

---

1 Grímn. 29.

2 Gautrekssaga in den Fornaldur sögur III 32 ff.; die Sage in ihrer überlieferten Fassung ist jung und gehört wohl ins 14. Jahrh.; aber Starkads Geschichte ist alt und vermutlich auch der Zug, dass er in Odins Gunst, in Thors Abgunst stand. Über Starkads Reckentum Uhland, Schriften 6, 101 ff.; 7, 242 ff. Müllenhoff, Deutsche Altertumskunde 5, 301 ff.

auf alles andre verzichtet, lässt die nordische Sage von Odin, dem Heldenvater geweckt werden, während Thor, dem Kriegsfahrt, um ihrer selbst willen getan, verhasst ist, den Berufskämpen mit Fluch belegt.

Aus der Zeit des Glaubenswechsels wird berichtet[1]: Nun kam das Christentum nach Island, und Thorgils nahm den Glauben unter den Ersten an. Er träumte eines Nachts, dass Thor zu ihm komme mit böser Miene und sagte, er habe ihn betrogen. Du hast dich übel betragen wider mich, du hast mir das Schlechteste ausgewählt und das Silber, das ich besaß, in einen Sumpf geworfen. Thorgils sprach: Gott wird mir helfen, und ich bin froh, dass unsere Gemeinschaft zerriss. Als Thorgils erwachte, war sein Mastschwein tot. Er ließ es begraben und niemand etwas davon essen. Thor erschien dem Thorgils abermals im Traume und sagte, er werde ihn ebenso leicht an der Nase kriegen wie sein Schwein. Thorgils antwortete, Gott werde das bestimmen. Thor drohte, ihm Viehschaden anzutun. In der nächsten Nacht fiel auch ein alter Ochse. Da saß Thorgils in der darauf folgenden Nacht selber bei seinem Vieh. Am Morgen, als er heimkam, war er weit herum ganz schwarz geworden. Die Leute hielten es für sicher, dass er mit Thor zusammengetroffen sei. Das Viehsterben ließ nach. Thorgils fuhr später nach Grönland und hatte dabei neue Anfechtungen auszustehen. Thorgils wartete auf guten Wind und träumte, ein großer rotbärtiger Mann komme zu ihm und spräche: Die Fahrt, die du vorhast, wird beschwerlich werden. Übel wird es dir gehen, wenn du nicht wieder zu meinem Glauben zurückkehrst. Dann aber will ich wieder für dich sorgen. Thorgils sagte, er wolle seine Fürsorge nimmer haben, und hieß ihn entweichen. Meine Fahrt geht, wie der allmächtige Gott will. Da schien ihm, als führe ihn Thor auf Klippen, an denen die Brandung sich brach. In solchen Wogen sollst du sein und nimmer herauskommen, du kehrest denn zu mir zurück. Nein, sagte Thorgils, hebe dich fort, du leidiger Feind. Der

1 Flóamannasaga Kap. 20 u. 21.

wird mir helfen, der uns alle mit seinem Blute erlöste. Da erwachte er und erzählte den Traum seiner Frau. Die sagte, ich würde daheim bleiben, wenn ich so geträumt hätte, und die andern Leute sollen nichts davon erfahren. Nun erhob sich Fahrwind, und sie segelten ab. Als sie außer Sicht des Landes waren, legte sich der Wind, und sie trieben so lange umher, bis Mangel an Trank und Speise eintrat. Thorgils träumte vom selben Mann: ging es nicht, wie ich sagte? Lange redete Thor mit Thorgils, der aber jagte ihn mit harten Worten von sich. Es begann zu herbsten, und einige Leute meinten, man solle Thor anrufen. Thorgils verbot es. In der Nacht erschien Thor und sprach: Da zeigte es sich, wie treu du mir warst, als die Männer mich anrufen wollten. Aber ich habe nun deinen Leuten geholfen; ihr seid alle in äußerster Bedrängnis, wenn ich nicht helfe. In sieben Nächten sollst du einen Hafen erreichen, wenn du ernstlich zu mir zurückkehrst. Thorgils sprach: Wenn ich auch nie einen Hafen erreiche, ich will dir nichts Gutes tun. Thor antwortete: Willst du mir nichts Gutes tun, dann gib mir wenigstens meinen Besitz. Thorgils dachte darüber nach und fand, dass Thor damit einen Ochsen meine, den er ihm geschenkt hatte, solang er noch ein Kalb gewesen war. Thorgils befahl, den Ochsen über Bord zu werfen. Denn es sei kein Wunder, wenn es schlimm gehe, solange Thors Gut an Bord sei. Der glaubenseifrige Mann wird auch schließlich gerettet. Die Geschichte lässt deutlich durchschimmern, dass der Abfall von den alten Göttern und namentlich von Thor als schwerer Treubruch empfunden wurde. Wie Thor sonst als Beschützer und Mehrer des Eigentums galt, so rächt er sich an den Ungetreuen durch Beschädigung und Schmälerung. Wie er sonst günstigen Wind sendet, so schickt er seinen Feinden Gegenwind oder hemmt ihre Fahrt durch Windstille. Raud auf Raudsey, einer Insel vor der norwegischen Landschaft Halogaland, war ein großer Opferer. Durch vieles Opfern hatte er ein Bildnis Thors im Tempel so bezaubert, dass der böse Feind aus dem Götzen mit ihm redete und diesen so bewegte, dass er am Tage mit ihm herumgehend sich zeigte, und Raud führte ihn oft mit sich auf der Insel herum. Als Olaf Tryggvason der Insel naht, verkündigt Thor seinem Freunde des Königs Ankunft. Thor erhebt die Bartstimme und bläst in den Bart, infolgedessen der König durch heftiges Gegenwetter mehrmals abgetrieben wird. Dem Bekehrungsversuche Olafs hält Raud entgegen: Du setzest deine Rede überzeugend, König; indessen habe ich wenig Lust, den Glauben zu verlassen, den ich gehabt habe und den mich mein Pflegevater gelehrt hat; und man kann nicht sagen, dass unser Gott Thor, der hier im Tempel wohnt, wenig vermöge, denn er verkündigt noch ungeschehene Dinge und ist mir in aller Not von erprobter Verlässigkeit, und darum mag ich unsere Freundschaft nicht brechen, solange er mir die Treue hält. Wie der König droht, meint Raud, das schlage bei ihm nicht an, fordert aber denselben auf, seine Kraft in einem Kampfe mit Thor zu erproben. Hierauf lässt sich Olaf ein und besiegt den Götzen.[1] Auch auf Island trat Thor selber den christlichen Bekehrern entgegen. Dankbrands des Priesters Schiff war zerbrochen. Steinvor, welche ihrerseits den Priester zum Heidentum bekehren wollte, sagte zu ihm: Hast du gehört, dass Thor Christus zum Zweikampf forderte, aber Christus wollte sich mit Thor nicht schlagen. Weißt du, wer dein Schiff zerschlug? Thor, der die Kinder der Riesin fällt, zerbrach das Schiff. Er sandte Sturm, der es in Späne schlug. Christus vermochte nicht zu helfen.[2]

Derselbe Gedanke, dass Thor persönlich den neuen Gott und seine Vertreter bekämpft, kommt ziemlich übereinstimmend in diesen beiden Erzählungen zum Ausdruck.

Als Svein, der einen prächtigen Thorstempel besaß, auf König Olafs Tryggvason Betreiben vom Heidentum ließ, geriet der Tempel samt den Götzenbildern in Verfall. Von Sveins Söhnen Svein und Finn ist Letzterer eifriger Christ und naht, um das Thorsbild zu zerschlagen und zu verbrennen. In der Nacht zuvor erschien Thor zornig und traurig dem jüngeren Svein und sprach: Nun ist es dahin mit uns gekommen, dass mit dem Zusammenleben auch die Freundschaft sich verliert. Trage mich

---

1 Jüngere Olafssaga Tryggvasonar K. 145–146; K. 148.
2 Njálssaga K. 102.

aus dem Tempel in den Wald, damit dein Bruder Finn mich nicht beschädigt. Als Svein sich weigert, verschwand Thor trauervoll und voll Schmerz.[1]

Besonders schön ist aber die Geschichte von der Begegnung Thors mit Olaf Tryggvason, weil da noch einmal der Treubund zwischen dem Gott und seinem Volk so recht klar und schlicht hervortritt. Wie verhaltene Sehnsucht nach einer schönen, entschwundenen Vergangenheit mutet der Bericht an. Thor ist dem Norweger ins Herz gewachsen, und nur schwer und ungern lässt er von ihm, ebenso trauert aber der Gott über die schmerzliche Trennung von seinen Getreuen. Zugleich leitet die Erzählung hinüber zu den Thorssagen, deren Hauptinhalt Bezwingung der Riesen und Trolle ist. Wäre nicht Thor, so vernichteten Trolle die Welt, sagt ein norwegisches Sprichwort.[2]

Als einmal König Olaf mit guter Brise südwärts der Küste entlangsegelte, stand ein Mann auf einem Felsenvorsprung und rief um Aufnahme ins Schiff. Olaf steuerte den Orm, das treffliche Drachenschiff, das er dem zauberkundigen Raud abgenommen hatte, ans Land, und der Mann stieg an Bord. Er war von stattlichem Wuchs, jugendlich, schön von Aussehen und rotbärtig. Mit dem Gefolge des Königs begann er allerlei Kurzweil und scherzhaftes Wettspiel, wobei die andern schlecht gegen ihn bestanden. Er meinte, sie seien unwert, einem so berühmten König zu folgen und auf einem so schönen Schiffe zu fahren, wie der Drache war, den der starke Raud besessen hatte. Die Leute fragten ihn, ob er alte Mären wisse, und als er bejahte, führten sie ihn zum König. Der hieß ihn eine alte Geschichte zu erzählen. Der Mann antwortete: Damit heb ich an, o Herr, dass dieses Land, vor dem wir segeln, in alten Zeiten von Riesen bewohnt war. Aber die Riesen kamen einmal raschen Todes um, dass sie alle zusammen starben, nur zwei Weiber blieben übrig. Hernach

1 Jüngere Olafssaga K. 203.

2 Finn Magnusen, Lexicon myth. S. 651 Anm. *Var ikke Torden, lagde Trolde verden öde.*

Var ei Torden od haarde stöd
da lagde Trolde verden öd.

siedelten sich Leute aus östlichen Landen hier an; aber jene großen Weiber taten ihnen allerlei Schaden und Bedrängnis, bis die Landsbewohner sich entschlossen, diesen roten Bart um Hilfe anzurufen. Alsbald ergriff ich meinen Hammer und schlug die beiden Riesinnen zu Tode. Das Volk dieses Landes blieb dabei, mich um Hilfe anzurufen, wenn es Not tat, bis du, o König, alle meine Freunde vernichtet hast, was wohl der Rache wert wäre. Hiebei blickte er bitter lächelnd nach dem König zurück, indem er sich so schnell über Bord warf, als ob ein Pfeil ins Meer schösse, und niemals sahen sie ihn wieder.[1]

3. Thor in der Skaldendichtung

Snorri entwirft aufgrund der Skaldengedichte folgendes Gesamtbild von Thor (Gylfag. Kap. 21): Thor steht unter allen Asen obenan; er heißt auch Asathor oder Wagenthor, weil er auf einem Wagen zu fahren pflegt. Er ist der stärkste der Asen, stärker als alle Götter und Menschen. Er herrscht in Thrudwang (Feld der Stärke) oder Thrudheim (Welt der Stärke). Seine Halle hat den Namen Bilskirnir.[2] In diesem Gebäude sind 540 Gemächer, es ist das größte Haus, von dem Menschen wissen. Thor hat auch zwei Böcke und einen Wagen. Die Böcke heißen Tanngniost (Zahnknisterer) und Tanngrisnir (Zahnknirscher). Thor benutzt diesen Wagen, wenn er nach Jotunheim fährt, und die Böcke ziehen den Wagen. Er besitzt ferner drei Kleinode: das eine ist der Hammer Mjolnir (Zermalmer), den Reifriesen und Bergriesen kennen, sobald er in die Luft sich erhebt; und das ist nicht zu verwundern, denn Thor hat mit dieser Waffe schon manchen Schädel ihrer Vorfahren und Verwandten zerschmet-

---

1 Ausführliche Olafssaga Tryggvasonar K. 213 (Fornmannasögur 2, 182).

2 *Bilskirnir,* der einen Augenblick *(bil)* Leuchtende *(skirnir),* der Blitz. Thor hieß als Gewittergott Herr des Blitzes, *gramr, stýrandi bilskirnis* vgl. SE. I 252, 256; *bilskirnir,* später als Eigenname gefasst, ergab aus der erwähnten Verwendung »Bilskirnirs Beherrscher« leicht örtlichen Begriff; vgl. Noreen, fornnordisk religion S. 6.

tert. Das zweite Kleinod ist der Kraftgürtel: wenn er diesen anlegt, wächst ihm die Asenkraft ums Doppelte. Das dritte Kleinod, das überaus wertvoll ist, sind die eisernen Handschuhe; diese kann er nicht entbehren, wenn er den Schaft des Hammers fasst. Niemand ist jedoch so weise, dass er alle seine großen Taten aufführen könnte, wenn ich auch so viel davon zu berichten weiß, dass der Abend hereinbrechen würde, ehe ich alles, wovon ich Kunde besitze, zu Ende erzählt habe.

Von Mjolnir berichten Skáldsk. K. 3, dass der Zwerg Brokk ihn geschmiedet. Man könne damit werfen, so weit man wolle, ohne je das Ziel zu verfehlen. Der Hammer kehrt von selbst in die Hand des Werfenden zurück und kann so klein gemacht werden, dass man ihn unter dem Rock zu tragen vermag. Nur der Handgriff ist etwas zu kurz ausgefallen. Die Asen erklären den Hammer für das beste der von Brokk verfertigten Kleinode, er sei der wirksamste Schutz gegen die Riesen.

In der nordischen Dichtung erscheint Thor als Sohn Odins; er musste sich diesem unterordnen, sobald er zum ersten der Götter geworden war. Thors Frau heißt Sif.[1] Sie reicht beim Gelage der Götter dem Loki den Becher voll Metes, der aber rühmt sich, selbst mit ihr, der Strengen und Keuschen, Buhlschaft getrieben zu haben. Der Riese Hrungnir will sie mit Freyja entführen. Sifs

1 Über Sif Hárb. 48; Lokas. 53, 54; Skáldsk. Kap. 3. Uhlands Auslegung (Schriften 6, 45): »Sif die schönhaarige Göttin ist das Getreidefeld, dessen goldener Schmuck im Spätsommer abgeschnitten, dann aber von unsichtbar wirkenden Erdgeistern wieder neu gewoben wird« – ist nicht begründet. Zu Sifs Haar vgl. den Pflanzennamen (adiantum) *capillus Veneris*, Frauenhaar, Marienhaar bei J. Grimm, Myth. 280; Blaas, Germania 23, 155 ff. Zur oben vorgetragenen Ansicht E. H. Meyer, Germ. Myth. S. 204; Noreen, fornnordisk religion S. 6. Dass Sif Snorra Edda I 585 unter den Namen der Jord steht, darf nicht zu so weitgehenden mythologischen Deutungen missbraucht werden. Einmal Fagrskinna 65, 1 heißt eine Riesin Sif. In der neuisländischen Volkssage (Jón Árnason, Þjoðsögur íslenzkar I 216) ist Sifa ein Trollenweib. Schwerlich gehört die Riesin irgendwie zu Thors Frau. Dass Sif in die Zeit der späteren, allegorischen Namengebung falle und keine Verehrung beim norwegischen Volke genoss, sagt auch Mogk, Das angebliche Sifbild im Tempel zu Guðbrandsdalir, Beiträge 14, 90 f.

prächtiges Haar hatte Loki aus Bosheit abgeschnitten. Thor fasste den Loki und wollte ihm alle Knochen zerschlagen. Da schwur er den Eid, er wolle der Sif von den Zwergen aus Gold neues Haar anfertigen lassen, das wachsen sollte wie natürliches Haar, und so geschah es, dass Sif goldenes Haar trägt. Von Sif hat Thor die Tochter Thrud, die Hrungnir zu entführen suchte. Sif ist Sippe, nach nordischem Sprachgebrauch Blutsverwandtschaft und Verschwägerung. Als Schirmer dieser Bande erscheint Thor, weiht er doch die Ehe mit dem Hammer ein. Die persönlich gedachte Sippe wurde ihm daher zur Frau gegeben.

In Thors Söhnen Modi[1] (Zorn) und Magni[1] (Kraft) werden wie in der Tochter Thrud des Vaters Eigenschaften persönlich. Vater Magnis heißt Thor vielleicht ursprünglich auch nur bildlich als der Ursprung der Kraft, als der kräftigste der Asen. Von Magni wird erzählt, dass ihn Thor mit Jarnsaxa (der mit dem eisernen Schwerte) erzeugte. Drei Nächte alt, war er doch schon so stark, dass er allein den auf Thors Halse lastenden Fuß Hrungnirs herunterwerfen konnte. In der neuen Welt werden Modi und Magni den Hammer Mjolnir an des Vaters Stelle führen. Von Modi ist gar nichts weiter bekannt. Über Thrud berichtet das Lied vom Zwerg Alwis. Thor wird zweimal Meilis Bruder genannt. Von diesem Meili, dessen Vater Odin ist, meldet keine Sage. Die Mutter Thors ist die Erdgöttin, Jord oder Fjorgyn[2], die im Eichwald Verehrte.

---

1 *Magna faþer* Hárb. 9, 53; vgl. Skáldsk. Kap. 1; Vafþr. 51; Hym. 35 *faþer Móþa. Meili* Hárb. 9 und beim Skald Thjodolf in der Haustlong (SE. I 278).

2 Jǫrþ Gylfag. Kap. 9 und 36; Fjǫrgyn Vǫl. 56; Hárb. 56; Fjǫrgynn als Beiname Odins Lokas. 26; Gylfag. Kap. 9. Zugrunde liegt ein german. Adj. **ferguniaȝ, *ferguniô* zu **fergu-*, idg. *perqunios* zu *perqu-*, lat. *quercus*. Vgl. aind. *Parjanya;* kelt. *erkunia,* griech. *ἐϱκύνιος, δϱυμός* der Eichwald. Gemeint ist die Gottheit, die im Eichwald haust, im Eichwald verehrt wird. Man denke an die Donarseichen und an *Ζευς φηγοναῖος*. Himmel und Erde, das uralte Götterpaar, bei den Germanen im Eichwald verehrt, ist mit den im Nordischen erhaltenen Beinamen gemeint. Thor als Sohn der Erde dürfte jüngeren Ursprungs sein und ist erst nach der Lostrennung von Tiuȝ möglich. Vgl. H. Hirt, Indogerm. Forschungen I 419 ff. Dass Hlóþyn Vǫl. 55 nicht Thors, sondern Widars Mutter ist, behauptet Kauffmann, Beiträge 18, 135 ff.

Thors Beruf, die bewohnte Erde und das Reich der Götter durch Bekämpfung der Riesen zu schirmen, ist in bestimmten Ausdrücken[1] der Gedichte angezeigt. Im Hymirlied heißt er Freund der Menschen, Zerschmettrer der Felsbewohner, der der Thursen Tod berät, der Riesin Betrüber, des Wurmes Alleintöter. Ähnliche Benennungen legen ihm die Skalden bei, Freund der Götter ist er bei Ulf Uggason, Landesgott bei Egill. Im Harbardslied 23 sagt Thor: Thursenweiber schlug ich tot im Osten, die böswillig auf die Berge stiegen. Groß wäre die Anzahl der Riesen, wenn alle lebten, nicht Menschen gäb es in Midgard mehr. Im Lied von Thrym 17: bald werden die Thursen thronen in Asgard, holst du dir nicht deinen Hammer zurück. In solcher Tätigkeit tritt uns Thor in den meisten der folgenden Sagen entgegen; stets bereit, feindliche Riesenmächte mit Donner und Blitz zu zerschmettern, fährt er auf seinem Bocksgespann krachend in die Bergwildnis. Wenn es um die Felsen blitzt und donnert, stürmt und hagelt, dann ist Thor an der Arbeit und schlägt die Unholde.

Bei Saxo[2] ist Thor wie bei den Skalden geschildert. Er führt

---

1 Hym. 11 *vinr verliþa;* 18 *brjótr bergdana;* 19 *þurs ráþbane;* 14 *gýgjar grøtir;* 23 *orms einbane;* in der Húsdrápa *banda vinr,* bei Egill *landáss;* Weiteres sammelt Gudbrand Vigfusson, corpus II 464.

2 Saxo II S. 71 Regnerus sagt: *se, Thor deo excepto, nullam monstrigenae virtutis potentiam expavere, cujus virium magnitudini nihil humanarum divinarumque rerum digna possit aequalitate conferri.* Der Sinn ist: Regner sei ebenso unerschrocken gegen alle dämonischen Wesen wie der unvergleichliche Thor. Saxo III S. 118 Othinus und Thoro helfen dem Balderus im Kampf gegen Hötherus. *Thoro inusitato clavae libratu cuncta clypeorum obstacula lacerabat.* Nichts konnte ihm widerstehen: *ni Hötherus, inclinata suorum acie celerius advolans, clavam praeciso manubrio inutilem reddidisset. quo telo defecti divi subitam dedere fugam.* Saxo VI S. 214 *tradunt enim quidam, quod a gigantibus editus [Starcatherus] monstruosi generis habitum inusitata manuum numerositate prodiderit, asseruntque, Thor deum quatuor ex his, affluentis naturae vitio procreatas, elisis nervorum compagibus avulsisse, atque ab integritate corporis prodigiales digitorum eruisse complexus, ita ut, duabus tantum relictis, corpus, quod ante in giganteae granditatis statum effluxerat ejusque formam informi membrorum multitudine repraesentabat, postmodum meliore castigatum simulacro brevitatis humanae modulo caperetur.* Hieran schließt Saxo eine Auseinandersetzung des Inhalts, die Götter seien Menschen mit Zauber-

eine große Keule, gegen die nichts standhält. Er bekämpft und bändigt Riesenungeheuer. Wenn man ihn um Hilfe anruft, ist er sogleich zur Stelle, wie die Asen nur Thors Namen aussprechen dürfen, um ihn bei sich zu haben. Als Urheber der Bergstürze wälzt er Felsblöcke zermalmend aufs Heer der Feinde. Seine Freunde gelten als seine Söhne. Saxo gewährt auch einen Zug, den wir sonst vermissen. Halfdan ist ein Thorsheld, ein Sohn Thors. Während sonst nur Freyr, Tyr und Odin an der Spitze der Heldengeschlechter stehen, während sonst allein Odin in menschlicher Gestalt zu seinen erkorenen Lieblingen herabsteigt, tut es hier auch einmal Thor.

4. Sagen von Thor

Das Gesamtbild des Gottes tritt aus den Skaldengedichten uns entgegen, welche die Tätigkeit Thors im Kreise der Asen zeigen. Wenn auch manche Züge von den Skalden neu hinzugebracht wurden, im Grunde herrscht doch dieselbe Auffassung Thors wie im Volksglauben. Nur ist Thor weniger als der Schützer der Sterblichen, vielmehr als der Schirmer der Götter und der von ihnen geordneten Welt gezeichnet. Immer erneuern die Riesen ihre Angriffe auf die Welt, unablässig hat Thor zu tun, um sie niederzuhalten.

---

kunst begabt gewesen. Zur interpretatio romana: *ea enim, quae apud nostros Thor vel Othini dies dicitur, apud illos Jovis vel Mercurii feria nuncupatur.* Saxo VII S. 324 dem Haldanus hilft im Kampf gegen die Schweden ein mächtiger Kämpe, dessen Hilfe Haldanus anrief: *accito Thorone,* etwa im Nordischen *hann hét á þór.* Der wälzt einen zermalmenden Felsblock auf die Schweden. Ursprünglich war natürlich vom Gott die Rede, der als Urheber der Bergstürze gilt; vgl. Uhland, Schriften 6, 114. *ob cujus facti virtutem [Haldanus] Bierggrami cognomen accepit, quod vocabulum ex montium et feritatis nuncupatione compactum videtur. igitur apud Sveones tantus haberi coepit, ut magni Thor filius existimatus, divinis a populo honoribus donaretur ac publico dignus libamine censeretur.*

Am Ende des 9. Jahrhunderts wurde in Norwegen das beste aller Eddalieder, DAS LIED VON THRYM[1] gedichtet. Wild war Thor, als er erwachte und Mjolnir vermisste. Er klagt dem listigen Loki seine Not: noch ahnt es keiner auf Erden noch im Himmel – der Ase ist seines Hammers beraubt! Sie gingen zu Freyja, um ihr Fluggewand zu borgen. Damit flog Loki nach Riesenheim. Auf dem Hügel saß Thrym und fragte Loki nach Zeitung von Asen und Elben. Auf Lokis Frage nach dem Hammer erwiderte Thrym, er sei acht Meilen tief in der Erde geborgen; nicht gebe er ihn heraus, es sei denn, dass Freyja zur Frau ihm gebracht werde. Mit diesem Bescheid kam Loki zurück. Sie stellten an Freyja das Ansinnen, mit dem Brautschleier zur Reise nach Riesenheim sich zu schmücken. Aber zornig wies sie es ab. Alle Götter und Göttinnen gingen zu Rat, Heimdall sprach: Schmücken wir Thor mit dem Brautschleier und mit Freyjas Halsband; lasst Weibergewänder ihm ums Knie wallen, Schlüssel am Gürtel klirren, die Brust ziert ihm mit bunten Steinen. Thor zögerte, weibisch würden ihn dann die Asen heißen. Da sagte Loki: Bald werden die Thursen thronen in Asgard, holst du dir nicht deinen Hammer wieder. Da ließ sich Thor verkleiden. Als Magd begleitete ihn Loki. Sie bestiegen das Bocksgespann, die Berge barsten, es brannte die Erde, als Thor ins Thursenland fuhr. Thrym ließ alles festlich zum Empfang zurichten; denn er ist reich. Am Abend beim Mahle aß Thor einen Ochsen und acht Lachse, alles Würzwerk und trank drei Tonnen Metes. Thrym verwunderte sich ob solcher Gefräßigkeit. Doch Loki, die findige Magd, sagte, acht

1 Þrymskviþa; die daraus hervorgegangene Volksdichtung *Tord af Havsgard* in Sv. Grundtviga Danmarks gamle folkeviser Bd. I Nr. 1; dazu Bd. IV, 580 ff.; vgl. Uhland, Schriften 6, 57 ff. Versuch einer Auslegung; Finnur Jónsson, litteraturs historie l, 159 ff. Der Name des Riesen ist vom Hauptwort *þrymr*, Getöse genommen. Außerhalb des Liedes begegnet der Riese *Þrymr* nur in den Verzeichnissen von Jotunnamen SE. I 549; II 470, 553, 615. Auch in norwegischer Volkssage findet sich eine Erinnerung an den Raub des Hammers. Faye, norske folkesagn S. 3 ff.

Nächte hindurch habe Freyja aus Sehnsucht gar nichts mehr gegessen. Der Riese wollte die Braut küssen, entsetzt vor den funkelnden Augen sprang er in den Saal zurück. Loki wusste wieder Auskunft, aus lauter Sehnsucht habe Freyja acht Nächte nimmer geschlafen, darum glühe ihr Auge. Herein trat des Thursen Schwester, die Braut um ein Geschenk zu bitten. Thrym befahl, Mjolnir zu holen, die Braut zu weihen legte er ihn in des Mädchens Schoß. Da lachte dem Thor das Herz in der Brust, als er seinen Hammer erblickte. Den Thrym erschlug er zuerst, darauf das ganze Geschlecht der Riesen. Des Thursen Schwester bekam Schläge anstatt des Geschenkes, Hammerhiebe statt der Ringe. So holte sich Odins Sohn seinen Hammer zurück.

Dem Lied ist trefflicher Aufbau und gute Zeichnung der einzelnen Gestalten nachzurühmen. Die Handlung entwickelt sich rasch, die Sprache ist einfach und kraftvoll. Thor erscheint hilflos und ungeschickt, sobald es nicht aufs Zuschlagen ankommt. Da muss der listenreiche Loki aushelfen. Der gewaltige Recke in Weiberkleidern musste überaus komisch wirken; seine Rolle als Braut spielt er ungeschickt genug. Ihm, dem ehrlichen, offnen Helden widerstrebt List und Trug. Aber als seine Faust den Hammer umspannt, da tritt er wieder in seiner vollen Furchtbarkeit hervor. Der Sage eine natursymbolische Auslegung zu geben, etwa Thrym als Winterriesen zu fassen, der dem Donnerer den Blitzhammer entwendet, ist nicht begründet. Das altnordische Kunstgedicht wurde volkstümlich. In der Weise von *»Tord von Havsgard«*, die in norwegischer und dänischer Fassung überliefert ist, lebte es im Mittelalter unter dem Volke fort.

Thor und Hrungnir

Thor, der Schrecken der Riesen, fuhr von Flammen umringt ins Steingebirg zum Höhlenbewohner. Jords Sohn fuhr zum Kampf, unter ihm erdröhnte des Mondes Pfad, der Himmel. Die Luft war von Feuer erfüllt, Hagel ging zu Grunde, die Erde zerbarst, als die Böcke den Gott des Wagens zum Streit mit Hrungnir zogen.

Nicht scheute Thor den bergbewohnenden Riesen. Die Berge erbebten und stürzten, das Meer flammte auf. Der Riese verzagte, als er den kampfkühnen Gott erblickte, den gelben Schild warf er unter seine Fußsohlen, so wollte es das Schicksal; nicht lange brauchte der Felsenmensch auf den Wurf des Hammers zu warten. Der Riesentöter brachte den Unhold über seinem Schild zu Fall, dass er vor dem scharfen Hammer sich neigte. Doch ein harter Splitter der Steinwaffe des Riesen fuhr in den Schädel Thors, da steckte der blutige Stein, bis die Wundenheilerin mit Zauber ihn löste. Dem Skaldenlied Thjodolfs (um 855–930) tritt Snorris Bericht ergänzend zur Seite.[1] Thor war gen Osten gezogen, Unholde zu schlagen, Odin aber ritt nach Jotunheim. Er kam zu einem Riesen, der Hrungnir hieß. Der fragte, was das für ein Mann sei, der mit goldenem Helm durch Luft und Meer reite, und meinte, dass er ein gutes Ross habe. Odin erwiderte, in Riesenheim sei kein gleich gutes. Hrungnir sagte, sein Hengst Gullfaxi sei noch stärker. Zornig sprang er aufs Pferd und gedachte Odin zu fangen. Doch Odin entkam, der Riese verfolgte ihn bis nach Asgard. Als er zur Hallentür trat, luden ihn die Asen zum Trinkgelage ein. Er ging in den Saal und erhielt die Schalen, aus denen Thor seinen Durst zu stillen pflegte. Hrungnir schlürfte, bis er trunken ward, und prahlte, er wolle Walhall nach Jotunheim schaffen, Asgard versenken und alle Götter töten, Freyja und Sif ausgenommen; die gedenke er mit sich fortzuführen. Freyja allein wagte es, ihm einzuschenken; er aber sagte, dass er alles Bier der Asen austrinken werde. Als nun den Asen seine Prahlerei lästig ward, da nannten sie den Namen Thors, und alsbald trat auch Thor in die Halle und schwang den Hammer in der Luft. Er war sehr zornig über Hrungnirs Besuch. Der behauptete, Odin habe ihn eingeladen und er stehe in seinem Schutze. Thor sprach, für diese Einladung solle er büßen, ehe er hinauskomme. Hrungnir antwortete, das sei für Asathor ein ge-

1 Haustlǫng des Skald Thjodolf; Skáldsk. Kap. 1. Zur Auslegung Uhland, Schriften 6, 27 ff.; H. E. Meyer, Myth. 148; Müllenhoff, Deutsche Altertumskunde I[2] 32 ff.

ringer Ruhm, wenn er ihn, den Waffenlosen, töte; »größer ist das Wagestück, wenn er den Mut hat, mit mir auf der Länderscheide bei Grjotunagard (Bezirk der Steingehege) sich zu schlagen; auch war es eine große Torheit, dass ich meinen Schild und meine Steinkeule zu Hause ließ, denn hätte ich sie bei mir, so könnte man jetzt gleich den Holmgang versuchen – so aber müsste ich dich für einen Schurken erklären, wenn du mich, den Wehrlosen, töten wolltest.« So wurde der Zweikampf anberaumt. Neu bei Snorri ist, dass Thor von Thjalfi begleitet wird und dem Hrungnir ein Lehmriese Mokkurkalfi zur Seite steht. Den machten die Riesen auf Grjotunagard, neun Meilen hoch, unter den Armen drei Meilen breit; sie legten das Herz einer Stute, das sich aber wenig standhaft erwies, in den Riesenleib. Hrungnir aber trug ein Herz aus hartem Stein. Als Waffe schwang er einen Wetzstein. So harrten sie Thors. Thjalfi ruft Hrungnir zu, Thor werde in die Erde fahren und ihn von unten her angreifen, und darum schiebt Hrungnir den Schild unter die Füße und stellt sich darauf. Hammer und Wetzstein treffen sich im Flug, der Stein bricht entzwei; die eine Hälfte fällt zu Boden, daher stammen alle Wetzsteinfelsen, die andere fliegt Thor in die Stirne, dass er zusammenbrach. Thjalfi hatte inzwischen den feigen Mokkurkalfi zu Fall gebracht. Hrungnir war vornübergestürzt, sein einer Fuß lag auf Thors Halse. Weder Thjalfi noch die anderen Asen vermochten ihn wegzuheben. Da trat Magni, der Sohn Thors und der Jarnsaxa, der damals erst drei Nächte alt war, hinzu. Der warf den Fuß Hrungnirs von Thors Halse herunter und sprach: Jammerschade ist es, dass ich so spät herzukam; ich meine, dass ich diesen Riesen mit der Faust würde erschlagen haben, wenn ich ihn vorher getroffen hätte. Da stand Thor auf und begrüßte seinen Sohn mit großer Freude und sagte, dass er einst ein tüchtiger Mann werden würde. Thor ging heim nach Thrudwang; das abgebrochene Stück des Wetzsteines steckte noch immer in seinem Kopfe. Da kam die Seherin Groa herbei, die Frau Aurwandils des Unverzagten. Sie sang ihre Zauberlieder über ihm, bis der Wetzstein lose wurde. Da wollte Thor sie mit guter Kunde erfreuen und erzählte ihr, er sei von Norden über die stürmischen Wogen gewatet und habe den Aurwandil in einem Korbe auf dem Rücken aus Jotunheim vom hohen Norden herübergetragen. Eine Zehe Aurwandils, die aus dem Korbe herauslugte, erfror; die habe er abgebrochen und an den Himmel geworfen und das Sternbild »Aurwandils Zehe« daraus geschaffen. Thor fügte hinzu, es werde nicht lang mehr dauern, bis Aurwandil aus dem Norden heimkomme. Groa ward hierüber so erfreut, dass sie ihre Zauberlieder vergaß, und so ward der Wetzstein nicht völlig los, er steckt noch immer in Thors Haupt.

Klar ist der Grundgedanke dieser Thorssage besonders im Skaldenlied, ein Gewitter, das krachend ins Felsgebirg fährt. Schwieriger sind die andern Einzelheiten auszulegen. Hrungnir heißt der Lärmer (*rungla*, lärmen), Mokkurkalfi die Nebelwade (*mokkr*, Nebel, *kalfi*, Wade), ein Bild der Nebelwolke. Der Riese ist aus Lehm gefertigt, während Hrunguir im Felsgestein herrscht. Vielleicht ist damit der zähe, wässrige Lehmboden am dunstigen Fuße des Felsgebirges gemeint. Lehm und Gestein widerstreben dem Anbau und werden mit Gewalt bezwungen. Bergsturz, Erdrutsch, Wasser und Nebel, alle Erscheinungen eines im Gebirge wütenden Gewitters mögen zusammengewirkt haben bei der Vorstellung, dass währenddem Thor den Riesen schlug. Schön erklärt Uhland: »Den Lehmhügel hinan, am Abhang des Gebirgs, regt sich der mühsame Anbau, oben herein ragt das ungeheure Felshorn, an dem eine Gewitterwolke blitzt und donnert, dass plötzlich der ganze Gebirgsstock erbebt. Die Feldarbeiter blicken empor und siehe! der Fels wird zum Steinriesen, in der Wolke steht der feurige Wagenlenker Thor, den malmenden Hammer schleudernd. Da fühlt Thjalfi, dass er nicht allein arbeite, ein gewaltiger Gott ist hilfreich mit ihm, und während er das Geringe schafft, vollbringt jener das Große und hat das Schwerste schon vorgearbeitet.« Weniger ungezwungen fügt sich das Übrige der Naturdeutung. Groa (zu *gróa*, wachsen und grünen, zuwachsen und heilen) soll das wachsende Saatengrün vorstellen, das vergeblich bemüht ist, die Steine des Feldes zu bedecken, Thors Wunde zu heilen. *Aurwandil* ist gleich Saxos jugendlichem Helden Horwendil. Im Ags. ist *éarendel* ein Name des Morgensternes, im Ahd. begegnet der Name *Orentil,* mhd. *Orendel,* der Held der gegen Ende des 12. Jahrhunderts verfassten Spielmannsdichtung. Ob man alle diese Einzelheiten als Trümmer eines altgermanischen Mythos betrachten darf, ist sehr fraglich. Aurwandil in der nordischen Sage ist ein Licht- oder Frühlingswesen, das der Donnerer aus der Macht winterlicher Eisriesen zu seiner harrenden Gattin zurückführt. Der Zusammenhang der verschiedenen Mythen wie in Snorris Erzählung fehlt bei Thjodolf und ist auch schwerlich alt.

Thors Kampf mit Hrungnir war berühmt, öfters wird in den Eddaliedern und bei den Skalden darauf angespielt. Schon bei Bragi heißt Thor Hrungnirs Schädelzerschmetterer.[1]

Thor und Hymir

Einst kam Thor zu einem Riesen mit Namen Hymir. Dieser fuhr morgens zum Fischfang. Thor verlangte, ihn zu begleiten; der Riese meinte, von einem so kleinen Burschen wenig Vorteil zu haben. Thor aber wurde zornig und wollte doch mit. Er fragte, was sie als Köder mitnehmen sollten. Hymir sagte, er solle sich selbst einen verschaffen. Da packte Thor einen Stier Hymirs und riss ihm den Kopf ab. Dann setzte er sich im Boden des Fahrzeugs nieder, und Hymir merkte, dass er gewaltig zu rudern verstand. Bald sagte der Riese, dass sie zu den Fischplätzen gekommen seien, wo er zu angeln gewohnt sei, und hieß ihn mit Rudern aufhören. Thor aber sprach, dass er viel weiter hinaus zu rudern gedenke, worauf Hymir erwiderte, dies sei gefährlich wegen der Midgardschlange. Thor ruderte also weiter zu Hymirs Missvergnügen. Thor machte die Angelschnur zurecht und steckte den Stierkopf an den Haken, der sofort zu Grunde sank. Die Schlange schnappte nach der Angel, und der Haken blieb ihr im Gaumen stecken. Da zerrte sie so mächtig an der Leine, dass Thors beide Fäuste auf den Bord des Bootes aufschlugen.

1 Hym. 16; Hárb. 14, 15; Lokas. 61; Grottasǫngr 9; bei Bragi SE. I 256.

Thor rüstete sich mit seiner ganzen Asenstärke. So gewaltig stemmte er sich entgegen, dass er mit beiden Füßen den Boden des Fahrzeugs durchbrach und auf den Meergrund zu stehen kam. Nun zog er die Schlange zu sich herauf an den Bord des Schiffes. Thor richtete seine blitzenden Augen auf das Ungetüm, das ihn anstarrte und Gift schnaubte. Der Riese erschrak, als er die Schlange erblickte und die See ins Schiff stürzte. Als Thor nach dem Hammer griff, schnitt der Riese am Bord die Angelschnur entzwei, dass die Schlange ins Meer zurücksank. Thor warf mit dem Hammer und schlug ihr Haupt ab. Den Riesen aber traf er dermaßen ans Ohr, dass er kopfüber ins Meer stürzte. Thor watete zum Lande zurück.[1]

Thors Kampf mit der großen Seeschlange ist öfters von den Skalden besungen worden, im 10. Jahrh. von Ulf Uggason (um 984) und Eystein Valdason. Der Vernichter der Trolle wurde dem Ungeheuer des Meeres gegenübergestellt. Übrigens beruht der abenteuerliche Fang des Wurmes mit Angel und Köder auf christlicher Vorstellung, wie Gottvater oder Christus den erdumgürtenden Leviathan mit der Angel fangen.

Ein norwegischer Skald dichtete am Ende des 10. Jahrhunderts das Hymirlied[2], wo ebenfalls der Fang des Wurmes geschildert wird (Str. 17–25), nur dass hier der seltsame Fisch »wieder lebendig ins Meer zurücksinkt«. Denn am Ende der Tage erst soll er von Thor getötet werden. Außerdem hat der Verfasser des Hymirliedes noch eine Anzahl weiterer Sagen

---

1 Gylfaginning Kap. 48; Ulf Uggason und Eystein Valdason im corpus II 24 und 26. Weitere Skaldenstellen sammelt Finn Magnusen im Lex. myth. 187 f.; 208. Das Angeln des Wurms beziehen Bugge, Studien S. 11 und E. H. Meyer, Myth. 145, ferner Bröndsted in der norsk historisk tidskrift II 3, 1882 S. 21 ff. und Bang ebenda S. 222 ff. auf den Leviathan. Über den Fang des Leviathan vgl. Diemer, Beiträge zur älteren deutschen Sprache und Literatur, 4. Teil, Wien 1867 S. 45 ff.; R. Köhler, Germania 13, 158 f.

2 Hymiskviþa; über ihre Entstehung aus willkürlicher Verknüpfung verschiedenartiger Sagen Finnur Jónsson, litteraturs historie 1, 153 ff. Uhlands Auslegung (Schriften 6, 90 ff.) scheitert schon daran, dass die Verbindung der Mythen für alt und ursprünglich erachtet wird. Zur Erklärung aus dem Märchen Bugge, Studien 26.

herangezogen, ohne jedoch eine innere Verbindung zwischen ihnen herstellen zu können. Die wichtigste, am meisten ausgeführte ist die Einholung von Hymirs Kessel. Die Asen wollen bei Aegir dem Meerriesen Gelage halten. Aber ihm fehlt ein Kessel, der groß genug ist, das nötige Bier zu brauen. Die Asen sollen ihn liefern, Thor soll ihn besorgen. Dazu weiß Tyr Rat. Sein Stiefvater Hymir, der am äußersten Himmelsrande wohnt, hat einen meilentiefen Kessel. Von Asgard aus fahren sie einen vollen Tag, bis zu Egill, dem Vater des Thjalfi und der Roskwa, wo sie die Böcke einstellen. Dann schreiten sie zu Hymirs Halle. Dort fand Tyr die verhasste Ahne mit 900 Häuptern. Aber die lichte Frau, Tyrs Mutter, brachte den Gästen Bier. Spät kam der Riese vom Waidwerk heim; Eiszapfen klirrten, wie er in den Saal trat, sein Bart war gefroren. Die schöne Frau sucht ihn freundlich zu stimmen für die Gäste, die ängstlich hinter einer Säule sich verstecken. Vor dem Blicke Hymirs birst der Balken, und vom Brett herab kollern Kessel. Hervor treten die Gäste, ungern sieht Hymir den Thor, ihm ahnt Schlimmes. Beim Nachtmahl isst Thor allein zwei Ochsen. Am andern Tag fahren Thor und Hymir zum Fischen. Bei der Heimkehr hebt Thor das ganze Boot samt Inhalt auf und trägt es zum Gehöft. Der Riese versucht Thors Stärke und gibt ihm einen Kelch, den soll er zerschmettern. Steinerne Pfeiler zerbrechen, der Becher bleibt ganz, bis auf der jungen Frau Rat Thor ihn am harten Schädel Hymirs zerschellt. Jetzt darf er den Kessel mitnehmen. Umsonst setzt Tyr zweimal an, ihn zu heben, Thor aber schwingt ihn aufs Haupt. Thor und Tyr fahren heimwärts. Da folgt ihnen vielköpfiges Volk, aus den Berghöhlen hervorbrechend. Alle erschlägt Thor mit dem Hammer. Einer der Böcke hinkt, wofür Thor Egils Kinder zur Buße empfängt: So brachten sie den gewaltigen Kessel zu den Asen, die nun in Aegirs Halle zechen. Scheidet man diese letzte Sage vom hinkenden Bock aus, so bleibt als Grundlage dieser Geschichte ein Märchen übrig, das an Thors Namen geknüpft wurde. Zwei Brüder kommen zur Behausung eines Menschen fressenden Riesen in Abwesenheit des Hausherrn und werden dort von einer mitleidigen Frau verborgen. Der Riese kehrt später heim und riecht die Fremden. Aber die barmherzige Frau weiß ihn mit schmeichelnden Worten zu besänftigen. Die Brüder kommen aus dem Versteck und erhalten Erlaubnis, auf des Riesen Hof zu bleiben. Der kleine schwache Mensch betrügt oder besiegt zuletzt den gewaltigen Riesen. Wie Aegir das offene Meer beherrscht, so Hymir das Eismeer. Schwerlich ist aber Uhlands Deutung begründet, der Braukessel sei das offene Meer, das im Winter, wenn Buchten und Sunde zugefroren oder mit Treibeis bedeckt sind, in Hymirs Verschluss gehalten werde und von den Göttern des Lichtes und des Gewitters befreit werden müsse. Lust am Fabulieren, nicht sinnbildliche Naturanschauung schuf die Geschichten, die Thor und Hymir in Beziehung zueinander zeigen.

Märchen und Volkssage, nicht Naturmythos bildet die Grundlage der meisten von den Skalden behandelten Thorsgeschichten, die uns nur zum kleinsten Teil in Gestalt der ursprünglichen Dichtungen, meistens nur in Snorris Nacherzählung erhalten sind.

Thor und der Riesenbaumeister

Um die im Wanenkrieg zerstörte Burg wieder aufzubauen, dangen die Asen einen Baumeister aus Riesenheim. Der versprach, das Werk im Verlauf eines Winters auszuführen, wenn man ihm Freyja zum Weib gebe und Sonne und Mond abtrete. Auf Lokis Vorschlag wurde es bewilligt. Vor zahlreichen Zeugen war der Vertrag abgeschlossen worden. Thor aber war abwesend fern im Osten, um Unholde zu erschlagen. Mit dem einzigen Beistand seines Rosses Swadilfari führte der Riese den Bau rasch aus, nur noch drei Tage fehlten zum Ziel. Da gerieten die Asen in Angst und zwangen Loki, der zum Vertrag geraten hatte, Hilfe zu schaffen. In Stutengestalt lief er dem Hengste des Riesen entgegen. Swadilfari rannte alsbald der Stute nach, und die Nacht über ruhte die Arbeit. Als der Werkmeister sah, dass er nicht mehr fertig werde, geriet er in Riesenzorn. Die Asen achteten nimmer der Eide und Verträge, sondern riefen nach Thor. Alsbald erschien er, schwang den Hammer und zahlte so den Lohn für die Arbeit, dass er den Riesen totschlug. Loki als Stute warf bald darauf ein graues Fohlen mit acht Füßen, Sleipnir, Odins Ross.[1]

Eine oft bezeugte Volkssage von einem Riesen oder Unhold als Baumeister bildet die Grundlage für diese Erzählung. Die meisten Züge kehren in den Volkssagen wieder. Ein Bau soll aufgeführt werden, dessen Herstellung das Maß gewöhnlicher Menschenkraft übersteigt. Ein Vertrag mit dem Dämon wird abgeschlossen, er verlangt als Lohn Sonne und Mond, ein Mädchen. Ein Pferd hilft ihm bei der Arbeit. Der Bau geht geschwind vorwärts, dem Auftraggeber wird seiner Zusagen halber immer bänger zumut. Endlich hilft er sich mit List und betrügt den Unhold um seinen Lohn. Neu in der Edda ist Lokis Rolle, der seinem Wesen nach auch hier zwischen den Göttern und ihren Feinden vermittelt, aber beide betrügt. Aber auch Thor als der Helfer in der Not ist neu und eigenartig verwertet. Auch er handelt seinem Wesen entsprechend und schlägt freudig zu, sobald es geht. Wie bei Hrungnirs Erscheinen in Walhall ist auch hier Thor sofort zur Stelle, wenn die Asen ihn brauchen. Ähnlich in der Lokasenna 55 ff. Er ist ihr starker Beschützer, in der Stunde der Gefahr taugt Heldenkraft doch mehr als Geist und Witz.

Thor und Geirröd

Der Isländer Eilif Gudrunarson verfasste nach 976 ein Lobgedicht auf Thor, wie er zu Geirröd fuhr. Snorri gibt eine kurz gefasste Sage, worin zwei Strophen einfacherer Art vorkommen, die auf ein zweites Gedicht neben der schwülstigen Drapa hinweisen.[2] Loki war einst in Freyjas Falkengewand ausgeflogen und zu Geirröds Gehöft gekommen. Er sah dort eine große

1 Gylfag. Kap. 42; Vǫl. 25 und 26. Zur Volkssage Grimm, Myth. 514 ff.; 3, 158; Simrock, Myth. 55 ff.; Bugge, Studien 269 ff. Vgl. oben S. 166 Anm. 1.
2 Eilifs þorsdrápa; Skáldsk. Kap. 2; Uhland, Schriften 6, 77 ff.

Halle, setzte sich aufs Dach und blickte zum Rauchloch hinein. Geirröd befahl den Vogel zu fangen. Ein Mann stieg hinauf und fing den mit Zauberei festgeklebten Vogel. Geirröd verschloss ihn in eine Kiste und ließ ihn drei Monate lang hungern. Dann nahm er ihn heraus, und jetzt gab sich Loki zu erkennen. Um sein Leben zu lösen, musste er Geirröd schwören, Thor ohne seinen Hammer, seine eisernen Handschuhe und seinen Kraftgürtel in seine Gewalt zu bringen. Thor ließ sich auch wirklich bereden. Unterwegs kehrte er bei der Riesin Grid, der Mutter Widars des Schweigsamen ein, und sie gab ihm darüber Bescheid, welch schlimmer Unhold Geirröd sei. Mit ihrem eigenen Gürtel und Stab und mit ihren Eisenhandschuhen versah sie Thor. Der gelangte zum mächtigen Flusse Wimur, er umgürtete sich mit dem Kraftgürtel und stützte sich auf Grids Stab, Loki hielt sich an seinem Gürtel fest. Wie er in die Mitte des Stromes gekommen war, wuchs das Wasser bis zu seinen Schultern. Da sah Thor, wie Gjalp, Geirröds Tochter, oben in den Bergklippen mit gespreizten Beinen über dem Flusse stand und sein Anschwellen verursachte. Thor warf mit einem großen Stein nach ihr und traf sie. Glücklich erreichte er das Ufer und bekam einen Vogelbeerstrauch zu fassen, an dem er sich herauszog. Daher stammt das Sprichwort: Der Vogelbeerbaum ist Thors Rettung. In Geirröds Gasthaus wurde ihm ein Stuhl angewiesen. Da wurde er gewahr, dass er sich plötzlich unter ihm zum Dach emporhob. Thor stemmte den Stab gegen das Dach und drückte den Stuhl nieder. Da entstand ein heftiges Geschrei, und darauf hörte man ein Knacken. Geirröds Töchter Gjalp und Greip hatten unter dem Stuhle gesessen; Thor hatte beiden das Rückgrat zerbrochen. Darauf ließ Geirröd Thor in die Halle rufen, um sich mit ihm im Kampfspiel zu messen. In der Halle brannten große Feuer. Geirröd fasste ein glühendes Eisenstück mit der Zange und warf es auf Thor. Der aber fing es mit seinen Eisenhandschuhen auf und hob es in die Luft. Geirröd sprang hinter eine Säule, sich zu schützen. Thor aber schmetterte das Eisen durch die Säule, dass es den Geirröd und die Hallenwand durchschlug und draußen noch tief in die Erde fuhr.

Uhlands Auslegung, Geirröd sei ein Glutriese, das verderbliche schädigende Gewitter, das sich bei brennender Sommerhitze mit Wolkenbruch und Überschwellen der Bergströme, die den Anbau zu verschlingen drohen, entlade, genügt nicht zur Erklärung der Einzelheiten, die sich nur äußerst gezwungen fügen. Man muss die Fahrt zu Geirröd mit der Geschichte von der Fahrt nach Utgard zusammen nehmen, um einen richtigen Standpunkt für die Erklärung zu gewinnen.

Thor belebt die Böcke

Thor fährt mit dem Bocksgespann aus, mit ihm Loki. Bei einem Bauern Egill kehren sie ein. Thor schlachtet die Böcke, die abgezogen und im Kessel gesotten werden. Er ladet den Bauern mit Weib und Kindern zum Essen ein und heißt sie die Knochen aufs Bocksfell werfen. Thjalfi, des Bauern Sohn, spaltete mit seinem Messer das Schenkelbein des einen Bockes, um das Mark zu erlangen. Am andern Morgen schwang Thor den Hammer über die Felle, da standen die Böcke lebendig wieder auf, doch einer lahmte am Hinterfuß. Thor merkte das und sagte, der Bauer oder seine Angehörigen müssten nicht vorsichtig mit dem Knochen umgegangen sein. Zornig fasste er den Hammer; der Bauer flehte um Gnade und gab zur Buße seine Kinder Thjalfi und Roskwa, die Thor fortan treulich dienten. Derartige Wiederbelebungen kennen Märchen, Sagen und Legenden sehr häufig, aus der Volkssage schöpfte auch hier die norwegische Göttersage.[1]

---

1 Hym. 37, 38; Gylfag. Kap. 44; zur Wiederbelebung Wolf, Beiträge z. deutschen Myth. I 88 ff. *post coenam sanctus Germanus omnia ossa vituli super pellem vituli componi fecit et ad ejus orationem vitulus sine mora surrexit.* Bei einem Hexenmahl zu Ferrara wird ein Ochse verzehrt. Dann befiehlt die domina: *congeri jubet ossa omnia mortui bovis super corium ejus extensum ipsumque per quatuor partes super ossa revolvens virgaque percutiens, vivum bovem reddit.* Weiteres bei Zingerle, Tiroler Sagen Nr. 14, 15, 586, 587, 725; Simrock, Myth.[5] 240; Mannhardt, Baumkultus der Germanen S. 116. Thjalfi ist wahrscheinlich mit Thielvar, dem Entdecker und Besiedler Gutlands eins; Uhland, Schriften 6, 35 ff.

Thor in Utgard

Thor mit Thjalfi, Roskwa und Loki begab sich nach Zurücklassung der Böcke weiter gen Riesenheim. Sie kamen zum Meer und schwammen hinüber. Als sie am jenseitigen Ufer eine Weile gegangen waren, gelangten sie in einen großen Wald, in dem sie bis zum Abend fortwanderten. Thjalfi trug die Vorratstasche. Ihr Nachtlager nahmen sie in einem großen Haus, dessen Tür weit offen stand. Um Mitternacht entstand ein großes Erdbeben. Sie flüchteten in einen Anbau, den sie rechts im Hause fanden. Thor hielt mit dem Hammer in der Hand am Eingang Wache. Sie hörten großes Brausen und Rauschen. Morgens ging Thor hinaus und sah im Wald einen Riesen, der gewaltig schnarchte. Er gürtete sich mit Stärke, da erwachte der Mann, Thor verzagte und schlug nicht zu. Jener nannte sich Skrymir (Großsprecher). »Dich brauch ich nicht um den Namen zu fragen; ich weiß, dass du Asathor bist. Aber wohin hast du meinen Handschuh geschleppt?« Da merkte Thor, dass sie darin genächtigt hatten. Das Nebenhaus war der Däumling. Skrymir wanderte mit den Gesellen und schnürte ihre Vorratssäcke alle in ein Bündel zusammen, das er auf den Rücken warf. Abends legte er sich unter eine Eiche und schlief alsbald ein. Thor wollte mit seinen Genossen zu Nacht essen, aber vergebens versuchte er die Riemen des Bündels aufzuknoten. Zornig fasste er seinen Hammer und schlug Skrymir aufs Haupt. Der erwachte und fragte, ob ein Blatt ihm aufs Haupt gefallen sei. Um Mitternacht wiederholte Thor den Schlag auf den Wirbel, dass das Hammerende tief eindrang. Erwacht, fragte Skrymir: Fiel mir eine Eichel auf den Kopf? Zum dritten Mal, kurz vor Tag, schwang Thor den Hammer auf Skrymirs Schläfe, dass er bis zum Schafte eindrang. Skrymir stand auf und rieb seine Wange: Es müssen Vögel auf dem Baum sitzen, eine Feder fiel mir auf den Kopf. Wachst du, Thor? Es ist Zeit aufzustehen. Ihr habt nimmer weit bis nach Utgard. Dort werdet ihr noch größere Leute sehen. Überhebt euch nicht zu sehr. Damit warf er seinen Bündel auf den Rücken und ging in den Wald hinein. Die Asen wünschten ihm keine gute Reise.

Thor wanderte mit seinen Gefährten weiter, bis sie zu einer hohen Burg gelangten. Der Eingang war mit einer Gittertüre verschlossen. Da sie diese nicht aufmachen konnten, schlüpften sie zwischen den Stäben hindurch. In der Halle fanden sie viele große Männer. Der König Utgardaloki nahm ihren Gruß säumig auf und wunderte sich über Thors Kleinheit. Er schlug den Gästen vor, sich mit seinen Leuten im Wettspiel zu messen. Loki versuchte sich gegen Logi im Essen; Loki aß alles Fleisch von den Knochen, Logi aber verzehrte das Fleisch mitsamt den Knochen und dem Trog dazu. Thjalfi ward von Hugi im Wettlauf besiegt. Thor sollte ein Horn auf einen Zug ausleeren. Dreimal setzte er gewaltig an, aber kaum war ein Abgang im Horn bemerkbar. Dann sollte er Utgardlokis Katze vom Boden aufheben; so gewaltig Thor sich stemmte, nur einen Fuß der Katze brachte er vom Boden. Endlich sollte er mit Elli, Utgardlokis Amme ringen. Das alte Weib stand fest, Thor sank ins Knie. Am andern Morgen brachen die Asen auf, Utgardloki gab ihnen das Geleite und gestand Thor, er habe tags zuvor allerlei Blendwerk vorgemacht. Zuerst als Skrymir habe er das Bündel mit Eisenbändern verschnürt; darauf vor Thors Hammerhiebe Felsen gehalten, worein große Vertiefungen geschlagen wurden. So war es auch bei den Spielen. Logi war das fressende Wildfeuer, Hugi, der mit Thjalfi um die Wette lief, der windschnelle Gedanke. Das Horn konnte Thor nicht leeren, weil sein eines Ende im Meer lag, die Katze war die große Weltschlange, die Amme Elli das Alter, das noch niemand zu beugen vermochte. Da hob Thor den Hammer, aber Utgardloki war verschwunden, und auch von der Burg war nichts mehr zu sehen.[1]

Skrymir und Utgardloki sind also mit einander eins, die Sage läuft auf Trug und Blendwerk hinaus, wogegen Thor machtlos ist. Zur Erläuterung dient Saxos Bericht, bei welchem *Thorkillus* den Thor vertritt, aber im Grunde doch völlig mit ihm zusammenfällt.

---

1 Gylfaginning Kap. 45–47; auf das Abenteuer mit Skrymir spielen Hárb. 26, Lokas. 60 und 62 an. Im Übrigen wird nichts davon erwähnt. Skrymir steht nur noch unter den Riesennamen der Snorra Edda.

König Gorm wollte *Geruths* Land besuchen, von dessen Beschaffenheit er durch Isländer gehört hatte. Unglaubliches wurde von den Schätzen berichtet; gefährlich war die Seefahrt dorthin, man musste weit ins Meer hinaussegeln, bis Sonne und Sterne ihren Schein verlören und Finsternis herrsche. 300 tapfere Jünglinge unter Führung Thorkils, der schon einmal dort gewesen war und den Weg wusste, begleiteten Gorm auf 3 Schiffen, die auf Thorkils Rat besonders erbaut und ausgestattet waren. Über Halogaland hinaus gelangten sie in die weite See und legten an einer von Trollen bewohnten Insel an, wo sie 3 Leute einbüßten. Dann ging's weiter nach Bjarmeland, das mit Eis und Schnee Sommer und Winter bedeckt ist und kein Getreide trägt. Schäumende Flüsse eilen durchs Land, das mit finsteren, von wilden Tieren erfüllten Wäldern bestanden ist. Sie landeten, und Thorkil befahl seinen Genossen, mit keinem der Landsbewohner zu reden. Früh am Morgen kam der Riese Guthmund und lud sie zu sich ein. Der suchte die Dänen durch Zauberspeisen und schöne Weiber in seine Gewalt zu bringen, aber Thorkil warnte seine Leute, nur vier wurden verführt. Dann setzte Guthmund die Dänen über den Strom, der von einer goldenen Brücke überspannt die Welt der Menschen und Geister trennte. Sie betraten Geruths Land. In dunkelm Nebel lag eine grauenvolle Stadt, von Gespenstern bewohnt, von wilden Hunden bewacht. In der Stadt herrschte gräulicher Gestank. Sie gelangten zu einer Felsenhöhle, die sie nur zögernd auf Thorkils Anweisung, nichts anzurühren, betraten. Die Höhle sah grässlich und abscheulich aus, Türen und Wände waren rauchgeschwärzt, das Dach war mit Pfeilen gedeckt, am Boden krochen Nattern. Auf eisernen Stühlen saßen Gespenster. Auf einem Hochsitz saß ein alter Mann, sein Leib war durchbohrt und an den Felsen befestigt. Bei ihm saßen drei Weiber mit zerbrochenem Rücken. Thorkil erzählte, der starke Gott Thor sei durch Geruths Hochmut erzürnt worden und hätte ihn mit einem glühenden Eisenkeil an den Fels gefestigt; zugleich traf Thor mit dem Blitz die drei Weiber.[1] Nach-

---

1 Saxo VIII S. 426 *procedentes perfractam scopuli partem nec procul in editiore*

dem die Dänen noch einen Kampf mit den Gespenstern bestanden, worin die meisten umkamen, rettete sich der Rest zu Guthmund und von dort nach Dänemark.

Gorm will wissen, welchen Aufenthalt und Lohn die Seele nach dem Tode habe. Um das zu erkunden, wird Thorkil zu *Ugarthilocus* entsandt. Sie segeln wieder ins Land der ewigen Finsternis. Von zwei Trollen, die in einer Höhle am Feuer sitzen, wird Thorkil der Weg gewiesen. In einer Höhle liegt Ugarthilocus an Händen und Füßen mit eisernen Ketten gefesselt. Sein Haar war wie spitziges Horn oder Schwerter und verbreitete entsetzlichen Geruch.[1] Als sie eines auszogen, werden sie von giftigen Nattern und Trollen angegriffen und verfolgt. Thorkil allein bleibt am Leben und rettet sich, indem er zum Christengott ruft.

Bei Saxo erscheint Thors Fahrt zu Geirröd und zu Utgardaloki deutlich als Besuch in der Unterwelt und ist mit allen Schrecken der Hölle ausgemalt. Mag auch einiges von Saxo aufgetragen sein, in der Hauptsache ist er doch von der Darstellung seiner isländischen Quellen geleitet, welche mehr als die uns bekannte Überlieferung das Schauerliche hervorkehrten. Damit wird der Weg zum Verständnis gewiesen; nicht von irgendwelchen Naturvorgängen hat die Erklärung auszugehen, vielmehr von der im klassischen Altertum und im christlichen Mittelalter gleich beliebten Höllenfahrt, die dem Thor wie dem Herkules und Märchenhelden gerne zugeschrieben wird.

---

quodam suggestu senem pertuso corpore discissae rupis plagae adversum residere conspiciunt. praeterea foeminas tres corporeis oneratas strumis ac veluti dorsi firmitate defectas junctos occupasse discubitus. cupientes cognoscere socios Thorkillus, qui probe rerum causas noverat, docet, Thor divum gigantea quondam insolentia lacessitum per obluctantis Geruthi praecordia torridam egisse chalybem, eademque ulterius lapsa, convulsi montis latera pertudisse; foeminas vero vi fulminum tactas infracti corporis damno ejusdem numinis attentati poenas pependisse firmabat.

1 Saxo VIII S. 431 *qua [aqua] transita paulo devexiorem situ speluncam aggreditur. ex qua item atrum obscoenumque conclave visentibus aperitur. intra quod Ugarthilocus manus pedesque immensis catenarum molibus oneratus aspicitur; cujus olentes pili tam magnitudine quam rigore corneas aequaverant hastas.*

Útgarþr ist die Außenwelt, die Wildnis, wo keine Menschen wohnen, wo alles wüst und öde ist. Ins unbewohnte Land verweist der Volksglauben gern die Unholde. Im Norden und Osten, im Eismeer und in der Bergwildnis hausten nach norwegischem Glauben die Trolle und Riesen, bei den wilden, als Zaubrer verschrienen Lappen und Finnen. Trollabotnar, d.i. Trollengründe, heißt die schaurige Einöde des Polarmeeres.[1] Die Fahrt ins Trollenreich ist auf Thor übertragen. Aber zugleich auch der Besuch in der Unterwelt, die durch tiefe Wasser und dunkle Wälder von der Oberwelt getrennt ist. Nach der Ansicht des Mittelalters liegt der Teufel in Banden bis zum Anbruch des Jüngsten Tages. Der gefesselte Loki ist eine deutliche Nachahmung dieser Vorstellung.[2] Der Sage ist Thor Beschirmer der Welt, Midgards, den Einbruch der Riesen und Trolle schlägt er siegreich zurück. Aber sobald er das Heim der Trolle und das Reich der Hölle betritt, wird seine Macht vor dem trügenden Blendwerk der bösen Feinde zuschanden.

Mit Thors Fahrten bringt Saxo den Besuch bei Gudmund[3] in Verbindung. Von König Gudmund auf Glaesisvellir, dem Gefilde des Glanzes, erzählen erst spätere isländische Quellen des 14.

1 Über Trollebotn, das von Unholden erfüllte Nordmeer zwischen Bjarmland und Grönland vgl. Grönlands historiske mindesmaerker 3, 212; monumenta hist. norv. 76; Storm, arkiv f. nordisk filologi 7, 345. Den Typus der spätern Sage von der Fahrt in die Trollengründe zeigt am besten die norwegische Ballade bei Landstad, norske folkeviser Nr. 1.

2 Über das Aussehen des Trollenheims und der Hölle E. H. Meyer, German. Myth. §205, 210, 234. Über den gefesselten Teufel, Grimm, Myth. 963; 3, 297. Loki ist Luzifer in schmucker Gestalt, Utgardloki der hässliche Teufel, Bugge, Studien 79.

3 Die Gudmundsage in der Saga von Thorstein boejarmagn (Fornmannasögur III 174ff.) und im Þáttr von Helgi Thorrisson (Fms. III 135); vgl. noch Hervararsaga Kap. 1. Die Thorsteinssaga, die auch vom Besuch bei Geirröd weiß, ist überhaupt ein märchenhafter Ausläufer der Thorsmythen, ähnlich wie Saxos Thorkilgeschichte. Zur Sage vgl. P. E. Müller, *notae uberiores zu* Saxo I 245 ff.; Maurer, Bekehrung 1, 330; Uhland, Schriften 3, 38 ff.; 8, 110; Simrock, Myth.[5] 259; Müllenhoff, Altertumskunde 5, 116 und 118; Heinzel, Wiener Sitzungsberichte 1885, Band 109, S. 697 ff.; Bugge, Arkiv f. nordisk filologi 5, 26.

Jahrhunderts, die zum Teil von Saxo unabhängig sind. Gudmund, dessen Reich bei Bjarmeland gedacht wird, ist offenbar in der Volkssage ein Elbenkönig. Unsterblichkeit, Wonne und Reichtum herrscht dort, seine Tochter Ingeborg entzückt Helgi Thorirs Sohn zu sich. Aber der Elben Rache bringt dem Menschen, der wieder zur Erde zurückkehrt, Tod und Verderben. Dem König Olaf Tryggvason reicht Helgi ein Geschenk der tückischen Elben, ein goldenes Horn, das beim Kreuzeszeichen mit Getöse zerspringt. Helgi selber ist geblendet. Wir haben somit eine alte Elbensage, schon zu Saxos Zeit an einen König Gudmund geknüpft. Thor hat schwerlich damit zu schaffen gehabt.

Unverkennbar geht die Entwicklung Thors in diesen Geschichten immer mehr abwärts. Das ist nicht die Auffassung, die ein gläubiges Volk dem gefürchteten, gewaltigen Gott entgegenbringt. Erst in den Zeiten, da der Heidenglaube wankte, konnten solche Erzählungen entstehen, wo der Gott gleich wie jeder andre starke Mann im Märchen zum bloßen Zeitvertreib, zur Unterhaltung geschildert wurde.

Thor und die Riesinnen

Auf einige Mythen sind nur Anspielungen bekannt. Thor rühmt sich, den Thjazi, den trotzigen Riesen erschlagen und seine Augen zum Himmel hinaufgeworfen zu haben.[1] Bragi rühmt Thor als den Zerschmettrer der neun Häupter des Thrivaldi. Nach dem Skald Vetrlidi zerbrach Thor die Beine der Riesin Leikn. Thorbjorn Disarskald nennt in einer Strophe mehrere Kämpfe mit den Thursenweibern Keila, Kjallandi, Búseyra, Svívor, Hengjan-Kjapta und Lut.

Thor hat in der nordischen Skaldendichtung eine Menge Beinamen, welche nur zum Teil verständlich sind, seiner Tätigkeit

1 So Hárb. 19 und Bragi SE. 1, 318, 2 gegen Bragar. 2. Thrivaldi SE. 1, 256; Leikn SE. 1, 259. Thorbjorn Disarskald SE. 1, 260. Auf ähnliche Kämpfe mit Riesen und Riesinnen spielen die Hárb. 20, 29, 37, 39 an.

und den von ihm umlaufenden Sagen entstammen. Weshalb er Bjorn heißt, ist nicht bekannt. Seine Namen Hlorridi und Vingnir werden aus der Blitzflamme und dem Schwingen des Hammers gedeutet. Thor wird Pflegesohn oder Pflegevater des Vingnir und der Hlora genannt, natürlich im Zusammenhang mit den erwähnten Beinamen.[1]

Thor und Alwis

Wie Thor die Riesen mit Gewalt meistert, so bezwingt er den Zwerg Alwis[2] mit List und geistiger Überlegenheit. Der Zwerg Alwis kommt zur Nachtzeit auf die Erde, um die ihm verlobte Maid abzuholen. Da tritt ihm Thor entgegen und fragt nach seinem Begehren. Alwis will zu Wingthor, um von ihm die Tochter zu empfangen. Thor war nicht daheim, als andere seine Tochter versprachen; er erkennt das Verlöbnis nicht an. Dem scheltenden Zwerg gibt Thor sich zu erkennen, worauf jener demütig seine Werbung wiederholt. Thor will die Tochter vergeben, wenn Alwis ihm Auskunft aus allen Welten erteile. Nun wird das Lied, wie sonst noch manche Eddagedichte, lehrhaft, indem Alwis Bescheid gibt, wie Erde, Himmel und Gestirne, Wolken, Wind und Windstille, Meer, Feuer, Baum, Nacht, Saat und Bier bei Menschen, Asen, Wanen, Jotunen, Alfen und Zwergen benannt seien. Am Schluss gesteht Thor, er habe niemals mehr Weisheit in einer Brust gefunden. Doch überlistet ist der Zwerg, da er oberhalb der Erde von Tag und Sonnenschein überfallen wurde. Denn dadurch erstarrt er zu totem Gestein. Die Tochter

---

1 Die Namen mit Erklärungsversuchen bei Finn Magnusen, Lex. myth. 636 f. Vgl. SE. 1, 252 ff.; 553; 555. SE. 1, 252 *fóstri Víngnis ok Hlóru.* Gudbrand Vigfusson, corpus poeticum boreale II 464 stellt skaldische Umschreibungen Thors zusammen.

2 Alvismál; Uhland, Schriften 6, 46 ff.; Finnur Jónsson, Litteraturs historie 1, 165 ff. In Bragis Ragnars drápa heißt der Schild *»ilja blaþ þjófs þrúþar«* Fuß-Sohlenblatt des Diebs der Thrud, weil Hrungnir den Schild unter die Füße wirft; vgl. Gering, kvæþabrot Braga ens gamla, Halle 1886, S. 15.

Thors, welche im Gedicht nicht vorkommt, wird die in der Snorra Edda genannte Thrud sein. Wie in den Söhnen Modi und Magni Eigenschaften des Vaters, Macht und Mut, persönlich werden, so auch in der Tochter Thrud seine Stärke. Im Skaldenlied Bragis findet sich eine Anspielung auf eine verlorene Sage, wonach aber Hrungnir der Riese die Thrud geraubt hätte. Ob die Zwerggeschichte nur ein späterer Ableger der alten Riesensage ist, steht dahin. Dem Kraftwesen Thors entspricht der Kampf gegen räuberische Riesen jedenfalls besser als die Überlistung von Zwergen. Aber wenn einmal Thor die Trolle und Riesen schlägt, kommt die Sage auch leicht dahin, lichtscheue bleiche Erdzwerge ihm gegenüberzustellen. Uhland deutet sinnig Thors Tochter als das Saatkorn, das den Unterirdischen überantwortet wird, beim fruchtbaren Gewitterregen aufkeimt und dadurch zum Lichte zurückkehrt. Aber in solchen Sinnbildern ist der Ursprung dieser späten zu Thors Art wenig passenden Geschichte nicht zu suchen.

5. Thor im neueren Volksglauben

Thors Andenken blieb im nordischen Volke bis auf die Gegenwart erhalten, in der Volksweise von Tord af Havsgard, welche norwegisch, schwedisch und dänisch vorliegt, in der telemarkischen Sage von Urebö, worin eine Felswüste auf Thors Hammerschlag zurückgeführt wird. Am meisten Erinnerungen scheint Schweden zu bieten.[1] Vor allem aber hält die Bezeichnung des Donners im Ostnordischen die Erinnerung an Thor fest. Während im An. der Donner mit *þruma* bezeichnet wird und das gemeingermanische Wort nur im Namen des Gottes weiterlebt, weist dän. *torden,* schwed. *tordön* auf *þorduna,* d. i. Thors Getöse,

1 Tord af Havsgard, Grundtvig, Danmarks gamle folkeviser I 1 ff. Die Sage von Urebö bei Faye, norske sagn 3 ff. Schwedische Thorssagen in ziemlicher Anzahl führt Lundgren, språkliga intyg om hednisk gudatro i Sverige S. 41 ff. an. Das meiste findet sich bei Hyltén-Cavallius. Wärend och Wirdarne, Stockholm 1864.

zurück. Im Schwed. ist ein zweites Wort für Donner *åska* aus *åsaka,* neben welchem die Mundart *toraka* bietet. *Åka* bedeutet Fahren. Der Donner ist also Thors oder des Asen Fahrt. Noch jetzt also erkennt die Sprache Asathor an, der in den Wolken dahinfährt.

IV. Wodan-Odin

1. Wode und das wütende Heer

Über das ganze germanische Gebiet geht die Sage von einem gespenstischen Heere, das in stürmischen Nächten durch die Lüfte braust. Die Erscheinung wird teils als Heerzug, teils als Jagdtross gedacht. Der einsame Wanderer scheut seine Begegnung, denn oft wird er auf Nimmerwiedersehen in die wilde Schar entrückt. Dem Umzug wird manchmal besondere Bedeutung beigemessen, wie allen Geistererscheinungen. Krieg und sonstige schwere Ereignisse werden dadurch angezeigt, aber man schließt auch auf fruchtbare Jahreszeit. Im Geisterheere ziehen die Seelen derer, die gewaltsamen Todes verstarben oder auf denen Fluch und heidnisches Wesen lastet, also gefallene Krieger, Gerichtete, Ungetaufte u. dgl. In höchstes Altertum reicht diese Vorstellung hinauf, und bis auf die Gegenwart hat sie sich erhalten. Gern setzt die Sage der Schar einen besonderen Führer, der zuweilen dann auch allein umreitet, etwa als wilder Jäger, der der Windsbraut, einem Weibe oder einem gespenstischen Eber nachjagt. Der allgemeine Aberglauben vom Seelenheere kann zu zahllosen besondern Sagen ausgebildet werden, die nach Ort und Zeit sehr verschieden sich gestalten müssen. Aber die Grundlage bleibt gleich und unverändert, Seelen, die mit oder ohne Anführer im Sturme dahinbrausen oder auch im ruhigen Windzug wie Nebelstreifen mit wunderbarer Musik vorübergleiten. Mit Göttern und Helden aller Zeiten ist die Geisterschar verwebt. Hier kommen nur die Sagen in Betracht, in denen von einem *wütenden* Heere die Rede ist oder von *Wodes* und

Hackelbernds Umzug, wo also Wodan auf irgendeine Art mit der Erscheinung verknüpft ist. Auch diese besondere Sagenform ist allen Germanen bekannt. Schon im Mittelalter ist in Deutschland die Benennung *»wütiges«*, *»wütendes Heer«* nachweisbar, und sie hat sich bis in die Gegenwart erhalten.[1] Daneben aber ist aus derselben Grundanschauung auch der Name des Führers gebildet. Dem oberdeutschen *Wuotes heer*, mitteldeutschen *Wudes heer* entspricht auf niederdeutschem Gebiet *Wode*, im Norden *Oden*.[2]

---

1 Der Ausdruck ist zuerst aus dem 12. Jahrh. zu belegen, in des Pfaffen Konrad Rolandslied S. 204, 16 heißt Pharaos vom Meer verschlungenes Heer *sîn wôtigez her;* in Konrads von Heimesfurt *»Urstende«* aus der ersten Hälfte des 13. Jahrh. werden die Juden, welche den Heiland überfallen, *daz wuetunde her* genannt. Im Moritz von Craon 1563 und in Strickers Karl 6810 steht *daz wüetende her*. Michel Behaim im Gedicht von den Wienern 176, 5 redet von *»schreien und wufen als ob es wer das wutend her«*. Zingerle, Findlinge 2, 128 *»des tûvels wûtendez her»*. Im Gedicht von Heinrich dem Löwen nach der Handschrift von 1474 (Maßmann, Denkm. deutscher Spr. u. Lit. S. 132) heißt es: *»da qwam er under das woden her, da die bösen geiste ir wonung han.«* Bei Geiler von Kaisersberg wird das *wütede* oder *wütische heer* (Omeiß 36 ff.), bei Hans Sachs I, III, 696 das *wüetend her* erwähnt. Bei v. d. Hagen Gesamtabenteuer Nr. 55, 1290 begegnet die Beschwörung:

bî deus salter ich dich swer
und bî wutungis her.

Also darf die Bezeichnung wütiges, wütisches oder wütendes Heer als ziemlich alt erachtet werden. *woden her, wutungis her* sind nur abgeschliffene participia praesentis vgl. Weinhold, Mhd. Grammatik § 219 und 401 und dürfen nicht persönlich im Sinne von Eigennamen ausgelegt werden.

2 Auf schwäbisch-alemannischem Gebiet begegnet das *Wuetes* oder *Muotesheer*, auch schlechthin *'s Wuetes* genannt; vgl. E. Meier, Sagen aus Schwaben 1, 103 ff.; Birlinger, Volkstümliches aus Schwaben 1, 89 ff.; *Wuetes heer* auch in Bayern, Panzer, Bayer. Sagen 2, 67; Schmeller, Wb. 2, 1056; *Wotn* mit Frau Holke in Östreich, Vernaleken, Mythen und Bräuche in Östreich 23 ff. *Wudesheer* in der Eifel, Wolfs Zeitschrift f. Myth. 1, 316. Die nds. Sagen vom *Wode* bei Müllenhoff, Sagen der Herzogtümer Schleswig-Holstein und Lauenburg 372 ff.; Bartsch, Sagen aus Mecklenburg 1, 3 ff. Alle norddeutschen Sagen zusammenfassend bespricht W. Schwartz, Der heutige Volksglaube und das alte Heidentum, 2. Aufl. Berlin 1862. In Schweden heißt es beim Sturm: *det är Odens jagt, Oden far förbi, Oden jagar*. Der Volksglaube kennt auch *Odens* Pferd und Hunde; vgl. Hyltén-Cavallius. Wärend och Wirdarne S. 214 ff.; Lundgren, språkliga intyg om gudatro i Sverige S. 29 ff. Das älteste Zeugnis steht im Reinfried von Braunschweig um

Man muss demnach auf einen Sturmgeist *Wode* schließen, dessen Name zu Wodan ebenso sich verhält wie im Norden *Od*, der Gemahl der Freyja, zu *Odin*. Zugrund liegt das germanische Beiwort *wôðaz*[1], wütig, rasend. Als der Wütige, als Wode wurde offenbar schon in Urzeiten der Sturmwind persönlich gedacht. Mit besonderen Eigenschaften ausgestattet haftet diese Gestalt fest im Volksglauben. In Westfalen jagt Hakelberg oder Hakelbernd, der Mantelträger.[2] Die verstreuten Züge der einzelnen Sagen vereinigen sich zum Bilde eines Reiters, der auf schwarzem oder weißem Rosse, mit breitem Schlapphut bedeckt[3] und in einen Mantel gehüllt, zur Nachtzeit durch die Lüfte fährt.

Was in deutscher Überlieferung mehrfach vom wilden Jäger in irgendwelcher Gestalt berichtet wird, ist im Norden an Odins Namen geknüpft, weshalb zu vermuten, dass es einst von Wode galt. Der gespenstische Reiter spricht zuweilen bei einem Schmiede vor, um sein Ross beschlagen zu lassen. In Winter 1208 wohnte ein Schmied zu Nesjar. Es geschah eines Abends, dass ein Mann geritten kam, ihn um Herberge bat und sein Pferd beschlagen ließ. Der Hauswirt war bereit. Sie standen lange vor Tag auf und begannen zu schmieden. Der Hauswirt fragte: Wo warst du vorige Nacht? Der Gast antwortete: In Medaldal, nördlich in Thelemark. Der Schmied wollte das nicht glauben, weil es unmöglich sei. Er begann nun zu schmieden, doch es ging nicht vorwärts, wie er wollte. Da sagte der Gast: Schmiede

---

1300 (Bartsch's Ausgabe 479), wo es von einer Ritterschar heißt, sie fuhr *»rûschent sam daz Wuotes her«*. Aus dem Anfang des 16. Jahrh. bietet die Zimmer'sche Chronik (Baracks Ausgabe 4, 787[a]) *»Wuotes her«*.

1 Got. *wôds*, wütend, besessen; an. *óðr* wütend; ags. *wôd*, toll, wütend; ahd. *wuot* (Otfrid I 19, 18 *gote-wuoto*, der Wüterich, von Herodes). *Wôd* als Eigenname des Thüringerkönigs steht im ags. Gedicht Wîdsîð 30.

2 Die Sagen von Hakelberg oder Hakelbernd bei Kuhn und Schwartz, Norddeutsche Sagen Nr. 203, 265, 281. Kuhn, Märkische Sagen S. 23. P. Zimmermann, Die Sage von Hackelberg, dem wilden Jäger, in der Zeitschrift des Harzvereins 12, 1879, 1 ff. *hakolberand*, Mantelträger als altsächsischen Beinamen des Wode erklärt J. Grimm, Myth. 875.

3 Die schwäbische Sage kennt das Gespenst als Schimmelreiter, Breit-, Lang-, Schlapphut, E. Meier, Sagen aus Schwaben l, 93, 99.

du so, wie es von selber werden will. Da wurden größere Hufeisen daraus, als der Schmied je zuvor gesehen hatte. Sie passten aber genau dem Pferde, und er beschlug es. Da sprach der Gast: Du bist ein unverständiger und unweiser Mann. Warum fragst du nichts? Der Schmied sprach: Was für ein Mann bist du oder woher bist du gekommen oder wohin willst du gehen? Er antwortete: Von Norden bin ich aus dem Lande hergekommen, und hier habe ich nun mich lange in Norwegen aufgehalten, und ich habe jetzt vor, südwärts ins Schwedenreich zu fahren, und lange bin ich jetzt auf Schiffen gewesen, aber nun muss ich mich auf einige Zeit ans Pferd gewöhnen. Der Schmied sprach: Wohin gedenkst du heut Abend? Südwärts nach Sparmork, sagte er. Das kann nicht wahr sein, sagte der Hauswirt, denn das kann man kaum in sieben Tagen reiten. Der Gast bestieg das Pferd. Der Hauswirt sprach: Wer bist du? Er antwortete: Hast du den Odin nennen hören? Hier kannst du ihn jetzt sehen, und wenn du dem nicht glaubst, was ich gesagt habe, so sieh nun, wie ich mit meinem Pferde über den Zaun setze. Das Pferd hufte da; er gab ihm die Sporen und setzte über den Zaun, ohne ihn zu berühren. Sieben Ellen hoch war der Zaun. Darauf sah der Schmied seinen Gast nicht mehr. Vier Nächte darauf wurde eine große Schlacht geschlagen.[1] Unter den deutschen Seitenstücken ist die Sage vom Rodensteiner hervorzuheben, der, wenn ein Krieg bevorsteht, bei grauender Nacht in die Burg Schnellert zieht. Ein Zeuge im Jahre 1758 sagte aus: Vorzeiten solle sich dieser Geist auch in Grumbach (eine Stunde von Schnellert) vor einem Haus, worin ehedessen ein Schmied gewohnt, gemeldet haben und gemeiniglich allda die Pferde beschlagen lassen.

Von einem Teufelsgespenst werden in Sagen des Mittelalters häufig Helden mittelst eines wunderbaren Rosses oder Mantels weithin durch die Lüfte getragen. Vermutlich nahm sie Wode auf sein Ross und hüllte sie in seinen Mantel. So ist es in einer nordischen Odinssage der Fall. Des Jünglings Hadding, der ver-

---

1 Hákonarsaga Sverrissonar Kap. 20 (Fornmanna sögur 9, 55); zum Rodensteiner, Uhland, Schriften 7, 609. Vgl. auch Zingerle, Tiroler Sagen Nr. 5.

lassen umherirrte, auf Rache für seinen erschlagenen Vater sinnend, nahm sich ein alter, einäugiger Mann an. Als einmal Hadding fliehen musste, brachte ihn derselbe Greis auf seinem Rosse nach seiner Wohnung, erquickte ihn durch ein köstliches Getränk und verhieß ihm davon einen Zuwachs seiner Körperkraft. Zugleich verkündigte er ihm die Zukunft und gab ihm an, wie er sich verhalten solle. Darauf brachte der Alte den Jüngling auf dem Pferde zur vorigen Stelle zurück. Hadding, der durch die Öffnung des Gewandes, mit dem er bedeckt war, schüchtern hinausblickte, sah, wie das Ross über dem Meer hineilte. Auf des Alten Warnung aber wandte er die erstaunten Augen von dem schauderhaften Wege. Hier also zeigt sich der gespenstische Schimmelreiter dem Menschen gnädig und hilfreich.[1]

Die Sage lässt den gespenstischen Reiter im Windsgebraus einem Weibe nachjagen.[2] Besonders den Waldfrauen stellt der wilde Jäger nach. Als stürmische Werbung oder als Verfolgung kann dieser Aberglaube ausgelegt werden. Auf hohem weißem Rosse, von Hunden begleitet, zieht der Wode durchs Land, um die Unterirdischen zu erjagen. Einmal vermochte er lange nichts zu fangen, bis ihm ein Bauer riet, sich zu waschen und das Pferd stallen zu lassen. Der Wode tat es. Bald kam er wieder zurück und hatte mehrere Unterirdische gefangen, die mit ihren langen blonden Haaren zusammengebunden von seinem Pferde herabhingen. Nach schwedischem Glauben jagt Oden die Waldfrau, die mit flatterndem Haare vor ihm flieht. Einmal sah man ihn von seiner nächtlichen Fahrt zurückkommen. Das getötete Weib hatte er über dem Sattel hängen.

---

1 Von deutschen Sagen gehören hierher die Geschichten von Heinrich dem Löwen, Reinfried von Braunschweig, vom Möringer, von Thedel von Walmoden u. dgl. Simrock, Myth.[5] 179 ff. Die Haddingsage bei Saxo 1, 12 ff. Der Anruf, der im Lübecker Schwerttanzspiel noch im 16. Jahrh. begegnet: *hellige Wode, nû lên mi dîn pêrd!* weist auf den Glauben, dass der Wode seine Günstlinge aufs Pferd nimmt. Müllenhoff, ZfdA. 20, 13.

2 Die wilde Jagd auf ein Weib E. H. Meyer S. 247. Der Wode als Verfolger der Frauen bei Müllenhoff, Sagen aus Schleswig, Holstein und Lauenburg Nr. 500; Bartsch, Sagen aus Mecklenburg 1, S. 7/8, 11/12; Oden bei Hyltén-Cavallius, Wärend och Wirdarne S. 215.

In Zusammenhang mit diesen Sagen steht wohl die Geschichte von *Odr*.[1] Freyja vermählte sich dem Manne, der Odr hieß. Odr aber zog fort in ferne Lande, Freyja blieb weinend zurück, und ihre Tränen sind rotes Gold. Freyja hat viele Namen; das kommt daher, dass sie sich selbst verschieden benannte, als sie zu fremden Völkern kam, um den Odr zu suchen. Das Verhältnis ist freilich umgekehrt, indem das Weib den Mann zu erjagen sucht. Außerdem ist alles Wilde und Stürmische aus der Sage gewichen, die im Lichte einer milden und neuen Dichtung erglänzt.[2] Trotzdem darf daraus vielleicht ein mittelbares Zeugnis für das frühe Vorkommen dieser Sagenform auch im Norden entnommen werden.

Die Seelen gehen in den Wind und ziehen im Winde um. Aber sie fahren auch in Berge ein. Solcher Totenberge ist die Volkssage voll, und sie bringt den Umzug des Seelenheeres oft damit in Verbindung, indem es aus Bergen hervorgeht und hernach wieder in Bergen verschwindet. Allbekannt sind die bergentrückten, schlafenden Könige und Helden, eine oft wiederholte Neubildung des allgemeinen Aberglaubens. Im Jahr 1117 wurde Graf Emicho getötet. Er ging wie alle eines gewaltsamen Todes Verstorbenen ins wütende Heer ein. Bei Worms zeigte es sich 1123. Mehrere Tage lang kamen Scharen bewaffneter Reiter aus einem Berge hervor und kehrten dahin wieder zurück. Einer aus der Schar wird beschworen und gibt Auskunft: sie seien die Geister gefallener Krieger.[3] Man glaubt auch vom Wind, er ruhe

---

1 *Oþs mey* heißt Freyja in Vǫl. 25; auf das Liebesverhältnis geht Hyndl. 48 »dem Od liefst du immer sehnsüchtig nach«. Einar Skulason (SE. I 424) in der ersten Hälfte des 12. Jhs. nennt Freyja *Oþs beþvina*, Ods Bettgenossin, die dem Geliebten nachweint. Sonst ist Od nicht nachzuweisen. Die Sage erwähnt kurz Gylfaginning Kap. 35.

2 Dass die Sage stark umgebildet wurde, vielleicht unter dem Einfluss der antiken Erzählung von Venus und Adonis (Bugge, Christiania Morgenbladet vom 16. Aug. 1881), unterliegt kaum einem Zweifel; vgl. auch H. Falk, aarböger for nordisk oldkyndighed og historie 1891 S. 275; Weinhold im Mythos vom Wanenkrieg (Berliner Sitzungsberichte 1890 S. 611 ff.) meint, Odin als wilder Jäger verfolge die Gullweig-Freyja, die Sonnenfrau. Also auch da wäre mittelbar die Jagd auf die Frau nachweisbar.

3 Chron. Urspergense ad ann. 1123.

in Bergen und breche dann zuzeiten daraus hervor. Dass Wode das Totenreich im Schoß der Berge beherrschte, nachdem er die Toten in sein Heer versammelte, darf als sehr wahrscheinlich gelten, obschon trotz den vielen Sagen von bergversunkenen Helden und Heerscharen kein bestimmtes Zeugnis von Wode im Berge spricht. Aber man darf einerseits auf die zahlreichen Wodansberge in Niederdeutschland und Mitteldeutschland hinweisen, die nicht bloß als Kultstätten Wodans, sondern auch als Aufenthalt Wodans gedacht werden können, andererseits auf die nordische Sage, wo Odin sich den Alten vom Berge, Bergesgott[1] nennt. König Sveigdir fuhr aus, Odin und das Heim der Götter zu suchen. Im östlichen Schweden heißt ein Gehöft zum Steine *(at Steini)*, der Stein ist so groß wie ein ansehnliches Haus. Abends nach Sonnenuntergang, als Sveigdir vom Trunk zum Schlafhaus ging, erblickte er einen Zwerg unter dem Steine sitzen. Sveigdir und seine Leute waren angetrunken und liefen zum Steine. Der Zwerg stand am Eingang, rief Sveigdir an, hereinzukommen, wenn er Odin besuchen wolle. Sveigdir lief in den Stein, der sich alsbald hinter ihm zutat. Niemals kehrte Sveigdir zurück.[2] Merkwürdig ist auch die Benennung *Walhall* für einige schwedische Berge.[3] Schwerlich sind sie nach der

---

1 Reginsmǫl 18 *karl af bjargi; Fjallgautr* SE. 1, 258; *Fjallgeiguðr* SE. 2, 555.

2 Ynglingasaga Kap. 15. Die Strophe des Ynglingatals, die von Sveigdir erzählt, scheint allerdings eine ganz andere Sage vorauszusetzen: den Mythos von der hinter dem Berg hinabsinkenden Sonne, Odins Besuch bei Gunnlod im Berge; vgl. Noreen, Uppsalastudier 200 ff. Aber Snorri geht offenbar von der Vorstellung aus, man komme zu Odin durch Eintritt in den Schoß der Berge.

3 Rietz, svenskt dialekt-lexicon S. 789 *Valhall*, Namen einiger Berge, auf denen vorzeiten Felsen zum Herabstürzen *(ättestupor)* waren. Ein solcher findet sich in Blekingen (Hellaryds sokn) nahe der Kirche, und nach alter Sage stürzten sich die Leute in den unterhalb des Berges gelegenen *Valsee* (Totensee), der jetzt fast ganz vertrocknet ist. Ein solcher Felsen kommt auch beim Berg Valhall in Vestergötland (Kylingareds sokn) vor; ebenso auf dem Berg Valhall in Gemshögs sokn. Auf dem Hålleberg in Vestergötland heißt der Gipfel Valhall, und die Sage erzählt, dass die, welche sich herabstürzten, in einem jetzt überwachsenen Teich, der Odins Quelle *(Ons-källa)* hieß, gewaschen wurden. – Die Felsen zum Herabstürzen be-

himmlischen Halle genannt. Vergeblich sucht man nach einem Grund solcher Übertragung. Man begreift, dass geräumige irdische Säle und Hallen, um ihre besondere Pracht anzudeuten, auf Island und in Grönland Walhall heißen. Aber warum ein Berg? Vielmehr dürfte gerade am Bergnamen das Ursprüngliche haften. Walhall ist die Halle der Kampftoten. Die Seelen der Erschlagenen hausen aber im Berge und ziehen im wütenden Heer. Die Schilderung von Odins himmlischer Halle, die von einem Gitter mit wunderbarer Pforte umschlossen, von einem reißenden Fluss umströmt ist, lässt noch deutlich erkennen, dass darunter die Hölle, das unterirdische Totenland gemeint ist, das erst später in himmlisches Licht erhoben wurde, ohne darin seine düstere Herkunft verleugnen zu können.[1] Odin in Walhall stand wohl ursprünglich dem Wode, der mit dem Totenheer im Berge sitzt, gleich. Auch hierin waltet die Nachtseite in Odins Art vor, der als Odr gleich Wode aus dem finstern Sturm- und Seelengott hervorging. Ebenso zeigt sich dieser Zug in der nordischen Benennung Odins als des Herren der Gespenster und Gehängten.[2] Die eines *gewaltsamen Todes* starben, kommen ins wilde Heer, nach Walhall in den Berg. Vergeistigt und vertieft erscheint der Gedanke im Walhall nordischer Skalden: die den *Heldentod* starben, gehen nach Walhall zu Odin.

Der Wode hat Einfluss auf Ackerbau und Gedeihen der Frucht. In Mecklenburg ließ man einige Ähren stehen, die zur Garbe zusammengebunden wurden. Die Schnitter traten im Kreis darum und riefen: *Wode, Wode, hale dinem rosse nu voder!* Sie opferten also dem Beherrscher des Windes.[3] Denn vom Win-

---

gegnen in der jungen Gautrekssaga K. 1 u. 2, wo die alten Leute sich herunterstürzen, um zu Odin nach Walhall zu fahren.

1 Walhall als unterirdisches Totenreich fasst Schullerus, Beiträge 12, 227 u. 258 ff.

2 *drauga dróttinn, hanga dróttinn* Yngl. Kap. 7; bei den Skalden *hangatýr, hangaguð*, SE. 1, 84, 230, 232 u. ö. *galga valdr*, Islendinga sögur 1, 307.

3 J. Grimm, Myth. 1, 141 nach Gryses 1593 erschienenem Spegel des antichristischen pawestdoms. *»daher denn ok noch an dissen orden dar heiden gewanet, bi etliken ackerlüden solker avergelövischer gebruk in anropinge des*

de hängt die Saat vielfach ab, und es ist gut, ihn günstig zu stimmen. Auf adligen Höfen wurde, wenn der Roggen ab war, den Schnittern Wodelbier gereicht. Auf Wodenstag soll man keinen Lein jäten, damit Wodens Pferd den Samen nicht zertrete. Im Schaumburgischen schlägt man beim Erntebier mit den Sensen zusammen und ruft dabei: *Wold, Wold, Wold!* Unterbleibt die Feierlichkeit, so ist das nächste Jahr Misswachs an Heu und Getreide. Am Steinhuder See entzünden die Burschen nach der Ernte ein Feuer und rufen, wenn die Flamme lodert, unter Hutschwenken: *Wauden, Wauden!* In *Wold* und *Wauden* soll nur der Göttername verderbt sein. In Bayern[1] gehört der Ährenbüschel für den *Waudlgaul,* Bier, Milch und Brot, das man dabei stehen lässt, für die *Waudlhunde,* die in der dritten Nacht kommen und fressen. Wer nichts stehn lässt, über dessen Felder geht ein gespenstischer Kornverderber. Im vorigen Jahrhundert galt noch ein Erntefest, die *Waudlsmähe* genannt, wo man den schwarzen Rossen des Waude Futter aussetzte. Waude ist wohl als *Woude = Wuote* zu verstehen. Entsprechend wird von Passau bis Pressburg das *Wudfutter* ausgesetzt. Das Volk im Aargau freut sich, wenn das *Guetisheer* schön singt, denn dann gibt's ein fruchtbares Jahr. In Schonen und Blekingen blieb es lang Sitte, dass die Ernter auf dem Acker eine Gabe für Odens Pferde zurückließen;

Woden tor tid der arne gespöret werd, und ok oft desülve helsche jeger, sonderliken im winter des nachtes up dem velde, mit sinen jagethunden sik hören let.« Vgl. auch Bartsch, Sagen aus Mecklenburg 2, 307. Die weiteren nds. Bräuche bei Grimm a.a.O. Von diesen Wodeopfern handelt ausführlich, aber unkritisch U. Jahn, Die deutschen Opferbräuche S. 163 ff.

1 Den bayr. Brauch des *Waude-Opfers* verzeichnet Panzer, Beitrag zur deutschen Myth. 2, 216; J. Grimm, Myth. 3, 59; *Woude* für *Wuode,* ou = uo Weinhold, Bayr. Gr. § 103. Das *Wudfutter* U. Jahn, Die deutschen Opferbräuche 1884 S. 165; übers *Guetisheer* Rochholz, Schweizersagen aus dem Aargau 1, 91. Über das schwed. *Odinsopfer* J. Grimm, Myth. 1, 140; Hyltén-Cavallius, Wärend och Wirdarne 212. Was mit Wodan und seinen Beziehungen zum Ackerbau zusammenhängt, sammelt U. Jahn a.a.O. besonders S. 163 ff.; nur zieht er allzu viel Unbrauchbares heran z. B. den *»Vergodendeel«,* dessen wahre Bedeutung Knoop, Zeitschr. f. Volkskunde 3, 41 ff. erkannte.

ebenso in Småland. Der Wode auf seinem Rosse dahinreitend, von seinen Hunden begleitet, brachte also nach dem Volksglauben den Äckern Fruchtbarkeit und wurde darum mit Opfer verehrt. Da der Brauch gleichmäßig übers ganze germanische Gebiet sich erstreckt, reicht er sicherlich in hohes Altertum zurück. Dazu stimmt, dass Odin nach dem Zeugnis der Ynglingasaga in Schweden schon zur Zeit des Heidentums beim Winteropfer um Jahressegen und Wachstum angerufen wurde. Im färöischen Liede vermag Odin in einer Nacht ein Getreidefeld aufwachsen zu lassen.[1]

2. Wode und Wodan

Wie hängen nun *Wode* und *Wodan* zusammen? Beide Namen gehören zusammen, beide Gestalten sind im Norden nimmer auseinander gehalten. Nur in einer Sage, die allerdings schon alt ist, begegnete *Odr,* sonst konnten wir den deutschen Sagen von Wode im Norden immer nur solche von Odin gegenüberhalten. Die Vorstellungen, welche mit Wode verknüpft sind, wurzeln durchweg im uralten Volksaberglauben. Wode und sein wütendes Heer erscheinen nur als eine offenbar uralte und allen Germanen vom Süden bis zum Norden bekannte besondere Form der unter einem Führer umziehenden Geisterschar, die dem Seelenglauben aller Völker zugehört. Hat die Schar einen Führer, so ist dieser entweder durch den Hang zu fassbaren Einzelgestalten, wie er in der Volkssage waltet, als besonderer Vertreter der Gesamtheit entstanden oder in Anlehnung an bestimmte örtliche und geschichtliche Vorkommnisse neu hinzugetreten, so, wenn Könige, Helden, Feldherrn, Burgherrn aller Zeiten einander nach von der Volkssage mit der Führerschaft des Totenheeres betraut werden. Der letztere Fall kann bei Wode kaum infrage kommen, dass etwa ein germanischer Gott zum Heerfüh-

1 Ynglingasaga Kap. 8; Lokka táttur 10 bei Hammershaimb; færöiske kvæder 1, 140.

rer wurde und nach ihm die Schar den Namen trug. Andererseits gehören Wode und das wütende Heer unlöslich zusammen. Die Sprache lehrt, dass **wôdaʒ* wütig und **wôdjan* wüten denselben Begriff als Eigenschaftswort und Zeitwort enthalten. Die Erklärung liegt nahe, dass die Germanen das Heer der Seelen als das wütende benannten, wie es auch das wilde heißt, womit auch sein Erscheinen in der Wut des Sturmes angezeigt ist. Aus dem gleichen Begriff, welcher den Namen der Geisterschar schuf, leitete sich die Bezeichnung des Führers ab. Das Eigenschaftswort erhielt nach und nach den Rang eines Eigennamens. Wode ist als das wütende Heer in einer bestimmten Person verkörpert zu deuten, wie ja der Sturm auch als Riese persönlich wird, und diese auf dem allgemeinen, daneben in zahllosen Sonderbildungen fortwuchernden Aberglauben begründete Volkssage dürfte schon in der germanischen Urzeit entstanden sein.

Wie eine längere Form neben der verkürzten steht *Wodan*[1]

1 Die urgermanische Form des Namens war *wôdanaʒ*, as. *Wôdan*, ags. *Wóden*, anorw. aisl. *Oþenn Oðinn*, aschw. *Oþan;* zu den nordischen Formen Noreen, An. Gr. 1. Aufl. § 167, 3 b; ebenda 2. Aufl. § 228, 1. Über Suffix *-ana* Kluge, Nominale Stammbildungslehre § 20, Brugmann, Grundriss 2 § 67, S. 144. Im Althochdeutschen kommt zwar der Gott selber nicht vor, aber der Name teils als Appellativum *wuotan, tyrannus, herus malus* in Glossen, teils als Mannsname *Wuotan* in Urkunden; Belege bei J. Grimm, Myth. 1, 120; 3, 48 ff. Der ahd. Name ist natürlich vom Gott abgeleitet und zeigt, dass Wodan in der späteren Zeit des Heidentums auch im Süden nicht unbekannt war. Die Erklärung des Namens hat vom Begriff *»Wut«* auszugehen. J. Grimm, Myth. 1, 121 schlug vor das Verb. *wadan wôd*, an. *vaða* óð, waten, durchdringen. Wôdan sei demnach das allmächtige, alldurchdringende Wesen, *qui omnia permeat*. Die Ableitung ist viel zu geistig. Zimmer, ZfdA. 19, 172, 179 f., Mannhardt, ebenda 22, 4 stellen den indischen Windgott *Vâta* als Urbild des german. Wodan auf. Ihnen folgen Mogk und E. H. Meyer. Doch *vâta* ist idg. *u̯ēto,* gr. αφήτης Brugmann, Grundriss 2 § 79, S. 210, eine Nebenform zu *u̯ento,* Wind, und entspricht lautlich keineswegs Wodan. Im Anschluss an Zimmers Behauptung zeigt V. Rydberg, undersökningar i germanisk mythologi 2, 29 ff. das glänzende Bild des *Vâta-Vâyu* als Sturm- und Kriegsgott, natürlich um Wodans Gestalt als indogermanisch zu retten. Man lernt nur, wie sich eine solche Göttergestalt aus der Naturbeseelung, aus dem persönlich gedachten Sturm auch anderswo entwickeln kann. Kluge (bei Bradke, Dyâus Asura, Halle 1885, S. X Anm.)

neben *Wode.* Man möchte zunächst geneigt sein, Wode als jüngere Verkürzung aus Woden, Wodan wie schwedisch Ode aus Oden, Odin zu nehmen, besonders da Wode nur aus späterer Überlieferung vorliegt. Und dann wäre auch der Schluss erlaubt, Wodan lebe in Wode noch fort. Nachdem aber gerade die alte nordische Überlieferung zwischen *Odr* und *Odin* unterscheidet, müssen *Wode* und *Wodan* entsprechend auseinander gehalten werden. Überblickt man die gesamten Nachrichten von Wodan-Odin, so ergibt sich, dass Wode allerdings in Wodan aufging, aber daneben zeigt Wodan ganz andere Züge, welche wir an Wode vermissen. Wode ist ein Gespenst, Wodan ein Gott, in Wode ist nur die dunkle, nächtige Seite hervorgekehrt, bei Wodan die helle, lichte. Dem Wode wird kein andrer Dienst gespendet als den übrigen Seelengeistern, Wodan wird um Sieg und Heldentum angerufen und lenkt vom hohen Himmel die Geschicke der Völker. Aber in Wodan fehlt trotzdem nicht der dunkle Untergrund. Der Schluss liegt nahe: Wodan ist der vergöttlichte Wode. Helles Himmelslicht fiel auf den Sturmgeist, der als Gott in den Himmelssaal aufstieg und über die älteren Götter den Sieg davontrug. Wenn Wode gemeingermanisch ist, Wodan aber nur einzelnen Stämmen gehört, so darf das nicht etwa so ausgelegt werden, als wären in der christlichen Zeit die hellen und freundlichen Züge des Gottes verblasst und nur die finstern übrig geblieben, ja vielleicht noch feindselig gesteigert und vermehrt worden. Die dunkle Seite in Wodans Wesen ist schon im Heidentum entwickelt und muss als die ursprünglichste gelten. Wode aber ist, wie besonders die reiche nordische Überlieferung vermuten lässt, teils in Wodan aufgegangen, teils lebte er in der alten Weise neben ihm fort und hat ihn so auch um Jahrhunderte überdauert. Somit muss an der Trennung zwischen Wode und Wodan festgehalten werden. Die

---

vermutet idg. *u̯âtenós* (lat. *vates,* air. *fáith*), germ. *wôdanaʒ,* Herr des Gesanges. Gleich der Deutung J. Grimms nimmt auch die Kluges Wodan in seiner höchsten und letzten Entwicklung zum Ausgangspunkt, verzichtet auf die nächstliegende natürliche Anknüpfung und sucht eine künstliche auf. Das Rechte sah schon Adam von Bremen, wenn er sagt: *Wodan id est furor.*

Namen gehören freilich zusammen: Wodan ist nichts als eine durch Ableitungssilbe weitergebildete Form von Wode. Der Anlass hierzu entzieht sich unserem Ermessen, auch ob irgendein anderer Sinn mit dem Namen Wodan sich etwa verband. Vielleicht soll damit nur eine Verschiedenheit des Gottes von dem im Volksbewusstsein fest wurzelnden Sturmgeist erzielt werden. Wodans Göttlichkeit, im Vergleich zu Wode dem Seelenführer, liegt namentlich in ZWEI Merkmalen: Wodan ist HERR DES SIEGES und damit des Völkergeschickes und DES GEISTES; die letztere Seite ist namentlich im Norden hoch entwickelt, darf aber wohl auch für Deutschland vorausgesetzt werden. Kein Gott bei den verwandten Indogermanen gleicht Wodan mehr als Hermes-Merkur, der auf ähnliche Art wie Wodan aus einem Windgott zu einem Gott des Geistes sich entwickelte. Da Wode in die germanische Urzeit zurückreicht, nicht aber Wodan, der vielmehr erst in den Jahrhunderten nach Chr. auf Kosten älterer Götter zu Macht und Ansehen gelangte, da Wodans Kult von niederdeutschem Gebiet, aus den Völkern, die zur fränkischen und sächsischen Gruppe gehören, sich verbreitete, und in ihm offenbar eine neue Zeit höherer Kultur sich verkörpert, darf wohl die Frage aufgeworfen werden, ob nicht Wodan etwa am Unterrhein, wo römische Kultur auf die germanischen Stämme herüberströmte, aus Merkur hervorging. Nicht eine Nachahmung römischen Vorbildes soll damit behauptet, nur die Vermutung, es könnte ein Anstoß zu Wodan durch die Bekanntschaft mit Merkur gegeben worden sein, ausgesprochen werden. Der Verkehr zwischen Germanen und Römern in den Rheinlanden brachte gegenseitige Mitteilungen mit sich. Die deutschen Götternamen wurden übersetzt und in der interpretatio romana von den Germanen gutgeheißen.[1] Merkur als Seelenführer, als stürmischer

---

1 Die Übersetzung Wodans mit Merkur ist sehr treffend, da beide Götter einander wesensgleich sind. Merkur ist Windgott und stürmischer Liebhaber, Seelenführer, Förderer der Fruchtbarkeit, Gott der Erfindung und Listen usf. Er trägt Hut und Stab, die Wünschelrute. Vgl. Roscher, Hermes als Windgott, Leipzig 1878, S. 104 ff. Nur die kriegerische Seite, das Heldentum, gehört Wodan allein.

Liebhaber der Nymphen, als Beförderer der Fruchtbarkeit, gleicht dem Wode; nimmt man Merkur als Gott des Geistes hinzu, so entsteht Wodan. Die zweite Seite seiner göttlichen Tätigkeit kann Wodan nicht von Merkur bekommen haben. Der Hauptgott der Germanen, Tiuȝ, ist Kriegsgott. Diese Eigenschaft behielt er, auch als Wodan Heervater und Siegvater geworden war. Vielleicht darf demnach behauptet werden, aus Wode entwickelte sich am untern Rhein, als Germanen und Römer dort in ständigen feindlichen oder freundlichen Verkehr traten, als aus diesen Einwirkungen eine neue und höhere germanische Kultur sich erhob, der göttliche Wodan, welcher die geistige Tätigkeit von Merkur, die kriegerische Tätigkeit und seine Stellung als Himmelsgott von Tiuȝ, den er allmählich abzulösen bestimmt war, entnommen hat.

3. Wodan bei den Deutschen

Tacitus berichtet von den Germanen, sie verehrten am meisten den Wodan.[1] Das trifft nicht auf alle Germanen zu, an andern

1 Tac. Germ. 9 *deorum maxime Mercurium colunt, cui certis diebus humanis quoque hostiis litare fas habent.* Ann. 13, 57 im Krieg zwischen Hermunduren und Chatten wird das feindliche Heer dem Tiuȝ und Wodan zum Opfer geweiht. Im Gespräch zwischen Chrothild und Chlodowech, wo die heidnischen Götter dem Christengott gegenübergestellt werden (Gregor Tur. hist. Franc. 2, 29), finden sich zwar offenbar gelehrte Bezüge auf klassische Mythen; mit Mars und Merkur können aber auch Tiu und Wodan gemeint sein. Dass Mercurius die interpretatio romana für Wodan ist, bezeugt außer *dies Mercurii = Wodans dag* Paulus Diaconus I, 9 *Wodan sane, quem adiecta litera Gwodan dixerunt, ipse est, qui apud Romanos Mercurius dicitur.* Jonas von Bobbio, vita Columbani *illi aiunt, deo suo Wodano, quem Mercurium vocant alii, se velle litare.* In einem alten aus dem 10. Jahrh. stammenden Bücherverzeichnis von Werlamacester (J. Grimm, Myth. 1, 110) heißt es: *coluerunt Mercurium, Woden anglice appellatum.* Bei Galfred von Monmouth lib. 6 sagt Hengist zu Vortigern: *ingressi sumus maria, regnum tuum duce Mercurio petivimus. colimus maxime Mercurium, quem Woden lingua nostra appellamus. huic veteres nostri dicaverunt quartam septimanae feriam, quae usque in hodiernum diem nomen Wodenesdai de nomine ipsius sortita*

Stellen zeigt Tacitus selbst ganz andre Gottheiten im Mittelpunkt des Kultes. Vermutlich sind die Germanen am Unterrhein gemeint, von denen die Römer am meisten wussten, sodass Wodan nur bei ihnen, bei den rheinischen oder istvaeischen, nicht auch bei den ingvaeischen und suebischen Stämmen als höchster Gott für die damalige Zeit angesetzt werden darf. Noch später sieht man Wodans Macht im Wachstum begriffen, aus dem Sturm- und Totengott wird der Himmelsherr, der Gott des Krieges und der geistigen Kultur, der die andern uralten und einfacheren Gestalten des germanischen Götterhimmels in Schatten stellt. Am untern Rhein und von da landeinwärts, wo eine Menge römischer Kultur auf die Germanen überging, kam Wodan auf und hatte im 1. Jahrhundert n. Chr. bereits den Sieg errungen.[1] Um eine Vorstellung vom Wesen dieses Gottes zu gewinnen, müssen sorgfältig alle die Züge gesammelt werden, welche auf einen eigentlichen, dem Gott Wodan geweihten Dienst hinweisen, nicht bloß mit dem Aberglauben an den stürmenden Wode zusammenhängen. Die lichte, geistige Seite muss vor der finstern, nächtigen vorherrschen, wo der göttliche Wodan waltet, wenn auch der dunkle Hintergrund, auf dem er sich abhebt, nie ganz verschwinden kann.[2]

---

est. post illum colimus deam inter ceteras potentissimam, cui et dicaverunt sextam feriam, quam de nomine eius Fredai vocamus.

1 Über Wodans allmähliches Aufkommen vgl. Müllenhoff, ZfdA. 18, 251; 23, 8; 30, 219.

2 Auf einem Weihstein im obern Ahrtal bei Blankenheim steht

MERCVRI
CHANNINI

was Siebs ZfdPh. 24, 1 ff. als *Mercurio Channini* liest und aus germanischer Sprache zu deuten sucht. *Channini* soll Dativ eines wg. Num. Sing. *χanni̯ê* sein, dessen Form ahd. as. **henno*, afries. ags. **henna* wäre. Dazu stellt sich der unerklärte mhd. Ausruf *iâ henne!* Henne der Teufel bei Agricola; sächs. fries. *henneklêd*, Totenkleid. Ob Freund Hein, der Tod, daraus etwa verderbt ist? *χanni̯ê* wäre als Töter zu deuten, der Stein ist Wodan dem Totengott, dem Seelenführer geweiht. Wodan-Mercurius zur Zeit des Tacitus war also nach Siebs Totengott. Much, ZfdA. 35, 207 u. Anzeiger 17, 184 stellt *hanno* zu an. *hannarr*, geschickt, kunstfertig, griech. *κοννεῖν*, kennen. Es sei Wodan, der listenreiche Gott gemeint. Aber der nord. Zwergname

Unter den deutschen Stämmen im Norden Deutschlands muss Wodan bereits im 3. und 4. Jahrhundert eine hohe Machtstellung besessen haben. Auf nds. Gebiet wurde der *dies Mercurii* dem Wodan gegeben, bei Sachsen, Friesen, Niederfranken, woran noch heute der Sprachgebrauch festhält.[1] Auf hochdeutschem Gebiet steht seit alters dafür der Name Mittwoch fest, schwerlich weil dadurch ein älterer Wotanstag verdrängt wurde. Haften doch die andern Götternamen auch in den hds. Mundarten. Und warum sollte gerade nur hier die Feindseligkeit der Geistlichen Wodan verdrängt haben, während er sonst ungekränkt blieb? Mit mehr Wahrscheinlichkeit ist anzunehmen, dass die später hochdeutschen Stämme, die Südgermanen, zur Zeit der Einführung der römischen Wochentage einen Gott Wodan, welcher dem Merkur entsprach, nicht gekannt haben. Die Heimat des Wodansdienstes ist Norddeutschland, nur in Ausläufern erstreckte er sich nach dem Süden. Ortsnamen wie *Wodensweg*, *Wodensfeld*, namentlich aber *Wodensberge* sind besonders in Niederdeutschland und in England üblich, *Wodensberge* kommen jedoch auch auf mds. Gebiete, wohl unter fränkischem oder sächsischem Einfluss vor, ein *Wodensberg* bei Bonn und in Hessen. Unter den Bergen sind alte Kultstätten zu verstehen. Für altsächsischen Wodansdienst zeugt die Abschwörungsformel[2], in wel-

---

Hannarr ist sehr bedenklich für diese Etymologie. Scherer, Berliner Sitzungsberichte 1884, 1, 577 dachte an eine Verkürzung: *Mercurio Channini[fatium]*, an Wodan der Canninefaten. Alle Deutungen sind ganz unsicher.

1 Belege bei J. Grimm, Myth. 1, 114 f.; 3, 47. Frühzeitig bietet sich ags. *Wódnes dag;* mfries. aus dem 14. Jahrh. zu belegen, Richthofen, Fries. Wb. 1142, *Wonsdeg;* die mndl. Form lautet schon im 13. Jahrh. *Woensdach;* fürs Niederrhein. bieten Urkunden des 14./15. Jahrh. *Gudestag, Gudenstag*. Ortsnamen mit Wodan bei Grimm, Myth. 1, 138 ff., 3, 58 f.; W. Arnold, Ansiedlungen und Wanderungen deutscher Stämme, Marburg 1877, S. 335; die engl. Namen bei Kemble, the Saxons 1, 343.

2 Die um 772 verfasste Taufformel bei Müllenhoff-Scherer, Denkmäler LI *ec forsacho allum dioboles uuercum and uuordum Thunaer ende Uuôden ende Saxnôte ende allum thêm unholdum thê hira genôtas sint.* Im *indiculus superstitionum* ist *de sacris Mercurii vel Iovis* und *de feriis quae faciunt Iovi vel Mercurio* die Rede.

cher die drei germanischen Hauptgötter, Wodan in der Mitte, vorkommen sowie das Verbot der Wodansopfer. Auf alemannisches Gebiet greift der Wodankult ebenfalls hinüber; allerdings begegnen Zeugnisse erst im 7. Jahrhundert. Die Schwaben saßen um eine gewaltige Bierkufe und hielten Opfer und Gelage dem Wodan zu Ehren.[1] Auf der im Abschnitt über Donar besprochenen Runenspange wird Wodan neben Donar angerufen. Durch fränkischen Einfluss kann Wodan in den letzten Zeiten des Heidentums auch zu den Alemannen gelangt sein. Als die römischen Wochentage ins Deutsche umgesetzt wurden, war er jedenfalls noch nicht bei ihnen. Sonst müsste irgendwo ein oberdeutscher *Wuotanes tac* der Mittawecha oder Mittwocha zur Seite stehen. Im zweiten Merseburger Segensspruch, der wohl aus thüringischem Gebiete stammt, tritt wenigstens Wodans Tätigkeit deutlich hervor. Einem Götterpferd ist auf der Fahrt ein Unfall zugestoßen. Mehrere Göttinnen, denen, gleich allen Frauen, Heilkunde eignet, versuchen umsonst, den ausgerenkten Fuß durch Besprechen einzurichten. Da besprach ihn zuletzt Wodan, wie er es wohl konnte. Wodan ist also der größte Zauberer und Wunderer, er ist stärkeren Heilzaubers mächtig als die übrigen Götter. So geringfügig die Stelle auch scheint, sie eröffnet doch einen weiten Ausblick, sie zeigt den deutschen Wodan im Besitz der gleichen Kräfte, um deren willen der nordische Odin gerühmt wird.

Unter den Angelsachsen war Woden der oberste der Götter.[2] Die Sage wusste, dass die Stämme einst unter seiner Führung

1 Jonas von Bobbio, *vita Columbani*, kurz nach 620 (Mabillon, ann. Bened. 2, 26) *sunt etenim inibi vicinae nationes Suevorum; quo cum moraretur et inter habitatores illius loci progrederetur, reperit eos sacrificium profanum litare velle, vasque magnum, quod vulgo cupam vocant, quod viginti et sex modios amplius minusve capiebat, cerevisia plenum in medio habebant positum. ad quod vir dei accessit et sciscitatur, quid de illo fieri vellent? illi aiunt: deo suo Wodano, quem Mercurium vocant alii, se velle litare.*

2 Alles auf Woden Bezügliche stellte Kemble, The Saxons in England 1, 335–46 zusammen. Die ags. Genealogien bei J. Grimm, Myth. 3, 377 ff.; die um 600 geschriebene *vita Kentigerni* (*Acta sanctorum* 1, 820) nennt *Woden principalem deum Anglorum.* In den Denksprüchen des Exeterbuchs 133 bei Wülcker, Kleinere ags. Dichtungen, Halle 1882, S. 48

vom Festland nach Britannien fuhren. Woden ist der Stammvater aller angelsächsischen Könige. Die Stammtafeln treffen alle in ihm zusammen und spalten sich erst in seinen Söhnen. Zwar gehen die Ahnenreihen noch weiter als Woden hinauf, unter seinen Vor- und Nachfahren begegnen Namen, die teils Wodens Beinamen waren, teils andere Götter, namentlich Tiuʒ und Fréa bezeichneten. Aber gerade hieraus ist zu lernen, dass ältere Stammreihen zwar vorhanden waren, jedoch dem Wodensdienst untergeordnet wurden. Man sieht, wie Woden nach und nach die erste Stelle errang. Hengist und Horsa selber waren Wodens Söhne. Dem Woden wurde um Sieg und Heldentum geopfert.[1] Frija war sein Weib.

Als Siegvater, der im Himmel thront, erscheint Wodan auch in der langobardischen Stammsage.[2] Es gibt eine Insel, die Scadanau heißt, im Norden; da wohnten viele Völker. Unter diesen war

---

Wóden worhte weos, wuldor alwalda
rúme roderas: þæt is ríce god

wird Wodan als der, welcher Teuflisches wirkte, dem wahren allwaltenden Gott, dem Schöpfer der Himmel gegenübergestellt. In *weos* steckt jedenfalls *wóh wó* (as. *wâh*, got. *wâhs*), Böses; Übles, denn der ags. Spruch gibt die Psalterstelle *omnes dii gentium daemonia, dominus autem coelos fecit,* wieder; Vgl. Strobl, ZfdA. 31, 59; an *weo* = *wih,* Tempel, Heiligtum, ist nicht zu denken. Im Neunkräutersegen (Wülcker, a.a.O. 35) werden neun Kräuter aufgezählt, die gegen Gift wirksam sind. Ein Wurm naht und will sie zerreißen. Da nahm Woden neun herrliche Zweige und schlug die Natter, dass sie in acht (Stücke auseinander fiel und) entfloh.

32 ðá *genam Wóden VIIII wuldortánas*
slóh ðá ðá nœddran, ðœt heo on VIII tofléah.

Woden ist also auch hier ähnlich wie im Merseburger Zaubersegen im Besitz kräftigen Zaubers, mit dem er das Böse bannt.

1 Aethelweard im 10. Jahrh. Chron. lib. II Kap. 2 sagt von Hengist und Horsa: *hi nepotes fuere Uuoddan regis barbarorum, quem post, infanda dignitate, ut deum honorantes, sacrificium obtulerunt pagani, victoriae causa sive virtutis.* – – *Wothen, qui et rex multarum gentium, quem pagani nunc ut deum colunt aliqui.*

2 Die Sage steht in der um 670 entstandenen *origo gentis Langobardorum in M G. leges* 4, 641; ausführlicher erzählt Paulus Diaconus *de gestis Langobardorum* 1, 7 u. 8; die Texte auch bei Carl Meyer, Sprache und Sprachdenkmäler der Langobarden, Paderborn 1877, S. 108 u. 118. Die Sage gebe ich nach der Übersetzung von O. Abel, Paulus Diaconus und die übrigen Ge-

ein kleines Volk, das man Winniler nannte; und bei ihnen war ein Weib mit Namen Gambara, die hatte zwei Söhne: der eine hieß Ybor, der andre Agyo. Die führten mit ihrer Mutter Gambara die Herrschaft über die Winniler. Es erhoben sich nun gegen sie die Herzoge der Wandalen Ambri und Assi mit ihrem Volk und sprachen zu den Winnilern: Entweder zahlet uns Zins oder rüstet euch zum Streit und streitet mit uns. Darauf antworteten Ybor und Agyo mit ihrer Mutter Gambara und sprachen: Es ist besser für uns, zum Streit uns zu rüsten, als den Wandalen Zins zu zahlen. Da baten Ambri und Assi, die Herzoge der Wandalen, Wodan, dass er ihnen Sieg verleihe über die Winniler. Wodan antwortete und sprach: Die ich bei Sonnenaufgang zuerst sehen werde, denen will ich Sieg geben. Zu derselben Zeit gingen auch Gambara und ihre Söhne Ybor und Agyo, die Fürsten der Winniler waren, hin und baten Frea, Wodans Frau, dass sie den Winnilern helfe. Da gab Frea den Rat, wenn die Sonne aufgehe, sollten die Winniler kommen, und die Weiber sollten ihr Haar wie einen Bart ins Gesicht hängen lassen und mit ihren Männern kommen. Da ging, als der Himmel hell wurde und die Sonne aufgehen wollte, Frea, die Frau Wodans, um das Bett, wo ihr Mann lag, und richtete sein Antlitz gen Morgen und weckte ihn auf. Und als er aufsah, so erblickte er die Winniler und ihre Weiber, wie ihnen das Haar um das Gesicht hing. Und er sprach: Wer sind diese Langbärte? Da sprach Frea zu Wodan: Herr, du hast ihnen den Namen gegeben, so gib ihnen nun auch den Sieg. Und er gab ihnen den Sieg, sodass sie nach seinem Ratschluss sich wehrten und den Sieg erlangten. Seit der Zeit sind die Winniler Langobarden geworden.

Die Auslegung des Namens als Langbärte (longibarbi) ist natürlich nur volksetymologisch. Aber die Sage zeigt, dass Wodan

schichtsschreiber der Langobarden, Berlin 1849, S. 1 ff. Vgl. auch Bethmann, Archiv 10, 351 ff. Die Brüder Grimm gaben die Erzählung in den Deutschen Sagen, Bd. 2, Nr. 390. Dass dem Berichte der lateinischen Quellen unmittelbar ein stabreimendes langobardisches Lied zugrunde liegt, erweisen Kögel, Geschichte der deutschen Literatur I, 1, 107 ff.; Bruckner, Die Sprache der Langobarden, Straßburg 1895, S. 19 ff.

der siegspendende Gott bei den Langobarden war, dass er um Sieg angerufen wurde. Der Namensfestigung folgte nach altgermanischem Brauch ein Geschenk. Wie Odin und Frigg, so walten hier Wodan und Frea miteinander, aber ihre Gesinnung ist oft entgegengesetzt.

Die langobardische Sage reicht ihrem Ursprung nach jedenfalls noch in hohes Altertum hinauf, sie entstand, solange die Langobarden noch an der untern Elbe den Sachsen benachbart saßen, vor ihrem Zug nach dem Süden, also jedenfalls noch im 4. Jahrhundert. Vermutlich nahmen die Langobarden den Wodansdienst von den Sachsen an und zählen demnach für die damalige Zeit zur norddeutschen Völkergruppe, welche Wodan als höchsten Gott verehrte. Aufgrund der Sage ist auch Wodansdienst der Wandalen anzunehmen. Dass die Ostgermanen überhaupt noch in ihrer alten Heimat, also im 2. Jahrhundert, von ihren norddeutschen Nachbarn Wodan übernahmen, ist sehr wohl möglich.

Ob sonstige Wodanssagen nachweisbar sind, ist zweifelhaft. In nordischer Dichtung ist *Gaut* ein Beiname Odins, in den angelsächsischen Stammtafeln begegnet *Géat* unter den Ahnen Wodens.[1] *Gauts* (hs. *Gapt*) ist der Ahnherr der Amaler. Der Name kann unmöglich mit P. A. Munch und J. Grimm als *»Gießer«*, Schöpfer gedeutet werden, er besagt vielmehr wie *Gautatyr* Volksgott der Gauten.[2] Diese Gauten, die heutigen Göten in Schweden, haben ihren Hauptgott nach sich selber benannt, wie

1 Im Codex Exoniensis wird auf ein Liebesabenteuer *Géats* angespielt.

We ðœt Mœðhilde *monge gefrunon*
wurdon grundléase *Géates frige*
ðœt him séo sorglufu *slǽp ealle binom.*

Wir vernahmen, dass Géats Liebe zu Mæðhild so bodenlos war, dass ihm Liebessorge den Schlaf raubte. Wenn Géat, Gautr Beinamen Wodans sind, dann mag auch diese Sage zu Odins Liebesgeschichten zu zählen sein. Kemble, The Saxons 1, 370.

2 Eine Erklärung der vom Verbum *geotan gaut gutum gotans* gebildeten Volksnamen (*Gautôs* und *Gutans Gotans*), in denen der Begriff überströmender Menge (ags. *mid géotendan here*) liegt, gab Laistner, Württb.

solches bei Saxnot, bei Irmino, Ingwio u. Ä. schon zu beobachten war. Die Frage ist nur, wer war ursprünglich der gautische Gott, der Himmelsgott oder Wodan? Wenn später Odin Gaut heißt, ist damit nicht erwiesen, dass von Anfang an ihm dieser Name zukam. Von Géat wird einmal ein Liebesabenteuer erwähnt. Von Odin weiß die nordische Sage viele Liebesgeschichten. Ist Gaut schon im 4. Jahrhundert, vor der Besiedelung Britanniens, Wodan, ist überhaupt von Anfang an Wodan damit gemeint als Hauptgott der Gauten und Goten, die wie Sachsen, Angeln und Jüten frühzeitig an der Verbreitung Wodans im Norden teilgenommen haben können, dann gehört schon der Hang zu Liebschaften dem deutschen Wodan zu. Dem Wesen des Wode, des Wind- und Sturmgeistes, würde dieser Zug vollkommen, ja fast notwendig entsprechen.

Im Walsungenstamm waltet nach der nur in nordischer Fassung vorliegenden Sage Wodan über das Geschick der Helden. Aus Not und Erniedrigung führt er sein Geschlecht zur Entfaltung der Heldentugend. Dem Sigmund verleiht er ein Wunderschwert und damit Sieg. Aber der Gott entzieht ihm am Ende seiner Laufbahn die gewährte Gunst, an seinem Speer zerspringt das Schwert in Stücke. Die Sigmundsage ist fränkischen Ursprungs. Dass schon bei den Franken Wodan in das Schicksal des Helden verflochten war, ist möglich. Wodan als Stammvater von königlichen Helden ist ja bei den Angelsachsen bezeugt. Wie diese mögen auch die fränkischen Walsunge Wodanskinder gewesen sein.[1] Nach dieser Sage, wenn sie auch sicherlich im

---

Vierteljahrshefte f. Landesgesch. N. F. 1892, S. 9/10. Damit verbietet sich die Meinung von selbst, das Volk sei nach dem Gott benannt; vgl. E. H. Meyer, Myth. S. 234. Für uralten Zusammenhang der Namen Wodan und Gaut können die ags. Namen *Sigegéat* und *Wódelgéat*, ahd. *Wuotilgôʒ*; angeführt werden, d.h. Gaut als der sieghafte Wodan. Zur Etymologie des Volksnamens vgl. noch Axel Erdmann, om folknamen Göter och Goter in der antiquarisk tidskrift för Sverige 1891, del 11, nr. 4.

1 Genaueres über die Walsungensage und Wodans Eingreifen wird unten bei Behandlung der nordischen Berichte mitgeteilt. Dass schon Wodan, nicht erst Odin die Geschicke der Helden lenkte, erwies Müllenhoff, ZfdA. 23, 116ff.

Norden reichlich ausgeschmückt wurde, mischte sich bereits Wodan unter die Menschen, wie es an vielen Beispielen aus nordischer Sage belegt werden kann.

Odin ist nicht allein Herr des Zaubers, sondern auch des Geistes, der Weisheit, Erfinder der Runen. Dass auch Wodan den Geist erregte, ist sehr wahrscheinlich. Die geistige Seite seines Wesens mag im Norden erweitert und vertieft, schwerlich aber erst neu geschaffen worden sein. Schon die interpretatio romana mit Mercurius deutet dies an. Eine der wichtigsten Errungenschaften der Germanen aus dem Verkehr mit den Römern im 1. oder 2. Jahrh. nach Chr. ist die Runenschrift, welche aus dem lateinischen Alphabet stammt. Galt vielleicht Wodan als Erfinder der Schrift[1], als Träger der geistigen Kultur, als Erwecker des Helden- und Dichtergeistes? Unmittelbar beweisen lässt sich die Vorstellung von Wodan, dem Gotte der Erfindung, der geistigen Gewandtheit und Überlegenheit nicht, doch innere Gründe sprechen dafür.

Das Bild des DEUTSCHEN WODAN stellt sich demnach etwa so dar: Wodan, der Gemahl der Frija, thront im Himmel als höchster der Götter. Könige und Helden führen ihre Abstammung auf ihn zurück. Er waltet über Sieg und Heldentum und empfängt darum Opfer. Siegvater ist auch Walvater, die Schlachttoten fallen ihm zum Opfer. Wodan fördert neben dem Waffensieg auch den Sieg der Kultur, des Geistes; er ist im Besitz heilkräftiger Sprache. Als Sturmgott haust er im Schoß der Berge, aus denen er hervorbricht. Auf hohem Ross, mit Mantel und breitem Hut, führt er das wütende Heer, die Schar der Seelengeister. Sein Auszug kündet Krieg, aber er bringt auch den Feldern Fruchtbarkeit. Er ist ein stürmischer Liebhaber, verfolgt Frauen und lässt sich gern auf Liebesabenteuer ein. So verkörpert er mehr den kriegerischen Edeling und abenteuernden Sänger wild be-

1 Im ags. Gespräch zwischen Salomo und Saturn heißt es: Sag mir, wer zuerst Buchstaben setzte? Ich sage dir, Mercurius der Riese *(se gygand)*. Ob mit Kemble, The Saxons in England 1, 339 unter Merkur Wodan zu nehmen ist, ob vom deutschen oder römischen Gott und seinen Fähigkeiten geredet wird, lässt sich nicht entscheiden.

wegter Kampfeszeit als den friedlichen Bauern. Der listenreiche, geistesgewaltige, wutgrimme Gott ist das Idealbild des germanischen Heerkönigs, wie er besonders den istväischen, später fränkischen Stämmen als tüchtigster und treffliechster, vom Standpunkt reiner Moral freilich nicht immer makelloser Held voranleuchtete.[1]

4. Odin im Norden

Nur mühsam gelang es, aus verstreuten Zügen ein einigermaßen zusammenhängendes und anschauliches Bild von Wodan zu gewinnen. Immerhin war es möglich, die Grundlinien zu ziehen. Umso lebendiger und farbenprächtiger tritt Odin aus den reichen nordischen, norwegisch-isländischen Quellen uns entgegen. Die nordische Überlieferung gibt einerseits eine willkommene Ergänzung zur dürftigen deutschen. Sicherlich darf das meiste davon auch für Wodan in Anspruch genommen werden. Die blassen Umrisse erfüllen sich mit Farbe und Leben. Was in Deutschland aus versprengten Trümmern zu ahnen ist, bietet sich im Norden in voller glänzender Beleuchtung. Ein Vergleich mit der Wodanskizze wird ohne weiteres immer zeigen, was unbedenklich aus den nordischen Schilderungen Odins herübergenommen werden darf. Andererseits wird sich sehr viel Neues ergeben, was auf den niederdeutschen Wodan der ersten nachchristlichen Jahrhunderte nun und nimmermehr passt, was als nordische Zutat zu betrachten ist, gleichviel wie man seine Entstehung sich denken mag. Dahin gehört außer Walhall und den Walküren, wobei ja immerhin die Behauptung deutschen Ursprunges zur Not versucht werden kann, mit Sicherheit Odins Stellung in der Weltentwicklung, seine Tätigkeit als Schöpfer, sein Untergang im Weltbrand, seine Beziehung zur Weltesche. Das Schweigen der deutschen Überlieferung ist hier nicht zu-

---

1 Vgl. Dahn, Bausteine 1, 1879 Wodan und Donar als Ausdruck des deutschen Volksgeistes.

fällig, sondern notwendig. Das deutsche Heidentum bot zu solchen Vorstellungen nicht die geringste Voraussetzung.

Odins Wanderungen und Kämpfe mit Nebenbuhlern

Odin ist der oberste der Götter in den norwegisch-isländischen Skaldengedichten, im Kreis der sog. Eddalieder. Am Königshofe, bei den Gefolgsleuten und Dichtern steht er im höchsten Ansehen. Aber der norwegische Volksglaube lässt Thor hervortreten und betrachtet selbst den schwedischen Freyr als Eindringling. Die Sage meldet von der Einwanderung der Asen und Wanen im Norden[1], während Thor seit Urzeiten dort wohnt. Schon Saxo kennt Thrakien und Byzanz als Ursitz der Asen, Snorre bringt die Asen mit Asien in Verbindung und lässt sie aus Skythien und der Türkei durch Gardariki (Russland) in die nördlichen Länder wandern. Dass hier gelehrte Fabeleien vorliegen, bedarf keiner weiteren Ausführung. Aber wenn die Ynglingasaga Odin an Sagland (Westfalen) heftet, beginnen wahre Erinnerungen aufzutauchen. Von Sagland zieht Odin nordwärts zur See und nimmt sich Wohnstätte auf einem nach ihm benannten Eiland, auf Odinsey in Fünen. Von dort entsendet er Gefjon nördlich über den Sund, um Länder zu suchen. Diese pflügt zunächst ein Stück aus Schweden ab und zieht es ins Meer hinaus, Seeland. Odin aber, da er von den guten Ländereien in Schweden vernahm, fuhr selber dorthin und vertrug sich mit König Gylfi, der sich keine Kraft zum Widerstand gegen die Asen zutraute. Am See im alten Sigtun ließ sich Odin nieder und rich-

---

1 Saxo III S. 129 *dii, quibus praecipue apud Byzantium sedes habebatur, Othinum … collegio suo submovendum duxerunt.* Saxo I S. 42 *ea tempestate cum Othinus quidam Europa tota falso divinitatis titulo censeretur, apud Upsalam tamen crebriorem diversandi usum habebat.* Die nordischen Könige schicken seine goldene Bildsäule nach Byzanz. Also schon Saxo weiß von einer Abstammung des schwedischen Odinkultes aus dem Osten. Snorri erzählt das Hierhergehörige im Formáli der Edda Kap. 8–11 und in der Ynglingasaga Kap. 1–5.

tete daselbst eine große Opferstätte nach der Gewohnheit der Asen ein. Seinen Tempelpriestern (d.h. den andern Göttern) wies er Wohnsitze zu: Njord wohnte in Noatun, Freyr in Uppsalir, Heimdall in Himinbjorg, Thor in Thrudwang, Baldr in Breidablik. Die Namen der Göttersitze haben allein für Odin und Freyr Bedeutung: Sigtun und Uppsala werden als alte Kultstätten bezeichnet. Entsprechend dieser Wanderungssage wird einmal Odin Sachsengott, Freyr Schwedengott genannt.[1] Im Bericht scheint Verwirrung eingerissen. Der Krieg zwischen Asen und Wanen findet in der asiatischen Urheimat statt, weil die Asen als Asiaten, die Wanen als Leute vom Tanakvisl oder Vanakvisl (Tanais), der ins Schwarze Meer mündend Asien und Europa trennt, gemeint sind. Und so wandern die Wanen zugleich und im Gefolge der Asen nach Schweden, während eigentlich die schwedischen Könige ihren altheimischen Glauben an Freyr dem neuen aus Dänemark herdringenden Odinglauben entgegengesetzt haben werden.[2] Handelnd ist übrigens bei der ganzen Eroberung nur Odin. Vermutlich gelangte der Wodankult aus Niederdeutschland nach Dänemark. In Fünen, Seeland, dann in Schonen auf der Südspitze Skandinaviens schlug er Wurzeln. Den uralten Opferstätten wie Lund, Ringsted, Hleidra, Wiborg traten neue, ausschließlich Odin geweihte zur Seite, *Odinsvé,* jetzt *Odense* in Fünen, und *Onsved* in Seeland.[3] Der dänische Königsstamm der Skjoldungar geht, freilich erst bei Snorri in der Edda und Ynglingasaga, durch Skjoldr auf Odin zurück.

1 In der ausführlichen Olafssaga helga, Fornmanna sögur 5, 239 *Ólafr konungr kristnaði þetta ríki allt: ǫll blót braut hann niðr ok ǫll goð, sem Þór Engilsmannagoð ok Oðin Saxagoð ok Skjǫld Skánungagoð ok Frey Svíagoð ok Goðorm Danagoð.* In Schonen und Dänemark werden Könige als Götter aufgeführt. Thor als englischer Gott ist ein Missverständnis. Vielleicht soll damit der Hauptgott der in England ansässigen Nordleute gekennzeichnet werden.

2 Vgl. oben im Kapitel über Freyr.

3 *Odins vi* bei H. Petersen, gudedyrkelse og gudetro S. 104 ff. Schwedische Odinsplätze verzeichnet Lundgren, språkliga intyg om hednisk gudatro i Sverige S. 34 ff., norwegische sammelt O. Rygh in der Neuausgabe von Munchs norr. gude- og heltesagn, vgl. den Index.

Von Schonen aus gelangte Odinsdienst nach Schweden und Norwegen. In Schweden sind viele Orte nach Odin benannt: *Odenswi, Odensö, Odensnäs, Odensjö, Odensberg, Odensala* u. Ä. Weniger volkstümlich wurde Odin in Norwegen, weshalb verhältnismäßig nur wenige Ortsnamen dort für ihn zeugen. Umso sieghafter erhob er sich im Skaldenlied. Die Zeit der Einwanderung des deutschen Wodanglaubens in Dänemark und Skandinavien, welche in den erwähnten halbgelehrten Berichten noch nachklingt, lässt sich nicht bestimmen. Nur im Allgemeinen darf behauptet werden, dass Odin schon längere Zeit vor den ältesten Skalden, also etwa um 800, bereits in Norwegen bekannt gewesen sein muss. Das Heldenzeitalter des norwegischen Stammes stellte Odin, den Gott des Krieges und des Geistes, in den Mittelpunkt der Dichtung.

Von Odin wird erzählt, dass er eine Zeit lang von Weib und Reich verbannt war, während ein anderer seine Stelle vertrat. So verschieden die Sagen auch im Einzelnen ausgestaltet sind, im Grundgedanken treffen sie zusammen, und in dieser gemeinsamen Grundlage wird wohl auch ein Stück alter Überlieferung stecken. Die Ynglingasaga bemerkt bloß in Kürze: Odin hatte zwei Brüder, der eine hieß We, der andre Wili. Diese Brüder führten die Herrschaft, solang er fort war. Einmal blieb Odin so lange aus, dass die Asen die Hoffnung auf seine Rückkehr aufgaben. Da teilten die Brüder sich in sein Erbe, sein Weib Frigg hatten sie gemeinsam.[1] Aber bald nachher kam Odin heim und nahm sein Weib wieder zu sich. Die Einkleidung dieser Sage ist wohl ziemlich jung, wie die Dreiheit mit den Namen Wili und We. Der zweite Bericht knüpft an die Baldrsage an und steht am ausführlichsten bei Saxo.[2] Nach Baldrs Fall wird dem Odin vom

1 Ynglingasaga Kap. 3; darauf bezieht sich auch Lokas. 26, wenn Loki Frigg vorhält, sie habe als Odins Weib doch Wili und We Gunst gegönnt.

2 Saxo III S. 126 ff. Rindr als Mutter Walis wird im Liede Baldrs draumar 11 erwähnt. Der Skald Kormak (937–976) singt (SE. 1, 236) *seiþ Yggr til Rindar*: Odin bezauberte Rind, womit offenbar auf dieselbe Sage, die Saxo kennt, angespielt ist. Ob Hǫv. 95–101 mit Billings Maid, die den Liebe verlangenden Gott foppt, Rindr gemeint ist, lässt sich nicht mit Gewissheit

Finnen Rossthjof geweissagt, er werde mit Rinda, der Tochter des Russenkönigs, einen Sohn erzeugen, der vom Schicksal bestimmt sei, Baldr zu rächen. Durch einen tief hängenden Hut macht sich Odin unkenntlich und tritt bei Rindas Vater in Dienst. Er wird Heerführer, schlägt die Feinde in die Flucht und wirbt beim König, der es wohl aufnimmt. Aber die Königstochter ist spröde, statt des Kusses gibt sie ihm eine Ohrfeige. Im nächsten Jahr kehrt er als Goldschmied unter dem Namen Rosterus wieder. Er fertigt prächtiges Geschmeide; wie er aber nochmals einen Kuss verlangt, erhält er die zweite Maulschelle. Zum dritten Mal kommt er als kriegsgeübter Kämpe. Nachdem er sich als ausgezeichneter Reiter bewährt, naht er wieder der Jungfrau. Er wird aber so heftig zurückgestoßen, dass sein Kinn den Erdboden berührt. Jetzt greift er zu Zauberlist. Er ritzt Runen auf Baumrinde, berührt Rinda damit und macht sie dadurch wahnsinnig. In Mädchentracht stellt der unermüdliche Wanderer sich hierauf am Hofe ein. Er nennt sich Wecha und gibt sich für heilkundig aus. Wecha wird unter die Dienerinnen der Rinda aufgenommen. Der Erkrankten erbietet er sich zu helfen, doch sei die Arznei so bitter, dass man sie binden müsse. Als das geschieht, vollbringt Odin seinen Willen und zeugt den Bous, der einst Baldr rächt. Die Götter aber, die nach Saxo in Byzanz wohnen, finden diese Handlung des Gottes unwürdig und verstoßen ihn aus ihrer Mitte. Den Ollerus (Ullr) bekleiden sie mit seiner Macht und seinem Namen. Odin versteht es, unter den Göttern von neuem sich Anhänger zu verschaffen und es endlich nach zehn Jahren zu bewirken, dass Ollerus aus Byzanz flüchten muss; in Schweden, wo dieser seine Herrschaft aufs Neue zu begründen sucht, wird er von Dänen erschlagen. Man muss hier von dem Zusammenhang der Sage absehen und nur das festhalten, dass Ullr einmal an Odins Stelle und mit seinem Namen herrschte.

---

behaupten. Doch ist es wohl möglich. Vgl. Finnur Jónsson, litteraturs historie 1, 234. Weitere Vermutung über das Verhältnis Odins zu Ollerus vgl. im Abschnitt über Ullr.

Frigg hatte sich einem Diener hingegeben, damit er eine goldene Bildsäule Odins zerstöre, deren Gold sie zu ihrem Schmuck verwandte. Darüber grämte sich Odin so sehr, dass er das Land verließ und freiwillig in die Verbannung ging. An seiner Stelle herrschte *Mitodin,* ein berühmter Zauberer, der das Opfer neu ordnete, indem er befahl, jedem Gotte einzeln, nicht mehr allen gemeinschaftlich zu opfern. Als Odin zurückkehrte, musste Mitodin nach Fünen (Pheonia) fliehen, wo ihn das Volk erschlug. Er rächte sich noch nach seinem Tode, indem aus seinem Grabe die Pest hervorging, bis man die Leiche ausgrub, den Kopf lostrennte und einen spitzen Pfahl durch den Leib trieb. Frigg starb, Odin setzte alle falschen Götter ab, die unter Mitodin aufgekommen waren, und vernichtete ihre Priester, die Magier, mit einem einzigen Blick wie Schatten.[1] Die Geschichte von Mitodin ist ein deutliches Seitenstück zu der von Ollerus. Beide werden als zauberkundig bezeichnet, von beiden heißt es, sie hätten nicht bloß Odins Weib und Macht, sondern sogar seinen Namen besessen, beide entfliehen vor dem heimkehrenden Odin nach Dänemark oder Schweden, also nach Saxos Meinung aus Byzanz in den Norden, und werden dort erschlagen. Besondere Beachtung verdient auch der Umstand, dass beide neue Opferbräuche einführen wollen, Ollerus allerdings erst in Schweden, wo er gleich wie in einer neuen Welt den Glauben an sich einzusetzen versuchte. Wir haben es mit zwei Fassungen einer und derselben Erzählung zu tun, deren Grundzüge auf zwei sich bekämpfende Kulte, den Odinkult und den eines anderen Gottes, hinweisen. Durch Saxos Verlegung der Asenherrschaft nach Byzanz ist es schwer zu entscheiden, was vor allem zu wissen Not täte, in welchen Ländern des Nordens sich in der Ursage die Kultkämpfe abspielten. Ullr (got. *wulþus*), der Herrliche, scheint

1 Die Sage von Mitothin Saxo I S. 42 ff. Zur Erklärung von *mitothinn,* aisl. *mjǫtuðr-inn,* ags. *meotod,* and. *metod* vgl. Munch. det norske folks historie 1, 217; Das heroische Zeitalter der nord. germ. Völker 30 Anm. 2; unabhängig kam neuerdings Kauffmann, Beiträge 18, 188 zur selben Erklärung.

einmal der Name einer hohen Gottheit gewesen zu sein. Mitothin darf kaum als Mit-Odin, Mithelfer, Mitregent ausgelegt werden. Saxo verstand ein Wort *»mituth-inn«*, d. i. **mituth, *mitoth* mit angehängtem Artikel, als Namen. Mitoth bedeutet die richtende und das Schicksal bestimmende Gottheit. Somit ist die Sage dahin auszulegen, dass der Odinglaube zeitweilig von einem andern Kult verdrängt wurde, aber hernach wieder zu Ehren kam. Dabei lässt sich eine zwiefache Erklärung finden. Im Norden ist der Odinkult ursprünglich fremd, aus Deutschland eingeführt. *Ullr mitoth-inn* könnte eine nordische Gottheit sein, die vor dem eindringenden Odinglauben zurückwich. Andererseits ist schon der deutsche Wodan ein Gewaltherr, der den alten Himmels- oder Hauptgott der Germanen, Tiuʒ, seiner Macht und seiner Frau beraubte. Also der deutsche Wodan und der nordische Odin, beide sind Eindringlinge in Besitz und Recht anderer, älterer Götter. Eine Erinnerung daran lebt in der nordischen Sage fort. Dass die Sache so dargestellt wird, dass Odin der im Recht Gekränkte, später aber aufs Neue Eingesetzte ist, beweist, dass der Bericht unter Anhängern Odins entstand. Für Eroberung und Gewalttat stellt sich immer ein beschönigender Rechtsgrund ein. So lässt z. B. auch die gotische Heldensage Dietrich von Bern nur sein Vatererbe, aus dem er vertrieben worden war, zurückgewinnen, nicht der Wahrheit gemäß Italien erobern. So behauptet die Göttersage, Odin ist der Oberste und Höchste; wenn ein andrer vor ihm herrschte, kann das nur durch List und Unrecht geschehen sein. So erschließt sich der Mythos von Odins Verbannung und Vertretung auf dieselbe Weise wie der vom Wanenkrieg als ein Kampf zwischen altem und neuem Glauben, aus dem letzterer siegreich hervorgeht. Dieser Kern ist nicht berührt, so verschieden die Ausbildung im Einzelnen und die Anknüpfung an andere Sagen sich vollzog. Odin im Streite mit Nebenbuhlern kann auch auf den Gegensatz zwischen dem nordisch-germanischen Kulte und einem älteren, vor der germanischen Bevölkerung im Norden heimischen Glauben, etwa dem der Finnen und Lappen zurückgehen, wie im Abschnitt über Ullr ausgeführt werden soll. Jedenfalls liegen Glaubenskämpfe hinter diesen Sagen, alter und neuer Glaube desselben Volkes oder die Kulte verschiedener Völker.

Odin in nordischer Sage

In der Ynglingasaga Kap. 6 ff. schildert Snorri Odins Wesen mit folgenden Worten: Als Asa-Odin nach den Nordlanden kam und mit ihm die Diar, da wird mit Wahrheit berichtet, dass sie Künste übten und lehrten, welche die Menschen seitdem lange vollbracht haben. Odin war der Vornehmste von allen, und von ihm lernten sie alle Künste, weil er zuerst alle wusste und die meisten. Aber das ist zu sagen, weshalb er so gelehrt war. Dazu veranlassten diese Gründe: er war so schön und vornehm anzuschauen, wenn er bei seinen Freunden saß, dass allen das Herz darüber lachte; aber wenn er im Heer war, da schien er seinen Feinden grimmig. Und das hatte darin seinen Grund, dass er Gestalt und Aussehen wechseln konnte, wie er nur wollte. Eine andere Kunst war die, dass er beredt und glatt sprach, dass das allein allen, die es hörten, wahr däuchte. Er redete immer im Versmaße, so wie man jetzt das spricht, was Skaldenkunst heißt. Er und seine Hofgoden heißen Liederschmiede, weil von ihnen diese Kunst in den Nordlanden ausging. Odin wusste zu bewirken, dass in Kämpfen seine Feinde blind und taub und schreckerfüllt wurden und ihre Waffen nicht mehr als bloße Gerten einschnitten; aber seine Leuten fuhren ohne Brünnen und waren wütend wie Hunde oder Wölfe, sie bissen in ihre Schilde und waren stark wie Bären oder Stiere. Sie erschlugen das Volk, weder Feuer noch Eisen hatte ihnen etwas an. Das nennt man Berserkergang. Odin wechselte die Gestalt; da lag sein Leib wie schlafend oder tot, er aber war Vogel oder Tier, Fisch oder Wurm und fuhr im Augenblick in ferne Lande in seinen eigenen oder andrer Leute Sachen. Das auch verstand er mit bloßen Worten auszurichten: Feuer zu löschen, See zu beruhigen, Wind zu wenden, wie er wollte. Odin besaß ein Schiff, das Skidbladnir hieß, womit er über große Meere fuhr; das konnte man wie ein

Tuch zusammenfalten.[1] Odin hatte das Haupt des Mimir bei sich; das sagte ihm mancherlei Kunden aus andern Welten. Aber zuweilen weckte er tote Leute aus der Erde auf oder setzte sich unter Gehängte; darum wurde er Herr der Gespenster oder Herr der Gehängten genannt. Er hatte zwei Raben, die er sprechen gelernt hatte; diese flogen weit in den Landen herum und sagten ihm viele Kunden. Von diesen Dingen wurde er sehr klug. Alle diese Künste lehrte er durch Runen und Lieder, welche Zauber *(galdrar)* heißen; deshalb werden die Asen Zauberschmiede *(galdrarsmiðir)* genannt. Odin verstand die Kunst, die am meisten Kraft hat, und übte sie selbst, welche *seiðr* (Zauberei) heißt. Und darum vermochte er die Geschicke der Leute und ungeschehene Dinge zu wissen, den Leuten Tod, Unglück oder Krankheit zu bereiten; so auch den Leuten Verstand und Kraft zu nehmen und andern zu geben. Aber dieser Zauberei, wenn sie vollbracht wird, haftet so arges Wesen an, dass es den Männern nicht ohne Schande dünkte, damit umzugehen; und den Göttinnen wurde diese Kunst gelehrt. Odin wusste um alle Erdschätze, wo sie vorhanden waren, und er kannte solche Beschwörungen, dass sich die Erde vor ihm auftat und Berge und Steine und Hügel, und er band mit seinen bloßen Worten die, welche dabei wohnten, und ging hinein und nahm, was er wollte. Durch diese Kräfte wurde er sehr berühmt; seine Feinde fürchteten ihn, seine Freunde vertrauten ihm und bauten auf seine Kraft und auf ihn selber. Er lehrte die meisten Künste seinen Opferpriestern, diese standen ihm zunächst an Klugheit und Zauberei. Viele andere lernten manches davon, und so verbreitete sich die Zauberei weit und erhielt sich lange.

Odin bestimmte für seine Lande die Gesetze, welche zuvor unter den Asen gegolten hatten. So bestimmte er, dass man alle toten Männer verbrennen sollte und mit ihrem Eigentum auf den Holzstoß bringen. Er sagte, jeder werde mit den Reichtümern nach Valhall kommen, welche er auf dem Holzstoß habe. Auch werde er das genießen, was er selber in die Erde vergraben habe.

1 Das Schiff Skidbladnir wird sonst allein dem Freyr zugeschrieben.

Die Asche sollte man ins Meer hinaustragen oder in die Erde graben. Vornehmen Männern zum Denkmal sollte man einen Hügel aufwerfen; aber allen Männern, die tapfer waren, sollte man Bautasteine aufstellen. Und diese Sitte hielt sich lange.

Odin ward in Schweden todkrank; als es zum Sterben ging, ließ er sich mit der Speerspitze bezeichnen und eignete sich alle waffentote Leute zu. Er sagte, er werde nach Götterheim fahren und dort seine Freunde begrüßen. Die Schweden glaubten, dass er ins alte Asgard eingegangen sei und dort ewig leben werde. Da erhob sich von neuem Glauben und Anrufung an Odin. Oft schien es den Schweden, er zeige sich vor bevorstehenden großen Kämpfen, da gab er dem einen Sieg, aber den andern entbot er zu sich; beide Lose dünkten gut. Odin wurde nach seinem Tode verbrannt, und das Verbrennen ward sehr prächtig zubereitet. Das war ihr Glaube, je höher der Rauch in die Luft aufsteige, desto geehrter sei der, welcher verbrannt wurde, im Himmel und umso reicher, je mehr Gut mit ihm verbrenne.

Bringt man aus diesem Berichte die euhemeristische Auffassung in Abzug, so bleibt ein lebendiges Bild vom Odinglauben, wie er bei den Dichtern uns entgegentritt. Alle Haupteigenschaften Odins, seine Beziehungen zu Schlacht und Sieg, zu Gespenstern und Toten, zu Zauber und Dichtung sind richtig erkannt und aufgezählt. Für alles gewähren die Sagen reichliche Belege.

Wenn Odin in feierlicher Weise auftritt, dann erscheint er in glänzender kriegerischer Rüstung wie schon Tiuʒ, und Freyr, nur dass er als Hauptwaffe nicht das Schwert, sondern den Speer führt.[1] Unter dem Goldhelm in schöner Brünne mit wei-

1 Odins kriegerisches Aussehen nach Gylfag. Kap. 51 (SE. 1, 190); Gylfag. Kap. 49 (SE, 1, 176); Saxo II S. 106 *Othin armipotens, uno contentus ocello, albo clypeo tectus, flectit equum, horrendus Friggae maritus* vgl. Yggr, der Schreckliche. Adam von Bremen 4, 26 *Wodanem sculpunt armatum sicut nostri Martem sculpere solent.* Odin mit Helm und Schwert Sigrdr. 14; über Gungnir Skáldsk. Kap. 3; die Sagen über Gungnir stellt A. Raszmann, in Ersch-Grubers Enzyklopädie I. Sektion, Bd. 97 (1878), S. 281 ff. zusam-

ßem Schilde reitet er an der Spitze der Götter und Helden zum letzten Kampf. In der Hand hält er den Speer Gungnir, ein Zwerggeschmeide mit der Eigenschaft, dass er niemals im Stoße innehält. Die Wölfe und Raben, die Tiere des Walgefildes und Sturmes, begleiten ihn. Sleipnir, der Springer, ist der beste und rascheste Hengst, er ist grau von Farbe und hat acht Füße. Damit soll wohl die große Geschwindigkeit angezeigt werden. Einmal heißt es von Odin, dass er behelmt mit dem Schwert in der Hand auf dem Berge stand. Auf seinen Wanderfahrten trägt Odin tief hängenden Hut und blauen Mantel. Häufig wird seine Einäugigkeit hervorgehoben.

Draupnir, der Träufler, ist ein kostbarer Ring, der Reichtum mehrt.[1] Im Skirnirlied erscheint er in Freys Besitz. Skirnir bietet ihn der Gerd:

> 21 So geb ich den Ring dir, gerötet vom Feuer,
> In dem Odins Sohn zu Asche ward;
> Von ihm tropfen acht ebenso schwere
> Jede neunte Nacht.

Anderwärts gilt Draupnir als Eigentum Odins, dem ihn Zwerge zugleich mit dem Speer Gungnir schmiedeten. Dem Ringe eignete von Anfang an das Vermögen, sich zu vermehren. Andererseits heißt auch Baldr Besitzer des Draupnir. In der Edda wird dies so gewendet, dass Odin diesen Ring auf Baldrs Scheiterhaufen legte; daraufhin habe er erst die wunderbare Eigenschaft der Vermehrung erhalten. Baldr sandte ihn aus der Hölle an

---

men. Über Sleipnir Gylfag. Kap. 42; zur Erklärung des Namens als Läufer, Springer *(*sklœipnir: hlaupa)* Noreen, An. Gr.[2] § 149, 1; § 256. Odin als Wanderer wird in den folgenden Sagen, welche sein Eingreifen in die Geschicke der Menschen zeigen, geschildert. Mantel, Hut, Ross gehören schon dem deutschen Wodan, wahrscheinlich auch Speer und Helm.

1 Draupnir findet sich schon bei Kormak, corpus poet. 2, 66. In den Eddaliedern kommt zwar der Name nicht vor, aber Skírn. 21 bezieht sich deutlich darauf. Über Draupnir Skáldsk. Kap. 3 und Gylfag. Kap. 49 (nach dem Text des Codex Wormianus und Regius). SE. 1, 260 heißt Baldr *»Draupnis eigandi«*.

Odin zurück. Der Ring, wie immer man ihn auslegen will, als Sinnbild der Fruchtbarkeit oder der Sonne, gehörte sicherlich einst von Rechts wegen Freyr oder Baldr, d. h. dem alten Himmelsgott, und ging erst von ihm auf Odin über.

Im Norden gab es drei Hauptopferzeiten: im Anfang und in der Mitte des Winters um Fruchtbarkeit und Wachstum, im Anfang des Sommers um Sieg. An den Höfen der Könige und Häuptlinge wurde jedenfalls das Siegesopfer an Odin gerichtet. Jarl Hakon, der bereits getauft war, fiel wieder zum Heidentum zurück. Auf einer Heerfahrt in Gautland stellte er ein großes Opfer an. Da flogen zwei Raben vorbei und krächzten laut; da meinte der Jarl zu wissen, dass Odin das Opfer angenommen habe und dass nun passende Zeit zum Schlagen sei.[1] Angang eines schwarzen Raben gilt für Helden, die zum Kampfe ziehen, glückverheißend, wohl weil Odin ihn sandte.[2] Beim Opfermahl des Drontheimer Jarls Sigurd wird zuerst Odins Becher um Sieg und Macht für den König getrunken, danach Njords und Freys Becher um Fruchtbarkeit und Frieden.[3] Also wie die Angelsachsen Woden um Sieg und Heldentum opfern, geschieht es auch im Norden, dass Odin um Sieg angerufen wird. Als König Olaf der Heilige in Drontheim weilte, erfuhr er, dass die Bauern noch Trinkgelage nach heidnischem Brauch hielten; alle Minne wurde dem Thor geweiht und dem Odin und der Freyja und allen Asen.[4] In der jungen Bósasaga K. 12 wird bei der Hochzeit Thors, Odins und Freyjas Minne getrunken. In der Verwünschung werden gleichfalls Odin, Thor und Freyr angerufen.[5] Die

---

1 Ólafssaga Tryggvasonar (Heimskringla) Kap. 28.

2 Reginsmǫ́l 20.

3 Hákonar saga góða (Heimskringla) Kap. 16 u. 18.

4 Die jüngere Olafssaga helga Kap. 101 (Fornmanna sögur 5, 233).

5 Skírnesmól 33

reiþr's þér Óþenn, reiþr's þér ása bragr,
þik skal Freyr fiask.

Beim Fluch auf Eirik ruft der Skald Egil Freyr, Njord und den Landas (Thor) an. Aber auch Odin und alle andern Götter: *reiþr sé rǫgn ok Oþenn.* Gudbrand Vigfusson, corpus poet. 2, 72.

Dreiheit Wodan, Donar, Tiu oder Freyr als dessen Vertreter scheint überhaupt uralt zu sein.

Walhall und die Walküren

In Gladsheim, in der Welt der Wonnen, ragt Odins Saal, die goldglänzende, weite Halle, Walhall.[1] Dorthin wählt der Gott täglich sich die Helden, welche den Waffentod erlitten. So war der Glaube der Heidenleute, dass alle, die nach Walhall fahren sollten, die an Wunden starben. Am hohen Saal bilden Speere das Sparrengerüst, Schilde decken als Schindeln das Dach, auf die Bänke sind Brünnen gelegt. Westlich am Eingangstor hängt ein Wolf, darüber schwebt ein Adler. Fünfhundertundvierzig Türen hat Walhall, aus jeder mögen zugleich achthundert Streiter hervorgehen. Beleuchtet wird die Halle am Abend durch den Glanz der Schwerter. Vor Walhall steht der Hain Glasir, dessen Laub von lauterem Gold erglänzt. Außer Walhall erhebt sich in Gladsheim Wingolf, die Halle der Göttinnen, ein treffliches und schönes Haus. Vielleicht ist darunter Folkwang, das Volksgefilde zu verstehen, wo Freyja waltet, die täglich die Hälfte der gefallenen Helden sich wählt. Nach Wingolf und Walhall werden die Einherjer gewiesen.[2] In Kampfspiel und Gelage verbringen die Helden ihre Tage. Odin selber nährt sich nur von Wein, seine Tischkost gibt er seinen Wölfen. Auf seiner Schulter sitzen zwei Raben, die ihm alle Begebenheiten, die sie sehen oder hören, ins Ohr sagen.[3] Sie heißen Hugin und Munin. Diese sendet Odin

---

1 Walhall ist geschildert in den Grímnesmǫ́l; vgl. auch Vafþrúþnesmǫ́l 41; Gylfag. Kap. 14, 20, 24, 30–41. Bragar 1.

2 Vingolf begegnet nur SE. I 38, 62, 84. Eine Strophe, wo der sterbende Hadding singt: »Sehen kann ich Fjolnirs Mädchen (die Walküren), euch hat Odin mir gesandt; gern wollte ich nach Vingolf folgen und mit den Einherjern Bier trinken« bei Finn Magnusen, Lex. Myth. 557. Zur Deutung des Namens »Halle der Liebenden?« Braune, Beiträge 14, 369; Finnur Jónsson, arkiv f. nord. filologi 7, 280; Kauffmann, ZfdA. 36, 32.

3 J. Grimm, Myth. 135 Anm. macht auf eine merkwürdige Ähnlichkeit auf-

früh am Morgen aus, um durch alle Welten zu fliegen; um die Frühstückszeit kehren sie zurück. Die Einherjer aber essen vom Fleische des Ebers Saehrimnir, den der Koch Andhrimnir im Kessel Eldhrimnir siedet. Täglich wird er gesotten, aber abends ist er doch wieder heil. Sie trinken Bier, das die Walküren ihnen zutragen. Unverständlich ist die Ziege Heidrun, welche auf Walhalls Dach stehend die Triebe von den Zweigen des Baumes Laerad nagt, aus deren Zitzen Milch rinnt. Sie füllt die Krüge mit klarem Met, nimmer versiegt das Nass. Auch der Hirsch Eikthyrnir steht dort, aus dessen Hörnern es in den Höllenbrunnen Hvergelmir rinnt, woraus alle Ströme stammen. Ziege und Hirsch samt dem Baum, dessen Triebe sie benagen, sind wahrscheinlich den Tieren an der Weltesche gleichzustellen.[1] Das Gefilde von Walhall, das Reich des Todes, betritt man durch die heilige, alte Pforte Walgrind, die Totenpforte, die einen kunstvollen Verschluss hat. Um nach Walhall zu kommen, müssen die Scharen der Gefallenen einen wogenden Strom durchwaten. Die Welt des Todes ist also wie auch sonst die Unterwelt von einem Fluss umgeben. Thund, der Angeschwollene, heißt der Strom. »Odin heißt Walvater, weil alle, die auf der Walstatt fallen, seine Wunschsöhne sind. Diese nimmt er auf in Walhall und Wingolf, und sie heißen dann Einherjer.« So sagt Snorri. Es ist zweifelhaft, ob er damit eigene Gedanken oder ältere Überlieferung vorträgt. In keinem Gedichte wird das Verhältnis der Einherjer zu Odin als das von »Wunschsöhnen«, d. i. Adoptivsöhnen, dargestellt.[2] Vielleicht ist der Begriff nur aus der Benennung Walvater, Vater der Erschlagenen, die also eben im Tod und durch den

---

merksam. Basil und Gregor dem Großen gab eine weiße Taube, die auf der Schulter oder auf dem Haupte saß, Worte der Weisheit ein. Nach einem Kindermärchen (Nr. 33) setzen sich zwei Tauben auf des Papstes Schulter und sagen ihm alles ins Ohr, was er vorzunehmen hat.

1 Über Heidrun und Eikthyrnir Bugge; Studien S. 506 ff.; H. Falk, aarböger for nordisk oldkyndighed og historie. 2. Reihe, 6. Band, 1891, S. 280.

2 Nur SE. I 84 Gylfag. Kap. 20 heißen die Einherjer *óskasynir*. Lokas. 16 *óskmegir* geht nicht auf sie; zu der dunkeln Strophe Bugge, Beiträge 13, 188 ff. Übrigens müsste der Ausdruck gleich verstanden werden als *filius adoptivus*, was durch *óskmǫgr*, *óskasonr* übersetzt wird.

Tod dieses Vaters Söhne werden, entnommen. Vater meint ursprünglich Urheber, der bildliche Ausdruck wäre allzu wörtlich ausgelegt worden. Zwar wird es nicht überall als Grundsatz ausgesprochen, aber doch zweimal angedeutet, dass Walhall nur Helden, Edelingen und Freien sich auftut.[1]

Die Walküren

In Walhall tun die Walküren Dienst. Sie reichen den Trank herum, bringen den Einherjern Bier, haben das Tischgerät und die Bierkrüge in ihrer Obhut. Odin sendet sie aber auch in die Schlacht aus, dort wählen sie die Männer aus, die dem Tode erliegen sollen, und verleihen den Sieg. Immerfort reiten sie, Wal zu kiesen und Kämpfe zu entscheiden. Die Walküren oder Walmädchen[2], die Wählerinnen der kampftoten Helden, reiten auf ihren Rossen durch die Lüfte und übers Meer. Meist erscheinen sie geschart, zu drei, sechs, neun, zwölf. Mit Helm und Schild, in fester Brünne, mit Funken sprühenden Speeren, von leuchtenden Blitzen umspielt reiten sie auf ihren Wolkenrossen dahin durch

---

1 Die Stelle in den Bjarkamǫl (Saxo II S. 81)

en, maxime Rolvo,
magnates cecidere tui, pia stemmata cessant.
non humile obscurumque genus, non funera plebis
Pluto rapit vilesque animas, sed fata potentum
implicat et claris complet Phlegethonta figuris –

muss wohl so in die nordische Mythensprache aus den antiken Verzierungen umgesetzt werden: O großer Hrolf, deine Edelinge fielen; dahingestreckt liegen die treuen Geschlechter. Nicht niederes Volk von dunkler Herkunft, nicht Leichen des Pöbels und wertlose Seelen rafft Walvater dahin, der Mächtigen Schicksal verflicht er in der Schlacht, mit ruhmvollen Helden erfüllt er Walhall. Also tapfere, edel geborene Helden versammelt Odin in seinen Saal. Dazu Hárb. 24

Zu Odin kommen die Edlen, die das Eisen wegrafft;
Und der Tross der Knechte zu Thor.

2 *Valmeyjar* begegnet nur SE. I, 420. Zur Schilderung ihrer Erscheinung Vǫl. 31; Helg. Hjǫrv. 28; Helg. Hund. II 15, 6; ihre Namen Vǫl. 31; Grímn. 36; SE. I 557, wo sie *Oðins meyjar* heißen; Njálssaga Kap. 157.

die Lüfte; schütteln sich die Rosse, so fällt von den Mähnen fruchtbarer Tau in die Täler und Hagel ins hohe Gehölz. Die Walküren sind von leuchtender Schönheit. Der Skald Hornklofi[1], welcher ein Lied dichtete, in dem eine Walküre und ein Rabe Zwiesprache über des Königs Harald Taten halten, nennt die Walküre eine strahlende lichthaarige Maid *(mey hvíta haddbjarta).* Wenn Odin nicht selber an den Kämpfen teilnimmt, dann entsendet er die Mädchen als seine Stellvertreterinnen. In ihren Namen kommt ihr Wesen zum Ausdruck. Neben gewöhnlichen kriegerischen Frauennamen wie Hild und Gud, Reginleif, Thrud stehen besondere wie Geirolul die Speerträgerin, Skogul die Hochragende, Goll die Schreierin, Hrist die Schüttelnde, Hrund die Stoßende, Skeggold, Beilzeit (d.h. Kriegszeit), Herfjotur, Heerfessel (der lähmende Schrecken, der einen plötzlich befällt), Mist, die im Nebel Hausende, u. dgl. Auch Skuld, die jüngste der Nornen, reiht sich den Walküren ein. Bei feierlichem Aufzug, zum Leichenbrand Baldrs ist Odin von seinen Raben und von den Walküren begleitet.[2] In Odins Mädchen vereinigen sich mehrere Gestalten, die gesondert auch sonst vorkommen: die Schicksalsfrauen, indem sie des Volkes wichtigstes Geschick, die Schlacht entscheiden, Sturmgöttinnen als Vervielfältigung der Gemahlin Odins, nach nordischem Berichte der Freyja, seelische Geister, Fylgjen, die dem Todgeweihten sichtbar werden, irdische Weiber, welche beim prächtigen Gelage in des Königs Halle den Trank herumreichen, Frauen, die in der kampfbewegten Wikingerzeit wirklich die Waffen der Männer anlegten und von deren Taten das nordische Heldenlied erfüllt ist. Das Schildmädchen ist eine Lieblingsgestalt der nordischen Sage, und leicht vermischt es sich mit Heervaters Maid, nimmt an deren göttlicher Erscheinung teil. Die Walküre, in Walhall und auf der Walstatt als Odins Dienerin, gehört somit nur der nordischen Dichtung, während die verschiedenen einzelnen Gestalten, welche in ihr zusammenflossen, nicht bloß auf die nordische Sage beschränkt sind.

---

1 Gudbrand Vigfusson, corpus poeticum boreale 1, 255 ff.

2 So Ulf Uggason in der Húsdrápa.

Walhall, Odins Saal, ist ein prächtiger, glänzender Hof, wie der Held und Dichter in höchster Vollkommenheit ihn sich ausmalt.

Zwei schöne Skaldenlieder aus der Mitte des 10. Jahrhs. zeigen überaus lebendig den Walhallglauben. König Eirik Haraldsson musste um 935 aus Norwegen weichen und gewann um 940 in England eine Herrschaft. Er fiel im Kampfe gegen den englischen König Eadmund (940–6) in blutiger Schlacht, mit ihm fünf andere Könige und eine Menge geringeren Volkes. Seine Witwe Gunnhild ließ auf seinen Tod ein prächtiges Ehrenlied dichten, wovon ein Teil erhalten ist, die Eiriksmǫl. Die Handlung spielt in Walhall. Odin spricht: Was sind das für Träume? Ich glaubte, vor Tage aufzustehen, um Walhall für erschlagenes Volk zu bereiten. Ich weckte die Einherjer, ich hieß sie aufstehen, um die Bänke mit Polstern zu belegen, die Bierkrüge zu scheuern, die Walküren hieß ich Wein auftragen, als ob ein König käme. Angesehener Grundherrn bin ich aus der Welt gewärtig. Darum freut sich mein Herz. Bragi sagte: Was ist das für ein Donner, als ob ein Tausend heranzöge oder eine gewaltige Menge? Alle Bankdielen erkrachen, als ob Baldr wiederkehrte in Odins Säle? Odin sprach: Töricht redest du, kluger Bragi, obwohl du manches weißt. Vor Eirik tönt es, da der Fürst zu Odins Sälen kommt. Sigmund und Sinfjotle, steht eilig auf und geht dem König entgegen. Entbietet ihm herein, wenn es Eirik ist. Seiner harre ich sicher. Sigmund sagte: Warum erwartest du Eirik lieber als andere Könige, den Fürsten in Odins Sälen? Odin antwortete: Weil er in manchen Landen das Schwert gerötet und weithin die blutige Waffe trug. Sigmund sagte: Warum nahmst du dem König den Sieg, wenn dir der Treffliche so kühn däuchte? Odin antwortete: Weil es ungewiss ist, wenn der graue Wolf zum Sitze der Götter kommt (d. h., wenn der letzte Kampf anhebt)! Sigmund sprach: Heil dir, Eirik! sei hier willkommen! betrete die Halle, du Tapferer! Das will ich dich fragen, welche Fürsten dir folgen aus dem Schwertgetöse. Eirik antwortete: Fünf Könige; ich nenne dir aller Name. Ich selbst bin der sechste ... Das zweite Lied ist zwischen 961 und 970 vom Skald Eyvind auf König

Hakon den Guten, Eiriks Bruder gedichtet. Hakon war beim Volk außerordentlich beliebt, während Eirik und seine Söhne, die nach Hakons Fall zur Herrschaft gelangten, ob ihrer Härte willen verhasst waren. Wie Hakon um 935 gegen Eirik zum König gewählt wurde, flog die Botschaft wie Feuer durch dürres Gras vom Norden bis zur Landesgrenze im Süden, die Leute von Drontheim hätten einen König genommen, der in allem dem Harald Harfagr gleiche, nur dass er die Last, welche dieser auf das Volk gelegt habe, demselben wieder abnehmen wolle. Obwohl der König Versuche machte, das Christentum einzuführen, tat er doch keinerlei Gewalt, bei seinem Tode neigte er eher zu den alten Heidengöttern zurück. Sein Andenken lebte in vollständig heidnischem Sinn fort gerade im Gegensatz zu den Eirikssöhnen, seinen Nachfolgern, die gewaltsam dem Heidentum entgegentraten, weshalb die erzürnten Götter Misswachs und schwere Zeit über Norwegen sandten. Aus dieser Bedrängnis schweifte die Erinnerung gerne zum guten Hakon zurück. Um 961 wurde der König Hakon in der Schlacht bei Fitjar gegen die aus England herübergekommenen Eirikssöhne auf den Tod verwundet. Von Freund und Feind wurde er betrauert, und alle sagten, ein ebenso guter König werde nimmer in Norwegen erscheinen. Seine Freunde brachten seine Leiche nordwärts gen Saeheim in Nordhordaland. Dort wölbten sie einen großen Hügel und legten den König mit allen seinen Waffen in seiner besten Kleidung hinein, aber kein anderes Gut. Sie sprachen über seinem Grab die Weihesprüche, wie die Sitte der Heidenleute war, und wiesen ihn nach Walhall. Eyvind aber machte ein Gedicht auf den Fall des Königs, die Hǫkonarmǫl. Dem Skald schweben die Eiriksmǫl vor, die mehrfach wörtlich anklingen. Er stellt sich vor, dass der König vom Schlachtfeld nach Walhall auffuhr. Gondul und Skogul, die Walküren, entsandte der Gauten Gott, Odin, Könige zu kiesen, wer von Yngvis Stamm nach Walhall zur Gastung bei Odin fahren sollte. Sie fanden Hakon, den König unter dem Kampfbanner. Nun wird die blutige Schlacht, das Wetter Odins, das Wetter der Skogul beschrieben. Da saßen die todwunden Helden, denen die Fahrt nach Walhall bestimmt war, mit schartigen Schilden und zerschossenen Brünnen. Nicht frohgemut war die Schar. Da sprach Gondul auf den Gerschaft gestützt: Nun wächst der Götter Glück, weil die Waltenden Hakon mit einem großen Heere zu sich heim entboten. Der König hörte, was die Walküren redeten, die herrlichen von Rosses Rücken. Sinnend erschienen sie, in Helmen waren sie, Schilde hielten sie vor sich. ›Warum, o Skogul der Gere, teiltest du so die Schlacht? Wir waren doch wert, Sieg von den Göttern zu erhalten.‹ ›Wir walteten, dass du das Feld behieltest, aber deine Feinde flohen. Nun reiten wir zum grünen Heim der Götter, Odin zu sagen, dass der Allwaltende kommt, ihn selber zu sehen.‹ Hermod und Bragi, sprach Hroptatyr (Odin), geht entgegen dem Fürsten, weil ein König naht zur Halle hierher, der ein Kämpe dünkt. Der König sprach, vom Streite war er gekommen, ganz mit Blut bespritzt stand er da: Übel gesinnt dünkt uns Odin, wir scheuen seinen Sinn! Aller Einherjer Frieden sollst du haben, empfange Bier bei den Göttern, du Bekämpfer der Jarle, acht Brüder hast du hier drinnen, sprach Bragi. Unsre Rüstungen wollen wir selber behalten, sprach der gute König, Helm und Brünnen wohl bewahren, gut ist's, bereit zu sein. Da wurde es kund, wie der König die Heiligtümer wohl verschont hatte, weil den Hakon alle Ratenden und Waltenden willkommen hießen. Zur guten Stunde wird der König geboren, der solche Gesinnung sich erwirbt; seiner Zeit wird immer im Guten gedacht werden. Entfesselt wird der Fenriswolf über den Sitz der Menschen fahren, ehe ein gleich guter König seinen verwaisten Stuhl einnimmt. Vermögen stirbt, Freunde sterben, Land und Reich verödet; seit Hakon fuhr zu den Heidengöttern, geknechtet wird dies Volk.

Aus diesem Lied erhellt, wie die Tätigkeit der Walküren gedacht wurde. Sie reiten auf Odins Befehl zu den kämpfenden Heeren. Als Schicksalslenkerinnen bestimmen sie, wem der Sieg sich neigt, wer zu Tod getroffen wird. Offenbar ist dieses ihr Walten unsichtbar. Aber dem Todgeweihten treten sie sichtbar vor Augen und reden zu ihm, gleich wie der Todverfallene die Fylgja erblickt. Dann eilen sie zurück nach Walhall, melden Odin den Vollzug des Befehles und verkünden ihm die Ankunft der Gefallenen. Dass die Walküren die Erschlagenen selber nach Walhall geleiteten oder auf ihren Rossen deren Leiber hinauftrugen, ist nirgends angedeutet.

Wie in den zwei Skaldenliedern den gefallenen Fürsten in Walhall höchste Ehren erwiesen werden, so muss Ähnliches einst auch von Helgi berichtet worden sein. Es heißt: Zum Andenken an Helgi ward ein Hügel aufgeworfen; als er nun nach Walhall kam, da bot Odin ihm an, mit ihm über alles zu walten.[1]

Auf den Glauben an Walhall und die Walküren gründen sich auch die Worte des sterbenden Ragnar Lodbrok, die freilich erst im 12. oder 13. Jahrhundert gedichtet wurden: Heim entbieten mir die Disen, welche mir aus Herjans Halle Odin sandte. Froh werde ich mit den Asen auf dem Hochsitz Bier trinken. Verflossen sind des Lebens Stunden, lachend will ich sterben.[2] Ebenso singt der sterbende Hadding: Sehen kann ich des Fjolnir Mädchen, euch hat Odin mir gesandt; gerne wollte ich nach Wingolf folgen und mit den Einherjern Bier trinken.[3]

Die Walküren boten Anlass zu außerordentlich schönen Dichtungen, indem ihre Liebe zu Helden geschildert wurde. Am meisten ergreift die Sage, worin Odins Wunschtochter, dem Drang des fühlenden Herzens folgend, Heervaters Gebot bricht. Leider ist von dieser Dichtung nur ein kurzer Auszug erhalten. Brynhild, von Sigurd aus den Fesseln des Schlafes erlöst, erzählt, dass sie Walküre war. Zwei Könige kämpften miteinander: der eine hieß Hjalmgunnar; er war ein gewaltiger Krieger, obwohl schon hoch in den Jahren, und Odin hatte ihm den Sieg versprochen. Aber der andre hieß Agnar, Audas Bruder, den niemand schirmen und schützen wollte. Brynhild fällte den Hjalmgunnar, aber Odin stach sie zur Strafe dafür mit dem Schlafdorn und bestimmte, dass sie niemals wieder in der Schlacht Sieg er-

1 Prosa nach Helg. Hund. II 37.
2 Krákumál 29 corpus poet. II 345.
3 Finn Magnusen, Lex. Myth. 557. Auch diese Strophe ist nicht alt.

kämpfen, sondern sich vermählen solle. Sie aber tat das Gelübde, sich keinem Manne, der sich fürchten könne, zu verloben. Richard Wagner hat uns in der Walküre das Verlorene neu gegeben. Die Sage von Brynhild ist auch sonst lehrreich. Sie wird einmal *óskmœr*[1], Wunschmaid genannt. Sie ist eine Erdentochter, aber von Odin zur Walküre gemacht. Es muss demnach, obwohl sie sonst nicht mit der wünschenswerten Klarheit begegnet, die Vorstellung geherrscht haben, dass Odin die Schar der Walküren durch Wunschtöchter, durch Aufnahme waffenkundiger Schildmädchen vermehrte. Ob sie in Walhall wohnten und dort gleich den andern Dienst taten, wird nicht gesagt. Aber in der Schlacht hatten sie ebenso Odins Befehle auszuführen. Die Strafe für Ungehorsam war Verlust dieses Amtes, das wohl ursprünglich an jungfräulichen Stand geknüpft war, und Vermählung, womit ihr Heldentum zu Ende geht.

In den nordischen Gedichten treffen wir auch sonst häufig solche Schildmädchen, welche auserwählte Helden im Kampfe beschirmen und aus Liebe einen Ehebund mit ihnen eingehen. Da sie Töchter irdischer Könige sind, aber auch Walküren genannt und mit übermenschlichen Zügen ausgestattet werden, darf man wohl auch sie als solche Wunschtöchter Odins auffassen, wie es Brynhild war, obschon nirgends mehr eine Beziehung zu Odin und Walhall verlautet. In den Schwanmädchen des Wolundliedes, welche Wolund und seine Brüder in ihre Gewalt bringen, indem sie die Schwanhemden *(álptarhamir)* der Mädchen raubten, tritt die Kampf suchende, behelmte Walküre nur wenig hervor, jedenfalls ohne Einfluss auf die Handlung. Dass Walküren zugleich Schwanmädchen sind, zeigt sich auch bei Brynhild. Agnar hatte einst sie und acht Schwestern sich dienstbar gemacht, indem er ihre Schwanhemden an sich nahm (Helreiþ 7). Vielleicht wusste die Sage, dass Odin seine Wunsch-

---

1 Wie Walvater und die *óskmegir* aufeinander zielen, so auch *óskmeyjar* und *Oðins meyjar, Herjans nǫnnor*. In der Vǫlsungasaga Kap. 1 schickt Odin *óskmey sína, dóttur Hríminis jǫtuns*, seine Adoptivtochter, die leibliche Tochter Hrímnirs aus. Brynhild, nach nord. Sage Budlis leibliche Tochter, wird *óskmœr*, Oddrúnargrátr 15; auch hier ist zu denken Wunschtochter Odins.

töchter mit wunderbaren Eigenschaften, mit Luftrossen und Federgewand begabte, dass sie wie die göttlichen Walküren ihres Amtes walteten. Dem Helgi Hjorwardsson, der seine Jugend stumm und namenlos verbrachte, erschien Swawa, die Tochter des Königs Eylimi, mit acht andern Walküren. Sie gab ihm Namen und Verstand und wies ihm ein tüchtiges Schwert. Die Walküre erweckte also den jungen Mann erst zum Bewusstsein seiner Heldenschaft. Oft schirmte sie ihn seitdem in Schlachten. Wie einst eine Riesin den Schiffen Helgis Schaden tun wollte, wehrten es die Walküren. Schließlich vermählten sich Helgi und Swawa. Dass Swawa nach wie vor Walküre blieb, wie der Aufzeichner des Helgiliedes sagt, ist unglaublich. Dass sie aber, wie auch sonst irdische Königsfrauen, in der Not zum Schutze des Geliebten wieder zu den Waffen griff, wäre wohl zu verstehen. Auch im Lied von Helgi Hundingsbani erscheint Sigrun mit den behelmten Mädchen dem Helden auf einer Seefahrt. Sie ruft seinen Schutz an. Ihr Vater Hogni will sie dem Hodbrodd vermählen. Helgi erkämpft sich selber die Braut. Wie er mit einer gewaltigen Flotte übers Meer segelte, überfiel sie ein gefährliches Unwetter. Es leuchtete in den Wolken, und Blitze fuhren in die Schiffe, da sahen sie in der Luft neun Walküren reiten und erkannten Sigrun. Der Sturm legte sich alsbald. Wie der Streit entbrannte, kamen vom Himmel behelmte Jungfrauen und schirmten Helgi. Also überall wacht die Walküre über dem Geliebten und entscheidet über den Ausgang des Kampfes. Das verlorene Lied von Helgi dem Haddingenheld erzählte von der Walküre Kara, die im Kampf als Schwan über ihm schwebte. In der Schlacht wider Hromund schwang Helgi das Schwert zu hoch und verwundete die Geliebte auf den Tod. Da war das Glück von ihm genommen, und er erlag dem Feind.

Saxos Erzählungen von solchen walkürenhaften Jungfrauen entsprechen genau den eben angeführten. Thorild, die Witwe des Schwedenkönigs Hunding, hasste ihre jungen Stiefsöhne Regner und Thorald, würdigte sie zum Hirtendienst herab und suchte sie in mancherlei Gefahren zu verwickeln. Da machte sich Svanhvit, die Tochter Haddings mit ihren Schwestern, die sie zum Gefolge erkoren hatte, nach Schweden auf, um den Untergang jener edlen Sprösslinge abzuwehren. Sie fand die Jünglinge, welche zur Nachtzeit die Herden hüten mussten, von mancherlei gespensterhaften Wesen umschwärmt. Regner trat zur Jungfrau und sagte, sie seien Hutknechte über die Herde des Königs. Svanhvit aber sagte: Von Königen, nicht von Knechten stammst du, das verrät mir der leuchtende Glanz deiner Augen. Sie riet den Jünglingen, eiligst von diesem unheimlichen Wege zu weichen, damit sie nicht dem nächtlichen Spuk zur Beute würden. Regner erwiderte, er fürchte keine gespenstische Macht. Vergebens suchte die Jungfrau seinen Mut wankend zu machen. Svanhvit bewunderte die Entschlossenheit des Jünglings, und indem von ihrer jungfräulichen Gestalt das Dunkel wich und ein wunderbarer Lichtglanz sich über sie verbreitete, bot sie Regnern als Brautgeschenk ein herrliches Schwert dar, mit dem er die Nachtgespenster bekämpfen könne und das er auch in Zukunft als Held würdig gebrauchen solle. Regner kämpfte nun die ganze Nacht hindurch mit diesem Schwert gegen die Ungetüme. Später wurde Regner König von Schweden und Svanhvit seine Gemahlin. Noch einmal beschützt ihn Svanhvit in einem Kriege, als der Feind die schwedischen Schiffe anzubohren versuchte. Als Regner stirbt, folgt ihm sein Weib in kurzem aus Kummer.

Svanhvit ist eine Walküre, welche die schlummernde Kraft jugendlicher Heldensöhne weckt. Ihre Erscheinung ruft den hindämmernden Jüngling auf, er empfängt von ihr das wunderbare Heldenschwert und wird mit ihr in unzertrennlicher Liebe verbunden. Auf ihren Luftrossen schwebend, erweisen die Walküren ihre schützende Gegenwart gegen dämonische Wesen, die ihren Günstlingen zu schaden drohen.[1]

Im Heldenzank des ersten Liedes von Helgi dem Hundingstöter Str. 39 schilt Sinfjotli den Gudmund einen weibischen Wicht. Er sei eine Hexe gewesen, habe zum Weib verwandelt Kinder ge-

1 Saxo II nach Uhland 7, 202 ff.

boren, er häuft die denkbar ärgsten Schmähungen auf ihn. Da heißt es auch:

> Eine Walküre warst du, widriges Scheusal,
> Ekel und boshaft, in Allvaters Hause;
> Die Einherjer mussten alle sich schlagen,
> Verderbliches Weib, um deinetwillen.

Nirgends sonst begegnet die hier auftauchende Vorstellung, dass die Walküren unter den Einherjern Zwist und Schlägereien veranlassten. Damit fällt ein schlimmes Licht auf die Schenkinnen in Walhall. Ob etwa nur vereinzelte Auffassung des Urhebers des Liedes oder allgemeinere Anschauung vorliegt, ist beim Mangel andrer Zeugnisse unmöglich zu entscheiden.

Geschichtliche Zeugnisse melden von germanischen Frauen, welche gewappnet in den Reihen der Männer mitkämpften.[1] Die nordischen Frauen waren besonders kampflustig. In der Wikingerzeit standen Schiffe öfters unter dem Befehl von Frauen und Mädchen, welche wie Männer gerüstet die Führerschaft übernahmen. So kamen im 10. Jahrh. nordische Schiffe von einer rotblonden Maid befehligt nach Irland. Die nordischen Sagen sind voll von solchen Schildmädchen. Am berühmtesten ist die Herwor der isländischen Sage und Alfhild bei Saxo. In der Brawallaschlacht kämpfen mehrere Schildmädchen mit. Von Alfhild wird anmutend berichtet, wie sie der Held Alf bezwingt. Da kehrt sie zur Frauentracht zurück und wird sein Weib. Man sieht im Schildmädchen, dem gar nichts Wunderbares anhaftet, eine Gestalt der Dichtung aus dem wirklichen Leben herauswachsen. Das Schildmädchen ist von der Walküre genau zu scheiden. Nur die Waffen sind beiden gemeinsam, aber nicht die Art. Die

1 Zeugnisse für die hier erwähnten bewaffneten Germanenfrauen und für die nordischen Schildjungfrauen sind gesammelt bei Golther, Der Valkyrjenmythos in den Abhandlungen der Münchener Akademie I. Kl. 18. Band, 2. Abt. S. 406 ff.

Schildmagd hüllt sich trotzig in Männergewand und verteidigt ihr Magdtum, die Walküre reitet durch die Luft und übers Meer, um den erkorenen Liebling zu grüßen und zu schirmen. Die irdische, Helden liebende Walküre, die Wunschtochter Odins, steht gleichsam in der Mitte zwischen der echten Walküre, die nur zu Odin oder Walhall gehört, die ein göttliches Wesen ist, und der Schildmagd. Wohl aber mag sie aus Letzterer hervorgegangen sein. Heldentum nimmt Odin in Dienst; wie die tapferen Helden, freilich erst nach dem Tode, Walvaters Wunschsöhne werden, so hebt er die Kampfjungfrau schon im Leben zur Schar seiner göttlichen Schlachtlenkerinnen. Er befreit sie aber wohl vom Schenkamt und verwendet sie nur in Schlacht und Sieg, gleichwie der irdische König Gefolgsleute hat, die er nicht zu ständigem Herrendienst, sondern nur zu Kriegsdienst verpflichtet.

In der nordischen Dichtung ist Odins Saal und Reich im Himmel gedacht, was schon daraus hervorgeht, dass Walhall unter den andern Himmelsburgen aufgezählt wird. Odin hat einen Hochsitz, von dem aus er die ganze Welt übersehen kann.[1] Diesen Hochsitz, Hlidskjalf, nimmt auch Freyr im Skirnirliede ein. Hlidskjalf wird einmal allgemein nach Asgard, in die Götterwelt verlegt, einmal auch nach Walaksjalf, worunter wahrscheinlich nur ein andrer Name für Walhall zu verstehen ist. Dass der höchste Gott, und als solchen kennt den Odin ja die nordische Dichtung, im Himmel thront, muss schon an und für sich angenommen werden. So ist alles Dunkel vom Walgott genommen, er strahlt im Abglanze irdischen Prachtlebens. Als Walhall wird auch eine irdische Königsburg, die Atlis bezeichnet, weil sie an Pracht der Götterhalle nicht nachsteht, und die Dingbude eines mächtigen Häuptlings auf Island.[2]

---

1 *Hliðskjalf* Türbank von *hlið* Türe, Tor und *skjalf*, ags. *scylfe*, mnds. *schelf*, engl. *shelf*. Über Hlidskjalf die Prosaeinleitung zum Grimnirlied. Gylfag. Kap. 9 und 17.

2 Die Halle *valhǫll* in der Atlakviþa 2 und 15, die Dingbude Sturlunga IV Kap. 48; V K. 12 und 30.

Odin fordert Opfer

Was in der Schlacht fällt, ist Odins Opfer. Mit Speerwurf wurde das Heer dem Gotte zugeeignet. Den ersten Weltkrieg, den zwischen Asen und Wanen, hatte Odin eröffnet, indem er seinen Speer ins Heer schleuderte.[1] Es war alter Brauch, den Speer über die Schar der Feinde zu schießen, um sich selber das Glück zuzuwenden *(til heilla sér)*.[2] In der Schlacht, die am Ende des 10. Jahrh. zwischen dem Schwedenkönig Eirik und seinem Neffen Styrbjorn vorfiel, weihte sich Eirik, um den Sieg zu erlangen, dem Odin und gelobte, nach zehn Jahren ihm als Opfer zu sterben. Da nahte ihm ein großer Mann mit einem Schlapphut und gab ihm einen Rohrstängel. Den solle er übers feindliche Kriegsvolk werfen mit den Worten: Odin hat euch alle! Mit diesem Wurfe kam Blindheit über Styrbjorn und sein Heer, und ein Bergsturz erschlug sie.[3]

Gissur weihte die feindliche Schlachtordnung dem Untergang mit den Worten: Erschreckt ist euer König, dem Tod verfallen euer Herzog, hinfällig eure Kriegsfahne, gram ist euch Odin. Lasse so Odin mein Geschoss fliegen, wie ich vorhersage.[4]

Dag opferte Odin um Vaterrache; da lieh Odin dem Dag seinen Speer. Im Walde traf Dag den Helgi und durchbohrte ihn; Helgi stieg zu Odins Sälen auf.[5]

In der Geschichte von Wikar ist das Opfer an Odin durch Zeichnung mit dem Speer am deutlichsten.[6] Wikar und seine Schiffsgefährten müssen wegen widrigen Windes einmal lange liegen. Da befragen sie das Losorakel. Es ergibt sich, dass Odin einen Mann aus ihrer Schar verlangt. Das Los trifft den König Wikar selber, wodurch alle bestürzt sind. Starkad schlägt vor,

1 Vǫl. 24.
2 Eyrbyggja Kap. 44.
3 Styrbjarnar þáttr Kap. 2; Fms. 5, 250.
4 Hervararsaga Kap. 28 (Fornaldarsögur 1, 105).
5 In der Helgakviþa Hund. II.
6 Gautrekssaga Kap. 7 (Fornaldarsögur 3, 31 ff.); nach Uhland, Schriften 6, 359.

das Opfer nur andeutungsweise zu vollziehen. Er steigt unter einer Föhre auf einen hohen Block, biegt einen schwanken Ast herab und knüpft daran dünne Kalbsdärme. »Nun ist dir hier ein Galgen bereitet, König, der nicht lebensgefährlich bedünken wird.« Wikar steigt auf den Block und legt sich die Schlinge um den Hals, Starkad nimmt einen Rohrstab, den ihm sein Pflegvater Hrossharsgrani, der verhüllte Odin, in der Nacht gegeben, stößt damit nach dem König und spricht: Nun geb ich dich dem Odin! Alsbald wird der Stab zum Speer, der den König durchbohrt, der Block fällt unter seinen Füßen, die Kalbsdärme werden zum starken Weidenstrang, der Ast schnellt empor und hebt den sterbenden König ins Gezweig.

Wikar, den Odin auf so grausame Weise als Opfer zu sich nahm, war dem Gotte schon vor seiner Geburt verlobt worden. Alfrek, König in Hordaland, hatte zwei Frauen. Unter dem Namen Hott (Hut) kam Odin zu Geirhild und versprach ihr, König Alfrek werde sie allein zur Ehe haben, aber sie müsse in allen Dingen Odin anrufen. Alfrek bestimmte, die Frau zu behalten, welche das beste Bier zu brauen vermöge. Sie wetteiferten im Brauen, Signy rief Freyja an, Geirhild Odin. Dieser gab seinen Speichel statt der Gäre und verlangte als Lohn, was zwischen Geirhild und der Kufe sei (das Kind im Mutterleib). Geirhilds Bier bestand die Probe. Im selben Halbjahr ward Wikar geboren. König Alfrek sagte sein Schicksal voraus, indem er zu Geirhild sprach: Hangen seh ich an hohem Galgen dein Kind verkauft an Odin.[1]

Dass ein Kind wie Wikar Odin förmlich verlobt wird, kommt auch sonst vor. Eywind Kinnrifa war ein zauberkundiger Opferer, den König Olaf der Heilige zu bekehren trachtete. Aber weder freundliche noch harte Worte, weder Versprechungen noch Drohungen machten auf Eywind Eindruck. Da ließ der König ein Becken voll glühender Kohlen auf seinen Leib setzen. Da gestand Eywind, er sei eigentlich kein rechter Mensch, sondern habe von seinen kinderlosen Eltern nur unter der Bedingung

1 Hálfssaga Kap. 1, Fornaldarsögur 2, 25 ff.

erzeugt werden können, dass er zeitlebens dem Thor und Odin diene. So sei er diesen vor der Geburt versprochen, nach der Geburt geweiht worden und habe diese Weihe später selber erneuert; so mannigfach den Göttern hingegeben, könne und wolle er ihnen nicht absagen. Damit starb er treu seinem Gelübde.[1]

Siwardus, des dänischen Königs Ragnar Lodbrok Sohn, wurde in einer Schlacht schwer verwundet und in einen nahe liegenden Ort gebracht, um dort geheilt zu werden. Kein Heilmittel half, die Ärzte gaben ihn auf. Da kam ein alter wunderbar großer Mann zum Bett des Kranken und versprach, er werde alsbald den Siwardus gesund machen, wenn dieser ihm das Leben aller der Männer, die er im Kampfe erlege, geben wolle. Der Fremde nannte sich Rostarus. Siwardus gelobte, das Verlangen zu erfüllen. Da legte der Alte seine Hand auf die Wunde, alsbald schwand der Brand daraus und sie vernarbte.[2]

Auch neben der Wal verlangt Odin die meisten Menschenopfer, wie folgende Sagen beweisen.

König Aun in Schweden opferte Odin um langes Leben. Odin gewährte ihm je 10 Jahre für jeden Sohn, den er ihm opfere. Indem er neun Söhne, jeden zehnten Winter einen, opferte, erkaufte der König langes Leben und ward schließlich so alt, dass er wie ein kleines Kind zu Bett liegen musste und aus dem Horne trank.[3] Das Volk opfert sogar seinen König bei eingetretener Hungersnot, um Odin günstig zu stimmen. Unter Domaldi opferten die Schweden im ersten Herbst Ochsen, dann im zweiten einen Menschen, doch ohne Erfolg. Im dritten Jahr wurde Domaldi selber getötet und mit seinem Blut der Opferstein bestrichen.[4] Unter Olaf Trételgja entstand wieder Hungersnot, das Volk meinte, weil der König kein eifriger Opferer war. Da umringten sie sein Haus und verbrannten ihn darin und schenkten ihn dem Odin um gute Jahrzeit.[5]

---

1 Jüngere Olafssaga helga Kap. 204.
2 Saxo IX S. 446.
3 Ynglingasaga Kap. 29.
4 Ynglingasaga Kap. 18.
5 Ynglingasaga Kap. 47.

Der sterbende Krieger spricht die Hoffnung aus, noch am Abend bei Odin Gast zu sein, der Sieger hofft, seinen Feind dorthin zu weisen. So sagt der todwunde Kari zu König Olaf: Lebt wohl, Herr; ich werde bei Odin Gast sein.[1] Vor dem Kampf mit den Berserkern sagt Hjalmar zu Odd: Wir beide werden am Abend bei Odin gasten und jene zwölf leben. Odd erwidert: Die zwölf Berserker sollen bei Odin gasten und wir beide leben.[2] Von Rognwald, dem Ragnarsohne, der in der Schlacht fiel, sagt Aslaug, seine Mutter: Rognwald rötete den Schild im Männerblut. Als jüngster meiner Söhne fuhr er zu Odin.[3]

Helgi Olafsson hatte den Thorgrim Thormodarson im Kampfe getötet. Da sang er: Thormods kampfkühnen Erben gab ich dem Odin.[4] Obwohl Odin Sieg und Glück verleiht, ruft er doch seine Lieblinge durch Waffentod zu sich. Am Ende der Laufbahn wird er ihnen gram, wie es in der Halfssage[5] heißt. Wie Half zu Asmund fährt, bei dem er den Untergang findet, sagt Innstein: Dir ist Odin gram geworden, dass du auf Asmund fest vertrautest. Der Held grollt dem Gott, obwohl dieser ihn dadurch nur zu seinen Sälen lud. So spricht derselbe Innstein vor seinem Fall: Übles haben wir Odin zu lohnen, der solchen König des Siegs beraubte.

Nach dem Grimnirlied 8 und nach Snorri kommen nur die waffentoten Männer nach Walhall. Dieser Auffassung würde auch die ursprüngliche Bedeutung des Wortes, Halle der Wal, der im Kampfe Gefallenen (*wal = strages,* Haufe Erschlagener) entsprechen. Trotzdem weilen in Walhall Helden, die nicht den Schlachtentod starben, Sinfjotli, der an Gift zugrunde ging, Vanlandi, den die Mara zu Tode trat, fuhr zu Odin[6], Halfdan, der an Krankheit umkam, wird zu Odin entboten[7], Ragnar, der in der

---

1 Hromundarsaga Greipssonar Kap. 2; Fornald. s. 2, 366.
2 Hervararsaga Kap. 5; Fornald, s. 1, 423.
3 Ragnarssaga Kap. 9; Fornald. s. 265.
4 Landnáma 5 Kap. 10; Islendinga sögur 1, 307.
5 Hálfssaga Kap. 11 u. 13; Fornaldarsögur 2, 39 u. 45.
6 Ynglingasaga Kap. 16.
7 Ynglingasaga Kap. 52.

Schlangengrube sein Ende findet, hofft auf Walhall.[1] Vorstellungen von der Hölle, einem allgemeinen Seelenheim und von besondern Aufenthaltsörtern der Toten, hier der gefallenen Krieger, laufen gleichzeitig nebeneinander her.[2]

Odin als Heldenvater

Reich entwickelt sind die Sagen, die von Odins Wirken unter den Menschen erzählen. Nicht immer offenbart er sich im Glanze der Göttlichkeit, meistens tritt er in unscheinbarer Gestalt, als Wanderer, an seinen Günstling heran. Mit Rat und Tat hilft er, was er gewährt, ist meistens Sieg. Doch ist seine Gunst nicht beständig, am Ende verursacht er selber den blutigen Untergang seines einstigen Schützlings, dass dieser also eingehe in Walhalls Wonne. Wenige fügen sich dem letzten irdischen Verhängnis mit der erhabenen stillen Größe Sigmunds, der auch darin den Gott verehrt. Dieser treulose Zug an Odin gibt Loki den bösen Vorwurf ein:

Schweige du, Odin, ungerecht teilst du
Unter Kriegern des Kampfes Glück;
Du gabest oft, dem du geben nicht solltest,
Dem Schlechteren Sieg in der Schlacht.[3]

Odin nimmt junge Heldensöhne in eigene Pflege. Er wurde als Hrossharsgrani der Pflegevater Starkads, den Odin begünstigte,

1 Krákumál 29.

2 Weinhold, Sitzungsberichte der Berliner Akademie 1891, II S. 566 erklärt den Unterschied so: »Was in den dänisch-norwegischen Vorstellungen von Odins Walhalla ausgesponnen ist, von der vornehmen Gesellschaft, in welche schöne Schild- und Helmmädchen einführen, ist jüngeres Erzeugnis der Wikingerzeit. Die Bekenner anderer Kulte als des Odinkults waren ausgeschlossen; sie wurden der Wanin Freyja oder dem Bauerngotte Thor überlassen.« Man muss noch die Hel, Ran, die Trolle und Elben hinzusetzen.

3 Lokasenna 22; ähnlich Hárb. 25; der Skald Egill tadelt im Sonartorrek Odins Willkür und Gewaltherrschaft.

Thor verfluchte. Der Knabe hatte, drei Jahre alt, seinen Vater verloren und war Pflegekind König Haralds von Agdir. Durch Heerfahrt brachte Hrossharsgrani Starkad in seine Gewalt und erzog ihn auf der abgelegenen Insel Fenhring neun Winter lang.[1] Der achtjährige Geirröd und der zehnjährige Agnar, die Söhne Königs Hraudung, ruderten in einem Boote auf Fischfang hinaus. Da trieb sie der Wind ins weite Meer. In dunkler Nacht scheiterten sie an einer Küste, erreichten das Land und fanden einen Kleinbauern, bei welchem sie überwinterten. Die Hausfrau nahm sich Agnars an, der Bauer sorgte für Geirröd und belehrte ihn mit reicher Weisheit. Der Bauer war Odin, das Weib Frigg, die sich auf solche Weise Pfleglinge erkoren.[2]

Über dem Wolsungenstamm waltet Odin von Anfang an. Von Sigi ward gesagt, er sei ein Sohn Odins. Als Sigi wegen Totschlags friedlos wurde, geleitete ihn Odin aus dem Lande und verschaffte ihm Heerschiffe. Sigi hatte immer Sieg und eroberte sich ein Reich. Sein Sohn Rerir hatte lange keine Kinder. Da flehte er zu Odin, und der sandte durch sein Wunschmädchen Hljod der Frau des Rerir einen Apfel, nach dessen Genuss sie den Wolsung gebar, der ein gewaltiger Krieger wurde und allezeit Siegesglück hatte. Der nahm auch das Wunschmädchen Hljod zur Frau, und von ihm stammte Sigmund, von diesem Sinfjotli und Sigurd. Aus Not und Bedrängnis ringt sich unter des Siegesgottes stetiger Leitung der Wolsungenstamm zu gewaltigem Heldentum empor.[3]

König Wolsung vermählte seine Tochter Signy dem Siggeir. Abends, als die Männer den Feuern entlang in der Halle saßen, die um einen Baumstamm gezimmert war, trat ein unbekannter Mann herein. Der Mann war groß, alt und einäugig. Auf dem Kopf hatte er einen breiten Hut, er war in einen fleckigen Mantel gehüllt, trug leinene Hosen und war barfuß. In der Hand

---

1 Gautrekssaga, Fornaldarsögur 3, 17 ff., 32 ff.

2 Eingang zum Grimnirliede.

3 Vǫlsungasaga Kap. 1 u. 2; über Odins Eingreifen und dessen Bedeutung Müllenhoff, ZfdA. 23, 116 ff.

hielt er ein Schwert, das stieß er bis ans Heft in den Stamm hinein. Dem sollte es gehören, der es herauszuziehen vermöchte. Dann schritt er aus der Halle und verschwand. Die Männer versuchten sich alle am Schwert, umsonst. Doch Sigmund, Wolsungs Sohn, zog es mühelos heraus. Er führte das Götterschwert seitdem in seinen Kämpfen. Als der gealterte Held gegen Lyngwi, Hundings Sohn, focht, da kam ein einäugiger Mann mit breitem Hut und blauem Mantel ihm entgegen. Er schwang den Speer gegen Sigmund, das Schwert zersprang in zwei Stücke. Da war Sigmunds Glück gewendet und er fiel.[1] Als Hjordis auf die Walstatt geht, um den schwer wunden Sigmund zu heilen, da lässt er es nicht zu. »Odin will nicht, dass ich fürder das Schwert schwinge, da es nun in Stücke brach. Ich habe gekämpft, solang es ihm gefiel. Wahre die Schwertstücke unsrem Sohn. Daraus wird ein Schwert geschmiedet werden, mit dem er Heldentaten vollbringt. Ich aber will nun meine vorausgegangenen Blutsfreunde aufsuchen.« Odin begabt seinen erkorenen Helden mit dem trefflichen Siegschwert, aber er nimmt selber das Glück am Ende seiner Tage von ihm. Sigmund erkennt das Walten des Gottes, der durch den Waffentod ihn zu sich ladet, nach Walhall, wo seine tapfern Ahnen weilen und seiner harren.[2]

Der Dänenkönig Harald Hildetand war von Odin begünstigt, dass kein Eisen ihn verletzen konnte. Dafür hatte er die Seelen aller von ihm Erschlagenen Odin verheißen. Vor einem Krieg gegen die Schweden erschien ihm ein großer einäugiger Greis mit haarigem Mantel. Der nannte sich Odin, behauptete, sehr kriegskundig zu sein, und lehrte ihn die keilförmige Schlachtordnung sowie auch die Anordnung eines Seetreffens. Mittelst dieser Belehrungen trug Harald den Sieg davon. Haralds Neffe, König von Schweden, war Ring. Bruni war Haralds Vertrauter und trug alle geheimen Botschaften zwischen den Königen hin und her. Einst wurde er auf einer Botschaftsreise vom Strom verschlungen. Da nahm Odin Brunis Namen und Gestalt an und

---

2 Vǫlsungasaga Kap. 3 u. 11.
3 Vǫlsungasaga Kap. 12.

wusste durch trügerische Ausrichtungen die Bande der Freundschaft und Verwandtschaft zwischen den beiden zu lösen. Sie kündigten sich schließlich Krieg an und rüsteten sieben Jahre zur Entscheidungsschlacht auf dem Brawallafeld in Schweden. Der altersblinde König Harald stand auf einem Wagen und erhob seine Stimme, so laut er konnte, seine Scharen anzufeuern. An seiner statt hatte Bruni die Schlachtreihen in Keilform geordnet. Nun begann die ungeheure Schlacht, an der viele gewaltige Kämpen und Schildjungfrauen teilnahmen. Das Glück wandte sich gegen die Dänen. Der blinde Harald entnahm es aus dem traurigen Gemurmel der seinigen. Er hieß Bruni, seinen Wagenlenker, beobachten, wie Ring sein Heer geordnet habe. Lachend erwiderte Bruni, der Feind kämpfe in Keilordnung. Bestürzt und erstaunt hierüber fragte der König, von wem Ring diese Weise der Heerscharung erlernt habe, da doch Odin der Erfinder und Meister derselben sei und von ihm niemand, als Harald selbst, in dieser neuen Kriegskunst unterrichtet worden. Als Bruni hierauf schwieg, gemahnte es den König, derselbe sei Odin und der ihm einst befreundete Gott habe, um ihm jetzt zu helfen oder die Hülfe zu entziehen, solche Gestalt angenommen. Da begann er ihn anzuflehen, dass er den Dänen, welchen er sonst gnädig sich erzeigt, auch diesmal den Sieg verleihen möge; auch versprach er, die Seelen der Gefallenen dem Gotte zu weihen. Bruni aber, unbewegt durch diese Bitten, warf plötzlich den König aus dem Wagen, stieß ihn zu Boden, entriss dem Fallenden die Keule und zerschmetterte ihm damit das Haupt. Da ließ Ring die Schlacht aufhören. Dem gefallenen Harald veranstaltete er eine königliche Leichenfeier.[1]

---

1 Die Sage von Harald bei Saxo VII u. VIII, S. 361 ff.; der isländische Bericht im *Sögubrot af nokkrum fornkonungum í Dana ok Svía veldi* (Fornaldarsögur 1, 361 ff.). Vgl. Uhland, Schriften 7, 234 ff. Dass Odin Könige und Freunde gegeneinander verhetzt, wird auch Hárb. 24 u. Helg. Hund. II, 33 gesagt. In der späten Erzählung Sǫrlaþáttr (Fornaldarsögur I S. 391 ff. Flateyjarbók I 275 ff.) veranlasst Freyja auf Odins Geheiß den Kampf zweier mächtiger Könige, der in alle Ewigkeit währen soll. Es ist der Hedeninge sagenberühmte Geisterschlacht. Odins und Freyjas Einmischung scheint aber junge Erfindung in Nachahmung antiker Sagen. Bugge, Studien 99 ff.

In dieser Sage nimmt Odin wie bei Sigmund seinem Liebling am Ende Leben und Sieg. Um durch die gefallenen Helden die Schar seiner Einherjer zu mehren, stiftete er selbst unter Verwandten Streit. Wem Odin Gunst gewährt, den holt er sich selber zum Opfer.

Beim Heer der Hunnen, das gegen König Frotho von Dänemark heranzieht, befindet sich *Uggerus* (an. *Yggr*) *vates vir aetatis et supra humanum terminum prolixus,* also deutlich der verkappte Odin. Als das Heer der Hunnen in Hungersnot gerät, verlässt es Uggerus und geht zu Frotho über, dem er die Pläne und Anschläge des Hunnenkönigs verrät. Wie in den andern Sagen zeigt sich Odin auch hier unbeständig, indem er seinen Günstling plötzlich aufgibt.[1]

Nach nordischer Sage hat Sigurd Vaterrache an den Söhnen Hundings zu vollbringen. Mit einer Flotte machte er sich auf. Ein gewaltiger Sturm überfiel sie gerade in der Nähe eines Vorgebirges. Auf dem Berge stand ein Mann, der sie anrief und Aufnahme forderte. Sie segelten ans Land, da ging der Mann an Bord und das Unwetter legte sich. Der Mann nannte sich Hnikar. Er wies Sigurd alle Vorzeichen, die für den Ausgang eines Kampfes Gutes verkünden, den Angang von Raben und Wölfen, von Recken. Den Sieg erringt, wer die Krieger keilförmig zu ordnen versteht. Hnikar war Odin, der seinem Lieblingshelden erschien und ihm den glücklichen Ausgang seines Unternehmens vorhersagte.[2] Die keilförmige Schlachtordnung lehrte Odin seine besondern Günstlinge. Die Volsungasaga weiß noch von mehr Erscheinungen Odins zu erzählen. Als alter Mann mit großem Barte trat er zu Sigurd, als er sich ein Ross auswählte, und wies ihm Grani, der von Sleipnir stammte. Beim Kampfe mit Fafnir nahte er wieder und sagte, wie er den Wurm angreifen sollte.[3]

Als Hadding einem Gegner mit Namen Thuning, der ihn mit

1 Saxo V S. 238.
2 Reginsmǫl.
3 Vǫlsungasaga Kap. 13 u. 18.

einer Hilfsschar von Biarmiern bekriegen wollte, entgegenzog und mit seiner Flotte an Norwegen vorbeifuhr, sah er am Ufer einen Greis, der eifrig mit dem Gewand winkte, dass man an der Küste anfahren sollte. Hadding nahm ihn an Bord, obwohl seine Gefährten nicht wollten, dass man sich damit verweile. Er empfing nun von diesem Fremdling die Anweisung zu einer neuen keilförmigen Schlachtordnung. Im Kampfe selbst stellte der Greis sich hinter die Reihen, zog aus der Tasche, die ihm vom Nacken hing, einen Bogen, der anfangs klein erschien, bald aber sich weiter ausdehnte, und legte an die Sehne zehn Pfeile zugleich, die, mit kräftigem Schuss auf die Feinde geschnellt, ebenso viel Wunden bohrten. Die Biarmier führten durch Zauberlieder ungeheure Regengüsse herbei, aber der Greis vertrieb durch Sturmgewölk den Regen. Hadding siegte, und der Alte schied, indem er ihn ermahnte, glänzende Kriegszüge den ruhmlosen, ferne den nahen vorzuziehen, und ihm den Tod nicht durch Feindesgewalt, sondern durch eigene Hand weissagte.

Als König Frotho in Kriegen den Schatz seines Vaters aufgezehrt hatte und nicht wusste, wie er sein Kriegsvolk weiter erhalten sollte, da wurde er von einem herzutretenden Manne ermutigt, einen Gold hütenden Wurm zu erlegen. Der Mann wies ihm die Mittel dazu. Er soll seinen Schild und seinen Leib zum Schutze gegen des Drachen Gift mit Stierhäuten bedecken. Die Schuppenhaut des Drachen trotze zwar jeder Waffe, aber am Bauch sei eine Stelle, wo das Schwert eindringen könne. Frotho fuhr auf die Insel, wo der Wurm hauste, griff ihn an, als er von der Tränke nach der Höhle zurückkehrte, und erlegte ihn auf die angegebene Weise.[1] Ähnlich berät Odin Sigurd vor dem Kampf mit Fafnir.[2]

Odins plötzliches Eingreifen rettet seine Freunde vor dem Untergang. So erzählt Saxo[3] von den »Hellespontischen« Brüdern, welche den Tod ihrer Schwester Swavilda an Jarmericus

---

1 Saxo II S. 61.
2 Vǫlsungasaga Kap. 18.
3 Saxo VIII S. 415.

rächen. Der Rat der Zauberin Gudrun schlug des Königs Krieger mit Blindheit, dass sie die Waffen gegeneinander erhuben und die Hellespontier mühelos sie erschlugen. Während des Getümmels kam plötzlich Odin unter die Kämpfenden und gab den Dänen ihr Gesicht wieder. Die hiebfesten Hellespontier hieß er durch Steinwürfe töten. Die Wolsungensage[1] erzählt: Auf Hamdir und Sorli biss im Kampf kein Eisen. Da kam ein hoher, alter, einäugiger Mann und riet, man solle sie mit Steinen zu Tode werfen. Wie Odin seine Feinde mit Blindheit schlägt und verwirrt, so nimmt er solche Verwirrung von seinen Freunden, vernichtet den gegen sie geübten schädlichen Zauber und greift mit gutem Rate ein.

Als der dänische König Hrolf mit größerem Gefolge auf der Kriegsfahrt nach Uppsala sich befindet, kommen sie zum Gehöft eines Bauern namens Hrani, der ihnen Nachtherberge anbietet. Auf Hrolfs Zweifel, ob er sie alle aufnehmen könne, entgegnet Hrani lachend: Nicht weniger Männer hab ich manchmal kommen sehen, da, wo ich gewesen bin. Hrani prüft die Ausdauer der Gefährten Hrolfs durch Kälte, Durst und Feuer und rät dem König, alle, die nicht geduldig ausdauern, zurückzuschicken, sodass schließlich Hrolf nur mit seinen zwölf Recken nach Schweden reitet. Auf der Rückkehr sprechen sie wieder bei Hrani vor. Der Bauer bietet dem König Waffen, Schild, Schwert und Brünne zum Geschenk. Hrolf will nichts annehmen, worüber Hrani sich erzürnt. Nicht bist du so weise, wie du dir däuchst, sagt Hrani. Hrolf und seine Helden reiten weiter, obwohl die Nacht finster ist. Noch sind sie nicht weit gekommen, da sagt Bodwar: Zu spät besinnen sich Unkluge. So geht es mir jetzt; es ahnt mir, dass wir nicht weislich gehandelt haben, indem wir uns selbst den Sieg versagten. König Hrolf erwidert: Dasselbe ahnt mir; dieser Mann mag Odin gewesen sein, und in Wahrheit er war einäugig. Sie kehren um, aber Bauer und Hof sind verschwunden. So erzieht und kräftigt der kampfwerbende Gott die Helden und verleiht kühnen Rat. Aber wie Hrolf sein Waf-

---

1 Vǫlsungasaga Kap. 42.

fengeschenk ausschlägt, entzieht er ihnen den Sieg, und in der letzten Schlacht kämpft er selber im Heere der Feinde. Bodwar bemerkt, dass allerlei Gespenster gegen Hrolf und seine Helden kämpfen. »Aber Odin kann ich nicht erblicken, und doch zweifle ich nicht, dass er hier unter uns schwebt, der treulose Sohn Herjans!« Auch nach Saxos Bericht ist Odin unter den Feinden. Bjarco erblickt ihn, als er durch die Armbeuge seiner Gattin Ruta schaut.[1]

Dem Berserker Framar hatte Odin beständigen Sieg und Unverwundbarkeit verliehen. Aber im Zweikampf mit Ketil Hæng biss dessen Schwert auf Framar ein. Sterbend sagte er: Baldrs Vater trog; auf ihn zu trauen ist kein Verlass. Also auch in dieser späten Sage kehrt der alte Vorwurf von Odins Unbeständigkeit wieder.[2]

Hord wollte den Grabhügel des Kämpen Soti erbrechen, um seine Schätze zu gewinnen. Er fuhr in einen dichten Wald, in dem der Hügel lag. Auf einer Lichtung erhub sich ein großes, schönes Haus, davor stand ein Mann in blauem Mantel, welcher Hord begrüßte. Er nannte sich Bjorn und sagte: Ich war deinen Blutsfreunden hold, das sollst du von mir genießen. Ich weiß, dass du Sotis Grab erbrechen willst. Wenn es euch nicht gelingt, dann komm zu mir. Hord ritt nun weiter zu Hroar, und sie versuchten, den Hügel zu öffnen. Doch so viel sie gruben, am nächsten Mor-

---

1 Hrolfssaga Kraka (Fornaldarsögur I) Kap. 38 ff., 47 ff. Saxo II S. 106. Bjarco fragt Ruta:

Et nunc ille ubi sit, qui vulgo dicitur Othin,
armipotens, uno semper contentus ocello?
dic mihi, Ruta, precor, usquam si conspicis illum?

Hierauf lässt ihn Ruta durch den eingestemmten Arm spähen. Bjarco sagt:

Si potero horrendum Friggae spectare maritum,
quantumcunque albo clypeo sit tectus et allum
flectat equum, Lethra nequaquam sospes abibit:
fas est belligerum bello prosternere divum.

Vgl. Uhland Schriften 7, 144, 151, 154, 160. Ob im Namen Hrani *rani,* Schweinsschnauze, *svínfylking, caput porcinum,* d. h. keilförmige Schlachtordnung, als deren Erfinder Odin gilt, anklingt, steht dahin; vgl. Bugge, norrön fornkvædi S. 339.

2 Ketilssaga Hængs Kap. 5; Fornaldarsögur 2, 132, 135, 139.

gen war der Hügel wieder ganz. Da ritt Hord zu Bjorn zurück. Der gab ihm ein Schwert, das solle er in die Hügelwand stoßen. So glückte es auch. Nach vollbrachter Tat konnten sie Bjorn nimmer finden, und die Leute glaubten fest, es sei Odin gewesen.[1]

Sinfjotli war an Gift, das ihm seine Stiefmutter Borghild zu trinken gab, gestorben. Sigmund trug ihn eine weite Strecke in seinen Armen und kam zu einem schmalen und langen Meerbusen; am Ufer lag ein kleines Schiff, und darin war ein Mann. Der erbot sich, den Sigmund über den Meerbusen zu fahren. Als aber Sigmund die Leiche ins Boot getragen hatte, war kein Platz mehr darin. Da sagte der Mann, Sigmund möge zu Fuß um den Meerbusen herumgehen. Darauf stieß der Mann mit dem Boote ab und war sogleich verschwunden. Hier ist angespielt auf den Volksglauben, dass die Seelen auf einem Schiff ins Gebiet der Unterwelt fahren, auf die nordische Sitte, die Gestorbenen auf einem Schiffe den Wogen zu überlassen. Der Ferge wird aber Odin selber sein, der ja auch als Harbard in solcher Eigenschaft erscheint. Er nimmt so den Sinfjotli, der nach Walhall eingeht, selber in Empfang.[2]

Odin gewährt Fahrwind und Reichtümer

Die alte Natur des Windgottes bricht bei Odin noch durch, wenn er um gute Schifffahrt angerufen wird. Hallfred tut ein Gelübde an Odin und Thor, wenn er Fahrwind aus Norwegen nach Island erhält.[3] Im Hyndlalied 3 heißt es, Odin gibt dem Seemann Fahrwind. In den Hǫvamǫl 153 sagt Odin:

---

1 Harðarsaga Grimkelssonar Kap. 15.

2 *Frá dauða Sinfjǫtla;* Vǫlsungasaga Kap. 10. J. Grimm, Myth. 790 ff.

3 Hallfreðarsaga Kap. 5 (Fornsögur hrsg. von Gudbrand Vigfusson und Th. Möbius S. 91). Ein Beiname Odins ist *farmaguð* Gylf. Kap. 20, *farmatýr* Grímn. 48, Eyvind SE. II 160, d. h. Gott der Frachten, Schiffslasten. Vielleicht ist auch hier Odin als Beschützer der Schifffahrt und des Handels gleich Merkur bezeichnet; W. Müller, System der altds. Religion 187; J. Grimm, Myth. 3, 55; Simrock, Myth.[5] 169; E. H. Meyer, Myth. 233.

Einen neunten [Zauber] kenn ich, wenn Not mir dräut,
Im Meere zu schirmen mein Schiff:
Den Wind beschwör ich auf wogender Flut
Und singe in Schlummer die See.

Als Hnikar zu Sigurd an Bord kommt, legt sich alsbald das Unwetter. Sonst tritt aber diese Seite Odins in den nordischen Gedichten nicht weiter hervor.

Dass Odin Reichtümer spendet, erwähnt das Hyndlalied 3. Auch die Ynglingasaga K. 7 sagt, Odin habe um alle verborgenen Erdschätze gewusst und sie zu bannen verstanden. Nach späterer schwedischer Volkssage, die aber verdächtig scheint und vielleicht auf gelehrtem Wege Odin für den Teufel einsetzte, konnte man am Donnerstagabend auf dem Kreuzweg sich in Odins Gewalt geben und empfing dann Geld von ihm. Auch wurde Odin zu Gast geladen. Er fuhr in einem großen von Rappen gezogenen Wagen vor, nahm die zugerichtete Mahlzeit ein und ließ dafür Geld zurück.[1] Aus alter Zeit liegen keine Sagen vor, welche Odin als den Spender von Reichtümern zeigen.

Odins Liebesabenteuer

Odin hat mehrfach Liebesabenteuer erlebt, wie schon die Geschichte von Rind zeigte. Im Harbardslied rühmt er sich, wie er auf allgrüner Insel Krieger erschlug und Mädchen nachging, die ihm Wonne und Lust gewährten, wie er mit feiner Kunst Zauberweiber, Nachtreiterinnen verführte.

»Ich war ferne im Osten, mit einem Fräulein schwatzt ich,
Spielte mit der Linnenweißen, verlockte sie zu heimlichem Umgang;
Froh machte ich die Goldgeschmückte, und sie gönnte mir Liebesgenuss.«

1 Hyltén-Cavallius, Wärend och Wirdarne 218 ff.

Auch Riesinnen bezwingt er, Grid oder Hlodyn, die Mutter des Widar. Erscheint doch die Erdgöttin, des höchsten Gottes Gemahlin auch als Riesenweib. In den Hǫvamǫl[1] weiß Odin von seinen Liebschaften zu sagen. Der Weiber Wort traue der Mann nicht, auf rollendem Rad ward ihr Herz geschaffen, darum wohnt Wankelmut drin. Im Rohre saß Odin und harrte seiner Liebsten, Billings sonnenschöner Tochter (Rindr?), aber umsonst. Da geht er zu ihrem Hause und findet sie im Bette. Sie bestellt ihn auf den Abend, damit niemand etwas merke. Er kommt wieder voll Hoffnung, aber wehrhafte Krieger wachen, Lichter und Fackeln verscheuchen ihn. Noch einmal naht er gegen Morgen. Da liegt eine Hündin an der Holden Stelle im Bett festgebunden.

»Manch prächtige Maid,   prüfst du sie näher,
Zeigt den Werbenden Wankelmut;
Erfahren hab ich's,   als verführen ich wollte
Die listige Jungfrau zur Lust;
Kränkenden Lohn   tat die Kluge mir an,
Und nichts genoss ich von ihr.«

Die Macht kluger und weiser Rede zeigt Odin an der Gunnlodgeschichte, wie er den herrlichen Trank Odrerir gewann. Er suchte den Riesen Suttung auf, verkappt als Bǫlverk (Unheilwirker), und gewann ihn durch wohlgesetzte Rede. Auf goldenem Stuhl gab ihm Gunnlod, des Riesen Tochter und Odrerirs Hüterin, den Trank des herrlichen Metes. Aber üblen Lohn erntete sie für ihre Güte. Bahn schaffen ließ Odin des Bohrers Mund und das Gestein durchdringen. Rings um ihn ragten der Riesen Pfade (d. h., als Schlange schlüpfte er durchs Gestein, das durchbohrt war), so wagte er Leben und Leib. So stieg Odrerir hinauf aus der Berge Tiefe nach Walhall. Tags darauf kamen die Riesen gen Asgard und forschten nach Bolwerk. Einen Meineid schwur Odin; um den Met trog er Suttung und versenkte Gunnlod in Gram. Der

1 Hǫvamǫl 95–101; 102–109; Bragar. Kap. 4. Vgl. Finnur Jónsson, Litteraturs historie 1, 233 ff.

Bericht der Edda weicht mehrfach ab. Bolwerk, der zuerst beim Riesen Baugi, Suttungs Bruder, sich als Knecht verdingt hatte, verlangt als Lohn einen Trunk Metes. Baugi bohrte durch den Berg, Odin schlüpfte als Schlange hinein, drei Nächte ruhte er bei Gunnlod; da erlaubte sie ihm drei Trünke vom Met, zu dessen Hut sie gesetzt war. Odin leerte damit den Kessel Odrerir und die Becher Son und Bodn, worin der Met aufbewahrt wurde. Dann entflog er in Adlergestalt, verfolgt von Suttung, der ebenfalls als Ar ihm nacheilte. In Asgard spie Odin den Met in Gefäße, dass er so aufbewahrt werde. Einiges hatte er aber nach hinten entsandt, wie Suttung ihm zu nahe gekommen war. Das ist der Dichterlinge Teil. Suttungs Met aber gab Odin den Asen und den Menschen, welche dichten können. Hier also handelt Odin trugvoll an einem liebenden Weib, während Billings Maid ihn gefoppt hatte.

In den Liebschaften Odins tieferen mythischen Sinn zu erblicken ist nicht gerechtfertigt. Sie zeigen nur den genussfrohen, lebensheitern Edeling, den Krieger und Dichter, der keine Gelegenheit vorbeilässt, sich Liebesfreuden zu verschaffen, den höfischen Weltmann, der sich auf Frauenherzen versteht. Äußeren Anlass, Odin mit Riesinnen in Verkehr zu bringen, gab vielleicht die Vielnamigkeit der Erdgöttin. Wenn Freyja Odins Buhle heißt, wenn Freyja dem verlorenen Odr nachzieht, darf an Wode erinnert werden, der Frauen jagt. Aber keine bedeutungsvolle Sage erwuchs im Norden aus dieser Vorstellung.

Odin, der Gott der Weisheit

Odin erschien bisher als der Erwecker und Förderer des Heldentums. In den folgenden Sagen tritt Odins geistiges Wesen hervor, das er immer wieder aufs Neue offenbart. Die so genannte Edda enthält ein umfangreiches Lehrgedicht, die Sprüche Hars, des Hohen genannt.[1] Im ersten Teil tritt ein Wanderer

---

1 Über die verschiedenen Teile der Hǫvamǫl vgl. Müllenhoff, Deutsche Altertumskunde 5, 250 ff. Dass überall in allen Stücken Odin der Sprecher

ein und fordert Gastrecht, zum Dank eröffnet er den reichen Schatz seiner Lebensweisheit, Betrachtungen über das Verhalten in den verschiedensten Lagen des Alltagslebens; im zweiten Teil zeigt der Sprecher den Nutzen kluger, wenn auch falscher Rede an einem Liebeserlebnis; im dritten Teil berichtet er, wie er durch listige Worte in den Besitz des kostbaren Dichtermetes gelangte; im vierten Teil folgen einige praktische Ratschläge; im fünften Teil wird der Ursprung von Odins Runenweisheit erzählt, im sechsten werden die kräftigen Zaubersprüche, deren er sich rühmt, genannt. Um 900 entstanden die Lieder in Norwegen. Sie enthalten die Gesamtheit des begehrenswerten Wissens, das Odin besitzt und lehrt. Odin also ist der Urquell aller menschlichen Weisheit. Dreierlei Weisheit wird hervorgehoben, allgemeine Lebensklugheit, dichterische Begabung, Zauberei. Darin ist Odin Meister. Zur Dichterweisheit gehört nach der Auffassung der Skalden nicht bloß das Vermögen kunstvoll gesetzter Rede, worin ja Odin so erfahren ist, dass er nach der Ynglingasaga überhaupt nur im Versmaße zu sprechen pflegte, sondern ausgedehnte Kenntnis der Götter- und Heldensage, mythologische Wissenschaft, und darin muss Odin natürlich als Gott alle Menschen weit übertreffen. Was die Hǫvamǫl im Allgemeinen Odin zuteilen, zeigen in besonderen Fällen viele Sagen, in denen der Gott fast immer verhüllt als Wanderer erscheint.

Odin ist Vater des Zaubers.[1] Seinen Beschwörungen und Liedern wird umfassende Wirkung beigemessen. Er ist eines Zaubers, »Hilfe« genannt, mächtig, der in allen Anliegen, Kümmernissen und Schmerzen zu helfen vermag. Im Besondern weiß er Lieder, ärztlich zu heilen, Feindeswaffen stumpf zu machen, Fesseln zu sprengen, Geschoss im Fluge zu hemmen, dem Runenzauber des Feindes zu begegnen, Flamme zu löschen, Hass unter Männern zu versöhnen, Wind und Woge zu sänftigen, Hexen

---

ist, weist gegen Müllenhoff Finnur Jónsson, Litteraturs historie 1, 224 ff. nach.

1 *Galdrs faþer* heißt Odin Baldrs Dr. 3; Aufzählung der Zauberlieder Hǫvamǫl 146 ff.

auf dem Luftritt zu verwirren, Krieger frisch und heil zur und aus der Schlacht zu führen, Gehängte zum Leben oder Reden zu erwecken, Krieger gegen Waffen fest zu machen, Frauenliebe zu gewinnen. Liebeszauber übte Odin, um die widerspenstige Rind gefügig zu machen.[1] Im Lied von Baldrs Träumen übt Odin Totenzauber. Schlimme Träume plagten Baldr. Da ritt Odin auf Kundschaft ins Reich der Hölle. Am östlichen Eingang wusste er einer Wolwa Grab. Er sang den Leichenzauber, der sie hervorzwang, dass sie, die Tote, Rede stand. Vom Schnee beschneit, vom Regen beschlagen, vom Tau beträufelt tauchte sie aus der Tiefe empor. Wegtam, Wanderer, nannte sich Odin. Auf seinfragen erfuhr er, dass Hel zu Baldrs Empfang gerüstet sei. Das Gedicht schließt damit, dass die Wolwa Odin erkennt und ihn auffordert, heimzureiten. Kein andrer wird sie mehr besuchen vor dem Weltende. Schön ist der Glaube an Odins forschende Wanderungsfahrt in die Vorstellung vom bangen Sorgen der Götter vor drohendem Untergang hineinverwoben.

Rune bedeutet zunächst Raunen, Geflüster, heimliche Rede, dann Geheimnis jeder Art, in Lehre, Zauberei, Lied, Sinnbild, Buchstaben. Insbesondere ist bei den Skalden Kunstgeheimnis der Dichtersprache mit Rune gemeint, d. h. die bildliche Umschreibung, welche einfache Begriffe in Geheimnissen, die nur der Eingeweihte errät, verbirgt. Um solche Umschreibungen zu bilden, bedarf es eingehender mythologischer und sagengeschichtlicher Kenntnisse. Solche Sinnrunen *(hugrúnar)* hat Odin selber erdacht[1], wie überhaupt alle Runenweisheit von ihm ausgeht. Tiefsinnige Heimlichkeiten zu ergründen und auszulegen, aber auch klugsinnig solche Rätsel zu schaffen und aufzugeben, ist Beruf des Dichters. In höchster Vollkommenheit wohnt solche Fähigkeit Odin inne, worüber mancherlei Sagen umliefen.

---

1 Der Skald Kormak sagt: *seiþ Yggr til Rindar* SE. 1, 236; Saxo III 128 *quam [Rindam] protinus cortice carminibus adnotato contingens lymphanti similem reddidit.*

2 Sigrdr. 13; Odins Runenkunde behandelt in unnachahmlich schöner Weise Uhland, Schriften 6, 225 ff.

Im Grimnirliede[1] begibt sich Odin in einen Mantel gehüllt unter dem Namen Grimnir zu König Geirröd, um seine Gastfreundschaft zu versuchen. Aber der König ließ den unbekannten Fremdling, der nähere Auskunft verweigerte, foltern und zwischen zwei Feuer setzen, um ihn zum Reden zu bringen. So saß er acht Nächte, ohne dass jemand um ihn sich kümmerte. Nur Agnar, Geirröds zehnjähriger Sohn, trat mit einem Trinkhorn zu Grimnir, ihn zu laben. Schon war ihm die Lohe so nahe gekommen, dass der Mantel zu brennen anfing. Zum Danke hebt Grimnir an, die Herrlichkeit Odins und Walhalls zu verkünden. Er zählt alle Namen Odins auf, unter denen er sich den Menschen offenbarte. Zuletzt spricht er zu Geirröd und versagt ihm, seinem einstigen Günstling, Odins Hilfe und Huld. »Dein Ende sehe ich, Yggr wird besitzen den vom Schwert getroffenen Toten. Jetzt kannst du Odin schauen!« Da sprang Geirröd auf, um Odin vom Feuer wegzuführen. Da glitt sein Schwert aus der Scheide, er strauchelte und fiel sich darin zu Tode.

Als Gangrad, Wanderer, kehrte Odin beim Riesen Wafthrudnir ein, um ihn auszuforschen, ob der weiseste Riese dem Wissen des Gottes gewachsen sei.[2] Wafthrudnir richtete zunächst einige Fragen an den Wanderer, der bescheiden auf dem Estrich harrte. Als er sein Wissen bewährte, lud er ihn in den Saal zur Bank; dort sollten sie zusammen reden und das Haupt zum Pfande der Wissenswette setzen. Nun hub der Wanderer zu fragen an. Auf alle Fragen, welche den elementaren Weltursprung

1 Die Grímnesmǫl sind durch zahlreiche Einschaltungen verderbt. Unter den Versuchen, den alten und echten Kern, »eine Offenbarung Odins in seiner ganzen Herrlichkeit und Furchtbarkeit«, herauszulösen, sind die wichtigsten Müllenhoff, Deutsche Altertumskunde 5, 159 ff. und Finnur Jónsson, Litteraturs historie 1, 141 ff. Die Einkleidung des Liedes hält Bugge, Studien 456 für eine Nachahmung der Vindicta Salvatoris.

2 Über die Vafþrúþnesmǫl Müllenhoff, Altertumskunde 5, 237 ff.; Finnur Jónsson, Litteraturs historie 1, 137 ff. Der Name *Vafþrúþner*, der sonst nirgends vorkommt, heißt nach Gudbrand Vigfusson dictionary 673[b] u. 747[a] »der im Verwickeln, in Rätseln Starke« und wäre also für den Inhalt des Gedichtes, das Wettgespräch erfunden; so auch Müllenhotf a.a.O. 237/8.

und die Zeit des Untergangs und der Neugeburt betreffen, tat der weise Riese Bescheid. Wie aber der Wanderer forschte, was Odin dem toten Baldr ins Ohr raunte, bevor man ihn auf den Holzstoß hob, da erkannte Wafthrudnir, wer ihm gegenübersaß, dass er mit todgeweihtem Munde sprach.

»Mit Odin wagt ich's, mich an Einsicht zu messen;
Das weiseste Wesen bleibst du.«

Seine geistige Überlegenheit über des Riesen Weisheit betätigt Odin darin, dass er das Wettgespräch so klug wendet, dass es zu seinen Gunsten ausgehen muss.

Besondere Beachtung verdienen die Sagen, in welchen Odin unter dem Namen Gest die Hallen der Könige besucht und den ihm innewohnenden Sagenhort offenbart.[1] König Heidrek hatte gelobt, alle, die sich wider ihn vergingen, zu begnadigen, wenn sie ihm ein Rätsel vorlegen könnten, das er nicht zu erraten wisse. Nun beging Gest der Blinde, ein reicher und mächtiger Mann, einen Frevel gegen den König, indem er ihm die Schatzung vorenthielt. Als Heidrek ihn vorlud, opferte Gest dem Odin, dass er ihm aus der Bedrängnis helfe. Da nahm Odin Gests Gestalt an und trat vor den König. Er legte ihm viele Rätsel vor, die Heidrek alle löste. Endlich fragte Gest, was Odin Baldr ins Ohr raunte, ehe er auf den Holzstoß gehoben wurde. Da erkannte Heidrek den Frager und hieb mit dem Schwert nach ihm. Odin aber schwang sich als Falke davon. Ebenso spricht Odin bei den bekehrungseifrigen christlichen Norwegkönigen vor. So verschiedenartig die Berichte im Einzelnen auch sind, die Grundlage bleibt überall dieselbe. Als Olaf Tryggvason einst zur Osterzeit beim Gastgebot auf Ogvaldsnes sich befand, kam dahin eines Abends ein alter, einäugiger Mann mit herab-

1 Über die Gestsagen vgl. Uhland, Schriften 6, 305 ff.; 7, 321 ff. Die Quellen sind die Hervararsaga Kap. 12; Olafssaga Tryggvasonar (Heimskringla) Kap. 71; jüngere Olafssaga Tryggvasonar Kap. 197/8 (Fornmanna sögur 2, 138); Olafssaga helga, Anhang in den Fornmanna sögur 5, 171 ff. Þáttr Tóka Tókasonar (Fornm. sögur 5, 299) und Nornagests þáttr.

hängendem Hute; dieser Mann wusste von allen Ländern zu sagen und gab Bescheid auf alle Fragen des Königs, der an seinen Reden großes Ergötzen fand und lang in den Abend sitzen blieb. Er erzählte von König Ogvald, der in der Nähe im Hügel bestattet liege. Noch vieles andre sagte er von Königen und alten Kunden. Als der König schon im Bette lag, musste der Gast noch erzählen, bis der Bischof zum Schlafen mahnte. Wie der König erwachte, verlangte er nach dem Manne, aber er war nicht mehr zu finden. Den Köchen hatte er Fleisch gegeben, das sie für Olaf zubereiten sollten. Der König aber befahl, den Vorrat wegzuschaffen, und sagte, das werde kein andrer Mann gewesen sein als Odin. Es solle ihm aber keineswegs gelingen, ihn zu betrügen. Olaf der Heilige befand sich beim Gasthmahl in Wik, da trat vor ihn grüßend ein unbekannter Mann, der um seinen Namen befragt sich Gest nannte und beim Hofgefolge verweilen zu dürfen bat. Er trug kurzen Rock und über das Antlitz hängenden Hut, war blödsichtig und gebartet. Der König machte wenig aus dem Ankömmling, wies ihm den Sitz abseits der Gäste an und hieß die Leute wenig mit ihm verkehren. Abends aber berief er ihn vor sein Bett und fragte, was er von Kurzweil verstehe. Da ward unter ihnen vieles von den Königen der Vorzeit und ihren Taten gesprochen. Auf Gests Frage, welcher von den alten Königen Olaf am liebsten gewesen sein möchte, gab dieser zur Antwort, ein Heide möchte er überall nicht sein, doch am liebsten noch Hrolf Krakis fürstliche Milde haben, unbeschadet des Festhaltens am Christenglauben. Gest sprach weiter: Warum wolltest du nicht sein wie der König, der Sieg hatte wider jeden, mit dem er Streit führte, dem an Schönheit und Fertigkeit keiner in Nordlanden gleichkam, der ebenso andern wie sich selbst in Kämpfen den Sieg zu geben vermochte und dem die Dichtkunst zu Gebot stand wie andern Männern die bloße Rede? Der König erhob sich da, griff nach dem Messbuch und wollte damit nach Gests Haupt schlagen. Du, sprach er, der schlimme Odin möchte ich zuletzt sein. Gest aber fuhr wieder dahin, woher er gekommen war, und der König lobte Gott, dass dieser unreine Geist, der in Gestalt des schlimmen Odins erschienen war, keine Trugrede vorzubringen vermochte, die irgendeinen Schatten auf die glänzende Blume seines heiligen Glaubens geworfen hätte. Ein anderer großer, unbekannter Mann, der bei Olaf dem Heiligen zu Sarpsborg Aufnahme begehrt, nennt sich Toki, Sohn Tokis, des Sohnes Tokis des Alten. Noch im Alter sieht man ihm an, dass er an Wuchs und Schönheit ein stattlicher Mann gewesen. Sein Benehmen ist gefällig, er weiß über alles Bescheid, und der König, der ihm einen Ehrensitz angewiesen, ergötzt sich sehr an seinen Reden. Er erzählt, wie er bei den Königen Half und Hrolf Kraki geweilt und die Stärke ihrer Recken erprobt habe. Toki erklärt, primsignet (d. h. mit dem Kreuze bezeichnet), doch nicht getauft zu sein. Er sei hergekommen, um getauft zu werden. Er verscheidet hernach in weißem Taufgewand. Hieran reiht sich endlich auf Olaf Tryggvason bezogen die Sage von Nornagest. In Drontheim kommt einmal bei Tagesneige zum König Olaf ein großer bejahrter Mann, der auf sein Befragen angibt, er heiße Gest. Gast sollst du hier sein, spricht der König, wie du heißen magst. Gest meldet von sich, er stamme aus Dänemark, er sei primsignet, nicht getauft, seine Kunst sei, die Harfe zu spielen oder Sagen zu erzählen zum Ergötzen der Leute. Seine Kunst betätigt er, indem er die Sage von Sigurd, in dessen Gefolge er geweilt habe, vorträgt. Dann erzählt er noch, warum er Nornagest genannt sei. Drei Nornen traten an seine Wiege, während über ihm zwei Kerzen brannten. Zwei sagten ihm Glück voraus, die dritte aber rief zürnend: Ich schaffe dem Knaben, dass er nicht länger leben soll als die Kerze, die neben ihm angezündet ist. Sofort wurde die Kerze ausgelöscht und soll erst an Nornagests Todestage wieder entzündet werden. Nornagest verlangt von Olaf Taufe und Aufnahme unter sein Gefolge, was ihm zuteil wird. Eines Tages zündet er das Licht an, lässt sich ölen und stirbt, als die Kerze niedergebrannt ist.

Ihren vollen Nachdruck behauptet diese mehrgestaltige Gestsage nur in denjenigen Darstellungen, nach welchen der alte Odin selbst herantritt und nicht in einen menschlichen, wenn auch mit wunderbarem Geschick ausgestatteten Wanderer umgewandelt ist. Gast war Odin oft, wenn er als Wanderer Einkehr hielt. Wafthrudnir (19) redet ihn als Gast *(gestr)* an. Die Begriffe »Wanderer« und »Gast« nahmen bei Odin besondere Bedeutung an und erhielten den Rang von Namen des Gottes. Sehr schön ist Odins Einkehr bei den christlichen Königen, die sich von der Erinnerung ans alte Heldentum und seine Sagen nicht lossagen können. Das unwiderstehliche Hinneigen zu des Gastes Reden, die plötzliche, meist durch bischöflichen Zuspruch erregte Entrüstung, mit der Olaf der Heilige dem Gest das Messbuch an den Kopf wirft, zeugen dafür. Weniger glücklich ist der Gedanke, den sagenkundigen Gast in Taufkleidern sterben zu lassen. Da nimmt es sich für Odin doch besser aus, wenn er als übler Geist erscheint. In den Gestsagen gehen noch einmal die berühmtesten der alten Helden, Hrolf Kraki mit seinen Kämpen, Half und seine Recken, Starkad, die Wolsungen, Ragnars Söhne im Zauberspiegel vor der Seele der »gekristneten« Nordlandskönige vorüber; noch einmal hält Odin selber das Heldentum seiner Lieblinge einer neuen Zeit gegenüber, dann verschwindet der Heldenvater Odin als ein unheimlicher Nachtgeist. Dass er den Königshof besucht, hat guten Sinn. Denn dort wurde er im Heidentum am meisten geehrt.

Anders als Odins Einzelwanderungen auf Erden sind seine Fahrten mit Loki (Lodur) und Hönir aufzufassen.[1] Diese wandernde Götterdreiheit unterliegt dem Verdachte, antikem Vorbild, den wandernden Göttern Jupiter, Neptun, Merkur nachgeahmt zu sein. In der Vǫlospǫ́ ist außerdem Anlehnung an die den Menschen erschaffende christliche Dreieinigkeit unverkennbar. In den Sagen, welche so eingeleitet sind, Iduns Raub und Andwaris Ring, spielt Odin auch gar keine besondere Rolle, sondern Loki ist der Handelnde.

Odin, dem Hort aller Weisheit, der den zur Dichtkunst begeisternden Trank erwarb, verdankt auch jeder Einzelne die geistige Begabung. Nach dem Hyndlaliede (3) gibt Odin den Männern Beredtheit und Verstand, den Skalden Liedeskunst.

---

1 Vǫl. 17/8; Bragar. Kap. 2; Skáldsk. Kap. 5. Vgl. Bugge, Studien S. 16.

Odins Gabe heißt schon bei den Skalden die Dichtkunst[1]; als Träger des Odinsmetes bezeichnet sich der Skald. Starkad, der in seiner Jugend von Thor mit feindlichen, von Odin mit günstigen Geschicken bedacht wurde, erhält von Odin zum tapfern Geist die Liederkunst, dass er ebenso fertig dichten als reden könne.[2] Dasselbe wird von der Ynglingasaga (Kap. 6) an Odin gerühmt, der also einen Teil seines eigenen Wesens auf seinen Günstling überträgt.

Wie Odin sein Wissen gewann

Odin hat sein Wissen nicht von Uranfang eingeboren, vielmehr erworben. Mehrfache Sagen erzählen, wie er zur Weisheit kam, wie er von weisen Wesen erfragte, was ihm Not tat. Übermenschliches Wissen schreibt der Volksglaube der Geisterwelt zu, Seelen, Elben und Riesen. Odin verschmäht es nicht, in besonderen Fällen von diesen Rat zu holen; wie der menschliche Zauberer sie zu bestimmten Zwecken sich dienstbar macht, so handelt auch der Gott. Die Wolwa sang er aus dem Grabe auf, dass sie ihm Zukünftiges melde. Von Wassergeistern, die für die weisesten gelten, von Riesen, an denen urzeitliches Wissen haftet, erkundet Odin, was ihm frommt. Der überlegene Geist eignet sich das in der Natur gebotene Wissen forschend an, er belebt so den tot und unbenutzt lagernden Weisheitshort. Darin ruht der Grundgedanke der Sagen, wie Odin Weisheit gewann. Doch mögen auch allerlei andere mythische Bestandteile eingemischt sein; klügelnder Verstand des Skalden, nicht reine und ursprüngliche dichterische Empfindung hat die hieher gehörigen Vorstellungen ausgebaut.

---

1 Ulf Uggason nennt die Dichtkunst *Grímnis gjǫf* SE. 1, 250; den Dichter *Yggs ǫl-beri* SE. 1, 466.

2 Gautrekssaga Kap. 7 *Odinn mælti: ek gef honum skáldskap, at hann skal eigi seinna yrkja enn mæla.* Entsprechend bei Saxo VI 278 *Othinus Starcatherum non solum animi fortitudine, sed etiam condendorum carminum peritia illustravit.*

Sökkvabek (Sinkebach, Sturzbach) heißt der Saal, wo kühle Wogen drüber hinrauschen. Dort trinken Odin und Saga alle Tage aus goldenen Geschirren.[1] Snorri zählt Saga als die Zweite der Asinnen auf, die im Range also gleich auf Frigg folgt. Da letzterer Fensalir, die geräumigen Meeressäle zugewiesen sind, also beide in der Wassertiefe hausen, ist vielleicht Saga nur ein andrer Name der Frigg; die Überlieferung hebt freilich die Gemeinschaft beider auf. Auch ist der Wohnsitz beider nicht völlig gleich, denn Sökkvabek deutet auf einen Wasserfall, Fensalir auf den Meeresgrund. Da die Sonne für Norweger und Isländer im Meer zu Rast geht, Odin und Frigg aber Himmelsgottheiten sind, verlegte die mythologische Anschauung ihren Sitz auch ins Meer. Ins Meer stieg Odin hinab zur Gattin, die er in vielen Dingen zu Rate zog. Bei Saga spielt aber noch eine andere Vorstellung herein. Sie scheint ursprünglich die Wasserelbin, die im Sturzbach wohnt. Aus Quellen und Stromwirbeln wurde seit alters Weissagung geschöpft, oft auch erschien Alb oder Albin, um Kunde zu gewähren. So kann Odins Zusammensein mit Saga auf des Gottes Verkehr mit einer Bachnixe zurückzuführen sein, die er, sei es, um Weisheit zu trinken, sei es, um der Liebe zu pflegen, besucht.

Muss es bei Sága zweifelhaft scheinen, was Odin bei ihr holt, so spricht die Sage von *Mimir*[2] umso deutlicher, dass Odin nach

1 Grímnesmǫl 7; Gylfag. Kap. 35; der Name kommt häufig hei den Skalden vor, bei Kormak corpus poet. 2, 334 und öfters; vgl. Sveinbjörn Egilsson, Lex. poet. 678. Der Name hat langes *á, Sága,* wie der Genitiv *Ságu* z. B. in *Ságunes* Helg. Hund. 1, 40 lehrt. Damit ist jeder Zusammenhang mit *saga,* Gen. *sǫgu,* den J. Grimm, Myth. 863 und Mogk, Pauls Grdr. 1, 1079 behaupten, ausgeschlossen. Sága ist unerklärlich, und mit dem Namen bleibt uns auch ihr eigentliches Wesen, warum Odin zu ihr geht, verborgen. Wer Saga für richtig hält, denkt daran, dass Odin geschichtliche Weisheit bei ihr schöpft, dass er Weisheit trinkt.

2 Über Mimir Vǫl. 27–29; 46; Sigrdr. 13, 14; Vafþr. 45; Fjǫlsv. 14; Gylfag. Kap. 12; Ynglingasaga Kap. 4; Mimirs Freund heißt Odin schon bei den Skalden des 10. Jahrhunderts SE. 1, 233 Anm. 19, 238, 240. Über Mimir handelt vortrefflich Uhland, Schriften 6, 197 ff.; vgl. auch Weinhold, Die Riesen des germ. Mythos (Wiener Sitzungsberichte 26, 1858) S. 243 ff. u.

seinem weisen Rat verlangt. Die Wolwa sagt zu Odin, sie wisse sein Auge im weit berühmten Quell des Mimir verborgen. Allmorgendlich trinkt Mimir aus Walvaters Pfand. Ein Strom ergießt sich mit schäumendem Sturze aus Walvaters Pfand. Snorri erklärt das verpfändete Auge Odins damit, dass der Gott zu Mimirs Brunnen trat, worin Weisheit und Verstand verborgen war. Odin verlangte einen Trunk, erhielt ihn aber nicht früher, als bis er sein eines Auge zum Pfande setzte. Das Auge des Gottes barg nun Mimir in seinem Quell. Später sagt die Seherin, Odin raunt mit Mimirs Haupt, womit vielleicht auf die in der Ynglingasaga erhaltene Erzählung angespielt wird. Beim Friedensschluss zwischen Asen und Wanen tauschten sie Geiseln. Die Asen entsandten Hönir und gaben ihm den weisen Mimir zum Begleiter. Diesem schlugen jedoch die Wanen das Haupt ab und schickten es an die Asen zurück. Odin salbte das Haupt so ein, dass es nicht verfaulen konnte, und sprach Beschwörungen darüber, dass das Haupt ihm Rede stand und verborgene Dinge kundtat. Weiter wird von dem Ursprung der Denkrunen gesagt, sie habe Hropt (Odin) erdacht, geritzt und ersonnen aus dem Trank (d. h. von ihm begeistert), der aus dem Schädel Heiddraupnirs und aus dem Horne Hoddrofnirs fließt. Heid-draupnir, Klarheit oder Gold träufelnd, Hodd-rofnir, Hort-brecher (d. h. Verteiler des Reichtums) sind vermutlich Beinamen Mimirs, der auch Hodd-Mimir, Hort-Mimir, der reiche Mimir heißt. Auf dem Berge stand Odin mit Schwert und Helm, da murmelte Mimirs Haupt weise das erste Wort und sprach wahre Worte. Endlich wird Mimameid, Baum des Mimi genannt. Kein Mensch weiß, aus welchen Wurzeln er wuchs. Wenige ahnen, was ihn zu fällen vermag; Feuer und Eisen tut's nicht. In Hoddmimirs Gehölz verbirgt sich beim Weltuntergang das Menschenpaar, von dem in der neuen Welt ein neues Geschlecht ausgeht. Offenbar ist mit diesem wunderbaren Baum die Weltesche, die sonst Yggdrasil heißt, ge-

---

Müllenhoff, Deutsche Altertumskunde 5, 101 ff. Über den Namen, dem kurzes *ĭ* zukommt und der mit *Μέμνων, memor* urverwandt ist (ags. *mimor, mimerian*) Sievers, Beiträge 6, 286, 314, 354 f.

meint. Die verstreuten Züge geben vereinigt dieses Bild: Aus den Wurzeln der Weltesche entspringt der Quell des weisen Mimir oder Mimi, dort birgt der Mimirquell sein Haupt. Der Ursprung der Quelle, wie Ortsnamen Brunnhaupt, Bachhaupt, Seeshaupt, Salhaupt (des Baches Sal) u. Ä. zeigen, wird ihr Haupt genannt. Nach dem urweisen Wassergeist heißt der Baum auch Mimameid. Mimir (urgerm. **Mimiaz*) oder Mimi (urgerm. **Mimiō*), der Denkende, war ein allen Germanen bekannter Geist der Gewässer, der Beherrscher der Gewässer, die seine Söhne heißen (Vǫl. 46), dessen Sitz im Schatten der Wälder unter heiligen Bäumen gedacht wurde. Ihm eignete tiefes, unergründliches Wissen. Auf besondere Weise ist die Sage im Norden entwickelt und mit Odin und dem Weltbaum verknüpft worden. Ob man Odins Einäugigkeit auf die Sonne deuten darf, scheint zweifelhaft. Aber vorerst ist keine bessere Erklärung gefunden. Dichterische Bildersprache mag die Sonne als das Auge des Himmelsgottes bezeichnen, wie die Sonne das Auge des Zeus ist. Ihr Spiegelbild im Gewässer ist das andre Auge, das der Gott, um Weisheit zu erholen, in den tiefen Quellengrund hinabsenkte. In ständigem Verkehr stehen Sonne und Wasser, die Sonne zieht Wasser, das Wasser nimmt ihr Bild zum Pfand. So mag zur Not das Verhältnis zwischen Odin und Mimir gedeutet werden. Auch das Versinken der Sonne im Meer könnte den Mythos veranlasst haben. Liegt die Sonne im Quellengrunde, in Mimirs tiefem Brunnen, aus dem alle Gewässer ihren Ursprung haben, dann mag auch dadurch die Vorstellung, dass ein Strom aus Odins Pfande fließt, erklärt werden. Die Sage von Odin und Mimir ist schwerlich sehr alt, sie ist allzu geistig und weist auf bewusst schaffende, kunstreiche dichterische Erfindung. *»Mimirs Haupt«*, Quellursprung, wurde später missverstanden, wörtlich genommen. Dazu mag auch mitgewirkt haben, dass Mimir an den Fuß des Weltbaumes verlegt worden war. Der Weltbaum ist aber der Kreuzesbaum und unmöglich aus dem nordischen oder gar germanischen Heidentum allein zu deuten. Der Kreuzesbaum steht, wie noch zahlreiche Kruzifixe erkennen lassen, auf Adams Schädel, auf einem Menschenhaupt. Geheimnisvolle

Beziehung webt vom Grunde zum Stamm hinauf, von Adam zu Christus. An der Weltesche hängt Odin wie Christus am Kreuzesbaum. So steigt die Sage von Odin und Mimir aus ihren einfachen, volkstümlichen, germanischen Anfängen in geheimnisvolles Dunkel, in kühne Phantasien auf, deren Entstehung in eine bereits von christlichen Einwirkungen erfüllte Zeit fällt.

Odin erzählt in den Hǫvamǫl:

138 Ich weiß, dass ich hing am windbewegten Baum
Neun Nächte hindurch,
Verwundet vom Speer, geweiht dem Odin,
Ich selber mir selbst,
An dem mächtigen Baum, von dem Menschen nicht wissen,
Aus welchen Wurzeln er wuchs.

139 Man bot mir kein Horn noch Brot zur Labung,
Nach unten spähte mein Auge,
Ächzend hob ich, hob aufwärts die Runen,
Zu Boden fiel ich alsbald.

140 Bestlas Bruder, des Bolthorn Sohn,
Lehrte mich wirksamer Weisen neun,
Und den Trank erlangt ich des trefflichen Metes,
Aus Odrerirs Inhalt geschöpft.

141 Zu gedeihn begann ich und bedacht zu werden,
Ich wuchs und fühlte mich wohl;
Ein Wort fand mir das andere Wort,
Ein Werk das andere Werk.

Die Deutung dieser Strophen ist überaus schwierig. Zunächst muss man erkunden, welche Vorstellung ihnen zugrunde liegt, ob die Reihenfolge ursprünglich oder zufällig ist, ob Einschaltungen (etwa 140) anzunehmen sind, ob wirklicher alter Zusammenhang der Strophen und damit auch der darin berührten Ereignisse herrscht oder ob sie aus verschiedenen unabhängigen Gedichten zusammengestellt sind. Es wird nie gelingen, über diese verhältnismäßig leichten und einfachen Grundfragen Gewissheit zu erhalten, noch weniger natürlich über den Ursprung der seltsamen Sage. Wer die Strophen als ein Ganzes betrachtet, kann etwa diese Deutung versuchen: Odin wird aus unbekannten Gründen am windumrauschten Baum aufgehängt. Ohne Labung hängt er dort und späht in die Tiefe. Ächzend erhält er Runenzauber, der ihn erlöst, dass er herabfällt. Bolthorns Sohn verleiht ihm kräftigen Zauber und erlabt ihn aus Odrerir. Darauf wächst und gedeiht er. Bolthorns Sohn weilt offenbar am Fuße des Baumes, der sicherlich die Weltesche ist. Dort fanden wir Mimir, also ist der sonst nirgends erwähnte Sohn Bolthorns, des Großvaters Odins, mit Mimir gleichzusetzen, welcher Odins Oheim mütterlicherseits wäre. Der ganze Vorgang spielt in Odins früher Jugend, weil er danach erst gedeiht und wächst. Aber 140 ist eher aus einem ganz fremden Gedicht über Odrerirs Erwerbung hier eingeschaltet, wie ja die Hǫvamǫl gerade an dieser Stelle aus allerlei Liedbruchstücken zusammengeflickt sind. Nirgends ist Mimir im Besitz Odrerirs, wie man bei obiger Auslegung annehmen müsste. Die Strophe 140 muss als fremdartig ausgeschaltet werden; sie besagt, dass Odin von dem Sohne seines Ahns, einem weisen Riesen neun kräftige Zaubersprüche erhielt, mit deren Hilfe er den Dichtermet Odrerir erlangte. Dann bleibt nur die Sage übrig, dass der speerdurchbohrte Odin am Baume ohne Labung neun Nächte und Tage lang hing, er selber sich selbst zum Opfer hingegeben. In die Tiefe spähend, hob er Runen auf, die ihm Wachstum und Gedeihen brachten. Die Weltesche heißt Yggdrasil. Ross des Yggr. *Yggr* ist ein viel gebrauchter Name Odins, *drasil* eine Benennung des Pferdes. Das Hängen am Galgen wird aber als Reiten auf dem Rosse bezeichnet. Yggdrasil heißt demnach *Odins Galgen.* Die Weltesche heißt nach dem Gott, der als Opfer in ihrem Gezweig hing, und gerade dieses Opfer beschreiben die ausgehobenen Strophen. Bugge hat nachgewiesen, wie der speerwunde Odin am Baume Zug für Zug ein Seitenstück zum speerwunden Christus am Kreuz, das bei den Germanen Galgen genannt wurde, ergibt. Das Kreuz ist aber gerade in seiner Eigenschaft als Galgen des höchsten Gottes ein Weltbaum, dessen Wurzeln zur Hölle reichen, dessen Wipfel den Himmel rührt, dessen Arme über die Erde deuten. Auf zwei entscheidende Punkte kommt es einzig an, für die das nordische Heidentum nicht die geringste Voraussetzung bietet, die aber ohne Schwierigkeit aus der christlichen Mythologie ihre Lösung finden: dass der Gott sich selber opfert und dass der Galgenbaum, an dem solches geschah, eben dadurch Sinnbild der Welt wurde. Dass etwa Odin mit diesem Opfer den Helden den Weg nach Walhall zeige, wie er sich nach der Ynglingasaga, wo er aber als irdischer menschlicher König gedacht ist und daher auch sterben muss, mit dem Speere ritzen lässt, ist nicht anzunehmen, schon weil der Gedanke gar nirgends angedeutet wird. Da hätte Odin auch schwerlich den Galgentod des Kriegsgefangenen, welcher den Göttern geopfert wird, gewählt, sondern den Heldentod im Schlachtsturm. Yggdrasil, Odins Selbstopfer, wie er vielleicht als Har dem Odin, er selbst sich selber, nach der Dreieinigkeit Christus Gottvater, die eins sind wie Har und Odin, am Galgen hingegeben wird, ist nur als Nachbildung christlicher Vorstellungen verständlich.[1] Nimmt man die Strophen 138, 139, 141 als zusammenhängend, so gewann Odin damit Runenweisheit, Wachstum und Gedeihen.

---

1 Odin am Galgen Bugge, Studien 317 ff. Vgl. schon Munch, Das heroische Zeitalter der nord. germ. Völker S. 22 Anm. 2. Kauffmann, Beiträge 15, 195 ff. wendet sich gegen die Ableitung aus christl. Vorstellungen. Seine Ausführungen sind auf ziemlich willkürlich zurechtgemachter Überlieferung aufgebaut, 140 wird als ursprünglich angesehen (gegen Müllenhoff, Altertumskunde 5, 270) und dann mit *»prolepsis«* in den Zusammenhang gezwungen. Die Hauptsache, dass Odin sich selber opfert und dass der Baum darum Weltbaum ist, findet gar keine Berücksichtigung. Christlichen Ursprung nimmt auch E. H. Meyer. Völuspa 23 ff. an.

Der Wundertrank *Odrerir* ist mit der schönen Riesin Gunnlod, Suttungs Tochter verknüpft. Gunnlod hütet ihn im Berge. Odin gewinnt listig ihre Liebe und damit den Trank. Bereits oben unter Odins Liebesabenteuern wurde die Sage mitgeteilt. Dass Riesen im Besitze alter Weisheit gedacht wurden, zeigte sich bei Wafthrudnir. An Odins Aufenthalt bei Gunnlod gemahnen Volkslieder aus Schweden und Dänemark vom Ritter Tinne, den der allbezaubernde Runenschlag einer Harfe spielenden Zwergtochter in den Berg lockt, wo man ihm Met einschenkt und er auf goldenem Stuhl einschläft, dann durch hervorgetragene Runenbücher vom Zauber entbunden und mit heilkräftigem Segen für Streit, Reise und Seefahrt sowie mit der Gabe, treffliche Worte zu sprechen, entlassen wird. Zweifellos ist eine Volkssage von Bergjungfrauen, die in das unterirdische Reich hineinlocken, in den Kreis der Odindichtungen hineinbezogen worden. Aber mit dem Trank Odrerir hat es doch noch besondere Bewandtnis. Odrerir wurde als der Begeisterungstrank, der den Sinn erregt, gedeutet; vielleicht ist es ursprünglich ein Trank der Verjüngung, *ú-hrerir*, der nicht verfallen, altern lässt. In der Odinsdichtung gilt er aber nur als der Dichtermet. Suttungs Met ist für die bestimmt, welche gut dichten können. Zahlreiche Anspielungen auf den begeisternden Trank, wie ihn Odin raubte, dass er aus verborgener Tiefe aufstieg zur bewohnten Erde, finden sich bei den Skalden.[1] Dem Odrerir ist noch eine wunderliche und umständliche Vorgeschichte angedichtet, wie er entstand und aus dem Besitze der Zwerge und Riesen endlich zu den Göttern und Menschen kam. Der wenig ansprechenden Erzählung in ihrer Gesamtheit kommt weder hohes Alter noch volkstümliche Grundlage zu, sie scheint auf gelehrtem Wege ausgesonnen, allerdings noch unter den heidnischen Skalden.

Die Asen und Wanen schlossen auf die Art Frieden, dass sie

1 Anspielungen auf den Dichtermet bei den Skalden sammelt Gudbrand Vigfusson, Corpus poeticum II, 462 f.

beiderseits an ein Gefäß traten und hineinspuckten. Aus dem Speichel schufen die Götter einen Mann namens Kwasir, der war so weise, dass er auf alle Fragen Bescheid wusste. Als er auf seinen Wanderungen einmal zu zwei Zwergen, Fjalar und Galar, zu Gaste kam, erschlugen ihn diese und ließen sein Blut in zwei Krüge und einen Kessel rinnen: der Kessel heißt Odrerir[1], die beiden Krüge Son und Bodn. Unter das Blut mischten sie Honig, und daraus ward der Met, durch den jeder, der davon trinkt, zum Dichter oder Weisen wird. Die Zwerge sagten aus, Kwasir sei am eignen Witz erstickt. Die Zwerge brachten den Riesen Gilling und sein Weib hinterlistig ums Leben. Gillings Sohn, Suttung, ergriff die Zwerge, ruderte sie ins Meer und setzte sie auf einer Klippe aus. Da baten sie um Schonung und boten zur Vaterbuße den kostbaren Met. Damit kam es auch zur Sühne. Suttung aber brachte den Met ins Gebirge Hnitbjorg und setzte seine Tochter Gunnlod ihm zur Hut. Odin kam dahin, wo neun Knechte Gras mähten. Er erbot sich, ihre Sensen zu schärfen, und zog einen Wetzstein aus der Tasche. Den warf er in die Luft. Wie alle danach haschten, schnitten sie sich mit den Sensen die Hälse durch. Odin herbergte beim Riesen Baugi, Suttungs Bruder, und nannte sich Bolwerk. Baugi erzählte, dass er auf schlimme Art um alle seine Knechte gekommen sei. Da erbot sich Odin, anstelle jener neun allein die Arbeit zu verrichten, wenn er dafür einen Trunk von Suttungs Met erhielte. Baugi erwiderte, dass er über den Met nicht verfügen könne, da Suttung ihn für sich allein behalten wolle. Doch wolle er mit Bolwerk ausziehen und versuchen, ob sie den Met erlangen könnten. Hierauf folgt die bereits mitgeteilte Erzählung, wie Odin in Schlangengestalt durchs Bohrloch in den Berg schlüpfte.[2]

---

1 Nach dieser Stelle, nach Hǫv. 140, ist Odrerir Name des Kessels, der den Trank aufbewahrt, nach Hǫv. 106 ist der Met selber damit gemeint. Der Name haftet am Kessel auch beim Skald Einar skálaglamm, wenn er die Dichtkunst als »die Woge Odrerirs« bezeichnet.

2 Bragar. 3 u. 4; daher gehören auch Hǫv, 13/4:

Über Gastungen schwebt der Vergessenheit Reiher,
Der den Verstand uns stiehlt;

Die Gewinnung des Wundertrankes durch den höchsten der Götter wurzelt vielleicht in indogermanischen Mythen, wenigstens finden sich merkwürdig ähnliche Sagen bei Indern und Griechen[1], zumal wenn man den Bericht, dass Odin in Adlergestalt Odrerir entführt, in Betracht zieht. Riesische Wesen, Naturmächte befinden sich im Besitz des Soma und Nektars. Als Falke holt Indra den Soma zu den Göttern, den Nektar aber bringt des Zeus großer Adler aus einem Felsen im äußersten Westen. Den Wundertrank ewiger Jugend, *ú-hrerir*, verwandelten die Skalden in den Trank der Poesie, Odrerir. Was in der nordischen Mythologie überhaupt zu beobachten ist, bestätigt sich auch hier: die

---

Dieses Vogels Gefieder umfächelte mich,
Als in Gunnlods Grotte ich saß.
Trunken ward ich, ward todtrunken
In des sinnreichen Fjalar Saal;
Am besten ist's, bringt man vom Trunke
Einen klaren Kopf nach Haus.

Da wird also dem Trank berauschende Wirkung zugeschrieben, worauf der Name Suttung aus *suþ-þungr*, vom Sud beschwert, betrunken, auch hinweist. Für Suttung steht hier Fjalar, der [Met]berger, Metbewahrer (zu *fela*, bergen). Im Grimnirlied 50 hat Odin den Raub des Odrerir im Auge:

Swidur und Swidrir hieß ich bei Sokmimir
Und täuschte den Thursengreis;
Midwidnirs Sohne zum Mörder ward ich,
Dem Trefflichen, ich allein.

Swidrir und Swidur, der Brennende, heißt Odin als Sonnengott. Bei Sonnenuntergang kehrt er im Berge ein. Sokmimir, Streiterreger, ist Suttung, der Berauschte, da im Rausche leicht Streit auskommt. Midvidnir ist der mit Met Fesselnde. Alle Namen des Riesen, der Odrerir innehat, entstammen demselben Gedanken: der Berauschende. Über weitere mit dem Met zusammenhängende Züge vgl. Noreen, Uppsalastudier 198 u. 205 ff. Kwasir kommt nur Gylfag. Kap. 50 noch einmal vor: er erkannte als der weiseste der Asen das Netz, das Loki ins Feuer geworfen hatte, noch in der Asche als Vorrichtung zum Fischfang. Yngl. Kap. 4 erzählt von der Edda abweichend, die Wanen hätten ihn als den Klügsten in ihrer Schar den Asen vergeiselt. In Gedichten findet er sich nur bei Einar skálaglamm aus dem Ende des 10. Jahrhunderts, der die Dichtung »Kvásis dreyra«, Blut des Kwasir nennt SE. 1, 244.

1 A. Kuhn, die Herabkunft des Feuers und des Göttertranks. Berlin 1859, S. 138 ff.

ursprünglich physischen Kräfte, die aus den Naturerscheinungen erwachsenen Mythen steigern sich mehr und mehr in das Bereich des geistigen Lebens. Ob es sich im idg. Mythos um den Regen handelte, den der Gott aus der Gewitterwolke hervorlockte, lassen wir dahingestellt. Zu Kwasirs Entstehung bietet die des Orion entfernte Ähnlichkeit. Bei Hyrieus kehrten drei Götter, Zeus, Poseidon und Hermes, ein, empfingen Gastmahl und stellten ihm eine Bitte frei. Er wünschte sich einen Sohn, hatte aber nach dem Tode seiner Gattin gelobt, sich nicht wieder zu vermählen. Da vereinigten die Götter ihr Wasser, vermischten es mit dem Staube der Hütte und erschufen den Orion.[1] Besteht ein Zusammenhang, so stammt er natürlich nicht aus urverwandter Überlieferung, sondern aus später gelehrter Übertragung. Endlich begegnet noch ein alter Märchenzug, wie Bolwerk die neun Mähder ums Leben bringt. Schon Kadmos und Iason veranlassen die aus der Saat der Drachenzähne gewachsenen Krieger durch einen Steinwurf in ihre Mitte zu wechselseitigem Mord; ebenso macht es das tapfere Schneiderlein mit den zwei Riesen.

Einer nicht recht verständlichen Strophe der Hǫvamǫl zufolge empfing Odin Weisheit von einem Zwerge Namens Thjodreyrir, der »vor Dellings Türen«, d.h. im Tageslicht, bei aufsteigendem Tage Zauber sang:

159 Kraft sang er den Asen, den Elben Tüchtigkeit,
Hohe Weisheit dem Hroptatyr.[2]

---

1 Orions Erzeugung Ovid, fast. 5, 495–535; Hygin, fab. 195. Die Übereinstimmung merkt J. Grimm, Myth. Vorrede XXXIV an. Wenn Simrock. Myth.[5] 224 die Übereinstimmung so weit gehen lässt, dass Orion aus dem Speichel der Götter entsteht, so ist das eigene Erfindung. Die hässliche Geschichte entstand durch volksetymologische Vergleichung des Namens Orion, Urion mit Urin.

2 *afl gól hann ǫsom, en ǫlfom frama,*
hyggjo Hroptatý.

Zu Thiodreyrir Müllenhoff, Deutsche Altertumskunde 5, 273 ff., der aber keine befriedigende Erklärung weiß.

Noch weniger klar ist die Stelle im Harbardslied:

Thor:

43 Woher nur holst du diese höhnischen Worte,
Wie ich höhnischer nimmer gehört sie habe?

Harbard:

44 Ich holte sie von den Männern, den hochbejahrten,
Die in den Hügeln der Heimat wohnen.

Thor:

45 Da gibst du den Gräbern einen guten Namen,
Wenn du sie Hügel der Heimat nennst.[1]

Wer unter diesen alten Männern gemeint ist, Elbe oder Tote, also wohl seelische Geister, lässt sich nicht bestimmen. Man erwartet eher, dass Odin irgendwelche verborgene Weisheit dort erlangt als nur Hohnworte.

Odins Verwandtschaft und Odins Namen

Den nordischen Skalden ist Odin der höchste und älteste der Asen. Er waltet über alle Dinge, und wie mächtig auch die andern Götter sind, so dienen sie ihm doch alle wie Kinder dem Vater. In aufsteigendem Aste ist ihm ein Stammbaum ersonnen, der aufs engste mit der Schöpfungsgeschichte zusammenhängt. Er ist Sohn des Bur, des Sohnes des Buri. Bur (Bor) und Buri bedeuten *»Sohn«*, haben also ursprünglich gar nicht den Wert eines Eigen-

---

1 Hǫv. 44

nam ek at mǫnnom þeim enom oldrønom,
es búa í heimes haugom.

Gering, Edda S. 49 Anm. 6 versteht Tote darunter, was namentlich wegen Str. 45 angezeigt ist; Mogk, Grundriss 1, 1078 schließt auf einen Alb, ein bejahrtes Männlein im Hügel der Erde, einen alten vielkundigen Zwerg, etwa wie Thjodreyrir.

namens. Bur nahm Bestla (Bastbinderin?) des Riesen Bolthorn Tochter zur Frau.[1] Odins Brüder heißen Wili und We, die eine Zeit lang sein Reich und sein Weib innehatten. Odins Gattin ist Frigg, ihr Sohn Baldr. Mit Jord, der eignen Tochter, zeugt Odin Thor. Andere Söhne hat er von Rind, Gunnlod, Grid oder Hlodyn, Skadi. Odins Verwandtschaft ist nordische, ziemlich junge Erfindung. In Odins Sippe begegnen die Begriffe Sohn, Wille, heilig. Sie entspringen der Trinität, wo der Gottessohn auch Gottes Wille *(voluntas dei)* heißt. We, der Heilige, zielt auf den Heiligen Geist. Odins Namen Har, der Hohe, Jafnhar, der Gleichhohe, Thridi, der Dritte, weisen auf denselben Ursprung: altus, altissimus ist Gott, der Sohn ist mhd. *ebenhêr,* der Heilige Geist wird oft kurzweg die dritte Person, der Dritte genannt. Die Namen verharren in abstrakter Leblosigkeit, nur Odin handelt.

Die nordischen Dichter legen Odin eine Menge von Eigennamen bei, in denen seine gesamte Wirksamkeit teilweise auch nach Seiten, die uns wegen mangelnder Überlieferung nimmer verständlich sind, zum Ausdruck gelangt.[2] Als Allvater, Vater der Menschen *(aldafadir, aldagautr),* Allwaltender, Allmächtiger ist er nicht ganz ohne christlichen Einfluss seiner Machtstellung nach gekennzeichnet. Ebenso sind seine Namen *Hávi*[3], der hohe, *Jafnhár,* der gleich hohe, *Tveggi,* der zweite, *Þrídi,* der dritte (aus der Dreieinigkeit), *Haptaguð,* Gott der Götter aufzu-

1 Bur als Vater Odins, Wilis und Wes begegnet außer Gylfag. Kap. 6 nur Vǫl. 4 und Hyndl. 31; Buri nur beim Skald Thorwald Blendaskald um 1120 (Corpus poet. 2, 2'50); Bestla und Bolthorn Høv. 140. Über die Herkunft der Namen Buri, Bur und Vili, Vé (*vé,* Gen. *véa,* Pl. *véar* ist das schwache Adj. wie etwa ahd. *wîho,* sanctus) aus der Dreieinigkeit vgl. E. H. Meyer, Völuspa S. 66 u. 81 f.; die eddische Kosmogonie S. 67 f.; Mythologie 265 f.

2 Hauptquelle der Odinsnamen sind die Grímnesmǫl 46 ff.; Weiteres bieten die Skaldengedichte und die SE. Versuche, die Namen zu sammeln und auszulegen, bei Finn Magnusen, Lex. myth. 365 ff.; Snorra Edda Bd. 4, 821 f.; viel Gutes bietet Sveinbjörn Egilsson, Lex. poet., unter den einzelnen Namen. Aus Skaldengedichten stellt Gudbrand Vigfusson, Corpus poet. 2, 461 f. einiges zusammen.

3 Detter, Beiträge 18, 202 f. stellt Odins Name *hár* zu got. *haihs,* einäugig (vgl. got. *faihs,* ahd. *fê,* an. *fár*). Hár ist also der einäugige Gott. Die spätere Zeit missverstand *hár* (got. *hauhs)* und deutete *hávi,* der Hohe.

fassen. Odins Beziehungen zu Heerfahrt, Kampf und Walfall enthalten die Namen *Heervater, Herteitr,* der Heerfrohe, *Hertýr,* Heeresgott, *Herjan,* Heerführer, *Herblindi,* Heerverblender, *Hjálmberi,* Helmträger, *Siegvater, Sigtýr, Sigmundr, Sigtryggr,* siegestreu, *Siggautr, Walvater, Valgautr, Atríðr, Fastríðr,* der gewaltige Anreitende, *Viðurr* (Odin sagt selber, *hétomk Viþorr at vígom,* Grímn. 49). Als Rabengott, *hrafnaguð; hrafnfreistaðr* erscheint er seiner Raben wegen, als *drauga dróttinn,* Beherrscher der Gespenster, *hangaguð, heimþinguðr hanga, hangi,* Gott der Gehängten, weil er das wilde Heer führt. *Farmaguð, farmatýr,* Gott der Frachten, zeigt Odin als Beschützer des Handels, vermutlich in seiner Eigenschaft als Windgott. *Viðrir,* der Wetterer, *Váfuðr,* der Schwebende, *Svipall,* der Bewegliche, *Þundr,* der Schwellende, *Ómi,* Rufer, Lärmer, können auf den Sturmgott zielen. *Geiguðr,* der Schreckliche, ist ein Name Odins und eine Benennung des Sturmwindes. Häufig begegnet *Yggr* (*Uggerus* bei Saxo), der Schreckliche. Den Wanderer zeigen die Namen *Gangráðr, Gangleri, Vegtamr,* weggewohnt, *Víðforull,* Weitfahrer, sein Aussehen *Langbarðr,* Langbart, *Hárbarðr,* Graubart, *Síðskeggr,* Langbart, *Síðgrani,* Langbart, *Síðhottr,* mit herabhängendem Hut, *Blindr,* der Blinde, *Heklumaðr* (vgl. hakulberand), Mantelträger, *Grímr, Grímnir,* der Verlarvte, *Bileygr,* der Mildäugige, *Báleygr,* der Flammenäugige. Auf Odins Weisheit, die oft Trug birgt, deuten *Fjǫlsviðr,* vielwissend, *Glapsviðr,* trugwissend, *Skollvaldr,* Trugwalter, *Hvatráðr,* scharfsinnig, *Saðr,* wahr, *Sanngetall,* Wahres ahnend, *Gǫndlir,* Träger des Zauberstabes (?), *Oski,* Wunsch, Erwünschtes verleihend. *Ari,* Adler, *Arnhǫfði,* adlerhäuptig, spielen wohl auf Odins Verwandlungen an, wenn er nach SE. als Adler dem Suttung entflieht; da *Ofnir* und *Sváfnir* auch Schlangennamen sind (Grímn. 34), könnte Odins Wurmgestalt damit gemeint sein. *Vakr,* der Wachsame, *Þekkr,* der Willkommene, *Þrjótr,* der Hartnäckige, schildern besondere Sinnesart. *Njótr,* der Genießer, bezeichnet den Gott als Empfänger der Opfer. Namen wie *Hroptr, Hveðrungr, Hnikar, Hnikuðr, Jalkr, Jólnir* u. a. entziehen sich der Deutung. Dieselben Namen gehören zuweilen auch andern Wesen, und es ist schwer auszumachen, wohin der Name von Rechts wegen zuerst gehört. Viele Namen haften an besonderen Sagen und sind wohl mit diesen entstanden. So berichtet Odin selber im Grimnirlied 49:

Grimnir hieß ich in Geirröds Halle
Und bei Asmund Jalk,
Kjalar damals, als ich die Kufen zog,
Bei den Thingversammlungen Thror,
Widur im Wirbel des Streits.

Von diesen Sagen ist uns nur die von Grimnir bekannt, wo Odin eben als Grimnir verlarvt bei Geirröd einspricht. Selten passt der Name so zur Sage wie hier.

Odins Art schildern trefflich die Verse:

Lasst uns Heervater bitten, seine Huld zu gewähren,
Der gern dem Gefolge sein Gold spendet;
Dem Hermod gab er Helm und Panzer,
Ein schneidiges Schwert schenkt er dem Sigmund.

Dem einen gibt Sieg er, dem andern Schätze,
Weisheit vielen und gewandte Rede;
Dem Seemann Fahrwind, dem Sänger Dichtkunst,
Männliche Tatkraft manchem Helden.[1]

---

1 Hyndl. 2 u. 3. Die Sage von Hermod ist nicht überliefert. Wahrscheinlich kommt ihr hohes Alter zu. In den Hǫkonarmǫl ist Hermod in Walhall und begrüßt mit Bragi den König. Bei Baldrs Tod wird Hermod, der ein Sohn Odins heißt, zur Hel entsandt, Baldr loszubitten; Gylfag. Kap. 49. In den ags. Stammtafeln steht Heremod unter Wodans Ahnen. Im Béow. 902 ff. u. 1710 ist Heremod ein dänischer König, in der Jugend durch Gottes Gunst über alle Helden erhoben, im Alter aber so unmild und blutgierig, dass ihn die eignen Leute verließen. Die Sage wurde also bereits von Angeln oder Jüten nach Britannien geführt. Wie den Sigmund betrachtete die Sage auch Hermod als Abkömmling Odins. Der Gott begabte ihn und nahm ihn am Ende seiner Laufbahn nach Walhall.

Alles, was aus den einzelnen und verstreuten Überlieferungen zu erfahren war, enthalten diese Worte, die uns ein Gesamtbild Odins geben, des Gottes der Helden und Sänger.

Uhland (Schriften 7, 345) schildert Odins Art: Von allen Asen und von allen Wesen der Götterwelt äußert Odin weit die mächtigste und allgemeinste Wirkung in der Heldensage. Wie er die Wolsungensage vom Anfang bis zum Ende durchschreitet, so können wir durch viele andere Sagenreihen seine Spur verfolgen. Seine Erscheinung ist von der Art, dass er auch dort, wo sein rechter Name verschwiegen bleibt, doch immer leicht zu erkennen ist. Einäugig, alt und bärtig, in Hut und Mantel gehüllt, tritt er unerwartet und ungekannt in die Königshalle oder steht plötzlich an der Seite des einsamen Heldensohnes oder verlangt vom Vorgebirge aus, in das vorübersegelnde Schiff aufgenommen zu werden. Auch diese irdische Erscheinung steht in Übereinstimmung mit seinem göttlichen Wesen; einäugig ist er, weil er sein andres Auge um einen Trunk aus Mimirs Weisheitsbrunnen zum Pfand gesetzt; alt erscheint er als der Vater der Götter und Menschen; verhüllt und unter andern Namen geht er auch in der Götterwelt aus, die Weisheit der Riesen und der unterirdischen Wolwen zu erkunden. Er nimmt auch die Gestalt eines bestimmten Menschen an, so diejenige des im Strom verunglückten Bruni, des Ratgebers Harald Hildetands. Als ein Bauer, Hrani, bewirtet er den König Hrolf Kraki.

So wie wir Odin in der Göttersage von zweierlei Seiten betrachtet, als den Forschenden und Kundigen und als den Wirkenden und Kämpfenden, so stellt er sich auch in seiner irdischen Tätigkeit nach beiderlei Beziehungen dar. In der ersteren tritt er als Gest auf, legt dem König Heidrek Rätsel vor, oder versucht noch als Nornagest die christlichen Könige, singt und sagt die Kunden aus der alten Heldenzeit. Er, der in Asgard mit Saga aus goldenen Schalen trinkt, ist auf Erden selbst ein Sagenerzähler, und wie er selbst zu singen versteht, wie andere reden, so verleiht er auch Starkad die Gabe der Dichtkunst. Noch viel mannigfacher ist seine irdische Wirksamkeit in der andern Beziehung, als Kampf- und Heldengott. Er wird selbst Stammvater kriegerischer Geschlechter, und unermüdlich geht er darauf aus, Helden zu erwecken und auszurüsten, Zwietracht und Kampf anzustiften. Er stößt das herrliche, aber Streit erregende Schwert in den Baumstamm des Wolsungenhauses, teilt Starkad gute Waffen zu, hilft Sigurd das beste Ross auswählen, berät ihn und Frotho beim Drachenkampf, bringt den flüchtigen Hadding auf dem Rosse Sleipnir hoch über dem Meer nach seiner Heimat und stärkt ihn mit Speise, lehrt Hadding, Sigurd, Harald Hildetand und dessen Gegner Hring die keilförmige Schlachtordnung, prüft als Bauer Hrani die Kämpfer Hrolfs, die auf seinem Hofe eingekehrt, durch Frost, Feuer und Durst, er hat Utstein, dem Recken Halfs in der Jugend das harte Herz in der Brust gebildet (Fornald. S. 2, 51). Er trägt als Bruni zwischen verwandten Königen Zwist erregende Botschaft. Er waltet der Blutrache und leiht dazu dem Dag seinen Speer. In der Schlacht erscheint er bald hilfreich, bald seinen eignen Günstlingen verderblich. So schwingt er dem greisen Sigmund den Speer entgegen und erschlägt den König Harald mit der Keule. Er lässt sich von denen, die er begabt und auszeichnet, wie von Harald und von Sigurd, König Ragnars Sohne, für dessen Heilung die Seelen aller von ihnen Erschlagenen verheißen, er weckt eine Welt von Kämpfern und rafft sie heerweise dahin. Er entsendet die Walküren zu Jünglingen, um den schlummernden Heldengeist anzufachen; er beruft die Todwunden durch ihre Botschaft zu sich. Es ist überall derselbe Grund, warum Odin Helden und Heldenstämme pflegt, waffnet, wunderbar begabt, warum er sie anfeindet, aufreizt, verderbt. Nicht leere Lust am Tode der Tapfern treibt ihn, er bedarf ihrer, der Kampferprobten, zu jenem größten und ungeheuren Kampfe, welcher der Welt und den Göttern selbst Untergang droht.

So lebt Odin in der Vorstellung nordischer Skalden des 9. und 10. Jahrhunderts, sein Geist belebt und erregt in gleicher Weise Götter und Menschen.

V. Heimdall

Heimdall ist eine rätselhafte Gestalt. Was von ihm überliefert ist, klingt märchenhaft. Das Dunkel, das über ihm schwebt, war bisher noch nicht befriedigend zu lichten. Eine Hauptschwierigkeit, mit welcher die Erklärung zu kämpfen hat, liegt in den mangelhaften Nachrichten über sein Wesen und die mit ihm verknüpften Sagen. Von letzteren sind nur unverständliche Auszüge und Anspielungen bekannt. Es hält schon schwer, nur die breiteren Grundlagen dieser Überreste mit annähernder Wahrscheinlichkeit zu erschließen; sie mit Sicherheit auf ihren Ursprung zurückzuführen ist vollends unmöglich. Von Heimdall war ein Gedicht vorhanden, der *Heimdallargal* auf welches Snorri zweimal (SE. 1, 102 und 264) verweist. Der Skald Ulf Uggason erwähnt Heimdall in der Húsdrápa (zwischen 975 und 980). Außerdem begegnet Heimdall in den Eddaliedern. Also waren Sagen über ihn im 9. und 10. Jahrhundert jedenfalls vorhanden. Über den Kreis der norwegisch-isländischen Skalden drang Heimdall nicht hinaus, nirgend sonst ist eine Spur von ihm nachweisbar.

Heimdall wird als »der über die Welt Glänzende«[1] oder »der

1 Heimdallr, die schwache Form Heimdali in der Vísa der Grettissaga (Islendinga sögur 1, 231). Der Name zerlegt sich in *heimr*, Welt, und **dallr*, ein verlorenes an. Eigenschaftswort, das im Ags. *deall*, stolz, berühmt erhalten ist; so Bugge, norrœn fornkvædi S. 68; J. Grimm, Myth. 3, 81. Als lichtester der Götter wird Heimdall in der Þrymsk. 14 bezeichnet:

Þá kvaþ þat Heimdallr, hvítastr ása,
visse vel fram sem vaner aþrer.

Man darf nicht übersetzen: »Er wusste wohl die Zukunft wie andre Wanen« und schließen: also war Heimdall eigentlich ein Wane (Mogk, Grdr. I, 1057), sondern »wie sonst die Wanen«, eine Konstruktion, die bekanntlich im Griech. ganz gewöhnlich ist; vgl. Gering, Glossar S. 8 s. v. *annarr.* Heimdall heißt auch *Vindhler* SE. 1, 266 u. 500, d. h. der den Wind stillt. Unklar ist sein Name *Hallinskiði* SE. 1, 100. Seltsamerweise stehen die Namen *Heimdali* und *Hallinskíði* auch unter den Bezeichnungen des Widders (SE. 1, 589 u. 588), ohne dass ein Grund dafür ersichtlich ist. Über Heimdall Uhland, Schriften 6, 14; Müllenhoff, Schmidts Zeitschr. f. Geschichte 8, 250 ff.; ZfdA. 30, 245 ff.

Hellglänzende«[1] erklärt, als Lichtgottheit. Wie Baldr heißt auch er gern der weiße, leuchtende As. Als den Gott, dem überall die Frühe, der Anfang angehört, bezeichnete ihn Uhland (Schriften 6, 14). Darum ist er der geborene Feind Lokis, der das Ende der Welt heraufführt. Das Geheimnis, das um ihn webt, lässt ihn vielleicht bedeutungsvoller erscheinen als einen hohen, später verdunkelten und zum Markwart des Himmels erniedrigten Lichtgott. In Heimdall soll eine besondere Seite des Tiuʒ sich verkörpern. Ist Tiuʒ der Herr des Tages- und Himmelslichtes überhaupt, so wird in Heimdall nur ein Teil der Lichtmacht persönlich, das Frühlicht, der anbrechende Tag. Mit dieser Auffassung lassen sich zur Not einige der überlieferten Züge in Einklang bringen. Andere sehen in Heimdall nur den vergöttlichten Regenbogen. Aus dem durch die Welt leuchtenden Bogen sei der Wächter dieser Götterbrücke erwachsen, der lichte weithin schauende As, der in den Himmelsbergen, den Wolken wohne.[2]

Seiner Erscheinung nach steht Heimdall nahe zu Tiuʒ und seinen Sprösslingen. Er ist mit dem Schwerte bewehrt und reitet ein Ross mit goldglänzender Mähne. So ritt er zu Baldrs Leichenbrand.[3] Snorri entwirft aus den vereinzelten Zügen dieses Gesamtbild von ihm:

Heimdall heißt einer; er wird der weiße Ase genannt und ist groß und heilig. Er wurde von neun Jungfrauen geboren, die alle Schwestern waren. Er führt auch den Namen Hallinskidi und Gullintanni. Seine Zähne sind von Gold; sein Ross heißt Gulltopp. Er wohnt bei der Brücke Bifrost an dem Orte, der Himinbjorg heißt. Da er der Wächter der Götter ist, so sitzt er dort am Rande des Himmels, um die Brücke gegen die Bergriesen zu hüten. Er bedarf weniger Schlaf als ein Vogel und sieht bei

---

1 Kögel, Indogerman. Forschungen 4, 313 erklärt *hai-mo* als *m*-Ableitung neben *hai-do,* Glanz, *hai-dro,* glänzend, heiter. Vgl. fries. *hêmliacht,* Hell-Licht; somit ist Heimdallr der Hellstrahlende, nicht der über die Welt Strahlende.

2 So erklären E. H. Meyer, Myth. 228 und Noreen, fornnordisk religion, mytologi och teologi S. 7 den Gott.

3 Nach Ulf Uggason, Húsdrápa und Gylfag. Kap. 49.

Nacht ebenso gut als bei Tag, hundert Meilen weit. Er kann auch hören, dass das Gras auf der Erde und die Wolle auf den Schafen wächst, sowie überhaupt alles, was einen Laut von sich gibt. Er besitzt das Horn, welches *Gjallarhorn* heißt, und seinen Ton kann man in allen Welten hören.[1]

Unter den himmlischen Hallen, welche das Grimnirlied aufzählt, wird Himinbjorg als die dem Heimdall geweihte bezeichnet; in behaglichem Hause trinkt dort der Wächter der Götter vergnügt den guten Met. Snorri (Gylfag. Kap. 17) fügt hinzu: Dieser Saal steht am Rande des Himmels am Brückenkopfe, wo Bifrost den Himmel erreicht. Unter »Himinbjorg«, den Himmelsbergen, sind wohl Berge zu vermuten, die hoch in den Himmel hineinragen.[2] Bedenkt man, dass die Riesen im Hochgebirge hausen und von hier aus nach dem Reiche der Himmlischen spähen, so begreift man, dass über und auf den höchsten Gipfeln von den Göttern ein Wächter eingesetzt ist, der täglich aufs Neue mit dem anbrechenden Lichte die Nachtunholde verscheucht und endlich, da das Unheil nimmer abzuwenden ist, mit Horneston zum Kampfe ruft.

Über sein Wächteramt, das ihn zum ständigen Ausharren in allen Unbilden des Wetters zwingt, spottet Loki, in Urzeiten sei ihm ein leidiges Los auferlegt worden, immer müsse er mit feuchtem Rücken sein und wachen als Wächter der Götter.[3] Als Wächter führt Heimdall ein Horn. Sein Ertönen ist vom Weltbaum abhängig. Der gellende Ton des Gjallarhornes verkündigt das Ende; laut bläst er in die Lüfte. Die Weltesche erzittert, und der alte Baum rauscht.[4]

Vom Heimdallsgaldr hat Snorri (Gylfag. Kap. 27) zwei Zeilen bewahrt, worin der Gott sagt:

---

1 Gylfag. Kap. 27.

2 Himmelberge sind hohe, in die Wolken reichende Berge, oft als Eigennamen wie an. *himinfjǫll*, altdeutsch *himilinberg*, Himmelsberg u. a. Vgl. J. Grimm, Myth. 2, 662 Anm.

3 Lokas. 48.

4 Vǫl. 27, wozu Bugge, Studien 579 und Vǫl. 46.

Mädchen neun waren Mütter mir,
Ich lag neun Schwestern im Schoß.

Im Hyndlalied steht mehr über Heimdalls wunderbare Geburt und Kindheit:

36 Einer wurde — in der Urzeit geboren,
Strotzend von Kraft — aus dem Stamm der Götter;
Es gebaren den Sprossen, — den speerberühmten[1]
Neun Riesentöchter — am Rand der Erde.

38 Gjalp gebar ihn, — Greip gebar ihn,
Es gebar ihn Eistla — und Eyrgjafa,
Es gebar ihn Ulfrun — und Angeyja,
Imd und Atla — und Jarnsaxa.

[39[2] Die Erdkraft war's, — die den Edlen ernährte,
Eiskaltes Meer — und des Ebers Blut.]

[40[3] Es ward einer geboren, — besser als alle,
Die Erdkraft war's, — die den Edlen ernährte;
Als Herrscher, sagt man, — sei der hehrste er,
Der allen Geschlechtern — vereint durch Verwandtschaft.]

Neun Riesenmädchen sind genannt mit Namen, welche auf die Eigenschaften der Meereswogen hinzudeuten scheinen, Gjalp

1 Über die Bedeutung des Wortes *nadd-gǫfugr*, eigentlich berühmt durch Spitze *(naddr* bedeutet eine kleine Spitze oder einen spitzen Keil, dann Nagel, Geschoss usw.) Roediger, ZfdPh. 27, 8 f.

2 Str. 39 ist ins Hyndlalied eingeschaltet aus dem zweiten Gudrunlied 22. Dort passen die Verse allein, da darin von den Bestandteilen eines Zaubertrankes die Rede ist. Damit fallen alle mythologischen Deutungen von selbst.

3 Str. 40 ist stark verderbt. Sie kann auch auf Thor gehen, als Sohn der Jǫrð *(sá vas aukenn jarþar megne)* und Gemahl der Sif *(sif sifjaþan sjǫtom gǫrvǫllom)*.

die Brausende, Greip die Umkrallende, Eistla die rasch Dahinstürmende, Eyrgjafa die Sandspenderin, Ulfrun die Wölfische, Angeyja die Bedrängerin, Imd die Dunstige, Atla die Furchtbare, Jarnsaxa die mit dem Eisenschwerte (die schneidende Kälte). Auch der Meeresgöttin Ran sind neun Töchter zugeschrieben.[1] Die Neunzahl bezieht sich auf den Seemannsaberglauben über die Aufeinanderfolge von Wellen verschiedener Stärke und Färbung, wie er noch heute vorkommt. Darf man die neun Mütter Heimdalls mit den neun Wogenmädchen gleichsetzen, so wäre der Gott als Sohn der Meereswellen bezeichnet und vielleicht zu deuten als der am Himmelsrand übers Meer aufleuchtende Tag. Die Strophen entstammen der kleinen Vǫlospǫ́, welche in Trümmern ins Hyndlalied eingesprengt ist. Dieses Gedicht ist ziemlich jung. Will man die mythische Deutung gelten lassen und versteht man unter den Riesinnen am Himmelsrand Wogenmädchen, so wäre wohl ost- oder südisländischer Ursprung der Sage anzunehmen, da für die dort Ansässigen der Tag aus den Meereswogen auftaucht. Denkt man aber unter den neun Riesinnen Bergbewohnerinnen, dann könnte die Sage in Norwegen entstanden sein: am Himmelsrand auf Bergen wird der junge Tag geboren.

Heimdall wird einmal der dümmste der Asen *(heimskastr ása)* genannt.[2] Ob dieser Vorwurf in alter Sagenüberlieferung begründet war, ob Heimdall zu den »Vertretern des Stumpfsinns« im Götterkreis etwa gleich Hoenir gehörte, oder ob nur ein bos-

---

1 Die Töchter der Ran SE. 1, 500; ihre Namen sind freilich von denen der Heimdallsmütter durchaus verschieden. Über den Seemannsglauben der heutigen Isländer Jón Árnason, þjóðsögur 1, 660; deutsch bei Lehmann-Filhés, Isländische Volkssagen, Neue Folge, Berlin 1891, S. 35. W. Müller, Geschichte und System der altdsch. Rel. S. 229 deutete zuerst die Heimdallsmütter als Töchter der Ran, was Müllenhoff, Schmidts Zeitschrift f. Geschichte 8, 251 billigte.

2 Im sögubrot af nokkrum fornkonungum Kap. 3 (Fornaldarsögur 1, 373); auch im Corpus poeticum boreale 1, 125. Kauffmann, Beiträge 18, 173 knüpft weitgehende Folgerungen daran. Nach Bugge, Studien 37 Anm. 1 muss statt *»heimdallr« »havðr«* gelesen werden; Hod, Baldrs Bruder sei gemeint.

haftes Wortspiel mit seinem Namen vorliegt, lässt sich nicht entscheiden. Heimdall heißt bei den Skalden Feind des Loki *(Lokadólg)*, Sucher des Halsbandes der Freyja *(mensœkir Freyju)*, Besucher der Wogenklippe und des Singasteines *(tilsœkir Vágaskers ok Signasteins)*. Dort nämlich kämpfte er mit Loki um das Brísingamen, das Halsband der Göttin. Dabei waren beide in Robbengestalt.[1] Der Skald Ulf Uggason behandelte diese Sage in einem längeren Gedicht, wovon nur wenige Verse erhalten sind: der erfahrene berühmte Wächter des Götterpfades rang am Singastein mit dem verschlagenen Sohne des Farbauti, bevor der mutige Sohn der neun Mütter die schöne Meerniere (das aus Bernstein oder Perlen bestehende Geschmeide) gewann.[2] Die zugrunde liegende Sage erschließt Müllenhoff[3] also: »Nach einer schon aus dem 10. Jahrh. durch die Húsdrápa vollständig bezeugten nordischen Überlieferung stahl Loki das Briísingamen und verbarg es hinter oder auf einer Meeresklippe fern im Westen, wie man der nordischen Anschauung gemäß annehmen muss, aber Heimdall, der allezeit am Rande des Himmels wachende Hüter des Zugangs zum Reiche der Götter, schlich sich hinzu in Robbengestalt und brachte es nach einem Streit mit dem in gleiche Gestalt verwandelten Loki der Freyja wieder.« Müllenhoff deutet: »Der Morgenröte tritt die Abendröte gegenüber. Mit der Abendröte hat Loki der am Morgen erschienenen Göttin das Halsband gestohlen. Der Gott aller Frühe bringt es zurück. Die Robbengestalt ist nur Hülle der wahren Gestalt der zwei Götter.« Die alte Feindschaft kommt beim letzten Weltkampfe zum Austrag, wo die beiden wieder einander gegenüberstehen. Darein ist eine wunderliche Schwertsage verflochten.

Heimdall wird ein Schwert zugeschrieben, *»hofud«*, Haupt genannt. Damit hat es eine besondere Bewandtnis, die zweifellos im verlorenen Heimdallsgaldr erklärt wurde. Tatsache ist, dass die Skalden in ihrer Bildersprache die Begriffe »Heimdalls

1 Skáldsk. Kap. 8 SE. 1, 264.
2 SE. 1, 268.
3 ZfdA. 30, 228.

Schwert« und »Haupt« gleichwertig gebrauchen. Das geht deutlich aus Snorris Worten hervor: »Heimdalls Schwert heißt Haupt, so ist gesagt, dass er von einem Manneshaupte durchbohrt wurde. Davon ist im Heimdallsgaldr geredet, und dann wird »Haupt« der Tod Heimdalls genannt; denn das Schwert ist des Mannes Tod.«[1] Die Skalden haben aus dem Wortspiel Nutzen gezogen; sie setzen »Haupt«, den Namen für den Begriff Schwert ein, und dadurch entsteht eine recht dunkle und schwierige Kenning. Statt einfach zu sagen: Heimdall wurde vom Schwerte durchbohrt, heißt es: Heimdall wurde vom Haupt durchbohrt. Nach beliebter Skaldenart wird mit dem Begriff *»Haupt«*, der ja nur unter ganz bestimmten Verhältnissen Schwert ausdrücken kann, gespielt. Grettir will einmal sagen: ich werde mein Haupt bergen; dafür gebraucht er das verschrobene Bild: ich werde »Heimdalls Schwert« bergen.[2] Wird nach dem verlorenen Liede Heimdall von »Haupt« durchbohrt, so kann damit nur gemeint sein: er fällt durch seine eigene Waffe. Im letzten Kampf ficht Loki, der alte Feind des Gottes, mit Heimdall, und beide töten sich gegenseitig. Danach muss man annehmen, Loki führt in diesem Kampfe »Haupt«, das auf irgendwelche Weise in seine Hand kam. Götter und Helden erliegen oft nur einer einzigen, bestimmten Waffe, die ihnen selbst gehörte, die der Gegner listig sich erwarb. Vielleicht war es auch mit Heimdall so. Müllenhoff hat sich bemüht, das Rätsel mithilfe dieser Sage zu lösen. Sein Ergebnis entbehrt freilich überzeugender Beweiskraft. Aber vorläufig ist es die einzige annehmbare Auslegung. Die verlo-

---

1 Über Heimdalls Schwert SE. 1, 100; 264; 538; zur Deutung Müllenhoff, ZfdA. 30, 252 ff., wo folgender Wortlaut als ursprünglich angesetzt wird: [*Heimdallar sverð hǫfuð heitir, svá er sagt, at hann var lostinn manns hǫfði igǫgnum.*] *um þat er kveðit í Heimdallar galdri, ok er síðan kallat hǫfuð miǫtuðr Heimdallar: sverðit heitir manns miǫtuðr.*

2 In der erst um 1300 niedergeschriebenen, mit romantischen und fabelhaften Bestandteilen versetzten Grettissaga, in welcher auch die vísur meist jung sind, heißt es: *verð ek Heimdala at hirða hjǫr; bjǫrgom svá fjǫrvi.* Die fragliche Strophe, da sie auch in der Landnáma (Islendinga sögur 1, 231) steht, ist aber vermutlich eine der wenigen älteren. Vgl. Gudbrand Vigfusson, Corpus poet. bor. 2, 114.

rene Sage, aus welcher die seltsame Kenning »Haupt« gleich »Heimdalls Schwert« geflossen ist, erschließt er so: Hauptschwert, das überlegene, vorzüglichste Schwert heißt Heimdalls Waffe. Er führt es lange, bis es in die Hand seines Feindes, des Loki übergeht. Mit gewechselten Waffen fechten die Gegner den letzten Kampf aus, und vom eigenen Schwert durchbohrt fand Heimdall den Tod. So mag im verlorenen Lied erzählt worden sein.

Hohe und niedere Kinder Heimdalls heißen die Menschen. Man erinnert sich, dass schon die Germanen zur Zeit des Tacitus die vornehmsten Volksstämme als Abkömmlinge des höchsten Gottes betrachteten. An die Vorstellung, dass Heimdall der Stammvater des Menschengeschlechtes sei, knüpfte um 900 ein norwegischer Dichter an und erzählte, wie Heimdall unter dem Namen *Rig* die Welt durchwanderte, bei drei Ehepaaren nacheinander einkehrte und die drei Stände, Knechte, Bauern, Jarle, die vortrefflich und anschaulich beschildert werden, erzeugte. Aus dem Adel erhebt sich der König, in welchem die menschliche Ständeordnung gipfelt. Das Gedicht scheint zur Verherrlichung Haralds des Schönhaarigen verfasst, der das norwegische Königtum zu bisher ungekanntem Ansehn brachte. In Norwegen herrschte also jedenfalls im 10. Jahrhundert der Glaube, dass Heimdall die Menschen erzeugt und in Stände geordnet habe. Das Bestehende wird auf göttliches Gesetz zurückgeführt.[1]

Das Geheimnis, in das Heimdall gehüllt ist, würde vielleicht ähnlich wie bei Baldr aus fremden Einwirkungen Aufhellung erfahren. Der Schwertgott auf den Himmelsbergen mahnt an den das Paradies mit dem Schwert hütenden Engel. Heimdalls Kampf mit Loki vergleicht sich dem Kampfe Michaels mit dem Drachen oder Satan. Auch dass Heimdall bläst, wenn Surtr naht, erinnert an das Horn des Engels beim Jüngsten Gericht.[2] Nicht

1 Vǫl. 1 bittet die Wolwa um Gehör *allar helgar kinder meire ok minne mǫgo Heimdallar*. Über die Rígsþula Finnur Jónsson, Litteraturs historie I, 186 ff.

2 So J. Grimm, Myth. 3, 81; Bugge, Studien 17 behauptet: St. Michael wird zu Heimdall umgewandelt, ohne den Gedanken weiter auszuführen. Die

Heimdalls Wächteramt und Hornblasen an und für sich soll aus fremden Einflüssen erklärt werden, aber dass er am Eingang des Himmels wacht und zum Gericht bläst. Dass an eine nordische Göttergestalt christliche Engelsvorstellungen sich anschlossen, ist sehr wohl möglich. Ist einmal die Frage über fremde Einflüsse in der nordischen Mythologie entschieden, so dürfte wohl auch Heimdalls Gestalt deutlicher vor uns treten.

VI. Balder

1. Seine Art und Erscheinung

Baldr, der Leuchtende[1], weist schon in seinem Namen auf seinen Ursprung, er ist ein Lichtgott wie Heimdall und Tiuȝ. Er ist ein

---

Deutungen E. H. Meyers, Völuspa 17, 31, 26 treffen schwerlich das Richtige; doch verdient die Vergleichung der Geburt Heimdalls mit der Christi Beachtung. H. Falk, aarböger f. nord. oldkyndighed 2, 6 (1891), S. 270 Anm. glaubt, man habe Heimdall mit einem Widderkopf sich vorgestellt. Deshalb heiße der Widder auch *heimdalli* und andererseits der Gott nach dem Widder *hallinskíði.* Des Widders Haupt ist seine Waffe, sein Schwert, daher ist *»hǫfuð Heimdallar sverð«.* Der widderköpfige Heimdall ist dem *corniger Ammon,* dem gehörnten Jupiter, nachgeahmt.

1 Eine idg. Wurzel *»bhal«* liegt im griech. φαλός und φάλιος, weiß, glänzend, vor und bildete wohl auch ein germanisches Adjektiv * *balaȝ,* got. **bals,* in der schwachen Form *bala* als Rossname wie griech. φάλιος gebräuchlich. Vgl. den Rossnamen *»belche« = bläss.* Im Ags. begegnet *Bældæg,* heller Tag. Ein idg. *bhaltos* 1) hell, schimmernd, glänzend; 2) schnell, kühn, zeigt sich in lit. *baltas,* weiß, germ. *balþaz,* kühn. Aus *bhal-tṛ́* wird germ. *balðr,* der Leuchtende, Licht verbreitende. Ob in dem German. *balðr* die beiden Bedeutungen »hell« und »schnell« vorlagen, woraus der kühne Lichtgott und der Fürst (an. *baldr,* ags. *bealdor)* unabhängig erwuchsen, ob der Göttername in der ags. und an. Dichtung zum Hauptwort für König, Fürst herabsank, lässt sich nicht sagen. Vgl. E. Schröder, ZfdA. 35, 237 ff. Die Wurzel zeigt sich germ. in mehreren Ableitungen: 1) *bhal-os,* φαλός *balaȝ,* got. *bala,* ags. *bæl,* ahd. *bal, pal* in Eigennamen; 2) *bhal-nós* in Eigennamen wie *Ballo, Ballomer;* 3) *bhal-tos,* lit. *baltas,* germ. *balþaȝ,* got. *balþs,* an. *ballr,* ahd. *bald;* 4) *bhal-tŕ,* germ. *balðr,* an. *baldr,* ags. *bealdor,* ahd. *balder.* Zur Baldrsage kommt vor allem die Schrift von Bugge, Studien über die Entstehung

kühner Ritter, seines Rosses Huf weckt Quellen auf; aus solcher Sage stammt wohl der Name Baldersbrönd, Baldrs Brunnen in Seeland. Saxo erzählt freilich nur, Balder habe nachgraben lassen und neue Quellen eröffnet.[1] Das Ross folgt dem toten Gott auf den Holzstoß. Baldr besitzt auch ein Schiff. Von seinen Waffen ist nirgends die Rede. Ist er aber aus Tiuʒ abgezweigt, so gebührt ihm das Schwert und der Goldhelm. Baldr ist der Sohn Odins und der Frigg. Wali-Bous und Hermod werden als Odins Söhne Baldrs Brüder genannt. Als Ase ist auch Hod Odins Sohn (SE. 1, 534 u. 556), aber nirgends wird er als Bruder Baldrs betont, was namentlich bei Baldr und Wali-Bous geschieht.

In Breidablik (Breitglanz) hat Baldr sich den Saal erbaut; in diesem Lande herrschen die wenigsten Frevel.[2] Von dem Beherrscher des strahlenden Glanzes sagt Snorri: Ein Sohn Odins ist Baldr der Gute, und von ihm ist nur Gutes zu berichten. Er ist der beste Gott, und alle loben ihn. Auch ist er so schön von Ansehn und so weiß, dass ein heller Glanz von ihm ausgeht. Darum hat man auch eine Blume, die weißer ist als alle übrigen, mit Baldrs Wimper verglichen. Danach mag man sich vorstellen, wie schön sein Haar und sein Körper beschaffen sind. Er ist der weiseste der Asen, versteht am schönsten zu reden und übt am liebsten Barmherzigkeit; doch ist das Eigentümliche dabei, dass keiner seiner Urteilssprüche in Kraft bleibt. Er wohnt an dem Orte, der Breidablik heißt; der ist am Himmel belegen, und an jener Stätte darf nichts Unreines sich finden.[3]

---

der nordischen Götter- und Heldensagen, München 1889, S. 34/313, auch wenn man ihren Ergebnissen nicht beipflichtet, als die wichtigste und wertvollste sagengeschichtliche Arbeit in Betracht.

1 P. E. Müller in der Ausgabe des Saxo S. 120 führt an, die dänische Volkssage dieses Jahrh. lasse den Quell dadurch entspringen, dass Balders Pferd mit seinem Hufe scharrte. Vgl. Thiele, danske folkesagn 2, 341.

2 Grímn. 12.

3 Gylfag. Kap. 23; nach Bragar. Kap. 2 darf Skadi einen der Götter zum Manne wählen, aber nur die Füße sehen. Sie nimmt den mit den schönsten Füßen, in der Hoffnung, es sei Baldr. Es ist aber Njord.

2. Die norwegisch-isländische Baldrsage

Die Wolwa sagt: Ich sah Baldr, dem blutigen Gotte, Odins Sohne das Schicksal entschieden: es stand hoch über dem Feld gewachsen die schöne schlanke Mistel *(mistel-teinn)*. Aus diesem Stamme, der dünn aussah, ward ein gefährliches Unglücksgeschoss; Hod tat den Schuss. Bald aber wurde Baldrs Bruder geboren, eine Nacht alt, kämpfte Odins Sohn. Er wusch nicht die Hände, noch kämmte er das Haupt, bevor er Baldrs Feind auf den Holzstoß brachte. Frigg klagte über Walhalls Weh in Fensalir (Vol. 32/4). Wie die Seherin von der neuen Welt und ihrer Herrlichkeit Kunde gibt, da sagt sie:

Vol. 62. Auf unbesätem Acker werden Ahren wachsen,
Alles Böse schwindet, denn Baldr erscheint.
Hropts Siegesburg beziehen Hod und Baldr.

Die in der früheren Welt sich befehdet und ums Leben gebracht, wohnen versöhnt und einträchtig nachmals beieinander. Die Liebe hat den wilden Hass überwunden. Dass Loki Baldrs Tod verschuldet, wohl dadurch, dass er dem blinden Hod das Geschoss gab und das Ziel wies, geht aus seinen prahlenden Worten der Frigg gegenüber hervor: ich hab's verschuldet, dass du Baldr nimmer zur Burg reiten siehst (Lokas. 28). Ein besonderes nach der Vǫlospǫ́ und Þrymskviþa verfasstes Lied, das aber vielleicht doch noch ins 10. Jahrh. fällt[1], erzählt von schlimmen Träumen, welche Baldr plagten. Da ritt Odin zur Hölle und weckte die Wolwa aus dem Grabe, um die Zukunft zu erfragen. Für Baldr steht in den Sälen der Hel der Met gebraut, für ihn sind die Bänke mit Ringen bedeckt, die Dielen mit Gold belegt. Die Asen sind aller Hoffnung bar. Hod sendet den Baldr zur Hel, doch Wali, den Rind dem Odin im Westen gebiert, wird, eine Nacht alt, Hod zum Holzstoß bringen und Baldr rächen. Das ist der Wolwa Weissagung.

1 Über das Alter von Baldrs Draumar vgl. Finnur Jónsson, Litteraturs historie 1, 145.

In der zwischen 980 und 990 verfassten Húsdrápa beschrieb der Skald Ulf Uggason Baldrs Leichenbrand, wie Freyr auf seinem goldborstigen Eber, Heimdall auf seinem Hengste heranritt. Odin kam angeritten, von Raben und Walküren begleitet. Die Riesin (Hyrrokin) machte das Schiff, auf dem Baldr lag, flott, aber Odins Berserker brachten ihr Reittier (den Wolf) zu Fall. Im Preislied auf Eirik (um 950) sagt Odin: Alle Bankdielen erkrachen, als ob Baldr zurück zu Odins Sälen kehrte. Diese Stellen zeigen, dass die Sage von Baldr im 10. Jahrh. allbekannt und beliebt war, alle wesentlichen Züge, welche Snorris schöner Bericht zusammenfasst, stehen schon in der älteren Skaldendichtung fest. Aus dem Ende des 12. Jahrh. stammt eine Strophe des Bischofs Bjarni Kolbeinsson auf den Orkneys, worin erwähnt wird, dass alle Wesen über den toten Baldr weinten.[1] In der Wissenswette, welche Odin mit Wafthrudnir eingeht, fragt er zuletzt:

Was sagte Odin ins Ohr dem Sohne,
Ehe man ihn auf den Holzstoß hob?[2]

Niemand weiß das Geheimniss als Odin allein. Nirgends wird der Schleier gelüftet, und Deutungen sind müßig. Im Lied von Hyndla 30 taucht die junge, gelehrte Meinung auf, wie Baldr auf den Holzstoß sank, sei die Zahl der Asen auf elf herabgesunken. Wali rächte Baldr und erschlug seines Bruders Mörder.

In den isländischen Quellen tritt Baldr vor allem als der leidende Gott auf. Sein Tod ist das Vorspiel zum Untergang der Götter. Umso wertvoller im Verein mit dem, was Saxo von Baldr weiß, sind solche Stellen, nach denen Baldr als kühner Held, nicht bloß als sterbender Unschuldsgott erscheint. Dem lästernden Loki hält Frigg entgegen:

---

1 *Hotvetna grét – býsn þótti þat – Baldr ór helju,* Hrafns saga biskups in biskupa sögur I, 648; *grátaguð,* »den beweinten Gott«, nannten die Skalden Baldr nach SE. 1, 260; im Lied auf Ivar Viðfaðmi (Fornaldarsögur 1, 373) ist Baldr der, den alle Götter beweinten.

2 Vafþr. 54; ebenso fragt Odin-Gest König Heidrek in der Hervararsaga (Bugges Ausgabe S. 263).

Lokas. 27 Hätt ich innen in Ägirs Halle
Einen Sohn von Baldrs Sinn,
Den Ausgang nicht fändst du von der Asen Kindern,
Eh du zornig den Zweikampf erprobt.

Im Lied auf Iwar Widfadmi wird der tapfere Halfdan mit Baldr verglichen, woraus zu schließen ist, dass auch Baldr für heldenkühn galt.[1]

Baldr wurde von gefahrdrohenden Träumen geängstigt und sagte es den Asen. Da nahm Frigg alle Dinge in Eid, dass sie Baldr nicht schadeten, Feuer, Eisen und Wasser, Erze und Steine, Bäume und Krankheiten und Tiere, Vögel und giftige Würmer. Als nun dieses geschehen war, begannen die Asen ein Spiel mit Baldr: er stellte sich auf den Thingplatz, und nun sollten die einen nach ihm schießen, die andern nach ihm schlagen, die Dritten ihn mit Steinen werfen. Nichts von alledem tat ihm Schaden. Als Loki dies sah, gefiel es ihm übel. Er nahm die Gestalt eines Weibes an, begab sich zu Frigg nach Fensalir und fragte, ob sie wisse, was die Götter auf dem Thingplatze vornähmen. Sie erwiderte, dass alle nach Baldr schössen, dass er aber nicht verletzt werden könne. Weder Waffen noch Bäume können Baldr den Tod bringen, sagte Frigg, denn von allen habe ich Eide empfangen. Da fragte die Frau: Haben alle Dinge Eide geleistet, Baldr zu schonen? Da antwortete Frigg: Ein Pflanzenschössling wächst im Westen von Walhall, der Mistelteinn heißt; dieser schien mir zu jung, um ihn in Eid zu nehmen. Da entfernte sich die Frau, Loki aber ging hin, fasste den Mistelzweig und riss ihn heraus. Dann ging er zum Thingplatz. Hod stand ganz hinten im Kreise der Männer, denn er war blind. Da sprach Loki zu ihm: Weshalb schießest du denn nicht nach Baldr? Jener erwiderte: Weil ich ihn nicht sehen kann und überdies keine Waffe habe. Loki sprach: Tue wie die andern Männer auch und schieße nach Baldr, ich werde dir die Rich-

1 *Hverr es Halfdán Snjalli með ásom? hann vas Baldr með ásom es ǫll regin gréto;* Fornaldarsögur 1, 373; Corpus poeticum 1, 124.

tung weisen. Schieße auf ihn mit dieser Gerte. Hod nahm den Mistelzweig und schoss nach Baldr und durchbohrte ihn. Baldr fiel tot nieder. Das ist das größte Unglück bei Göttern und Menschen. Die Asen waren sprachlos und vermochten keine Hand zu regen, einer schaute den andern an, und es erfasste sie Grimm wider den, der das veranlasst hatte, doch konnten sie an der Friedenstätte nicht Rache üben. Alle waren vom heftigsten Schmerz ergriffen, am meisten Odin; gesprochen wurde nicht, desto mehr geweint. Als die Götter zu sich kamen, fragte Frigg, wer von den Asen sich dadurch ihre Huld erwerben wolle, dass er nach Hels Reich hinunterritte, um Baldr durch Lösegeld zurückzuerlangen. Hermod, Odins Sohn, machte sich auf und ritt auf Sleipnir hinab. Die Asen nahmen Baldrs Leiche und führten sie zur See. Hringhorni hieß Baldrs Schiff, aller Schiffe trefflichstes. Das wollten die Götter flottmachen, um Baldrs Holzstoß darauf zu schichten; aber das Schiff ging nicht los. Da wurde aus Riesenheim die Riesin Hyrrokin entboten. Sie ritt auf einem Wolf, Schlangen dienten ihr zu Zäumen. Sie stieg ab, Odin rief vier Berserker, das Tier zu halten. Sie vermochten es nicht anders, als dass sie es niederwarfen. Hyrrokin trat zum Vordersteven und stieß das Schiff beim ersten Anstemmen heraus, dass Feuer aus den Rollen fuhr und alle Lande erbebten. Da wollte sie Thor mit dem Hammer schlagen, doch die Götter erbaten ihr Frieden. Nun ward Baldrs Leib aufs Schiff gehoben, und als Nanna, Neps Tochter, seine Frau das sah, brach ihr vor Leid das Herz. Da wurde auch sie auf den Holzstoß gelegt. Thor weihte den Scheithaufen mit dem Hammer Mjolnir und stieß den Zwerg Lit, der vor ihm vorbei rannte, mit den Füßen ins Feuer. Zu diesem Leichenbrand kam vielerlei Volk: zuerst Odin, mit ihm Frigg, die Walküren und Raben, Freyr auf einem Wagen mit dem Eber Gullinbursti oder Slidrugtanni, Heimdall ritt auf seinem Hengste Gulltopp, Freyja kam mit ihren Katzen. Auch Reifriesen und Bergriesen waren zugegen. Odin legte den Goldring Draupnir auf den Holzstoß, dem nachher die Eigenschaft wurde, dass jede neunte Nacht acht gleiche Ringe herabträufelten. Baldrs Ross mit allem Reitzeug wurde auf den Scheiterhaufen geführt. Hermod ritt neun Nächte durch dunkle und tiefe Täler, bis er zum Fluss Gjoll kam, über den eine goldene Brücke führte. Modgud bewachte die Brücke, sie sprach: Gestern ritt Baldr mit fünfhundert Begleitern über die Brücke; nicht weniger kracht die Brücke, wenn du allein sie betrittst. Dann ritt Hermod zum Höllengitter, dort sattelte er sein Ross fester und gab ihm die Sporen, dass der Hengst hinübersetzte, ohne mit den Hufen anzustreifen. Hermod trat in die Halle und erblickte seinen Bruder auf dem Hochsitz. Er verweilte eine Nacht. Am andern Morgen verlangte Hermod von der Hel, Baldr sollte mit ihm heimreiten, und er sagte, wie sehr die Asen um ihn klagten. Da sprach Hel, sie wolle versuchen, ob wirklich Baldr so sehr geliebt werde. Wenn alle Dinge, lebende und tote, ihn beweinten, dann solle er zu den Göttern zurückkehren, wenn aber jemand nicht weinen wolle, dann müsse er bei der Hel bleiben. Da erhob sich Hermod, Baldr sandte Odin den Ring Draupnir zum Andenken, Nanna der Frigg ein Kopftuch, der Fulla einen goldenen Fingerreif. Da ritt Hermod heim nach Asgard und erzählte, was er ausgerichtet. Die Asen forderten nun alle Welt auf, Baldr aus der Hölle loszuweinen, und alle Wesen weinten, Menschen und Tiere, Erde und Gestein, das Holz und alles Metall (wie du selbst gesehen haben wirst, dass diese Dinge alle weinen, wenn sie aus der Kälte in die Wärme kommen). Doch in einer Berghöhle saß eine Riesin, die nannte sich Thokk. Auch diese forderten die Götter auf, Baldr aus der Hölle loszuweinen; sie aber sprach:

Mit trocknen Tränen wird Thokk beweinen,
Dass Baldr den Brandstoß bestieg;
Im Leben nicht bracht er noch als Leiche mir Nutzen:
Behalte Hel, was sie hat.

Das Weib aber war Loki, der das meiste Böse unter den Asen vollbrachte.

Snorris Bericht ist vermutlich auf poetische Darstellung gegründet, wie die mitgeteilte Strophe und einige Spuren von

Stabreimen in der Prosa beweisen.[1] Seine Erzählung lässt sich Zug für Zug aus den heidnischen Skaldengedichten belegen und hat darum Gewähr der Echtheit. Nur dass alle Wesen um Baldr weinten, steht erst bei einem christlichen Skalden, beim Bischof Bjarni. Hermods Höllenfahrt, die damit zusammenhängt, bezeugt nur Snorri. Sicher schloss sich unmittelbar die Erzählung von der Blutrache an, wie Odin mit Rind den Wali erzeugte, der Hod, Baldrs Mörder, zum Holzstoß brachte. Vermutlich folgte auch Lokis Strafe, die Fesselung, welche die Vǫlospǫ́ und Snorri (K. 50) an Baldrs Tod anschließen. Denn das ist die größte Untat, die Loki beging, und darum traf ihn Fesselung, in der er ausharren muss bis zum Weltende. Solange Hod der allein verantwortliche Töter Baldrs ist, hat die Sage nur von Blutrache an ihm zu berichten. Aber sobald Loki eingreift, verlangt die Gerechtigkeit seine Bestrafung und lässt entsprechend Hod zurücktreten, von dem die isländischen Quellen gar nichts Bemerkenswertes mehr wissen.

3. Die Baldersage bei Saxo

Umso mehr tritt Hotherus bei Saxo hervor, welcher im 3. Buche die Baldrsage folgendermaßen berichtet:

Hotherus, ein schwedischer Königssohn, der nach Hiartvarus König von Schweden und Dänemark wurde, zeichnete sich in seiner Jugend durch Körperkraft, Schönheit und Meisterschaft in allerlei Saitenspiel aus. Der Jüngling, der sich vor seinen Altersgenossen durch Stärke und Kunstfertigkeiten hervortat, wuchs in der Hut des norwegischen Königs Gevarus auf. Seine Tochter Nanna liebte den Hotherus um seiner Vorzüge willen.

---

1 Gylfag. Kap. 49; Bugge, Studien S. 51 Anm. stellt aus Friggs Worten zwei Halbstrophen her:

Munat vǫ́pn Baldri	*vex viðar teinungr*
né viðir granda,	*fyr vestan hǫll,*
hefk af ǫllum	*ungr sá þottumk*
eiða þegna.	*eiðs at krefja.*

Es geschah, dass Balderus, Odins Sohn, Nanna beim Baden erschaute und durch die leuchtende Schönheit ihres Leibes von unbezwinglicher Liebe ergriffen wurde. Da beschloss er, den Hotherus, von dem er eine Störung seiner Wünsche befürchtete, mit dem Schwert umzubringen, damit seine ungeduldige Begierde nicht durch ein Hemmnis aufgehalten werde. Ungefähr um diese Zeit verirrte sich Hotherus auf der Jagd und kam zu einem Hause, wo einige Waldmädchen *(virgines silvestres)* ihn beim Namen grüßten. Er fragte, wer sie seien. Sie antworteten, sie hätten über das Kriegsglück zu entscheiden; oft seien sie unsichtbar in den Schlachten zugegen und gewährten ihren Freunden mit heimlicher Hilfe den gewünschten Erfolg. Sie könnten nach ihrem Belieben Glück und Unglück bringen. Sie fügten bei, Balderus sei für Nanna entbrannt, und warnten, ihn mit Waffen anzugreifen, denn er sei ein Halbgott *(semideus)*. Im selben Augenblick verschwand das Haus, Hotherus sah sich plötzlich im freien Feld. Er wunderte sich und wusste nicht, dass alles nur Blendwerk war. Bei seiner Rückkehr erzählte er Gevarus sein Erlebnis und warb um seine Tochter. Gevarus erwiderte, er würde gern einwilligen, wenn er nicht des Balderus Zorn durch eine Absage sich zuzöge, da dieser zuerst um Nanna geworben habe. Denn nicht einmal Eisen könne Balders gefeitem Leibe *(sacram corporis firmitatem)* schaden. Doch setzte er hinzu, er wisse von einem unter festem Verschluss gehaltenen Schwerte, womit Balderus getötet werden könne. Es sei im Besitze des Waldgeistes Miming *(hunc a Mimingo sylvarum satyro possideri)*. Diesem sei auch ein Armring *(armilla)* zu Eigen mit der wunderbaren Eigenschaft, den Reichtum des Besitzers zu vermehren. Doch sei der Zugang zu seinem Wohnort den Menschen sehr beschwerlich. Auf dem größten Teil des Weges herrsche stets ungewöhnliche Kälte. Auf einem geschwinden von Hirschen gezogenen Wagen solle er die kalten Bergjoche durcheilen. Am Ziel angelangt, solle er sein Zelt so aufschlagen, dass es den Schatten von Mimings Höhle auffange, doch nicht auch ihn selbst treffe und dadurch vom Herauskommen abschrecke. So werde ihm Ring und Schwert zum Lohne werden. So weit Gevarus. Hotherus führte die Weisungen genau aus. Tag und Nacht lag er auf der Lauer. Nachts verdunkelte einmal Mimings Schatten den Zelteingang, da schlug ihn Hotherus mit dem Speere nieder und fesselte ihn. Er bedrohte ihn heftig und forderte Ring und Schwert. Zur Lösung seines Lebens erlegte Mimingus beides. Froh kehrte Hotherus mit den Beutestücken heim. Nun folgt ein Kampf mit dem Sachsenkönig Gelderus. Dem Besiegten gewährte Hotherus mit großer Milde den erbetenen Frieden. Für Helgo, König von Halogaland warb Hotherus um Thora, des Finnenkönigs Cuso Tochter. Inzwischen rückte Balderus mit Heeresmacht in des Gevarus Land, um Nanna zu fordern. Gevarus verwies den Freier an die Jungfrau selber, die seinen einschmeichelnden Bewerbungen widerstand unter dem Vorwand, Menschen und Götter passten nicht zusammen. Die Götter selber würden oft die Bande zerreißen, die sie an sterbliche Frauen knüpften. Es kam nun zum Krieg zwischen Hotherus und Balderus, zwischen Menschen und Göttern. Auf Balders Seite kämpften Odin und Thor und der Götter heilige Scharen. Hotherus, mit einer hieb- und stichfesten Brünne angetan, durchbrach die dichtesten Scharen der Götter. Thor führte eine Keule *(clava)*, der nichts widerstand. Der Sieg hätte sich den Himmlischen geneigt, wenn nicht Hotherus den Griff der Keule abgehauen und sie dadurch unbrauchbar gemacht hätte. Nach Verlust dieser Waffe flüchteten die Götter. Balderus entkam. Die Sieger zerstörten die feindliche Flotte. Ein Hafen erinnert noch durch seinen Namen an Balders Flucht. Dem in der Schlacht gefallenen Sachsenkönig Gelderus wurde auf Schiffen ein Holzstoß gerüstet, seine Asche hierauf feierlich in einem Grabhügel beigesetzt. Hierauf vermählte sich Hotherus mit Nanna, dass kein weiteres Missgeschick dazwischen komme. Aber bald musste er des Glückes Umschlag erfahren, indem er von Balderus geschlagen wurde und zu Gevarus floh. Um sein lechzendes Heer zu erquicken, ließ Balderus tief in den Boden graben und eröffnete neue Quellen. Noch jetzt erhält sich die Erinnerung an diese Quelle im Namen *Baldersbrönd* (Baldersbrunn bei Roeskilde). Nannas Bild umgaukelte fortwährend den Balderus im Schlafe, wodurch er so schwach wurde, dass er gar nimmer zu Fuß gehen konnte, sondern einen Wagen brauchte. Inzwischen wurde Hotherus nach dem Tode des Hiartvarus zum König von Dänemark eingesetzt. Um den durch seines Bruders Atislus Tod erledigten schwedischen Thron zu gewinnen, war er nach Schweden gezogen. Da kam Balderus mit einer Flotte nach Seeland, und die Dänen huldigten nun ihm. Bei des Hotherus Rückkehr aus Schweden kam es zu einer Schlacht, aus der Hotherus fliehen musste. Er gelangte nach Jütland und gab dem Ort, wo er sich aufhielt, seinen Namen. Nachdem er den Winter dort verbracht hatte, kehrte er allein nach Schweden zurück. Daselbst berief er die Großen und erklärte, er sei des Lebens überdrüssig, nachdem er zweimal das Unglück gehabt habe, von Balderus besiegt zu werden. Er sagte ihnen Lebewohl und begab sich auf unwegsamen Pfaden in wüste einsame Gegenden. Sonst hatte Hotherus vom Gipfel eines Berges dem Volke Ratschläge erteilt; wenn sie jetzt kamen, klagten sie bitter über die Abwesenheit und Untätigkeit des sich verbergenden Königs. Als Hotherus einen entlegenen Wald durchschweifte, kam er zu einer Höhle, wo dieselben unbekannten Mädchen wohnten, welche ihm einst die feste Brünne verliehen hatten. Auf ihre Frage, warum er gekommen sei, nannte er als Grund sein Unglück im Kriege. Er verwünschte sein Vertrauen auf sie und jammerte über sein Unglück; ihm sei anders geschehen, als sie ihm einst verhießen. Aber die Nymphen erwiderten, er habe, obwohl selten siegreich, doch dem Feind dieselben Verluste beigebracht. Übrigens werde ihm der Sieg zufallen, wenn er zuerst von einer Speise, welche Balders Kraft vermehre, genieße. Da fasste Hotherus Mut, den Krieg gegen Balderus fortzusetzen. Balderus sammelte die Dänen. Mit großem Verlust wurde beiderseits gestritten, bis die Nacht den Kampf beendigte. Hotherus, der aus Erregung nicht schlafen konnte, ging in der dritten Nachtwache heimlich auf Kundschaft. Als er zum feindlichen Lager kam, sah er drei Jungfrauen *(nymphas)* mit der geheimnisvollen Speise Balders herauskommen. Er folgte im Tau ihren Spuren und erreichte ihr Haus. Auf ihre Fragen gab er sich für einen Harfenspieler aus und spielte ihnen eine liebliche Melodie vor. Die Jungfrauen hatten drei Schlangen, aus deren Gift sie die stärkende Speise zu bereiten pflegten. Aus ihrem Rachen tropfte Gift in die Speise. Zwei von den Mädchen hätten ihm aus Barmherzigkeit von der Speise gegeben, wenn nicht die Älteste eingewendet hätte, es sei Verrat an Balderus, seines Feindes Kraft zu steigern. Er leugnete, Hotherus zu sein, und sagte, er sei nur sein Knappe. Die gütigen zwei Mädchen schenkten ihm nun einen glänzenden siegverleihenden Gürtel. Als Hotherus auf demselben Pfade zurückkehrte, begegnete er dem Balderus, dessen Seite er durchbohrte, sodass er halb tot zur Erde fiel. Als die Tat bekannt wurde, erscholl lauter Jubel im Lager des Hotherus, während die Dänen Balders Geschick betrauerten. Da er seinen Tod herannahen fühlte, erneuerte er am andern Tage die Schlacht und ließ sich auf dem Bette hinaustragen, um nicht im Zelte eines unrühmlichen Todes zu sterben. In der Nacht sah Balderus die Hel *(eidem Proserpina per quietem astare aspecta),* die ihm verkündigte, er werde am folgenden Tage in ihren Armen ruhen. Der Traum ging in Erfüllung, nach drei Tagen starb Balderus an der Wunde. Er wurde in einem Hügel beigesetzt.

Nun folgt die Geschichte, wie Odin Rind bewältigt, um mit ihr den Rächer Balders, Bous zu erzeugen. Othinus munterte seinen Sohn Bous, den er als kriegstüchtig erkannte, zur Rache an Hotherus auf. Diesem hatten Seher seinen Tod vorausgesagt. Es kam zur Schlacht, in welcher Hotherus von Bous getötet wurde. Doch durfte sich Bous seines Sieges nicht freuen, weil er selber schwer verwundet auf seinem Schild aus der Schlacht getragen wurde und tags darauf starb.

Saxos Bericht ist nicht immer klar und muss mit Vorsicht aufgenommen werden. Manches ist in Abzug zu bringen, will man die von Saxo benützte Sage annähernd wieder herstellen. Den heidnischen Göttern ist Saxo feindselig gesinnt, was namentlich bei seiner Schilderung Baldrs hervortritt. Er stellt den Hotherus in die nordische Königsreihe ein, ohne jedoch deshalb tiefer greifende Änderungen an der Sage vorzunehmen. Aber schon sein umständlicher, verkünstelter Stil hat allerlei ungeschickte

Zutaten, Einschaltungen, Umstellungen im Gefolge. Sein Bestreben, die Erzählungen möglichst umfangreich zu machen, verführte ihn zu vielen selbständigen Neuerungen. Als echt erscheinen etwa diese wesentlichen Züge: Hother und Balder sind feindliche Nebenbuhler, beide um Nanna, des Gevarus Tochter werbend. Hother, der von Nanna Begünstigte, dem Walküren mit weisem Rate hilfreich zur Seite stehen, gewinnt Mimings Schwert, die einzige Waffe, wodurch Balder der Göttliche verwundbar ist. Nachdem das Kriegsglück lange zwischen ihnen geschwankt, erlegt zuletzt Hother mit dem Schwerte den Balder, dem Hel, seines nahen Besitzes froh, vorher erscheint, ehe sie ihn zu sich nimmt. Dem Balder wird ein feierlicher Leichenbrand auf dem Schiff gerüstet (von Saxo auf Gelder, einen Genossen Balders übertragen). In seinem Bruder Bous (an. Búi) ersteht Balder der Bluträcher. Unter die Zusätze und Neuerungen Saxos darf man wohl die unnötige Dehnung der Handlung verweisen, die Wiederholungen desselben Zuges, z. B. der Erscheinung der Walküren, den liebeskranken, schmachtenden Balder und seine kräftigende Speise, die wiederholten Schlachten, die Kundschaft Hothers in Gestalt eines Harfenspielers u. dgl.

In seinen Untersuchungen über Saxos Quellen verficht Axel Olrik[1] den Grundsatz, dass Saxo aus verschiedenartigen Vorlagen seine Darstellung entnahm, so auch hier aus einer in Dänemark heimischen Sage von Balder und Hoder und aus einer norwegischen Hodersaga. Die dänische Überlieferung, an einige Ortsnamen geheftet, bot wenig Einzelheiten, sie beschränkte sich auf einen kurzen Bericht über die Feindschaft zwischen Balder und Hoder und von Balders Tod. Die norwegische Hodersage aber war mit all den bunten Zügen ausgeschmückt, welche den mythischen Sagen, den sog. Fornaldarsögur, eignen. Die Hauptunterschiede vom isländischen Bericht liegen darin, dass der Kampf unter den Menschen vor sich geht, dass die Götter

---

1 Sakses oldhistorie, norröne sagaer og danske sagn, Köbenhavn 1894, S. 13 ff.

wie Menschen mitkämpfen und dem Helden der Sage weichen, dass Hoder der Held der Sage ist, dass Nannas Besitz die Triebfeder der Handlung bildet. Für die mythische Verwertung des Inhaltes macht es übrigens keinen wesentlichen Unterschied, ob Saxo oder ein Sagaschreiber, sein Gewährsmann, für die mancherlei Zutaten und Umänderungen oder auch für Erhaltung älterer Züge verantwortlich ist.

4. Vergleichung der beiden Baldrsagen

Wie verhalten sich die zwei verschiedenen Berichte in den isländischen Quellen und bei Saxo zueinander? Neuerdings bricht sich die Anschauung Bahn, dass Saxo die ältere Sagenform bewahre. Die jüngere isländische Überlieferung hat demnach Zusätze und Änderungen eingeführt. Balder kämpft mit Hother um den Besitz der Nanna; Nanna, die Kühne[1], ist eine Frauengestalt wie etwa Hilde, die Streit unter tapfern Helden veranlasst. Balder erliegt nur einer bestimmten Waffe und wird von seinem Bruder gerächt. Die jüngere Sage führt Loki ganz neu ein. Loki verkörpert das Böse unter den nordischen Göttern, daher musste er auch diese Untat übernehmen. Dass Loki aber dem späten nordischen Heidentum angehört und im Teufel sein Vorbild hat, ist sehr wahrscheinlich; ebenso dass Baldr in der isländischen Sage Züge von Christus annahm.[2] Die Verschmelzung des lichten weißen Baldr mit dem weißen Christus (an. *hvítakristr*) wurde bewirkt infolge von Erzählungen, welche die Nordleute in England vom *»bealdor«*, wie bei den Angelsachsen Christus

1 Nanna zu an. *nenna*, got. *nanþjan*, ahd. *ginenden*, wagen; so erklärt J. Grimm, Myth. 202. Vgl. Bugge, Studien 178. Vom selben Stamm sind die deutschen Namen *Nando*, *Nandger*, *Nandwin*, *Nandung*, *Ferdi-nand* gebildet. Nanna erwähnt der Skald Kormak, Corpus poet. 2, S. 64, 25 u. 66, 75. Vǫl. 31 heißen die Walküren *Herjans nǫnnor*, wodurch ebenfalls der Name Nanna vorausgesetzt wird.

2 Christliche Einflüsse im isländischen Baldrmythos erweisen Bugge, Studien S. 34 ff.; E. H. Meyer, Völuspa S. 137 ff.; 157 ff.; 198; 220.

heißt, vom Herrn vernahmen. Damit ergab sich notwendig die Gegnerschaft zwischen Loki und Baldr, Luzifer und Christus. Baldrs Lichtwesen, ursprünglich im eigentlichen Sinn als Ausfluss seiner glänzenden Heldengestalt genommen, wurde nun bildlich verstanden, der strahlende Held wurde zum Gott der Reinheit und Unschuld. Der tapfere Ritter wandelte sich zum tatenlosen, sanften, duldenden Gott. Hod verliert gleichmäßig die kräftigen Züge, die ihm früher zukamen. Er wird das blinde Werkzeug Lokis, wie Luzifer den blinden Kriegsknecht heranführt, damit er Christi Seite durchbohre. Loki wird darauf in Fesseln geschlagen, wie Luzifer in der Hölle gefesselt liegt und erst am Jüngsten Tage wieder loskommt. Mit Hods Vernachlässigung verliert auch die Blutrache an ihm merklich an Bedeutung, da alles Gewicht auf Loki entfällt. Besondere Bewandtnis hat es aber mit dem Mistelzweig, den Frigg allein nicht vereidigt hatte. Auch Christus hatte alles Holz in Eid genommen mit Ausnahme eines Kohlstängels in Judas Garten, an dem Christus auch gehenkt wurde. *Mistelteinn* begegnet in nordischer Sage mehrfach als Schwertname.[1] Bei Saxo fällt Balder nur durch ein besonderes Schwert, das Hother dem Miming abgewinnt, und darin liegt wohl die ältere Sagenform vor. War vielleicht der von Saxo verschwiegene Name des Schwertes *Mistelteinn?* In diesem Falle würde sich manches Rätsel der isländischen Fassung lösen. Der Schwertname Mistelteinn, buchstäblich verstanden, ergab die Sage, Baldr sei durch einen Mistelzweig umgekommen. Ähnlich wurde ja auch Freys goldener Eberhelm zum goldenen Eber, Mimirs Quellenhaupt zum abgeschnittenen Kopf des weisen Wassergeistes. So lassen sich die Abweichungen des isländischen Berichtes einigermaßen erklären. Jedenfalls ist die isländische Fassung leichter und ungezwungener aus der Saxos abzuleiten als umgekehrt, und daraus ist zu schließen, dass bei

1 *Mistelteinn* als Schwertname in SE. 1, 564; Hervararsaga, Bugges Ausgabe S. 206; Hromundarsaga (Fornaldarsögur 2, 371); in Zusammensetzungen bedeutet *»tein«* häufig Schwert, wie *benteinn, bifteinn, eggteinn, hjǫrteinn, hræteinn, sárteinn, valteinn.*

Saxo die Baldrsage ursprünglicher und älter erscheint als in den nordischen Quellen. Da letztere fürs 9./10. Jahrhundert vorauszusetzen sind, zeigt Saxos Darstellung eine noch frühere Gestalt der Baldrsage. Nur ein Zug findet keine vollständig befriedigende Erklärung, freilich weder auf dem einen noch auf dem andern Weg. Warum ist Nanna im isländischen Bericht Baldr ganz in Liebe ergeben und bis zum Tode getreu, während sie bei Saxo dem Hotherus gehört? Wenn die isländischen Quellen Hod zurückdrängen, ergibt sich allerdings auch für Nanna eine veränderte Stellung. Aus andern Ursachen, durch Lokis Tücke, erfolgt Baldrs Tod. Soll die Frau nicht gänzlich aus der Sage schwinden, so kann sie nur in Verbindung mit Baldr sich halten. Die Wirkung des rührenden Bildes vom Morde des reinen Gottes wird erhöht, wenn das liebende Weib ihm zur Seite steht, dessen Herz vom Todesstoße mit getroffen wird. Man kann auch annehmen, dass vielleicht Saxo Nannas Verhältnis zu Balder nach eignem Ermessen, weil er den Sohn Odins nicht mit günstigen Augen betrachtet, absichtlich kälter und ablehnender schilderte als seine Vorlagen, dass Nanna in der ursprünglichen Sage so zwischen Hod und Baldr stand, dass sie mehr zum Gotte neigte. Es könnte schließlich in diesem Zug auch der isländische Bericht ursprünglich sein, Baldr gewann das Weib, und darum erschlug ihn Hod, Nanna aber starb mit dem Geliebten. Dann hätte Saxo willkürlich, was ihm wohl zuzutrauen ist, Nanna dem Hotherus gegeben.

Mit kühnster Kombination und durch Heranziehung sehr zweifelhafter Sagen, die demselben Mythos entwachsen sein sollen, stellt Detter[1] eine eigenartige Urform der Baldrsage fest. Danach handelt es sich ursprünglich um zwei Brüder, Baldr und Váli (Wanilo, d.h. der Wane), zwei Freyshelden. Odin, der einäugige blinde Kampfgott, sucht mit gewohnter tückischer List Streit unter den Brüdern zu erregen. Seinen Speer in Gestalt des unscheinbaren Mistelzweigs spielt er dem Váli in die Hän-

1 Beiträge 18, 82 ff.; 19, 495 ff.

de, der damit den Baldr erschießt. Nicht Loki ist der Anstifter des Unheils, Odin selber steht im Hintergrund und lenkt die Schicksalsfäden so, dass ein Held zur Wal fällt. Eine solche Sage geht weit über das, was in den Quellen überliefert ist, hinaus.

5. Ursprung der Baldrsage

Die Entstehung der Baldrsage wird verschiedenartig erklärt. Die beliebte mythologische Auslegung sieht in Baldr das Licht, das zu Mittsommer die Höhe seiner Herrschaft erreicht, dann aber sich neigt. Wenn die Tage sich kürzen, stirbt Baldr. Dass der Lichtgott von den Mächten der Finsternis befehdet wird und ihnen erliegt, ist ein nahe liegender Gedanke. Doch alle Deutungen im Einzelnen sind verfehlt. Bugge und Kauffmann betrachten die Sage als reine Dichtung; Bugge[1] meint, die dänische Baldrsage, Saxos Bericht entstamme der mittelalterlichen Trojanersage, Erzählungen von Paris-Alexander und Achilles. Gewiss finden sich viele merkwürdige Übereinstimmungen, jedoch anderer, äußerlicherer Art als die zwischen dem isländischen Baldr und Christus, wo die ganze Art der Auffassung dem heimischen nordischen Wesen fremdartig ist. Auch lässt sich weit eher ein Bekanntwerden der Nordleute mit Vorstellungen von Christi Tod denken als mit den mittelalterlichen Trojaromanen. Kauffmann[2] hält eine Heldensage für die Grundlage des Baldrmythos. »Weder Baldr noch seine Gemahlin Nanna, noch sein Gegner Hod waren ursprünglich Götter, sie alle haben einst auf Erden gewaltet.« Baldrs Name bezeichnet ihn als kühnen Kriegsfürsten. Er wurde Odins Sohn etwa wie Hermod, Sigmund, Bragi, und endlich versetzte ihn die Sage völlig unter die Asen. Bei dieser Auffassung bleibt natürlich kein Zeugnis ei-

---

1 Studien 83 ff. Vgl. namentlich S. 153 die Zusammenstellung der beiderseits entsprechenden Züge.

2 Mythologie 82 ff.

nes ags. oder eines deutschen Balderdienstes bestehen. Wir hätten gar keinen altgermanischen Götternamen Balder anzunehmen, vielmehr nur das Hauptwort *balder,* Fürst, König, welches zum Eigennamen erhoben wurde. Ein göttlicher Baldr wäre allein der nordischen Göttersage des 9. und 10. Jahrhunderts zuzuweisen.

6. Baldrdienst

Von einer Verehrung oder Anrufung Baldrs ist nirgends in den alten geschichtlichen Quellen des Nordens die Rede. Nur die wenig zuverlässige, in der Hauptsache erdichtete Fridthjofssaga im 14. Jahrhundert berichtet von einem Hofe in der norwegischen Landschaft Sogn, der »im Baldrshag« *(í Baldrshagi)* hieß. Dort war ein befriedeter Platz und ein großer Tempel mit einer Umzäumung ringsherum. Im Tempel waren viele Götter, aber Baldr wurde doch am meisten verehrt. Dort durfte man weder Vieh noch Menschen Schaden antun, und Männer durften dort nicht Umgang mit Frauen haben. Bei Festen wurden die Götterbilder von Frauen gesalbt, am Feuer gewärmt und mit Tüchern abgetrocknet. Örtlichkeiten wurden in Norwegen, Schweden und Dänemark frühzeitig nach Baldr benannt.[1] In allen nordischen Ländern ist Baldrs Braue *(brá)* als Blumenname gebräuchlich für Vereinsblütler mit den weißesten Strahlen und gelber Scheibe. Schon Snorri erwähnt die Blume, die in ihren Farben Baldr glich, den man sich licht und glänzend, mit weißen Wimpern und goldgelbem Haar dachte. Wenn Baldr seit Urzeiten ein Name des Licht- und Sonnengottes war, so konnte die Blume als irdisches Bild der Sonne sehr wohl nach ihm genannt werden. Dass die Johannisfeuer von alter Zeit her *Baldrs bål,* Baldrs Holzstoß benannt wurden oder überhaupt mit Baldrs

1 Ortsnamen in den nordischen Ländern und sonstige Spuren, die auf Bekanntschaft mit der Baldrsage hinweisen, verzeichnet Bugge, Studien 287 ff.

Scheiterhaufen etwas zu tun hatten, ist eine Meinung, die nur auf dem 13. Gesang von Tegnérs Frithjofssage beruht. Tegnér schöpfte nicht aus alter Überlieferung. Auch J. Grimms Behauptung[1], am 2. Mai, am »Pfultage« seien Feuer zu Ehren Baldrs oder Phols entfacht worden, hat keine feste Gewähr.

7. Baldr außerhalb des Nordens

Schwer zu entscheiden ist, ob Baldr auch außerhalb des Nordens bekannt war. Im Ags. kommt *bealdor* nicht als Eigenname, nur als Hauptwort vor. Wenn aber *Bældæg*, Wodans Sohn, welchen die Stammtafeln von Bernicia und Wessex aufführen, mit Baldr gleichzustellen ist, wie schon Snorri[2] vermutete, dann dürfte allerdings der Lichtgott auch den Angelsachsen zuzusprechen sein. Bei den Hochdeutschen ist der Personenname *Paltar*[3] gebräuchlich, der allerdings ebenso aus dem Appellativum wie aus dem Götternamen geflossen sein kann; denn auch Wotan kommt als Mannsname vor. Wie das Wort im Merseburger Zauberspruch aufzufassen sei, darüber gehen die Anschauungen weit auseinander, wie überhaupt über die Anzahl und Bedeutung der im Segen genannten Gottheiten keinerlei Gewissheit herrscht. Das Lied erzählt: Phol und Wodan ritten zu Walde, da wurde dem Fohlen Balders *(demo balderes volon)* der Fuß ausgerenkt. Sogleich erwiesen die Himmlischen die größte

---

1 Mythologie 581.

2 Im Formáli Kap. 10 SE. 1, 26 *annar son Óðins hét Beldeg, er vér kǫllum Baldr.* Im Kap. 9 wird auch richtig Oðin mit Woden zusammengestellt. Während fast alle Forscher Baldr und Bældæg als gleich betrachten, was namentlich E. Schröders Erklärung ZfdA. 35, 237 ff. erhärtet, leugnet Bugge, Studien 312/3 jeden Zusammenhang.

3 *Paltar* belegt J. Grimm, Myth. 201 aus Meichelbeck, Historia Frisingensis I, 2 Nr. 450, 460, 611 und Myth. 3, 78 aus Monumenta boica 9, 23 und 837; *Baldor* servus Polypt. de S. Remig. 55[a]. Der Ortsname Baldebrunno Myth. 207) gehört nur, wenn man »bessert« in Baldersbrunno, zum Gott. Jüngere Namen mit Balder können aus älterem Baldheri stammen, Myth. 201 Anm.; 1210.

Sorgfalt, ihn wieder einzurichten. Doch weder Sinthgund noch Sunna, Frija noch Fulla vermochten es, erst Wodan, der Zauberkundige selbst konnte den Fuß beschwören und heilen. Der Spruch zielt deutlich darauf hin, Wodans Übermacht in helles Licht zu rücken, namentlich gegenüber seinem Begleiter, dem rätselhaften Phol. J. Grimms Annahme stellt Phol und Balder einander gleich, es sei ein Gott, der mit zwei verschiedenen Namen bezeichnet werde. »Das erlahmte, in seinem Gange aufgehaltene Pferd Balders empfängt vollen Sinn, sobald man ihn sich als Lichtgott oder Taggott vorstellt, durch dessen Hemmung und Zurückbleiben großes Unheil auf der Erde erfolgen muss.« Wenn die oben vorgetragene Ansicht richtig ist, dass Wodan sich allmählich an die Stelle des Tiuʒ aufschwang, wenn Baldr als eine aus dem Lichtgott abgezweigte Gestalt angeschaut werden darf, wenn Baldr nur Tiuʒ unter anderm Namen ist, dann erhielte der Spruch eine tiefe Bedeutung. Eine Sage mag vielleicht einst von Balders Ritt auf dem strahlenden Sonnenrosse erzählt haben, wie es strauchelte und lahmte, aber vom Gott geheilt wurde. Dass der Tag heranreitet, spricht der Volksglaube aus (Myth. 699), dass dem lichten Reiter von den Mächten der Finsternis nachgestellt wird, dass ihm Unfall und Untergang droht, ist begreiflich. Doch erhebt er sich auch wieder siegreich. Dem leuchtenden Ritter gesellt sich Wodan auf seinem Sturmrosse. Sie reiten zusammen. Um Wodans Macht zu zeigen, wird ihm allein die Heilung zugeschrieben. Dadurch erscheint er größer und gewaltiger als Balder, sein Sieg über den älteren Gott ist entschieden. Wer im oberdeutschen Paltar einen Nachklang vom Gott Balder, den der thüringische Merseburger Segen schildert, anerkennen will, darf allerdings im Hinblick auf Bældæg und Baldr behaupten, dass Balder bei allen Germanen ein Name des Tiuʒ war, dass Balder als besondere Gestalt sich losgelöst hatte. Die nordische Baldrsage wird jedoch dadurch keineswegs als gemeingermanisch erwiesen. Ist aber *»balder«* nur Hauptwort, so bedeutet *»demo balderes volon«* dem Fohlen des Herrn, worunter Phol oder Wodan verstanden sein muss. Beim Fehlen anderer Zeugnisse und weil ahd. Paltar ebenso aus balder wie aus Balder, aus dem Appellativ wie aus dem Götternamen erklärt werden kann, bleibt die Frage eines deutschen Balderkultes offen.[1]

8. Phol

Wer aber ist Phol?[2] J. Grimm glaubt, dem Namen auch sonst zu begegnen, Pholesouwa, zwischen 774 und 780 erwähnt, jetzt Pfalsau bei Passau, Pholespiunt, erwähnt um 1138, jetzt Pfalz-

---

1 Die Göttlichkeit Balders vertritt J. Grimm, Myth. 201 ff. und nach seinem Vorgang nahm man allgemein Balder in diesem Sinn. Dagegen erklärte Bugge, Studien 303 ff. *»demo balderes volon«*, dem Fohlen des Herrn mit Zustimmung Kauffmanns, Beiträge 15, 207 und Steinmeyers, Müllenhoff-Scherer, Denkmäler, 3. Aufl., 2. Band S. 47. Die Auffassung Grimms brachten E. Schröder, ZfdA. 35, 237 ff. und Gering, ZfdPh. 20, 145 ff. wieder zu Ehren. Vgl. auch F. Losch, Balder und der weiße Hirsch, Stuttgart 1892; hierzu R. M. Meyer, AnzfdA. 19, 209 ff. Den Straßburger Blutsegen (Müllenhoff-Scherer, Denkmäler Nr. IV, 6 mit den Anm. in Band II S. 52 ff.) stellt Kögel, Geschichte der deutschen Literatur I, 1, 262 ff. so her:

Genzan unde Jordan *giengen sament scôzzôn,*
thô verscôz Genzan *Jordane the sîtun.*
Vrô unde Lâzakêre *giengen fold petrettôn:*
verstande thiz pluot *stant pluot fasto.*

Eine Parallelfassung des Spruches setzt Christ und Judas für Genzan und Jordan. In der Heidenzeit sollen Balder und Hadu dafür gestanden sein. Damit werde die Baldersage für Deutschland bezeugt. Balder ward in der Seite verwundet. Vrô und Lâzakêre wurden entsandt, um Erde zu betreten. Das Rasenstück, auf die Wunde gelegt, stillte das Blut. Das ist natürlich alles sehr ungewiss und darf zu keinen bindenden Schlüssen über deutschen Götterglauben verführen.

2 Ortsnamen mit Phol J. Grimm, ZfdA. 2, 252 ff.; Myth. 206 ff.; 3, 79; dass die Ortsnamen mit Pfahl (oder auch Pfuhl) zusammenhängen, ist sehr wohl möglich; vgl. W. Arnold, Ansiedlungen und Wanderungen deutscher Stämme, Marburg 1877, S. 22. Apollo-Balder erklärt Gering, ZfdPh. 26, 146. Hierzu noch Kauffmann ebd. 26, 456 ff. und Gerings Erwiderung S. 462 ff. In Phôl, Pôl, erkennt Bugge, Studien 301, den Apostel Paulus. An Vol denkt Scherer bei Mannhardt, Myth. Forschungen (in Quellen und Forschungen 51, XXVII); als Nom. Sing. zum Gen. Volla nimmt Kauffmann, Beiträge 15, 208 ff. das Wort. Aber die Göttin könnte kaum vor Wodan genannt sein, ebenso wenig die Vol als Frija (Bugge, Studien 305). Zu Phol. vgl. noch von Grienberger, ZfdPh. 27, 453 ff.

point an der Altmühl in Bayern, Pholesbrunno, jetzt Pfulsborn in Thüringen. Auen, eingehegte Feldstücke *(piunt)*, Brunnen (vgl. das dänische Baldersbrönd bei Saxo) seien dem Gotte Phol geweiht gewesen; Phol aber sei nur ein anderer Name des Balder. Ortsnamen mit Phol begegnen hauptsächlich in Oberdeutschland, in Gegenden, welche der römischen Kultur am nächsten lagen, vereinzelt reichen sie nach Thüringen hinein, während sie in Norddeutschland fehlen. Beachtung verdient aber der ags. *»Polesléah«*, Hain des Pol, da er dem Sinne und der Bildungsweise nach genau übereinstimmt mit *»Balderes lêg«*, Hain des Balder. In England gab es also heilige Haine, die dem Balder-Pol geweiht waren.[1] Sollte Phol, Pol eine Verderbnis aus Apollo sein? Möglicherweise bildete sich wie *Merkur-Wodan, Herkules-Donar, Herkules-Magusanus, Mars-Thingsus* eine römisch-deutsche Formel *Apollo-Balder* und wurde das Fremdwort im Volksmunde zu Pol, nach der hds. Verschiebung zu Phol. Allerdings sind Apollo und Balder wesensgleich und können daher einander gegenübergestellt worden sein. Aber diese Deutung unterliegt auch mehrfachen Bedenken. Die Ortsnamen lassen auch andere Erklärungen zu, man kann an den Pfahl- oder Pohlgraben, die Teufelsmauer denken, auch Pfuhl bietet sich dar, besonders wenn man die Formen *Pfoalsowa* und *Phůlsouua* in Betracht zieht. Die Zusammengehörigkeit des Götternamens mit den Ortsnamen ist nicht sicher. Im Zauberspruch kann Phol für Vol stehen, was der Stab *Vol: vuoren* nahe legt. Vol lässt viele Deutungen zu, man kann einen Gott oder eine Göttin der Fülle (vgl. *Volla* an. *Fulla*, griech. *Plutos*) dahinter suchen. Eine allseitig befriedigende und sichere Lösung ist noch nicht geglückt.

9. Angebliche Baldrsagen

Dass in Baldr und Wali das göttliche Brüderpaar der germanischen Dioskuren nachlebe, sucht Müllenhoff zu erweisen. Die

1 Kögel, Geschichte der deutschen Literatur 91 f.

deutsche Heldensage soll die Dioskuren in den Hartungen, zwei Brüdern bewahren. Besonders eine Schweizer Sage[1] wird angezogen, deren wesentlicher Inhalt so lautet: Zwei Brüder Baltram (Baldr) und Sintram zogen zur Jagd und kamen zu einem Drachenloch. Der Wurm fuhr heraus und verschlang Baltram. Sintram aber setzte sich zur Wehr und bezwang den Drachen. Aus dem gespaltenen Leibe des Untiers befreite er den noch lebenden Baltram. Man muss viel Einbildungskraft besitzen, um bei dieser Sage an Baldr und Wali zu denken. Nur dass beide Male zwei Brüder vorkommen und der eine den andern rächt, lässt sich vergleichen. Der Zug ist aber so allgemeiner Art und alles Einzelne ist so grundverschieden, dass man lieber von einer so ungewissen Beziehung Abstand nehmen wird.

Vom hl. Gangolf wird erzählt, wie er eine Quelle versetzt oder neu aus dem Boden springen lässt, als er aus einem Feldzug heimkehrt. Sein Weib buhlt mit einem Kleriker und wird der Sünde überführt. Der Kleriker wird aus dem Hause gejagt, kehrt aber zurück, um den Heiligen zu ermorden. Er trifft ihn in die Hüfte. Dem todwunden Gangolf erscheinen Engelscharen, die ihm seinen Eintritt in den himmlischen Freudensaal ankündigen. Am Grabe Gangolfs zu Toul geschahen wunderbare Heilungen. Damit vergleicht Laistner[2] die Urgestalt der Baldrsage: Baldrs Frau Nanna hielt zu einem andern, Hotherus. Dieser, von seinem Gegner wiederholt besiegt, flieht in die Wildnis, schöpft aber auf Zureden von Zauberweibern neue Hoffnung, beschleicht Baldr und verwundet ihn in die Seite. Baldr stirbt erst nach einigen Tagen. In der Nacht zuvor erscheint ihm Hel und kündigt ihm den Tod an. Die Ähnlichkeit zwischen der Baldrsage und Gangolfs Legende ist verschwindend und durch willkürliche Änderungen der ersteren erzwungen. Die Züge, welche einander gleichen, sind auch sonst häufig, können also nichts für die Sage, der sie sich gerade anheften, beweisen.

---

1 Die Sage von Baltram und Sintram bei den Brüdern Grimm, Deutsche Sagen Nr. 220; Wackernagel, ZfdA. 6, 159; vgl. dazu Müllenhoff, ZfdA. 12, 329 und 353; Bugge, Studien 310 f.

2 Laistner, Nebelsagen, Stuttgart 1879, S. 196 ff.

Die Sage Nr. 32 bei Müllenhoff, Sagen aus Schleswig-Holstein und Lauenburg S. 373 ist verdächtig: Bei Boldersleben sieht man auf einer Anhöhe noch die Spuren eines Schlosses. Da hat früher ein König Bolder gesessen und dem Ort den Namen gegeben. Er geriet mit einem König Hother in Hadersleben in Streit und erschlug ihn. Bolder liegt in Boldershöi begraben; vor mehreren Jahren pflügte man Knochen aus, die von ihm herrührten.

VII. Forseti

Forseti (Vorsitzer) heißt ein Sohn des Baldr und der Nanna, der Tochter Neps. Er besitzt im Himmel den Saal, welcher Glitnir (der Glänzende) heißt, und alle, die mit schwierigen Händeln zu ihm kommen, gehen versöhnt fort. Dort ist die beste Gerichtsstätte, von der Götter und Menschen wissen. Im Grimnirliede 15 heißt es: Glitnir ruht auf goldenen Säulen, das Dach ist mit Silber gedeckt. Dort weilt Forseti die meisten Tage und begleicht alle Streitsachen. In Forseti ist die richterliche Obergewalt verkörpert. Da er im Himmelsglanze thront, darf er als Ausfluss des Himmelsgottes gedacht werden. Er vertritt eine Seite seines allumfassenden Wesens. Im nordischen Recht wirkt keine Spur dieses göttlichen Oberrichters nach. Auch sonst deutet nichts auf eine Verehrung des Forseti, nur ein Hain in Norwegen trägt seinen Namen.[1]

Helgoland hieß in der Heidenzeit *Fositesland*. Die Insel war einem Gott, dessen Name verschieden als *Fosite, Fosete, Foseti*[2]

1 Forseti ist nur Grímn. 15 und Gylfag. Kap. 32 mit den oben angeführten Worten erwähnt, sonst völlig unbekannt. Bugge, Studien 290 Anm. 2: »Der Hofname *Forsetelund* in Onsö, Smaalenene (Matr. 119), *í Fosætte lundi* Röde Bog S. 515, deutet auf Verehrung des Forseti hin. Er kann von den Norwegern gekannt und verehrt worden sein, ehe er zu Baldrs Sohn gemacht wurde.«

2 Der Gott hieß nach Alchuine *Fosite*, die Insel *Fositesland*. Altfried hat *Fosetesland*, Adam von Bremen *Fosetisland*. Da beide aus Alchuine schöpfen, ist

überliefert ist, geweiht. Heiligtümer erhuben sich, und solche Verehrung genoss die Stätte, dass niemand von den Herden, die dort weideten, und von sonst einer Sache sich zu nehmen getraute. Aus einer dort hervorsprudelnden Quelle durfte nur schweigend geschöpft werden. Als die Bekehrer sich am Eigentum der Götter vergriffen, glaubte das Volk, sie würden mit Wahnsinn geschlagen oder jähen Todes sterben. Durch Loswurf erforschte König Radbod den Willen der Götter, ob sie den Tod der Christen verlangten oder nicht.[1] Es handelt sich also um ein

---

unsicher, wie der Name eigentlich lautete, *Fosite, Fosete,* Foseti. Will man mit J. Grimm den Namen zum nordischen Forseti halten, so kann nur alter Schreibfehler angenommen werden. Denn Forsete konnte sich lautlich nicht zu Fosete entwickeln. Richthofen, Untersuchungen über friesische Rechtsgeschichte, 2. Teil, Berlin 1882, S. 434 f. Die Ansicht Grimms von der Zusammengehörigkeit des Forseti und Fosete wird allgemein geteilt, besonders von Müllenhoff, Altertumskunde 5, 39 und Mogk, Pauls Grundriss 1, 1066. Kauffmann, Beitr. 18, 181 äußert Bedenken. Zu Forseti: Fosete vgl. das norwegische *í Fosætte lundi* bei Bugge, Studien 290 Anm. l. F. Buitenrust Hettema, in tijdschr. v. ned. taal- en letterkunde 1893, S. 281–288, führt den Fosete, Fosite, Foste (letztere Form entnommen aus den *»delubra Jovis et Foste«* in der um 1400 gefälschten *vita Suiberti*) auf *Donar fôsite,* Donar, den Furchtbaren, zurück. *Fôsite* sei zu schwed. *fasa,* ags. *fésian,* »schaudern« und zu dem Namen der *Fosi* (Tac.) au der Elbe zu stellen.

1 Der heilige Willebrord wurde einmal zwischen 690 und 714 nach Helgoland verschlagen. *Alchuine* in der *vita Willebrordi* Kap. 10, Jaffé, *Bibliotheca rerum germanicarum* VI, 1873, S. 47 erzählt: *et dum pius verbi Dei praedicator iter agebat, pervenit in confinio Fresonum et Danorum ad quandam insulam, quae a quodam deo suo Fosite ab accolis terrae Fositesland appellabatur, quia in ea eiusdem dei fana fuere constructa. qui locus a paganis in tanta veneratione habebatur, ut nihil in ea vel animalium ibi pascentium vel aliarum quarumlibet rerum quisquam gentilium tangere audebat, nec etiam a fonte qui ibi ebulliebat aquam haurire nisi tacens praesumebat. quo cum vir Dei tempestate iactatus est, mansit ibidem aliquot dies; quousque sepositis tempestatibus opportunum navigandi tempus adveniret. Sed parvipendens stultam loci illius religionem vel ferocissimum regis animum, qui violatores sacrorum illius atrocissima morte damnare solebat, igitur tres homines in eo fonte cum invocatione sanctae trinitatis baptizavit; sed et animalia in ea terra pascentia in cibaria suis mactare praecepit. quod pagani intuentes arbitrabantur, eos vel in furorem verti vel etiam veloci morte perire; quos cum nihil mali cernebant pati, stupore perterriti regi tamen Rabbodo quod videbant, factum retulerunt. qui nimio furore succensus in sacerdotem Dei vivi suorum iniurias deorum ulcisci cogitabat, et per tres dies semper*

großes Heiligtum der Friesen, dem Fosite geweiht ist das Land. Unverletzlich sind seine Tempel, die Quelle, die weidenden Herden. Wir erhalten ein anschauliches Bild von allem Zubehör des Gottesdienstes auf heiliger Aue.

Nach J. Grimms Vorgang glaubt man, den friesischen Fosite mit dem nordischen Forseti gleichsetzen zu dürfen. Sind sie wirklich eins, dann fragt es sich nur, wie ihr Verhältnis zu erklären ist. Schwerlich darf man auf einen altgermanischen Gott schließen, der sich unabhängig bei Friesen und Nordleuten entwickelte. Da er bei den Friesen im Kulte lebt, gehört er mit größerem Recht ursprünglich ihnen zu. Andrerseits ergänzt Forseti des friesischen Gottes Wesen. Der höchste Richter im himmlischen Glanze thronend kann nur eine Hauptgottheit, etwa Tiuȝ sein. In bestimmter Eigenschaft als Wahrer des Rechtes, unter besonderem Namen als Fosite verehrten die Friesen den Tiuȝ. Die nordischen Wikinger suchten im 8. und 9. Jahrhundert besonders häufig Friesland heim und ließen sich auch längere Zeit dort nieder. Dadurch entwickelte sich ein reger Verkehr und Austausch unter Friesen und Nordleuten, wobei Fosite als Forseti nach dem Norden gelangt sein kann. Dass er zu Baldr in Beziehung gesetzt wurde, mag ihre verwandte Art veranlasst haben. Sind doch beide Götter aus Tiuȝ abgezweigt, ein Teil seines Wesens. Auch Baldr fällt Urteilssprüche und versteht schön zu reden, worin er sich mit Forseti berührt.

Ist Fosite-Forseti Hauptgott und oberster Richter, dann darf vermutet werden, dass die schöne Sage von der Einsetzung des friesischen Rechtes ebenfalls mit dem geheimnisvollen, unge-

---

tribus vicibus sortes suo more mittebat, et numquam damnatorum sors, deo vero defendente suos, super servum Dei aut aliquem ex suis cadere potuit; nisi unus tantum ex sociis sorte monstratus et martyrio coronatus est. Danach Altfried in der *Vita Liudgeri* I Kap. 19. Liudger zerstörte die dem Fosete erbauten Tempel und errichtete statt ihrer Kirchen; aus der heiligen Quelle taufte er die Bewohner der Insel. Das geschah nach 785. Die Kirchen hatten keinen Bestand. Nach Adam von Bremen 4, Kap. 3 ist Fosetisland Helgoland (Heiligland). Erst in den Tagen Adalberts von Bremen (1072) sei es entdeckt und durch Erbauung eines Klosters zum Wohnsitz für Einsiedler gemacht worden.

nannten Gott auf ihn zielt. Aber die Gleichung Fosite-Forseti ist eben nur Vermutung, keine erwiesene Tatsache.

Nach der Sage werden die 12 *Asegen* (Gesetzsprecher) als *»Foerspreken«* auf Befehl König Karls d. Gr. von den 7 friesischen Seelanden erwählt, um zu verkünden, was friesisches Recht sei. Sie erklärten, dem Befehl des Königs nicht nachkommen zu können. Zwei Tage lang bitten sie um Frist, auch die drei folgenden erklären sie es außerstand zu sein. Als sie aber am sechsten Tage nicht verkündeten, was rechtens sei, erklärte Karl, sie hätten alle den Tod verwirkt. Er gestattet ihnen die Wahl, ob er sie töten solle, ob sie eigene, unfreie Leute werden wollen oder ob er sie in einem Schiff ohne Ruder, Segel und Tau ins Meer aussetzen soll. Sie wählen das Letzte und werden ausgesetzt. In der größten Verzweiflung ermahnt sie einer von ihnen, der von Wydekens des ersten Asega Geschlecht war, Gott um Rettung zu bitten. Wie Christus zu seinen Jüngern bei verschlossenen Türen gekommen sei und ihnen geholfen habe, so werde er auch ihnen einen Dreizehnten senden, der ihnen lehre, was rechtens sei, und sie zum Lande führe. Sie fielen auf die Knie, beteten, und der Dreizehnte, ihnen allen gleich, saß plötzlich im Schiff. Er hatte eine Achse (oder Axt?) auf der Achsel und steuerte damit zum Ufer. Er warf die Achse ans Land und warf ein Stück Rasen auf. Da entsprang eine Quelle Wassers, die den Durst aller stillte. Den Weg, den der Gott zu Lande nahm, nannte man *Eeswey,* die Stätte, wo sie sich niederließen, *Axenthove.* Der Dreizehnte lehrte den zwölfen alles, was rechtens sei, und verschwand, als er sie belehrt hatte. Die zwölfe traten vor König Karl, der sie von den Meereswogen verschlungen wähnte. Karl bestätigte, was sie als Recht verkündigten. So entstand das friesische Recht.[1] Dass mit diesem dreizehnten Asegen der *ês,* der

1 Richthofen, Fries. Rechtsquellen 439 ff.; Untersuchungen über fries. Rechtsgeschichte 2, 459 ff. Die Aufzeichnung entstammt erst dem 14. Jahrh. und wurde im 16. Jahrh. gedruckt. Die wichtigsten Worte lauten im Original: *Da sagen se een tretteensta oen der stioerne sitten, ende een axa op synre aexla* (Var. *ene gildene axe wt siner axla*), *deer hy mey toe lande stioerde toienst straem ende wynd. Da se toe lande coemen, da worp hy mitter axa op dat*

Hauptgott der Friesen gemeint ist, steht außer Zweifel. Er mag mit Fosete eins sein. Aber sein Abzeichen ist rätselhaft. Dürfte eine Axt darunter verstanden werden, dann ergäbe sich Beziehung auf Donar. Aber unklar bliebe, wie der es mit einer Streitaxt steuern konnte.

VIII. Ullr

Ullr muss bedeutender gewesen sein, als die Überlieferung auf den ersten Blick erkennen lässt. Sein Name besagt: der Herrliche, der Majestätische[1] und kann demnach ein Beiwort einer unbekannten erhabenen Gottheit sein. Leider haben die Skalden seine Gestalt in den Hintergrund gedrängt, nur seine unaufgeklärte Verwandtschaft zu Sif und Thor und sein Schildmythos kommt zur Sprache. Dagegen scheint ihm im wirklichen Leben größere Bedeutung zugekommen zu sein. Manche erblicken in Ullr seiner Tätigkeit halber einen Gott des Winters oder wenigs-

---

land, ende worp een tura op (Var. *ene turwe op*); *da ontsprongh deer een burna, al daerom haet dat to Axenthove. Ende to Eeswey comen se to land ende seten om dae burna … al deerom schillet aldeer in da land wessa trettien aesgen, ende hyara domen schillet hya dela to Axenthove ende to Eeswey.* Die niederdeutsche Fassung der Sage lässt den Dreizehnten ein Krummholz in der Hand führen, J. Douwama im *boeck der partijen,* um 1526 verfasst, eine Axt, ein Beil. Die Quelle nennt er *Axsborn.* Sollte der hammerbewehrte Donar gemeint sein? So erklärt E. H. Meyer, German. Myth. §251, S. 188. Eine Verwechslung zwischen Axe und Ax (Axt) ist ja begreiflich. Beziehung auf Wodan, Richthofen, Untersuchungen 2, 463 ist nicht gerechtfertigt.

1 Mit Ullr ist got. *wulþus,* Herrlichkeit, verwandt, vgl. Noreen, An. Gramm.[2] §215; *wulþus* erscheint in ostgotischen Eigennamen, vgl. Wrede, Über die Sprache der Ostgoten in Italien (Quellen und Forschungen 68), Straßburg 1891, S. 85 u. 147, z. B. Sigiswuldus; altdeutsche Namen in Förstemanns Namenbuch 1, 1338 Wuldebert, Wuldulf. Zu Ullr vgl. Simrock, Myth.[5] 290; Kauffmann, Beiträge 18, 188; Rödiger, ZfdPh. 27, 11 ff. Munch, Die nord. german. Völker S. 223 »ein solcher Name scheint demnach eher ein Beiname des höchsten Gottes sein zu müssen, als irgendeine besondere Persönlichkeit bezeichnen zu können.« Ullr und *wulþus* stellte zuerst Bachlechner, ZfdA. 8, 201 ff. zusammen; dazu Weinhold, Riesen; Wiener Sitzungsberichte 26, 1858; S. 264 f.

tens eine hohe Gottheit in ihrer winterlichen, die sommerlichen Kräfte des Lichtes und der Wärme vernichtenden Lebenstätigkeit.

Ullr heißt ein Sohn der Sif, Thors Stiefsohn. Er ist im Bogenschießen und Schneeschuhlaufen so tüchtig, dass niemand darin mit ihm wetteifern kann. Schön ist er von Ansehn und besitzt alle Vorzüge eines Kriegsmannes; darum ist es auch gut, ihn in Zweikämpfen anzurufen. Ydalir, Eibenthal heißt ein Ort, wo Ullr sich vormals die hohe Halle erbaut.[1] Von Eibenholz wurden die Bögen gefertigt, weshalb ein Ort, wo Eiben wachsen, ein passender Wohnsitz für den trefflichen Bogenschützen ist. In seiner Bewaffnung und Lebensweise, als bogenbewehrter Jäger, der auf Schneeschuhen die Schneefelder und Schneeberge durcheilt, erinnert Ullr an die Finnen und Lappen. Die Vorstellung eines solchen Gottes kann offenbar nur im nördlichen Skandinavien entstanden sein. Darum mag er auch im Bunde mit den winterlichen Mächten gedacht sein. Obwohl er sich der Art der Finnen und Lappen anbequemt, bleibt er aber doch ein schöner, stattlicher, kampftüchtiger Germane. Die ihm beigelegten Namen Schneeschuh-Gott, Bogen-Gott, Jagd-Gott, Schild-Gott bestätigen Snorris Schilderung. Wenn der Schild in der skaldischen Kenning als Ulls Schiff umschrieben wird[2], so scheint damit auf eine Sage angespielt zu sein, wonach Ullr seinen Schild als Fahrzeug gebrauchte. Dazu steht Saxos Bericht, Ollerus sei auf einem Knochen wie auf einem Schiffe übers Meer gefahren. Nur hat Saxo vermutlich zwei verschiedene Dinge zusammengeworfen, dass Ullr auf Knochen, d. h. auf Schlittschuhen, die in primitiver Weise aus Knochen verfertigt waren, über

---

1 Von Ullr berichtet Gylfag. Kap. 31; Grímn. 5; seine Namen SE. 1, 266.

2 Die Skaldenstellen, welche den Schild das Schiff Ulls nennen, stehen SE. 1, 246, 346, 414, 420; vgl. auch Sveinbjörn Egilsson, Lex. poet. 831. Much, Beiträge 20, 35 f. meint, der Schneeschuh *(skíð)* Ulls sei als sein Schiff und Fahrzeug bildlich bezeichnet worden. *skíð,* »Schneeschuh« sei irrtümlich als *skíð,* »Schild« (vgl. kelt. *skēto,* Schild) gefasst und durch das gangbare skjǫldr ersetzt worden. Die Kenning *skjaldar áss* sei eigentlich **skíðs áss* und gleichbedeutend mit *ǫndráss,* Schlittschuhgott.

den Schnee läuft und dass Ullr auf seinem Schilde wie auf einem Schiffe übers Wasser setzt.

Obschon außer dem, was Saxo von Ollerus erzählt, nichts Weiteres bekannt ist, muss Ullr doch als eine in der nordischen Götterwelt fest wurzelnde, in lebhafter Verehrung stehende Gestalt angesehen werden. Im Grimnirliede 42 wünscht der zwischen zwei Feuern gepeinigte Odin dem Agnar, der ihm Erleichterung schafft, die Huld Ulls und aller Götter. Darin ist jedenfalls ein feierlicher Heilswunsch enthalten. Im Atliliede 31 wird ein Eidschwur bei Ulls Ring erwähnt. Solche Auszeichnung wird nur höheren, wichtigeren Göttern zuteil. Außerdem sind sehr viele Ortsnamen, Tempel, Heiligtum, Hain, Hügel, Gehöft, Acker, Vorgebirge, Insel, Strom und Wasserfall in Norwegen und Schweden mit Ulls Namen gebildet[1], woraus ein umfangreicher und häufiger Dienst des Gottes erschlossen werden darf.

Als Odin nach der Bezwingung der Rind von den andern Göttern in die Verbannung geschickt worden war, da beriefen sie den Ollerus nicht nur zur Herrschaft, sondern auch zur göttlichen Würde. Obwohl sie ihn nur aushilfsweise zum Priester erwählt hatten, so bekleideten sie ihn doch mit vollen Ehren, damit er nicht als Verwalter eines fremden Amtes, sondern als der rechtmäßige Nachfolger in der Würde erscheine. Damit gar nichts am Ansehen fehle, legten sie ihm sogar Odins Namen bei, um dadurch jede der Neuerung anhaftende Gehässigkeit auszuschließen. Nachdem Ollerus etwa 10 Jahre über die Genossenschaft der Götter gewaltet, hatten die Götter Mitleid mit dem in hartem Banne weilenden Odin, und weil er genug gebüßt zu haben schien, vertauschte er sein niedriges, schmutziges Aussehen wieder mit dem früheren Glanze. Schon die Hälfte der Frist hatte den einstigen schweren Schimpf getilgt. Zwar gab es Leute, welche ihn für unwürdig erachteten, die einstige Würde neu

1 Ortsnamen mit Ullr aus Norwegen sammelt O. Rygh in P. A. Munchs norröne gudesagn 2. udg. Christiania 1880; vgl. das Register; aus Schweden Lundgren, språkliga intyg, Göteborg 1878, S. 71 ff.

zu gewinnen, weil er mit seinen Schauspielerkünsten und durch seine Weiberverkleidung den göttlichen Namen geschändet habe. Einige versichern, er habe durch Schmeichelei und Geld die verlorene Ehre und Herrlichkeit wieder erkauft und nur durch Entrichtung einer großen Summe seine Rückkehr sich verschafft. Ollerus, von Odin aus Byzanz verjagt, flüchtete nach Schweden, wo er bei seinem Bestreben, im neuen Lande die Denkzeichen seines guten Rufes wiederherzustellen, von den Dänen erschlagen wurde. Es geht die Sage, er sei so sehr in Blendwerken erfahren gewesen, dass er auf einem Knochen, den er mit kräftigen Zaubersprüchen beschrieben hatte, wie auf einem Schiffe über die Meere fahren konnte und nicht langsamer als mit Rudern die Wasserfläche durcheilte. Odin aber, im Neubesitze der Abzeichen seiner Würde, gewann in allen Erdteilen so glänzenden Ruhm, dass alle Völker ihn wie das der Welt neu geschenkte Licht hochhielten und kein Ort des Erdkreises vorhanden war, welcher der Macht seiner Gottheit nicht gehorchte.[1]

Ollerus erscheint hier gleichbedeutend mit Mitothin und Wili und We, die Odin für eine Zeit lang des Reiches und Weibes berauben. Es wurde bereits darauf hingewiesen, dass vielleicht eine Erinnerung daran, dass Odin einst ältere Götter, den Tiuʒ verdrängte, sich in solchen Sagen erhielt. Nach natursymbolischer Auslegung soll Odin hier als Gott des Lichts und der Wärme gelten, den zeitweilig Ullr, der Gott des winterlichen Dunkels, verdrängt, der im Herbste weicht, im Frühling siegreich wiederkehrt. Jedenfalls kann es keine geringe Gottheit gewesen sein, welcher die Vertretung Odins zuerteilt wird. Wenn Ullr seinem Namen nach der Herrliche, Majestätische ist, so verdient Beachtung, dass gegen Odin gerade der Vorwurf erhoben wird, er habe den reinen Glanz der Gottheit durch seine niedrigen Taten befleckt. Da tritt der Herrliche als Richter und Rächer, als Herr der Ordnung hervor, um den fleckig gewordenen Ehren-

1 Die Sage von Ollerus bei Saxo III S. 130 f., die andern Berichte wurden bereits im Abschnitt über Odin, soweit sie hergehören, mitgeteilt. Zu Ollerus P. E. Müller, Notae uberiores 122 f.

schild wiederum rein erschimmern zu lassen. Darum ist es nicht ungereimt, bei Ullr an den höchsten Gott der Germanen zu denken, der in zahlreichen Spaltungen als Freyr, Heimdall, Baldr gerade im Norden begegnet. Hängt er aber je im innersten Grunde seines Wesens mit Tiuʒ zusammen, so ist doch die Entwicklung, die er im Einzelnen durchmachte, entschieden und ausschließlich nordisch.

Da Ullr seinem Namen nach germanisch ist und auch seine Gegnerschaft zu Odin von Tiuʒ übernommen haben kann, andrerseits jedoch als Bogenschütze, Schneeschuhläufer und Zauberer an die Art der Finnen erinnert, ist endlich auch zu erwägen, ob Ullr nicht aus einer Mischung nordgermanischer und finnischer Vorstellungen hervorging. Die Feindschaft der beiden Götter weist auf die Verdrängung des Ulldienstes durch Odinsgläubige. Darin mögen die alten Gegensätze des Tiuʒ- und Wodandienstes, aber auch die des nordischen Odinsglaubens und des finnischen Heidentums und Zauberwesens nachwirken. Die geschichtliche Grundlage kann im siegreichen Übergewicht der Nordleute über die alteingesessenen Finnen, deren Spuren auch sonst sich bemerklich machen, beruhen.[1]

IX. Widar

Widar nennt man den schweigsamen Asen. Er besitzt einen dicken Schuh und ist beinahe so stark wie Thor. In allen Gefahren setzen die Götter großes Vertrauen auf ihn.

---

1 Vgl. W. Müller, Zur Mythologie der griechischen und deutschen Heldensage, Heilbronn 1889, S. 101 u. 159, der hier mit Recht den »historischen« Mythos der natursymbolischen Deutung vorzieht. Dass Odin unter dem Namen Brúni dem Finnenkönig Gusi im Streit um die Herrschaft gegenübertritt, dass hier dieselbe Sage wie die von Odin und Ullr vorliege, dass also die geschichtliche Tatsache des Sieges der Nordgermanen über die Finnen im mythischen Gewande behandelt werde, sucht Detter, ZfdA. 32, 449 ff. zu erweisen.

Unterholz und üppiges Gras
Füllt Widi, Widars Land;
Dort springt der Recke vom Rücken des Rosses.
Den Vater zu rächen bereit.

Seine Tat, die Rache für Odin, ist in der Vǫlospǫ́ geschildert:

Widar kommt dann, Walvaters Sohn,
Der gewaltige Held, mit dem Wolf zu kämpfen:
Die Klinge stößt er dem Kinde des Riesen
Durch den Rachen ins Herz und rächt den Vater.

Ergänzend erzählt Snorri: Der Wolf verschlingt Odin, und das ist des Gottes Tod. Dann aber eilt Widar herbei und tritt mit einem Fuße dem Wolfe in den Unterkiefer. Er besitzt nämlich den Schuh, zu dem das Leder alle Zeit zuvor gesammelt ist, und zwar aus den Flicken, welche die Menschen vor den Zehen und an der Ferse aus ihren Schuhen schneiden; und darum soll ein jeder, der gewillt ist, den Asen zu Hilfe zu kommen, diese Flicken fortwerfen. Mit der einen Hand fasst nun Widar den Oberkiefer des Wolfes und reißt ihm den Rachen entzwei; und dadurch findet der Wolf seinen Tod. Wenn aber die Lohe des Weltbrandes erlischt, dann wohnen Widar und Wali, die Bluträcher Odins und Baldrs, im Heiligtum der Götter. Die Riesin Grid, bei welcher Thor auf seiner Fahrt zu Geirröd einkehrt und welche den Gott mit ihrem eigenen Stärkegürtel und mit ihren Eisenhandschuhen ausstattet, ist die Mutter Widars des Schweigsamen.[1] Beim Gelage Ägirs räumt Widar auf Odins Geheiß Loki seinen Platz und schenkt ihm ein. Von allen Anwesenden wird allein Widar mit Lokis Lästerungen verschont.[2]

---

1 Dass Widar nach Vǫl. 53 R der Sohn Odins und der Hlodyn genannt wird, dass demnach Hlodyn und Grid gleich und wohl nur aus der Erdgöttin abgezweigt sind, erweist Kauffmann, Beiträge 18, 135 ff.

2 Von Widar weiß nur die Liedersammlung und die Snorra Edda. Die Stellen, die in Betracht kommen, sind Vǫl. 54, Grímn. 17, Vafþr. 51, Lokas. 10, Gylfag. Kap. 29, 33, 43, 51, Bragar. Kap. 1, Skáldsk. Kap. 2. Vgl. außerdem

Widar ist der Krieger aus dem Waldland[1], aus der mit Buschwerk und hohem Gras bewachsenen Heide. »Wer einen Begriff von der Heide hat, von ihrem Gestrüppe, der dicken, schwellenden Gras- und Moosschicht an ihrem Boden, von ihrer Stille, die den Sinn gefangen hält, der wird verstehen, weshalb sie sich dem Germanen in einem Gott verkörperte, der einen dicken oder eisernen, d.h. unzerstörbaren Schuh besitzt und sich in Schweigen hüllt« (Roediger).

X. Wali

Wali oder Ali heißt ein Sohn des Odin und der Rind. Er ist kühn in Schlachten und kann vortrefflich schießen. Seine Haupttat, von der allein erzählt wird, bildet die Rache an Hod für Baldrs Tod. Darum heißt er der Rächer Baldrs, der Feind und Töter des Hod. Im Westen bringt Rind den Wali zur Welt, eine Nacht alt, zieht Odins Sohn in den Kampf; die Hände nicht wäscht er, das Haupt nicht kämmt er, ehe er Baldrs Feind auf den Holzstoß bringt. In zweimaligem Bilde soll die Pflicht der Blutrache, die mit Hintansetzung von allem andern zuerst erfüllt werden muss, als die höchste und unaufschiebbare Forderung hervorgehoben werden. Märchen und Mythen wissen von Helden, die in voller Kraft und vollständig gerüstet zum Kampfe kommen und gleich nach der Geburt einen Feind erlegen. Andererseits begegnet die uralte germanische Sitte, wonach Männer geloben, die Haare

---

die Benennungen Widars als Eigner des Eisenschuhes, Feind und Töter des Fenriswolfes, Rächer der Götter, Bewohner der Vatershalle, Sohn Odins und Bruder der Götter SE. 1, 266. Ortsnamen mit Widar sammelt Kauffmann, Beiträge 18, 157 Anm. *Viþarshof, Viþarsgarþr* nach M. Arnesen, minder om hedensk gudsdyrkelse S. 62; *Widarsleff,* Lundgren språkliga intyg S. 78; *Viðarhellisgjógv* bei Hammershaimb, færösk antologi 350, 3.

1 *Viðarr* als *við-hari* zu *viðr,* Wald, stellt Rödiger, ZfdPh. 27, 5: Grimm, Myth. 3, 245 *Viðarr,* ahd. *Witheri;* Kauffmann, Beiträge 18, 168 Anm., der überhaupt in Widar den Hauptgott der Germanen, den großen Waldesgott erblickt, erklärt Widar als »Gott, der einen Stab, ein Reis vom Weidenholz führt«.

nicht zu schneiden oder zu kämmen, ehe sie eine besondere Pflicht erfüllt. Freilich schließen sich beide Züge eigentlich aus. Sie enthalten beide denselben Gedanken, nur nach zwei Seiten, dass Blutrache die eiligste und erste Pflicht sei. Mit Widar zusammen weilt Wali nach dem Weltbrand in den Sälen der Götter.[1]

Widar und Wali haben ein gemeinsames Amt zugewiesen erhalten, die Blutrache. Da sie nur die Rachetat vollbringen und sonst nichts mehr von ihnen verlautet, als dass sie in der neuen Welt beisammenwohnen, steht so viel fest, dass diese Götter in der Gestalt und Tätigkeit wenigstens, wie sie auf uns gelangten, nicht sehr alt sein können. Zunächst wird Baldrs und Odins Tod vorausgesetzt. Mag Baldrs Fall älter sein, Odins Untergang ist vom Weltende nicht zu lösen. Und darum kann auch Widar nicht aus urgermanischer Sage stammen. Wo ein Held fällt, verlangt das germanische Rechtsgefühl den Rächer. Insofern sind Widar und Wali mit ethischer Notwendigkeit von dem Entwicklungsgange der Sagendichtung gefordert. Dass sie die Herrschaft in der neuen Welt führen, ist begreiflich, da sie die Überlebenden sind, gleichwie Modi und Magni dann den gefallenen Thor ersetzen müssen. Dass Wali und Widar überhaupt erst mit der nordischen Sage vom Untergang der Götter aufkamen, ist wahrscheinlich. Kauffmanns Versuch, ältere Bestandteile, Züge des

1 Von Váli berichten Vǫl. 33, Baldrs Dr. 11, Vafþr. 51, Hyndl. 30, Gylfag. Kap. 30, 36, 53; seine Namen SE. 1, 266. Unklar bleibt sein Verhältnis zu Váli, dem Sohne Lokis, der Vǫl. H. 35 und Gylfag. Kap. 50 erscheint; Kauffmann, Beiträge 18, 168 glaubt nachweisen zu können, dass nur Váli als Sohn Odins bezeugt und aus Missverständniss zu Lokis Sohn geworden sei. Viðarr und Váli seien tatsächlich nur Namen einer und derselben Gottheit, die, wo die Weltordnung bedroht ist, sie mit sicherer Kraft in den Fugen hält. Auf Váli geht wohl auch Grógaldr 6, wo Gróa den Zauber singt, den einst Rind dem Ran (Wali?) gesungen; vgl. Sijmons zur Stelle. Zur Sage Bugge, Studien 215 ff.; Sievers, Beiträge 18, 552 f. erklärt Váli aus Vǫnli, Vǫ́li, d. i. Wanula, Wanila und ebenso Ali aus Anula, Anila. Váli, Vǫnli knüpft somit an die *vanir* an. Einer Deutung enthält sich Sievers, sie wird von Detter, Beiträge 19, 509 versucht.

großen germanischen Waldesgottes an ihnen nachzuweisen, gewann kein sicheres Ergebnis.

XI. Hönir

Über Hönir schwebt undurchdringliches Dunkel, weil die Überlieferung der mit ihm verknüpften Mythen teilweise unverständlich ist und weil auch der Name des Gottes keiner befriedigenden Deutung sich fügt. Er erscheint bei der Weltschöpfung, beim Wanenkrieg, nach dem Weltende im neuen Paradies, aber meistens als stumme, tatenlose Person, welche andern das Handeln überlässt.[1] Hönir gehört zur wandernden Götterdreiheit Odin, Hönir, Lodurr oder Loki. Die Götter verleihen dem ersten Menschenpaar Hauch *(ǫnd)*, Seele *(óþ)*, Gebärde, Wärme, blühende Farbe *(lá, læte, lito, góþa)*. Hönir verleiht die Seele, den Geist des Menschen. Mit Odin und Loki ist Hönir auf der Fahrt, wie sie mit dem Riesen Thjazi, dem Räuber der Idun zusammentreffen und wie sie bei Hreidmar einkehren, nachdem sie seinen ottergestaltigen Sohn erlegt. In einem färöischen Lied, das vielleicht auf eine ältere verlorene nordische Sage zurückgeht, treten wiederum Odin, Hönir und Loki auf. Ein Bauer verliert im Brettspiel seinen Sohn an einen Riesen und muss ihn hingeben, wenn er ihn nicht vor dem vielkundigen Unhold zu verstecken vermag. In dieser Not werden Odin, Hönir, Loki nacheinander angerufen; Odin lässt in einer Nacht einen Acker heranwachsen und heißt den Knaben des Bauern mitten im Acker eine Ähre, mitten in der Ähre ein Gerstenkorn sein. Als nun der Riese, das schneidende Schwert in der Hand, den Arm voll Getreides rafft, da schlüpft ihm das Gerstenkorn von der Faust heraus, und Odin bringt den Bauersleuten den Sohn zurück. Hönir weist diesen an, als sieben Schwäne über den Sund fliegen und zwei sich nie-

1 Über Hönir Vǫl. 18 u. 63; seine Namen SE. 1, 266 f. Die Stellen der Haustlǫng, die sein Verhältnis zu Odin und Loki voraussetzen, SE. 1, 308, 310, 314; Hönirs Vergeiselung an die Wanen Ynglingasaga Kap. 4.

derlassen, mitten im Nacken des einen eine Feder zu sein; als aber der Riese den Schwan fängt und ihm den Hals abschlägt, fliegt die Feder heraus. Loki, der letzte Helfer, verwandelt den Knaben zu einem Korn im Rogen eines Flunders; denselben Fisch erangelt nachher der Riese und zählt jedes Korn im Rogen. Das rechte entschlüpft ihm aus der Faust, und als er dem spurlos über den Sand hinfliehenden Knaben nachwatet, lässt Loki ihn sich in einen zu diesem Zweck erbauten Bootschuppen verrennen und schlägt ihn tot. So ist der Bauernsohn gerettet.[1] Will man einen tieferen Sinn aus dem Liede deuten, so hat Uhland am ehesten Recht, wenn er in dem dreifach verwandelten Bauernsohn den in die Natur gelegten schöpferischen Trieb erkennt, welchen die Riesen bedrohen, die Götter beschirmen. Die drei Nahrungsquellen des friedlichen nordischen Bauern, Ackerbau, Seevögeljagd, Fischfang sind gleichsam drei mächtigen Göttern unterstellt. Aber schwerlich ist schon in älterer Sage eine solche Verteilung der betreffenden Berufszweige an Odin, Hönir, Loki erfolgt. Da wäre sicherlich Thor für Odin als Beschützer der Landwirtschaft gewählt worden. Die Verbindung scheint vielmehr dem Schöpfer des färöischen Liedes zuzuschreiben zu sein. Darum ist es gewagt, daraus, dass Hönir über die Schwäne Gewalt hat, auf sein ursprüngliches Wesen schließen zu wollen, weil man Gefahr läuft, die Erfindung eines einzelnen späteren Dichters für uralten Mythos zu nehmen.

Nachdem Hönir das erste Menschenpaar beseelte und begeistigte, erscheint umso seltsamer die Rolle, welche ihm beim Friedensschluss zwischen Asen und Wanen zugeteilt wird. Die Asen gaben gegen Freyr und Njord den Hönir als Geisel und sagten, er tauge sehr wohl zum Häuptling. Er war ein großer und überaus schöner Mann. Mit ihm sandten die Asen den Mann, der Mimir hieß; der war der Allerklügste. Dafür gaben die Wanen den Kwasir hin. Als Hönir nach Wanenheim kam, wurde

1 Das färöische Lied *»Lokka táttur«* hei V. U. Hammershaimb, färöiske kväder, Kopenhagen 1851, Bd. 1, 140 ff. Zur Erklärung des Liedes Uhland, Schriften 6, 193 ff.; 7, 367 ff. Eine deutsche Übersetzung gibt auch Simrock, Mythologie[5] 106 ff.

er sogleich zum Häuptling gemacht. Mimir gab ihm allen Rat ein. Wenn Hönir bei Dingversammlungen oder Verhandlungen zugegen und Mimir abwesend war und eine schwierige Sache vor ihn gebracht wurde, antwortete er immer auf dieselbe Weise: Mögen andre raten! Da ahnten die Wanen, dass sie beim Geiseltausch von den Asen getäuscht wurden. Sie ergriffen Mimir, enthaupteten ihn und schickten seinen Kopf an die Asen zurück. So berichtet die Ynglingasaga im 4. Kapitel. Danach ist Hönir zwar schön und stattlich, aber schwach im Geiste und unselbständig im Urteil. Er braucht stets Mimirs Beirat, sonst weiß er sich nicht zu helfen.

Hönir heißt bei den Skalden Sitz-, Fahrt-, Redegenosse Odins. Auf seine Bundesgenossenschaft mit Odin und Loki spielt namentlich Thjodolf in der Haustlǫng an. Die Namen »der schnelle Ase«, »Langfuß«, »Lehmkönig« (*aurkonungr*, oder »Nässekönig«, der sich im Lehm, in der Nässe aufhält) entstammen wahrscheinlich verlorenen Sagen und sind für uns, nachdem einmal die betreffenden Geschichten verloren gingen, vollkommen unverständlich. Im neuen Paradies kehrt auch Hönir wieder. Er wird »den Loszweig kiesen«[1], d. h., ihm wird wieder sein altes Los, unter den Asen zu weilen, zuteil. Möglicherweise soll aber auch damit gesagt sein, dass Hönir dann in der Welt das Los zieht, durchs Los die Zukunft erforscht und das Schicksal entscheidet.

Viele Erklärungsversuche sind umsonst an dem rätselhaften Gott gemacht worden.[2] Einigen gilt Hönir als Ausfluss des

---

1 Vǫl. 63

þá kná Hœner hlautviþ kjósa;

zur Auslegung der Stelle Müllenhoff, Altertumskunde 5, 100 f.; Gering, Edda S. 15, Anm. 1; Kauffmann, Beiträge 18, 189 erklärt, dass Hönir in der zukünftigen Welt jedem Einzelnen sein Los zuteilt.

2 Über Hönir vgl. Weinhold, ZfdA. 7, 24 ff., wozu Mogk, Grundriss 1, 1086, der an den slawischen Hennil, Hainal, den Gott der Morgenröte, denkt; Uhland, Schriften 6, 188 ff.; Müllenhoff, Altertumskunde 1, 34; Hoffory, Gött. gel. Anz. 1888, S. 161; Nachrichten d. Gött. Gesellschaft, Dez. 1888; Eddastudien 108 ff.; Kauffmann, Beiträge 18, 175 u. 189; Rödiger, ZfdPh. 27, 9 f.; Detter u. Heinzel, Beiträge 18, 542 ff.

höchsten Gottes der Germanen. Ein Sonnenwesen scheint er Weinhold. Uhland will den Namen auf ein verlorenes Zeitwort **hanan *hôn* (mit *canere* verwandt) zurückführen. Der Name bedeute einen Schall und das hänge mit seiner Gabe an die ersten Menschen, *óþr;* Dichtkunst, Gesang, zusammen. Auf Uhlands Etymologie greifen auch Detter und Heinzel[1] wieder zurück, Hönir wird zu einem Zeitwort *hœna,* canere, gestellt, Hönir bedeutet Sänger, es ist ein ursprünglicher Beiname Odins. Hönir und Bragi gleichen sich in manchen Dingen. Müllenhoff nimmt den Hönir für einen Wassergott. Dazu könnte auch Uhlands Erklärung des Namens, wenn auch in anderem Sinne dienen: Hönir der Schallende, Rauschende, wie lat. *canorus* gebraucht wird. Hoffory leitet Hönir aus urgermanischem **hohnijaȝ* ab; *Tiuȝ hohnijaȝ* sei, wie etwa *Ζεὺς κυκνεῖος,* der schwangleiche Himmelsgott. Kauffmann denkt an *hóð* (ahd. *huota*) und findet den Begriff Hüter in Hönir; es ist der große Waldesgott der Germanen, aus dem nach Kauffmann so viele Götter hervorgingen. Roediger sucht dem Hönir mit natursymbolischer Auslegung nahe zu kommen. Er sieht einen Wolkengott in ihm. Die Wolke ist Gefährte des Sturmes, wie Hönir und Odin zusammengehen. Wolken sind Schwäne im blauen Himmelssee. Die Wolke ist hohl und leer, wie Hönir ein Hohlkopf. Aber der Wassergott Mimir vermag ihr Gehalt zu geben, den Regen. Die erregbare menschliche Gemütsstimmung wird mit den wechselnden Wolkengebilden verglichen; nach dem altdeutschen Ezzolied gibt Gott dem Menschen *»von den wolchen daȝ muot«,* wie Hönir den Menschen beseelt. So lässt sich immerhin manches für Hönir als Wolkenwesen sagen, mehr als für die übrigen Erklärungsversuche. Der Name soll *aus *hauhnijaȝ* (zu **hauhni,* dän. *höine* die Höhe) stammen und bedeuten: der in der Höhe lebt. Etymologische Namenerklärungen, welche zum Verständnis des mit dem Namen behafteten Wesens dienen sollen, haben immer besondere Schwierigkeiten, zumal wenn die Wortwurzel nicht klar ist. So viel Erklärer, so viel Erklärungen! Trotz allem bleibt Hönir rät-

1 Beiträge 18, 547 ff.

selhaft nach wie vor. Da er bei der Menschenschöpfung auftaucht und in der neuen Welt wiederkehrt, liegt offenbar sein Ursprung in der Weltlehre, d. h., Hönir ist wohl aus der Fremde zugewandert. Sicher wird auch Hönir noch einmal auf diese Art befriedigende Deutung finden, wenngleich E. H. Meyers Versuch, Hönir aus Henoch abzuleiten, verfehlt erscheinen muss.

XII. Bragi der Dichtergott[1]

Snorri berichtet in der Gylfaginning Kap. 26: Bragi ist einer der Asen. Er ist ausgezeichnet durch Weisheit, besonders aber durch Redeklugheit und Sprachgewandtheit. Am meisten ist er jedoch in der Dichtkunst erfahren, und daher wird auch diese nach ihm *bragr* genannt, wie auch Männer oder Frauen, die sich vor andern durch dichterische Begabung hervortun, den Namen *bragarmenn* führen. Die Gemahlin Bragis heißt Idun. Als Benennungen Bragis führt die Snorra Edda 1, 266 an: Gemahl der Idun, der Skaldenkunst Urheber, der langbärtige Ase, Odins Sohn. Als der Langbärtige *(síðskeggja)* erinnert Bragi an den Gott der Dichter, an Odin, der ebenso *Síðskeggr* und *Langbarðr*, Tief- und Langbart heißt.

Als Odins Hofskalde, welcher in Walhall den Ehrendienst als Begrüßer der Gäste mit dem Willkommentrunke versieht, erscheint Bragi im Preislied auf Eirik. Odin bespricht sich mit dem klugen Bragi über die Herankunft dieses Heldenkönigs, vor dem es tost und kracht, als kehrte Baldr zurück zu Odins Sälen, und schickt Sigmund und Sinfjotli zu seinem Empfang entgegen. Im Lied auf Hakon den Guten werden Hermod und Bragi aufgerufen, ihm entgegenzugehen, und Bragi reicht ihm feierlich den Becher zum Willkomm: »Aller Einherjer Frieden sollst du haben; empfange Bier bei den Göttern. Acht Brüder hast du schon hierinnen, o Bekämpfer der Jarle.« Snorri gibt einem Ab-

1 Über Bragi vgl. Uhland, Schriften 6, 277 ff.; Mogk, Beiträge 12, 383 ff.; Bugge, Beiträge 13, 187 ff.; Mogk, Beiträge 14, 81 ff.

schnitt der Edda eine Einkleidung, welche den Bragi als Gesellschafter beim Gelage und trefflichen Sagenerzähler erscheinen lässt. Odin hatte den Ägir zu einem Gastmahl nach Walhall entboten. Dem Ägir wurde der Platz neben Bragi gewiesen, sie tranken und unterhielten sich zusammen. Bragi erzählte von vielen Begebenheiten, die sich bei den Göttern zugetragen hatten. So legt Snorri einen großen Teil der Göttersage dem Bragi in den Mund und macht den kunstreichen Skald zu einem ebenso ausgezeichneten Sagenerzähler. In Skaldschaft und Saga ist aber der Nordleute höchste Geistestätigkeit beschlossen. Bragi ist der Skalden bester[1], Denkrunen sind auf seiner Zunge eingeritzt.[2]

Als Loki unter die bei Ägir versammelten Asen tritt und Aufnahme heischt, ergreift Bragi zuerst das Wort. Wie er willkommene Gäste in Wallhall grüßt, so verweigert er dem unlieben Loki Sitz und Stätte beim Gelage; denn die Asen wissen, wem sie Zutritt zum Festmahl verstatten. Auch hier also gebärdet sich Bragi als berufener und bestellter Sprecher der Götter. Odin selbst muss freilich trotzdem Loki auf dessen Mahnung einlassen; da entbietet der Böse allen Göttern und Göttinnen Gruß, bloß nicht dem Bragi. Der will ihm Ross, Schwert und Ringe aus seinem Reichtum gewähren zur Buße, damit er nicht den Asen Missgunst (wegen des unfreundlichen Empfanges) erzeige. Aber Loki greift ihn gerade an seiner friedlichen, zum Vergleich so rasch bereiten Gesinnung an: Du bist im Gefecht der Furchtsamste und beim Schuss der Scheueste. Da bricht Bragi zornig los:

Wenn ich draußen wär und drinnen nicht
Bei Ägir säße im Saal,
Dein Haupt trüg ich in der Hand gar bald:
Das wär für die Lüge der Lohn.

1 Grímn. 44.
2 Sigrdr. 16.

Loki erwidert:

Im Sessel bist kühn du, doch säumig zur Tat,
Bragi, du Zierde der Bank!
Zum Zweikampf geh, wenn zornig du bist,
Der Dreiste bedenkt sich nicht lang.

Die Skalden der nordischen Könige sind tapfere Helden, in Liederkunst wie in der Waffenführung gleich geübt. Viele haben ihre Treue in Schlachten bewährt und mit dem Tode besiegelt. Doch kam es auch vor, dass ein Skald sein verlorenes Leben mit einem Gedicht rettete. Bragi Boddason löste sein Leben aus der Gewalt des Schwedenkönigs Bjorn durch eine Drápa, ein Preislied, das er in einer Nacht verfertigt hatte, und ebenso befreite Egill sein Haupt aus der Gewalt König Eiriks. Auf solche Fälle bezieht sich wohl Loki, indem er übertreibend und verdrehend den Skald als feig verhöhnt, weil er mit schönen Worten sich dort noch zu befreien wisse, wo der tapfere Mann rettungslos dem Tod verfallen sei. Idun beschwört nun Bragi bei ihren Kindern und Wunschsöhnen, den Loki nicht weiter zu lästern. Da sie sich auf Kinder und Wunschkinder beruft, muss angenommen werden, dass der Lokasenna die Ehe zwischen Bragi und Idun bereits bekannt ist, dass sogar Sprösslinge dieses Bundes vorausgesetzt werden. Wunschsöhne Bragis sind vielleicht die menschlichen Dichter, welche nach ihrem Tod in Walhall wohnten.[1]

Der Skald Egill Skallagrimsson spielt zweimal auf Bragi an, wobei er sich auch auf Mythen bezieht. Leider ist die Überlieferung dermaßen verderbt und außerdem die Anspielung so kurz und dunkel gehalten, dass die dem Dichter vorschwebenden Sagen gar nicht oder doch nur unsicher und unbestimmt wieder erschlossen werden können. Die Schlussstrophe der Hǫfuðlausn beginnt: Der König möge sich so seiner Schätze erfreuen wie Bragi seines Auges! Was das bedeutet, ist dunkel. Im Sonatorrek

1 Zur Erklärung von Lokas. 16 Bugge, Beiträge 13, 188 ff.

2 und 3 ist vom Raube des Dichtermetes, den Odin aus Riesenheim entführte, die Rede, wobei der fehllose Bragi auflebte.[1] Soll damit die Geburt Bragis an dieses Ereignis geknüpft werden? Gab es eine Sage, welche den Dichtergott Bragi als den Sohn Odins und der Gunnlod, die den Met hütete, ansah? Wie Odin in Liebe bei der Riesenmaid ruhte, als er den köstlichen Met erlangte, hätte er auch den besten Skald Bragi erzeugt. Über bloße Vermutungen kommt die Erklärung der Stelle nicht hinaus, weshalb Bragis Herkunft von Gunnlod immer sehr zweifelhaft bleibt.

Bragi, der Gott, hat jedenfalls Beziehungen zu Bragi Boddason, der, obzwar noch der Sagenzeit verfangen, doch als geschichtliche Gestalt um und nach 800 zu betrachten ist.[2] Bragi Boddason, geschichtlich beurkundet und doch mehrfach in Sage und Dichtung verwoben, steht an der Spitze der langen Reihe norwegischer und isländischer Skalden. Es erhebt sich die Frage, ob Bragi Boddason der Skald nach dem Gotte seinen Namen hat, ob beide Namen etwa unabhängig entstanden und im Wortsinne den vortrefflichsten Skalden, den Dichterfürsten bei Göttern und Menschen bezeichnen, endlich ob etwa der Skald Bragi zur Verherrlichung des Standes unter die Asen versetzt wurde. Alle drei Möglichkeiten lassen sich mit Wahrscheinlichkeitsgründen stützen, keine als sichere Tatsache nachweisen.

---

1 Die Stelle der Hǫfuðlausn lautet nach Finnur Jónssons Ausgabe

njóte bauga *sem Brage auga!*

Im Sonatorrek 3 heißt es, nachdem von der Entführung des Trankes die Rede war:

lastalauss *es lifnaþe*
á »nockvers« *nǫkkva Brage.*

In *»nockvers«* vermutet Bugge Verderbnis für *»nǫttvers«,* Nachtaufenthalt, *»á nǫttvers nǫkkva«* umschreibt im Bett. Die älteren Deutungen bei Sveinbjörn Egilsson Les. poet. 604 f. Bragis Erzeugung durch Odin und Gunnlod lesen aus den Worten heraus Gisli Brynjúlfsson, antiquarisk tidsskrift 1855/7, S. 148 ff. und Bugge, Beiträge 13, 195 ff.

2 Über Bragi Boddason Uhland, Schriften 6, 281 ff.; SE. 3, 307 ff. Gering, *kvæþa brot Braga ens gamla,* Halle 1886; Bugge, *bidrag til den ældste skaldedigtnings historie,* Christiania 1894, wo die Echtheit der dem Bragi zugeschriebenen Gedichte mit starken Gründen angefochten wird.

Dass Bragi weder ein altgermanischer noch ein volkstümlich nordischer Dichtergott war, sondern erst in später Zeit, etwa im 9. Jahrhundert, unter den Skalden aufkam, wird ziemlich allgemein angenommen. Ist ihm doch nirgends eine in den Grund der Mythen eingreifende Wirksamkeit zugewiesen. Odin ist das göttliche Urbild des Sängers, er ist der Urquell dichterischer Begeisterung. Neben ihm ist für Bragi kein Raum. Bragi bedeutet der Fürst, der Erste. Das Wort begegnet als Eigenname wie als Appellativum, wenigstens in der Mehrzahl *bragnar*, die Fürsten, Helden, und in der starken Form *bragr*.[1] Bragi kann ebenso der Erste unter Dichtern wie unter Kriegsleuten wie unter Göttern (Thor ist *ásabragr*) heißen. In der altnordischen Sprache ist aber Bragi gewöhnlich der Dichterfürst. Bragi könnte auch als Beiname oder später gebildete Bezeichnung des ältesten und berühmtesten der Skalden aufgefasst werden. Mogk glaubt, Bragi könnte ein Beiname Odins gewesen sein und nach und nach als Sondergestalt, etwa wie Freyr, Baldr, Heimdallr aus Tiuȝ, sich entwickelt haben. Falls aber der Skald Bragi samt seinem Namen, der Sängerahn im wallenden Bart, als zweifellos der Wirklichkeit angehörig gelten darf, hat die von Uhland und Mogk vertretene Ansicht, dass Bragi bei den Asen selbst kein andrer sei als der nach Asgard erhobene Bragi der Alte, Boddis Sohn, am meisten Wahrscheinlichkeit für sich. Bragi erscheint in Gesellschaft des Sigmund, Sinfjotli, Hermod. Sind nun diese Helden, geschichtliche und sagenhafte, nach ihrem Erdenlauf zu Odins Mahl und Ehrendienst berufen, warum nicht auch, auf

---

1 *Bragi* als Heldenname Helgakv. Hund. 2, 18; SE. 1, 522; im Ortsnamen Bragalund Helgakv. Hund. 2, 8; *bragnar* steht für **bragar*, dem alten regelrechten Plural zum Singular *bragi*, Noreen, An. Gramm.[2] § 334, 4. *bragr* im Sinne von *princeps* in *bragr ása, kvenna, karla* usf. bei Uhland, Schriften 6, 294; Mgk, Beiträge 14, 82 ff. Ags. *brego*, der Herrscher, wird gleich angewandt, vgl. J. Grimm, Myth. 215; es steht im Wurzelablaut zu an. *bragr*, Sievers, Beiträge 11, 355. *bragafull*, Bragibecher, ist nur falsche Lesart minderwertiger Handschriften statt *bragarfull*. Vgl. Gudbrand Vigfusson, Dictionary S. 76; Mogk, Beiträge 14, 83; man darf nicht mit Uhland a.a.O. 279 ff. dem feierlichen Odins, Freys, Njords Vollhorn einen entsprechenden Bragibecher gegenüberstellen.

seine Weise, ein berühmter Skald? Das Bild von Walhall, Odin und die Einherjer, der König und seine Gefolgschaft wird erst vollständig durch den Hofskalden, der hoch geehrt nahe beim Herrn seinen Sitz erhält. Was überhaupt von Taten Bragis verlautet, lässt ihn ausschließlich als Dienst tuenden Hofbeamten erscheinen. Darum wird sein Ursprung auch in irdischen Verhältnissen zu suchen sein, und dass die Skalden den ersten und ältesten ihrer Schar zu diesem Ehrenamt erkoren, ist wohl begreiflich. Wird ihm Idun, die Hüterin der verjüngenden Äpfel vermählt, so besagt das poetische Bild wohl nur, dass Idun seinem Alter Kraft und Jugendfrische wahrt. In ihren Hauptmythen ist Idun aber unvermählt.

XIII. Requalivahanus

Deo Requalivahano Q. Aprianus fructus ex imperio pro se et suis v. s. l. m.

Diese Inschrift trägt ein Stein aus dem 2. Jahrh. n. Chr., der 1883 in der Nähe von Blatzheim bei Köln aufgefunden wurde.[1] Der Name des Gottes ist aus germanischen Wortstämmen gefügt. Seine Bedeutung und etwaige Beziehung auf einen der uns sonst bekannten Götter zu erschließen ist noch nicht geglückt. Trotz allen gelehrten und geistvollen Erklärungsversuchen zeigt sich auch hier die Unmöglichkeit, aus den allein von Inschriften gebotenen allgemeinen Benennungen irgendwie sichere, brauchbare Ergebnisse für die Geschichte der germanischen Mythologie zu gewinneu. Der erste Wortstamm ist zweifellos germ. **rekwaȝ* (got. *riqis;* an. *røkkr*) Finsternis, Dunkelheit. Derselbe Stamm ist auch sonst in gotischen Eigennamen nachzuweisen: *Reccared,*

1 Den Stein machte Zangemeister in den Bonner Jahrbüchern des Vereins von Altertumsfreunden im Rheinlande, Heft 81, 78 ff. bekannt; ebenda gibt Holthausen eine Deutung; vgl. ferner Holthausen, Beiträge 16, 342 ff.; Much u. Schröder, ZfdA. 35, 375 ff.; Kauffmann, Beiträge 18, 190 ff.; Rödiger, ZfdPh. 27, 12 f.; v. Grienberger, Beiträge 19, 528 ff.

Reccesuinth, Requisindus, Riccifrida, Riccila u. Ä. (vgl. Kögel, AnzfdA. 18, 59). Schwieriger ist der zweite Stamm festzustellen. Die Erklärer gehen schon darin auseinander, dass sie das Suffix *-hanus* teils mit der Latinisierung des germanischen Wortes in Zusammenhang bringen, teils der ursprünglichen Wortbildung zuweisen, d. h., dass sie entweder auf einen germanischen Stamm *livan-* oder *livahan-* schließen. Die Wurzel stellen Holthausen und Kauffmann zu an. *lifa,* Leben, und ähnlichen Bildungen, und nehmen *liƀa,* »lebend«, wie in den Eigennamen *Heriliva, Gundiliva,* die im Heere, im Kriege Lebende, oder *liƀahs,* »lebensvoll«, »lebendig«, an. *Requalivahanus* ist der in der Finsternis als Herrscher waltet, der im Dunkel wohnt. Im Ahd. begegnet das ähnlich gebildete Eigenschaftswort *ubarlibo,* »überlebend«. Später dachte Holthausen an **liwa* im Sinne von Hinterlassenschaft, Erbe, zum Zeitwort *lîhwan,* leihen, übrig lassen. Requalivahanus ist, dem die Finsternis überlassen wird, der die Finsternis als Hinterlassenschaft besitzt, dem die Finsternis als Erbe anfiel. Much vermutet ein germanisches Eigenschaftswort *lîwaʒ, lîwahaʒ,* farbig, nach irischem *lî,* die Farbe, gall. *Lîvius, Lîvo,* lat. *livor, liveo, lividus.* Requalivahanus bedeutet wie mhd. *vinstervar* den, der die Farbe der Finsternis trägt, den Dunkelfarbigen. An einen Ortsnamen endlich denkt v. Grienberger. Das latinisierte Adjektiv requalivânus meint einen Gott von Requaliva. In *liwa* sei ein germanisches Wort für Gewässer enthalten, und so ist Requaliva wie *Schwarzleo* einfach Schwarzbach, Schwarzwasser, Schwarzach, Schwarzensee oder dgl. ein Gewässer von dunkler Farbe oder ein Gewässer im finstern, schattigen Walde.

Wenn schon die Namendeutung über unsichere Vermutungen nicht hinausgelangt und nur einen sehr allgemeinen Sinn ergibt, so ist es mit der mythologischen Auslegung noch viel schlimmer bestellt. Dass Requalivahanus im Finstern haust, muss angenommen werden. Die nächstliegende Beziehung geht unstreitig auf Tod und Unterwelt. Zeus und Pluto heißen *σκότιος,* sofern sie in der Finsternis leben. Das Beiwort kann aber manchen Göttern zukommen, etwa Wodan als dem Walgott, solang er die Seelen der Toten im dunkeln Schoß der Berge bei sich versammelt, oder

Baldr, der zur Hölle stieg. Einen germanischen Pluto, der der Finstere hieße, wie Hel die Schwarze, kennen wir nicht. Am wenigsten ist Kauffmanns Auslegung begründet, der im Requalivahanus den großen Waldesgott der Germanen, aus dem auch Widar und Wali, »der Starke von oben«, den die Vǫlospǫ́ geheimnisvoll erwähnt, Mitothin, Ullr und viele andere stammen sollen, erkennen will. Requalivahanus ist für uns völlig rätselhaft. Es ist ein Beiname, der etwa dem griech. *σκότιος* entspricht. Ob er einem der uns sonst bekannten germanischen Götter gebührt oder einem Gotte, von dem wir sonst gar nichts wissen, ist nicht festzustellen.

XIV. Loki

1. Wesen und Namen

Loki ist der Beschließer, der Endiger.[1] In seinem Namen offenbart sich seine Art, sein Streben geht auf das Weltende. Er wirkt beständig auf den Abbruch der Macht der Götter hin und führt endlich den Untergang, die volle Vernichtung heran. Im Hin-

1 Loki verhält sich zu *lúka,* schließen, wie *broti* zu *brjóta, skoti* zu *skjóta.* Vgl. *lok,* der Schluss, das Ende. So erklärte Uhland, Schriften 6, 14. Bugge, Studien 73 ff. glaubt, dass der Name Loki unter dem Einfluss von Lucifer (gespr. Lukifer) entstand, als Abkürzung und nordische Umbildung des fremden Namens aufgefasst werden müsse; vgl. noch Bugge, bidrag til den ældste skaldedigtnings historie S. 122. Auch J. Grimm, Myth. 3, 82, deutet Ähnliches an: »man könnte gar noch auf eine Kürzung aus Lucifer fallen«. Als Beiname einer geschichtlichen Persönlichkeit, des Thorbjorn Loki, steht der Name in der Landnáma 2. Kap. 23 (Islendinga sögur 1, 132). Von besondern Arbeiten über Loki vgl. Weinhold, ZfdA. 7, 1 ff. Nach Weinhold ist Loki ursprünglich eine gütige, mächtige Gottheit (»der Hauptkern des Gottes ist und bleibt die eine Seite des alten Himmelsgottes«, Mogk, Pauls Grundriss 1, 1088) und erst später zu einem bösartigen Dämon herabgesunken. Lokis Abfall vom Guten zum Bösen ist freilich zweifellos und wird auch von Wislicenus, Loki, Zürich 1867 nach Gebühr hervorgehoben. Aber man darf darum nicht gleich Loki mit einem der germanischen Hauptgötter zusammenwerfen.

blick auf die Götterdämmerung und den Weltbrand ist sein Name und seine Gestalt geschaffen; daher reicht Loki ebenso wenig wie die Vorstellung vom Weltende über die nordische Überlieferung in die gemeingermanische und damit heidnisch-deutsche zurück, sein Ursprung liegt nur zum kleinsten Teil im echt nordischen, heimischen Heidentum, vielmehr in der altchristlichen Mythologie. Loki setzt zum vollen Verständnis die Lehre vom Werden und Vergehen der Welt voraus, da er von Anfang bis zu Ende darin tätig ist. Ihn gesondert darzustellen hält insofern schwer, als eigene Lokisagen nur in geringer Anzahl sich darbieten, andererseits er aber in die Ereignisse der Göttersagen häufig entscheidend im guten oder schlimmen Sinn eingreift. Darum musste schon mehrfach auf ihn Bezug genommen werden. Loki setzt nicht bloß den größten Teil der nordischen Göttersagen voraus, sondern auch den Versuch, die Gesamtheit der Göttersagen unter der Absicht einer einheitlichen Entwicklung zusammenzufassen. In der nordischen Mythologie, wie sie uns in den Kunstgedichten der Skalden im 9. und 10. Jahrhundert entgegentritt, ist Loki die treibende Kraft. Betrachtet man die übrigen Götter der nordischen Sage, so erkennt man deutlich einen selbständigen Grundstock von bestimmten Zügen und Eigenschaften, welche jede dieser Gestalten von mitunter hohem und höchstem Alter und unabhängiger, eigentümlicher Entstehung und Entwicklung erscheinen lässt. Daneben zeigen sich Spuren, wie und wo diese Gestalten mit dem bereits Vorhandenen sich abfanden. Endlich wird ihnen eine gewisse Teilnahme am Weltwerden und Vergehen eingeräumt. Aber ihr eigentliches Wesen wird von der ihnen in der Weltlehre gewiesenen Stellung kaum berührt. Darüber sind alle Forscher einig, dass die nordische Mythologie, welche die einzelnen Göttersagen als Glieder einer großartigen Entwicklungsgeschichte nimmt, worin das Einzelne nur als Teil einer in weitem Rahmen und auf tiefem Hintergrund aufgebauten Gesamtheit, als besonderer Abschnitt des tragischen Weltendramas erscheint, dass diese nordische Mythologie ausschließlich den nordischen Dichtern gehört und verhältnismäßig jung ist. Mit dieser Mythologie aber steht und fällt Loki. Bringt man bei den andern Göttern ihren Anteil am Weltendrama in Abzug, so tritt dadurch ihre Gestalt nur umso heller und schärfer ins Licht, da sie ja ihren Ursprung aus älteren und völlig verschiedenen Verhältnissen ableiten. Wendet man das gleiche Verfahren auf Loki an, so bleibt fast nichts mehr übrig. Wer sich der tatsächlichen Wahrheit nicht verschließt, dass Weltschöpfung, Baldrs Tod, Weltende jedenfalls mit altchristlicher Mythologie auffällige Verwandtschaft zeigen, die sich ungleich leichter aus der Annahme von Entlehnungen als aus der Behauptung selbständiger unabhängiger Entwicklung beiderseits erklärt, wird auch geneigt sein, das Rätsel, welches Loki bei Ableugnung fremder Bestandteile in der nordischen Mythologie bietet, dadurch zu lösen, dass er ihn zu Luzifer, dem Teufel, dessen Rolle Loki zugestandenermaßen im Norden spielt, in Beziehung setzt. Dadurch wird zwar nicht alles, aber doch vieles an Loki, namentlich seine Wandlung aus dem Genossen der Götter und Blutsbruder Odins zum Teufel, zum feindseligen Riesen, dessen dämonische Art allmählich immer stärker hervorbricht, verständlich werden. Eine sklavische, unselbständige Nachahmung Luzifers ist Loki nicht, vielmehr eine eigenartige, durch das fremde Vorbild nur angeregte dichterische Schöpfung. Abgesehen von mancherlei Verschiebungen, z. B. dass schon der göttliche Loki riesischer Abkunft ist, und von vielen Neubildungen und Zusätzen ist er ganz den nordisch-germanischen Zuständen angepasst.

Eine weitere Eigenschaft Lokis ist noch in Rücksicht zu ziehen. Ein Dämon des Feuers, welcher auch sonst unter dem Namen Logi, die persönlich gewordene Lohe[1], vorkommt, scheint vielleicht wegen des anklingenden Namens und, da ja wirklich die Welt im Feuer endigt (*logi-loki:* Lohe-Endiger), mit Loki verschmolzen zu sein, teilweise auch ein Dämon der versengenden,

---

1 Logi als Bruder der Elemente Wasser (Hlér) und Luft (Kári) und Sohn des Riesen Fornjótr erscheint im Fundinn Noregr (Fornaldarsögur 2, 3 ff.); außerdem Gylfag. Kap. 46, wo Loki in schwankhafter Weise sich selber in doppelter Gestalt gegenübergestellt wird, dem Logi und dem Utgardaloki, dem Schadfeuer und dem Höllenfürsten.

verzehrenden Gluthitze *Lóðurr* (aind. *Vrtra*, der im Verein mit anderen Dämonen das befruchtende Wasser zurückhält und damit Trockenheit und Dürre verursacht). Die Namen von Lokis Eltern, *Fárbauti*, der gefährlich Schlagende, d. i. der Sturmwind und *Nál*, Nadel am Nadelbaum oder *Laufey*, Laubinsel machen seine Feuer natur deutlich. Der Sturmwind schlägt die flammende Lohe aus dem Gehölz, besagen die Namen von Lokis Vater und Mutter in dichterischem Bild.[1]

Auf Island soll die Redensart gegangen sein, Loki fährt über die Äcker, wenn ein Brand oder Hitze die Wiesen versengte. Lokis Späne heißen die zum Feueranzünden verwendeten Späne. Lokis Brand ist der Name des Hundssterns (Sirius). *Loka daun*, Lokis Geruch ist Schwefeldampf, was aber stark an Luzifer gemahnt. Loki trinkt Wasser, sagt man in Dänemark von der wasserziehenden Sonne. In Nordjütland ist Lokis Hafer ein dem Vieh schädliches Unkraut, wie auch der Teufel Unkraut sät. Knistert das Feuer, so heißt es: Loki prügelt seine Kinder. Schweben Dünste in der Sonnenhitze auf der Erde, so treibt Loki seine Geißen aus. Vögel, die sich mausern, gehen unter Lokis Egge. Kinder, die einen Zahn verlieren, werfen ihn in Småland ins Feuer mit den Worten: Loki, gib mir einen Beinzahn, hier hast du einen Goldzahn. Auf Lokis Abenteuer hören bedeutet in Dänemark auf Lügen Acht geben. Nach diesen im Volke noch fortlebenden Vorstellungen[2] erscheint Loki als Feuer, Hitze und Teufel. Dieselben Reden gehen häufig sonst vom Teufel und sind also jedenfalls von ihm auf Loki übertragen worden, nicht umgekehrt.

Loki kommt auch und zwar schon bei den älteren Skalden unter anderen Namen vor. Er heißt *Loptr*, der Luftige.[3] Was der Name besagt, ist unklar, ob damit ein persönlich gedachter Dä-

---

1 Lokis Eltern erklärt Bugge, Studien 80.

2 Über Lokis Fortdauer in Redensarten des nordischen Volkes vgl. Finn Magnusen, Lex. myth. 232; J. Grimm, Myth. 221 f.; Bugge, a.a.O. 80 f. Vǫl. 25 Loki hatte die Luft vergiftet *(lævi blandit)*, meint wohl die verderbliche Schwüle.

3 Loptr steht Lokas. 6; Hyndl. 43; Fjǫlsv. 26; Haustlǫng 31 (corpus 2, 15; SE. 1, 310) und Eilifs þorsdrápa SE. 1, 290. Loptr ist übrigens ein gebräuchli-

mon des Luftreiches gemeint ist, etwa wie Kari neben Logi die Luft neben der Lohe verkörpert, oder ob auf die leibliche Beschaffenheit Lokis angespielt wird. Nach gelehrter Auffassung nämlich bestehen die Leiber der Dämonen aus Feuer und Luft. Endlich lässt sich Loptr auch als der durch die Luft Fliegende denken.

»Unverkennbare Wesensgleichheit herrscht zwischen dem indischen Vrtra, dem Dämon der Sommerhitze, welcher das himmlische Gewässer einschließt und daher von Indra bekämpft und endlich getötet wird, worauf er in Gestalt eines Wurmes (Ahi) niederstürzt, und dem nordischen Loki, dem Gott der Hitze, der von Thor (dem Donnerer gleich Indra) beständig feindselig betrachtet und schließlich auch gefangen genommen wird, dem Vater des gleicherweise von Thor einst bekämpften Midgardwurmes.« So sagt Noreen[1] und sucht die Behauptung durch den Nachweis zu stützen, *Lóðurr* aus älterem *Vlóðurr* sei mit *Vrtra* gleich. Ganz anders erklären Detter und Heinzel (Beiträge 18, 560) den Namen Lodur (bei Saxo Lotherus). Sie verweisen auf an. *lód*, Ertrag des Bodens, und erblicken in Lóður einen Gott der Fruchtbarkeit, einen Beinamen des Freyr. Die Dreiheit Odin, Hönir, Lodur zielt auf die vereinigten Asen und Wanen.

Im Mittelalter treten oft drei Teufel, Luzifer, Beelzebub, Satanas, in Nachäffung der Dreieinigkeit auf. Ebenso stehen neben Loki die Brüder *Býleistr* oder *Býleiftr* und *Helblindi*. Der letztere

---

cher nordischer Personenname, vgl. Islendingasögur 1, 428 im Register und Loptr Pálsson SE. 3, 672, Loptr Hálfdánson ebenda 751; im Frauennamen Lopthœna begegnet derselbe Stamm wie in deutschen Namen mit Luft, z. B. Lufthildis. Bugge, Studien 81 verweist auf die schon bei Tatian zum Ausdruck gelangte Auffassung, dass die Leiber der Dämonen aus Feuer und Luft seien.

1 Nordisk tidskrift for filologi, ny række 4. Bd. S. 28 ff. Die idg. Grundform des ind. *vrtrá-s* wird als *vartrás valtrás* angesetzt, woraus germ. *vlôðraȝ* abzuleiten ist. *vrtras* heißt der Deckende, Verhehlende, Hemmende, von der Wurzel *var*, bedecken, hehlen, abschließen, abwehren gebildet. Vgl. auch Noreen, Abriss der urgerm. Lautlehre 102. Der Name Loðurr begegnet Vǫl. 18; Haleygja tal im Corpus poet. boreale 1, 253.

Name, nur der Snorra Edda bekannt, ahmt Bezeichnungen des Teufels nach, der manchmal als blind bezeichnet wird und im Angelsächsischen und Deutschen sehr viele Benennungen aufweist, welche mit *helle* begannen. Býleistr, Býleiftr ist vielleicht durch Umdeutung aus Beelzebub entstanden. Selbständig oder in besonderen Sagen erscheinen die Brüder Lokis nicht.[1]

2. Die Sagen von Loki

Snorri sagt von Loki: Zu den Asen wird auch der gerechnet, den manche den Verleumder der Asen oder den Urheber des Trugs und die Schande aller Götter und Menschen nennen. Sein Name ist Loki oder Lopt; er ist der Sohn des Riesen Farbauti. Seine Mutter heißt Laufey oder Nal, seine Brüder Býleipt und Helblindi. Loki ist schön und anmutig von Aussehen, aber böse von Gemütsart und höchst unbeständigen Wesens. Er brachte die Asen oft arg in Verlegenheit, hat sie aber auch oft durch seine List aus schlimmer Lage befreit. Seine Gattin heißt Sigyn, und beider Sohn ist Nari oder Narfi.[2]

Loki ist Gott und Teufel in einer Person. In den Urtagen in die Gemeinschaft der Asen aufgenommen und am Schöpfungswerke tätig, schön und schmuck von Gestalt, kehrt er allmählich ganz andre Seiten hervor. Wie das leise Verderben schleicht er rastlos unter den Göttern umher und führt die von seinem boshaften Rat Getäuschten in Schaden und Unfall. Als Lügenvater und Trugstifter nimmt er sich den reinsten und besten der Götter, Baldr, zum Widerspiel. Daraufhin wird er verstoßen. In finstrer Höhle liegt bei Saxo der zum hässlichen Teufel gewandelte Loki. Durch Baldrs Tod ist das geistig-sittliche Weltgesetz gelöst. Wie alle die rohen und wilden Naturkräfte unaufhaltsam hereinbrechen und das Weltende naht, wird er seiner Fesseln ledig und zieht selber an ihrer Spitze zum Zerstörungswerk einer

1 Über die Namen und ihre Erklärung vgl. Bugge, Studien 75 f.
2 Gylfag. Kap. 33; als Ase wird Loki SE. 1, 84, 142, 268, 556 bezeichnet.

Welt, die er einst, solange er noch rein unter den Himmlischen geweilt, mit auferbaut hatte. Lokis Geschick, seine Wandlung vom Gott zum Teufel, seine Feindschaft zum lichten Baldr hat eine auffallende Ähnlichkeit mit Luzifers Fall, wie auch diejenigen anerkennen müssen, welche nicht zugeben wollen, dass Loki in der Hauptsache nichts anderes ist als der in die nordische Göttersage und Weltlehre übersetzte Luzifer.

Odin, Hönir und Loki oder, wie er auch genannt wird, Lodur wandern zusammen. So erschaffen sie die ersten Menschen, den Hauch gab Odin, Hönir die Seele, Lodur die Wärme und leuchtende Farben.[1] Statt der Dreiheit Odin, Hönir, Lodur setzt Snorri Burs Söhne, Odin, Wili, We ein. Mit Odin und Hönir zieht Loki auch in den Geschichten von Iduns Raube und vom Hort des Andwari über Land. Seinen klugen Rat bewährt er, indem er Thor zur Heimholung des Hammers verhilft. Da wirkt er nur Gutes, indem er selber den Asen bei Bekämpfung ihrer Feinde beisteht. In der Lokasenna 9 beruft Loki sich auf einen mit Odin eingegangenen Blutbrüderbund:

Gedenkst du, Odin, dass in der Urzeit
Wir beide das Blut gemischt?
Nimmer des Biers zu genießen schwurst du,
Man böte denn beiden es dar.

Die feierlichsten, heiligsten Bande haben also dereinst Loki mit Odin verknüpft. Als Odins Freund bezeichnen ihn die Skalden.[2] Aber bald wird sein Rat zweideutig und falsch. Loki sucht in mehreren Erzählungen den Feinden der Götterwelt Macht über Asgard zu verschaffen, und nur gezwungen lässt er sich dazu bewegen, das drohende Unheil mit listiger Falschheit abzuwenden.

---

1 Die Menschenschöpfung Vǫl. 17/18; Gylfag. Kap. 9.

2 SE. 1, 268 heißt Loki *Oðins sinni ok sessi,* Odins Fahrt- und Bankgenosse; Odin heißt *Loðurs vinr* in der Haralds saga hárfagra Kap. 13; Islendingadrápa 1; Weiteres bei Gudbrand Vigfusson, corpus 2, 471.

Odin, Loki und Hönir fuhren über Berge und öde Wälder. In einem Tale sahen sie eine Rinderherde. Davon nahmen sie einen Ochsen und fingen an, ihn zu sieden. In der Eiche über ihnen saß ein Adler, der verhinderte das Garsieden des Fleisches, bis die Asen ihm Anteil an der Mahlzeit versprachen. Aber weil der Adler gierig die besten Stücke an sich nahm, stieß Loki mit einer Stange nach ihm. Die Stange blieb im Leibe des Adlers stecken. Der Adler flog auf, Lokis Hände hafteten fest an der Stange, sodass er geschleift wurde. Da bat er, von Schmerzen gepeinigt, um Gnade. Der Adler war aber der Riese Thjazi, und er sagte, er werde ihn nicht loslassen, wenn er nicht Idun samt ihren Äpfeln ihm brächte. Loki versprach es und lockte in der Tat Idun aus Asgard in einen Wald hinaus unter dem Vorwand, er wolle ihr kostbare Äpfel zeigen. Sie solle zum Vergleich ihre eigenen mitbringen. Da kam der Riese Thjazi und flog mit ihr in seine Behausung. Die Asen aber wurden ohne Iduns Apfel alt und grau und bedrohten den Loki, bis er in Falkengestalt nach Riesenheim flog, Idun zur Nuss verwandelte und sie auf diese Art zurücktrug. Thjazi verfolgte ihn in Adlergestalt. Die Götter aber entzündeten schnell ein Feuer, worin der heraneilende Adler verbrannte.[1]

Wie hier Idun, so verhandelt Loki ein andermal Freyja an einen ungeschlachten Riesen. Darauf spielt die Vǫlospǫ́ an:

25 Da gingen zu Sitze   die Götter alle,
Die heiligen Herrscher,   und hielten Rat:
Wer die ganze Luft   mit Gift erfüllte
Und der Brut der Riesen   die Braut des Od gab.

---

1 So berichtet der Skald Thjodolf in der Haustlǫng und danach Snorri in den Bragar. Kap. 3. Snorri fügt noch bei, wie Skadi, des Riesen Tochter, zur Rache heranstürmt, aber versöhnt einen der Asen, Njord, zum Mann nimmt. Loki muss sie zum Lachen bringen. Er bindet eine Schnur an seine Scham und an den Bart einer Ziege. Beide ziehen und schreien vor Schmerz. Dann fällt Loki in den Schoß der Skadi, dass sie lachen muss.

26 Nur Thor schlug zu, voll trotzigen Mutes
– Selten sitzt er, wenn er solches vernimmt –
Da wankten die Eide, die Worte und Schwüre,
Die festen Verträge, die man vordem schloss.

Ergänzend berichtet Gylfaginning im 42. Kapitel: Ein Werkmeister aus dem Riesenland hatte sich verpflichtet, den Göttern eine Burg im Verlauf eines Winters aufzuführen, wenn man ihm Freyja zur Frau gebe und Sonne und Mond abtrete. Zur Arbeit, verlangte er, solle man ihm nur den Beistand seines Rosses Swadilfari verstatten. Auf Lokis Rat wurden diese Bedingungen angenommen. Als das Werk der Vollendung sich nahte, bereuten die Götter das leichtsinnig gegebene Versprechen und bedrohten Loki mit dem Tode, wenn er nicht Rat schaffe. Durch List, indem er in Stutengestalt den Hengst Swadilfari an sich lockte, gelang es ihm, die Arbeit so aufzuhalten, dass der Werkmeister am Ziel nicht fertig wurde. Als der Riese über den Verlust seines ausbedungenen Lohnes in Zorn geriet, erschlug ihn Thor mit dem Hammer. Loki brachte von Swadilfari ein Füllen zur Welt, Sleipnir, Odins Ross.

Wenn Loki Idun und Freyja, die jugendschönen Göttinnen, ohne Bedenken den Riesen überliefert, so beschädigt er dadurch den ganzen Bestand der Götterwelt, indem er ihre Lebens- und Liebeskraft, Licht und Wärme dem Erbfeinde preisgibt. Er trachtet, die Götter zu verderben, indem er ihrem Dasein die erhaltenden Kräfte entzieht. Wie ein Vorspiel zu Baldrs Tod und zur Weltvernichtung erscheint der Angriff auf Idun und Freyja.

Noch ernstlicher wird der Götterstaat gefährdet, wenn Loki den gewaltigen Beschirmer der Welt, Thor, den Riesen auszuliefern versucht. Zwar verhilft er dem Thor wieder zum Hammer, als Thrym ihn stahl; auch auf der Fahrt zu Utgardloki, seinem Doppelgänger, begleitet Loki den starken Gott ohne schlimme Absicht. Als aber Loki einmal im Falkengewand zum Riesen Geirröd geflogen war und dabei gefangen wurde, zwang ihn Geirröd, zur Lebenslösung den Thor ohne Handschuhe, Gürtel und Hammer, also machtlos in sein Gehöft zu bringen, was wirklich auch geschah. Doch endigte der Streich, wie oben erzählt wurde, zum Schaden Geirröds. Im Hymirliede sind zwei Strophen eingeschoben (37/8), wonach Loki der Arge schuld daran war, dass einer der Böcke lahmte, weil Thjalfi gegen des Gottes Gebot den Schenkelknochen gespalten hatte, um zum Mark zu kommen.[1] Die Sage hat wohl tieferen Sinn, wenn Loki, der Abkömmling der Riesen, insgeheim und hinterlistig gegen Thor, den Bezwinger der Unholde, wirkt. So ist Loki das leise schleichende, allzeit wache Verderben unter den Asen. Immer ist er zur Hand, wo sich Gelegenheit bietet, die Grundpfeiler der bestehenden Weltordnung zu unterwühlen, ein geheimer Bundesgenosse der lauernden Mächte des Verderbens, stets bereit, die Widerstandsfähigkeit der Götter abzuschwächen, damit die am Tage der Vernichtung schrankenlos hervorbrechenden teuflischen Geister umso leichteres Spiel haben. Als seine Pläne durch die Vorsicht und die Entschlossenheit der Götter durchkreuzt werden, führt er den Hauptschlag und tötet den guten Baldr. Doch diese offene Kriegserklärung zerreißt das ohnehin schon gelockerte Band, Loki wird aus der himmlischen Schar in die Hölle verstoßen.

Unter Heimdall wurde erzählt, wie Loki und Heimdall um den Besitz des Halsgeschmeides der Freyja miteinander am Singasteine kämpfen. Eine ziemlich junge, erst im Ausgange des 14. Jahrhunderts aufgezeichnete Sage[2] erzählt, wie Loki das Halsband raubte: Odin sagte dem Loki alles, was er angriff, und legte ihm oft große Aufgaben vor, die er alle löste. Loki erfuhr alles, was geschah, und sagte es dem Odin wieder. Da hörte er einmal, Freyja habe von den Zwergen gegen ihre Gunst einen Halsschmuck bekommen, und er sagte es dem Odin. Da befahl ihm der, den Schmuck zu stehlen, und wie sehr er auch vor-

---

1 Möglicherweise zielt die Bezeichnung Lokis als Bocksdieb, *þjófr jǫtna hafrs* SE. 1, 268 auf dieses Ereignis. Aber im »Bocke der Riesen« kann auch eine andre Kenning stecken.

2 Sörlaþáttr der Olafssaga Tryggvasonar in den Fornaldarsögur 1, 391 ff. und in der Flateyjarbók 1, 275 ff.

stellte, dass das unmöglich sei, es half nichts, und Odin sagte, er dürfe nicht eher wiederkommen, als bis er den Schmuck bringe. Da ging Loki heulend fort, und alle freuten sich, dass es ihm schlecht ging. Wie er nun zu Freyjas Kammer kam, war sie verschlossen, und er konnte nicht hinein. Es war aber eine harte Kälte und er fror. Da ward er zur Fliege und flog um alle Riegel und in alle Ritze, aber nirgends konnte er hindurch. Endlich erspürte er ganz oben am Giebel ein Loch so groß wie ein Nadelöhr. Da hinein schlüpfte er, und so kam er in das Gemach. Alles schlief, und Freyja lag mit dem Schmucke am Halse auf einem Bett. Weil sie aber auf dem Schlosse lag, wandelte sich Loki in einen Floh und stach sie in die Wange. Da drehte sich Freyja um, schlief aber ruhig weiter, und Loki konnte nun den Schmuck nehmen. Da schloss er das Gemach von innen auf und eilte zu Odin. Als Freyja am Morgen erwachte und das Halsband verschwunden und die Türen offen sah, da erriet sie den Streich, ging zu Odin und verlangte zurück, was ihr gestohlen sei. Odin aber warf ihr die Weise vor, wie sie zu dem Schmucke kam, und bestimmte, sie solle ihn nicht wieder erhalten, bis sie zwei Könige, deren jeder zwanzig Unterkönige habe, zum Kriege verhetze. Sie müssten fallen, aber sogleich wieder aufstehen und weiter kämpfen, und alle Gefallenen der Heere ebenso, und das müsste währen, bis ein Christ diese Männer bekämpfe. Dann sollten sie Ruhe finden. Das versprach Freyja, und darauf erhielt sie ihr Halsband zurück.

Die Verbindung der Sage vom Raube des Halsbands mit der Hjadningensage ist jedenfalls jung und hat keine Gewähr in der älteren Überlieferung. Sie entstand nur dadurch, dass Freyja beschuldigt wurde, den langen Krieg erregt zu haben. Dass aber Loki das Halsband stahl, ist sagenecht; schon beim Skald Thjodolf heißt er Dieb des Brisinghalsbandes.[1] Freilich ist damit nicht bewiesen, dass alle Einzelheiten des späten Berichtes schon der ursprünglichen Sage angehörten. Wenn das Halsband richtig als Gestirn oder glänzende Lichterscheinung gedeutet wird, das der

1 SE. 1, 312 in der Haustlǫng heißt Loki *girþiþjófr Brísings.*

Himmelsgöttin zu Eigen ist, so lässt sich mythologisch weiter erklären, dass Loki, der Endiger, das Licht raubt, dass Heimdall, dem überall die Frühe, der Aufgang angehört, das Geschmeide siegreich zurückbringt. Im Auftrag Odins geschah aber schwerlich dieser Diebstahl nach der ursprünglichen Überlieferung. Loki folgte mit dieser Tat nur seinem eigenen bösen, auf den Schaden der Götter und Abbruch ihrer Macht gerichteten Antrieb. Wie er den Diebstahl vollbrachte, erinnert wiederum stark an die Art des Teufels, der Herr der Fliegen und Flöhe ist und nicht verschmäht, in Gestalt solchen Ungeziefers aufzutreten.[1]

Odin, Hönir und Loki fuhren über Land. An einem Wasserfall warf Loki einen Otter, der einen Lachs verzehrte, mit einem Steine tot. Wie sie bei Hreidmar einkehrten, behauptete dieser, Otr sei sein Sohn, und verlangte zur Buße von den Asen, sie sollten den Otterbalg mit Gold füllen und von außen ganz mit Gold bedecken. Loki schaffte das Gold und den Ring des Zwerges Andwari herbei. Als der Zwerg den Ring verfluchte, lobte dies Loki und fügte hinzu, der Fluch solle auf jeden Besitzer des Ringes übergehen. Als ihn Hreidmar empfing, sprach Loki, es solle sich Andwaris Wort erfüllen und der Ring jedem, der ihn besitze, Tod bringen. Dieser Fluch hat seitdem seine Kraft bewährt.[2] In dieser Sage zeigt Loki seine teuflische Freude an dem Unheil, das aus dem Fluche aufschießt, und sucht es nach Kräften zu fördern.

Loki muss den Vorwurf hören: Acht Winter sei er im Innern der Erde gewesen, Kühe melkend als Weib: er sei der weibische Ase *(ǫ́ss ragr)*, der Kinder gebar.[3] Als Riesin Thokk, welche durch

1 Die Fliegengestalt des Teufels bei Grimm, Myth. 950 f.; 3, 295; Bugge, Studien 76.

2 Reginsm. 1–12, Skaldsk. Kap. 4.

3 Lokas. 23 u. 33; vgl. Hirschfeld, Untersuchungen zur Lokas. S. 37 f. u. 44, wo die Deutungen Weinholds, ZfdA. 7, 11 ff. und Finn Magnusens, Edda 2, 211 mitgeteilt sind. Die natursymbolische Auslegung vertritt auch Gering, Edda S. 34. Hyndl. 43 frisst Lopt ein Frauenherz, das halb verkohlt in der Asche liegt, und wird davon schwanger.

Nichtweinen Baldrs Rückkehr aus der Hölle verhindert, erschien Loki wirklich in Gestalt eines Weibes, ebenso erfragte er von Frigg das Geheimnis, wodurch allein Baldr verwundet werden könne, als Stute warf er vom Hengste Swadilfari den Sleipnir. Ob mit dem Vorwurf etwa mit absichtlicher Entstellung auf verlorene Sagen angespielt wird, ist nicht bekannt. Weibliche Verkleidung nahmen auch Odin bei Rind, Thor und Loki als Freyja und deren Zofe bei der Heimholung des Hammers an. Die Auslegung, Loki sei als das im Innern der Erde tätige Feuer gedacht, das als Weib aufgefasst werde, weil es Wachstum hervorbringe, die acht Winter seien die acht Wintermonate, während welcher die Wärme, die auf der Erdoberfläche den Frostriesen weichen musste, sich unter die Erde zurückgezogen habe und hier im Verborgenen wirke, die von Loki gemelkten Kühe endlich seien die warmen Quellen, die auch im Winter durch Eis und Schnee hindurch ihr mitunter milchfarbenes Gewässer emporsenden, befriedigt in ihrer Allgemeinheit und beim Mangel aller Einzelheiten des fraglichen Mythos, welcher den Vorwurf veranlasste, keineswegs. Die arge Beschuldigung, als Weib behandelt worden zu sein und Kinder geboren zu haben, wird auch sonst gegen Männer erhoben.[1] Sie soll wohl nur Lokis Argheit im schlimm-

---

1 In der Helgakv. Hund. 1, 38/40 beschuldigt Sinfjotli den Gudmund, eine Hexe gewesen zu sein und von ihm neun Wölfe empfangen zu haben. Auf den deutschen Bischof Friedrich, der gegen Ende des 10. Jahrh. auf Island das Christentum verkündigte, und seinen Beschützer Thorwald Kodransson machte ein heidnischer Dichter den Spottvers:

Es gebar neun Kinder — Bischof Friedrich,
Sie alle zeugte — der eine Thorwald.

Vgl. Kristnisaga Kap. 4. Über seinen Feind Thorstein Hallsson ließ der Isländer Thorhadd das Gerücht aussprengen, dass er jede neunte Nacht ein Weib werde und mit Männern Umgang pflege; Þorsteins þáttr Síðuhallssonar Kap. 3. Auf diesem schmählichen Vorwurf stand Friedlosigkeit; Vigsloði Kap. 105: »Dies sind die drei Worte, auf denen sämtlich der Waldgang steht, wenn die Rede der Leute so sehr schlimm wird; wenn einer den andern weibisch schimpft oder sagt, er habe sich belegen oder beschlafen lassen, und man soll so klagen wie wegen andrer Vollbußworte, und man hat gegen diese drei Worte den Totschlag frei.« Dass alte Sagen oder Kultgebräuche missverstanden oder böswillig verdreht wurden, ist möglich;

sten Sinne zeigen. Ist er doch auch sonst unkeusch und verführt Göttinnen zur Unzucht. Die Druckgeister, welche als incubi und succubi mit den Menschen sich vermischen, werden aber gerne als Teufel aufgefasst, und so wird auch Lokis Buhlerei als Ausfluss seiner Teufelsart am ehesten sich erklären.[1]

Im Gedicht von Lokis Wortstreit (Lokasenna) tritt Loki unter die bei Ägir zum Gelage versammelten Götter und Göttinnen. Nur indem er Odin an die Blutsbrüderschaft erinnert, erhält er unter den misstrauischen Asen einen Sitz eingeräumt. Loki trinkt den Hochheiligen zu, erhebt aber zugleich seine Schelte, indem er mit Bragi, »dem feigen Bänkehüter«, beginnt. Alle Anwesenden, die sich ins Gespräch mischen, werden von Loki mit überlegenem Witz und großer Schlagfertigkeit höhnisch auf ihre schwachen Seiten hingewiesen. Dabei wird zum Teil auf bekannte, zum Teil auf verlorene Sagen angespielt. Loki weiß geschickt mittels Übertreibungen und Verdrehungen jedem Gegner etwas Ungünstiges anzuhängen. Die Göttinnen Idun, Gefjon, Frigg, Freyja, Skadi, Sif werden mit dem Vorwurf der Buhlerei bedacht. Zum Teil rühmt sich Loki selber, ihre Gunst genossen zu haben. Endlich erscheint polternd und drohend Thor. Zwar bekommt auch er seine Verlegenheit auf der Fahrt zu Utgardloki zu hören, wie er jedoch dadurch unbeirrt den Hammer gegen Loki aufhebt, bequemt sich dieser dazu, den Saal zu räumen, mit dem Wunsch, nie mehr solle Ägir ein Gelage abhalten, feurige Lohe solle über seine Habe hin spielen. Damit ist auf

---

ein Kult wenigstens, derjenige der Alcis, verlangte weibliche Haartracht des Priesters, vgl. Wolfskehl, German. Werbungssagen S. 6 ff. Auf uralten Aberglauben an die Möglichkeit des Geschlechtswechsels führt Weinhold, Ztschr. d. Vereins f. Volkskunde 5, 127 ff. die Sagen vom Kleidertausch zwischen Mann und Weib und von der Weibischkeit der Männer zurück.

1 Man kann aber auch an antiken Ursprung denken. Hermes-Merkur wurde später auch mit Hermaphroditus, dem Sohne des Hermes und der Aphrodite verwechselt. So heißt es z. B. bei Albericus *de deorum imaginibus libellus* 6 *de Mercurio: qui de viro in feminam et de femina in masculum se mutabat, cum volebat: et ideo pingebatur cum utroque sexu.* Loki hat aber sicher einige Züge, z. B. die Flügelschuhe, von Merkur.

den Weltbrand gedeutet. Der Schöpfer der Lokasenna besaß einen scharfen Blick für die Gebrechen und sittlichen Mängel der Göttersagen, deren volle Bekanntschaft er voraussetzt. Er dichtete wohl gegen Ende des 10. Jahrhunderts, als bei dem Verfall des Heidentums und beim Eindringen des Christentums manche Freidenker jeden Glauben aufgaben. Er verrät treffende Auffassung der einzelnen Göttercharaktere, insbesondere des Loki, wenn er diesem Geiste der Verneinung die Aburteilung des Götterstaates in den Mund legt. Die eigenartige Anschauung eines einzelnen Mannes, nicht eine in den Zusammenhang des Ganzen tiefer eingreifende Sage liegt offenbar in dieser merkwürdigen Dichtung vor.[1]

Loki, der Sohn der Laufey, hatte einst aus Bosheit der Sif alles Haar abgeschnitten. Als Thor dies erfuhr, fasste er Loki mit seinen Händen und würde ihm alle Knochen zerschlagen haben, wenn er ihm nicht den Eid geleistet hätte, dass er die Schwarzelben dazu bewegen wolle, der Sif aus Gold neues Haar anzufertigen, welches wachsen solle wie natürliches Haar. Hierauf begab sich Loki zu den Zwergen, die Iwaldis Söhne hießen, und diese machten das Haar sowie auch das Schiff Skidbladnir und den Speer Gungnir, den Odin besitzt. Darauf wettete Loki um seinen Kopf mit einem Zwerge namens Brokk, dass dessen Bruder Sindri nicht drei Gegenstände herstellen könne, die den eben genannten an Wert gleichkämen. Loki suchte auch in Gestalt einer Stechfliege die Arbeit der Brüder zu stören. Trotzdem brachten sie den Ring Draupnir, Freys Goldeber, Thors Hammer fertig. Die Asen entschieden, der Hammer sei das beste der Kleinode und der wirksamste Schutz wider die Riesen. So hatte Brokk gewonnen. Loki erbot sich, sein Haupt zu lösen; darauf

1 M. Hirschfeld, Untersuchungen zur Lokasenna (*acta germanica* 1), Berlin 1889; Finnur Jónsson, litteraturs historie 1, 178 ff. Über glaubenslose Leute aus der Übergangszeit, denen der Verfasser der Lokas. entweder selbst angehört oder die er wenigstens dabei im Auge hat, vgl. Maurer, Die Bekehrung des norwegischen Stammes I 158 Anm. 16; 160; 163; II 247 ff.; 316 ff.

wollte der Zwerg nicht eingehen. »So greife mich denn«, sprach Loki; aber als er ihn fassen wollte, war er schon weit entfernt. Loki hatte nämlich Schuhe, die ihn durch Luft und Meer trugen. Nun bat der Zwerg Thor, dass er den Loki greifen möge, und Thor tat das. Nun wollte der Zwerg ihm den Kopf abschlagen, Loki sagte jedoch, er habe wohl Recht auf seinen Kopf, aber nicht auf seinen Hals. Da nahm der Zwerg Messer und Faden und wollte dem Loki die Lippen zusammennähen und zunächst Löcher in die Lippen stechen, aber das Messer schnitt nicht. Der Zwerg meinte, dass der Pfriemen seines Bruders tauglicher sein würde, und sobald er diesen genannt hatte, war er auch zur Stelle, und der Pfriemen durchschnitt die Lippen. Er nähte nun Lokis Lippen zusammen, Loki aber riss den Faden aus dem Saume heraus. Dieser Faden, mit dem Lokis Mund zugenäht war, heißt Wartari. So erzählen die Skáldskaparmál Kap. 3.

Im Grimnirliede 43 wird Skidbladnir als Werk der Söhne Iwaldis erwähnt, ohne dass Lokis Teilnahme erhellt. In der Lokasenna 54 spielt Loki darauf an, dass er mit Sif Buhlschaft trieb, und auch das Harbardslied 48 scheint hierauf Bezug zu nehmen. Dann würde dem Berichte Snorris immerhin Gewähr älterer Überlieferung gegeben. Vielleicht wird Loki als das Erdfeuer zu den unterirdischen Zwergen, denen er gleichsam die Schmiede heizt, in Zusammenhang gebracht. Andererseits ist Merkur der Gott der Erfindungen, und gerade in dieser Sage wie sonst allein noch in der Sage vom Nibelungenhort wird Loki mit Merkurs Flügelschuhen begabt. Letztere sind zweifellos aus der antiken Sage entlehnt, wie überhaupt neben Luzifer auch antike Gestalten, Merkur und Apollo auf Loki eingewirkt haben.[1] Die Wette, auf die Loki sich einlässt, mag auch fremdem Vorbild, etwa Apollo und Marsyas, nachgeahmt sein, wenngleich es sich um Anfertigung anderer Gerätschaften handelt und auch sonst die nordische Sage anders sich entwickelt.

---

1 Verwandte Züge zwischen Merkur und Loki zählt J. G. v. Hahn, Sagwissenschaftliche Studien, Jena 1876, S. 162 auf. Bugge, Studien 267 ff. sucht Loki mit Apollo zu verknüpfen.

3. Loki als Verderber Baldrs

Die Asen Odin, Bragi, Tyr, Freyr, Njord, Widar waren bei Ägir dem Meergott versammelt. Ägir hatte zwei Dienstleute, Fimafeng (den behänd Greifenden) und Eldir. Statt des Feuers diente helles Gold zur Beleuchtung. Die Gäste rühmten sehr, wie gut die Dienstleute Ägirs waren. Loki mochte das nicht hören und erschlug den Fimafeng. Da schüttelten die Asen ihre Schilde und erhoben ein Geschrei wider Loki und trieben ihn in den Wald hinaus. Dann setzten sie sich wieder zum Trank nieder. Loki aber kehrte zurück. (Im Wortwechsel rühmte er sich offen, den Tod Fimafengs verursacht zu haben.) Darauf versteckte sich Loki, nachdem er die Gestalt eines Lachses angenommen hatte, im Wasserfall Franang. Dort fingen ihn die Asen. Er ward mit den Därmen seines Sohnes Narfi[1] gefesselt; sein Sohn Wali wurde in einen Wolf verwandelt. Skadi nahm einen Giftwurm und befestigte ihn über Lokis Antlitz, sodass Gift darüber hintropfte. Sigyn, Lokis Frau, saß daneben und hielt eine Schale, um das Gift aufzufangen. Wenn die Schale voll war, trug sie das Gift hinaus. Inzwischen aber träufelte Gift auf Loki herab. Da zuckte Loki so heftig, dass die Erde erbebte. Das wird jetzt als Erdbeben bezeichnet.

Die Sage von Lokis Fesselung scheint in einem verlorenen Liede behandelt worden zu sein, welches seinem Inhalt nach in kurzem Auszug dem Lied von Lokis Wortstreit (Lokasenna) voraus- und nachgestellt wurde[2], sodass die schwere Strafe über Loki scheinbar wegen seiner Schmähungen auf die Götter und Göttinnen verhängt wurde, während dagegen die eigentliche Untat, der Totschlag Fimafengs an heiliger Friedensstätte, ohne

1 Nach der Kenning der Vǫl. 35 *»ór Vala þǫrmom«*, aus Walis Därmen seien die Fesseln gefertigt, muss hier wie auch Gylfag. Kap. 50 geändert werden: mit den Därmen seines Sohnes Wali. Vgl. Kauffmann, Beiträge 18, 165.

2 Dass die Eingangs- und Schlussprosa der Lokasenna eine unabhängige Überlieferung enthalte, behaupten Jessen, ZfdPh. 3, 72, Hirschfeld, Untersuchungen zur Lokasenna, Berlin 1889 (*acta germanica* 1), S. 11 u. 32; Kauffmann, Beiträge 18, 160.

weitere Folgen für Loki bleibt. Vermutlich hat der Aufzeichner der Lokasenna fälschlicherweise die Sage von Lokis Untat und Bestrafung als Einkleidung des Scheltgedichtes genommen. Die eingeklammerten Worte deuten den ursprünglichen Inhalt an, wie Loki frech seiner Tat sich rühmte. Statt dieses Wortwechsels, den der Zusammenhang erfordert, trat die Beschimpfung der Götter ein. Dass die Sage von Lokis Totschlag und Bestrafung unbedenklich von der Lokasenna losgelöst werden darf, bezeugen die übrigen Berichte, die Lokis Fesselung unmittelbar auf Baldrs Tod folgen lassen, die überhaupt zur Ergänzung und zum Verständnis heranzuziehen sind.

Gylfaginning Kap. 50 erzählt: Als die Götter erfuhren, dass Loki Baldr getötet und in Gestalt der Riesin Thokk die Auslösung Baldrs aus der Hölle verhindert hatte, ergrimmten sie wider ihn. Er aber rettete sich auf einen Felsen. In seinem Hause dort hatte er vier Türen, damit er nach allen Himmelsgegenden ausschauen könne. Am Tage aber hielt er sich in Lachsgestalt im Wasserfall Franang auf. Ihm kam es in den Sinn, dass die Asen mit List ihm nachstellen könnten. Da nahm er Flachsgarn und machte Maschen, so wie man später Netze fertigte. Da sah er die Asen herankommen, denn Odin hatte ihn von Hlidskjalf aus bemerkt. Loki warf das Netz ins Feuer und sprang ins Wasser. Kwasir, der sehr klug war, kam zuerst hinzu; er sah, dass die Arbeit, die Loki gemacht hatte, zum Fischfang sehr nützlich war, und sie fertigten nach der Asche, zu der das Netz verbrannt war, ein neues. Die Asen gingen zum Wasserfall, Thor hielt den einen Zipfel vom Netz, die übrigen Götter den andern. Loki legte sich zwischen zwei Steine, und sie zogen das Netz über ihn weg. Nun versuchten sie es zum zweiten Mal und beschwerten das Netz so, dass nichts drunter wegschlüpfen konnte. Loki schwamm vor dem Netz her; als es nicht mehr weit zur See war, sprang er über die Netzleine und schwamm in den Wasserfall zurück. Die Asen hatten bemerkt, wohin er fuhr, und sie verteilten ihre Schar auf beide Ufer, Thor watete mitten im Fluss. So schritten sie gegen das Meer zu. Loki sah, dass es lebensgefährlich war, ins Meer zu schwimmen, deshalb sprang er abermals übers Netz. Thor aber ergriff ihn mit den Händen, und obwohl er hindurchzugleiten suchte, hielt er ihn doch am Schwanz fest. Darum ist der Lachs hinten so schmal. Nun war Loki gefangen und durfte keine Schonung erwarten. Er wurde in eine Höhle gebracht. Sie nahmen drei große Steine, richteten sie auf und schlugen in jeden ein Loch. Lokis Söhne, Wali und Narfi, wurden ergriffen. Den Wali verwandelten die Asen zum Wolf, da zerriss er den Narfi. Da nahmen die Asen seine Därme und banden damit den Loki auf den scharfen Kanten der drei Steine fest. Einer stand unter seinen Schultern, der zweite unter seinen Lenden, der dritte unter seinen Kniegelenken. Die Fesseln aber wurden zu Eisen. Skadi befestigte einen Giftwurm über seinem Antlitz. Aber Sigyn hielt eine Schale darunter, um das herabtropfende Gift aufzufangen. Wenn aber die Schale voll ist und Sigyn sie ausgießt, tropft inzwischen Gift auf Lokis Angesicht. Da windet er sich so gewaltig, dass die Erde erzittert. Dort liegt er bis zur Götternacht.

Im Anschluss an Baldrs Tod schildert auch die Vǫlospǫ́ (35) Lokis Strafe: Gebunden sah ich im zerklüfteten Bergwald[1] die Unholdsgestalt, den argen Loki; bei ihrem Manne sitzt dort Sigyn, nicht freudig gesinnt.

Eine nur in der einen Handschrift der Vǫlospǫ́, in der Hauksbók erhaltene Halbstrophe sagt: Sie sieht aus Walis Därmen Kampfbande winden, sehr fest waren die Fesseln.

Endlich erzählt Saxo[2], wie Thorkillus den furchtbaren in entlegenem, ewig umnachtetem Lande hausenden Ugarthilocus aufsucht. Thorkillus und seine Gesellen drangen durch enge Öffnung in eine mit Schlangen erfüllte Höhle. Dann kamen sie zu einem auf sandigem Bett ruhig dahinflutenden Wasser, das sie

---

1 *Hvera lundr*, Wald der Klüfte, deutet Kauffmann, Beiträge 18, 165, indem er *hverr* = Gebirgskessel, Kluft, wie Hym. 26 *hverr holtriða*, Schlucht der Waldberge, nimmt. Jessen, ZfdPh. 3, 37 u. Müllenhoff, Altertumskunde 5, 9 verstanden *»hverr«* als Kessel heißer Quellen; es seien die heißen Quellen Islands gemeint. Gegen diese Auffassung, welche *»lundr«*, Wald, unerklärt lässt, vgl. auch Finnur Jónsson, litteraturs historie 1,132. Er sieht im hveralund »en vild bjærgegn med mange huler«.

2 Saxo Buch 8, S. 431 f.

durchwateten. Darauf gelangten sie in eine noch tiefer liegende Höhle, von der aus ein finsteres, scheußliches Loch sich auftat. Dort lag Ugarthilocus, die Hände und Füße mit schweren Ketten belastet; seine stinkenden Haare glichen an Größe und Steifheit Speeren aus Horn. Thorkillus zog eines aus seinem Kinn heraus, um es als Wahrzeichen seiner Höllenfahrt vorweisen zu können. Saxo berichtet nicht, warum Loki in Fesseln geschlagen ist. Auch fehlt jede Anspielung auf Sigyn. Aber ihm schwebt die gleiche Vorstellung vor, und vielleicht ist wie in der Baldrsage seine Darstellung einfacher und altertümlicher, indem sie weder auf Baldrs Tod noch auf Sigyn Bezug nimmt, sondern allein auf den gebundenen, in finsterer Höhle schmachtenden teuflischen Dämon sich beschränkt.

Der isländische Bericht erfordert nach mehreren Seiten hin Aufhellung. Dass Loki an geweihter Friedensstätte einen Totschlag beging, veranlasste seine Bestrafung. Schwerlich handelte es sich aber um eine so untergeordnete Person, den »Diener« Ägirs, Fimafeng, wie die Einleitung zur Lokasenna behauptet. In der Gylfaginning und Vǫlospǫ́ geht Baldrs Mord voran. Ebenso wird er für die Sage der Lokasenna vorauszusetzen sein. Unter Fimafeng, der nirgends sonst vorkommt, verbirgt sich Baldr. Neben die sonst bekannten Erzählungen, wie Loki den Hod zum tödlichen Wurf auf Baldr veranlasste, tritt eine neue, der zufolge Loki allein tätig gewesen zu sein scheint. Hiebei mögen die Rechtszustände besonders ausgemalt worden sein.[1] Loki erschlug den Fimafeng in der Halle, da griffen die anwesenden sieben Zeugen zu den Waffen, um auf handhafter Tat an dem Totschläger die Strafe zu vollstrecken, den Frevler für friedlos auszurufen und zu töten. Loki entzog sich seinem Schicksal, am Tatort von den Zeugen erschlagen zu werden, durch die Flucht in den Wald. Von dort aus konnte der Verbrecher gesetzliche Verhandlung seiner Sache verlangen und sich eine Gnadenfrist erkaufen bis zum Urteilsspruch. Darum kehrte auch Loki zurück.

---

1 Über die Rechtsaltertümer der Lokisage vgl. Kauffmann, Beiträge 18, 159 ff.

Im Wortstreit mit den Göttern gab er aber durch offene Prahlerei, Baldr-Fimafeng getötet zu haben, seinen Gegnern das volle Recht, ihn zu greifen und abzuurteilen. Die altgermanische Sage überhaupt, insbesondere aber die nordische liebt es, Rechtsverhältnisse ausführlich zu schildern. Darum ist eine solche Lokisage sehr wahrscheinlich. Was die über Loki verhängte Strafe betrifft, so liegen zum Teil Missverständnisse und daraus hervorgegangene irrige Ausdeutungen jüngerer Sagenschreiber vor. Im Osten außerhalb der bewohnten Welt, in Utgard, in einem zerklüfteten Bergwald verbüßte Loki seine Strafe. Gefesselt wurde er als Ächter in den Wald getrieben, er wurde *»Warg«*, d. h. Wolf. Wölfe heißen die friedlosen Waldgänger, und mehrfach lässt sich nachweisen, dass eine spätere Zeit die oft bildlichen Benennungen nimmer richtig verstand, sondern wörtlich nahm. Warum freilich Lokis Söhne zum Wolf werden, nicht er selbst, wie dies teilweise beim Fenrir der Fall sein mag, indem die Fesselung dieses wölfischen Unholds nur die Fesselung des geächteten Wolfes Loki wiederholt, das lässt sich nicht mehr feststellen.[1] Andererseits erinnert der gefesselte Loki[2], dessen Zuckungen die Erde erbeben machen, besonders nach Saxos Schilderungen an den Teufel. Loki wird zur Strafe für Baldrs Ermordung ergriffen und gebunden, um erst am Ende dieser Welt zu entkommen. Die Zeit, da Loki von seinen Banden loskommt, ist mit dem Untergang der Götter und der Welt gleichbedeutend. So wird der

---

1 Kauffmann, Beiträge 18, 164 ff. vermutet Missverständnis der alten Kenning, Lokis Bande seien aus »Walis Därmen« gefertigt worden. Walis Därme bedeute Zweige, indem Wali ein Waldgott sei. Die Stricke waren aus Gezweig geflochten. Narfi, ein Riese, sei mit Loki gleich, also auch ein »Wolf«. Narfi-Wolf wörtlich verstanden führte zur Vorstellung, Narfi als Wolf habe Wali zerrissen und dann seien dessen Därme als Fesseln gebraucht worden.

2 Zum gefesselten Loki vgl. Bugge, Studien 56 f. Die entsprechenden Teufelssagen bei Grimm, Myth. 962; Mannhardt, German. Mythen S. 86 f.; Simrock, Myth.[5] 114 f. Über Sigyn gibt E. H. Meyer, Völuspa 154 ff. Andeutungen, die er jedoch selbst nur als bloße Vermutung hinstellt, die keineswegs befriedigen. Simrocks Vergleich zwischen Sigyn und Wolframs Sigune a.a.O. ist belanglos.

Teufel von Christus in der Hölle gebunden und liegt in Fesseln. Im Mittelalter war es eine allgemein angenommene Vorstellung, die oft in Bildern sich aussprach, dass der Teufel gebunden liegt; erst am Jüngsten Tag soll er loskommen. Daher rührt auch die Redensart: Der Teufel ist los! Die Zeit, da er loskommt, wird dabei zugleich als diejenige Zeit bezeichnet, in der alles in Verwirrung ist und die Welt vor dem Untergange steht. Ebenso gilt das Loskommen des Fenriswolfes für ein Zeichen des bevorstehenden Weltendes. Zweifellos sind die Teufelssagen die Quelle der Vorstellung vom gefesselten Loki und Fenrir, die vor dem Weltbrande loskommen. Die treue Sigyn, welche über Loki die Schale hält, bleibt unerklärt.

4. Die Teufelsbrut

Im Lied von Hyndla 42/3 werden die Unholde genannt, die von Loki abstammen.

Den Wolf zeugte Loki   mit der wilden Angrboda
Und den Sleipnir gebar er   dem Swadilfari;
Ein Scheusal schien   das schlimmste von allen,
Das von Byleipts   Bruder stammte.
Es fraß Loki   ein Frauenherz,
Er fand's halb verkohlt   in der heißen Asche,
Durch das leidige Weib   ward Loptr schwanger:
Dort stammen alle   die Unholde her.

Wenn eine Religion einmal einen Teufel hat, so schiebt sie ihm auch alles Böse unter, die Unholde werden zur Brut des Teufels. Darum ist Loki Vater der Trolle, besonders aber werden solche Ungeheuer als seine Kinder bezeichnet, welche im letzten Kampf den Göttern Tod bringen. So sagt Gylfaginning Kap. 34: Angrboda heißt eine Riesin in Jotunheim, mit ihr erzeugte Loki drei Kinder: das eine ist der Fenriswolf, das zweite Jormungand (die ungeheure erdumgürtende Seeschlange), das dritte Hel.

Diese drei Geschwister wurden in Jotunheim aufgezogen. Die Götter erfuhren durch Orakel, dass ihnen durch diese Kinder großes Unheil bevorstehe, und meinten, dass sie Schlimmes wegen ihrer mütterlichen Abstammung, noch Schlimmeres aber wegen ihrer väterlichen zu erwarten hätten. Darum sandte Allvater die Götter zu den Kindern und ließ sie sich holen, und als sie bei ihm angelangt waren, warf er die Schlange in das tiefe Meer, das alle Länder umgibt, und darin wuchs die Schlange so gewaltig, dass sie nun ebenfalls um alle Länder sich schlingt mitten im Meere und sich selbst in den Schwanz beißt. Die Hel schleuderte er nach Niflheim hinab und gab ihr Macht über neun Welten, damit sie denen, die zu ihr gelangen, ihren Aufenthaltsort anweise. Den Wolf zogen die Asen bei sich auf, und Tyr allein hatte so viel Mut, ihm seine Speise zu reichen. Da nun die Götter sahen, wie sehr er täglich wuchs, und alle Weissagungen meldeten, dass er ihnen großes Unheil bringen würde, so schien es ihnen rätlich, eine sehr starke Fessel zu verfertigen, die sie Leding nannten. Der Wolf zerbrach aber diese und eine zweite, Dromi genannte Fessel. Da wurde Skirnir nach Swartalfaheim beordert, um von Zwergen die Fessel Gleipnir anfertigen zu lassen. Sie war aus sechs Dingen gemacht: aus dem Geräusch der Katze und dem Barte des Weibes, aus den Wurzeln des Berges und den Sehnen des Bären, dem Hauche des Fisches und dem Speichel des Vogels. Die Fessel war glatt und weich wie ein seidenes Band. Die Asen nahmen den Wolf auf den See Amswartnir und auf die Insel Lyngwi mit und fesselten ihn mit Gleipnir. Der Wolf verlangte, Tyr solle zum Pfande dafür, dass keine Zauberei und Hinterlist im Spiele sei, die rechte Hand ihm in seinen Rachen legen. Da nahmen die Asen das Ende der Schnur, welches Gelgja heißt, und zogen es durch einen großen Felsstein, der Gjoll genannt wird, und legten diesen tief in der Erde fest. Dann nahmen sie noch einen großen Stein, mit Namen Thwiti, und versenkten den noch tiefer und benutzten ihn als Taupfahl. Nun war der Wolf gefesselt und vermochte die Bande nicht zu zerreißen. Aber Tyr verlor seine Hand. Der Wolf riss seinen Rachen furchtbar auf und schnappte gewaltig um sich. Da schoben sie ihm ein Schwert in das Maul, sodass der Griff im Unterkiefer seine Stütze fand, die Spitze aber im oberen Gaumen steckte. Er heult entsetzlich, Geifer rinnt aus seinem Maule, das ist der Fluss, welcher Wan heißt. Dort liegt der Wolf bis zum Untergange der Götter.

Die Erzählung, wie Allvater die Kinder Lokis, die Teufelsbrut ins Meer und in die Unterwelt schleuderte, ist schwerlich alt[1], aber schon die älteren Skalden kennen diese Unholde als Kinder Lokis. Dass die persönlich gewordene Hel mit Loki verbunden erscheint, ist so natürlich, wie Teufel und Hölle zusammengehören. Die große Seeschlange ist insofern eine Nachahmung des Leviathan, als sie sich rings um die Erde legt.[2] Schlangen und Drachen stellt aber biblischer Glaube mit dem Teufel, dem Höllenwurme, der Höllenschlange gleich. Der Wolf Fenrir ist einerseits aus den Ungetümen, die nach dem Volksglauben Sonne und Mond zu verschlingen drohen und dadurch die Welt gefährden, hervorgegangen[3], andererseits wiederholt er nur Loki selber, er ist der »Warg« Loki und wird daher auf gleiche Weise gefesselt. Wenn der Teufel loskommt, wenn Loki-Fenrir der Bande ledig wird, geht die Welt unter.

---

1 Bugge, Studien 511 vergleicht die *duodecim caeli signa,* wo Saturnus infolge einer Gefahr verheißenden Weissagung den Neptun in die Tiefe des Meeres, den Pluto in die Unterwelt versenkt. Lokas. 10 u. Haustlǫng heißt Loki Vater des Wolfes, in Eilifs Þorsdrápa Vater der Schlange; im Ynglingatal ist Hel Lokis Tochter. Die Skaldenstellen, welche diese Verwandtschaftsverhältnisse voraussetzen, sammelt Gudbrand Vigfusson, corpus 2, 471.

2 Bäda *de ratione temporum: Leviathan animal terram complectitur tenetque caudam ore suo;* vgl. Finn Magnusen, Lex. myth. 212; J. Grimm, Myth. 166 u. 950; Diemer, Beiträge zur älteren deutschen Sprache u. Literatur. 4. Teil. Wien 1867, S. 45; R. Köhler, Germania 13, 158 ff.; Bugge, Studien 12.

3 Fenrir als Verfolger des Mondes (*álfrǫðull,* der Elbensonne) Vafþr. 46; dass Fenrir eine Wiedergeburt Lokis sei, behauptet schon J. Grimm, Myth. 224; über seine Fesselung Kauffmann, Beiträge 18, 161 ff. Bei Loki und Fenrir muss auch in Anschlag gebracht werden, dass der Teufel bereits bei den Kirchenvätern und im ganzen Mittelalter als Wolf bezeichnet wurde; vgl. J. Grimm, Myth. 948; 3, 294.

5. Loki beim Weltende

Wie die Mächte des Verderbens gegen die Götter zur Weltvernichtung heranrücken, da kommt auch Loki aus seinen Banden und vollbringt, was er lange erstrebt. Die Vǫlospǫ́ 51 sagt:

Es segelt von Norden über die See ein Schiff
Mit den Leuten der Hel, und Loki steuert;
Dem Wolfe folgen die wilden Gesellen,
Mit ihnen ist Byleipts Bruder im Zuge.

Die Gylfaginning Kap. 51 berichtet, dass der alte Streit zum Austrag kommt: Loki kämpft mit Heimdall, und beide töten sich gegenseitig. Zu den Vorzeichen des Jüngsten Gerichts gehört es, dass Meer und Hölle die Toten auswerfen und dass die Dämonen im Gefolge des Antichrists zum Kampfe sich erheben.[1]

---

1 Vgl. E. H. Meyer, Völuspa 198 f.

Die Göttinnen

Unter den Göttern treten uns Hauptgestalten entgegen wie Tiuʒ, Donar, Wodan, die von allen oder doch von den meisten Stämmen verehrt wurden. In allen Mythologien, besonders aber in der germanischen gehören die Göttinnen einer späteren Glaubensschicht an; sie sind jünger als die Götter. Nur Frija ist der Mehrzahl der germanischen Völker bekannt; ihre Gestalt ist vielleicht aus vorgermanischer Zeit übernommen. Ein Kultus der Erdgöttin darf wohl auch den ältesten Glaubensvorstellungen der Germanen zugeschrieben werden. Himmel und Erde scheinen das älteste Götterpaar gewesen zu sein. Die Erde ist die große Lebensmutter, in deren Schoß aber alles auch wieder zurückfällt. Sie erscheint in blühender Lenzespracht und in winterlicher Erstarrung. Darum sind Leben und Tod ihr untertan. Zahlreiche Mythen wuchsen aus dem Grunde dieser einfachen Naturanschauung. Unter vielen Namen und Gestalten mag die Erdgöttin durch die deutsche Göttersage wandeln. Sie ist aber zugleich die liebe Gemahlin des hohen, lichten Himmelsherrn und nimmt daher, über den Wolken thronend, an seinem Wesen teil. Sie ist das göttliche Urbild der irdischen Frauen, wie im Gotte der Held und Fürst sich in höchster Vollendung verkörpert. Die alten Quellen, die unverdächtige Zeugnisse des Heidentums darbieten, lassen eine Vielheit von Göttinnen erkennen, deren Art leider selten uns deutlich geschildert wird. Die Göttinnen scheinen bei den einzelnen Stämmen sehr verschieden gewesen zu sein. Möglicherweise ist aber die Vielheit nur äußerlich, indem es sich oft um mehrere Namen einer und derselben Göttin handelt. Sicheres lässt sich darüber nicht sagen, da häufig unsre Wissenschaft mit den Namen auch zu Ende geht und nur Vermutungen über das Wesen der Göttinnen uns möglich sind.

I. Frija und ihr Kreis

1. Frija

Die höchste germanische Göttin führt keinen eigentlichen Namen, vielmehr ein allmählich zum Range eines Namens erhobenes Nennwort: Frija, die Geliebte, die Gattin, wie Hera schlechthin auch des Zeus liebe Genossin, *φίλη ἄκοιτις* heißt.[1] Dass Frija

1 Der Name der Göttin lautete urgerm. *Frijô* = idg. *prijâ*, woraus westgerm. *Frîja* und nord. *Frigg* lautlich sich entwickeln mussten; vgl. Kögel, Beiträge 9, 544, Brugmann, Grundriss 1, 128, Noreen, Abriss der urgerm. Lautlehre, Straßburg 1894, S. 160 f. Ahd. begegnet *Frîja* im Merseburger Zauberspruch; aus den Formen des Wochentagnamens ahd. *frîadag, frîjetag, frîgetag, frîtach* ergeben sich *Frîja* und *Frîa* nebeneinander, vgl. Braune, Ahd. Gramm. § 117 über den Ausfall von intervokalischem j. Langobardisch *Frea* ist wohl nur verschrieben für *Frîa*, wie *fulcfree* für *fulcfrî*, vgl. Carl Meyer, Sprache und Sprachdenkmäler der Langobarden, Paderborn 1877, S. 263 u. 286; als lautliche Entwicklung (*ija* > *ea*) fasst Bruckner, Sprache der Langobarden S. 78 diese Erscheinung auf. Nach dem überlieferten Tagnamen *Frígedæg* hieß die Göttin bei den Angelsachsen *Fríg*. Zum Namen vgl. Müllenhoff, Denkmäler 2³, 46 f. u. ZfdA. 30, 217. Afries. *frîgendei, frîendei*, mndl, *vrîdach* zeigt Bekanntschaft der Göttin bei Friesen und Niederfranken. Mhd. heißt der Tag *frîetac, frîtac*, woraus nhd. *Freitag*. Da der Wochentag übers gesamte wg. Gebiet nach Frija benannt ist, muss die Göttin auch bei allen Stämmen Verehrung genossen haben. Im Norden ist Frigg genügend bezeugt, aber kein Friggjardagr; an. *frjádagr* ist aus Deutschland entlehnt, Fritzner, Ordbog 1², 486. Verdächtig aber sind eine Anzahl von Zeugnissen, die man für das Fortleben des Frijaglaubens im MA und in der Neuzeit in Anspruch nahm, so die *Frigaholda* einer Madrider Handschrift, die J. Grimm, Kleine Schriften 5, 416 ff. mit der Göttin in Verbindung brachte, vgl. jetzt dazu Kauffmann, Beiträge 18, 150 Anm., wonach *friga* vielleicht Schreibfehler einer Glosse *striga*, und besonders die nach Kuhn und Schwartz in norddeutschen Sagen noch vorhandenen Namen *frû Frîen, Vrëen, Fricke, Frëke* usw., wogegen O. Knoop in Veckenstedts ZfVolkskunde 2, 449 ff. Verdächtig scheint auch der nordenglische Tanz mit Anrufung »der vornehmsten Riesen«, die sie Wodan und seine Frau Frigga nennen, was J. M. Kemble aus dem Mund eines »old Yorkshireman« gehört haben will; vgl. J. Grimm, Myth. 281. Altdeutsche Namen mit *frî-* (Förstemann, Namenbuch 2², 582 f.) stehen zum Adj. und dürfen nicht von der Göttin abgeleitet werden; der Name *Fricco* (Förstemann, Namenbuch 1, 419 f.; 2², 584 ff.) samt seinen Ableitungen gehört

allen Westgermanen und den Nordleuten, wahrscheinlich überhaupt allen Germanen, als die Gemahlin des höchsten Gottes, einst des Tiuȝ, bekannt war, ist mit Sicherheit anzunehmen. Der sechste Wochentag, *dies Veneris,* der Freitag, erhielt von ihr den Namen. Wörter wie got. *frijôn,* an. *frjá,* lieben, das altdeutsche Urwort für mhd. *vrîen,* nhd. *freien,* erhielten dem Sprachgefühl den in Frija ruhenden Begriff »Liebe« lebendig, und darum ist Venus die interpretatio romana für die deutsche Göttin. Außerhalb des Nordens lassen sich jedoch nur spärliche unmittelbare Zeugnisse für sie aufbringen. Nach der langobardischen Sage weilt *Frîa* (überliefert ist die Form *Frea)* mit Wodan als seine Gattin im Himmel und mischt sich in Siegvaters Geschäft. Nach Galfrid von Monmouth (Buch 6) berichtet Hengist von den obersten sächsischen Gottheiten, von Woden und von der mächtigsten Göttin, welcher der *Friday* geweiht sei, also von *Fríg.* Im Merseburger Heilzauber, auf mitteldeutschem thüringischem Gebiet erscheint *Frîja* zugleich mit Volla, ihrer Schwester, unter den Göttinnen, die vergeblich sich bemühen, den ausgerenkten Fuß des Fohlens wieder einzurichten, was allein Wodan vermag. Damit sind die Nachrichten über Frija bereits erschöpft. Durchweg scheint Frija als Wodans Gemahlin gedacht zu sein. Ebenso steht es in den nordischen Quellen, aus denen mehr zu erfahren ist.

---

zum Adj. *frech* im alten Sinne von kampfgierig, verwegen, kühn und hat mit der Göttin nichts zu tun. Offenbar ist neben altgerm. *freka-* eine Ableitung *frikkjan-* anzunehmen; vgl. afz. *frique,* neuprovenz. *fricaud,* munter, lebhaft. Weil Adam von Bremen für den nordischen Freyr den Namen *Fricco* gebraucht, haben J. Grimm, Myth. 278 ff. und nach ihm andere eine deutsche *Fricca,* der an. *Frigg,* bei Saxo latinisiert *Frigga,* gegenübergesetzt. Die neuere Lautgeschichte erweist diese Annahme als irrig, *Frigg* kann im Deutschen nur *Frîja, Frîa* heißen, unmöglich *Fricca.* Bei Adam liegt ein Versehen vor. Er wusste von Freyr, Freyja und Frigg, dazu war ihm der deutsche Name *Fricco* geläufig. Daraus kombinierte er das Verhältnis *Freyja: Freyr = Frigg: Fricco.* Fricco muss als eine Erfindung Adams betrachtet werden und darf nun und nimmermehr zum Ausgang sprachlicher und mythologischer Unmöglichkeiten dienen.

2. Frigg

Frigg[1] ist Odins Gattin, die höchste der Asinnen. Wie Odin selbst weiß sie die Schicksale der Menschen voraus, obwohl sie keine Weissagungen ausspricht. Fensalir[2], Meersäle, heißt ihr stattlicher Saal. Dort beweint sie Walhalls Weh, den Tod Baldrs, den sie vergeblich abzuwenden getrachtet hatte. Wie Frîa bei den Langobarden Wodans Willen entgegen handelte, scheinen auch Spuren vorhanden, dass Frigg andrer Meinung war und sie betätigte als ihr Gemahl. Im Eingang zum Grimnirliede wird auf eine solche Sage angespielt. Odin und Frigg saßen einmal auf Hlidskjalf und schauten über alle Welt. Odin sprach: Siehst du, wie dein Pflegling Agnar in der Höhle mit einem Riesenweibe Kinder zeugt? Aber Geirröd, mein Pflegesohn, sitzt nun als König in seinem Land. Frigg antwortete: Er ist so karg mit der Kost, dass er seine Gäste hungern lässt, wenn er meint, dass deren zu viele gekommen seien. Odin sagte, das sei die größte Lüge; da wetteten beide, wer Recht behielte. Frigg sandte ihr Kammermädchen Fulla zu Geirröd und ließ dem Könige sagen, er möchte sich vor den Hexenkünsten eines Zauberers in Acht nehmen, der in sein Land gekommen sei; er wäre, fügte sie hinzu, leicht daran zu erkennen, dass kein Hund, so bissig er auch sei, ihn anzufallen wage. Das war nun eine böse Verleumdung, dass Kö-

---

1 Über Frigg vgl. Vǫl. 34; Lokas. 29; Gylfag. Kap. 9; 20; 35; Frigg in der Baldrsage Gylfag. Kap. 49. Friggs Beziehung zur Ehe Gylfag. Kap. 35 (SE. 1, 116) und Vǫlsungasaga Kap. 1. Ihre Attribute, Truhe und Schuhe, sind aus Gylfag. Kap. 35 zu entnehmen, wo es von Fulla heißt: sie trägt Friggs Truhe und bewahrt ihr Schuhzeug. Im Eingang zum Grimnirlied heißt Fulla *eski-mœr*, d. h. Mädchen, welches die Truhe *(eski)* einer vornehmen Herrin in Verwahrung hat. Über die Bedeutung von Friggs Schuhen und Kästchen vgl. W. Müller, Geschichte und System der altdeutschen Religion S. 276 f. Wenn der Frigg SE. 1, 284 u. 304 ein Falkenhemd zugeschrieben wird, so liegt hier deutlich Verwechslung mit Freyja vor, nicht ältere Sagenüberlieferung, wonach auch Frigg mit dem Fluggewand begabt gewesen wäre; vgl. SE. 3, 2, 780 im Index.

2 Zur Erklärung des Namens Fensalir Bugge, Studien über die Entstehung der nordischen Götter- und Heldensagen 214 ff.

nig Geirröd nicht gerne seinen Gästen Speise gebe; aber dennoch ließ er den Mann festnehmen, vor dem die Hunde zurückwichen. Um Recht zu behalten und ihrem Wunsche zum Sieg zu verhelfen, greift Frigg ebenso mit Erfolg zur List wie die Frîa der Langobardensage. Odin will in Verkleidung Geirröd versuchen; durch die listige Botschaft veranlasst Frigg den sonst freigebigen Geirröd, den unter dem Namen Grimnir einsprechenden Odin hart zu behandeln. So verspürt Odin an seinem eigenen Leibe, dass Geirröd gegen Fremde ungastlich sich benimmt, dass Friggs Beschuldigung begründet ist. Hier wie dort wird der göttliche Gemahl durch der Göttin Schlauheit übertrumpft. Das Lied von Wafthrudnir hebt mit einer Beratung der Gatten an, woraus zu ersehen ist, dass Odin wichtige Angelegenheiten mit Frigg bespricht. Er will Wafthrudnir ausforschen, sie ist dagegen, weil der Riese besondere Stärke besitzt. Wie Odin dennoch sich auf den Weg macht, entlässt ihn Frigg mit dem Reisesegen:

Reise gesund, gesund komm wieder!
Gesund wandre den Weg!
Nicht fehle dir Weisheit, Vater der Menschen,
Wenn mit dem Riesen du reden musst.

Frigg ist über die Ehe gesetzt. Denn die Göttin Lofn hat von Allvater und Frigg die Erlaubnis erhalten, Ehen zwischen den Menschen zustande zu bringen, denen vorher ein Hindernis im Wege stand. König Rerir und seine Frau bekamen lange Zeit keine Kinder. Das behagte ihnen wenig, und sie riefen inbrünstig zu den Göttern, ihnen Nachkommenschaft zu gewähren. Da erhörte Frigg ihr Flehen und ebenso Odin. So spendet also Frigg Fruchtbarkeit. Ob Friggs Schuhe, die Fulla verwahrt, rechtssymbolische Bedeutung haben, da der Schuh bei Adoption und Ehe Anwendung fand, ist in Ermanglung genauerer Nachrichten nicht festzustellen. Welche Bewandtnis es um Friggs Truhe hat, ob darin wie in einem Füllhorn die Gaben des Glückes verwahrt werden, bleibt ebenfalls unerklärlich.

Von Friggas Buhlerei erzählt Saxo.[1] Zum Zeichen ihrer Verehrung für Odin, der damals in ganz Europa Ansehen genoss, sandten die nordischen Fürsten eine goldene Bildsäule Odins, mit schweren Armspangen geschmückt, nach Byzanz. Frigga, Odins Weib, ließ durch Goldschmiede das Bild des Goldes berauben, um sich selber damit zu schmücken. Odin gebot, die Leute aufzuhängen. Das Bildnis aber, das er durch Zauberei gegen Berührung mit Stimme begabt hatte, stellte er auf einen besonderen Sockel. Frigga aber zog ihren eigenen Schmuck der Ehre ihres Gatten vor und gab sich einem ihrer vertrauten Diener hin, durch dessen Geschicklichkeit sie das Bild zerstörte und das Gold zum eigenen Putz verwandte. Darauf musste Odin infolge dieser Schmach aus dem Lande weichen und dem Mitodin Platz machen. In der nordischen Überlieferung trifft ein ähnlicher Vorwurf die Göttin; es heißt in der Lokasenna 26:

Schweige, du Frigg, Fjorgyns Weib!
Du, Metze, warst immer männertoll:
Dem Wili und We hat Widrirs Gattin
Ihre Gunst beiden gegönnt.

Friggs doppelte Buhlerei in Saxos Erzählung von Mitodin, dass sie sich zunächst um den Goldschmuck einem Diener ergibt und dann in Mitodins Besitz gerät, weist auf Verschmelzung zweier ursprünglich getrennter Mythen. Dass sie in Mitodins Gewalt

---

1 Saxo I S. 42 ff. *cujus conjunx Frigga, quo cultior progredi posset, ascitis fabris aurum statuae detrahendum curavit. quibus Othinus suspendio consumtis statuam in crepidine collacavit, quam etiam mira artis industria ad humanos tactus vocalem reddidit. at nihilominus Frigga, cultus sui nitorem divinis mariti honoribus anteponens, uni familiarium se stupro subjecit; cujus ingenio simulacrum demolita, aurum publicae superstitioni consecratum ad privati luxus instrumentum convertit.* Der Vorwurf der Buhlerei Friggs mit Vili und Vé begegnet in der Lokasenna 26 und in der Ynglingasaga Kap. 3. Odin war lange Zeit abwesend, die Asen erwarteten seine Rückkehr nicht mehr. Da teilten seine Brüder Vili und Vé sein Erbe und nahmen sein Weib Frigg miteinander. Kurz darauf kam Odin zurück und nahm sich wieder seine Frau. Zur Auslegung der Sage vgl. Müllenhoff, ZfdA. 30, 220.

fällt, gleicht Lokis Vorwurf von Friggs Buhlschaft mit Odins Brüdern Wili und We. Diese eheliche Untreue entstand zum Teil dadurch, dass Frija einst dem Tiuȝ gehörte und von ihm auf Wodan überging. Ihre ursprüngliche Zugehörigkeit zu einem andern als Odin haftete noch in der Erinnerung, und daraus erwuchs diese Sage. Eine andere hiervon verschiedene und unabhängige Sage, welche in nordischer Überlieferung an Freyjas Namen geknüpft ist und erst unter den Freyjamythen näher erörtert werden soll, erzählte von der Göttin, die ihre Gunst verschenkte, um dadurch ein goldenes Geschmeide zu erwerben. Ob bereits Saxos Quellen die sonst mit Freyja verbundene Geschichte auf Frigg übertrugen, ob Saxo selber erst Frigg und Freyja zusammenwarf und die im Grunde einander ähnlichen Berichte verschmolz, bleibt eine offene Frage.

Frigg soll noch im schwedischen Volksglauben[1] sich erhalten haben. Von der Heilighaltung des Donnerstags, an welchem Haus und Hof für den Besuch göttlicher Wesen hergerichtet werden, geht die Redensart *»helga Toregud och Frigge«*, den Gott Thor und Frigge heilig halten. Denn merkwürdigerweise erscheint Frigge in Gesellschaft Thors, nicht Odins. Frigg wird zum Spinnen und zur Frauenarbeit in Beziehung gebracht. Während der Donnerstagsweihe darf keine Spindel und kein Spinnrocken berührt werden. Denn am Abend, heißt es, spinne Frigge selber. Am Donnerstagabend sah man vordem einen Greis und ein altes Weib am Spinnrocken sitzen. Nach alter Sage sind es Thor und Frigge, welche spinnen. Das Sternbild des Orion heißt in Schweden *Friggetenen* und *Friggerocken*, Spindel und Rocken der Frigge. In einem Segen gegen Pferdekrankheit wird Frygge genannt. Inwieweit echte und glaubhafte Sage hier vorliegt, lässt sich nicht entscheiden. *Friggjargras* heißt im Isländischen eine

1 Über den schwedischen Volksglauben vgl. Hyltén-Cavallius, Wärend och Wirdarne S. 236 f.; Rietz, svensk dialektlexicon 165; Friggjargras nach J. Grimm, Myth. 279, Jón Árnason, íslenzkar þjóðsögur 1, 646; nach Asbjörnsen, norske folke- og huldreeventyr 1, 201 u. 206 geht *Stor Frigg* mit elbischem Vieh.

Pflanze (gymnadenia odoratissima), welche, unters Kissen gelegt, Liebeslust erweckt. Übrigens gibt es im Norden auch Mariengras, Frauenhaar und fürs Sternbild die Bezeichnung Marienrocken.

3. Die aus Frigg abgezweigten Göttinnen

Einige Göttinnen, denen keine umfassende, sondern nur beschränkte Wirksamkeit zugeschrieben wird, scheinen aus Frija abgezweigt zu sein, zum Teil schon frühzeitig, falls sie auch außerhalb des Nordens begegnen, zum Teil erst später unter den Skalden.[1] Sie dürfen gleichsam als Eigenschaften und Beiwörter der Frija gelten und ergänzen demnach unsre Kenntnis vom Wesen der Hauptgöttin, worin alle die einzelnen Gestalten aufgehen. Besondere Sagen dieser Göttinnen fehlen, nur von ihren Eigenschaften hören wir einiges, das meiste durch Snorre. Gleich hinter Frigg, als zweite der Asinnen, zählt er *Sága* auf, die in Sökkwabekk den von kühlen Wellen umrauschten Saal hat. Täglich trinken Odin und Sága zusammen aus goldenen Schalen. Die Behausung der Sága in der Wassertiefe vergleicht sich den Fensalir, den Meersälen der Frigg. Der vertraute tägliche

1 Über die Göttinnen vgl. Snorre in Gylfag. Kap. 35; der Skald Kormak (937–967) nennt Sága, Hlín, Eir, Vár, Gná. Wie die Göttinnen nur die eine Hauptgöttin Frigg vervielfältigen, so die in den Fjǫlsvinnsmǫl 38 aufgezählten Jungfrauen ihre Herrin Menglod, in der ebenfalls Frigg sich verbirgt. Die hilfreichen Mädchen heißen Hlif (Beschützerin), Hlifthrasa (Schutz-?), Thiodwara (Volksbewahrerin), Bjort (die Glänzende), Bleik (die Weiße), Blid (die Freundliche), Frid (die Schöne), Aurboda (die Goldspenderin), Eir (die Pflegerin). Zu den Göttinnen im Allgemeinen Uhland, Schriften 6, 139 ff. Die Handschriften der SE. 1, 116 u. 2, 274 unterscheiden zwischen Vár und Vǫr. Vgl. darüber Müllenhoff, ZfdA. 16, 152; Mogk, Beitr. 6, 529 ff.; Bugge, Aarböger f. nord. oldkyndighed 1875, S. 216 f.; Sijmons, Edda I, 1, 148 Anm. Sunna betrachtet Kauffmann, Beitr. 15, 209 als Gen. von Sunn = an. Syn; Eir vergleicht er (Beitr. 16, 201 ff.) den Alaisiagen, den Allhilfreichen; gegen Kauffmanns Gleichstellung von Sunna und Syn Gering, ZfdPh. 26, 149. Über Sinhtgunt Müllenhoff, Denkmäler 2[3], 46; Bugge, Studien 291 f., wo eine Mondgöttin behauptet wird.

Verkehr mit Odin, der Aufenthalt in den Fluten sind ebenso der Sága wie der Frigg eigentümlich, weshalb vermutet wird, Sága sei Frigg unter anderem Namen. Doch mag man auch in Sága eine Wasserfrau, ein Seitenstück zu Mimir annehmen.

Fulla ist eine Jungfrau; sie geht mit ausgeschlagenem Haar und hat ein goldenes Band um das Haupt; sie trägt Friggs Truhe und bewahrt ihr Schuhzeug; auch ist sie in ihre heimlichen Pläne eingeweiht. Als Vertraute der Frigg hilft sie, Odin zu überlisten, indem sie dem König Geirröd die heimtückische Warnung vor den Hexenkünsten eines Zauberers überbringt. Im Merseburger Spruch ist *Volla* Frîjas Schwester. Wenn auch Fulla nur als *eskimær*, Kammermädchen der Frigg bezeichnet wird, so ergibt sich doch ihre besondere der Frigg fast gleiche Bedeutung daraus, dass Nanna aus der Hölle Frigg und Fulla mit Geschenken, mit einem Kopftuch und einem goldenen Fingerring beehrt. Der Name bedeutet Fülle, Überfluss und ist wie die göttliche *Copia, Abundantia* der Römer aufzufassen. In Fulla wird die Göttin Frija nach ihrer Reichtum und Segen spendenden Tätigkeit persönlich.

Zu Liebe und Ehe gehören *Sjofn* und *Lofn*. Sjofn ist eifrig bemüht, die Menschen zur Liebe zu entflammen, Männer sowohl wie Frauen, daher wird nach ihrem Namen die Liebe *sjofni* genannt. Lofn erhört gern die Gebete und ist mild; sie hat von Allvater und Frigg die Erlaubnis erhalten, Ehen zwischen Menschen zustande zu bringen, denen vorher ein Hindernis im Wege stand. Nach ihrem Namen heißt die Erlaubnis *lof*. Bei den älteren Dichtern finden sich diese allegorischen Gestalten nicht. Dagegen nennt schon Kormak die *Eir*, die Ärztin unter den Asen. Es ist die verkörperte Pflege, von an. *eira*, pflegen, schonen. Auch im Liede von Fjolswid 38 erscheint Eir neben andern freundlichen, schützenden, hilfreichen Jungfrauen der Menglod, welche auf dem Berge der Heilmittel *(Lyfjaberg)* gedacht ist.

War hört auf die Eide und heimlichen Abmachungen der Menschen, der Männer wie der Frauen; darum heißen solche Verpflichtungen *várar* (Gelübde). War ist auch weise und wissbegierig, sodass ihr nichts verborgen bleiben kann. Im Lied von Thrym 30 heißt es:

Bringt nun den Hammer, die Braut zu weihen,
Den Mjolnir legt in des Mädchens Schoß,
In Wars Namen weiht unsern Bund!

Also eines der schönsten und älteren Eddalieder bringt die Hüterin der Eide mit der Ehe, dem Hauptgeschäfte der obersten Göttin, in Zusammenhang.

Hlin ist angewiesen, die Menschen zu schützen, die Frigg vor irgendeiner Gefahr behüten will; daher kommt die Redeweise, dass derjenige sich anlehnt *(hleinir)*, der sich in Acht nimmt. In der Vǫlospǫ steht Hlin geradezu für Frigg, die also offenbar nur allgemein als hilfreiche Schützerin so zubenannt ist.

Syn hütet die Türen in der Halle und schließt sie vor denen, die nicht hineingehen sollen. Auch ist sie bei den Thingversammlungen in solchen Streitsachen zur Schützerin bestellt, wo Männer etwas zu leugnen haben. Daher stammt die Redensart: Syn ist vorgeschoben, wenn jemand etwas zu leugnen hat. Syn, die Ableugnung, stammt jedenfalls vom Zeitwort *synja*, leugnen. Der Name Syn findet sich schon beim Skald Egil Skallagrimsson und bei Eilif Guðrunarson.

Snotra ist weise und von feinem Anstand; nach ihrem Namen werden kluge Männer oder Frauen *snotr* genannt. Wie man sieht, sucht Snorri die betreffenden Ausdrücke aus den Namen der Göttinnen herzuleiten, während natürlich das Umgekehrte der Fall ist.

Gna wird von Frigg in ihren Angelegenheiten nach verschiedenen Orten entsendet. Sie hat ein Ross, das durch Luft und Meer zu schreiten vermag und Hofwarpnir (Hufwerfer) heißt. Es geschah einmal, dass ein Wane sie erblickte, als sie durch die Luft ritt.

Er sprach:

Wer fliegt dort, wer fährt dort,
Wer läuft durch die Luft?

Sie antwortete:

Nicht flieg ich, doch fahr ich,
Durchlaufe die Luft
Auf dem Rücken Hofwarpnirs, den die rasche Gardrofa
Vom Hengste Hamskerpir empfing.

Endlich werden *Sol* (die Sonne) und *Bil* (Mondabnahme) zu den Asinnen gerechnet. Im Merseburger Zauberspruch entsprechen vielleicht *Sunna,* die Sonne, und *Sinthgunt,* die den Weg Erkämpfende. Siegreich über die Finsternis beschreitet die Sonne ihre Bahn. Da Frija auch Sonnengöttin ist, kann der Name auf sie zielen.

4. Freyja

Freyja[1] ist nach Frigg die angesehenste unter den Göttinnen. Sie ist die Schwester des Freyr, Njords Tochter. Sie hat den Wohnsitz im Himmel, der Folkwang heißt, und wenn sie zum Kampfe sich begibt, so empfängt sie die eine Hälfte der Gefallenen und Odin die andere. So steht im Grimnirliede 14

Folkwang nenn ich, Freyja entscheidet,
Wer die Sitze dort fülle im Saal;
Von den toten Helden wählt sie täglich die Hälfte,
Die andre fällt Odin zu.

Dort in Folkwang, auf dem Volksgefilde, erhebt sich die Halle Sessrymnir, die an Sitzen Geräumige. Wenn sie eine Reise unternehmen will, so fährt sie mit ihren Katzen und sitzt in einem Wagen. Sie ist gern zur Hilfe bereit, wenn Menschen sie anrufen. Im Liede von Oddruns Klage 8 spricht die aus den Geburtswehen befreite Borgny den Heilwunsch über Oddrun:

---

1 Über Freyja Gylfag. Kap. 24 u. 35; Grímn. 14; Ynglingasaga Kap. 4 u. 13. Freyjas Namen SE. 1, 304.

So mögen dir helfen die holden Wesen,
Freyja und Frigg und noch viele Götter,
Wie du mich befreitest aus Fährde und Not.

Gut ist es, in Liebesangelegenheiten Freyja anzurufen. Ihr gefällt das Liebeslied. Zu den weiteren Eigenschaften der Freyja gehört das Brisingenhalsband, das lichte Geschmeide, und das Falkenhemd, das Loki mehrmals von ihr entlehnt. In der Ynglingasaga Kap. 4 wird von Freyja berichtet, sie habe zuerst unter den Asen den bei den Wanen längst gebräuchlichen Zauber *(seiðr)* geübt.

Von der Göttin Freyja findet sich außerhalb des Nordens keine Spur. Während Frija gemeingermanisch ist, bleibt Freyja auf Norwegen und Island beschränkt. Zumal auf Island gedieh der Freyjakult am meisten, dort verdrängte sie geradezu die Frigg, wie sie auch in der spätisländischen Dichtung, den *Skíðarímur*, Odins Frau genannt wird. Freyja ist im Norden zu Freyr gebildet wie *gyðja* zu *goð, Finna zu Finnr.*[1] Ihre Art stimmt zu ihrem späten Ursprung, indem sie als Nachahmung bereits vorhandener Vorbilder sich erweist. Als Schwester Freys, Tochter Njords ist sie natürlich auch den Wanen zugehörig, *vanabrúðr, vanadís, vanagoð*, d. h. Wanengöttin. Im Hyndlaliede 5 u. 7 reitet sie auf dem goldborstigen Eber Hildiswini, welchen die Zwerge Dain und Nabbi ihr schufen, sie ist also mit Freys Eigentum ausgestattet. Im Übrigen aber wiederholt Freyja die Frigg, indem dieselben oder doch sehr ähnliche Mythen von ihr berichtet werden. Dabei lässt sich erkennen, dass die Sagen ursprünglich allein an Frigg haften und nur dort, wo Freyja im Vordergrund stand, auf diese übertragen wurden. Es handelt sich schwerlich um eine

1 *Freyja* kennt die an. Sprache auch als Appellativum, so in *húsfreyja,* wofür auch das vielleicht aus dem Deutschen entlehnte *húsfrú* eintritt; für *frú* hat die ältere Sprache *frauva, froua, frúva,* vgl. Noreen, An. Gr.[2] § 340, 1. Snorre betont den Zusammenhang: *af hennar nafni er þat tignarnafn, er ríkiskonur eru kallaðar frúvor (frúr). snyrtifreyja, fægifreyja* sind schwerlich eigentliche Wörter, vielmehr skaldische Umschreibungen für den Begriff Frau. Dem nordischen *Freyr* (urgerm. *fraujaȝ*) steht möglicherweise wegen der ags. und altdeutschen Namen *Fréawine, Frôwin* ein *Fréa, Frô* (urgerm. *frawô*) gegenüber. Aber von einer deutschen *Frouwa* ist keine Spur nachweisbar.

urgermanische Spaltung einer Göttin in zwei demzufolge wesensverwandte Gestalten, vielmehr um eine spätere nordische Abzweigung der Freyja aus Frigg. Deshalb geht Freyja zu einem guten Teil in Frigg auf. Die Freyjamythen dienen mehrfach dazu, das Bild der Frigg zu ergänzen. Endlich scheinen auch fremdartige Bestandteile, Züge der Venus mit Freyja verschmolzen, die sich somit als eine Schöpfung der Wikingerzeit herausstellt. Die verschiedenartigsten Motive sind zu einem eigenartigen neuen Gesamtbild vereinigt.

Wenn sich Freyja mit Odin in die gefallenen Helden teilt, wenn sie in geräumiger Halle ihnen Sitze anweist, so kann eine derartige Vorstellung nur dort aufkommen, wo Freyja den höchsten Rang unter den Göttinnen einnimmt. Nur die Hauptgöttin, Odins Gemahlin, kann gleiches Recht mit dem Gotte beanspruchen. Sessrymnir ist ein zweites Walhall, wo nicht Walvater, sondern Walfreyja, die Herrin der Wal, den Vorsitz hat. Wie Odin als König und Häuptling an der Spitze der Einherjer steht, so wird Freyja die erste der Walküren. Wenn Wingolf das Heiligtum der Göttinnen heißt und andrerseits die Wunschsöhne Odins in Walhall und Wingolf Aufnahme finden, könnte Wingolf mit Sessrymnir gleich sein, eine Halle, die unter Walfreyjas Obhut steht. Zu den Walküren stellt sich Freyja auch dadurch, dass sie in Walhall einmal das Schenkamt übt, was ja sonst Sache der Wunschmädchen ist. Wie der Riese Hrungnir mit prahlerischen Reden in Asgard großtat, wagte Freyja allein, ihm einzuschenken. Übrigens blieb Freyja als Führerin der Walküren und Eignerin der Wal ein dichterischer Versuch, indem die Vorstellung dieser zweiten Totenhalle unter Freyja weder allgemein noch vollständig ausgebildet erscheint. Freyja und Sessrymnir erlangten kaum dieselbe Bedeutung und Anerkennung wie Odin und Walhall; hier tritt uns der dichterische Glaube vieler, dort der weniger entgegen. Mit Frigg gleichgesetzt begegnet aber Freyja namentlich auf Island. Am Allding 998 suchte der Priester Dankbrand den Isländern das Christentum aufzudrängen, doch ohne großen Erfolg. Hjallti Skeggjason, der bereits Christ war, gab seinem Ärger über den missglückten Bekehrungsversuch in einem Schmähvers[1] auf die Heidengötter Ausdruck: »Ich will nicht wider die Götter bellen: ein Hund dünkt mir Freyja. Jedenfalls ist eines von beiden, Odin oder Freyja, ein Hund.« Hjallti wurde wegen dieser Lästerung des Landes verwiesen. In dieser Schelte will Hjallti die ersten isländischen Götter treffen und nennt Freyja und Odin. Das Verhältnis zwischen beiden ist wohl als ein eheliches aufzufassen, Freyja steht für Frigg.

In den Tagen Olafs des Heiligen hielten die Bauern um Drontheim zu Anfang des Winters Gastmähler und Opfer um gute Jahreszeit. Da wurde alle Minne dem Thor geweiht und dem Odin, der Freyja und den Asen. Wahrscheinlich liegt aber hier ein Versehen des Schreibers der Saga vor: dem Odin, Thor und Freyr, der Götterdreiheit, die auch Adam von Bremen für den Uppsalatempel nennt, wurde der Minnebecher geweiht.[2]

In der folgenden Sage, wo eine Verwechselung ausgeschlossen ist, spielt Freyja die Rolle der Frigg und befindet sich wohl im ehelichen Verhältnis zu Odin.

König Alfrek hatte zwei Frauen, Signy und Geirhild. Die konnte er ihrer Uneinigkeit wegen nicht beide behalten. Da sagte

---

1 Der *kviðlingr* lautet in der ausführlichen Olafssaga Tryggvasonar Kap. 217:
vil ek eigi goð geyja *grey þykki mér Freyja*
æ mun annat tveggja *Óðinn grey eða Freyja.*
Ähnlich lautet der Vers in der Njálssaga Kap. 102. Ari in der Íslendingabók Kap. 7 und Kristnisaga Kap. 9 haben nur die erste Hälfte der Strophe, die Schelte auf Freyja, ohne Odin zu nennen. Zur Überlieferung Njála, København 1875–79, Bd. II, 504 ff.; Finnur Jónsson, Íslendingabók, Kaupmannahöfn 1887, S. XXV.

2 Jüngere Olafssaga helga Kap. 101 f (Flateyjarbók 1, 283); das gleiche Versehen in der Bósasaga Kap. 12, wo dem Thor, Odin und der Freyja (statt dem Freyr) Minne getrunken wird; vgl. Petersen, om nordboernes gudedyrkelse og gudetro S. 94. Man muss berücksichtigen, dass die spätere Bearbeitung der Olafssaga und die Bósasaga zeitlich mit den Skíðarímur (14. Jahrh.), wo Freyja Odins Weib ist, zusammenfallen. Das Versehen ist kein äußerliches, vielmehr war den Schreibern, welche Freyja statt Freyr den Hauptgöttern Thor und Odin zur Seite stellten, Freyja die wichtigste und höchste Asin, und durfte somit, wie früher ehestens Frigg, mit Odin zusammen genannt werden.

er, er wolle diejenige behalten, welche das beste Bier gebraut haben würde, wenn er von der Fahrt zurückkäme. Sie wetteiferten nun im Brauen. Signy rief Freyja an und Geirhild Hott (d.i. Odin unter dem Namen Hǫttr, der mit dem Hute). Dieser gab statt der Gäre seinen Speichel, und so bestand Geirhilds Bier die Probe. Doch hatte sie ihr Kind, den nachmaligen König Wikar, für die Hilfe dem Odin zu Eigen geben müssen.[1] Die Wette, welche zwischen den Frauen zum Austrag kommt, ist von der Beihilfe der Götter abhängig. Da messen sich Odin und Freyja ebenso wie sonst Odin und Frigg, Wodan und Frîa, nur dass diesmal Odin gewinnt. Freyja vertritt aber vollständig Frigg.

Eine hervorragende Stellung wird der Freyja auch durch folgenden Zug des isländischen Glaubens zugeteilt. Der Skald Egill hatte beschlossen, keine Nahrung mehr zu sich zu nehmen und zu sterben. Seine Tochter Thorgerd wollte ihm folgen und sagte: Ich habe kein Nachtmahl zu mir genommen und werde keines mehr nehmen als bei Freyja. Ich will meinen Vater nicht überleben.[2] Wie Helden hoffen, noch abends bei Odin Gast zu sein, spricht hier eine Jungfrau einen ähnlichen Gedanken in Bezug auf Freyja aus. Daraus darf der wenigstens teilweise herrschende Glaube erschlossen werden, dass Freyja die verstorbenen Frauen zu sich versammle. Allerdings wird Walfreyja damit kaum zu vereinigen sein, beide Vorstellungen schließen sich aus. Alter Glaube mag aber zum Gotte die Männer, zur Göttin die Frauen gewiesen haben.

5. Freyja und Brisingamen

Freyja, Njords Tochter, war die Geliebte Odins von Asgard. Vier Zwerge, kunstreiche Schmiede, wohnten in der Nähe der Königshalle. Als Freyja einmal ihre Höhle besuchte, erblickte sie ein schönes, goldenes Halsband, das jene anfertigten. Nach sei-

1 Hálfssaga Kap. 1.
2 Egilssaga Kap. 81.

nem Besitze verlangend, bot sie den Zwergen Silber, Gold und andere Kostbarkeiten dafür. Jene erwiderten, solcher Dinge bedürften sie nicht, doch wollten sie das Halsband an Freyja verkaufen, wenn jeder von ihnen eine Nacht ihr beiwohnen dürfe. Sie stimmte zu, und in den nächsten vier Nächten bekam jeder der Zwerge, die Alfrigg, Berlingr, Dvalinn und Grerr hießen, den ausbedungenen Lohn. Der Bericht fährt weiter, wie Loki auf Odins Geheiß der Freyja das Halsband stahl. Als Freyja ihren Schmuck von Odin zurückverlangte, erhielt sie ihn nur gegen das Versprechen, zwei gleich mächtige Könige in einen unaufhörlichen Kampf gegeneinander zu hetzen. So erzählt der im 14. Jahrhundert auf Island niedergeschriebene Sörla Þáttr.[1] Die Sage ist als Einleitung der Geschichte von Hedin und Hilde, deren Kämpfe von Freyja zur Einlösung ihres Versprechens veranlasst werden, vorangestellt. Mögen auch die Einzelheiten der Erzählung jung sein, in der Hauptsache ist sie aus älterer Überlieferung geschöpft. Bereits im Lied von Thrym (12, 14, 18) ist Freyja im Besitze des Schmuckes *Brísingamen*[2], Ulfr Uggason dichtete, wie Loki ihn raubte und Heimdall ihn zurückgewann. *Brísingar* ist vermutlich eine Benennung der ursprünglichen Eigentümer und Verfertiger des Halsbandes. Jene kunstreichen Zwerge sind oder vertreten die *Brísingar*. Da nun Freyja ebenfalls von Anfang an mit dem Vorwurfe der Buhlerei bedacht wird, lässt sich sehr wohl die Erzählung, wie sie in den Besitz dieses *»Brísinga men«* kam, als einer der Gründe hierfür annehmen. Wenn Saxo von Frigga weiß, sie habe sich *»uni familiarium«* um goldenen Schmuck ergeben, so wird die nämliche Sage ge-

1 Der Sörlaþáttr in den Fornaldarsögur 1, 391 und in der Flateyjarbók 1, 275. Über Brísingamen Müllenhoff, ZfdA. 12, 304; über das Halsband in seiner Beziehung zu Freyja Müllenhoff, ZfdA. 30, 220 f.

2 *Brísinga men* gehört der altgerman. Sage an, im Béowulf 1199 ist mit *»brosinga mene«*, das zu einem reichen Hort gehört, offenbar dasselbe gemeint. An. *brísingar* bedeutet die Zusammenflechter, die kunstreichen Verfertiger und würde auf schmiedende Zwerge wohl passen. Dass die Künstler nachmals zu Zwergen wurden, versteht sich daraus, dass die Zwerge im Besitz der Schmiedekunst sind. Dem Wortstamme verwandt ist mhd. *brîsen*, einfassen, schnüren.

meint sein, nur mit Verwechslung zwischen Freyja und Frigg. Wenn endlich die am Rande des Himmels auf einem Berge schlafende Lichtgöttin, die Sonnenjungfrau, welche der rasche Tag, der Held Swipdag sich gewinnt, den Namen *Menglod,* die Halsbandfrohe führt, so vereinigen sich alle diese Züge zu einem von der Gemahlin des Tiuʒ einst geltenden Mythos.

Frija wird von den Brisingen, den Göttern des Zwielichts, dem reißigen Brüderpaar griechischer und indischer Sage, aus dem nächtigen Dunkel heraufgeführt. Die Brisingen sollen die Braut dem Tiuʒ zuführen, trachten aber selber nach ihrer Liebe. Ein glänzendes Halsband, das *Brísinga men,* von ihnen selbst gefertigt, bieten sie der Göttin für ihre Gunst. Und sie willigt ein, der goldene Schmuck bringt ihre Treue zu Fall. Frija wird einmal als die alleinige Eignerin des Schmuckes, der glänzenden Sonne, gedacht worden sein und darum Menglod heißen. Nur in Norwegen und auf Island nahm später Freyja, wie so häufig, auch hier ihre Stelle ein. Saxos oben erwähnte Erzählung bringt also zwei an und für sich ganz verschiedene, nach Alter und Ursprung weit auseinander liegende Berichte in Verbindung, die allerdings denselben Grundgedanken, Frijas Untreue, enthalten. Der eine Mythos entstand, solange Frija noch dem Tiuʒ allein gehörte, der andre, als Wodan-Odin ihn verdrängte.

6. Freyja und die Riesen

Freyja wird mehrmals von Riesen zum Weibe begehrt, und nur dem Dazwischentreten Thors ist es zu danken, dass sie den Göttern erhalten bleibt. So verlangt Thrym die Göttin gegen Herausgabe des Hammers. Der Riesenbaumeister, welcher den Göttern eine Burg zu bauen versprochen hatte, bedang sich als Lohn Freyja, dazu Sonne und Mond. Loki hatte zur Annahme des Vertrages geraten. Hrungnir wollte Freyja und Sif mit sich fortführen und alle andern Götter töten. Freyja als Schwester Freys mag in solchen Sagen die schöne Jahreszeit, Glanz und Wärme der Sonne, die Grundbedingung des Wachstums und

Gedeihens bedeuten.[1] Darum stellen ihr die rauen Riesen, die entfesselten Elemente, die winterlichen Stürme nach. Ohne Licht und Wärme verdirbt die Welt, und nach dem Verderben der Götter und Menschenwelt trachten die Riesen. Die Wanen haben manche Züge mit den Elben gemeinsam, und so gleicht Freyja einer Lichtelbin. Elbinnen werden vom wilden Jäger, von den entfesselten Elementen verfolgt. Auf der Grundlage solchen allgemein bezeugten Aberglaubens mochten Sagen erwachsen wie die eben erwähnten.

7. Freyja als Venus vulgivaga

Im Lied von Thrym erscheint Freyja streng und herb. Als Loki an sie das Ansinnen stellt, mit dem Brautschleier geschmückt nach Riesenheim zu fahren, da schnaubt Freyja vor Zorn, dass die Burg erbebt und das Brisingenhalsband zerbrochen niederfällt.

»Die Männertollste müsste ich heißen,
Reiste ich mit dir ins Riesenland.«

Als sie den Zwergen um das Brisingenhalsband sich ergab, war sie andern Sinns. Auch die von Loki in der Lokasenna erhobenen Vorwürfe werfen ein sehr schlimmes Licht auf die Göttin:

30. Schweige du, Freyja, dich kenne ich völlig,
Du bist nicht von Fehlern frei:
Von den Asen und Elben, die hier innen sind,
Hast du jeden gern beglückt.

Noch ärgerer Frevel war es, als die Götter Freyja im Bette des eigenen Bruders, des Freyr, ertappten. Die böse Schelte wird durch keine entsprechende Sage gerechtfertigt, überhaupt wur-

1 Uhland, Schriften 6, 58; 154.

zelt sie schwerlich in nordischer Überlieferung, sondern ist antiken Ursprunges. Da heißt es freilich, Venus sei so schamlos gewesen, dass sie mit einem jeden buhlte, sogar mit ihrem Vater und Bruder.[1] Eine Übertragung von Zügen der Venus war umso leichter, als der Frijatag aus *dies Veneris* bereits Frija und Venus in Zusammenhang brachte.

Anknüpfungspunkte für die Wandlung der Freyja zur Venus vulgivaga boten allerdings auch die nordischen Sagen selber. Freyja buhlt mit den Zwergen; wo Frigg als Gattin Odins zugleich festgehalten wird, sinkt Freyja ihrer Vertraulichkeit mit Odin halber zur Buhlerin des Gottes, zu seiner *friðla,* herab. Weil Thor die Freyja vor den begehrlichen Riesen schirmt, heißt er *langvinr þrungvar*[2], alter Freund der Freyja, was zweideutig ausgelegt werden konnte. Als Freyja von Ottar, einem edlen Norweger, um Beistand angerufen wurde und, um die ihm notwendige Kenntnis der Vergangenheit zu erlangen, die Hilfe der Riesin Hyndla in Anspruch nimmt, schleudert auch diese ihr Schmähungen nach. »Dem Odr liefst du lüstern nach, und auch andre schlüpften dir unter die Schürze. Du schweifst zur Nacht draußen wie Heidrun die Ziege unter den Böcken.«[3]

8. Freyja und Odr

Freyja war dem Manne vermählt, der Odr heißt. Die Tochter der beiden ist Hnoss (Kleinod); sie war so schön, dass nach ihrem Namen kostbare Gegenstände *hnossir* genannt werden. Odr zog fort in ferne Lande; Freyja aber blieb weinend zurück, und ihre

---

1 Bugge, Studien 11; in der im 6. Jahrh. verfassten Abhandlung *de origine idolorum* sagt der Bischof Martinus von Braga von der Venus: *etiam cum patre suo Jove et cum fratre suo Marte meretricata est;* Mai class. auct. 3, 382.

2 So Eilif Guðrúnarson SE. 1, 300.

3 Auf Freyjas Buhlerei gehen die Anspielungen Hyndl. 47 u. 48. Über das Gedicht Finnur Jónsson, Litteraturs historie 1, 195 ff. Die Entstehungszeit bestimmt Finnur auf 950–975. Den Schutz, welchen Freyja dem Ottar gewährt, betrachtet Hyndla als unerlaubtes Verhältnis.

Tränen sind rotes Gold. Freyja hat viele Namen; das kommt daher, dass sie sich selbst verschieden benannte, als sie zu fremden Völkern kam, um den Odr zu suchen. Sie heißt Mardoll, Horn, Gefn, Syr. Als *Óþs mær,* Ods Braut, kennt bereits die Vǫlospǫ́ 25 die Freyja. Schon im Abschnitt über Wodan wurde darauf hingewiesen, dass die Sagen vom Wode, der einer Frau nachreitet, damit zusammenhängen können. Wer in der Zauberin *Gullweig,* der Goldigen, welche in Odins Halle verbrannt den Anlass zum Wanenkriege gab, eine aus der nach der Ynglingasaga gleichfalls zauberkundigen Freyja abgezweigte Gestalt annehmen will, kann auch hierin eine Spur jener Volkssage finden. Die Sage von Freyja und Odr kehrt das Verhältnis der vom Wode und von der Elbin um; die Gestalt der die Lande durchschweifenden, goldene Tränen weinenden Göttin sieht nicht germanisch aus. Die wunderlichen Namen wie *Mardoll*[1] (aus dem Meer aufleuchtend oder hell glänzend), Syr *(dea Syria?), Hǫrn* oder *Horn* (*cornuta,* Mondessichel) kommen gerade hier vor und gemahnen an Entlehnung. Zur Erklärung pflegt man Jahresmythen heranzuziehen: der sommerliche Gott entschwinde mit dem Herbst der Gattin, die trauernd und verlassen zurückbleibe. Freyja und Odr bilden den Gegensatz zu den Werbungssagen Freys und Swipdags um Gerd und Menglod, Odins um Rind u. Ä. Aber diese allgemeine Formel reicht nicht aus, sie lässt die Gold weinende und trauernd umherschweifende Freyja unerklärt. Die Weichheit, die über dieser Erzählung lagert, erinnert an orientalisch-griechische Mythen. Dort mag vielleicht der Ursprung der Sage zu suchen sein. Aber Sicheres ist noch nicht ermittelt. Nur so viel steht fest, dass der Mythos von Odr und Freyja allein dem Nor-

---

1 Kögel, Indogerm. Forschungen 4, 313 erklärt *mardǫll* als die Hellglänzende. *mar-, mari-* im Sinne von glänzend (vgl. *μαϱμαίϱω* bei Fick, vgl. Wörterbuch I[4] 515) begegnet in deutschen Frauennamen *Meridrûd, Meripurc, Merihilt, Meriswind u. Ä.* In einem isländischen Märchen, das um 1700 aufgezeichnet wurde, heißt ein Mädchen *Mærþöll;* wenn sie weint, verwandeln sich ihre Tränen in Gold; vgl. Jón Árnason, Þjóðsögur og æfintýri íslenzkar 2, 424 f. Die goldene Tränen weinende Mærþöll (Mardǫll-Freyja) ist hier gelehrten Ursprungs, nicht nachwirkende echte Volkssage.

den gehört, nicht germanisch ist. Die zum Vergleich herangezogenen deutschen Sagen, die hohes Alter der Mythe erweisen sollten, sind gefälscht oder mindestens anders, ohne Beziehung auf Odr und Freyja, zu erklären.[1]

9. Freyjakult

Für den Freyjadienst zeugt außer dem zweifelhaften Minnebecher, welcher Nachrichten des 14. Jahrhunderts zufolge der Göttin geweiht wurde, die Strophe 10 des Hyndlaliedes, wo Freyja ihrem Verehrer nachrühmt:

Er türmte aus Steinen den Altar mir auf –
Der Gneis ist nun zu Glas zerschmolzen[2] –
Gefärbt ward er mit frischem Stierblut –
Ottar glaubte an die Asinnen stets.

Mit Nerthus fuhr ein Priester umher, mit dem Bilde des Freyr eine Priesterin. Damit scheint die Umfahrt des göttlichen Ehepaares angedeutet, dessen eine Hälfte durch einen Menschen vertreten war. Dass mit Freyr unter der Gestalt seiner Priesterin Freyja umfuhr, ist möglich, wird aber in der Quelle nicht angedeutet.

---

1 Zur Herkunft der fremden Züge in Freyjas Art Bugge, Christiania Morgenbladet vom 16. Aug. 1881; gefälscht ist die Geschichte von *Woud* und *Freid*, Schönwerth, Sagen u. Sitten aus der Oberpfalz 2, 312 ff., obwohl J. Grimm, Kleinere Schriften 5, 427 f. und danach M. Hirschfeld, Lokasenna 28 ff. sie für echt halten; weitere angebliche Freyjasagen s. bei Mannhardt, Germanische Mythen, Berlin 1858, S. 288 Anm. 1 u. 295, Anm. 5.

2 D. h., das Gestein zerschmolz durch die Hitze zahlreicher Opferfeuer zu Glas; Ottar ist ein eifriger Opferer.

10. Gefjon

In Gefjon[1] verbirgt sich wohl niemand anders als Freyja, wenigstens wird dasselbe von ihr erzählt. Der Name gehört vielleicht zu *Gefn*[2], wie ein ausdrücklich der Freyja zugelegter Beiname lautet. Der Gefjon dienen diejenigen, welche als Jungfrauen sterben. So hofft auch Thorgerd, Egils Tochter, abends bei Freyja zu gasten. In der Lokasenna entspinnt sich folgendes Gespräch zwischen Loki und Odin.

Loki:

Schweige du, Gefjon, nimmer vergess ich's,
Wer zur Lust dich verlockt;
Der blonde Bursche bot dir den Schmuck,
Da schlangst du die Schenkel um ihn.

Odin:

Toll bist du und töricht, Loki,
Wenn du Gefjons Grimm erregst,
Denn sie weiß die Weltgeschicke
Alle ebenso gut wie ich.

---

1 Über Gefjon Gylfag. Kap. 35; Lokas. 20, 21; Volsa-Þáttr, hrsg. von Guðbrandr Vigfusson in Nordiske oldskrifter 27, 133 ff. und Corpus poeticum boreale 2, 381 f.; die Bauerntochter beteuert: *þess sver ek við Gefjon ok við goðin önnor*. Über den Namen Gefjon Bugge, Beiträge 12, 417; er vergleicht die inschriftlichen *Junones Gabiae, matronis Gabiabus, Alagabiabus* (Kern, Revue celtique 2, 156) und stellt dazu got. *gabei,* Reichtum. Urverwandt sei *copia.* Gefjon wäre etwa einer *Copia* zur Seite zu setzen. Vgl. noch Much, ZfdA. 35, 316 f.; dagegen Kauffmann, Zeitschr. d. Vereins f. Volkskunde 1892, S. 42 Anm.

2 Dass *Gefn* mit ags. *geofon,* as. *geƀan,* »Meer«, zusammenhänge und auch Gefjon hierher gehöre (J. Grimm, Myth. 219), also etwa eine Seegöttin, eine Wanin (Noreen, Abriss der urgerm. Lautlehre, Straßburg 1894, S. 50 u. 53, Vaner »die Seegötter«) bedeute, behauptet auch Much, ZfdA. 35, 327. Die Beziehung ist zu unsicher, würde aber zu Freyja als der Schwester des Freyr passen.

Dass Gefjon Odins vertraute Mitwisserin ist, dass sie um goldenen Schmuck sich preisgab, passt sowohl auf Freyja als auf Frigg. Demnach kann Gefjon ebenso wohl unmittelbar und selbständig aus Frigg abgezweigt sein wie mittelbar aus Freyja. Für Letztere spricht der mutmaßliche Zusammenhang der Namen Gefjon und Gefn. In einem um 1300 verfassten, doch vielleicht auf 100 Jahre älterer Grundlage beruhenden isländischen Gedichte, im sog. Volsa þáttr, beteuert ein Mädchen bei Gefjon und den andern Göttern. Gewöhnlich werden im Eide nur hervorragende Gottheiten angerufen. Der Skald Thjodolf[1] braucht für den Begriff Frau die Umschreibung *ǫl-Gefn* und *ǫl-Gefjon,* Kormak *men-Gefn.* In der älteren Dichtung wird Gefjon[2] nur ein Name der Freyja gewesen sein. Der Verfasser der Lokasenna aber verstand eine besondere Göttin darunter, denn er lässt Gefjon neben Frigg und Freyja auftreten, obschon er nichts Besonderes und Eigentümliches von ihr weiß. Auch Snorre, welcher Gefn nicht von Freyja scheidet, führt Gefjon gesondert auf.

Von Gefjon geht noch eine merkwürdige Sage. König Gylfi herrschte über das Land, das jetzt Schweden heißt. Von ihm wird erzählt, dass er einem fahrenden Weibe zum Dank für das Vergnügen, das sie ihm durch ihre Künste bereitet hatte, so viel Ackerland zugestand, als vier Ochsen in einem Tage und einer Nacht umpflügen könnten. Das Weib aber war vom Geschlechte der Asen und hieß Gefjon; sie nahm vier Ochsen, ihre eignen Söhne, die sie fern im Norden in Jotunheim einem Riesen geboren hatte, und spannte sie vor den Pflug. Der Pflug ging so scharf und tief, dass er das Land herausriss, und die Ochsen schleppten es gen Westen in das Meer hinaus, bis sie in einem Sunde stehen

1 SE. 1, 312 u. 282; corpus 2, 15 u. 17; ebenda 67.

2 Gefjon als Pflügerin Gylfag. Kap. 1; Ynglingasaga Kap. 5. Auf Grimms Etymologie gestützt, erklärt Weinhold (Riesen des germ. Mythos S. 241) die Gefjon als Meerriesin, die Mythe vom Landpflügen als die Erinnerung an eine furchtbare Sturmflut, die vom Norden hereinstürmend in unvordenklicher Zeit Seeland von der skandinavischen Halbinsel losriss.

blieben. Hier festigte Gefjon das Land und gab ihm den Namen Selund (Seeland). Dort aber, wo das Land herausgerissen war, entstand ein See, der jetzt in Schweden Log (der Mälarsee) genannt wird; und es liegen so die Buchten im Log wie die Vorgebirge in Selund. Davon erzählt der Skald Bragi der Alte.

Die Ynglingasaga verknüpft diese Geschichte mit der Einwanderung der Götter aus Sachsen über Dänemark nach Südschweden. Aus Odinsey in Fünen entsandte Odin die Gefjon nordwärts über den Sund, um Land zu suchen. Da kam sie zu Gylfi, der ihr Ackerland gewährte. Darauf fuhr sie nach Jotunheim und gebar einem Riesen vier Söhne, welche sie zu Ochsen verwandelte und vor den Pflug spannte. Da zog sie das schwedische Ackerland hinaus ins Meer, westlich gegenüber Odinsey, und es heißt nun Selund. Dort nahm sie ihren Wohnsitz. Skjold, Odins Sohn, der Ahnherr des dänischen Königsstammes der Skjoldungen, freite um sie, und sie hausten zu Hleidra. Auch hier wird Bragis Strophe als Zeugnis der Erzählung angeführt.

Man hat schon daran gezweifelt, ob die pflügende Gefjon mit der göttlichen eins sei, ob nicht bloß Namensgleichheit vorliege. Gering in seiner Eddaverdeutschung unterscheidet zwischen der Göttin Gefjon und der Land pflügenden Riesin Gefjon. Doch lässt sich die Trennung beider nicht als begründet erweisen. Sagen von Landerwerbung wie hier durch Umpflügen, wobei meistens die Voraussetzung herrscht, dass der Land Gewährende einen weit geringeren Teil abzutreten gewillt ist, als ihm dann wirklich abgenommen wird, kommen oft vor. Das älteste Beispiel ist Dido. Die Sagen sind oft örtlich, d. h., sie entspringen besonderen Namen oder Merkmalen des Landes, wie hier die Buchten und Landzungen von Seeland und im Mälarsee die Vergleichungspunkte geben. Warum aber gerade Gefjon zur Begründerin der dänischen Insel wurde, bleibt rätselhaft.

10. Idun

Idun[1] heißt die Gemahlin Bragis. Sie bewahrt in ihrer Truhe die Äpfel, welche die Götter genießen müssen, wenn sie anfangen zu altern: davon werden sie wieder jung, und so wird es bleiben bis zum Untergang der Götter. Sehr viel haben die Götter der Hut und Sorgfalt Iduns anvertraut. Einmal wäre es aber doch beinahe übel abgelaufen. Der Riese Thjazi, der in Adlergestalt den mit einer Stange nach ihm schlagenden Loki gefangen hatte, sagte, er werde ihn nicht loslassen, wenn er nicht Idun mit ihren Äpfeln herbrächte. Loki versprach das und führte in der Tat die Idun hinaus. Er lockte sie nämlich unter dem Vorwande fort, dass er ihr Äpfel zeigen wolle, die ihr überaus kostbar erscheinen würden, und bat sie, ihre eigenen Äpfel mitzunehmen, damit sie einen Vergleich anstellen könne. Und so ging sie mit ihm. Da kam der Riese Thjazi in Adlergestalt und flog mit ihr nach Thrymheim. Den Asen erging es schlimm beim Verschwinden der Idun, sie wurden schnell alt und grau. Sie versammelten sich und fragten einander nach Idun. Sie war zuletzt gesehen worden, wie sie mit Loki aus Asgard ging. Da wurde Loki ergriffen und zum Ding geschleppt und mit Folter und Tod bedroht. Dadurch erschreckt, gelobte er, er wolle Idun in Riesenheim suchen, wenn Freyja ihm ihr Falkenhemd leihe. Wie er's erhielt, flog er gen Norden nach Riesenheim und kam zur Wohnung des Riesen Thjazi, als dieser gerade auf die See hinausgerudert war. Er verwandelte die Idun, die allein zu Hause war, in eine Nuss und flog mit ihr davon. Als Thjazi heimkam und Idun vermisste,

1 Über Idun Gylfag. Kap. 26; Bragar. 2; Lokasenna 17. Der Skald Thjodolf in der Haustlǫng behandelt den Mythos vom Raube der Idun, SE. 1, 306–314. Über Iduns Benennungen unter den Skalden SE. 1, 304. *Iðunn,* auch als Frauenname auf Island bezeugt (Arkiv f. nordisk filologi 5, 24 Anm.), bedeutet Erneuung, Verjüngung; der Name ist gebildet vom Präfix *ið* iterum und vom in Frauennamen häufigen Suffix *-unn,* vgl. Uhland, Schriften 6, 69, Bugge, Arkiv 5, 24. Sie trägt ihn offenbar als Bewahrerin der Äpfel, die »*ellilyf*«, Heilmittel gegen Alter heißen. Über die Idunsage und ihre Deutung Uhland, Schriften 6, 69 ff. und Bugge, Arkiv för nordisk filologi 5, 1 ff.

schlüpfte er in sein Adlergewand und flog ihnen nach; wie aber die Asen den Falken herankommen sahen, nahmen sie einen Haufen Hobelspäne und zündeten sie an. Der Adler vermochte seinen Flug nicht schnell genug zu hemmen, sein Gefieder fing Feuer, und nun töteten sie den Riesen innerhalb des Gitters von Asgard.

Auf eine sonst verlorene Sage spielt Lokis Schelte an:

Schweige du, Idun, die von allen Weibern
Am meisten nach Männern jagt!
Um ihn wandst du die weißen Arme,
Der die Brust deines Bruders durchstieß!

In der Sage von Idun, der Hüterin der Äpfel, verschmolzen mehrere Bestandteile miteinander. Dass der Idun von Riesen nachgestellt wird, erinnert an die ähnlichen Sagen von Freyja. Die Feindschaft der Riesen gegen die Götterwelt kommt dadurch zum besondern Ausdruck, dass mit Idun auch die Äpfel, die Quelle der Jugendkraft, den Göttern entzogen werden. So erscheint der Bestand der Welt bedroht, wenn Idun in die Hände der Riesen fällt. Alle diese Beziehungen, auch den Vorwurf der Buhlerei wohl nach dem Muster der Freyja, mögen nordische Skalden selbständig geschaffen haben. Wie bei Freyja versucht Uhland auch bei Idun natursymbolische Auslegung des Mythos. In Idun ist das frische Sommergrün an Gras und Laub persönlich geworden. Iduns Raub durch den Riesenadler Thjazi stellt die Entblätterung der Bäume und Entfärbung der Wiesen durch den rauen Hauch der Herbst- und Winterwinde dar. Im Frühling bringt Loki, die warme Luft, das Grün zurück. Diese Deutung ist zu allgemein, um als befriedigende Lösung gelten zu können. Iduns Verhältnis zum Riesen, die Rolle, die Loki dabei spielt, ist der Sage vom Riesenbaumeister, der Freyja verlangt, auf Lokis Rat sie zugesprochen erhält, durch Lokis List aber sie auch wieder verliert, in der Hauptsache nachgeahmt. Das unterscheidende Merkmal der Idunsage bilden aber IDUNS ÄPFEL, deren Herkunft aus christlicher und antiker Mythologie Bugge nachgewiesen hat. Seinen Aufstellungen kann ein Unbefangener nicht widersprechen, schon um der Äpfel willen, die auf Island nie vorkamen und auch in Norwegen kaum anders als mit den Klostergärten Eingang fanden. In Dänemark, wo die Frucht früher begegnet, fehlt wieder die Idunsage. Iduns Äpfel stammen also jedenfalls aus der Fremde. Aus dem Kreise biblischer Vorstellungen scheint eine Volkssage entwickelt zu sein von einem Apfelbaum, der über einer Quelle sich erhebt. Die Äpfel und das Wasser verleihen ewiges Leben. Ebenso wirken die Äpfel in den Gärten der Hesperiden. Welcher Kranke davon genießt, wird sofort gesund. In Irland geht eine Sage, wie drei Brüder in Falkengestalt die Wunderäpfel Hisbernas rauben. Sie werden von den Töchtern eines Königs, welche Greifengestalt annehmen, verfolgt, entkommen aber glücklich. Die irische Sage, obwohl nur in jüngerer Fassung überliefert, scheint in höheres Alter zurückzureichen. Sie ist zweifellos, wie schon der Name Hisberna lehrt, aus den Hesperidenäpfeln entwickelt. In einer ähnlichen Gestalt dürfte sie einst den Wikingern auf Irland bekannt geworden sein. Von den Äpfeln und ihrer wunderbaren Eigenschaft, von ihrem Raube hörten die Nordleute, und daraus schufen sie die Geschichte von Idun und ihren Äpfeln. Der Name Idun meint Erneuung, Verjüngung; er wird wohl erst mit der Sage selber, welche die Äpfel in die Verwahrung der Göttin gab, entstanden sein. Somit stellt sich der Idunmythos als ein ziemlich spätes Erzeugnis der nordischen Skalden heraus. Die Grundlagen bestimmen sich in Kürze dahin, dass die Göttin selbst und ihr persönliches Verhältnis zu Thjazi und Loki in Anlehnung an Freyjasagen erdichtet wurde, während die Äpfel als Heilmittel gegen das Alter christlichen oder antiken Vorstellungen entstammen. Die Art und Weise, wie Loki Idun, zur Nuss verwandelt, zurückholt, vergleicht sich der irischen Sage vom Raube der Hisbernaäpfel. Im Anfang der Erzählung sind Idun und die Äpfel auseinander gehalten, am Schluss trägt Loki eine Nuss nach Asgard heim. Das deutet auf Verwirrung. Man erwartet, dass Loki die Äpfel, deren die alternden Asen dringend bedürfen, zurückträgt, die Idun durch irgendeine List aus der Gewalt des Riesen löst.

Die Göttin der Jugend, dem bärtigen Sängerahn Bragi vermählt, ist ein schönes dichterisches Bild.

12. Menglod

Menglod, die Halsbandfrohe, darf als ein Name der Frigg-Freyja gedeutet werden, und darum geht auch der von ihr erzählte Mythos eigentlich auf Frija. In Swipdag, ihrem Erlöser und Gemahl, im raschen Tage, erkennt man den lichten Tags- und Himmelsgott. Frija-Menglod scheint die Jungfrau Sonne, die am Rande des Himmels auf einem Berge schläft, umgeben von loderndem Feuer, der flammenden Morgenröte. Tag, Sonne, Morgenröte verkörpert die Dichterphantasie als besondere Gestalten oder Zustände. Der Wohnsitz, wo die schöne Göttin mit hilf- und segensreichen Genossinnen thront, ist von wabernder Lohe und andern Schrecknissen umzogen und jedem unzugänglich, selbst dem erwarteten Geliebten, wie er in erster Dämmerung, im Morgenwind als Windkald, Kalds Sohn, erscheint. Alle Hindernisse aber schwinden, sobald er sich mit seinem rechten Namen, Swipdag, Solbjorts (des Sonnenhellen) Sohn nennt und sich in seiner wahren Gestalt zeigt. Selten ist ein Mythos durch die Namen der Hauptgestalten gleich durchsichtig wie hier. So viel Schwierigkeiten der Erklärung aller Einzelheiten in den Fjǫlsvinnsmǫl auch entgegenstehen, der Grundgedanke der Dichtung tritt mit zweifelloser Deutlichkeit zutage: wie der Tag die Sonne zum Weib gewann. Swipdag kann nur aus Tiuȝ abgezweigt sein, und darum reicht die Sage in hohes Alter zurück. Sie entstand, solang die sonnige Göttin, Frija die Halsbandfrohe, allein dem lichten Tagesgott zu Eigen war, ehe der brausende mächtige Sturmwind sie an sich gerafft hatte.[1]

1 Zur Deutung der Fjǫlsvinnsmǫl vgl. Müllenhoff, ZfdA. 30, 219.

13. Schlussbemerkungen

In seiner Abhandlung über Frija und den Halsbandmythos gelangte Müllenhoff[1] zu dem Ergebnis, nachdem er die Überlieferung über Frigg mithilfe der Sagen von Freyja, Menglod u. a. ergänzt hatte, dass die Ausbildung dieser Mythen der Zeusreligion der Germanen angehöre, dass die Sagen in uralten Vorstellungen des indogermanischen Volkes wurzeln. »Wir behaupten, dass die Frija, die Sonnen- oder Morgengöttin bei den Germanen, einst die Gemahlin des Irmintiu war und erst an Wodan überging, als dieser sich zum Himmelsgott aufschwang, dass sie die ursprüngliche, einzig wahre Inhaberin des großen Halsbandes war, und dass der Streit, der sich daran schloss, so verlief, dass er mit dem Tode der Knaben, die sie in der Frühe auf ihrer Laufbahn geleiteten, durch den höchsten Gott ein Ende nahm, dass das Halsband ihr mit oder wenigstens nicht ohne ihres Mannes Pillen geraubt, dann durch den guten Gott der Frühe zurückerkämpft und wiedergegeben wurde. Wir erblicken nunmehr die ganze Kette von Mythen, die unter wechselnden Gestalten, vom ersten Morgengrauen beginnend, die glanzvolle Erscheinung der Himmelskönigin, auch das Verschwinden ihres Lichtes am Abendhimmel schildern und so den Verlauf eines Tages umschreiben.«

J. Grimm, Mythologie 284 urteilte so: »Die Wichtigkeit dieser Sage von der Göttin Halsschmuck steigt aber noch, wenn wir griechische Mythen hinzuhalten. Brisingamen ist nichts anderes als Aphrodites *ὅρμος* (Hymn. in Ven. 88) und die Kette wiederum ihr Gürtel, der *κεστὸς ἱμὰς ποικίλος*, den sie am Busen trägt, dessen Zauber alle Götter und Sterbliche bewältigt. Von ihrem Hals *(ἀπὸ στήθεσφιν)* löst und leiht sie ihn der Here, die den Zeus damit reizen will, das wird in einem uralter Göttersage vollen Liede (Il. 14, 214–218) erzählt. Wie den *ἱμάς* Here und Aphrodite wechselsweise tragen, schreibt die nordische Fabel das Geschmeide bald der Frigg, bald der Freyja zu, denn jenes

1 ZfdA. 30, 217 ff. Die oben ausgehobenen Stellen ebenda S. 243 u. 259.

Gold der Frigga bei Saxo fällt mit Brisingamen zusammen. Dazu tritt eine andere Ähnlichkeit. Freyja besitzt nach derselben Erzählung ein schönes und so starkes Gemach, dass, wenn die Türe verschlossen war, niemand ohne ihren Willen hineinkommen konnte. Mit welcher List Loki dennoch eindrang und ihr das Halsband raubte, wird berichtet. Homer meldet es nicht, wohl aber weiß er Il. 14, 165–168 von Heres *ϑάλαμος*,

τόν οἱ φίλος υἱὸς ἔτευξεν
Ἥφαιστος, πυκινὰς δὲ ϑύρας σταϑμοῖσιν ἐπῆρσε
κληῖδι κρυπτῇ, τὴν δ' οὐ ϑεὸς ἄλλος ἀνῷγεν.

Was stimmt genauer zu jenem unnahbaren Gemach der Freyja, zumal des *ἱμάς* gleich darauf gedacht wird? Hefäst, der seiner Mutter das kunstreiche Zimmer baute, halte ich zu den Zwergen, die der Freyja das Halsband schmiedeten. Die Identität der Frigg und Freyja mit Here und Aphrodite muss auch nach diesem Mythos wirklich einleuchten.« Ist Freyjas Halsband das der Aphrodite, dann fällt allerdings Müllenhoffs Beweis, weil dann Entlehnung, nicht Urverwandtschaft anzunehmen wäre; weil Aphrodite keine urgriechische, indogermanische Göttin ist, bedingt die Anerkennung einer engeren Verwandtschaft zwischen ihr und einer germanischen Göttin zugleich die Annahme, dass die Freyja einen Teil ihres Wesens durch Aphrodite-Venus erhielt. Auf fremden Ursprung weist endlich noch das Gespann der Freyja. Es kommt nichts Genaueres in einer Sage vor, nur allgemein ist Freyja Besitzerin der zwei Katzen genannt, mit denen sie im Wagen fährt.[1] Das Tiger- und Löwengespann orientalischer Gottheiten ist nach Bugge (Christiania Morgenbladet 16. Aug. 1881) Vorbild für Freyjas (Tiger-?)Katzen.

---

1 SE. 1, 304 heißt Freyja *eigandi fressa,* Eignerin der Katzen; SE. 1, 96 *ekr hón kǫttum tveim ok sitr í reið;* SE. 1, 176 *Freyja reið kǫttum sínum.* Snorri versteht also unter *»fress«* Kater, Katze, wie z. B. auch Grágás II 192 *kattbelgir af gǫmlum fressum.* Unter den *heiti* für *bjǫn,* Bär, steht *fress* SE. 1, 478 u. bei Kormak. Vgl. Sveinbjörn Egilsson, Lex, poet. 202.

II. Die Erdgöttin

Die Verehrung der mütterlichen Erde ist auch unter den Germanen nachweisbar. Himmel und Erde scheinen überhaupt das älteste Götterpaar aller Mythologien zu sein. Der Himmel ist die männliche, zeugende, befruchtende Gottheit, die Erde die empfangende und gebärende. Im Norden heißt sie mit einfach schönem Namen, *Jord,* Erde. Ihr Gemahl ist Odin, ihr Sohn Thor.[1] Aber dieses Verwandtschaftsverhältnis ist nicht ursprünglich. Einst war der Himmelsgott der Gemahl der Jord, die er mit Licht und Wärme im Lenz aus der Gewalt finstrer Riesen befreite und segnete wie Freyr die Gerd. Das alte Verhältnis tritt aus einer zweiten Benennung noch zutage. Thors Mutter heißt auch *Fjǫrgyn.* Jord und Fjorgyn sind eins. Neben der Fjorgyn steht ein männlicher Fjorgynn, als dessen Gattin einmal Frigg bezeichnet wird.[2] Da derselbe Name von Gott und Göttin gebraucht wird, muss ein altes Beiwort der Gottheit darin verborgen sein. Wirklich lässt sich auch Fjorgynn als Beiname des Himmelsgottes nachweisen. Zugrunde liegt der urgermanische Wortstamm *fergu (quercus).* Im Litauischen heißt der Donnergott ebenfalls *Perkunas,* sodass das Beiwort also bereits vorgermanisch sein muss. Der Sinn des Namens ist *zur Eiche gehörig, auf Eichen bezüglich, eichen (querceus).* Der litauische Donnerer führt also eigentlich den Namen Eichengott. Dem Jupiter und

---

1 Sohn der Jord heißt Thor Þrym. 1; Lokas. 58; beim Skald Ǫlvir SE. 1, 254; in der Haustlǫng SE. 1, 278. Über Jord als Odins Weib Gylfag. Kap. 9; nach Gylf. Kap. 10 und einer Strophe Hallfreds SE. 1, 320 u. 460 ist sie die Tochter des Riesen Ónar und der Riesin Nótt.

2 Frigg heißt Lokas. 26 *Fjǫrgyns mǽr,* d. h. Fjorgyns Geliebte, wie Freyja *Oþs mǽr,* Ods Geliebte ist; SE. 1, 54 u. 304 ist der Ausdruck missverstanden, *mœr = dóttir* gefasst, also Fjǫrgyns Tochter. Fjǫrgyn als Thors Mutter Vǫl. 56; Hárb. 56; SE. 1, 476; 585; Oddrúnargrátr 10 steht *á fjǫrgynju = á jǫrðu.* Zur Etymologie des Namens Hirt, Indogermanische Forschungen 1, 479 ff.; Kauffmann, Beiträge 18, 140; Noreen, Abriss der urgerm. Lautlehre S. 131. Von idg. *perqos (quercus)* abgeleitet sind kelt. *erkunia,* ἑρκύνιος δρυμός (Eichwald), got. *fair guni,* Berg, mhd. *Virgunnia* (Eichenwald, Name des Böhmerwaldes und Erzgebirges).

dem Donar war die Eiche geheiligt. Somit war **ferguniaʒ* eine Benennung des Himmelsgottes in seiner Eigenschaft als Donnerer, ein Beiname Donars, dessen Bedeutung frühzeitig verloren ging. **fergunjô* wird ursprünglich wohl die Gattin des Donar geheißen haben, jedenfalls empfing die Göttin den Namen erst vom Gott, dem er seit Urzeiten und einstens sicher allein gehörte. Denn Fjorgynn und Fjorgyn bildeten einmal ein Paar, Himmel und Erde. Und damals schon wird die Erdgöttin von ihrem göttlichen Gemahl den Zunamen erhalten haben. Hernach blieb er ihr, Fjorgynn aber ging auf den inzwischen an die Spitze des Götterstaates getretenen Odin über. Dem alten Eigentümer, Thor selber, kam er abhanden, nur noch ein loser, unverstandener Zusammenhang zeigt sich darin, dass er Fjorgyns Sohn heißt.

Ein angelsächsischer Flursegen[1], der freilich erst aus christlicher Zeit überliefert ist und darum mancherlei christliche Züge einmischt, zeigt den Kult der Erde am lebendigsten. Da werden neben Gott, Maria und den Heiligen auch unmittelbar, als wären es persönliche Wesen, Erde und Himmel *(eorðe and upheofen)* um Fruchtbarkeit angefleht. Merkwürdig klingt folgende Anrufung: *Erce, Erce, Erce, eorþan módor!* Es vergönne der allwaltende, ewige Herrscher, dass die Äcker wachsen und gedeihen, in Fruchtbarkeit wetteifern; er gönne des Kornes Wachstum, der breiten Gerste, des weißen Weizens, aller Erde Wachstum. Das Wort *Erce* scheint Erde zu bedeuten, und die Erde selber wurde sicherlich einst allein angerufen. Warum aber *Erce* Mutter der Erde genannt wird, bleibt unklar. Vielleicht ist irgendeine Verderbnis der Überlieferung anzunehmen. Besonders schön und anschau-

1 Den ags. Segen bei Grein-Wülker, Bibliothek der ags. Poesie, Bd. 1, 1883, S. 312 ff.; die Literatur darüber bei Wülker, Grundriss zur Geschichte der ags. Literatur, Leipzig 1885, S. 347 ff.; Kögel, Geschichte der deutschen Literatur I, 1, 39 ff.; *Erce* erklärt Kögel als eine Weiterbildung zum Grundwort *ero,* »Erde« (über *ero* Kögel, Pauls Grundriss 2, 1, 196 und Müllenhoff-Scherer, Denkmäler 2[3], 3); es verhalte sich dazu wie *scinca,* »Schinken«, zu *scina,* »Beinschiene«, *zinko,* »Zacken«, zu *zinna, funcho,* »Funke«, zu got. *fôn, funins,* »Feuer«. Brynhilds Tagesgruß in den Sigrdrífumál 4.

lich ist das Gebet, unter welchem man den Pflug in Bewegung setzt und die erste Furche zieht. »Heil dir, Erde, Mutter der Menschen, sei du wachsend in Gottes Umarmung, mit Nahrung erfüllt zum Nutzen der Menschen!« Der angelsächsischen Anrufung *»hál wes þu, folde, fira móder«* entspricht genau Brynhilds Gruß beim Erwachen aus dem Zauberschlafe: Heil euch, Götter, Heil euch, Göttinnen, Heil dir, fruchtbare Erde *(heil siá en fjǫlnýta fold)*! Beide Mal wird die Erde *»fold«* genannt. Offenbar wirkt im ags. Segen und im nordischen Tagesgruße eine altgermanische Formel nach, ein Gebet an die Erdgöttin, die Mutter der Menschen, Urquell alles Lebens ist. Deutlich wird ihr Liebes- und Ehebund mit dem Himmelsgotte erwähnt. Aus solchen feierlichen Opfergebeten mögen Lieder und Mythen entspringen, wie das Lied von Freyr und Gerd. Im englisch-nordischen Gebet an *Fold*, die in des Gottes Umarmung fruchtbar wird, liegt gleichsam der Keim der schönen mythischen Dichtung, die aus den Skírnismǫl hervorleuchtet.

Zu den Erdgöttinnen wird seit Finn Magnusen auch die spröde *Rind* gerechnet, welche Odin bezwingt, um mit ihr den Bous (Búi) oder Wali, Baldrs Rächer zu erzeugen.[1] Rind ist die unbebaute, harte und unfruchtbare Erde, die sich dem belebenden Lichte der hellen Sommerzeit (Odin als Vertreter des Tiuȝ) nicht leicht erschließt. Ist es aber geschehen, so kann Feldbau auf dem früher wüsten Lande stattfinden. Búi ist der Bauer; neben Wali steht auch der Name Áli, die Verkörperung der keimenden Saat. Die Geschichte Odins und Rindas ist freilich romantisch aufgeputzt und als Ganzes genommen nicht alt. Aber ein Mythos mag immerhin schließlich zugrunde liegen, wie Licht und Wärme die spröde harte Erdrinde gefügig und fruchtbar machen.

1 Lex. myth. 401; zur obigen Deutung Weinhold, Die Riesen im germ. Mythos, Wien 1858, S. 60 ff. Kauffmann, Beiträge 18, 169 f. führt Rindr auf Vrindr, »die Göttin mit dem Zauberstab« zurück und stellt sie der Hlodyn und Grid zur Seite; dagegen Rödiger, ZfdPh. 27, 6 f.

Nerthus

Sieben Stämme an der Nordsee verehrten insgesamt die *Nerthus*. Auf einer Insel war ihr heiliger Hain; drin stand, von einem Tuche bedeckt, ihr Wagen, den nur der Priester anrühren durfte. Dieser erkennt, wenn die Göttin ihr Heiligtum aufsucht. Er begleitet sie, wenn sie auf ihrem mit Kühen bespannten Wagen unter großer Feierlichkeit umherfährt. Überall herrscht Festfreude und Waffenruhe, bis derselbe Priester die am Umgang mit den Menschen gesättigte Göttin ihrem Heiligtum zurückgibt. Dann werden Wagen, Tücher, ja die Gottheit selbst im einsamen See gebadet. Die dienenden Knechte werden gleich ertränkt.[1] Tacitus deutet Nerthus als *terra mater*, weil die Umfahrt der römischen Göttermutter auf einem von Rindern gezogenen Wagen am 27. März, ferner das Bad, dem das Bild der Göttin samt dem Fahrzeug unterzogen wurde, lebhaft an den germanischen Brauch erinnerten. Wie bereits bemerkt, feierten die Schweden die Umfahrt des von einer Priesterin geleiteten Freyr, des Sohnes des Njord *(Nerþuȝ)*, wovon sie fruchtbares Jahr erhofften. Zweifellos entspringt die Nerthusfeier demselben Glauben, der im Mittelalter und in der Neuzeit in zahllosen Volksbräuchen, in Bittgängen um Ackersegen nachwirkt. Der Grundgedanke liegt in der feierlichen Einholung der im Lenze neu erwachten Geister des Wachstums und Gedeihens. Als Maigraf, Maigräfin, Maikönig, Maikönigin werden die Frühlingsgeister bewillkommnet. Fürs 12. Jahrh. ist ein niederländischer Brauch bezeugt. Zu Ostern und Pfingsten wählten Priester und Kleriker unter Teilnahme des gesamten Volkes aus den Frauen der Priester eine aus, schmückten sie mit Krone und Purpur, setzten sie auf einen Thron und erwählten sie zur Königin. Dann sangen sie den ganzen Tag über unter Begleitung von Musikinstrumenten Lieder und erwiesen ihr wie einem Götzenbilde Ehren.[2] Beim Früh-

1 Über Nerthus wurde bereits unter Freyr das Notwendige mitgeteilt. Für die Bedeutung des Nerthusfestes vgl. Mannhardt, Wald- u. Feldkulte 1, 567 ff.; Högel, Geschichte d. deutschen Literatur I, 1, 21 f.

2 J. Grimm, Myth. 148, Nachträge 1225.

lingsfest fehlen niemals Chorgesänge und Reigen. Auch die Nerthusfeier wird unter Tanz und Liederklang begangen worden sein. Wenn das erste Grün im heiligen Hain sprosste, ersah der Priester darin das Zeichen der nahenden Göttin. Dann begann die Umfahrt, welche den Lenz einbrachte und die Gefilde mit Fruchtbarkeit segnete. Die Wassertauche findet sich auch sonst bei Ackerbräuchen, beim Pflugumziehen. Sie kann als Regenzauber gedeutet werden. Die ertränkten Knechte sind als Opfer zu verstehen, welche die Bundesstämme der Gottheit um gute Jahreszeit, um rechte Verteilung von Sonne und Regen darbringen. Kögel nimmt den See als den Eingang zur Unterwelt. Dort weilt Nerthus in den Wintermonaten, im Frühling zieht sie hervor durch Fluren und Auen, im Herbst kehrt sie zurück in den Schoß der Erde, wenn die Pflanzenwelt abstirbt. Das wird bildlich durch Auszug und Rückkehr angedeutet. Darf der begleitende Priester als Vertreter des Gottes, des Gemahles der Nerthus gelten, wie umgekehrt dem Freyr eine Priesterin gesellt ist, deren Schwangerschaft die Schweden für ein gutes Zeichen ansehen, so ist in dem umziehenden göttlichen Paare die Zeugungskraft des Lenzes verkörpert. Nerthus ist somit die Göttin der fruchttragenden Erde, der Fruchtbarkeit überhaupt. Sie weilt unter den Menschen, solange die Pflanzenwelt dem Lichte entgegensprosst. Sehnsüchtig wird ihre Ankunft nach der langen Winternacht und Todesstarrheit erhofft, mit lautem, festlichem Schalle, mit Gesang und Reigen ihr Einzug gefeiert.

III. Germanische Göttinnen auf römischen Inschriften und bei antiken Autoren

Von einigen Göttinnen der Germanen kennen wir nur die Namen, welche inschriftlich oder bei den antiken Autoren überliefert sind. Nur selten steht noch eine dürftige Bemerkung über ihre Art oder ihren Dienst dabei. Mit diesen Göttinnen weiß die mythologische Forschung nicht viel anzufangen. Nur selten ist der Sinn der Namen zu erraten, und selbst wo er völlig klar ist, bleibt doch die Hauptsache dunkel, da die Namen oft nur sehr allgemeine Bedeutung haben. Hätten wir z. B. allein den Namen Frija überliefert, so fände die Etymologie leicht aind. priyâ, die Geliebte, die Gemahlin. Aber damit wüssten wir nichts über ihre Art. Ist nun gar die Etymologie dunkel, so bleiben alle Lösungsversuche im höchsten Grade unsicher.

1. Tanfana

Tanfana oder Tamfana hieß die marsische Hauptgöttin. Die Deutschen feierten eben ein großes Fest, erzählt Tacitus, und froh hatten sie die Nacht bei ihren Gelagen hingebracht, noch lagen sie sorglos ihren Rausch verschlafend auf Bänken und neben den Tischen, an denen sie geschmaust und gezecht hatten, umher, als Germanicus über sie kam. Er verteilte sein Heer in vier Haufen, zehn deutsche Meilen in die Runde ließ er alles mit Feuer und Schwert verwüsten, Alt und Jung, Mann und Weib niederhauen und das hochberühmte Heiligtum der Tanfana – *celeberrimum illis gentibus templum, quam Tanfanae vocabant* – dem Erdboden gleichmachen.[1] Die Zeit dieses Überfalles war das Spätjahr 14. Im Herbst pflegten die Germanen große Feste zu feiern zum Danke für die Ernte. Bei Angelsachsen und Nordleuten führt der Oktober und November den Namen Opfermonat. Den Festesfrieden benutzte Germanicus zu seinem Streifzug. Zum Herbstfeste waren die Marsen beim altberühmten Stammesheiligtum versammelt. Das Dankopfer galt einer Göttin, Tanfana.[2] Tanfana ist vermutlich ein Name der Mutter Erde, und dar-

1 Annalen 1, 51; zur Feststellung der Lesart des Namens Müllenhoff, ZfdA. 9, 258; 23, 23.

2 Überliefert ist tāfanę, was in Tanfanae oder Tamfanae aufzulösen ist. Den Nasal erachten J. Grimm und Müllenhoff als infigiert, wie *λαμβάνω* zu *λαβ-*, *τύμπανον* zu *τύπ-τω*) u. Ä..; sie deuten demnach, als ob *Taƀana* stünde. J. Grimm, Gesch. d. deutschen Spr. 232, 622, 828; Kleinere Schriften 5, 418 ff. rät auf eine germanische Göttin des Herdes und Feuers, Vesta,

um wurde ihr das Dankesfest für den Ackersegen dargebracht. Möglicherweise ist der Name damit in Verbindung zu bringen. Müllenhoff vermutet, Tanfana sei die Opfergöttin, wie *Jupiter dapalis,* zu dem der römische Bauer vor der Aussaat betete und dem er ein Opfermahl, die *daps,* spendete, ein Opfergott ist. Der Name der Göttin erkläre sich aus ihrer Festzeit, dem großen Herbstopfer. Tanfana sei die Opferempfangende. Tanfana kann aber auch die Spendende, Segnende, Reichtum Gewährende bedeuten, wie Fulla, Volla, Gefjon, Copia. Auch dieser Name passt auf eine Göttin des Erntesegens und des Herbstopfers.

2. Baduhenna

Auf friesischem Boden wird ein Hain der Baduhenna erwähnt, wo im Jahre 28 n. Chr. 900 Römer im Kampfe fielen.[1] Aus der flüchtigen Angabe ist gar nichts für diese friesische Göttin zu entnehmen. Ob der Name aus zwei Stämmen zusammengesetzt oder aus einem Stamme mit Ableitungssilbe weitergebildet wurde, ist unklar. Im ersten Falle konnte die friesische Form etwa

---

'Εστία, skythisch *Tabiti;* die idg. Wurzel läge in *tepere,* aind. *tapas,* Hitze. Müllenhoff, ZfdA. 9, 258; 23, 23 ff, vergleicht an. *tafn,* »Opfertier«, und die idg. Wurzel *dap,* welche im lat. *daps, dapinare,* griech. *δάπτω, δάπανος, δαψιλής, δέπας* erscheint Kögel, Geschichte der deutschen Literatur I, 1, 19 Anm. erinnert an isl. *þamb,* Schwellung, Fülle, *þǫmb,* Fülle, Gespanntheit; *þamba,* in vollen Zügen trinken; norweg. *temba,* füllen, stopfen; *temba,* große Mahlzeit. Dann meint des Tacitus Schreibung Tamfana eine germanische *Thamfana, þambana.* Immerhin ist Kögels Versuch besser als die andern, nachdem die Wurzel *»dap«* sonst nirgends Nasalinfix aufweist. Unmöglich ist die Erklärung Jaekels, ZfdPh. 24, 306 ff., wonach Tamfana aus *Tamna* (zu Wurzel *dam, δαμάω, domare*) entstand und die alles bezwingende Todesgöttin bedeutet.

1 Tac. Ann. 4, 73 *apud lucum quem Baduhennae vocant.* Nach Müllenhoff, Schmids Zeitschr. f. Geschichtswissenschaft 8, 264 und ZfdA. 9, 240 f. ist *h* Trennungszeichen und *Baduennae* zu lesen. Man denkt beim Suffix an kelt. *Arduenna,* Zeuss Gramm. celtica[2] 774. Siebs, ZfdPh. 24, 1 ff. erklärt *Baduhenna* als Beiname Wodans, der im Kampfe tötende Walvater; das ist abgesehen von anderm sprachlich unmöglich.

Baduwini lauten. *Baduwini,* die Kampfesfrohe, vergleicht sich dem Frauennamen *Siguwini,* die Siegesfrohe. Als Zusammensetzung *badu-wenna* (got. *winno,* Leidenschaft, ahd. *winna,* Streit) kann der Name auch »kampfwütig« bedeuten.[1] Jedenfalls steckt *badu-,* »Kampf«, im Namen, und daher scheint der Göttin Beziehung zu Schlacht oder Walfeld zuzukommen.

3. Die Alaisiagae

Die Inschrift, welche dem Mars Thingsus gewidmet ist, gilt auch *duabus Alaisiagis Bede et Fimmilene.* Darunter sind wohl Göttinnen zu verstehen, die irgendwelche Beziehung zu Mars Thingsus gehabt haben müssen. Da nun aber schon dieser Gott für uns rätselhaft ist, sind es die Alaisiagen noch viel mehr, zumal die Etymologie ihrer Namen nicht gelingen will.[2] Ursprünglich wurde Tiuȝ als Gerichtsgott, als Befehlshaber des in Thing und Heer versammelten Volkes gefasst. Da wies Heinzel auf die im Schulzenrecht des westerlauwerschen Friesland genannten *bodthing* und *fimelthing* hin. In der Benennung dieser Dingversammlungen sollten dieselben Wortstämme wie in den Namen der Alaisiagen wiederkehren. War Tiuȝ über das Allding des Volkes gesetzt, so lag es nahe anzunehmen, die kleineren Dinge seien unter den Schutz der Göttinnen gestellt worden. Ist doch auch die nordische Syn bei den Dingversammlungen in solchen Streitsachen zur Schützerin bestellt, wo Männer etwas zu leugnen haben. Weinhold vermutete noch Schreibfehler für **alaisagiis (êsago);* es seien die Gesetzessprecherinnen. Somit schien das Denkmal irgendeinem Rechtsfalle zu entstammen. Aber *bodthing* und *fimelthing* sind späte Einrichtungen der Friesen, der etymologische Zusammenhang mit den Namen der In-

1 Vgl. v. Grienberger, Beiträge 19, 531 ff.

2 Die Literatur über den Stein wurde bereits im Abschnitt über Tiuȝ mitgeteilt. Zum oben Vorgetragenen Heinzel, Westd. Ztschr. 3, 292; Weinhold, ZfdPh. 21, 1 ff.; Kauffmann, Beiträge 16, 201 ff.; Siebs, ZfdPh. 24, 434 ff.

schrift ist zweifelhaft, Mars Thingsus ist nicht der übers Ding waltende Tiuʒ.

Freilich haben die übrigen Auslegungen ebenso wenig ein befriedigendes Ergebnis zu erzielen vermocht. Kauffmann nimmt als Grundwort *al-aisiag-* an, das zu ahd. *êrên,* an. *eira,* »schonen«, gehöre. Alaisiagen seien die Allhilfreichen. Bede ist Dativ zu friesisch **Bêd.* Der Name steht im Ablaut mit as. *gibada,* »Trost«, mhd. *bate,* »Nutzen«, »Hilfe«; er besagt etwa helfende Trösterin. Zu Fimmilene wird im Nominativ eine germanische *Fimilô* angenommen (zu an. *fimr,* »hurtig«, »behänd«). Es sind demnach göttliche Hilfespenderinnen, die Trost und rasche Abwehr drohender Gefahr gewähren.

Ganz anders urteilt wiederum Siebs. Er geht von an. *eisa,* »eilen«, »stürmen«, aus, das urgermanisch **aisjan* lauten müsste. Alaisiagen wären die gewaltig Einherstürmenden. Bede wird mit as. *undar-badôn,* »erschrecken«, in Verbindung gebracht. *Bêdô* sei die Schreckerin, die Bedrängerin, die Verkörperung des Wirbelwindes. *Fimilô* heißt Bewegung, Wehen des Windes; im Nds. bedeutet *fimmeln* »flattern«, »hin- und herfahren«; *Svipul,* die Bewegliche, ist ein Walkürenname. Der Denkstein gilt dem Himmels- und Wettergott Tiuʒ und den beiden gewaltig einherfahrenden Göttinnen, der schreckenden *Bêd* und der stürmenden *Fimila.*

Diese drei grundverschiedenen Auslegungen zeigen, wie viele Möglichkeiten der bloßen etymologischen Erklärung sich darbieten, wie unsicher und unbestimmt aber alle auf diesem Wege allein erholten Vermutungen stets bleiben müssen. Nach wie vor ist das Wesen der Göttinnen uns vollkommen dunkel.

4. Hlodyn und Hludana[1]

Hlodyn ist Widars Mutter, die an einer andern Stelle Grid, die Heftige, Ungestüme, genannt und als Riesin bezeichnet wird.

1 *Hlóþyn* begegnet Vǫl. 55; dass sie Widars, nicht Thors Mutter ist, zeigt

Die Snorra Edda fasst Hlodyn als einen Namen der Jord, der Erdgöttin, auf. Zum Beweise wird eine Weise des Skald Vǫlu-Steinn aus dem 10. Jahrh. angezogen, wonach die Steine als Hlodyns Knochen bezeichnet werden.[1] Die Kenningar, in denen sonst noch Hlodyn vorkommt, lassen sie ebenfalls mit Jord gleichbedeutend erscheinen.

In Niederdeutschland, am Rhein, in Geldern und Friesland sind Steine einer *dea Hludana* gesetzt. In Friesland weihten die Pächter der Fischerei *(conductores piscatus)* der Hludana das Denkzeichen. Obschon die Namen weder in der Wurzel noch in der Ableitungssilbe genau zusammentreffen, pflegt man doch seit Thorlacius (1782) beide für gleich zu erachten. Es sei eine und dieselbe Göttin in deutscher und nordischer Namenform. Darf Hludana wie Hlodyn als Erdgöttin gefasst werden, so wäre ein Name der großen Erdmutter darunter zu vermuten. Doch seine Bedeutung bleibt uns verschlossen. Jeder Erklärer findet eine eigene Auslegung, die in ihrer Allgemeinheit keine sichere Gewähr bietet. *Hlóðyn* wird gewöhnlich zu *hlaða, hladan,* aufrichten, aufladen, gestellt. An. bedeutet *hlað* Haufen, *hlóð* Herd. Daraus wurde eine Göttin des Herdfeuers erschlossen. Indes scheint für *hlóð* Erdhaufe, Erdhügel als Grundbedeutung angenommen werden zu müssen. Hloðyn besagt also nur Erde. Kauffmann nimmt *hlôþa* für die Hochstufe zu *holþa,* hold. *Hlu-*

Kauffmann, Beiträge 16, 136 ff.; *Hlóþyn* gleich Jord SE. 1, 474; in der Olafssaga Tryggvasonar Fms. 1, 123 *hlóþyn markar,* terra silvae; in der Hervararsaga Fas. 1, 469 *í hlóþynjar skaut,* in gremium terrae. Die wichtigsten Inschriften der *dea Hludana* sind die rheinischen von Birten und Iversheim (vgl. Brambach, Corpus inscriptionum rhenanarum 150; Bonner Jahrbücher 50, 184) und die friesische (W. Pleyte, in den Verslagen der kon. akad. letterkunde 3, 6, 58). Über die Göttin Sculo Thorlacius, *de Hludanu, Germanorum gentilium dea,* Havniae 1782; Müllenhoff, Schmidts Ztschr. f. Geschichtswissenschaft 8, 264 Anm.; Jäkel, ZfdPh. 23, 129 ff.; Siebs, ZfdPh. 24, 457 ff.; Kauffmann, Beiträge 18, 134 ff.; Rödiger, ZfdPh. 27, 3. Gegen Mogk, Grundriss 1, 1094 Kaufmann a.a.O. 142. Bugge, Studien 19 u. 575 trennt Hlóðyn, die er aus Latona ableitet, von Hludana.

1 Wohl nach Ovid, Metam. 1, 393: *magna parens terra est, lapides in corpore terrae ossa reor dici.*

dana Hloðyn ist die holde, gütige Freundin der Menschen, ein Beiwort, das auf jede Göttin passt. Immerhin bleibt die Verschiedenheit des Wurzelvokales bedenklich. Der römische Steinmetz hätte germ. *ô* mit *u* gegeben, meinte also eigentlich *Hlôdana*. Müllenhoff leitete Hludana aus *hluda-κλυτός*, dem bekannten Stamm unsrer Eigennamen Hludwig, Hludhari u. a.; es sei die »berühmte« Göttin. Aber dann fügt sich wieder nicht *Hlóðyn*, wo langes ô feststeht. So bleibt vorerst noch alles unsicher, vielleicht überhaupt die Gleichheit der Göttinnen. Wer an der Verschiedenheit der Wurzelvokale keinen Anstoß nimmt, mag die abweichenden Bildungssilben mit Kauffmann aus der Kurz- und Vollform eines Namens erklären: *Hlôþô* zu *Hlôþawini (Hlóðyn)* wie Liuba zu Liubwini, Siga zu Siguwini u. a.

5. Isis-Nehalennia

Römische Kaufleute pflegten an den Küsten der Völker, welche sie des Handels wegen aufsuchten, den einheimischen Gottheiten Dankopfer darzubringen und Weihaltäre zu errichten. Dabei wandten sie die übliche Auslegung an, indem sie aus irgendwelchen äußeren Ähnlichkeiten die fremden Götter ihren eigenen gleichsetzten, indem sie etwa eine germanische Göttin für eine Erscheinungsform einer römischen hielten. Dem entsprechend wurde auch das Altardenkmal ausgeführt. Glaubte ein römischer Untertan irgendwo an fremder Küste einer Göttin zu begegnen, welche ihm der Isis gleich zu sein schien, so wurde der Isis ein Weihstein, worauf ihre gewöhnlichen Abzeichen vorkamen, errichtet. Auf dem römischen Denkmal stand entweder der römische Göttername allein, oder trat der germanische erläuternd hinzu (*Marti Thingso, Mercurio Channini, Herculi Magusano* u. Ä.); endlich konnte auch nur der Name der fremden Gottheit allein in latinisierter Form eingesetzt werden, wobei dann die von den römischen Steinmetzen auf den Altären angebrachten Abbildungen dem Kundigen umso deutlicher das Wesen der Gottheit anzeigten. Die Ausführung der Steine ist also hauptsächlich von der interpretatio romana abhängig. Hatte man einmal diese oder jene Gottheit der Heimat in der Fremde wiederzuerkennen vermeint, so wurde sie auch nach römischer Art dargestellt, nicht etwa in dem Bestreben, im Bilde die hervorragenden Eigenschaften der fremden Gottheit festzuhalten. Man darf daher nicht die ganze bildliche Darstellung solcher Steine ohne weiteres ins Germanische umsetzen, wie es Hoffory bei Mars Thingsus, Jaekel (ZfdPh. 24, 289 ff.) bei der Nehalennia tut. Gibt sich doch im Altarbild meistens nur dieselbe allgemeine, mitunter höchst oberflächliche Ansicht des römischen Beobachters kund, welche auch in der interpretatio zum Ausdruck gelangte. Wenn Tiuȝ, Wodan, Frija, Donar mit Mars, Merkur, Venus, Jupiter übersetzt werden, so ist damit nur erwiesen, dass den Römern gewisse Ähnlichkeiten auffielen, aber nicht, dass alle Züge der römischen auf die germanischen Gottheiten passen. Gelangt also nur einseitige Mitteilung römischerseits über eine germanische Göttin auf uns, so ist größte Vorsicht erforderlich. Oft ist nicht mehr als der bloße germanische Göttername zu lernen, dessen Erklärung die größten Schwierigkeiten entgegenstehen. Dass einige in die Augen fallende Züge der interpretatio und der bildlichen Darstellung der verglichenen Gottheit ebenfalls zugehören, ist nicht zu bezweifeln. Aber schwer, wenn nicht unmöglich, ist zu bestimmen, welche Eigenschaften der interpretierten Gottheit überwiesen werden dürfen, welche nur im Banne der einmal feststehenden römischen Anschauung hinzutraten. Hatte ein römischer Handelsmann z. B. an fremder Küste die Isis gefunden, so stellte er sich zuerst seine Isis vor und übersah die wesentlichen, bedeutenden Unterschiede zwischen ihr und der nichtrömischen Göttin. Verbanden sich im Banne der einmal festgestellten Auslegung allerlei ungehörige Vorstellungen mit der fremden Göttergestalt, so blieben auch wieder deren wichtigste und nötigste Eigenschaften völlig verborgen. Hätten wir von Wodan und Frija nur die Namen und die römische Auslegung Merkur und Venus überkommen, so wären unsere Begriffe gewiss ebenso schief wie ungenügend. In dieser Lage befinden wir uns aber allen Nachrichten gegenüber, die uns nur aus römischer Umgebung oder durch römische Vermittlung, durch Inschriften und römische Geschichtsschreiber, also einseitig, ohne die Ergänzung und Berichtigung germanischer Denkmäler, bekannt sind.

Nach der Meldung des Tacitus[1] brachte ein Teil des großen, zwischen Elbe und Weichsel ansässigen Suevenvolkes der Isis Opfer dar. Ihr Abzeichen war ein Schiff. Tacitus und seine Gewährsleute waren der Anschauung, es handle sich um einen aus Rom nach Germanien verpflanzten Kult; und mit einem gewissen Recht. Denn zweifellos erhuben sich an der suevischen Küste Isissteine, welche zu der Nachricht Anlass gaben. Diese Isissteine waren von Römern, die in der Ostsee Handel trieben, aufgerichtet worden. Aber sie galten derjenigen Isis, welche die Reisenden bei den Sueven zu entdecken glaubten. Hinter dem römischen Altar steht ein germanischer Kult, der ihn veranlasste. Es war eine Göttin, als deren Abzeichen ein Schiff galt. Vermutlich hatte sie, wie die Wanen, Beziehung zur Schifffahrt und damit zu Handel und Wohlstand. Sie glich unter anderm auch darin der Isis, der am 5. März ein feierlicher Umzug gehalten und ein Schiff *(navigium Isidis)* dargebracht wurde. Die Wiedereröffnung der Fahrt in Strom und Meer, die mit Anbruch des Frühlings den Schiffen sich auftaten, wurde so alljährlich festlich begangen.

Anderwärts tauchen Spuren einer ähnlichen Göttin auf. In Deutz am Rhein und an der batavischen Küste, auf der der Scheldemündung vorgelagerten Insel Walcheren, fanden sich zahlreiche von römischen Kaufleuten wegen glücklich voll-

---

1 Germania Kap. 9 *pars Sueborum et Isidi sacrificat: unde causa et origo peregrino sacro, parum comperi, nisi quod signum ipsum in modum liburnae figuratum docet advectam religionem.* Zu Isis M. Haupt, Moriz von Craun S. 4; Kauffmann, Beiträge 16, 217 ff. Die von Aventinus (Chronik 1566 fol. 37) angedeutete, durch Simrock Myth.[5] 372 ff. aufgenommene Ansicht, der Name der deutschen Göttin, etwa *Îsa*, Avent. *fraw Eysen* (vgl. auch J. Grimm, Myth. 244) habe Isis bei Tacitus hervorgerufen als den nächstliegenden, ähnlich klingenden Namen, bedarf keiner ernstlichen Widerlegung. Die Literatur über die suevische Isis verzeichnet Drexler in Roschers Lexikon der griech. u. röm. Mythologie 2, 548 ff.

brachten Handelsfahrten der Göttin *Nehalennia* geweihte Altäre. Auf der Insel Walcheren fanden sich 1647 und 1870 im Dünensande 22 mehr oder weniger gut erhaltene Denksteine dieser Göttin.[1] Hier muss eine Hauptstätte ihres Kultes, vermutlich ein römischer Tempel, bestanden haben. Von den Bildern der Steine zeigen einige die Nehalennia als Beschützerin der Schiffer; sie hat den linken Fuß auf den Steven eines Schiffes gestellt und stützt sich auf ein Ruder zu ihrer Rechten. Kauffmann wies nach, dass die Nehalenniabilder Zug um Zug aus dem Isiakult entnommen sind, dass die Nehalennia demnach den Kaufleuten als die Isis erschien. Offenbar ist es dieselbe Göttin, von den Römern als Isis aufgefasst, der sie an der suebischen und batavischen Küste und am Rheine Altäre aufstellten. Durch Tacitus hören wir, dass das Schiff ihr Abzeichen war, auf den Altären steht ihr deutscher Name, Nehalennia. Was auch sonst noch von dieser germanischen Göttin erzählt worden sein mag, ihre Beziehung zur Seefahrt ist sicher. Darum begrüßten sie die Römer an den Ufern der Ost- und Nordsee als Isis und empfahlen ihre Schiffe und ihre Ladung dem Schutze der Nehalennia. Damit endet aber auch unsere Kenntnis vom Wesen dieser Göttin. Nicht einmal so viel ist klar, ob sie auch bei den Sueven Nehalennia hieß oder ob dieser Name nur am Rhein und bei den Batavern ihr beigelegt war. Die Erklärung des Namens macht Schwierigkeit. Kauffmann denkt an ein germanisches Beiwort **nêwolos, *nêalas,* zu urgerm. **nêwô,* mhd. *nâwe,* wie *navalis* aus *navis* entwickelt ist. Daraus wäre eine Weiterbildung **nêalenî,*

---

1 Die Nehalenniadenkmäler mit Abbildungen bei L. J. F. Janssen, de romeinsche beelden en gedenksteenen van Zeeland. Middelburg 1845; die rhein. Inschriften bei Brambach, Corpus inscriptionum rhenanarum Nr. 441 u. 442. Das Material verwerten neuerdings die Abhandlungen von Jäkel, ZfdPh. 24, 289 ff. und Kauffmann, Beiträge 16, 211 ff. Die letztgenannte treffliche Arbeit ist für die oben vorgetragenen Ansichten maßgebend. Demgegenüber hat Muchs Aufsatz, ZfdA. 35, 324 ff. wenig Bedeutung. Detter, ZfdA. 31, 208 stellt Nehalennia zu *νέκυς;* das Grundwort *nehal* kehre in an. *njól,* die Nacht, wieder. Dagegen Noreen, An. Gr.[2] § 106 a u. 231; Abriss der urgerm. Lautlehre S. 14 u. 113, wonach *niól* aus *nibol* abzuleiten ist.

Gen. *nêalenniôs*. Im Namen *Nehalennia, »navalis«, »zu den Schiffen gehörig«,* läge eine Andeutung ihrer Art. Nehalennia ist die Schiffsgöttin. Njords Heimat ist *nóatún,* die Schiffsstätte, und an die Wanen erinnert *Nehalennia* insofern, als beide die Schifferei beschirmen. Die germanische Ablautsform *nêu-: nôu-* erscheint in *Nêalenî* und *nóatún,* mhd. *nâwe* und an. *nôr*. Nehalennia ist dann aber kein eigentlicher Name, vielmehr ein Beiname einer Göttin, welche zur Seefahrt Beziehung hat. Freilich hat Kauffmanns Erklärung gegen sich, dass der zweifellos sicher überlieferte Name Nehalennia zu Nealennia zurechtgemacht werden muss. Das *h* sei nur Trennungszeichen zwischen Vokalen, wie es auch sonst vorkomme, z. B. Tuihanti für Tuianti, Flehum für Flevum u. dgl. Eine andere Erklärung geht von einem idg. Grundwort **neqos (νέκυς)* aus, dem urgerm. **nehuaz,* westgerm. **nehaz* entspräche, wie got. *sailvan* und *alva* gegen ahd. *sehan* und *aha*. Daraus ergibt sich im Namen der Göttin ein Anklang ans Reich des Todes. Wie das aus ihrem Wesen zu rechtfertigen ist, bleibt dunkel.

Im Jahre 694 besuchte der hl. Willibrord auf einer Missionsreise Walcheren und zerstörte ein dort befindliches heidnisches Heiligtum. Der Tempelhüter widersetzte sich dem Vorhaben der christlichen Priester mit bewaffneter Hand, aber ohne Erfolg. Kauffmann[1] vermutet, dass mit dem Heidentempel derjenige der Nehalennia gemeint sei. Die heimische Bevölkerung wird den römischen Tempel und die Bilder, die zu Ehren der Landesgöttin aufgerichtet waren, nicht gemieden haben, und als die Römer aus dem Lande wichen, wurden die Germanen ihre Erben, die alleinigen Besitzer des alten Heiligtumes. Erst der christliche Eifer schlug die Bilder in Stücke und verwarf die Trümmer, die im 17. Jahrhundert wieder ans Tageslicht kamen, am Meeresstrand. »Manch fromme deutsche Mutter mag in der Halle des Tempels den Steuermann und sein Schiff der Nehalennia anbefohlen haben, nachdem das jüngere Geschlecht den Widerwillen gegen Tempelbauten überwunden hatte.«

---

1 A.a.O. 228 ff.

Mit Nehalennia-Isis dürfen vielleicht einige mittelalterliche Bräuche[1] in Verbindung gebracht werden. Ums Jahr 1133 ließ ein Bauer aus Inden im Jülichischen im nahen Walde ein Schiff zimmern, das auf Rädern lief und durch vorgespannte Menschen an Stricken zuerst nach Maastricht, wo Mastbaum und Segel hinzukamen, dann hinauf nach Tungern, Looz und so weiter im Lande umhergezogen wurde, überall unter großem Zulauf und Geleite des Volkes. Wo es anhielt, war Freudengeschrei, Jubelsang und Tanz, namentlich der von ausgelassener Lust erfüllten Frauen, um das Schiff herum bis in die späte Nacht. Die Ankunft des Schiffes sagte man den Städten an, welche ihre Tore öffneten und es einholten. Die Weber wurden zum Schiffszug gezwungen, dafür durften sie dem übrigen Volke den Zutritt wehren und Pfänder erheben. Die Geistlichen sahen mit scheelen Augen auf das sündhafte heidnische Werk und dachten es zu hintertreiben. Sie nannten das Schiff ein Abzeichen böser Geister, ein Teufelsspiel, es sei in heidnischer Gesinnung aufgeschlagen, böse Geister hielten darin Umzug, es könne ein Schiff des Neptun oder Mars, des Bacchus oder der Venus heißen; man solle es verbrennen oder sonst wegschaffen. Aber die weltliche Obrigkeit hatte den Umzug gestattet und schützte ihn, es hing von den einzelnen Ortschaften ab, dem heranfahrenden Schiff Einlass zu gewähren; wie es scheint, galt es in der Volksmeinung für schimpflich, es nicht weiter gefördert zu haben. Über Duras und Léau sollte das Schiff nach Löwen gebracht werden. Von den Geistlichen angefacht, tat der Graf von Löwen dem Umzug mit Gewalt Einhalt, sodass die Feier des Schiffszuges auf diese Weise blutig endigte. Aus allem geht aber die lebhafte Teilnahme der Zeitgenossen am Schiffszug, dem Überrest eines heidnischen Brauches, deutlich hervor. Auf schwäbischem Boden, also bei den Nachkommen der alten Sueven, verbietet noch um 1530

1 Die Bräuche des Schiffsumzuges bei J. Grimm, Myth. 237 ff.; 3, 86. Weiteres bei J. W. Wolff, Beiträge zur deutschen Mythologie 1, 1852, 149 ff. Die Hauptstelle für die niederländische Umfahrt in des Abtes Rudolf († 1138) Klosterchronik von St. Trod, Buch 12, Kap. 11–14 (MG. Script. 10, S. 310 ff.).

ein Ulmer Ratsprotokoll, am Nikolausabend Fastnachtskleider anzuziehen, den Pflug und mit den Schiffen herumzufahren. Die Gewohnheit des Pflugumziehens, um fruchtbares Jahr und Gedeihen der Aussaat zu erhalten, ist weit verbreitet.[1] Es geschah um Neujahr oder zur Fastenzeit. Der Ulmer Ratsbeschluss stellt offenbar den Schiffszug mit dem Pflugumziehen auf dieselbe Stufe. Immerhin verdient Beachtung, dass die Umfahrt des Schiffes im späteren Volksbrauch bei den Stämmen erscheint, bei denen im Altertum Dienst der Nehalennia-Isis nachweisbar ist. Das auf Rädern umgehende Schiff ist allerdings nicht notwendig auf die germanische Göttin zu beziehen. Es kommt auch bei den Griechen in Verbindung mit Dionysus vor[2] und muss also von Alters her mit den bacchischen Kulten zusammenhängen. Es darf ans navigium Isidis und an Karnevalsbräuche erinnert werden.[3] Nur unter Vorbehalt seien hier, alter Gewohnheit gemäß, die Volksbräuche des Schiffsumzugs mit Isis-Nehalennia, überhaupt mit germanischer Mythologie in Beziehung gebracht. Die Berechtigung dafür ist stark anzuzweifeln.

Vereinigt man die besprochenen Tatsachen, so ergibt sich: Vom Rhein bis zur Weichsel wurde eine Göttin verehrt, welche die Seefahrt beschützte. Die Römer wurden durch sie an ihre Isis erinnert. Am Rhein und bei den Batavern hieß sie Nehalennia. Ein Schiff war ihr Abzeichen. Wenn im Lenz das Eis von den Strömen sich löste und die Schifffahrt neu beginnen konnte, dann wurde die Göttin durch Umtragung ihres Schiffes mit Opfern und Reigen gefeiert.

---

1 Vgl. darüber Mannhardt, Wald- und Feldkulte 1, 553 ff.

2 Dümmler, Rhein. Museum, N. F. 43, 355 ff.

3 Das Schiff auf Rädern im Moriz von Craon gehört gewiss zum Karneval und hat mit dem german. Heidentum nichts zu schaffen. Vgl. E. Schröder, Zwei altdeutsche Rittermären, Berlin 1894, S. XXVIII; das niederrheinische Schiff mag ebendaher stammen. Seine mythologische Bedeutung wird mindestens sehr zweifelhaft.

6. Die Mütter

In Frankreich, Oberitalien, Britannien, im linksrheinischen Germanien, namentlich im Ubierlande, finden sich zahlreiche, mehr als 400 Weihsteine, welche den »Müttern« *(matrones, matres, matrae)* meistens von Legionssoldaten gesetzt sind.[1] Diese Mütter, mitunter in der Dreizahl erscheinend, führen verschiedenartige Beinamen, darunter auch solche, deren germanische Herkunft nicht anzuzweifeln ist (z. B. *Aufaniabus, Gavadiabus, Vatviabus* oder *Vatvims, Saitchamims* oder *Saithamiabus, Aflims* oder *Afliabus*). Die Dative auf *-ims* sind unter allen Umständen germanisch; zur Etymologie der Namen bieten die germanischen Sprachen auch wirklich Anhaltspunkte. Es fragt sich nur, ob etwa aus den Beinamen etwas über das Wesen germanischer Göttinnen zu lernen ist. Die Mütter gehören ursprünglich zu den Glaubensvorstellungen der Gallier. Von ihnen aus verbreiteten sie sich zu den Germanen, jedoch nur zu germanischen Söldnern, die im römischen Heere dienten, und zu den verwelschten Stämmen. Im innern Germanien schlug der Mütterkult niemals Wurzel und kann demnach auch schwerlich zum echten Bestande der germanischen Mythologie gezählt werden. Die Mütter sind Schutzgöttinnen von Örtlichkeiten, ähnlich den *genii loci.* Als solche sind sie allgemein und überall möglich und doch wieder für jeden Ort, jede Stadt besonders bestimmt. Wie die Matrone über dem Hauswesen, so walten die Mütter schützend und segnend über dem Gemeinwesen. Jeder Ort, jedes Land und Volk, das Lager, die Garnison, die Provinz, alle konnten dem Schutze besonderer Mütter unterstellt werden. Ein Legionar weiht sein Denkmal matribus omnium gentium, den Müttern aller Völker, er empfiehlt sich dadurch den Schutzgottheiten aller Länder, in welche ihn

1 Das gesamte Material bei Ihm, Der Mütter- und Matronenkult und seine Denkmäler, Bonner Jahrbücher des Vereins von Altertumsfreunden im Rheinlande, Heft 83, 1887, S. 1–200; Much, ZfdA. 31, 354 ff. u. 35, 315 ff. germanische Matronennamen; Muchs Deutungen sind überaus unsicher, da sie nicht von den Ortsnamen ausgehen; Kauffmann, Der Matronenkultus in Germanien. Ztschr. d. Vereins f. Volkskunde, 1892, S. 24 ff.

das Schicksal etwa verschlagen möchte. Diese Inschrift ist besonders lehrreich, indem sie beweist, dass es sich keineswegs um die eigentlichen Landesgöttinnen handelt, vielmehr um einen durchaus subjektiven, gallisch-römischen Begriff, der überall Anwendung finden konnte und nur allgemein Schutzgöttinnen des betreffenden Ortes oder Landes, nicht etwa die dort wirklich verehrten Gottheiten bezeichnet. Die Beinamen der Mütter sind dementsprechend durchweg aus örtlichen Beziehungen zu deuten. Die suebischen, germanischen Mütter sind vollkommen den pannonischen und dalmatischen gleichzuachten, sie bestehen allein in der Vorstellung des Weihers der Altarinschrift und beziehen sich keineswegs auf wirklichen germanischen Glauben. Die Auslegung der Beinamen hat in erster Linie mit dem örtlichen Ursprung zu rechnen. Wenn nun germanische Wörter vorkommen, so sind sie sicherlich auf germanische Ortsnamen zurückzuführen. Die *Matres Gavadiae* hängen mit dem Zeitwort *wadan, waten* zusammen und entstammen wohl einem Ortsnamen im Sinne von *Furt.* An der Diemel ist später ein *Wetiun* bezeugt, das aus demselben Stamm gebildet ist. Der Dativ *Vatvims* gehört zu einem german. *watwî,* Wasserland, und stellt sich zu den vielen mit »Aue« zusammengesetzten Ortsnamen. Solche Mütter mit germanischen Beinamen sind demnach befriedigend zu erklären: Sie sind die Schutzgeister germanischer Örter. Deutsche im römischen Heeresdienste nahmen den Matronenkult an und stellten damit die ferne Heimat unter göttlichen, mütterlichen Schutz.

7. Dea Sandraudiga und dea Vercana

Mit der *dea Sandraudiga*[1] eines nordbrabantischen Steines, den die *»cultores templi«* gestiftet, ist nichts anzufangen. Der Name zerfällt in germanische Bestandteile, got. *audags,* an. *auðigr,* reich, glücklich, und *sandr-,* wahr, wahrhaft, wie in Eigennamen,

1 Zur *dea Sandraudiga J.* Grimm, Geschichte der deutschen Sprache 588; Grienberger, ZfdA. 35, 390.

z. B. Sandrimer. Wer die »wahrhaft reiche« Göttin ist, etwa eine spendende Folla, lässt sich nicht bestimmen. Die *dea Vercana*[1] auf dem Rande einer Brunnenschale und auf einem Stein aus dem Nemetergau (Ernstweiler bei Zweibrücken) deckt sich lautlich mit Athenes Beinamen *'Εργάνη,* Wirkerin, Göttin des Webens und Spinnens. Ob die *dea Vagdavercustis*[2], welcher der Decurio Simplicius Super in Geldern einen Stein setzte, germanisch ist und zur Vercana gehört, bleibt unentschieden. Der Stamm *»werk«* begegnet in beiden Namen, und zwar auf der Stufe germanischer Verschiebung. Aber im Übrigen ist alles dunkel.

IV. Totengöttinnen

1. Des Hel

Got. *halja,* an. *hel,* ags. *hell,* as. ahd. *hella* geben den räumlichen Begriff »Untererde«, *infernus* und dienen zur Übertragung von *ᾅδης, gehenna, infernus.* Gemeint ist der Aufenthaltsort der abgeschiedenen Seelen, die Totenwelt. Erst nach und nach entwickelte sich die Bedeutung »Strafort«. Will die ältere Sprache die mit der christlichen Hölle verknüpften Qualen anzeigen, so erhält das Wort einen entsprechenden Zusatz, besonders *wîti,* »Strafe« (an. *helvíti,* ags. *hellewíte,* ahd. *hellawîʒʒi*). Obwohl der Begriff Hölle bei Goten und Westgermanen nur in christlichen Schriften vorkommt, braucht daraus doch nicht geschlossen zu werden, dass er erst mit der Bekehrung entstand. Besonders die nordische Überlieferung spricht gegen eine derartige Annahme. *Halja* darf als ein gemeingermanischer uralter Begriff gelten, und es fragt sich nur, was die heidnische Zeit darunter verstand. Da

1 Zu *dea Vercana* bluch, ZfdA. 31, 357 f.

2 Zu *dea Vagdavercustis* Grienberger, ZfdA. 35, 393 ff.; seine Erklärung, »die Lebenskraft wirkende«, die spendende Erdgöttin, ist sehr unsicher, zumal *vagda* = ahd. *kiuuegida,* »vegetamen«; man würde mindestens **wagida* erwarten; ebenso die Ableitung *vercustis,* der zulieb ein unbelegtes *»werkos«* behauptet wird. Von weiteren Göttinnen, z. B. *dea Garmangabis,* Grienberger, ZfdA. 38, 189 ff., wird hier besser geschwiegen.

die ältesten Zeugnisse übereinstimmend die unterirdische Behausung der Toten mit Hölle bezeichnen, da diese Bedeutung auch dort fortlebt, wo sich noch andere Vorstellungen daneben entwickelten, da diese letzteren ungezwungen aus der Grundbedeutung abzuleiten sind, darf mit Sicherheit angenommen werden, dass das gemeingermanische Wort *halja* auch eine gemeingermanische Glaubensvorstellung erweist, eine Schattenwelt, der ursprünglich alle Toten verfielen, wo die vom Leibe gelösten Seelen fortlebten. Im Norden finden wir denselben *räumlichen* Begriff in Redensarten, die noch heute fortdauern. *Hel* heißt das Reich des Todes, dann Tod überhaupt. Zur Hölle gehen, fahren, schlagen wird für sterben, totschlagen gesagt; in der Hölle, aus der Hölle bezeichnet klar das Räumliche. Zwischen Tod und Leben schweben heißt bildlich zwischen Welt und Hölle liegen *(at liggja á milli heims ok heljar).* Noch bewahrt der dänische und schwedische Ausdruck *ihjel, ihäl,* eigentlich in die Hölle, im Sinne »zu Tode« schlagen, bringen usw. deutlich die ursprüngliche Vorstellung. *Helgrind,* das Höllentor, verschließt das Land des Todes und tut sich nur selten wiedergehenden oder beschworenen Geistern auf. *Helvegr* ist der Weg zur Unterwelt, dem der westfälische *Hellweg,* Totenweg, entspricht. *Helskór* ist der Schuh, welcher dem Toten zur Höllenwanderung mitgegeben wird. *Helreið* ist die Höllenfahrt, die Brynhild auf einem Wagen fährt. Noch zahlreiche ähnliche Anwendungen des Wortes, wofür die Wörterbücher von Sveinbjörn Egilsson und Fritzner Belege in Hülle und Fülle gewähren, lassen über seine Bedeutung keinerlei Zweifel aufkommen. Dass die Hölle freudlos und lichtlos gedacht wurde, wie fast jeder Aufenthaltsort der Seelen, darf wohl vermutet werden. Aber sie war kein Aufenthalt der Verdammten, die dort Strafen verbüßen mussten. Noch im 10. Jahrh., beim Siege der Sachsen über die Franken 915, sangen die Spielleute: Wo gäbe es wohl eine Hölle so groß, dass sie die ganze große Wal zu bergen vermöchte.[1] Die Gefallenen waren doch sicher nicht lauter verdammte Bösewichter.

---

1 Widukind, Res gestae Saxonicae I, 23 MG. Script. 3, 428 *ut a mimis decla-*

Im Norden steht aber neben *hel* DIE HEL, *die persönlich gedachte Beherrscherin der Toten*. J. Grimm und nach ihm viele vermeinten, in diesem *persönlichen* Begriff das Ursprüngliche zu finden, der sich erst in den *örtlichen*, von Goten und Westgermanen allein bewahrten, aufgelöst habe. Der Ort empfing von der Besitzerin den Namen. Aber der Schluss ist gewagt. Zwar entsteht leicht der Glaube an eine Gottheit der Unterwelt, die beide im Namen sich decken. In unserem Falle leuchtet aber der örtliche Sinn so stark hervor, dass nur voreingenommene Ansicht das klare Verhältnis umkehren wird. Eine germanische *halja* ist unbedenklich, eine *Halja* aber unerweislich. Hört man auf die Zeugnisse, so wird man auch nicht ohne zwingende Gründe darüber hinaus trachten. Da nun *halja* allen Germanen bekannt war, *Hel* aber nur im Norden vorkommt und auch hier eigentlich nur in der Skaldendichtung, so liegt der Schluss nahe, im NORDEN ENTWICKELTE SICH AUS DER ÖRTLICHEN HEL DIE PERSÖNLICHE HEL. Einer persönlichen Halja hätte schwerlich der Zugang in die biblischen Schriften offen gestanden, eine örtliche halja, ein Seelenheim zu übernehmen, schien ungefährlich. Bei der nordischen Hel lassen sich auch wiederum mehrere Entwicklungsstufen unterscheiden, indem ihr Reich, das einst allen Toten offen stand, nur einen Teil der Menschheit empfängt, während die andern in die Gemeinschaft Odins, der Freyja, der Ran gewählt oder zu Elben und Trollen entrückt werden, indem endlich, unter Einwirkung der christlichen Hölle, die sittliche Beschaffenheit der Menschen ihre Zuweisung an die Hel bestimmt.

Durch tiefe, dunkle Täler geht der Weg zur *hel*.[1] Zu Fuß, zu Pferd, zu Wagen mag er von den Verstorbenen zurückgelegt werden. Der Höllenfluss Gjoll trennt die Welt des Todes von der Menschenwelt, eine goldbelegte Brücke, von der Riesin Modgud bewacht, führt darüber. Am Eingang in die Hölle ist auch die Felshöhle Gnipahellir gedacht, wo der Hund *Garmr* (Kerbe-

---

maretur, ubi tantus ille infernus esset, qui tantam multiudinem caesorum capere posset. Dass hinter *infernus* as. *hella* steht, meint J. Grimm, Myth. 161.

1 Die Höllenfahrt beschreiben Baldrs Draumar 2 u. 3; Gylfag. Kap. 49; Helreiþ Brynhildar.

ros)[1] lauert. Hier dringt bereits ein fremdartiger Zug aus antiker Sage in die nordische Vorstellung vom Totenreiche herein. Weiterhin schließt ein Gitter mit einer Pforte die Behausung der Hel ab. Das Totenreich wird auch als eine von finsterem Nebel erfüllte Welt bezeichnet, als *niflhel* oder *niflheim*.[2] Auch über der christlichen Hölle lagert, trotzdem sie von Feuer erfüllt ist, stellenweise Nebel und Finsternis. Drinnen erhebt sich der Hel Haus, ihr hoher Saal. Das Leben bei ihr ist zunächst nicht viel anders gedacht als das irdische. Vornehmen Ankömmlingen wird ein würdiger Empfang bereitet. Zu Ehren Baldrs sind die Bänke mit Ringen besät, die schönen Dielen mit Gold bedeckt. Met ist für ihn gebraut, der klare Trank steht da, vom Schilde bedeckt. Baldr nimmt in Hels Halle den Hochsitz ein.[3] Was Hel besitzt, hält sie fest. Nur ausnahmsweise wird Baldr auf der Asen Ansuchen Rückkehr verstattet, wenn alle Wesen, lebende und tote, um ihn Tränen vergießen. Die Hel tritt in keiner Sage eigentlich handelnd hervor. Sie bleibt immer nur begrifflich, wie überhaupt oft schwer zu sagen ist, ob in einer Redensart die örtliche oder persönliche Hel gemeint ist. So begegnet im Norden das Bild schwarz wie die Hölle, woraus der Beiname *heljarskinn*, Höllenhaut für einen Menschen mit hässlicher, schmutziger Hautfarbe, sich erklärt. Im Gegensatz zur leuchtenden reinen Gottheit gelten auch uns Tod, Teufel und Hölle als schwarz. Der *hellemôr* ist bei mittelhochdeutschen Dichtern der Teufel. Die Bilder entstammen der Anschauung vom dunkeln Totenreich, von der nebelfinstern Hölle. Eine begreifliche, aber entartende Phantasie hüllt auch die Höllengeister in schwarze Farbe. Aus den angeführten Redensarten *blár sem hel, heljarskinn* braucht man nicht zu schließen, dass von Anfang an die Nordleute die Hel in schwarze Teufelsfarbe kleideten, denn der Vergleich kann ebenso sehr auf hel als auf Hel zielen. Was Snorri im 13. Jahr-

1 Bugge, Studien 179 erklärt Garmr aus Kerberos verderbt. Noreen, An. Gramm.[2] § 248 fasst Garmr als Metathesis zu Gramr, der Grimmige.

2 Niflhel Baldrs. Dr. 2; Vafþr. 43; SE. 1, 136; Niflheim SE. 1, 38; 40; 68; 106; 136.

3 Baldrs Draumar 6, 7; Gylfag. K. 49 SE. 1, 178.

hundert von Hel erzählt, beruht auf starker christlicher Einwirkung und ist fürs Heidentum nicht bindend. Nach der Bekehrung hat man im Norden mit drei Helbegriffen zu rechnen: der heidnischen hel und Hel und der christlichen hel. Alle drei haben in den Vorstellungen der Dichter sich oft wunderlich vermischt.

Dass sich in der Hölle Straförter befanden, nahmen die Skaldengedichte des 10. Jahrhunderts an. Die Vǫlospǫ́ 38 sagt:

Einen Saal seh ich stehen der Sonne fern,
Auf Nastrand, die Türen nach Norden gerichtet;
Durchs Rauchloch strömte ein Regen von Gift,
Denn die Wände des Saales sind umwunden von Schlangen.

Nástrǫnd bedeutet Totenstrand, und dieser Ortsname weist aufs Totenreich. Der Verfasser der Vǫlospǫ́ hatte demnach zweifellos die Vorstellung, dass es in der Hölle Qualörter gäbe, und er malte sich den höllischen Saal furchtbar genug aus. Dass er aber damit echt germanische, heidnische Anschauungen wiederholt, ist sehr unwahrscheinlich. Derlei düstre Schreckbilder entstammen der christlichen Mythologie, aus der einmal doch der wesentliche Inhalt der Vǫlospǫ́ geschöpft ist.[1] Die 39. Strophe des Gedichtes im Verein mit Reginsmǫ́l 4 ergibt die Vorstellung eines wilden, eisigen Höllenstromes, der spitze Waffen in seinen Wogen führt. Meineidige, Mörder, Ehebrecher müssen zur Strafe drin waten. Auch hier dürfte der höllische Strafort nicht aus dem Bestande der germanischen halja geholt, sondern durch christliche Einflüsse entstanden sein. Doch können volkstümliche Elemente mit verwertet sein. Alt und allgemein scheint der Glaube, dass der Verstorbene, dem zu diesem Behufe der Schuh in den Sarg gelegt wurde, eine lange gefahrvolle Wanderung über Gestein

1 Die mittelalterlichen Christen meinten, die Leiber der Ungläubigen und Unbußfertigen müssten in der Hölle grausigem Gewürm zur Nahrung dienen. Den Angelsachsen ist die Hölle ein Schlangensaal *(wyrmsele)*; vgl. Bugge, Studien über die Entstehung der nordischen Götter- und Heldensagen S. 482 ff.

und durch Dornicht zurücklegen, endlich auch durch den Fluss, der die Welt der Toten und Lebenden trennt, waten müsse.[1] Leicht entsteht daraus die Vorstellung einer Strafe, indem der eine länger, der andere kürzer, je nach seiner Art zu wandern hat, insbesondere wenn die Einbildungskraft mit Höllenstrafen erfüllt ist.

Wenn Snorri in Gylfag. Kap. 3 behauptet, die Seelen der Rechtschaffenen werden bei Allvater in Gimle weilen, die bösen dagegen kommen zur Hel und von dort nach Niflheim, so denkt er hier vollkommen christlich und verweist die Guten in den Himmel, die Bösen in die Hölle. Ganz anders unterscheidet er Gylfag. Kap. 20 und 24, wonach die im Kampfe Gefallenen zu Odin und Freyja eingehen, während nach Gylfag. 43 zur Hel diejenigen gelangen, die an Krankheiten oder Altersschwäche starben. Also nicht die Lebensweise, sondern die Todesart entscheidet, und das ist heidnische Anschauung. Man erwartet nun, diese in den alten Gedichten durchweg bestätigt zu finden, wenigstens dort, wo ausgesprochener Odinsglaube herrscht. Aber dem ist nicht so. Wie einerseits Walhall seine Tore auch denen öffnet, die nicht an Wunden starben, so nimmt die Hel Waffentote zu sich. In Wirklichkeit sind eben Hel und Walhall eins, das große, allumfassende Seelenreich, Walhall ist nur ein Versuch, für Bevorzugte ein eigenes Heim zu schaffen, aber immer bricht der alte Glaube von der Hel durch. So steigt der schwertdurchbohrte Baldr zur Hel hinab. In den Atlamǫl herrscht durchgehends die Annahme, dass die Gefallenen zur Hel fahren. Besonders fällt auf, dass Brynhild den Hjalmgunnar zur Hel schickt (Helreiþ 8). Man sollte meinen, die Walküre müsse den Mann, dessen Tod im Kampfe sie veranlasst, nach Walhall kiesen. In der Fóstbrœðrasaga Kap. 4 träumt ein Mann von einem andern, die Hel werde als Hausfrau ihn umarmen. Bald darauf wurde jener auch erschlagen. Angantyr mit seinen Brüdern war im Kampfe

1 Über die Wanderung nach dem Tode und den eisigen, Schneiden mit sich führenden Höllenfluss vgl. Müllenhoff, Deutsche Altertumskunde 5, 113 ff.

gefallen; der Hügel wurde über ihm gewölbt. Als aber seine Tochter Herwor mit Zauber ihn aufweckt, um das treffliche Tyrfingschwert vom toten Vater zu erhalten, heißt es: Auf tat sich die Höllenpforte *(helgrind)*. Der Skald Egil erschlug drei Männer, welche König Eirik zu seiner Verfolgung ausgesandt hatte. Da sang er: Allzu lang zögern sie mit der Rückkehr zum König, da sie zu dem hohen Saal der Hölle gefahren.[1] Im Lied von Gudruns Aufreizung 19/20 wird Sigurd von Gudrun ermahnt an sein Versprechen, aus der Hel *(or heljo)* heimzukehren.

Aufs schwarze Streitross schwinge dich, Sigurd,
Hierher lenke den hurtigen Renner.

Mithin ist Sigurd in der Hölle gedacht, während Sigmund und Sinfjotli dem Eirikslied zufolge in Walhall weilen.

Was bei Snorri[2] und sonst noch von Hel erzählt wird, entstammt später Erfindung und zeigt auch fremdartige Bestandteile. Hel ist Lokis Tochter, weil Hölle und Luzifer unzertrennlich sind. Mit dem Fenrir und der Weltschlange, ihren Geschwistern, wurde Hel in Riesenheim aufgezogen. Allvater Odin schleuderte die Hel nach Niflheim und gab ihr Macht über neun Welten, damit sie denen, die zu ihr gelangen, ihren Aufenthaltsort anweise. Sie hat dort eine große Wohnstätte, und die Wälle sind überaus hoch und die Tore weit. Eljudnir (Plagebereiter) heißt ihr Saal, Hungr ihre Schüssel und Sult (Hunger) ihr Messer, ihr Knecht Ganglati (zum Gehen träge), ihre Magd Ganglot, fallendes Unheil, das Tor, die Schwelle, die hineinführt, Geduldermüder, Kor (Krankenbett) ihr Lager, bleiches Unglück das Betttuch oder der Vorhang. Sie ist zur Hälfte schwarz und zur Hälfte fleischfarben, sodass sie leicht zu erkennen ist, und sieht mit ihrem herabhängenden Kopfe recht grimmig aus. Solche Vorstellungen gefallen sich in der Ausmalung eines trostlosen Schreckensortes und ent-

1 Egilssaga Kap. 45 *til hásalar Heljar helgengnir.*

2 Die Schilderung der Hel Gylfag. Kap. 34; über die Sage, wie sie von Allvater hinunter nach Niflheim geschleudert wird, Bugge, Studien 511.

springen zweifellos der christlichen Hölle. Auf diesen Gedankenkreis weist schon Loki hin. Noch im Heidentum erscheint Hel als Lokis Tochter und Schwester der Ungetüme, und so mag schon frühzeitig die Hölle als Ort des Schreckens gedacht worden sein, obwohl die ältere Vorstellung vom bloßen Totenreich daneben noch fortdauert. Das Gleiche ist auch in Deutschland zu beobachten, wo nach J. Grimm, Myth. 761, erst im 13. Jahrh. Hölle im Sinne von Aufenthalt der Verdammten sich festsetzte, während zuvor meistens der alte Sinn des Wortes noch vorherrscht.

Wenn Loki zum Weltbrand mit den höllischen Heerscharen heranfährt, gemahnt auch dieser Zug an christliche Vorstellungen vom Weltende.[1]

Wer von Hels Äpfeln genoss, muss bei ihr bleiben. So wenigstens lässt sich eine Stelle der jungen Saga af Víga-Styr ok Heiðarvígum, Kap. 26 auslegen.[2] So wird Proserpina durch den Genuss des Granatapfels gezwungen, in der Unterwelt zu verweilen; auch deutsche Sagen bieten Beispiele, dass lebende Menschen durch den Genuss von Speisen im Seelenreiche den Toten anheim fallen.

In dem vollständig christlichen Sólarljóð, das vermutlich erst dem 17. Jahrh. angehört, sagt der Geist des toten Vaters zum Sohne: Hels Bande umstrickten mich. Ich wollte sie zerreißen; aber sie waren stark. Überall bedrückte mich Angst. Jeden Abend entboten Hels Mädchen mir heim zu sich. Die Sonne, das Tagesgestirn, sah ich versinken; die Pforte der Hel hörte ich dumpf ertönen.

---

1 Gylfag. Kap. 51 SE. 1, 190 *þar er ok þá Loki kominn ok Hrymr, ok með honum allir Hrímþursar, en Loka fylgja allir Heljar sinnar.* Danach bessert Bugge Str. 51 der Vǫl., was Sijmons annimmt:

kjóll ferr norþan: koma mono Heljar
of lǫg lýþer, en Loke stýrer.

Die Hss. haben *austan* statt *norþan, muspellz* statt *heljar;* aber SE. setzt die Lesart Bugges voraus.

2 Íslendinga sögur 2, 361 *an mér ǫlselja Heljar eplis,* die Frau gönnt mir Hels Apfel, d. h. will meinen Tod. Zur Stelle Sveinbjörn Egilsson, Lex. poet. 318. Deutsche Seitenstücke zur griechischen Mythe bei W. Müller, Niedersächsische Sagen S. 372 ff.

Aus biblischen Stellen fließt die Unersättlichkeit der Hölle, das Öffnen ihres Mundes und dadurch der Versuch, sie persönlich darzustellen, wie J. Grimm in älteren und jüngeren deutschen Schriften beobachtet. In mhd. Gedichten spricht die Hölle mit dem Teufel. J. Grimm sieht darin eine Nachwirkung der persönlichen germanischen Halja. Aber dem steht entgegen, dass der örtliche Begriff der älteste und ursprünglichste, der persönliche der abgeleitete ist. Da Hel von Anfang an als Lokis Tochter erscheint, also in Verbindung mit dem Teufel, ist die Möglichkeit vorhanden, dass eine persönliche Hel im Norden überhaupt erst unter christlicher Einwirkung aufkam. Ihre Persönlichkeit ist ebenso wenig weiter ausgeführt, als es bei der christlichen Hölle der Fall ist; sie verharrt in ihrer farblosen Allgemeinheit. Eine echt nordische ursprüngliche Hel wäre wohl kräftiger und lebendiger gestaltet worden. Die persönliche nordische Hel unterscheidet sich durch nichts von den entsprechenden Ansätzen zur Persönlichkeit der christlichen Hölle und ist daher letzterer gleich zu achten, ja sogar daraus zu erklären.[1]

2. Die Ran

Ran, die Räuberin[2], welche einmal unter die Asinnen gerechnet wird, ist Ägirs des Meergottes Weib. Sie haben neun Töchter

1 Myth. 291; 3, 94. Unter den vielen Sagen von verwünschten Jungfrauen, die Panzer, Beitrag z. deutschen Myth. 1, München 1848, behandelt, kommt auch einmal eine schwarz und weiß gefärbte Jungfrau, vom Volk die *Held* genannt, vor; daraus eine germanische Halja zu erschließen, wie es seit Panzer beliebt, ist nicht zu billigen. Die Sagen fallen ins Bereich des Gespensterglaubens, in den die höllische Verdammnis oft hereinspielt.

2 *Rán* bedeutet Raub. Über die Ran vgl. SE. 1, 338; Reginsmǫl Prosaeingang; Helgakv. Hj. 18; Helg. Hund. I, 31; die Strophe des Ref, SE. 1, 326; Fóstbrœðrasaga älterer Text Kap. 4, jüngerer Text Kap. 6; Friðþjofssaga Kap. 6; Eyrbyggjasaga Kap. 54; Sneglu-Halla þáttr (Fornmannasögur 6, 376); Egill im Sonartorrek 7. Thjodolf in der Haustlǫng nennt Ran, indem er das Meer als *Rán-himinn* bezeichnet. Das Netz der Ran führt Bugge, Studien 20 f. auf das Netz der Aranea zurück; *Aranea casses in alto suspendit*

mitsammen, die persönlich gewordenen Wellen. Als die Götter in der von Golde erleuchteten Halle des Ägir beim Gelage sich versammelten, gewahrten sie, dass Ran ein Netz besaß, das sie nach allen Menschen, die auf die See gingen, ausstellte. Als Loki den Zwerg Andwari fangen wollte, ging er zu Ran und borgte sich ihr Netz. In den Gedichten wird häufig beschrieben, wie Ran ihre Beute erjagt, aber dabei verlautet nichts mehr vom Netze. Von einer Riesin, die Helgis des Hjorwardsohnes Schiffe zum Scheitern zu bringen suchte, wird gesagt, sie wollte sie der Ran geben. Von Helgis des Hundingtöters Schiff, das der Sturmgefahr entronnen, heißt es: Kräftig riss sich aus Rans Krallen das Gischtross Helgis. Also herrscht die Vorstellung, Ran greife mit den Händen nach dem in Seegefahr befindlichen Schiffe. Kurz zuvor ist von den unholden Wogentöchtern Ägirs die Rede, welche die Schiffe umzustürzen trachteten. In Seesturm und Wogenprall schien den Skalden die Ran selber tätig zu sein. Im 11. Jahrh. sagt der Skald Ref: das Wogenpferd (d. i. Schiff) reißt die rot bemalte Brust aus dem Rachen der Ran *(or munni Ránar)*. Den Tod seines ertrunkenen Sohnes betrauernd sang Egill: Ran hat mich sehr niedergeschlagen. Ein anderes Bild braucht die Fóstbrœðrasaga: Die Töchter der Ran versuchten die Bursche und trugen ihnen ihre Umarmung an. Die junge, dem 14. Jahrh. angehörige Fridthjofssaga gefällt sich besonders in der Schilderung der Ran. Bei einem gefährlichen Sturme sagt Fridthjof: Jetzt muss ich wahrlich der Ran Bett besteigen, ein andrer wird das der Ingibjörg einnehmen. Weiterhin wird berichtet: Es steht zu erwarten, sprach Fridthjof, dass einige von unsern Leuten zur Ran fahren werden. Wir werden nicht viel gleich sehen, wenn wir dahin kommen, wenn wir uns nicht prächtig schmücken. Es scheint mir rätlich, dass jedermann eini-

sei missverstanden, *in alto* als in der Meerestiefe gefasst worden. Übrigens hat nach Kuhns märk. Sagen, S. 374, der Wassermann auch ein Netz, und der Vita Sulpicii († 614) zufolge wird in einem Wasserstrudel von Geistern mit Stricken den Menschen nachgestellt *(repente funibus daemoniacis circumplexus amittebat crudeliter vitam)*; vgl. W. Müller, System der altdeutschen Religion S. 375 Anm. 4.

ges Gold bei sich trage; da hieb er den Ring entzwei, das Geschenk der Ingibjörg, und teilte ihn unter seine Leute aus und sprach die Weise: Diesen roten Ring, den Halfdan besaß, muss man entzweihauen, ehe uns Ägir verdirbt. Gold soll man sehen an den Gästen, ehe wir der Gastung bedürfen. Das taugt vornehmen Recken mitten in Rans Sälen. Fridthjof schilt die Ran ein grausames, fühlloses Weib *(siðlaus kona)*. Obwohl die Beutegier der grausamen Meeresgöttin auf diese Art anschaulich geschildert wird, ist doch der Aufenthalt in den Sälen der Ran keineswegs mit düstern Farben ausgemalt. Wer im Kampf, mit den Gewalten des Meeres erliegt, wird dadurch zu den Sälen der Seegötter geladen und dort ebenso ehrenvoll aufgenommen und gehalten als derjenige, den eine andre Todesart in die Gemeinschaft anderer Götter und Geister ruft. Aus der Zeit kurz nach Annahme des Christentums auf Island wird berichtet: Da hielt man es für gewiss, dass die Leute bei Ran wohl aufgenommen worden seien, wenn zur See umgekommene Leute ihr Erbmahl besuchten; denn da war noch der alte Aberglaube wenig geschwächt, obwohl die Leute getauft waren und Christen genannt werden mochten. Um die Mitte des 11. Jahrh. singt der Isländer Sneglu-Halli, wenn er den Untergang seines Schiffes voraussagen will: Deutlich sehe ich, wie ich bei Ran sitze; einige sind beim Schmaus mit den Hummern; klar ist's, dass man beim Dorsche gaste. Das Verhältnis der Ertrinkenden zur Ran ist dasselbe wie das Verhältnis der durch Waffen Gefallenen zu Odin. Nur ist weder hier noch dort der Glaube allgemein und ausnahmslos. Wie auch waffentote Männer zur Hölle fahren, so kommen auch Ertrunkene mitunter anderswohin als zur Behausung der Ran. Thorstein und seine Genossen waren ertrunken. Man erwartet, dass sie zur Ran kämen. Aber ein Hirte sieht, wie die Seelen der Verstorbenen in den Berg Helgafell eingehen und von den Geistern mit großem Schalle und Hörnerklang begrüßt werden.[1]

Ran, als Meergöttin und Gemahlin Ägirs, darf als eine Schöp-

1 Eyrbyggjasaga Kap. 11.

fung der Skalden betrachtet werden. Doch erhebt sie sich aus den Gebilden der allgemeinen Volkssage, aus den Wassergeistern, die im räuberischen Wesen ihr vollkommen gleichen, die ebenso wie sie freundliche und feindliche Seiten aufweisen.

V. Nordisch-finnische Göttinnen

1. Skadi

Über Skadi, des Riesen Thjazi Tochter, die im Riesenland haust, auf Schneeschuhen läuft und Wild mit dem Bogen schießt, die durch die Vermählung mit Njord in den Kreis der Asinnen eintritt, deren Gunst genossen zu haben Loki sich rühmt, wurde schon berichtet.[1] Hier ist noch der Sage zu gedenken (Ynglingasaga Kap. 9), wonach sie die Gemeinschaft mit Njord aufgab und dem Odin sich vermählte. Sie hatten manche Söhne miteinander, einer hieß Säming. Davon dichtete Eywind im Haleygjatal: Ihn erzeugte der Asen Urheber mit der Riesin, als der Freund der Helden und Skadi in der Menschenwelt hausten und manche Söhne die Schlittschuhgöttin von Odin empfing. Auf Säming leitete Jarl Hakon der Reiche (970–995) seine Ahnen zurück. Die Volsungasaga scheint Sigi als den Sprössling Odins und der Skadi betrachtet zu haben. Der mächtige Mann Skadi, dessen Knecht Bredi, der geschickteste und glücklichste Jäger, von Sigi, dem hochfertigen Sohne Odins, weil er es ihm auf der Jagd zuvortut, erschlagen wird, gleicht der riesischen Göttin Skadi, die als Jägerin auf Schneeschuhen im norwegischen Gebirge umherstreift. Vermutlich wurde einst Sigi wie Säming für einen Sohn Odins und der Skadi ausgegeben, der erst wegen seines frevelhaften Eingriffs in den Betrieb der Mutter deren Land räumen musste. Der Name der Göttin, Skadi, der Form nach männlich, gab zu dem Missverständnisse des Verfassers der

1 Detter, Beiträge 18, 76 ff. sucht Spuren des Skaðimythos in andern Sagen nachzuweisen.

Volsungasaga Anlass, welcher die Skadi zu einem mächtigen Manne machte.[1]

Für Skadis Wesen zeugt am deutlichsten ihr Sohn Säming, der ein Vertreter der skandinavischen Urbevölkerung, der Finnen und Lappen, zu sein scheint. Müllenhoff in der Altertumskunde 2, 55 f. erklärt Skadi auf diese Weise.[2] Gleichwie andere Gestalten der nordischen Mythologie, z. B. Ullr, Thorgerd Hölgabrud und Irpa finnische Art an sich haben, so auch Skadi. »Der norwegische Mythos lässt die als Mannweib gedachte und daher maskulinisch, wohl im Sinne wie as. *scatho,* ags. *sceaða, latro, hostis,* benannte Göttin Skadi im alten Reiche ihres Vaters, des Riesen Thjazi, auf dem Gebirge ganz nach Finnenart als Jägerin auf Schneeschuhen hausen, auch nachdem sie zur Sühne für den Tod des von den Asen erschlagenen Vaters mit dem reichen Wanen, dem als Handels- und Schifffahrtsgotte am Seestrand wohnenden Njord vermählt ist. – Als Vertreterin des Finnentums wird sie angesehen, wenn sie mit Odin außer andren Ahnen edler Geschlechter vor allen den Säming, den Ahnen der Herrscher von Halogaland, also derjenigen Landschaft, wo Lappen und Germanen zusammenlebten wie nirgendwo sonst, erzeugt haben soll. Denn altn. Sámr, das wie Finnr als Name, als Adjektiv in dem Sinne ›schwärzlich von Aussehen‹ gebraucht wird, scheint durchaus dasselbe mit lapp. *Sabme,* plur. *Samek,* wie die Lappen sich selbst und ihr Land *Same-œdnam* benennen, sodass das davon gebildete Patronymicum Sæmingr nur den aus der Ehe eines Germanen mit einer Lappin Entsprossenen anzeigt. In diesen Mythen tritt unverkennbar die Ansicht entgegen, dass Lappen und Finnen die älteste Bevölkerung des Landes waren, die durch die im Dienste der Asen und Wanen stehende der Nordmannen zurückgedrängt wurde.« Der Name Skadi

1 So Müllenhoff, ZfdA. 23, 117.

2 Dass Skadi eine Vertreterin der Finnen und Lappen, der vorgermanischen Bevölkerung des Nordens sei, behaupten W. Müller, Zur Mythologie der griechischen und deutschen Heldensage S. 101 und Müllenhoff, Deutsche Altertumskunde 2, 55 ff.; über den Namen Skandinavia Müllenhoff, a.a.O. 357 ff.

hängt wohl mit dem ältesten Landesnamen *Skadinavia* (nicht Skandinavia) zusammen. Diese Landesbenennung entlehnten aber die im Norden eindringenden Germanen von den Lappen. Dass Skadi eine Riesentochter ist, besagt ebenso, dass ihre Heimat in den unwirtlichen nordischen Gegenden Skandinaviens, wo neben Lappen und Finnen auch die Trolle hausen, zu suchen ist.

2. Thorgerd Hölgabrud

Wenn man auf ihren Ursprung achtet, steht Thorgerd der Skadi am nächsten. In Halogaland, wo Germanen und Finnen zusammen hausten, kam die Verehrung der Thorgerd Hölgabrud oder Hölgatroll auf. Skadi begegnet nur in der Göttersage, aber keine tiefer eingreifende Tätigkeit ist ihr verliehen; dagegen erfahren wir von eifrigem, der Thorgerd geweihtem Dienste.[1] Snorri berichtet (SE. 1, 400): So wird erzählt, dass König Hölgi, nach dem Halogaland genannt ist, der Vater der Thorgerd Hölgabrud war. Beide wurden durch Opfer verehrt. Saxo (B. III S. 116) weiß von Helgo, dem König von Halogaland, dass er um Thora, die Tochter des Guso, des Königs der Finnen und Bjarmier, warb. Aus beiden Berichten ergibt sich eine Sage, wonach Hölgi (d. i. *Hálogi, Háleygr*), der mythische Ahnherr des Geschlechtes der Haleygjerjarle, mit der Finnin Thorgerd, die eben daher den Beinamen *Hölgabrud, Braut des Hölgi,* führt, vermählt war. Thorgerd und ihre Schwester Irpa wurden die Schutzgöttinnen der haleygischen Jarle. Jarl Hakon, der Berühmteste dieses Stammes, der 970–995 Norwegen beherrschte und das Heidentum wieder aufrichtete, war ihrem Dienste ergeben. Über Irpa ist aus den Quellen nichts Näheres zu erfahren. Detter meint, der Thorgerdmythos stehe in Zusammenhang mit der Sage von Helgi,

1 Über Thorgerd Hölgabrúðr, die in späterer Verderbnis auch als *Hörðabrúðr, höldabrúðr, hörgabrûðr* erscheint, vgl. G. Storm, Arkiv for nordisk filologi 2, 124 ff.; Detter, ZfdA. 33, 394 ff.

Thora und Yrsa. Helgi zeugt mit Thora auf der Insel Thorö bei Dänemark eine Tochter namens Yrsa. Als diese herangewachsen war, kam Helgi nochmals auf die Insel und machte die Yrsa, die er nicht als seine Tochter erkannte, zu seinem Weibe. Als er die Wahrheit erfuhr, gab er sich aus Reue den Tod. Irpa, die Braune, das Bastardkind, soll mit Yrsa gleich sein. Daher erklärt sich, dass bei Snorri Hölgabrud als Hölgis Tochter erscheint. Ursprünglich waren Thorgerd und Irpa beide Hölgis Bräute. Wie diese berühmte nordische Sage mit dem haleygischen Jarlsgeschlecht verwoben wurde, bleibt dunkel. So viel ist gewiss, frühzeitig wurde der Mythos an Halogaland geknüpft und nahm Züge finnisch-lappischen Aberglaubens an. Hölgis Grabhügel bestand nach Snorri SE. 1, 400 aus einer Schicht Gold und Silber und einer zweiten Schicht Erde und Stein; darnach nannten die Skalden das Gold die Grabhügeldecke Hölgis. Dem finnischen Gotte Jumali war nach der Heimskringla S. 382 ff. ein ähnlicher Opferhügel geweiht. Der Hügel war aus Gold, Silber und Erde errichtet. Thorgerd und Irpa erzeigen ihre Hilfe durch Wettermachen, Pfeilschießen aus allen Fingern, Zauberei, also durch die Künste, um deren willen gerade die Finnen berühmt waren.[1] Die Verehrung der Thorgerd und Irpa wurde ausschließlich vom Jarl Hakon im südlichen Norwegen ausgeübt und scheint nur durch ihn aus dem hohen Norden, wo Nordleute und Finnen miteinander vermischt waren, herunter verpflanzt worden zu sein.

Die Njálssaga Kap. 88 weiß von einem Tempel im Gudbrandsdal, der dem Jarl Hakon und Gudbrand gehörte. Drin saß Thorgerd Hölgabrud in Lebensgröße, einen Goldring an der Hand und ein Tuch um den Kopf. Vigahrappr beraubte sie des Kopftuches und des Ringes. Hierauf nahm er den Ring Thors an sich, der auf seinem Wagen stand. Endlich zog er auch der Irpa ihren Goldring ab. Hierauf steckte er den Tempel in Brand. Man hat sich dieser Beschreibung nach im Tempel drei Götterbilder zu denken, Thor auf seinem Wagen in der Mitte, zu seinen Sei-

1 Belege sammelt Uhland, Schriften 6, 403.

ten Thorgerd und Irpa. Alle drei waren wohl gekleidet und mit goldenen Ringen geschmückt. In der Færeyingasaga Kap. 23 wird von einem andern Tempel des Jarls im Drontheimischen erzählt. Hakon und Sigmund Brestisson gingen miteinander in den Wald. Sie kamen zu einem freien Platz, worauf ein Haus stand. Eine Einfassung von Pfählen war umher. Das Haus war sehr schön, und das Schnitzwerk war mit Gold und Silber verziert. Hakon und Sigmund gingen in das Haus hinein. Da waren viele Götzenbilder, viele Glasfenster waren an dem Hause, dass es überall frei von Schatten war. Eine Frau war in dem Hause quer vor dem Eingang, und sie war prächtig geschmückt. Der Jarl warf sich ihr zu Füßen und lag lange. Darauf erhob er sich und sagte zu Sigmund, sie wollten ihr ein Opfer geben und auf den Stuhl vor ihr Silber legen. Das aber, sagte Hakon, werden wir zum Zeichen haben, ob sie meine Bitten erhören will, wenn sie den Ring loslässt, den sie an ihrer Hand hat, und der Ring, Sigmund, wird dir Glück bringen. Nun zog der Jarl an dem Ringe, und es däuchte Sigmund, als ob sie die Hand zusammendrücke und dem Jarl den Ring verweigere. Der Jarl warf sich zum zweiten Male vor ihr nieder, und Sigmund bemerkte, dass er weinte. Als er aufstand und wieder an dem Ringe zog, ging er auch wirklich los. Der Jarl reichte Sigmund den Ring und sagte, er solle ihn niemals weggeben. In der späten Saga von Thorleif Jarlaskald (Flateyjarbók 1, 213) ist vom selben Tempel der Schwestern Thorgerd Hörgabrud und Irpa die Rede, und von einem Speer, den Hakon aus dem Tempel entnahm und welcher früher dem Hörgi (d. i. Hölgi) gehört hatte. Vielleicht war ursprünglich Hölgi, nicht Thor, zwischen den Schwestern aufgestellt gewesen. Die Beschreibung des Tempels mit Glasfenstern erinnert an eine Kirche, wie sie im alten Norwegen, das die eigenartigen Holzkirchen erbaute, nicht vorkam; des Jarls Gebet ist auch nicht echte Heidenart. Endlich ist das Bild, das den Ring nicht hergeben will, der Venus mittelalterlicher Sagen ähnlich. Wir haben es mit lauter romantischen, jungen Zusätzen zu tun, denen keine Gewähr für die wahre heidnische Sitte zukommt. Der Bericht der Harðarsaga Kap. 19 (Islendinga sögur 2, 59) ist vollends unbrauchbar. Da ist Thorgerd Schwester des gespenstischen Wikingers Soti. Auf Island erhebt sich ihr ein Tempel. Grimkell ging dorthin, um mit Thorgerd Rates zu pflegen. Da sah er, wie sich die Götter geschäftig zur Ausfahrt rüsteten. Thorgerd wollte Grimkell verlassen und zu seiner Tochter übergehen. Im Zorne darüber legte Grimkell Feuer an den Tempel. Noch am selben Tage starb er plötzlich.

Echter scheint der Beistand zu sein, welchen Thorgerd dem Jarl Hakon im Kampfe leistet. Schon Bischof Bjarni (um 1200) in der *Jómsvíkinga drápa* 32 weiß, dass die Hölgabrud ein Hagelwetter über Hakons Feinde schickt. Genaueres erzählt die Saga.[1] In der Schlacht gegen die Jomswikinger im Jahre 987 oder 988 wandte sich Jarl Hakon, als seine Sache schlimm stand, an Thorgerd. Mit wenig Leuten fuhr er auf eine bewaldete Insel. In einer Waldlichtung warf er sich gen Norden auf die Knie nieder und bat Thorgerd um Beistand. Aber sie blieb taub. Da glaubte der Jarl, sie sei ihm zornig, und bot ihr verschiedene Opfer an. Aber sie wollte nichts annehmen, und seine Sache dünkte ihm hoffnungslos. Da verhieß er ihr schließlich Menschenopfer. Doch sie wollte das von ihm versprochene Menschenopfer nicht annehmen. Da erhöhte er sein Angebot und verhieß ihr alle Leute, nur nicht sich selber und seine Söhne Eirik und Svein. Der Jarl hatte einen vielversprechenden 7 Winter alten Sohn mit Namen Erling. Diesen wählte sich Thorgerd als Opfer. Als sein Gebet und Opfer erhört war, schien es dem Jarl wieder besser zu werden. Er überantwortete sein Kind dem Skopti, seinem Knechte, welcher es nach Opferbrauch tötete. Darauf kehrte der Jarl mit neuer Zuversicht zu seinen Schiffen zurück. Er sagte: Ich weiß, wir werden die Jomswikinger besiegen; denn ich habe den Schwestern Thorgerd und Irpa um Sieg geopfert und sie werden mich so wenig trügen wie früher. Der Kampf, welcher während Hakons Abwesenheit geruht hatte, entbrannte von neuem. Der Jarl fuhr dem Führer der Wikinger, Sigwaldi, entgegen im Vertrauen auf Hölgabrud und Irpa. Da zog im Norden mit großer

1 In der Jómsvíkinga saga Kap. 44 (Fornmannasögur 11, 134 ff.).

Schnelligkeit ein drohendes, finsteres Wetter auf. Gegen Nachmittag stieg plötzlich das Gewölk empor, und Hagel brach los mit Blitz und Donner, sodass alle Jomswikinger dagegen zu kämpfen hatten. So stark war das Hagelwetter, dass die Leute nicht dagegen standhalten konnten. Sie hatten zuvor wegen der Hitze die Kleider abgelegt; obwohl sie nun von Frost geschüttelt wurden, gingen sie doch mannhaft ins Gefecht. Da erblickte zuerst Haward die Hölgabrud im Gefolge Hakons, bald aber sahen sie auch andere geistersichtige Leute. Ihnen dünkte, als der Hagel etwas nachließ, dass von jedem Finger der Unholdin ein Pfeil flog, und jedes Mal wurde ein Mann dadurch getötet. Sie sagten es Sigwaldi, der erwiderte: Mir scheint, wir haben hier nicht gegen Menschen zu kämpfen, vielmehr gegen die schlimmsten Trolle. Als das Unwetter etwas abnahm, rief der Jarl Hakon nochmals eindringlich zu Thorgerd und ihrer Schwester Irpa und mahnte sie, wie viel er ihnen gab, indem er seinen Sohn um Sieg opferte. Da begann der Hagelsturm von neuem, und Haward erblickte zwei gleich gestaltete Weiber auf Hakons Schiff, genau so wie er zuvor eine gesehen hatte. Da gebot Sigwaldi zu fliehen, weil er es nicht mit zwei Unholdinnen aufnehmen wollte. So gewann Hakon mit Thorgerds Hilfe den Sieg.

Um sich am Skald Thorleif zu rächen, rief Jarl Hakon zu Thorgerd Hörgabrud und ihrer Schwester Irpa, damit sie einen Zauber nach Island schickten, der den Thorleif zu Schaden brächte. Aus einem Holzklotz wurde eine Menschenfigur angefertigt und vermittelst der Zauberkünste des Jarls und der Schwestern das Herz eines getöteten Mannes hineingelegt. Der Holzmann wurde auf die Füße gestellt, Thorgard genannt und durch teuflischen Zauber dahin gebracht, dass er gehen und reden konnte. Dann wurde der Spuk nach Island geschickt und durchbohrte den Thorleif mit dem Speer, den Hakon ihm aus dem Tempel der Schwestern gegeben und den einst Hörgi besessen hatte.[1] Wie ein Troll äußert sich also Thorgerd, weshalb sie auch Hölgatroll heißt. Überhaupt stellt die jüngere Überlie-

---

1 Þáttr Þorleifs jarlaskálds, Flateyjarbók 1, 213.

ferung sie auf eine Stufe mit den Unholdinnen. Es ist schwer, über die ursprüngliche Art der Thorgerd ins Reine zu kommen. So viel ist sicher, Hakon verehrte sie als Schutzgöttin seines Stammes und errichtete ihr Tempel. Im Kampfe half sie ihm mit Wetterzauber. Dass Hakon Trolle anbetete, ist wenig wahrscheinlich. Der Jarl erweist sich sonst als eifriger Opferer und ehrt Thor und Odin. Trotz ihrer unholden, fremdartigen Weise hat er aber doch zu seinen Stammesgöttern am meisten Vertrauen. Schwerlich hat allein spätere, christliche Anschauung die Thorgerd so düster dargestellt; denn ebenso hätte sie mit Thor und Odin verfahren müssen. Schon von Anfang an musste der Thorgerd etwas Dämonisches anhaften. Auch hier bietet das Heimatland ihres Kultes Aufschluss: nordgermanische und finnische Glaubensvorstellungen sind miteinander verschmolzen. Darum mangelt der Thorgerd der Adel echt nordischer Göttinnen und steht sie den Trollen näher.

VI. Die Sonnengöttin

Ein eigentlicher, mythologisch ausgebildeter Sonnendienst begegnet bei den Germanen nicht. Zwar Cäsar[1] spricht von der germanischen Religion, als wäre sie ein bloßer Glaube an Elementargewalten, an Sonne, Mond und Feuer. Dem gegenüber enthüllt sich uns schon aus des Tacitus Bericht ein reicher Götterglaube, der in hohes Altertum zurückreicht. Cäsar hat nur lückenhafte Kenntnis und meint, die Gesamtheit zu überblicken. Beim Halsband der Frija spielen nach Müllenhoff Sonnenmythen herein. Wenn nun die Sonne zwar zu keiner vergeistigten, persönlich wirkenden und handelnden Göttin Anlass gab, so eignet doch dem Volksglauben die Neigung, von Frau Sonne und Herrn Mond zu reden.[2] Damit ist der erste Ansatz zur My-

1 B. G. 6, 21 *deorum numero eos solos ducunt, quos cernunt et quorum aperte opibus invantur, Solem et Vulcanum et Lunam, reliquos ne fama quidem acceperunt.*
2 J. Grimm, Myth. 666 f.

thologie einer Sonnengöttin gegeben, aber eine Weiterbildung scheint nie erfolgt zu sein. Im 7. Jahrhundert predigt der heilige Eligius unter den Franken *nullus dominos solem aut lunam vocet neque per eos juret.* Im Merseburger Zauberspruch tritt *Sunna* neben *Sinthgunt* auf. Am weitesten gedieh die Vorstellung von der Sonnengöttin im Norden, wahrscheinlich unter dem Einfluss antiker Gelehrsamkeit. *Mundilföri* hatte zwei Kinder: *Mani* hieß der Sohn und *Sol*[1] die Tochter. Diese wurde mit *Glen* vermählt. Die Götter zürnten wegen des Hochmuts, dass sie solche Namen führten, und setzten sie an den Himmel. Sol ließen sie die Pferde lenken, die den Wagen der Sonne zogen, welchen die Götter aus einem Funken geschaffen hatten, der aus Muspellsheim flog. Die Pferde heißen Arwakr (Frühwach) und Alswid (Allklug). Unter dem Bug der Pferde befestigten die Götter zwei Blasebälge, um sie abzukühlen. Diese werden in einigen Liedern Isarnkol (Eisenkühle) genannt. Mani lenkt den Lauf des Mondes und waltet über Neumond und Vollmond. Die Sonne fährt schnell, denn nahe sind ihre Verfolger, die Wölfe Skoll und Hati. Nach dem Wafthrudnirliede 47 gebiert die Sonne, welche Alfrodul, Elbenstrahl, genannt wird, eine Tochter. Wenn Fenrir die Sol verschlang, wenn die Götter vergingen, dann wird die Maid auf den Wegen der Mutter fahren.

In diesen Berichten lagern mehrere Schichten ganz verschiedener Vorstellungen übereinander. Aus dem Volksglauben stammen die persönlich gedachte Sol und der Wolf, der das Tagesgestirn verfolgt. Dem Lichtgotte war ein Ross zu Eigen. Daran mag die Vorstellung von Sonnenpferden anknüpfen. Alswid, der Alleswissende, kann sogar seinen Namen vom Rosse des Tiuʒ haben. Die gehegten heiligen Rosse hielten die Germanen für Mitwisser der Gottheit. Aber alles andre ist fremdartig. Schon die Genealogie der Sol gemahnt an antike Muster. Die Mythographen gefielen sich besonders in derlei Stammbäumen von Tag,

1 Über Sol und die Sonnenpferde Vafþr. 23, 47; Grímn. 37; Sigrdr. 15; Gylfag. Kap. 11 u. 12. Vgl. E. H. Meyer, Die eddische Kosmogonie S. 105 f.; Mythologie 293 ff.

Nacht, Äther und dgl. Der von zwei Rossen gezogene Sonnenwagen ist dem der antiken Sage nachgebildet. Nirgends sonst zeigt sich auf germanischem Gebiete eine Spur davon. Im Namen des *Arwakr* klingt *Eous,* das eine der Sonnenrosse, an. Für die kühlenden Blasebälge lässt sich die unmittelbare Quelle nicht feststellen. So liegt auch hier im Mythos von Sol, wie so häufig im Norden, eine aus heimischen und fremden Bestandteilen zusammengesetzte Sage vor.

VII. Angebliche Göttinnen

1. Eostre und Hrede

Die germanische Sprache besitzt einen Wortstamm *austra-* im Sinne von östlich, morgendlich.[1] Wie Mittag, Mitternacht, Abend, so wurde der Begriff »Morgen«, »Morgenröte« zur Bezeichnung der Himmelsgegend verwandt. Bei Aufnahme der Jahresteilung nach 12 Monaten wurde der April bei den Deutschen und Angelsachsen Ostermond genannt, wahrscheinlich als der Monat des wieder aufgehenden und wachsenden Morgenlichtes. Dass die Germanen eine **Austrô,* eine Göttin der Morgenröte, wie die Inder eine *Ušas,* die Griechen eine *Eos,* die Römer eine *Aurora* verehrten, ist möglich, aber durch kein Zeugnis aus dem Heidentum erwiesen. Die Osterbräuche erklären sich aus dem Frühlingsfeste, das den Germanen wie allen Völkern eigen war, aber auf keine bestimmte Gottheit zu beziehen ist. Dass der April als der Monat des Morgenlichtes benannt wurde, ist begreiflich. Dass eine Göttin des Morgenlichtes, *Eostre,* die Göttin des Frühlings, in jenen Zeiten ein Fest hatte und dem Monat, in welchem nach der neuen römischen Jahresteilung ihre Feier fiel, den Na-

1 Aind. *usrâ,* lit. *auszrà,* »Morgenröte«, kehrt im german. Stamm *austra-,* »Osten«, wieder; vgl. *Ôstrogotha; Austro-, Austar-* in Eigennamen; an. *austr,* as. ahd. *ôstar,* »ostwärts«, dazu *ôstrun,* ags. *éastro,* »Ostern«. Vgl. Brugmann, Grundriss 2, 185; Noreen, Abriss der urgerm. Lautlehre 167; Kluge, Etym. Wb. unter Osten und Ostern.

men verlieh, ist eine Meinung Bädas[1], die keinerlei Gewähr hat. Die zahlreichen Monatsnamen unter den Germanen stammen aus allen möglichen, insbesondere landwirtschaftlichen Beziehungen, niemals aber sind sie von Götternamen hergenommen. Wohl aber wird umgekehrt der Monat oft persönlich gedacht, selbst unter den römischen Namen. Darum ist Bädas Meinung, es habe unter den Angelsachsen Göttinnen namens Eostre und Hreda gegeben, wenig glaubhaft.

Die von J. Grimm in der Mythologie 266 ff. aufgestellten altdeutschen Göttinnen *Hruoda, Ostara, Ricen*[2], *Zisa*[3] sind aus den Glaubensvorstellungen der alten Deutschen zu streichen.

2. Frau Holle, Berchte und andre weise Frauen

Unter vielen Namen, die nach den verschiedenen Gegenden wechseln, erscheint zu gewissen Zeiten, namentlich in den Zwölften und zu Fasten, nach neuerer Volkssage ein gespenstisches Weib, das die Wohnungen der Menschen, die Spinnstube heimsucht, das Speiseopfer empfängt, an dessen Namen auch sonst allerlei Geistersagen anknüpften. Man hat lange Zeit mit dieser

---

1 Bäda *de tempor. rat.* cap. 13 *eosturmonath qui nunc pascalis mensis interpretatur, quondam a dea illorum, quae Eostre vocabatur et cui in illo festa celebrabant, a cuius nomine nunc paschale tempus cognominant, consueto antiquae observationis vocabulo gaudia novae solemnitatis vocantes. – Hredmônath* (März) *a dea illorum Hreda cui in illo mense sacrificabant, nominatur.* Diese angeblichen Göttinnen sind von Bäda erfunden und haben so wenig Gewähr als die ndl. *Leva,* nach der *leumaent, laumaent,* der Laubmond, heißen soll. Wir haben auch nicht persönlich gewordene, vom Volk geglaubte Monate zu denken wie im isl. *Þorri, Gói, Einmanuðr, Harpa,* in der rheinfränkisch-märkischen *Sporkele, Spurkele* (Februar). Vgl. Weinhold, Die deutschen Monatsnamen, Halle 1869 im alphabetischen Verzeichnis der germanischen Namen.

2 Ricen vermutet J. Grimm, Myth. 268 Anm. †; dagegen Sievers, Beiträge 16, 366 ff.

3 Zisa ist von den Gelehrten im Mittelalter aus dem Namen Augsburgs Cisburg oder aus dem Cisatag *(*sisetag = kartag,* Tag der Totenklage) gefolgert; vgl. Bachlechner, ZfdA. 8, 587 f.; Laistner, Württemb. Vierteljahrshefte f. Landesgeschichte, Neue Folge, 1892, S. 5. Vgl. oben S. 205.

Erscheinung des späteren, mittelalterlichen und neuzeitlichen Volksglaubens Missbrauch getrieben, indem darin Spuren vom Umzug der altgermanischen Hauptgöttin gesucht wurden. Zum Nachweise sollten die oft recht zweifelhaft überlieferten und willkürlich gedeuteten Namen dienen. J. Grimm, A. Kuhn, Schwartz, Simrock und ihnen folgend fast alle neueren Sagenforscher haben sich täuschen lassen und allzu schnell Volksbräuche neueren Ursprungs in ihren Einzelheiten zum germanischen Götterglauben in Beziehung gebracht. Freke, Fricke, Fru Gode, Fru Wode erinnerten an Frija, Wodans Frau, obwohl sprachliche und sachliche Gründe entgegen stehen; Frau Holda und Berchta, womit *Bjort,* Menglods Jungfrau, sich verglich, galten als alte Beinamen. Frija, die holde, lichte, wie sie zu heiligen Zeiten unter den Menschen Umfahrt hielt, haftete noch bis zur Gegenwart herab im Bauernglauben. Dass Holda und Berchta meistens gar nicht hold und schön erscheinen, sondern im Gegenteil als hässliche Hexen, tat nichts, indem das Christentum das edle und hoheitvolle Bild der göttlichen Frau ins Schlimme verkehrt hatte. Und mitunter fanden sich ja doch auch bei diesen Gestalten freundlichere Züge, in denen hinter der verunstaltenden Maske das wahre Wesen der gütigen und schönen Göttin hervorbrechen konnte. Hafteten die Namen der alten Götter in den Wochentagen und vielleicht auch hie und da in Ortsnamen, warum nicht auch in der mündlichen Überlieferung des gemeinen Mannes, in den uralten bäuerlichen Bräuchen, in denen ja tatsächlich und unleugbar ein gutes Stück Heidentum noch fortlebt? Dass sie vorwiegend erst in den Sagensammlungen unseres Jahrhunderts auftauchen, ist nicht zu verwundern, weil man früher der Volkssage nur selten und beiläufig Beachtung schenkte. Überdies lassen sich auch einzelne der fraglichen Göttinnen bis ins 14. Jahrh. zurückverfolgen, woraus ihr Alter und ihre Echtheit erhellt. Mögen auch einige der Namen ihren Anklang an die Heidengötter dem frommen Übereifer moderner Forscher verdanken[1], so bleibt doch immerhin in

1 So z. B. die Frie und Fricke, der *»vergodendel«, als Teil* des *frô Wodan,* wogegen Knoop, Ztschr. f. Volkskunde 2, 449 ff. u. 3, 41 ff.

älteren Quellen ein unanfechtbarer Rest bestehen. So weit scheint die Beweisführung begründet und geglückt. Und doch hält sie nicht stand. Unerklärt bleiben diejenigen Namen, welche keinen Zusammenhang mit den heidnischen Göttinnen zeigen, unerklärt bleibt das eigentliche Wesen der Erscheinung, wovon allein ausgegangen werden muss. Das Heidentum selber zeigt die fraglichen Beiwörter nicht in Verbindung mit Frija, was allerdings in Anbetracht unserer dürftigen und lückenhaften Kenntnis nicht allzu schwer ins Gewicht fällt. Aber weit leichter wird auf andrem Weg eine befriedigende Erklärung erzielt, die nicht über das Sichere und tatsächlich Gegebene, den Volksbrauch und Aberglauben hinausgreift und somit einer die Tatsachen beiseite schiebenden Auslegung vorzuziehen ist. Die deutsche Mythologie hat die gemeinsame Grundlage aller dieser gespenstischen vielnamigen Frauen hervorzuheben, dann die etwaigen weiteren Zutaten, in denen keineswegs dieselbe Übereinstimmung herrscht, die vielmehr mancherlei Sonderbildungen aufweisen. Das Alter jeder einzelnen Erscheinung ist so gut als möglich zu belegen, aber eine Anknüpfung ans Heidentum nicht gewaltsam zu erzwingen, wo die Umstände eine solche nicht gebieten, eher verbieten.

Aus dem Glauben an Gespenster, Seelen, Maren, Elbe, entspringen zahllose Volksgebräuche, so auch die, welche den wiedergehenden und umziehenden Geistern einen gewissen Dienst gewähren. In den Zwölften darf kein Flachs auf dem Wocken, kein Garn auf Spinnrad und Haspel mehr sein, sonst bekommen böse Wesen Macht darüber und spinnen ihn ab, zünden ihn an oder machen ihn durch Besudelung unbrauchbar. Oft greift eine Hand zum Fenster herein, wirft Spindeln herein, die zur Strafe schnell voll gesponnen werden müssen. Die Spinnarbeit soll an den bestimmten Abenden getan sein und ruhen. Offenbar zielt der Brauch auf Feiertagsheiligung, welche mit Aussetzen der Werktagsarbeit betätigt wird. Die Säumigen überrascht ein Geisterbesuch, der Teufel oder gespenstische Frauen mit hexenhaftem Aussehen. Die Arbeitseinstellung deutet manchmal auch darauf, dass dem unheimlichen Besuch der sonst dem Menschen gehörige Platz eingeräumt wird. Neben der Einstellung der

Spinnarbeit begegnet auch das Speiseopfer in zwiefacher Art: dass den einkehrenden Geistern Speisen angerichtet werden, dass die Leute an den Tagen nur bestimmte Nahrung zu sich nehmen. Die einsprechenden mit Opfer geehrten Geister bringen ein gutes Jahr, Gedeihen des Hausstandes und der Feldfrucht. Wer eine andere als die altherkömmliche Speise an dem betreffenden Tage zu sich nahm, dem schneidet das Gespenst den Bauch auf und füllt ihn mit Häckerling oder gibt ihm wenigstens einen Tritt. An den allgemeinen, in Arbeitsruhe und Speisegebot sich äußernden Brauch knüpfen nun die Sagen von der dem Bruche des Feiertags folgenden Strafe, von der Macht böser Geister, welcher der Nachlässige verfällt, die in der Hauptsache ebenfalls zusammenstimmen und eigentlich nur in der Benennung der zukehrenden Frau unter sich abweichen. Die Namen der Erscheinung entstammen verschiedenen Anschauungen, die teilweise verständlich sind. In Mitteldeutschland ist *Frau Holle* oder *Hulda* bekannt. Das Gebiet der Volkssagen, welche sie nennen, reicht im Norden bis zum Harz, im Osten bis in die Gegend von Halle und Leipzig; von hier aus südwestlich ins Maintal nach Unterfranken. Vereinzelt reicht Frau Holle auch nach Österreich und Siebenbürgen. Nebenformen lauten Frau Rolle oder Frau Wolle. Ältere Belege als aus dem 16. Jahrhundert, wo *»Fraw Hulde mit der Potznasen«* bei Luther, Erasmus Alberus, in Hexenprozessakten vorkommt, fehlen.[1] Frau Holle gehört zu den *Hol-*

---

1 Walahfrid Strabo in einem lat. Gedicht im 8. Jahrh. erwähnt *Hulda*, weshalb J. Grimm, Myth. 3, 87 die Holda schon in die ahd. Zeit verlegt. Aber es ist gar nicht die angebliche deutsche Göttin gemeint, vielmehr die *biblische Wahrsagerin Hulda*, vgl. Müllenhoff, ZfdA. 12, 404; Schmeller, B. W. 1^2, 1084; E. H. Meyer, Myth. 273; Kauffmann, Beiträge 18, 146. Ebenso wenig hält die von J. Grimm, Myth. 245 und ebenda 3, 407, Kl. Schriften 5, 416 ff. aus Handschriften des Burchard von Worms († 1024) entnommene *Holda* oder *Frigaholda* stand; vgl. Kauffmann, Beiträge 18, 145 ff. Die Hauptquellen für die Holdasagen des 17. Jahrh. bilden die Schriften des Prätorius, ausgeschöpft von den Brüdern Grimm in den Deutschen Sagen 1, Nr. 4–8; weiteres Myth. 246 ff., 3, 87 f.; Mannhardt, German. Mythen 255 ff. Ortsnamen wie Frau Hollenteich, Frau Hollenberg u. dgl. stammen ursprünglich wohl von den *»hollen«* und sind erst dort auf »Frau Holle«

len. Die Hollen in Mitteldeutschland entsprechen den obds. Holden. Schon ahd. begegnet *Holdo* für Genius, mhd. *holde,* der Geist, *wazzerholde,* der Wassergeist. Hollenzopf entspricht dem Alp-, Wichtel-, Weichselzopf, der von tückischen Elben verursachten Verwirrung der Haare. Einkehrende »Hollen« sind gemeint, denen die zwölf Nächte geweiht sind. Aus dem Geisterschwarm erhebt sich in der Frau Holle, der Unholdin, eine einzelne Gestalt. Das Weib empfing hier seinen Namen aus der nahe liegenden Vermischung mit den schweifenden Gespenstern, den Hollen, denen es ja auch von Rechts wegen zugehört.

In Oberdeutschland und streckenweise auch in Mitteldeutschland treffen wir die *Berchta* oder *Perchta*[1], bei welcher die grauenhafte Seite noch mehr hervorgekehrt wird als bei Holda, von der auch einige mildere Züge überliefert sind. Berchta ist völlig Kinderscheuche, wie solches überhaupt den umziehenden Geistern nachgesagt wird. Im Gebirge um Traunstein sagt man den Kindern am Vorabend des Erscheinungsfestes, wenn sie böse seien, werde die *Berchte* kommen und ihnen den Bauch aufschneiden. Isst man fette Kuchen, so glitscht ihr Messer ab. Schon Hans Vintler nennt *Frau Precht mit der langen nas.* Ein mhd. Gedicht (von der Hagen, Gesamtabenteuer LIV) ermahnt die Kinder:

---

bezogen worden, wo diese umging. Das Hollenloch in Kuhns Sagen aus Westfalen 1, 193 zeigt einen solchen Ortsnamen in ursprünglicher Bedeutung; Hollenloch ist die Elben-, Zwergenhöhle. Die isländ. Bezeichnung *huldufólk, huldumaður, huldukona,* die norweg. *huldrefolk,* wozu die norweg. Waldfrau *Hulla, Huldra, Huldre,* die isl. Hexe *Huld* gehören, darf man nicht derart zu den deutschen Hollen und Frau Holle stellen, als handelte es sich um eine gemeingerm. Anschauung. Ausgangspunkt für die nordischen Elbennamen bildet an. *hulda,* »Decke«, verwandt mit ahd. *hulid,* ags. *hulu,* »Hülle«, vgl. Noreen, Abriss der urgerm. Lautlehre S. 171. Es sind die verhüllten, d.h. mit Tarnkappen unsichtbaren Elbe gemeint. Gleichwie Holle einzeln aus den Hollen ragt, hebt sich dann allerdings auch im neunorweg. Volksglauben Huldra aus den Huldren.

1 Die Berchtasagen gibt Börner, Volkssagen aus dem Orlagau, Altenburg 1838, S. 153 u. ö. Das Übrige bei Grimm, Myth. 250 ff.; 3, 88 ff.; Schmeller, B. Wb. 1^2, 269 ff.; Zingerle, ZfdM. 3, 203 ff. Auch Müllenhoff, ZfdA. 30, 240 stellt die Gleichung *Berhta: berhten naht = Befana: epiphania* auf.

ir sult fast ezzen, daz ist mîn bete,
daz iuch Berhte niht trete.

Der Bercht wird Essen und Trinken zugerichtet. Im Pinzgau findet in den Rauchnächten ein Mummenschanz, das Berchtenlaufen, statt. J. Grimm war auf der rechten Spur, als er die Frau zum Erscheinungsfest in unmittelbare Beziehung setzte. Doch gab er das bereits richtig gefundene Ergebnis wieder dran, um eine altdeutsche Göttin aufzustellen. Im Ahd. befestigte sich die Übertragung *giperahta naht,* die leuchtende Nacht, für Epiphania wegen der himmlischen Lichterscheinung, die den Hirten auf dem Felde widerfuhr. Urkunden des Mittelalters datieren mit der Dativform: *perhtentag, perhtennaht.* Daraus entwickelte sich die im Sinne einer Kalenderheiligen persönlich gedachte *Perhtennaht,* d. h. *Nacht der Perhte,* wie entsprechend bei den Italienern aus *Epiphania (befania)* die Kinderscheuche *Befana* ward, wie in Bayern die *Luz,* die *Pfinz* aus *Lucientag* und *Pfingsten,* Frau *Fasten*[1] aus der *Fastenzeit* sich entfalteten. Überall herrscht dieselbe Vorstellung von der umziehenden Frau, die aber diesmal nach dem Kalendertage ihren Namen empfing. Vor dem 14. Jahrh. ist Berchta nicht nachweisbar, dann aber gewinnt sie stetig an Ausbreitung. Dass eine Gestalt, deren Art im Gespensterglauben, deren Benennung im Kalender wurzelt, unmöglich den germanischen Göttinnen zugesellt werden darf, leuchtet ohne weiteres ein.

»Daz mære von der Stempen« zeigt diese in den Ostalpen heimische Gestalt der Berchte gleich geartet.

»Ezzet hînte fast durch mîn bete,
daz iuch diu Stempe niht entrete«.
daz kintlîn dô von forhten az,
ez sprach »veterlîn, waz ist daz,
daz du die Stempen nennest?

1 Sagen vom Fronfastenweib Stöber in der Alsatia 1852, 145; 1856/7, 134. Über die Personifikation von Kalendertagen und Festen überhaupt vgl. Mannhardt, Wald- und Feldkulte 2, 184 Anm. 2.

sag mir, ob dus erkennest«.
der vater sprach: »daӡ sag ich dir,
du solt eӡ wol gelouben mir,
eӡ ist so griuwelîch getân,
daӡ ich dirӡ niht gesagen kan:
wan swer des vergiӡӡet,
daӡ er niht fast iӡӡet,
ûf den kumt eӡ und trit in«.

Wie eine Mare kommt hier *Stempe* (die Stampferin, Treterin, Drückerin) über den Menschen, der die gebotene Speise nicht zu sich nimmt, und von ihren Mareneigenschaften haben wohl auch Stempe und die fränkische *Trempe* (die Trampel)[1] den Namen erhalten.

Im 18. Jahrhundert wurde *Fru Freke*[2] in Niedersachsen ebenso geehrt wie Holda in Obersachsen. Der Name Freke ist unklar, doch sicherlich ohne Zusammenhang mit Frija, weil die beiden Namen lautlich gar nichts miteinander gemein haben.

De olle Haksche, die Hexe, versieht das Geschäft der Rockenbesudelung bei Halberstadt. Wenn Kuhn und Schwartz auch Frau Harke[3] damit betrauen, mag eine Verwechslung mit der Riesin Harke vom Harkenberg bei Camern in der Mark mit unterlaufen. *Frau Gode*[4], die namentlich mit der wilden Jagd ver-

---

1 Stempe und Trempe bei Grimm, Myth. 255 f.; 3, 90. *Daӡ mære von der Stempen* oder *von Berchten mit der langen nas* in Haupts Altdeutschen Blättern 1, 105 und v. d. Hagens Gesamtabenteuern Nr. LIV.

2 Fru Freke nach Eccard de orig. Germanorum 1750, p. 398; J. Grimm, Myth. 281. Kuhn und Schwartz stellen de Fuik, Fui (den Teufel) und erfundene Namen wie Frîe, Frê, Frick zu Freke, wogegen Knoop, Ztschr. f. Volkskunde 2, 449 ff.

3 Über Frau Harke Knoop, Ztschr. f. Volkskunde 4, 81 ff. Eine »Frau Hacke«, die etwa mit der Harke zusammenhängen könnte, aus einem Liede Hartmanns von Aue schon fürs 13. Jahrh. zu entnehmen, wie A. Höfer, Germania 15, 411 ff. versucht, bedarf keiner ernstlichen Zurückweisung mehr.

4 Über Frau Gode nach dieser Seite Kuhn und Schwartz, Norddeutsche Sagen S. 413; Bartsch, Sagen aus Mecklenburg 1, 23 f. Zum Wesen der Frau vgl. Knoop, am Urquell 5, 9 ff.; 45 ff.; 69 ff.

webt ist und darum in den Zwölften umzieht, verunreinigt in Mecklenburg und in der Prignitz den Rocken derer, die nicht abgesponnen haben. Im Vogtlande besorgt es die *Werre*[1], die Verwirrerin, wohl da sie Flachs und Haar nach Elbenart verwirrt. Sie besichtigt, ob alle Rocken abgesponnen sind; wo es nicht der Fall ist, verunreinigt sie den Flachs. Am Heiligen Abend muss ein besonderer Brei aus Mehl und Wasser gegessen werden; wer es unterlässt, dem reißt sie den Leib auf. Schon um 1640 ist die fürchterliche *Werra* bekannt. Am Zürcher See heißt die Garnverwirrerin *de Chlungere*[2], weil sie faulen Mägden *Chlungel,* Knäuel, in das unabgesponnene Garn bringt. Was von den *Fronfastenweibern,* Frau Fasten in Schwaben und in der Schweiz, berichtet wird, muss ebenso beurteilt werden. Aus dem Geisterschwarm erhebt sich eine Gestalt und erhält den Namen nach der Schwarmzeit.

Somit erkennen wir einen über das gesamte deutsche Gebiet verbreiteten Brauch, der aus dem Gespensterglauben gekeimt ist. Die Erscheinung der vielnamigen Hexe ist nicht davon loszulösen. Nicht die geringste Spur weist auf einen Zusammenhang des umziehenden Weibes mit einer altgermanischen Göttin, am allerwenigsten die Namen, die erst im späteren Mittelalter, in einer längst christlichen Zeit, aus den verschiedensten Beziehungen entsprangen. Nur insofern, als die allgemeinen Grundlagen des Gespensterglaubens im Altertum dieselben waren wie in der Neuzeit, könnten ähnliche Vorstellungen schon in der Heidenzeit als möglicherweise vorhanden gedacht werden. Damit ist aber gar nichts gesagt, indem die uns überkommene Form eben nicht heidnisch ist. Nur eine Ausnahme ließe sich anführen: in Schweden soll Frigg die Spinnstube besuchen.[3] Hier liegen, falls die Sage Glauben verdient, die Verhältnisse wesentlich anders, indem überhaupt die alten Götternamen treuer gewahrt erscheinen, vermutlich durch gelehrte Beihilfe irgendwelcher Art oder

---

1 J. Grimm, Myth. 251 Anm.
2 J. Grimm a.a.O.
3 Hyltén-Cavallius, Wärend och Wirdarne 236 f.

auch nur durch bloße Personifikation der Wochentagsnamen. Aber wenn auch die Namen, so sind doch keineswegs ebenso die alten Mythen erhalten. Denn Frigge ist Thors Weib, und die Donnerstagsheiligung gilt beiden zusammen. Das vereinzelte und nicht ganz unverdächtige schwedische Zeugnis kann unmöglich die Behauptung rechtfertigen, die spätere Volkssage vom Weib der Zwölften oder der Fasten sei einst von der hehren Göttin Frija gegangen. Sollte neben dem Gespensterkult zu jenen Zeiten im Heidentum auch Gottesdienst gepflegt worden sein, so war er wesentlich anders, öffentliche Sache des Volkes, mit bedeutungsvoller Feierlichkeit geübt. Die besprochene Erscheinung gehört aber zum Geisterglauben.

Dasselbe Weib, das als Frau Gode oder Wode, Berchte, Holle, Fuik die Spinnstuben heimsucht, begegnet aber auch noch in Verbindung mit andern abergläubischen Vorstellungen, die jedoch nicht die gleiche allgemeine Verbreitung zeigen und darum nur wie vereinzelte Zutaten zur gemeinsamen Sage erscheinen. Vielleicht würde sich dadurch eine Erweiterung und Erhöhung ihres Wesens ergeben, eine Anknüpfung an heidnische Göttinnen ermöglichen lassen. Die nach dieser Richtung gemachten Versuche erweisen sich ebenso hinfällig wie der vorige, weil sie die weit einfachere und näher liegende Erklärung, die einen Zusammenhang mit germanischen Göttinnen ausschließt, geflissentlich vermeiden. Das wütende Heer unter Wode und andern Führern zieht in den Zwölften und sonst noch häufig um. Wie die Konzilienbeschlüsse bei Burchard von Worms zeigen, fanden frühzeitig im christlichen Mittelalter Vermischungen biblischer und antiker Sagen mit dem Aberglauben zunächst des romanischen, dann aber auch des germanischen Volkes statt. Die jüdische Königstochter Herodias, die des Johannes Enthauptung bewirkt hatte, und Diana, die nächtliche Mondgöttin, die wilde Jägerin, traten an die Spitze des wilden Heeres. Man glaubte von Frauen, dass sie zu gewissen Zeiten zum Dienste der Diana und Herodias in die Schar ihrer Gespenster gerufen würden. Zahlreiche gespenstische Unholdinnen, auf Tieren reitend, fuhren in deren Gefolge nächtlicherweile weithin durch die Lande. In vielen mittelalterlichen Schriften wird dieser allgemeine und weit verbreitete Aberglaube erwähnt. Man erkennt deutlich seinen Ursprung: die nachtfahrenden Hexen erhielten eine Anführerin aus dem Kreise antiker und biblischer Vorstellungen. Somit haben wir eine bestimmte, hieraus hervorgegangene Form des wilden Heeres vor uns, welche erst verhältnismäßig spät, in christlicher Zeit aufkommen konnte. Wenn nun Frau Holle, Berchte, Gode zuweilen auch im wütenden Heere oder als wilde Jägerinnen erscheinen, so hängt dies zweifellos hiermit zusammen. J. Grimm[1] meint freilich, Herodias und Diana seien anstelle der deutschen »Göttinnen« getreten. Doch wie hätten deutsche Göttinnen auf romanischem Gebiete der Herodias und Diana Anknüpfung an die Hexenschar vermitteln sollen? Außerdem ist ihr hohes Alter sehr fraglich. Herodias und Diana hatten sich vermutlich schon an die Spitze der wilden Schar gesetzt, ehe die Holle, Berchte usw. im Volksglauben auftauchten. Desalb verhält sich die Sache umgekehrt. Die Holle, Berchte, Gode verdrängten die älteren Gestalten der Diana und Herodias. Die *»turba daemonum in similitudinem mulierum transformata«*, die Schar der Unholdinnen[2] zog besonders in den Zwölften, und da kehrte auch das gespenstische Weib in den Spinnstuben ein. Alle Geister gehören schließlich ins wilde Heer. Dass die unheimliche Gestalt manchmal auch als oberste der Hexen anstelle der Diana und Herodias oder auch des Wode gedacht wurde, ist wohl zu verstehen. Trat einmal irgendwo eine abergläubische Vorstellung stark in den Vordergrund, in Mitteldeutschland etwa Frau Holle,

---

1 Die Sagen von Herodias und Diana bei J. Grimm, Myth. 260 ff.; Schmeller, B. Wb. 1^2, 270. Herodias soll nach dem in den Niederlanden um 1100 verfassten Gedicht Reinardus späterhin Pharaildis geheißen haben. Faro, Faramann, Faraburg sind german. Namen mit demselben Stammwort, Pharaildis ist Farahild. Die mit Fara gebildeten Namen zählt Henning, ZfdA. 36, 325 auf. Willkürlich deutet J. Grimm den Namen zu mnl. Verelde = Frau Hilde, Holde um.

2 Kauffmann, Beiträge 18, 150.

auf einzelnen Strecken der norddeutschen Tiefebene Frau Gode, so ergab sich ohnehin leicht ihr Übergewicht über die andern geisterhaften Wesen. Nur eine Abart der Sage vom wilden Heere ist es, wenn die Frau mit einem Wagen erscheint, der am Kreuzwege zerbricht. Ein des Weges kommender Mann wird von ihr aufgefordert, den Schaden zu bessern, damit sie weiterfahren kann. Zum Lohn seiner Arbeit erhält er die abgefallenen Späne, die sich am andern Tag zu Gold verwandeln. Die Frau in ihrer Beziehung zum wilden Heer reicht ebenso wenig wie die einzeln umherziehende aus dem Kreise des Gespensterglaubens der Zwölften und anderer Schwarmzeiten hinaus. Abgesehen davon, dass Diana und Herodias ihr Vorbild abgaben, weist auch hier kein einziger Zug aufs germanische Heidentum, auf die göttliche Frija. Ja es scheint fraglich, ob in der Heidenzeit ein Weib neben Wode die Schar hätte führen können, und dann wäre es sicherlich keine der hohen Göttinnen, am wenigsten Frija, des lichten Tiuʒ Weib gewesen.

Frau Holle wohnt in Teichen oder in Bergen. Im 17. Jahrh. weiß Prätorius, dass sie im Hörselberge sitzt. Er stellt sie also der Venus, der mit den Seelen Abgeschiedener, nach christlicher Meinung Ungetaufter und Verdammter, im Berge hausenden Elbin gleich. Kinderseelen, die Heimchen oder bei Berchte die Berchteln, werden ihr zugewiesen. Die Neugeborenen kommen aus ihrem Brunnen. Oft sieht man sie mit den Heimchen im Lande umziehen. Ihre Umfahrt verleiht den Äckern Fruchtbarkeit. Hier tritt mit einem Male eine ganz andere Gestalt uns entgegen, anstatt der hässlichen Kinderscheuche eine milde, gütige Frau. Sollte darin etwa die Göttin nachwirken? Doch warum begegnen solche Züge so selten und nicht überall, nur bei Berchte und Holle? Auch gehören diese Sagen zu den jüngsten. Das Kinderparadies unter der Obhut einer milden, guten Frau erscheint zu weich, um ins deutsche Heidentum zurückverlegt zu werden. Von Maria wird nun ganz dasselbe erzählt.[1] In Köln werden die Kinder aus dem Brunnen der St. Kunibertskirche

1 Wolff, Beiträge zur deutschen Mythologie 1, 163 ff.

geholt. Dort sitzen sie um die Muttergottes herum, welche ihnen Brei gibt und mit ihnen spielt. Es ist nicht dunkel im Brunnen, sondern tageshell. In Jugenheim a. d. Bergstraße sitzt Maria mit Johannes im Brunnen, geigt den darin befindlichen Kindern und spielt mit ihnen. Von holden weißen Frauen, die nicht näher bezeichnet werden, gehen noch viele ähnliche Sagen.[1] Durch Brunnen und Seen steigen Menschen öfters zu den wundersamen Gefilden der freundlichen Eiben hinab. Ihre Seelen gehen in die Gemeinschaft der guten Holden. Vergleicht man hiermit die betreffenden Holdasagen, so wird auch über deren Entstehung kaum ein Zweifel möglich sein. Maria und die Heiligen nahmen sehr viel vom Wesen der guten Geister an. An Brunnen, da früher die Wasserfrau Verehrung genoss, erhub sich später ein Marienbild. Nach der Ammenrede kommen die Kinder aus dem Brunnen. Alles das wirkt zusammen zu den erwähnten Mariensagen. Frau Holle mit den Heimchen entstammt denselben Vorbedingungen. Man kann nur schwanken, ob die Entwicklung der Hollesagen selbständig und unabhängig verlief oder ob bloße Nachahmungen der Mariensagen vorliegen. Letzteres dünkt noch eher glaubhaft, zumal im Hinblick auf andere Berührungen zwischen Holle und Maria. Frau Holle als die holde Frau verstanden gab leicht Anlass zu ihrer Verschmelzung mit Maria.

Frau Holle wird im Himmel, über den Wolken thronend, gedacht. Daher die Redensart, wenn es schneie, schüttle Frau Holle die Betten aus, deren Federn fliegen. Da ist also Holle doch einmal eine hehre himmlische Göttin. Im Kindermärchen belohnt sie das brave, fleißige Kind mit Gold, das faule bestraft sie mit Pech. Diese Eigenschaft Holdas darf, wie J. Grimm, Myth. 246 Anm., erkannte, mit einem Namen der Maria verglichen werden. Am 5. August feierte die Kirche das Fest der *Maria ad nives, notre*

---

1 Mannhardt, German. Mythen 256. Panzer, Beitrag zur deutschen Mythologie 2, 1855, 13 f. verzeichnet eine Mariensage, welche an die bekannte Geschichte vom Tränenkrüglein (Börner, Sagen aus dem Orlagau 142 f.) errinnert. Man darf Kindern, die zu Marias Schar verstarben, nicht nachweinen.

dame aux neiges. Aus dem 16. Jahrhundert, aus der sächsischen Chronik des Pomarius (1588) bringen die Brüder Grimm in den Deutschen Sagen Nr. 462 eine hieher gehörige Erzählung. Kaiser Ludwig setzte einmal, als er durch einen Wald ritt, sein Marienbild auf einen Stein. Als er's darauf wieder zu sich nehmen wollte, vermochte er es nicht von der Stätte zu bringen. Da kam eine Stimme vom Himmel: So ferne und weit ein Schnee fallen wird, so groß und weit sollst du einen Dom bauen, zu Marien Ehre! Und alsbald hub es an, vom Himmel zu schneien auf die Stätte.[1] Die Schnee-Maria ist somit eine legendarische, nicht bloß auf Deutschland beschränkte Gestalt. Allein schon deshalb fällt J. Grimms Behauptung, es sei eine Eigenschaft Holdas auf Maria übergegangen. Das Verhältnis ist umgekehrt, Frau Holle ist der Maria nachgeahmt.[2]

Wenn in einigen norddeutschen Landstrichen Fru Gode, Fra Gaue, de gaue Fru dasselbe Ernteopfer erhält wie Wode, so beruht dies entweder auf der Frau Wode, der wilden Jägerin, der Diana-Herodias, oder es lässt sich ein segnender Flurgang der guten Frau, der Maria, denken.[3]

Zieht man aus der Betrachtung der gesamten Überlieferung den Schluss, so bleibt das unanfechtbare Hauptergebnis, dass in diesen Gestalten der spätmittelalterlichen und neueren Volkssage ein Nachhall germanischer Göttinnen nicht nachweisbar ist. Wohl aber bieten sich ungezwungen andere ausreichende Erklärungen. Die gespenstische Frau wurzelt im Volksaberglauben; treten manchmal, namentlich an Frau Holle, mildere Züge hervor, so zeigt sich Zusammenhang mit Maria und den guten Holden. So verschiedenartig die Bestandteile sind, aus denen die

1 Von dem plötzlichen Schneefalle sagt Ludwig nach Pomarius: *dit is tomalen hilde snee*. Der Verf. sucht ein Wortspiel: Hildesheim sei nach Hildesnee (plötzlichem Schnee) genannt; im Nds. bedeutet *hilde, hille* rasch, plötzlich. Es ist überkühn, mit J. Grimm, Myth. 246, Simrock, Myth.[5] 368 an den Schnee der Frau Hilde (Verelde, Pharaildis) und Frau Holda zu denken und daraufhin die Schneesage der german. Göttin zu überweisen.

2 Wie Grimm, Myth. 3, 87 f. nach Gegenbach anmerkt, heißt es auch im Elsass beim Schneefall: *d' engele hans bed gemacht, d' fedre fliege runder*.

3 Knoop, Am Urquell 5, 9 ff.; 45 ff.; 69 ff.

umgehende Frau des Volksglaubens sich entfaltete, nirgends wirkt heidnischer Götterglaube nach. So wenig wie früher bei Zisa, Frau Eysen (Isis) gelehrter Übereifer sich als gerechtfertigt erwies, gelang es den neueren Sagenforschern auf die Dauer, die Holda, Berchta, Fricka als germanische Göttinnen zu kanonisieren. Doch leben sie wenigstens im wirklichen Aberglauben, nur nicht, wie man wähnte, als verblasste und erniedrigte Göttinnen.

Drittes Hauptstück

Von der Weltschöpfung und vom Weltende

Die Frage, wie die Welt entstand, ob und wie sie vergeht, setzt eine ziemlich hohe Stufe des Denkens voraus, falls die Antwort darauf in Gestalt einer Entwicklungsgeschichte der Welt gegeben wird. Hier liegen die Keime zur Naturphilosophie, die in ihren Anfängen leicht an kosmogonische Sagen anknüpft. Nur begabte und gesittete Völker werden zu einer fein gegliederten Lehre von den ersten und letzten Dingen fortschreiten. Die nächste Frage ist, woher kam die Welt, erst lange nachher erhebt sich die Frage, wohin geht die Welt. Denn die bestehende von den Göttern eingesetzte Weltordnung erscheint dem einfachen Heidenglauben ewig und unwandelbar. Höchstens denkt er darüber nach, wie es so kam. Das lehrt die griechische Mythologie. Der Heide wird den Stoff als das Erste setzen, den göttlichen Geist, der den Stoff sich unterwirft, erst allmählich daraus hervorgehen lassen, im Gegensatz zur christlichen Lehre, welche in Gott den Anfang und das Ende aller Dinge erblickt. Im Heidentum entwickelt sich eine Weltlehre nur beiläufig, im Anschluss an die Götterlehre, an die Theogonie, gleichsam zur Rechtfertigung der waltenden Götter, welche ihre gebietende Stellung den dämonischen Wesen abgerungen haben und gegen sie behaupten werden. Die Absicht geht dahin, die bestehende Ordnung als die Vollendung der Weltentwicklung, als den Sieg der Göttermacht hinzustellen. Die Hauptteilnahme gehört den gegenwärtigen Zuständen des Götterstaates, nicht den vergangenen oder künftigen. Anders im Christentum, wo das Ewige, Göttliche das Zeitliche, Weltliche überragt. Da erscheint das Weltleben nur als ein Übergang. Ganz andere Bedeutung gewinnt die Kosmogonie und Eschatologie, auf welche ein Hauptgewicht der Lehre fällt. Die Glaubensboten mussten vor allem auf diese Erkenntnis hinwirken und hatten eifrig von der göttlichen Weltschöpfung und vom Weltende, vom Jüngsten Gericht, von der ewigen Seligkeit und von den ewigen Strafen zu predigen. Wo sie heidnische kosmogonische oder theogonische Vorstellungen vorfanden, widerlegten sie diese mit dem Hinweis auf den ewigen Gott, der vor dem Weltstoffe da war, nicht wie die Heidengötter aus dem Stoff hervorging, geschaffen oder gezeugt wurde. Die Kosmologien der verschiedenen Völker, unabhängig vom reinen christlichen Gottesbegriff, gleichen einander in Einzelheiten oft aufs genauste. Da von einer Uroffenbarung der Menschheit oder von einer urarischen Weltlehre nicht die Rede sein kann, sind die zahlreichen Übereinstimmungen nur aus Zufall oder durch Entlehnung zu erklären. Gewiss ist die Wahrscheinlichkeit unleugbar, dass viele Völker durchaus unabhängig und selbständig diese Fragen aufwarfen und ähnlich beantworteten. Die Natur gewährt den Stoff zur Antwort, das Denken des menschlichen Geistes kann aus übereinstimmenden gleichen Voraussetzungen manchmal auch unwillkürlich zu denselben Schlüssen gelangen, falls die Grundlagen sehr einfach sind. Aber wenn sich Gleichungen in einer zusammenhängenden, stufenreichen und sinnvollen Reihenfolge von Schöpfungsakten einstellen, wenn Einzelheiten, die einem kunstvollen, willkürlichen Gedankengang entspringen, zusammenstimmen, so liegt die Annahme der Entlehnung nahe. Nachahmung und Entlehnung scheinen umso glaublicher, wo die allgemeinen Verhältnisse ein Einströmen fremder Einflüsse ermöglichen. Die nordische Mythologie enthält eine sehr ausführliche Weltlehre. Da erhebt sich nun die Frage, ob dieselbe auch für die deutschen Stämme in Anspruch genommen werden darf, ob sie gemeingermanisch oder ausschließlich nordisch ist, ob sie auf nordgermanischem Boden aus lauter heimischen Vorstellungen erwuchs, oder ob fremde, antike oder christliche Einflüsse darin zu erkennen sind. Zunächst sind die Zeugnisse zu prüfen, welche für das Dasein ähnlicher Sagen unter den deutschen Stämmen angeführt zu werden pflegen.

I. Deutsche Sagen über den Ursprung der Götter und Menschen

Dass die Germanen eine Theogonie und Anthropogonie, Lieder vom Ursprung der Götter und Menschen besaßen, wird durch Tacitus Germania Kap. 2 bezeugt. Sie priesen in alten Gesängen den erdgeborenen Gott Tuisto und seinen Sohn Mannus, die Urheber und Erzeuger ihres Volkes. Dem Mannus schrieben sie drei Söhne zu, nach welchen die Ingävonen, Erminonen, Istävonen genannt sind. In diesem Mythos war vom Ursprung der Menschheit überhaupt, dann vom Ursprung der germanischen Stämme im Besonderen erzählt. Aus der Erde ging ein göttliches Wesen hervor, Tuisto, der Zwitter. Der zeugte Mannus[1], d.i. den Urmenschen; also nicht geschaffen, sondern auf natürlichem Wege von den Göttern gezeugt ist die Menschheit. Die Stammväter der germanischen Völkerschaften sind Söhne des Urmenschen. Wenn andererseits die Ingävonen, Erminonen, Istävonen den Namen ihrer Stämme dem Tiuȝ beilegten, so betrachteten sie sich damit aber auch als seine unmittelbaren Nachkommen. Demnach scheinen im Mythos, auf welchen Tacitus anspielt, zwei ursprünglich selbständige und eigentlich unvereinbare Sagen zusammengeschweißt worden zu sein. Die Sagen vom gottgezeugten Urmenschen und von den Tiuȝsöhnen, die unabhängig nebeneinander entstanden sein müssen, wurden einander untergeordnet, und daraus ergab sich die von Tacitus berichtete Reihenfolge.[2] Tacitus fügt hinzu, es gebe noch mehr Göttersöhne, nach denen Völkerschaften genannt seien – *pluris deo ortos plurisque gentis appellationes*. Für die germanische Theogonie ler-

1 Mannus ist zum eranisch-indischen Manu zu stellen, über welchen Spiegel, Die arische Periode und ihre Zustände, Leipzig 1887, S. 271 ff. nachzulesen ist.

2 Über die Anthropogonie der Germanen vgl. Wackernagel, ZfdA. 6, 15 ff.; Müllenhoff, Schmidts allgemeine Zeitschrift f. Geschichtswissenschaft 8, 209 ff.; Kögel, Geschichte der deutschen Literatur I, 1, 12 ff.; Kögel, Zusammenstellung von Buri, Bur mit Mannus a.a.O. 16 kann ich nicht billigen; die von ihm behauptete Gleichheit der Genealogie des Tacitus und der nordischen Berichte scheint mir gezwungen.

nen wir nur, dass die Erde als Göttermutter galt. Aber es lässt sich nicht bestimmen, ob Tuisto unmittelbar aus der Erde entsprosste oder ob der Himmel sein Vater war, ob wir das uralte Götterpaar Himmel und Erde auch an den Anfang der germanischen Götterlehre stellen dürfen.

Kauffmann[1] hat auf einen für die Bekehrungsgeschichte zwei-

---

1 ZfdPh. 25, 401 ff.; Kögel, Geschichte der deutschen Literatur 1, 1, 32 ff. Die wichtigsten Sätze aus Daniels Brief an Bonifatius (Jaffé, *Monumenta Moguntina* 71 ff.) sind folgende: *Neque enim contraria eis de ipsorum quamvis falsorum deorum genealogia astruere debes … secundum eorum opinionem. quoslibet ab aliis generatos per conplexum mariti ac femine concede eos asserere; ut. saltim modo hominum natos deos ac deas homines potius, non deos fuisse, et cepisse, qui ante non erant, probes. cum vero, initium habere deos, utpote alios ab aliis generatos, coacti didicerint, item interrogandi: utrum initium habere hunc mundum an sine initio semper exstitisse arbitrentur. si initium habuit, quis hunc creavit? cum procul dubio ante constitutionem saeculi nullatenus genitis diis inveniunt subsistendi vel habitandi locum. mundum enim non hunc visibilem tantum, caelum et terram, sed cuncta etiam extensa locorum spatia – quae ipsi quoque pagani suis imaginare cogitationibus possunt – dico. quodsi sine initio semper exstitisse mundum contenderint – quod multis refutare ac convincere documentis argumentisque stude – tamen altercantes interroga: quis ante natos deos mundo imperaret? quis regeret? quo modo autem suo subdere dominatui vel sui juris facere mundum, ante se semper subsistentem, potuerunt? unde autem vel a quo vel quando substitutus aut genitus primus vel dea fuerat? vel si jam non generant, quando vel cur cessaverunt a concubitu et partu; si autem adhuc generant, infinitus jam deorum effectus numerus est. et quis tam inter tot tantosque potentior sit, incertum mortalibus est; et valde cavendum, ne in potentiorem quis offendat. utrum autem pro temporali ac praesenti, an potius pro aeterna et futura beatudine colendi di sint, arbitrantur? si pro temporali, in quo jam feliciores pagani christianis sunt, dicant. quid autem se suis conferre sacrificiis lucri diis suspicantur pagani, cuncta sub potestate habentibus? vel cur, in potestate sibi subjectorum fieri, permittunt ipsi dii, quod ipsis tribuant? si talibus indigent, cur non ipsi magis potiora elegerunt? si autem non indigent, superflue jam talibus hostiarum conlationibus placare se posse deos putant. haec et similia multa alia, quae nunc enumerare longum est, non quasi insultando vel inritando eos, sed placide ac magna obicere moderatione debes. et per intervalla nostris, id est christianis, hujuscemodi conparandae sunt dogmatibus superstitiones, et quasi e latere tangendae; quatenus magis confuse quam exasperate pagani erubescant pro tam absurdis opinionibus et ne, nos latere ipsorum ritus ac fabulas, estiment. hoc quoque inferendum: si omnipotentes sunt dii et benefici et justi, non solum suos remunerant cultores, verum etiam puniunt contemptores, et si haec utraque temporaliter faciunt, cur ergo parcunt christianis, totum pene orbem ab eorum cul-*

fellos überaus lehrreichen und wichtigen Brief aus den Jahren 723 bis 725 hingewiesen, worin der Bischof Daniel von Winchester dem Bonifatius Ratschläge erteilt, wie er bei der Heidenbekehrung vorgehen solle. Kultgebräuche und Göttersagen *(ritus et fabulae)* dürfen nicht schlechtweg heruntergesetzt und verpönt, müssen vielmehr aus inneren Gründen als unhaltbar erwiesen werden. Der Bekehrer hat sich mit dem Gedankenkreise der Heiden vertraut zu machen, ihre Anschauungen und Begriffe kennen zu lernen, um sie hierauf zu widerlegen. Daniel schreibt das Verfahren genau vor und geht darum auf die heidnischen Vorstellungen der deutschen Stämme ein. Es fragt sich nun, wie diese beschaffen waren. Zunächst ist mit der Theogonie *(deorum genealogia)* zu beginnen. Die Göttersage berichtet von Erzeugung und Geburt der einzelnen Götter und stellt die einen an Macht und Ansehen über die andern. Dagegen hat der Bekehrer den Satz zu verfechten, dass Wesen, welche der Zeugung und Geburt unterliegen, eher Menschen als Götter seien. Und wenn die Götter in Urzeiten Kinder bekamen, warum sie sich jetzt der Zeugung enthielten? Andernfalls wäre freilich die Zahl der Götter unbegrenzt, und die Sterblichen könnten nie wissen, welcher der Mächtigste sei. Die Opferspenden an die Götter seien unnötig, wenn diese doch alles beherrschen würden. Die ganze Beweisführung zielt allein dahin, dass der eine allmächtige und allewige Gott seinem Wesen nach darum den Heidengöttern überlegen sei, weil diese eben zeitlich und menschlich, nur wie mächtige irdische Könige gedacht sind. Die Vielheit der Götter und ihre Verwandtschaftsverhältnisse geben dem Christen Anlass, seinen Gottesbegriff als den höheren und reineren entgegenzuhalten. Eine zweite Hauptfrage betrifft den Bestand der Welt: ist die Welt ewig oder einmal erschaffen; dann aber bedarf sie eines Schöpfers. Ehe die Welt besteht, ist zweifellos kein Raum für gezeugte Götter. Doch könnten die Heiden die Welt

tura avertentibus idolaque evertentibus? et cum ipsi, id est christiani, fertiles terras vinique et olei feraces ceterisque opibus habundantes possident provincias, ipsis autem, id est paganis, frigore semper rigentes terras cum eorum diis reliquerunt; in quibus, jam tamen toto orbe pulsi, falso regnare putantur. – – –

für uranfänglich halten – *quod multis refutare ac convincere documentis argumentisque stude.* Gesetzt aber, es wäre so, wer gebot der Welt vor den geborenen Göttern? Wie konnten sie eine vor ihnen vorhandene Welt sich unterwerfen? Von wem und wann wurde die erste Gottheit eingesetzt oder erzeugt? Die Fragen sind geschickt gestellt, der Christ findet immer den einen Bescheid, auf den der Bekehrer hindrängt: der eine ewige und allmächtige Gott, Schöpfer des Himmels und der Erde. Wird aber dadurch eine deutsche Kosmogonie »eine Vǫlospǫ́ der mitteldeutschen Stämme«, wie Kögel behauptet, wahrscheinlich? Eher das Gegenteil, das Fehlen ausgebildeter kosmogonischer Sagen. Wer die nordische Weltsage den Fragen gegenüberhält, ist um Auskunft nicht verlegen. Der Urstoff ist ewig und unerschaffen, daraus erhub sich Ymir und der erste Gott, Buri. Von ihm stammte Bur, der Odin und seine Brüder erzeugte. Diese schufen Himmel und Erde aus Ymirs Leib. Ehe die jetzige Welt bestand, hausten die Götter gleich Ymir im eisigen Urstoffe. Hätte der kluge Bischof solche Antworten zu gewärtigen gehabt, so würde er seine Fragen sicher anders geordnet haben. Auf eine dem nordischen Bericht auch nur einigermaßen ähnliche deutsche Schöpfungssage kann aus Daniels Brief nimmermehr geschlossen werden. Er betrifft nur die Göttersage (Theogonie) und das Opfer und folgert: solche zeitliche menschenähnliche Götter können diese Welt weder geschaffen haben noch sie beherrschen. Sie sind in Zeit und Raum befangen. Gott aber ist außer Zeit und Raum und darum ihnen überlegen.

Zum Nachweis einer fränkisch-deutschen Kosmogonie ließe sich besser der Bericht Gregors von Tours 2, 29–31 heranziehen, wie dies auch von J. Grimm, Myth. 96 geschah. Chrothild spricht zu ihrem Gemahle Chlodowech, den sie für die Taufe einnehmen will, gegen seine Götzen Saturnus, Jupiter, Mars und Merkur. Mit den lateinischen Namen anstelle der fränkischen Donar, Tiuȝ, Wodan kamen auch Bezüge auf die antike Mythologie herein, sodass es schwierig ist, die etwa zugrunde liegenden fränkischen Anschauungen unverfälscht abzuklären. Als die Königin den Christengott rühmt, der Himmel und Erde und Meer und alles, was darinnen ist, mit seinem Worte aus dem Nichts erschuf, hält ihr der König entgegen: *deorum nostrorum jussione cuncta creantur ac prodeunt. deus vero vester nihil posse manifestatur, et quod magis est, nec de deorum genere esse probatur.* Chlodowech will sagen, in unsrer Göttersage, in Wodans Stammbaum ist kein Platz für den Christengott. Unsere Götter aber haben die Welt gemacht. Fränkische Lieder mögen demnach die Götter als die Schöpfer bezeichnet haben, etwa im Sinne der Vǫlospǫ́, dass Himmel und Erde von ihnen aus dem Chaos gehoben und wohnlich eingerichtet wurde. Eine fränkische Theogonie wird ebenfalls vorausgesetzt, welche die Götter in fest gegliedertem Stammbaum voneinander ableitet. Doch haben wir keine Gewähr, inwieweit das von Gregor mitgeteilte Gespräch nicht nur auf erfundenen Phrasen beruht. Aufs bloße Wort der Götter wird die Welt schwerlich entstanden sein. Dieser Bescheid des Königs ist vielleicht gar nicht so wörtlich und wirklich zu nehmen, vielmehr ein bloßer rednerischer Trumpf auf den Vorhalt der Königin. Mehr Vertrauen, wie auch J. Grimm betont, verdient der Einwurf des Götterstammbaumes. Lieder theogonischen Inhaltes bezeugt ja schon Tacitus. Der Theogonie gesellen sich allerdings leicht auch Andeutungen über Ursprung und Ordnung der Welt. Odins Beinamen Gautr für einen germanischen Götternamen zu erklären ist vielleicht gestattet. Aber darin einen »Gießer«, d. h. Schöpfer, also die Vorstellung eines den Germanen bekannten schöpferischen Gottes zu sehen, ist falsch, wie im Abschnitt über Wodan gezeigt wurde. Das altsächsische Bruchstück aus dem Ende des 8. Jahrh., *das sog. Wessobrunner Gebet*[1], muss häufig dafür herhalten, ein heidnisches niederdeut-

1 Über das Wessobrunner Gebet vgl. Müllenhoff u. Scherer, Denkmäler II, 1 ff., wo natürlich heidnische Herkunft behauptet wird; ebenso Müllenhoff, Altertumskunde 5, 15 u. 68; auch Kögel, Geschichte der deutschen Literatur I, 1, 271 findet das Bild von der Weltschöpfung »heidnisch untermalt«; dagegen vertritt Kelle, Geschichte der deutschen Literatur, Berlin 1892, S. 75 ff. die oben vorgetragene Ansicht, dass nicht kosmogonische Vorstellungen des Heidentums, sondern alttestamentliche Ideen den Inhalt des Gedichtes bilden.

sches Gedicht kosmogonischen Inhaltes zu erweisen, weil ein paar Verse, welche den Zustand vor der Weltschöpfung schildern, an die Vǫlospǫ́ anklingen. Allein die Übereinstimmung kann auf Zufall beruhen, da in beiden Denkmälern derselbe Grundgedanke in der gleichen Weise Ausdruck erhält. Der vorweltliche Zustand wird durch die Verneinung dessen, was die sichtbare Welt vor Augen stellt, beschrieben. Besteht aber ein Zusammenhang, dann bedarf es keines gemeinsamen heidnischen Gedichtes, vielmehr gibt die Bibel den gemeinschaftlichen Hintergrund. Alle Begriffe, die im Wessobrunner Gebet vorkommen, lassen sich aus der Bibel, aus der Genesis Kap. 1 und aus Psalm 89, 2, belegen. Die Vǫlospǫ́ kann aber von zahlreichen christlichen Einflüssen nicht freigesprochen werden.

Das bayerische Gedicht aus dem 9. Jahrh., *das sog. Muspilli,* wurde auch auf heidnische Nachklänge hin untersucht. Während Kögel im Anschluss an J. Grimm, Myth. 771 ff. wiederum diesen heidnischen Spuren das Wort redet, bescheidet sich Kelle S. 146 mit der letzten Verteidigungsstellung der Verfechter des Heidentums: »Heidnisch ist in dem deutschen Gedichte vom Weltgerichte sicher nichts als *mûspilli.*« Gerade dieses Wort ist aber der allersicherste und deutlichste Beweis für die christliche Herkunft des Gedankens vom Weltbrand, wie unten im Anschluss an Bugge, Studien S. 447 ff. gezeigt werden soll.

Die aus mündlicher Überlieferung aufgezeichnete Volkssage dieses und des vorigen Jahrhunderts weiß von einer künftigen fürchterlichen Schlacht.[1] Sie ist ans Walserfeld bei Salzburg oder an den Kirchhof zu Nortorf in Holstein geknüpft, kommt aber auch sonst in deutschen Gauen häufig vor. Wenn der dürre Baum auf der Walser Heide anhebt zu grünen und Früchte zu

1 Die Sagen über die letzte Weltschlacht sammelt und deutet zuerst J. Grimm, Myth. 908 ff.; dazu Müllenhoff, Sagen aus Schleswig, Holstein und Lauenburg S. L u. 378 ff.; Kuhn und Schwartz, Norddeutsche Sagen S. 495 ff.; Sagen aus Westfalen 1, 204 ff.; Simrock, Mythologie S. 148 ff. und andere mehr. Über die Zubehör zur deutschen Kaisersage vgl. G. Voigt, Sybels historische Zeitschrift 26, 131 ff.; J. Häussner, Die deutsche Kaisersage, Bruchsal 1882; J. Häussner, Unsere Kaisersage, Berlin 1884.

tragen, wenn der Fliederbusch zu Nortorf so hoch gewachsen ist, dass ein Pferd darunter angebunden werden kann, dann bricht in der ganzen Welt Krieg aus. Dann reitet ein Kaiser zum Baum oder Strauch, hängt seinen Schild auf oder bindet sein Pferd an, und nun beginnt die letzte blutige Schlacht, aus der nur wenige Leute übrig bleiben. Darauf kommt der Weltfrieden, andere Quellen aber sagen, der Antichrist und das Weltende. Nach dem Vorgange J. Grimms war es lange Zeit üblich, die Sage für einen Nachklang der germanischen Götterschlacht, die dem Weltbrand vorausgeht, zu betrachten. Der Baum erinnerte an die Weltesche, die erbebt und rauscht, wenn die höllischen Mächte einmal losbrechen. Aber dieser Schluss hat sich als voreilig herausgestellt. Diese allgemeine Weissagung einer letzten großen Weltschlacht gehört, wie die älteren Fassungen deutlich zeigen, zur mittelalterlichen Kaisersage und entstammt einer alten morgenländischen und durchaus christlichen Sage, die mit dem deutschen Heidentum gar nichts zu schaffen hat. Der Schauplatz ist in den älteren Fassungen auch keine deutsche Heide, sondern das heilige Land. Im Mittelalter ging aufgrund einer byzantinischen Weissagung die Legende von einem letzten römischen Kaiser, der siegreich über alle Feinde nach Jerusalem ziehen und dort seine Krone niederlegen oder seinen Schild am dürren Baume, der alsbald frisch ergrünt, aufhängen werde. Damit ist der biblischen Prophezeiung gemäß das letzte Weltreich vorüber. und der Antichrist und das Weltende folgen also gleich, Die Sage von der letzten Weltschlacht ist mithin zum Beweise einer deutschen »Götterdämmerung« nicht zu verwenden. Sie ist aber ein lehrreiches und warnendes Beispiel, wie vorsichtig die mythologische Auslegung den neueren Volkssagen gegenüber sich zu verhalten hat: Ihre oft allgemeine Form verführt allerdings zu solchen Versuchen, die aber schon durch die älteren Fassungen völlig unhaltbar erscheinen müssen. Denn da treten immer zahlreicher und bestimmter Einzelheiten hervor, welche die Sage dem Gebiete germanischer Mythologie entziehen. So möchte noch manche Erscheinung des neueren Volksglaubens, die für die Geschichte des deutschen Heidenglaubens beanspruchtet wird, allein schon durch die Kenntnis älterer, vollständigerer und bestimmterer Fassung hinfällig werden. Die stetig zeugende und schaffende, Sagen bildende Kraft, die nicht unterschätzt werden darf, bewegt sich oft nur scheinbar in uralt heidnischem Geleise.

Damit sind die Quellenzeugnisse außerhalb des Nordens erschöpft. Eine germanische Theogonie, die aber im Laufe der Zeiten und unter den verschiedenen Stämmen sehr vielgestaltig und veränderlich gewesen sein mag, ist zweifellos. Schon die geschichtliche Entwicklung, wenn anders mit Recht das allmähliche Aufkommen Wodans über Tiuȝ angenommen wird, brachte Wandel und Wechsel in den Götterstaat. Der höchste Gott hat die andern als Söhne oder Brüder um sich geschart, da bildet sich leicht auch die Sage von seinen Ahnen. Die gebietende Machtstellung musste gegen Nebenbuhler und andere Feinde erkämpft und behauptet werden. In den angelsächsischen Stammtafeln hat Wodan nicht bloß Nachfahren, sondern auch Vorfahren. Für eine ausgebildete Kosmogonie spricht kein zweifelloses Zeugnis. Für die germanische Sage vom Weltbrand ist nicht der Schatten eines Beweises zu erbringen. Damit muss auch der deutschen und germanischen Göttersage die tiefe Tragik der nordischen abgesprochen werden. Wohl war auch jene vom freudigen, todverachtenden Heldentum erfüllt, aber der düstre Schatten eines unentrinnbaren Verderbens mit dem versöhnenden Ausblick auf eine neue, milde und reine Welt des ewigen Friedens blieb dem Schicksal der deutschen Götter vermutlich ferne.

II. Die nordische Schöpfungslehre

Die folgende Darstellung der nordischen Weltlehre geht darauf aus, in möglichst deutlichen Umrissen die in den Skaldengedichten des 9./10. Jahrhunderts vorhandenen Vorstellungen zu schildern. Für den vermutlichen Ursprung der einzelnen Bilder beschränke ich mich auf kurze Andeutungen. Weltanfang und Weltende umfassen die gesamte Göttersage im großen, erhabenen Rahmen, der die einzelnen Mythen in völlig neuem Lichte, als Handlungen im geschlossenen Weltendrama erscheinen lässt. Eine gewaltige erschütternde Dichtung baut sich auf, eine wundervolle, tiefernste Göttersage, wie kein andres Volk sie besitzt. Gleichviel, woher die Anregung kam, der unvergängliche Wert der dichterischen Schöpfung, welche den krönenden Abschluss der germanischen Religionsgeschichte bildet, bleibt ungekränkt bestehen. Aber es war eine Dichtung auserwählter Kreise, kein echter, überzeugter Volksglaube, wie folgende Erzählung aus der Bekehrungszeit zu beweisen scheint.

Sveinn und sein Sohn Finn stritten sich um die Macht der Heidengötter, die Finn verachtete. Sein Vater hielt ihm das vor, weil Thor so viele und große Heldentaten verrichtet habe, durch die Berge gefahren sei und Felsen zertrümmert habe, Odin aber über den Sieg der Männer entschieden habe. Finn antwortete: Das ist sehr geringe Macht, Klippen oder Steine zu zerbrechen und an solchen sich abzuarbeiten, oder den Sieg so zu verleihen, wie Odin ihn verlieh, mit Betrug, nicht aber mit Gewalt. Der dagegen scheint mir mächtig, der am Anfang die Berge gesetzt hat, die ganze Welt und die See. Was könnt ihr mir aber von diesem sagen? Darüber wurde von Sveinn wenig gesprochen. Finn Sveinsson tut das Gelübde, in den Dienst des Königs zu treten, der der Oberste ist und vor allen anderen hervorragt. Er ergibt sich wie Christophorus schließlich dem Christus, weil er so gewaltig war, dass er eine Heerfahrt in die Hölle tat und dort den Thor band, den obersten der Heidengötter.[1]

Der Aufzeichnung kommt freilich kein hohes Alter zu. Aber sie ist trotzdem merkwürdig genug, indem sie die nordische Schöpfungslehre als gar nicht vorhanden betrachtet. Ähnlich sind noch andere Stellen. In der durchaus ungeschichtlichen Sage von Orvar-Odd werden die heidnischen Nordleute, welche auf einer Reise nach Aquitanien in eine Kirche gelangen, nach

1 Jüngere Olafssaga Kap. 201 ff.; vgl. E. E. Meyer, Kosmogonie 16 ff.

ihrem Glauben gefragt. Sie antworten: Wir bauen auf unsre Macht und Stärke und glauben nicht an Thor und Odin. Der Einheimische erwidert: Wir glauben an den, der Himmel und Erde geschaffen hat, die See, die Sonne und den Mond. Odd sprach: Der muss groß sein, der alles das gezimmert hat. Aus den letzten Zeiten des Heidentums hören wir von Leuten, die aus eigner freier Überzeugung den Heidenglauben als unvollkommen verwarfen und nur auf sich selbst vertrauten oder aber einer geläuterten Gottesverehrung, dem Bilde des von fern her ihnen vorschwebenden Christengottes, sich zuwandten.[1] Thorkell Mani, der von allen Heiden am besten gesittet war, ließ sich in seiner Todeskrankheit in den Sonnenschein hinaustragen und befahl sich in die Hände des Gottes, der die Sonne geschaffen habe. Der alte Ingimund im Vatnsdal, der früher eifrig dem Freyr gedient hatte, war ein überaus tüchtiger und treuer Mann; sein Sohn Thorstein preist die Güte seines Vaters und meint: Das wird unserm Vater von dem vergolten werden, der die Sonne geschaffen hat und alle Welt. Ein andermal spricht derselbe Thorstein: Nun will ich den anrufen, der die Sonne geschaffen hat, denn ihn halte ich für den Mächtigsten. Diese und andre Stellen betonen die Schöpferkraft des Christengottes, den sie mit bewusster Absicht Odin und den andern Göttern gegenüberstellen. Dass Odin und seine Brüder Himmel und Erde und die Gestirne schufen, dass sie den Lauf der Sonne und des Mondes regelten, wie es in alten Liedern und der Edda heißt, kann demnach kein allgemeiner, lebendiger Glaube gewesen sein. Sonst hätte sich doch der Heide ebenso auf die Schöpferkraft seiner angestammten Götter berufen müssen. Die nordische Weltlehre scheint mithin eine Dichtung, kein eigentlicher Volksglaube, mit dem die Bekehrung zu rechnen hatte.

---

1 Über solche ernste Heidengemüter vgl. Munch, det norske folks historie I, 2, 272, 279; Maurer, Bekehrung 2, 253 ff.

1. Das Chaos, der Urzustand und die Urwesen

Den Anfang aller Dinge bezeichnet die nordische Weltlehre mit der Verneinung dessen, das für uns sichtbar besteht: Da war nicht Sand noch See, noch kalte Woge, nicht Erde gab es noch Oberhimmel, nur gähnende Kluft *(ginnunga gap)*[1], doch nirgends Gras. Es wird ein *Chaos* oder besser *Chasma, Hiatus,* gähnender Schlund gesetzt. Der Begriff des Abgrundes, der Kluft liegt in *gap*, der des Weiten, Gähnenden im dazu gestellten Genitiv *ginnunga*. Mit *ginnunga gap* ist der leere Raum gemeint. Der leere Raum entstand aber, wie die Gylfaginning ergänzend hinzufügt, dadurch, dass der wesenlose Urstoff im Norden und Süden zu finsterm Nebel, zu Wasser und Eis und zu Feuer sich verdichtete. »Viele Jahre vor der Erschaffung der Erde war Niflheim (die Welt des Nebels, des Dunkels) entstanden; mittendrin liegt der Brunnen, der Hwergelmir (der in kesselförmiger Vertiefung Rauschende) heißt. Aus ihm ergießen sich viele Flüsse. Zuerst bestand jedoch die Gegend, welche Muspells-

1 *ginnunga gap* erscheint gleichsam umgekehrt in *gapanda gin*, gähnender Rachen in der Flateyjarbók 1, 530. *gap* steht zu *gapa*, gaffen, gähnen. *ginnung* ist abgeleitet vom Adj. **ginnr* (aga. *ginn*, weit, geräumig; vgl. auch das an. ags. mhd. Substantiv *gin*, der Rachen). Über die weitere Geschichte dieses Wortstammes vgl. Mogk, Beiträge 8, 153 ff.; Mogks frühere Schlussfolgerung, *ginnunga* sei Gen. Sing. zu *Ginnungi*, dem persönlich gedachten Chaos, zu welcher im Griechischen und Nordischen vorliegenden Vorstellung bereits die Indogermanen sich bekannt hätten, ist hinfällig. Besteht ein Zusammenhang zwischen dem persönlichen Chaos, dem Riesen Abyssus der christlichen Mythologie, über welchen Meyer, Völuspa 57, Eddische Kosmogonie 74 nachzulesen ist, und Ymir, so beruht er auf später Entlehnung und Nachahmung, nicht auf Urverwandtschaft. *ginnunga gap*, von Adam v. Bremen 4, Kap. 38 mit *immane abyssi baratrum* wiedergegeben, erscheint auch in der Geographie der alten Nordleute. Die Norweger versetzten es in den Norden, die Isländer in die Gegend zwischen Winland und Grönland. Vgl. G. Storm, Arkiv f. nord. filologi 6, 340 ff. Im Mhd. wird *ginunge von* der Hölle gesagt: *diu helle heiȝit ouch barathrum daȝ kît swarziu ginunge wan sie ginit biȝ an den jungisten tac* (Benecke-Müller, Mhd. Wb. 1, 527). Dahin gehört wohl auch nds. *ovelgünne*, ein Ausdruck für Hölle im Sinne von Übelloch; vgl. J. Grimm, Myth. 953; Schiller-Lübben, Mnds. Wb. 3, 248.

heim heißt; diese ist hell und heiß, und sie kann von niemand, der dort nicht zu Hause ist, betreten werden.« Über Ursprung und Sinn des Namens Muspell wird weiter unten gehandelt. In der Schöpfungssage tritt damit nur die Feuerwelt der Nebelwelt gegenüber, worin einerseits die Anschauung von Feuer und Wasser als den Urelementen, andererseits wohl auch die christliche Vorstellung einer Wasser- und Feuerhölle anklingt. In Niflheim und Hwergelmir sind eigentlich zwei Elemente angedeutet: der Nebel, d. h, die dunkle Luft, und das Wasser. In Gestalt von zwölf Flüssen, die kalte, feuchte Luftschichten mit sich führen, entströmt das Wasser dem Urquell und verdichtet sich zu Eis, womit offenbar der Übergang des Flüssigen zum Festen erklärt werden soll. Somit werden die Elemente als uranfänglich betrachtet, welche zunächst geschieden an den Grenzen des leeren Raumes lagern. Bald aber dringen sie herein, und aus ihrer Vermischung, insbesondere durch die belebende Kraft des Feuers, erstehen die ersten organischen Gebilde.

Die Gylfaginning fährt in ihrem Berichte fort: Diese Flüsse, die Eliwagar heißen, waren so weit von ihrem Ursprunge fortgekommen, dass die darin enthaltene giftige Flüssigkeit (d. h. die bitterkalte Flut) erstarrte wie die Schlacke in der Esse. Dort befand sich Eis, welches stehen blieb und nicht mehr vorrückte; da legte sich Reif darauf und auch das Nass der Giftflut gefror zu Reif, und so schob sich eine Reifschicht über die andere nach *ginnunga gap* hinein. Der nördliche Teil der gähnenden Kluft füllte sich mit dicken, schweren Eis- und Reifmassen, die Sprühregen und Winde hervorbrachten. Der südliche Teil wurde lauer durch die Funken, welche aus Muspellsheim hereinflogen. Wie die grimmige Kälte aus Niflheim kam, so war alles in der Nähe von Muspellsheim heiß und hell. *Ginnunga gap* ward so lau wie windstille Luft. Als die heiße Luft den Reif erreichte, sodass er zu schmelzen und zu tropfen begann, da entstand ein Wesen, wie ein Mensch gestaltet. Sein Name war Ymir, den die Reifriesen Örgelmir (den gewaltig Rauschenden) nennen, und er ist der Stammvater ihres Geschlechts.« So sagt auch Wafthrudnir (Vafþr. 31):

Aus den Eliwagar troff ätzendes Gift,
Das türmte sich, bis ein Thurs draus ward;
Das ist der Ursprung unsres Geschlechtes,
Drum ist rau der Riesen Sinn.

Der leere Raum erfüllt sich allmählich mit den Elementen, die sich zu einer Riesengestalt verdichten. Die Riesen bewohnen überhaupt die unwirtlichen, den Menschen unzugänglichen Gegenden. So ist jener erste Riese im Ureise der nordischen Vorstellung völlig angemessen und ebenso gut denkbar wie die Riesen im Eise des nächtigen Polarmeeres, welche Hymir verkörpert. Das Gesamtbild der von Wasser, Nebel und Eis erfüllten Urwelt, deren Nacht vom Süden her allmählich Licht und mildere Luft empfängt, ist deutlich genug der nordischen Natur entnommen. Dort spielen sich die in der Gylfaginning geschilderten Vorgänge immer von neuem ab. Dass dem Urstoff ein organisches Gebilde entwächst, berichten auch andere Kosmogonien. Die dem Chaos entspringenden Kinder Erebos und Nyx sind keineswegs abstrakt als Zustände, vielmehr persönlich, als titanische, riesenhafte Wesen gedacht, ja Chaos selber gilt später auch für persönlich. So wird auch der Abyssus der biblischen Schöpfungslehre als ein im Abgrund eingesiedelter Riese gedacht und dargestellt. Nach der Vǫlospǫ́ sind *Ymir* und *ginnunga gap* gleichzeitig und mit Recht: sie verhalten sich wie *Chaos* und *chaos*, *Abyssus* und *abyssus*. Auf der einen Seite steht die geistigere, des abstrakten Denkens fähige Vorstellung, auf der andern die sinnliche, die nur Gestalten begreift. Die Gylfaginning philosophiert, wie der Urstoff zum riesenhaften Urleib werden konnte, wie in beiden die gleichen Grundkräfte der Natur wirken.

Ymir (zu *ymja*, rauschen) besagt dasselbe wie *Örgelmir*, den rauschenden, brausenden Urstoff, das Gewässer des Meeres, zum riesenmäßigen Urleibe geformt. Sobald aber ein menschenähnliches Gebilde dem Chaos entstiegen, vollzieht sich auch die weitere Entwicklung auf dem Wege natürlicher Zeugung. Dass im ersten Leibe beide Geschlechter vereinigt waren, wusste wohl auch die germanische Theogonie und Anthropogonie.

Tuisto ist ja vielleicht der Zwitter, ebenso Ymir (Vafþr. 33). Als er schlief, geriet er in Schweiß, da wuchs ihm unter dem linken Arme Mann und Weib, sein eigner Fuß zeugte mit dem andern einen Sohn, und so erwuchsen ihm Nachkommen. Denn von Ymirs Geschlecht sind alle die Riesen (Hyndl. 34). Ymirs-Örgelmirs Sohn und Enkel heißen Thrudgelmir und Bergelmir, von Letzterem stammt das jüngere Reifriesengeschlecht, nachdem das ältere in der großen Flut umkam. Zu beachten ist das Festhalten des gleichen Stammes in den Namen *Hwergelmir, Örgelmir, Thrudgelmir, Bergelmir.* Hwergelmir, der Urquell aller Gewässer, ist das rauschende Element selber, aus dem sich auch die Riesen erheben. Man wird an die griechische Lehre vom Okeanos als dem Anfang aller Dinge erinnert. Okeanos ist ebenso das flüssige Element selbst wie dessen Beherrscher, also sachlich und persönlich gedacht. So liegen in der nordischen Weltlehre verschiedene Anschauungen nebeneinander, indem das erste Geschöpf dem Chaos, den Elementen, dem Urflüssigen entwächst. Kann man allenfalls dem naiven dichterischen Glauben den Gedanken zutrauen: im Anfang war das Wasser und der Riese des Wassers, oder im Anfang war das Chaos und der Riese des Chaos, so ist der Versuch, die Entstehung dieses Urgeschöpfes zu erklären, jedenfalls ein Stück mittelalterlicher Physik und gewiss nicht selbständig in den Köpfen isländischer Gelehrter entstanden.[1]

1 Man vgl. Stellen wie Servius zu Ecl. 6, 31 ff.: *variae sunt philosophorum opiniones de rerum origine. nam alii dicunt omnia ex igni procreari ut Anaxagoras. alii ex humore ut Thales Milesius: unde est, Oceanumque patrem rerum. alii ex quattuor elementis ut Empedocles, secundum quem ait Lucretius: ex imbri, terra, atque anima nascuntur et igni. Epicurei vero nihil horum comprobant, sed dicunt duo esse rerum principia, corpus et inane … et corpus esse volunt atomos … inane vero dicunt spatium in quo sunt atomi. de his itaque duobus principiis volunt ista quattuor procreari, ignem, aerem, aquam, terram: ex his caetera …* Dass das Chaos als leerer Raum, gähnender Schlund gefasst wird, mag im Bedeutungswandel des Wortes liegen; im späteren Latein wird Chaos im Sinne von chasma, hiatus gebraucht, Belege bei Forcellini, totius latinitatis lexicon Bd. 2; Lucas 16, 26 überträgt die Vulgata *χάσμα μέγα* mit chaos magnum. Die nordische Kosmogonie übersetzt solche naturphiloso-

Als der Reif weiter schmolz, entstand die Kuh Audumla daraus. Vier Milchströme rannen aus ihren Zitzen, und damit nährte sie den Ymir. Die Kuh aber fristete dadurch ihr Leben, dass sie die Reifsteine beleckte, welche salzig waren. Am ersten Tag nun, als sie leckte, kam eines Mannes Haar zum Vorschein, am zweiten Tage der Kopf und am dritten der ganze Mann. Sein Name war Buri; er war der Vater des Bur, welcher Bestla, die Tochter des Riesen Bolthorn, zur Frau nahm. Dies Paar hatte drei Söhne, Odin, Wili und We. Nur bei Snorri steht dieser wunderliche und dunkle Bericht. Der Name Audumla widerstrebt der Deutung. Ihr Amt ist ein zwiefaches. Sie nährt den Ymir, wozu sich anderwärts Ähnliches nachweisen lässt. Zeus hat eine Ziege zur Amme; in Sage und Legende treten häufig Tiere als Nährmütter der Menschenkinder auf. Da noch kein andres Leben herrscht, muss die Sage der Audumla denselben Ursprung beilegen wie dem Ymir. Wer in Audumla die Nass und Fruchtbarkeit spendende Wolke sieht, weil in einigen Mythologien, namentlich in der indischen, die Wolken oft als Milchkühe erscheinen, verkennt doch zu sehr den Unterschied zwischen südlicher und hochnordischer Natur. Unerhört aber ist, dass die Kuh die Götter zum Leben erweckt. Riesen und Götter sind nach der nordischen Weltsage nicht erschaffen wie Menschen und Zwerge, sondern von selber aus dem Chaos aufgegangen; die Riesen früher als die Götter, wie auch die Titanen vor den lichten Göttern da sind. Buri und Bur, Wili und We, diese Namen entstammen der christlichen Dreiheit, wie bereits oben gezeigt wurde. Ein spät erfundener Stammbaum führt Odins Sippe in die Weltanfänge hinauf. Während Zeus einem Titanen entsprosst, berührt sich Odin nur mutterhalb mit den Riesen.

So waren die elementaren Naturmächte, die wilden, ungebändigten Riesen, und die ordnenden, geistigen, göttlichen Gewal-

---

phische antike Anschauungen auf die heimische Naturumgebung, vielleicht im Anschluss an ältere Sagen, die wissenschaftlich gerechtfertigt werden sollen.

ten bereits vor Erschaffung des Himmels und der Erde vorhanden. »In den Asen erscheint eine edle, gelungene zweite Hervorbringung gegenüber der ersten halb missratenen riesischen. An den Riesen war ein Übermaß des plumpen Leibes aufgewandt; bei den Asen gelangten Leib und Seele zu vollem Gleichgewicht, und neben unendlicher Stärke und Schönheit entfaltete sich durchdringender, schöpferischer Geist« (J. Grimm, Mythol. 529). Alsbald beginnt aber auch der Kampf zwischen ihnen, welcher das ganze Dasein der Götter in der nordischen Sage erfüllt. Die Götter bändigen die ungezügelten Elemente, um geordnete, wirtliche und wohnliche Zustände dem Chaos entgegenzustellen. Aber es bedarf steter, scharfer Wachsamkeit, den Bestand des Gewonnenen zu sichern. Am Ende stürzt doch alles wieder vor den entfesselten Elementargewalten zusammen. Die Riesen rächen ihre lange Unterjochung an den Göttern. Aus den Trümmern taucht eine neue vollkommene, sündlose Welt unter einem andern ewigen Gotte empor. Auch Zeus ringt seine Macht den Titanen und Giganten ab. Doch gewaltiger und heldenhafter ist Odins Tat, und das in der Zukunft drohende Ende, dessen Herannahen die Götter wissen, verleiht der nordischen Göttersage eine mit Recht bewunderte erhabene Tragik.

Die Söhne Burs töteten den Ymir, und es lief aus seinem Körper so viel Blut, dass sie darin das ganze Geschlecht der Reifriesen ertränkten. Nur einer entkam mit seinen Angehörigen: ihn nennen die Riesen Bergelmir. Er begab sich mit seiner Frau in ein Boot und rettete sich darin. Von ihm stammen die jüngeren Geschlechter der Reifriesen.

Wafthrudnir erzählt (Vafþr. 35):

Ungezählte Winter vor der Erde Schöpfung
Geschah Bergelmirs Geburt;
Als Frühstes weiß ich, dass der erfahrene Riese
Im Boote geborgen ward.

Die Angaben des Liedes und der Gylfaginning stimmen nicht vollständig überein. Hier besteigt der Riese mit seiner Frau das

Boot[1], dort wird er allein hineingelegt, vielleicht als Kind, falls nicht die Bezeichnung *»enn froóþe jǫtonn«*, der erfahrene Riese, dagegen spricht. Die nordische Sinflut[2] fällt noch in die chaotische, urweltliche Zeit. Sie entsteht aus dem Blute des erschlagenen Ymir zur Vernichtung seiner Nachkommen. Die Götter versuchen durch Totschlag und Überschwemmung ihre Gegner zu verderben. Auch die nordische Flut wird zur Strafe wilden Übermutes von den Göttern verursacht. Dass die Flut mit Ymir zusammenhängt, findet vielleicht in den Worten der Genesis 7, 11 *rupti omnes fontes abyssi*, wodurch die biblische Flut herbeigeführt wird, Erklärung, sobald nämlich hier wie an andern Stellen Abyssus persönlich gedacht wird.

2. Die Schöpfung der Erde und des Himmels

Die Söhne Burs erhuben nun die Lande und erschufen den schönen Midgard, und zwar aus dem Riesenleibe.[3]

Aus Ymirs Fleisch ward die Erde geschaffen,
Aus dem Blute das brausende Meer,
Die Berge aus dem Gebein, die Bäume aus den Haaren,
Aus dem Schädel das schimmernde Himmelsdach.

---

1 Im nord. Texte steht *lúðr*, was nach Fritzner, Ordbog II[2] 567 f. einen ausgehöhlten Baumstamm, einen Trog, der zur Wiege wie zum Fahrzeug dienen konnte, bedeutet, wie lat. *alveus* und *scapha*. Auch Deukalion und Pyrrha werden in keinem gewöhnlichen Schiffe, sondern in einer *Lade* (*λάρναξ*) gerettet, Noah in der *arca*. Die Übereinstimmung, dass auch in der nordischen Sinflut kein gewöhnliches Schiff vorkommt, ist schwerlich zufällig.

2 Eine Übersicht der hierher gehörigen Sagen gewährt R. Andree, Die Flutsagen, Braunschweig 1891; S. 44 werden berechtigte Zweifel an der Ursprünglichkeit der Eddasage ausgesprochen, S. 140 steht sie aber, allerdings mit einem Fragezeichen, unter den »echten«, d. h. selbständig aufgekommenen Flutsagen.

3 Grímn. 40, 41 ; Vafþr. 21; Gylfag. Kap. 7; zur Erschaffung Adams aus acht Teilen J. Grimm, Myth. 531 ff.; Müllenhoff-Scherer, Denkmäler[3] 2, 171; E. H. Meyer, Völuspa 36, 61; Kosmogonie S. 77 ff.; Myth. 146; zur Frage überhaupt R. M. Meyer, ZfdA. 37, 1 ff.

Doch aus seinen Wimpern   schufen weise Götter
    Midgard dem Menschengeschlecht;
Aus dem Hirne endlich   sind all die hartgesinnten
    Wetterwolken gemacht.

Gylfagiuning Kap. 8 fügt noch bei, die Götter hätten den erschlagenen Ymir in die Mitte von Ginnunga Gap geschleppt und dort aus seinem Leibe die Welt gebildet. Aus dem Schädel fertigten sie den Himmel und setzten ihn über die Erde auf vier vorstehenden Stützen, und unter jede Stütze setzten sie einen Zwerg, den Austri, Westri, Nordri und Sudri. Um die Erde ringsherum legten sie das Meer. Himmel und Erde sind also zum Riesenleibe in Beziehung gesetzt. Die Himmelswölbung wird dem gewölbten Riesenschädel verglichen, folgerichtig sind die das Himmelsgewölbe erfüllenden Wolken aus dem Gehirn Ymirs entsprungen. Der Riesenleib ist der Erde gleich, was ins Einzelne ausgemalt eine Zusammenstellung von Blut und Wasser, Bein und Stein, Haar und Pflanzen ergibt. Dass Midgard aus den Wimpern erschaffen ist, deutet auf eine schutzende Umzäunung, vielleicht auf einen am Rande der Erdscheibe herumlaufenden Waldgürtel. Snorri nennt aber Midgard einen Wall *(borg),* den die Götter wegen der feindlichen Gesinnung der an den Meeresküsten angesiedelten Riesen rund um die Erde errichtet hätten. Auch in andern Mythologien finden sich Ansätze oder ähnlich durchgeführte Gleichungen zwischen Himmel und Erde und einem Riesenleib. In mittelalterlichen Schriften begegnen Spekulationen über das Verhältnis des *Makrokosmos* und *Mikrokosmos.* Adams Leib ist aus acht Teilen gebildet, worunter die Gleichungen Erde und Fleisch, Stein und Bein, Meer und Blut, Pflanzen und Haar, Wolken und Gedanken wiederkehren. Der Unterschied zwischen der heidnischen und christlichen Lehre besteht darin, dass dort die ganze Natur der auseinander gefallene Urmensch ist, hier der Mensch aus natürlichen Elementen zusammengesetzt wird. War man früher geneigt, die christliche Vorstellung aus der heidnischen abzuleiten, so dringt neuerdings die umgekehrte Auffassung durch, dass die Ymirsage von der Adamsage abhängig sei. Schließlich ist die Möglichkeit beiderseitiger selbständiger und unabhängiger Entstehung nicht abzuweisen, nachdem ähnliche Gedanken bei den verschiedensten Völkern und zu verschiedenen Zeiten auftauchen.

Aus den Funken aus Muspellsheim machten die Götter Himmelslichter. Dann ordneten sie den Lauf der Sonne, des Mondes und der Sterne, die Folge von Tag und Nacht und die Jahreszählung. Von Süden her beschien die Sonne den Erdengrund, da entsprosste grünes Gras.

Darauf schufen die Götter in der Mitte der Welt Asgard, das Götterheim. Dort ist ein Ort, der Hlidskjalf (Türbank, Türschwelle) heißt. Von dort aus kann Odin die ganze Welt übersehen. Der Hochsitz Hlidskjalf, der Übersicht über die ganze Welt gewährt, ferner Namen einzelner Götterburgen wie Breidablik (Breitglanz), Glitnir (der Glänzende), Himinbjorg (Himmelsberg) zeigen deutlich, dass Asgard im Himmel über Midgard liegend gedacht ist.[1]

Wenn außerdem einige Male noch von Jǫtunheim[2], der Riesenwelt, Alfheim[2], der Albenwelt, die Rede ist, so soll damit nur allgemein der Aufenthaltsort dieser Wesen bezeichnet werden. Eine bestimmte Welt, wie Midgard und Asgard, ist nicht damit gemeint. Anders verhält es sich mit Muspellsheim und Nilf-

1 Nach Gylfaginning Kap. 9 befindet sich die Asenburg in der Mitte der Welt, *í miðjum heimi,* und vom Hochsitz Hlidskjalf aus übersieht man alle Welten. Somit herrscht allerdings die Anschauung, die Weinhold, Altnordisches Leben S. 358 also bestimmt: »Die Erde zerlegten die Nordländer in drei Teile: am Meeresstrande waren Außengart *(útigarðr)* oder die Riesenwelt; von ihm durch eine Landwehr burgartig geschieden Mittelgart *(miðgarðr)* oder das Land der Menschen, und als kleinster der drei konzentrischen Ringe Asgard, die Burg der Götter. Darüber ist das Himmelszelt an vier Enden geknüpft.« So mag sich das Weltbild in den Augen Snorris und aller Euhemeristen ausnehmen, welche Asgard wohl als hohen, in den Himmel ragenden Berg auf die Erde verlegen. Der alte Heidenglaube aber dachte die Asen im Himmel wohnend, und damit fallen die drei konzentrischen Kreise.

2 Jǫtonheimr Vǫl. 48; Jǫtonheimar in SE. 1, 30, 54, 62 u. ö.; Alfheimr Grímn. 5, SE. I, 78; selten begegnen Vanaheimar S. I, 92 und Svartálfaheimr SE. 1, 108, 352.

heim[1], die ja schon in Snorris Schöpfungsberichte am Anfange erschienen. Niflheim oder Niflhel gilt als die Totenwelt, als die Nebelhölle, als die Unterwelt. Einige Male wird nach christlichem Vorbilde auch noch von der untersten Höhe gesprochen. Dass die Hölle unter Midgard sich ausdehnt, mag altgermanischer Glaube sein. Der Aufenthalt der Toten, die im Grabe geborgen werden, muss ja als unterirdisch gedacht werden.

Die Vǫlospǫ́ 2 und die Vafþrúþnesmǫ́l 43 erwähnen neun Welten, *nio heimar*. Aufgrund dieser Stellen ist auch in der Snorra Edda beiläufig von neun Welten die Rede.[2] Aber nirgends werden sie aufgezählt, vor allem nirgends im Weltgebäude vorausgesetzt. So einfach und klar das Weltbild der vom Himmel (Asgard) überwölbten Erde (Midgard) sich darbietet, so unmöglich ist die Vorstellung von neun Welten, will man sie gleichberechtigt mit jenen im Weltganzen unterbringen. In den Liedern erscheint die Neunzahl beide Mal im selben Zusammenhang und im selben Sinn: wer die neun Welten durchfuhr, weiß alles. Die neun Welten scheinen nur typisch gezählt zu sein.[3] Die Vǫlva und Wafthrudnir wollen damit sagen, dass sie bei allen Wesen und in aller Welt geweilt, alles durchforscht haben und darum alles Weltwissen besitzen. Ein ähnlicher Gedanke liegt auch dem Alwisliede zugrunde. Thor verlangt vom weisen Zwerge Bescheid, wie einzelne Begriffe in den vielen Welten

---

1 Über Niflheim vgl. den Abschnitt Hel. Niflhel steht Baldrs Dr. 2, Vafþr. 43. Ebenda sagt der Riese: ich fuhr nieder nach Niflhel, wohin die Leute aus der Hölle versterben; ähnlich Gylfag. Kap. 3 böse Menschen fahren zur Hel und von da nach Niflhel (Niflheim in der Handschrift U).

2 Die neun Heime oder Himmel SE. I, 592, II, 485 sind keiner Überlieferung gemäß, nur Skaldengelehrsamkeit des 12. Jahrh. Die Versuche neuerer Mythologen, die neun Welten herzustellen, z. B. W. Müllers, Altd. Religion S. 155 f.; Weinholds, Altnord. Leben S. 359; R. Keysers, samlede afhandlinger 273; Simrocks, Myth. 43 f. werden ebenso zuschanden. Vgl. auch Gering, Edda S. 66 Anm. 1.

3 Über typische Anwendung der Neunzahl vgl. J. Grimm, Rechtsaltertümer 215 f. Die Möglichkeit, dass christliche Vorstellungen von neun Himmeln und Höllen hereinspielen, vgl. E. H. Meyer, Völuspa 44 ff., Myth. 173 u. 191, will ich nicht in Abrede stellen.

genannt werden, und Alwis antwortet demnach, wie Erde, Himmel, Sonne, Mond, Wind, Wolke, Meer, Feuer usw. bei Asen, Wanen, Menschen, Riesen, Zwergen, Elben heißen. Darum scheint es ein vergebliches Bemühen, die neun Welten als bestimmte Örtlichkeiten aufzusuchen, eher sind die verschiedenen Wesenklassen gemeint, deren Aufenthaltsorte ja zuweilen auch als *»heimr«* bezeichnet werden. Die Neunzahl mag bildlich zu verstehen sein als der Inbegriff des Vorhandenen.

Die nordische Weltvorstellung ist so zu denken: Midgard ist rings vom Meere umgeben, Meer und Erde bilden eine kreisrunde Scheibe, über welche sich der Himmel wölbt. Der ganze Weltbau, Himmel und Erde und Meer, schwebt im leeren Raum *(ginnunga gap)*. Dort war ja Ymir zerstückelt worden. Wer sich allzu weit auf das erdumgürtende Meer hinauswagt, gelangt schließlich zu den Grenzen der Welt und läuft Gefahr, in den gähnenden leeren Raum zu stürzen. So ist *ginnunga gap* im 11. Jahrhundert bei Adam von Bremen ein geographischer Begriff, die Grenze des Weltmeers im hohen Norden.[1] Midgard ist die wirkliche Erde, wo Menschen wohnen. Über ihr steht die himmlische Götterwelt, Asgard, unter ihr dehnt sich die Hölle, Niflheim, aus. Außer Asgard, Midgard und der Hölle gab es ursprünglich wohl nur Utgard. Darunter sind unwirtliche, dem Anbau widerstrebende, öde und wilde Landstrecken gemeint; dorthin sind Trolle und Riesen versetzt. Bei der Fahrt Thors nach Utgard, ins Riesenland, ist es jenseits des Meeres gedacht. Nach ihrer Landung haben die Gesellen noch einen breiten und weiten Wald zu durchwandern. Nach der Gylfaginning werden die Riesen längs der Meeresküste angesiedelt. Die Vorstellungen über die Lage von Utgard schwanken. Ursprünglich galt wohl die Anschauung, dass die Riesen streckenweise am diesseitigen Gestade, vor dem Schutzwall Midgards, hausten, im Ost- und Nordgebirge Norwegens. Denn jenseits des Meeres ist Ginnunga Gap. Im 9. und 10. Jahrhundert erweiterten sich die geogra-

1 Storm, Arkiv f. nord. filologi 7, 342.

phischen Begriffe der Nordleute beträchtlich infolge der Entdeckungsfahrten. Um 880 wurde das Nordkap umschifft, um 874 Island entdeckt, gegen Ende des 10. Jahrhunderts Grönland. Infolge davon scheint Utgard jenseits des Meeres verlegt worden zu sein. Handelt es sich ja doch auch um kein rechtes bewohnbares Land, vielmehr um wüste Gegenden. Da die Riesen schon vor Erschaffung von Midgard und Asgard im chaotischen Urzustande, im Ginnunga Gap heimisch waren, so fällt Utgard mit Ginnunga Gap gewissermaßen zusammen.

Wie viele von diesen Vorstellungen gemeingermanisch sind, lässt sich einigermaßen bestimmen. Schwerlich die Schöpfung, wohl aber die Einrichtung der Welt dachten sich auch die andern Stämme gleich. Denn derselbe Name für die bewohnte Erde (got. *midjungards*, ahd. *mittil-mittingart*, as. *middilgard*, ags. *middangeard*) geht überall durch. Midgard ist der mittlere, eingefriedigte Raum, das mittlere Gehege. Der Begriff »Mitte« geht von der natürlichen Anschauung aus, wonach die Erde im Mittelpunkt der Welt steht. Möglicherweise ist auch wie im griechischen *μεσόγαια* das Binnenland gemeint im Hinblick auf das umgürtende Erdmeer. Als Erdkreis und Himmelskugel stellt sich die Welt dem Auge dar. Dass die Götter im Himmel hausen, ist von selbst verständlich und wird im langobardischen Wodansliede bezeugt. Auch die Hölle ist allen Germanen bekannt. Die Namen Asgard, Utgard u. a. sind aber auf den Norden beschränkt. Die Grundzüge des Weltbildes scheinen somit gemeingermanisch, die Einzelheiten und die Sagen von ihrem Ursprung müssen wir als ausschließlich nordisch betrachten, solange anderweitige unzweifelhafte Überlieferung versagt.

Noch einige Sagen, die auf Tag und Nacht, Sonne und Mond Bezug nehmen, stehen in äußerlichem Zusammenhang mit der Kosmologie. Aber man merkt beim ersten Blick, dass sie viel jünger sind. Ihr Ursprung liegt teilweise in dem Bestreben nach der Personifikation bestimmter Erscheinungen und Vorgänge des Naturlebens. Auch fremde Vorbilder mögen teilweise eingewirkt haben.

Tag und Nacht sind von Allvater an den Himmel gesetzt. Er gab ihnen zwei Pferde und zwei Wagen, auf denen sie um die Erde fahren. Die Nacht fährt mit Hrimfaxi, der die Erde mit seinen Gebisstropfen betaut; der Tag hat den Skinfaxi, von dessen Mähne Luft und Erde erglänzt.[1] Auch in Deutschland trifft man das Bild des einherreitenden Tages, der begrüßt wird wie eine freundliche Gottheit. Bældæg, heller Tag, war des Lichtgottes Namen bei den Angelsachsen. Die vom Zauberschlaf erwachte Brynhild ruft mit feierlichem Gruße den Tag und die Söhne des Tages (Lichtgottheiten), die Nacht und die Tochter der Nacht (Jord, die Erde) an. Bereits die zahlreichen Redensarten, die von Tag und Nacht gebräuchlich sind, drängen auf Personifikation hin. Mit dem Tage mag in früherer Zeit leicht auch das Bild des Lichtgottes verschmolzen sein. Der Tag auf Skinfaxi, dem hellmähnigen Rosse, mag aus dem riesigen Himmelsgotte, aus Baldr-Bældæg entwickelt sein. Aber die auf dem Wagen stehenden, Rosse lenkenden Gestalten des Tages und der Nacht sowie der Sonne erinnern stark an antike Mythen von Helios mit den sonnenhellen, von Nyx mit den dunkeln Rossen. Auf die Nachwirkung altarischer Sagen zu schließen scheint nicht ratsam; denn das, was die Edda von Tag und Nacht erzählt, zeigt keine tiefere Verflechtung mit den Grundzügen der Götter- und Weltgeschichte. Nur die Begriffsnamen sind zu notdürftiger, unselbständiger Persönlichkeit gelangt. Den Verdacht der Entlehnung und Nachahmung bestärkt die Genealogie: der Riese Norwi oder Narfi[2] in

1 Vafþr. 12, 14, 25; Sgrdr. 3; Gylfag. Kap. 10. Den Aud und Onar kennt der Skald Hallfred (geb. um 968) SE. I, 320 u. 322; über Nacht und Tag vgl. das Kap. XXIII in J. Grimms Myth., wo reichliche Belege für die in der gewöhnlichen und poetischen Sprache üblichen Personifikationen verzeichnet sind. Den Zusammenhang mit Hesiod betont W. Müller, Geschichte und System der altdeutschen Religion S. 172 f., jedoch ohne die oben vorgetragenen Schlüsse.

2 So liest Snorri; in Vafþr. 25 steht der Dativ *Nǫrve,* ebenso Alvíssmǫl 29; daraus ist der Nom. *Nǫrr zu* erschließen, welchen man mit as. *naru,* ags. *nearu* stf, die Enge, Klemme, Bedrängnis, und *nearu,* Adj. enge, beklemmend, bedrängend vergleicht und als Bedränger erklärt. In den neuaufgefundenen as. Genesisbruchstücken 286 steht *narouua naht,* eine Formel,

Jotunheim ist Vater der Nacht. Zuerst ist Nott dem Naglfari vermählt, dann mit Onar, endlich mit Delling.[1] Der ersten Ehe entsprosst Aud, der zweiten Jord, der dritten Dag. Diese Reihe von Zeugungen titanischer Wesen hat auffallende Ähnlichkeit mit der hesiodischen Theogonie. Aus dem Chaos gingen Erebos und Nox hervor. Mit Erebos erzeugte Nox den Äther und Dies. Die Erde, Tartaros und Eros (Amor) erhielten in den verschiedenen lateinischen Genealogien, welche in den mittelalterlichen Schriften im Anschluss an Hesiod erscheinen, unter den Vor- und Nachfahren ihre Stelle. Die nordischen Namen sind zum Teil Übersetzungen der griechisch-lateinischen wie Nott-Nox, Nor-Erebus, Dag-Dies, Jord-Terra; zum Teil vielleicht volksetymologische Umbildungen wie Aud-Äther, Onar-Amor. Naglfari mag den Tartaros vertreten.

Das Bild des Sonnenwagens schildert das Grimnirlied 37 und 38.

Arwakr und Alswid ziehn aufwärts die Sonne,
Ziehn matt sich und müde daran,
Doch inmitten der Buge brachten milde Asen
Kläglich kühlende Eisen an.
Swalin heißt er, der Sonnenschild,
Der vor der glänzenden Göttin steht,
Felsen und Fluten, weiß ich, wird Feuer verzehren,
Fällt er einstmals ab.

---

welche im Hinblick auf *Nótt* und *Nǫrr* volle Beachtung verdient. Kögel, Geschichte der deutschen Literatur, Ergänzungsheft zu Band 1, S. 12 f. kommt in der Anmerkung zur Stelle zum Schluss, dass ein Stamm *narwa-*, dunkel, finster, von dem bisher allein bekannten *narwa-*, enge, zu trennen sei. *Nǫrr* bedeutet mithin der Finstere, Dunkle, und übersetzt genau Erebus wie Nótt die Nox.

1 Der Ausdruck *»fyr Dellings durom«*, vor Dellinga Toren, der in den Hǫv. 160 und in den Rätseln der Hervararsaga (Fornaldarsögur 1, 468 ff.) begegnet, bedeutet: am hellen lichten Tage, wenn Delling, des Tages Vater, sein Tor offen und seinen Sohn entsendet hat. Vgl. Müllenhoff, Altertumskunde 5, 273 f.

Die Namen der Rosse bedeuten frühwach (Eous) und allklug. Dem Norden eigen sind die Blasebälge – denn nach Gylfaginning sind unter den »kühlenden Eisen« solche zu verstehen –, welche die in der Sonnenglut ermattenden Pferde immer neu abkühlen und erfrischen. Eigentümlich ist der Sonnenschild Svalin (der Abkühlende), welcher die Erde vor dem Verbrennen bewahrt. Vielleicht ist eine Vermischung zweier Vorstellungen im Spiele. Die Sonne wird auch »Himmelsschild«[1] genannt. Sonnenwagen und Sonnenschild scheinen vereinigt. Märchenhaft klingt der Bericht der Gylfaginning, Kap. 11: Mundilföri hatte zwei Kinder: Mani (Mond) hieß der Sohn und Sol die Tochter. Diese wurde mit Glen (glänzend) vermählt. Die Götter zürnten wegen des Hochmuts, dass sie solche Namen führten, und setzten sie an den Himmel. Sol ließen sie die Pferde lenken, die den Wagen der Sonne zogen, welche die Götter aus einem Funken geschaffen hatten, der aus Muspellsheim flog.[2] Man erkennt das Bestreben, die späte märchenhafte Erfindung von der Abstammung der Sonne mit der alten echten Sage, die das Himmelslicht als Geschöpf der Götter bezeichnet, in notdürftigen Einklang zu bringen. Die Mondflecken[3] gaben zu allerlei Erzählungen unter den verschiedenen Völkern der Erde Anlass, so auch zu folgender nordischer, die a.a.O. steht: Mani lenkt den Lauf des Mondes und waltet über Neumond und Vollmond. Er hob von der Erde die beiden Kinder Bil und Hjuki zu sich empor, als sie vom Brunnen kamen, der Byrgir heißt; ihr Wassergefäß hieß Sägr und die Stange, an der sie es auf den Achseln trugen, Simul. Widfinn

1 *himintarga* bei Eilifr Guðrúnarson SE. 1, 292; Ennius bei Varro 7, 73 nennt die Sonne *caeli clipeus; J.* Grimm, Myth. 665; 3, 205. Falk, aarböger f. nordiak oldkyndighed og historie 1891, 2. Reihe Bd. 6, 273.

2 Die Geschichte war im 10. Jahrh. bereits bekannt. Mundilföri als Vater der Sol und des Mani begegnet Vafþr. 23, Glen beim Isländer Skuli Thorsteinsson (geb. um 980) SE. I, 330. Wird Mundilföri richtig als »Achsenschwinger«, der den Drehstock treibt (*mundil* zu *mǫndull,* Stock, mit dem der Mühlstein gedreht wird) gedeutet, dann gibt der Name vermutlich den Begriff *Polus* wieder, die Himmelsachse, um die Sonne und Mond und alle Gestirne kreisen.

3 Über Mondflecken J. Grimm, Myth. 679 ff.; 3, 209.

hieß der Vater dieser Kinder, die den Mond begleiten, wie man das von der Erde aus sehen kann. Also zwei Gestalten, die einen Wassereimer an der Stange auf den Schultern trugen, sah man in den Mondflecken.

Der weit verbreitete Volksglaube, der in Sonnen- und Mondfinsternissen Untiere erblickt, welche die Gestirne zu verschlingen drohen, zeigt sich auch im Norden in den Wölfen Skoll und Hati, dem Sohne Hrodwitnirs, d.i. Fenrirs.[1] Nach Vafþr. 47 verschlingt Fenrir selber die Sonne, die aber eine Tochter gebiert, welche nach dem Falle der Götter die Pfade der Mutter fahren wird. Bei ganzer Verfinsterung nimmt der Volksglaube ein vollständiges Verschlingen, aber auch eine Erneuung, eine Wiedergeburt des Gestirnes an. Hati ist der *mánagarmr*, der Mondhund, da er den Mond verschlingen wird. Ein Riesenweib ostwärts von Midgard im Walde Jarnwid (Eisenwald, Urwald) hat die Teufelsbrut geboren. Einst wird das Himmelsgestirn, die Sonne, vom Verfolger errafft werden, dann kommt Finsternis und wüstes Wetter über die Welt.

Zwischen Erde und Himmel schlugen die Götter eine Brücke, Bifrost, den bebenden, zitternden, beweglichen Weg oder *ásbrú*, Asenbrücke, den Regenbogen.[2] Sie erglänzt in drei Farben, ist außerordentlich fest und mit großer Kunst verfertigt. Aber so stark sie ist, wird sie doch zerbrechen, wenn Muspells Söhne kommen und hinüberreiten. Ihre Pferde müssen dann über breite Ströme schwimmen, und so beenden sie den Ritt. Denn nichts in der Welt ist so fest, dass es bestehen könnte, wenn die Söhne Muspells verheerend hereinbrechen.

---

1 Grímn. 39; Vǫl. 40, 41; Gylfag. Kap. 12 u. 51; über Finsternisse J. Grimm, Myth. 668 ff.; 3, 206. Der schwedische, dänische, norwegische Volksglauben kennt noch jetzt den Sonnenwolf *(solvarg, solulv)*, den Isländern ist die Sonnenfinsternis *»úlfakreppa«*, Wolfsnot; vgl. Maurer, Isländ. Volkssagen 185, Jón Árnason, Þjóðsögur 1, 658 f.

2 Bifrǫst wird erwähnt Grímn. 44, Fafnismǫl 15; Gylfag. Kap. 13.

3. Die Schöpfung der Zwerge und der Menschen

Nachdem die Erde erschaffen und Asgard wohnlich eingerichtet war, gedachten die Götter daran, Midgard mit lebenden Wesen, mit Zwergen und Menschen zu bevölkern. Sie saßen darüber zu Rate, wer der Zwerge Schar aus Brimirs Blut und Blains Gliedern erschaffen sollte. Es entstanden die mächtigen Zwerge Motsognir und Durin und viele andere, welche in der Erde Menschenbilder nach Durins Angabe verfertigten. Den kurzen Bericht der Vǫlospǫ́ 10ff. ergänzt und verdeutlicht die Gylfaginning Kap. 14. Brimir und Blain sind Beinamen Ymirs. Dadurch wird erst die Entstehung der Zwerge klar, welche mit der Weltschöpfung verknüpft ist. Wie Maden in Ymirs Fleische, so waren die Zwerge unter der Oberfläche im Erdboden drunten gewachsen; so hatten sie zuerst als Maden Leben gewonnen. Nach der Bestimmung der Götter erhielten sie aber jetzt menschlichen Verstand und menschliche Gestalt. Doch leben sie wie vorher in der Erde und im Gestein. Also nicht der Lebenskeim der Zwerge, die von selbst im Riesenleibe wucherten, wohl aber die Lebensform ist von den Göttern gesetzt. Die Riesen sind älter als die Götter und von ihnen unabhängig, aber die Zwerge sind ihre Geschöpfe.

Über den Ursprung der Menschen gingen bei den germanischen Stämmen verschiedene Sagen. Der Urmensch Manus ist von einem göttlichen oder riesischen Wesen erzeugt. Die Istävonen, Ingävonen, Erminonen waren Göttersöhne. Edle Geschlechter entstammen unmittelbar von den Göttern, von Odin, Freyr, Tyr. Alle Menschen sind Heimdalls Kinder. Aber die Menschen sind auch aus der elementaren Naturkraft entsprungen, aus Felsen und Bäumen gewachsen. Die Semnonen verehrten im heiligen Hain den Ursprung ihres Volkes *(initia gentis)*. Das Handwerksburschenlied weiß von Sachsen, wo die schönen Mädchen auf den Bäumen wachsen. Im Froschmeuseler ist Aschanes mit seinen Sachsen aus den Harzfelsen gewachsen. Entsprechende Züge bietet die griechische Sage dar. Endlich sind die Menschen von andern höheren Wesen geformt, gestaltet und beseelt. Wozu die Zwerge im Erdinnern Menschenbilder schufen, erfahren wir nicht. Aber wir hören, wie die Götter am Ursprung der Menschheit gewirkt. Die Vǫlospǫ́ 17/18 erzählt: Drei Asen, mächtig und hold, fanden im Lande kraftlos Ask und Embla, unsichern Loses. Hauch und Seele hatten sie nicht, noch Gebärde, noch Wärme, noch blühende Farben. Odin gab den Hauch, Hönir die Seele, Lodur die Wärme und leuchtende Farben. Die Gylfaginning Kap. 9 erzählt den Hergang so: Als Burs Söhne am Meeresstrande wandelten, fanden sie zwei Hölzer und schufen aus ihnen Menschen. Der erste gab ihnen die Seele, der zweite das Leben, der dritte Gehör und Gesicht, und es hieß der Mann Ask und die Frau Embla. Von ihnen stammt das Menschengeschlecht. Die beiden Berichte stimmen nicht genau überein, im Liede fehlt die bestimmte Angabe, in welcher Beschaffenheit Ask und Embla aufgefunden wurden. Auch die Übersetzung der Stelle der Gylfaginning bereitet Schwierigkeiten. *Fundu tré tvau* bedeutet wörtlich: zwei Hölzer; *tré* kann ebenso Baumstamm, Baum bedeuten, als *trémann,* d.i. Menschenbild, aus Holz gefertigt. Da an beiden Stellen nur von einer Beseelung und Belebung, nicht aber von einer Gestaltung die Rede ist, möchte man glauben, dass die Götter hölzerne Menschenbilder, vielleicht von den Zwergen geschnitzt, vorfanden und sie belebten. Die Schöpfung der Menschen wäre somit von Zwergen begonnen, von Göttern vollbracht worden. Der Name des Stammvaters der Menschen, Askr, Esche, weist auf seinen Ursprung aus Eschenholz zurück. Hesiod meldet, das eherne Geschlecht sei von Zeus *ἐκ μελιᾶν,* aus Eschen, geschaffen worden. Ob auch in Embla ein Baumname steckt (Ulme?), ist zweifelhaft. Jedenfalls steht im Hintergrunde die uralte Vorstellung, dass die ersten Menschen aus Bäumen gewachsen seien. Aber neu hinzugefügt ist, dass dieses Herauswachsen nicht von selbst erfolgte, sondern durch die Beteiligung göttlicher Wesen. Zunächst wurde das Holz gestaltet, dann belebt. Und in diesen Zutaten sind fremde Einwirkungen unverkennbar. Vorbild ist die biblische Schöpfungssage mit der üblichen mittelalterlichen Auslegung. Hauptsächlich in zwei Punkten zeigt sich dieser Einfluss. Die Beseelung geht von der Götterdreiheit aus. Im Mittelalter galt allgemein die Anschauung, gestützt auf die Pluralwendung der Vulgata: *faciamus hominem,* dass bei der Menschenschöpfung die Dreieinigkeit tätig gewesen sei. Ferner beruht der gleiche Stabreim *Askr und Embla* mit *Adam und Eva* kaum auf Zufall. Wir haben in der nordischen Menschenschöpfung[1] ein lehrreiches Beispiel dafür, wie heimische und fremde Vorstellungen sich miteinander vermischten.

4. Der Weltbaum[2]

Ein völlig verschiedenes Weltbild bietet sich im Weltbaume dar, welcher unter mehreren Namen als *Yggdrasil, Mimameid, Lärad* vorkommt. Von ihm hören wir in der Vǫlospǫ, im Grimnirlied und in den Fjǫlsvinnsmǫl; einiges trägt die Gylfaginning nach. Die Seherin kannte den Baum schon in Urzeiten, als er ein Schössling war, der noch nicht über den Erdboden heraufgetrieben hatte (Vǫl. 2).

Vǫl. 19 Eine Esche kenn ich, Yggdrasil heißt sie,
Den gewaltigen Baum netzt weißes Nass;
Von dort kommt der Tau, der die Täler befeuchtet;
Immergrün steht er an der Urd Quelle.

Grímn. 31 Drei Wurzeln sendet nach drei Seiten
Yggdrasils Esche aus:
Unter der einen wohnt Hel, unter der andern die Riesen,
Die dritte das Menschenvolk deckt.

1 Über die Menschenschöpfung vgl. E. H. Meyer, Völuspa 81 ff., Kosmologie 110 ff.

2 Über Yggdrasil vgl. die erschöpfende Untersuchung von Bugge in den Studien über die Entstehung der nordischen Götter- und Heldensagen S. 421–560.

Im Liede von Fjolswid 13/14 wird des Baumes gedacht.

Swipdag.

Ich frage, Fjolswid, und fordre Antwort,
Künde mir, was ich wissen will:
Wie heißt der Baum, der mit breiten Ästen
Die weite Welt überwölbt?

Fjolswid.

Mimameid heißt er, kein Mensch weiß es,
Aus welchen Wurzeln er wuchs.
Niemand ahnt's, was ihn niederstreckt,
Feuer nicht fällt ihn noch Stahl.

Baum des Mimi (auch Mim oder Mimir genannt) heißt die Esche, weil nach Vǫl. 27 u. 29 Mimirs Quelle am Fuße des heiligen Baumes rauscht, der von ihren Fluten benetzt wird. Der goldene Hahn Widofnir sitzt als Wächter gegen die Riesen in Mimameids Geäst nach Fjǫls. 17/18. Heimdalls Horn, das dereinst zum letzten Kampfe ertönen wird, ruht bis dahin unter der Esche Yggdrasil geborgen (Vǫl. 27). An der Esche Yggdrasil sitzen die Götter alle Tage zu Gericht. Thor durchwatet täglich mehrere Flüsse, um dahin zu gelangen (Grímn. 29). In den Zweigen der Esche sitzt ein Adler, dem großes Wissen verliehen ist; zwischen seinen Augen sitzt der Habicht, der Wedrfolnir heißt. Ein Eichhörnchen mit Namen Ratatosk (Rattenzahn) läuft an der Esche auf und ab und trägt dem Nidhogg (d. i. schadengierig hauend), dem Wurme an der Wurzel unten, und dem Adler die gehässigen Worte zu, die beide übereinander äußern (Grímn. 32, Gylfag. Kap. 16). Vier Hirsche laufen in den Zweigen der Esche und beißen die Triebe ab. Viele Schlangen sind unten bei Nidhogg (Grímn. 33/4).

Grímn. 35 Yggdrasils Esche muss Ungemach leiden.
Mehr als ein Menschenkind ahnt:
Oben frisst der Hirsch, es fault die eine Seite,
Während Nidhogg die Wurzeln benagt.

Nach Grímn. 25/6 erhebt sich der Baum Lärad in Walhall. Auf dem Dache der Halle stehen die Ziege Heidrun und der Hirsch Eikthyrnir und verzehren die Zweige. Dieselbe Vorstellung scheint hier zu herrschen. Lärad ist wohl als der Wipfel der Weltesche zu denken. Yggdrasil heißt *mjǫtviðr*, Baum mit dem rechten Maße, d.h. der das Maß gibt, das Schicksal zumisst. Beim Weltkampfe erbebt und ächzt der alte Baum. Aber er überdauert den Brand. Nach Vafþr. 45 verbirgt sich das Menschenpaar, von dem die Geschlechter in der erneuten Welt stammen, in Hoddmimirs Holz. Mimirs Holz ist gleich Mimameid, die Weltesche. Mithilfe der Beschreibung in Gylfaginning Kap. 15 ergibt sich folgendes Bild vom Weltbaum: Die Esche ist der größte und beste aller Bäume. Ihre Zweige erstrecken sich über alle Welt und ragen über den Himmel empor. Drei Wurzeln treibt der Baum, zu den Menschen (die Gylfag. sagt sinnlos: zu den Asen), bei denen doch nur der Gipfel sein kann), zu den Riesen, zur Hölle. Unter der Höllenwurzel liegt der Brunnen Hwergelmir, und Nidhogg benagt sie von unten; unter der Wurzel, die zu den Reifriesen sich verästet, ist Mimirs Brunnen; unter der dritten Wurzel befindet sich der Brunnen der Urd. Die Wurzeln, unter denen Quellen hervorbrechen, sind unter Midgard in Niflheim und im Riesenheim, also an den Grenzen von Midgard, auf Midgard selber belegen. Der Stamm erhebt sich aus der Mitte der Erde. Das Gezweig und die Krone überwölben die Erde und erfüllen den Himmel.

Im Weltbaum Yggdrasil vermischen sich heimische und fremde Bestandteile in ganz besonderer Art. Heilige Bäume, in deren Schatten Gericht gehalten wird, aus deren Wurzeln Quellen hervorsprudeln, die von weissagenden Frauen bewohnt sind, begegnen oft im germanischen Glauben. Solche Züge finden sich auch im Bilde Yggdrasils. Aber damit ist weder Name noch Bedeutung des Weltbaumes hinreichend erklärt. Yggdrasil ist zusammengesetzt ans *Yggr*, »der Fürchterliche«, einer Bezeichnung Odins, und *drasill*, einer in der Skaldensprache üblichen Bezeichnung für Pferd, der Name besagt Odins Pferd. Nun war es eine im Nordischen ebenso wie im Deutschen und Englischen allgemein verbreitete Ausdrucksweise, den Gehenkten als Reiter und den Galgen als sein Pferd zu bezeichnen. Odins Pferd ist also eine Umschreibung für Odins Galgen. Der Name Yggdrasil meint demnach den Baum, der Odins Galgen war. Offenbar ist die Bedeutung, die man dem Baum in seiner Eigenschaft als Symbol der Welt beilegte, eben in der Tatsache begründet, dass er Odins Galgen war. Auch Christi Kreuz heißt in einem englischen Gedichte des 14. Jahrh., das aber den Ausdruck schwerlich schuf, sondern aus älterer Überlieferung schöpfte, *Christi Pferd*. Damit ist der Weg zur Erklärung Yggdrasils gewiesen. Zug für Zug erweist Bugge die vollkommene Übereinstimmung zwischen den mit Yggdrasil und den im Mittelalter mit dem Kreuze verknüpften Vorstellungen. Das Verhältnis kann nur so gedacht werden, dass Yggdrasil unter der Einwirkung der Kreuzessagen entstand, nicht etwa so, dass in letzteren heidnische Erinnerungen nachwirken. Denn die Vorstellungen vom Kreuze haften bereits in solchen altchristlichen Schriften, wo eine germanische Einwirkung mit Rücksicht auf Zeit und Ort durchaus unmöglich ist. Das Kreuz wurde in den bekanntesten christlichen Hymnen als ein Baum besungen, der seine Lebenskraft aus einer Quelle an seiner Wurzel sog, als ein Baum mit Laub und Früchten. So lautet noch ein mhd. Rätsel, dessen Lösung der Kreuzesbaum ist: Ein edler Baum ist in einem Garten gewachsen, der mit großer Kunst angelegt ist. Seine Wurzel reicht zum Grund der Hölle, sein Wipfel berührt den Thron Gottes, seine breiten Zweige halten die ganze Welt umfasst. Der Baum steht in voller Pracht und herrlich im Laub. Wir haben auf der einen Seite die Yggdrasilsesche, die der beste aller Bäume heißt. Ihr Wipfel ragt über den Himmel empor, ihre Zweige breiten sich über alle Welt, und die Hölle liegt unter einer ihrer Wurzeln. Auf der andern Seite haben wir in christlichen Darstellungen den Kreuzesbaum, hervorgegangen aus einer Verschmelzung des Kreuzes mit dem paradiesischen Baum des Lebens und dem der Erkenntnis, den besten aller Bäume. Mit seinem Wipfel erreicht er den Himmel, mit seinen Zweigen oder Armen umfasst er alle Welt, und mit seiner Wurzel oder seinem Fuße reicht er bis in die unterirdische

Totenwelt. Wenn Nidhogg und andere Würmer an der zur Hölle reichenden Wurzel Yggdrasils nagen, so knüpft diese Vorstellung zum Teil an die Schlange am Baume der Erkenntnis an und an die schlangenerfüllte Hölle, den »Wurmsaal« *(wyrmsele)*, wie in ags. Gedichten die Hölle benannt ist. Mimir, der Quellgeist, der am Fuße des heiligen Baumes wohnt, ist nordischen Ursprungs. Dass man aber Mimirs Haupt unter Yggdrasil dachte, mag durch die christliche Vorstellung veranlasst sein, dass der Kreuzesbaum über Adams Schädel steht. Endlich bedürfen die Tiere an der Weltesche noch der Aufklärung. In Nordengland befinden sich mehrere aus dem 7./9. Jahrh. stammende Steinkreuze, deren Schmalseiten mit Rankenwerk bedeckt sind. In dem Rebengezweige sitzen Tiere übereinander, Drachen, Eichhörnchen, Vögel, welche von dem Laube fressen. Solche bildliche Darstellungen, welche sich den Nordleuten auf ihren Fahrten nach England darboten, gaben den Anlass, den Kreuzesbaum mit Tieren zu bevölkern. Auf englische Herkunft der Tiere am nordischen Weltbaum deutet bestimmt der Name des Eichhorns Ratatoskr, Rattenzahn. Sowohl *rati*, Ratte, als auch *toskr* (ags. *tusc*) sind englische Lehnwörter. Die Tiere Yggdrasils sind zueinander in ein Verhältnis gebracht, wie es zwischen den Tieren auf der Weinranke der englischen Kreuze nicht besteht. Da tritt eben die umbildende Phantasie der Nordleute in Tätigkeit, vielleicht angeregt durch eine Fabel. Im Wipfel einer Eiche nistete ein Adler, mitten im Baum hatte eine Wildkatze ihr Loch, an den Wurzeln hauste ein Wildschwein mit seinen Jungen. Durch falsche, bösartige Doppelzüngigkeit brachte die Katze den Adler und das Wildschwein ins Verderben, indem sie Hass- und Neidworte vom einen zum andern trug.

Dass ein Baum, welcher dem höchsten Gott wie einem Geopferten zum Galgen dient, davon seinen Namen erhält und in dieser Eigenschaft zum heiligen Symbole der Welt erhoben wird, streitet bestimmt gegen die Vorstellung von heiligen Bäumen und vom obersten Gott, wie wir sie bei heidnischen Völkern anzutreffen gewohnt sind. Alle Ungereimtheit schwindet, sobald wir des Kreuzes gedenken. Yggdrasil ist eine Nachahmung des Kreuzesbaumes, wie er im Glauben der christlichen Völker des Mittelalters lebte. Erst in der Wikingerzeit kann der Mythos entstanden sein.

III. Weltuntergang

Eine zusammenhängende Schilderung vom Schicksale der Götter, vom Untergang und von der Erneuerung der Welt schöpfen wir hauptsächlich aus der Vǫlospǫ́, wozu ergänzend einige Stellen des Wafthrudnirliedes und des Hyndlaliedes treten. Die Gylfaginning Kap. 51–53 beruht auf denselben Quellen, hat aber einiges missverstanden, umgestellt und hinzugefügt. Auf die 57. Strophe der Vǫlospǫ́, worin die Verfinsterung der Sonne, das Herabfallen der Sterne, das Versinken der Erde im Meer, der Weltbrand geschildert sind, beziehen sich die Skalden Kormak um 935 und Arnor Jarlaskald um 1065.[1] Die Preislieder auf die Könige Eirik und Hakon, zwischen 940–950 und 961–970 verfasst, gedenken der schrecklichen Zukunft, da der Wolf Fenrir los wird und über den Wohnsitz der Götter und Menschen hin rennt.

Am Morgen der Zeiten, nachdem die Schöpfung vollbracht ist, verleben die Götter ihr Goldalter auf dem Idafeld, in Edens Gefilden.[2]

Vǫl. 7. Auf Idafeld kamen die Asen zusammen,
Altäre zu schaffen und Tempel zu bauen;
Sie gründeten Essen, das Gold zu schmieden,
Hämmerten Zangen und Handwerkszeug.

---

1 Die Stellen bei Gudbrand Vigfusson im Corpus 2, 65 n. 197; zur Strophe Kormaks Bugge, Studien 443; om versene i Kormaks saga (aarböger f. nord. oldkyndighed 1889) S. 6 f.

2 *á Iðavelli;* in Anlehnung an ags. *ed-*, an. *ið-*, wieder, ist das Idafeld, auf dem sich die Götter auch in der neu erstandenen Welt wieder versammeln, etwa aus einem in England gehörten **Edanwong* entsprungen; vgl. Bugge, Studien 445 f.

Vǫl. 8. Im Hofe übten sie heiter das Brettspiel –
An blitzendem Golde gebrach's ihnen nicht –
Bis die mächtigen drei Mädchen kamen,
Die Töchter der Riesen aus Thursenheim.

Unter diesen drei Mädchen glaubt man die drei Nornen verstehen zu dürfen, obschon niemals von deren riesischer Abkunft die Rede ist. Ihr Erscheinen schließt die goldene Friedenszeit ab. Nun schildert die Seherin die Hauptbegebenheiten der Götter. Mit dem Totschlag der Gullweig in Walhall hebt der erste Streit zwischen Asen und Wanen an, der erste Weltkrieg. Die gebrochene Götterburg stellte der Riesenbaumeister wieder her. Aber er ward um seinen Lohn, um Freyja, Sonne und Mond, die er sich ausbedungen hatte, betrogen.

Vǫl. 26. Da wankten die Eide, die Worte und Schwüre,
Die festen Verträge, die man vordem schloss.

Gewalttat, Krieg, Wortbruch führen eine neue schwere Zeit herauf, die bis zum Ende von rastlosem Kampfe erfüllt bleibt. Nachdem einmal der Gedanke an einen Untergang der Welt sich befestigt hatte, gewannen alle Handlungen der Götter eine tiefere und weitere Bedeutung. Namentlich Thors Kämpfe mit den Unholden müssen in ein ganz neues Licht rücken. An den Grenzen der Welt lauern die Riesen, um hereinbrechend das alte Chaos wieder anstelle der Weltordnung zu setzen. Die Götter haben die Aufgabe, den Bestand der Schöpfung zu sichern. Sorgenvoll sieht Odin die drohenden Anzeichen des nahenden Verderbens sich mehren, aber ernst gefasst schreitet er dem Verhängnis entgegen, heldenhaft reitet er endlich zum letzten Kampfe. Heimdalls Horn wird am Weltbaum verborgen, bis sein gellender Klang zum letzten Kampfe ruft. Aus Mimirs Quell schöpft Odin gegen Verpfändung seines einen Auges Weisheit. Krieg verbreitet sich unter den Menschen, weithin über die Erde reiten die Walküren. Unheilverkündende Träume erschrecken die Asen, von der Seherin, die er aus dem Todesschlafe aufsingt, holt Odin die düstre Kunde vom Falle Baldrs. Der lichte Gott ist tot, aber in Wali ersteht ihm ein Rächer, der Anstifter des Unheils, Loki, wird in Fesseln geschlagen. Ostwärts im Eisenwalde (im Urwalde) bringt ein altes Riesenweib Fenrirs Brut zur Welt, aus welcher der unholdsgestaltige Erraffer der Sonne hervorgeht. Der nährt sich vom Fleisch Gefallener und rötet mit rotem Blute den Sitz der Götter, der Sonnenschein verdüstert sich, in den Sommern darauf kommt wüstes Wetter. Nachdem das Untier groß geworden, greift es also die Sonne an und verwandelt ihren hellen Schein in blutrote Farbe, wie bei der Verfinsterung zu sehen ist. Die Gylfaginning berichtet von einem schrecklichen Winter, dem Fimbulwinter, der dem Weltende vorangeht. Dann tritt Schneegestöber aus allen Himmelsrichtungen ein, es gibt scharfen Frost und Stürme, und von der Sonne hat man keinen Nutzen. Es kommen drei Winter hintereinander und kein Sommer dazwischen; vorher aber gehen schon drei andre Winter, in denen in der ganzen Welt Krieg sich erhebt. Auf diese dem Weltuntergang vorausgehenden Naturereignisse beziehen sich die Worte des Hyndlaliedes 44:

Es steigt das Meer im Sturme zum Himmel,
Die Länder verschlingt es, die Luft wird eisig;
Schneemassen bringt der schneidende Wind,
Doch den Regen hemmt der Rat des Schicksals.

Zugleich mit der Verschlechterung des Wetters und im Gefolge der überhand nehmenden Kriege tritt ein arger Verfall der Sitten ein.

Vǫl. 45. Es befehden sich Brüder und fällen einander,
Die Banden des Bluts brechen Schwestersöhne,
Arg ist's in der Welt, viel Unzucht gibt es –
Beilzeit, Schwertzeit, es bersten die Schilde,
Windzeit, Wolfzeit, ehe die Welt versinkt –
Nicht einer der Menschen wird den andern schonen.

An Riesenheims Mark auf einem Bühle sitzt der frohe Eggther, der schwertbewehrte Held, die Harfe schlagend. Ihm zu Häupten, im Vogelwalde, schreit der rote Hahn, Fjalar geheißen. Bei den Asen kräht Gullinkambi, der goldkämmige Hahn, und weckt die Helden in Heervaters Halle. In der Erde Tiefen, in der Hölle kräht ein rußbrauner Hahn. So dämmert der Schlachttag heran; beim Erkrähen der Hähne, am frühen Morgen erwachen die Götter und die zum letzten Kampf in Walhall versammelten Einherjer, aber auch ihre Feinde, die Riesen und die Leute der Hölle. Mims Söhne fangen an zu spielen, die Gewässer geraten in unruhige Bewegung; Odin raunt noch mit Mims Haupte. Da ertönt Heimdalls gellendes Horn und verkündigt das Ende. Yggdrasil erbebt, der alte Baum rauscht. Der gefesselte Teufel, Loki und Fenrir, wird frei; alle erschauern auf den Höllenpfaden, ehe er dahin läuft. Wie steht's bei den Asen, wie steht's bei den Alben? Ganz Riesenheim tobt. Im Rat versammelt sind die Asen. Die Zwerge, der Felswände Bewohner, stöhnen vor den steinernen Türen. So ist am Tage der Entscheidung die gesamte von den schrecklichen Vorzeichen erregte Welt in Aufruhr und Verwirrung.

Jetzt brechen die höllischen Mächte los. Garm, der Höllenhund, bellt wütend. Fenrir bricht die Bande und rennt dahin. Von Osten her fährt Hrym, den Schild im Arme. Im Riesenzorn wälzt sich die Weltschlange durch die Wogen. Der Adler krächzt, Leichen zerreißend. Naglfar[1], das Schiff, in dem die Riesen her-

---

1 *naglfar* ist eigentlich das Totenschiff, das Gespensterschiff, indem *nagl* vermutlich zu *νέκυς, νεκρός* gehört; vgl. Detter, ZfdA. 31, 208; Noreen, Altnord. Grammatik[2]; §251, 3; Abriss der urgerm. Lautlehre S. 132 u. 178. Mit Riesen und Teufeln rücken auch die Totengespenster gegen die Lichtgötter heran, Der Name *Naglfar* wurde missverstanden, wie die Gylfag. Kap. 51 lehrt: »Naglfar das Schiff kommt los, das aus den Nägeln verstorbener Menschen gefertigt wurde. Und deshalb soll man niemand mit unbeschnittenen Nägeln sterben lassen, denn jeder, der das tut, fördert dadurch sehr die Vollendung des Schiffes Naglfar, von dem Götter und Menschen wünschen, dass es spät fertig werde.« An die falsche Etymologie und an einen Brauch der Totenpflege knüpft sich demnach ein Aberglaube, der, wie J. Grimm, Myth. 775 Anm. richtig bemerkt, die ungeheure

anfahren, wird flott. Von Norden her segelt ein Schiff mit den Leuten der Hölle; Loki ist Steuermann. Dem Wolfe folgt ein wildes Heer. Von Süden her kommt Surt mit Feuer und Schwert. Steinberge stürzen, Riesinnen straucheln, die Menschen fahren zur Hölle, der Himmel birst. Diese Schilderung zeigt, wie Riesen und Teufel, die entfesselten Elemente, Wasser und Feuer, von allen Seiten her über Midgard hereinbrechen und die Menschen dahin raffen. Das Meer steigt im Wogenschwall empor und speit die Riesenschlange aus, die Hölle entsendet den Teufel in doppelter Gestalt, Loki und Fenrir, die Feuerhölle den Surt. Riesen und Teufel sind die geschworenen Feinde der Götter, wie die fortgesetzten Kämpfe zwischen ihnen bezeugen. Am Jüngsten Tage rücken sie mit voller Macht heran, um den entscheidenden Schlag zu führen.

Auf einem weiten Gefilde, Wigrid oder Oskopnir, das tausend Meilen im Geviert misst, treffen die seligen Götter und ihre Gegner zusammen. Nach altgermanischem Brauche wurde auch die Stätte des Völkerkampfes vorherbestimmt. Nach dem Grimnirliede hat Walhall 540 Tore; 800 Einherjer gehen aus einem jeden Tore hervor, um mit dem Wolfe zu kämpfen. Man vermisst die Walküren und Raben, die sonst des Gottes feierlichen Aufzug begleiten. Walvater Odin unterm Goldhelm, den Speer in der Faust, reitet dem Wolfe Fenrir entgegen. Er erliegt dem Untier. Da schreitet Widar hervor, der tritt dem Wolfe in den Rachen und stößt ihm die Klinge ins Herz; so rächt er den Vater. Freyr kämpft mit Surt und fällt, da er sein treffliches Schwert entbehrt. Thor erschlägt die Midgardschlange, aber nur neun Schritte noch weicht er vor dem Gifte des Untiers zurück und fällt dann tot zu Boden. Die Gylfaginning berichtet noch von zwei weiteren Kämpferpaaren, die sich gegenseitig töten, Tyr und der Höllenhund Garm, Heimdall und Loki streiten miteinander. Die alte Feindschaft, die zwischen Tyr und Garm, Heimdall und Loki be-

---

Ferne und das langsame Zustandekommen des Weltendes in der Art mancher Märchenzüge ausdrücken soll; solche Anzeichen des Weltendes stellt auch die Anm. zu Myth. 911 zusammen.

steht, kommt damit zum Austrag. Von der Beteiligung der Einherjer am letzten Kampf wird nichts erzählt, obwohl nach dem Eiriksliede die tapferen Könige im Hinblick auf die letzte Schlacht zu Odin versammelt werden, nach der Vǫl. 43 die Helden in Heervaters Saal beim Hahnkraht erwachen und nach dem Grimnirlied aus Walhalls Toren zum Kampfe ausziehen.

Die Götter sind gefallen, da erhebt sich *Muspell,* Surt schleudert Feuer über die Erde und verbrennt die ganze Welt. Die Sonne wird schwarz, die Erde sinkt ins Meer, vom Himmel schwinden die hellen Sterne. Dampf und Feuer sprühen auf, heiße Lohe bedeckt den Himmel.

Auf steigt zum andern Male eine frisch ergrünende Erde aus dem Meere. Über schäumendem Wasserfall fliegt der Adler, der an der Felswand nach Fischen jagt. Auf Idafeld finden sich die Asen zusammen und sprechen über die gewaltigen Ereignisse, die geschahen. Dort werden sich auch im Grase die wundersamen goldenen Täflein finden, die einst in Urzeiten die Asen besessen haben. Auf unbesätem Acker wachsen Ähren, alles Böse wird gut, Baldr erscheint. Baldr und Hod bewohnen Odins Siegeshalle, das Heiligtum der Walgötter. Hönir wählt sich den Loszweig, erforscht durch Loswurf die Zukunft; im weiten Himmel wohnen die Söhne der Brüder Odins. Widar und Wali walten im Götterheiligtum, wenn Surts Lohe verlischt; Modi und Magni werden den Mjolnir besitzen, nachdem Thors Kampf beendigt ist. Die Hauptgötter der alten Welt, Odin, Thor, Freyr, Tyr, Heimdall, kehren also nicht mehr wieder, ein jüngeres Geschlecht löst sie ab. Nur Baldr der Gute und Hönir erscheinen auch in der neuen Welt, sonst werden allein die Söhne der Brüder Odins, die Rächer Widar und Wali, und die Söhne Thors genannt. Eine neue Sonne leuchtet; ehe der Wolf sie verschlang, gebar die alte Sonne eine Tochter, welche die Wege der Mutter befährt, wenn die Götter dahin sind. Ein neues Menschengeschlecht wird groß. Lif und Lifthrasir, Leben und Lebenskraft, hatten sich im Stamme des Weltbaumes verborgen und vom Morgentau genährt. Und davon leben die Leute dann. Im goldgedeckten Gimle werden die Guten und Tüchtigen wohnen, wenn der allgewaltige, hehre Herrscher, dessen Name nicht genannt wird, von oben her zum jüngsten Gericht kommt. Von unten her, vom nächtigen Fels, kommt der arge Drache geflogen, Nidhogg, der in der Hölle die Leiber der Bösewichter fraß und an der Wurzel der Weltesche nagte.[1] Überm Felde schwebend trägt der auf seinen Fittichen die Leichen. Doch nun muss er versinken.

So verlaufen *ragna rök*[2], die Schicksale der Götter, in deutlich gegliederter Reihenfolge. Die Vorzeichen des nahenden Endes äußern sich in Naturerscheinungen und in der Auflösung der sittlichen Ordnung unter den Menschen. Dann bricht der Kampftag an, der den Fall der Götter heranführt. Die Welt endigt im Feuer, aber sie ersteht wieder in neuer, verklärter Gestalt. Jetzt naht der große ungenannte Gott zum Weltgericht, die Guten wohnen in ewiger Wonne bei ihm, mit den Leibern der Bösen versinkt der Höllendrache. Die Übereinstimmung mit den christlichen Vorstellungen von den Vorzeichen des Jüngsten Tages, vom Weltbrand, von der Welterneuung, vom Weltgericht fällt ohne weiteres in die Augen, sie erstreckt sich bis in Einzelheiten hinein und kann unmöglich auf bloßem Zufall beruhen. Die nordische Sage ist ohne die christliche Lehre von den letzten Dingen gar nicht denkbar, sie muss in den letzten Jahrhunderten des Heidentums entstanden sein, als die Nordleute mit den christlichen Völkern in Deutschland und Frank-

1 Níþhoggr, der schadengierig Hauende, wird Vǫl. 39, 66; Grímn. 32, 35; Gylfag. Kap. 15, 16, 52 erwähnt; vgl. dazu Bugge, Studien über die Entstehung der nord. Götter- und Heldensagen S. 480 ff.

2 *Ragna rök* steht Vǫl. 44, Baldrs Dr. 14, Atlamǫl. 21; Vafþr. 38 u. 55 stehen gleichbedeutend *tíva rök* und *ragna rök*. Das Wort gehört zu *rekja*, aufwickeln und bedeutet Entwicklung oder Verlauf einer Begebenheit von Anfang bis zu Ende, Schicksal, dann im Besonderen das letzte Schicksal, der Untergang. So besagt also *ragna rök* Untergang der Götter, Weltende. Nur in der Lokasenna 39 heißt es *ragna rökkr*, Finsternis, Dunkel der Götter, *»Götterdämmerung«*. Die Snorra Edda hat immer den letzteren, offenbar auf einem Missverständnis beruhenden Ausdruck, dem nicht die geringste sachliche Berechtigung zukommt. Vgl. Müllenhoff, ZfdA. 16, 146 ff.; Gering, Glossar zu den Liedern der Edda, Paderborn 1887, S. 132.

reich, England und Irland in Berührung kamen. Bei den zahlreichen Fällen von Glaubensmischung, welche die Geschichtsquellen im 9./10. Jahrh. bezeugen, ist die Kenntnis christlicher Vorstellungen unter den heidnischen Nordleuten gar nicht unwahrscheinlich. Doch darf keineswegs an eine äußerliche Nachahmung der christlichen Eschatologie gedacht werden, vielmehr liegt darin nur die Anregung zu einer neuen, besonderen, von nordischem Geiste erfüllten Dichtung. Darum ist ebenso sehr die Selbständigkeit und Eigenart der nordischen Sage zu betonen.

Durchaus neu und nordisch ist die Auffassung des Jüngsten Tages als eines Schlachttages. Zwar bietet die christliche Eschatologie bei der Erscheinung des Antichrist's ebenfalls Kämpfe, und eine besondere Sage ließ den Elias mit dem Antichrist geradewegs fechten, wie das bayerische Gedicht Muspilli und anderweitige Überlieferung[1] beweisen. Jedoch können diese Züge kaum als Vorbild der großen Götterschlacht gelten. Die Posaune des Engels weckt die Toten zum Gericht auf, in der nordischen Sage ruft Heimdalls Horn zum Kampfe. Wie die Götter in ihrem Aussehen, Tun und Treiben nur veredelte Menschen sind, so beschließen sie auch ihre Laufbahn, wie es Helden geziemt, auf dem längst vorherbestimmten Kampfgefilde. In ihren teuflischen Gegnern mögen eher christliche Vorbilder nachwirken, da ja, wie das Sprichwort sagt, am jüngsten Tage der Teufel losbricht. Ein unentrinnbares Schicksal schwebt über den Walhallgöttern, der Heldentod, den der kampffrohe Recke sich am Ende seines Lebens wünscht. Sie suchen das Verhängnis aufzuhalten und sind um die Zukunft ernstlich besorgt, aber sie wissen's auch groß und stark zu tragen, sie fallen stolz und stumm. Über ihren Leichen lodert der Weltbrand.[2] Den Grundgedanken der christlichen Eschatologie, die doch den Menschen

1 Heinzel, Ztschr. f. österr. Gymn. 43 (1892) S. 748 weist aus russischen Quellen ähnliche Schilderung des Zweikampfes zwischen Elias und dem Antichrist nach, wie sie im Mûspilli begegnen.

2 Vgl. Dahn. Das Tragische in der germanischen Mythologie, Bausteine 1, 1879.

zunächst angeht, konnte das Heidentum nicht fassen. Nur die Tatsache des Weltbrandes kehrt wieder, die Handelnden aber sind die Götter, nicht die Menschen. Die Auferstehung klingt in der Sage von Lif und Lifthrasir nach; das Weltgericht ist jedenfalls im gleichen Sinne wie in der christlichen Lehre gedacht, denn die Guten wohnen in ewiger Seligkeit bei Allvater, die Bösen verdammt der höchste Richter mit Nidhogg in die Hölle. Von den Vorzeichen ab, die nur nordischer Natur gemäß auch einen schrecklichen langen Winter hervorheben, verläuft die nordische Eschatologie in allen wesentlichen Punkten gleich mit der christlichen. Wir vermissen einzig eine deutlich erkennbare Nachahmung des Antichrist's, bewundern dagegen als nordische Zutat den Untergang der Götter. Dieser scheint mitbedingt durch das Hervortreten Allvaters. Dass auch einige Götter in der neuen Welt wiederkehren, ist in der sittlichen Auffassung begründet, welche die Gerechten überhaupt der ewigen Seligkeit zuweist. Darum kommt vor allen Baldr zurück. Aber die Herrschaft im neuen Himmel steht nicht mehr bei den Heidengöttern. Es dürfte schwer halten, die unmittelbaren Quellen anzugeben, aus denen die Nordleute schöpften. Das Eindringen der christlichen Ideen mag nach und nach, zu verschiedenen Zeiten und in verschiedenen Ländern erfolgt sein. Gelehrte, absichtliche Überführung scheint ausgeschlossen. Vielmehr handelt es sich um allmähliches Bekanntwerden christlicher Vorstellungen, welche die Nordleute auf ihren Fahrten aufzunehmen Gelegenheit hatten. Ernste Gemüter wurden dadurch zum Nachdenken über den heidnischen Glauben angeregt, sie sagten sich von den Opfergöttern los und empfahlen sich einer unbekannten, erhabenen, mächtigeren Gottheit. Dem gleichen Ziele streben die Dichter zu, welche die alten Götter heldenhaft zugrunde gehen lassen, um nach ihnen auf den starken Herrscher von oben her hinzuweisen, dem alles gehorcht. Am deutlichsten tritt der christliche Einfluss an zwei Begriffen zutage, die noch näher betrachtet werden müssen, an *múspell* und an dem *starken Herrscher von oben.* Múspell legt die Vermutung nahe, dass die Nordleute in Niederdeutschland christliche Anschauungen aufnahmen. Außerdem mögen namentlich die Angelsachsen manches vermittelt haben.

Das Wort *mûspilli*[1] begegnet im Altsächsischen und Althochdeutschen in geistlichen Gedichten des 9. Jahrh. Das bayrische Gedicht enthält eine Schilderung des Weltbrandes: »Da zieht der Sühnetag ins Land, heimzusuchen die Menschen mit dem Feuer. Da vermag kein Verwandter dem andern vor dem *mûspille* zu helfen.« Die Begriffe *stûatago,* Sühnetag, und *mûspilli* decken sich. Im Heliand 2591 wird die Wendung gebraucht: »*mûdspelles* Macht fährt über die Menschen, das Ende dieser Welt«; 4358 »*mûtspelli* kommt in düstrer Nacht wie ein Dieb«; gleichbedeutende Begriffe sind *duomes dag,* Gerichtstag, und *the lazto dag theses liohtes,* der Jüngste Tag dieser Welt. Die Grundform des Wortes scheint *mûdspelli, mûdspilli* zu sein, im Ahd. mit

1 Zur Erklärung des Ausdrucks Bugge, Studien 447 ff.; Kögel, Grundriss der german. Philologie 2, 1, 212 Anm. versucht eine andere Deutung, die seltsamerweise bei E. H. Meyer, Mogk, Steinmeyer Denkmäler 2, 38 Aufnahme fand, obschon sie sprachlich und sachlich unmöglich ist. *spelli* soll Vernichtung heißen wegen an. *spell,* Schaden, *spilla,* schädigen. Im Westgermanischen lautet das Verbum aber au. *spildian,* ags. *spildan* (ags. *spillan* ist späteres Lehnwort ans dem Nordischen), ahd. *spildan.* Wenn anders nicht Entlehnung aus dem Nordischen behauptet werden soll, müsste das von Kögel angesetzte Wort *speldi, spildi* lauten. Der erste Teil des Kompositums soll in ahd. *mû-werf,* Maulwurf, wiederkehren. *mû* ist synonym zu ahd. *molta,* got. *mulda,* Staub, Erde; *mudspilli* entstand in Anlehnung an mhd. *mot,* schwarze Torferde, Moor, Morast. Auch wenn man das sehr zweifelhafte Dasein von *mû* = *molta* zugesteht, ist doch die Bedeutung von *mûspilli,* Erdvernichtung, Weltende, höchst fragwürdig. *mû* würde wie *molta* nur Staub heißen; selten und erst spät nimmt das Wort z. B. an. *mold,* die erweiterte Bedeutung von *tellus* an. Wäre Weltbrand und Weltende eine gemeingermanische Vorstellung, so müsste man entschieden ein anderes Wort erwarten; denn *mûspeldi* könnte nichts andres heißen als Vernichtung des Staubes. Neuerdings erklärt Kögel mit Hinweis auf Sievers, Indogerm. Forschungen 4, 335 ff., wonach urgerm. *þll ðk* > ahd. *dl : ll* (vgl. *stadel* und *stall*), *spillî,* die Splitterung aus spiði (urgerm. *þl* bewahrt mhd. *spidel,* Splitter, und as. *spildian* aus urgerm. *spiþlian,* wie *nâlda* zu *nêþla*). *Muspilli* ist die Weltzersplitterung. Aber von einem Zerschellen des Erdballes kann wohl die Neuzeit, schwerlich das german. Heidentum fabeln.

Ausfall des dentalen Lautes *mûspilli,* der Sinn Weltende durch Feuer, Weltbrand. Die nordischen Gedichte Vǫl. 51 und Lokas. 42 bringen den Ausdruck *múspelz syner,* Múspells Söhne. Darunter sind die Mächte des Verderbens verstanden, welche beim Weltuntergang über die Grenzen Midgards hereinbrechen. Dass auch im Norden mit *múspell* nicht bloß Weltende überhaupt, sondern Weltbrand gemeint ist, lehrt die Auffassung der Gylfaginning Kap. 4, 5, 8, 11. Dort wird im Süden die Feuerwelt *Muspellsheim* gedacht, über welche Surtr[1] die Herrschaft hat; in der Hand hält er ein glühendes Schwert, und am Ende der Welt wird er kommen und alle Götter besiegen und die Welt mit Feuer verbrennen. Surtr bedeutet der Schwarze. Meines Erachtens ist dieser Feuerriese eine Nachahmung des Teufels, der im Ags. der Schwarze, der schwarze Geist, der schwarze Feind *(se bláca, se bláca gœst, se swearta féond)* und noch im Mhd. der *hellemôr* genannt wird. In der mittelalterlichen Vorstellung ist die Hölle ebenso ein eisiger, nebliger, dunkler wie ein feuriger, flammenerfüllter Ort. Daraus sonderten sich im Norden zwei Welten, die Nebelhölle mit Loki und die Feuerhölle mit Surt. Am Jüngsten Tage aber kommen die Teufel los, die bisher zurückgehalten worden waren. Die nordische Anwendung des Begriffes *múspell* ist natürlich ursprünglich bildlich gemeint, *múspells* Söhne sind die feindlichen Gewalten, welche den Weltbrand veranlassen, die Feuergeister. Die Gylfaginning nimmt das Bild wörtlich und gelangt so zur Vorstellung einer Welt, wo diese Dämonen bis zu ihrem Hervorbrechen am Jüngsten Tage weilen. Dass *Muspellsheim* und *Niflheim* an den Anfang der Welt versetzt werden, erklärt sich aus der Lehre von den Elementen, welche der Verfasser dieses Abschnittes mit den älteren Sagen

1 Surtr, dessen Name auch in schwacher Form Sarti erscheint Vaþr. 50, begegnet noch im isländischen Surtarbrandr, worunter eine harzige, verkohlte Erde verstanden wird. Surtshellir heißen vulkanische Felsenhöhlen auf Island. Vgl. Finn Magnusen, Myth. Lex. 457; Jón Árnason, þjóðsögur 1, 665. Im Vorbeigehen sei die wunderliche Annahme Finns a.a.O. erwähnt, der in Surt den höchsten Lichtgott, den starken Herrscher von oben erblickte.

verknüpft. Den Namen *mûdspelli* finden wir also in Deutschland nur als Glied einer christlichen Vorstellungsreihe, während er zugleich auch der nordischen Mythologie angehört. Daraus wurde vorschnell geschlossen, Wort und Begriff sind urgermanisch, heidnisch und vom Christentum angenommen. *Mûdspelli* ist zusammengesetzt aus *mûd* und *spelli. Spelli, spilli* ist abgeleitet von as. ags. ahd. *spell,* got. *spill,* Rede, Verkündigung, Weissagung. *Mûd* aber scheint ein Lehnwort, das lateinische *mundus.* Auf niederdeutschem Gebiet, bei Sachsen oder Friesen wurde *mundus* zu *mûd* entstellt in Anlehnung an Wörter wie *mûð, kûð, gûð,* für hochdeutsch *mund, kund, gund,* aus **mundspelli* bildete sich *mûdspelli.* Aus Niederdeutschland gelangte der in der frühesten Bekehrungszeit etwa um 700 oder in der ersten Hälfte des 8. Jahrh. geprägte Ausdruck zu den Hochdeutschen und nach dem Norden. *Mûdspelli* bedeutet, was vom *mundus* verkündigt, geweissagt ist, Prophezeihung von der Welt. Das Wichtigste und Größte, was von der Welt verkündigt wird, ist aber das Weltende. Die christlichen Sendboten werden diese Kunde eindringlich den Heiden gepredigt haben. Das Furchtbare ergreift die Phantasie am mächtigsten, das Weltende und seine Vorzeichen beschäftigten im Mittelalter lebhaft den Geist der Menschen. Dass aber ein lateinisches Wort mit einem deutschen verbunden wurde, hat nichts Auffälliges. In der Anfangszeit der Bekehrung besaß die deutsche Sprache kein Wort für den umfassenden Begriff *»Welt«,* d.h. Himmel und Erde und was drinnen ist. Denn das altdeutsche *weralt* heißt Menschheit und nahm erst allmählich in der christlichen Zeit die erweiterte Bedeutung an. Für »Erde« gab es wohl Wörter, aber die genügten nicht, um die Vorstellung, welche das lateinische *mundus* längst besaß, zu erwecken. So mussten die Missionäre zunächst wohl oder übel beim lateinischen Ausdruck beharren. Der neue Begriff wurde den Deutschen in Gestalt eines Fremdwortes beigebracht, bis die Sprache nach und nach aus eignem Wortschatz den Gedanken auszudrücken lernte. So scheint also die Wortbildung *mûdspelli* gar nicht unmöglich und unglaubhaft. Das rechte Verständnis für die Zusammensetzung erlosch wohl binnen kurzem, aber das Wort haftete im Sinne von Weltuntergang im Feuer, Weltbrand. So gelangte es nach dem Süden und nach dem Norden.

Von oben kommt der allgewalt'ge
Hehre Herrscher zum höchsten Gericht

singt die Seherin, und übereinstimmend lauten ihre Worte im Hyndlaliede 45:

Doch ein Gott wird kommen, noch größer an Macht,
Nimmer wag ich's, seinen Namen zu melden:
Nur wenige können noch weiter sehen,
Als Walvaters Kampf mit dem Wolf beginnt.

Vom Wohnsitze dieses Gottes berichtet die Seherin in Strophe 64 der Vǫl.:

Einen Saal seh ich stehen – die Sonn' überstrahlt er –
Mit Gold gedeckt auf Gimles Höhen:
Dort werden wohnen wackere Scharen
Und ein Glück genießen, das nimmer vergeht.

Nach dieser Stelle wäre Gimle der Name des Berges, auf welchem sich der Saal erhebt, worin die Gerechten in der erneuerten Welt wohnen werden. Dagegen nennt Snorri den Saal selber Gimle, und dies passt auch besser zur Bedeutung des Wortes.[1] Gimle besteht aus an. *gimr*, einem Lehnwort, wie ags. *gim* aus lat. *gemma* entnommen, und aus *hlé*, Obdach. Gimle ist also »Edelsteindach«, ein Saal mit goldenem, edelsteinverziertem Dache. Die Gylfaginning im Kapitel 3, wie sie von dem

1 Gimle kommt nur Vǫl. 64 vor; sonst Gylfag. Kap. 3, 17 u. 52. An letzterer Stelle ist die Lesart von U *á Gimlé meþ surti* gegen W *á Gimlé á himni* ein Fehler; Surtr hat mit Gimle nichts zu tun. Zur Etymologie und Bedeutung vgl. Müllenhoff, Altertumskunde 5, 30 ff. ; Schullerus, Beiträge 12, 270; Bugge, Studien 444 f.

durchaus christlich gedachten ewigen Allvater erzählt, berichtet: »Rühmlicher, als dass er Himmel und Erde machte, ist das, dass er den Menschen schuf und ihm Leben und Seele gab. Der Leib zwar verwest, doch alle die Seelen der Rechtschaffenen werden bei ihm weilen an dem Orte, der Gimle heißt; die Bösen dagegen kommen zur Hel und von dort nach Niflheim, unten in der neunten Welt.« Weiterhin bemerkt die Gylfaginning Kap. 17 zu Vǫl. 64: »Am südlichen Ende des Himmels ist der Ort, der von allen der schönste ist und glänzender als die Sonne: er heißt Gimle und wird bestehen, wenn auch Himmel und Erde untergehen, und die rechtschaffenen Menschen werden dort in Ewigkeit wohnen. Gangleri fragte: Wer hütet diesen Ort, wenn Surts Lohe Himmel und Erde verbrennt? Har antwortete: So sagt man, dass im Süden über unserm Himmel ein andrer sich erhebt, der Widblain (der weithin Blaue) heißt und über diesem ein Dritter, der Andlang (der Entgegengerichtete, vor den Blicken Liegende) genannt wird: an diesem meinen wir, dass jener Ort (Gimle) sich befinde.« Dieser allgewaltige Herrscher, der vom obersten Himmel herab zum Jüngsten Gerichte heranfährt, welcher als der Ewige und Unendliche nach dem Untergang des Zeitlichen und Räumlichen hervortritt, ist der Gott des neuen Glaubens, wofür schon die ebenfalls christliche Vorstellung von der Dreiheit der Himmel[1] zeugt. Zu einem so geistigen und geheimnisvollen Gottesbegriff wäre das Heidentum aus sich selber heraus nie gelangt. In Gimle ist das himmlische Jerusalem, das aus Gold und Edelsteinen erglänzte, nicht zu verkennen. Aus diesen Stellen der alten Gedichte, welche den gewaltigen Herrscher von oben über die erneute Welt setzen, folgert die Gylfaginning Kap. 3 und 5 den Allvater, der ewig lebt und über alles in seinem Reiche, Großes und Kleines, waltet, der Himmel, Erde und Luft erschuf, der durch seine Kraft Ymir aus dem Urstoffe belebte, der vor alledem da war. So ist das Endliche vom Unendlichen umgrenzt: die Gylfaginning hebt mit Allvater an, dann aber treten die endlichen Göt-

1 H. E. Meyer, Völuspa 45.

tergestalten, die echt heidnischen, allein hervor. Wie sie verschwinden und vergehen, erscheint wiederum der Ewige und Allmächtige. Der Versuch des vorweltlichen Allvaters ist freilich missglückt. Was ihm zugeschrieben wird, verrichten später die Asen. Nur mit dem zweideutigen Begriffe »Allvater«, den Snorri sowohl auf den ewigen Christengott als auch auf Odin bezieht, sucht er über die Widersprüche, in die er sich verwickelt, hinwegzutäuschen.

VIERTES HAUPTSTÜCK

DIE GOTTESDIENSTLICHEN FORMEN

I. Der Götterdienst im allgemeinen und das Opferwesen

Papst Gregor richtete um 600 ein Schreiben an den Bischof Augustinus, der die Angelsachsen bekehren sollte.[1] Darin hieß es: Erstens muss man nicht die Tempel der Götzen zerstören, sondern die Götzen. Man mache Weihwasser und besprenge damit die Tempel; man errichte Altäre und lege Reliquien hinein. Sind der Angelsachsen Tempel gut gebaut, so entziehe man sie dem Dienste der Götzen dadurch, dass man sie zu christlichen Tempeln umweihe, und zwar aus dem Grunde, damit dieses heidnische Volk desto williger an die gewohnten Anbetungsstätten komme. Zweitens, weil die Angelsachsen ihren Göttern noch viele Stiere zu opfern gewohnt sind, so ist es geboten, ihnen die-

1 Gregor schreibt an Mellitus: *cum ergo Deus omnipotens vos ad reverentissimum virum fratrem nostrum Augustinum episcopum perduxerit, dicite ei quid diu mecum de causa Anglorum cogitans tractavi, videlicet, quia fana idolorum destrui in eadem gente minime debeant; sed ipsa, quae in eis sunt, idola destruantur, aqua benedicta fiat, in eisdem fanis aspergatur, altaria construantur, reliquiae ponantur. quia, si fana eadem bene constructa sunt, necesse est ut a cultu daemonum in obsequium veri Dei debeant commutari; ut dum gens ipsa eadem fana sua non videt destrui, de corde errorem deponat et Deum verum cognoscens ac adorans ad loca, quae consuevit, familiarius concurrat. et quia boves solent in sacrificio daemonum multos occidere, debet eis etiam hac de re aliqua solemnitas immutari; ut die dedicationis, vel natalitii sanctorum martyrum, quorum illic reliquiae ponuntur, tabernacula sibi circa easdem aecclesias, quae ex fanis commutatae sunt, de ramis arborum faciant, et religiosis conviviis solemnitatem celebrent, nec diabolo iam animalia immolent, sed ad laudem Dei in esu suo animalia occidant, et donatori omnium de satietate sua gratias referant; ut dum eis aliqua exterius gaudia reservantur, ad interiora gaudia consentire facilius valeant.* Bäda, *Hist. eccl.* I 30; Weiteres auf Opfer und heidnische Bräuche bezügliches Bäda II 5, 9, 13, 15; III 8, 30; IV 22, 27. Heidnische Bräuche, die in Bußordnungen und Synodalbeschlüssen der Angelsachsen erwähnt werden, sammelt Bemble, The Saxons in England, London 1849, Bd. I, 523 ff.

se Feierlichkeit zu belassen; nur muss man derselben einen christlichen Sinn unterlegen. Und so sollen sie am Tage der Kirchweih und an den Gedächtnistagen der heiligen Märtyrer, deren Reliquien zur Schau zu stellen sind, sich aus Baumzweigen Hütten rings um diejenigen Kirchen herrichten, welche aus Götzentempeln zu christlichen Tempeln umgeweiht werden, und sollen so diese Feierlichkeit beim christlichen Mahle begehen, so dem heidnischen Götzen keine Tieropfer mehr darbringen, vielmehr behufs der Sättigung, Gott zum Lobe, Tiere schlachten und dem Geber aller guten Gaben für die Speisen danken. Diesen Menschen muss man einige äußerliche Freuden lassen, damit sie desto leichter zu den inneren Freuden hingeführt werden, denn es unterliegt keinem Zweifel, dass es unmöglich ist, diesen harten Gemütern auf einmal alles wegzunehmen, und zwar deshalb, weil derjenige, welcher einen hohen Standpunkt zu gewinnen bemüht ist, dies nur schritt-, nicht sprungweise erreicht.

Gregors Worte dürfen füglich unsern Betrachtungen über den Gottesdienst der heidnischen Germanen voranstehen, weil dadurch deutlich ausgesprochen ist, dass die heidnischen Kultusformen in der christlichen Zeit vielfach weiterleben. Zwar befolgten die Bekehrer nicht immer so milde Grundsätze, wie Gregor anempfiehlt. Mit Brand und Bruch ward oft genug der Götterdienst der Heiden niedergelegt. Aber im Grunde kam das gleiche Ergebnis heraus, hier eine freiwillige, dort eine widerstrebende Bewahrung heidnischer Bräuche. Mithin darf auch mancher spätere und nur in christlicher Fassung überlieferte Zug zur Aufhellung ursprünglich heidnischer Zustände verwertet werden.

1. Der Götterdienst in der Rechtsordnung

Der Götterglaube durchdringt das gesamte Leben des germanischen Volkes. Rechtswesen und Kriegswesen, Ding und Heerfahrt sind ebenso religiös geweiht, wie alle wichtigeren Ereignisse des Einzellebens von religiösen Handlungen begleitet sind. Die Nachrichten, die natürlich wieder am reichlichsten aus nordischen Quellen zu erholen sind, zeigen den Götterglauben mit vielen Bräuchen, mit der gesamten sittlichen Lebensauffassung aufs Engste verknüpft. Die allgemeinen religiösen Formen scheinen bei allen Stämmen ziemlich gleichartig gewesen zu sein, die großen Unterschiede, welche die Göttersagen, d.h. die Gebilde einzelner Dichter, aufweisen, stoßen uns hier nicht so sehr auf. Freilich hören wir auch selten von Einzelheiten, selbst der Name der angerufenen Gottheit bleibt meistens verschwiegen. Aber der Gottesdienst wurzelt in uraltem Herkommen und wird von den Veränderungen der Göttersage wenig berührt.

An der Spitze der germanischen Volksstämme steht in den ältesten Zeiten der Adel, eine kleine, stets sich vermindernde Schar edler Geschlechter, aus denen die Könige gewählt wurden. Das Wesen des Adels tritt in einer sagenumwobenen Ahnenreihe zutage, an deren Ursprung Götter stehen. So sind die angelsächsischen Könige und damit auch die sächsischen, jütischen, anglischen Wodans Söhne, ebenso die fränkischen Walsungen. Der Ahnherr der Könige ist oft dem Stammesheros, nach dem das Volk sich nennt, gleichgestellt und dabei ein Göttersohn, so vermutlich Ingo, Irmino, Istvo als Söhne des Tiuz. Die Amaler entstammen den *ansîz*, den Göttern. Nordische Könige werden Freys oder Tys Gesippte genannt. Das Volk zeigt überall treue Anhänglichkeit an seinen Adel, in welchem es den Göttern sich verwandt fühlt. So ragt der Götterglaube in die Ständeordnung herein. Unter sich selber stufen die Stämme eines Volkes wohl nach den ältesten und vornehmsten Adelsgeschlechtern sich ab, so die Semnonen mit dem schaurig-heiligen Walde, wo Tiuz waltet, wohin die ersten Anfänge des Volkes zurückdeuten, neben den übrigen Sueven. Wie spätere Sagenbildung bis zu dem Gedanken, alle Menschen seien Gottes (Heimdalls) Kinder, vorschreitet, ist beiläufig erwähnt worden. Für den Glauben der Urzeit, als die Germanen ins Licht geschichtlicher Überlieferung eintreten, haben wir mit der Tatsache zu rechnen, dass die Volksstämme in ihren ältesten und vornehmsten Adligen, denen das Königtum anvertraut wurde, Abkömmlinge der Volksgötter ehrten.

Über die friesischen Götter sagt Richthofen[1] aufgrund der Quellenzeugnisse: Die heidnischen Friesen verehren Götter und machen sich Bilder von ihren Göttern. Ihnen sind Güter aller Art geweiht, sie haben Tempel, Äcker, Wälder, Seen, Quellen, weidende Tiere, Schätze; ihnen wird geopfert, auch Menschenopfer fallen, vor allem von solchen, die ihre Heiligtümer verletzten. Darum kam Willebrord mit seinen Genossen fast ums Leben. Sie, die Unbesiegbaren, entscheiden unmittelbar der Menschen Geschick, verkünden befragt durch das Los ihren Willen. Sie sind der Urquell allen Rechtes, es ist von ihnen geschaffen, von dem geheimnisvollen Fremdling, der unter den zwölf Asegen erschien und sie des Landrechtes unterwies; sie verkünden es durch ihre Priester, die Asegen, die Rechtsverkündiger, und bringen es im Gottesurteil zur Geltung.

Ding und Dingstätte sind dem Schutze der Götter geweiht.[2] Den eigentlichen Verhandlungen voran gehen sakrale Bräuche, deren Zweck eben darin beruht, den Beistand der Götter zum Gerichte anzurufen. Als Gerichtstage galten noch in christlicher Zeit besonders Dienstag und Donnerstag, woraus zu vermuten ist, dass Donar und Tiuȝ des Gerichtes walteten. In uralter Zeit fanden Menschenopfer zur Heiligung der Dingstätte statt, ein Brauch, den die spätere mildere Zeit in Norwegen zur Freigebung eines Unfreien verwandelte. Mit dem Opfer waren die üblichen Trünke verbunden, was ebenfalls noch aus späteren Bestimmungen der christlichen nordischen Rechte hervorgeht. Mit feierlichem Opfer an die Gottheit werden die Gau- und Volksgerichte angehoben haben. Dieses Opfer mag in den allgemeinen üblichen Formen verlaufen sein. Dann folgte die Heiligung, die Hegung des Dinges, welche der Priester oder der leitende Fürst

---

1 Untersuchungen über friesische Rechtsgeschichte Teil 2, 419 f.

2 Über die sakralen Eigenschaften des germanischen Rechtes vgl. Brunner, Deutsche Rechtsgeschichte 1, 1887, S. 144 ff.; Amira, Grundriss der germ. Philologie II, 2, 117, 185, 193.

oder König besorgte. Diese besteht in feierlichen Erklärungen, die in der Verkündigung des Dingfriedens gipfeln, und ist mit einer räumlichen Einfriedigung, Hegung des Verhandlungsplatzes etwa mittels Pflock und Seil verbunden. Innerhalb der Dingstätte herrscht ein heiliger Frieden, dessen Grenzen durch die Hegung abgemarkt werden. Auf Island bezeichnet *þinghelgi,* Dingheiligung, den Dingfrieden, die Dinghegung und Dingstätte, *vébǫnd,* Weihbande, heilige Bänder, heißen die um die Dingstätte gezogenen Schnüre. Der Priester sprach das feierliche Gebot des Stillschweigens aus. Zur Eröffnung des Gerichtes leiten die Hegungsfragen, die an die Gerichtsgemeinde oder an ein einzelnes Mitglied gestellten Fragen des Richters, ob es Dinges Zeit und Ort sei, ob das Gericht gehörig gehegt, gespannt oder besetzt sei, ob er den Gerichtsfrieden gebieten solle. Vielleicht wurden diese altertümlichen Hegungsfragen in der Urzeit vom vorsitzenden Richter an die Priester gestellt, welche darüber die Lose zu befragen und den Willen der Götter zu erkunden hatten. Diese bestätigten hierauf die gehörige Erfüllung der Einhegungsförmlichkeiten. Dann wurde Stille geboten und der heilige Dingfriede gesetzt. Die Mitwirkung der Götter äußert sich wiederum beim Eide. Der Schwörende musste einen Gegenstand berühren, der sich auf die als Zeugen des Eides und Rächer des Meineides angerufenen Götter bezog. Uralt ist der germanische Waffeneid, meist aufs Schwert, das nach Ammianus bei den Quaden göttliche Verehrung genoss, abgelegt. Zeuge mag der *»Schwertgott«,* Saxnôt, Tiuʒ gewesen sein. Goten und Nordgermanen schwuren auf Ringe, die zuvor in das Blut des Opfertieres getaucht worden waren. Eine nordische Eidformel ist überliefert: Ich schwöre auf den Ring einen gesetzlichen Eid, so wahr mir Freyr, Njord und der allmächtige Ase (Thor) helfe, zu klagen, zu verteidigen, zu zeugen, Wahrspruch oder Urteil zu fällen nach bestem Wissen und Gewissen und nach Rechtsbrauch. Das Gottesurteil, das Ordal, dient nach altem Rechtsbrauch als Beweismittel. Die Elemente, Feuer und Wasser, die Lose werden befragt. Die Götter offenbaren ihr Wissen um die Vergangenheit bei gewissen Handlungen. Das Ordal dient übrigens im ältesten

Rechte nicht bloß als Beweismittel, sondern es wird auch angewendet, um den Willen der Götter zu erkunden, ob ihnen der bereits überführte Verbrecher oder der gefangene Feind als Opfer genehm sei. Das germanische Recht bestraft schwere Verbrechen auf zweifache Art. Der Missetäter wird aus dem Frieden getan und in Wald und Wildnis gewiesen. Dort schweift er wie ein Wolf umher, sein Leben ist verwirkt, er kann von jedermann getötet werden. Das Recht entzieht dem, der es gebrochen, seinen Schutz, besonders den Frieden. Ob er zugrunde geht, bleibt aber dem Schicksal, der waltenden Gottheit, überlassen. Es gibt aber Verbrechen, Neidingswerke, die nicht allein Menschensatzungen zerreißen, die auch den Zorn der Götter hervorrufen. Auf solchen Verbrechen steht Todesstrafe.[1] Der Missetäter wird der Gottheit als Opfer gegeben, auf dass die Rache der Götter, welche durch die Untat gereizt wurden, von der Rechtsgenossenschaft abgewandt werde. Demnach ist die heidnische Todesstrafe ein Kultakt, ein Opfer. Daher rührt noch das umständliche Ritual, das den Todesstrafen des Mittelalters anhaftet. Ganz bestimmt wird das Hängen, das Ertränken, das Rückenbrechen als Opferhandlung bezeugt. Die Kriegsgefangenen wurden aufgehängt, dem Tiuȝ und Wodan geweiht, aber ebenso auch Verräter und Heerflüchtige zur Sühne ihrer Schandtat. Neben den Tempeln befanden sich Teiche, in denen die Opfer ertränkt wurden; die Sklaven der Nerthus versinken im heiligen See; in gleicher Weise werden nach Tacitus Feiglinge, Schwächlinge und Unzüchtige in Sümpfen versenkt und mit Dornen bedeckt. Kriegsgefangene aus der Schlacht im Teutoburger Wald wurden lebendig begraben. Auch diese Opferhandlung begegnet als besondere Todesstrafe. Wo die Westisländer sich zum Ding versammelten, an der Dingstätte, in der Nähe des Tempels, sah man in den Tagen Aris noch den Gerichtsring, in dem die Leute zum Opfer verurteilt wurden; in dem Ringe stand der Thorsstein, an welchem die Leute gebrochen wurden, die man zum Opfer ge-

1 Den sakralen Charakter der Todesstrafe erweist Amira, Über Zweck und Mittel der germanischen Rechtsgeschichte, München 1876, S. 58 ff.

brauchte, und man sah noch die Blutfarbe an dem Stein. Beim Allding des Jahres 1000 werfen die christlichen Isländer den heidnischen vor, sie wählten die schlechtesten Leute, um sie ihren Göttern zu geben, und opfern sie mit einem abscheulichen Tode und einem ihrer Missetaten wegen ihrer würdigen, sie stürzen sie von Bergen herab oder in Felsschluchten. Mit der Auffassung der Todesstrafe als eines Sühneopfers hängen die umständlichen Formen zusammen. Beim Hängen dient der Weidenstrang anstatt des Strickes, der dürre laublose Baum an statt des Galgens; Hunde werden mitgehängt u. dgl. Kauffmann[1] betrachtet auch die Ächtung als eine Kulthandlung. Der Verfehmte, der wie ein Tier wehrlos und selbst gefesselt in den Wald gejagt und dem Tod preisgegeben wurde, sei es, dass er verhungert und verschmachtet oder von Tieren zerrissen wird, sei ein unmittelbares Opfer an die Gottheit; nur dass die Gottheit im schauerlichen unheimlichen Bannwalde selber das Urteil vollstreckt und an sich nimmt, während sonst der Mensch das Blut des Opfers vergießt. Das germanische Strafrecht beruht auf dem Grundgedanken der Sühnung. Wo durch Missetat der Zorn der Götter gereizt ist, tritt »öffentliche« Strafe ein, die einzig mögliche Sühne, der Opfertod.

Wie die Götter das Recht einsetzten und seiner Handhabung walteten, so nahm das Recht auch wiederum darauf Bedacht, dass der Dienst der Götter gehörige Pflege fand. Im Norden gab es gesetzliche Bestimmungen, die von vornherein ausschließlich auf den Schutz der Religion und des Kultes gerichtet waren. So heißt es vom ältesten isländischen Landrecht von 930: »Das war der Anfang der heidnischen Gesetze, dass man keine Schiffe mit Köpfen in der See haben sollte, oder wenn man solche hätte, da sollte man den Kopf abnehmen, ehe das Land in Sicht käme, und nicht zum Lande segeln mit aufgesperrten Köpfen oder gähnenden Rachen, sodass die Landgeister darüber erschräken.« Die Vorschrift nimmt also Bedacht, dass die Landgeister durch die heranfahrenden Drachenschiffe mit ihren schreckli-

1 Beiträge 18, 177 ff.

chen Bildnissen nicht beunruhigt werden sollten. Es scheint überhaupt, dass bereits in der heidnischen Zeit religiöse Gebote ganz in derselben Weise an die Spitze der Gesetze gestellt wurden, wie später das Christenrecht deren ersten Abschnitt zu bilden pflegte.[1]

2. Der Götterdienst im Kriege

Der Gottesdienst durchdrang weihend die germanischen Kriege, die nach alter Volkssitte eingeleitet, geführt und beendigt wurden.[2] Der Brauch der Germanen, Ort und Zeit des Kampfes dem Gegner vorher zu bestimmen, lebt in nordischer Göttersage insofern nach, als Wigrid, das weite Walfeld, wo die guten Götter und Surtr im Kampfe zusammenstoßen, im Voraus bekannt ist. Mit Haselstäben wurde Dingplatz und Schlachtfeld abgegrenzt, gehegt und dadurch wahrscheinlich dem Schutze der Gottheit unterstellt. Der Kriegsgott zog mit den deutschen Völkern in die Schlacht und war in ihrem Lager. Zum sichtbaren Zeichen seiner Gegenwart standen die Bilder und Symbole, welche im Frieden an den heiligen Bäumen der geweihten Waldplätze über den Opferfesten der Gau- und Volksgemeinden schwebten, bei den Abteilungen des Heeres. Es war das Amt des Priesters, jene Bilder und Zeichen von den Bäumen herabzunehmen und während des Zuges zu hüten. Ehe ein Krieg unternommen oder eine Schlacht begonnen ward, forschten die Deutschen nach dem Willen des Gottes. Er wurde befragt, ob er dem Kampfe günstig sei. Ungünstige Zeichen bei den Opfern wurden sorgsam beachtet; man zog dann Friedensverhandlungen dem Kampfe vor. Wie einmal die Alemannen unter Leuthari in Campanien wider den Rat ihrer Seher sich mit Narses schlugen, wur-

---

1 Vgl. Maurer, Die Eingangsformel der altnord. Rechts- und Gesetzbücher in den Münchener Sitzungsberichten 1886, S. 317 ff.

2 Das Folgende im Anschluss an Weinhold, Beiträge zu den deutschen Kriegsaltertümern in den Sitzungsberichten der Berliner Akademie d. Wiss. 1891, II, S. 543 ff., besonders S. 556–567.

den sie besiegt. Mittel der Erforschung war Loswurf, den im Kriegsfalle, wie auch sonst in öffentlichen Dingen, der Priester vollzog. Aus den Eingeweiden und dem rinnenden Blute der Opfertiere wurde geweissagt. Man horchte auf die Stimmen, das schwellende Schlachtgeschrei *(barditus)*, das Wiehern der Tempelrosse. Der Zweikampf diente als Erforschungsmittel. Einen Gefangenen aus dem feindlichen Volke stellten die Deutschen einem auserlesenen Manne vom eigenen Stamme, jeden mit seinen volkstümlichen Waffen, gegenüber und nahmen den Sieg des einen oder des andern als Vorbedeutung des bevorstehenden Krieges. Weissagende Frauen, wie Weleda bei den Bructerern, hatten großen Einfluss auf die kriegerischen Unternehmungen des Volkes. Blutiges Menschenopfer musste den Grimm der Götter besänftigen und sühnen. Denn der Götter Zorn, Odins Grimm, ist die vernichtende Niederlage. Darum wurde das Feindesheer zur Feindschaft des Gottes verflucht: Zornig ist euch Odin! Schwankte der Sieg während des Kampfes, so wurden neue Opfer gebracht, um den noch immer zürnenden Gott günstig zu stimmen. Die Kampftoten, die Wal, waren zugleich ein Dankopfer an den Gott. So ehrten die Goten den Tiuз als den Herrn des Krieges mit Menschenopfern; daher weihten sie ihm die Erstlinge der Kriegsbeute und alle Gefangenen. Die nordischen Völker des 5. Jahrhunderts brachten dem Tiuз als vornehmstes Opfer den ersten Kriegsgefangenen, indem sie ihn hängten oder ins Dorngebüsch warfen oder sonst jämmerlich töteten. Der Frankenkönig Theudebert opferte an der Pobrücke die gotischen Frauen und Kinder und warf ihre Leiber in den Fluss als Erstlingsopfer des Krieges. Das Blut aller Christen gelobte der heidnische Gotenkönig Radagais seinen Göttern bei dem Zug nach Italien (405), wenn sie ihm den Sieg gäben. So wurde es auch im Norden gehalten, wo das dritte große Opferfest zu Sommers Anfang, wenn die Jahreszeit für Heerfahrten und Seezüge anbrach, gehalten wurde, das *sigrblót*. Harald Hilditonn, König von Dänemark, betet in der Brawallaschlacht zu Odin und gelobt ihm für den Sieg alle Toten des Walfeldes. Während einer Seeschlacht, die Jarl Hakon in Norwegen um 989 gegen eingefallene Wikinger schlägt, wendet sich sein Glück. Da fährt er ans Land und opfert seinen eigenen siebenjährigen Sohn um Sieg. Eirik von Schweden ergab sich selber vor der Schlacht gegen Styrbjorn dem Odin für den Sieg: Er gelobte, nach zehn Jahren sterben zu wollen. Die früheren Opfer, die er dem Gotte gebracht, hatten diesen nicht freundlich gestimmt. Da trat ein großer Mann mit breitem Hut zu ihm; der reichte ihm einen Rohrstängel und hieß ihn denselben über die Schar Styrbjorns mit den Worten schießen: Odin hat euch alle! Eirik tat also, und als er geworfen, zeigte sich ihm ein Speer in der Luft, der flog über das Volk Styrbjorns und blendete dieses und den Styrbjorn selbst. So gewann Eirik den Sieg mit Odins Hilfe, Bjorn aber und viele der Seinen fielen in der Schlacht. Bei einem feindlichen Zusammentreffen zwischen dem Goden Snorri und Steinthor warf Letzterer nach alter Sitte sich zum guten Zeichen einen Speer über die Gegner und verwundete dabei einen Verwandten des Snorri. Gizur, Heidreks Pflegesohn, ritt den einbrechenden Landesfeinden entgegen, um ihnen den Schlachtplatz anzusagen. Er reitet so nahe heran, dass die Feinde ihn hören können, und ruft dann laut:

Erschreckt ist euer Volk, dem Tod verfallen euer Führer.
Die Kriegsfahne ist über euch erhoben, Feind ist euch Odin.
Ich lade euch nach Dylgja und auf die Dunheide
Zur Schlacht zwischen den Jǫsurbergen.
Und so lasse Odin den Speer fliegen,
Wie ich voraus verkünde.

Der Speerwurf erscheint hier als Zeichen der Kriegsankündigung und zugleich zur guten Vorbedeutung. Aus dem Fluge des Speeres ergab sich ein Wahrzeichen über den Ausgang des Kampfes, da der Flug unter Anrufung Odins geschah. In der Sage von Eirik leiht der Gott die eigene Waffe seinem Schützling, wie er in anderem Falle dem Dag seinen Speer gab, damit er den erschlagenen Vater an Helgi räche. Wie diejenigen, welche sich Odin weihten, mit dem Ger sich verwundeten und ihr Blut dem Gotte opferten, so ist die nach dem Feind geworfene Waffe das Zeichen für das große Blutopfer, das in dem Tod aller Feinde dem grimmen Todes- und Kriegsgotte gelobt wird. Mit Speerschuss eröffnete Odin den ersten Weltkrieg, den der Götter und Wanen. Speerwurf als Kampfansage ist eine uralte religiöse Handlung, ebenso von Persern, Griechen und Römern wie von den Germanen geübt. Der germanische Gerwurf geschah als Opferhandlung für den Walgott, einst für Tiuʒ, dann für Odin.

Der Gottesdienst, welcher das kriegerische Leben der Germanen durchdrang, brach auch in den Liedern hervor, mit denen sie ins Gefecht vorrückten. Mit Anrufung des Donar (Herkules) traten nach Tacitus die Deutschen in die Schlacht. Rauer, wilder Gesang der Goten, Preis der Götter und Helden, gellte den Römern in den Ohren. Die Götter und die Helden schwebten geistig über den Häuptern der todbereiten Männer und weihten ihre Waffen.

Bei der Anrufung der Götter vor dem Kriege um den Sieg war gelobt worden, die Feinde ihnen dafür zu opfern. Dem Gelübde folgte die Erfüllung. Nach dem großen Siege von Arausio (im Jahre 105) vollzogen die Kimbern die furchtbare Vernichtung aller Lebenden und Toten. Das erbeutete Gold und Silber ward ins Wasser geworfen, die Gewänder wurden zerrissen, die Rüstungen zerhauen, die Reitzeuge zerstört, die Rosse im Flusse ertränkt, die lebenden Gefangenen an den Bäumen gehenkt. Die ganze ungeheure Beute, die sie in den beiden römischen Lagern gemacht, vernichteten die Deutschen nach alter Kriegssitte. Ein andres Bild solcher Opferstätte bot das Walfeld des Varus, wie es Germanicus im sechsten Jahre nach der Schlacht (15 n. Chr.) fand. So wie die Römer gefallen waren, lagen ihre Gebeine unbestattet, samt den Waffenresten und Pferdegerippen; an die Baumstämme waren die Schädel genagelt; in den nahen Wäldern standen die Opfersteine, an denen die Tribunen und Centurionen der ersten Züge geopfert worden waren. Die andern Gefangenen hingen an den Galgen oder waren in Gruben lebendig begraben worden, wie die Soldaten, die durch Flucht davongekommen, dem Germanicus erzählten. Nicht mutwillige oder wütende Grausamkeit hatte diese schauervolle Tat bewirkt, sondern die Pflicht gegen den Kriegsgott, welcher das Opfer verlangte, nachdem er die Bitte und das Gelöbnis erhört und den Sieg gegeben hatte. In gleicher Weise haben die Hermunduren nach ihrem Siege über die Chatten am Salzflusse alles, was an lebenden Menschen und Tieren in ihre Hände gefallen war, dem Tiuʒ und Wodan geopfert. Und ebenso wird von den Goten berichtet, dass sie alle Gefangenen dem Tiuʒ zu opfern pflegten. Die Sachsen bestimmten aus den Kriegsgefangenen durchs Los den zehnten Mann und opferten diese Ausgelosten mit gleicher qualvoller Art den Göttern. Im Besonderen war es das Blut der Menschen und Tiere, welches der Gott empfing. Die Götter dürsten nach Blut, und darum heißt bei den Skalden das Blut *Gauts tafn,* Odins Opfer. Mit dem Blut aus selbst gestochener Wunde erkauften die Nordgermanen die Hilfe Odins und Aufnahme in sein Gefolge. Mit der Speerwunde gaben sie sich dem Gotte zu Eigen und zeichneten sich mit seiner Marke als ihm gehörig. So wird Wikar von Starkad aufgeknüpft, durchbohrt und dem Odin geweiht. Blut- und Hangopfer, die der düstre Gott fordert, sind hier vereint. Die Leiber der Gefallenen gehören den Tieren des Todesgottes, den Raben und Wölfen. Unsre alte Poesie klingt noch davon wieder, wie die dunklen Raben, die Adler und die Habichte schreien und die wilden grauen Wölfe, des Wettergottes Hunde, am Abend vor der Schlacht ihr Lied anstimmen, in der Hoffnung auf Atzung; wie die Heervögel, die schlachthungrigen, vom Blut benetzten, auf den Spuren der Kämpfer fliegen und das Schlachtlied singen mitten unter den Speeren. »Der hat oft die Are gesättigt«, war ein Lob für tapfre Männer. »Deinen Leib will ich den Vögeln hinlegen und dein Haupt von hinnen führen«, ruft der Held dem Feinde zu.

Ein Dankopfer für den Sieg war, den isländischen Quellen zufolge, auch bei Zweikämpfen fromme Sitte. Egill und Atli hatten sich zum Holmgang gefordert. Als Opfertier war ein großer alter Stier zur Stelle gebracht, den sollte der Sieger schlagen. Atli fiel. Da lief Egill rasch zu dem Tier, griff mit der einen Hand in sein Maul, mit der andern in die Hörner und schleuderte es herum, dass es das Genick brach. Kormak hatte den Thorward im Zweikampfe verwundet; er hieb das Rind als Siegopfer sofort nieder, mit dem Blute bestrich er eine nahe Elbenhöhle und bereitete aus dem Fleische den Elben ein Mahl, weil elbische Einflüsse über dem Kampfe gewesen waren.

Vom Beschluss zum Kriege bis zum blutigen Siege durchdringt das religiöse Element die germanischen Heere und treibt auch den einzelnen Mann. Der Krieg war ein furchtbarer Opferdienst.

3. Der Götterdienst im alltäglichen Leben

Wie das öffentliche Leben des ganzen Volkes, so stand auch das des Einzelnen in engster Verbindung mit dem Götterglauben.[1] Deutlich tritt bereits bei der Namengebung religiöser Brauch hervor. Wenn dem Kinde ein mit einem Götternamen gebildeter Eigenname beigelegt wurde, so soll es damit in des Gottes Schutz gestellt werden. Am meisten ist die Benennung nach Göttern im heidnischen Norden üblich, jedoch zeigen deutliche Spuren, dass es in Deutschland ebenso gehalten wurde. Mit As und Regin, im Niederdeutschen Os, im Hochdeutschen Ans zusammengesetzte Namen, die großenteils noch heute üblich sind, wie die ähnlicher Vorstellung entsprungenen christlichen Namen Gotthold, Gottlieb, Gottfried u. dgl., drücken die allgemeine Unterordnung unter die Gottheit aus, wohin auch Helgi und Helga (russisch Olga), der und die Geheiligte, und die mit *vé*, d.h. Heiligtum, Weihtum, verbundenen gehören. Foerstemanns altdeutsches Namenbuch und jedes beliebige nordische Namenverzeichnis bieten unter den Schlagwörtern Beispiele in Hülle und Fülle. Alfr, Freyr, Gautr sowie die im Norden ungemein beliebten Zusammensetzungen mit Thor, Freyr, Ing, Alf sind hier-

1 Über den Einfluss der heidnischen Religion aufs Privatleben vgl. besonders Maurer, Bekehrung 2, 226 ff.; 46 ff.; 72 ff.

für Zeugen. Asen und Alfen nehmen die Menschen in Schutz. Ob die dem nordischen Gautr und Freyr entsprechenden deutschen Gôz und Frô auf Götternamen weisen, ob nicht vielmehr die zugrunde liegenden Appellativa nur im Norden zum Range eines Götternamens sich erhoben, ist zweifelhaft. In Deutschland werden Wodan und Balder als Namen geführt, im Norden auch Idun. Wenn auch der größte Teil der überlieferten Namen erst der späteren Zeit angehört und, wie es so häufig auch noch heute geschieht, nur gewohnheitsmäßig, ohne Verständnis des eigentlichen Sinnes, angewandt wurde, so liegt doch zweifellos ursprünglich bewusster Brauch zugrunde, ein im Namen angedeutetes Schutzverhältnis zum Gotte.

Im Norden war es Sitte, das Kind mit Wasser zu begießen. Dieser Brauch ist allerdings religiös, ahmt jedoch die christliche Taufe nach.[1] Die Eingehung der Ehe war mit religiösen Bräuchen verknüpft. Adam von Bremen weiß, dass dem Freyr bei Hochzeiten geopfert wurde, das Lied von Thrym zeigt, dass der Hammer Thors, der auch sonst zu mancherlei Weihen diente, dabei gebraucht wurde. Ein feierliches Mahl und Trinken, wobei die üblichen Sprüche und Gelübde nicht fehlten, schloss sich an. Auf der Nordendorfer Gewandspange werden Wodan und Donar zu einer Weihhandlung angerufen, die jedenfalls auch nur das Privatleben betrifft. Die Besitznahme von Land verlangt nach isländischem Rechtsbrauch Weihe durch Feuer, die Erstreckung der Grenzen wurde in Norwegen durch Hammerwurf festgestellt. Wer die Wohnung wechselte, begann den Umzug mit segnenden Weihesprüchen. Bei Eingehung der Blutsbrüderschaft rief man die Götter zu Zeugen der übernommenen Verpflichtungen an. Unter Androhung des Zornes der Götter verbietet man dem Gegner die Benützung des strittigen Gutes vor rechtlichem Austrag der Sache. Wer eine Vorschrift der Rechts-

---

2 Vgl. Konrad Maurer, Über die Wasserweihe des germanischen Heidentums, Münchener Akademieabhandlung 1880; Müllenhoffs Entgegnung, AnzfdA. 7, 404 ff., bewegt sich in einem Tone, dass sie bloß als Kuriosum angemerkt werden kann; zu ihrer sachlichen Bedeutung vgl. Bugge, Studien, 399 ff.

ordnung versäumte, dem zürnten die Götter. Die Brüder Helgi und Grim hatten einen verübten Totschlag nicht den Gesetzen gemäß angezeigt; dafür sandten die Götter einen schweren Sturm über sie. Wo immer der Mensch höherer Hilfe und höheren Rates zu bedürfen meinte, da wandte er sich vertrauensvoll mit Opfer und Gebet an die Götter, und wenn der Staat das einemal um gutes Jahr und Frieden, ein andermal um Sieg zu opfern pflegte, so betete und opferte auch der Einzelne um Rache an einem Gegner, um Heilung einer Wunde, um Holz zu einem Hausbau, um Anrichtung oder Abwendung von Schaden, um Speise während drückender Hungersnot, um Aufklärung über die Zukunft, um Rat über das unter schwierigen Umständen einzuhaltende Verfahren. Die Norweger, die nach Island übersiedelten, traten selten ohne Rat und Beistand Thors die Reise an. Darum sind auch Thorsköpfe auf dem Hochsitzpfeiler des Hauses geschnitzt, darum trägt man kleine Hämmer als Schmuckgegenstände und Götterbilder bei sich. Das Einzelopfer, das der Hausvater für sein Ingesinde darbringt, richtet sich als Bitt- und Dankopfer zumal in der bäuerlichen Wirtschaft hauptsächlich an seelische und elbische Wesen. Der älteste Gottesdienst ist der, den die Hausgenossenschaft den Ahnengeistern darbringt. Bei der Entfaltung des Glaubens an Götter, denen die Geschicke des Volkes anvertraut sind, schränkt sich Seelen- und Elbenkult namentlich auf Haus und Gemeinde ein. Mithin ist das Einzelopfer ein wichtiger Bestandteil der Religionsübung, welche dem Privatleben zufällt. Aber es ist nicht ausgeschlossen, dass auch der Einzelne den großen und mächtigen Göttern seines Volkes eine eifrige Pflege widmet. Manche schließen mit ihren Lieblingsgöttern einen schier menschlich gedachten Bund, ein Verhältnis gegenseitiger treuer Freundschaft und Zuneigung, das auf der einen Seite die Pflicht zu Dienst und Gehorsam, auf der andern die Pflicht zu Schutz und Schirm hervorkehrt, etwa wie es zwischen einem König oder Häuptling und seinem bevorzugten Gefolgsmann besteht. So war Thorolf aus Mostr in Norwegen ein besonderer Freund Thors; seinen Sohn Steinn schenkte er dem Thor und nannte ihn daher Thorstein. Dieser verfährt nachher ebenso, macht seinen Sohn zum Tempelpriester und heißt ihn Thorgrim. Der Grönländer Thorhall betrachtet den rotbärtigen Thor als seinen verlässigsten Freund. Dem Hrafnkell ist Freyr befreundet; Hrafnkell gab dem Gotte die Hälfte seiner Habe zu Eigen. Thorkell hat den Freyr zum Freunde und so auch die beiden Freysgoden, Thorgrim und Thord. Man wundert sich bloß, dass sie nicht auch den Namen ihres Gottes führen, sondern wie die Thorsdiener heißen. Sigurd der Wurmtöter ist *Freys vinr*, Freys Freund. Prachtvoll führt die Sagendichtung bei Odin, der den jugendlichen Heldengeist weckt, leitet und endlich zu sich nimmt, solch persönliche Neigung und Schirmherrschaft zwischen Gott und Helden uns vor. Aber eine solche Freundschaft kann auch schnell zerrissen werden, wenn die Götter einmal ihren Schützling im Stich lassen. So gelangt der trotz seines eifrigen Opferdienstes von seinen Feinden besiegte Hrafnkell zur Verleugnung jeglichen Götterglaubens. Dem Grimkell, einem eifrigen Opferer, weissagt die Thorgerd Hölgabrud seinen Tod; aus Zorn darüber legt er Feuer an ihren Tempel. Übrigens plündern und brennen auch gläubige Heiden die Göttertempel ihrer Feinde, worauf sie allerdings auch der Acht anheim fallen. Das Verhältnis einzelner Leute zu Haus- und Folgegeistern, zu Kobolden und Fylgjen ist beim Geisterglauben geschildert.

Beim Tode des Menschen greift der Glaube wiederum mit allerlei Bräuchen und Vorstellungen ein. In der Göttersage weiht Thor Baldrs Holzstoß mit seinem Hammer; die Runensteine, die Denkmäler wurden öfters dem Schutze des starken Gottes empfohlen: Möge Thor diese Runen weihen! Man wies den Verstorbenen förmlich und feierlich nach Walhall. Der Glaube, dass der Tote eine weite Fahrt ins Jenseits zurückzulegen habe, veranlasste die in alten Quellen häufig erwähnten, in den Gräbern auch wirklich entdeckten mannigfachen Zugaben. Dem Toten folgten Pferde, Wagen, Schiff, damit er so die Reise mache, oder wenigstens wurden ihm Schuhe beigelegt, um die weiten dornigen und steinigen Wegstrecken durchwandern zu können. Streng wurde die Besorgung und richtige Bestattung der Leiche beachtet. Die Vorstellungen vom Schicksal nach dem Tode waren auch unter der Dauer des Walhallglaubens sehr verschiedenartig. Man dachte, die Seele des Abgeschiedenen gehe zu den mannigfachen Klassen von Geistern, zu den Göttern oder zum allgemeinen Totenreich, zur Hölle. Wie bereits in den betreffenden Abschnitten aufgezeigt ward, war kein fester, einheitlicher Glaube vorhanden. Odin ladet vornehme, tüchtige, waffentote Helden gen Walhall. Aber dennoch fährt mancher, der diese Bedingungen vollauf erfüllt, zur Hölle, und mancher geht in Walhall ein, ohne auf dem Walfeld geblieben zu sein. Thor nimmt sich die Bauern; die Weiber fahren zu Freyja, der aber andererseits auch die Hälfte der Wal zugewiesen wird, die Jungfrauen zu Gefjon. Allen steht ein herrliches, freudenreiches Leben bevor. Aber auch die Riesen und Unholde aller Art, die Elbe und Zwerge holen sich ihre Beute. Der Überrest der Menschheit, die ganze feige und tatenlose Menge, die weder Gott noch Dämon mag und die ruhmlos auf dem Siechbett dahinstirbt, bevölkert die Hölle. Zur Hölle gehen alle die Toten, die nicht durch besondere Wahl von anderer Seite ihr entzogen werden. Diesen Stand nehmen im Allgemeinen die nordischen Überlieferungen des 9./10. Jahrhunderts ein. Endlich war auch der Erbschaftsantritt mit einem Opferfeste verbunden. Im selben Jahre, da der Erblasser gestorben war, hielt der zur Erbschaft Berufene ein feierliches Gastmahl; mancherlei Minne wurde da getrunken, endlich aber sollte beim Hauptbecher der Erbe ein feierliches Gelübde tun und dadurch sich erst das Recht erwerben auf den Sitz und den Nachlass des Verstorbenen.

Von dem Augenblicke an, da der Knabe, mit Wasser begossen, seinen Namen beigelegt erhielt, bis zu dem andern, da über dem Leichname des Greises die Flamme zusammenschlug oder der Grabhügel sich wölbte, geleitete seine Religion den Nordmann treu durch das Leben, alle wichtigen Ereignisse weihend, verschönernd und verklärend.

4. Gebet und Opfer

Gebet und Opfer gehören fürs Heidentum unlöslich zusammen, eines ohne das andere ist kaum denkbar. Das Gebet ist gleichsam die Begründung des Opfers. Die Gabe, die einem höheren Wesen gespendet wird, soll verpflichten oder sühnen, wozu und wofür, spricht das Gebet aus. Das Gebet wird aber auch nicht ohne Not, ohne Spende oder wenigstens Gelübde einer solchen getan.

Beim heidnischen Gebet[1] pflegte man im Allgemeinen ähnlicher Gebärden wie beim christlichen. Man neigte den Leib und warf sich wohl auch nieder, namentlich wo man das Gebet im Heiligtum vor den Götterbildern verrichtete. Die Hände wurden vors Gesicht gehalten, als wäre man geblendet vom Glanze der Gottheit, oder auch umgekehrt suchte der Blick den Himmel. Das Haupt wurde beim Gottesdienst, bei Gebet und Opfer gewöhnlich entblößt, wenigstens heißen gotische Priester ausdrücklich *pileati,* mit Hüten versehen, da sie bedeckten Hauptes opferten. Die Richtung des Betenden war gen Norden im Gegensatz zu den Christen, welche gen Osten beteten. Bestimmte Gebetsformeln waren wohl vorhanden. Im Norden begegnet das Verbum *duga,* taugen, für gnädig sein. Also scheint der göttliche Beistand etwa mit den Worten: »Ich bitte die Götter, dass sie mir taugen (helfen)«, angefleht worden zu sein.

Der echt germanische Ausdruck für opfern, das ja aus lateinischem offerre entlehnt ist, lautet *blôtan.* Das Wort ist gotisch, angelsächsisch, altnordisch *(blóta)* und althochdeutsch *(pluoȥan)* bezeugt. Die ursprüngliche Bedeutung und Konstruktion ist aus dem Gotischen und Nordischen ersichtlich: einen mit Opfer ehren. So heißt im Gotischen *blôtan fraujan,* den Herrn mit Opfer ehren, entsprechend im Nordischen *blóta þór.* Das Opfer ist got. *blôstr,* ahd. *pluostar,* oder an. *blót,* ahd. *ploaȥ,* also lauter durchgehende gemeingermanische Wörter. Der heidnische Begriff verschwindet frühzeitig im Deutschen, wohl damit die daran geknüpften heidnischen Erinnerungen vergessen werden, um dem

1 Zum Gebet vgl. J. Grimm, Myth. 28 ff.; Maurer, Bekehrung 2, 203 f.

Lehnwort, das die Kirchensprache einführte, Platz zu machen. Im Nordischen begegnen neben *blót, blóta* auch die Wörter *fórn* stf., *fórna.*

Weitere Bezeichnungen für »Opfer« liegen vor in got. *hunsl,* ags, *húsel,* an. *húsl;* wie die urverwandten Wörter lehren, liegt darin der Begriff »heilig«, es ist das Sakrament, die heilige Handlung darin angezeigt.[1] Ahd. *kelt,* as. *geld,* ags. *gield* meint die Spende, das Entgelt, das der Mensch den Göttern entrichtet. Lehrreich ist das angelsächsische Wort *lác* für Opfer. Der germanische Ausdruck *laikaʒ,* Leich, steht für das aus der Vereinigung von Tanz und Lied hervorgegangene Kunsterzeugnis.[2] Dass im Angelsächsischen die Bedeutung »Gabe« überwog und *lác* geradewegs Opfer ist, erklärt sich nur aus der uralten festen Zugehörigkeit des *laikaʒ* zur Opferhandlung, die von Spiel und Tanz und Lied begleitet war. Das gotische *sauþs* im Sinne von Opfer bedeutet Sud, das Gesottene, und zielt auf das gesottene Fleisch des geschlachteten Opfertieres. Altnordisch *sauðr,* Widder, meint wohl eigentlich nur das zum Sud auserlesene Opfertier.

Beim Opfer sind zwei Arten zu unterscheiden, ein PRIVATES und ein ÖFFENTLICHES. Ersteres gilt in der Regel den Geistern in Haus und Hof, Feldern und Wäldern, Berg und Tal, Wind und Wasser, Licht und Wärme, und den Seelen der Abgeschiedenen. Wo die Geister hausen, wird geopfert ohne besondere Zurüstung und Feierlichkeit. Die Spenden sind einfach, Speisen, Milch und Honig, Blumen und Früchte. Geopfert wird um Gedeihen der Wirtschaft, um Gesundheit und Reichtum, zur Abwehr von Schaden. Der Hausvater ist Priester und Opferer. Solche Opfer sind einfacher und ärmlicher; die Geschichte gedenkt ihrer kaum, weil sie alltägliche Vorkommnisse sind, nicht der Mühe der Erwähnung oder gar eingehender Schilderung wert. Umso fester und länger haften sie in der Volkssitte. Dass neben dem Geisterglauben auch der Götterglauben für den privaten Got-

1 Brugmann, Grundriss der vergleichenden Grammatik der idg. Sprachen 1, 160, 305; die verwandten Wörter lit. *szwentas,* preuß. *swints,* kirchenslav. *svętŭ,* avest. *spenta* bedeuten alle heilig.

2 Über *laikaʒ* Kögel, Geschichte der deutschen Literatur I, 1, 8 ff.

tesdienst in Betracht kommt, wurde schon gesagt. Aber auch hier fehlen uns Nachrichten über feste Regeln, in denen die Kulthandlungen verlaufen.

Ganz anders beim öffentlichen Opfer, das die Gemeinde oder die Gesamtheit des Volkes, der König, Häuptling oder bestellte Priester darbringt. Da herrscht große Feierlichkeit, blutige Tier- und Menschenopfer fallen der Wichtigkeit der Sache gemäß, die ja das Schicksal eines Gemeinwesens betrifft. Opferplätze, Tempel sind gewöhnlich zur Vornahme der Handlung bestimmt. In der Regel richtet sich das öffentliche Gemeinde- oder Staatsopfer an die Volksgötter, doch unter Umständen mögen auch Geister das Staatsopfer entgegennehmen. So etwa die Flussgeister des Po, denen nach Prokop 2, 25 die Franken, um ungeschädigte Überfahrt zu erhalten, die gefangenen gotischen Frauen und Kinder opfern und in die Wogen werfen. Die Wichtigkeit der Angelegenheit, besonders insofern sie viele, nicht einen Einzelnen berührt, scheint den Ausschlag für die Größe und Feierlichkeit des Opfers zu geben. J. Grimm, Mythologie 37, stellt die Grundzüge des Opferdienstes also dar: »Beweggründe der Opfer waren überall, entweder den Göttern Dank für ihre Wohltaten abzustatten oder ihren Zorn zu versöhnen, die Götter sollten gnädig erhalten oder wieder gnädig gemacht werden, also zwei Hauptarten, dankende und sühnende Opfer. Wenn das Mahl begangen, ein Wild erlegt, ein Erstling vom Vieh geboren, Getreide geerntet wurde, gebührte dem verleihenden Gott voraus ein Teil der Speise, des Tranks und des Ertrags; dagegen sobald Hungersnot, Misswachs, Seuche über das Volk hereinbrach, säumte es wiederum nicht, abwendende Gaben darzubringen. Solche Sühnopfer haben ihrer Natur nach etwas Unständiges, während die dem gnädigen Gott zu leistenden gern in regelmäßig wiederkehrende Feste übergehen. Eine dritte Art von Opfern ist, wodurch der Ausgang eines Unternehmens erforscht, und die Hilfe des Gottes, dem es gebracht wird, herbeigeführt werden soll. Doch war Weissagung auch ohne Opfer tunlich. Außerdem gab es besondere Opfer für einzelne Gelegenheiten, z. B. bei Königswahlen, Geburten, Hochzeiten und Leichenbestattungen, die meistens auch mit feierlichen Mahlzeiten verbunden wurden.«

MENSCHENOPFER[1] sind also die wichtigsten und höchsten; für Tiuʒ, Wodan, Donar, Odin, Thor, Freyr, Fosite, Thorgerd Hölgabrud sind sie mehrfach bezeugt. Zu beachten ist das umständliche dabei angewandte Ritual. Die Gottheit soll das blutige Opfer unter besondern Förmlichkeiten erhalten. Vielleicht war auch für die Wahl der Todesart das Los entscheidend, das unter den Friesen bestimmte, ob die Götter ein Opfer forderten oder nicht.[2] Nach Sidonius Apollinaris opferten die Sachsen, ehe sie die Anker zur Heimfahrt lichteten, den zehnten Mann der Gefangenen um gute Reise. Die dem Tode zu Weihenden wurden ausgelost: *super collectam turbam periturorum mortis iniquitatem sortis aequitate dispergere.* Mit langen grausamen Qualen wurde das Opfer den Göttern gegeben. Prokop 2, 15 erzählt von den Skandinaviern, dass sie die zu Opfern verwendeten Menschen nicht mit dem Messer schlachten, sondern aufhängen, in die Dornen werfen oder sonst qualvoll töten. Starkad opfert den König Wikar dem Odin, indem er ihn an einem Baume aufhängt und mit dem Speere durchbohrt. In Hleidra auf Seeland und zu Uppsala hängen die Leiber der Geopferten an Bäumen. Zu Uppsala war aber auch ein Opfersumpf, eine Quelle, worin die Leute versenkt wurden. Bei den Friesen[3] wurden an den Festen der Götter die Opfer durchs Schwert hingerichtet, an den Galgen gehängt oder mit Stricken erdrosselt. Die im Bereich der Flut

---

1 Menschenopfer verzeichnet schon P. G. Schütze, *De cruentis Germanorum gentilium victimis humanis,* Leipzig 1743; vgl. J. Grimm, Myth. 35 ff.; Maurer, Bekehrung 2, 196 ff. Löhers Aufsatz über angebliche Menschenopfer bei den Germanen, in den Münchener Sitzungsberichten 1882, 373, wo Menschenopfer allen Zeugnissen zum Trotz geleugnet werden, verdient keine ernstliche Zurückweisung.

2 Über den Loswurf bei den Friesen, wodurch der Wille der Götter erforscht wurde, ob und welches Opfer sie verlangten, vgl. Richthofen, Untersuchungen über friesische Rechtsgeschichte 2, 450 f.

3 Die Zeugnisse für die friesischen Opfer sammelt Richthofen, Untersuchungen über friesische Rechtsgeschichte 2, 454; über Menschenopfer der Sachsen vgl. Richthofen, Zur lex Saxonum, Berlin 1868, S. 204 ff.

Ausgesetzten ertränkte das hereinströmende Wasser. Wer Göttertempel schändete, wurde nach friesischem Gesetz an den Meeresstrand geführt, an den Ohren aufgeschlitzt, entmannt und den Göttern geopfert. Am Steine Thors wurde den Opfern auf Island der Rücken gebrochen. Von Bergen und Felsklippen wurden andre heruntergestürzt. Den König Olaf Trételgja verbrannten die Schweden in seinem Hause und weihten ihn so dem Odin. Die grausame nordische Sitte des Schneidens des Blutadlers, wobei der Sieger seinem Gegner die Rippen längs des Rückgrates mit dem Schwerte abtrennte und durch die so gebildete Öffnung die Lunge herausnahm, war eine Kulthandlung. Aber auch ein Schlachten am Altar war üblich nach Tacitus ann. 13, 57. Die Normannen opferten dem Thor vor ihren Zügen, wie Dudo erzählt. Dem Opfer wurde das Haupt zerschmettert, Gehirn[2] und Herz bloßgelegt und nach der Zukunft durchforscht. Die Ragnarssaga (Fornaldarsögur 1, 264) gedenkt des *hlunnroð,* der Rollenrötung. Wenn ein Schiff vom Stapel gelassen wurde, lief es über Rollen und den Leib eines Menschen, der mit seinem Blute den Kiel rötete. Dieses Sühnopfer bezweckt wohl, das Schiff gegen Gefahr zu feien. Denselben Gedanken enthält der Sǫrla-þáttr Kap. 7, wenn Hedin sein Drachenschiff über den Leib der Königin, der Gattin Hognis, in See gehen lässt. Die häufige Volkssage vom Einmauern eines lebendigen Menschen oder Tieres in den Grundstein von Gebäuden und Brücken deutet ebenso auf altes Sühnopfer zurück.[1] Waren Altäre oder Opfersteine beim Menschenopfer zur Stelle, so wurden sie mit dem frischen Blute bestrichen.

---

1 Über Menschenopfer bei Landplagen, die aus späteren Volkssagen noch ersichtlich sind, vgl. U. Jahn, Die deutschen Opfergebräuche, Breslau 1884, S. 63 ff.

2 Sieht sich doch im Jahr 732 Papst Gregor III. veranlasst, an Bonifatius zu schreiben, er müsse die Christen in Germanien schwer bestrafen, welche Sklaven zum Opfer an die Heiden verkauften. *Et hoc inter alia discrimen agi in partibus illis dixisti, quod quidam ex fidelibus ad immolandum paganis sua venumdent mancipia. hoc ut magnopere corrigere debeas, frater, commendemus.* Jaffé, Bibliotheca 3, 94.

In der Regel wurden nur Kriegsgefangene, erkaufte Sklaven[2] und Verbrecher geopfert. Bei der Einführung des Christentums auf Island, am Allding des Jahres 1000, gelobten die Heiden ihren Götzen zwei Menschen aus jedem Landesviertel. Dem gegenüber beschlossen die Christen, ebenso viele treffliche und tüchtige Männer dem Dienste des Herrn zu weihen. Geringschätzig weisen sie darauf hin, dass die Heiden nur die schlechtesten Leute auswählen, um sie ihren Göttern zu geben und sie mit einem grausamen Tode zu opfern. So erzählt die Kristnisaga. Aber es gab Ausnahmen. In äußerster Not, wenn die Götter unversöhnlich zürnten, opferte das Volk zur Abwendung des Grimmes seine Häuptlinge und Könige. Vor dem großen heidnischen Winteropfer zu Märi in Norwegen lud der König Olaf Tryggvason die angesehensten Häuptlinge der Gegend zu einem Gastmahle ein; er erklärte ihnen bei dieser Gelegenheit, dass er, wenn er zum Heidentume zurückzukehren genötigt werden sollte, zur Versöhnung der heidnischen Götter, die er so schwer beleidigt habe, ein großes Menschenopfer für nötig halte, und zwar werde er dabei nicht, wie sonst, Sklaven oder Verbrecher, sondern die vornehmsten Häuptlinge des Landes opfern, unter denen er sechs eben Anwesende nannte; seien sie damit nicht einverstanden, so müssten sie eben zu seinem, dem christlichen Glauben übertreten. Diese Drohung wirkt, die Häuptlinge ziehen die Bekehrung vor.[1]

In den Tagen König Domaldis entstand in Schweden eine große Hungersnot und Elend. Da hielten die Schweden Opfer zu Uppsala; den ersten Herbst opferten sie Ochsen, und der Jahrgang wurde dadurch nicht besser. Und den andern Herbst begannen sie ein Menschenopfer; aber der Jahrgang war derselbe oder noch schlechter. Und den dritten Herbst kamen die Schweden in großer Zahl nach Uppsala, als da Opfer sein sollte; da hielten die Häuptlinge Rat, und sie kamen darin überein, dass das Missjahr von ihrem Könige Domaldi herkommen werde, und zugleich darüber, dass sie ihn opfern sollten um gutes

---

1 Jüngere Olafssaga Tryggvasonar Kap. 165; Heimskringla Kap. 74.

Jahr für sich, und ihn angreifen und ihn töten, und mit seinem Blute die Altäre bestreichen, und so taten sie. Nachmals unter Olaf trételgja wiederholt sich derselbe Vorgang. Da entstand ein großes Missjahr und Hunger; das gaben sie ihrem Könige Schuld, so wie die Schweden gewohnt sind, ihrem Könige sowohl das gute als das Missjahr Schuld zu geben. König Olaf war ein geringer Opferer; das gefiel den Schweden übel, und sie meinten, daher komme das Missjahr. Da zogen die Schweden ein Heer zusammen, machten einen Angriff auf König Olaf und umringten sein Haus und verbrannten ihn darin und schenkten ihn dem Odin und opferten ihn um ein gutes Jahr. Diese von der Ynglingasaga Kap. 18 und 47 überlieferten Erzählungen sind freilich sagenhaft, jedoch der Grundgedanke, den sie behandeln, gehört der Wirklichkeit an. Wenn der Zorn der Götter in besonders hohem Maße erregt ist, nehmen sie nicht mit den gewöhnlichen Opfern vorlieb. Da muss der König und Häuptling selber als Sühneopfer sterben, um dem Volk die verwirkte Gnade der Himmlischen wieder zu gewinnen. Denselben Gedanken des Sühneopfers, wenn auch abgeschwächt, zeigt die geschichtliche Tatsache, dass die Burgunder bei einem Unglück im Kriege oder bei Misswachs ihren König zwingen, sein Amt niederzulegen.[1] Noch eine lehrreiche Sage bietet sich dar. König Wikar wollte mit seinen Leuten von Agdir nach Hordaland segeln; da traf es sich, dass sie vor starkem Gegenwind lange bei einigen kleinen Inseln liegen bleiben mussten. Sie fragten darum die Götter, was sie tun sollten, um günstigen Wind zu erhalten. Die Antwort war, dass man als Opfer für Odin einen Mann des Heeres, der durchs Los auszuwählen sei, aufhängen sollte. Das Los traf den König Wikar selbst. Am andern Tag bringt Starkad den König förmlich und feierlich zum Opfer, indem er ihn an einem Baumzweig aufhängt und mit dem Speer durchsticht, wobei er sprach: Nun gebe ich dich dem Odin. Hier also wählt sich Odin selber durchs Los den Häuptling der Schar.

1 Ammianus Marcellinus XXVIII, 5, § 14.
2 Tieropfer bei J. Grimm, Myth. 40 ff.; Maurer, Bekehrung 2, 198 f.

An zweiter Stelle stehen Tieropfer[1], welche an den gewöhnlichen Festen, meist als Dankopfer, üblich waren. Sie sind weit unschuldiger als die grausamen, wahnvollen Menschenopfer. Schon Tacitus weiß, dass Tiuʒ und Donar mit geeigneten Tieropfern – *concessis animalibus* – verehrt wurden. Essbare Tiere wurden zum Opfer gewählt; sie gelten als Speise, welche dem Gotte geboten wird, und wurden beim Opferschmaus auch unter den Teilnehmern am Opfer ausgeteilt. Das Volk beteiligte sich unter dem Vorsitze der Könige und Häuptlinge an der Mahlzeit und trat dadurch in Gemeinschaft mit dem heiligen Opfer. In den ältesten Zeiten wurden vornehmlich Rosse geopfert. Pferdefleisch wurde von den Germanen mit Vorliebe genossen; der Genuss von Pferdefleisch, weil er eben namentlich mit der Opferhandlung verknüpft war, ist daher in der christlichen Zeit als heidnischer Brauch strengstens verpönt. Pferdefleisch soll König Hakon von Norwegen essen, als sein Volk ihn zur Teilnahme am Opferdienst zwingen will; noch in den Tagen Olafs des Heiligen wurden Pferde in Norwegen gegessen. Die Isländer behielten sich das Rossfleischessen bei Annahme des Christentums ausdrücklich vor. Die heidnischen Schweden wurden von König Olaf Tryggvason verächtlich als Rossfresser bezeichnet. Beim dänischen Hauptopfer zu Hleidra wurden Rosse geschlachtet. Die Alamannen übten nach Agathias den Brauch, den Thüringern wurde zur Zeit des Bonifatius der Genuss des Pferdefleisches untersagt. Das Fleisch aßen die Opfergenossen, das Haupt der Tiere gehörte dem Gotte und wurde an den Baumstämmen des Opferhaines befestigt. Demnächst folgte das Rinderopfer, für Alamannen, Thüringer, Angeln und Nordleute ausdrücklich bezeugt. Die Schweden unter König Domaldi opferten dem Freyr Ochsen, der Isländer Thorkell gab dem Freyr einen alten Ochsen, Oddr Sindri einen Stier. Bei feierlichem Zweikampfe opferte der Sieger einen Stier. Des Opfers goldgehörnter, also geschmückter Kühe gedenkt das Lied von Helgi dem Hjorwardssohne. Überhaupt ist Aufputz der Opfertiere, vielleicht auch Auswahl nach bestimmter Farbe wahrscheinlich. Freyr und Freyja erhalten Eber; das Ferkel scheint bei den Deutschen beliebtes Opfertier gewesen zu sein, wenigstens dient ahd. *friscing* (Frischling) zur Übersetzung von lat. *hostia, victima, holocaustum.* Auch Widder und Böcke stehen unter den Opfertieren. Von einem Ziegenopfer der Langobarden spricht Gregor der Große in den Dialogen 3, 28; die Langobarden bringen dem Teufel, also einem ihrer Götter, ein Ziegenhaupt dar, indem sie zu des Gottes Ehren einen Reigen aufführen und Lieder absingen – *caput caprae, hoc ei per circuitum currentes carmine nefando dedicantes.* Für »Opfertier« besaß die altdeutsche Sprache ein besonderes Wort: ahd. *zebar,* ags. *tifer,* im Altfranzösischen und Portugiesischen als germanisches Lehnwort *toivre,* Vieh, *zebro, zebra,* Ochse, Kuh. Damit scheint im Wesentlichen das opferbare, essbare Vieh gemeint zu sein, während mhd. *unzifer,* nhd. *Ungeziefer* die Gesamtheit der unreinen, zum Opfer nicht geeigneten Tiere begreift. Die nordische Sprache verwendet dafür das Wort *tafn,* urverwandt mit lat. *dapes,* Opfermahl. Wenn Hunde und Wölfe neben Menschen an Bäumen hängen, so gehören diese Tiere darum doch nicht zum *»zebar«;* ihr Fleisch wurde ja auch keineswegs für gewöhnlich und gar beim Opferschmause verspeist. Sie bilden nur eine Zugabe zum Menschenopfer und dienen vermutlich zur Verschärfung des Rituals der Todesstrafe. Ein einziges Mal, beim dänischen Opfer zu Hleidra, das Dietmar von Merseburg beschreibt, begegnen auch Hähne und Habichte, doch wohl nur infolge irrtümlicher Verwechslung von Opferbrauch und Bestattungsbrauch. Endlich ist noch zu erwähnen, dass das Tieropfer, wohl besonders beim kleineren Privatopfer oder auch um einer großen Menge, die beim eigentlichen Opferschmause nicht unterkam, Beteiligung zu gönnen, symbolisch gebracht worden zu sein scheint, in Form von gebakkenen Tierfiguren. Schon der *indiculus superstitionum* 26 aus dem 8. Jahrhundert nennt Bilder aus Backwerk, *simulacra de consparsa farina.* Die Tierbilder unsrer Weihnachtsgebäcke sind jedem gegenwärtig.

---

1 Über den Hergang beim Opfer J. Grimm, Myth. 49 ff.; über das nordische Opfer Maurer, Bekehrung 2, 199 ff.; H. Petersen, om nordboernes gudedyrkelse og gudetro, 25 ff.

Vom eigentlichen HERGANG BEIM OPFER[1] enthalten nordische Quellen einen zusammenhängenden Bericht, während sonst nur wenige verstreute Bemerkungen vorliegen. In den Briefen des Bonifatius zum Jahr 732 begegnet ein Priester des Donar, der Opferfleisch genoss – *presbyter Jovi mactans et immolatitias carnes vescens.* Nach den Dialogen Gregors des Großen 3, 21 wurden 40 gefangene Christen von den Langobarden genötigt, Opferfleisch zu essen. Also schlachteten die Priester die Opfertiere und nahmen mit dem Volke am Schmause teil. Des Opferkessels geschieht Meldung. Nach Strabo 7, 2 befanden sich im kimbrischen Heere grauhaarige, weiß gekleidete, mit ehernem Gürtel umgürtete, barfüßige Priesterinnen. Diese führten die gefangenen Feinde zu einem geräumigen ehernen Kessel. Auf einer Leiter hinaufsteigend durchschnitt die Priesterin die Kehle des Opfers über dem Kessel, dass das Blut, aus dem geweissagt wurde, hineinrann. Der Kessel dient somit hier zur Aufnahme des Blutes. Anders bei den Schwaben, deren Opferfest Columban störte. Er fand viel Volks, im Begriff, ein Wodansopfer zu begehen, um eine biergefüllte große Kufe herumsitzen. Reigen und Gesang gehören zur Opferfeier. Die Langobarden tanzen um das aufgehängte Ziegenhaupt. Opferlieder für die Götter erklangen bei allen Opferfesten. Von einem germanischen Feste[1], das mit einem Opfermahle und mit fröhlichem Gesange verbunden war, hören wir bei Gelegenheit der Schilderung des Feldzuges des Germanicus im Jahre 14 nach Christus.[2] Im 10. Jahrhundert aufgezeichnet ist ein aus dem 6. Jahrhundert stammendes schwer

---

1 Die germanische Bezeichnung für »Fest« lebt im oberdeutschen *»dult«*, got. *dulþs,* ahd. *tuld,* mhd. *dult* (vgl. Schmeller, Bayer. Wörterbuch 1², 502 f.) noch weiter.

2 Tac. Ann. 1, 65 *nox per diversa inquies, cum barbari festis epulis, laeto cantu aut truci sonore subiecta vallium ac resultantis saltus complerent.* Über Opferleiche und Spiele vgl. Kögel, Geschichte der deutschen Literatur I, 1, 7 ff., 19 ff., 24 ff.; über das gotische Spiel Conrad Müller, ZfdPh. 14, 442 ff.; Kögel, a.a.O. 34 ff.; dagegen C. Kraus, Beiträge 20, 224 ff., wo jede Beziehung des got. Spieles zum german. Kult geleugnet wird. Über den Wettlauf im deutschen Volksleben vgl. Weinhold, Zs. d. Vereins f. Volkskunde 3, 1 ff.

zu deutendes gotisches Neujahrsspiel, das am byzantinischen Hofe aufgeführt zu werden pflegte. Mit heidnischem Kulte hat es aber nicht zu schaffen. Im Volke übliche Wettläufe sollen mit alten Opferbräuchen zusammenhängen. Spiel, Tanz, Gesang, wenn sie sich beim Opfer einstellen, dienen nicht allein weltlicher Belustigung, sie haben vielmehr sakrale Bedeutung und stehen in Zusammenhang mit der Kulthandlung des Opfers.

Der nordische Opferbrauch verlief folgendermaßen. Die Opfer wurden im Tempel vor den Götterbildern geschlachtet; ihr Blut sammelte man in dem eigens hierzu bestimmten Blutkessel, man sprengte es sodann mit Sprengwedeln über das versammelte Volk und bestrich damit die Götterbilder, Altäre oder Opfersteine und die Wände des Tempels. Die geschlachteten Menschenleiber wurden hierauf wohl an den Bäumen aufgehängt oder in den Opfersumpf versenkt. Die Tiere aber dienten zum Opferschmause, nachdem vielleicht die Häupter ebenfalls den Göttern aufgehängt worden waren. Nun wurde das Fleisch in Kesseln gekocht, gesotten. Nie wurde das Opferfleisch gebraten; von diesem Sieden heißen daher in Schweden die Teilnehmer am Opfer *suðnautar,* Sudgenossen. Vom Opferstein und Opferkessel sind nordische Eigennamen wie Steinn, Vésteinn, Freysteinn, Þorsteinn und Ketill, Asketill, Þorketill, verkürzt Askell, Þorkell, Freyskell, endlich Bolli hergenommen. Die Kessel hingen über Feuern, die in der Halle des Tempels zwischen den Bankreihen der beiden Langseiten am Boden brannten. Man aß das also zubereitete Fleisch und Fett und trank die Brühe. Ans Mahl schloss sich der Trunk. Man trank sich gegenseitig über die Feuer hinweg zu. Dem Leiter des Opfers, der den Hochsitz einnahm, oblag es, die Opferspeise und den Opfertrank zu weihen und die feierlichen

---

1 Die heidnische Sitte des Minnetrinkens lebt in der christlichen Gertrudenminne und Johannisminne fort; vgl. J. Grimm, Myth. 53 ff.; Zingerle, Johannissegen und Gertrudenminne, Sitzungsberichte der Wiener Akademie, Bd. 40, 1862, 177 ff. Besonders deutlich tritt die Ablösung des heidnischen Brauches durch den christlichen im Norden hervor. Dem König Olaf Tryggvason erscheint der heilige Bischof Martinus im Traume und sagt, es sei Landessitte gewesen, Thors, Odins und andrer Asen Minne bei den

Trinksprüche auszubringen. Darauf hub das Minnetrinken[1] an, man trank Odins Becher um Sieg und Macht, Freys und Njords Becher um gutes Jahr und Frieden. So geht das Opfer in ein heiteres Gelage über. Häufig kam es vor, dass bei den feierlichen Opferfesten von Leuten, die sich hervortun wollten, förmliche Gelübde abgelegt wurden, die auf die Vollbringung irgendeines gewagten Unternehmens abzielten. Natürlich konnte ein Opfermahl nicht unmittelbar an die Opferhandlung in dem Falle sich anschließen, wenn das Opfer eine beratende Versammlung, ein Ding, einleitete. Bei Menschenopfern, welche große Volksdinge eröffneten, fällt der Schmaus ohnehin weg. Tieropfer, wenn sie Dingversammlungen vorausgingen, setzen freilich auch die daran anschließende Mahlzeit voraus. Denn ein Brandopfer, wobei das Tier auf dem Holzstoß in Asche verwandelt wurde, scheint nur bei der Totenfeier, nicht beim Götteropfer üblich gewesen zu sein. Vielleicht folgte der Schmaus erst nach Schluss der Verhandlungen, am Abend und in der Nacht des Dingtages. Beim Opfermahl mag allerlei weltliche Lustbarkeit geübt worden sein, über welche jedoch nichts weiter verlautet. Nur einmal, beim Uppsalaopfer, berichtet Saxo etwas Derartiges. Der raue Kämpe Starkad verließ Schweden und begab sich nach Dänemark, da er sich über Spiel und Tanz beim Opferfeste in Uppsala ärgerte.[1] Was für Spiele damit gemeint sind, lässt sich nicht feststellen. Dass einige der Volksspiele, die im Mittelalter und noch heute vorkommen, aus Opferfesten der Heidenzeit stammen, so namentlich der Schwerttanz, ist möglich und wahrscheinlich, aber im Einzelnen kaum mehr sicher festzustellen.

Gastmählern zu trinken, in Zukunft aber solle zu Ehren Gottes, seiner selbst und aller Heiligen getrunken werden. Vgl. Maurer, Bekehrung 1, 285.

1 Saxo, S. 278: *quod apud Upsalam sacrificiorum tempore constitutus effoeminatos corporum motus scenicosque mimorum plausus ac mollia nolarum crepitacula fastidiret.*

5. Opfer bei Ackerbau und Viehzucht[1]

Seit undenklicher Zeit lodern zu bestimmten Zeiten Feuer auf, die mit allerlei Bräuchen verknüpft noch heute fortdauern. Zu Fastnacht, zu Ostern, am 1. Mai, am Johannistag, an Michaeli werden in deutschen Gauen solche Feuer angezündet. Eingehende Untersuchung aller mit den von Hirten und Bauern entfachten Feuern zusammenhängenden Bräuche kam zum Schluss, dass diese Feuer die letzten Überreste altgermanischer Opfer seien. Vergleicht man alle Berichte, so ergibt sich nach und nach ein umständliches Verfahren, das sich zwar nirgends im ganzen Umfange, wohl aber fast überall stückweise erhielt. Das Feuer ist der Mittelpunkt einer ursprünglichen regelrechten Opferhandlung, die man in ihren Grundzügen mithilfe der weitschichtigen Überlieferung wiederherzustellen versuchte. Wir erkennen Gemeindeopfer, welche von Hirten und Bauern als Bitt- und Dankopfer, unter Umständen auch zur Sühne und Abwehr drohender Nöte dargebracht wurden. Ob diese Opfer schon in der Heidenzeit an festen Tagen stattfanden, ist nicht sicher zu bestimmen. Wenn auch nicht der Tag, so war aber doch die Zeit durch Akkerbau und Viehzucht im Allgemeinen, nach einzelnen Gauen klimatischer Verhältnisse halber freilich etwas schwankend, vorgezeichnet. Die Gemeinde trat zum Opfer zusammen beim Austrieb und Heimtrieb des Viehes, also etwa im Mai und September, wenn eine plötzliche Seuche einbrach oder drohte, was namentlich im Hochsommer der Fall war. Die Bauerngemeinde opferte nach beendigter Aussaat bei Winters Schluss oder um den 1. Mai, zur Sonnenwende gegen Gewitter- und Hagelscha-

1 Nach U. Jahn, Die deutschen Opfergebräuche bei Ackerbau und Viehzucht, Breslau 1884; vgl. auch H. Pfannenschmid, German. Erntefeste im heidnischen und christlichen Kultus, Hannover 1878; Wuttke, Der deutsche Volksaberglaube der Gegenwart, Berlin 1869, § 423 ff. Ich wiederhole im Texte die Ergebnisse Jahns, aber mit Vorbehalt. Jahns Methode, alle überlieferten Einzelheiten heutiger Volksbräuche in einem großen, heidnisch-germanischen Gesamtbild aufgehen zu lassen, ist bedenklich. Der geschichtlichen Entwicklung, den vielen späteren Neuerungen ist viel zu wenig Rechnung getragen.

den, im Herbst nach der Ernte. Auch zu Mittwinter wurde um Fruchtbarkeit des kommenden Jahres geopfert. So ergeben sich etwa vier jährliche Hauptopfer, die ziemlich gleichmäßig verliefen. Wir betrachten zunächst ein HIRTEN-, dann ein BAUERNOPFER.

Wenn eine verheerende Viehseuche den Viehstand einer Gemeinde schädigte, so wurde der erzürnten Gottheit ein Opfer dargebracht. Das stattlichste Tier derjenigen Gattung, die am meisten von der Krankheit zu leiden hatte, wurde ausgewählt, bekränzt, in feierlichem Zuge zu einer heiligen Stätte geleitet und dort geopfert. Das Opfer geschah entweder durch Eingraben des Tieres oder durch Köpfen. Die Tierhäupter wurden am Dachfirst oder sonst irgendwo aufbewahrt und dienten zur Abwehr der Seuche. Man gab freiwillig ein oder auch mehrere Stücke der Herde, um den Rest von der Seuche zu verschonen. Mit dem Tieropfer scheinen ursprünglich die *Notfeuer*[1] verbunden gewesen zu sein, die ebenfalls zur Abwehr von Krankheiten entfacht wurden. Alles Feuer im Dorfe wurde sorgsam ausgelöscht, und früh vor Sonnenaufgang oder auch erst nach Sonnenuntergang zog die Gemeinde auf den für die heilige Handlung auserlesenen Platz. Unter feierlichem Schweigen wurden hier von Jünglingen trockene Hölzer durch Reibung in Brand gesetzt. Mit der auf diese Weise gewonnenen Flamme wurde dann ein Holzstoß entzündet, zu dem jede Familie etwas beigesteuert haben musste. Hierauf wurde die Herde durch die Flamme getrieben, zuerst Schweine, dann Kühe, Pferde und Gänse. Auch die Menschen sprangen hindurch und schwärzten sich dabei gegen-

1 Über das Notfeuer J. Grimm, Myth. 570; Jahn, Die deutschen Opferbräuche, S. 26ff., wo fast das gesamte überlieferte Material ausgeschöpft ist. Schon im *indiculus superstitionum* treffen wir das Feuer: *de igne fricato de ligno id est nodfyr.* Das Wesentliche ist eben die Erzeugung des wilden Feuers, das unmittelbar und neu hervorspringt, nicht schon im Dienste der Menschen abgenutzt ward. Daher scheint auch der Name zu stammen, der zum Zeitwort *niuwan, nûan,* reiben, steht; vgl. O. Schade, Altdeutsches Wörterbuch 1, 659 u. 654; schwedisch heißt es *vrideld, gnideld* zu *vrida,* drehen, *gnida,* reiben, also ebenfalls geriebenes, durch Reibung oder Drehung entfachtes Feuer.

seitig das Gesicht mit den heilkräftigen Kohlen. Fruchtbäume, Wiesen und Felder wurden mit brennenden Scheiten geräuchert. Zum Schluss nahm jede Familie etwas Feuer und einen abgelöschten Brand mit sich. Ersteres diente dazu, das erloschene Herdfeuer wieder anzuzünden; das verkohlte Scheit sicherte, in die Krippe gelegt, das Gedeihen der Rinder. Die rückständige Notfeuerasche ward als Mittel gegen Raupenfraß und Misswachs auf die Felder gestreut oder auch dem Vieh unter dem Futter mit eingegeben. Das Notfeuer wurde entzündet, wenn die Seuche eingetreten war; aber auch vorbeugend brannte es. Zumal im Hochsommer, wenn die Gluthitze die Luft mit Peststoff erfüllt, war Anlass zu Notfeuern, die zu einer ständigen Sitte wurden. Im Brauche der Johannisfeuer leben solche ständigen jährlichen Notfeuer fort. Man hoffte dadurch Viehseuchen fürs ganze Jahr bannen zu können. Beim Notfeuer begegnen Spuren ursprünglich dargebrachter Opfer. Das Johannis-Notfeuer war mit einem Mahle verbunden, auch Minnetrinken war dabei üblich, endlich Tanz und Lustbarkeit. Verknüpft man, wozu Gründe vorhanden sind, das Viehopfer und das Notfeuer miteinander, so ergibt sich das altgermanische Opfer in den wesentlichsten Zügen. Ein bekränztes Opfertier wird zur Opferstätte geleitet, dort geschlachtet, das Haupt wird aufbewahrt, den Göttern geweiht, Haut und Knochen und Eingeweide werden in dem umständlich und außergewöhnlich entfachten Feuer, dem reinigende Kraft eignet, zu Asche verbrannt. Das Fleisch der Opfertiere diente zum Schmaus, der, in ein Gelage auslaufend, die Feier beschloss. Die Volksbräuche haben bald diesen, bald jenen Zug aufbewahrt, die sich aber alle zu einer uralten einheitlichen Handlung vereinigen. Die Bräuche des Viehopfers und Notfeuers sind indogermanisch, sie entstanden bei Hirtenvölkern gleichmäßig. Sie mögen mithin im Grunde älter sein als der germanische Götterglaube und erhielten sich auch länger als dieser, obzwar nur trümmerhaft. Im germanischen Heidentum aber vollzog sich das Opfer nach den auch sonst üblichen Formen und war wohl an die zuständigen Hauptgötter der einzelnen Stämme, also an Tiuȝ, Wodan und Donar gerichtet. Das Opfer war wohl meist ein

Gemeindeopfer, nur bei besonders ausgebreiteter und verheerender Seuche ein Volksopfer. Ursprünglich unständig und nur in Notfällen dargebracht, verwandelte es sich bald auch in ein jährlich wiederholtes sommerliches Opfer zur Erhaltung des Viehstandes.

Gegen Ende Februar, wenn die winterliche Macht dem neuen Frühling zu weichen begann, feierten die heidnischen Germanen ein Opferfest. Man wollte dadurch vor allem Gedeihen für die Wintersaat und überhaupt Fruchtbarkeit für das Jahr erlangen; so galt es, die über Himmel, Erde und Wetter waltenden Gottheiten durch Bittopfer gnädig zu stimmen, durch Sühneopfer zu versöhnen. Rosse, Rinder, Schweine, Böcke, Gänse, Hähne, Flachs und Speisen wurden Wodan, Frija und Donar gespendet. Zum Opferfeuer und zum Opfermahl steuerten die Gemeindemitglieder bei. Waren die Vorbereitungen getroffen, so zog die Gemeinde auf das mit Wintersaat bestellte Kornfeld, auf die Wiese oder auf einen Hügel in der Nähe des Dorfes und errichtete dort den Scheiterhaufen, auf den, hoch oben in Gestalt einer Strohpuppe, der winterliche Dämon gesetzt ward. Die Tiere wurden geschlachtet, das Feuer entzündet. Um das Feuer ging ein jubelnder Reigen. Die Burschen schwärmten mit Fackeln, lärmend mit Peitschen knallend, mit Schellen läutend und Lieder singend, auf den Feldern umher, um die dem Wachstum gefährlichen bösen Geister aus den Äckern zu vertreiben, aber auch um den neuen Lenz und das Korn aufzuwecken. Zu demselben Zweck rollte man brennende Reisigbündel über die grünende Saat oder trieb mit Stroh umflochtene und dann angezündete Räder die Anhöhen hinab in die Felder. In Süddeutschland ist das Schlagen brennender Holzscheiben üblich, deren Flug die Saat der reinigenden Kraft des Feuers teilhaftig macht. Fackellauf, Radtreiben, Scheibenschlagen[1] verbreiten das heilige Opferfeuer über das Saatfeld. Flamme, Rauch und verkohlte Überreste enthielten zauberische Heilkraft. Man stellte Weissagungen auf Ernteausfall und Witterung an. Zum Schluss folgte ein feier-

---

1 Über Scheibentreiben vgl. Vogt in d. Zs. d. Vereins f. Volkskunde 3, 350 ff.

liches Mahl, bei welchem ein jeder von den verschiedenen Opfergaben bekam, um so auch für seine Person der Segnungen teilhaftig zu werden. Durchs niedergebrannte Feuer sprangen die Teilnehmer am Opfer. Die verkohlten Überreste wurden als Talismane heimgenommen.

Meistens bestand die Gemeinde weder ausschließlich aus Bauern, noch aus lauter Hirten; sie war aus beiden gemischt. Darum nimmt die Opferfeier sowohl auf Ackerbau als auch auf Viehzucht Rücksicht. Da die Gemeindeopfer der Hirten und Bauern zeitlich nicht weit auseinander lagen, ergab sich umso leichter eine gemeinsame Feier, deren wesentlichen Gang Jahn am Schlusse seines Buches übersichtlich dargestellt hat. Wir wiederholen seine Schilderung, die, wenn auch nicht in den Einzelheiten, so doch in den Grundzügen der Wirklichkeit entsprechen wird.

Naht der Juli mit seiner stechenden, tödlichen Hitze, seinen schweren, Unheil bringenden Gewittern, rückt der Tag heran, an dem die Sonne auf ihrer Himmelsbahn den Höhepunkt erreicht, dass sie fast senkrecht auf die Erde herabscheint, so befinden sich Hirte und Bauer in größter Aufregung. Jener fürchtet, dass die verpestete Luft, in der giftspeiende Drachen und Krebse herumfliegen und böse, allem Wachstum feindliche Dämonen ihr Wesen treiben, seinem Viehstand verderbliche Seuchen zuführt, dieser dagegen ist in Sorge, dass ein Hochgewitter oder ein heftiger Hagelschauer die in der Blüte stehende und schon reifende Frucht vernichten und dadurch mit einem Schlage seine ganzen Erntehoffnungen zerstören werde. Darum rüsten beide gemeinsam ein großes Opferfest aus, um von den Gottheiten der Luft und des Himmels, der Erde und des Wassers und des Wetters, von Wodan, Tiuʒ, Frija, Donar, gnädigen Schutz für ihr gefährdetes Eigentum zu erflehen.

Vor allen Dingen gilt es da, den Göttern angenehme Opfertiere auszulesen: Rosse, Rinder, Schweine, Böcke, Gänse und Hühner, auch Hunde und Katzen. Zu dem Zwecke wählt man entweder nach eignem Gutdünken die schönsten und stärksten Stücke der Herde aus, oder man lässt die Gottheit selbst entscheiden. Letzteres geschieht in der Weise, dass man immer dasjenige Tier von einer jeglichen Gattung Vieh, welches nach dem Willen der Gottheit als Letztes die zur Feier des Tages besonders abgesteckte Festweide betritt, mit Blumen bekränzt und dadurch zum Opfer bestimmt.

Zugleich mit der Auswahl der Opfertiere geht ein kleines Opfer, an dem sich nur Hirten beteiligen dürfen. Während die Herde auf dem Wege zur Festweide ist, eilt der Gemeindehirt zu einem heiligen Baum oder Strauch und schneidet davon mehrere Ruten ab. Diese werden sodann, mit Feldblumen durchflochten, in Besen zusammengebunden und denjenigen Tieren der einzelnen Herden, welche als Erste auf der vorher noch von keinem Geschöpf betretenen Hutung anlangen, an den Schweif gebunden, damit auf diese Weise der heilige Mittsommertau recht frisch in den Reiserbesen aufgefangen werde und Letztere dadurch noch größere Zauberkraft erhalten.

Darauf nimmt der Oberhirt der Gemeinde einen der Zauberbesen in die Hand und schlägt damit unter dem Hersagen eines Segensspruches jedes Stück Vieh dreimal auf den Rücken, wodurch alle schädlichen Hexen und Krankheit bringenden elbischen Geister aus dem Körper der Tiere vertrieben werden. Ist dies geschehen, so werden die Kühe gemolken und aus der gewonnenen Milch, in die man zuvor heilige Kräuter geworfen hat, und aus Eiern ein Opfermahl hergerichtet. Alle Hirten müssen daran teilnehmen, denn der Genuss der Opferspeisen ist von großem Einfluss auf das Gedeihen des Viehstandes, und darum lässt man auch das Vieh nicht leer ausgehen, sondern gibt ihm die in der Opfermilch befindlichen Blumen zu fressen. Am Schlusse des Mahles übergibt der Oberhirt jedem Hofbesitzer einen der heiligen Besen, mit welchem dieser die Ställe und Scheuern seines Gehöftes kehrt, um auch dieses von schädlichen Krankheitsgeistern zu reinigen. Sodann wird der Besen als schützender Talisman auf dem Misthaufen aufgepflanzt oder oben an dem Hoftore befestigt.

Nach dem Vertreiben der Hexen und dem damit verbundenen

Hirtenopfer erscheinen sämtliche erwachsene Mitglieder der Gemeinde und putzen die am Morgen ausgewählten Opfertiere auf das Festlichste aus. Man bekränzt sie mit Blumen, ziert sie mit bunten, farbigen Bändern und schmückt die Hörner der Böcke und Rinder mit Flittergold. Sodann treten die Ackerbauern zusammen und ziehen mit den Opfertieren in feierlichem Zuge, ein Götterbild an der Spitze, zuerst durch die Ortschaft, dann aber um die ganze Feldmark der Gemeinde herum. An deren vier Ecken wird Halt gemacht und ein Gebet gesprochen, in welchem man von Donar gnädigen Schutz der Saaten vor Wetterschlag und Hagelschauer erfleht. Der Umzug endigt bei dem heiligen Quell des Dorfes, dem festlich geschmückten Ortsbrunnen, worin die Göttin, welche der Erde Fruchtbarkeit und Feuchtigkeit verleiht, wohnt und waltet. Ein jeder von den Teilnehmern an der feierlichen Handlung tritt hier einzeln an den Quell heran, wirft ein mit Blumen geschmücktes Gebäck als Opfergabe hinein und tut dann von dem heiligen Wasser einen Trunk. Nachdem er sich ferner aus dem Wasserstande heraus den glücklichen oder unglücklichen Ausfall der kommenden Ernte geweissagt hat, schöpft er schließlich noch für seinen Hausbedarf ein eigens dazu mitgebrachtes Gefäß voll des heiligen Wassers, welches er dann späterhin in Fällen der Not als kräftiges Mittel gegen allerhand Übel und Krankheiten, gegen Hexen und böse Geister gebraucht.

Während Hirten und Ackerbauern sich mit dem Vertreiben der schädlichen Dämonen aus der Herde und mit dem Bittgang um die Felder beschäftigt haben, sind indes die Kinder im Orte von Haus zu Haus gezogen und haben unter dem Absingen von Liedern, in denen auf den reichlichen Geber alles Heil und Glück, auf den kargen Geizhals dagegen alles Unglück dieser Welt herabgewünscht wird, Holz, Stroh und anderen Brennstoff eingesammelt. Damit sind sie sodann auf den Dorfplatz oder eine Anhöhe in der Nähe des Ortes geeilt und haben dort einen großen Scheiterhaufen errichtet. Hoch oben auf die Spitze desselben setzen sie eine aus Stroh geflochtene Puppe, welche das persönlich gedachte Unglück (die Hexe, den bösen Geist, den bösen Säemann, den Hagel) darstellen soll.

Mittlerweile ist es Abend geworden. Die Bauern sind mit dem Bittgang und der Quellenverehrung fertig, und die ganze Gemeinde versammelt sich nun mit den Opfertieren bei dem Scheiterhaufen. Es beginnt nun der wichtigste Teil des ganzen Festes. Ein paar keuscher Jünglinge sind bemüht, in der uralten Weise durch Aneinanderreiben zweier trockener Hölzer die heilige Opferflamme zu gewinnen. Andere beschäftigen sich damit, dem altherkömmlichen Brauche gemäß, die Opfertiere durch Hauptabschneiden zu töten. Die abgeschnittenen Köpfe werden sodann nebst den Rümpfen der lediglich zum Sühnopfer bestimmten Hunde und Katzen sowie der Haut, dem Knochengerüst, den Eingeweiden und Genitalien der Rosse, Rinder, Schweine, Böcke, Gänse und Hühner auf den Holzstoß gelegt, jedoch nicht eher, als bis sich jeder von den Teilnehmern am Opfer etwas davon angeeignet hat, sei es nun ein Knochen oder ein Stückchen Haut oder ein wenig geronnenes Blut. Solchen Opferresten wohnen nämlich große Zauberkräfte inne. Gibt man z.B. von dem Opferblut einem Kranken ein, so weicht sofort die Sucht von ihm; gräbt man einen Opferknochen in das Saatfeld, so bleiben Unwetter und Hagelschauer der Frucht fern usw.

Nachdem die Tiere geschlachtet sind, ist endlich auch die mühselige Arbeit des Feuergewinns mit Erfolg gekrönt worden. Die durch die Reibung erhitzten Hölzer haben Feuer gefangen. Schnell wird dasselbe angefacht und dann damit der Scheiterhaufen angesteckt, welcher, kaum entzündet, auch schon nur eine einzige große Flamme bildet. Alles jauchzt und jubelt und tanzt unter dem Singen alter feierlicher Weisen um den brennenden Holzstoß herum. Aufmerksam blickt auch ein jeder nach der Farbe und dem Zug des Rauches und dem Aussehen des gestirnten Himmels; denn daraus lässt sich gar manches weissagen über die Aussichten bei der nächsten Ernte, über die kommende Witterung, über die Gegend, wo man im nächsten Jahre am besten aussäen kann, ja selbst über Liebe, Ehe und Tod.

Die jungen Burschen reißen darauf aus dem Scheiterhaufen brennende Scheite heraus, zünden an seiner Glut Reiserwellen, lange Kienfackeln und mit Stroh umflochtene Räder an und laufen dann damit, schreiend und lärmend, mit Peitschen knallend und mit Schellen läutend, über die Felder hin, um dadurch die dem Wachstum feindlichen Dämonen aus den Saaten zu vertreiben. Die älteren Leute und die Frauen dagegen sieden in den herbeigebrachten Opferkesseln das Opferfleisch, bereiten die Opferkuchen und die anderen Opferspeisen zu und brauen Bier und Met für den heiligen Minnetrank. Aber ehe es zum fröhlichen Opferschmaus geht, muss noch eine wichtige Handlung vorgenommen werden: das Springen der Menschen durch das Opferfeuer und das Treiben der Herden über die dampfenden und im Erlöschen begriffenen Kohlen. Denn der Rauch des Opferfeuers übt nicht allein auf den Acker dämonenvertreibende Macht aus, sondern er befreit auch den menschlichen und tierischen Körper von den ihm innewohnenden elbischen Geistern und bewahrt ihn dadurch vor tödlichen Krankheiten und Seuchen.

Ist auch dieser letzte große Läuterungs- und Reinigungsakt glücklich vorüber, so beginnt der Opferschmaus, bei dem es sehr heiter und fröhlich zugeht. Niemand darf sich davon ausschließen, selbst der zufällig vorüberwandernde Fremdling muss an dem Mahle teilnehmen. Welches Gemeindeglied hätte sich aber auch einem solchen Feste entzogen, bei welchem sogar der übermäßigste Genuss von Speise und Trank nicht allein keine nachteiligen Folgen nach sich ziehen konnte, sondern im Gegenteil dem Genießenden die größten Vorteile brachte. Denn je mehr Minne jemand trinkt, umso stärker und schöner wird er, und je mehr er isst, umso sicherer kann er sein, dass er das ganze Jahr hindurch von Krankheiten verschont bleibt. Zum Schluss – es mag wohl oft der helle Morgen gekommen sein, ehe ein solches deutsches Opferfest beendet war – nimmt ein jeder etwas von den Kohlen und der Asche des Feuers und den übrig gebliebenen Resten des Opferschmauses mit sich nach Hause, um die Dinge dort in allerhand Nöten als kräftige Heilmittel zu gebrauchen. Außerdem erhält noch jede Familie ein brennendes Scheit von dem Opferfeuer, mit welchem sodann auf dem Hofe das vorher sorgfältig ausgelöschte Herdfeuer wieder neu entzündet wird, damit auf diese Weise auch das Haus der Segnungen des Opfers teilhaftig werde.

So ging es bei dem Mittsommeropfer her, und ganz ähnlich verliefen auch die andern Jahresopfer unserer heidnischen Vorfahren.

Von Opfern, welche der einzelne Hausstand brachte, seien nur die bei der Aussaat und nach der Ernte erwähnt. Der Hausvater und sein Ingesinde brachten ein Brotopfer, mit Trankopfer verbunden, bei dem Treiben des ersten Pfluges in den Acker für die mütterliche Göttin Erde, damit sie aus ihrem Schoße heraus dem Lande die erforderliche Feuchtigkeit und dadurch der Saat Gedeihen gebe; ein Körneropfer beim Ausstreuen der ersten Hand voll Saatkorn für den Windgott, dass er die Frucht vor Vogel-, Wild-, Mäuse- und Würmerfraß bewahre; nach vollendeter Bestellung des Saatfeldes ein Eier- oder Hahnopfer für den Wettergott, um von ihm gnädigen Schutz vor Hagelschauer und Wetterschlag zu erbitten. Dabei wurden zauberkräftige Gebete gesprochen, etwa wie die angelsächsische Flurbesegnung mit dem feierlichen Anruf: Heil dir Erde, wachse in des Gottes Umarmung, erfülle dich mit Frucht den Menschen zu Nutze.[1] Kleinere Opferfeuer mögen auch dabei entzündet worden sein. Das letzte Ährenbüschel aber gehörte dem Wode und seinem Pferde als Dankopfer. Auch hier fehlten die Weihsprüche nicht. Daneben begegnen Hahn- und Bocksopfer als Erntebrauch, wohl mit Beziehung auf Donar. Hirtenopfer werden in Milch, Butter und Käse bestanden haben; dazu gehören die Viehbesegnungen, die allerdings nur in christlicher Fassung uns überkommen sind.

So greift der Opferdienst in die ganze Acker- und Viehwirtschaft des Einzelnen wie der Gesamtheit fortwährend ein. Wenn

---

1 Die angelsächsische Flurbesegnung bei Grein-Wülker, Bibliothek der ags. Poesie 1, 312 ff.; Wülker, Grundriss der ags. Lit., 347 ff.; Kögel, Geschichte der deutschen Lit. I, 1, 40 ff.

diese Opferbräuche auch in der christlichen Zeit nicht versäumt wurden, darf füglich angenommen werden, dass das Heidentum nicht weniger eifrig dem Opferdienst oblag.

6. Festliche Umzüge

Noch heute ist »begehen« die gewöhnliche Bezeichnung für die Feier eines Festes. Das Wort besagt aber eigentlich »einen feierlichen Umzug halten«. Ein Aufzug[1] gehörte zum Opfer und Gottesdienst. Unter verschiedenen Formen und mit verschiedener Bedeutung treffen wir solche Festzüge im germanischen Heidentum. Am klarsten und genauesten kennen wir den Zug bei der Nerthusfeier und bei der schwedischen Freysfeier. Den Wagen der Nerthus schirrte der Priester und begleitete seine Umfahrt durch die Gaue der verbündeten Völkerschaften. Wohin der Wagen kam, wurde Fest und Frieden gehalten. Vermutlich zog das Volk, wie später beim Sommerempfang, dem Wagen der Göttin entgegen, um sie feierlich einzuholen. Das Volk nahm den heiligen Wagen in geordnetem Zuge in die Mitte und führte ihn zu sich heim; der weiterfahrenden Göttin wurde dann später Geleit gegeben. Spiel und Tanz fehlten dem Aufzug so wenig wie den Frühlingsfesten. Freyr besuchte, auf dem Wagen fahrend und von einer Priesterin geleitet, zur Winterszeit die schwedischen Gaue. Der Gott wurde festlich eingeholt und gefeiert. Sein Umzug segnete das Land zur Fruchtbarkeit. Der Gotenkönig Athanarich befahl, das Bild eines gotischen Gottes auf einem Wagen vor den Wohnungen aller des Christentums Verdächtigen herumzuführen. Weigerten sie sich, niederzufallen und zu opfern, so sollte ihnen das Haus über dem Kopfe angezündet werden.[2] Also auch derselbe Brauch eines umfahrenden Wagens. Der

---

1 Über Aufzüge, mit Chorgesang verbunden vgl. J. Grimm, Myth. 159, 560; W. Müller, Altdeutsche Religion, 113 f.; Müllenhoff, De antiquissima Germanorum poesi chorica, S. 10 ff., 21 ff.; Kögel, Geschichte der deutschen Literatur I, 1, S. 6, 30 ff.

2 Sozomenus, Historia ecclesiastica 6, 37.

Schiffszug in den Niederlanden hing vielleicht einstens mit dem Isis-Nehalenniadienste zusammen. Der Grundgedanke dieser Feier scheint der Einzug der Gottheit ins Land zu sein. Aufzüge scheinen überhaupt jedem Opfer eigentümlich zu sein. Flurgänge, um Ackerland fruchtbar zu machen, wobei Götterbilder herumgeführt wurden, bezeichnet der *indiculus superstitionum* als heidnische Sitte: *de simulacro quod per campos portant.* Die Kirche hat sich des Brauches bemächtigt, der in den Flurgängen der Gemeinde mit Priester und Heiltum statt des alten Götterbildes fortlebt. Romanischer Glaube mag übrigens in deutschen Festzügen mehrfach nachwirken.

Der feierlichste Aufzug war der zur Schlacht. Die Götter schritten, ihre Anwesenheit durch die heiligen Feldzeichen bekundend, den Heerscharen voran, aus deren Mitte feierlicher Gesang, besonders zu Ehren Donars, erscholl. Es mag ein kurzes Lied mythischen Inhaltes gewesen sein, das, eine Ruhmtat des Gottes ins Gedächtnis rufend, diese als Beispiel göttlichen Heldentums hinstellte. Darauf ertönte der Kriegsruf, der unter den vor den Mund gehaltenen Schilden tosend anschwellende *barditus.*[1] Wie die kurze vorgeschickte Göttersage zum Zaubersegen, etwa in den Merseburger Sprüchen, so mag sich das Donarlied zum *barditus* verhalten haben, einem brausenden, dem Feinde fürchterlichen Hurra, unter dem die Germanen nach Beendigung des Schlachtliedes den Sturmlauf begannen.

---

1 Über Schlachtgesang und Kriegsgeschrei vgl. Müllenhoff, De antiquissima Germanorum poesi chorica, S. 16 ff.; Kögel, Geschichte der deutschen Literatur I, 1, 17 ff. Tacitus, Germ. 3 nennt allerdings den Gesang der Lieder barditus *(carmina, quorum relatu, quem barditum vocant, accendunt animos).* Über barditus vgl. Vegetius, De re milit. 3, 18; Ammianus 31, 7, 11, wo der Kriegsruf gemeint ist und *barritus* steht. Barditus gehört entweder zu an. *barði,* Schild, und bedeutet »Schildruf«, »Schildgeschrei« oder zu *bard* (barba) und bedeutet »Bartruf«. Von Thor heißt es, dass er zornig den Bart schüttelte (Þymskv. 1 *skegg nam at hrista*); zornig bläst er in seinen roten Bart und erhebt den donnernden Bartruf *(skeggrǫdd, skeggraust)* gegen seinen Feind (Fornmannasögur 1, 303 Olafssaga Tryggvasonar).

7. Ständige Jahresfeste

Gab es bei den Germanen eigentliche Festzeiten, die sich jährlich an bestimmten Tagen wiederholten? Die Frage ist darum schwer zu beantworten, weil die ursprüngliche Jahresteilung der Germanen nur mangelhaft bekannt ist. Das Jahr zerlegten die Germanen in zwei Hälften, Winter und Sommer, denn diese Wörter gehen durch alle Sprachen gleichmäßig hindurch. Ob die andern Jahreszeiten, Lenz und Herbst, schon der Urzeit angehören, ist zweifelhaft. Das Jahr hub mit dem Winter, im Oktober vielleicht in der Tag- und Nachtgleiche oder im November, an. In der altdeutschen Sprache hat das Wort Winter geradewegs auch die Bedeutung Jahr. Zu Winters Anfang und zu Sommers Anfang waren größere Opferfeste üblich, die nicht bloß in der Gemeinde, sondern in der Völkerschaft, im ganzen Lande gefeiert wurden. Da kamen die Volksgenossen zum Herbstding und Frühlingsding aus Nah und Fern zusammen, da wurden Opfer und Gottesdienst gefeiert, Gericht gehalten, Volksfeste begangen u. dgl. mehr. Ein festes Datum für die Zusammenkünfte lässt sich nicht behaupten. Es war wohl auch nach Klima und Landesbeschaffenheit verschieden und wurde eben allgemein auf den ersten Winter- oder Sommermond verlegt. Ostern, die Märzfelder der Merowinger, die Maifelder der Karolinger, die zahllosen Frühlingsfeste, die im Volksbrauche auch unter dem Christentum fortlebten, die uralten Volksspiele vom Einholen des Sommers, vom Streit zwischen Sommer und Winter, Feste, die sich im Allgemeinen zwischen Fasten und Pfingsten abspielen, andererseits die herbstlichen Kirchweih- und Schlachtfeste dürften einzelne Züge aus den altgermanischen Winter- und Sommeropfern bewahren. Aber ein Gesamtbild lässt sich nimmer gewinnen. Denn das alte große Volksfest ist mit Gemeindefesten der Bauern und Hirten vermischt und auf verschiedene Tage des römisch-christlichen Kalenders verstreut. Außerdem sind viele fremdartige und junge Bräuche eingedrungen. Es versteht sich wohl von selbst, dass eine Vereinigung des ganzen Volkes nicht allzu oft stattfinden konnte. Denn die Reise zum Ding war zeitraubend. Andererseits forderten aber die Angelegenheiten des Volkes solche Versammlungen, die aber keineswegs bloß dem Opferfeste, vielmehr ebenso dem Gerichte und der Beratung, die im Heidentum vom Gottesdienste gar nicht zu trennen sind, gewidmet waren. Darum betont J. Grimm in den Rechtsaltertümern (S. 245, 821 ff.) mit Fug die ursprüngliche Zusammengehörigkeit von Volksding und Volksopfer. Je nach Umständen wird bald die eine, bald die andere Bedeutung stärker hervorgetreten sein. Im Christentum fiel das Opfer weg, aber Volksding und Volksfest hafteten. Die Frühlingsfeste, welche in Verbindung mit Waffenübungen und Schützenfesten stehen, weisen zurück auf eine Zeit, wo die Ankunft des Frühlings nicht nur mit einem Danke an die Götter für das, was die Natur gab, sondern mit einer Zusammenkunft der gesamten waffenfähigen Mannschaft begrüßt wurde, wo die während des Winters nicht geübten Fertigkeiten bei Kampfspielen erneuert und die Kriegszüge des Sommers beschlossen wurden. Sie erinnern an die fränkischen März- und Maifelder, wo die Musterung im Vordergrund steht. Die wesentlichen Merkmale jener Versammlung im Herbst und Frühling waren etwa diese: Gebet und Opfer um gutes Jahr und glückliche Unternehmungen, Beratungen über Angelegenheiten des Volkes, zu Sommersanfang besonders über bevorstehende Feldzüge, Waffenmusterung, Gerichte, Umzüge und Volksspiele, Opferschmaus und Gelage. Besonders im Norden finden wir den alten Brauch der Volksdinge am besten auch unter der christlichen Religion bewahrt. Die Norweger hatten neben dem *Heradsding*, dem Ding der Hundertschaft, *Volklandsdinge*. In vier großen Verbänden traten die Norweger zusammen. Die Isländer vereinigten sich im Herbst und Frühling in kleineren Verbänden, im Juni zum *Allding*. Zugleich hören wir im Norden von besonders großen Opferfesten der Dänen und Schweden. Die Zeiten der nordischen Dinge sind allerdings teilweise eigenartig und ohne Zusammenhang mit den altgermanischen ungebotenen Dingen, namentlich auf Island allein durch die Landesbeschaffenheit bestimmt.

Weil die ungebotenen Dinge der Germanen vielfach zu Winters und Sommers Anfang stattfanden, weil zur selben Zeit der Volksbrauch noch allerlei Spiele und Feste kennt, weil die Germanen das Jahr in Winter und Sommer einteilten, wird man nicht fehlgehen, wenn man dahin ständige Festzeiten der heidnischen Germanen verlegt, die im größeren Verband, unter Teilnahme des ganzen Volkes, als Volksfeste gefeiert wurden.

Noch weitere Volksfeste scheinen vorhanden gewesen zu sein. Zu Mittwinter wurde *jul* gefeiert. Das nordische *jól, júl* begegnet auch im englischen *yule;* in Pommern ist Jul eine Bezeichnung für die Weihnachtszeit, scheint aber aus Schweden oder Dänemark eingeführt zu sein. Im Gotischen und Angelsächsischen kommt dasselbe Wort als Monatsname vor: ags. *æra geola, æftera geola*[1], erster und zweiter Julmonat, zur Bezeichnung des Januar und Februar, got. *fruma jiuleis,* erster Julmonat zur Bezeichnung des November. Ist der Monat nach dem Feste oder das Fest nach dem Monat benannt? Der Ursprung des Wortes liegt im Dunkel. Weinhold dachte an Entlehnung aus lateinischem *julius,* die Mittwintermonate (Dezember, Januar) hätten die Germanen bei Annahme des römischen Kalenders mit dem Namen des Mittsommermonats belegt. Andere Erklärungen suchen Urverwandtschaft mit lateinischem *joculus;* Jul sei die heitere Festzeit.[2] Das heidnische Julfest der Nordleute fand im Januar nach Dreikönig statt und währte drei Tage. Die Zeit gibt für Dänemark Thietmar von Merseburg an, für Norwegen die Bezeichnung *Þorrablót,* das Þorriopfer. Þorri ist ein Monatsname, dem Januar entsprechend. Þorri hub zwischen dem 9. und 16. Januar an. König Hakon verfügte, dass man das Julfest in

1 Bäda, *de temporum ratione,* Kap. 13 gewährt die Form *giuli; december giuli eodem quo ianuarius nomine vocatur.* Spätere ags. Denkmäler ziehen die Form *geola* vor; vgl. J. Grimm, Gesch. der ds. Spr., 79 ff.; Weinhold, Die deutschen Monatsnamen, Halle 1869.

2 *Jul* aus urgerm. **jehwela,* ags. *gehhol, geohhol = joculus* erklären Kluge, Englische Studien 9, 311 ff.; Bugge, Arkiv f. nordisk filologi 4, 135. Diez, Etym. Wörterbuch der roman. Sprachen, 5. Aufl. 1887, S. 166, Körting, Latein.-roman. Wörterbuch, 1891, S. 425, leiten frz. *joli,* it. *giulivo* von altnord. *jól,* dem Freudenfeste, ab.

Norwegen um dieselbe Zeit feiern sollte wie die Christen Weihnachten.

In Deutschland ist kein sicheres Zeugnis des heidnischen Mittwinterfestes vorhanden. Wohl spielen die Zwölften, die Zwölfnächte zwischen Weihnacht und Dreikönig, im Volksaberglauben eine große Rolle.[1] Da sind alle Geister los und suchen die Menschen heim. Der Wode, Frau Holle, die Percht, das wütende Heer ziehen um und werden mit Opfer geehrt. Alle Arbeit ruht, besonderes Backwerk wird zubereitet, festlicher Schmaus gehalten. Das sind die Losnächte, in denen die Zukunft erforscht werden kann, welche die Witterung und damit die Fruchtbarkeit des kommenden Jahres anzeigen. Da ereignen sich allerlei wundersame Dinge. Erwägt man, dass das nordische Julfest auf die christliche Weihnachtszeit verlegt wurde, so kann man auch für Deutschland solches annehmen und den Weihnachtsaberglauben vom alten Mittwinteropfer ableiten. Aber er kann ebenso wohl vom heidnischen Jahresanfang, vom Winterbeginn oder Herbstopfer auf Weihnachten und Neujahr verlegt worden sein.

Nordische Berichte reden von drei großen Jahresopfern, die im Allgemeinen wohl auch mit den germanischen Jahresopfern übereinstimmen.[2] Die Ynglingasaga (Kap. 8) sagt: »Da sollte man opfern gegen den Winter zu für gutes Jahr *(í móti vetrs til árs),* mitten im Winter sollte man opfern für Wachstum *(at miðjum vetri til gróðra),* das dritte Mal gegen Sommer *(at sumri);* das war das Siegesopfer.« Die jüngere Olafssaga Helga (Kap. 104) berichtet: »Das ist ihre Sitte, ein Opfer zu haben im Herbste und da den Winter zu begrüßen; ein andres Opfer haben sie mitten im Winter, das dritte gegen Sommer, da begrüßen sie den Sommer.« Von dem Halogaländer Sigurd Thorisson berichtet dieselbe Saga im Kap. 112: »Er war so gewohnt, solange das Heidentum währte, drei Opfer jeden Winter zu haben, eines bei Winters

1 Den Weihnachtsaberglauben bezeugen reichlich alle Sagensammlungen im Norden und Süden. Den besten Überblick gewährt A. Tille, Deutsche Weihnachten, Leipzig 1893, 148 ff.

2 Zeugnisse für die nordischen Jahresopfer sind gesammelt bei Maurer, Bekehrung 2, 232 ff.

Anfang, das zweite um Mittwinter, das dritte gegen Sommer; nachdem aber das Christentum allgemein üblich geworden war, behielt er die alte Gewohnheit wegen der Gastmähler. Da hatte er im Herbst ein Freundesmahl, im Winter ein Julgelage, wozu er wieder zahlreiche Leute zu sich einlud; ein drittes Mahl hielt er auf Ostern, und da hatte er wieder viele Leute. So hielt er es fort, so lange er lebte.« Vom südnorwegischen Bauern Harekr wird erzählt: »Drei Hauptmahle hielt er in jedem Jahre, eine Julgasterei und Mittwinters und zu Ostern.« In der Gislasaga Surssonar I, 27 heißt es vom Isländer Thorgrim: »Er gedachte zu Winters Anfang ein Herbstgelage zu haben, den Winter zu begrüßen und dem Freyr zu opfern.« Die Opferzeiten berühren ebenso den Einzelnen wie die Allgemeinheit. War die Dingzeit einmal anders gelegt, so wurde natürlich das Jahresopfer, sofern die alte Festzeit bestehen blieb, auch von einzelnen Leuten gefeiert. Mit dem Opfer verbanden sich Spiele, wo mehr Leute zusammenkamen. So erzählt die Eyrbyggjasaga Kap. 43: »Das war die Sitte der Breidfirdinger im Herbste, dass sie Ballspiele hielten um den Beginn des Winters unter Oexl südlich von Knorr; da heißt es seitdem *leikskála vellir* (Ebene der Spielhütten), und die Leute kamen dahin aus der ganzen Umgegend; da waren große Spielhütten errichtet; die Leute wohnten da und saßen da einen halben Monat oder länger.« Neben dem Julgelage werden auch Julgeschenke (in der Egilssaga, Kap. 70) und Spiele (Holmverjasaga, Kap. 22) erwähnt. Beim Sommeropfer zu Uppsala nennt die Olafssaga Helga Kap. 75 einen Jahrmarkt. Das sommerliche Volksopfer in Norwegen bezeugt die Egilssaga Kap. 49: »Das war im Frühjahr, dass zu Gaular ein großes Opfer sein sollte gegen Sommer. Dort war der ansehnlichste Haupttempel; dahin kam eine gewaltige Menge aus Firdir und aus Fjalir und aus Sogn und nahezu alle angesehenen Leute.« Solange die ständigen, ungebotenen Volksdinge und die Volksopfer zusammenfielen, war der Besuch des großen Jahresopfers für die Volksgenossen Pflicht, von der man sich nur gegen Entrichtung einer Steuer loskaufen konnte. Denn so wird es beim Ding auch später immer gehalten.

Nur eine einzige Quelle, die keinen Glauben verdient, die Hervararsaga (Kap. 12), verlegt das Julfest in den Februar.[1] Dem Þorriopfer begegnet ein Goiopfer. Goi entspricht dem Februar und fängt zwischen dem 9./16. Februar unsres Kalenders an. Nun ist mit dem Goiopfer offenbar das schwedische Hauptopfer zu Uppsala gemeint, das aber deutlich als Sommeropfer sich ausweist und nach dem Scholiasten Adam von Bremen erst später um die Zeit der Frühlingstag- und Nachtgleiche gefeiert wurde. Diese Zeitbestimmung ist die ursprüngliche und richtige. Es handelt sich um das germanische Opfer zu Sommers Anfang. Dasselbe scheint nachmals weiter zurückverlegt worden zu sein, von März oder April in den Februar. Über das Opfer berichtet die Olafssaga Helga Kap. 75: »In Schweden war das alte Landessitte, solange das Heidentum währte, dass ein Hauptopfer zu Uppsalir sein sollte im Goi des Winters; da sollte man opfern um Jahr und Frieden und um Sieg für seinen König, und dahin sollten die Leute kommen aus dem ganzen Schwedenreiche, da sollte ein Ding aller Schweden sein; da war auch Markt und eine Kaufversammlung, und der Markt währte eine Woche; nun aber seit das Christentum allgemein angenommen war und die Köni-

---

1 Der Behauptung H. Petersens, Nordboernes gudedyrkelse og gudetro, S. 27, dass das heidnische Julfest auf Ende Januar oder Anfang Februar fiel, kann ich nicht zustimmen. Sie hat nur in der Hervararsaga schwache Gewähr, während andre Zeugnisse dagegen sprechen. Die *Spurcalien* im Februar, deren Aldhelm († 709) und der indiculus gedenken, welche die homilia de sacrilegiis als *dies spurcos* erwähnt, weisen allerdings auf ein den nds. Stämmen gehöriges heidnisches Opferfest hin. Aber es ist schwerlich ein großes Volksopfer gemeint, vielmehr ein Gemeindeopfer. Der Name ist keinesfalls germanischen Ursprungs, sondern von lat. *spurcus, spurcitia* nach der Analogie von Vulcanalia, Saturnalia, Neptunalia u. Ä. gebildet und soll den Brauch der deutschen Bauern verächtlich als etwas Wüstes, Schmutziges (vgl. *spurcitiae gentilitatis*) hinstellen; vgl. Caspari in der Ausgabe der homilia de sacrilegiis, S. 36 f. Ob der ndl.-nds. Name des Februar *Sporkele, Spurkele,* der im Volksmunde wie auch andere Tag- und Monatnamen personifiziert wurde, von den *Spurcalien* zu leiten oder anders zu erklären ist, lässt sich nicht bestimmen. Vgl. Weinhold, Die deutschen Monatsnamen, S. 56 f.; zum Namen Sporkel vgl. noch Ehrismann, Beiträge 20, 64 f.

ge nicht mehr in Uppsalir sitzen mochten, da war der Markt verlegt und auf Lichtmess gehalten worden, und dabei ist es seitdem geblieben; er währt nun nicht länger als drei Tage, und da ist nun das Ding der Schweden, und dahin kommen sie aus dem ganzen Lande.« Ein dem Mittwinter entsprechendes Mittsommerfest gab es nicht. Nur irrtümlich spricht die Olafssaga Tryggvasonar in der Heimskringla Kap. 72 von einem *miðsumarsblót* anstatt des *miðsvetrarblót*.[1] Die Johannistrünke dürfen auch nicht hergezogen werden, noch weniger das sommerliche, im Juni abgehaltene Allding der Isländer, das allein in der isländischen Landesbeschaffenheit begründet ist. Die Gemeinde hatte wohl Ursache, zu Mittsommer zu opfern, aber das Volk trat schwerlich im Sommer zu großen ungebotenen Versammlungen zusammen. Somit bleiben nur die Opferfeste zu Winters und Sommers Anfang, ferner das Julfest, drei ständige germanische Opferzeiten.

Ständige große, das ganze Volk umfassende Opferfeste sind schon frühzeitig bezeugt.[2] Im uralten Semnonenhain versammelten sich zu bestimmter Frist Abordnungen aller suebischen Völkerschaften, um den allwaltenden Tiuʒ mit Menschenopfern zu ehren. Die Jahreszeit dieses Opferfestes ist nicht angegeben, auch nicht, ob es sich jährlich oder erst nach einer Anzahl von Jahren wiederholte. Aber andere Zeugnisse lassen deutlich die Hauptopferzeiten erkennen.

Germanicus benutzte zweimal die Zeiten germanischen Festesfriedens, um unvermutet über die sorglosen Festgenossen herzufallen.[3] Es waren wohl ständige Feste, von denen die Römer Kunde hatten. Im Jahre 14 kam er über die Marsen, welche der Tanfana opferten. Es war im Spätherbst nach der Ernte und gegen Winters Anfang, also das Fest des neu anbrechenden Jah-

1 Vgl. Maurer, Bekehrung 2, 237, Anm. 186.
2 Tacitus, Germ. Kap. 39.
3 Über die Zeiten vgl. Müllenhoff, Schmidts allgemeine Zeitschrift für Geschichte 6, 266 ff.; ZfdA. 23, 25.

res. Im folgenden Jahre, gleich im Anfang des Frühlings, als gerade eine ungewöhnliche Dürre herrschte, machte Germanicus einen ähnlichen Einfall ins Land der Chatten und zog auf den Hauptort Mattium, das er verbrannte. Vermutlich wurde dort das Frühlingsfest, das Sommeropfer, begangen.

Widukind weiß von einem Feste der Sachsen am 1. Oktober. Drei Tage lang währte die Feier, die auch dem Andenken der Toten galt.[1] Widukind sucht allerdings in dieser bei Scheidungen an der Unstrut abgehaltenen Feier ein Siegesfest der Sachsen über die Thüringer. Aber man erkennt leicht, dass es um ein ständiges, auch in christlicher Form fortlebendes Fest sich handelt, das keineswegs aus einem einzelnen Ereignis hervorging. Erwägt man die Zeit, so ist auf das germanische Opfer zu Winters Anfang, zum heidnischen Neujahr, zu schließen. Dass die Toten dabei bedacht wurden, ist auch sonst bei den germanischen Opfern nachzuweisen. Sie galten nicht nur den Göttern, sondern ebenso sehr den Seelen. Namentlich Winters-, d. h. Jahresanfang, im christlichen Kalender Allerseelen und Neujahr, die Zwölften, kehren den Seelenkult stark hervor. Dasselbe Fest wurde, von dem Berichterstatter ähnlich missdeutet, am 28. September zu Augsburg gefeiert.[2] Die Überlieferung nennt einen *dies deae Cisae,* worin Laistner einen missverstandenen *»Cisatag«*, *»Sisatag«* sieht. Neben ahd. *sisesang,* Totenlied, *nenia,* wäre **sisetag* eigentlich ein *Kartag,* ein Tag der Klagelieder. Das Fest zu Winters Anfang, zu Michaeli, war zugleich eine allgemeine To-

1 Widukind 1, 12 *per triduum igitur dies victoriae agentes et spolia hostium dividentes exequiasque caesorum celebrantes laudibus ducem in coelum attollunt, divinum ei animum inesse coelestemque virtutem acclamantes, qui sua constantia tantam eos egerit perficere victoriam. acta sunt autem haec omnia, ut maiorum memoria prodit, die Kal. Octobris, qui dies erroris religiosorum sanctione virorum mutati sunt in ieiunia et orationes, oblationes quoque omnium nos praecedentium christianorum.* Vgl. Müllenhoff, Schmidts allgemeine Zeitschrift für Geschichte 8, 254.

2 Vgl. J. Grimm, Mythologie, S. 269 ff.; Müllenhoff, Schmidts allgemeine Zeitschrift für Geschichte 8, 254; Laistner, Württembergische Vierteljahrshefte für Landesgeschichte 1892, S. 5; über Nachklänge solcher Jahreswendefeste H. Pfannenschmid, Germanische Erntefeste, 164 ff.

tenfeier und trug davon sogar einen besondern Namen. Die germanische Jahreswende scheint nicht bloß eine Zeit der Lustbarkeit, sondern auch der Klage um die Verstorbenen gewesen zu sein.

Auch im Norden ging die Verehrung von Dísen und Alfen neben der Verehrung der Götter an den hohen Jahresfesten her. *Alfablót*, Alfenopfer, fällt mit Jul zusammen; denn nach der großen Olafssaga Helga Kap. 80 kam der Skald Sighvat spät im Winter zu einem Gehöft, wo das *alfablót* gefeiert wurde. In der Vigraglúmssaga Kap. 6 heißt es: »Da war zu Winters Anfang ein Gastmahl bereitet und ein *dísablót* gehalten, und alle sollten diese Erinnerung feiern.« Das schwedische Opferfest führte den Namen *dísaþing*. Mithin gelten nach nordischem und deutschem Brauch die großen ständigen Jahresopfer den Göttern und Geistern. Letzteren wurde wohl besonders Winters Anfang und Mittwinter geweiht, da der Aberglaube mit Vorliebe jene Zeiten den schwärmenden Geisterscharen zuweist.

Von besonderer Art sind die Feste, welche nur selten, nach Ablauf mehrerer Jahre und dann mit großer Feierlichkeit vom ganzen Lande begangen werden.

Thietmar von Merseburg[1] erzählt von den Dänen: »Es ist ein Ort in jenen Gegenden, namens Lederun (Leire, Hleidra), die Hauptstadt jenes Reiches im Gau Selon (Seeland), wo immer nach Verlauf von neun Jahren im Monat Januar um die Zeit, wo wir die Erscheinung Christi feiern, alle zusammenkamen und ihren Göttern 99 Menschen und ebenso viele Pferde nebst Hunden und Hähnen, die man in Ermangelung der Habichte darbrachte, opferten, indem sie für gewiss glaubten, dass diese ih-

1 Thietmar 1, 9; MG. 3, 739 *est unus in his partibus* (sc. *Northmannorum et Danorum*) *locus, caput istius regni, Lederun nomine, in pago, qui Selon dicitur, ubi post 9 annos mense januario, post hoc tempus quo nos theophaniam domini celebramus, omnes convenerunt, et ibi diis siusmet 99 homines et totidem equos, cum canibus et gallis pro accipitribus oblatis, immolant, pro certo, ut predixi, putantes, hos eisdem erga inferos servituros et commissa crimina apud eosdem placaturos.* Zur Stelle J. Grimm, Myth., S. 42 ff.

nen bei den Göttern der Unterwelt Dienste leisten und dieselben wegen ihrer begangenen Missetaten mit ihnen aussöhnen würden.«

Adam von Bremen[1] schildert ein ähnliches schwedisches Landesopfer: »Alle neun Jahre wird zu Uppsala ein allen Schweden gemeinsames Opfer gefeiert. In Bezug auf dieses Fest findet keine Befreiung von Leistungen statt. Die Könige und das Volk, alle schicken ihre Gaben nach Uppsala, und diejenigen, die bereits das Christentum angenommen haben, kaufen sich von jenen Zeremonien los. Das Opfer ist folgender Art. Von jeder Gattung männlicher Geschöpfe werden neun dargebracht, mit deren Blut es Brauch ist, die Götter zu sühnen. Die Körper aber werden in dem Haine aufgehängt, der zunächst am Tempel liegt. Dieser Hain ist nämlich den Heiden so heilig, dass jeder Baum durch den Tod oder die Verwesung der Geopferten geheiligt erachtet wird. Dort hängen auch Hunde und Rosse neben den Menschen und von solchen vermischt durcheinander hängenden Körpern habe er, erzählte mir ein Christ, 72 gesehen. Die Lieder, die bei der Vollziehung eines solchen Opfers gesungen werden, sind

1 Adam 4, 27 MG. 7, 380 *solet quoque post novem annos communis omnium Sueoniae provintiarum sollempnitas in Ubsola celebrari. ad quam videlicet sollempnitatem nulli praestatur immunitas. reges et populi, omnes et singuli sua dona transmittunt ad Ubsolam, et quod omni poena crudelius est, illi qui iam induerunt christianitatem, ab illis se redimunt cerimoniis. sacrificium itaque tale est. ex omni animante, quod masculinum est, novem capita offeruntur, quorum, sanguine deos placari mos est. corpora autem suspenduntur in lucum, qui proximus est templo. is enim lucus tam sacer est gentilibus, ut singulae arbores eius ex morte vel tabo immolatorum divinae credantur. ibi etiam canes et equi pendent cum hominibus, quorum corpora mixtim suspensa narravit mihi aliquis christianorum 72 vidisse. ceterum neniae, quae in eiusmodi ritu libationis fieri solent, multiplices et inhonestae, ideoque melius reticendae.* Im Kap. 28 wird ein Priester, *qui ad Ubsolam demonibus astare solebat,* erwähnt. Scholion 136 *nuper rex Sueonum christianissimus Anunder, cum sacrificium gentis statutum nollet demonibus offere, depulsus a regno, dicitur a conspectu concilii gaudens abisse, quoniam dignus habebatur pro nomine Jesu Christi contumeliam pati.* Scholion 137 *novem diebus commessationes et eiusmodi sacrificia celebrantur: unaquaque die offerunt hominem unum cum ceteris animalibus, ita ut per novem dies 72 fiant animalia quae offeruntur. hoc sacrificium fit circa aequinoctium vernale.*

vielerlei und unehrbar. Neun Tage werden Schmäuse und dergleichen Opfer gefeiert. An jedem Tage opfern sie einen Menschen nebst anderen Geschöpfen, sodass es in neun Tagen 72 Geschöpfe werden, die man opfert. Dies Opfer findet statt um die Frühlings Tag- und Nachtgleiche.« Zum Beweise, wie streng die Nichtachtung des Opfers geahndet wurde, erzählt das Scholion 136, wie der christliche König Anunder deshalb aus seinem Reiche vertrieben wurde.

Zum richtigen Verständnis der beiden großen nordischen Opfer muss zunächst ein Irrtum Thietmars berichtigt werden. Er vermischt Opfer- und Bestattungsbräuche. Die Tiere wurden nicht darum geschlachtet, dass die zum Opfer getöteten Menschen in der Unterwelt davon Gebrauch machten; solches war nur der Leichenfeier eigen. Beim Opfer fielen Menschen und Tiere den Göttern zu. In der Hauptsache verlaufen das dänische und schwedische Landesopfer gleich. Beide fanden nur alle neun Jahre statt, die Neunzahl spielt beiderseits bei den Opfern eine Rolle. Vielleicht sind die 99 Menschen in Dänemark neben den neun in Schweden doch zu hoch gegriffen. Neun Tage dauert das schwedische Fest. Das dänische Opfer fiel mit dem Julfest zusammen, das schwedische mit dem Sommeropfer.

Man muss dem Umstand Rechnung tragen, dass wir die ursprünglichen germanischen Jahresfeste nur unsicher aus der überlieferten Zeitrechnung, aus dem römischen Kalender und der christlichen Festfolge zu erschließen vermögen. Zweifellos hingen die einstigen Hauptfeste mit der Jahresteilung zusammen. Als aber, noch im Heidentum, der römische Kalender eindrang, fanden Verschiebungen aller Art statt, die christliche Festfolge vermehrte noch die Verwirrung. So wurden die Jahresfeste verlegt und auf verschiedene Tage verteilt. Man gelangt nur zum allgemeinen Satze, dass für die Volksopfer die Jahresteilung, für Gemeindeopfer Ackerbau und Viehzucht maßgebend gewesen zu sein scheinen.

Die siebentägige Woche und die Einteilung des Jahres in

zwölf Monate[1] kam den Germanen aus der Fremde, durch die Römer, zu, und zwar noch vor der Bekehrung, sonst wären die heidnischen Götternamen nicht für die Wochentage gewählt worden. Damals muss die interpretatio romana schon sehr fest eingebürgert gewesen sein, denn allgemein und ohne Schwanken werden die dies Martis, Mercurii, Jovis, Veneris dem Tiuȝ, Wodan, Donar und der Frija zugeteilt. Die Monate, sofern sie germanisch bezeichnet wurden, heißen nach Zeit und Wetter, Pflanzen und Tieren, Geschäften in Haus und Feld, nicht nach religiösen Vorstellungen. Erst später wurden gleich einigen Kalendertagen auch Monatsnamen persönlich gedacht und spielen deshalb im jüngeren Volksglauben eine Rolle.

II. Das Tempelwesen

1. Heilige Haine

Das Waldleben hatte von jeher tiefen Einfluss auf alle Verhältnisse des germanischen Volkes, so auch auf Glauben und Gottesdienst. »In dem Wehen, unter dem Schatten uralter Wälder fühlte sich die Seele des Menschen von der Nähe waltender Gottheiten erfüllt.«[2] Die ältesten Zeugnisse heben den Waldkultus hervor, der Wald war die Behausung der Götter. Heilige Haine vertreten geradezu eigentliche erbaute Tempel. Bei echt germanischen Tempeln fehlt auch nicht der Wald, es sei denn, die Natur versage ihn wie auf Island. Die ältesten germanischen Bezeichnungen lehren: Tempel ist zugleich Wald. »Was wir uns als gebautes, gemauertes Haus denken, löst sich auf, je früher zurückgegangen wird, in den Begriff einer von Men-

---

1 Weinhold, Über die deutsche Jahrteilung, Kiel 1862; Weinhold, Die deutschen Monatsnamen, Halle 1869; Kluge, Die deutschen Namen der Wochentage, im wissenschaftlichen Beiheft Nr. 8 zur Ztschr. des allgemeinen deutschen Sprachvereins 1895.

2 J. Grimm, Mythologie, S. 59 f.

schenhänden unberührten, durch selbstgewachsene Bäume gehegten und eingefriedigten heiligen Stätte. Da wohnt die Gottheit und birgt ihr Bild in rauschenden Blättern der Zweige.«[1] »Die Götter, im Wald und auf der Berghöhe gegenwärtig, bedurften keiner gebauten Wohnung, keines sie darstellenden Bildes. Am deutlichsten hat das Tacitus von den Germanen ausgesprochen: *ceterum nec cohibere parietibus deos, neque in ullam humani oris speciem assimilare ex magnitudine coelestium arbitrantur: lucos ac nemora consecrant, deorumque nominibus appellant secretum illud, quod sola reverentia vident.* Nur Bäume hegten den Gott und über Bäumen stand der Himmel offen. Als aber allmählich feste Niederlassungen erfolgten und als der friedliche Ackerbauer selbst ein Haus bezogen hatte, lag der Gedanke nah, auch für die Götter bleibende Wohnstätten zu errichten, und aus feierlichen Steinkreisen auf dem Waldgebirg gingen Höfe oder Tempel hervor. Die ältesten Ausdrücke unsrer wie der griechischen Sprache können sich von dem Begriff des heiligen Haines noch nicht losreißen, sondern gehen von diesem aus und erst unmerklich in die Vorstellung einer erbauten Stätte über.«[1]

Die altgermanischen Wörter für Heiligtum, Opferstätte schwanken in ihrer Bedeutung zwischen Hain und Tempel, weil eben zum Gottesdienste einerseits heilige gehegte Wälder, andererseits aufgerichtete Gebäude dienten. Das ahd. *haruc*[2] geben die Glossen mit *lucus, nemus, fanum, ara* wieder, ags. *hearh*[3] wird entsprechend als *lucus, sacellus, fanum* ausgelegt. Im Nordischen bedeutet *hǫrgr*[4] ursprünglich Steinhaufen, vielleicht geschichteter Steinaltar oder Steinkreis als Hag um den Opferplatz, wie solche noch in England und Skandinavien zu sehen sind. Zugleich aber nimmt *hǫrg* die allgemeine Bedeutung »Heiligtum«,

---

1 J. Grimm, Geschichte der deutschen Sprache, 116.

2 Vgl. Graff, Ahd. Sprachschatz 4, 1015.

3 Vgl. Wright-Wülcker, Anglo-saxon and old-english glossaries 1, 433, 501, 503, 517, 519.

4 Sveinbjörn Egilsson, Lex. poeticum 380; Fritzner, Oldn. ordbog 2^2, 191; Sigurður Vigfusson, árbók hins íslenzka fornleifafélags 1880/1, S. 89 ff.

die besondere »kleiner Tempel« an.[1] Ahd. *paro* (gen. *parawes*)[2], ags. *bearo* (gen. *bearwes*), welche *lucus* und *arbor* ausdrücken, deuten auf den heiligen Hain oder Baum.

In den germanischen Sprachen begegnet unter verschiedenen Formen ein Wort für sich allein und in Zusammensetzungen; es lautet weh, *weg* (an. *vé*, ags. *weoh, weg*, as. *weg*) *wih, wig* (gotländisch, dän., schwed. *vî*, ags. *wih, wig*, as. ahd. *wih*). Die Grundbedeutung ist Kultstätte (as. *friduwih*, befriedete Kultstätte) und demnach, wie die ahd. Glosse *»forst edo haruc edo uuih«* lehrt, auch heiliger Hain, ferner Kultgegenstand *(idolum, ara, vexillum)*.[3]

Ahd. *lôh (lucus)*, das wie nord. *lundr* in vielen deutschen Ortsnamen erscheint[4], weist wohl manchmal auf ursprünglichen Opferhain. Am besten unterrichtet Tacitus an vielen Stellen über den Waldkult der Germanen.[5] Bei den Nahanarvalen ist ein altehrwürdiger Hain (lucus *antiquae religionis*), wo den Alcis gedient wird. Bei den Semnonen steht der uralte schauerliche Opferwald, den man nur gefesselt betreten darf *(silva auguriis patrum et prisca formidine sacra)*; dort versammeln sich Abgesandte aller Suevenstämme. Der Nerthus ist ein unberührter Hain *(castum nemus)* geweiht, worin allerdings auch ein templum sich erhebt. Die Feldzeichen der Stämme, Tierbilder und Abzeichen der Götter, die dem Heere voran in die Schlacht getragen wurden, befanden sich gewöhnlich im geweihten Walde. Im Donarswald *(in silvam Herculi sacram)* versammeln sich die Völker zur Schlacht. In den heiligen Hain *(sacrum in nemus)* ruft Civilis den

1 Noreen, Abriss der urgermanischen Lautlehre, S. 229, vergleicht lat. *carcer*, Einfriedigung.

2 Graff, Diutiska 1, 150 *qui ad aras sacrificat, de za demo parawe ploazit.*

3 Die Geschichte des Wortes mit Angabe aller Belege behandelt R. Henning, Die deutschen Runendenkmäler, Straßburg 1889, S. 23 ff.

4 Vgl. *Heiligenloh*, J. Grimm, Myth. 65; Arnold, Ansiedlungen und Wanderungen deutscher Stämme, Marburg 1877, S. 117.

5 Über heilige Wälder spricht Tacitus in der Germ. 7, 39, 40, 43; Ann. 1, 61; 2, 12; 4, 73; Hist. 4, 14; 4, 22. Germ. 9 *»lucos ac nemora consecrant deorumque nominibus appellant secretum illud, quod sola reverentia vident«*, ist rhetorische Phrase, wie der Zusammenhang mit dial. de orat. 12 lehrt.

Adel zusammen. Opfersteine, bei denen die gefangenen Feinde geschlachtet wurden, traf man in den Wäldern *(lucis propinguis barbarae arae apud quas tribunos mactaverant)*. Die Häupter getöteter Opfertiere bleichten an den Baumstämmen.

Im tiefsten, dunkelsten Urwald, wo kein Holz geschlagen werden darf, ist das Heiligtum der Götter, da stehen die Opfersteine, da werden Menschen und Tiere geschlachtet oder aufge hängt, da werden die heiligen Feldzeichen der Völker aufbewahrt. Dort ist aber auch Volksversammlung und Gericht. Vermutlich war ein besonderer Teil des Urwaldes zum eigentlichen Gottesdienst abgegrenzt, während fürs Ding gelichtete, wenigstens von Buschwerk und Unterholz gerodete Strecken erforderlich scheinen. Der den Göttern geweihte uralte wilde Bannwald rief einen schauerlichen Eindruck hervor, ebenso aus ehrfürchtiger Scheu vor der unmittelbaren Gegenwart der Götter wie wegen der blutigen Opfer, wegen der verwesenden Leichen und bleichenden Gebeine. Nicht bloß den Römern, auch den germanischen Volksgenossen selber war ein solcher Urwald unheimlich. Die Schrecken der Vorzeit hafteten auch später vornehmlich am Tempelhain, so an dem zu Uppsala, während die übrigen Örtlichkeiten der frohen Feste halber wohl einen freundlicheren Anblick boten. Der eigentliche Opferplatz, wo die Gottheit die Opfer empfing, war der furchtbare Mittelpunkt des Gottesdienstes.

Die Bekehrer hatten oft mit heiligen Wäldern, insbesondere mit heiligen Bäumen zu tun. Der Wald gilt ohnehin als Aufenthalt der Geister, der Baum als beseelt; somit wird er leicht zur Behausung, zum Heiligtum der Götter. Bonifatius fällte bei Geismar die Donarseiche und erbaute aus ihrem Holz eine Peterskapelle. Unter Sachsen und Friesen[1] dauerte die Verehrung der Haine am längsten fort. Bischof Unwan von Bremen ließ im Anfang des 11. Jahrhundert bei abgelegenen Bewohnern seines Sprengels solche Wälder, in denen geopfert wurde, ausrotten.

---

1 Vgl. J. Grimm, Myth. 64, wo die vita Meinwerci Kap. 17, MG. 11, 114, und MG. 2, 377 Anm. k ausgehoben ist.

Nach einem Treffen, das im Jahre 779 zwischen Franken und Sachsen geschah, ließ sich ein schwerwunder Sachse aus seiner Burg heimlich in einen dem höchsten Gott geweihten Hain tragen. Schon in alten Urkunden ist von *Heiligenforst* bei Straßburg, *Heiligenloh* im Hoyaschen, *Heiligelo* bei Alkmaar in Holland, *Heiligenholtz* bei Zwifalten, *Halahtre* in Westfalen die Rede.[1] Diese Namen bewahren das Andenken heidnischer Götterwälder, die der Benutzung des Volkes entzogen, dem Dienste der Götter geheiligt waren.

2. Tempelbauten

Aus dem Walde wuchs allmählich der gezimmerte Tempel[2] hervor, vielleicht Anfangs in der Art, dass um einen besonders heiligen Baum, der als Sitz der Gottheit galt, eine Hütte aus Holz und Zweigen aufgeführt wurde. Derlei mag der *indiculus superstitionum* IV *»de casulis id est fanis«*, von kleinen Tempelchen, im Auge haben. Man gedenkt der Halle König Vǫlsungs, die freilich weltlichen Zwecken dient, aber möglicherweise einen altfränkischen Waldtempel darstellt. »König Wolsung ließ eine herrliche Halle machen, und zwar auf die Art, dass eine große Eiche in der Halle stund; die Zweige des Baumes mit schönen Blättern breiteten sich übers Dach, der Stamm reichte in die Halle hinunter.«[3] Hernach stößt Odin das Schwert für Sigmund in den Stamm dieser Eiche. Darf man eine Wodanseiche im fränkischen Urwald, um welche ein Tempel gezimmert war, worin der Gott seinen Lieblingen sich offenbarte, als letzten Ausgangspunkt dieser Sagenbildung vermuten? Die sächsische *Irminsûl* muss hier erwogen

1 J. Grimm, Myth., 65; Förstemann, Ortsnamen², 700.

2 Das germanische Wort für den Tempel war got. *alhs* (bei Wulfila für *ναός* u. *ἱερόν* gebraucht), as. ahd. *alah*, ags. *ealh*. Damit sind zahlreiche Personen- und Ortsnamen (Förstemann 2², 40), welche auf altdeutsche Tempel schließen lassen, zusammengesetzt; vgl. *Alahstat, Alahdorf, Alahesfeld, Alahesheim, Alahpah, Alacfurd, Alacmar* u. Ä.

3 Vǫlsungasaga Kap. 2.

werden. Im nordischen Hause stützen eine oder zwei Säulenreihen als Grundpfeiler den ganzen Bau. Besonders wichtig sind die zwei am Hochsitz befindlichen sog. *ǫndvegissúlur*, an denen Götterbilder eingeschnitzt sind, denen abergläubische Verehrung erwiesen wird. Die nach Island fahrenden Norweger nehmen ihre Hauptsäulen mit und stellen sie in der neuen Heimat ebenso in die Mitte des Hauses. Auch im Tempelbau, der vom Hausbau nicht wesentlich abwich, kehren diese Säulen wieder. Karl der Große zerstörte im Jahre 772 einen Hauptsitz des sächsischen Aberglaubens, die unweit Eresburg in Westfalen errichtete *irminsûl*, die Hauptsäule.[1] Er verbrannte das sächsische Heiligtum. Im tiefen Wald, wohl im Osning, im heiligen Götterhain, ragte die Säule auf, die bald als fanum, bald als idolum bezeichnet wird. Später wurde an ihrer Stelle eine Peterskirche gebaut. Rudolf von Fulda erzählt vom Baumkult der Sachsen und erklärt die *irminsûl* als einen großen, unter freiem Himmel hoch aufgerichteten Holzstamm, eine Hauptsäule.[2] Was ist nun in Wirklichkeit unter der sächsischen Säule zu verstehen? Ihr eignete wohl dieselbe religiöse Bedeutung wie der nordischen Haussäule. Durch eingeschnitztes Götterbild mag vielleicht auch sie zum Heiligtum, zum Idol, geweiht gewesen sein. Sie stand aber allein im Freien und diente so als Symbol. Der aufgerichtete Grundpfeiler, die Hauptsäule, vertrat vielleicht symbolisch den Tempel, der ursprünglich um den heiligen Baum, nachher um die hölzerne Hauptsäule gezimmert war. Für den germanischen Tempel der Urzeit, dessen Einrichtung nirgends genau geschildert ist,

1 Die hergehörigen Stellen aus MG. sammelt J. Grimm, Myth. 104 ff.; W. Müller, Altdeutsche Religion, S. 71, bringt die *irminsûl* mit den nordischen Hauspfeilern in Verbindung. Mannhardt, Baumkult der Germanen, S. 303 ff., erklärt die Irmensäule als den Lebensbaum des Volkes, der neben dem Maibaum der Gemeinde und dem Baum des Einzelhofes aus ähnlichen Grundvorstellungen entwickelt sei.

2 MG. 2, 676 *truncum quoque ligni non parvae magnitudinis in altum erectum sub divo colebant, patria eum lingua irminsul appellantes, quod latine dicitur universalis columna, quasi sustinens omnia.* Damit scheint eine Deutung als Säule des Irmin-Tiuȝ ausgeschlossen, *irmin* hat den in Zusammensetzungen ganz gewöhnlichen und geläufigen Sinn »groß, gewaltig«.

lernen wir nur das eine, dass sein Ursprung an den heiligsten Baum des geweihten Forstes, an die uralte mächtige Göttereiche, anknüpfte. Den Baum löste bei späterem kunstvollerem Bau die im Mittelpunkt aufgerichtete hochragende Hauptsäule, ein gewaltiger verarbeiteter Baumstamm, ab. Wie der Götterbaum den Grundpfeiler des heiligen Gebäudes abgab, so scheint er auch das Götterbild, das zunächst an ihm haftete, veranlasst zu haben. So wuchs, wohl auch unter der Anregung römischer Kultur, aus dem ursprünglichen Gottesdienst im Urwalde die gezimmerte Behausung der Götter und ihre bildliche Darstellung heraus. Der Götterbaum als *irminsúl* entfaltet beides.

Zur Zeit des Tacitus ist die Kultstätte meistens der heilige Hain. Aber an zwei Stellen ist zweifellos vom Tempel im Haine die Rede. Nachdem der Priester die Nerthus an Festtagen um hergeführt hat, gibt er sie ihrem Heiligtum zurück *(satiatam conversatione mortalium deam templo reddit).* Im Jahre 14 machten die Legionen des Germanicus den marsischen Tanfanatempel dem Erdboden gleich *(celeberrimum illis gentibus templum, quod Tanfanae vocabant, solo aequatur).* Die Bekehrer hatten nicht bloß Göttereichen zu fällen, sondern auch Tempelbauten niederzulegen, zu verbrennen oder zum Dienste des Christentums umzuweihen. Allmählich hatten sich die im Walde gebauten Tempel vermehrt, mitunter wurden auch römische Bauten, gemauerte steinerne Tempel, dem germanischen Götterdienst nutzbar gemacht. Als Radegund, die Gemahlin Chlotars, aus Thüringen nach Frankreich zog, führte sie ihr Weg in der Nähe eines fränkischen Tempels vorüber. Die glaubenseifrige Christin gebot ihren Leuten, den Heidentempel anzuzünden. Die Franken wehrten sich, aber Radegund setzte ihren Willen trotzdem durch. Das Heiligtum wurde verbrannt, hernach aber Frieden gestiftet. So erzählt die vita sanctae Radegundis (*acta Bened. sec.* 1, S. 327) aus dem 6. Jahrh. Gregor von Tours (*vitae patr.* 6) weiß von einem mit Zierraten erfüllten Tempel zu Köln *(fanum quoddam diversis ornamentis refertum),* worin die Barbaren beim Opfer Schmaus und Gelage hielten. Dort standen auch Götterbilder. Kranke Glieder wurden in hölzerner Nachbildung aufgehängt. Bei den

Angelsachsen gab es eingehegte Tempel *(fana cum septis),* die ziemlich vollkommen gewesen sein müssen, sonst hätte schwerlich Gregor dem Augustin anempfohlen, christliche Kirchen daraus zu machen. Die ags. Sprache gewährt auch ein germanisches Wort für den Begriff »Altar«. Im Walde genügte der Opferstein, im Tempel erhub sich ein Altar, *wigbed* (aus älterem *wihbéod*), der Tempeltisch.[1] Er diente wohl wie der nordische *stallr* zur Aufnahme heiliger Gerätschaften, des Eidringes, der Opferblutschale u. dergl.[2] Sächsische Tempel (fana) nennt das *capitulare de partibus Saxoniae.* Den friesischen Göttern[3] waren in allen Teilen des Landes Tempel errichtet. Darin lagerten oft Schätze. Genauer beschrieben ist aber nur Fosites Heiligtum auf Helgoland.

Der heilige Willebrord brach auf Walchern ein altehrwürdiges, von einem tapferen Wächter behütetes Heiligtum.[4] Da im

---

1 Über die Formen und Etymologie des Wortes, *wigbed, weobert, weofod* vgl. Kluge, Beiträge 8, 527; Sievers, Ags. Grammatik², § 43, Anm. 4; § 222, Anm. 1.

2 »Man hat es zwar ohne weiteres angenommen, aber bisher m. W. noch durch kein einziges Zeugnis belegt, dass die alten Deutschen Altäre wie die Griechen und Römer gehabt hätten; weil sie ihre Opfer nicht verbrannten, überhaupt nach der ganzen Weise ihres Kultus scheinen doch Altäre für sie sehr überflüssige Dinge gewesen zu sein.« Müllenhoff, Schmidts Zeitschrift f. Geschichte 8, 242.

3 Friesische Tempel erweisen die mit *fran* (ahd. *vrônô, sanctus)* gebildeten Ortsnamen, wodurch heiliges, göttergeweihtes Land angezeigt ist; aber auch von bestimmten Tempeln in allen Gauen und von deren Brand und Bruch hören wir; vgl. Richthofen, Untersuchungen über friesische Rechtsgeschichte 2, 439 ff.; die altfriesische Bezeichnung für den Tempel war *alac,* a.a.O., 442 f.

4 Alchuine vita Willibrordi Kap. 14 [Willibrordus] *pervenit ad quandam villam Walichrum nomine in qua antiqui erroris idolum remansit. quod cum vir dei zelo fervens confringeret praesente eiusdem idoli custode, qui nimio furore succensus quasi dei sui iniuriam vindicaret, in impetu animi insanientis gladio caput sacerdotis Christi percussit. sed deo defendente servum suum, nullam ex ictu ferientis laesuram sustinuit. socii vero illius hoc videntes pessimam praesumptionem impii hominis morte vindicare concurrerunt. sed a viro dei pio animo de manibus eorum liberatus est reus ac dimissus. qui tamen eodem die daemoniaco spiritu arreptus est et die tertio infeliciter miseram vitan finivit.* Nach Aufzeichnungen aus dem 13. Jahrh. handelte es sich um ein dem

Dünensande vor Walcheren Trümmer römischer Steinbauten und Nehalennia-Steine sich vorfanden, handelt es sich vermutlich um einen Tempel aus der Römerzeit, den die Germanen nach Abzug der Römer zum Dienste ihrer eigenen Götter benützten. Überhaupt muss man mit der Möglichkeit rechnen, dass die auf römisches Gebiet einrückenden Germanen hier und da ihre Opferstätten in verlassene römische Tempel verlegten. Nahmen die germanischen Söldner doch auch ebenso willig den Brauch bildergeschmückter Weihsteine von ihren römischen Kameraden an, nicht bloß zum Kaiserkult und zum Dienst der römischen Truppengenien, sondern auch zu Ehren heimischer Volksgötter. Wo steinerne Tempelbauten unter Germanen erwähnt werden, liegt dieser Verdacht sehr nahe. In des Jonas von Bobbio *vita Columbani* Kap. 17 (J. Grimm, Myth. 73) ist von römischen Thermen, mit Steinbildern geschmückt, die Rede, denen die Burgunden bei Luxeuil in Franche comté Verehrung erwiesen. Echt germanische Tempel waren aus Holz gefertigt, allenfalls aus Rasenstücken und rohen Steinen kunstlos geschichtet, aber nicht aus kunstvoll behauenen Steinen regelrecht gemauert.[1]

Am ausführlichsten ist das Heiligtum des Fosite auf Helgoland geschildert, wohin Willebrord zwischen 690 und 714 verschlagen wurde. Für die dem Gotte geheiligte Stätte hatten die Friesen die höchste Verehrung. Alles, Tempel, Äcker, Wälder,

---

Mercurius-Wodan geweihtes Idol; Richthofen, Untersuchungen über fries. Rechtsgeschichte 2, 434. In Wirklichkeit aber war das um 694 auf einer Missionsreise von Willibrord zerstörte Heiligtum wahrscheinlich ein Überbleibsel aus der Römerzeit, der Nehalennia-Isis-Tempel; vgl. Kauffmann, Beiträge 16, 229 ff.

1 Man hat schon versucht (vgl. z.B. Much, Germanische Grabmäler und Tempelbauten, in den Mitteilungen der anthropologischen Gesellschaft in Wien, Bd. 5, 1875, S. 173 ff.), in Erdwerken, Ringwällen und terrassenförmig abgestuften Hügeln Spuren germanischer Heiligtümer, die auf Anhöhen in Wald und Heide lagen, nachzuweisen. Hag und Wall schlossen die Weihstätte, die nur der Priester betreten durfte, vor unberufenen Besuchern ab. Jedoch fehlen sichere Nachweise des germanischen Ursprungs und sakralen Zweckes solcher Bauten. Über Rundwälle in Norddeutschland vgl. Behla, Baltische Studien 24, 251 ff., 290; weitere Literatur bei E. H. Meyer, Myth. S. 56 f., § 86.

Quellen, weidende Tiere, Schätze gehörten dem Gotte. Keiner der Heiden des Landes wagte, Tiere, die dort weideten, oder irgendwelchen Gegenstand des Landes zu berühren, nur schweigend schöpften sie das Wasser der Quelle, die dort entsprang. Nach König Redbads Satzung galt es für ein des Todes würdiges Verbrechen, als Willebrords Gefährten Tiere der Insel zu ihrer Nahrung schlachteten und Willebrord drei Leute in der heiligen Quelle taufte. Drei Tage ließ König Redbad das Los ziehen; dadurch entschieden die Götter bei einem der Gefährten Willebrords, dass er getötet werden musste; er selbst und die andern durften die Insel verlassen. Das Volk ums Jahr 700 glaubte, jeden, der das geweihte Land nicht in tiefster Verehrung betrete, müsse die Strafe des Gottes, Raserei oder sofortiger Tod treffen. Im 11. Jahrhundert, als bereits das Christentum eingezogen war, herrschte noch der Glaube, dass jeder, der auf der Insel das Geringste raube, Schiffbruch oder schweren Tod erleiden müsse, daher denn alle, von tiefer Furcht erfüllt, bereit waren, von ihrem Seeraub den zehnten Teil den Eremiten darzubringen, die auf dem Lande angesiedelt waren.

Hier finden wir alle wesentlichen Merkmale des germanischen Heiligtums, Wald, Tempel, Opferquelle, Tempelgut an Hort und Herde, alles unter besonderen unverletzlichen Frieden. Mit der Schilderung des friesischen Heiligtums stimmt die des schwedischen Haupttempels überein, die wir Adam von Bremen[1] verdanken.

Das Schwedenvolk hat einen sehr berühmten Tempel, der Uppsala heißt und nicht weit von der Stadt Sigtun liegt. In die-

1 Adam 4, 26 MG. 7, 379 *nobilissimum illa gens templum habet, quod Ubsola dicitur, non longe positum ab Sictona cicitate. in hoc templo, quod totum ex auro paratum est, statuas trium deorum veneratur populus, ita ut potentissimus eorum Thor in medio solium habeat triclinio; hinc et inde locum possident Wodan et Fricco.* Scholion 134 *prope illud templum est arbor maxima late ramos extendens, semper viridis in hieme et aestate, cuius illa generis sit, nemo scit. ibi etiam est fons, ubi sacrificia paganorum solent exerceri et homo vivus immergi. qui dum non invenitur, ratum erit votum populi.* Scholion 135 *catena aurea templum illud circumdat pendens supra domus fastigia, lateque rutilans advenientibus, eo quod ipsum delubrum in planitie situm montes in circuitu habeat ad instar theatri.*

sem Tempel, der ganz von Gold gebaut ist, betet das Volk die Bildnisse dreier Götter an, und zwar so, dass der Mächtigste von ihnen, Thor, mitten im Saale seinen Thron hat; rechts und links sitzen Wodan und Fricco. Nahe bei diesem Tempel steht ein sehr großer Baum, der seine Zweige weithin ausbreitet und im Winter wie im Sommer immer grün ist. Welcher Art derselbe ist, weiß niemand. Dort ist auch eine Quelle, wo die Heiden Opfer anzustellen und einen Menschen lebendig zu versenken pflegen. Wenn dieser nicht wiedergefunden wird, so ist der Wunsch des Volkes bestätigt. Den Tempel umgibt eine goldene Kette, die am Giebel des Gebäudes hängt und den Herankommenden entgegenblinkt. Das folgende Kapitel 27 schildert auch noch den beim Tempel gelegenen Hain, dessen Bäume durch die verwesenden Körper geopferter Menschen schaurig geweiht waren. Der uralte schaurige Bannwald steht hier noch wie ein Denkmal vergangener Zeiten neben dem freundlichen Bild des Tempels und des über der Quelle rauschenden immergrünen Baumes. Beachtenswert ist die goldene Kette, die den Tempel umgibt. Sie erinnert an die *vébǫnd* des nordischen Rechtes, an die heiligen Schnüre, die, an Haselstangen geknüpft, das Gericht abgrenzten.

Genaues über Bau und Einrichtung des Tempels berichten nur norwegisch-isländische Quellen.[1] Der nordische Tempel, in Norwegen aus Holz[2], auf Island auch aus Torf, Steinen oder La-

1 Die Hauptstellen über isländischen und norwegischen Tempelbau sind Eyrbyggja Kap. 4, Kjalnesingasaga Kap. 2, Hákonarsaga góða Kap. 16. Vgl. Maurer, Bekehrung 2, 190 ff.; H. Petersen, om Nordboernes gudedyrkelse og gudetro, S. 21 ff., 33 ff.; Gudbrand Vigfusson, Corpus poeticum boreale 1, 403 ff.; Sigurður Vigfússon, um hof og blótsiðu í fornöld, in der árbók hins íslenzka fornleifafélags 1880/1, S. 79 ff.; ebenda 1882, S. 3 ff. Die eigentliche Bezeichnung des nordischen Tempels ist *hof; Freys-, Oðins-, Þórshof,* vgl. Fritzner, Ordbog 2^{2}, 31; die häufige Formel *hof og hǫrgr* meint Haupttempel und kleinen Tempel oder Opferstätte, Heiligtum. Allgemeine Ausdrücke sind *goðahús, blóthús,* Opferhaus.

2 Dass die eigentümlichen norwegischen Holzkirchen aus der Nachahmung des Basilikastiles hervorgingen und somit keinesfalls mit der Bauart der heidnischen Tempel zusammenhängen, ist von Dietrichson und Munthe, Die Holzbaukunst Norwegens, Berlin 1893, eingehend nachgewiesen.

vablöcken erbaut, entspricht aber schwerlich dem altgermanischen.

Thorolf, der in Norwegen einen Tempel besessen hatte, brach ihn ab, nahm die Erde, die unter dem Altar gewesen war, und das meiste Holzwerk mit, ließ in Island den Ort seiner Niederlassung durch seine Hochsitzpfeiler, auf welchen Thor eingeschnitzt war, bestimmen und schritt alsbald zum Wiederaufbau seines Gotteshauses. »Da ließ er den Tempel erbauen, und es war das ein großes Haus; es waren Türen an den Seitenwänden und nahe an dem einen Ende; innerhalb standen da die Hochsitzpfeiler, und darin waren Nägel, die hießen Götternägel *(reginnaglar)*. Im innern Teile des Hauses war ein Haus in der Art, wie nun der Chor in den Kirchen ist, und es stand da eine Erhöhung mitten auf dem Boden und ein Altar, und darauf lag ein Ring ohne Ende von zwei (andere Lesarten: neun, zwanzig) Unzen Gewicht, und auf den sollte man alle Eide schwören; den Ring sollte der Häuptling an der Hand tragen bei allen Volksversammlungen. Auf der Erhöhung sollte auch der Blutkessel stehen und darin der Blutzweig, als wäre es ein Sprengwedel, und damit sollte man aus dem Kessel das Blut spritzen, welches *hlaut* genannt wurde; das war solches Blut, wenn Tiere geschlachtet wurden, die man den Göttern opferte. Um die Erhöhung herum waren in dem Nebenhause den Göttern ihre Plätze angewiesen.« In der Kjalnesingasaga wird vom Goden Thorgrim erzählt: »Er war ein eifriger Opferer; er ließ einen großen Tempel errichten auf seinem Hofe, der war 120 Fuß lang und 60 Fuß breit; Thor wurde da zumeist verehrt; da war es innen rund gemacht wie eine Haube (d.h. gewölbt); das war alles mit Tapeten behängt und mit Fenstern versehen; da stand Thor in der Mitte und beider Hand andere Götter. Vorn davor stand eine Erhöhung, mit großer Kunstfertigkeit gemacht und oben mit Eisen getäfelt; darauf sollte ein Feuer sein, das nie erlöschen sollte; das nannten sie das geweihte Feuer. Auf dieser Erhöhung sollte ein großer Ring liegen, aus Silber (andere Lesart: aus Gold) gemacht; den sollte der Tempelgode an der Hand tragen bei allen Volksversammlungen; auf den sollte man alle Eide schwören wegen

Klagsachen. Auf der Erhöhung sollte auch ein großer Kessel stehen von Kupfer; darein sollte man all das Blut lassen, das von dem Vieh käme, das dem Thor geschenkt würde, oder von den Menschen; das nannten sie *hlaut* und *hlautbolli*. Mit dem Blute sollte man die Menschen bespritzen und das Gut.« Wie die Tempel zu den Opferfesten benützt wurden, lernen wir aus der Hákonarsaga góða: »Das war alte Sitte, wenn ein Opfer sein sollte, dass alle Bauern dahin kommen sollten, wo der Tempel war, und dahin ihre Sachen bringen, deren sie bedurften, solange das Opfermahl währte. Bei diesem Mahle sollten alle Leute Bier haben; da wurde auch allerhand Vieh geschlachtet, und ebenso Pferde, all das Blut aber, das daher kam, das nannte man *hlaut*, aber *hlautbollar* (Blutkessel) das, worin das Blut enthalten war; und *hlautteinar* (Blutzweige), die waren gemacht wie die Sprengwedel; damit sollte man die Altäre völlig bespritzen, und ebenso die Wände des Tempels von außen und von innen, und so auch das Blut über die Leute sprengen; das Fleisch aber sollte man zur Bewirtung der Leute brauchen. Feuer sollte mitten auf dem Boden im Tempel sein, und darüber die Kessel, und die Vollbecher sollte man über das Feuer bringen; der aber, der das Mahl hielt und der Häuptling war, sollte den Vollbecher weihen und alle Opferspeise. Da trank man Odins, Njords, Freys Becher und das Gedächtnis angesehener Blutsfreunde. Sigurd Jarl war der freigebigste der Männer; er tat ein Werk, das sehr berühmt war, dass er ein großes Opfermahl zu Hladir hielt und alle Kosten allein trug.«

Die großen Tempel waren prächtig ausgeschmückt; an der Tempeltüre zu Hladir und auch anderwärts war ein goldener Türring angebracht. Bei den skandinavischen Tempeln darf man an reiches Holzschnitzwerk denken. Im Innern hingen bei Festen Teppiche. Auch Goldverzierungen an Säulen und Wänden, an Gerätschaften und Götterbildern scheinen üblich gewesen zu sein. Vom schwedischen Tempel zu Uppsala sagt Adam, allerdings übertreibend, er sei ganz aus Gold gewesen. In Wirklichkeit handelte es sich wohl nur um reichen goldenen Zierrat. Die freilich wenig glaubhafte längere Saga von den Droplaugssöhnen[1] erwähnt eines von einem Gehege umschlossenen isländischen Tempels, der von Gold und Silber erglänzte. Darin waren Bilder Thors und Freys, der Frigg und der Freyja, angetan mit prächtigen Gewändern.

Den Angaben der alten Quellen begegnen die Überreste isländischer Tempel, die Sigurður Vigfusson untersuchte. Vom nordischen Tempel gewinnen wir etwa folgendes Bild:

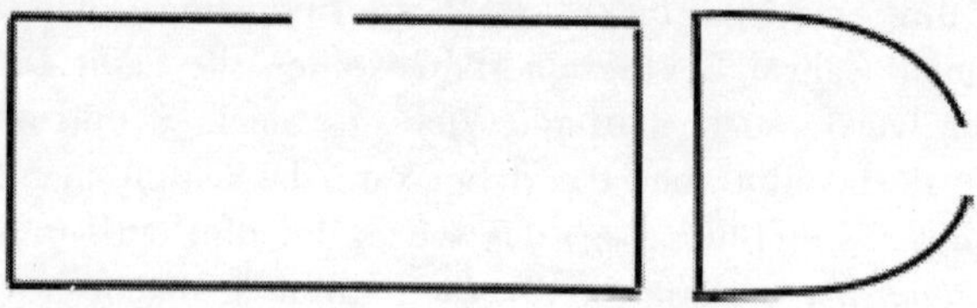

Der Hof bestand aus zwei Gebäuden, aus einem Langhause und aus einem kleineren halbrunden Anbau. Das Langhaus war ganz wie die gewöhnlichen Hallen eingerichtet, hatte seine Bänke längs den Wänden und den zwischen den Hauptsäulen befindlichen Hochsitz. Es diente zur Abhaltung der Opferschmäuse, wobei Feuer auf dem Boden zwischen den Sitzreihen angezündet waren. Über den Feuern hingen die Kessel zum Sieden des Opferfleisches. Das eigentliche Heiligtum bildete der Anbau, das *afhús,* das einen eigenen Eingang hatte und mit der Halle durch keine Türöffnung verbunden war. Das *afhús* war ein überwölbter Halbrundbau, angelehnt an die schmale Giebelseite des Langhauses. In der Mitte des Halbkreises war der mit Eisen gedeckte Altar *(stallr, stalli),* auf dem geweihtes Feuer brannte und heilige Geräte – Ring, Blutkessel, Sprengwedel – standen. In den alten Opfersteinen hatte eine runde Vertiefung das Blut aufgefangen, beim kunstvolleren Altar diente eine besondere Schale,

1 Die Stelle der im 16. Jahrh. verfassten längeren Droplaugarsonasaga gibt Sigurður Vigfusson, árbók hins íslenzka fornleifafélags 1882, S. 36 ff.; Kålund, Fljótsdœla hin meiri eller den laengre Droplaugarsonasaga, København 1883, S. 108 ff.; über die Entstehungszeit der Sage vgl. Kålunds Einleitung.

ein kleiner Kessel *(hlautbolli),* dazu. Hinter dem Altare an der Rückwand des Halbrundes standen die Götterbilder auf einer bankartigen Erhöhung. Das *afhús* durften wohl nur wenige Auserlesene, vor allen der Gode, zum Vollzug der Opferhandlung betreten, das Langhaus nahm die »Sudgenossen«, die Opferteilnehmer, auf.

Um den Tempel ging ein mannshoher Zaun mit verschließbaren Türen, der *skíðgarðr, stafgarðr.*[1]

Die Anlage des nordischen Tempels erinnert stark an die Kirche mit Langschiff, Chor und Apsis, nur dass zwischen Chor und Langschiff keine Verbindung besteht. Diese Übereinstimmung ist schwerlich zufällig. Wir kennen nordische Tempel erst aus einer Zeit, da die Nordleute längst mit christlichen Kulturvölkern im Verkehre waren. Da konnte der Kirchenbau leicht auf den Tempelbau übertragen werden. Jedenfalls ist schon wegen des Verdachtes nachgeahmter Formen nicht die geringste Gewähr dafür, den verhältnismäßig so späten nordischen Tempel für ein Abbild des altgermanischen zu nehmen.

3. Götterbilder

Tacitus berichtet Ann. 2, 45, dass die Germanen zur Zeit Armins durch die langen Kämpfe mit den Römern sich gewöhnt hätten, Feldzeichen zu folgen. In der Germania Kap. 7 erzählt er, dass die Feldzeichen bestanden aus *effigies* und *signa*[2], dass sie von Priestern in heiligen Hainen aufbewahrt und gleichsam als Vertreter der Götter von dort in den Kampf getragen wurden.[3] Unter *signa* sind Attribute und Waffen der Götter, also etwa Wo-

---

1 Den Tempelhag erwähnen die Kjalnesingasaga Kap. 4, Færeyingasaga Kap. 23 u. a.; Bäda, Hist. eccl. 2, 13 nennt *aras et fana idolorum cum septis, quibus erant circumdata,* also ein Gehege um die Opferstätten.

2 Über *effigies* und *signa* vgl. Müllenhoff, De antiquissima Germanorum poesi chorica, Kiel 1847, S. 13. Lindenschmit, Handbuch der deutschen Altertumskunde, I, Braunschweig 1880/9, S. 278 ff.

3 Vgl. Weinhold, Sitzungsberichte der Berliner Akademie 1891, 556.

dans Speer, Donars Hammer, Tiuȝ' Schwert zu verstehen, unter *effigies* Tierbilder, plastische, auf Tragstangen befestigte Bilder verschiedener symbolischer, den einzelnen Stammgöttern geheiligter Tiere, *ferarum imagines,* wie sie Tacitus Hist. 4, 22 nennt, wie wir sie auch sonst und durch Abbildungen auf der antoninischen Säule bezeugt finden. Es waren Bilder von Drachen, Wölfen, Stieren, Ebern, Adlern und Raben.

Gab es neben diesen symbolischen Feldzeichen, die zur Zeit Armins erst aufkamen, auch wirkliche Götterbilder? Germania Kap. 9 »*neque in ullam humani oris speciem assimulare ex magnitudine caelestium arbitrantur*« ist rhetorische Phrase, aber bei den Alcis (Germania Kap. 43) behauptet Tacitus bestimmt, es seien keine Bilder vorhanden gewesen *(nulla simulacra).* Bei der Nerthusumfahrt könnte man allerdings an ein Bild denken. Aber es kann auch hier beim Symbol geblieben sein, ein Wagen, ein Schiff fuhr um, unsichtbar dachte man darin Nerthus oder Nehalennia zugegen. Späterer Brauch, wo wirkliche Bilder umhergeführt wurden, ist für die Urzeit nicht maßgebend. Freilich wenn mit Wagen und Decke, *si credere velis, numen ipsum,* die Göttin selbst im heiligen See gebadet wurde, muss ein Bild da gewesen sein. Es dürfte sich wohl wie mit dem Tempelbau verhalten. Ursprünglich genügte der Wald als Opferstätte, die Götter waren unsichtbar zugegen, hernach aber wurde ein Haus gezimmert und ein Bild darin aufgestellt. Zur Zeit des Tacitus löste die neue Sitte eben den älteren tempel- und bilderlosen Kult ab, wobei das Vorbild der Römer maßgebend war. Zur Zeit der Bekehrung herrschten in allen germanischen Ländern Tempel und Götterbilder vor.[1]

---

1 Zeugnisse über germanische Götterbilder sammelt J. Grimm, Myth., S. 941; früher glaubte man, deutsche Götterbilder zu besitzen; eine Übersicht über diese fragwürdigen Götzen gibt G. Klemm, Handbuch der germanischen Altertumskunde, Dresden 1836, S. 347 ff.; Tafel XIX–XXI sind die wunderlichen Gestalten abgebildet. Heutzutage glaubt niemand mehr an deren Echtheit. Teils stammen diese Bilder gar nicht von deutschen, sondern außerdeutschen Völkern, teils gehören sie dem späten Mittelalter an. Irgendwelche Beziehung zum Kult, also der Beweis, dass es Götzen

Deutsche Söldner im römischen Heerdienst lernten von ihren Kameraden den Brauch, bildergeschmückte Weihsteine aufzustellen. So erhuben sich Altäre dem Herkules–Donar, Mars–Thingsus-Tiuʒ, der Isis–Nehalennia. Aber diese Weihsteine, welche die Inschriften tragen, die Bildwerke, die den Schmuck abgeben, sind bis auf den letzten Meißelstrich römisch, sie entstammen römischem Kulte und sind von römischen Steinmetzen hergestellt.[1] Die Germanen haben sie nur veranlasst, bezahlt, allenfalls dem römischen Götternamen ein latinisiertes germanisches Beiwort beigefügt.

Aus rohen Steinen, Steinpfeilern und Holzpfählen, die man aufrichtete, mag allmählich das symbolartige Götterbild entstanden sein. Erwägt man die *irminsûl* der Sachsen und die norwegisch-isländische Hauptsäule mit ihrem abergläubischen Kulte und mit den daran eingeschnitzten Götterbildern, so möchte man in solchen roh geformten, vielleicht zunächst nur mit Köpfen versehenen Holzpfählen die Anfänge germanischer Götzenbilder vermuten.[2]

Das älteste Zeugnis eines holzgeschnitzten Götterbildes führt in die zweite Hälfte des 4. Jahrhunderts zu den Goten. Athanarich ließ eine Bildsäule auf einem Wagen *(ξόανον ἐφ' ἁρμάξης ἑστώς)* herumführen mit dem Befehl, die Leute sollten davor niederfallen und opfern (Sozomenus, hist. eccl. 6, 37). Die Nachrichten aus der Bekehrungszeit lauten sehr allgemein und geben keinen genauen Begriff von den Götzen, welche die Glaubensboten vorfanden. Auch muss man in Betracht ziehen, dass mit den Götterbildern, namentlich denen aus Stein oder Metall, schwerlich ursprünglich germanische gemeint sein werden, denn diese waren aus Holz gemacht, vielmehr Überreste aus der

---

sind, fehlt gänzlich. Als missglückt muss auch der Versuch, in altchristlichen Bildwerken heidnische Anklänge zu finden, bezeichnet werden, wie er u.a. von Panzer, Beitrag zur deutschen Mythologie, 2. Bd., München 1855, S. 1 ff., 308 ff.; J. W. Wolf, Beiträge zur deutschen Mythologie, 1. Bd., Göttingen 1852, S. 106 ff.; Simrock, Myth.[5], 518 f. gemacht wurde.

1 Vgl. Siebourg, Westdeutsche Zeitschrift 7, 100.

2 Vgl. W. Müller, Altdeutsche Religion S. 71; Grimm, Myth. 3, 42.

Römerzeit, die aber in den Dienst des germanischen Glaubens übernommen worden waren. Nach Gregor von Tours 2, 29–31 spricht Chrothild zu Chlodowech, den sie bekehren will: Eure Götter sind aus Stein, Holz oder Metall gemacht. Columban und der hl. Gallus trafen im Jahre 612 bei Bregenz am Bodensee einen Sitz der Abgötterei, drei vergoldete Erzbilder, die das Volk anbetete.[1] Sie waren in der Wand einer Aureliakapelle angebracht. Das Volk hatte sich vom Christenglauben wieder ihnen als den alten und echten Schutzgöttern des Landes zugewandt. Der Heilige zerschlug sie und warf sie in den See und brachte das Christentum wieder zu Ehren. Wahrscheinlich hatten die Alamannen, als sie in die althelvetische Gegend vorrückten, diese Bilder römischer Schutzgenien, *tutores hujus loci*, vorgefunden und ihnen Verehrung erwiesen. Mussten sie doch die Bilder der auch ihnen vertrauten Landgeister darin erkennen; und auf neu gewonnenem Boden galt es, diese für sich günstig zu stimmen. Die Friesen beteten nach der vita Willehadi (MG. 2, 380) Steine und stumme, taube Bilder an *(lapides, simulacra muta et surda)*.[2] Am lebhaftesten hat sich der Bilderdienst bei den Nordleuten entwickelt, schon darum, weil bei ihnen das Heidentum länger währte.[3] Meistens standen mehrere Bilder, nach ihrem Range geordnet, in einem Tempel, der demnach nicht einem einzigen, sondern einer Mehrheit von Göttern geweiht war. In Uppsala nennt Adam von Bremen drei Bildsäulen, Thor in der Mitte, links und rechts von ihm Odin und Freyr. Nach der Eyrbyggjasaga Kap. 4 und Kjalnesingasaga Kap. 2 wurden in den isländischen Tempeln zu Hof und Hofstadir neben Thor auch andre Götter

1 Vgl. Vita St. Galli in MG. 2, 7; ferner Walafrid Strabo in seiner vita St. Galli, Acta Bened. sec. 1, S. 233.

2 Götterbilder der Friesen, auch solche aus Stein, die aber wie Nehalennia auf Walcheren römischen Ursprungs gewesen sein mögen, erwähnen die Lebensbeschreibungen der Bekehrer mehrfach; Richthofen, Untersuchungen über friesische Rechtsgeschichte 2, 421 f.; sächsische Götterbilder a.a.O., 449.

3 Die nordischen Götterbilder verzeichnet Maurer, Bekehrung 2, 192 ff.; über die Götter, denen Tempel mit Bildern geweiht waren, vgl. auch Sigurðr Vigfusson, árbók hins íslenzka fornleifafélags 1892, S. 17 ff.

aufgestellt, wahrscheinlich Freyr, Njord und Odin. In einem Tempel, den Hakon Jarl und Gudbrand gemeinsam besaßen, stand Thor auf seinem Wagen neben Thorgerd und Irpa (Njála, Kap. 89). In Hrafnkels Tempel (Hrafnkelssaga, S. 23) standen neben Freyr mehrere andere Götter. Die späte Friðthjofssaga nennt Baldr neben anderen Götzen. Die Nachricht der Jómsvíkingasaga Kap. 12 von einem gotländischen Tempel mit hundert Götterbildern ist natürlich stark übertrieben. Die Götterbilder waren zumeist aus Holz geschnitzt, bekleidet und mit Gold und Silber geschmückt. Ihr Vorkommen ist keineswegs bloß auf die Tempel beschränkt. Thors Bild ist auf den Hauptsäulen des Hauses eingeschnitzt, auf der Rücklehne eines Stuhles, auf dem Vordersteven eines Heerschiffes. Man trug allenfalls ein aus Zahn geschnitztes Bildnis Thors, ein aus Silber geschmiedetes Bildnis Freys in der Tasche, um es jeden Augenblick anbeten zu können. Götterbilder aus Teig oder Ton, wahrscheinlich zum Hausgebrauch bestimmt, erwähnt ein norwegisches Rechtsbuch (Eiðsifja Þings lǫg 1, 24). Wenn der Isländer Olafr pá aufs Getäfel seines Wohnhauses zu Hjarðarholt Darstellungen aus der Götter- und Heldensage einschnitzen lässt, worauf Ulf Uggason der Skald in der zweiten Hälfte des 10. Jahrhunderts seine berühmte Húsdrápa dichtete, so gehört eine derartige Verwendung der Mythen kaum mehr zum eigentlichen Kult; sie mag nur beiläufig erwähnt sein.

Die hölzernen Götterbilder müssen zuweilen lebensgroß und kostbar gekleidet gewesen sein. Gunnar Helming brachte den Freysgötzen zu Fall und tat seine Gewänder um. Er vertrat bei der Priesterin und dem Volke gegenüber völlig die Rolle des Gottes. Das gold- und silbergeschmückte, hammerbewehrte Thorsbild im Gudbrandsdal, das Olaf der Heilige zerschlägt, war ebenfalls sehr groß. Die wohlgekleidete Thorgerd Hölgabrud war lebensgroß, ihren goldenen Fingerring steckt Sigmund Brestisson an seinen Finger.

Der Bilderdienst scheint im Norden gegen das Ende des Heidentums so sehr entartet zu sein, dass man schließlich zwischen Göttern und Götterbildern keinen Unterschied mehr machte. So nur ist der Betrug möglich, den sich Gunnar mit dem Freysbilde erlaubt. Dem Thorsbilde zu Hunthorp in Norwegen setzte man Speise vor und meinte, dass es diese verzehre. Vom Thorsbilde zu Raudsey meinte man, es gehe spazieren und lasse sich auf einen Kampf mit dem christlichen Könige ein. Grimkels Göttin Thorgerd zieht mit den andern Götzen aus ihrem Tempel und redet mit ihrem Verehrer; Thorgerds Bild bewegt den Arm und vermag einen Ring zu geben oder vorzuenthalten. Man traut den Götzen auch zu, dass sie sich selbst aus ihrem brennenden Tempel zu retten imstande seien. Aber alle diese Nachrichten betreffen die späteste Zeit des Heidentums und sind in ziemlich späten Quellen überliefert. Wir erkennen nicht sicher, ob der nordische Bilderdienst wirklich so tief entartete, oder ob nur spätere christliche Übertreibung diesen bedenklichen Verfall dem ausgehenden Heidentum einschwärzte. Es ist ein arger Abstand, aber auch ein großer Zeitunterschied zwischen dem urdeutschen Gottesdienst, wo der ehrwürdige heilige Hain zum Tempel der Gottheit diente, deren Gegenwart im Rauschen der Baumwipfel nur geahnt wurde, und dem spätnordischen Götzendienst.

Die altgermanischen Götterbilder waren aus Holz geschnitzt. Darauf weist die Bezeichnung des gotischen Bildes mit ξόανον, Schnitzbild; im Norden heißen die Bilder Holzgötter *(trégoð)* oder geschnitzte Götter *(skurðgoð)*.

4. Tempelfrieden

Ein besonderer Gottesfrieden ward im Heidentum den geweihten Stätten und Festzeiten beigelegt. Wer ihn brach, tat ein Neidingswerk und verfiel dem Zorne der Götter, dem Opfertode. Des Festesfriedens bei der Nerthusumfahrt gedenkt Tacitus, im Leben des Willebrord vernehmen wir vom helgoländer Gottesfrieden. Im Norden ist der Tempel ein *griðastaðr,* eine Stätte besonderen Friedens. *Hofshelgi,* Tempelheiligkeit, heißt der Tempelfrieden. Es war nicht erlaubt, mit Waffen in der Hand den

Tempel zu betreten. Das besagt die Egilssaga Kap. 49: »Die Leute da innen waren alle waffenlos, denn da war Tempelheiligkeit.« In der Vatnsdœlasaga Kap. 17 wendet sich Ingimund zu Rafn mit den Worten: »Es ist nicht Sitte, Waffen in den Tempel mitzunehmen, und du wirst den Zorn der Götter erfahren, wenn nicht Bußen erlegt werden.« Wer den Gottesfrieden durch Gewalttat verletzte, ward Wolf im Heiligtum, *vargr í véum*, geächtet, friedlos. Schuldbeladene Leute durften im Tempel nicht verweilen. Das friesische Recht setzt Opfertod auf die Verletzung der Tempel *(lex Frisionum addit. sap. tit. 12)*. Ebenso erblickt das nordische Recht darin unsühnbaren Frevel. Nach der Njála Kap. 89 hatte Hrappr den dem Gudbrand und Hakon Jarl gemeinsamen Tempel verbrannt. Der Jarl lässt eifrige Verfolgung des Missetäters eintreten und sagt: »Der Mann, der das getan hat, wird weggejagt werden aus Walhall und nie dahin kommen.« Nach der Kjalnesingasaga Kap. 5, 11, 12 hatte Bui auf Island einen Tempel angezündet. Der Gode Thorgrim nennt die Tat ein beispielloses Verbrechen, andere schelten sie ein Neidingswerk, ein todeswürdiges Verbrechen. *Hofshelgi* mochte auch auf weiteren Umkreis über die eingehegte Opferstätte hinaus ausgedehnt werden. So ist ganz Helgoland befriedet. Der Isländer Thorolf richtete auf der Spitze des Vorgebirges Thorsnes eine große Friedensstätte ein. Da durfte der Boden weder durch vergossenes Blut noch mit menschlicher Notdurft verunreinigt werden. Nachmals entsteht unter den Dingleuten Kampf, die Stätte wird mit Blut befleckt. Da gilt der Platz als durch das vergossene Blut entweiht, das Ding und die zweifellos damit verbundene Opferstätte werden verlegt.[1]

5. Tempelgut

Zum germanischen Tempel gehörte Besitztum an liegenden und lebenden Gütern, aber auch an Schätzen. Ganz Helgoland war

---

1 Eyrbyggjasaga Kap. 4, 9, 10.

dem Fosite eigen. Wie auf Helgoland Fosites Herden weideten, so wurden beim Freystempel zu Drontheim heilige Pferde des Gottes unterhalten (Flateyjarbók 1, 337) und bei den alten Deutschen nach Tacitus Germ. 10 in heiligen Hainen werkheilige weiße Rosse, aus deren Wiehern die Zukunft vorausgesagt ward. Über gotisches Tempelgut belehrt ein Fundstück. Die Runenschrift auf dem zu Pietroassa in Rumänien gefundenen goldenen Armring wird

GUTANIO WI HAILAG

gelesen und gedeutet: das gotische heilige Göttereigen (Tempelgut).[1] Der westgotische Goldhort, von dem einige Stücke sich erhielten, war vermutlich der heilige, unter dem Schutze der Götter stehende und diesen zugehörige Kult- und Stammesbesitz, dessen Verwaltung und Aufbewahrung den Königen und Priestern zukam.

Dass die altfriesischen Götter neben Gütern aller Art auch Schätze an Gold und Silber[2] besaßen, beweist die Lebensbeschreibung des Liudger Kap. 14 und 15. Bischof Alberich entsandte den Liudger um 776 aus Utrecht in die östlich der Laubach gelegenen friesischen Gaue, um die dortigen Heidentempel zu zerstören. Er nahm aus ihnen die Schätze, von denen zwei Drittel der König Karl, ein Drittel Utrecht erhielt. Es war ein großer Tempelschatz erbeutet worden *(attulerunt magnum thesaurum, quem in delubris invenerant).* Als König Karl 772 die sächsische Irminsul und ihren Tempel drei Tage lang zerstörte, erbeutete er dabei Gold und Silber *(aurum vel argentum, quod ibi repperit, abstulit).*

Beim isländischen Tempel hören wir Näheres darüber.[3] Zuweilen werden Tempel ein für alle Mal mit liegendem Gute sei-

---

1 R. Henning, Die deutschen Runendenkmäler, Straßburg 1889, S. 27 ff.

2 Über Tempelschätze vgl. Richthofen, Untersuchungen über friesische Rechtsgeschichte 2, 1, 431.

3 Über die Begabung der isländischen Tempel vgl. Maurer, Bekehrung 2, 212 ff.

tens des Erbauers oder auch späterer Schenker ausgestattet. So berichtet die Landnáma 4 Kap. 2: »Eine Bergwiese lag noch zwischen dem Lande des Thorstein torfi und des Hakon, ohne von jemandem in Besitz genommen zu sein; die legten sie zum Tempel, und sie heißt fortan *Hofsteigr* (Tempelwiese).« Ebenda 5 Kap. 3 heißt es vom Goden Jǫrundr zu Svertingsstaðir: »Er errichtete da einen großen Tempel; ein Landstück lag noch ungenommen östlich des Fljot, zwischen Krossa und Joldusteinn; das Land umfuhr Jǫrundr mit Feuer und legte es zum Tempel.« Ebenda 5 Kap. 2: »Asbjorn heiligte das von ihm in Besitz genommene Land dem Thor und nannte es Thorsmork.« Von einzelnen Personen und ganzen Gemeinden wurden Weihgeschenke an die Tempel gemacht. Bei einer schweren Hungersnot wurde auf Island, der Vígaskútusaga Kap. 7 zufolge, in der zweiten Hälfte des 10. Jahrhunderts der Vorschlag gemacht, die Kinder auszusetzen und die alten Leute zu töten, zugleich durch das Geloben von Weihegeschenken an die Tempel den Zorn der Götter zu besänftigen. Die Islendingabók Kap. 2 erzählt von einer Schenkung, die Grímr geitskór, Ulfljots Pflegebruder, an die isländischen Tempel machte. Grímr hatte das Land bereist, um eine passende Stätte für das allsommerlich abzuhaltende Allding ausfindig zu machen; dafür hatte er von jedem Isländer einen Pfennig empfangen. Er aber gab dann dieses Gut zu den Tempeln. Die Haupttempel des Landes wurden durch eine besondere Steuer, den Tempelzoll *(hoftollr)*, unterhalten. Der Gode erhob von seinen Dingleuten diese Abgabe zur Unterhaltung des Tempels und zur Bestreitung der Opferkosten, wozu er außerdem aus eigenen Mitteln beisteuerte. So sagt die Eyrbyggjasaga Kap. 4: »Zum Tempel sollten alle Leute Zoll geben; aber der Gode sollte den Tempel aus eigenen Mitteln erhalten, sodass er nicht zerfiel, und die Opferfeste darin abhalten.« In der Egilssaga Kap. 87 wird berichtet: »Oddr war da Häuptling im Borgarfjord südlich der Hvita; er war Hofsgode und hatte einen Tempel, zu dem alle Leute südlich der Skardsheide Tempelzoll bezahlten.« In der Kjalnesingasaga Kap. 2 heißt es vom Tempel des Goden Thorgrim: »Da sollten alle Leute Tempelzoll dazu bezahlen. Das Vieh, welches zum Opfer gegeben wurde, sollte man zur Gastung der Leute anwenden, wenn Opferfeste gehalten wurden.« Demnach war das Vermögen des heidnischen Tempels ganz ähnlich wie das Kirchengut der christlichen Zeit und bestand ebenso wie dieses aus gesetzlichen Abgaben und frommen Schenkungen. Der Þorsteins þáttr uxafóts Kap. 1 bemerkt auch richtig: »Jedermann sollte zum Tempel geben, wie nun zur Kirche Zehnt.«

6. Staats- und Privattempel

Die gemeinsamen Opfer einer größeren Anzahl von Volksgenossen oder gar des Gesamtvolkes erforderten entsprechende Opferstätten. Es gab Haupttempel, Heiligtümer, an denen die Gau- oder Landesbewohner Anteil hatten, neben zahlreichen kleineren Tempeln, die von der Gemeinde oder von einzelnen vermögenden Leuten errichtet worden waren. Hauptopferstätte fürs Volk der Sueven, vielleicht überhaupt der Erminonen, ist der Semnonenhain, ein Haupttempel der ingwaeischen Nordseestämme stand auf der Nerthusinsel, für die Marsen, vielleicht für alle Istävonen war es das Tanfanaheiligtum. Bei den Friesen war Helgoland das Volksheiligtum, auch nach der Insel Walchern strömten die Leute von weither zusammen, bei den Sachsen scheint der *Irminsûl* diese Bedeutung zugekommen zu sein. Genaueren Einblick ins Tempelwesen gewähren die nordischen Länder. In Dänemark gab es vier Hauptopferstätten[1], Viborg *(Vébjorg)* in Jütland, Odense *(Oðins vé)* in Fünen, Ringsted-Hleidra, das Thietmar von Merseburg beschreibt, in Seeland, Lund (an. *lundr,* der Opferhain) in Schonen. Ziemlich im Mittelpunkt der einzelnen Landesteile lagen die Haupttempel, wo die Landesbewohner zu den ständigen Opferfesten sich versammelten. Der Haupttempel auf Seeland scheint zugleich das dänische

1 Über die dänischen Haupttempel vgl. H. Petersen, om Nordboernes gudedyrkelse og gudetro i hedenold, S. 7 ff.

Volksheiligtum gewesen zu sein, wo alle neun Jahre das große dänische Volksopfer gefeiert wurde. Meistens, doch nicht regelmäßig, waren die Haupttempel bei den Dingstätten errichtet, weil Recht und Religion miteinander unzertrennlich verknüpft waren und weil der Bequemlichkeit halber wohl meistens Ding- und Opferzeiten zusammenfielen. In Schweden war zu Uppsala der Reichstempel, auch hier mit dem großen, alle neun Jahre stattfindenden Landesopfer. Eine Gliederung in verschiedene Opfer und demnach wohl auch in mehrere Tempel zeigt sich auch auf Gotland, worüber die Gutasaga Kap. 1 angibt: »Das gesamte Land hatte für sich ein höchstes Opfer mit Leuten. Außerdem hielt jedes Drittel ein Opfer für sich; die kleineren Dinge hatten geringere Opfer mit Vieh, Speise und Trank.« Norwegen zerfiel in Volklande *(fylki)* und Hundertschaften *(herǫð)*. Das Fylki hatte mehrere kleinere Tempel, welche dem Bedürfnis der *herǫð* dienten, aber daneben einen Haupttempel *(hǫfuðhof)* zum Gottesdienst des ganzen Volklandes. Ja selbst mehrere Volklande mochten zu einem gemeinsamen Dingverbande mit einem Haupttempel sich zusammentun. Die Egilssaga Kap. 49 gedenkt eines Haupttempels in der Landschaft Gaular, bei welchem die Leute aus Firdir, Fjalir und Sogn zusammenzukommen pflegten. Der Tempel zu Hladir war Fylkishof für das Strindafylki und Haupttempel für die ganze Landschaft Drontheim, der zu Skiringssal Haupttempel für die Landschaft Vikin (Sǫgubrot af fornkonungum Kap. 10). Außer den großen Tempeln gab es in Norwegen zahlreiche kleinere öffentliche und private, deren Andenken viele Ortsnamen festhalten.[1]

Endlich ist die Entstehung des isländischen Freistaates zur Kenntnis des Hofwesens von Belang.[2] Begüterte Norweger, die im Stammlande einen eigenen Tempel besessen hatten, nahmen dessen Grundpfeiler und anderes Holzwerk mit nach Island hin-

1 Ein Verzeichnis der in den Quellen genannten und aus Ortsnamen zu erschließenden Tempel Norwegens gibt Munch, Nordmændenes ældste gudeog heltesagn, Christiania 1854, S. 164 ff.

2 Über die isländischen Tempel und ihre Bedeutung vgl. Maurer, Island, S. 38 ff., S. 54 ff.

über, um sofort in der neuen Heimat den Tempel wieder aufzurichten. An solche Tempelbesitzer (Goden) und ihr Herrschaftsgebiet (Godord) knüpft die Entstehung der isländischen Staatsverfassung an, indem die Regierung in ihre Gewalt gegeben wurde. Die Bezirksverfassung vom Jahre 965 regelte die Anzahl der Godord. Man teilte die Insel in vier Viertel, deren jedes drei, das Nordviertel aber vier Dingverbände in sich schließen sollte. Jeder Dingverband bestand aus drei Godorden mit je einem Haupttempel *(hǫfuðof)*. Somit gab es auf Island 39 Goden, die Besitzer und Vorsteher von 39 Haupttempeln. Sicherlich mochte nach wie vor jeder nach freiem Belieben und Vermögen sich Tempel erbauen, aber denen kam nicht die Bedeutung des Haupttempels zu, vielmehr nur untergeordnete private Stellung. Man sieht aber auch aus dieser isländischen Verfassung deutlich die wohl gemeingermanische Unterscheidung zwischen staatlichem, öffentlichem und privatem Tempel, welche der des Staatsopfers und des Einzelopfers entspricht. Die heidnische Tempelverfassung wirkt vielleicht auch noch in der norwegischen Kirchenordnung nach, welche *fylkiskirkjur* oder *hǫfuðkirkjur*, die den heidnischen *(hǫfuðof)* den Staatstempeln, den Volksheiligtümern entsprachen, neben den kleineren, privater Pflege überlassenen *heraðskirkjur* (Hundertschaftskirchen) und *hœgindiskirkjur* (Bequemlichkeitskirchen, Privatkapellen) unterschied.

III. Das Priesterwesen

1. Die ältesten Nachrichten von germanischen Priestern

Einen Priesterstand, der den Gottesdienst für sich allein und ausschließlich gepachtet und höheres Wissen geistlicher Geheimlehren für sich in Anspruch genommen hätte, kannten die Germanen nicht. So sagt Cäsar (bell. gall. 6, 21) von den Germanen im Vergleich zu den Galliern: *neque druides habent, qui rebus divinis praesint, neque sacrificiis student.* Gleich hell und durchsichtig, ohne mystisches Halbdunkel, standen die Götter vor dem geistigen Auge aller Volksgenossen wie vor den wenigen, die sich besonders dem Dienste der Himmlischen geweiht hatten. Und dieser Dienst konnte von jedem versehen werden, wo es Not tat, es war kein Geheimdienst. Ob Cäsar den Germanen nur Priester vom Schlage der gallischen Druiden oder Priester überhaupt absprechen will, ist nicht sicher zu entscheiden. Vielleicht verrichteten bei den Stämmen, mit denen er zu tun hatte, Könige und Häuptlinge das Priesteramt. Wer z. B. das norwegische Opfer im 9. und 10. Jahrh. beobachtete, musste ebenso die Überzeugung gewinnen, Könige und Jarle, also weltliche Fürsten, keine Priester leiten den Gottesdienst. Bei Tacitus aber finden wir ausdrücklich Priester erwähnt und ihr Amt ziemlich ebenso wie auch sonst in den germanischen Quellen selber geschildert. Es gab Staatspriester *(sacerdos civitatis)*, die den Gottesdienst in den öffentlichen Angelegenheiten versahen, wo größere Feierlichkeit und gründlicheres Wissen erfordert wurde, während in Privatsachen der Hausvater des Amtes waltete, kein Priester verlangt wurde. Aber die Staatspriester waren nur religiöse Hilfsbeamte der herrschenden und leitenden Könige und Fürsten, wenn sie mit dem Volke tagten, die Priester waren dafür Bürgen, dass die göttliche Satzung nicht verletzt wurde, dass der unheilvolle Grimm der Götter vom Volke abgewandt, dass ihre Gunst ihm erhalten blieb. Sie verkörperten gleichsam das Rechts- und Religionsbewusstsein. Die Versammlung des Volkes im Ding- und Heerverband ist unzertrennlich vom Gottesdienste, beim Volksopferfest ist der Gottesdienst überhaupt der eigentliche Zweck. Da traten nun die Priester in Tätigkeit, wovon Tacitus folgende Einzelheiten erzählt. Die Priester verkündeten den Anfang der Verhandlung und den Dingfrieden, dessen Bruch sie im Namen der Götter zu strafen hatten (*silentium per sacerdotes, quibus tum et coercendi jus est, imperatur*. Germ. 11). Alle Strafgewalt an Leib und Leben stand allein den Priestern zu aufgrund der Anschauung, dass Neidingswerke, schwere Verbrechen, den Zorn der Götter erweckten, welche zur Sühne den Opfertod des Verbrechers heischten. Zum Vollzug des blutigen Opfers waren aber zunächst diejenigen berufen, die im unmittelbaren Dienste der Götter stehend diese vertraten (*ceterum neque animadvertere neque vincire, ne verberare quidem nisi sacerdotibus permissum, non quasi in poenam nec ducis jussu, sed velut deo imperante, quem adesse bellantibus credunt.* Germ. 7). Die heiligen Feldzeichen holen gleichfalls die Priester aus den Hainen und tragen sie zur Schlacht (*effigiesque et signa quaedam detracta lucis in proelium ferunt.* Germ. 7). In allen öffentlichen Angelegenheiten befragt der Staatspriester das Los. Im Verein mit dem König oder Herzog geleitet er den heiligen Wagen, den die weißen gottgeweihten Rosse ziehen, und achtet auf das Schnauben und Wiehern der Schimmel (Germ. 90). Im eigentlichen Gottesdienst sehen wir den Priester der Nerthus (Germ. 40), welcher die nahende Gegenwart der Göttin erkennt, ehrfurchtsvoll ihre Umfahrt begleitet und sie zuletzt in ihr Heiligtum zurückführt. Bei den Nahanarvalen wird der Priester als Pfleger des heiligen Haines der Alcis erwähnt (Germ. 43). Diese gelegentlichen Anspielungen lassen das Amt der Priester lange nicht überschauen, aber doch in seiner vollen Ausdehnung ahnen. Ursprünglich scheint ein besonderer Priester nur für den öffentlichen Gottesdienst nötig gewesen zu sein. Ihm lag die Pflege der gemeinsamen Volksheiligtümer und Opferstätten, der Wälder und Tempel ob. Dort versah er auch den Opferdienst. Da der Gottesdienst der heidnischen Germanen, wie oben gezeigt wurde, das gesamte Staatsleben, Rechts- und Kriegswesen weihend und strafend durchzieht, war der Staatspriester auch dazu verpflichtet, wo im öffentlichen Leben des Gesamtvolkes der Gottesdienst zur Äußerung gelangte, für den richtigen Vollzug Sorge zu tragen. So wurde er zum obersten Opferer und Rechtweiser im Volke, zum berufensten Erforscher und Verkündiger des Willens der Götter. Seines Rates bedurften König und Volk, wenn schwere Schicksalsentscheidung bevorstand.

2. Germanische Benennungen des Priesters

Die germanischen Sprachen bewahren einige Bezeichnungen des Priesters, die sich auf die wichtigsten in seine Hand gelegten Ämter beziehen. Der burgundische Oberpriester wird als *sinisto,* als der älteste und vornehmste[1], d. h. als altadliger Herr angeführt. Auf Gottesdienst, Opfer und Tempelpflege weisen die Ausdrücke *gudja, goði, cotinc; blôstreis* und *pluostrari* hieß der Priester bei Goten und Hochdeutschen, sofern er opferte, *harugari* und *parawari* als Hüter des heiligen Waldes oder Tempels. Als *êwart* und *êsago* ist er Hüter und Verkündiger des geltenden Rechtes, das als göttliche Einrichtung betrachtet und daher priesterlicher Hut unterstellt ward. Die gebräuchlichsten und lehrreichsten Benennungen sind folgende.

Wulfila überträgt ἱερεύς durch *gudja.* Dasselbe Wort kehrt auch bei andern Germanen wieder. Eine ahd. Glosse (Graff, *Diutiska* 1, 187) gewährt *cotinc tribunus. cotinc,* d. i. *goding* ist eine deutliche Ableitung zu einem ähnlichen Wort wie got. *gudja,* an. *goði, guði.*[2] In dieser Benennung des Priesters, die von seiner Stellung zu den Göttern *(guð)* hergenommen ist, tritt auch sein Rechtsamt *(cotinc tribunus)* hervor. Am besten sind wir vom nordischen Goden unterrichtet.[3] Dabei muss aber scharf unterschieden werden zwischen den dänischen und norwegischen Goden einerseits und den isländischen andererseits, da auf Island das Godenamt zu völlig neuer und eigenartiger Entwickelung gelangte. Thorolf pflegte auf der Insel Mostr in Norwegen eines

---

1 Ammianus Marcellinus 28, 5 *nam sacerdos omnium maximus apud Burgundios vocatur sinistus et est perpetuus, obnoxius discriminibus nullis ut reges.* Got. burg. *sinista sinisto* ist der Superlativ zu einem sonst verlorenen Positiv **sins* (aind. *sanas,* air. *sen,* lit. *sēnas,* lat. *senex*), wovon das got. *sineigs* (senex) und *siniskalk,* d. h. Altknecht, abgeleitet sind; vgl. Feist, Grundriss der got. Etymologie, Straßburg 1888, S. 100; Brugmann, Grundriss der vergleichenden Grammatik der idg. Sprachen, Bd. 2, S. 248 u. 407.

2 Über das lautliche Verhältnis zwischen got. *gudja,* aisl. *guðe, goðe* vgl. Noreen, Abriss der urgerman. Lautlehre, S. 176.

3 Vgl. Maurer, Zur Urgeschichte der Godenwürde in ZfdPh. 4, 125 ff.; über *goding, cotinc* Weinhold, ZfdPh. 21, 11.

Thorstempels, war also Gode des Thor. Wie er nach Island fuhr, nahm er seinen Tempel mit hinüber und baute ihn daselbst von neuem auf (Eyrbyggjasaga Kap. 3 und 4). Thorhadd der Alte war Hofgode zu Märi im Drontheimischen. Er begehrte nach Island, brach seinen Tempel ab und nahm die Tempelerde und die Hauptsäulen mit sich; er kam nach dem Stodwarfjord und legte dem ganzen Meerbusen die Heiligkeit des märischen Landes bei (Landnáma 4 Kap. 6). Diese norwegischen Goden sind Vorsteher und Besitzer von Tempeln, die ihnen eigentümlich gehörten. Öffentliche Staats- oder Landestempel hätten sie nicht so ohne weiteres abbrechen und überführen können. Reiche, angesehene Leute konnten sich einen eignen Tempel halten, dem sie als Goden vorstanden. Sie scheinen dabei ein gewisses Hoheitsrecht über die Leute ausgeübt zu haben, welchen sie aus freier gegenseitiger Übereinkunft Beteiligung an Tempel und Opfer verstatteten. Aber das Verhältnis war in Norwegen privater Art und auf gottesdienstliche Verrichtungen beschränkt. Für Dänemark bezeugt Saxo (Buch 8, S. 381) einen *Lyuthguthi,* das Sögubrot af Fornkonungum einen *Gautr guði.* Endlich begegnen auf Runensteinen ein *Ruulfr Nuraguþi* und ein *Ali Sauluaguþi*[1], d.h. *Hrólfr Nóragoði,* Hrolf des Nori Gode, *Ali Sǫlvagoði,* Ali des Solvi Gode. Darnach scheint der Gode ein Beamter im Dienste eines andern gewesen zu sein, ein priesterlicher Gehilfe des weltlichen Häuptlings, wie der *sacerdos* neben den *reges* und *principes.* Der norwegische Gode ist mithin Besitzer eines Tempels, worin er den Gottesdienst verrichtet, der dänische Gode ist der priesterliche Hilfsbeamte des Häuptlings. Im einen Fall war sein Amt wohl ausschließlich auf den Gottesdienst beschränkt, im andern lag ihm auch die Rechtspflege beim Dinge ob, eben das Amt des Staatspriesters. Dass die Bezeichnung Gode ausschließlich aufs priesterliche Amt, auf Tempelpflege und Opferdienst sich beschränken konnte, beweist die Femininbildung gyðja[2] zu *guði.* Nicht nur in erdichteten Sagen oder mythischen Überlieferun-

---

1 Bei Thorsen, De danske runemindesmærker 1, 334–338, Anm. 1.

2 *Þuríðr hofgyða,* Landnáma 4 Kap. 10; *Þúríðr gyðja,* ebenda 3 Kap. 4; Vatns-

gen, sondern auch in völlig zuverlässigen, isländischen Geschichtsquellen wird von *gyðjur* gesprochen, also von Frauen, die den Godentitel und das Godenamt führten. Weltliche Herrscherrechte waren den Frauen natürlich versagt, priesterliche Handlungen aber erlaubt. Somit ist der Gode zunächst Priester, Opferer und nur nebenbei als solcher Hüter des göttlichen und weltlichen Rechtes. Auf Island freilich kam die ganze Staatsgewalt in die Hände der Goden, welche die regierenden Herrn wurden. Aber die isländische Godenwürde gedieh zu völlig eigenartiger Entfaltung.[1] In der ersten Zeit der Besiedelung, von 874 ab, herrschte auf Island gar keine staatliche Ordnung. Denn die Ansiedler waren unabhängig voneinander angefahren und hatten, wo es ihnen gefiel, Land in Besitz genommen. An die Tempelbesitzer, die Goden, d. h. an solche, die auch auf Island Tempel zu errichten imstande gewesen waren, schlossen sich die Umwohner zur Ausübung des Gottesdienstes an. Der Gode ward Vorsteher einer Tempelgemeinde, in welcher er auch die notwendigen weltlichen Hoheitsrechte allmählich ausüben musste, Leitung der Dingversammlung und der Gerichte. Die Tempelgemeinden waren die von selbst erwachsenen Verbände, an welche die von den Verhältnissen erforderte Staatsordnung anknüpfte. So erweiterte sich die ursprünglich alleinige Tempelvorsteherschaft zur allseitigen Herrschergewalt, welcher die norwegische Häuptlingschaft zum Vorbild diente. Im Jahr 965 wurde die Zahl der staatlich anerkannten Goden und ihrer Tempel, der Hǫfuðhof auf 39 festgesetzt. Der isländische Gode ist allerdings vorwiegend ein weltlicher Herrscher, ursprünglich aber war er nur Priester, Besitzer eines Tempels und Vorsteher der Gemeinde.

Die altdeutsche Sprache bewahrt zwei Wörter, die über das

---

dœla Kap. 27; *Þorlaug gyðja,* Landnáma 1 Kap. 21; *Friðgerðr gyðja,* Kristnisaga Kap. 2; Þorvalds þáttr viðfǫrla Kap. 4; *Steinvǫr hofgyðja,* Vopnfirðingasaga, S. 10.

1 Über die isländischen Goden vgl. Maurer, Die Entstehung des isländ. Staats und seiner Verfassung, München 1852, S. 82 ff.; Island von seiner ersten Entdeckung bis zum Untergange des Freistaates, München 1874, S. 36 ff.

altgermanische Priesteramt willkommenen Aufschluss geben. Ahd. *êwart* und *êwarto,* md. *êwart* und *êwarte,* as. *êward* wird vom christlichen Priester gebraucht, obschon das Wort einst auf den heidnischen geprägt ist; es bedeutet »der des Gesetzes *(êwa)* wartet«. Hüter und Wahrer des von den Göttern gesetzten Rechtes war aber der Priester. Dass der Ausdruck ins Christentum überging, versteht sich daraus, dass mit *êwa* auch das Alte und Neue Testament bezeichnet wurde. In diesem Sinne war der *êwart* auch im Christentum Wahrer der *êwa.* Dass *êwart* aber einstens den heidnischen Priester meinte, lehrt das andere Wort as. *êosago,* ahd. *êsago êasagâri,* fries. *âsega,* d. h. Gesetz- oder Rechtsverkünder. Im Heliand wird *êosago* auf die Schriftgelehrten angewandt. Die Bezeichnungen *êwart* und *êsago* lehren, der germanische Priester ist der Wächter und Verkündiger des Gesetzes, er hat das geltende Recht dem Volke vorzutragen, das Recht, zu weisen und den Rechtsbruch zu ahnden.

Der friesische *âsega*[1] steht neben dem Vorsitzenden des Dinges und neben den Urteilern, dem Volke. Sein Amt ist weder zu richten noch zu urteilen, vielmehr das Recht zu wissen, die geltenden Satzungen vollauf innezuhaben und jederzeit über das geltende Recht zu belehren. Da gewinnt die Sage von den zwölf Asegen, die von einem Gotte des Rechtes unterwiesen wurden, damit sie es in den friesischen Gauen einführten, tiefen, uralten Sinn. Die Rechtweiser sind vom Gotte selber mit ihrem Amte betraut, sie sprechen im Namen des Gottes das von ihm gelehrte Recht. Noch im 12./13. Jahrh. meint aber Asega im Friesischen

1 Über den friesischen *âsega,* insbesondere auch über seinen Zusammenhang mit dem nordischen *lǫgmann,* dem isländischen *lǫgsǫgumann,* vgl. Richthofen, Untersuchungen über friesische Rechtsgeschichte 2, 455 ff., 487 ff. Über den nordischen Gesetzsprecher, der sich aber allmählich als Sonderamt aus dem ursprünglichen Priestertum losgelöst zu haben scheint, vgl. Maurer, Das Alter des Gesetzsprecheramtes in Norwegen, München 1875; Sitzungsberichte der Münchener Akademie 1887, phil.-hist. Klasse II, 3, 363 ff. und die dort verzeichnete Literatur; zur ganzen Frage vgl. Richard Schröder, Gesetzsprecheramt und Priestertum bei den Germanen in der Zeitschrift für Rechtsgeschichte 1883, Germanistische Abteilung, 4. Bd., S. 215 ff.

nicht allein den Rechtweiser, sondern auch den Priester, wie im Deutschen Ewart. Der Schluss liegt nahe: In ältester Zeit war eben der Priester und der Rechtweiser eine und dieselbe Person. Beim Ding vollzog der Priester Opfer und Recht, er besorgte den Dienst der Götter und vermittelte dem Volke ihren Willen, der auch im Rechte kundbar ward.

3. Adelige Herkunft und Tracht

Der Staatspriester wurde wie der König aus den ersten Adelsgeschlechtern und zwar auf Lebensdauer gewählt.[1] Keine Krise erschütterte seine Stellung. Er ist, wie Ammianus 28, 5 sagt, *perpetuus, obnoxius discriminibus nullis ut reges.* Der burgundische Name *»sinistus«* scheint anzuzeigen, dass der Priester als der Älteste, d.h. als der Vornehmste und Adligste, im Volke galt, dass er den *seniores,* den *seigneurs,* den adligen Herrn angehörte. Jordanes Kap. 5 erklärt ausdrücklich, Könige und Priester der Goten seien dem Adel entnommen *(pileatos, qui inter eos generosi extabant, ex quibus eis et reges et sacerdotes ordinabantur).* Nach einer andern Stelle, im Kap. 11, werden die Edelsten und Weisesten zu Priestern gemacht *(elegit nobilissimos prudentioresque viros ... fecitque sacerdotes).* Der Zusammenbang zwischen der hohen Geistlichkeit und den hohen Adelsfamilien im Mittelalter setzt vielleicht die alte Gewohnheit, dass die Priester adlig sein müssen, fort. Der Alcispriester war vermutlich ein Mitglied des wandalischen Königsgeschlechtes der Hasdinge.

Über Tracht und Aufzug der germanischen Priester verlautet nur Weniges und Ungenügendes. Tacitus (Germ. 43) gedenkt eines sacerdos *muliebri ornatu* bei den Nahanarvalen, was Müllenhoff (ZfdA. 12, 346) auf den Haarschmuck bezieht. Es waren Priester mit weichem, lang wallendem Haare, *haȝdingôs,* an. *haddingjar,* d.h. Männer im Frauenhaar (an. *haddr*). Im Gegensatz

1 Vgl. Müllenhoff, ZfdA. 12, 346ff.; über den Zusammenhang zwischen Priestertum und Adel, J. Grimm, Rechtsaltertümer 267ff.

hierzu hießen die gotischen Priester *pileati*, mit Hüten versehen, weil sie bedeckten Hauptes die Opferhandlung vollzogen, während das übrige Volk im freien Haarschmuck *(capillati)* verharrte (Jordanes Kap. 5 und 11)[1]. An Hut und Haar scheinen demnach die Priester besondere Auszeichnungen geführt zu haben. Im weißen Gewande schritten die gotischen Priester (*cum vestibus candidis*, Jord. Kap. 10). Dem angelsächsischen Priester war es verboten, Waffen zu tragen und anders als auf einer Stute zu reiten (*non enim licuerat, pontificem sacrorum vel arma ferre vel praeterquam in equa equitare*, Bäda hist. eccl. 2, 13). Zur Ausrüstung des Priesters gehörte wohl auch ein Eidring[2], den er bei allen öffentlichen Handlungen am Arme trug. Er diente zur feierlichen Eidesabnahme, die demnach dem Priester oblag, besonders zum Gerichtseid. Der Ring wurde beim Opfer mit Blut gerötet.

4. Im Norden leiten die weltlichen Herrscher das Opfer

In Norwegen gab es wohl Hofgoden, Besitzer von Tempeln, die sie mit nach Island nahmen, jedoch tritt nirgends bei Schilderung der großen Volklands- oder Hundertschaftsopfer ein Gode hervor; der weltliche Herrscher, der König, Jarl oder Herse erscheint als der alleinige Vorsitzende und Leiter des Opfers.[1] Dass es in Norwegen niemals Staatspriester gab, darf daraus nicht geschlossen werden. Das Vorhandensein von Goden und Lǫgmenn weist deutlich auf den altgermanischen Priester und

1 Dass der Eidring, der auf dem Altar des isländischen Tempels lag, aber bei jeder Rechtshandlung vom Goden an der Hand getragen wurde, auch in Deutschland und bei den Goten vorkam (vgl. den Eigennamen *Eidring* in einer Lorscher Urkunde vom Jahre 834 und die *brachiales* bei Mansi, Concil. 3, 617), schließt Müllenhoff, ZfdA. 17, 428 f.

2 Über die Vereinigung von weltlicher Oberhoheit, insbesondere Königtum, und Opferleitung im Norden vgl. H. Petersen, om nordboernes gudedyrkelse og gudetro i hedenold, Kjöbenhavn 1876, S. 1 ff.

auf seine Ämter im Gottesdienst und Volksding hin. Jedoch scheint er in den letzten Zeiten des Heidentums vor dem weltlichen Herrscher völlig zurückgetreten zu sein, vermutlich infolge der Sonderentwicklung des Gesetzsprecheramts, das aber den eigentlich religiösen Charakter verlor. Beim Ding wirkte der ursprüngliche Priester nur als *lǫgmann*, die Opferhandlung vollzog der König oder Jarl. Untergeordnete priesterliche Gehilfen, Tempel- und Opferdiener, wird es wohl immer gegeben haben, aber staatsrechtlich treten diese natürlich nirgends hervor. Zum Beweise, dass die weltlichen Herren Opferleiter sind, dient der Bericht der Hákonarsaga góðta Kap. 16.[1] Sigurd, der Jarl zu Hladir, war der eifrigste Opferer, und so war auch sein Vater Hakon; der Jarl Sigurd hielt alle Opfermahle da im Dingverband von Drontheim ab im Namen des Königs. Sigurd Jarl war der freigebigste der Männer; er tat ein Werk, das sehr berühmt war, dass er ein großes Opferfest zu Hladir hielt und allein alle Kosten trug. Der christliche König Hakon wird von den heidnischen Bauern in Drontheim genötigt, altem Brauch gemäß beim großen Opferfest zu Winters Anfang den Vorsitz zu führen. Im folgenden Jahre muss er das Julfest feiern. Dabei ist von acht namentlich angeführten Volklandshäuptlingen die Rede, die in der ganzen Landschaft Drontheim, d. h. in den zum Dingverband vereinigten acht Volklanden, dem Opferdienst vorstanden. Dem König und den Jarlen obliegt der Opferdienst, kein Gode wird erwähnt. Zu Hunthorp im Gudbrandsdal in Norwegen lebte ein Mann namens Dala Gudbrand, dessen Herrschaft in den Tälern der eines Königs vergleichbar war, obwohl er nur ein Hersir (Vorsteher eines Herads, einer Hundertschaft) hieß. Der berief alle Leute aus der Umgegend zum Thorstempel nach Hunthorp. Olaf der Heilige ließ das Thorsbild zerschlagen und zwang die Leute zum Christentum.[2] Hier also ist der Hersir Eigentümer

1 Die Berichte über Hakons Teilnahme am Opfer bei Maurer, Bekehrung 1, 158 ff.

2 Vgl. die ältere Olafssaga Helga Kap. 33/8; die jüngere Kap. 107/8; Maurer, Bekehrung 1, 532 ff.

des Heradstempels und Vorsteher des Gottesdienstes im Gau. Im Drontheimischen wird auch einmal ein gewöhnlicher, aber angesehener Bauer, Ölver von Eggja, mit zwölf anderen Männern als Vorsteher der Opfermahlzeiten zu Winters Anfang, Mittwinter und Sommers Anfang bezeichnet.[1]

5. Priesterinnen

Da der Priester ursprünglich Gottesdienst und Rechtspflege vereinigte, ist ohne weiteres klar, dass das Priesteramt, sofern es von Frauen besorgt wurde, gewöhnlich nur einen Teil davon, Opferdienst und Tempelpflege, umfassen konnte. Priesterliche Frauen und Jungfrauen sind aber altbezeugt, doch mehr Wahrsagerinnen als eigentliche Priesterinnen.[2] Dem ganzen weiblichen Geschlechte wohnte nach dem Glauben der Deutschen prophetische Gabe bei (Tac. Germ. 8). Cäsar (bell. gall. 1, 50) erzählt, dass die deutschen Hausmütter durch Losung und Wahrsagekunst *(sortibus et vaticinationibus)* erforschen mussten, ob eine Schlacht zu liefern sei oder nicht. Man hörte auch in Sachen, die das Volk angingen, auf den Rat und Ausspruch weiser Frauen. Zu Los und Zukunftsdeuterei gehört aber auch Opfer und Beschwörung, Zauberei, und so vollziehen Frauen zuweilen bei wichtigen öffentlichen Angelegenheiten das Opfer. Nach Strabo 7, 2 befanden sich kimbrische Wahrsagerinnen unter den Frauen, die das Heer geleiteten. Es sind grauhaarige, barfüßige Weiber in weißem Gewand, das ein eherner Gürtel umschließt, mit linnenen Mänteln angetan. Sie führen die Kriegsgefangenen zu einem großen ehernen Kessel und durchschneiden ihnen darüber die Kehle. Aus dem hervorströmenden Blute weissagen sie. Andere prophezeiten aus den Eingeweiden den Ihren den Sieg.

---

1 Vgl. die ältere Olafssaga Helga Kap. 112/5; die jüngere Kap. 101/4; Maurer, Bekehrung 1, 528 ff.

2 Über germanische Priesterinnen und Weissagerinnen vgl. J. Grimm, Myth. 84 ff., 374 ff.; Weinhold, Die deutschen Frauen, 2. Aufl. Wien 1882, Bd. 1, S. 62 ff.

Während der Schlacht schlugen sie auf die abgenommenen Deckfelle der großen Wanderwagen und machten damit gewaltigen Lärm, der gewiss Zauberwirkung haben sollte. Ein paar Jahrhunderte später erzählt Eunapius (excerpt. ed. Bonn. 82) von den Westgoten, die in das römische Reich einbrachen, wie jeder Stamm (*φυλή*) die Heiligtümer der Heimat mit sich führte, samt Priestern und Priesterinnen. Weinhold meint: Diese gotischen Priesterinnen *(ἱέρειαι)* werden wir aus den kimbrischen Seherinnen *(προμάντεις)* erklären dürfen. Es sind die Wahrsagerinnen, die über Wagen und Gewinnen im Kriege entscheidende Stimme hatten, während den Priestern altem Brauche gemäß (Tacitus, Germ. 7) die Götterbilder und die heiligen Zeichen während des Feldzuges anvertraut wurden. Unter Kaiser Vespasian war den Römern die Brukterin Weleda[1] bekannt geworden, die weithin hochgeehrt ward, nachdem sie die Vernichtung der römischen Legionen durch die Bataver vorausgesagt hatte. Sie wohnte in einem Turme und zeigte sich den Abgesandten der umwohnenden Stämme nicht selbst; einer ihrer Verwandten vermittelte Frage und Antwort. Man ehrte sie durch allerlei Geschenke. Vornehme Gefangene, besondere Triumphstücke der Beute sandte man ihr zu. Die Römer selbst verschmähten nicht, sich an sie zu wenden und sie aufzufordern, ihren Einfluss auf die Deutschen zur Beilegung des Krieges zu verwenden. Sie soll schließlich von den Römern gefangen worden sein. Als eine ältere berühmte Seherin nennt Tacitus in der Germ. 8 die Albrûna (handschriftlich Auriniam, von Wackernagel als Albrûna gedeutet), die wahrscheinlich in den Feldzügen unter Drusus und Tiberius ihr Ansehen erwarb.[2] Unter Domitian stand Ganna bei

---

1 Über Weleda vgl. Tacitus Germ. 8; Hist. 4, 61, 65; 5, 22, 24; Statius, Silv. 1, 4, 90; Müllenhoff, Zur Runenlehre, S. 55; der Name Weleda ist vielleicht nur eine Standesbezeichnung »weise Frau, Seherin«, gleich urlkelt. *velet,* Seher, Dichter; vgl. Windisch, Philol. Wochenschrift, 1883, S. 930, und A. Fick, Vergleichendes Wörterbuch der idg. Sprachen, 4. Aufl., Bd. 2, 1894, S. 277.

2 Über Albrûna, die mit elbischer Runenkraft Begabte, vgl. Müllenhoff, Zur Runenlehre, S. 51, 53.

den Semnonen in hohen Ehren (Dio Cass. 67, 5). Dem Drusus, als er die Weser überschritten hatte und sich der Elbe näherte, trat im Lande der Cherusker eine übermenschliche Frau *(γυνή τις μείζων ἤ κατὰ ἀνθρώπου φύσιν)* entgegen, wehrte ihm weiter vorzudringen und weissagte sein nahes Ende (Dio Cass. 55, 1). Später übte nach der Sage vom Ursprung der Langobarden bei diesem Volk Gambara durch Weisheit und Voraussicht großen Einfluss. Im Jahr 577 zog König Gunthram eine Frau *»habentem spiritum phitonis, ut ei quae erant eventura narraret«* zu Rat (Greg. Tur. 5, 14); einer noch weit jüngeren Thiota, die aus Alamannien nach Mainz gekommen war, gedenken fuldische Annalen im Jahr 847 (MG. 1, 365).

Im Norden treffen wir Tempelpflegerinnen, Tempelbesitzerinnen unter der Bezeichnung *gyðjur;* das weibliche Seitenstück zum *goði* oder *guði.* Tempeldienst, Opfer und Weissagung wird ihr Amt gewesen sein. Dem Nerthuspriester steht die schwedische Freyspriesterin (Fornmannasögur 2, 73 ff.) gegenüber. Sie wird als Freys Frau *(kona Freys)* bezeichnet; zum Dienste Freys ward ein junges, schönes Weib *(kona ung ok fríð)* genommen. Dass eine Frau am Landestempel zu Uppsala allein Dienst tat, ist höchst unwahrscheinlich. Auch gedenkt Adam von Bremen 4, 27 der Staatspriester *(sacerdotes, qui sacrifcia populi offerant).* Immerhin aber bleibt im Hinblick auf die *gyðjur* in Norwegen und Island die Tatsache bestehen, dass Frauen im Norden zum Tempeldienst zugelassen wurden. Die 60 Priesterinnen im großen Tempel in Biarmland (Fornaldarsögur 3, 627) sind natürlich fabelhaft. Die weissagenden Frauen *(spákonur, vǫlvur)* greifen in den privaten, nicht in den öffentlichen Kult ein.

6. Die Wissenschaft der Priester

Gebundene, kunstvoll gefügte Rede stand in Urzeiten vorwiegend im Dienste der Religion. Im Liede wurden bei Opfer und Festen die Götter gepriesen. Heilige Hymnen bilden daher den ältesten Bestand der Dichtkunst, und so eröffnen auch die altgermanischen *Leiche*[1] die Geschichte germanischer Poesie. Wo aber ein priesterlicher Leiter oder Vorsteher des Gottesdienstes vorhanden ist, ruht auch die mit dem Gottesdienst verknüpfte Dichtkunst in seiner Hand. Erst später löst der weltliche Sänger den geistlichen ab. Der germanische Priester war einmal auch der germanische Sänger. Neben genauer Kenntnis des Opferwesens musste der Staatspriester erschöpfende Wissenschaft aller göttlichen Dinge besitzen, Göttersage, Rechtskunde, deren Vortrag im Zusammenhang und lehrhafte Anwendung im Einzelnen, z. B. beim Heilzauber, bei Verträgen und Dingformeln, fiel ihm zu. Alles das musste aber in feierlich gestabter Rede, in dichterischer Form, gesagt und gesungen werden.

In merkwürdig übereinstimmender Form hat sich das episch-mythische Lied bei den vedischen Indern und bei den Germanen entwickelt. Die mythische Erzählung ist aus Prosa und strophisch angeordneten Versen gemischt. In poetische Form werden nur die Reden und die wichtigsten Stellen der Handlung gekleidet, das Übrige ergänzt der vortragende Priester nach Gutdünken durch erzählende Prosa. Diese gemischte Form wies Oldenberg[2] in der ältesten indischen Literatur nach. Einzelne Hymnen des Rigveda sind scheinbar Bruchstücke; sie waren eben dazu bestimmt, durch Prosaerzählung ergänzt zu werden, und solche prosaische Zwischensätze begegnen auch wirklich in der Überlieferung. Nach ihrem Muster ergänzt bieten die Hymnen, von denen eben nur die metrisch verfassten Stücke zur Aufzeichnung gelangten, etwas Ganzes, Abgeschlossenes, eine aus gebundener und ungebundener Rede gemischte Erzählung. Hierzu stimmen nun mehrere der ältesten Eddalieder, in denen ebenso die gemischte Form die herrschende ist.

---

1 Über die germanischen Chorlieder, die als *laikaʒ*, mhd. *leich* bezeichneten Hymnen, die aber natürlich vom Chore nur gesungen, nicht auch gedichtet wurden, vgl. Kögel, Geschichte der deutschen Literatur I, 1, 7 ff.

2 Ztschr. d. deutschen morgenländischen Gesellschaft 37, 1883, S. 54 ff., 67 ff., u. ebenda, Bd. 39, 1885, S. 52 ff.; die Vergleichung der indischen Form mit der germanischen führt Kögel, Geschichte der deutschen Literatur I, 1, 96 durch.

Müllenhoff (ZfdA. 23, 151 ff.) sagt darüber: »Zwei Formen der epischen Überlieferung, prosaische Erzählung mit bedeutsamen Reden – Wechsel- oder Einzelreden – der handelnden Personen in poetischer Fassung und erzählende epische Lieder in vollständig durchgeführter strophischer Form finden wir im Norden nebeneinander in Gebrauch, und keineswegs ist die Prosa der gemischten Form nur eine Auflösung oder ein späterer Ersatz der gebundenen Rede.« Innerhalb der Edda und auch in der Saxo vorliegenden Überlieferung waren viele Götter- und Heldenlieder als Wechsel- oder Einzelrede, dramatisch bewegt, in einen freien prosaischen Rahmen eingestellt. Am schönsten ist die Wechselrede im Skirnirliede durchgeführt, wie Skirnir für Freyr um die schöne Gerd wirbt, oder im Grimnirlied, wie Odin dem Agnar die Herrlichkeit von Walhall verkündigt. Die Gedichte sind freilich so spät, dass sie nur als Ausläufer und Nachklänge einer uralten, vielleicht gemeingermanischen Gattung gelten können. Merkwürdig aber berührt die Einstimmung mehrerer mit dem Gottesdienst aufs Engste verbundenen Dichtformen der Inder und Germanen, die vielleicht auf gemeinsamen Ursprung hinweisen. Da hier wie dort gerade die Göttersage, und wohl in Nachahmung derselben auch die Heldensage, so behandelt wurde, liegt der Schluss nahe, dass dereinst die Priester an hohen Festen einzelne Mythen, die mit der Kulthandlung in Zusammenhang standen, also z. B. beim Tiuʒfeste des Gottes Brautwerbung, die Erweckung der bräutlichen Erdgöttin, ihre Befreiung aus den Banden des winterlichen Todesschlafes, in dieser aus gebundener und ungebundener Rede gemischten Kunstform zum Vortrag zu bringen pflegten, dass überhaupt die Mythendichtung, die Erzählung von den Taten der Götter, das Preislied und feierliche Gebet ursprünglich allein von den priesterlichen Sängern ausging.

Erscheint uns hier der Priester als Dichter und Sänger von wechselreichen, kunstvoll gestabten Götterliedern, der dem Volksglauben die Weihe poetischer Gestaltung verlieh, so war er nicht weniger Verkündiger des Rechts, *êsago.* Das germanische Recht wendet sich nicht bloß an den nüchternen Verstand, sondern auch ans Gemüt.[1] Die alten Volksrechte bedienen sich häufig poetischer Ausdrucksmittel. Sie gebrauchen ähnliche bildliche Wendungen wie die epischen Gedichte, sie reden vom helllichten Tage und von leuchtender Sonne, von der nebeldüstern Nacht, vom glänzenden Gold und vom weißen Silber, vom grünen Rasen, vom hohen Helm und roten Schild, vom wilden Meer und vom salzigen See, vom heißen Hunger, von glühender Glut. Der Deich heißt ein goldener Reif, der um ganz Friesland liegt. Die Unendlichkeit von Zeit und Raum spricht sich in den Wendungen aus: so weit als der Wind von den Wolken weht und die Welt steht, so weit als Wind weht und Kind schreit, Gras grünt und Blume blüht. Hochpoetisch ist die ergreifende Schilderung der drei Nöte im friesischen Recht. »Das ist die erste Not: wo immer ein Kind gefangen und gefesselt wird nördlich über das Meer oder südlich in das Gebirge, so muss die Mutter ihres Kindes Besitz verpfänden und veräußern, und ihr Kind lösen und sein Leben retten. Die zweite Not ist diese: wenn da schlimme Jahre kommen und der heiße Hunger über das Land fährt, und das Kind Hungers sterben würde, so muss die Mutter ihres Kindes Besitz verpfänden und veräußern und ihm damit kaufen Kuh und Korn, und solche Dinge, womit sie ihm das Leben retten kann. Die dritte Not ist diese: wo immer das Kind ist stocknackt oder hauslos, und dann die nebeldüstre Nacht und der bitterkalte Winter über die Umfriedungen sich herabsenkt, so fährt da jeglicher Mann in seinen Hof und in sein Haus, und das wilde Tier sucht den hohlen Baum und der Berge Schlüfte, um sein Leben zu erhalten; dann weint das unmündige Kind und jammert über seine nackten Glieder und seine Hauslosigkeit, und betrauert seinen Vater, der ihm helfen sollte wider den kalten Winter und wider den heißen Hunger, dass er so tief und so dunkel unter Eichenbrettern und Erde eingeschlossen und festge-

---

1 Die Poesie im germanischen Recht behandelt Kögel, Geschichte der deutschen Literatur I, 1, 97 u. 242 ff., wo der Nachweis versucht wird, dass die friesische Rechtspoesie zum großen Teile stabreimend war; vgl. J. Grimm, Rechtsaltertümer, S. 31 ff. über die Formeln.

halten und bedeckt ist. Deshalb muss die Mutter ihres Kindes Besitz verpfänden und veräußern, weil sie die Verantwortung und Fürsorge dafür hat, so lange es noch nicht volljährig ist.« Anstatt einfach zu bestimmen, wenn das Waisenkind durch Brand oder Raub ins Elend gerät, darf die Mutter die ihr anvertrauten Mündelgelder angreifen, wird mit so eindringlicher Kraft dem empfindenden Gemüt die Not vorgeführt, dass das Urteil nicht anders fallen kann, als es muss so geschehen. Der Rechtweiser wird zum Dichter, der das Herz des Hörers tief bewegt. Gewaltig sind auch die Flüche, welche das ganze Unheil des Verfehmten, seine Rechtlosigkeit, wo immer er auch hinkehre, lebendig schildern. Wer beschworenen Frieden *(trygðamál, griðamál)* bricht, soll geächtet sein, soweit Menschen landflüchtig sein können, soweit Christenleute in die Kirche gehen und Heidenleute in ihren Tempeln opfern, soweit Feuer brennt und Erde grünt, Kind nach der Mutter schreit und Mutter Kind gebiert, Holz Feuer nährt, Schiff schreitet, Schild blinket, Sonne den Schnee schmelzt, Feder fliegt, Föhre wächst, Habicht fliegt den sommerlangen Tag und der Wind steht unter seinen Flügeln, Himmel sich wölbt, Welt gebaut ist, Winde brausen, Wasser zur See strömt und Männer Korn säen. Ihm sollen versagt sein Kirchen und Gotteshäuser, guter Leute Gemeinschaft und jederlei Wohnung, die Hölle ausgenommen.[1] Die Verfehmung geschieht durch das sinnliche Ausmalen alles dessen, was dem Missetäter entzogen wird.

An vielen Stellen der altgermanischen Gesetze bricht deren einstige teilweise dichterische Gestalt deutlich durch. Längst sind die zahlreichen stabreimenden Formeln hervorgehoben, die ebenso wie die epischen Formeln dem erzählenden Gedichte den Rechtssatzungen ein eigenartiges Gepräge verleihen und mit bewusster poetischer Absicht geschaffen und wirkungsvoll angewandt sind. Aber auch regelrechte Stabreimverse begegnen

1 Über solche Formeln vgl. J. Grimm, Rechtsaltertümer 39 ff.; die ausführlichste nordische Formel bietet die Heiðarvígasaga in den Islendinga sögur 2, 379 ff.

in den nordischen, englischen und friesischen Rechten. Zumal die Letzteren zeigen viele rhythmische Gesätze. Daraus ist zu schließen, dass dereinst der Rechtsvortrag, wenigstens teilweise, in feierlich gehobener, formelhaft gestabter Rede geschah. Zu den Spuren, die auf einstige poetische Form, auf Stabreimverse, hinweisen, stehen ebenso viele Nachklänge schwungvoller, bilderreicher und doch schlichter Dichtersprache. Der Priester-Sänger verkündigte auch das Recht wie die Göttersagen in kunstreich gefügten Stabreimen.

Im Veda begegnet eine Sammlung von Rätselfragen und Rätselsprüchen, deren Entstehung in priesterlichen Kreisen zu suchen ist.[1] Es war Sitte, dass der leitende Priester beim Opfer den, der dasselbe darbrachte, mit ritualen und mythologischen Fragen ausforschte. So wird beim Pferdeopfer der das Opfer spendende König gefragt nach dem äußersten Ende der Erde, nach dem Nabel der Welt, nach dem Samen des Hengstes, nach dem höchsten Himmel des Wortes, worauf der Opferer antwortet, dass der Opferaltar das äußerste Ende der Erde, das Opfer der Nabel der Welt, der Somasaft der Same des Hengstes, der Brahmapriester des Wortes höchster Himmel sei. Solche Fragen kamen gegen den Schluss großer Opfer häufig vor. Nicht bloß dem Opferer wurden von einem der Priester Rätsel zur Lösung vorgelegt, sondern auch die Priester mussten einander Rätsel aufgeben und der Gefragte hatte sie auf die vorgeschriebene Weise zu beantworten. So fragt ein Priester den anderen: Wer wandelt wohl allein? Wer wohl wird wiedergeboren? Was wohl ist das Mittel gegen den Schnee? Was wohl die große Hinstreuung? Darauf antwortet der Gefragte: Die Sonne wandelt allein, der Mond wird wiedergeboren, das Feuer ist das Mittel gegen Schnee, die Erde die große Hinstreuung. Nun wird wieder gefragt: Welches Licht ist wohl der Sonne gleich? Welcher Strom

1 Vgl. Haug, Sitzungsberichte der Münchener Akademie 1875, 2, S. 457 ff. Vedische Rätselfragen und Rätselsprüche; den Zusammenhang mit dem mythologischen Rätselliede der Nordleute heben Wilmanns, ZfdA. 20, 252 ff., Müllenhoff, Altertumskunde 5, 238, und Kögel, Geschichte der deutschen Literatur 1, 64 hervor.

ist wohl dem Meere gleich? Wer begießt die Erde am meisten? Von wessen Mutter wird man nicht gekannt? Die Antwort lautet: Das Wahre ist das der Sonne gleiche Licht, der Himmel der dem Meere gleiche Strom, Indra begießt die Erde am meisten, von der Mutter der Kuh wird man nicht gekannt. Die Dinge, um welche die Rätsel fragen, sind bald der Natur, bald dem Geistesleben entnommen. Himmel und Erde, Sonne und Mond, das Luftreich, der Regen und seine Entstehung, der Sonnenlauf, das Jahr, die Jahreszeiten, Monate, Tage und Nächte sind beliebte Gegenstände bildlicher Einkleidung, ihre Enträtselung und die Form, in der das geschah, galten als die höchste Weisheit. Die Rätsellieder sind nun bei den Germanen sehr reich entfaltet und weisen in Einzelheiten wie im Zusammenhang auf hohes Alter. Namentlich die altnordische Dichtung enthält auffallend viele Rätsellieder, bei denen zweierlei zu beachten ist, dass Odin die Rätselfragen stellt, also auch hierin unerreichter Meister aller Weisheit ist, dass die Rätsel sich mit Vorliebe auf mythologische Dinge beziehen. Im Wafthrudnirlied legt Odin dem weisen Riesen alle möglichen Fragen vor, deren Beantwortung genaue Kenntnis der nordischen Mythologie bis in alle Einzelheiten voraussetzt. Als Gest zeigt er sich dem König Heidrek in der Rätselkunde überlegen, auch hier aber treten Rätsel mythologischen Inhaltes zwischen den allgemeinen mehrmals hervor; die letzte Frage lautet wie im Wafthrudnirliede: Was raunte Odin dem toten Baldr ins Ohr? Im Alwisliede erfragt Thor vom Zwerg die Sprache der verschiedenen Welten. Bekannt ist die Eigenart der nordischen Skaldenkunst, die in ihren vielverschlungenen, der Göttersage entnommenen Umschreibungen und Bildern eigentlich fortwährend mythologische Rätsel aufgibt. Den Anstoß hierzu erhielt sie wohl kaum aus sich selber, eher aus der mythologischen, ursprünglich priesterlichen Rätseldichtung. Der Grundgedanke, dem Letztere entspringt, ist bei den Skalden nur auf die Spitze getrieben. Man darf nun freilich nicht schließen, dass diese Lieder, so wie wir sie kennen, bei Opfern gebraucht worden wären, sondern nur, dass diese eigentümliche Kunstgattung des mythologischen Rätselliedes möglicherweise aus dem Gottesdienst entsprungen sein kann. Da mag das Rätsellied einmal wie bei den Indern dazu gedient haben, unter Opferleitern und Opfergenossen die Kenntnis der vorzunehmenden Handlung, der damit verknüpften Bräuche und Mythen, festzustellen. Der fragende Gott ist als Vorbild des fragenden Priesters gedacht.

War der Priester beim Vortrag der Mythen und Rechtssatzungen mehr Epiker, so betätigt er sich anderwärts mehr lyrisch, als Spruchdichter. In höchstes Altertum reichen die meistens zu Heilzwecken geübten Besegnungen, die Zaubersprüche, zurück. Sie ruhen auf allgemein menschlicher Grundlage, nehmen jedoch bestimmte zeitliche und örtliche Färbung an. Erwachsen auf dem Boden der niederen Mythologie, suchen sie stets gerne Anschluss an die herrschende höhere Mythologie, an den Götterglauben. Priester und Zauberer waren die ursprünglichen Schöpfer, Kenner und Wahrer solcher kräftiger Heilsprüche, deren allgemeine Auffassung etwa dahin geht: Siechtum ist durch Unholde verursacht. Heilung wird erreicht durch Vertreibung der Unholde mithilfe guter Geister und Götter. Den ererbten Formelschatz haben die germanischen Priester gestabt und an den Götterglauben angeschlossen.

Zaubersprüche gehören bei den Indogermanen zu den ältesten Spuren dichterischer Betätigung.[1] Für den Vortrag war Gesang mit gedämpfter, murmelnder Stimme vorgeschrieben. Daher das griechische *ἐπᾴδειν*, lat. *carmen,* frz. *charme,* lat. *magicum susurramen,* Zaubergemurmel. Die germanischen Sprachen kennen mehrere Bezeichnungen, welche auf den Vortrag solcher Poesien schließen lassen.[2] Zu *bigalan,* besingen, *ἐπᾴδειν* gehört

---

1 Über die Gleichheit indischer und germanischer Segenssprüche vgl. A. Kuhn, Ztschr. f. vergl. Sprachforschung 13, 49 ff., 113 ff. Die indischen Sprüche enthält namentlich der Atharvaveda. Die Atharvans und Angiras sind Priestergeschlechter, die demnach als die besten Gewährsmänner auf dem Gebiete der Spruchdichtung betrachtet wurden.

2 Über die germanischen Wörter für Zauberlied und ihre Bedeutung vgl. Kögel, Geschichte der deutschen Literatur I, 1, 79 ff.; E. Schröder, ZfdA. 37, 259 ff.

galdra- (an. *galdr,* ags. *gealdor,* ahd. as. *galdar*) oder *galstra-* (ahd. *galstar*). Neben dem alten starken Verbum *bigalan* steht das schwache *begalôn incantare (enchanter).* Der Sinn von *galdra-* ist Zaubersang. Im Nordischen begegnet auch *ljóð,* Lied, im engeren Sinne von Zauberlied. Die Formel, die den Zauber wirken sollte, wurde demnach gesungen. Neben *galdra-* und teilweise damit begrifflich zusammenfallend trifft man *rûnô.* Das Wort »Rune«, das durch alle germanischen Sprachen hindurch geht, ist mit griech. *ἐρέφω, ἐρευνάω* verwandt. Aus derselben Wurzel, nur mit anderem Ablaut, stammt an. *reyna,* prüfen, erforschen, *raun,* Versuch. Vielleicht bedeutete *rûnô* ursprünglich Befragung, bald aber verstand man unter Runen die heimlichen Mittel, durch welche gefragt wurde. Sehr früh ist *rûnô* Zauberlied. In dieser Bedeutung entlehnten die Finnen zu Anfang unserer Zeitrechnung das Wort. Die Rune wurde *geraunt,* leise geflüstert. *Galdra-* ist Zaubersang, *rûnô* Zaubergemurmel. Vielleicht waren beide Arten des Vortrags vereinigt in dem mit gedämpfter Stimme gesungenen, gemurmelten Liede. Rune ist außerdem das Zauberzeichen, das im Verein mit dem Sange den Zauber erst wirksam machte. Endlich wird mit Rune auch der Buchstabe, das Schriftzeichen benannt, nachdem die Germanen die römischen Buchstaben sehr frühzeitig zu einer eigenartigen Schriftgattung umgebildet hatten. Der allgemeine Begriff »Geheimnis« ist wohl aus *raunen,* heimlich flüstern, und dem Zauberwesen, das an den Runen haftete, geleitet. Beschwören (ahd. *biswerian*) weist auf denselben Gedankenkreis. Es steht zu Surren, Schwirren, Schwarm (slav. *svirją,* flüstre) und besagt also auch das Summen der Zauberformel, die wir als gesummtes Lied oder geraunten Spruch zu denken haben.

Aus der ahd. Zeit sind zwei Zaubersegen, die so sog. Merseburger Sprüche, erhalten, deren Aufbau von größter Wichtigkeit ist. Dem eigentlichen Spruche vorangeht eine kleine Erzählung, welche zeigen soll, wann der Spruch erfolgreiche Anwendung fand. So lautet der zweite Spruch:

Phol und Wuodan fuhren zu Holz,
Da ward Balders Fohlen sein Fuß verrenkt.
Da besang *(biguol)* es Sinhtgunt, Sunna ihre Schwester,
Da besang es Friia, Volla ihre Schwester,
Da besang es Wuodan, wie er wohl konnte:
Sei es Beinverrenkung,
Sei es Blutverrenkung,
Sei es Gliederverrenkung.
Bein zu Bein, Blut zu Blut,
Glied zu Glied, als ob sie geleimt seien!

Es wird also eine Sage aus der Götterwelt erzählt. Auf einer Jagdfahrt nahm Balders Ross Schaden. Niemand konnte es heilen, nur Wodan mithilfe des Segens. Diese Erzählung ist als Beispiel vorangestellt, wie damals soll der Segen auch jetzt und immerdar helfen. Auf diese Art wurden öfters Sprüche mit epischen Eingängen versehen; so nimmt der erste Merseburger Spruch und ein ags. Segen gegen Hexenstich Bezug auf das Walten der Kampfgöttinnen. Von wem solche epische Eingänge verfasst sind, ist unschwer einzusehen. Den Priestern kommt die Wahrung kräftiger Zauberlieder zu; durch epische Einleitungen aber stellten sie einen tieferen, innerlichen Zusammenhang mit dem Götterglauben her. Diese Gattung des epischen Zauberspruches, wo nicht bloß die Formel geraunt, sondern eine kleine Geschichte zuvor feierlich erzählt wurde, hieß bei den Germanen *spell*.[1]

Odin ist Meister aller Runenweisheit und Galdr, Gott der Skalden, sein Geist durchweht und belebt die Dichtung; Fosite ist Rechtweiser. Damit ist die Kunst gebundener Rede und feierlichen Vortrages jeden Inhalts, die Kunst des Zauberliedes von den Göttern eingesetzt. Zunächst an göttliche Weisheit aber reicht der Priester. Die Stellung des altgermanischen Priesters darf nicht gering angeschlagen werden. Alle Bedingungen zur erhabenen Ausnahmestellung des vertrauten Mitwissers der Götter waren vorhanden und hätten ebenso entfaltet werden

---

1 Vgl. E. Schröder, Über das Spell. ZfdA. 37, 241 ff.

können, wie wir es beim indischen Priestertum der Brahmanen, beim keltischen der Druiden erfüllt sehen. Eine germanische Priesterherrschaft aber gedieh trotzdem nicht, weil der gesunde, kräftige Volksgeist dagegen war. Die Könige und Herzöge, die weltlichen Leiter der Volksgeschicke, wachten darüber, dass der Priester niemals die Schranken seines Amtes überschritt. Der Priester vertrat wohl die Gottheit beim Ding und sorgte, dass ihr Dienst richtig vollzogen, dass jeder Frevel gesühnt wurde. Er verkörperte aber nur das religiöse und rechtliche Bewusstsein, konnte mahnend dem Bruche göttlicher Satzung entgegentreten, aber nur als Berater, nicht als Lenker und Richter. Die Führerschaft stand ihm nicht zu. Der weltliche Sänger und später der weltliche Gesetzsprecher teilten sich gar bald in die einst dem Priester allein gehörigen Ämter. Der Hausvater aber bedurfte des Priesters nicht, er mochte höchstens seinen Rat angehen. Brahmanen und Druiden brachten es fertig, dass nichts ohne geistliche Mitwirkung geschah. Die Germanen beschränkten den Priester auf die gottesdienstlichen öffentlichen Verrichtungen und nahmen, wo es ihnen gut dünkte, seinen weisen Rat in Anspruch.

7. Die Priester als Erforscher der Zukunft

Tacitus schildert in einer vielbesprochenen Stelle das Losen[1], dessen Verfahren er einfach nennt. Der Zweig eines fruchttra-

---

1 Germ. 10 *auspicia sortesque ut qui maxime observant: sortium consuetudo simplex. virgam frugiferae arbori decisam in surculos amputant eosque notis quibusdam discretos super candidam vestem temere ac fortuito spargunt. mox, si publice consultetur, sacerdos civitatis, sin privatim, ipse pater familiae, precatur deos caelumque suspiciens ter singulos tollit, sublatos secundum impressam ante notam interpretatur. si prohibuerunt, nulla de eadem re in eundem diem consultatio; sin permissum, auspiciorum adhuc fides exigitur.* Über die Sitte des Losens vgl. Müllenhoff, Zur Runenlehre, Halle 1852, S. 33; Homeyer, Über das germanische Losen, Monatsberichte der Berliner Akademie, Dezember 1853; R. Keyser, Samlede afhandlinger, S. 372 ff.; Mogk in den »Kleineren Beiträgen zur Geschichte von Dozenten der Leipziger Hochschule«, Fest-

genden Baumes wird in Stäbchen zerlegt, die Stäbchen werden mit gewissen Zeichen versehen und blindlings und zufällig über ein weißes Tuch hin verstreut. Alsdann hebt bei öffentlicher Beratung der Staatspriester, bei Privatangelegenheiten der Hausvater, nachdem er zuvor die Götter angerufen hat, gen Himmel schauend dreimal je ein Stäbchen auf und deutet die zuvor auf die Stäbchen eingeschnittenen Zeichen. Lauten sie verneinend, so unterlässt man für diesen Tag eine weitere Befragung; stimmen sie zu, so wird noch weiterhin die Beglaubigung durch Vorzeichen in Anspruch genommen.

Man darf jedenfalls dem Berichte des Tacitus auch ein Opfer beifügen, ohne welches im Heidentum feierliches Gebet kaum möglich scheint. Somit ergeben sich folgende Hauptpunkte des Verfahrens: Zurichtung der Lose, bestehend in Holzstäbchen mit eingeritzten Zeichen, Opfer und Gebet an die Götter, deren Willen erkundet werden soll, Loswurf und Aufnahme dreier Lose, Auslegung der aufgehobenen Lose nach den darin eingeritzten Zeichen, daraufhin Beschluss, ob die Befragung fortgesetzt oder aufgegeben werden soll. Schwer ist über zwei Dinge Klarheit zu gewinnen, ob die Befragung der Lose auf ein bloßes *Ja* oder *Nein* oder auf einen förmlichen Orakelspruch ausgeht; ferner, welcher Art die eingeritzten Zeichen waren. Aus dem ganzen Zusammenhang möchte eher auf einfache Befragung um Ja oder nein geschlossen werden, zumal da überdies noch Vorzeichen in Betracht kommen. Aber die eingeritzten Zeichen, von

---

schrift zum deutschen Historikertag in Leipzig, 1894, S. 81 ff. Über Wahrsagerei im heutigen Brauche vgl. Wuttke, Der deutsche Volksaberglaube, Berlin 1869, § 327 ff. Die germanischen Wörter für dieses Verfahren lauten folgendermaßen: got. *hlauts*, ags. *hlýt* oder *hlét*, as *klôt*, ahd. *hlôȝ*, überall ursprünglich Masculinum, ist das Nomen actionis des *»lieȝens«*, des Losens und des Wahrsagens, dann das, wodurch dies geschieht, *κλῆρος*, sors, das Loszeichen; das nord. Femin. und Neutrum *hlaut* ist das, woraus oder mit dessen Hilfe geweissagt wird, das Opferblut. An. *hlutr*, ags. *hlot*, nds. *lott*, ahd. *hluȝ*, mhd. *luȝ* ist eigentlich *portio*, Erloste. Vgl. Gudbrand Vigfusson, dictionary 269; Müllenhoff, Altertumskunde S. 155. Das Stäbchen, worauf die Zeichen standen, hieß got. *tains*, an. *teinn*, afries. *tên*, ags. *tân*, ahd. mhd. *zein*.

deren Auslegung die Rede ist, weisen wieder eher auf einen förmlichen Orakelspruch, den der Priester wohl in feierlichem Stabreim verkündigte. Welcher Art die Zeichen waren, ist auch nicht zu sagen. Man denkt an die Runen, worunter aber mystische, magische Zeichen, nicht die späteren Schriftrunen verstanden werden müssen. Wohl kommen diese im Norden auch zu zauberhaftem Gebrauche vor. Man raunte eine Zauberformel und ritzte die Anfangsrune des wichtigsten Begriffes. So schneidet Skirnir (Skírn. 37) der Gerd einen *Thurs* (die Rune þ) und drei andere Runen, die den Zauber ungestillter Liebessehnsucht bewirken. Um Sieg zu gewinnen, wurde die Rune Tyrs ↑ aufs Schwert geritzt, um gegen Frauentrug sich zu feien, die Rune *Nauþ* ᚾ aufs Horn, den Rücken der Hand und den Fingernagel gemalt (Sigrdr. 6/7). Die Verwendung der Schreiberunen zu Zauberzwecken in der Art, dass die Rune den Hauptbegriff der Zauberformel festbannte, steht also außer Frage. Umgekehrt mochte auch eine Weissagung aus zufällig aufgelesenen Runen entnommen werden, sofern eine bestimmte Beziehung zwischen einer Anzahl von Formeln und Zeichen bestand. Wenn z. B. Tyr oder Nauþ (d. h. Not) herauskam, wurde Sieg oder Not geweissagt. Aber zur Zeit des Tacitus und Cäsar waren die in den ersten Jahrhunderten unserer Zeitrechnung von den Römern entlehnten germanischen Schreiberunen wohl noch gar nicht vorhanden. Doch das Wort Rune ist freilich älter als seine Anwendung auf die Schrift, und so mögen schon die Zeichen auf den Holzstäbchen Runen gewesen sein. Ihre Form und ihr Gehalt bleiben uns rätselhaft, aber große Wahrscheinlichkeit besteht, dass es ähnlich zuging wie bei den späteren Schreiberunen, wenn sie, vielleicht eben anstelle älterer magischer Runen, zum Zauber benützt werden. Man muss eine bestimmte Anzahl von Zeichen denken, die dem Losenden ihrer Bedeutung nach völlig vertraut waren. Die aufgelesenen Zeichen ließen sich zu einer Weissagung vereinigen. Wenn das Gebet in feierlichen Stäben und Formeln ging, so war auch der Weissagespruch aus altehrwürdigen Formeln gereimt, welche eben durch die Lose gesucht wurden. Wenn nicht Tacitus verschiedene Dinge zusammenwarf, so waren diese Zeichen nicht geheim, denn jeder Familienvater mochte für seinen Hausstand das Los werfen. Man sollte allerdings eher meinen, dass das Verfahren mit den Loszeichen, die einen Spruch ergaben, schwieriger und nur wenigen im Volke, vor allem den Priestern vertraut war; denn es ist nicht einfach, sondern setzt tieferes Wissen voraus, Kenntnis der Zeichen und ihrer Bedeutung und Fähigkeit, daraus einen gestabten oder doch formelhaften Spruch zu finden. Die gewöhnliche Losung auf Ja oder Nein aber ist höchst einfach, sie bedarf nur eines oder zweier Zeichen und kann jederzeit und von jedem ohne besondere Weisheit geübt werden. Im gegebenen Falle hätte etwa ein dreimaliges *Ja* Ausführung des Vorhabens veranlasst, ein dreimaliges *Nein* oder unentschiedene Auskunft dagegen Einstellung.

Dass aber unter Priestern und weissagenden Frauen schon früh die divinatorische Losung, das Fragen nach förmlichem Spruche, vorkam, lehrt Cäsar, bell. gall. I Kap. 50. Bei den Germanen herrschte die Sitte, dass die Frauen durch Loswurf und Orakelspruch *(sortibus et vaticinationibus)* entschieden, ob ein Treffen zu liefern sei oder nicht. Der aus den Losen gewonnene Spruch lautete dahin, dass die Germanen Unsieg hätten, wenn sie vor Neumond kämpften *(non esse fas Germanos superare, si ante novam lunam proelio contendissent)*. Dieser Spruch kann nicht aus bloßem Ja oder Nein abgeleitet sein.

Aus nordischer Überlieferung ergeben sich mehrere Beispiele divinatorischer Losung, leider ohne genauere Beschreibung des Verfahrens, das meistens als allgemein bekannt, keineswegs als Geheimkunst vorausgesetzt zu sein scheint. Das Hymirlied hebt damit an, dass die Götter, die ein Gelage zurüsten wollten, die Zweige schüttelten und das Opferblut beschauten *(hristo teina ok á hlaut sǫo)*, da fanden sie, bei Ägir sei Überfluss. Bei ihm wird denn auch schließlich nach Einholung des Kessels Hymirs das Festgelage abgehalten. Für Kultgebräuche erfahren wir aus der Stelle, dass, um einen Orakelspruch zu erhalten, ein Opfer angerichtet wurde. Die Weissagung oder die Antwort der angerufenen Gottheit erfolgte aus dem Blute des geschlachteten Tieres und aus den (mit eingeritzten Zeichen versehenen) durcheinander geschüttelten Loszweigen. Nach der Gautrekssaga Kap. 7 segelte König Wikar nordwärts von Agdir nach Hordaland in Norwegen und bekam heftigen Gegenwind. Da fällten sie den Span um günstigen Wind, und es fiel so, dass Odin einen Mann verlangte, der ihm zum Opfer aus der Mannschaft durch das Los bestimmt und gehängt werden sollte *(þeir feldu spán til byrjar ok fell svá at Óðinn vildi þiggja man at hlutfalli at hanga or herinum).* Darauf wurde die Auslosung vorgenommen, und es kam König Wikars Los heraus *(ok kom upp hlutr Víkars konungs).* Gewöhnlich heißt es: *fella blótspán,* den Opferspan fällen.[1] Gemeint ist wohl dasselbe wie mit den Zweigen, nämlich bezeichnete Holzstückchen. Mit dem Loswurf war Opfer verbunden, daher der Name *blótspánn.* Man opferte, warf die Lose, las den Spruch daraus und tat darnach. In der Gautrekssaga schließt sich einfache Auslosung der divinatorischen Befragung unmittelbar an. Diese hatte den allgemeinen Bescheid erbracht, Odin verlange ein Menschenopfer, jene wählte das Opfer aus der Schar der Genossen aus. Die Mitwirkung eines Priesters ist weder hier noch dort erwähnt. In der Hervararsaga Kap. 11 (Fornaldarsögur 1, 451) wird erzählt: Zu der Zeit war in Reidgotaland großer Misswachs, sodass es zur Verödung des Landes zu kommen schien; da wurden Lose von weisen Männern gemacht und der Opferspan dabei gefällt *(váru þá gǫrðir hlutir af vísendamǫnnum ok feldr blótspánn til),* und so erging das Orakel *(en svá gekk fréttin),* dass nicht eher wieder ein gutes Jahr kommen würde, als bis der vornehmste Knabe im Lande geopfert werde. Hier ist beachtenswert, dass weise Männer die Lose herstellen; also wird zur divinatorischen Losung doch ein höheres Wissen vorausgesetzt. Die Vita Anskarii Kap. 18 berichtet von einem Schweden, der an der Vertreibung des Bekehrers Gauzbert teil-

1 Die Hauptstellen, wo vom *fella blótspán* die Rede ist, sammelt Fritzner, Ordbog I², 160. In der Fagrskinna 40 heißt es: Er fällte den Opferspan, und es ward offenbar, dass er die passende Tageszeit zum Schlagen haben sollte. Auch hier bestimmt der Ausspruch der Lose die Schlacht. Vgl. noch Landnáma 3, 8. In der Livländ. Reimchronik 2483 u. 7239 heißt es wie im Nordischen »der Span fällt« statt »das Los fällt«; J. Grimm, Myth. 3, 321.

genommen hatte, dass er hinterher den Zorn der Götter zu fürchten angefangen habe. Da suchte er einen Weissager auf *(qua de re, sicut moris est ibi, quendam adivit divinum)*, damit dieser durchs Los erkunde, welchen Gott er beleidigt habe und wie er ihn versöhnen könne. Jener verrichtete die üblichen Gebräuche *(quae circa cultum hujusmodi observare solebat)* und erklärte, keiner der Heidengötter, wohl aber der Christengott zürne ihm. Im Kap. 19 erfragen die Dänen durch Losung, wohin sie sich wenden sollten, um Beute zu machen. Da fiel das Los auf eine entfernte Stadt im Lande der Slaven. Beispiele für einfache Frage um Ja oder Nein bietet die Vita im Kap. 19, 27, 30. Aus Layamons Brut zieht Müllenhoff, zur Runenlehre (S. 40 f.) noch eine Stelle an, wo der Herzog Ascanius nach denen, die des teuflischen Sanges mächtig sind, über Land sendet, um zu erfahren, was sein Weib im Schoß trüge. Da warfen sie die Lose und fanden an der Kraft des unheilvollen Liedes, dass die Frau mit einem Sohne ginge. Hier wird der Beschwörungslieder gedacht, die zur Weissagung nötig waren. Denn das höhere Wesen, das um die Zukunft befragt wurde, musste mit Gebet oder Beschwörung dazu gebracht werden, das Gewünschte zu offenbaren.

Es war Sitte, die Götter mit Losung zu befragen, ob ihnen ein Opfer genehm sei oder nicht. Bestand von vornherein die Absicht, ein Opfer darzubringen, so genügte die einfache Frage auf Ja oder Nein. Manchmal aber, wie in der Sage von Wikar und vielleicht auch, als die Schweden ihre Könige Domaldi und Olaf opferten, wurde in schweren Zeiten das Los auf allgemeine Befragung des göttlichen Willens geworfen. Erst der Ausspruch zeigte, dass die Götter ein blutiges Menschenopfer heischten. War keine bestimmte Persönlichkeit genannt, so mochte gewöhnliches Auslosen einen oder mehrere aus einer größeren Menge ausscheiden. Auch ins Strafrecht reicht die Sitte der Losung herein und erhielt sich unter den Friesen[1] bis ins Christentum. Der Grund ist leicht zu erkennen. Hatte ein Neidingswerk

1 Zum friesischen Loswurf vgl. Richthofen, Untersuchungen über friesische Rechtsgeschichte 2, 450 ff.

den Grimm der Götter erregt und war der Missetäter unbekannt, so boten sich die Volksgenossen zum Lose, zum Gottesurteil, damit die Gottheit selber zur Sühne den Schuldigen herausgreife. Nach Cäsar bell. gall. 1, 53 erzählt der aus der Gefangenschaft der Sueven gerettete Valerius Procillus, es sei dreimal über ihn das Los geworfen worden, ob er alsbald verbrannt oder auf später aufbewahrt werden solle; das Los fiel für ihn günstig *(se praesente, de se ter sortibus consultum, utrum igni statim necaretur an in aliud tempus reservaretur. sortium beneficio se esse incolumem).* In Alchuines Vita des hl. Willibrord Kap. 10 wird vom König Redbad berichtet, er habe über den gefangenen Willibrord und seine Genossen je dreimal an drei Tagen hintereinander das Los geworfen *(per tres dies semper tribus vicibus sortes suo more mittebat);* mit Gottes Hilfe fielen die Lose den Gefangenen günstig, nur einen einzigen traf das Todeslos *(damnatorum sors),* der das Martyrium erleiden musste.

Die Vita Willehadi Kap. 3 berichtet, dass Willehad ums Jahr 778 östlich der Laubach durch Ermahnungen an die Landesbewohner, den Aberglauben aufzugeben, ihren Zorn erregte. Wegen seiner Lästerungen gegen die Götter hätten sie ihn für des Todes würdig erklärt. Einige aber hätten dazu geraten, ihn nicht ohne weiteres zu töten, sondern erst das Los zu befragen, damit die Götter zeigten, ob er den Tod verdient habe, sonst ihn freizulassen, worauf denn nach der Sitte der Heiden das Los geworfen worden sei, ob er leben oder sterben solle *(secundum morem gentilium missa est sors super eo, vivere an mori debuisset).* Nach Gottes Fügung habe über Willehad das Los des Todes *(sors mortis)* nicht fallen können. Der hl. Wulfram rettete zweimal friesische Knaben vom Opfertod, zu dem sie durchs Los bestimmt waren (Vita Wulframmi Kap. 6 und 8, ASS. 3, 1, 359 und 361).

Das friesische Recht bestimmt: Wird bei einem Auflauf einer getötet, so können in Ermanglung anderer Beweismittel gegen den Schuldigen bis zu sieben durch den Kläger wegen der Tötung angeklagt werden, und jeder von den sieben kann sich mit zwölf Eideshelfern frei schwören. Ist das geschehen, so werden die sieben zur Kirche geführt und Lose am Altar über sie geworfen. Zwei Stäbchen werden geschnitten, das eine mit einem Kreuze bezeichnet, das andere bleibt unbezeichnet; beide werden mit reiner Wolle umhüllt auf den Altar gelegt. Darauf ergreift ein Priester, wenn er da ist, sonst ein unschuldiger Knabe eins von den Losen; ist es das mit dem Kreuze bezeichnete, so gelten die sieben, für welche die Eide geschworen sind, für unschuldig; wo nicht, so folgt ein weiteres Verfahren: Jeder von den sieben hat sein eigenes Stäbchen mit seiner Marke zu zeichnen, sodass er und die andern erkennen können, dass es das seinige ist.[1] Die sieben Stäbchen werden wieder mit reiner Wolle umhüllt, wieder auf den Altar oder auf die Reliquien gelegt, und es nimmt der Priester oder Knabe vom Altar hintereinander die einzelnen Stäbchen und fragt, wem das Stäbchen gehöre. Wer als Letzter sein Stäbchen erhält, gilt für den Schuldigen, die andern sechs als unschuldig. Das Verfahren ist durchaus heidnisch, die Anpassung an christliche Verhältnisse rein äußerlich, sie beschränkt sich darauf, christliche Heiltümer anstelle der heidnischen zu setzen.

Mit den angeführten Stellen ist die Sitte, durch Loswurf die Gottheit um Auskunft anzurufen, hinreichend bezeugt. Es wurde eine Frage vorgelegt, die Antwort ergab sich aus der Art der Fragestellung als einfaches Ja oder Nein, aber auch als förmlicher Spruch. Die Befragung geschah mit Losen, mit Holzstäbchen, die mit auszulegenden Zeichen, im Norden auch mit den gewöhnlichen Schreiberunen versehen waren. Opfer leitete die Handlung ein, unter Absingen von Gebeten oder Beschwörungen wurden die vermutlich auch schon unter besondern Förmlichkeiten zugerichteten Lose ausgeworfen und aufgelesen, hierauf je nach der Frage mit kürzerem oder längerem Spruche gedeutet. Möglicherweise stammt die dreifache Bezeichnung des Begriffes »lesen« in den germanischen Sprachen – ahd. as.

1 Lex Frisionum tit. 14 *tunc unusquisque illorum septem faciat suam sortem i. e. tenum de virga et signet signo suo, ut eam tam ille quam caeteri qui circumstant cognoscere possint.* Es sind vermutlich die Hausmarken der einzelnen Leute gemeint, die vielfache Verwendung beim Losen fanden; vgl. Homeyer, Die Haus- und Hofmarken, Berlin 1870.

afries. *lesan,* an. *lesa;* ags. *rǽdan,* engl. *read,* eigentlich »raten«; got. *siggwan* – aus der alten Gewohnheit des divinatorischen Losens.[1] Die deutsch-nordische Bezeichnung hält sich ans Auslesen und Aufnehmen der beritzten Stäbchen, die englische ans Katen und Deuten, die gotische endlich an den feierlichen Vortrag des Spruches, der in Liedesweise gesungen ward. In wichtigen Angelegenheiten oblag dem Priester diese Losung, welche Vertrautheit mit der Dichtung verlangt. Es war Kenntnis der Lieder vonnöten, wodurch Götter und Geister zur Offenbarung ihres Willens oder zukünftiger Ereignisse herangezwungen wurden, ferner unter Umständen auch die Fähigkeit, aus den eingeritzten Zeichen der Stäbchen die darin angedeuteten Formeln abzulesen und zu Verkündigungen zusammenzusetzen. Loswurf, mit Opfer, Zauberlied und Zeichendeuterei verknüpft, entstammt dem Heidentum und war priesterliches Amt. Darum ist solches Losen auch späterhin als heidnischer Gräuel verfehmt und verachtet. Das unschuldige Los, das nur zur Ausscheidung eines Einzelnen oder mehrerer aus einer Menge diente, konnte ruhig weiterbestehen und fand auch bis auf die Gegenwart bei Aufteilung von Gemeindeland und ähnlichen Dingen immer Verwendung.

Eine seltsame Losung begegnet in der Jómsvíkingasaga Kap. 42.[2] Der Jarl Hakon besaß eine Waage mit zwei silbernen, ganz vergoldeten Schalen, dazu zwei Lose, ein silbernes und ein goldenes, beide mit Götterbildern versehen. Darin lag eine wundersame Kraft, weshalb der Jarl in allen wichtigen Angelegenheiten sich dieser Lose bediente. Er legte sie in die Waagschalen und bestimmte, was jedes von ihnen für ihn bedeuten sollte. Wenn die Losung gut ausfiel und das, was er sich wünschte, herauskam, da wurde das Los, das seinen Willen bedeutete, unruhig in der Schale und gab einen Klang von sich. Die Sache ist wohl so zu denken, dass die gleichschweren Lose,

1 Vgl. E. Schröder. ZfdA. 37, 262.
2 Fornmannasögur 11, 128 ff.; Flateyjarbók 1, 188 ff.; zur Stelle R. Keyser, Samlede afhandlinger, S. 376.

deren eines, was man wünschte, das andere, was man nicht wünschte, bezeichnete, in die Schalen gelegt wurden. Dasjenige Los, das zuerst in Bewegung kam und stieg, dachte man, werde in Erfüllung gehen.

Um die Zukunft zu erforschen, wurde auch eifrig auf Vorzeichen geachtet, und zwar nicht bloß auf solche, die sich zufällig von selber einstellten, sondern namentlich auf solche, die mit Opfer und Gebet oder Beschwörung von den Göttern oder Geistern verlangt worden waren. Auf Vorzeichen, die einem zufällig begegnen, achtet ja noch der heutige Aberglaube. Ein schönes Beispiel fürs Heidentum gewährt das Reginslied 20 ff., wo Odin die dem Helden günstigen Zeichen aufzählt:

20. Viele Vorzeichen sind, wenn das Volk sie wüsste,
Günstig beim Schwingen des Schwerts!
Heilbringender Angang für Helden ist es,
Wenn ein schwarzer Rab' sie umschwebt.

21. Ein andrer ist's, wenn zum Ausgang fertig
Zur Türe hinaus du trittst
Und auf der Straße stehend findest
Ruhmgieriger Recken zwei.

22. Günstig auch ist's, wenn den grauen Wolf
Unter Eschen du heulen hörst,
Und Glück verspricht's, erspähst du den Gegner
Eher als er dich sieht.

24. Fürchte Gefahr, wenn dein Fuß gestrauchelt
Auf dem Weg, den du wanderst zum Streit;
Böse Disen stehn dir zu beiden Seiten
Und wünschen dir Wunden an.

Keine Art von Aberglauben hat durchs ganze Mittelalter tiefere Wurzel geschlagen als die Vorbedeutungen, die man unter den

Benennungen *anegenc, widerganc, widerlouf* verstand.[1] Tier, Mensch, Sache, auf die man frühmorgens, wenn der Tag noch frisch ist, beim ersten Ausgang oder Unternehmen einer Reise unerwartet stieß, bezeichneten Heil oder Unheil und mahnten, das Begonnene fortzusetzen oder wieder aufzugeben. Aber hier ist nicht der zufälligen Vorzeichen zu gedenken, sondern derer, die mit Kultbräuchen unter Einwirkung von Priestern und Weissagern von den höheren Mächten erbeten wurden.

Tacitus spricht im Kap. 10 auch von den Vorzeichen und nennt allgemein Befragung der Vogelstimmen[2] und des Vogelfluges. Leute, die der Vogelsprache kundig sind, erfahren die Zukunft. Das Zeichen, das die Vögel mit Flug und Stimme geben, gilt allen Völkern und so auch den Germanen für gut oder böse, verheißt Glück und Unglück, ermuntert und warnt bei allem Vorhaben. Wie befiederte Worte rauschen sie durch die Luft, der Kundige versteht es, sie zu deuten. Wohin und woher sie fliegen, legt er ebenso als Zeichen aus wie ihre Gestalt und Stimme. Prokop, bell. got. 4, 20 erzählt, wie Hermigisel, König der Warner, über Feld reitend, auf einem Baum einen Vogel erblickte und krähen hörte. Auf Vogelgesang sich verstehend, sagte der König seinem Gefolge, es werde ihm sein Tod nach vierzig Tagen geweissagt. In der Rígsþula 45 wird von Konr dem Jungen, dem Sohne des Jarl gerühmt, er verstand die Stimmen der Vögel zu deuten. Im Lied von Helgi dem Hjorwardssohne 1–4 spricht Atli mit einem weisen Vogel, der im Haine Glasir haust. Dem Sigmund und der Borghild verheißt ein Rabe die künftige Heldengröße ihres Sohnes Helgi (Helgakv. Hund. 1, 5/6). Sigurd, dem der Genuss von Fafnirs Herz dazu verhalf,

1 Über Angang und andere von selber sich darbietende Vorzeichen vgl. J. Grimm, Myth. 1072 ff.; Vorzeichen aus nordischen Quellen bei Maurer, Bekehrung 2, 122 ff.; das meiste Material steht bei A. Wuttke, Der deutsche Volksaberglaube der Gegenwart., 2. Aufl., Berlin 1869, § 262 ff.

2 Ahd. *fogalrarta* (*rarta* = got. *razda*, Stimme), *fogilrartôd* wird mit *auspicium, augurium* glossiert; ebenso ags. *fugelhwâte;* vgl. J. Grimm, Myth. 3, 324. Über Augurien und Auspicien vgl. W. Wackernagel, *ἔπεα πτερόεντα,* in den Kleineren Schriften 3, 196 ff., 205 ff.

hörte in den Reden der Spechtmeisen *(igður)* sein künftiges Schicksal (Reginsm. 32 ff.). Nach Sigurds Ermordung ruft ein Rabe zum Adler im Baumesgipfel, dass Atli es rächen werde. Gunnar versteht das Gerede der Vögel (Brot af Sigurþarkviþu 5 und 13). Also namentlich Königen und Edelingen eignet die Gabe, Vogelstimmen auszulegen. Sicherlich verstanden sich ebenso die opfernden Priester darauf. Jarl Hakon opferte vor einem Kriegszug dem Odin. Als zwei laut krächzende Raben während des Opfers geflogen kamen, sah er darin ein gutes, Glück verheißendes Zeichen (Heimskringla, Olafssaga Tryggvasonar Kap. 28).

Tacitus[1] berichtet ferner von weisen, zu keinem Menschendienste benützten Rossen, die in Hainen und Wäldern auf öffentliche Kosten gehegt wurden. Diese werden an den heiligen Wagen gespannt, worauf der Priester und König oder Fürst des Staates sie begleitet und auf ihr Schnauben und Wiehern achtet. Kein Vorzeichen genießt größere Glaubwürdigkeit nicht allein beim Volk, sondern auch bei den Edelingen, bei den Priestern. Sich selber halten sie für die Diener, jene Rosse aber für die vertrauten Mitwisser der Götter. In Norwegen bei Drontheim weideten Freys Rosse im Umkreis seines Tempels, vermutlich zum selben Zweck. Der *indiculus superstitionum* XIII handelte *de auguriis vel avium hel equorum*, und auch der heutige Aberglaube (J. Grimm, Nr. 239) hält Pferdegewieher für ein Glückszeichen.

Opferschau vollzieht der weissagende Priester *(sacerdos sortilegus)* bei den Menschenopfern, welche die Normannen nach Dudos Erzählung vor der Ausfahrt zu vollbringen pflegten. Dem Opfer wurde der Schädel zerschmettert und das Gehirn bloßgelegt; dann wurde aus den Herzfasern des zu Boden Gestreckten geweissagt. Die Wahrsagerinnen der Kimbern fällen ihren

---

1 Germ. Kap. 10 *proprium gentis equorum quoque praesagia ac monitus experiri. publice aluntur isdem nemoribus ac lucis, candidi et nullo mortali pere contacti; quos pressos sacro curru sacerdos ac rex vel princeps civitatis comitantur hinnitusque ac fremitus observant. nec ulli auspicio maior fides, non solum apud plebem, sed apud proceres, apud sacerdotes; se enim ministros deorum, illos conscios putant.*

Spruch aus dem Blute, das aus der durchschnittenen Kehle des Opfers in den Kessel strömte (Strabo 7, 2). Die nordische Sprache gebraucht das Wort *»hlaut«* für Opferblut. Im Hymirlied 1 gewinnen die Götter eine Weissagung, indem sie Loszweige warfen und das Blut beschauten *(hristo teina ok á hlaut sǫo). Hlautbolli* ist die Schale, die das Blut der geopferten Tiere aufnimmt, *hlautteinn* oder *hlautviðr* der ins Blut getauchte Zweig. Die Etymologie von *hlaut* (zu got. *hlauts,* d. h. Losen und Wahrsagen)[1] lehrt die Tatsache der Opferschau, der Weissagung aus dem Opferblut. Denn das Opferblut heißt ja sicher nur darum »Losung«, weil es zur Losung diente.

8. Zauberlieder

Der Zauber, der in Lied *(galdr, rúnar)* und Zeichen *(rúnar)* beschlossen liegt, galt im Norden für eine höchst wertvolle, nicht im Geringsten unehrliche Kunst, und so hielten es, wie die mit *rûna* gebildeten zahlreichen Frauennamen lehren, auch die übrigen Germanen. Ist doch Odin selber Urheber und Erfinder des Runenzaubers *(galdrs faðir)* und weiß die aus dem Schlummer erweckte Brynhild dem Sigurd nicht besser zu lohnen als mit Unterweisung in der Runenkunde. Bei der Anwendung von Runen war Lied und Zeichen vereinigt, beim Galdr wird meistens allein das Lied erwähnt. Beim nordischen Runenzauber wird das Lied gesungen, und darauf werden die entsprechenden Zeichen, meist die Anlaute der Hauptbegriffe, eingeritzt. Denn im Norden trat ja die Schreiberune anstelle der alten bei Tacitus vorkommenden magischen Zeichen. Brynhild gedenkt der Siegrunen, die unter Anrufung Tyrs aufs Schwert zu ritzen sind, der Bierrunen, welche gegen Zaubertränke unter Segenssprüchen aufs Trinkhorn, auf den Rücken der Hand, auf den Fingernagel zu ritzen, der Bergerunen, die auf die innere Hand-

---

1 Zur Etymologie von *hlaut* vgl. Gudbrand Vigfusson, Dictionary 269; Müllenhoff, Altertumskunde 5, 155; vgl. auch oben S. 631 Anm. 1.

fläche geritzt, bei Absingen von Liedern (Oddrúnargrátr 6) aus Kindesnöten lösten, der Brandungsrunen, die auf Schiffsteven, Steuer und Ruder eingebrannt gegen Seesturm nützten, der Zweigrunen, die auf Rinde und Holz eines gen Osten die Äste ausbreitenden Baumes eingeschnitten zum Arzte machten, der Gerichtsrunen *(málrúnar),* beim Dinge zu gebrauchen, der Geistesrunen *(hugrúnar),* um feinen Verstand zu gewinnen. Im Skirnirlied 32–36 spricht Skirnir einen Fluch und ritzt zugleich die Runen auf den Zweig *(gambanteinn);* um ihn wieder aufzuheben, schabt er die eingeschnittenen Zeichen ab *(svá ek þat af ríst, sem ek þát á reist).* Nach der Egilssaga Kap. 60 errichtet der vom König Eirik schwer gekränkte Skald Egil diesem eine Schimpfstange *(níðstǫng),* indem er eine Haselstange auf einem Felsen dem Lande zu aufpflanzt, mit einem darauf gesetztem, dem Lande zugewendeten Pferdskopfe. Dazu spricht er die Worte: Hier setze ich eine Schimpfstange und richte diesen Schimpf gegen den König Eirik und die Königin Gunnhild; ich richte diesen Schimpf gegen die Landwichte, welche dieses Land bewohnen, sodass sie alle auf verirrten Wegen gehen mögen und keiner seine Heimat finde oder erreiche, ehe sie den König Eirik und die Königin Gunnhild aus dem Lande getrieben haben. Dieselben Worte schnitt er mit Runen auf die Stange ein. Das Einritzen der Formel scheint hier wie in andern ähnlichen Fällen, die Maurer, Bekehrung 2, S. 65, Anm. 66, zusammenstellt, allerdings mehr in der Absicht zu geschehen, den Schimpf zur allgemeinen Kenntnis zu bringen. Doch steht wohl immer noch im letzten Hintergrund dieses Brauches die Anschauung, dass Runenzauber nur durch Lied und Zeichen zugleich wirksam werde. Der Skald Egil macht auch sonst von seiner Runenkunde Gebrauch. Wie ihn einmal (Kap. 44) die zauberkundige Königin Gunnhild mit einem Trinkhorn vergiften will, ritzt er Runen in das Horn, schneidet sich in die hohle Hand und rötet die Runen mit dem Blute: Da zerspringt das Horn, und der Trank läuft zur Erde. Der Bericht der Saga darf wohl noch dahin ergänzt werden, dass Egil zum Runenritzen die gehörige Formel raunte. Der Unkundige konnte aber auch mit verkehrten oder verstellten Zeichen Unheil anrichten. Egil kommt (Kap. 75) zu einer norwegischen Bauerntochter, die heftig erkrankt ist. Ein Bauernsohn aus der Nachbarschaft hatte ihr vergebens mit Runen zu helfen versucht, es war daraufhin nur schlimmer geworden. Egil untersuchte ihr Bett und fand unter dem Kopfkissen einen Walfischknochen mit eingeschnitzten Runen, die aber falsch waren. Er schabte sie ab, verbrannte das Abgeschabte im Feuer und ritzte neue Runen, die er unters Kissen der Kranken legte. Alsbald erwachte das Mädchen aus ihrer Betäubung und wurde gesund.

Odin rühmt sich in den Hǫvamǫl 139/40, 146/163 der Runen und Lieder, die er weiß und deren Wirkungskreis er aufzählt. Dabei scheinen *rúnar* und *ljóþ* im Sinne von Zauberliedern gleichbedeutend zu sein, wenn schon in Strophe 142/4 wieder die rúnar als Zeichen gemeint sind. So denkt sich Snorri (Ynglingasaga Kap. 7) in dem Satze *»með rúnum ok ljóðum þeim er galdrar heita«* die Runen als Zeichen neben den Liedern. Beim Galdr ist seltener von Zeichen die Rede, gewöhnlich nur vom Zaubersang. Doch scheint auch hier Zeichen oder Gebärde nötig gewesen zu sein.

Frauennamen auf *rûn*[1], die allen germanischen Stämmen gemeinsam sind, erweisen das Vorhandensein des Runenzaubers. Häufig trifft man dieselben Appellativa als Namen, und damit ist der Ursprung solcher Namen angezeigt. *Haljarûna* ist Höllenzauber, aber auch die dieses Zaubers kundige und mächtige Frau; der Begriff gewinnt persönliche Bedeutung und wird so zum Namen. Siegrunen zu ritzen und zu singen muss der verstehen, der Sieg erringen will; Sigrûn, Hildrûn, Rûnhild, Guntrûn, Badurûn, Ortrûn sind Frauen, die Sieg-, Kampf-, Schwertrunen wissen. Fridurûn bringt Friede. Alarûn (Aleraune) ist aller Runen mächtig. *Olrûnar* beschützen vor Zaubertrank, Olrûn begegnet zugleich als Name. *Málrûnar* bedarf man beim Ding, der

---

1 Über Frauennamen auf rûn und ihre Bedeutung vgl. Müllenhoff, Zur Runenlehre S. 44 ff.; mit *rûn* gebildete Namen bei Förstemann, Namenbuch 1, 1062 f.

Name Dômarûna gehört wohl zu *dôm,* Gericht. Albrûn kennt Elbenzauber. Wolfrûn gehört vielleicht zum Heere, dessen Spuren der leichengierige Wolf und Rabe folgt. Weniger deutlich sind Namen wie Heidrûn (fränk. Chaiderûna), Goldrûn, Adalrûn, Wolarûn, Baldrûn, Berhtrûn. Weisheit und Vorsicht überhaupt legen den Frauen die Namen auf *leis, rât, snot, wîs* und *war* bei; aber die übermenschlichen Eigenschaften der Voraussicht in die Zukunft und der zauberischen Einwirkung auf dieselbe werden den Trägerinnen der Namen in *rûn* zugeteilt. Da der Zusammenhang des Runenzaubers und der Frauennamen im Norden völlig klar am Tage liegt, da die andern Germanen dieselben Namen besitzen, darf auch ihnen unbedingt der Runenzauber zugewiesen werden.

Die 18 Lieder Odins vermögen allgemein in allen Anliegen, Kümmernissen und Schmerzen zu helfen, ärztlich zu heilen, Feindeswaffen stumpf zu machen, Fesseln zu sprengen, Geschoss im Fluge zu hemmen, schädlichen Zauber auf den, der ihn entsendet, zurückzulenken, Flamme zu löschen, Hass unter Männern zu versöhnen, Wind und Woge zu sänftigen, nachtfahrende Hexen zu verwirren, Krieger heil aus der Schlacht zu führen, Tote aufzuwecken, bei der Taufe ein Kind gegen Waffen zu feien, Frauenneigung zu gewinnen, Berge und Hügel aufzuschließen und Schätze zu heben und noch andere heimliche Dinge mehr. Gróa singt ihrem Sohne allerlei Galdr, von der Schulter zu schieben, was schlimm ihm dünkt, in Urds Schutze zu wandern, anschwellende Ströme zu mindern, Feindes Herz zur Versöhnung zu gewinnen, Fesseln zu sprengen, Meer und Wind zu gebieten, gegen schneidende Kälte sich zu schützen, vor gespenstischer Weiber Trug sich zu retten, im Wortstreit weise zu sein. Wie genau Lieder *(ljóþm, galdr)* und Runen zusammengreifen, ergeben die Stellen in der Rigsþula 44/6 und in den Sigrdriífumál, welche der Runenkunde (d.h. dem Zeichen und Spruch) dieselben Zauberkräfte zuteilen, welche in den Hǫvamǫl und im Groogaldr den Liedern und Galdrar beigemessen sind. Konr der Junge war kundig der Runen, der lange wirkenden Lebensrunen; er wusste Krieger zu schützen, Schwerter stumpf zu machen, Meer zu beschwichtigen. Mit dem Jarl Rig stritt er in der Runenkunde, er war listig und wusste es besser. Da erwarb er sich das Recht, Rig zu heißen und Runen zu wissen. Solche Zauberlieder (*rúnar, ljóþ, galdrar,* ursprünglich wohl *spell* genannt) umgeben also den Menschen in allen Lebenslagen mit mächtigstem Schutze. Sie wirken dem, der sie kennt und denen er wohl will, Heil, sie geben ihm Macht, die Zukunft zu erforschen.

Eine besondere Art von Zauberei heißt *útiseta,* Draußensitzen.[1] Sie bestand darin, dass der Kundige die Nacht über unter freiem Himmel draußen saß und mit unbekannten Zauberhandlungen, am meisten wohl durch Beschwörung Geister und Tote aufweckte *(vekja upp trǫll),* um von ihnen die Zukunft zu erfahren oder überhaupt von verborgenen Dingen Wissenschaft zu erhalten. Damit ist der *valgaldr,* das Totenlied, verwandt. Ein altgermanischer Ausdruck dafür scheint got. *haljarûna*[2], ahd. *hellirûna,* ags. *helrûna* gewesen zu sein. Er bedeutet Höllenzauber, wie später die stärkste und unwiderstehlichste Beschwörung Höllenzwang genannt wird, weiterhin die des Höllenzaubers mächtige Frau. Gemeint ist das Zauberlied, das die Höllengeister aufruft. Saxo erzählt eine Totenbeschwörung, bei welcher eine auf Holz geritzte Zauberformel, also eine Rune, den Toten zum Reden zwang.[3] Valgaldr und Haljarûna erweisen wiederum die Gleichheit von Galdr und Rune. Den Geisterbann wie alles

1 Über *spáfarar ok útiseta,* d. h. draußen sitzen, um die Zukunft mithilfe der Geister zu erforschen, was in Norges gamle love 1, 19 verboten wird; für die spätere Zeit vgl. Jón Árnason, íslenzkar þjóðsögur 1, 436 f.

2 Über got. *haljarûna,* welche aus Jordanes 24 *magas mulieres, quas patrio sermone haliurunnas cognominant,* erschlossen wird, vgl. Müllenhoff, Zur Runenlehre, S. 44 ff.; mit ahd. *hellirûna* gleichbedeutend begegnet *dohotrunu,* d. i. *dôtrûna.* Die sächsischen *dâdsisa super defunctor,* die Totengesänge, betrachtet Kögel, Geschichte der deutschen Literatur I, 1, 52 als das Gegenteil vom *valgaldr,* einen Zauber, der die Rückkehr des Verstorbenen auf die Erde, also das Wiedergehen verhinderte.

3 Den Valgaldr schildert Saxo I, S. 12 mit den Worten: *diris admodum carminibus ligno insculptis sdemque linguae defuncti per Hadingum suppositis hac voce eum horrendum auribus carmen edere coegit.*

Orakelwesen verdammte das Christentum als sündhaft, aber dem Heidentum war er keineswegs ehrenrührig, vielmehr ein erlaubtes Mittel, sich in den Besitz übernatürlicher Kenntnisse zu setzen. Übt ihn doch Odin selber. Er ritt hinunter zur Hölle, wo er das Grab der Vǫlva wusste; er sang ihr den starken Totenzauber, bis sie genötigt aus dem Todesschlafe sich erhub und ihm Rede stand über Baldrs Schicksal (Baldrs Draumar 4). In den Hǫvamǫl 157 weiß Odin, wie er den Gehängten vom Galgen herab zur Zwiesprache zwingt mit geritzten und gefärbten Runen. Es ist also ein Valgaldr, bei dem Zauberzeichen zur Anwendung kommen, aber zugleich ein Lied; wird es doch als zwölftes der Hauptlieder des zaubermächtigen Gottes aufgezählt. Der junge Held Swipdag weckt vor seiner gefährlichen Werbefahrt die tote Mutter aus dem Grabe, um von ihr heilsame Zauberlieder zu empfangen.

Erwache, Groa! Erwache, du Gute,
Ich rufe dir durch des Todes Tor!

Herwor tritt zum feuerumwaberten Grabhügel, in dem ihr Vater Angantyr und seine Brüder, die Arngrimssöhne, ruhen. »Erwache, Angantyr, dich weckt Herwor, deine einzige Tochter. Gib mir aus dem Grabe das scharfe Schwert, das dem Swafrlami Zwerge schweißten. Euch Arngrimssöhne alle unter den Wurzeln der Bäume weck ich auf mit Helm und Brünne und scharfem Schwert, mit Schild und Geschirr und rotem Geere. So möge es euch sein zwischen den Rippen, als ob ihr im Ameisenhaufen modert, gebt ihr mir nicht das gute Schwert, das Toten nicht taugt!« Also ein Wecklied und, so er säumt, schwere Drohung singt den Toten aus dem Grabe herauf.

Eine Totenbeschwörung ohne Erwähnung von Zauberliedern erzählt die Færeyingasaga Kap. 40. Der listige Thrand, der, obwohl getauft, doch im Herzen grundheidnisch geblieben war, wollte wissen, wie Sigmund Brestisson ums Leben kam, ob er ertrank, als er sich selbdritt durch Schwimmen zu retten suchte, oder ob er das Land erreichte und dort erschlagen ward. Da ließ

Thrand im Hause desjenigen, der des Totschlags verdächtig war, vier Gitter am Boden zum Viereck zusammensetzen und ließ um die Gitter herum neun Plätze am Boden einmerken. Große Feuer waren angezündet. Thrand setzte sich auf einen Stuhl zwischen die Feuer und die Gitter und verbot den Anwesenden, ihn anzureden. Nachdem er eine Zeit lang gesessen war, kamen die Geister der Ertrunkenen und auch Sigmunds Gestalt, blutig, den Kopf in der Hand, in die Stube herein. Als sie verschwunden waren, erhob sich Thrand, stöhnend vor Erschöpfung, und erklärte, dass Sigmund ermordet sei.

9. Wahrsager und Zauberer

Nahe ans Priestertum, oft kaum von ihm zu scheiden, rührt Zauberei und Wahrsagerei, nur dass der Priester meist offen an die Volksgötter sich wendet, während über dem Treiben der Zauberer und Wahrsager etwas Geheimes liegt. Sie handeln mehr im Auftrage Einzelner als auf Geheiß des ganzen Volkes, sie rufen häufiger zu Gespenstern und Geistern als zu den hohen himmlischen Göttern, sie kehren ihre Macht oft zu bösen unehrlichen Taten. Zauberei und Wahrsagerei kann teilweise als eine niedere Gattung des Priestertums bezeichnet werden. Der enge Zusammenhang mit dem Gespensterglauben und der Umstand, dass Zauberer und Wahrsager meistens im Dienste Einzelner, seltener im Dienste einer größeren Gemeinschaft ihres Amtes walten, bewahrten dieses niedere Priestertum, das vom Aberglauben unzertrennlich ist, vor dem Untergang. Auch im Christentum wucherte es, freilich oft sinnlos entstellt, weiter.

Es gibt Leute, denen besondere Fähigkeiten angeboren sind, Sonntagskinder, Geistersichtige, mit dem zweiten Gesicht Begabte. Solchen werden ohne weiteres Geister und Geschehnisse, die andern Leuten verborgen sind, offenbar, sie blicken in die Vergangenheit und in die Zukunft, sie erschauen gleichzeitige, aber weit entfernte Begebenheiten. Ihre Seele ist von Raum und Zeit unabhängig, was sie erfährt, wird aber ihrer leiblichen Persönlichkeit bewusst, und darum sind sie imstande, wunderbare Auskünfte zu erteilen. Von solchen Hellsehern unterscheiden sich die gewerbsmäßigen Wahrsager dadurch, dass sie nur mithilfe bestimmter Förmlichkeiten, mit Opfer, Beschwörung, mit magischem Zeichen, also durch die sog. Zauberkunst in den Besitz übernatürlichen Wissens gelangen. Unmittelbar aus den heiligsten, das gesamte Wissen des Heidentums in sich begreifenden Geschäften, aus Gottesdienst und Dichtkunst muss zugleich aller Zauberei Ursprung geleitet werden. Opfern und Singen tritt über in die Vorstellung von Zaubern; Priester und Dichter, Vertraute der Götter und göttlicher Eingebung teilhaft, grenzen an Weissager und Zauberer. Zauber und Weissagung sind uralt und allen Völkern gemeinsam; sie reichen zurück in die Uranfänge der Menschheit und wurzeln in der niederen Mythologie. Sie sind die ältesten Kultformen, die dazu dienen, dem Menschen die Geisterwelt untertan zu machen. Hier liegen die Anfänge des eigentlichen Priestertums. Ebenso wie der niedere Volksaberglaube unter jedem höheren Götterglauben im Grunde gleichmäßig fortwuchert, so steht auch der Zauberer dem Priester zur Seite. Hier sollen nur die Formen des Zauberwesens in Betracht gezogen werden, die im germanischen Heidentum neben dem öffentlichen Priestertum auftreten. Die Berichte sind fast alle mangelhaft, indem sie nur eine Seite – Opfer, Beschwörung, Zeichen, Gebärde und Werkzeug, Weissagung – hervorheben, während in Wirklichkeit wohl immer das ganze Verfahren mit allen förmlichen Einzelheiten zur Anwendung gelangte. Nicht nur die christliche Zeit verdammte die Zauberei, sondern auch schon das Heidentum, allerdings wohl nur die heimliche, schädliche Zauberkunst. Es gab auch erlaubte, hilfreiche und erlösende Zauberei, eine weiße Kunst neben der schwarzen. Der Zauberer und Wahrsager, sofern er erlaubter Kunst pflegt, vertritt gewissermaßen den Privatpriester, der dort amtiert, wo die Fähigkeiten und das Wissen des Einzelnen nimmer ausreichen, mithilfe überirdischer Mächte Unheil zu bannen und Segen zu erwirken.

Ahd. *zoubar* wird mit *incantatio, divinatio,* also mit Beschwörung und Wahrsagerei glossiert, an. *taufr* heißt auch Amulet, ags. *téafor* Rötel, Menige, vermutlich Zauberfarbe, womit die magischen Zeichen, die Runen, ausgemalt wurden. Zauberer, der Zauber treibt, ist ein weiter, allgemeiner und umfassender Begriff, wie ja die heutige Sprache darunter alle einzelnen Handlungen, aus denen die Zauberei besteht, einrechnet. Der nds. Ausdruck *wicken,* weissagen, zaubern, wozu ags. *wicce,* engl. *witch* gehört, ist in seinem Ursprung nicht klar. Ags. *wítega,* ahd. *wîȝago,* an. *vitki* meint den Weissager. An. *spámaðr* und *spákona* bedeuten Wahrsager und Wahrsagerin, *forspár* heißt der Zukunft kundig, *fjǫlkunnigr* im Allgemeinen vielkundiger Zauberer. Mit *spâkona* gleichbedeutend, wenn auch etymologisch weit abstehend, wird *vǫlva* als Bezeichnung weiser Frauen gebraucht. Ahd. *kalstarari* steht zu *kalstar, galstar* und meint den der Zauberlieder Kundigen. Im Nordischen wird *trollskapr, trolldom* auch von Zauberei gesagt, natürlich bloß von böser, schädlicher Schwarzkunst, und somit der Zauberer auf eine Stufe mit den Trollen gestellt. Das Wort Büßen im Sinne von Bessern, Heilen wendet das westfälische *böten* in Bezug auf alte Zaubermittel des Volkes gegenüber der gelehrten Arzneikunst an. Ahd. *hlioȝari,* mhd. *lieȝœre* gehört zu *hlioȝan, lieȝen,* Lose werfen, und steht dem lat. *sortilegus, sortiarius* (frz. *soucier*) gleich. Der Zauberer ist also, wie der Priester, ein Loser, der aus den Losen die Zukunft liest. Im Ags. bedeutet *hléoðor* Orakel, *hleoðarstede* Orakelplatz, *hléoðorwide* Orakelspruch. Im Ahd. begegnet *hléothorsâȝȝo* oder *hleodarsiȝȝeo* als negromanticus, hariolus glossiert. *Wîȝagun* und *leodarseȝȝun* werden gleichbedeutend gebraucht. Dazu steht das Femininum *hleodarsâȝa,* vaticinium: gemeint ist das Niedersitzen zu Orakelzwecken[1], das im 11. Jahrhundert Burchard von Worms beschreibt. In der Neujahrsnacht setzte man sich schwertumgürtet aufs Dach des Hauses, um zu ergründen, was das Jahr bringen werde. Andere setzten sich zu gleichem Zweck an einem Kreuzwege auf eine Rindshaut. Man gedenkt der nor-

1 Über das Orakelsitzen vgl. J. Grimm, Myth. 3, 306; Kögel, Geschichte der deutschen Literatur I, 1, 29 f.

dischen Sitte des Draußensitzens *(útiseta, sitja úti),* um Geister zu bannen. Es gab also Leute, die zur Nacht an bestimmten Plätzen niedersaßen und Geister beschworen, um von ihnen Weissagung zu erlangen. Der ahd. Ausdruck lehrt, dass gewerbsmäßige »Orakelsitzer« auf diese Art die Zukunft erforschten. Mithin ergeben sich auch aus den Benennungen die wichtigsten Ämter des Zauberers ziemlich genau übereinstimmend mit denen des Priesters, als Opfern, Beschwören, Runenmalen, Losewerfen, Spähen, Weissagen, Heilen, im schlimmen Sinne aber Verwirren und Schädigen. Waren in den rein gottesdienstlichen Verrichtungen bereits den öffentlichen Priestern hoch berühmte weise Frauen zur Seite getreten, so geschieht dies noch weit mehr im Zauberwesen, dessen sich vorwiegend Frauen, die Hexen, und mit starker Hervorkehrung der schlimmen Seite bemächtigen.

Die Saga von Eirik dem Roten[1] beschreibt das Verfahren einer solchen Vǫlva. Gegen Ende des 10. Jahrh. herrschte in Grönland großer Notstand, Hunger und Siechtum. Infolge starken Unwetters waren Jagd und Fischerei wenig ergiebig gewesen. Da lebte eine weise Frau *(spákona)* mit Namen Thorbjorg, die kleine Vǫlva genannt. Von neun Schwestern war sie allein am Leben geblieben. Thorbjorg pflegte im Winter auf Gastgebot umherzufahren. Diejenigen, welche Unterweisung über ihr Schicksal und über das bevorstehende Jahr wünschten, entboten sie zumeist zu sich. Thorkel, der größte Bauer der grönländischen Siedelung, wollte wissen, wann das herrschende Missjahr zu Ende gehen werde. Da lud er die weise Frau zu sich ein und rüstete ihr guten Empfang, wie er beim Besuch solcher Frauen üblich war. Ein Kissen mit Hühnerfedern gefüllt wurde auf den Hochsitz gelegt, als sie abends mit dem ihr entgegengesandten Mann eintraf. Sie war also gekleidet: Sie trug einen dunkelblauen Mantel, der am Rand von oben bis unten mit Steinen besetzt war. Um den Hals hatte sie Glasperlen. Auf dem Kopfe hatte sie eine Mütze aus schwarzem Lammsfell, mit weißem Katzenpelz

1 Hrsg. von G. Storm, Kopenhagen 1893, S. 14 ff.; Reeves, The finding of Wineland the good, London 1890, S. 108 ff., 126 ff.

gefüttert. In der Hand trug sie einen Stab mit einem messingbeschlagenen, steinverzierten Knopfe. Sie hatte einen Gürtel um, an dem ein großer Beutel hing, der das nötige Zauberzeug *(taufr)* enthielt. An den Füßen hatte sie Schuhe aus rauem Kalbsfell mit langen und starken Riemen, an deren Enden große Messingknöpfe saßen. An den Händen hatte sie Handschuhe aus Katzenpelz, innen weiß und zottig. Sie wurde ehrerbietig begrüßt und von Thorkel zum Hochsitz geleitet. Er bat sie, Herde, Vieh und Haus in Augenschein zu nehmen. Sie sprach bei allem nur wenig. Abends wurden Tische aufgetragen. Thorbjorg bekam Grütze mit Geismilch gekocht; ihre Speise war aus den Herzen aller Tiere, die es an Ort und Stelle gab, zubereitet. Sie gebrauchte einen messingnen Löffel und ein ehernes Messer mit einem Heft aus Walrosszahn; die Spitze war abgebrochen. Als die Tische abgetragen waren, fragte Thorkel, wie es ihr mit dem Haus und den Leuten schiene, und wenn sie Offenbarung erhielte über das, worüber er sie gefragt hatte und was das Volk zu wissen wünschte. Sie erwiderte, sie könne das nicht vor dem nächsten Morgen verkündigen, nachdem sie die Nacht darüber geschlafen. Andern Tags gegen Abend ward alles instand gesetzt, dass sie Zauber *(seið)* üben könnte. Sie verlangte, man solle ihr Frauen, die sich auf die zum Seid nötigen Lieder *(frœði)*, die sog. *varðlokkur* (d. i. Geisterlockungen?) verstünden, herbeischaffen; da fand sich niemand, der sie wusste, obschon in den nächstliegenden Höfen nachgefragt ward. Da sagte Gudrid: Zwar bin ich weder zauberkundig noch eine weise Frau; aber meine Pflegmutter auf Island lehrte mich Lieder, die sie *varðlokkur* nannte. Die Lieder und was dazu gehört, sind aber derart, dass ich sie als Christin nicht ausüben kann. Da bat Thorkel so lange und inständig, bis sie endlich doch einwilligte. Thorbjorg setzte sich auf den Zaubersessel *(seiðhjallr)*, und die Frauen bildeten ein Kreis darum. Gudrid sang das Lied so schön und gut, dass niemand von den Anwesenden jemals einen schöneren Gesang gehört zu haben glaubte. Auch die Wahrsagerin meinte, der Sang sei schön anzuhören, und dankte ihr, als sie zu Ende war; sie sagte, nun seien viele Geister *(natúrur)* erschienen, denen das Lied wohl gefiel und die zuvor keinen Beistand noch Gehorsam hätten leisten wollen. Nun sind mir auch viele Dinge ersichtlich, die mir und andern zuvor verborgen waren. Ich kann dir sagen, Thorkel, dass das Hungerjahr nur noch den Winter über dauern und im Frühling Besserung eintreten wird. Auch die Seuche, die hier geherrscht hat, wird sich über Erwarten schnell bessern. Der Gudrid weissagte sie eine ansehnliche Heirat. Dann gingen die Leute zu der Weissagerin, und jeder fragte das, was er am meisten zu wissen verlangte. Sie war gut mit ihren Aussagen, und es schlug wenig fehl, was sie sagte. Hierauf begab sie sich wieder auf einen andern Hof, wo man ihrer Dienste bedurfte. Nach der Víga-Glúmssaga Kap. 12 zog die Oddbjorg auf Island herum. Sie richtete ihre Weissagungen günstiger oder ungünstiger ein, je nachdem man sie besser oder schlechter bewirtete. Die Orvar-Oddssaga Kap. 2 gedenkt einer Vǫlva und Seidkona namens Heidr, welche durch ihre Wissenschaft ungeschehene Dinge vorauswusste und von Gastmahl zu Gastmahl zog, den Leuten den Gang der Witterung und ihre Schicksale vorauszusagen. Mit fünfzehn Knaben und fünfzehn Mädchen, vermutlich den Gehilfen ihrer Zauberkunst zieht sie herum, durch nächtlichen Seiðr erfährt sie, was sie zu wissen begehrt, und die Leute erhalten dann von ihr Bescheid auf allerlei Fragen. Wie sie den Ingjaldr in Wiken besucht, geht er ihr wie einem hohen Gaste mit vielem Gefolge entgegen und ladet sie förmlich ein, sein Haus zu betreten. Als ein ungläubiger Zuhörer, Oddr, sie beleidigt, packt sie ihre Sachen zusammen und zieht weiter, obwohl Ingjald mit reichen Geschenken sie zu halten sucht. In der Vatnsdœlasaga Kap. 10 und Landnáma 3, 2 wird von einer Finnin, die aber auch Vǫlva genannt wird, namens Heidr berichtet. Im Hause des Norwegers Ingjald nimmt sie allgeehrt den Hochsitz ein; die Leute fragen sie *(gengu til frétta)* um ihr künftiges Geschick. Zwei jungen Helden, dem Ingimund und Grim, welche nichts von ihr wissen wollen, weissagt sie ihre künftige Fahrt nach Island und gibt zum Wahrzeichen an, dass Ingimunds silbernes Freysbild aus seinem Beutel verschwinde und erst auf Island beim Eingraben der Hauptsäulen des Hauses wiedergefunden werde. Alles trifft genau nach ihrer Aussage ein. Dieselbe Saga Kap. 44 weiß von einer isländischen Spákona Thordis, welche am Ding bei schwierigen Rechtsstreitigkeiten um Rat angegangen wird. Ihre Tracht war ein schwarzer Mantel mit Kapuze, ihr Stab, Hognudr benannt, besaß die Kraft, einem Mann, dessen linke Wange man dreimal damit berührte, das Gedächtnis zu rauben und wiederzugeben, wenn man darauf mit dem Stabe an die rechte Wange schlug.

Den weissagenden Frauen ist gemeinsam das Umherziehen im Lande, das Aufsuchen der Gastmähler, um dort ihre Kunst zu üben. Sie treiben nächtlichen Seiðr mit Beschwörungsliedern, wodurch Geister herangezwungen werden, durch welche ihnen ihre Wissenschaft von der Zukunft vermittelt wird.[1] Sie haben

---

1 Dass Wahrsagerei mithilfe von Geistern geschieht, spricht die homilia de sacrilegiis III 5 deutlich aus: *qui diuinos uel diuinas id est pitonissas, per quos demones responsa dant, consulit* … In der Eirikssaga rauða heißen solche weissagende Geister *natúrur,* Naturwesen. Die Lieder, mit denen sie beschworen werden, heißen nach der Hauksbók *varðlokkur,* nach der Handschrift Am. 557 *vardlokr* (vgl. das Faksimile bei Reeves, The finding of Wineland the good S. 109 u. 127). Wohl dieselbe Art von Liedern sind im Grógaldr 7 gemeint: *urþar lokur. varðlokkur* begegnet im schott. *warlock,* böser Geist. *Varðlokkur* sind Zauberlieder, aber der etymologische Sinn ist dunkel. *Varð-* ist deutsch, *wart-,* an. *Varðrún* zu *Wartrûn*; *warten* heißt bewahren, schützen. *Lokkur* kann zu *lokka* gehören, etwa Lockung; *lokur* sind Riegel, Schlösser. Die Bedeutung wird nicht klarer. Schwerlich liegt in *varð-* der Begriff Geist, Gespenst, es müsste denn zu *urðr* (*urðir,* Schicksalsgöttinnen) gehören, oder wie norwegisch *vord,* schwed. *vård,* Wächter, Schutzgeist, aus engerer Bedeutung sich zum Begriff »Geist« überhaupt erweitert und verallgemeinert haben. Die Geister scheinen aber an. *gandar* genannt worden zu sein. *Gand* begegnet in deutschen (*Ganthar, Gantfrid, Gantrih* bei Förstemann, Namenbuch 1, 468) und nord. *(Gandalfr, Gandik)* Namen. Gleichviel welchen Ursprungs das german. Wort sein mag, die Bedeutung Zaubergegenstand und zauberhaftes Wesen, Gespenst, scheint sicher; vgl. Müllenhoff, Altertumskunde 5, 110; Fritzner, Ordbog I², 544; Kögel, Literaturgeschichte I, 1, 52. Wie man die Gandar beschwor, zeigt die Vǫl. 28/30. Die Vǫlva sitzt zur Beschwörung draußen *(ein sat úte),* als Odin zu ihr trat. Er gab Ringe und Halsband zur Entlohnung hin und empfing dafür von der Vǫlva weise Kunde und Weissagung der Geister *(spǫ́ ganda),* welche die Volva zu diesem Behufe beschworen hatte. Nach Vǫl. 22 sind die *gandar* auch bei Heids Zauberei, bei ihrem

besondere Tracht und führen einen Stab *(valr),* nach welchem sie auch vǫlor, d. h. Stabträgerinnen[1] genannt werden.

Das großartige, viel besprochene Gedicht, das die Geschicke der Götter und der Welt von Anfang bis zum Ende erzählt, ist einer Vǫlva in den Mund gelegt und heißt daher *vǫlospǫ́,* Weissagung der Vǫlva. Die Volven, die im nordischen Volksglauben begegnen, befassen sich nur mit gewöhnlicher Wahrsagerei. Sie verkünden die künftige Witterung, allenfalls auch bevorstehende wichtige Ereignisse im Leben des Einzelnen oder der Gemeinde. Ganz anders jene Seherin, die im Geiste der hebräischen Propheten oder der hellenistischen Sibyllen die Zukunft der Welt enthüllt. Da der Inhalt des Gedichtes als fremd erwiesen ist, so unterliegt die Einkleidung nicht weniger diesem Verdacht. Zwar soll nicht behauptet werden, dass Wort und Begriff Vǫlva aus der Sibylle abzuleiten sei, wohl aber, dass eine nordische Vǫlva, ein fahrendes Zauberweib, als Seherin und Prophetin in so erhabenem Stile nicht denkbar ist ohne das Vorbild der Sibylle.[2]

Wie man sich Zauberzwang dachte, zeigt die allerdings erst im 14. Jahrhundert verfasste Bósasaga (hrsg. von Jiriczek 1893) im Kap. 5. Bosi und sein Freund Herraud sollen getötet werden, da zwingt die galdrkundige Busla den König Hring, seine schlimme

---

Seid, im Spiele *(vitte ganda).* Die Fóstbrœðrasaga Kap. 9 erzählt: »Es ereignete sich, dass Thordia nachts im Schlafe sich übel gebährdete, und die Leute sprachen davon, dass man sie wecken solle. Ihr Sohn Bodwar sprach: Lasst meine Mutter ihres Traumes genießen, denn es kann sein, dass der Alten etwas erscheint, das sie wissen will. Und sie ward nicht geweckt. Als sie aber erwachte, holte sie schwer Atem. Ihr Sohn Bodwar sprach: Du gehubst dich übel im Schlafe, Mutter; ist dir etwas erschienen? Thordis antwortete: Weit herum habe ich diese Nacht die Geister getrieben *(viða hefi ek gǫndum rennt í nótt)* und habe nun Dinge erfahren, die ich zuvor nicht wusste.« *Gandreið,* Zauberritt, heißt in der Njálssaga Kap. 126 die Erscheinung eines gespenstischen Reiters vor großen Ereignissen, vgl. Maurer, Bekehrung 2, 404.

1 Diese Auslegung gab Finn Magnusen, den äldre Edda, Kopenhagen 1821, Bd. 1, 5; Müllenhoff, Deutsche Altertumskunde 5, 42; Heinzel, AnzfdA. 12, 49 Anm. vermutet Zusammenhang mit slav. *volchvŭ* Zaubrer.

2 Vgl. E. H. Meyer, Völuspa, S. 9 ff.

Absicht aufzugeben. Am Abend ging Busla in das Haus, worin Hring schlief, und hub die Bitte an, die Buslabitte (Buslubæn) heißt und hernach hoch berühmt wurde. Darin sind viele schlimme Worte, die Christenleute nicht im Munde haben sollen. »Höre die Buslubæn, bald wird sie gesungen, sodass man sie hören soll in aller Welt, unheilvoll allen, die sie vernehmen, am schlimmsten aber dem, dem ich sie vorspreche. Mögen die Wichte irregehen, Beispielloses geschehe, Felsen erbeben, Welt erzittere, Wetter tobe, gibst du nicht Frieden dem Herraud und Schutz dem Bosi. Dein Herz sollen sonst Würmer zernagen, dein Ohr nicht mehr hören, dein Auge aus dem Kopfe springen.« Dem König wird angewünscht, dass bei Segelfahrt das Tauwerk zerreiße, die Segel in Fetzen gehen, das Steuer zerbreche, dass beim Ritt das Zaumwerk reiße, das Pferd lahme, die Pfade und Wege in Unholdshänden stehen, dass ihm auf dem Lager wie im Feuer, auf dem Hochsitz wie auf Wogen zumute sei. Will er zur Liebsten, so soll er sich verirren. Der König wollte aufspringen, aber war ans Bett gebannt; seine Diener erwachten nicht. Da hub Busla das zweite Drittel ihres Liedes an. »Trolle, Alfen, Zaubernornen *(töfrnornir)*, Bergriesen sollen deine Hallen verbrennen, Reifriesen sollen dich hassen, Hengste dich treten, Stroh dich stechen, Sturm dich betäuben, Weh dir werden, tust du nicht meinen Willen.« Endlich hub Busla die Verse an, die Syrpuverse heißen, in denen der stärkste Zauber *(mestr galdr)* ruht. Nicht ist es erlaubt, sie nach Sonnenuntergang herzusagen. Und so heißt es gegen Ende: »Sechse mögen herkommen, sag mir ihre Namen, alle ungebunden, ich will sie dir zeigen: errätst du sie nicht richtig, so sollen dich Hunde tot beißen und soll dein Saal zur Hölle sinken:

ᚱ. ᚨ. ᚦ. ᚴ. ᛘ. ᚢ.

Rate diese Namen, sonst soll alles Schlimme über dich ergehen, das ich dir angewünscht habe, außer du erfüllst mein Verlangen.« Wie ein Mahr kommt Busla über den schlafenden König und quält ihn mit immer stärkeren Verwünschungen, bis er ihr den Willen tut. Neben dem Galdr, der das bewirkt, begegnet auch noch das Runenzeichen, freilich nicht in der ursprünglichen Anwendung. So, glaubte man, übten die Hexen zumal auf Schlafende ihre schädigende Macht aus mit Albdruck und Verwünschung.

Eine besondere Art von Zauberei hieß im Norden *seiðr*, das Ausüben derselben *síða, efla seið, fremja seið, setja seið*.[1] Seid wird von Männern *(seiðmaðr, seiðberandi)* und besonders auch von Frauen *(seiðkona)* getrieben. Das Wesen solcher Zauberleute wird als ein absonderliches geschildert; einzelne Angaben über die Art ihrer Heimlichkeiten fehlen. Nur so viel ist zu entnehmen, dass der Seid bei Nacht geschah, dass der Zauberer auf einem Stuhle saß *(seiðhjallr)*, dass es auch dabei besonderer Lieder und Formeln bedurfte. Man bediente sich des Seids zur Erregung von Sturm und Unwetter *(gjǫrningaveðr)* und zur Stillung, wobei der Zaubernde in Walfischgestalt oder auf einem Walfisch reitend mitten in den Wogen, das gefährdete Schiff umkreisend, erscheinen kann, um Nacht und Nebel auf die Feinde zu werfen, um Feinde zu töten, um irgendwie Schaden zu stiften, um jemand gegen Eisen fest zu machen, um die Zukunft zu erkunden. Den Liedern *(frœði, galdr, varðlokkur)*, welche beim Seid gesungen wurden, wohnte ganz besondere bezaubernde Kraft inne. In der Laxdœlasaga Kap. 37 ist davon die Rede. Zwei Isländer, Hrutr und Thorleikr, lagen in Fehde. Thorleikr nahm die Hilfe des zauberkundigen Kotkell und seiner Frau Grima in Anspruch, um Hrutr zu schaden. Kotkell, Grima und ihre Söhne fuhren bei Nacht zum Hofe Hruts und stellten einen gewaltigen Seid an. Als der Seidgesang anhub, wussten die, welche im Hause weilten, nicht recht, was es bedeuten sollte; aber der Sang war sehr schön anzuhören. Hrutr allein kannte das Lied und verbot je-

1 Über *seiðr* vgl. Uhland, Schriften 6, 392 ff.; Maurer, Bekehrung 2, 136 ff.; R. Keyser, Samlede afhandlinger, 363 f. Für den Zusammenhang zwischen Seid und Finnenzauber sind Uhlands treffliche Bemerkungen maßgebend.

dem, in dieser Nacht aus dem Hause zu schauen, und befahl allen, sich womöglich wach zu halten, dann werde nichts Schlimmes geschehen. Trotzdem fielen alle in Schlaf; Hrutr blieb am längsten wach, zuletzt entschlief auch er. Kari hieß ein Sohn Hruts, der war damals zwölf Winter alt und der Hoffnungsvollste von den Söhnen Hruts, den er sehr liebte. Gegen ihn war der Zauber gerichtet, daher konnte er nicht schlafen, sondern wurde immer unruhiger. Endlich sprang er auf und sah hinaus. Er näherte sich dem Seid und fiel tot nieder.

Vergleicht man den Seid mit den übrigen Zauberbräuchen, so herrscht inhaltlich kein durchgreifender Unterschied, indem alle großenteils zum selben Zwecke dienen. Die Wahrsagerinnen *(vǫlur)* um Rat anzugehen, galt im Heidentum nicht für schimpflich; aber die Vǫlva Thorbjorg übt auch Seid, um die Zukunft zu erfahren. Die Ynglingasaga Kap. 16 erzählt von der Finnin Huldr, die als Vǫlva und Seidkona bezeichnet wird. Mit ihrer Zauberkunst soll sie im Auftrag der Finnenkönigin Drifa den Wanlandi aus Uppsala nach Finnland zurückzaubern oder töten. Sie kam als Mahr über den Schlafenden und drückte ihn zu Tode. Eine Reihe von Stellen lehrt unzweideutig, dass der Seid bereits im Heidentum für ehrenrührig und verwerflich galt. Harald harfagri ließ seinen eignen Sohn Rognwald, weil er ein Seidmann geworden war, mit achtzig solcher Zauberer durch dessen Bruder Eirik in den Flammen umkommen (Fornmannasögur 1, 10 ff.). In geringschätziger Weise gedenkt die Vǫ lospǫ́ 22 der Gullweig, die als wahrsagende Vǫlva von Haus zu Haus zog und hirnverrückenden Seid trieb; auf ihrem Gewerbe stand Todesstrafe, denn Gullweig wird mit Geren durchbohrt und verbrannt, als sie unter den Asen erscheint. Daraufhin nennt Snorri in der Ynglingasaga Kap. 4 die Freyja als die Erfinderin des zuvor den Asen unbekannten Seids. In derselben Saga Kap. 7 wird der Seid als die schlimmste Art des Zaubers bezeichnet, welche zu lernen Männer ebendarum sich geschämt hätten. In der Lokasenna 24 entgegnet Loki der argen Schelte, er sei ein Weib gewesen und habe geboren, mit dem ebenso schmählichen Vorwurf, Odin habe als Vǫlva auf Samsey Seid verübt und sei als Hexe über Land gefahren.[1] Worin liegt nun der eigentliche Gegensatz zwischen den übrigen erlaubten Zauberkünsten und dem Seid? Zweifellos unterschied bereits das germanische Heidentum zwischen anständigem, vom Gottesdienst geweihten Zauber und sträflichem, verabscheutem Missbrauch. Das Ehrenrührige scheint in der ausgesprochenen Absicht, Schaden anzustiften, belegen zu sein. Erlaubter Zauber schützte und übte allenfalls Notwehr, böser Zauber trachtete mit feiger Heimlichkeit nach Schaden. Es ist doch ein anderes, sich einem Feinde gegenüber möglichst viel Vorteile zu verschaffen, als ihn aus der Ferne zu vernichten. Der Runenzauber betont, Wind und Woge zu beschwichtigen, der Seiðr sucht ein Zauberwetter zu erregen. Hier ist auf Schutz, dort auf Schaden Bedacht genommen. In den Runen und Galdrn mögen mehr die Volksgötter, im Seid die Gespenster hervorgetreten sein. Im Valgaldr ist freilich kein Unterschied, ob Odin oder ein Seidmann ihn übt. Abgesehen von den moralischen Bedenken, die am heimlichen schädlichen Zauber an und für sich haften, geht auf die Leute, die ihn ausüben, viel vom Wesen der Geister, mit denen sie ständigen Verkehr pflegen, über. Daher übler Zauber Trolldom und Trollskap, Trollentum und Trollenschaft heißt und die Benennungen Seiðkonur und Trǫllkonur miteinander abwechseln. Schon im Heidentum standen bei den Westgermanen die Hexen, die schädlichen Zauberinnen, in tiefer Verachtung. Die Hexe ist auf den Schaden anderer mit Saatverderben, Hagelmachen, Milchverhexen aus. Sie fährt bei Nacht aus, sie verwandelt sich in Tiergestalt und tritt als Mahr auf. Ist die jüngste von Noreen[2] vorgeschlagene

1 Lokas. 24 ist mit Bugge, Studien 139 *vitku líke* für Hds. *vitka líke* zu lesen. Nie wird Odin *seiðmaðr* benannt, seine Galdr und Runen bilden ja eben den Gegensatz zum unehrlichen Seiðr. Yngl. Kap. 7 »Odin verstand sich auf die Fähigkeit, die am mächtigsten wirkt, und übte sie, die Seid heißt«, enthält einen offenkundigen Irrtum; Snorri sagt selber kurz vorher Kap. 4, Seid sei den Asen fremd gewesen.

2 Noreen, Indogerm. Forschungen 4, 326 nimmt zwei Formen, ahd. *hazusa* und *hagazusa* aus *haga-hazusa* an. *Hazusa* ist Partizipbildung zu got. *hatan*, ahd. *hazzên; hazusa* ist die Feindliche, Unholde; *hagazusa* die feindliche Waldfrau; vgl. auch Kauffmann, Beiträge 18, 155 Anm. 1.

Deutung des Wortes berechtigt, so gehört die Hexe zu den feindlichen, hassenden, unholden Waldgeistern. Das Zauberweib, das nur Schlimmes tut und die Dienste unholder Geister in Anspruch nimmt, wird selber unhold. Die christliche Zeit verfolgte die Hexen seit dem 14. Jahrhundert, nachdem Ketzerei und Teufelsbuhlschaft als neue Vorwürfe hinzugekommen waren. Bringt man diese deutlich erkennbaren fremden Bestandteile in Abzug, so bleibt die Hexe in der Gestalt übrig, in der schon die Heiden sie ebenso tief verachteten und mitunter strafrechtlich verfolgten wie die Seiðkona. Gotischer Hexen tut Jordanes Kap. 24 Erwähnung. König Filimer vertrieb die verdächtigen, unheimlichen Zauberweiber, die Haljarunen, die Höllenzauberinnen, aus der Gemeinschaft des Volkes in die Wüste, wo unreine Geister *(spiritus immundi per eremum vagantes)* sich ihrer bemächtigten und die Hunnen mit ihnen erzeugten. Die Hexen werden somit in die Gemeinschaft der Unholde gewiesen, denen sie ihres Zaubergewerbes halber am nächsten stehen und die in der wüsten, unbebauten Wildnis daheim sind.

Mithin schließen wir, Seiðr ist Hexerei; beide scheiden sich vom erlaubten Zauber dadurch, dass sie vorwiegend auf den Schaden anderer gerichtet sind und mithilfe feindseliger, unholder Geister wirksam werden. Beim nordischen Seid ist aber noch ein weiterer Umstand zu erwägen, der sein fremdartiges Wesen erklären könnte, der wahrscheinliche Zusammenhang mit FINNISCHER Zauberei. Die norwegische Landschaft Halogaland grenzt an Finnmark, den Herd alles Zauberwesens, wohin man von Norwegen herüberkam, um sich Rat zu erfragen oder in geheime Kunst einweihen zu lassen, wo die Eindringenden von mannigfachem Blendwerk beirrt und befallen wurden und von wo die kundigsten Zauberleute mit ihren Fertigkeiten in andre, vornehmlich die nächstgelegenen Länder ausgingen. Als die Bekehrung vom Süden Norwegens zum Norden aufstieg, begegnete sie gerade dort hartnäckigem Widerstande eifriger Opferer und Zauberer *(blótmenn* und *seiðmenn)*. Beziehungen zwischen norwegischen Opferern und finnischen Zauberern sind mehrfach zu belegen. Harald harfagri war mit Snäfrid, des Finnenkönigs Svasi Tochter vermählt; beider Sohn ist Rognwald, der Seidmann, der seiner Mutter nach geartet war; von ihm stammte der zauberkundige Eywind Kelda, der mit einem großen Geleite von Seidmenn und Zauberleuten dem König Olaf Tryggvason entgegentrat. Eywind Kinnrifas Geburt hing mit der Befragung zauberkundiger Finnen zusammen. König Olaf selber, obwohl Christ, holte einmal bei einem weisen Finnen Rat und Voraussage ein. Thorir Hund verschaffte sich von den Finnen ein Zaubergewand aus Rentierfellen, das allen Waffen widerstand und mit welchem angetan er in der Schlacht bei Stiklastad an der Spitze der Haleygjer dem König Olaf entgegentrat und, vor dessen Schwertschlag durch diesen Finnenzauber geborgen, ihn mit dem Speere durchstach. Noch die norwegischen Christenrechte strafen das Fahren zu den Finnen und den Glauben an ihre Wahrsagerei.[1] Die Vǫlva Heidr, die nach der Landnáma dem Ingimund die Fahrt und Ansiedlung in Island vorhersagt, heißt in der Vatnsdœlasaga Kap. 10 eine Finnin. Mithilfe von drei Finnen erprobt Ingimund nach Kap. 12 die Wahrheit ihrer Aussage. Die Finnenkünste bestehen also in Wettermachen und Zaubernebel, Pfeilschießen und hiebfestem Fellgewand, Hellseherei, Wissen von verborgenen und künftigen Dingen. War doch schon bei Skadi und Thorgerd Hölgabrud Einwirkung finnischen Glaubens zu erkennen, sodass es nicht Wunder nehmen kann, wenn auch die Zauberkünste im nördlichen Norwegen durch Aufnahme finnischer Bestandteile vermehrt wurden. Zwar ein tieferer Einfluss des Finnentums, wodurch die innere Selbständigkeit skandinavischen Götterdienstes gefährdet worden wäre, liegt nicht vor. Die Zaubersegen, gute wie böse, nützliche wie schädliche, waren den übrigen Germanenstämmen mit den nordischen gemein, diese suchten nur ihren angestammten Besitz aus dem gleichartigen Schatze der nachbarlichen Finnen zu erwei-

---

1 Die Ausdrücke dafür sind *finnfǫr, trúa á Finna, fara til Finna, gera finnfarar, fara til Finnmerkr at spyrja spá.* Der Name Finnen umfasst in der alten Zeit auch die Lappen. Über die Zauberkunst dieser Völker, die so häufig als Lehrmeister der Nordleute erscheinen, vgl. Fritzner, Lappernes hedenskab og trolldomskunst in der norsk historisk tidskrift 1, 4, 164 f.; 184 ff.; 208 ff.

tern, von denen das Zauberwesen mit besondrer Vorliebe und Kennerschaft gepflegt wurde.

Besteht die Vermutung finnischer Einflüsse beim nordischen Seid zu Recht, so wäre damit sein Ursprung auf den nördlichen an Finnland grenzenden Teil Norwegens zurückzuführen, wo die gemeingermanische Vorstellung schädlicher Hexerei, mit finnischem Zauber vermischt, diese eigenartige Form annahm.

Traumdeuterei spielt im Volksglauben eine große Rolle. Ist doch der Traum von den Draugen, den Gespenstern verursacht. Im Traum verkehrt die Seele des Schlafenden mit den Gespenstern, diesen aber ist die Gabe der Weissagung eigen. Der Traum zeigt entweder die Zukunft genau wie das zweite Gesicht an, oder er gewährt nur Vorzeichen, die ausgelegt werden müssen. Da tritt die Traumdeuterei ein, die meist mithilfe allgemein bekannter abergläubischer Auslegung von jedem Träumenden selber geübt wird, aber in schwierigen Fällen die Befragung von besonders erfahrenen Leuten erfordert. Die Wahrsager und Wahrsagerinnen werden sich gewiss auch mit Auslegung von Träumen befasst haben, obwohl kein Fall ausdrücklich erwähnt wird. Den Typus gewerbsmäßiger Traumdeuter bildete namentlich die mittelalterliche romantische Literatur aus, welcher Gestalten wie Drauma-Jón, Jon der Traumdeuter[1], entstammen.

Zur Ausübung der Zauberei werden häufig bestimmte örtliche und zeitliche Umstände gefordert. Da die Zauberei von der Geisterwelt abhängig ist, so kommen vorwiegend die Schwarmzeiten der Geister in Betracht, also die großen, besonders die winterlichen Jahresfeste, im christlichen Kalender Neujahr und die Zwölften, Allerseelen und noch viele andere bestimmte Tage, die zur Losung günstig sind. Die Beschwörung gelingt besser bei Nacht als bei Tag, darum liebt der Zauber das Dunkel und scheut das Licht. Die Geister gehen gern an gewissen Orten, wie auf Gräbern und Kirchhöfen, auf Richtplätzen, an Kreuzwe-

1 Drauma-Jónssaga, hrsg. von H. Gering, Halle 1893.

gen, um und sind natürlich auch dort am besten zu treffen und um Hilfe anzurufen. Doch lassen sich überall gültige Regeln nicht aufstellen, indem außergewöhnliche Vorfälle auch außerordentliche Zauberhandlungen mit sich brachten.

Nicht nur in zahlreichen mündlich fortgepflanzten Besprechungen und im Brunche festgehaltenen Handlungen, deren Sinn aber fast immer völlig entstellt und unverständlich geworden ist, sondern auch in viel gebrauchten schriftlichen Anweisungen, die im Druck verbreitet sind, lebt das Zauberwesen mit Opfer, Beschwörung und Spruch noch heute fort.[1]

---

1 Vgl. Wuttke, Der deutsche Volksaberglaube, Berlin 1869, § 220 ff. Zauberbücher sind Fausts dreifacher Höllenzwang, seit Ende des 16. Jhrh. oft gedruckt (vgl. Düntzer in Scheibles Kloster 5, 116), eine Anleitung zum Geisterbann; das Romanusbüchlein, in diesem Jahrh. in Süddeutschland verbreitet, eine Sammlung von Gebeten und Segensformeln, des Albertus Magnus ägyptische Geheimnisse; der wahrhaftige feurige Drache oder Herrschaft über die himmlischen und höllischen Geister und über die Mächte der Erde und der Luft, der wahre geistliche Schild, das 6. u. 7. Buch Mose u. dgl. mehr. In dem Wuste von Unsinn taucht auch öfters manche Erinnerung an ältere sinnvollere Zauberbräuche auf.

Nachträge

Welderich, urspr. Waltrich, in umgekehrter Folge Richwalt, hat mit Wald, silva, nichts zu schaffen, dürfte aber in den späteren Gedichten als Wälderherr verstanden worden sein.

Die Glosse *turpines zui* (Steinmeyer-Sievers, Ahd. Glossen 3, 4) hat mit Ziu nichts zu schaffen. Henning, Über die St. Gallischen Sprachdenkmäler, S. 18 und Anm. zur Glosse sucht jedenfalls andere als mythologische Anknüpfung.

Zur *dea Garmaragabis,* der »aus der immer bereiten Fülle des Reichtums Spendenden«, vgl. Kauffmann, Beiträge 20, 526 ff.; sie soll der Nerthus gleich sein.

Neue Belege zum germanischen Wort *mott* (Deutsches Wörterbuch 6, 2600 f.), *motta, mota* im Sinne von schwarze Erde, Wasen (vgl. Muspilli 58 *daȥ preita uuasal allaȥ uarprinnit*) bei Bruckner, Die Sprache der Langobarden, S. 6 f. Dürften wir die germanischen Wörter *mû* und *mut, mot* doch in erweiterter Bedeutung annehmen, so könnte auf lat. *mundus* verzichtet werden. Sachlich wird nichts geändert, ob der erste Teil der Zusammensetzung *mud-spilli* lateinisch oder deutsch ist. Wie die Vǫlo-spǿ den Weltbrand VERKÜNDIGT, so mud-*spilli,* die WEISSAGUNG von der Welt. Es möchte der Ausdruck auch unter Einfluss des lateinischen und deutschen Wortes zugleich mit volksetymologischer Umbildung entstanden sein.

Namenverzeichnis

10 ✓ e